LES PATRONS SOUS L'OCCUPATION

Renaud de ROCHEBRUNE
Jean-Claude HAZERA

LES PATRONS SOUS L'OCCUPATION

EDITIONS ODILE JACOB

« HISTOIRE, HOMMES, ENTREPRISES »
Collection dirigée par
Renaud de Rochebrune

Déjà paru :

Marc Martin, *Trois Siècles de publicité en France*

OUVRAGE PUBLIÉ AVEC LE CONCOURS
DU CENTRE NATIONAL DU LIVRE

ISBN 2.7381.0328.6

REMERCIEMENTS

Au moment de conclure la rédaction de ce livre nous tenons à remercier :

Patrick Fridenson, directeur d'études à l'École des hautes études en sciences sociales, pour son soutien actif et permanent, depuis les premiers jours, lors de l'élaboration de l'ouvrage. Et surtout pour sa relecture attentive, précise, et parfois sévère, du manuscrit, dont nous savons qu'elle a trop souvent empiété sur quelques jours de vacances.

Tous les autres historiens, ou sociologues, qui ont bien voulu nous consacrer quelques instants ou quelques heures pour nous orienter dans nos recherches ou répondre à nos interrogations, parmi lesquels : Dominique Barjot, Emmanuel Chadeau, Jean-Pierre Daviet, Étienne Dejonghe, Peter Fitzgerald, Peter Lessman, Michel Margairaz, Marc Meleau, Robert Menchérini, Jean-Louis Panicacci, Olivier Wieviorka ainsi que Alain Chenu, Daniel Colson, Jean-Marc Dreyfus, Thierry Fillaud et Philippe Verheyde.

Notre ami Pierre Péan qui, avec son habituelle générosité, nous a prêté des documents précieux et aidés de ses conseils pour réaliser certaines enquêtes.

Pascale Froment, qui n'a pas hésité à ouvrir son carnet d'adresses et sa documentation avant de revoir, à notre demande, certains passages de l'ouvrage.

Alain Jemain et tous nos confrères journalistes qui nous ont donné, qui une adresse, qui une piste, qui le simple encouragement qui permet d'aller au bout d'un travail de plusieurs années.

Les responsables des Archives nationales, et notamment Chantal Bonazzi, conservateur général chargé de la section contemporaine pendant la plus grande partie de notre enquête, mais aussi l'ensemble du personnel, qui sait rester gardien d'un patrimoine précieux sans oublier qu'il est au service du public.

Les responsables de certaines Archives départementales, en particulier celles des Bouches-du-Rhône.

Jean Astruc, qui gère avec chaleur et simplicité la précieuse bibliothèque de l'Institut d'histoire du temps présent.

Toute l'équipe, si dévouée, du Centre de documentation juive contemporaine, et notamment Sarah Halperyn, Sarah Mimoun et Vidar Jacobsen.

Le Crédit Lyonnais, une des très rares grandes entreprises françaises à avoir organisé un service historique ouvert aux chercheurs extérieurs. Merci à son directeur, M Nougaret, ainsi qu'à son équipe.

Hervé L'Huilier, directeur de l'information du groupe Total, historien ouvert aux autres historiens.

Les membres de la famille de Gérard Bardet qui nous ont fait confiance pour séparer dans ses mémoires inédites ce qui appartient à l'histoire et ce qui relève de la vie privée.

Guy Sabin qui nous a ouvert sa porte et celles de ses amis.

Paul Berliet, François Bloch-Lainé, Jacques Foccart, Léon Gingembre, François Lehideux, Paul Ricard.

Ainsi que tous les autres, innombrables, qui ont bien voulu nous accorder un entretien ou nous communiquer un document et qui sont, le plus souvent, cités au fil des pages.

Tous ceux, très nombreux, qui d'un mot, d'une recommandation, d'une adresse nous ont aidés ou ont essayé de le faire. Et notamment Berthe et Jacques Burko, Michel Tropper et Claude Weisbuch.

Guy Arnoux, Odette et René Boyer, Claudine Fraenkel, Anne Kostromine, Raymond Laplaine, Pierre Mény, Joseph Oms, Michel Peyraud, Dominique Roitman, Annie Ruiz.

Odile Jacob et ses collaborateurs, notamment Sophie Bazerolle et tous ceux qui ont participé à la « transmutation » d'un manuscrit surchargé d'annotations en un livre.

Jean-Luc Fidel et son prédécesseur Abel Gerschenfeld qui ont cru à l'intérêt d'une telle enquête et qui, chez l'éditeur, nous ont fait bénéficier de leurs conseils... sans se laisser décourager par le temps qui passait.

Béchir Ben Yamed, qui a permis à l'un d'entre nous de pouvoir consacrer une grande partie de son temps à ce travail durant plusieurs années.

Un merci tout particulier à nos compagnes, Françoise et Véronique, dont la patience a été mise à rude épreuve et qui nous ont pourtant encouragés durant toute la gestation de ce livre, ainsi que nos familles.

Nous serions tentés de rajouter à cette liste quelques « non-remerciements ». Ils iraient à ceux qui estiment de leur devoir d'empêcher l'accès aux archives dont ils ont la garde de près ou de loin ou ne nous ont pas aidés à recueillir des témoignages et qui nous ont parfois fait perdre beaucoup de temps. Nous ne sommes pas assez rancuniers pour citer des noms.

SOMMAIRE

AVANT-PROPOS

L'ÉPREUVE DE VÉRITÉ

« Je n'ai vu aucun de vous, messieurs, à Londres... Ma foi, après tout, vous n'êtes pas en prison. » Ainsi aurait parlé de Gaulle, s'adressant peu après la Libération à une délégation de patrons venue le rencontrer. Cette phrase apocryphe, rapportée au début des années cinquante par l'historien américain Henry W. Ehrmann[1], doit-elle être prise à la lettre ? Si le message que véhicule cette apostrophe bien gaullienne correspondait à la réalité, deux des principales idées reçues après guerre et qui persistent pour une bonne part aujourd'hui s'en trouveraient validées. La première peut s'énoncer ainsi : les patrons, sous l'Occupation, n'ont pas participé à la Résistance, ont soutenu Vichy et ont tous, sauf exception, collaboré au moins économiquement avec les Allemands. La seconde : il n'y a pas eu d'épuration patronale à la Libération et les principaux profiteurs des malheurs du pays lorsqu'il était sous le joug allemand n'ont finalement encouru aucune sanction digne de ce nom. Après avoir lu cet ouvrage, le lecteur aura pu se faire sa propre opinion sur ces deux points. Mais sans doute, du moins nous l'espérons, aura-t-il surtout acquis la conviction qu'en s'interrogeant sur le comportement réel des patrons français pendant la période qui va de la veille de la guerre jusqu'aux lendemains de la libération du territoire, on découvre bien d'autres questions et bien d'autres manières d'aborder un tel sujet, qui n'en devient que plus passionnant.

Les auteurs, deux « produits » du *baby-boom* d'après guerre, n'étaient pas particulièrement prédisposés à tenter l'aventure de s'atteler, pendant quatre longues années, à un tel ouvrage sur la période de l'Occupation. Mais leur curiosité était attisée depuis longtemps par des constatations qui ne sauraient laisser indifférents des professionnels de l'information économique. Alors que les livres sur les aspects militaires, politiques, diplomatiques de la Seconde Guerre mondiale se comptent par milliers, rares sont ceux qui abordent cette période sous l'angle économique, même s'il existe des « classiques » signés par Alfred Sauvy[2], Alan S. Milward[3] et quelques autres. Plus rares encore sont ceux qui, évoquant le cas de la France, s'interrogent sur le destin des entreprises et de leurs responsables pendant la première moitié des années quarante. Un tome de l'imposante *Histoire de l'épuration* de Robert Aron[4], très indulgent pour les dirigeants de société, un compte rendu des principales communications entendues lors d'un colloque pionnier de 1986 fondé notamment sur diverses études sectorielles et régionales sur la vie des entreprises de 1940 à 1944[5], quelques ouvrages sur le destin de la sphère patronale sous Vichy rédigés par des historiens anglo-saxons[6]... et c'est tout, ou peu s'en faut. Si on trouve ici et là, dans bien des livres, des thèses, des mémoires, des revues, des journaux, des éléments épars, souvent fort intéressants, il n'existe en fait à ce jour aucun véritable ouvrage synthétique évoquant le sort et l'attitude des patrons et de leurs sociétés sous l'Occupation. On observe la même lacune dans l'historiographie quand on passe du général au particulier : la plus grande partie des histoires d'entreprises, sans parler des plaquettes éditées par les sociétés fêtant leur centenaire ou tout événement de ce type, s'arrêtent en 1939, commencent en 1945 ou, d'une manière ou d'une autre, éludent totalement ou partiellement la période, traitée comme une parenthèse dans le fil du temps[7]. Certains auteurs expliquent volontiers ce mystérieux « raté » de leur travail : soit leur documentation était très faible, faute, curieusement, de sources disponibles ou accessibles au sein de l'organisation étudiée sur ces années-là — et seulement sur ces années-là — ; soit leur travail, réalisé dès l'origine avec le concours de la firme considérée, n'avait été rendu possible que parce qu'ils s'étaient engagés formellement à ne pas évoquer l'époque de l'Occupation ou à « glisser » plus ou moins rapidement dessus.

Que le sujet soit sensible — c'est un euphémisme —, tout historien ou journaliste s'intéressant aux entreprises et rencontrant des dirigeants a eu maintes occasions de le pressentir au cours de ses enquêtes. Un jour, dans un moment de confidence, l'un des plus grands banquiers de la place, évoquant l'un de ses illustres prédécesseurs, vous confie, un brin de malice dans le regard : « Nous sommes dans le bureau de P., vous savez. Il s'en est finalement bien tiré à la Libération. » Un autre jour, l'intermédiaire qui vous a permis de rencontrer dans une grande ville de province son ami l'industriel B., dont les usines font vivre une bonne partie de la population locale, vous met en garde : « Surtout ne lui parlez qu'avec précaution de l'époque de Vichy, car il a eu des ennuis ensuite. Il risque de s'énerver et de mettre vite fin à l'entretien. » Les exemples anecdotiques de ce type — ces deux-là ont été vécus par les auteurs — pourraient être multipliés. Les noms qu'on ne prononce plus dans les couloirs du siège ou lors des commémorations, les démissions inexpliquées ou mal expliquées après guerre, les origines mystérieuses de sociétés qui ont fêté récemment leur cinquantenaire... les traces du refoulement plus ou moins réussi de quatre années de l'histoire de la quasi-totalité des entreprises sont innombrables. Y a-t-il tant de secrets honteux à dissimuler derrière les portes des bureaux directoriaux ? Pas toujours. Il semble bien que, souvent, personne ne sache précisément ce qu'il faudrait effectivement cacher ni même s'il y a véritablement quoi que ce soit à dissimuler. C'est le propre des tabous que de susciter des comportements irrationnels. Surtout quand il s'agit d'un double tabou : celui lié d'une manière générale à l'occupation allemande et à Vichy ; celui lié à la discrétion légendaire des milieux d'affaires français dès que l'on envisage de leur poser librement des questions précises.

Inutile donc de le souligner : malgré leur familiarité avec le monde des entreprises et des organisations professionnelles, ce n'est pas auprès d'elles — sauf rare exception — que les auteurs ont trouvé la plupart des informations qu'ils recherchaient. Ils se sont même heurtés régulièrement à des portes closes. Et les courriers sont souvent restés sans réponse. Quelques grands patrons seulement ont accepté, comme Paul Berliet, de parler d'un passé douloureux ou, comme Paul Ricard, de se laisser déranger dans leur retraite. Et peu nombreuses sont les sociétés qui ont démontré, à l'instar de Total, qu'elles considéraient comme normal, sinon de tout montrer, du moins de recevoir un chercheur en quête de documentation. Heureusement, si on ne se décourage pas, on rencontre, au fil de l'enquête, suffisamment de vieux messieurs, acteurs ou témoins de la vie économique sous l'Occupation, cadres supérieurs, hauts fonctionnaires, responsables d'organismes patronaux, militants syndicaux, qui ont fini par juger convenable, au bout d'un demi-siècle, d'aider ceux qui veulent faire œuvre d'historien à comprendre cette époque cruciale. Récits et, parfois, documents inédits à l'appui. Par ailleurs, pourvu qu'on y mette quelque acharnement, on s'aperçoit que les travaux écrits — publiés ou non — dont on arrive à obtenir communication procurent mille précisions qui permettent de nourrir ou de compléter des enquêtes déjà amorcées. Les historiens, surtout depuis une dizaine d'années, ont élargi leur champ d'investigation et travaillent de plus en plus sur des thèmes liés à la vie des affaires à diverses époques, dont celle qui nous intéresse. Enfin, si on ne se fie pas trop aux rumeurs affirmant le contraire, on découvre que les archives publiques, à commencer par les Archives nationales, sont riches et, au bout du compte, plus « exploitables » et moins fermées qu'on ne le croit souvent. Elles comprennent en particulier, outre les précieux documents des administrations, des centaines de sténographies de procès et d'épais dossiers d'instructions concernant des dirigeants et des entreprises mis en cause — à plus ou moins juste titre — à la Libération. Ce qui donne accès, quand on arrive à les consulter, à une information dont l'objectivité n'est certainement pas toujours garantie — les juges et encore moins les accusés n'ont pas pour principal souci d'établir la vérité historique ! —, mais qui a le mérite d'être à la fois contradictoire et produite peu de temps après les faits relatés.

Contrairement à leurs craintes initiales, et à leur propre étonnement, les auteurs n'ont donc pas manqué, en tout cas quantitativement, de matière pour proposer cette vue d'ensemble sur le comportement des dirigeants d'entreprise et des hommes d'affaires sous l'Occupation — d'où l'ampleur, non préméditée, de cette enquête. Qui dit vue d'ensemble ne dit pas bien entendu exhaustivité. Même si une bonne partie des sociétés phares de l'époque apparaissent au fil des chapitres, cet ouvrage ne vise nullement à proposer un examen systématique des activités de toutes les sociétés importantes pendant cette période. Certaines branches, comme les industries culturelles (édition, presse, cinéma, etc.), sur lesquelles beaucoup a déjà été écrit, ont été volontairement négligées. Les exploitants agricoles et les petits industriels ruraux, malgré des entretiens avec certains d'entre eux qui ont permis aux auteurs de compléter leurs impressions sur la période, n'occupent pas ici la place qu'ils mériteraient dans une description parfaitement équitable de l'économie française des années trente et quarante, où ils étaient encore majoritaires.

Les auteurs se sont néanmoins efforcés de multiplier les exemples et de les choisir, surtout pour les principaux, de la façon la plus variée afin de permettre au lecteur de « visiter » la plupart des grands secteurs d'activité : l'automobile, avec le cas de Berliet, le bâtiment et les travaux publics, avec Sainrapt et Brice, l'énergie, avec la Compagnie française des pétroles, la distribution, avec les Galeries Lafayette, la banque, avec la Société Générale ou Worms, l'industrie alimentaire, avec Ricard, les transports, avec l'armement Fraissinet, l'aéronautique, avec Hispano-Suiza, la chimie, avec l'Air Liquide, etc. Quant aux PME, évidemment de notoriété moindre, elles sont nombreuses à être citées au fil des pages pour faire apparaître la spécificité de leur situation à l'époque. Mais la principale ambition de ce livre n'est pas pour autant uniquement de nature descriptive. En s'appuyant en grande partie sur une collection de récits, il veut donner une idée de la façon dont les Français, et en particulier les dirigeants d'entreprise, ont affronté les problèmes concrets dans leur cadre de travail au début des années quarante. Cela devrait aider à envisager les comportements des uns et des autres en allant regarder, du moins quand cela s'impose, au-delà des préjugés sur la période.

Voilà pourquoi le parcours que propose l'ouvrage s'articule autour de grands thèmes illustrant en dernier ressort les marges de choix et les contraintes auxquelles ont été confrontés les acteurs de la vie économique pendant ces quatre années à tous égards exceptionnelles. La première partie privilégie l'examen des relations entre les chefs d'entreprise et les Allemands. Elle traite donc de la question centrale de la collaboration économique mais aussi — on verra qu'il y a à dire à ce sujet — de la participation des entreprises et des patrons — du moins certains d'entre eux — à la résistance contre l'occupant. Il s'agit cependant moins là de louer quelques attitudes courageuses ou de dénoncer des actes plus ou moins condamnables que de repérer les nouvelles « règles du jeu » qui ont alors présidé, avec toutes leurs conséquences, à l'activité des sociétés et de déceler les logiques à l'œuvre lorsque les patrons prenaient des décisions qu'on appellerait aujourd'hui, dans le vocabulaire managérial, « stratégiques ». À cette condition, on peut en effet tenter de proposer une analyse non manichéenne des comportements des dirigeants sous l'Occupation, qu'ils aient été finalement considérés par leurs contemporains comme agissant sur le versant de la collaboration ou sur celui de la résistance. C'est dans cette partie de l'ouvrage, également, qu'en nous appuyant principalement sur un récit détaillé de l'extraordinaire destin de Joseph Joinovici nous démonterons les mécanismes du marché noir « industriel » dont les principaux instigateurs, au début des années quarante, ne furent autres que les Allemands.

Mais pendant l'Occupation se déroule aussi, bien qu'en matière économique on sous-estime régulièrement cet aspect des événements, une histoire entre Français. Le pétainisme représente un phénomène politique et idéologique en soi ; on ne saurait en rendre compte, pour en mesurer les effets sur la vie des entreprises, en s'en tenant à une étude de la collaboration franco-allemande. Toute la seconde partie de l'ouvrage est donc consacrée, une nouvelle fois force exemples à l'appui, à évoquer les relations, directes ou indirectes, entre le monde des affaires et le régime de Vichy et leurs conséquences sur l'activité des sociétés. Deux chapitres analysent le processus implacable de l'« aryanisation » des « entreprises juives » puis établissent la responsabilité de l'administration française et des organismes professionnels qu'elle avait créés dans la gestion de cette politique avouée et assumée d'élimination de « l'influence juive de l'économie française », selon les termes mêmes d'une loi adoptée à Vichy. Avant et après, on apprendra aussi, sur un registre moins grave, comment le combat hygiéniste du gouvernement très moralisant arrivé au pouvoir après l'armistice a pu faire basculer du jour au lendemain le destin d'un célèbre fabricant de pastis obligé de « repartir de zéro », comment se transforme l'activité des firmes d'un secteur — le transport maritime — entièrement réquisitionné, comment est née au début des années quarante la réglementation qui a régi jusqu'à très récemment l'activité des banques françaises ou à quoi peut ressembler la vie interne d'une usine dirigée par des militants purs et durs de la cause du maréchal. On se demandera enfin quelle a été l'influence réelle des grands dirigeants d'entreprise à Vichy, où la crainte de certains activistes de voir ces derniers « noyauter » le ministère Darlan a conduit à l'incroyable affaire du « complot de la Synarchie » et comment une étonnante équipe de jeunes patrons a pu se fourvoyer dans les allées du pouvoir en imaginant possible de réaliser ses rêves modernistes dans le cadre du nouveau régime.

C'est dire, une fois de plus, que cette enquête essaie, sans l'éluder, de dépasser l'éternelle question leitmotiv : « Alors, les patrons, tous collabos ? » Le choix délibéré d'organiser, dans la majorité des chapitres, le récit autour du destin d'un personnage s'explique ainsi. Outre l'agrément de lecture qu'elle pouvait offrir au lecteur, cette approche nous a paru en effet comporter un mérite : elle permet de mieux faire apparaître et par là même de comprendre, dans toute leur complexité, les comportements des hommes. C'est important à plusieurs titres. D'abord, bien entendu, parce qu'il faut se méfier des généralisations hâtives en observant que chaque patron a un caractère, des idéaux, un certain sens de sa responsabilité vis-à-vis de son personnel ou du pays, une conception des intérêts — à commencer par les siens propres ou ceux des actionnaires — qu'il a à défendre, et qu'on ne peut guère interpréter ses décisions sans en tenir compte. Mais surtout parce qu'entre 1940 et 1944 aucun choix n'était *a priori* totalement libre ou évidemment simple pour un dirigeant, même lorsqu'il avait opté très clairement pour un camp. On peut d'ailleurs relever comme symptomatique ce fait qu'à part peut-être vis-à-vis du STO (Service du travail obligatoire), et encore, aucune attitude d'ensemble n'a pu alors être observée sur le terrain au sein de la « population » patronale. Du moins une fois admis par la quasi-totalité d'entre eux que les usines continueront à fonctionner. Le risque de privilégier une telle « méthode » subjective est cependant évident, comme le prouvent, si nécessaire, les deux sens qu'on peut attribuer au mot comprendre : explique-t-on ou excuse-t-on plutôt un comportement qu'on comprend ? Libre au lecteur, donc, de ne pas partager toujours nos jugements ; nous les avons pour notre part toujours voulus mesurés et appuyés sur des faits ou des analyses explicites.

Avant d'entreprendre la lecture de cet ouvrage et de se forger une opinion sur les questions brûlantes qu'il aborde, sans doute faut-il avoir à l'esprit quelques éléments essentiels de contexte, dont le familier de la période pourra s'épargner la lecture. Une évidence d'abord : l'échelle des préoccupations et des valeurs n'est pas la même au début des années quarante et au milieu des années quatre-vingt-dix. Cinquante ans après la Libération, en période de paix, ce n'est plus, comme autrefois, à l'aune du seul patriotisme qu'on juge les comportements des responsables. Si l'on oublie d'ailleurs par mégarde que le second conflit mondial ne débute que vingt ans — moins d'une génération — après la fin de la Grande Guerre victorieuse de 1914-1918, au cours de laquelle bien des patrons qui seront réputés collaborateurs se sont conduits en jeunes héros, on se condamne à ne rien comprendre aux motivations de tous les acteurs de la période. Cette survalorisation patente, à l'époque, d'un seul critère de jugement des attitudes individuelles ou collectives explique en grande partie, par exemple, pourquoi les persécutions raciales et leurs conséquences économiques ont tenu si peu de place dans les procès de dirigeants à la Libération : il était alors considéré comme plus grave d'avoir accepté, même contraint, la plus petite commande allemande que d'avoir participé directement à l'« aryanisation » d'entreprises dites juives. Il faut aussi avoir en tête l'état d'esprit des patrons quand survient le choc de la défaite et l'armistice, que la majorité d'entre eux appelle sans aucun doute de ses vœux. Les grandes grèves et les occupations d'usines de 1936 qui ont traumatisé la quasi-totalité des chefs d'entreprise peu habitués à voir leur autorité à ce point contestée par le personnel datent de trois ans à peine. Et comme beaucoup de patrons ont déjà commencé, depuis 1938 souvent, à tenter de prendre leur « revanche », les blessures des uns et des autres, après des mois et des mois de luttes sociales intenses, vécues comme autant de batailles perdues ou gagnées, ne sont pas cicatrisées dans bien des entreprises en 1940 malgré la trêve qu'a instaurée la mobilisation industrielle depuis la déclaration de guerre. L'« expérience » désagréable vécue à la fin des années trente par tant de chefs d'entreprise nourrit si nécessaire leur antiparlementarisme. Évoquer dans le monde patronal le rejet de la troisième République, du moins telle qu'elle fonctionne, et le besoin d'une réforme autoritaire de la politique mais aussi de l'économie — dans une perspective progressiste pour certains, réactionnaire pour les autres — est alors énoncer une banalité.

Très concrètement, par ailleurs, dans quel état est la France au moment où débute l'Occupation ? L'armistice du 22 juin 1940 coupe la France en plusieurs zones. La zone « libre », ou Sud, ou non occupée, est la seule où l'autorité du gouvernement de Vichy s'exerce vraiment. Elle comporte essentiellement les Pyrénées, Toulouse et sa région, le massif Central, la vallée du Rhône (y compris Lyon), les Alpes et le Midi. Cette partie du pays est plus pauvre en productions de toutes sortes, à commencer par les denrées agricoles de base, que la zone occupée. Elle sera envahie par les Allemands en novembre 1942 après le débarquement des Alliés en Afrique du Nord. Jusqu'à cette date, les colonies d'Afrique étaient restées sous le contrôle de Vichy, à l'exception de l'Afrique-Équatoriale française et du Cameroun, qui font dissidence dès l'été 1940.

Il vaudrait d'ailleurs mieux parler des zones occupées que de la zone occupée. En effet, le Nord et le Pas-de-Calais, très importants sur le plan économique avec les charbonnages notamment, sont rattachés à l'état-major d'occupation de Bruxelles. L'Alsace et la Lorraine, qui avaient déjà été annexées à la Prusse entre 1870 et 1918, sont germanisées et le Reich accapare certaines de leurs productions, notamment le minerai de fer de l'Est. Une fois passés les premiers temps de l'Occupation, où les principaux pourparlers se déroulent à Wiesbaden, dans le cadre de la Commission d'armistice, la plupart des négociations économiques ont lieu à Paris, avec les autorités allemandes du Majestic. Certaines administrations françaises restent dans la capitale mais les ministres sont à Vichy et le gouvernement français est représenté officiellement sur les rives de la Seine par un « ambassadeur ». D'après tous les témoignages, l'ambiance est très différente dans les deux zones.

La vie agitée du gouvernement se découpe en trois grandes phases. Pierre Laval, qui aide Pétain à prendre le pouvoir et fait tout pour gagner la confiance des Allemands, agit comme une sorte de Premier ministre jusqu'au 13 décembre 1940. Après un court intermède, l'amiral Darlan prend la tête du cabinet jusqu'à ce que Pétain rappelle Laval en avril 1942.

En matière d'économie, pendant les premiers mois de l'Occupation, les Français auront grand-peur de la paralysie de l'activité et du chômage. Puis, l'importance des prélèvements et des commandes allemandes aidant, non seulement le chômage va disparaître, mais il y aura même un déficit de main-d'œuvre. Paradoxalement, l'argent est abondant. Pendant longtemps, les Allemands pourront dépenser sans compter grâce aux frais d'occupation considérables qu'ils exigent. Beaucoup d'entreprises sont relativement prospères car, à cause des pénuries, elles font des économies forcées sur les dépenses d'entretien et d'investissement.

Le souvenir d'une autre grande réalité s'est transmis par la tradition orale, le cinéma ou les romans : la pénurie de produits de première nécessité, qui impose le rationnement et son corollaire le marché noir. Cette répartition de la rareté n'affecte pas seulement les particuliers. On retrouvera régulièrement deux institutions nouvelles nées avec l'Occupation, les « comités d'organisation », qui sont notamment chargés de partager les matières premières entre les entreprises d'un secteur déterminé, et les « offices de répartition », qui, au sommet, les attribuent aux différents secteurs. Les entreprises françaises découvrent ainsi une certaine forme de planification paraétatique et le pouvoir d'un nouveau ministère, celui de la Production industrielle.

La France qui vit ces épreuves n'est pas celle d'aujourd'hui. Une commodité cependant : la valeur d'un franc actuel est grossièrement celle d'un franc de 1943-1944. Entre-temps, l'inflation a divisé sa valeur par cent, mais de Gaulle, en décrétant en 1958 qu'il fallait cent anciens francs pour faire un nouveau franc « lourd », a largement « compensé » cette érosion monétaire. Pendant la guerre, les prix ont dérivé, sur le marché noir notamment. En 1944, ils sont deux fois plus élevés qu'au début de l'Occupation. Mais la grande envolée de l'inflation est postérieure à la guerre. Si le lecteur assimile les francs de l'Occupation à des francs de 1995, l'ordre de grandeur est donc toujours respecté. Pour être plus précis, d'après les coefficients calculés par l'INSEE, un franc de 1939 valait plus de deux fois un franc de 1993 (2,23 fois) et un franc de 1944 ne valait plus que 0,883 fois un franc de 1993.

Encore faut-il prendre conscience d'une autre grande différence : la prospérité du pays n'était pas la même. Le Français moyen de 1993, si on se fie à l'évolution du produit national, bénéficie de sept fois plus de richesse que le Français moyen de 1938. En 1938, un ouvrier tailleur gagne environ 20 francs de 1993 de l'heure à Paris, un tourneur sur métaux un peu plus de 28 francs, alors qu'en 1993 le SMIC horaire est voisin de 35 francs. En 1938, un litre de lait vaut 4 francs de 1993, un kilo de pommes de terre 2,20 francs et un kilo de côtes de porc 46 francs. Une famille ouvrière moyenne de quatre personnes consacre environ 60 % de son budget à l'alimentation. En revanche, la part moyenne du logement est de 15,7 % aujourd'hui alors que le loyer ne comptait que pour 10 % dans le budget de l'ouvrier de 1938. Il était souvent mal logé, les taudis étaient un sujet de préoccupation constant de la politique sociale, mais il ne payait pas trop cher son toit, les loyers ayant été sévèrement encadrés après la guerre de 1914-1918, comme ils le seront à nouveau en 1948.

La totalité du parc automobile roulant en 1938 (1,818 million de véhicules) est mesurée par un chiffre inférieur à celui des nouvelles immatriculations en douze mois dans les années quatre-vingt-dix (plus de 2 millions). C'est moins du dixième du parc actuel (24 millions au 1er janvier 1993). En revanche, 8,8 millions de plaques de vélocipèdes ont été renouvelées en 1938, car l'État n'oubliait pas de taxer ce moyen de transport important à l'époque.

La France d'avant guerre reste un pays rural. Les agriculteurs y représentent encore plus de 30 % de la population active contre moins de 5 % aujourd'hui. Mais alors qu'on ne sait comment l'empêcher de trop produire de nos jours, l'agriculture de l'avant-guerre, l'une des plus arriérées d'Europe, n'arrive pas à nourrir le pays, qui continue à importer nettement plus de biens alimentaires qu'il n'en exporte.

Enfin, la France de la troisième République est un pays de petits patrons, et ce sera, par moments, très important pour comprendre les pages à venir. Sans compter les 4,4 millions d'exploitants agricoles, ils sont 3,5 millions en 1938, alors qu'aujourd'hui, avec une population active du même ordre de grandeur, on ne dénombre plus que 1,7 million de chefs d'entreprise, artisans et commerçants. Quand on lit « petit patron », il ne faut pas imaginer seulement des boutiquiers. Les branches industrielles les plus modernes sont beaucoup plus éclatées qu'aujourd'hui : le nombre des producteurs de postes de radio, qui se comptent aujourd'hui sur les doigts de la main, est alors de quinze mille !

Le pays dont nous allons évoquer l'histoire et qui sort à peine de la crise de 1929 compare en hésitant les bienfaits et les contraintes de la modernité. Cette interrogation face à l'avenir, le souci de « résoudre » la question sociale restée sans réponse définitive depuis 1936, la crainte de la concurrence attisée par l'effondrement de l'activité au milieu des années trente, voilà ce qui mobilise les patrons, qu'ils soient puissants ou non, à la veille de l'armistice. Ces préoccupations ne disparaîtront pas, au contraire, lors des années suivantes, après l'arrivée des Allemands. Pendant les guerres, on a en général tendance à considérer de tels enjeux comme futiles, secondaires, face à l'urgence. Mais la France, sur la quasi-totalité de son territoire, on l'oublie trop souvent, n'est pas en guerre entre l'été 1940 et l'été 1944. C'est un pays aux deux tiers puis en totalité occupé, dans lequel l'activité continue, les hommes se rencontrent, les lendemains — bien qu'incertains et sujets à évolution — se préparent. François Ceyrac, l'ancien président du CNPF, le disait à sa manière, dans le cadre évidemment d'un plaidoyer *pro domo*, en répondant ainsi à l'apostrophe gaullienne évoquée au début de ce texte : « Non, mon général, nous n'étions pas à Londres. Nous sommes chefs d'entreprise et, à ce titre, responsables des industries et des salariés de ce pays. Nous étions dans nos usines, avec notre personnel, pour éviter qu'à la débâcle militaire ne s'ajoutent la déroute économique et la mainmise directe des occupants sur nos ressources[8]. » Il est loin d'être certain, on le verra, que les patrons aient alors eu en majorité des intentions aussi pures. Mais il est vrai qu'ils étaient tous au travail, persuadés de n'avoir pas le choix : les machines doivent continuer à tourner.

On peut penser que cette décision collective « de fait » — poursuivre très naturellement l'activité sous l'Occupation — est la plus importante de toutes. Car elle a conduit rapidement les patrons, confrontés aux Allemands et à Vichy, à devoir arbitrer en permanence entre des tactiques ou des stratégies qui ne pouvaient jamais être considérées comme neutres. Il est des moments où, même quand on ne le voudrait pas, il est strictement impossible de ne pas avoir — et même de ne pas faire — de politique. Se contenter, entre 1940 et 1944, de gérer ses affaires « comme toujours », ou de suivre « simplement » les directives des autorités, n'est-ce pas déjà prendre position ? Voilà sans doute pourquoi cette période, comme on l'a dit, a été si souvent occultée par la suite par les directions d'entreprise. On sait bien qu'à l'époque toutes décisions prises, même les plus défendables, sont à la fois discutables et révélatrices. Les patrons se retrouvent alors mis à nu. Aujourd'hui comme hier, on se demande souvent quels sont en fin de compte les véritables motivations, les ressorts les plus profonds du comportement de ces personnages clés des sociétés contemporaines. Sont-ils avant tout, sinon uniquement, les défenseurs obstinés d'intérêts privés ? Ou peuvent-ils avoir une autre conception de leur « mission » ? Soumis à l'épreuve de vérité de l'Occupation, les dirigeants d'entreprise ne pouvaient éviter de répondre en acte à de telles questions.

I

FACE AUX ALLEMANDS

Première partie

PATRONS DANS UN PAYS VAINCU

I

« J'AI VU LA CHOSE UNIQUEMENT EN CHEF D'INDUSTRIE. »

Marius Berliet, le prototype du patron collaborateur ?

À la mi-septembre 1944, moins de deux semaines après la libération de Lyon, alors que les liaisons avec la capitale ne sont toujours pas redevenues normales, un avion portant une croix de Lorraine peinte sur le fuselage se pose sur l'aérodrome de Bron. En descend le héros de la France libre, le général de Gaulle. Le plus haut responsable local, en ces temps très troublés de reprise en main progressive du pays, Yves Farge, Grégoire dans la clandestinité, commissaire régional de la République, l'attend en bas de la passerelle. Son illustre visiteur, raconte-t-il, lui demande immédiatement le programme de la journée. Il le renseigne en énumérant diverses rencontres prévues avec des chefs de maquis, qui seront suivies d'un repas avec des résistants, quand de Gaulle l'interrompt : « Et les autorités ? » La réponse fuse : « En prison, mon général[1] ! »

Le bouillant Yves Farge, en effet, n'a guère attendu pour passer à l'action en matière d'épuration. Les Allemands sont définitivement chassés de la capitale rhodanienne dans la journée du dimanche 3 septembre. Dans la nuit, il prend ses premières décisions, exécutables dès le lendemain matin. Au premier rang de celles-ci, la délivrance de cinq mandats d'arrêt, les cinq premiers, contre les personnalités qui lui paraissent symboliser le mieux la soumission aux Allemands ou à l'ordre ancien, celui de Vichy, qu'il s'agit de faire disparaître au plus vite. Parmi ces hommes à appréhender en toute priorité, outre Charles Maurras, l'intendant de police Cussonac et le procureur général Ducasse, ces deux figures du patronat lyonnais que sont le fabricant de matériel électrique Joseph Visseaux, et surtout le pionnier de l'automobile Marius Berliet[2].

Chez ce commissaire de la République proche des communistes, la volonté de s'occuper immédiatement de chefs d'entreprise compromis et le choix même des premiers élus ne relèvent certes pas de l'improvisation.

Farge sait depuis avril 1944, lorsque Michel Debré lui a appris sa nomination, quelle sera sa fonction dès la reconquête de la région Rhône-Alpes ; il a donc eu le temps de réfléchir aux mesures à prendre d'urgence le jour dit. Moins d'une semaine avant son installation à Lyon, le 28 août 1944, il ne faisait d'ailleurs pas mystère, dans une instruction écrite aux préfets nommés pour l'assister dans chaque département, de l'importance qu'il accordait à l'épuration dans la sphère patronale. Après avoir annoncé dans ce texte très officiel qu'il ouvrait « une information judiciaire contre X pour complot économique », Yves Farge motivait ainsi auprès de ses subordonnés cette décision : « Profitant de l'occupation du pays par l'ennemi et de la contrainte qui pesait sur notre peuple, une véritable coalition capitaliste a tiré d'énormes profits des malheurs de la France [...]. Les responsables et les profiteurs de cet état de choses ont collaboré avec l'ennemi dans sa tâche de destruction. Ils doivent être frappés à tous les échelons[3]. » Et ils vont être frappés sans attendre, celui que l'on surnomme depuis des années le « roi du poids lourd » en tête.

Le lundi 4 septembre 1944, en début de journée, un groupe de jeunes FFI en armes sonne à la porte d'une belle villa, décorée par le célèbre Majorelle de l'école de Nancy, avenue Esquirol, à la périphérie de Lyon. Le chef de la petite troupe a dans ses mains une liste de noms — aux cinq déjà cités s'en sont déjà ajoutés divers autres — et il demande à Louise Berliet, qui vient lui ouvrir, d'aller chercher son mari, le dénommé Marius Berliet, né à Lyon en 1866. Inutile. Ce dernier, pas totalement surpris de ce qui lui arrive, apparaît en face d'eux. « Mandat d'amener contre vous. Préparez-vous. On vous emmène », s'entend-il dire. « Où me conduisez-vous ? » La réplique est on ne peut plus claire : « À la prison militaire, à Montluc. » L'un des membres de son escorte témoignera en ces termes de l'effet que lui a fait ce jour-là l'arrestation d'un tel « Monsieur » : « Si t'avais vu le bonhomme. Impressionnant... Grand. Avec sa veste chasseur et ses leggins. Tu sais à qui il m'a fait penser ? À l'autre vieux, celui de Vichy. Pétain. » Et il ajoutera : « Tout de même, quand je vais écrire chez moi que j'ai foutu Berliet au trou[4]... »

Au-delà de sa naïve émotion, qui ne l'empêche pas d'être physionomiste car la ressemblance avec Pétain est effective, ce jeune troufion qui vient d'arrêter l'homme dont le nom est en France presque synonyme de camion ne se trompe pas sur l'importance de la prise. Car Marius Berliet restera incontestablement dans bien des esprits, et souvent jusqu'à nos jours, le prototype même du patron collaborateur des années 1940-1944. Le seul nom assurément encore plus évocateur à cet égard est sans doute, à tort ou à raison, celui de Louis Renault, du fait de la spectaculaire nationalisation de son entreprise, accusée à la Libération d'avoir été « un instrument de l'ennemi »*. Mais à la différence de son

* L'expression est celle employée dans l'ordonnance du 16 janvier 1945, signée de Gaulle, portant nationalisation des usines Renault. Elle est représentative de l'idée généralement admise depuis lors, renforcée par le souvenir d'une très inopportune rencontre entre le constructeur et Hitler en 1938, selon laquelle Louis Renault fut incontestable

homologue de Billancourt, mort dans des conditions controversées en octobre 1944 dans une clinique où il a été transporté en piteux état après quelques semaines d'emprisonnement, le patriarche de Vénissieux sera, lui, bel et bien condamné en juin 1946, ainsi que ses fils, à l'issue d'un retentissant procès. Et sa famille, en l'occurrence Paul Berliet, successeur désigné, ne pourra remettre les pieds pour la première fois dans « ses » usines, réquisitionnées dès le 5 septembre 1944 par Yves Farge avant de devenir pendant cinq années le siège de la plus importante expérience française de « gestion ouvrière » d'après guerre, qu'en 1952, quatre ans après sa sortie de prison.

Alors, Marius Berliet et ses fils, champions de la collaboration économique avec l'Allemagne nazie, une affaire entendue ? La justice du temps de l'épuration, par son verdict, a tranché dans ce sens, comme le souhaitait Yves Farge à la Libération. Mais il suffit de savoir, pour s'en tenir à un fait que nul n'a pu contester lors du procès de 1946, que Berliet fut, de tous les principaux constructeurs automobiles français, celui qui a, et de loin, le moins livré, en proportion comme en valeur absolue, de véhicules aux Allemands, et cela même après la disparition de la zone libre, pour se garder, y compris dans un tel cas, de conclure hâtivement et sans nuances avant d'avoir été y regarder de plus près. Raconter, telle qu'on peut la reconstituer en multipliant les sources de tous bords, l'histoire de Berliet à cette époque, c'est en effet s'apercevoir non pas, sans doute, qu'il serait

---

ment un patron collaborateur puisque lui-même, comme son entreprise, se mit « au service de l'ennemi ». Certains auteurs, en particulier ceux « compréhensifs » envers le patronat comme Robert Aron (*cf. Histoire de l'épuration*, tome III, Fayard, 1974), s'appuyant sur la décision de classement des poursuites engagées contre le directeur général de Renault, René de Peyrecave, en avril 1949, estiment cependant que les accusations de collaboration avec l'ennemi visant l'homme de Billancourt étaient discutables puisque les livraisons de véhicules aux Allemands par son entreprise ont été alors considérées par la justice comme effectuées sous la contrainte et sans zèle excessif. L'affaire est évidemment complexe et ne se prête pas aux jugements sommaires. D'un côté, il est vrai que la volonté de Louis Renault, sous l'Occupation, de faire passer avant tout la bonne marche des usines et la préservation de leur compétitivité, en refusant de trop s'interroger sur la destination des productions et leur usage par l'occupant, ne fut pas radicalement différente, on le verra, de celle affichée par de nombreux patrons qui furent « blanchis » après la Libération. Et que l'accusation sans doute la plus grave retenue spécifiquement contre le constructeur après guerre, celle d'avoir autorisé, avant de se raviser, la réparation des chars par la Wehrmacht sur les chaînes de production de ses usines pendant l'été 1940, ne fut jamais jugée, de fait, en raison de la disparition du présumé coupable. Mais, d'un autre côté, se référer soit à une absence de jugement, soit à des décisions de justice datant d'une époque où le souci de la reconstruction et de la réconciliation l'avait déjà largement emporté sur celui de l'épuration (*cf.* le chapitre 6 de cet ouvrage) pour conclure à l'« innocence » d'un industriel sanctionné dès 1939 pour manque de zèle face à l'effort de guerre national puis accusé de collaboration économique est pour le moins insuffisant sinon spécieux. Quoi qu'il en soit, et pour en rester à notre propos, la nationalisation des usines Renault à la Libération ne doit pas être attribuée trop vite à une seule cause en s'en tenant à sa justification officielle. Les souvenirs des conflits sociaux d'avant guerre et, plus encore, des considérations de politique industrielle pour l'après-guerre ont pesé sans doute autant que la volonté d'épuration pour faits de collaboration dans cette décision (*cf.*, à ce sujet, le texte de Patrick Fridenson *in Les Nationalisations à la Libération*, Fondation nationale des sciences politiques, 1987).

nécessaire de réhabiliter dans l'opinion publique les accusés de 1946, mais que les comportements d'une famille d'industriels en temps de guerre ne sont guère compréhensibles si l'on s'en tient aux seules apparences et à une appréhension purement politique et morale des événements, construite *a posteriori*, sans référence à ce qu'on appelle aujourd'hui la culture d'une entreprise. Revenons donc en arrière, et même brièvement très loin en arrière, pour mettre en situation l'« affaire Berliet » et tenter d'en restituer la complexité.

Un patron janséniste

Aîné de sept enfants, Marius Berliet est le fils d'un petit artisan lyonnais de la colline de la Croix-Rousse, un fabricant de tissus pour chapeaux qui a suivi, avec le surcroît d'ambition de la génération d'après, le chemin tracé par son père, lequel avait quitté la terre vers 1830 pour aller tenter sa chance en ville comme ouvrier du textile[5]. Il est élevé dans le strict respect de la tradition familiale par des parents, Joseph et Lucie, tous deux fervents adeptes de la Petite Église de France. Celle-ci réunit quelques milliers de schismatiques austères, coupés de la hiérarchie catholique depuis qu'ils ont rejeté le concordat de 1801, qui assujettissait en fait l'Église à l'État, négocié entre le pape Pie VII et Napoléon Bonaparte. Ayant grandi dans cet environnement janséniste, où l'on hume en permanence le parfum d'une persécution plus crainte qu'éprouvée et où l'on cultive sans nuance le sens de la discipline, le jeune Marius, déjà si peu bavard que sa mère craint pour son développement cérébral quand il a cinq ans, suit un destin tout tracé. Après avoir quitté l'école à la fin de l'adolescence, muni d'un simple certificat d'études et d'une orthographe à jamais incertaine, il entre en apprentissage puis rejoint l'atelier paternel dont il a vocation à prendre bientôt la direction, quand son tour sera venu. Le travail et le négoce des soieries ne suscitent chez lui aucune passion, mais la fréquentation des métiers à tisser et autres machines textiles éveille son goût, qui deviendra vite irrépressible, pour la mécanique.

En 1893, à vingt-sept ans, après avoir montré ses capacités d'organisateur en développant la modeste maison familiale au point d'en faire une petite entreprise prospère, Marius Berliet fait construire sur ses propres plans de nouveaux équipements pour l'atelier, en particulier une machine à découper les rubans qui divise automatiquement le tissu et les prix de revient. Mais cet autodidacte bourru et obstiné, amateur de cours du soir et lecteur assidu de journaux techniques ou de vulgarisation scientifique comme la revue *La Nature,* ne peut se contenter de bricoler et mettre au point de banales machines textiles. Les nouvelles voitures à pétrole, dont on parle tant dans la presse de la fin du XIXe siècle, sont autrement excitantes. D'autant que deux jeunes Lyonnais, issus également de familles de soyeux, Émile Lavirotte et Maurice Audibert, sont en train de prouver en ce début de la décennie quatre-vingt-dix qu'il ne s'agit pas d'une lubie réservée aux excentriques de la lointaine capitale : Marius a vu de ses propres yeux une Audibert-Lavirotte rouler sur les bords du Rhône. Après s'être employé avec acharnement à rassembler des informations sur toutes les pièces qui composent le premier véhicule à pétrole lyonnais, après avoir lu et relu le numéro de *La Nature* qui présente le plan du moteur Permington équipant ce dernier, il se décide : il consacrera tout son temps libre et ses économies à dessiner puis à construire « sa » voiture à pétrole.

Six mois d'efforts au cours desquels il reproduit, crée ou achète toutes faites les pièces nécessaires qui entoureront un moteur construit suivant les plans de *La Nature,* et voilà que naît, en 1894, la Berliet n°1, une biplace d'une largeur de 0,85 m, celle de la porte du jardin de la maison familiale. Elle ne roulera que le temps des essais car ce prototype accumule tous les défauts d'une construction amateur. Mais l'aventure a commencé. Son père a beau lui signifier son désaccord face à cette passion pour « des mécaniques dangereuses et malodorantes », l'accuser de ne pas donner comme il se doit la priorité à la défense du patrimoine Berliet, il ne peut rien contre l'entêté qui ose lui rétorquer à la table familiale, d'abord qu'après avoir raté le départ de la bicyclette, il ne peut pas être absent de celui de l'automobile, ensuite qu'il a de toute façon déjà trouvé un premier client, un fabricant de soieries, pour lui confier dix mille francs d'arrhes à valoir sur le prix à la livraison d'une voiturette, enfin qu'il réalisera ce véhicule hors de ses heures de travail, surtout la nuit. En septembre 1896, c'est encore en spectateur immobile que Marius voit passer à Lyon la Panhard-Levassor victorieuse d'un Paris-Marseille-Paris accompli à la vitesse moyenne prodigieuse de plus de 22 km/h. Mais dès l'année suivante, il se joue, en vitesse de pointe, du 40 km/h sur la Berliet n° 2 que son client, devenu mécène, lui abandonne finalement sans même vouloir récupérer sa mise de fonds. De son atelier de mécanique, un appentis de 2,50 m de large qui jouxte l'usine d'un cousin, sortent bientôt, grâce à l'appui financier de presque tous ses proches, des versions améliorées de ce modèle. Dès le 24 janvier 1898, son « système de voiture » est « breveté SGDG », même s'il agit plus comme constructeur et metteur au point de solutions venues d'ailleurs que comme inventeur véritable, plus attiré déjà par la réalisation que par la recherche, par l'industrie que par la compétition.

Au tournant du siècle, juste après la disparition — ce n'est certainement pas une simple coïncidence — de son seul « adversaire » dans son entourage, son père, Marius franchit le Rubicon. Il installe, en 1899, ses trois premiers ouvriers dans un véritable atelier, un local de quatre-vingt-dix mètres carrés acheté à l'un de ses fournisseurs. L'année d'après, il dispose déjà d'une surface cinq fois supérieure. Il se lance, même si en la matière on ne compte encore guère que jusqu'à dix ou à peine plus, dans la fabrication en série et, surtout, il abandonne à son frère Benoît la direction de la fabrique familiale de textiles. Cinq ans plus tard, après avoir au passage — quel symbole ! — racheté en 1903 les usines Audibert-Lavirotte, l'aîné des Berliet règne dans la banlieue de Lyon, à Monplaisir, sur dix mille mètres carrés d'installations industrielles, emploie deux cent cinquante personnes et produit trois cents véhicules en douze mois. C'est l'âge d'or de l'automobile, celui où l'on multiplie les inventions, où les constructeurs apparaissent par dizaines, où l'on peut vendre les véhicules au double de leur prix de revient, celui encore où l'on peut s'entendre proposer par un Américain de passage, un certain M. Pitkin, un incroyable contrat : « Je vous offre cinq cent mille francs pour acquérir la licence de construction des châssis Berliet pour les États-Unis », assure ainsi à Lyon un jour de 1905 à Marius Berliet le président de l'American Locomotive Corporation, un homme d'affaires à la recherche, pour son groupe, d'un modèle déjà conçu en Europe et suffisamment solide pour s'adapter aux conditions routières d'outre-Atlantique. Marché évidemment conclu !

En 1906, grâce à une évolution progressive des châssis, qui atteignent des poids de plus en plus lourds, dépassant désormais largement la tonne, Berliet, sans qu'on puisse attribuer une date précise à cette innovation, a créé le premier (petit) camion de l'hexagone digne de ce nom. La clientèle s'intéresse vite à ce nouveau véhicule, qui, d'amélioration en amélioration, donnera naissance au célèbre CBA. Et, à la veille de la guerre de 1914-1918, même s'il reste un fabricant généraliste, Berliet produit ainsi les deux tiers des poids lourds français. Il le doit en particulier aux importantes commandes de l'armée que lui valent la robustesse et le rapport qualité-prix de ses matériels sans oublier le talent commercial et relationnel de son représentant auprès des autorités militaires à Paris, un personnage surnommé Perrin-chiens car il ne se sépare jamais d'un compagnon quadrupède. Une « fantaisie » difficile à ne pas remarquer dans l'environnement d'un industriel de province qui ne cultive pas l'originalité.

Berliet, sans surprise, est retenu dès l'entrée en guerre de la France parmi les fabricants homologués de matériels militaires, ce qui permettra à une grande partie de son personnel d'éviter les tranchées. On lui commande immédiatement des camions, bien sûr, ces CBA qu'il va désormais fabriquer en grande série, mais également très vite des automitrailleuses, des ambulances et, en grande quantité, des obus. Dès 1915, les obus Berliet rivalisent en qualité avec ceux des arsenaux, et la cadence de production atteint bientôt quatre mille unités par jour. Millerand a visité l'usine dès 1914, Poincaré s'y rendra avant la fin des hostilités. À partir de 1915, l'ensemble industriel Berliet se dédouble avec la construction d'un gigantesque établissement à Vénissieux, le premier en Europe à pratiquer l'assemblage en continu sur tapis roulant, celui de Monplaisir, pourtant déjà très important pour l'époque, se révélant insuffisant. Adepte précoce de Taylor, admirateur de Henry Ford, Marius Berliet, qui songe déjà à l'après-guerre, a tout conçu en fonction de son nouveau credo : il faudra dès que possible concentrer, pour rationaliser la production, toutes ses forces sur un seul type de voiture — il songera bientôt à copier la Dodge américaine, rebaptisée VB — et un seul type de camions, le CBA évidemment. En attendant, en 1917, il fabrique déjà quotidiennement quatre mille cinq cents obus, quarante-cinq camions, dont vingt montés à Vénissieux, et, à la fin de l'année, une quinzaine de chars de type Renault. En 1918, la cadence de production du seul CBA, qu'on surnommera bientôt « le camion de la victoire », atteint mille unités par mois. L'industriel janséniste, admirateur de l'historien légitimiste Jacques Bainville et futur lecteur assidu de Maurras et de *L'Action française*, comme le rapporte notamment son biographe, l'écrivain Saint-Loup, n'est sans doute pas en communion avec les dirigeants politiques républicains et laïques de son pays, mais à l'heure de la victoire, il peut se dire qu'il a bien mérité de la nation et croire — comment savoir ce que l'avenir vous réserve ? — que son brevet de patriotisme est imprescriptible. Louis Loucheur, ministre de l'Armement, ne vient-il pas en personne visiter le constructeur à Lyon pour féliciter le personnel et son encadrement de leur contribution à la victoire ?

Marius Berliet, cependant, pense alors surtout à l'avenir, à la mise en pratique de la stratégie qu'il a élaborée, tout en construisant Vénissieux, pour le retour de la paix. Et c'est vite... la catastrophe. Pour la première fois depuis ses débuts dans la fabrication et la vente des « voitures à pétrole », le dictateur — selon l'expression qui se répandra par la suite pour le désigner chez les ouvriers du groupe — de Monplaisir et Vénissieux perd ses paris industriels. La VB, dont le prix de revient et la fragilité dépassent les estimations les plus pessimistes, tarde à démarrer. Et les acheteurs de camions, dès que les canons se sont tus, se précipitent avant tout sur les surplus militaires à prix bradés. Avec, de surcroît, quelques décisions d'investissement coûteuses et hasardeuses, comme cette aciérie commandée au groupe Carnegie et qui vient d'arriver des États-Unis, des impôts à payer sur les bénéfices de guerre qui dépassent largement les prévisions, l'annulation immédiate des commandes de l'armée — notamment de chars —, en raison de l'arrêt des combats, et une conjoncture des plus moroses, voilà bientôt celui qui n'avait eu de cesse de préparer son entreprise à profiter au mieux de la période d'après guerre au bord de l'asphyxie. La revente en urgence des machines-outils non indispensables et de tous les matériels — aciérie en tête — acquis pour donner un coup de fouet à une production qui ne tient pas ses promesses ne suffira pas à éviter, en avril 1921, ce qui était encore hier impensable : le dépôt de bilan.

La transformation en 1917, au moment de l'euphorie, de son entreprise en société anonyme, pour faciliter en particulier ses rapports avec des partenaires financiers alors même qu'il se lançait dans de lourds investissements, n'a pas, en tant que telle, joué un rôle direct dans cet échec de Marius Berliet. Mais elle témoignait du changement de cap opéré à cette époque dans le parcours jusque-là rectiligne de l'entrepreneur familial traditionnel et prudent, aussi soupçonneux depuis ses débuts à l'égard des technocrates et autres polytechniciens issus des grandes écoles — rien ne vaut, selon lui, les simples techniciens formés dans les ateliers — que des banquiers, tous assimilés dans son esprit à des hommes éloignés des réalités et qui vous abandonnent à la première occasion. Suprême humiliation, ce sont précisément trois banquiers, du Crédit Lyonnais, de la Société Lyonnaise de Dépôts, de la Société Générale de Lyon, que le tribunal de commerce, après avoir accordé le bénéfice du règlement transactionnel à l'entreprise, nomme tuteurs de Berliet. « Marius l'inflexible », comme l'a baptisé Saint-Loup, n'est plus maître chez lui et son patrimoine — un mot qu'il affectionne — est en sursis, du moins tant qu'il n'aura pas remboursé les cinquante-cinq millions de dettes du groupe qui ont été convertis après le jugement, en quasi-totalité, en obligations à vingt ans. Subir, lui l'homme de terrain, le contrôle de « bureaucrates » : une situation qui lui est insupportable.

Une politique d'austérité est nécessaire et elle est adoptée ; elle ne saurait à elle seule suffire à redresser les comptes. Mais en ces heures sombres, la prudence imposée par les circonstances n'empêche pas la détermination et le sens de l'innovation maison de se manifester à nouveau. Côté voiture, on abandonne aussi vite que possible la VB, dont le stock est liquidé en 1926, et on ne cherche plus, en créant et en lançant plusieurs modèles de moins grande série, à attaquer de front les autres constructeurs de premier plan pour inonder le marché. Côté camion, l'essentiel car il devient de plus en plus clair que c'est là le point fort de Berliet face à la concurrence, on améliore sans cesse le « vieux » CBA mais on conçoit aussi, au milieu des années vingt, d'autres poids lourds. Comme un camion à six roues ou, grâce à une licence allemande, des véhicules dotés d'un moteur à gazogène révolutionnaire, qui fonctionne non pas au charbon de bois comme ses concurrents mais directement au bois, les bien nommés « gazobois ». La diversification n'est plus rejetée, elle est recherchée.

Une meilleure conjoncture et un franc à la baisse se conjuguent heureusement avec cette stratégie nouvelle pour redresser les comptes de l'entreprise. Dès qu'il le peut, Marius Berliet réalise alors des propriétés qu'il avait autrefois acquises à Cannes et qui ont pris de la valeur pour racheter le solde des obligations à vingt ans encore en circulation. Le revoilà, en 1929, patron absolu. Et il semble avoir retrouvé son flair : il a été l'un des tout premiers en France à croire à l'avenir du diesel. Malgré un mauvais choix technologique qui perturbera au tout début des années trente l'installation de ce type de motorisation sur les camions Berliet, il le propose immédiatement et systématiquement sur ses modèles de série, un pari industriel qu'il n'aura pas à regretter puisqu'il s'imposera à tous les constructeurs. À la veille de la Seconde Guerre mondiale, pendant les onze premiers mois de 1939, Vénissieux fabrique sept mille huit cents moteurs Diesel. L'entreprise, qui ne contrôlait plus en 1934 que 8 % du marché français des véhicules utilitaires, réalise alors environ 11 % des ventes et se situe au troisième rang national, derrière Renault et Citroën mais devant Peugeot, Latil et Panhard. Elle n'est donc plus dominante, loin de là, même dans cette spécialité de l'utilitaire, mais, une fois absorbé tant bien que mal le choc du début des années trente, où le chiffre d'affaires a chuté de plus d'un tiers, elle a mieux résisté que bien d'autres à la crise économique, surtout pour les poids lourds qui sont devenus définitivement son domaine de prédilection.

Les années d'avant guerre n'ont pourtant pas été paisibles. 1936, Berliet l'a vécu comme en avant-première. Dès la mi-mars, c'est la grève, provoquée par le mécontentement du personnel devant des disparités de salaires excessives entre catégories d'ouvriers et entre ateliers. Nous sommes à la veille du Front populaire, le mouvement est dur. Vénissieux est bientôt paralysé. Marius Berliet sera fidèle à sa réputation d'homme rigide et méfiant, peu enclin à la négociation. Persuadé, comme il l'a écrit un jour sur son carnet de notes personnelles, que « la masse est irréductible au raisonnement », il décrète le *lock-out*. Il pense être victime de manœuvres politiques : « Berliet est choisi pour une répétition générale de l'expérience communiste », aurait-il dit alors à son chef du personnel. Les grévistes s'installent dans la durée. Le patron dont ils contestent le comportement intransigeant et injuste envers les salariés, et qui n'entend rien céder, fait de même. Il réussit, au bout de trois semaines, à rouvrir sous la protection de la police son entreprise pour accueillir petit à petit dans quelques ateliers les ouvriers qui acceptent d'être réembauchés à ses conditions. Mais ce n'est que le 27 avril, après six semaines de face-à-face et un embryon de négociations sans grand résultat, que l'ensemble du personnel accepte de reprendre le travail comme le lui demandent, faute de meilleure perspective, les syndicats. L'épreuve de force, qui a été rude, tourne donc à l'avantage de la direction. L'avènement du gouvernement de Front populaire et la multiplication des occupations d'usines dans le pays obligent cependant Marius Berliet à assouplir rapidement sa position et à satisfaire, après une seule journée de grève le 10 juin, une grande partie des revendications ouvrières pour éviter un nouveau conflit, cette fois dans un climat qui ne lui serait plus favorable du tout. La période, en fin de compte, laissera un petit goût d'amertume au personnel ; et peut-être une soif de revanche, qui aurait été assouvie par la suite si l'on en croit certaines affirmations d'après guerre, au patriarche de Vénissieux[6].

Si le climat social reste lourd, la conjoncture du secteur, reflet de celle du pays, n'est pas non plus sans nuages. Depuis le début de la décennie, il n'y a pas eu de véritable reprise de la demande, surtout pour les camions dont, avec la crise, les ventes ont baissé de plus de moitié sur le marché français. Année après année, par ailleurs, la rivalité rail-route s'est exacerbée. Et la concurrence effrénée que se livrent Renault et Citroën — malgré les avatars de cette dernière entreprise —

a fait souffrir certains industriels. Une bataille commerciale qui n'a pu qu'accentuer l'état de crise de l'industrie automobile ? C'est une hypothèse pour le moins discutable, mais c'est en tout cas le « constat » que fait vers la fin des années trente, d'après le témoignage de son fils Paul[7], un Marius Berliet inquiet de voir que le nombre de camions produits dans ses usines — moins de quatre mille par an — n'est guère différent, un quart de siècle après, de ce qu'il était à la veille de la Grande Guerre. Les vrais responsables de ce marasme, à ses yeux, sont cependant moins les autres constructeurs que les hommes politiques et ceux que l'on n'appelait pas encore les technocrates. Les premiers sont accusés de n'avoir pas su, comme en Allemagne, initier dès le milieu des années trente la nécessaire mobilisation industrielle pour équiper à temps les unités mobiles de l'armée en véhicules aussi performants que ceux du futur ennemi. Ce moteur espéré de la relance, par leur faute, n'a donc pas fonctionné. Et les seconds, dont la figure emblématique est le polytechnicien Raoul Dautry, cet ancien responsable des chemins de fer de l'État qui fait désormais figure à Paris de meilleur expert du pays en matière d'organisation économique, ne sont pas moins coupables : ils ont, assure-t-on à Lyon, tout entrepris « pour avantager le rail et répondre ainsi aux vœux des sept cent mille cheminots » en sacrifiant la route.

La vision amère de la situation entre 1936 et 1939 prêtée à Marius Berliet, en particulier l'idée que les industriels n'étaient pas responsables de l'impréparation du pays à l'orée de la guerre, a sans doute été en partie « reconstruite » après coup, à la lumière de la défaite de quarante, avant de nous être livrée par son fils. Mais on a toutes les raisons de supposer qu'elle indique bien l'état d'esprit du patriarche lyonnais, très critique envers l'État et ses serviteurs, à cette heure décisive où la France s'apprête à connaître de cruelles épreuves. Tout comme les péripéties de l'histoire de Berliet depuis les origines — d'où le détour que nous avons emprunté pour en arriver à la période qui nous intéresse —, elle permet de mieux comprendre ce qui se passera dans l'entreprise, non seulement lors de la préparation puis du déclenchement des hostilités, mais aussi pendant les années qui vont suivre, jusqu'à la Libération.

Des camions, pas des obus

C'est dès 1935, si l'on en croit le témoignage d'un de ses principaux collaborateurs, que Marius Berliet est amené à réfléchir précisément aux conséquences pour ses établissements d'un éventuel futur conflit[8]. Cette année-là, en effet, Émile Parfait, l'homme qui sera à partir de 1940, ironie du sort, l'interlocuteur le plus régulier des Allemands chez Berliet, est chargé de mettre au point un « plan de mobilisation de l'usine », défini en fonction d'un programme de fabrications de guerre. Il poursuivra cette tâche à Lyon jusqu'en 1937, avant de retourner à Paris où il prend des responsabilités dans l'importante succursale de Courbevoie. Ce plan, de fait, ne semble guère avoir eu d'autre destin que de rester à l'état d'ébauche, et sans suivi. On ne peut dire avec certitude si c'est essentiellement, comme on le soutient à Lyon, une conséquence de la carence des autorités militaires, qui n'auraient pas su faire connaître clairement leurs besoins, ou plutôt le résultat du manque évident de motivation de l'industriel, qui a été découragé et frustré par le rejet quasi systématique, et à son avis injuste, de ses nombreux projets de nouveaux véhicules présentés à l'état-major depuis la fin des années vingt[9]. Les deux sont probablement vrais.

En 1938, peu après les accords de Munich, il n'est cependant plus question d'envisager la guerre comme une simple éventualité pour un avenir lointain. Marius Berliet est alors convoqué à Paris, au ministère de la Défense nationale, rue Saint-Dominique[10]. Que peut-il produire, lui demande-t-on, dans ses usines de Monplaisir et de Vénissieux ? Réponse : ce qu'un industriel de l'automobile sait faire et qui peut servir à l'armée, à savoir des camions, blindés ou non bien sûr, mais aussi des chenillettes, des automitrailleuses, des porte-chars, etc. Toute une gamme, donc, de véhicules spéciaux dont la firme rhodanienne, qui n'a jamais cessé de participer, même si c'était en vain, aux concours de l'armée, possède des prototypes. Il propose ainsi simplement de continuer à construire, à des variantes près, les modèles qu'il fournit déjà ou ceux qu'il a conçus et souhaite lancer enfin en fabrication après tant d'années d'efforts non récompensés. Ce n'est pas là, même si c'est utile, le plus urgent, s'entend dire l'industriel. L'essentiel, à court terme, c'est de fabriquer des obus, comme Berliet l'a d'ailleurs fait en 1914-1918, pour compléter la production insuffisante des arsenaux. Même s'il se garde bien de donner son accord et s'il ne cache pas ses objections, il n'oppose pas ouvertement de fin de non-recevoir à cette injonction des militaires pourtant très éloignée de ses vues. D'abord parce qu'il ne s'agit pas ce jour-là de négocier des ordres précis, mais plutôt d'enregistrer les desiderata de l'armée. Ensuite, parce que la demande ne sera pas totalement irréalisable, s'il n'y a pas le choix en définitive, puisque, contre l'avis de certains de ses collaborateurs qui trouvaient ces installations bien volumineuses et sans utilité, Marius Berliet a tenu à conserver l'ensemble des machines à fabriquer des obus du temps de la Grande Guerre. Enfin, et surtout, parce qu'en fin de compte il est persuadé que ce vœu des militaires, qui ne l'enchante pas du tout, n'est encore qu'un vœu pieux. D'ailleurs, il n'est pas suivi à court terme de commandes et, de plus, comme en témoignera encore lors du procès de 1946 Émile Parfait, le représentant officiel de l'entreprise auprès du ministère de la Guerre, le fameux Perrin-chiens, aurait rapporté alors à sa direction que le plus vraisemblable était qu'« elle n'aura jamais à exécuter un marché d'obus ».

Perrin, vendeur de véhicules et non de projectiles, a-t-il pris en l'occurrence ses désirs pour la réalité ? La suite le prouvera. Toujours est-il que son avis ne tombe évidemment pas dans l'oreille d'un sourd puisque Marius Berliet, nous l'avons dit, n'a aucune envie, quels que soient ses sentiments patriotiques, que nul ne discute encore à cet instant, de renoncer à sa monospécialité d'industriel de l'automobile sans y être obligé. Cela d'autant plus qu'il attribue pour une bonne part ses difficultés d'après guerre, au début des années vingt, à une époque où le chemin de fer ne représentait pourtant pas une « menace », à la désorganisation des activités de l'entreprise, et de l'industrie automobile en général, qu'avait entraînées directement ou indirectement l'acceptation générale par les constructeurs des ordres des militaires entre 1914 et 1918, même quand ceux-ci impliquaient de bouleverser les fabrications habituelles et de modifier les équipements dans un sens contraire à l'intérêt à long terme de la branche. Cette fois-ci donc, Marius Berliet veut bien se préparer à fabriquer des obus si on le lui impose, mais certainement pas de bonne grâce, et encore moins à son initiative, comme le voulaient, assurera-t-il après guerre, les responsables de l'armement. Pas question de prendre le risque de pénaliser l'avenir « civil » de l'entreprise en modifiant radicalement sa vocation. On ne lancera donc, en particulier, aucun nouvel investissement pour se doter d'outillages modernes permettant de produire des projectiles. En un mot, on temporise.

Pourquoi les obus, quoi qu'il en soit, apparaissent-ils alors rue Saint-Dominique comme des fabrications prioritaires à lancer dans un avenir proche chez un spécialiste de l'automobile et plus particulièrement des camions ? Paul Berliet, disant nous confier là encore, plus de cinquante ans après, à la fois sa propre opinion et celle de son père à l'époque, affirme que deux raisons peuvent expliquer ce souhait des autorités à l'heure où le bruit des bottes allemandes commence à se faire entendre de façon insistante. La première tient à des considérations stratégiques. L'état-major, dit-il, « ayant tout misé sur la ligne Maginot avec ses fortifications et ses canons », est logique avec lui-même et pense qu'« il faut avant tout fabriquer des obus pour arroser ceux qui voudraient s'approcher de cette ligne inexpugnable ». De surcroît, ajoute-t-il, et c'est la deuxième explication, les camions présentent d'autant moins d'intérêt pour la rue Saint-Dominique que les chemins de fer ont le vent en poupe et sont jugés les plus aptes à faire le nécessaire en matière de transports, « à ce détail près qu'on avait oublié les Stukas », autrement dit la vulnérabilité du rail aux attaques aériennes. Vision statique de la guerre d'une majorité de généraux et priorité donnée aux chemins de fer auraient donc joué de concert contre les poids lourds. Même si, admet Paul Berliet, les militaires ont quand même petit à petit fini par remarquer, mais bien tard, qu'un certain effort dans ce domaine ne serait pas inutile, ne serait-ce que « pour donner aux unités mobiles des matériaux identiques, des véhicules allant à même allure ». En effet, l'équipement disparate de l'armée française « condamnait ses unités mobiles au 20km/h », puisqu'on est obligé par définition de s'aligner sur la vitesse des véhicules les moins rapides, « alors que chez les Allemands, tous les matériels étaient équipés de moteurs assez puissants pour que, quelle que soit la charge transportée, on atteigne les 60km/h »[11].

Cette analyse, qui vise bien entendu à accréditer la légitimité des réticences du constructeur pour envisager de fabriquer des obus, fait manifestement appel à des considérations « stratégiques » — par exemple sur les Stukas — datant d'après la défaite voire d'après guerre. Elle ne prouve donc pas que les Berliet père et fils furent des visionnaires et elle est à prendre avec précaution. Mais le penchant du constructeur lyonnais à instruire en permanence le procès des militaires, jugés alors d'autant plus incompétents qu'ils n'ont guère fait appel à lui depuis très longtemps, et encore plus du chemin de fer, volontiers accusé de concurrence déloyale, permet de juger très probable que Marius ait bien eu, au moins dans les grandes lignes, des pensées de ce type à la veille de la déclaration de guerre. Et on peut imaginer à quel point celles-ci, ajoutées à sa crainte de voir s'affaiblir la compétitivité de l'entreprise, ne risquaient guère de l'aider à assouplir sa position vis-à-vis des désirs de l'état-major.

Quand la guerre éclate effectivement, le 3 septembre 1939, rien d'étonnant donc si, chez Berliet, on en est encore pour l'essentiel à se demander ce qu'il convient de faire et à tergiverser. Désormais, bien entendu, il n'y a plus à s'interroger sur l'urgence à mettre l'entreprise au service des militaires. D'autant que des commandes sont cette fois notifiées en bonne et due forme et sont précises. Lyon reçoit l'ordre de fabriquer au plus vite des véhicules pour l'armée et surtout, bien entendu, des obus en grande quantité : deux cent quarante mille par mois dans un délai maximal de cent vingt jours[12]. Mais le démarrage s'avère laborieux. La mise en place du plan de mobilisation des usines est difficile à opérer, on l'imagine, puisque ce plan, dans la (faible) mesure où il existe, est ancien, plutôt flou et inadapté aux demandes des militaires. On paye le prix de l'impréparation. Celle de l'entreprise, qui ne dispose pour produire les obus que des équipements plus ou moins bien conservés de la Grande Guerre. Mais aussi celle de l'État.

La reconversion des ateliers, en effet, est gravement entravée dans un premier temps, assure Paul Berliet, par le départ aux armées — car cette question, semble-t-il, n'a pas été étudiée par les autorités avec suffisamment de soin à l'avance — de presque tout le personnel en âge et en état de porter les armes, techniciens et spécialistes peu remplaçables compris. Il n'est guère contesté, il est vrai, que la politique de mobilisation industrielle du pays a connu bien des ratés, en particulier en matière de main-d'œuvre[13]. Ce n'est d'ailleurs que le 13 septembre, alors que la France est déjà en guerre, qu'on nomme enfin un spécialiste des questions industrielles au gouvernement, en tant que ministre de l'Armement. Les choses vont-elles aller mieux ? Pour le pays sans doute, même s'il est bien tard pour redresser la situation sur le front des usines alors même que l'on ne retrouve pas, chez beaucoup de patrons, le même enthousiasme qu'en 1914-1918. Mais dire l'identité du nouveau ministre, c'est déjà expliquer que, pour Marius Berliet en tout cas, tout ne va pas redevenir simple pour autant. L'élu n'est autre que celui qu'il considère depuis des années comme le grand adversaire de la route et, même s'il a abandonné récemment son activité dans ce domaine, l'« homme des chemins de fer », Raoul Dautry, ce « technocrate de la République », ainsi que l'a baptisé son biographe, peu susceptible d'apprécier la démarche individualiste et têtue de l'industriel [14].

Grand administrateur, grand serviteur de l'État, d'une intelligence et d'une intégrité que lui reconnaissent même ceux qui contestent ses choix, Dautry n'arrive pas en terrrain inconnu. Depuis la création fin 1937 de la SNCF, où il n'occupe qu'une place symbolique au conseil d'administration, il a quitté le rail pour prendre la présidence de la filiale d'Hispano-Suiza qui construit des moteurs d'avions de combat et des canons. Installé avec ses services à l'hôtel Majestic, il tente immédiatement de tout faire pour combler le retard français en matière d'armements. Il réussit aussitôt à démontrer au gouvernement la nécessité de diriger vers les usines « stratégiques » en tant qu'« affectés spéciaux » des dizaines de milliers de mobilisés envoyés trop hâtivement au front, ce qui a désorganisé la production. Il veut désormais obtenir, surtout, le concours le plus total et le plus dénué d'arrière-pensées des industriels aptes à fournir des fabrications de guerre. Or Marius Berliet a, nous l'avons vu, des états d'âme, tout comme d'ailleurs un autre « grand » du secteur, Louis Renault, réticent à l'idée de faire passer au second plan la production d'automobiles pour donner la priorité absolue à celle de chars. L'un et l'autre veulent bien, certes, mettre leurs usines au service de l'armée, mais pas au détriment de leur activité traditionnelle.

Dautry, constatant courant septembre qu'on ne s'active guère pour lancer la fabrication d'obus chez Berliet, et que même la cadence de sortie des véhicules n'est pas encore celle qu'il souhaiterait enregistrer, décide dès le 30 septembre 1939 de taper du poing sur la table : il ordonne la réquisition de l'usine de Vénissieux. Le 3 octobre, il désigne pour le représenter à Lyon l'ingénieur général Carré, un responsable des arsenaux, avec pour première instruction de pallier l'absence de véritable plan de mobilisation industrielle chez le constructeur de camions et de mettre sérieusement en train la production d'obus. Pour atteindre cet objectif, on décide rapidement, malgré les délais de livraison, de commander des machines — en particulier des tours très performants — aux États-Unis, car on est persuadé que la guerre sera longue. Contre l'avis de l'industriel, qui voudrait fabriquer l'outillage sur place et à sa manière, afin de gagner du temps... et d'être sûr d'investir dans des matériels réutilisables après guerre. Marius Berliet, bien que toujours très actif, a donc perdu pour la seconde fois la maîtrise absolue du destin de son entreprise. Il a, pour le moins, du mal à s'y faire. Ce n'est pourtant qu'un début.

Le 1er novembre, en effet, la disgrâce se précise. Un ingénieur, autre envoyé spécial du ministère, le commandant d'artillerie Maurice Roy, arrive à Vénissieux pour assurer sur le terrain à plein temps, ce que ne pouvait faire le général Carré, la direction des ateliers. Si Marius Berliet semble avoir pu plus ou moins collaborer un temps avec Carré, ayant envisagé avec lui le mode d'utilisation des matériels de fabrication d'obus conservés depuis 1914-1918 en attendant les nouvelles machines, il n'en sera pas de même avec Roy. Celui-ci n'a pas, à ses yeux, le seul défaut d'être un polytechnicien, certes brillant mais plus familier des amphithéâtres de Supaero ou des Ponts, où il enseignait jusque-là, que des usines. Il est venu avec l'idée de ne pas tolérer d'entraves à sa mission, en particulier de la part du propriétaire, qui ne se prive pas de critiquer ses décisions et de continuer à exercer son autorité sur « ses » cadres en sous-main. Le résultat ne se fait pas attendre. Dès le 14 novembre, deux semaines après l'arrivée de Roy, le général Carré, « sur ordre du ministère », signifie à Marius Berliet l'interdiction de pénétrer à Vénissieux pendant les horaires de travail. Il est accusé ouvertement de ne penser qu'aux camions et, après avoir négligé de se préparer au mieux à la mobilisation industrielle, d'entraver les productions de guerre, en particulier celle d'obus. Sa présence à l'usine n'est donc plus souhaitée ; autrement dit elle est interdite. Il se retire alors dans sa villa et son parc de l'avenue Esquirol. On ne lui permet même pas, comme à Louis Renault, également privé alors pour les mêmes raisons de la direction de son entreprise, de conserver son bureau.

Marius Berliet méritait-il ce limogeage de sa propre entreprise ? À peine exilé, il crie à l'injustice et exprime son amertume en ces termes : « J'ai cherché à collaborer avec M. Roy, à lui apporter le bénéfice de mon expérience, de mes connaissances des moyens de production d'un groupe d'usines que j'ai créé et que je connais dans ses moindres détails. Ma collaboration dédaignée, j'ai été systématiquement tenu en dehors de toute l'activité industrielle. Je crois utile de rappeler qu'en 1914, après Charleroi, alerté comme tous les industriels, j'ai été le premier à livrer des obus et qu'à la fin des hostilités j'ai été classé premier comme ayant obtenu le meilleur rendement pour l'acier employé. En 1917, le ministre Loucheur a choisi ma maison pour venir en aide à Renault afin d'intensifier la fabrication des chars d'assaut [...][15]. » Plus directement, son fils Paul estime aujourd'hui sans ambages que « Monsieur Dautry, l'homme qui disait "laissera-t-on nos camions rouler avec dix tonnes de marchandises sur nos belles routes", a voulu régler son compte aux deux adversaires essentiels du chemin de fer qu'étaient Louis Renault et Marius Berliet. Alors il a fallu les pousser dehors, nommer des amis qu'on avait de l'École polytechnique » [16]. Cette explication de la réquisition et de ses suites peut paraître bien courte ; elle donne à nouveau une idée, cependant, de l'animosité des constructeurs à la fin des années trente envers les représentants des pouvoirs publics. En 1946, lors du procès, on reviendra beaucoup sur cet épisode de la destitution du patron lyonnais et l'un de ses avocats, maître Condomine, n'hésitera pas à affirmer que son client fut un bouc émissaire, accusé d'avoir manqué à ses devoirs pour faire oublier à la fois l'inexcusable imprévoyance de ceux qui devaient préparer la guerre et l'armement du pays « en haut lieu » et les divergences aux conséquences si funestes qui opposaient alors le ministère des Finances et le ministère de l'Armement, le premier ne voulant pas accorder ce qu'il demandait au second. En clair, ce serait pour masquer d'autres défaillances qu'on aurait sanctionné spectaculairement le spécialiste du poids lourd.

À ces arguments, on peut opposer ceux de certains témoins de l'accusation au procès. Antoine Belley, ingénieur chez Berliet comme « affecté spécial » au début de la guerre, auquel Roy avait confié la responsabilité de l'ordonnancement, dira se souvenir que des difficultés étaient apparues dès l'arrivée du général Carré à Vénissieux. Ce dernier, précisera-t-il, estimait alors que les installations de fabrication d'obus se mettaient en place trop lentement car « M. Berliet [n'encourageait] pas suffisamment la mise en route de l'atelier », préférant « pousser la production de matériel courant ». Mais ce témoin, qui travaillait seulement dans le secteur camions, admettra qu'il ne livrait là qu'une impression personnelle et ce qu'il avait entendu à l'époque. René Defontis, qui fera partie à la Libération du comité d'épuration chez Berliet, venu évoquer à la barre ce que lui avait confié en 1940 son père, qui a été entendu lui-même par la justice après guerre, affirmera que ce dernier, embauché par le général Carré dès sa nomination à Lyon pour faire fabriquer des obus chez Berliet, avait rapidement démissionné en se plaignant de l'obstruction qu'il rencontrait pour remplir sa tâche. On refusait en particulier, a-t-il dit à son fils puis au juge, de commander les nouveaux matériels qu'il réclamait pour lancer cette fabrication dans de bonnes conditions, car ceux de 1914-1918 étaient inadéquats à son avis. Voilà pourquoi, au bout de très peu de temps, il avait demandé au général Carré de le muter à l'arsenal de Perrache, où en l'espace de trois mois il avait pu « sortir » des obus. Car là, précisait-il, tout n'était pas fait « pour freiner le démarrage de la production ».

Ces témoignages, que leur nature indirecte oblige à considérer avec circonspection, ne prouvent peut-être pas, comme le soutiendra l'accusation en 1946, que le pionnier du poids lourd ait fait de l'obstruction systématique face aux deux envoyés du ministre de l'Armement nommés pour hâter les fabrications de guerre. Mais ils étayeront évidemment au procès la conviction du commissaire du gouvernement : « Il semble que Marius Berliet a, jusqu'au dernier moment, espéré se décharger [de la fabrication d'obus] pour augmenter ses fabrications favorites qui seules l'intéressaient. » Cette assertion paraît certes cohérente avec ce que l'on sait de l'opinion de Marius Berliet à l'époque sur l'erreur à court terme — car ce n'est pas là bien utiliser les compétences de l'entreprise — et à long terme — car cela met en danger, pour l'après-guerre, la santé de l'industrie de l'automobile autant que celle de son patrimoine — que représente le fait de spécialiser ses usines dans les obus, et elle est probablement proche de la vérité. Elle paraît signifier aussi que l'industriel a été moins coupable de véritable désobéissance civile, et *a fortiori* de refus de patriotisme, que d'entêtement dans ses certitudes de patron absolu et particulièrement allergique, dès qu'il s'agit de son entreprise, aux directives de l'appareil d'État et à toutes les idées des technocrates, surtout quand ils sont polytechniciens. Doit-on cependant considérer, avec plusieurs des accusateurs de Marius Berliet pendant son procès, qu'une telle distinction n'a pas lieu d'être en temps de guerre ? Et que ne pas se plier aux ordres sans discussion, même s'ils vous paraissent à tort ou à raison erronés, équivaut alors à une véritable trahison ? On ne sait ce qu'en a pensé M. Roy, mais son comportement à l'époque semble indiquer qu'il jugeait effectivement intolérable l'attitude de l'industriel. Le général Carré, non sans panache puisqu'il eut aussi à faire face pendant cette difficile période au constructeur peu accommodant, ne l'accablera pas pour sa part en déclarant en 1945 au juge d'instruction à propos de son comportement : « À mon avis, et jusqu'en 1940, son honnêteté et son patriotisme ne pouvaient être mis en doute et ils ne l'étaient pas [17]. »

L'éloignement de l'encombrant patron a-t-il modifié, pour autant qu'on puisse en juger, les performances de l'entreprise ? Selon Paul Berliet, « on n'avait toujours pas fait réceptionner un seul lot d'obus » et « on n'avait pas encore retrouvé la cadence de production de camions de 1916, bien que l'usine ait beaucoup grandi entre-temps », quand l'avancée allemande a tout interrompu au mois de juin 1940 [18]. Si le diagnostic, destiné à stigmatiser la gestion de Roy, est exact pour les obus, il est sévère pour les camions. Car on a fini, dans ce domaine, après bien des difficultés pour organiser le travail, à atteindre *in extremis* une cadence « de guerre » : à la mi-mai, alors que l'entreprise occupe jusqu'à huit mille ouvriers, près de quarante véhicules, donc presque autant que vers la fin de la Grande Guerre, sortent chaque jour, conformément aux objectifs, des chaînes de Vénissieux [19]. Le temps très long mis pour récupérer, malgré l'appui du ministère de l'Armement, les ingénieurs, chefs d'atelier et autres contremaîtres qui ont été envoyés trop précipitamment au front et dont la présence s'avère d'autant plus nécessaire que la main-d'œuvre est désormais pour une bonne part nouvelle, afin de remplacer les mobilisés, explique sans doute en partie le délai qu'il a fallu pour arriver à ce résultat. Mais on a fini par l'atteindre. L'erreur de prévision sur la durée de la « drôle de guerre » qui a amené à commander, comme si on en avait le temps, des machines au loin, aux États-Unis, pour disposer enfin d'un matériel moderne de fabrication d'obus, n'a pu en revanche être rattrapée. Les tours tant attendus ont commencé à arriver à Lyon, certes, dans les derniers jours du mois de mai, laissant augurer une production d'obus à la hauteur des espérances pour le début de l'été. Mais il était déjà trop tard...

La Wehrmacht entre à Vénissieux

La mise à l'écart de Marius Berliet ayant été une mesure isolée, personnalisée pourrait-on dire, ceux de ses principaux collaborateurs qui ne sont pas sous les drapeaux, en particulier son fils aîné Jean qui a bénéficié du statut d'« affecté spécial », sont à leur poste quand les Allemands approchent de la capitale rhodanienne à la mi-juin. Ils n'ont d'ailleurs jamais cessé de renseigner « le patron » sur la marche des usines et les décisions de son remplaçant, l'ingénieur Roy, un homme dont les connaissances techniques impressionnent son entourage mais qui n'a guère eu le temps de démontrer s'il avait, ce que contestera sans retenue Marius Berliet lors de ses interrogatoires à la Libération, les qualités d'un industriel malgré une formation et une carrière plus axées sur la théorie que sur la pratique[20]. Dès le 16 juin, en effet, à peine sept mois et demi après son arrivée à Lyon, le directeur général nommé par Dautry reçoit l'instruction d'ordonner l'évacuation de l'entreprise, qui va être bientôt menacée. Elle commence le lendemain.

Le 17 juin, alors que des éléments de l'armée française en retraite traversent Lyon, ont donc lieu les premiers départs vers Toulouse, le lieu de repli des usines prévu depuis déjà quelque temps. Il s'agit d'y mettre à l'abri les matériels commandés par l'armée française, du moins ceux terminés ou en voie de l'être, et tous les documents comptables ou techniques qui pourraient susciter la curiosité des Allemands. Il s'agit aussi et surtout d'y regrouper les hommes. D'abord, c'est la priorité, les affectés spéciaux qui ont été mobilisés sur place et peuvent donc être considérés par les futurs occupants comme des prisonniers de guerre, déportables outre-Rhin. Ensuite, dans le cas où le conflit se poursuivrait, tous les ouvriers et employés dont la présence permettra de relancer les fabrications grâce à des matériels transportés ou d'autres à trouver dans le Sud-Ouest. Un petit problème, que commente évidemment volontiers Paul Berliet le sourire en coin, ne semble pas avoir été pris suffisamment en considération par la nouvelle direction lors de la conception du plan de repli : la succursale Berliet de Toulouse, où doivent être « reconstituées » provisoirement les usines de Vénissieux et Monplaisir avec leurs cent hectares d'installations industrielles et leurs milliers d'ouvriers, est en fait un atelier de mille deux cents mètres carrés destiné à employer quelques dizaines de personnes au mieux. Comme Berliet-Toulouse ne se substituera finalement jamais à Berliet-Lyon, l'armistice mettant fin quelques jours plus tard aux derniers espoirs de continuation de la résistance militaire dans l'hexagone, on ne saura jamais comment cette opération de rétrécissement extrême de l'entreprise aurait pu se dérouler en pratique...

Le commandant Roy, considérant sa mission terminée, a lui-même quitté au plus vite Lyon à l'approche de l'armée ennemie. L'évacuation des usines, après son départ et au milieu de la fameuse débâcle qui porte si bien son nom, ne s'opère pas sans difficultés ni sans incidents[21].

Si deux cent cinquante camions sont déjà partis le 17 juin, avec à leur bord des centaines d'ouvriers, le 18 le temps commence à presser. En fin d'après-midi, ceux qui avaient hâte de prendre la route ont tous quitté tant bien que mal Lyon. Il ne reste plus dans l'enceinte des usines que des employés peu désireux de s'exiler et un petit nombre de véhicules, souvent non terminés. Quand, à seize heures, des militaires français en déroute ont pénétré dans l'établissement de Vénissieux avec la ferme intention de récupérer des moyens de transport, ce sont des ouvriers, d'après leurs témoignages après guerre, qui ont mis de leur propre initiative des chenillettes en état de marche pour leur permettre d'échapper aux Allemands. La direction, de nouveau celle d'avant la période Roy, n'a pas perdu le sens de la discipline maison et elle n'aime guère subir des réquisitions « sauvages », au détriment du patrimoine de l'entreprise : elle pense à faire noter les numéros des véhicules emportés. Un peu plus tard, alors qu'il ne reste plus que quelques camions, que les responsables encore présents souhaitent conserver, ce sont encore des ouvriers, toujours selon eux, qui enfreignent les ordres pour confier quatre véhicules à un lieutenant et ses hommes en quête de matériels roulant pour s'enfuir. Le départ de deux wagons pleins d'armements et de treize ou quatorze porte-chars aurait également été organisé par des employés pour qu'ils ne tombent pas dans des mains hostiles.

La responsabilité de l'entreprise, à ce moment crucial, est essentiellement assurée par Jean Berliet, le fils aîné de Marius, qui, après avoir hésité à suivre les autres affectés spéciaux, et après avoir évoqué la question avec son père, a décidé de rester à Lyon dans l'établissement familial. Il récusera, lors de ses interrogatoires après guerre, les récits des quelques membres du personnel qui ont assuré avoir agi alors, quand ils aidaient comme ils le pouvaient l'armée française pourchassée par l'ennemi, contre l'avis de la direction. Sa version sur ce qui s'est passé les 17 et 18 juin : « Tout le monde se servait et cherchait à se procurer les moyens de fuir ; il y avait même des personnes étrangères à l'usine qui étaient mêlées au personnel. Nous avions comme consigne de nous replier sur notre centre de Toulouse. J'organisai le départ, veillant moi-même à ce que les véhicules partent en état de marche en emportant leur outillage et un stock d'essence suffisant [...]. J'autorisai tout le personnel et toutes les familles à monter sur les camions qui partirent et je fis également évacuer une dizaine de porte-chars destinés à l'armée [...]. Le lendemain, je revins à l'usine et je remis tous les camions disponibles aux militaires de passage. Des soldats sont même partis sur des châssis de camions. C'est grâce à nos véhicules que beaucoup d'entre eux n'ont pas été faits prisonniers. » Paul-Antoine Chauvin, un des militaires alors présent à Lyon, témoin de la défense, assurera en 1946 que Jean Berliet, effectivement, a laissé les soldats prendre tous les camions disponibles et des pièces détachées en disant : « Tout ce que vous prenez, les boches ne l'auront pas. »

René Defontis, déjà témoin à charge dans l'affaire des obus, nous l'avons vu, portera après guerre pour sa part une accusation autrement plus grave que les précédentes contre Jean Berliet : « Le jour de la débâcle, nous sommes partis un peu à l'abandon. Jean Berliet, qui était affecté spécial, aurait dû se replier avec nous. L'armistice n'était pas signé. J'estime que le fait de rester constituait une désertion devant l'ennemi en temps de guerre. » Le fils du roi des poids lourds assurera qu'il n'avait pas choisi de demeurer sur les bords du Rhône uniquement pour veiller sur les actifs de l'entreprise familiale en suivant le conseil de son père, mais parce que le capitaine Martin, dernier responsable militaire présent dans les usines, le lui avait demandé : « J'avais ordre de rester à Lyon. » Nulle autorité, de fait, ne semble avoir jamais songé à le traiter de déserteur pour avoir attendu sur place l'arrivée des Allemands. Ce que n'ont pas fait, cependant, la plupart des autres dirigeants d'entreprises évacuées, à commencer — pour rester dans le même secteur — par ceux de Citroën ou de Renault qui sont partis avec leur personnel avant l'entrée des Allemands dans Paris.

Quand, le 19 juin, les Allemands auront investi Lyon et son agglomération, ils trouveront donc à Vénissieux, en face d'eux, Jean Berliet, bien décidé à protéger « ses » établissements face aux convoitises de la Wehrmacht. Celle-ci, à ce moment-là, alors que l'armée française a cessé de se battre depuis la veille, n'a pas encore décidé de mettre un point final à son offensive puisque l'armistice, qui sera effectif le 22 juin, n'est toujours pas signé. Elle est donc immédiatement susceptible de s'intéresser non seulement à des ateliers où l'on peut réparer des véhicules militaires mais aussi à tous les matériels utiles à ses desseins, pour les réquisitionner. Les soldats d'outre-Rhin qui ont été chargés d'occuper l'usine repèrent vite quelques voitures quasiment terminées : il ne reste plus qu'à monter les batteries, après les avoir remplies d'acide, pour qu'elles puissent rouler. Ils demandent au bout de quelques jours à un des ouvriers présents, Marcel Gago, qui vient de réintégrer l'usine après avoir lu dans les journaux que Berliet voulait reconstituer ses effectifs, de se préoccuper de mettre en état les batteries et de les installer sur les véhicules. Il fait celui qui ne comprend pas. Les Allemands s'adressent alors à Jean Berliet lui-même, qui veut charger le même Marcel Gago de l'opération. Celui-ci, qui ne veut surtout pas aider les ennemis à récupérer des matériels, expliquera-t-il après-guerre, dit qu'une telle tâche n'est pas de son ressort et refuse. Un autre ouvrier sera alors désigné pour fixer les batteries, ce qu'il fera. Jean Berliet apprendra le lendemain, par des collègues de Marcel Gago, que ce dernier, qui disait ne rien entendre au langage d'outre-Rhin, s'est adressé à certains des Allemands quand ils sont revenus chercher les voitures : il est en train, en fait, d'apprendre la langue de Goethe et il a voulu s'exercer, dira-t-il. Trouvant cette attitude des plus suspectes, Jean Berliet, évoquant même plus tard à ce sujet le spectre de la « cinquième colonne », fera licencier, sans autre forme de procès, cet employé dès que l'usine ne sera plus occupée ; ce qui conduira le « banni », qui assurera avoir tout fait malgré la direction fin juin et début juillet pour empêcher autant que possible les réquisitions allemandes, à témoigner sans ménagement contre son patron à l'époque du procès, après qu'il eut été réintégré à la Libération dans l'entreprise.

La Wehrmacht n'occupera Lyon, et donc les usines Berliet, que du 19 juin au 6 juillet, date à laquelle, conformément aux accords d'armistice, elle se replie au-delà de la ligne de démarcation, au nord de la capitale rhodanienne. Plus d'occupants, plus de Dautry au ministère de l'Armement, puisque ce dernier, après avoir vainement tenté avec quelques autres d'empêcher la signature de l'armistice, a évidemment quitté le pouvoir désormais détenu par une équipe choisie par Pétain, plus d'ordres, de toute façon, venus des hautes sphères gouvernementales qui ont d'autres questions plus urgentes à traiter, rien n'empêche plus Marius Berliet de régner à nouveau en maître absolu sur son empire industriel. Il ne perd évidemment pas un instant, dès que la voie est libre, pour réoccuper son bureau et retrouver toutes ses prérogatives. La légende maison lui attribue alors ce seul commentaire, qu'il aurait confié à sa secrétaire : « Je suis triste, madame, que ce soit la défaite de la France qui me permette de rentrer chez moi[22]. »

Malgré son âge — il frôle les soixante-quinze ans — et une santé devenue précaire, en particulier depuis une attaque cardiaque survenue lors d'un voyage d'affaires à Paris dans l'immédiat avant-guerre, il n'entend pas prendre du champ. Il ne se résoudra que lentement à laisser même ses collaborateurs immédiats prendre des décisions de quelque importance. Évoquant les mois précédant cette période de l'été 1940, le général Carré a ainsi dressé en décembre 1945 un portrait éloquent du dernier Marius Berliet : « En vieillissant, certains de ses défauts, qui avaient pu être des qualités dans sa jeunesse et dans une petite usine, s'étaient accentués : autoritarisme marqué, manie du détail, surtout besoin de tout voir par lui-même, qui n'étaient plus de mise dans une usine pouvant occuper huit à dix mille ouvriers et qui, limitant fâcheusement l'initiative des cadres, avaient fait fuir tous les ingénieurs des grandes écoles qu'il avait parfois employés[23]. » Ainsi, à part peut-être l'ancien banquier Pierre Thibaudon, chargé depuis un quart de siècle des finances à Lyon, et Émile Parfait, l'homme clé de la société à Paris, ses principaux lieutenants, les seuls vraiment légitimes dans cette entreprise restée familiale, les seuls peut-être aussi à avoir une habitude telle de son mode de commandement qu'ils peuvent le supporter sans se poser trop de questions, seront désormais ses quatre fils. S'ils ont tous rejoint les usines, la chose allant de soi, au cours des années trente, dès la fin de leurs études et des stages « sur le terrain » imposés par leur père, ils n'ont pas un statut équivalent, ni dans les faits, ni dans l'esprit du patriarche. Henri et Maurice, qui accéderont aux titres respectifs de directeur des services commerciaux et de directeur des achats et des études, deux tâches que l'emprise allemande vide de l'essentiel de leur substance pendant la guerre, ne seront jamais destinés à jouer les premiers rôles. Jean, jusque-là spécialisé dans les véhicules de tourisme — dont on arrête alors sans regret la fabrication — et qui prendra bientôt la direction du personnel, et surtout Paul, auquel est confiée progressivement la responsabilité totale de la fabrication et *de facto*, puis explicitement, le rôle de numéro deux de l'entreprise après son père, sont autrement en première ligne. Les juges appelés à examiner le comportement de tous les Berliet actifs entre 1940 et 1944, nous le verrons, ne s'y tromperont pas après-guerre.

Que s'est-il effectivement passé dans les usines Berliet pendant les quatre années de l'Occupation ? Le meilleur moyen d'en rendre compte ne consiste sans doute pas à tenter de reconstituer la chronique détaillée de cette époque chez le constructeur. Il est plus utile, délaissant cet exercice impossible, de sélectionner quelques périodes cruciales, des moments clés, pour essayer de comprendre ce que furent la vie de l'entreprise et les décisions de sa direction chaque fois que la situation exigeait des choix ou des non-choix révélateurs. Le premier de ces moments, c'est évidemment l'été 1940.

Les premières commandes allemandes

Difficile de dire très précisément quand les hommes et les machines se sont remis « normalement » au travail à Monplaisir et Vénissieux pour le compte des Berliet après la débâcle. Mais cela ne tarde pas. Tôt en juillet, avant même le départ des Allemands, Jean Berliet a envoyé une voiture à Toulouse chercher quatre chefs d'atelier dont on a besoin à Lyon pour encadrer les ouvriers restés sur place et présents dans l'entreprise. Une réunion, assurera le fils aîné de Marius, a d'ailleurs déjà eu lieu à la chambre syndicale de la métallurgie de la région, et l'organisme patronal a incité les industriels à reprendre au plus vite leur personnel pour lui assurer des salaires, autrement dit de quoi vivre ; et la préfecture, ajoutera-t-il, pousse alors dans le même sens[24]. Paul Berliet, lieutenant dans l'armée, démobilisé le 2 août à Annecy et à son poste à Lyon dès le 3, trouve donc à son arrivée des usines déjà en pleine activité de reconversion, en ces débuts de l'ère du tout-gazogène ou presque et de la pénurie de pièces et de matières premières. Son père, on le sait, a commencé depuis longtemps, dès 1923 précisément, à mettre au point des camions mus par des moteurs à gazogènes alimentés directement au bois, les gazobois, dont trente-cinq modèles successifs ont permis d'assurer la fiabilité et la compétitivité en matière de prix et de performances. La nouvelle fabrication numéro un de la maison ne nécessite donc pas de prouesse technique. Aucune invention particulière ni même aucune prise de licence supplémentaire ne s'avèrent nécessaires. En revanche, la coupure de la France, matérialisée par la ligne de démarcation, en deux zones étanches, y compris d'un point de vue économique, en ces premiers mois de l'armistice pose un problème majeur à un

Marius Berliet manifestement pressé de relancer les usines, « ses » usines, enfin rendues à leur propriétaire. Car de nouveau, selon les termes de son biographe, « il ne vit que pour l'avenir » — confondu comme toujours, bien entendu, avec celui de son entreprise.

Cette volonté de repartir au plus vite et à la plus grande cadence possible paraît d'autant plus justifiée aux yeux du patron de l'entreprise que celle-ci, à la différence de tous les autres constructeurs automobiles importants[25], se trouve en zone libre après le départ de la Wehrmacht à la mi-juillet. Donc elle bénéficie alors, grâce à l'effacement des fabricants du Nord sur la moitié sud du territoire, de ce qu'on appellerait aujourd'hui un énorme avantage concurrentiel, pour ne pas parler d'un quasi-monopole, dont il est tentant de tirer parti. Mais Berliet se retrouve de plus investi, ce que ne manqueront pas de souligner ses responsables après guerre, d'une sorte de mission, certes autoproclamée mais pas du tout imaginaire pour autant : donner à la zone sud et aux colonies, bientôt peut-être à l'armée si Vichy réussit à obtenir sa progressive reconstitution, en tant que seul fournisseur d'envergure désormais apte à le faire sans entraves, des moyens de transport dont il n'est pas nécessaire de souligner l'aspect vital[26]. Seulement, il y a un écueil : si la pénurie de certaines matières premières n'est pas dans un premier temps insurmontable, ne serait-ce que grâce aux stocks accumulés, celle de quelques pièces indispensables pour faire rouler les camions — comme les batteries, les radiateurs, les garnitures de freins et d'embrayage, certains types de roulements à billes — sera vite cruciale. Ces éléments, en effet, sont habituellement livrés, au fur et à mesure des besoins, par la succursale de Courbevoie, elle-même dépendante de ses fournisseurs également situés au nord de la ligne de démarcation. On peut imaginer faire des économies de matières premières en développant la récupération sous toutes ses formes, on peut essayer de trouver au sud du pays de nouveaux fabricants pour certains matériels relativement répandus, ou peu spécialisés, mais on ne peut espérer compenser tous les manques consécutifs à l'arrêt des échanges entre les deux zones. L'établissement de Berliet dans la région parisienne, contrôlé bien entendu par les Allemands depuis leur entrée dans la capitale en juin, va donc jouer un rôle essentiel, et très controversé, dans la suite des événements.

Si Lyon, en effet, peut difficilement produire des camions, et encore moins en produire au maximum de ses capacités comme le souhaiterait Marius Berliet dès l'été 1940, sans le concours de Courbevoie, autant dire que, pour le constructeur, des négociations, directes ou indirectes, avec l'occupant à Paris apparaîtront vite inéluctables. Au centre de ces tractations, toujours menées par conséquent à l'instigation et avec l'appui de Vénissieux, un collaborateur de l'entreprise déjà rencontré est en première ligne : Émile Parfait, chargé jusqu'en 1939 de l'approvisionnement à la succursale de Courbevoie, germanophone accompli de surcroît, est d'évidence l'homme de la situation. Voici, essentiellement d'après son propre témoignage après guerre, comment s'instituera le début de dialogue entre Berliet et les Allemands.

Après sa démobilisation, Émile Parfait est revenu à Paris au cours de la première moitié de juillet. Il essaie de reprendre contact avec l'établissement de Courbevoie au milieu du mois. Impossible de pénétrer dans les locaux, réquisitionnés et placés sous l'autorité de l'armée d'occupation. Et impossible de discuter avec qui que ce soit. Il s'installe donc dans le bureau utilisé depuis le début du conflit par Berliet dans la capitale, avenue Hoche, pour assurer la liaison avec le ministère de l'Armement, et se maintient en contact avec Lyon. Le 5 août, un magasinier doit se rendre à l'usine de Courbevoie pour y rencontrer, à sa demande, le commissaire allemand nommé à la tête de la succursale Berliet. Ce dernier, en effet, aimerait bien pouvoir mettre de l'ordre dans les stocks, pillés plus ou moins au hasard au fur et à mesure de leurs besoins par les soldats d'outre-Rhin, qui ont déjà prélevé entre 1 et 1,5 million de francs de marchandises. Parfait, bien que non invité, accompagne l'employé, qui a besoin d'un interprète pour se faire comprendre. Il peut arguer de sa connaissance de l'allemand pour justifier sa présence. Il réussit ainsi à prendre langue avec l'occupant et commence à négocier la réouverture de Berliet-Courbevoie. Comme, à ce même moment, la pénurie des matériels fabriqués en zone occupée commence à faire sentir gravement ses effets à Vénissieux, il s'inquiète auprès du responsable allemand, seul habilité à autoriser un tel mouvement de produits, de la possibilité d'alimenter Vénissieux en pièces détachées. Parfait agit là, nous l'avons dit, avec la bénédiction de Lyon, et peu importe finalement si ses instructions lui viennent de Thibaudon, ce que ne manquera pas de souligner perfidement un avocat de la défense au procès de 1946 puisque ce dernier n'a pas été inquiété après guerre, ou d'un membre de la famille Berliet, car il y a unité de commandement dans l'entreprise.

Le représentant de Berliet dans la région parisienne saura être convaincant puisque le commissaire allemand accepte ses demandes. Mais peut-être ce dernier est-il surtout un habile défenseur des intérêts de l'occupant. En faisant refonctionner l'établissement de Courbevoie et en autorisant très vite l'envoi d'un ou deux camions de pièces à Lyon, il songe sans doute immédiatement à l'étape suivante. Quelques jours à peine après les premières livraisons en zone libre, il fait en effet savoir à Émile Parfait que la continuation de tels transports sera subordonnée à l'importation d'un tonnage équivalent de pièces détachées en France occupée. Lyon, consulté, donne son accord pour qu'on expédie des matériels au nord de la ligne de démarcation afin de maintenir ses approvisionnements. Une décision grave, qui constitue un premier pas vers la colllaboration comme le soutiendra l'accusation au procès de 1946 ? Non, expliqueront les dirigeants de Berliet, puisqu'il s'agissait là uniquement de fournitures destinées à la clientèle civile du nord de la France. De fait, et nul ne peut l'ignorer, la répartition des marchandises reçues à Courbevoie est effectuée selon les directives du commissaire allemand, tout-puissant. Et il va de soi que la Wehrmacht, quand elle a besoin de pièces détachées pour des véhicules, n'est pas la dernière servie.

Fin août, ledit commissaire, impressionné par l'ampleur croissante des commandes lyonnaises à Courbevoie, pense que le temps est venu d'être plus exigeant. Il réclame désormais, en échange de ses autorisations d'expédition de matériels en zone sud, la fourniture de camions, ce qui est évidemment plus précieux pour les occupants que de simples pièces détachées. Il avance même le chiffre, non négligeable, de mille poids lourds. Sa proposition, manifestement, rencontre un écho suffisant à Lyon pour que des négociations sérieuses s'engagent, comme en font foi des notes et courriers échangés entre Lyon et Paris à partir du 30 août, en particulier une lettre envoyée par Berliet le 20 septembre. Déjà avant cette date, les pourparlers ont porté sur le contenu précis de la livraison envisagée. Après avoir pensé que le contingent de véhicules à fabriquer à Lyon pour la zone occupée serait tout naturellement composé uniquement de « gazobois », production désormais habituelle du constructeur, l'interlocuteur allemand de Parfait, apparaît-il, a eu le temps de changer d'avis avant qu'on ne passe au stade des propositions écrites. Il demandera finalement qu'une forte proportion de la commande concerne des camions à essence, autrement dit des matériels conformes aux besoins de la Wehrmacht qui continue à n'utiliser que les carburants liquides, plus performants.

Parmi les diverses traces écrites de ces tractations engagées depuis août, on possède une note envoyée en octobre de Paris à Lyon par Émile Parfait, jointe au dossier Berliet lors de l'instruction de l'affaire après guerre et qui évoque ainsi la situation au tout début de l'automne : « Le conseiller d'administration de guerre Steurte, assisté du capitaine Dietz et du lieutenant Von Guillaume, m'ont communiqué les contre-propositions suivantes en réponse à notre lettre du 20 septembre 1940. Ils connaissent bien l'importance des usines de la société Berliet, et sa situation privilégiée en zone libre. Ils savent, en outre, que ces usines ne peuvent se passer des marchandises que nous avons demandées et dont le total s'élève à 31 982 727 francs pour la période comprise entre le 22 septembre et le 31 décembre 1940. De plus, la cadence de production de ces marchandises en zone occupée est très inférieure à celle des besoins. Ils sont néanmoins tout disposés à nous aider et à nous permettre de travailler régulièrement, en nous faisant accorder toutes les autorisations nécessaires à l'approvisionnement de nos usines, conformément à notre demande. En contrepartie de l'aide efficace qu'ils nous apporteraient, ils désirent que la société Berliet accepte, par réciprocité, de vendre à l'administration militaire allemande en France mille camions dont : trois cents camions à gazogène destinés à la clientèle civile résidant en zone occupée (principalement la région parisienne) ; sept cents camions à essence destinés aux autorités d'occupation [...]. »

Cette première véritable commande allemande, dont l'aspect militaire pour une bonne part ne pouvait pas être ignoré, à supposer qu'il l'ait été dans le cas des échanges de pièces détachées, a donc été négociée pendant plusieurs mois directement entre la direction de Berliet et les occupants, officiers en activité inclus. Elle ne sera finalement pas exécutée, car Marius Berliet, qui ne veut pas mettre en danger la capacité de production pour « sa » zone en aliénant très substantiellement les stocks de matières premières à Lyon, a exigé, avant d'accepter le marché, que ses « clients » lui fournissent les tôles, devenues une denrée rare en zone libre, nécessaires à la fabrication. Or, après avoir hésité, les Allemands refuseront courant octobre, car ils ont eux-mêmes du mal à se fournir suffisamment en tôles en zone occupée, et les mille camions ne seront pas livrés.

De fait, le chiffre d'affaires résultant de ces premiers contacts « privés » entre le constructeur et l'occupant et facturé de août à décembre 1940 ne s'élèvera donc pas à plus de 36 millions de francs. Une part relativement faible des ventes de l'entreprise — celle-ci a réalisé un chiffre d'affaires global de 988 millions de francs lors de l'exercice courant de septembre 1939 à décembre 1940 — et une proportion infime, de l'ordre de 3 %, du volume global des transactions avec les Allemands conclues par la firme lyonnaise entre 1940 et 1944. Mais ces marchés ont la particularité d'avoir été envisagés puis « finalisés » très vite, et d'avoir été concomitants, on l'a vu, avec des négociations qui n'aboutiront pas mais qui portaient sur des quantités et des valeurs bien plus élevées. D'où l'importance qui sera accordée à cette période, celle où selon l'acte d'accusation « la collaboration économique [est] ainsi amorcée », lors du procès de 1946. À raison ? Tout dépend de l'analyse que l'on fait du contexte dans lequel évolue alors l'entreprise et des marges de manœuvre qu'elle conserve.

Les Allemands ont très vite décidé de prendre en main l'industrie automobile française[27]. Ils ont réuni, dès le 10 juillet 1940, les principaux constructeurs opérant en zone nord à Paris, à la Chambre des députés, pour évoquer leurs projets. Ceux-ci, qui leur sont communiqués par la bouche du colonel Max Thoenissen, important dirigeant du GBK, l'organisme qui contrôle le secteur automobile en Allemagne et désormais dans les territoires occupés, peuvent sembler *a priori* modérés. Après leur avoir expliqué qu'il avait bien fallu nommer des commissaires d'outre-Rhin dans les entreprises pour leur éviter des dommages ou des pillages au moment de l'Occupation et de l'exode, Thoenissen affirme qu'il ne compte pas faire obstacle à la reprise des activités civiles. Mais ce discours théoriquement accommodant est un leurre. Il cache à peine des desseins beaucoup moins inoffensifs dès qu'on évoque sa mise en pratique. Ses auditeurs apprennent en effet que l'occupant veut, avant de rendre la direction des usines à leurs responsables français, opérer la livraison à la Wehrmacht de tous les matériels de guerre en cours de fabrication. Et ils n'obtiennent pas, de surcroît, l'assurance formelle que la remise en route des fabrications se fera au bénéfice exclusif ou même principal des besoins français. Ils pourront vite vérifier que ce n'était pas un oubli...

De fait, non seulement le contrôle allemand sur les établissements, matérialisé par la présence de commissaires, ne se relâchera pas, bien au contraire, mais leur activité sera immédiatement subordonnée pour l'essentiel aux besoins de l'occupant, y compris pour l'armement. Des commandes allemandes importantes seront passées rapidement, par exemple, pour nous en tenir à l'automobile, dès le mois d'août 1940 pour Renault, en décembre pour Peugeot, etc. Berliet n'apparaîtrait donc pas comme un pionnier parmi les industriels de son secteur qui travaillent dès 1940 pour l'occupant s'il n'avait la particularité, qui change tout, d'opérer en zone libre. Face à Berliet-Lyon en effet, les Allemands, comme le soulignera le président de la cour de justice en 1946, « ne peuvent se poser qu'en demandeurs » puisque la convention d'armistice ne leur permet pas d'imposer des mesures économiques, et encore moins quelque livraison que ce soit, même à destination civile, au sud de la ligne de démarcation. Et il suffit de se référer, ajoutera-t-il, à une lettre circulaire aux industriels émise en août 1940 par les autorités françaises, sous la plume de l'ambassadeur Léon Noël, représentant du gouvernement à Paris, pour être certain qu'elles n'encouragent pas encore, avant la fin de l'été, les contacts avec les Allemands qui ne paraissent pas inévitables. « Il est formellement rappelé aux chefs d'entreprise, écrit M. Noël, que l'armistice n'est pas la paix, et que cela ne constitue qu'une suspension des hostilités, que, juridiquement, la guerre continue et qu'en principe les Français qui accepteraient d'apporter leur concours aux Allemands tomberaient sous le coup des lois visant l'intelligence avec l'ennemi [...]. Les industriels doivent répondre, si les Allemands leur passent des commandes, qu'il appartient au gouvernement français de se prononcer sur lesdites demandes [...]. »

L'un des avocats de la famille Berliet, maître Saillard, opposera certes à cette mise en garde, que les industriels de Vénissieux diront n'avoir pas connue — et c'est très vraisemblable puisqu'elle a été émise en zone occupée —, une note très officielle attribuée au ministre de la Défense de Vichy, le général Weygand, et rédigée avant la fin de juillet 1940. Dans celle-ci on pouvait lire que « les industriels doivent accepter les commandes allemandes de véhicules non offensifs ». La note est bien réelle, son interprétation est plus discutable. D'abord, parce que les clients de maître Saillard ne soutiendront évidemment jamais avoir plus connu ce texte que le précédent, qui le contredira peu après. Ensuite, et surtout, parce qu'il ne s'adressait pas à eux, en tout cas en ce qui concerne Lyon. Quand le chef des armées le rédige, il veut simplement par là nuancer la ligne dure qu'il a adoptée dès le 11 juillet 1940 en demandant qu'on refuse, dans les territoires occupés, toute commande utilisable par les troupes d'outre-Rhin. Car cette position s'est avérée, à ses yeux, intenable, à un moment où les usines sont contrôlées par la

Wehrmacht et ses représentants et où les réquisitions de toutes sortes et les enlèvements de machines se multiplient dans les entreprises qui n'ont pas repris leur activité. En continuant à refuser toutes les livraisons de matériel offensif mais en acceptant de ne plus prohiber *a priori* les autres, donc en particulier celles de véhicules utilitaires, il veut notamment permettre aux industriels les plus exposés, ceux de la zone nord, de disposer d'une marge de manœuvre. Il s'agit alors, dans une optique certes très réaliste et pour le moins résignée, d'amoindrir les risques de les voir perdre le contrôle de leurs affaires, ce qui serait, pense-t-il, compromettre à jamais tout redressement, même partiel, de l'économie nationale. Et si même cette position de repli, déjà peu contraignante, sera *de facto* vite abandonnée par Vichy, qui se contentera dès l'automne de tenter d'obtenir des contreparties aux acceptations de marchés de guerre allemands, on ne voit pas en quoi elle justifierait l'attitude des Berliet à la fin de l'été 1940 sur les bords du Rhône.

Face au juge d'instruction Vaysettes qui l'interroge le 9 octobre 1945, Marius Berliet s'entend dire : « N'estimez-vous pas qu'il était préférable d'occuper votre personnel tant bien que mal au prix de sacrifices pécuniaires plutôt que d'insister pour continuer des fabrications rémunératrices mais qui profitaient à l'ennemi ? » Il répond : « Ce sont là des subtilités que je n'ai pas vues. D'ailleurs, nous n'étions plus en guerre puisqu'il y avait un armistice. J'ai vu la chose uniquement en chef d'industrie. » Voilà sans doute qui éclaire son attitude pendant l'été 1940 plus que sa connaissance ou sa méconnaissance de toutes les notes gouvernementales auxquelles il n'a d'ailleurs jamais prêté une grande attention tout au long de sa carrière, sauf à y être obligé, mettant toujours la défense de son entreprise au-dessus de toute autre considération quand il n'avait pas l'impression que le sort du pays pouvait être directement en cause comme en 1914-1918. Son fils Paul ne le contredira pas. Il ne cessera d'affirmer pour sa part, après guerre, que l'attitude des dirigeants de Vénissieux au début de l'Occupation, et également ensuite, a consisté à préserver tant bien que mal l'activité des établissements lyonnais en acceptant la « règle de compensation » instituée par les Allemands, autrement dit, dès août 1940, le donnant-donnant proposé par le commissaire de Courbevoie, seul moyen selon lui de continuer à nourrir les cinq mille familles dépendant de l'entreprise. Qu'il n'y ait eu alors en réalité aucun choix, comme le sous-entendent les Berliet, pour lesquels « occuper [son] personnel tant bien que mal » — selon l'expression du juge — n'est certainement pas une attitude digne d'un « chef d'industrie » et encore moins un comportement de gestionnaire conséquent, d'aucuns le discuteront. Mais que les raisons de leurs décisions aient été celles qu'ils ont avancées, peu en douteront, que ce soit pour les approuver ou, cas majoritaire après la Libération, pour les regretter.

Un fournisseur de la Wehrmacht farouchement indépendant

Dès octobre 1940, quoi qu'il en soit, les données de la situation changent sensiblement. Le gouvernement de Vichy a défini une doctrine. Et Émile Parfait ne reçoit plus seulement ses instructions de Lyon ou du commissaire allemand nommé à Courbevoie ; il a désormais des interlocuteurs représentant les autorités françaises. Dès le début de l'automne, se souvient-il en 1946, il rencontre Jean Bichelonne, alors un des responsables du ministère de la Production industrielle, et François Lehideux, le neveu par alliance de Louis Renault, tout nouvellement nommé à la tête du comité d'organisation de l'automobile (COA) créé le 30 septembre. Les représentants de l'administration Pétain ne rejettent pas la « ligne » adoptée par la firme rhodanienne depuis le début de l'été, mais ils critiquent cependant la façon dont cette politique productiviste, qui implique une conciliation avec l'occupant, a été mise en application avec empressement dans le but de faire tourner au maximum les usines. L'un des deux, précise l'homme de Courbevoie, et il s'agit très probablement de Bichelonne, lui dit même alors sans ambages que « la société Berliet travaille d'une manière excessive ; elle utilise les stocks d'une manière anormale » et il « donne l'ordre immédiatement à M. Marius Berliet d'avoir à réduire les heures de travail pour ne pas produire autant et consommer autant ». En clair, les matières premières et les sources d'énergie sont désormais rares et précieuses, surtout en zone occupée après les réquisitions allemandes et la perte des productions du Nord et de l'Alsace-Lorraine, et on déplore l'attitude du fabricant de poids lourds qui ne songe pas suffisamment à les économiser en passant trop de commandes à Courbevoie. Ce n'est évidemment pas l'avis des Lyonnais : ils possèdent des usines capables de sortir sans difficulté cinq cents camions par mois et ils n'en fabriqueront qu'un millier entre juillet et décembre 1940, bien moins donc qu'ils ne le voudraient et qu'il le faudrait pour répondre à toutes les demandes ; d'autant que les Allemands ont réquisitionné 198 véhicules pendant cette période, soit près de 20 % de la production. Ils restent certainement des privilégiés par rapport à leurs concurrents, mais comme cet avantage n'est que relatif, ils peuvent effectivement ne pas le ressentir, ou ne pas vouloir le ressentir, ce qui en l'occurrence revient au même.

Le régime de quasi-liberté expérimenté par Berliet, qui n'était obligé de se plier aux desiderata allemands ou de Vichy que dans la mesure où il le jugeait utile pour des motifs économiques, prendra de toute façon fin avec l'année 1940. Désormais, le constructeur est, comme tous les autres, et même si la contrainte est évidemment beaucoup moins pesante en zone libre, clairement sous la tutelle du COA. Son activité est donc liée, à travers les directives du comité d'organisation, aux programmes de fabrication avalisés par les autorités et très largement dépendants des besoins allemands.

Dès le début de 1941, en effet, François Lehideux signifie à Marius

Berliet qu'il doit rentrer dans le rang et subir, malgré son atout géographique, la loi commune. « Si tous les véhicules livrés à l'armée allemande, écrit-il alors dans une note, étaient pris sur la production des constructeurs dont les usines sont situées en zone occupée, toute la production des constructeurs de la zone libre, Berliet et Rochet-Schneider, serait réservée à la satisfaction des besoins civils français. Ces constructeurs se trouveraient donc dans une situation privilégiée vis-à-vis de leurs concurrents de la zone occupée et prendraient sur le marché une place prépondérante, ce qui n'est pas conforme aux intérêts généraux de la profession que j'ai reçu mission d'organiser[28]. » Bientôt, Berliet se verra donc imposer des contingents de fabrications pour les Allemands, comme tous les autres constructeurs, même si les quantités à livrer resteront inférieures. Que l'on sache, il ne proteste pas — le pourrait-il d'ailleurs ? —, mais il se serait alors déterminé, assurera-t-il, à ne jamais fournir, sauf ordre impératif, autre chose que ses productions habituelles, à savoir surtout des camions, aux Allemands[29]. Une fois de plus, constructeur de poids lourds il est, constructeur de poids lourds il veut rester.

Cette « banalisation » du cas Berliet, vis-à-vis des relations avec l'occupant, s'inscrit néanmoins dans une certaine continuité. Même en dehors des livraisons de pièces détachées en vertu de la « compensation » et des contacts non suivis d'effets — on l'a vu — pour le contrat des mille camions, Vénissieux est déjà, depuis le dernier trimestre 1940, en négociation avec les Allemands pour leur fournir, sur injonction de la Commission d'armistice, des matériels de guerre autrefois destinés aux militaires de l'hexagone. L'antenne allemande de cet organisme à Lyon, établie à l'hôtel Carlton, a en effet appris que Berliet avait presque terminé quatre-vingts camions-citernes pour l'armée française au moment de la débâcle. Les pourparlers commencent en novembre et se concluront début 1941 par la signature d'un contrat de livraison de ces véhicules. De même, à la mi-1941, une requête de la délégation allemande à la Commission d'armistice sera transmise avec demande d'exécution à Berliet : elle implique de finir, pour le compte de l'occupant, la construction d'un matériel dont la caractéristique militaire n'est certes pas indirecte puisqu'il s'agit d'un porte-chars. En revanche, même si, d'après les archives allemandes, un début de négociation aurait eu lieu en 1941 quant à la récupération par l'Allemagne d'une chaîne de fabrication de munitions désormais sans usage, ce matériel ne sera apparemment jamais livré et il ne sera en tout cas pas question de ces pourparlers, jamais confirmés de source française, lors du procès de 1946[30].

Au total, hormis les réquisitions, un peu moins du quart de la production Berliet de véhicules sera destiné à l'occupant en 1940 et 1941. Pendant cette deuxième année de l'Occupation, les commandes allemandes, bien que très minoritaires, deviennent ainsi quasiment « de routine ». À l'été 1941, une trentaine de camions sont régulièrement livrés chaque mois au GBK. À la fin de la même année, on commence à appliquer un accord prévoyant que Berliet fabriquera pour l'occupant 165 poids lourds par mois. Des dizaines d'autobus ont également pris le chemin de Courbevoie pour les mêmes destinataires. À partir du moment où il ne s'agit pas de matériel strictement offensif, Berliet, semble-t-il, est plutôt avide de commandes de toutes natures et de toutes origines. Surtout dès qu'elles correspondent, suivant son vœu, à ses spécialités « classiques ». Au point que, une nouvelle fois, le 22 septembre 1941, par le biais d'une note que signalera l'acte d'accusation de 1946, « le ministère de la Production industrielle crut devoir rappeler à Berliet la nécessité absolue d'une autorisation ministérielle pour toute commande allemande ». En clair, le ministère et le comité d'organisation chargé du secteur automobile, le COA, veulent autant que possible négocier et répartir eux-mêmes les commandes allemandes, sans la moindre intervention des fournisseurs. Ne serait-ce que pour tenter d'obtenir des contreparties, très hypothétiques il est vrai, en échange de cette collaboration industrielle centralisée et pour éviter les accords séparés, presque toujours à l'avantage exclusif du plus fort... et on sait qui il est. Et ils tiennent à le faire savoir à un industriel à leur avis trop entreprenant dans ses rapports avec ses clients d'outre-Rhin — mais il est évidemment loin d'être le seul, et la note de 1941, sous cette forme ou une autre, aura bien d'autres destinataires.

Cette volonté de maintenir l'activité des usines implique qu'on livre sans réticence apparente des véhicules ou des pièces à l'occupant mais ne signifie pas pour autant, à l'évidence, que Marius Berliet soit prêt à tout pour plaire aux Allemands. Il n'est pas homme à s'incliner devant qui que ce soit si ce n'est pas dans l'intérêt de l'entreprise sans y être plus ou moins contraint, même quand le demandeur est originaire d'outre-Rhin. Dès la fin 1940, il a ainsi l'occasion de montrer que son âge et sa santé déclinante n'ont pas atteint son caractère et qu'il n'est pas enclin à céder à la menace[31]. Cinq mois ne se sont pas écoulés depuis l'armistice, en effet, quand un certain Alexandre Spengler, de Cologne, prend contact avec sa société. Dès les années vingt, on s'en souvient, Berliet avait été un des pionniers français de l'introduction des gazogènes en France, utilisant alors une invention d'un Allemand, M. Imbert, avec lequel des accords avaient été signés, cédant au constructeur lyonnais le droit d'exploitation de ses brevets. Les appareils Imbert, qui, comme le prévoyaient ces accords, avaient d'ailleurs été transformés très sensiblement pour s'adapter aux besoins de la firme rhodanienne, sont donc les « pères » de ces gazogènes qui représentent désormais, en ces temps de pénurie, un des matériels les plus précieux fabriqué à Lyon. Pour équiper par milliers aussi bien les vieux véhicules — huit mille camions anciens auraient été transformés entre juillet 1940 et février 1941 d'après Saint-Loup — que les neufs. Or Spengler, que l'on présente comme un ami intime de Goering, est en cet automne 1940 président de la firme Imbert Generatoren, détentrice des brevets Imbert, et il propose à l'industriel lyonnais d'apporter ses activités dans le secteur des gazogènes à une société dont le contrôle serait exercé conjointement par le Français et l'Allemand. Le farouche patron de Vénissieux, dont on connaît la méfiance à l'égard de toute intrusion extérieure dans son entreprise, oppose évidemment un refus catégorique à ce projet de fusion. Il ne veut même pas en entendre parler.

L'homme d'affaires d'outre-Rhin n'a pas pour seule carte de visite ses relations avec de hautes personnalités du Reich puisqu'il dirige l'organisme allemand (ZMG) qui supervise son secteur d'activité et qui ne sera pas sans influence sur le comité d'organisation des gazogènes français alors en voie de formation, tout comme le GBK vis-à-vis du COA. Et il supporte d'autant moins l'attitude du constructeur lyonnais qu'elle lui interdit de réaliser une partie d'un plan de conquête du marché de l'hexagone : c'est à la même époque, et il ne peut s'agir d'une coïncidence, qu'il approche, avec succès, la Banque de Paris et des Pays-Bas pour créer une importante société franco-allemande de gazogènes à bois utilisant les procédés Imbert[32]. Il revient donc bientôt à la charge, cette fois avec d'autres arguments. Si Marius Berliet ne veut pas signer d'accord avec lui, il va réclamer, annonce-t-il, des redevances importantes à la société rhodanienne en tant que détenteur des brevets Imbert. Le patriarche de Vénissieux envoie alors à Paris, où séjourne l'Allemand, son directeur du contentieux, Pierre Piozin, afin de lui signifier qu'il a acquis des droits sur les brevets Imbert pour la France il y a fort longtemps et tout à fait légalement ; il ne doit plus rien à personne dans ce domaine depuis des années. « M. Spengler, racontera en 1946 l'émissaire de Lyon, me menaça, en termes voilés, de représailles. Car il avait tous pouvoirs pour empêcher l'attribution des matières premières nécessaires à la fabrication de ces appareils à gazogènes. » Marius Berliet maintient sa position. L'Allemand aussi. Il revient une troisième fois à la charge, en arguant cette fois de l'entente à laquelle il a abouti avec Paribas, qui a accepté de financer la toute nouvelle société des gazogènes Imbert, détenue désormais à 50/50 par l'industriel d'outre-Rhin et l'établissement de la Chaussée d'Antin : si Berliet ne veut pas d'un accord capitaliste, comme celui qui vient d'être signé sans difficulté par les banquiers français, qu'il accepte des relations commerciales avec l'entreprise qui s'apprête à dominer le marché et qui peut — sous-entendu : exige de — devenir son fournisseur. Lassé d'avoir affaire à de simples représentants du patron lyonnais chargés de lui transmettre ses refus successifs, Spengler est venu lui-même à Vénissieux pour présenter sa dernière offre. Marius Berliet refuse tout net de le recevoir en personne et charge encore Piozin de le décourager.

Retourné à Paris, l'entreprenant homme d'affaires allemand ne se tient pas pour battu. Il fait pression, on ne sait comment, sur le ministère de la Production industrielle pour qu'il appuie sa démarche. Et dès que le comité d'organisation des gazogènes commence à fonctionner régulièrement, Spengler fait la preuve de son influence en obtenant de son directeur, M. Legrain, qu'il insiste auprès de Berliet lors d'une réunion officielle pour qu'il cède à ses exigences et accepte un accord avec sa société. Cette requête est si insistante que M. Parfait, le représentant de Berliet au comité d'organisation, doit répondre sans nuance, sur instruction de Vénissieux, que sa firme « ne cédera jamais », sauf si « elle obtenait de M. Legrain un ordre écrit et formel ». Berliet continuera donc, envers et contre tout et presque tous, à fabriquer ses propres gazogènes. Et Spengler mettra sa menace à exécution, réussissant à faire supprimer la quasi-totalité des distributions de monnaie-matières relatives à la fabrication de ces appareillages. Ces représailles obligeront Berliet à recourir, plus que jamais, au système D. Elles verront leur effet quelque peu réduit par l'action de celui-là même qui, sur ordre, avait demandé à Berliet de céder : « C'est monsieur Legrain, témoignera encore M. Piozin, qui, personnellement, disons-le : sous la table, distribuait des bons de monnaie-matières en petite quantité à la société Berliet. » Il n'en reste pas moins que la production de gazogènes sera considérablement entravée à Lyon, au point de tomber à vingt-cinq unités par mois à la fin de la guerre par manque de matières.

Ce refus de coopérer, si le marché proposé ne sert pas l'intérêt de l'entreprise et surtout ne respecte pas son indépendance, ou s'il suppose de modifier sensiblement sa vocation principale de fabricant de poids lourds, ne se manifeste pas uniquement quand il s'agit de résister à un individu, fût-il puissant et doté de relations. Ainsi, quand, à la mi-1942, une commission allemande, composée à la fois d'ingénieurs, de militaires et de personnalités d'origines diverses, se rend à Lyon et apporte, avec l'accord des autorités françaises, une importante commande de tracteurs, cette offre, loin d'être considérée comme une aubaine, alors que la production est à la baisse depuis fin 1941, est négligée. Dans son ouvrage, Saint-Loup affirme que les dirigeants de la firme de Vénissieux veulent d'autant moins fabriquer des tracteurs, comme les occupants le réclameront à de nombreuses reprises, qu'ils ne sont pas dupes, du moins dans certains cas, de l'utilisation militaire possible dans l'artillerie de ces véhicules présentés comme civils. Mais une lettre de Paul Berliet, adressée à la fin de cette même année 1942 au commissaire allemand qui suit de Paris les marchés avec Vénissieux, M. Krauss, éclaire de façon plus convaincante cette attitude : « Dans l'intérêt même de vos services, écrit-il pour pousser son interlocuteur à accepter la position des Lyonnais, il nous paraît donc souhaitable que la fabrication de ces tracteurs ne nous soit pas confiée [car] la meilleure utilisation de nos moyens de production sera obtenue par la fabrication de camions Berliet GDR et VDR pour lesquels l'outillage existe et dont la fabrication est familière à notre personnel depuis longtemps[33]. » Et si malgré tout, après de longues hésitations, Paul Berliet finira à la même époque par accepter en définitive dans un cas le principe d'une commande de tracteurs, il y a de bonnes raisons de le croire quand il dira, lors de l'instruction de son procès, qu'il s'agissait là d'une manœuvre afin d'amadouer les Allemands et même le COA « pour sauvegarder son programme de camions ». De fait, le contrat, bien que passé, ne sera d'ailleurs jamais exécuté puisque aucun de ces véhicules ne sera livré à l'occupant avant la libération de Lyon grâce à une série de manœuvres dilatoires et à un freinage permanent des opérations. Une commande, de même origine, de plusieurs milliers de vilebrequins, longuement négociée à partir de fin 1941, subira à peu près le même sort puisque à peine plus d'une centaine seront fournis.

Cette volonté de « sauvegarder le programme de camions » avait aussi pour objet, assurera Paul Berliet lors du procès de 1946, de préserver la majorité des ouvriers d'un départ en Allemagne — puisqu'ils étaient spécialisés dans cette seule activité et n'étaient donc protégés que tant qu'ils la poursuivaient — et d'éviter l'enlèvement des machines-outils conçues pour cette production. Difficile d'évaluer — nous y reviendrons — l'importance effective de ces deux facteurs qui pouvaient inciter, à en croire le fils du patriarche, à produire. La première assertion, peut-on simplement remarquer, est plausible puisque la lettre de Paul Berliet fut envoyée à l'époque même où le STO se mettait en place. Quant à la seconde, autrement dit la crainte de voir l'outil industriel pénalisé, elle sera complétée, lorsqu'elle sera formulée au procès, par la suivante : « Au lendemain de la Libération, nous n'aurions pas pu sortir un seul véhicule avant au moins six mois [si nous avions fabriqué surtout des tracteurs]. Nous nous serions de plus trouvés en infériorité encore plus grande vis-à-vis des concurrents étrangers sur le plan technique puisque nous aurions passé deux ans à mettre au point un outillage dont les Allemands auraient été les seuls à bénéficier. » Ce raisonnement industriel, fondé sur une certaine vision de l'avenir, rappelle fortement celui qui avait amené le patriarche de Vénissieux, encore traumatisé par son souvenir de l'après-guerre de 1914-1918, à tenter d'éviter autant que possible de fabriquer des obus à la fin des années trente pour ne pas perdre sa capacité concurrentielle. Le « danger », en l'occurrence, assure aujourd'hui Paul Berliet, était encore plus grand qu'à l'époque précédant l'Occupation puisque le commissaire dont dépendait Berliet représentait une société allemande de construction de véhicules, Büssing-Nag, qui pouvait être soupçonnée de vouloir totalement inféoder à ses intérêts, et peut-être absorber, la firme lyonnaise. La volonté des Allemands, lors de la dernière année de la guerre, de développer une coopération privilégiée entre le constructeur lyonnais et une *Patenfirma* (société « marraine »)*, en l'occurrence le fabricant de tracteurs Hano-

* « *Pate* » signifie en allemand « parrain », « *Patin* » marraine. Le jumelage qu'ont organisé les autorités allemandes entre les sociétés françaises qui réalisaient des commandes importantes pour leur compte et des entreprises d'outre-Rhin — les *Patenfirma* — impliquait donc une relation non pas d'égalité mais de sujétion, au moins au niveau des intentions. On peut repérer d'ailleurs dans l'expression une connotation « éducative », l'éducateur supposé étant évidemment originaire du Reich.

mag, prouvera certes que la crainte de « perte d'identité » n'était pas nécessairement chimérique même si elle ne recevra jamais de début d'exécution. On est cependant, après la mi-1942 et surtout en 1944, loin des premiers temps de l'Occupation où les industriels d'outre-Rhin étaient avides de profiter pour leur compte de la victoire de l'Allemagne dans la zone qu'elle contrôlait. Et il n'est pas du tout certain que Berliet, comme Peugeot par exemple face à Auto-Union fin 1940 et face à Volkswagen à partir de 1943, ait jamais été une cible véritablement visée par les industriels d'outre-Rhin au-delà de tentatives plutôt velléitaires. Il est probable cependant que le comportement têtu et peu diplomate du patriarche, l'un des seuls dans sa branche qui ait réussi à ne jamais accorder le moindre bureau à l'intérieur de ses établissements principaux à son commissaire allemand, tenu ainsi de contrôler les évènements de loin, n'a peut-être pas encouragé les vocations d'alliance très étroite. C'est en tout cas ce que sous-entend son fils Paul, qui se déclare — *a posteriori* il est vrai — certain que le caractère de son père a découragé bien des projets de l'occupant, notamment quand ceux-ci lui paraissaient desservir l'intérêt à long terme de l'entreprise ou être inacceptables pour d'autres raisons[34].

En matière d'indépendance, le risque, pour en revenir à 1942, ne paraît pourtant pas, au yeux de Marius Berliet, uniquement lié aux éventuelles manœuvres allemandes. C'est en effet à cette date qu'il se préoccupe de préserver à jamais le contrôle familial de la société. Est-ce le souvenir de l'alerte des années vingt quand il avait failli perdre à jamais la direction de son affaire transformée peu de temps auparavant en société anonyme ? Est-ce une réaction à son éviction de son entreprise par Dautry au début de la guerre ? Est-ce une volonté de contrer par avance les possibles effets de la loi du 10 septembre 1940 qui prévoit la nomination d'administrateurs provisoires dans les entreprises dont le patron est indisponible et qui, aujourd'hui utilisée essentiellement contre les Juifs, pourrait trouver demain de nouveaux domaines d'application ? Est-ce pour rendre plus difficile une éventuelle spoliation par les Allemands ? Est-ce — ce qui supposerait une prescience quasi machiavélique... ou plus simplement un mélange de prudence et de rouerie poussées à l'extrême — pour rendre juridiquement difficile une éventuelle réquisition-sanction à la Libération ? Est-ce l'envie d'un vieil autocrate de ne plus avoir, ni lui ni ses enfants, en ces temps durablement troublés, à rendre compte, même minimalement, des actes des Berliet devant d'autres, et notamment les membres du conseil d'administration ? Est-ce, ce que le bon sens suggère, parce qu'il estime qu'il est temps de préparer sa succession alors que sa santé décline et qu'il veut verrouiller, pour tout ou partie des raisons que nous venons d'énumérer, un pouvoir dont il vient de choisir le futur détenteur ? Toutes ces hypothèses avancées ici et là, Saint-Loup et Robert Aron donnant la préférence à celle qui a trait à la loi de septembre 1940, ont peut-être joué dans sa décision de transformer le 10 juillet 1942 la société anonyme en société en commandite*, elle-même contrôlée par une entité familiale, la Société civile Berliet. Paul Berliet, pour sa part, affirme aujourd'hui sans excès de nuance que son père s'est alors tout simplement dit que « comme cela, ils ne pourront pas me couillonner comme ils ont essayé de me couillonner en 1940 ». « Ils », ce sont tous ceux qui pourraient vouloir attenter, à l'avenir, à la structure du pouvoir dans l'entreprise, manifestement sans distinction d'origine, et quelles que soient les circonstances où ce « danger » pourrait apparaître. Il est cependant des plus probables, étant donné l'âge de Marius Berliet, qui a fêté ses soixante-seize ans au mois de janvier précédent, que le souci d'assurer sa succession à son idée était alors très présent dans ses pensées.

Marius Berliet le confirmera bientôt lui-même. Il présente ainsi son état d'esprit dans son testament rédigé peu après, le 30 juillet 1942 : « Afin d'assurer dans tous les cas la gestion de la Société d'une façon absolument permanente, je prends les premières dispositions pour le cas où je viendrais à décéder avant d'avoir formellement appelé mes fils à la gérance et stipule ici, expressément, que dès l'instant de mon décès, j'entends que la gérance de la société soit exercée immédiatement par mes quatre fils, Paul, Henri, Jean et Maurice Berliet. J'exprime ici mon intention que le rôle essentiel soit exercé, à titre de gérant principal, par M. Paul Berliet, auquel ses frères doivent faire confiance et qu'ils entoureront et soutiendront étroitement, dans l'intérêt de tous, et dans la pensée de respecter ma mémoire et de continuer mon œuvre[35]. » Contrôle absolu du capital, donc, mais aussi de la direction de l'entreprise, avec le choix de l'héritier. Cette stratégie de verrouillage familial intégral est on ne peut mieux mise en valeur et symbolisée par ses effets sur quelques membres extérieurs du conseil d'administration de la SA puis du conseil de surveillance de la commandite. M. Piaton et M. de La Guiche, ainsi que Georges Villiers, le futur président inamovible du CNPF de l'après-guerre, ne manqueront pas, en expliquant essentiellement après 1944 qu'ils ne supportaient plus de « ne pas être tenus au courant de l'activité de la maison », de démissionner assez rapidement, début 1943, de leurs fonctions d'administrateurs. Dans la famille Berliet, on laisse entendre que le départ de M. Piaton était en fait programmé depuis longtemps, depuis qu'il avait osé trancher parfois en faveur de Roy en 1939 ou en 1940 lors des conflits de l'envoyé de Dautry avec Marius Berliet, et que les deux autres administrateurs l'ont suivi par solidarité après son retrait, sachant de plus que la nouvelle forme de la société réduisait effectivement leur fonction à peu de choses[36]. Le moment, il est vrai, était peut-être bien choisi aussi pour prendre ses distances avec une entreprise amenée à affronter des problèmes et des

* Dans ce type de société, le « commandité », qui dirige l'entreprise pour le compte des « commanditaires », est responsable sans limite sur ses biens des conséquences de l'activité. Mais il a également tous les pouvoirs et il est très difficile à évincer.

choix aussi cruciaux que désagréables, même si aucun document ne permet de prouver que cette motivation ait été alors au premier plan.

À la recherche du « minimum vital » ?

Depuis la seconde moitié de 1942, et cela ne cessera pas d'ici à la Libération, l'entreprise est en effet entrée dans une étape de son existence qui ferait presque passer pour simples à traiter les problèmes rencontrés depuis 1939. La période qui précède immédiatement puis qui suit l'occupation de la zone libre par les Allemands, le 11 novembre 1942, impose de faire face à des situations autrement délicates. Aussi bien en ce qui concerne la production et la direction des hommes que les contacts avec les pouvoirs en place — Vichy et les occupants — et avec ceux qui les combattent — la résistance à l'intérieur et les autorités de Londres puis d'Alger à l'extérieur. Isolons, là encore, certains épisodes ou certaines questions qui marquent la période.

Pour continuer à produire autant qu'on le souhaite, tout d'abord, il devient de plus en plus difficile de rassembler les matières nécessaires et il faut à l'occasion « tourner » les réglementations qui ont été imposées par Vichy et par l'occupant pour rationner strictement les ressources disponibles et les répartir autoritairement. Il faut surtout, à Lyon comme partout, s'efforcer de développer, à un niveau encore jamais atteint depuis le début de l'Occupation, la pratique du système D et de la débrouille[37]. Le passé de Marius Berliet, artisan qui est parti de rien et s'est « fait tout seul », en travaillant de ses mains, ne peut qu'aider à créer dans l'entreprise une ambiance particulièrement propice à la recherche de solutions de remplacement quand c'est nécessaire. Chaque matin, ainsi, on se demande ce qui va manquer et comment on fera face. Comme dans n'importe quelle petite société, on écrit au dos des papiers, on récupère les chutes de toutes les matières à commencer par les plus rares comme les tôles. On pratique le troc, par exemple en prêtant des camions à des sociétés de ciment qui ont du mal à livrer en échange de leur précieuse production. On invente des ersatz, comme le mastic obtenu avec de la glaise et de l'huile de lin, ou comme les sièges fabriqués avec des morceaux de bâche en guise de cuir et du crin végétal à la place des ressorts, on se fait raffineur ou chimiste, par exemple pour produire de l'amiante à partir de « cailloux » qu'on extrait d'une petite mine de la région, on remplace, pour chauffer les fours, le charbon par du schlamm, et l'acier au chrome dans les foyers par de l'acier ordinaire. On met au point de nouvelles méthodes, comme une technique de soudure pour obtenir par rapprochement de petits bouts de tôle une grande plaque, et de nouvelles machines, comme ces appareils à redresser les clous à l'aide de dents et de peignes qui occupent à eux seuls une équipe de vingt femmes et qui permettront de pouvoir « clouter » toutes les pièces fabriquées par fusion. On transforme la fonderie de cuivre en fonderie de bronze. Puisqu'il faut désormais souder des pièces, en particulier pour produire les gazogènes, on ouvre un atelier de fabrication de chalumeaux. Le jour où on manquera de pneus, après l'incendie du stock en 1943, on fabriquera des roues en bois pour les monter jusqu'à la date de livraison sur les véhicules en fabrication. Et comme bien d'autres entreprises, au fur et à mesure que la guerre avance et que l'énergie devient rare, on travaille sur les machines plus souvent la nuit que le jour, où l'électricité se fait rare.

Chez Berliet, comme Marius a voulu posséder des usines intégrées pour ne dépendre de personne, on dispose de fonderies et de forges et on est donc dans une situation favorable par comparaison avec celle qu'expérimentent la plupart des entreprises et même certains constructeurs d'automobiles, obligés souvent de faire appel à des sous-traitants. Seuls les autres « grands » du secteur, Renault, Peugeot et Citroën, sont également bien équipés. Grâce aux investissements d'hier, on peut aujourd'hui compenser en bonne partie à Vénissieux le déficit de matières par de la récupération de ferraille en dénichant des détenteurs de stocks. Les clients deviennent eux-mêmes d'importants fournisseurs puisqu'on leur propose, pour obtenir une pièce neuve, d'apporter une pièce ancienne hors d'usage en échange. S'ils disposent de ladite vieille pièce, ils sont trop contents de pouvoir la troquer contre une neuve, si ce n'est pas le cas, ils s'arrangent pour en trouver une. C'est ainsi que, pendant la guerre, Berliet a procédé sans autorisation à des milliers de transformations de camions dépourvus de gazogènes et a assuré la fourniture de la quasi-totalité des pièces de rechange réclamées pour les véhicules susceptibles de rouler.

La plupart des grandes entreprises, pendant les dernières années de la guerre, sont en effet de plus en plus souvent obligées d'« ignorer » les consignes officielles si elles veulent disposer des moyens utiles à leur activité. Ce qui peut amener à prendre de réels risques. Par exemple, à Lyon, le jour où on se met à cacher, selon les instructions de Paul Berliet, sept tonnes de ces métaux non ferreux si utiles aux usines mais aussi particulièrement recherchés par les Allemands qui ont le droit de les réquisitionner. Une dénonciation, peu après l'opération de camouflage début 1943, vaudra quelques sueurs froides aux dirigeants de la firme, le fils de Marius en tête, sommés de révéler où se trouvent les stocks de cuivre et d'étain par des policiers allemands très menaçants et décidés à perquisitionner les locaux. Le membre du personnel qui a mouchardé après avoir entendu parler de l'escamotage des matières a heureusement confondu les souterrains de Vénissieux et de Monplaisir, et la fouille minutieuse limitée au premier établissement ne donnera rien. Sur un mode plus mineur, et plus quotidien, Berliet emploiera régulièrement jusqu'à trois cents personnes, sous la direction d'un chef d'équipe formé sur le tas — il ne savait pas signer de son nom — pour réaliser les seules tâches « interdites », de la récupération de matières à la construction de nouveaux bâtiments, etc. Jamais un seul accident n'attirera l'attention de l'occupant sur toutes ces activités grâce à l'efficacité de ce meneur d'hommes. Mais on lui reprochera après guerre cette trop grande énergie déployée pour faire produire à tout prix les usines et il sera licencié sans ménagement par les nouveaux dirigeants. Cette mesure « injuste », s'insurge aujourd'hui encore Paul Berliet, a été prise sous l'influence d'ouvriers désireux de se venger de ce « stakhanoviste » très — trop ? — exigeant pour les autres comme pour lui-même. Les épurateurs affirmeront qu'il aidait surtout, au moins indirectement, à augmenter les fournitures à l'occupant par son zèle inopportun à une époque où la Libération se profilait à l'horizon.

En matière de livraison aux « clients » d'outre-Rhin, on se trouve, à partir de la fin 1942 et jusqu'à l'été 1944, dans une situation paradoxale : l'essentiel de la production de véhicules de Vénissieux et Monplaisir est désormais réservé aux Allemands, en vertu de leurs accords avec les autorités françaises, mais la production de Berliet est pourtant en chute constante. Préoccupés au plus haut point, nous l'avons vu, par la préservation de l'activité de l'entreprise, les dirigeants du groupe s'inquiètent ainsi dès l'automne 1942 d'un possible affaissement du carnet de commandes de camions. Et ils vont prendre, à partir de cette date, des initiatives pour parer cette menace qui leur seront particulièrement reprochées après guerre comme manifestant une détermination et une hâte à fournir l'occupant apparemment peu compatibles avec un quelconque esprit de réserve sinon de résistance face à ce dernier[38]. Quand, le 20 octobre 1942, trois semaines avant la disparition de la zone libre, le COA, sur instruction des Allemands qui ont modifié la hiérarchie de leurs besoins prioritaires, annonce par lettre une remise en question de la tranche mensuelle habituelle de 165 camions à fabriquer, Émile Parfait, ainsi, proteste immédiatement, sur ordre de Lyon, contre cette modification de commande. Et il sollicite sans tarder, directement auprès des Allemands puisque le COA semble à court terme n'y rien pouvoir, le maintien intégral de l'accord précédent et même la conclusion d'un autre pour lancer un nouveau programme de fabrication à livrer en 1943.

Pour appuyer Émile Parfait et donner tout son poids à ces requêtes, Paul Berliet, désormais à vingt-trois ans à peine numéro deux incontesté et futur numéro un de la société, va plaider lui-même à Paris la cause de son entreprise. Ce type de déplacement n'est pas du tout exceptionnel puisque, si l'on en croit le témoignage de M. Thibaudon en 1946, le dauphin de la firme lyonnaise se rend deux fois par mois à Paris depuis le printemps 1941 pour faire le point avec Parfait et éventuellement rencontrer les Allemands. Et son objet n'est pas non plus inédit : une note retrouvée dans les archives allemandes fait apparaître par exemple qu'à la mi-1941 un Berliet, Marius semble-t-il, se plaignait « de la situation extrêmement difficile dans laquelle [il] se trouve à la suite de livraisons insuffisantes en charbon de terre, cuivre, lubrifiants et huile lourde » et estimait « le contingent qui a été imposé à sa firme comme très défavorable » puisqu'il s'avérait « très inférieur aux contingents imposés aux fabriques automobiles de la zone occupée et surtout à la capacité de fabrication de l'entreprise » [39]. Mais cette fois, le représentant du constructeur est plus insistant que jamais. Un premier entretien avec les Allemands ne suffit pas à modifier leur position. Paul Berliet a pourtant fait valoir que l'on ne peut arrêter la fabrication en cours, d'autant qu'elle porte sur des camions à essence, inutilisables par les civils, et que les matières et les pièces nécessaires à leur production sont toutes déjà acquises et en cours de transformation. Après l'invasion de la zone Sud, le 11 novembre, il aura sans doute trouvé des arguments encore plus convaincants puisqu'il obtient, à la suite d'un nouvel entretien, l'accord de l'occupant pour rétablir le programme initial. Cet accord, notifié officiellement par le COA à Berliet le 21 novembre, conduira d'ailleurs à de nouveaux pourparlers car la société lyonnaise ne veut livrer le contingent rétabli qu'à la condition de recevoir au préalable la monnaie-matière correspondante alors que les Allemands sont réticents puisque le constructeur dit avoir pu déjà lancer cette production et n'est donc pas en manque. Quant à la production future, elle fera l'objet d'autres négociations, notamment le 10 décembre avec l'Oberleutenant Bruckner, puis en mars, qui aboutiront à des commandes pour 1943. Cette année-là, en août, c'est encore Paul Berliet qui sollicitera et obtiendra une commande, très partiellement livrée en fin de compte, de près de mille camions pour 1944.

Ces contacts répétés de l'entreprise avec les Allemands, en position de demandeur de programmes pour produire des camions à leur usage, ce qui est évidemment compromettant puisqu'il paraît difficile de parler là d'un comportement sous contrainte, Paul Berliet tentera de les justifier au cours de l'instruction et pendant le procès de plusieurs façons. Certaines ont déjà été évoquées, notamment à propos de l'attitude constamment négative de la firme de Vénissieux face à des propositions de fabrications nouvelles comme les tracteurs. D'autres sont un peu différentes. Il affirme ainsi d'abord que, si Berliet n'a jamais, ou presque, fabriqué de matériels offensifs, comme le lui aurait conseillé instamment le ministère de la Production industrielle, c'est bien parce qu'il a su toujours faire apparaître aux Allemands que leur intérêt était de se rallier aux raisonnements des dirigeants de l'entreprise. La politique de relative conciliation avec l'occupant, qui se traduit notamment dans des conversations et des échanges de courriers apparemment très courtois voire cordiaux avec des firmes comme Büssing-Nag, tout comme l'insistance à décrocher des commandes de poids lourds « classiques » n'auraient représenté qu'une tactique. Celle-ci aurait eu pour résultat de freiner *de facto* les appétits militaires des Allemands tout en préservant au mieux, ou au moins mal, l'outil industriel, et en premier lieu sa composante humaine dont le sort dépendait de la capacité d'emploi du groupe et de la nature des postes offerts. En clair, selon une formule de la défense employée au procès, le « maintien national et le maintien commercial » allaient ensemble si l'on ne s'en tenait pas à une courte vue. Vendre des camions, c'était, selon ce raisonnement, éviter de vendre du matériel directement militaire en jouant une sorte de double jeu. Qu'on soit amené à employer l'expression « double jeu » — qui sera d'ailleurs reprise par Robert Aron pour défendre la position de Berliet — quand on veut expliciter de son point de vue la politique du constructeur en 1942 et 1943 vis-à-vis des Allemands ne renforce évidemment pas, vu d'aujourd'hui, la valeur de l'argumentation même si elle ne l'invalide pas nécessairement. Car elle évoque une thèse classique soutenue après guerre par les défenseurs de la politique de collaboration de Vichy — celle du double jeu de Pétain et de son régime pour éviter le pire à la France — dont les historiens ont pratiquement fait justice depuis les années soixante-dix.

Paul Berliet soutiendra par ailleurs en 1946 que sa marge de liberté était alors quasi nulle, sauf à décider, hypothèse évidemment irrecevable à ses yeux, et encore plus à ceux de son père, un « suicide » de l'entreprise. Quand, fin 1942, avant et surtout après le 11 novembre, il fait le « forcing » auprès des Allemands, c'est pour pallier, dit-il, la carence du comité d'organisation de l'automobile qui ne peut plus garantir la charge de travail minimale « vitale » aux usines lyonnaises. Et s'il a su se montrer aussi convaincant après l'occupation de la zone libre, ce n'est pas un hasard. La situation était déjà préoccupante après l'annonce par les Allemands d'une réduction de leurs commandes, elle était devenue désastreuse, dit-il, quelques semaines plus tard, quand l'invasion de la totalité du territoire devait priver Berliet de ses contingents « français », notamment pour les colonies et ce qu'il restait de l'armée. François Lehideux, président du COA, lui aurait dit alors qu'il ne pouvait désormais lui assurer la prise de plus de trente camions par mois. Et, selon Paul Berliet, comprenant l'impossibilité de faire tourner l'entreprise avec un plan de charge aussi faible, il « me conseille de faire ce qu'ont fait les autres constructeurs, c'est-à-dire de me mettre en rapport avec les autorités allemandes pour obtenir le programme indispensable au maintien de l'activité de l'usine ». Cet encouragement officiel à traiter avec les Allemands, non confirmé par M. Lehideux, prouverait bien qu'il n'y avait pas d'autre moyen de sauver la firme sans l'aliéner totalement au service de la Wehrmacht.

À partir de mars 1943, ajoutera le même Paul Berliet, la menace concernant la survie de l'entreprise s'est encore précisée à la suite d'un déplacement — ce n'est pas le premier — de M. Lehideux à Berlin. Le président du COA a négocié à cette occasion des accords sur un partage européen des tâches qui devaient conduire à stopper la fabrication de camions : « Nous devions faire soit des pièces Ford, soit des pièces Büssing, c'est-à-dire que nous acceptions d'être mis sous tutelle des Allemands. Nous n'avons pas voulu nous soumettre, ni Berliet, ni Citroën, ni Renault, ni Saurer, aux accords conclus à Berlin et nous n'avons pas voulu entreprendre de fabrications autres que les nôtres. » D'où les nécessaires conversations avec les Allemands en 1943 pour conserver ou étendre les programmes de fabrication de véhicules complets à leur usage. La firme lyonnaise, plutôt moins bien lotie que les autres constructeurs, n'obtint alors, précise encore Paul Berliet, qu'une commande de 880 camions à courir sur le reste de l'année, soit moins de cent camions par mois, loin des cent cinquante demandés. François Lehideux dément formellement quand on l'interroge aujourd'hui que le résultat de son voyage à Berlin, destiné dit-il à « endormir » les Allemands en feignant une volonté d'accord à l'échelon européen pour qu'ils laissent tranquilles les constructeurs, eût risqué d'avoir réellement de tels effets[40]. La controverse sur les intentions réelles du COA, et surtout des Allemands, ne sera peut-être jamais tranchée, mais il est de fait qu'aucun accord du type de celui dénoncé à Lyon n'a été ne serait-ce que sur le point d'être mis en vigueur. Même si la menace fut exagérée, il n'est pas impossible pour autant qu'elle ait été considérée comme inquiétante à Vénissieux puisqu'une éventuelle division du travail dans l'automobile dans une Europe sous domination allemande n'eût pu que conduire à une perte sérieuse d'indépendance. Cette notion d'indépendance si souvent évoquée à Lyon avait-elle cependant conservé un sens autre que théorique à cette date, comme le fera remarquer l'accusation en 1946, alors que la grande majorité des camions produits après 1942 sont destinés à l'occupant ?

Un cas soulevé lors du procès en 1946 met, quoi qu'il en soit, bien en évidence, même si c'est indirectement, le souci permanent qu'avait la direction de Berliet de tout faire pour préserver non seulement son activité mais aussi sa capacité à rester un constructeur complet de camions. Le président de la cour de justice évoqua alors, évidemment comme une pièce à charge, une lettre des plus aimables adressée à un officier allemand par Paul Berliet en janvier 1944 pour réclamer le maintien d'une commande de radiateurs. Rien de plus simple à expliquer, avait répondu l'accusé : les autorités d'occupation « nous avaient passé [cet ordre] quand advint une annulation. Nous avons, nous dit-on, transmis cette commande à la firme Chausson. Celle-ci a profité de l'Occupation pour chercher à acquérir le monopole de la fabrication des radiateurs. Nous n'avons pas voulu nous soumettre ». Il s'agissait donc uniquement là, assurait le dauphin, d'une mesure de gestion « défensive », consistant à préserver une part de marché et une compétence face à une société gourmande qui tentait de profiter de l'Occupation pour éliminer ses concurrents. Et voilà pourquoi, selon lui, l'entreprise était, en la circonstance, « condamnée » à insister auprès des Allemands pour ne pas perdre une commande qui, dans tous les cas, aurait d'ailleurs été honorée par un fabricant de l'hexagone.

Toutes ces considérations sur le comportement des dirigeants de la société de poids lourds en matière de livraisons à l'occupant, et ses justifications, tournent pour une bonne part, en dernier ressort, autour d'une notion, celle de « minimum vital » de l'entreprise. Elle a d'ailleurs été maintes fois évoquée lors de l'instruction de l'« affaire Berliet » et en 1946, notamment dans les rapports des experts de la défense, lors du procès. Il va de soi, en effet, que si l'on peut déterminer à quel niveau de production la survie même des usines était menacée, on est alors à même de jauger, sinon la validité du moins la véracité du raisonnement suivant lequel c'est avant tout pour éviter une éventuelle issue fatale à la firme que les Berliet, Paul en tête, n'ont pas ménagé leurs efforts, surtout à partir de fin 1942, pour obtenir des commandes allemandes de camions. Il est cependant plus facile d'invoquer cette notion que de la définir et de la traduire en données incontestables. Si on se fie à la sténographie du procès, on voit d'abord Paul Berliet évoquer le chiffre de cinquante camions par mois pour ce minimum vital, au moment où Lehideux lui dit ne pouvoir lui en commander plus de trente, avant d'avancer une fois celui de deux cents et à diverses occasions celui de cent cinquante. L'expert près de la cour de justice Bruno Marcovitch, cité par les avocats de la famille, observera pour sa part que le même minimum vital, tel qu'il semble ressortir du dossier qu'il a consulté, autrement dit celui de la défense, est certainement voisin de cent cinquante camions par mois. Même en supposant que le premier chiffre de cinquante, ce qui est quasi certain, est tout simplement mal transcrit, et que le second, de deux cents, ne tient peut-être pas compte des ventes de pièces détachées, le plus souvent cité, celui de cent cinquante, reste pour le moins sujet à caution. Résultant d'une estimation du constructeur lui-même, évidemment pour justifier son insistance à obtenir des Allemands un programme de fabrication mensuel au moins égal à ce niveau, il ne relève que de l'estimation improuvable et ne prend en compte qu'un matériel unique alors que bien d'autres productions (gazogènes, pièces détachées...) sortaient des usines. M. Marcovitch s'appuiera, quoi qu'il en soit, sur ce chiffre, qu'il n'a ni établi ni vérifié en personne mais qui lui paraît pourtant mesurer le seuil de production permettant de couvrir les frais généraux, pour affirmer à la barre qu'en 1943 et 1944 le minimum vital n'est plus dépassé puisque Berliet ne sort de ses chaînes, la première de ces deux années, que 131 véhicules par mois, dont soixante-quatorze pour les Allemands, et quatre-vingt-un par mois, dont soixante-quatre pour l'occupant, la suivante.

Ce petit exercice arithmétique a le mérite — guère surprenant à vrai dire — de ne pas être en contradiction avec les impressions de Parfait et de Thibaudon, qui diront tous deux à la barre à divers propos que, si Berliet avait dépassé certainement son minimum vital entre 1940 et 1942, c'était beaucoup moins sûr au cours des années suivantes. Il se heurte cependant à une autre estimation chiffrée qui, si elle ne saurait, elle aussi, permettre d'approcher à coup sûr le « vrai » minimum vital, rend pour le moins fragile le calcul précédent si on le suppose fondé sur une appréciation de la capacité du groupe à absorber ses frais généraux. Comme le fera remarquer le commissaire du gouvernement Lévy dans sa plaidoirie, en effet, non seulement Berliet a survécu financièrement sans aucun problème apparent même pendant les deux années où le minimum vital était supposé hors d'atteinte, mais, de plus, le résultat global de la période 1940-1944 et surtout le bénéfice final affiché année après année par la société jusqu'à la Libération, d'après les propres dires de M. Thibaudon, ont toujours été mesurés par des chiffres très positifs et permettant de distribuer des dividendes : 5 millions de francs en 1939 (exercice de neuf mois), 24 millions en 1940 (exercice de quinze mois), 18 millions en 1941, 20 millions en 1942, 64 millions en 1943, 5 millions en 1944. Et ces montants sont modestes si on les compare à ceux calculés, évidemment d'une autre manière, par le comité de confiscation des profits illicites après guerre qui situe le profit global, de 1940 à 1944, à 502 millions de francs, dont 174 provenant du « commerce avec l'ennemi ».

Tous les chiffres avancés à cette occasion par les acteurs du procès, qui jonglent, souvent sans discernement, d'un côté avec des « planchers » de production très judicieusement calculés, de l'autre avec des marges commerciales, des profits comptables et des bénéfices distribués plus ou moins confondus les uns avec les autres, sont à considérer avec une grande prudence. D'abord parce qu'on peut fort bien considérer qu'il n'aurait pas été inutile, pour évoquer le problème de la survie de l'entreprise, d'examiner d'autres statistiques, comme celles mesurant les réserves financières et la trésorerie de l'entreprise, et d'autres facteurs, comme la vision de l'avenir qu'impliquait de fait tel ou tel choix. Mais aussi parce que le minimum vital évoqué par les Berliet et leurs défenseurs, maladroitement défini par M. Marcovitch pour les aider, se réfère sans doute beaucoup plus à un seuil au-dessous duquel l'outil industriel commence à péricliter et l'avenir devient incertain qu'à la notion comptable de point mort, celle qui fait apparaître précisément le niveau d'activité à partir duquel l'entreprise peut équilibrer tous ses coûts et toutes ses recettes. Une société qui voit son chiffre d'affaires et ses effectifs fondre mais qui réussit à maintenir des marges importantes sur ce qu'elle vend encore — cas de nombreuses entreprises pendant la guerre grâce à la quasi-disparition des intermédiaires du réseau de vente et à la suppression des remises — peut effectivement perdre, irrémédiablement parfois, une bonne partie de sa substance tout en restant profitable. Et un industriel qui n'investit plus pour moderniser ses établissements ou qui perd ses marchés traditionnels risque éventuellement la disparition, ou en tout cas la perte prochaine du contrôle de son affaire, tout en affichant une (apparente) bonne santé financière si ce qu'il vend encore est payé au prix fort — or les Allemands payaient au prix fort. Si ces situations, comme l'estime Paul Berliet[41], étaient plus ou moins celles vécues par le constructeur, il est donc peu surprenant que l'on ait attaché une importance particulière à Lyon au niveau de production pendant la guerre. Mais il reste bien audacieux, sinon spécieux, d'affirmer pour autant, en s'en tenant à ce seul critère, que l'existence future de Berliet était en question à partir de tel ou tel seuil. On peut d'ailleurs noter que la modernisation des usines n'a jamais totalement cessé, selon le même Paul Berliet, en prévision d'un avenir moins sombre auquel on s'est toujours préparé à Lyon, quel que soit le niveau de l'activité, jusqu'en 1944. Il faut donc se contenter d'observer que les résultats annuels de Berliet pendant la guerre — et on verra qu'il en était de même pour sa trésorerie à la veille de la Libération — ne paraissaient pas, loin de là, être ceux d'une entreprise moribonde... et qu'il vaut mieux ne guère se fier à la notion, très relative et peu opérationnelle, de minimum vital.

Quand un adjoint du directeur du personnel est milicien...

Outre la production, une autre fonction de l'entreprise, la direction du personnel, prend à partir de 1942 une importance cruciale. Jean Berliet, nommé cette même année responsable de ce domaine, est là de nouveau, comme en 1940, en première ligne. Déjà depuis le milieu des années trente, il ne suffit plus, pour apparaître « social », de s'inscrire dans la tradition paternaliste en se souciant du bien-être minimal des employés dans la vie quotidienne, comme a pu le faire par exemple l'entreprise depuis le début de l'Occupation, sous l'impulsion du patriarche, en distribuant des tonnes de bois de chauffage (trois cents tonnes de 1940 à 1944) ou des produits pour les enfants (tissus, chocolat, confiture, etc) à titre gratuit ou avec de fortes réductions. Le nouveau cours de la guerre implique, pour « gérer » le personnel, de traiter et affronter en permanence, d'une part les désirs ou le mécontentement des Allemands, d'autre part les craintes, les opinions et les comportements divergents des salariés. Ces derniers, en effet, sont à la fois menacés par un départ possible outre-Rhin et de plus en plus actifs, en tout cas un bon nombre d'entre eux, au service de la Résistance ou, pour certains, de Vichy et de la collaboration. Or, dans cette situation plus que délicate pour tous, les pratiques autoritaires et la culture productiviste de la direction Berliet conduisent souvent, semble-t-il, à exacerber les passions et à amplifier les rumeurs et les soupçons mais aussi à créer des situations pour le moins pénibles. On imagine l'ambiance qui se crée dans des usines où le responsable de la production peut évoquer, dans une note interne d'avril 1944, « l'inertie du personnel qui prend tous les prétextes pour ne rien faire », alors que le freinage de la production, organisé par exemple selon ses dires par le résistant André Kurz sur une chaîne de montage à partir de mars 1943, est considéré comme un acte de résistance courageux par beaucoup. D'autant que ces deux explications d'une faible productivité ne sont pas de surcroît nécessairement contradictoires à tout moment...

Rien d'étonnant donc si, à la Libération, ressortiront à la surface des incidents parfois dérisoires mais souvent aussi aux conséquences tragiques. Ceux-ci ont marqué la vie de l'entreprise pendant les dernières années de la guerre, celles qui commencent avec l'acceptation par Laval du système de la « relève* » en juin 1942, sous sa forme volontaire, et en septembre, sous sa forme obligatoire, et qui resteront surtout dans les mémoires celles de l'imposition du STO (service du travail obligatoire) proprement dit à partir de début 1943. Les recruteurs allemands, aidés par l'administration française, sont à l'affût. Il suffit alors qu'un ouvrier perde son emploi pour que, même s'il a échappé jusque-là au départ vers l'Allemagne, son destin risque de connaître un tour fâcheux. D'où l'ampleur que prend n'importe quel heurt, *a fortiori* un conflit réel, entre des membres du personnel et la direction. Connu comme un homme de caractère, autrement dit de mauvais caractère quand il est contrarié, Paul Berliet, bien que moins exposé que son frère, sera ainsi lui-même accusé après guerre d'être à l'origine, à la suite de remontrances ou de sanctions qu'il avait réclamées contre des employés, de plusieurs renvois d'ouvriers de l'usine vers l'office de placement — lesquels entraînaient souvent des déportations outre-Rhin — et même d'arrestations. Sa responsabilité, outre qu'elle n'aurait pu être qu'indirecte, n'apparaîtra pas très évidente au cours des débats lors de son procès malgré de fâcheuses coïncidences évoquées par des témoins. Au moins dans un cas, où il n'est pas seul en cause, on peut cependant observer effectivement comment un comportement patronal certes rigoureux mais presque banal dans d'autres circonstances et dans une autre atmosphère ne va pas là sans graves conséquences.

Charles Laval, trempeur aux usines Berliet, se débrouille alors comme tout un chacun pour assurer sa subsistance en cultivant un jardin et en élevant des lapins. Démuni d'un outil utile à cette tâche, une serpette pour couper de l'herbe, il lui vient la malencontreuse idée, à l'automne 1942, de s'emparer, pour tenter de combler ce manque, d'une lame de scie qu'il a trouvée dans son atelier et de l'aiguiser sur une machine au moment où survient Paul Berliet. Cette évidente mais anodine « perruque » n'échappe pas à l'œil déjà vif et exercé de celui qui doit succéder à l'intransigeant Marius. Il intervient donc immédiatement, confisquant la lame et menaçant Laval, d'après ses dires, de le mettre à pied après lui avoir demandé au passage « s'il faisait des lames pour la Résistance ». La scène se passait le 9 octobre. Le 19 du même mois, l'ouvrier lyonnais est arrêté par la Gestapo et accusé de fabriquer des armes pour la Résistance. On lui présente la preuve de ses agissements : une lame affûtée et, lui dit-on, pouvant servir de poignard, celle-là même saisie dix jours auparavant entre ses mains par Paul Berliet. Interné à Montluc, puis envoyé à Buchenwald où il passera dix-huit mois, Charles Laval, qui peut encore montrer, en 1946, les cicatrices des morsures des chiens du camp sur ses jambes, ne ménagera évidemment pas, lors du procès, celui qu'il considère comme étant à l'origine

* Le principe de la relève négocié par Laval avec les Allemands, et sur lequel nous reviendrons (*cf.* chapitre 2), consistait à obtenir le rapatriement d'un prisonnier de guerre en échange du départ outre-Rhin de trois travailleurs français.

de sa déportation pour s'être emparé de cette « preuve » curieusement retrouvée peu après entre les mains de la police allemande.

Les débats de 1946 permettront d'y voir un petit peu plus clair dans l'enchaînement des faits ayant conduit à cette inadmissible issue. Paul Berliet, niant avoir fait des commentaires sur les penchants politiques de Laval, assurera s'être comporté très normalement en l'occurrence, en cherchant simplement où était le chef d'atelier dont dépendait le « coupable » pour lui faire part de l'incident et lui confier la lame, à charge pour lui de décider de la suite de l'affaire. Ne le trouvant pas, il a donné l'objet au directeur du personnel, autrement dit son frère Jean, en lui expliquant sa provenance. Ce dernier dira que, pour sa part aussi, il a agi comme on le faisait toujours en pareil cas. Il a donc remis la future « preuve » au responsable du service de surveillance, Théophile Cointe, « chargé des enquêtes sur toutes les pièces qui étaient fabriquées en dehors des productions normales de la maison » avant que « le chef d'atelier applique la sanction qui devait être prise ». Ces explications sont très vraisemblables puisqu'elles reviennent moins, implicitement s'entend, à nier la « bavure » qu'à attribuer la paternité directe ou indirecte de la dénonciation à la Gestapo à un collaborateur notoire, futur membre important de la milice, ledit Cointe. Car même si, comme le soutiendra quelque peu cyniquement l'avocat de Paul Berliet dans sa plaidoirie, rien n'interdit de penser que Laval a peut-être, par coïncidence, été arrêté à cette époque pour une autre raison, plus grave que celle-là aux yeux des Allemands, on ignore tout de cette éventuelle autre raison et, surtout, la lame n'a pas pour autant voyagé toute seule. Il reste qu'on ne pourra « croiser » les témoignages, puisque des éléments FFI abattront dès les premiers jours de la Libération Cointe, ce chef des gardes des usines très pro-Allemand, un homme dont les fonctions et les opinions, assureront alors beaucoup d'ouvriers de Berliet, faisaient hélas trop bon ménage sans que cela paraisse gêner outre mesure ses supérieurs hiérarchiques[42].

Jean Berliet, qui n'a pas lui-même embauché ce fidèle mais encombrant adjoint, pouvait difficilement, il le fera remarquer à la cour de justice, interdire quelque engagement politique que ce soit à tel ou tel salarié. Certes. Plusieurs de ses accusateurs viendront pourtant soutenir à la barre en 1946 que cette neutralité n'était pas également distribuée. Marcel Thomas, contremaître, qui a fait partie pendant la guerre d'un réseau de résistance, est de ceux-là. Il se souvient avoir été convoqué un jour, fin 1942, par Jean Berliet. Il s'entend alors reprocher, assure-t-il, ses opinions et plus particulièrement « sa propagande gaulliste » sur le lieu de travail. Il aurait même été menacé en ces termes : « Je vous préviens que, s'il y a un attentat commis à l'usine, vous pourrez être désigné comme otage aux Allemands. » Des propos pris suffisamment au sérieux, précise-t-il, pour que ses camarades de la Résistance, lorsqu'ils décideront d'incendier en septembre 1943 le dépôt de pneumatiques du constructeur, passent à l'acte à un moment où il est en vacances pour qu'on ne le soupçonne pas. Jean Berliet donne une version sensiblement différente de l'entretien avec cet employé, à ses yeux imprudent à cette époque pour lui-même et pour l'entreprise : « J'ai dit à Thomas qu'il était libre de penser ce qu'il voulait mais que, dans les circonstances que nous traversions, il n'avait pas le droit de crier tout haut ses convictions dans l'usine et de discuter avec les ouvriers pendant les heures de travail. Je ne l'ai pas menacé : je l'ai simplement prévenu qu'il risquait de se faire interner. » Et il affirmera qu'il ne lui a jamais dit plus particulièrement qu'il pourrait être désigné comme otage.

Marcel Thomas, de fait, ne sera pas inquiété après l'attentat de septembre 1943. Mais l'odeur des pneus brûlés ne s'est pas dissipée qu'un autre sympathisant de la Résistance verra commencer ses ennuis. Celuici, Roger Minet, aurait été dénoncé par une lettre anonyme lui imputant non seulement une responsabilité dans l'incendie mais aussi une pratique de la perruque très offensive, consistant à produire à l'usine des grenades pour la Résistance. La suite ne se raconte pas au conditionnel : l'inévitable Cointe, prévenu par cette lettre ou autrement, va immédiatement fouiller le casier du suspect à l'usine et découvre des tracts de la Résistance, un objet qui pourrait être un manche de matraque fabriqué avec un câble de pont roulant et un dessin pouvant représenter schématiquement une grenade.

Le lendemain, sans que la direction, dit Jean Berliet, prévenu par son adjoint de certaines de ses découvertes, n'y soit pour rien, la police, mise au courant par on ne sait qui, vient opérer une perquisition. Alors, poursuit-il, ses propos étant rapportés par Robert Aron[43], « je convoquai immédiatement Minet à mon bureau et lui adressai une sévère admonestation. Je l'interrogeai seul à seul. Il nia tout en bloc sans pouvoir expliquer la présence de ces divers objets à l'endroit où ils avaient été découverts. En ce qui concerne le dessin, il déclara avoir voulu confectionner un briquet de bureau... Je lui ai démontré l'invraisemblance d'une pareille explication... Je renvoyai Minet après avoir attiré son attention sur la situation dans laquelle il s'était mis et sur les inconvénients qui risquaient d'en résulter maintenant que la police était sur l'affaire. Le lendemain, je reçus la visite de son père, à qui je tins le même langage en l'éclairant sur les agissements de son fils. Je lui dis toutefois qu'en ce qui me concernait l'affaire n'avait pas de suite. Peu après, un inspecteur de police revint et interrogea Minet en ma présence : persistant en sa première attitude, il nia son activité clandestine et persévéra, en ce qui concernait le dessin, à prétendre qu'il s'agissait d'un essai de fabrication d'un briquet de bureau. L'inspecteur déclara alors qu'il était obligé d'emmener Minet et passa dans la pièce voisine pour téléphoner. Pendant ce temps, j'insistai auprès de Minet pour qu'il change d'attitude, lui promettant, s'il faisait preuve de franchise, de m'employer à le sortir d'affaire. Je lui représentai combien son système de défense était ridicule et vain. Minet reconnut alors avoir participé à la distribution de tracts et avoir voulu fabriquer une matraque en acier. J'appelai alors l'inspecteur, qui n'avait pas encore obtenu la communication. Minet renouvela ses aveux, en ce qui concernait les tracts et la matraque, mais persista en ses premières explications quant au dessin de grenade. L'inspecteur, perplexe, me demanda ce que je pensais de ce dessin, et je lui répondis qu'il était après tout possible que Minet eût voulu fabriquer un briquet. L'inspecteur se retira en laissant Minet en liberté ». Une version de l'affaire que Minet, même s'il en confirme l'essentiel, corrigera quelque peu après guerre, dans le cabinet du juge d'instruction et lors du procès. Il affirmera notamment que la police avait certainement été renseignée par les services de Jean Berliet, voire par ce dernier lui-même — un rapport de la résistance qu'il eut entre les mains en aurait fait foi. Il ajoutera que le fils aîné de Marius lui avait demandé avant tout, lors de l'« admonestation », de dénoncer les résistants de l'usine, puis qu'il avait dénigré ensuite son comportement de patriote en recevant son père venu chercher, en tant qu'ancien de Berliet, un appui de la part de son employeur pour protéger son fils de la police. Si l'avocat de Jean Berliet ne surprendra personne en estimant comme très probable une nouvelle fois la responsabilité de Cointe dans la dénonciation aux autorités, il ne pourra, pour le reste, que constater de sérieuses divergences, quant à la nature de l'intervention de son client, entre ce dernier et Minet. Celui-ci fut contraint pour fuir la curiosité de la police de s'enfuir très vite dans le maquis, où il sera gravement blessé. Il ne réintégrera l'usine qu'à la Libération où il deviendra l'un des principaux responsables du parti communiste et de la CGT chez Berliet.

Au-delà de graves contentieux individuels, comme ceux que nous venons d'évoquer, et toujours en matière de direction du personnel, que s'est-il passé à partir de 1942 chez Berliet, quand toutes les entreprises françaises qui ne travaillaient pas très majoritairement pour les Allemands ont été priées d'encourager puis d'aider à imposer la « relève » et le STO ? Si on parle chiffres globaux, le bilan de quelques centaines d'ouvriers partis outre-Rhin — le chiffre le plus vraisemblable parmi ceux avancés est de 570[44] — face aux mille cinq cents réclamés par les Allemands ne fait de Berliet ni un cas de zèle excessif ni un cas de résistance exemplaire au transfert de la main-d'œuvre. On ne refuse pas à Lyon de fournir les listes d'employés susceptibles de partir outre-Rhin, même si le choix définitif dépend de l'inspecteur du travail français et des Allemands, lesquels sélectionnent les éléments les plus jeunes et les plus qualifiés. Mais on essaie avec constance de limiter l'ampleur du mouvement, d'autant qu'on manque d'ouvriers compétents dans les ateliers. Jean Berliet n'a, il est vrai, pas eu à « protéger [du départ] son personnel » — la formule est de lui — plus d'une année, car le constructeur s'est vu classer « usine S »*, donc entreprise prioritaire pour les

* S est l'abréviation de « Schutzbetriebe » ou « Sperrbetriebe », soit « entreprises protégées ». Appartenaient à cette catégorie les entreprises françaises travaillant essentiellement pour les Allemands et considérées comme particulièrement utiles par les services

Allemands et par là même à l'abri des réquisitions de salariés, en octobre 1943. Il utilisera — des témoins l'attesteront après la Libération — ce privilège pour camoufler au sein des effectifs dans les usines des prisonniers évadés et des Alsaciens, et pour prévenir, grâce à des embauches opportunes, certains départs au STO. D'aucuns lui reprocheront de ne pas s'être montré pour autant très délicat, notamment après un voyage de l'autre côté de la frontière, envers certains de ceux dont il n'avait pu empêcher l'exil à Brunswick, chez Büssing-Nag, une firme qui avait, on l'a vu, des rapports réguliers avec Berliet[45].

À Pâques 1943, le responsable du personnel quitte en effet Lyon pour effectuer une visite d'inspection en Allemagne auprès des ouvriers de Berliet. Reçu plus fraîchement qu'il ne l'aurait souhaité par les autorités, il ne rencontrera qu'un petit groupe de ces travailleurs qui n'ont pu échapper au STO. Ceux-ci lui confient leur mécontentement à divers propos, car ils supportent souvent mal leurs conditions de vie et n'obtiennent pas des classifications professionnelles en rapport avec leur qualification. Ils n'auront pas l'impression d'avoir convaincu le dirigeant lyonnais de leur situation difficile ni d'avoir obtenu un soutien effectif de sa part, et certains d'entre eux diront l'avoir même entendu leur rétorquer qu'ils n'étaient pas si mal que cela là où ils étaient — ce que démentira leur interlocuteur après guerre. Celui-ci, à son retour, rendra compte de ce voyage devant le comité social de l'usine, cet organisme de concertation imaginé à Vichy et prévu par la Charte du travail qu'on a installé non sans peine chez Berliet, où la direction et les ouvriers ne semblent pas toujours vivre dans l'harmonie sociale[46]. On lui attribue alors ce commentaire sur la vie des STO à Brunswick : « Cadence du travail moins rapide qu'ici. Nourriture peu variée mais suffisante. Faculté de manger au restaurant le soir en supplément peu coûteux. Bons salaires. Logement en chambrée. Celui-ci aurait pu être meilleur sans les écarts de conduite des premiers arrivants, éléments douteux. » Et en conclusion : « Ce ne sont pas des martyrs[47]. » On imagine, indépendamment de tout débat sur la véracité des faits rapportés par l'aîné des fils Berliet, quel effet un tel discours peut produire à la mi-1943 sur des auditeurs solidaires de leurs camarades « déportés », même s'il ne constitue pas pour autant, comme le soulignera Robert Aron, une exhortation à aller travailler en Allemagne.

S'agissant de maladresse, si ce mot est le bon, Jean a cependant de qui tenir. Marius, en effet, a pris une initiative remarquée à l'automne 1942, lorsque, en raison des nouvelles lois, un important contingent de travailleurs de son entreprise a été forcé de franchir la frontière : il a fait partir, par le premier convoi, deux de ses fils, Henri et Maurice, comme travailleurs volontaires en Allemagne. À un moment où l'on vient de constater le grave échec des tentatives de relève sans con-

du ministre allemand de l'armement Albert Speer. D'où la confusion qui a souvent fait écrire que « S » signifiait « Speerbetriebe ».

trainte, on imagine quelle aubaine cette décision « exemplaire » a pu représenter pour les organisateurs du transfert de main-d'œuvre outre-Rhin, qui ne regorgeaient pas d'arguments pour inciter au départ. François Lehideux, redevenu alors simple président du COA, après avoir été ministre de la Production industrielle, assure avoir tenté à cette époque, en vain, de faire comprendre son erreur au « roi du poids lourd »[48]. « Il était juste, déclarera ce dernier après guerre, que le patron prît également sa part de la charge que constituait la relève pour le personnel ouvrier. » Outre ce noble sentiment, il aurait trouvé une raison plus terre à terre, et, si elle est vraie, non dénuée de naïveté, comme le reconnaîtra Saint-Loup lui-même qui la rapporte, pour agir ainsi : il ne jugeait pas négligeable l'occasion qui lui était offerte de se documenter sur place à travers ses fils sur les méthodes de fabrication des industriels allemands avec lesquels il aurait pu se trouver en concurrence après la guerre.

L'idée n'est-elle pas venue à l'esprit de Marius Berliet non seulement de la possible exploitation publique de sa décision par les autorités allemandes et françaises, mais aussi du sens profond de la relève qui permettait moins aux Français de libérer des prisonniers qu'aux armées allemandes de récupérer ainsi des travailleurs nationaux pour les envoyer au front ? Selon Paul Berliet, si on a fort mal jugé par la suite cette initiative, c'est pour avoir oublié le contexte de l'époque. Pour son père, « ce ne fut pas la joie » quand il donna à ses deux fils non mariés le « conseil impératif », suivant une jolie expression de l'acte d'accusation en 1946, de rejoindre Brunswick. Et à ce moment-là, assure-t-il, on n'a certainement pas imaginé à Lyon, ne serait-ce que fugitivement, que la relève risquait de renforcer la Wehrmacht alors que « les Américains n'avaient pas encore débarqué en Afrique du Nord et les Allemands étaient aux portes de Suez au maximum de leur puissance et de leur force ». D'autant, insiste-t-il, qu'on n'évoquait que des départs pour un an et que nombreux sont ceux qui ont pensé, surtout dans certains milieux industriels où une grande partie du personnel avait été fait prisonnier, que faire preuve de solidarité sinon soutenir la politique du gouvernement à ce sujet était simplement un geste normal. À commencer, rappelle-t-il non sans perfidie, par Georges Villiers, bientôt résistant déporté, mais alors toujours maire de Lyon nommé par Vichy, industriel et administrateur de Berliet, qui a suggéré lui-même à son père son comportement. François Lehideux assure lui aussi que le futur président du CNPF avait alors encouragé Marius Berliet dans cette voie sans faire de réserve. Témoin lors du procès, le principal intéressé racontera l'épisode autrement : « J'étais président de l'Union de la métallurgie du Rhône. Le ministère de la Production industrielle nous avait demandé de faire une pression pour le départ des ouvriers en Allemagne. Syndicalement, évidemment, nous nous y sommes refusés. Nous avons répondu que non seulement nous ne pouvions pas nous prêter à ce geste, mais qu'en même temps nous donnerions des consignes de bouche à oreille pour que l'on fasse exactement le contraire. Cela étant, j'ai appris que quatre cents ouvriers de l'usine Berliet devaient partir en travail forcé pour l'Allemagne. Je suis allé voir monsieur Marius Berliet pour lui dire qu'il était de son devoir, à mon avis, de faire accompagner ces quatre cents ouvriers par un de ses fils. Nous l'avons fait dans d'autres affaires où des cadres sont partis avec les ouvriers et où leur présence a été très utile pour les défendre, pour plaider leur cause. » Il n'était donc pas question, selon Villiers, de croire à l'utilité de la relève et il ne s'agissait plus que du départ d'un fils. Mais la myopie, quant à l'utilisation possible par la propagande allemande et par les hérauts français de la collaboration du départ volontaire pour l'Allemagne d'hommes portant un nom célèbre comme Berliet, semble bien avoir été partagée. Cette initiative de Marius Berliet n'en restera pas moins, ce n'est pas surprenant, l'une de celles qui lui seront le plus reprochées lors de son procès. Et elle est restée dans les mémoires.

Saboter ses propres usines ? Jamais !

Si fin 1942, Marius Berliet a donc laissé passer une bonne occasion de ne pas soutenir, au moins *de facto*, une des politiques les plus contestables et les plus impopulaires de Vichy, à la fin de l'hiver et au début du printemps 1944, c'est une double chance de donner l'impression de favoriser la résistance qu'il ne voudra pas saisir[49]. Deux fois, en effet, on vient lui proposer, à travers son fils aîné, de prouver par un acte décisif à quel camp il appartient. En mars 1944, un industriel de sa connaissance, M. Kryn, organise un rendez-vous avec Jean Berliet pour le compte du capitaine Lefort, M. Faure-Beaulieu dans la vie courante. Fraîchement arrivé de Londres, ce responsable résistant a pour mission d'organiser la destruction des installations industrielles présentant un intérêt militaire. Il demande à son interlocuteur, au cours de l'entrevue qui a lieu dans un bar du centre-ville, toutes facilités en vue d'opérer un sabotage des usines Berliet, qui les préserverait d'ailleurs d'un éventuel bombardement et de ses conséquences redoutables, à commencer par les pertes de vies humaines. Il obtient pour toute réponse la promesse d'en recevoir une quelques jours plus tard, selon ce qu'aura décidé Marius. Ce dernier, mis au courant de la démarche de Faure-Beaulieu, aurait réuni un conseil de famille, puisque le patrimoine des Berliet est concerné. Tout comme sa femme, « la conscience de la famille » selon Kryn, il aurait lui-même pris nettement position contre la suggestion de l'envoyé d'outre-Manche de se prêter à la mise hors service des organes vitaux des usines, de « ses » usines. Il dira, après guerre, qu'il estimait que la mesure était inutile, puisque les livraisons alors faites aux Allemands étaient devenues très faibles, et de surcroît peu réaliste, puisqu'il aurait fallu saboter un nombre considérable de machines pour réellement pénaliser la production. Il donnera donc à son fils la consigne suivante : « Écoute et tiens-moi au courant. » Cette tentative de gagner du temps, façon qui se veut habile de refuser la proposition sans le dire, ne sera d'aucune utilité puisque le second rendez-vous n'aura jamais lieu : Faure-Beaulieu apprend quelques jours plus tard à Kryn que les négociations n'ont plus lieu d'être car le bombardement a finalement été décidé, de toute façon, en haut lieu.

Quelques semaines plus tard, surgit, en provenance d'Alger cette fois, un autre personnage, venu lui aussi prendre contact au nom de la Résistance avec les Berliet. Il veut leur proposer également, mais ce n'est pas le seul objet de sa venue, un sabotage des usines pour éviter leur bombardement — une opération apparemment déjà prévue, on l'a vu, mais sans doute à son insu. Cet homme, Jean Bazinet, est loin d'être un inconnu puisqu'il s'agit tout simplement de l'agent Berliet qui dirige depuis des années la succursale algérienne de l'entreprise. Il a traversé la Méditerranée en sous-marin, s'est fait déposer sur la côte espagnole près de Barcelone, a franchi la frontière vers Perpignan, où il a été arrêté et maltraité par la police allemande. Il lui a donc fallu s'évader pour pouvoir poursuivre sa route discrètement jusque vers la région lyonnaise, car il doit avant tout implanter des émetteurs radio dans la vallée du Rhône. Il prend contact avec un industriel favorable à la Résistance apparenté aux Berliet, M. Brossette, et celui-ci organise un premier rendez-vous discret, au bar Chiquito à Lyon, avec, de nouveau, le fils aîné de Marius. On ne sait si la question de la paralysie volontaire de l'usine a été abordée ouvertement dès ce jour, car tous les témoignages ne sont pas concordants, mais la réponse à ce sujet du constructeur lyonnais ne saurait être de toute façon différente de celle du mois précédent. Un ami de Jean Berliet, témoin au procès, traduira sans doute bien l'état d'esprit de ce dernier face à Bazinet en disant, en termes mélodramatiques, qu'il faut « comprendre le problème psychologique si émouvant » que représente le fait de « demander au fils d'un père qui a travaillé pendant des années à édifier une œuvre de la démolir lui-même ». L'envoyé d'Alger, qui affirmera lors de l'instruction que Jean Berliet lui a alors conseillé d'abandonner les gaullistes, n'aura pas plus de chance à propos de sa deuxième requête, puisqu'il veut qu'on lui procure une carte de travail le présentant comme un voyageur de commerce du fabricant de poids lourds afin de pouvoir mener ses activités clandestines. Après avoir demandé à réfléchir, le responsable du personnel de l'entreprise lui répond en effet, quelques jours plus tard, par la négative, au cours d'un second rendez-vous ; l'organigramme de la maison, lui explique-t-il, ne prévoit pas l'existence d'une telle fonction en ces temps d'occupation et, de surcroît, il est trop connu chez Berliet pour qu'on puisse lui établir, sans risque sérieux, un document comprenant sa photo et repérable par des salariés dont on ne sait ce qu'ils pensent. C'est finalement la société de gazogènes Carbogaz, dirigée par le général Girier, qui fournira des papiers à Bazinet, avant qu'une dénonciation, début mai, oblige ce dernier à les leur rendre et à en obtenir d'autres... de M. Brossette.

Au cours de ces deux entrevues, dira Jean Berliet pendant un interrogatoire en 1944, Bazinet lui avait dit qu'Alger voulait éliminer les industriels collaborateurs, que les Berliet étaient dans le collimateur et qu'« il faudrait donner des gages ». Il aurait alors précisé : « L'un de vos frères ne pourrait-il pas passer de l'autre côté, afin de prouver que, si vous êtes contraints de travailler pour les Allemands dans un intérêt français, pour sauvegarder la situation de votre personnel, vous n'avez cependant pas d'antipathie particulière à l'égard des Alliés ? Ce serait ainsi une garantie lors de l'occupation par ces derniers du territoire français. » Bazinet cherchait d'ailleurs depuis quelques mois déjà à éviter aux Berliet, auxquels il semblait alors très attaché, un avenir difficile puisqu'il leur avait envoyé d'Alger, par l'intermédiaire de la Croix-Rouge, des messages de type rébus pour leur conseiller de mettre Marius à l'abri à l'étranger tant qu'il était temps. Ainsi avait-il écrit à Lyon un jour : « Il serait bon que notre vieux père aille se reposer chez notre cousin Livrot », voulant signifier par là que le patriarche, mal vu à Alger par les autorités qui le considéraient comme un des grands patrons collaborateurs, devrait peut-être songer à un repli en Espagne, Livrot étant le nom du représentant du constructeur dans la péninsule ibérique. Jean Berliet dira n'avoir compris que par Bazinet à Lyon, lors de leurs rendez-vous, le sens de ces messages sibyllins envoyés d'outre-Méditerranée et impossibles à déchiffrer par des gens qui ne voyaient rien à se reprocher. De fait, Marius, légaliste — au sens étroit du terme — et ennemi de tous les « désordres », ne donnera évidemment pas plus le « conseil impératif » à un de ses fils célibataires de retour de Brunswick de rejoindre le maquis qu'il ne partira lui-même se mettre à l'abri.

Jean Berliet a alors de nouveau commis pour le moins une grave maladresse, qui sera longuement évoquée au procès. Après ses deux rencontres avec Bazinet, troublé par ses propos et désireux, assurera-t-il, d'aider cet ancien de la maison encore très marqué par son passage entre les mains de la Gestapo à Perpignan, il demande conseil à un ami, le capitaine Sisos, qui est venu le voir le 16 avril. Mais ce dernier, en qui il dit avoir alors toute confiance, travaille... au secrétariat général à la Défense aérienne à Vichy. Et il est surveillé. Il est bientôt convoqué, pour les besoins d'une enquête, par la police, qui aurait appris par hasard, en fait en consultant simplement son carnet de rendez-vous, son entrevue avec Jean Berliet et paraît savoir déjà, assurera-t-il en témoignant au procès, que le fils du constructeur et le général Girier ont reçu tous deux indépendamment la visite d'un « agent de la dissidence » auquel on a fourni de faux papiers. Sisos, persuadé, dira-t-il, que la police est bien renseignée, aurait au bout de plusieurs interrogatoires tout au plus confirmé, pensant ainsi le protéger, l'existence d'une entrevue entre son ami et « un résistant » venu lui proposer un sabotage des usines. Et il aurait par ailleurs agi pour qu'on cesse d'inquiéter le président de Carbogaz, lequel, interpellé et se sachant donc repéré, fera récupérer les papiers de Bazinet comme on l'a vu. Après l'imprudent Sisos et Girier, c'est évidemment au tour de Jean Berliet d'être entendu, très longuement. Persuadé lui aussi, dira-t-il, que le commissaire auquel il a affaire en sait beaucoup, il ne garde pas le silence et évoque ses entretiens avec Bazinet, lequel échappera cependant à l'arrestation. Après avoir accepté à Vichy de lui fixer un rendez-vous pour le faire arrêter, Jean Berliet l'a fait prévenir en effet par Brossette des dangers qu'il courait. Mais la police en sait désormais beaucoup sur lui.

L'habile commissaire qui a fait parler Jean Berliet, M. Costedoat, moins renseigné *a priori* qu'il ne l'a fait croire, disposait, il est vrai, d'un argument de poids pour intimider sa « victime ». L'avant-veille de cet interrogatoire, en effet, la prédiction de Faure-Beaulieu et de Bazinet s'est réalisée : les avions alliés ont déversé sur les usines de Vénissieux, dans la nuit du 1er au 2 mai, une grande quantité de bombes explosives. Le policier aurait laissé entendre à Jean Berliet qu'on pourrait bien l'accuser d'avoir aidé à préparer ce bombardement — un comble ! — s'il ne donnait pas de détails sur ce qui s'était passé avec cet envoyé d'Alger qu'il avait reconnu avoir rencontré dans sa conversation avec Sisos. Or, soutiendra le fils aîné de Marius, il lui était difficile de soutenir qu'il n'avait jamais eu vent d'une éventuelle attaque aérienne puisque lui-même, avec son père et ses frères, avait participé à organiser l'évacuation de la cité ouvrière Berliet au cours de chaque nuit pendant cette période, montrant bien qu'il redoutait un bombardement.

Si, épargnant le personnel en raison des précautions prises, le raid allié a provoqué des dégâts considérables dans les usines, il n'a pas touché beaucoup de matériels irremplaçables et de centres vitaux. À tel point que, du moins selon Paul Berliet, à peine plus d'un trimestre a suffi à presque tout remettre en état et, à la Libération, on est à la veille de reprendre une production normale. Les conséquences de l'événement ne seront pourtant pas que d'ordre matériel. Car il ne sert pas à améliorer, on l'imagine, la réputation des patrons de l'entreprise, visée en tant que société travaillant pour les Allemands, chez les sympathisants des résistants. Au point que certains d'entre eux leur attribuent les plus noires pensées. D'aucuns affirmeront avoir entendu, à l'usine, un des frères Berliet dire quelques heures après un nouveau bombardement fin mai : « Qu'ils reviennent cinq ou six fois comme cela, ça fera mieux que toute propagande [contre les Alliés]. » Ce que dément l'intéressé, qui rappelle notamment que son beau-père travaillait à l'usine Rivoire et Carré de Vaise également bombardée le même jour et qu'il avait alors été fou d'inquiétude, d'autant qu'il était aussi sans nouvelles de sa jeune femme, ce qui ne l'incitait guère à commenter légèrement les attaques aériennes. Mais, au-delà des on-dit, l'entreprise blessée verra surtout venir à elle pour entretenir l'indignation et témoigner de sa compassion après les bombardements une personnalité qui ne servira guère son image et qui ne saurait passer inaperçue : un après-midi pluvieux de la fin du printemps, le vieux Marius, entouré de ses fils et de ses principaux collaborateurs, déambule en effet dans les allées de l'établissement de Vénissieux avec un visiteur nommé Philippe Pétain. Le vieux maréchal, accompagné des autorités de la région, a tenu, selon l'expression de Saint-Loup, à présenter lui-même les « excuses de la France » au constructeur sinistré. Les deux hommes, au cours de leur conversation à bâtons rompus, n'ont évoqué, paraît-il, que le passé lointain. Tout un symbole, à trois mois de l'effondrement de Vichy et de la Libération qui feront d'eux des réprouvés, au bout de leur parcours.

Cette marque de soutien était inattendue et non sollicitée : la tournée des zones bombardées des bords du Rhône a été organisée, sans grande préparation, par le préfet. Mais elle restera sans doute d'autant plus présente dans les esprits à Lyon juste après la Libération qu'elle est alors récente et s'est manifestée en faveur d'une entreprise où, au niveau des apparences, les autorités de Vichy sont nettement mieux considérées que celles de Londres et d'Alger. On n'a sans doute pas demandé, à Vénissieux, à recevoir en nombre les éditoriaux de Philippe Henriot, propagandiste de la collaboration puis ministre de Pétain avant d'être exécuté par la Résistance, mais était-on obligé pour autant de les distribuer généreusement aux chefs de service même si tout un chacun, selon le mot de Marius Berliet devant le juge instructeur, « était libre de les lire ou de ne pas les lire »[50] ? Que l'on retrouve quelques ouvrages et des revues collaborationnistes ou pro-nazis à la bibliothèque de l'entreprise ne relevait certes pas de la responsabilité des patrons, mais que la mise en place de cette propagande, selon le responsable du lieu, l'ancien directeur d'école Georges Audouard, ait été notamment l'œuvre d'un cadre haut placé agissant « en vue de bien se faire voir » de ses supérieurs laisse interrogatif. Enfin, quand on remarque — ce sera souvent le cas lors du procès — à quel point les activités des miliciens étaient devenues visibles à l'usine, où ceux-ci ont même carrément assuré la sécurité des lieux pendant près de deux semaines en décembre 1943 et où ils ont à de nombreuses occasions « emprunté » des véhicules, paraissant souvent « chez eux » aux yeux de témoins, suffit-il de s'entendre assurer qu'ils n'avaient pas été invités à agir ainsi par la direction et que les opinions politiques des employés n'intéressaient pas celle-ci pour vider la question ?

Les employés pouvaient être d'autant plus sensibles à la présence milicienne à l'usine que trois des plus proches collaborateurs du chef du personnel, autrement dit Jean Berliet, étaient des membres militants de cette police parallèle. Outre le redoutable Cointe, déjà cité, il s'agit d'Azalagué, depuis longtemps homme à tout faire de la famille, notamment responsable de la ferme Berliet, et de Colinet, un adjoint du directeur du personnel un peu trop souvent enclin, au goût des salariés et de leurs représentants, à poser son revolver sur la table lors des discussions professionnelles sous l'Occupation. Jean Berliet, au cours du procès de 1946, sera interrogé par le président du tribunal à propos des miliciens et de leurs activités dans l'entreprise. Il se contentera de répondre à ce sujet : « Je les supportais, comme beaucoup. » Une justification de l'attitude de la direction qui paraîtra insuffisante aux yeux de beaucoup des salariés de l'entreprise qui trouvaient, eux, insupportables les pratiques des hommes de Pannebeuf, pour citer le nom d'un des chefs de la milice dans la région sud qu'on aperçut à l'occasion dans l'enceinte de l'entreprise en discussion avec Jean Berliet.

Lyon libéré, les Berliet emprisonnés, les usines réquisitionnées

Mais chez les Berliet, on ne se pose pas les questions en ces termes. Tout ce qui a été décidé, estime-t-on, l'a été pour le bien de l'entreprise et de ses employés ; on a fait ce qu'on pensait être son devoir, comme on le pouvait, en cette période difficile. Et alors que l'heure de la libération de Lyon arrive, on songe, on ne veut songer encore qu'à parachever la reconstruction des usines et à se préparer à l'inévitable relance des activités lorsque la paix sera revenue, en prenant garde à ne pas répéter les erreurs de l'après-1914-1918. Certes, l'agitation qui a gagné Lyon pendant les journées de la délivrance a conduit à suspendre l'activité des établissements et on sent bien, chez les dirigeants, Marius en tête, qu'on ne peut exclure aucun incident dans cette ambiance quasi révolutionnaire. Mais on reste aussi serein que possible. Marius, le 4 septembre, ne s'attendait donc pas à son arrestation express après le départ des Allemands, même si elle ne paraît pas le surprendre totalement comme nous l'avons dit : on peut avoir bonne conscience et ne pas être totalement naïf. Ses fils, curieusement, bénéficient, eux, d'un sursis. Voilà comment Paul, directeur général et dauphin, et par là même le plus exposé après son père alors que débute l'épuration et la réquisition des usines, raconte aujourd'hui ses souvenirs des premiers jours de cette sombre période pour la famille.

« Quand les Allemands ont commencé à foutre le camp, on a été avec le chef du garage et deux ou trois types mettre en panne les quelques camions que nous avions encore. Il devait y en avoir seize [en état de marche]. On a démonté les delcos, les bougies, etc. de tout ce qui était mobile. Ils ne sont donc pas partis avec. Le jour de l'arrivée des Français [le 4 septembre], je vais à la préfecture à bicyclette, je rencontre M. Farge. » Ignorant évidemment que le commissaire de la République a déjà signé le mandat d'arrestation de son père, et supposant que les autorités ont besoin de moyens de transport, il lui propose ses services : « J'ai des véhicules immobilisés, qu'on peut dépanner tout de suite. » Il s'entend demander un effort supplémentaire : « Il faut dépanner les camions que les Allemands ont sabotés et placés au bout des ponts pour les bloquer, et les mettre à ma disposition car on n'a plus de farine, plus rien. » Paul Berliet retourne vers ses usines et, à Monplaisir, il donne, à sa manière directe, des ordres pour qu'on fasse le nécessaire : « Au boulot ! Dépannez-moi ces véhicules ! » Il a à peine fini d'organiser le travail pour aider au ravitaillement de la ville qu'il voit arriver une petite troupe d'hommes armés, « des Espagnols » dit-il, menés par un délégué de la CGT, un certain Guérin. Il s'entend ordonner : « Évacuation immédiate. Cette usine est maintenant propriété des FFI. » Et il est placé, rejoint bientôt par son frère Henri, sous la garde d'un partisan « qui ne parlait pas notre langue » dans un local de l'établissement.

C'est à ce moment-là, toujours d'après le récit de Paul Berliet, que les FFI se sont chargés « d'aller ramasser mon père, de l'emmener dans un camion et de le faire défiler en ville [avec d'autres personnes appréhendées] ». L'objectif de ceux qui se sont emparés de la personne du patriarche était selon son fils — Saint-Loup l'affirme également — de l'exécuter et seul un concours de circonstances lui aurait permis d'atteindre vivant une cellule de la prison de Montluc, son premier lieu d'internement. Paul et son frère Henri auraient également échappé de justesse à ce sort. Libérés en effet par des militaires « réguliers », prévenus par des employés de chez Berliet de l'arrestation « sauvage » à Monplaisir des deux fils du patron, Paul et Henri sont retournés vers le domicile du premier, où ils se retrouvent à nouveau face au responsable CGT et à ses hommes, qui n'ont pas renoncé à s'assurer de leur personne. Leur chef, disant qu'il les rejoindra, laisse les « Espagnols » emmener les deux captifs vers une prison clandestine, un lieu donc où nul ne pouvait plus rien pour eux. Par chance, laissés sans instruction, sans doute fatigués et vite lassés d'attendre, leurs geôliers décident de les tranférer, mitraillettes dans le dos, jusqu'à la mairie de Villeurbanne, où siège à l'étage un comité de libération présidé par un certain Donat et composé d'une dizaine de personnes : « On nous demande qui on est. On répond qu'on s'appelle Berliet. Ils nous disent : il n'y a pas de fiche, vous n'êtes pas recherchés. Ils nous font libérer mais, comme on ne voulait pas que nos ennuis recommencent, on ne s'en va qu'après avoir obtenu un papier du comité de libération, signé de son président, disant qu'on ne doit pas nous inquiéter, etc. On redescend et, qui aperçoit-on ? Guérin ! » Le « chasseur de patrons collabos », n'ayant pas trouvé ses prises dans la cache où on devait les détenir, est accouru pour s'en emparer à nouveau et éviter qu'ils n'échappent au châtiment qui doit leur être réservé. « On a juste le temps de voir que la porte de derrière [de la mairie] est ouverte, poursuit Paul Berliet, et on se sauve en courant. » Entre-temps, ayant appris l'arrestation de Marius et la disparition de ses fils, la belle-sœur de Paul a alerté M. Brossette, ce proche de la famille lié aux résistants. Celui-ci, qui est dans les parages, recueille les deux frères et, avec sa voiture, met la Saône et le Rhône entre eux et leurs tenaces poursuivants.

« Le lendemain, poursuit Paul Berliet, je téléphone à l'autre directeur général de l'entreprise, M. Thibaudon, et je lui donne rendez-vous à la préfecture puisque, lui dis-je, j'ai reçu des ordres de Farge [...]. On y va et, pendant qu'on patiente, nous sommes entourés de policiers qui semblent prêts à nous arrêter au premier signe. On ne voit pas Farge, mais un M. Untel qui nous fait savoir qu'il ne peut rien nous dire car les décisions concernant les usines Berliet sont en cours d'élaboration. Il nous conseille de rentrer chez nous, en attendant d'être convoqués. » Quelques jours après, seul M. Thibaudon, directeur financier et commercial, donc mêlé lui aussi en tant que responsable, rappelle Paul Berliet, à l'ensemble des relations avec les Allemands, est appelé par les nouvelles autorités. « On lui promet de ne jamais être interrogé ni inquiété », à la suite de quoi il rentre dans l'entreprise où « il met en route une trésorerie qui représentait quand même treize mois de salaires ». Marius, en souvenir de ses difficultés d'il y a un quart de siècle, a tenu en effet à disposer de liquidités abondantes à la Libération, explique son fils, afin d'être sûr de pouvoir payer ses fournisseurs et de ne pas avoir à requérir le concours des banques quelle que soit la situation. Or, à part les Berliet, seul Pierre Thibaudon a la « signature » et peut alors remettre en route les finances de l'entreprise, ce qui n'a pas échappé à l'équipe de Farge, désireuse de relancer au plus vite l'activité à Venissieux et à Monplaisir.

Paul Berliet dit aujourd'hui n'avoir pas compris, alors, ce que voulaient vraiment les autorités. Il a donc attendu, avec tous ses frères, d'être contacté à son tour, persuadé qu'on lui demanderait, comme à Thibaudon, de venir signer des papiers facilitant le redémarrage des établissements. Si les usines ont été réquisitionnées après l'arrestation de Marius, puisque le patron est « empêché », les directeurs, y compris ceux qui ont la signature, sont à même de remplir leurs fonctions et la mesure peut donc n'être que temporaire. « On était à cent kilomètres de penser que nous étions devant une révolution marxiste », commente-t-il. Aussi, « comme des nigauds, on a attendu la convocation à la préfecture et quand on nous a dit qu'on venait nous chercher, on est tous montés, avec mes frères, dans la voiture qu'on nous a envoyée ». Et voilà comment les quatre fils rejoindront, le 13 septembre, leur père en prison. Pourquoi ne les a-t-on pas arrêtés tout de suite ? Il a fallu le temps, pense Paul Berliet, que les nouvelles autorités « s'aperçoivent que mon père n'avait plus d'actions ». Le changement du statut juridique et du mode de contrôle de la société en 1942 est en effet passé par là et commence à prouver son efficacité. « Impossible pour eux de récupérer légalement la majorité », puisque le capital est verrouillé avec des parts réparties entre tous les fils — dont certains sont mariés et avec des enfants, ce qui exclut une spoliation intégrale — et les filles. « Ils se sont cependant dit qu'en mettant la main sur les quatre fils, on avait prise sur la majorité de l'affaire. » Une « prise » qui, *de facto*, s'est réalisée et a persisté. Cela explique-t-il qu'« ils » se soient désormais relativement désintéressés des fils Berliet pour un bout de temps, comme l'affirme Paul, se plaignant d'être « resté seize mois sans me faire interroger » ? On pourrait sans doute incriminer tout aussi bien l'encombrement judiciaire, patent à l'époque.

Difficile de toute façon de croiser ce récit avec des sources écrites ou avec d'autres témoignages, sur ce dernier point comme sur d'autres. Le risque d'exécution sommaire de Paul, Henri et leur père, en particulier, fut-il aussi réel qu'ils l'ont cru ? Si la conviction des principaux intéressés d'être des survivants repose ici sur des impressions d'autant plus fortes qu'elles renvoient à un « vécu », elle ne s'appuie sur aucune preuve décisive. Il paraît cependant tout à fait certain qu'il fallait alors éliminer — mais pas nécessairement physiquement — les Berliet de l'entreprise pour laisser libre cours au projet de Farge, bien arrêté dès la Libération, de confiscation des usines. Dans ses mémoires, rédigées à chaud, tout près de l'événement, avant même le procès de la famille, le commissaire de la République rappelle qu'à ses yeux l'épuration « devait être brutale et prompte » et s'affirmer par des décisions radicales : « Après des années d'abjection, un pays ne se retrouve que dans la virilité[51]. » Et il illustre ces propos en évoquant la célérité avec laquelle il a placé, à peine quarante-huit heures après la libération de Lyon, la société des automobiles Berliet sous administration séquestre. Une mesure qui pour lui n'a rien de provisoire : « Un commissaire de la République ne pouvait aller plus loin. Il ne lui était pas permis d'anticiper sur les intentions gouvernementales en prononçant le mot "nationalisation", mais l'intérêt public comme l'ordre public exigeaient qu'une telle décision fut prise. »

Le processus de nomination, avant la mi-septembre, du nouveau patron de Berliet paraît confirmer cette volonté de rendre immédiatement la saisie de l'entreprise aussi définitive que possible. Farge se voit conseiller par le secrétaire départemental de la CGT Marcel Dedieu de proposer le poste à un ingénieur de l'aéronautique, un militant syndical socialiste qui ne craint pas de s'affirmer proche des trotskistes et qui prône la « gestion ouvrière », Alfred Bardin. Mais il choisit finalement l'un de ses plus proches collaborateurs, le spécialiste des affaires économiques au sein de son cabinet, qu'il suppose plus « responsable » et qui fait partie, c'est manifestement un atout, de sa famille idéologique. Ancien directeur commercial d'une importante société de matériel électrique, secrétaire national de l'Union des cadres industriels de la France combattante (UCIFC), ingénieur de formation, membre du parti communiste, Marcel Mosnier, qui se dépêche habilement, une fois devenu administrateur du séquestre, de prendre comme adjoint... Alfred Bardin, ne saurait être considéré comme un intérimaire. Cet homme de trente-huit ans sait pourquoi il est là et quel est l'objectif à atteindre : « J'ai voulu, écrira-t-il peu après, que dans une usine au moins en France, le sort, la vie des travailleurs ne dépendent pas de l'arbitraire patronal [...], que soit faite la démonstration que dans des conditions nouvelles, dans un climat nouveau, sous la direction d'une équipe dévouée à l'intérêt national et seulement à celui-ci, on assiste à un élan vers la production, on note un intérêt nouveau de la part des travailleurs, l'un et l'autre riches de promesses et d'espoir pour l'avenir[52]. » Un programme bien en phase avec celui décrit par Farge dans ses mémoires : « Nous décidâmes, avec mes collaborateurs, de tenter la première expérience de démocratie ouvrière au sein d'une entreprise industrielle. Mosnier, désigné par le "pouvoir", et un conseil de gestion désigné de la même façon (après entente avec les organisations ouvrières et les ingénieurs), prirent la place de Berliet et de ses fils. Le climat de confiance était créé, l'expérience allait commencer. »

Il n'est manifestement pas question de transiger à propos de cette expérience, comme le montre l'épisode suivant. Émile Parfait, qui avait des liens avec la Résistance — il assurera avoir fait partie d'un réseau, sans qu'on puisse en savoir plus — et de la famille dans les rangs gaullistes, est donc un homme *a priori* non récusable chez Berliet, même s'il fut l'ambassadeur permanent de l'entreprise auprès des Allemands. Une position paradoxale et connue, selon eux, de ses patrons, que Paul Berliet aime commenter à sa manière en lançant : « On n'était pas tombés de la dernière pluie, on n'était pas nés idiots[53] ! » Autrement dit : on n'avait pas nommé et maintenu n'importe qui à cette fonction exposée et délicate. Or Parfait viendra, un jour de septembre 1944, tâter le terrain à Lyon pour envisager un changement de direction acceptable cette fois-ci non seulement par les syndicats et les représentants locaux de la Résistance, mais aussi par ceux qui sont encore actionnaires. Se disant fort de l'appui d'un ministre socialiste, en l'occurrence Robert Lacoste, le responsable de la production industrielle dans le gouvernement du général de Gaulle, il se propose comme P-DG provisoire de Berliet, assurant que le principe de sa nomination est déjà accepté en haut lieu[54]. Mosnier lui fera comprendre que, s'il ne veut pas être mis en état d'arrestation, il ferait mieux d'aller reprendre ses fonctions à la tête de l'établissement de Courbevoie, où il peut d'autant plus être utile qu'il a des relations, et de laisser tranquilles les nouveaux patrons à Lyon...

Quand a été véritablement décidé le sort de Berliet à la Libération ? Paul Berliet se dit aujourd'hui absolument certain que le destin de l'entreprise était scellé avant même le départ des Allemands de Lyon. Il y avait « un plan préétabli, qui a été discuté en Algérie et qui a été un élément de négociation entre les gaullistes et les communistes, pour faire passer sous l'autorité du général Kœnig les FTP [procommunistes] en échange de [sociétés] qui devaient devenir des forteresses ouvrières. La généralisation [de ces opérations] aurait amené la généralisation du socialisme ». Les firmes visées en priorité ? « D'abord celles où un seul homme était président et possédait le capital. Dès qu'il y avait des banques dans le capital, on n'y touchait pas. Ensuite, il fallait qu'elles possèdent des usines intégrées et puissantes avec leur forge, avec leur clientèle, capables de survivre dans toutes les situations. » Donc « Renault était tout désigné, comme Gnome et Rhône, même si son président était juif et résistant, et comme Berliet ». Et voilà pourquoi on a accusé Louis Renault d'être « revenu des États-Unis pour se mettre à la disposition des Allemands » alors que « le plus grand producteur de matériel de guerre français en 1914-1918 était sans doute une tête de pioche » mais « c'est pas pour cela qu'on est un traître ! » « Avec Renault, ça a réussi », mais avec Berliet, « il y a eu un grain de sable », tenant moins aux parades juridiques qui permettront finalement à la famille de combattre la spoliation qu'à la survie des patrons : « C'est par miracle qu'on n'a pas tué Marius Berliet et moi j'ai eu une chance incroyable d'y échapper [car] tout ça était parfaitement organisé. » Alors, un complot ? Si on a souvent évoqué des négociations à Alger entre gaullistes et communistes avant la Libération, nul, à ce jour, n'a jamais pu produire un indice sérieux, à défaut d'une preuve, d'un arrangement autorisant la mise en place d'un « système soviétique de gestion », suivant une formule de Paul Berliet, dans telle ou telle entreprise de l'hexagone. Le discours tenu aux industriels lyonnais par Bazinet au printemps 1944 montre certes que le cas Berliet a dû être discuté à Alger. Mais évoquer d'une part une opération de sabotage et un bombardement, d'autre part une attitude jugée collaboratrice et donc sanctionnable après guerre, ne signifie pas qu'on organise déjà la captation des usines par le parti communiste, et cela même si d'aucuns pouvaient y songer. À lire, même entre les lignes, les mémoires du très militant Yves Farge, un homme lié aux communistes et des plus controversés mais dont personne ne mit jamais en doute la sincérité, comme les propos de tous les autres acteurs directs ou indirects de l'« expérience Berliet » qui a débuté à la Libération, autant il semble clair que l'on avait songé à évincer le patron dès l'été 1944 sinon avant et que le désir de réaliser un essai de « gestion ouvrière » était on ne peut plus réel, autant rien ne paraît étayer l'hypothèse d'une réquisition-sanction préméditée depuis longtemps, encore moins celle d'une confiscation longuement mûrie et réellement organisée à l'avance. Les archives d'Alger, pour leur part, ne contiennent aucun indice d'un accord gaullo-communiste concernant telle ou telle entreprise[55]. Quant à Raymond Aubrac, qui joua comme commissaire de la République à Marseille le même rôle qu'Yves Farge à Lyon, y compris en réquisitionnant des entreprises, il dit que les deux situations n'étaient certes pas identiques mais qu'il est très improbable que son « collègue » du Rhône ait pu posséder des instructions liées à un tel accord sans que lui-même n'en ait jamais rien su et sans qu'il en soit resté de trace[56]. La thèse de la décision sur le terrain, sinon de la large improvisation, dans l'ambiance très favorable à une telle opération de septembre 1944 reste donc, en l'absence de preuves irréfutables dans un sens ou dans l'autre, de loin la plus probable pour expliquer l'initiative de Farge.

Une fois décidée, la réquisition au « profit » de leur personnel des usines Berliet est en tout cas partie pour durer. La trésorerie, on l'a vu, est pléthorique, et utilisable avec la signature de Thibaudon. Le travail ne manque pas. Au début surtout pour terminer les travaux de réfection définitive des ateliers et des équipements endommagés par les bombes du printemps et pas toujours en état de marche — car le jugement de Paul Berliet que nous avons rapporté sur la réhabilitation quasi achevée de l'outil de production à la Libération paraît être pour le moins optimiste si l'on en croit la description de la situation des usines faite par la nouvelle direction en septembre 1944. Ensuite, et de plus en plus, pour fournir les clients. Ceux-ci sont friands en particulier de pièces détachées, car le parc a beaucoup souffert pendant la guerre et il faut remettre en état des dizaines de milliers de véhicules. La production de camions neufs, qui était tombée à une trentaine par mois après les événements de mai 1944, ne repart pourtant pas, au début, à un rythme très élevé, ne serait-ce qu'en raison du manque de certaines matières malgré la prévoyance de la direction précédente qui avait préservé au maximum ses stocks. Les secrétaires des sections syndicales Besson et Crepat écrivent d'ailleurs à Farge en décembre 1944 pour se plaindre en ces termes de pénuries : « On nous a couverts de louanges mais nous aimerions mieux encore voir arriver dans nos usines les matières premières nécessaires à la production et les matériaux de reconstruction [...]. Nos camarades se demandent déjà pourquoi activer la production de camions restant sur cales faute de pneus[57]. » Car ce sont les syndicats, désormais, qui exigent en permanence qu'on mène une politique productiviste et même, comme l'indique un texte de la CGT[58], stakhanoviste. D'un côté les ouvriers bénéficient des avantages de la nouvelle politique autogestionnaire : ils votent eux-mêmes le nouveau règlement intérieur des usines, ils élisent des délégués à un comité de gestion qui participe à la direction de l'entreprise, bientôt ils se répartiront entre eux une fraction non négligeable des bénéfices de la société grâce à une « prime de participation » (vingt-cinq millions de francs distribués en 1945*), etc. ; de l'autre, ils payent d'un certain prix cette abolition de l'ordre ancien : silence imposé par les syndicats eux-mêmes sur certains sujets (les cadences, les salaires, etc.), interdiction de quitter l'entreprise sous peine d'être traité de « déserteur », discipline de fer imposée par les animateurs de l'« expérience Berliet » (l'ancien résistant Roger Minet, par exemple, devenu chef des gardes à la place de Cointe, ne plaisante pas avec ceux qui ne se vouent pas corps et âme à leur tâche), etc.

Le sentiment de la majorité de participer à une expérience exaltante et l'habileté de l'administrateur permettent, il est vrai, de surmonter bien des obstacles. Saint-Loup, certainement peu tenté de valoriser les acteurs de la nouvelle pièce qui se joue à Vénissieux, le dit lui-même à travers sa prose volontiers épique : « Mosnier a remporté une indiscutable victoire sur le patron : au lieu de travailler dans le silence, la discipline et le respect d'un ordre rigoureux, les compagnons agissent maintenant sous la pression de l'enthousiasme. Comme Marius jadis, chaque dimanche deux ou trois cents métallos viennent travailler gratuitement pour remettre l'usine en état [...]. Ils font tourner les machines les pieds dans la neige ou les épaules sous la pluie [...]. Avec

* Le montant de la prime de chacun ne représente pas un certain pourcentage des bénéfices mais résulte d'un calcul fondé sur divers facteurs mesurant le « mérite » des travailleurs : assiduité, application au travail, ancienneté, etc. On ne possède d'information sur le montant de cette prime, qui sera également versée en 1946 avant d'être remplacée par une prime de production mensuelle plus classique, que pour l'année 1945.

beaucoup de doigté, Mosnier a limité les effets de l'épuration dans les rangs des cadres. Il bénéficie, par conséquent, d'une masse de contre-maîtres, chefs d'ateliers, chefs de services, ingénieurs qui offrent à l'usine cette fidélité inconditionnelle dont Marius leur a inculqué le respect à grands coups de poing dans l'âme [...]. Et le puissant navire de Vénissieux s'en va sur les océans de la paix comme une ancre chargée d'espérance [...][59]. » Des légendes se créent, entretenant cet enthousiasme et popularisant la gestion ouvrière à l'extérieur : ainsi celle qui veut que des ouvriers soient grimpés sur le toit de l'usine de Vénissieux pour changer l'ordre des lettres de l'enseigne, Berliet devenant par un simple jeu d'anagramme « Liberté ». Un employé a bien eu cette idée, mais l'opération ne fut jamais entreprise. Du moins en 1944 puisque cet exercice de sémantique acrobatique sera en fait réalisé... en 1968 lors de l'occupation de l'établissement par son personnel[60]. On parlera en revanche effectivement de « camions libres » dès l'automne 1944.

Mais un problème majeur, nul bien vite ne l'ignore, continue à hypothéquer l'avenir de Berliet nouvelle manière : le conflit sur la propriété de l'entreprise, jamais réglé au fond. Sans doute explique-t-il, surtout au fur et à mesure que l'on s'éloigne des temps de quasi-unanimité volontaire ou forcée de la Libération, le déclenchement dans les milieux patronaux, évidemment peu favorables à l'opération en cours, et dans les journaux qui leur sont proches de campagnes de défiance à l'égard de Berliet[61]. Fin 1945, on entend déjà évoquer des difficultés à payer les salaires du personnel. Un organe de presse spécialisé assure bientôt que chaque mois se creuse un trou de soixante-quinze millions de francs et que seul l'État et ses finances permettent au constructeur de vivre. Des chiffres invérifiables et très certainement faux, puisque le bilan de l'année sera bénéficiaire et les subventions inexistantes. Marcel Mosnier, sans opposer d'autres résultats, dément vigoureusement ces on-dit : « La rage de nous voir durer et réussir conduit certains à dire et à écrire des âneries et des absurdités. » Il est évidemment soutenu par les communistes, très actifs dans les usines : environ 10 % des employés, soit quelque six cents personnes, font alors partie d'une cellule Berliet d'après le bulletin mensuel du parti, *Le Mécano*. Mais comment, même si les carnets de commande sont pleins et les finances loin d'être dans le rouge, mener une politique à long terme, rassurer banquiers, clients et fournisseurs, quand les lendemains restent incertains ? Une seule solution : clarifier la situation grâce à l'épilogue judiciaire de l'affaire qui conduira, nul n'en doute chez les animateurs de l'« expérience », à une condamnation sévère des anciens patrons et à leur éviction définitive du capital de la société. Les représentants syndicaux écrivent ainsi au préfet du Rhône au seuil de l'été 1945 pour « protester avec énergie contre le retard apporté au jugement de la famille Berliet [...]. Cette situation est de nature à nuire au bon ordre car elle laisse croire que la famille Berliet bénéficie encore d'influences occultes et de complaisances coupables »[62]. Il leur faudra patienter encore un an.

La logique du gestionnaire et la logique du citoyen

Pour les Berliet aussi, l'attente a été longue et pénible. Quand on ne vit que pour et par son entreprise, sans doute a-t-on toujours vite l'impression que tout s'écroule autour de soi dès qu'on en est privé. Mais là il ne s'agit pas que d'une impression. Même les membres de la famille que la justice ne poursuit pas subissent, sous forme de brimades, les conséquences du nouveau cours des événements : la femme de Marius, Louise, a disposé d'une heure, assure son fils Paul, pour évacuer sa belle villa de la rue Esquirol ; et la femme de ce dernier n'a même plus accès aux économies de son mari puisque le dauphin, selon la tradition, a toujours maintenu son compte à l'usine afin que son argent travaille pour la société. Henri et Maurice Berliet, les moins impliqués dans la gestion de l'entreprise comme on l'a vu, passeront des mois en prison avant d'être libérés et renvoyés simplement devant une chambre civique*. Pour Marius, Paul et Jean, déférés devant la cour de justice, les temps sont évidemment autrement difficiles. Le patriarche, soixante-dix-huit ans lors de son arrestation, quatre-vingts lors du procès, déjà de santé précaire depuis ses alertes cardiaques de l'avant-guerre, a vu son état décliner rapidement au cours de ses premiers mois d'emprisonnement. Il quittera donc le régime sévère de Montluc pour aller d'infirmerie de prison en infirmerie de prison. Ce qui lui permettra de partager un temps une chambre avec un autre célèbre industriel lyonnais accusé de collaboration économique, un homme on ne peut plus différent de lui, Neyron de Champollon, le très original patron de Rasurel, spécialiste des pitreries en tous genres que l'âge et les ennuis n'ont pas assagi.

À l'heure du procès, auquel il ne pourra assister d'ailleurs qu'en partie, Marius Berliet a enfin réussi depuis quelques mois à se faire transférer dans une clinique, où il a notamment subi une opération de la prostate, et à obtenir la liberté provisoire. Ses soucis médicaux et le coup que lui a porté son arrestation n'ont pas assagi pour autant le patron de combat qui n'a cessé de vitupérer et de protester comme il le pouvait du fond de sa cellule. Le 30 décembre 1944, il écrit à sa fille Yvonne : « C'est un triste jour de l'an et le cadre pour échanger les vœux que nous formons tous pour un avenir moins sombre est particulièrement ignominieux. Quand je songe qu'après cent vingt jours de détention, et d'après les documents que m'a communiqués mon défenseur, l'accusation en est encore à la recherche de motifs pour justifier l'arrestation que nous avons subie par des bandes de partisans armés sans aucun mandat judiciaire [...][63]. » Quinze jours plus tôt, comme si rien n'avait changé, il a écrit à son fils Paul, incarcéré dans un autre lieu : « Lorsque je peux travailler, je passe en revue les lacunes de nos installa-

* Les chambres civiques, à la différence des cours de justice, ne peuvent prononcer que des peines d'indignité nationale se traduisant par une privation des droits civiques (pour la justice de l'épuration et son organisation, *cf.* le chapitre 6).

tions et note les travaux restant à faire. Je pense beaucoup à la station air comprimé de la forge qui ne me plaît pas [...]. Pour l'avenir, il faudra soigneusement éviter les décisions prises sans études complètes ni critiques faites par des compétences bien établies[64]. » La modernisation des usines ! Voilà, alors que la guerre continue, ce à quoi pense encore Marius Berliet fin 1944, à une époque où l'on débat des nationalisations et où seuls lui et quelques membres de son entourage immédiat peuvent imaginer sans doute que la perte de l'entreprise n'est pas irréversible.

Contrairement à ce que soutient le patron déchu, l'accusation trouve de très nombreux motifs — bons ou mauvais — pour justifier les arrestations de septembre 1944. Elle y met le temps mais s'en donne les moyens. Marius et Paul, quand on se met enfin à les entendre, subiront près de quatre-vingts interrogatoires chacun. On a lancé des appels à témoins à Vénissieux et à Monplaisir. On a épluché le courrier des usines. Et les dirigeants ont été priés de s'expliquer sur tous leurs actes et leurs écrits du temps de l'Occupation dont on a pu retrouver la trace. Le juge transmettra ainsi au tribunal un texte de soixante-dix pages pour détailler les faits reprochés à Marius, Paul et Jean Berliet. Même les avocats de la famille, à la fin de l'instruction, ne sont pas très optimistes sur l'issue de l'affaire puisque le patriarche, jamais découragé de son côté, écrit à la veille des audiences sur son carnet intime : « Ma proposition va remplir d'effroi nos avocats qui ne rêvent que d'acte de contrition et d'implorer pitié et clémence. Je demande de plaider innocent, de réclamer la justice, la confusion des faussaires accusateurs travaillant dans un but de spoliation[65]. »

Le procès, qui débute le 3 juin 1946, durera six jours. Nous ne le raconterons pas en détail puisque nous nous sommes déjà largement appuyés dans les pages précédentes sur les propos tenus par tous les acteurs des débats — président du tribunal, accusation, accusés, témoins de toutes les parties, défenseurs — pour évoquer les moments marquants de l'histoire de Berliet sous l'Occupation et les controverses qu'ils ont suscitées. Quelques remarques sur l'épisode judiciaire méritent cependant d'être faites. Et d'abord, cette constatation que, deux ans après la libération de la ville, la cour de justice de Lyon se réunit dans une ambiance déjà bien différente de celle qui régnait en 1944.

Certes, la presse de l'époque, issue de la Libération, reste très défavorable aux prévenus et dans sa hâte à prouver leur culpabilité, elle n'honore pas toujours l'éthique journalistique. Paul Berliet peut à bon droit s'indigner aujourd'hui encore d'avoir vu paraître à la veille de sa comparution des photos censées prouver que Berliet avait fabriqué des automitrailleuses pour les Allemands et représentant en fait des véhicules militaires destinés aux Polonais en 1934. De même les poursuites bien tardives, engagées le 20 mai 1946, contre la personne morale Société Berliet représentée par son gérant Marius Berliet peuvent difficilement ne pas paraître la conséquence de la forte pression exercée alors sur les autorités judiciaires par ceux qui s'inquiètent de plus en plus, comme nous l'avons vu, de l'habillage légal fragile de l'« expérience Berliet ». Mais l'heure n'est plus à l'hallali ni, hors de l'entreprise, à la passion sans retenue. Au tribunal, d'ailleurs, l'assistance est clairsemée : « Deux ans d'instruction minutieuse, écrit le correspondant particulier à Lyon du quotidien *Le Monde*, ont fait qu'aujourd'hui la curiosité du public s'est singulièrement relâchée au moment où s'ouvre le procès[66]. » Et si le dossier a été manifestement instruit à charge, l'argumentation de la défense ne sera pas absente de l'exposé des faits et la parole des accusés, de leurs avocats et des experts mandatés par eux ne sera pas étouffée ou disqualifiée. Les juges, issus de la Résistance, laissent parfois échapper des paroles vigoureuses, montrant qu'ils ont le sentiment d'affronter des patrons de combat dont ils n'approuvent guère le comportement, mais on les sent peu tentés de les considérer comme des criminels, des traîtres à la patrie — une accusation dont ils ont d'ailleurs été lavés par la cour dès le premier jour — ou même des profiteurs sans scrupules. La relative sérénité qui entoure les débats, en tout cas par comparaison avec d'autres procès de l'époque, n'exclut cependant pas l'intérêt suscité dans bien des milieux par ce qui doit être « le » procès de la collaboration économique. Ce sera ainsi la seule affaire de ce type — si on met à part des cas très particuliers comme celui du « chiffonnier milliardaire » Joinovici — qui sera suivie au jour le jour par un journal comme *Le Monde* à cette époque.

Les faits reprochés aux Berliet étant essentiellement de nature économique, on s'attend à voir exposer et commenter des propos, des décisions et des actes de nature « objective », chacun parlant contrats, commandes, fabrications, notes de service, ordres de la direction, etc. Or, si tous les procès habituent leurs auditeurs, ou les lecteurs des débats, à prendre connaissance de deux versions différentes de la même affaire, celle de l'accusation et celle de la défense, rarement peut-être aura-t-on vu dans un prétoire un tel dialogue de sourds, comme si l'on avait à traiter de questions entièrement subjectives. Les chiffres, les faits, souvent même les motivations immédiates des actes, sont peu contestés, mais leur interprétation « au fond » conduit à de telles divergences qu'on a l'impression d'observer deux mosaïques composées des mêmes matériaux mais représentant des sujets totalement différents.

D'un côté, le président du tribunal, M. Wainker, le commissaire du gouvernement, M. Lévy, et les témoins de l'accusation racontent, à l'aide des éléments évoqués précédemment, l'histoire d'un fabricant de camions et de ses proches qui, par souci de leur patrimoine et amour du pouvoir, se sont conduits égoïstement mais aussi dangereusement à l'égard de leur pays et de leurs employés. Un comportement aggravé par des sentiments vichystes, donc une adhésion à la politique de collaboration, et un penchant naturel pour la direction autoritaire qui ne pouvaient que décourager ou annihiler les actions de résistance à l'occupant à l'intérieur comme à l'extérieur de l'usine. Avant de donner lecture, dans son réquisitoire, des chiffres, certes éloquents, des bénéfices de la société entre 1939 et 1944, déjà cités, M. Lévy, qui évoquera cependant les diverses charges contre les accusés de façon très mesurée, résume ainsi son impression globale de l'affaire en visant Marius : « L'intérêt Berliet prend toujours le pas sur l'intérêt national [...]. Périsse le monde plutôt que son usine ! » Ce qui vient faire écho à une phrase de M. Wainker, quelques jours plus tôt au début des interrogatoires, quand il disait perfidement au même accusé : « Hitler a écrit dans *Mein Kampf* que l'art d'un homme d'État consiste toujours à trouver à point nommé, pour la réalisation des nécessités spécifiques de son pays, les partenaires obligés par leur intérêt propre de suivre la même voie que lui. » Pour un industriel, suivre avant tout son intérêt, comme l'a fait Berliet dans une situation telle que celle régnant de 1939 à 1944, c'est donc, pour reprendre les chefs d'accusation, être fatalement conduit à la collaboration économique et à des actes antinationaux. Et c'est, par là même, agir *de facto* en mauvais citoyen.

Tout autre est le récit délivré à l'auditoire, en s'appuyant à peu de choses près sur les mêmes éléments, par les Berliet, leurs défenseurs et leurs témoins. Que disent-ils ? Dès après l'armistice, le gouvernement du pays et toutes les autorités légales — on ne parlera communément d'autorités « de fait » qu'après la Libération — ont incité les industriels à reprendre leurs activités et ce mot d'ordre n'a jamais été contredit, bien au contraire, tout au long de l'Occupation. Produire au maximum, c'est-à-dire malgré tout beaucoup moins qu'auparavant, et toujours en servant si possible les Français en priorité, c'était tout simplement aider à remettre l'économie française en marche et surtout assurer des moyens de vivre aux milliers de familles — encore autour de quatre mille en 1944 chez Berliet, malgré des réductions d'effectifs — totalement dépendantes des salaires de la société. Protéger le patrimoine Berliet revenait *ipso facto* à préserver la substance de l'entreprise et sa compétitivité, donc à préparer le nécessaire redressement du pays au lendemain des hostilités sans préjuger de l'issue du conflit. En clair, on s'est contenté de gérer au mieux, sans jamais faire de politique mais sans cesser pour autant d'être patriote, les usines dans les conditions très difficiles de la guerre et on n'a agi autrement qu'en temps de paix que lorsqu'on y était contraint, en particulier pour des raisons économiques. Le devoir d'un industriel, c'est avant tout de faire marcher l'industrie, d'« effectuer correctement son travail avec le minimum de frais »[67]. Les Berliet ont donc fait leur devoir, tout le reste étant affaire d'opinion ou de péripéties inévitables dans la marche d'une affaire. Si l'on admet, c'est le cas par exemple de Robert Aron, ce raisonnement « gestionnaire », on comprend que toutes les charges, ou peu s'en faut, n'ont plus beaucoup de substance. Même les accusations les plus sérieuses, celles notamment qui ont trait aux conflits de Paul et surtout de Jean Berliet avec des membres du personnel, apparaissent sous un jour autre. Elles sont graves parce que ces conflits ont eu de graves conséquences, mais il n'est pas nécessaire d'aller jusqu'à les disqualifier — ce que fait Paul Berliet — comme ragots d'atelier et basses vengeances plus ou moins téléguidées pour ne pas être étonné, quitte à en être choqué, d'entendre un défenseur de la famille expliquer que « normalement, ces éventuelles fautes d'appréciation n'auraient relevé tout au plus que du tribunal des prud'hommes ». On ne dirige pas, semble penser cet avocat, une entreprise aussi importante, en particulier à une époque troublée, sans risquer nécessairement à quelques rares occasions des « bavures » regrettables. Or ces « bavures » ont été peu nombreuses puisque, dit-il, un appel à témoins dans l'ambiance très antipatronale de l'entreprise à la Libération n'a conduit à relever que quelques cas litigieux, moins d'une dizaine au total.

Ces deux logiques apparemment irréconciliables, la « logique du gestionnaire », illustrée par le discours de la défense, et celle de l'accusation, que nous appellerons, faute de mieux, la « logique du citoyen », conduisent à évoquer exactement les mêmes faits ou les mêmes arguments à charge pour les uns et à décharge pour les autres à des moments différents du procès. Quelques exemples ? Marius Berliet vante devant la cour ses qualités d'industriel moderniste et soucieux de productivité en rappelant qu'il a été un pionnier dans l'introduction du taylorisme en France alors que l'accusation lui reproche précisément d'avoir « continué à appliquer le système Taylor » au lieu de freiner la production pendant l'Occupation. Paul Berliet se dit fier d'avoir réussi à reconstruire pratiquement entièrement les usines à la veille de la Libération, suite au bombardement lié au refus d'un sabotage, alors que le réquisitoire regrette que « toute idée de sabotage resta toujours incompréhensible pour Berliet ». L'acte d'accusation souligne qu'un tiers environ du chiffre d'affaires du constructeur de juin 1940 à la Libération (946 millions sur 3 204 millions de francs) a été réalisé avec l'ennemi ; les avocats de la famille rappellent que ces chiffres prouvent que la très grande majorité de la production Berliet — précisément 6 169 véhicules sur les 8 558 fabriqués — a été livrée à des Français, ce qui ne fut pas le cas pour les autres entreprises du secteur[68]. Le président cite en exemple l'attitude réservée de la famille Peugeot vis-à-vis des Allemands et sa complicité quasi unanime lors du sabotage et du bombardement de ses usines ; les Berliet, qui entendront non sans satisfaction dans sa plaidoirie un de leurs défenseurs évoquer les 22 500 véhicules Peugeot livrés à l'ennemi sur les vingt-six mille produits pendant la guerre*, préciseront que leur stratégie a précisément consisté à ne pas agir comme une telle entreprise, ou comme les sociétés Hispano-Suiza et

* La Commission consultative des dommages et des réparations donnera en 1947 pour Peugeot le chiffre de 27 415 véhicules produits sous l'Occupation, confirmant l'ordre de grandeur. Les productions de Citroën (37 190) et de Renault (34 232) ont été légèrement supérieures. Dans les trois cas, la proportion des véhicules livrés aux Allemands a été de plus de 80 %. Mais toutes ces entreprises étaient en zone occupée. Et Peugeot, à partir de début 1943, est même passé sous le contrôle direct et absolu de Volkswagenwerke (*cf.* chapitre 7). Ce qui fera considérer à la Libération toutes ces livraisons à l'occupant comme effectuées sous la contrainte, et donc les dirigeants de ces entreprises comme non sanctionnables, du moins pour ce motif.

Guilliet, citées nommément, et cela délibérément : « Notre politique a été de ne pas faire d'opposition brutale aux Allemands, qui amènerait d'eux des décisions irrévocables[69]. » Autrement dit, il n'était pas question de risquer l'enlèvement des machines et des stocks ou la déportation du personnel, comme, à des degrés divers, chez Guilliet, Hispano ou Peugeot*.

Repérer ces deux discours à travers l'ensemble des débats en juin 1946 ne signifie évidemment pas les supposer aussi convaincants ni aussi soutenables l'un que l'autre, et en particulier face à une situation comme celle de 1939-1945. Les jurés de la cour de justice de Lyon, après les avoir entendus, ont d'ailleurs rendu un verdict démontrant leur plus grande sensibilité à la « logique du citoyen », en tout cas en temps de guerre. Les contraintes « économiques » de l'époque, évidentes pour qui aurait accepté la « logique du gestionnaire », ne leur ont pas paru devoir être retenues comme équivalentes à des contraintes « réelles », celles qui permettaient alors d'échapper à la rigueur de la loi sur la collaboration économique. Le seul fait de condamner pénalement et assez sévèrement, alors qu'aucun acte criminel n'est finalement retenu à leur encontre, les dirigeants familiaux de l'entreprise — cas qui restera très peu fréquent dans les procès de patrons —, implique en effet, de la part de la cour, qu'elle a fait un tel choix puisque l'autre — les avocats de la famille l'ont tous souligné dans leur plaidoiries — aurait supposé, au-delà d'éventuelles pénalités financières, de prononcer des acquittements, au pire des peines de pur principe. Un expert du très officiel service du contrôle économique, M. Peynet, sensible probablement aux impératifs gestionnaires, n'avait-il pas d'ailleurs remis au juge d'instruction, à sa demande, un rapport de vingt-huit pages stipulant que, de son point de vue, après examen des faits, « les éléments d'inculpation sont peu nombreux », rappellera un avocat de Paul Berliet en regrettant le peu de considération porté par l'accusation à ce travail.

Pour Marius Berliet, la peine est fixée à deux ans de prison, avec de surcroît la confiscation de tous ses biens, l'indignité nationale à vie et une interdiction de séjour dans le Rhône et dans la Seine, la Seine-et-Oise et les départements limitrophes. Pour Paul et Jean, qui n'ont pas bénéficié de l'indulgence du jury en raison de l'âge comme leur père, le verdict est lourd : cinq ans de travaux forcés, assortis des mêmes sanctions annexes, signifiant en particulier l'éloignement définitif de tous les établissements de l'entreprise familiale. La sentence, pour les hommes de la famille, apparaît donc rude. Mais les condamnés la trouvent

---

* Producteur de machines pour l'industrie du bois d'Auxerre, Guilliet, comme Hispano-Suiza au début de l'Occupation *(cf.* chapitre 7), n'a pas souhaité réaliser des productions de guerre pour l'Allemagne et a vu une grande partie de ses matériels emportés outre-Rhin *(cf.* l'étude de Jean-Charles Guillaume, « Guilliet, 1847-1979 », éditée par la Société des sciences historiques et naturelles de l'Yonne en 1986). Peugeot a également souffert de l'enlèvement de la majorité de ses machines transportables, mais seulement, pour l'essentiel, lors du repli allemand à la fin de l'Occupation.

surtout inique. Les derniers mots de Marius, avant que ne tombe le verdict, auraient été : « Si j'ai trop vécu pour mon usine, j'estime n'avoir commis par là aucun crime. » Quant à Paul, il affirme que le jury, « désigné par les communistes », dans lequel « il y avait une femme qui était gardienne de bicyclettes aux Galeries Lafayette, c'est vous dire le niveau », et le président, qui connaissait mal son dossier « mais il n'était pas permis de le faire savoir », étaient incapables de traiter sérieusement une telle affaire. Et il estime avoir réfuté toutes les charges, donc avoir été condamné sans qu'on lui ait donné « un seul vrai motif sur un seul cas à propos de quoi que ce soit » pour justifier la sentence[70]. En accusant leurs juges d'avoir été aussi incompétents qu'injustes, sans doute les Berliet dénoncent-ils en fait, à leur manière, la volonté évidente de la cour de justice de ne pas se plier à la « logique du gestionnaire » plus que son incapacité à la comprendre. Des experts nommés par le juge d'instruction ou choisis par la défense ne se sont-ils pas chargés de l'expliquer et souvent de la justifier pendant l'instruction puis au cours des débats ?

D'ailleurs, le seul acquitté de ce procès, le symbole est parlant, sera la société Berliet elle-même et son gérant, Marius Berliet, en tant que représentant de cette personne morale. Certes, cette relaxe a été, semble-t-il, obtenue « techniquement », en raison de l'acrobatie juridique à laquelle paraît s'être livré le commissaire du gouvernement pour arriver à inculper pénalement une personne morale, cas inédit à l'époque où on considérait qu'une telle « personne » ne pouvait avoir de volonté propre, hormis celle de ses dirigeants, sauf dans le cas d'exception, défini par des ordonnances particulières du printemps 1945, des entreprises de presse. Mais ce refus de condamner le comportement de l'entreprise, libre de suivre ses intérêts particuliers en fonction d'une « logique de gestion », alors que l'on sanctionne celui de ses patrons, traduit bien *de facto* l'« ambiance » de l'époque et l'enjeu du procès où seuls des individus ont été mis en cause. Et il ne sera pas, au moins indirectement, sans conséquences sur la suite des événements, notamment quant au destin de la société Berliet, puisque le verdict a laissé son sort en l'état, donc en suspens, ne réglant rien définitivement d'un point de vue juridique contrairement aux espérances de la nouvelle direction. Les patrons ont été sanctionnés, mais ni la société — qui aura tout au plus à rembourser à l'État cent quarante-quatre millions de francs pour « profits illicites » en vertu d'une décision applicable à toutes les entreprises ayant travaillé pour les Allemands — ni les actionnaires en tant que tels ne sont concernés.

« *Non, je ne regrette rien...* »

Les principaux animateurs de l'« expérience Berliet » et la grande majorité du personnel qui les suit s'en sont-ils rendu compte ? Les condamnations, à leurs yeux, sont surtout beaucoup trop modérées et ils estiment même — ils le font savoir publiquement — qu'il y a eu « escamotage du procès ». Ils appuient cette protestation d'un débrayage d'une demi-heure dans les usines, le lendemain de la conclusion des débats, pendant laquelle on adopte des motions contre le « scandaleux verdict » et la « scandaleuse clémence » à l'égard des Berliet. Mais on ne paraît pas douter de la suite des événements puisqu'on fait savoir que « les membres de la famille étant définitivement éliminés de la direction de notre entreprise, se pose avec acuité le problème de son évolution vers un statut juridique définitif » — en d'autres termes vers la nationalisation puisque, même si on le regrette, la poursuite telle quelle de l'expérience autogestionnaire est inenvisageable pour des raisons juridiques[71].

De fait, nous venons de le dire, la situation, à cet instant, n'est pas du tout aussi claire. La mesure de réquisition séquestre en vertu de laquelle l'entreprise a été mise sous l'autorité de nouveaux dirigeants pratiquant la gestion ouvrière était fondée sur une législation d'exception des temps de guerre qui n'a plus de raison d'être plusieurs années après la Libération et est en train de perdre toute valeur juridique. Et la nomination d'un administrateur provisoire, pièce centrale du dispositif, qui se fonde sur la loi du 10 septembre 1940 — une loi de Vichy ! — rendue applicable par l'ordonnance du 9 août 1944, implique qu'il y ait empêchement de la direction. L'argument, même s'il est contesté dès l'origine par les Berliet, avait un sens en 1944 ; il n'en a plus guère après le procès. L'époque des nationalisations, par ailleurs, n'est pas terminée mais le précédent de Renault apparaît de moins en moins opposable dans les secteurs de l'industrie privée ne fournissant pas un service public ou ne disposant pas d'un monopole de fait ou de droit. L'évolution des débats au gouvernement et à la Chambre des députés à partir de la mi-1946 montre que le temps joue contre les tenants de l'élargissement maximal du secteur public. Or seule une telle option pourrait éviter un conflit — car une négociation paraît peu probable — entre la direction actuelle et les actionnaires. Les condamnations annexes empêchent en effet théoriquement tout retour « physique » des anciens patrons dans les locaux de l'entreprise, même quand tous auront purgé leurs peines, mais elles n'ont pas d'effet majeur sur le contrôle du capital grâce, on le sait, aux précautions prises en 1942. Dans la société civile Berliet, épargnée par le verdict, la famille, grâce aux parts non confisquées de certains fils et des filles de Marius, ainsi que des épouses et des enfants des fils condamnés, dispose encore des deux tiers environ des votes et donc d'une majorité incontournable pour nommer, en particulier, les dirigeants.

Dès le lendemain du procès, après avoir considéré, sur le conseil de leurs avocats, qu'il ne servirait à rien à court terme de faire appel des sentences puisque le climat leur est trop défavorable[72], les Berliet ont donc immédiatement entrepris avec quelques petits actionnaires alliés le combat pour la récupération non seulement de leur patrimoine mais même de la direction de l'entreprise. On ne sait évidemment pas encore, dans le camp du patriarche, que les communistes, supposés responsables par la famille de toute l'« affaire », quitteront le gouvernement dès l'année suivante, ce qui changera le climat, mais on sent déjà que, le temps aidant, on a de bonnes chances de parvenir à ses fins. La « confiscation » des pouvoirs du capital, on l'a vu, ne repose déjà plus sur aucune base légale bien solide et on ne peut même plus arguer d'un procès futur qui la confirmerait : il a déjà eu lieu. Dès juillet 1946, M. Winckler, industriel et gendre de Marius, a donc déposé, au nom des actionnaires, un recours en Conseil d'État contre la réquisition-séquestre. Les amis de la famille sont bien conseillés, en particulier, discrètement, par l'ancien administrateur de l'entreprise Georges Villiers, devenu officiellement en juin 1946 président du CNPF, grâce à ses titres de résistant et déporté, sans oublier pour autant ses attaches patronales lyonnaises[73]. Ils feront barrage juridiquement et politiquement à toutes les nouvelles tentatives de nationalisation ou de création de régie nationale — il y en aura de nombreuses en effet, surtout d'origine communiste, même si le climat général s'y prête moins qu'auparavant, en 1946 et en 1947 à l'Assemblée nationale. Et ils entreprennent de préparer l'avenir.

Marius Berliet, en « exil » à Cannes dans sa résidence secondaire depuis sa libération, n'est pas le dernier à animer cette campagne. Cette nouvelle bataille à mener, à près de quatre-vingts ans, semble lui avoir redonné des forces, sinon une deuxième jeunesse, peut-être parce qu'elle lui rappelle — c'est l'hypothèse de son biographe — la lutte pour la reconquête du pouvoir face aux banques dans les années vingt. Entre 1946 et 1949, date de sa mort, il rédige divers tracts et brochures, dont *La Vérité sur l'affaire Berliet* et une *Histoire de l'expérience soviétique chez Berliet*, qu'il expédie à de nombreuses personnalités de l'administration, de la politique et du milieu des affaires, et des centaines de lettres — Saint-Loup parle de deux mille cinq cents missives, en comprenant celles adressées à sa famille. À sa fille Yvonne, précisément, il écrit ainsi, probablement au printemps 1947 : « J'ai reçu copie d'une lettre de quatre pages extrêmement violentes, adressée à tous les députés du Palais-Bourbon et menaçant d'émeutes ouvrières si la nationalisation n'est pas votée. Elle est signée : "Le comité central d'entreprise, les sections syndicales, ouvriers, techniciens et cadres des usines Berliet". Je rédige aussitôt une note n° 9 qui permettra de réfuter les mensonges qui abondent dans ce factum. Il faut informer l'opinion publique et ne pas laisser le champ libre à ces affirmations. Qu'attendez-vous pour agir ? Ma note est à polir soigneusement pour la rendre publiable, lui donner un ton diplomatique. Il faut qu'elle montre au public les dessous du complot méthodiquement organisé pour nous dépouiller au profit de l'expérience soviétique. C'est indispensable, même si, comme je le crois, la mise en régie nationale n'a plus aucune chance d'aboutir. Mosnier a laissé passer l'heure. Nous ne sommes plus en 1944 [74]. » Quelques mois plus tard, récusant ceux qui lui conseillent d'accepter une transaction à l'amiable avec la nouvelle direction, il écrit : « On ne discute pas avec ses voleurs. » Et il affirme qu'il « pense continuellement à une révision du procès inique », n'attendant que l'occasion, soit une nouvelle grande crise politique, inévitable à ses yeux vu l'échec des gouvernements successifs en charge du pays. Le patron « inflexible », on le voit, n'a pas abdiqué !

Le dauphin, même s'il se tient au courant, ne peut évidemment guère participer directement à ces manœuvres tant qu'il est en détention. D'autant que lui et son frère Jean n'ont manifestement pas bénéficié après leur condamnation d'un régime de faveur. Après un passage par Fresnes, ils sont partis purger leur peine de travaux forcés à Poissy où, assure Paul Berliet, désormais matricule 2220, un chiffre qu'il n'oubliera jamais, « ça a été vraiment très dur, il faisait un froid terrible, on n'avait guère à manger sinon des carottes et encore des carottes, j'ai attrapé un goitre » [75]. La surpopulation de cette prison permettra aux deux fils de Marius d'être transférés plus tard, « fers aux pieds et aux mains », dans un ancien camp de prisonniers allemands, à Noé dans la région de Toulouse. Une chance : il y a là un camion Berliet en panne, même si le mot n'est guère approprié pour décrire le triste état du véhicule : pas de pneus, plus de radiateur, la culasse fendue... « Les gardiens, pas très sympathiques, raconte Paul, se disent : tiens les Berliet ! On va voir s'ils sont capables de réparer un camion ! » Les stages dans les usines imposés par le père à ses fils avant guerre n'auront décidément pas été inutiles : ils en sont effectivement capables. D'autant, il est vrai, que la solidarité patronale et l'« esprit maison Berliet » ont fonctionné : Paul, s'étant fait prêter un téléphone, a réussi à se faire livrer des pièces par la succursale du constructeur de Toulouse ; Michelin, contacté, a offert les pneus, etc. Du coup, puisqu'ils ont réparé le poids lourd, les autorités du camp, « bluffées », leur permettent d'en devenir les chauffeurs, d'aller le charger ou le décharger à l'extérieur. Presque une semi-liberté. Mais toujours pas question de grâce. Jusqu'au jour où la tradition du patron-artisan cultivée chez Berliet démontre une nouvelle fois son efficacité. Le directeur régional des prisons, M. Dufour, tombe avec sa voiture dans une tranchée sur le chantier des gazoducs du Sud-Ouest. Comme il vient justement de visiter le camp de Noé, il y retourne et demande si on pourrait l'aider à réparer le véhicule, « plié en deux ». Et voilà de nouveau les frères Berliet à l'œuvre pour remettre à neuf... une Peugeot. Ravi du résultat, le responsable de l'administration pénitentiaire offre de recevoir la femme de Paul Berliet pour l'aider à trouver un moyen de faire libérer « en conditionnelle » les deux mécaniciens de fortune si habiles. Et voilà comment, après presque quatre ans de dure pénitence, ils se retrouvent en 1948 en liberté, ayant malgré tout purgé les trois quarts de leur peine.

La situation, alors, a très sensiblement évolué. L'immense espoir né de la Libération avait soudé la quasi-totalité du personnel autour de Mosnier. L'élection de délégués d'ateliers, la création d'un comité central d'entreprise réunissant tous ces délégués pour décider des programmes de travail, la multiplication des commissions à vocation sociale s'occupant aussi bien de l'hygiène que des jardins ouvriers, des sports, de la culture et de l'éducation, le redémarrage de la production, qui atteint cent soixante châssis mensuels dès le printemps 1945 dans une entreprise dont la direction, assure Farge, « est sans doute la seule à pouvoir afficher, dans les ateliers, une critique sévère des rendements insuffisants »[76], tout avait concouru à entretenir l'enthousiasme général à Vénissieux et à Monplaisir. Trois ans après, fin 1947, les vieilles habitudes et les vieux clivages ont repris le dessus à un tel point que la majorité des cadres, en particulier, n'acceptent plus le mode « démocratique » de fonctionnement des usines. Et ils se mettent tout simplement en grève, le 4 novembre, par solidarité avec... Alfred Bardin. Mosnier, sous la pression des délégués du personnel communistes, a en effet maladroitement tenté de limoger son directeur technique, accusé par ses détracteurs d'avoir exigé des sanctions à la suite d'un article injurieux à son égard paru dans *Le Mécano* et signé... Roger Minet. Les cadres déclarent qu'ils ne réintégreront les établissements que si on change les méthodes de direction et de travail. Le mouvement durera quarante-huit jours, réduisant des deux tiers la production de Berliet. À Paris, au ministère de la Production industrielle, où un socialiste, Robert Lacoste à nouveau, a remplacé un communiste, Marcel Paul, on décide de lâcher du lest. On évince, le 10 décembre 1947, le « pur et dur » Mosnier au profit d'un administrateur de la Régie Renault, le socialiste Henri Ansay, plus modéré et manifestement chargé de mettre au pas le « bastion communiste » de Vénissieux, de plus en plus mal vu en ces temps d'émergence des politiques de « troisième force », sans pour autant réhabiliter les Berliet.

Pendant l'arrêt de travail des cadres, le général de Gaulle, au cours d'une conférence de presse, qualifie lui-même le système de gestion en cours chez Berliet de « régime absurde »[77]. Il n'y a donc plus qu'à attendre, peuvent se dire Marius et Paul, la décision du Conseil d'État à la suite du recours des actionnaires en ignorant les dernières tentatives faites à Lyon ou à Paris pour sauver ce qui reste de l'« expérience Berliet ». Un projet d'entente Renault-Berliet, le 9 février 1948, proposé par Ansay et qui anticipe d'un quart de siècle une fusion qui deviendra réalité, comme un plan de cogestion de l'entreprise par le capital et le travail, présenté à l'Assemblée peu après, sont ainsi rejetés avec mépris par Marius et le conseil de famille, qui s'est réuni à cette occasion à Marseille.

Marius écrit fin 1948 à Yvonne : « Je suis convaincu que je reverrai mes usines et pourrai mourir dans ma maison[78]. » La même année,

Paul se fait arrêter à Lyon pour y être revenu malgré son interdiction de séjour, et il s'entend dire — c'est lui qui en témoigne — par le préfet qui l'a fait venir : « Cette fois-ci, je vous relâche, la prochaine fois on vous laissera en prison. Et vous devez vous persuader que jamais votre famille ne reviendra à Lyon, que jamais vous ne retrouverez votre entreprise[79]. » Le patriarche et le préfet se trompent également. Quand Marius Berliet meurt, le 17 mai 1949, à Cannes, d'un cancer généralisé, le Conseil d'État n'a pas encore rendu son arrêt. Et il sera enterré à Lyon, tout près de Monplaisir, sans avoir pu revoir « ses » ateliers ni sa villa de la rue Esquirol. Mais le 22 juillet de la même année, la haute juridiction annule une première fois — il y aura un second jugement, définitif, quelques mois plus tard après diverses péripéties juridiques — non pas la décision de 1944 de placer l'entreprise sous séquestre pour abus de pouvoir, ce qu'escomptait surtout la famille Berliet, mais l'arrêté du 1er août 1946, postérieur au procès, par lequel le ministre de la Production industrielle de l'époque, le communiste Marcel Paul, avait renouvelé la nomination de Mosnier en croyant ainsi renforcer sa position. À cette date, en effet, dit le Conseil d'État, « les mesures nécessaires pour mettre fin, à très bref délai, à la vacance de la gérance avaient été prises par l'organisme social habilité à cet égard par les statuts », autrement dit par l'assemblée générale des actionnaires qui s'était effectivement réunie le 5 août 1946 pour choisir, même sans espoir à court terme de faire appliquer la décision, un gérant provisoire issu de ses rangs, l'avocat Paul Savigny. L'institution du Palais-Royal conclut que « dès lors, l'entreprise ne pouvait plus être regardée comme privée de dirigeants qualifiés au sens de la loi du 10 septembre 1940 » et déclare entaché d'excès de pouvoir l'arrêté du 1er août. Bien que les vigoureuses décisions de Farge à la Libération soient « blanchies », les Berliet, de fait, ont gagné. Les actionnaires, ayant reconquis le droit de nommer le responsable de l'entreprise, reprendront bientôt, malgré quelques combats d'arrière-garde, le pouvoir. Lacoste, le ministre socialiste de la Production industrielle, qui souhaitait personnellement éviter la nationalisation si l'on en croit Georges Villiers, ne fait rien de concret pour tenter d'empêcher cette issue malgré quelques déclarations contraires[80]. Ansay, qui, avec le directeur général qu'il a recruté, Antoine de Tavernost, a déjà presque mené à son terme la « normalisation » de l'entreprise, a beau être resté jusqu'au bout partisan d'une solution préservant un statut original à Berliet, il doit renoncer. Il écrit le 5 novembre 1949 au personnel des usines : « À compter de lundi 7 courant, ma démission sera effective[81]. » Il sera effectivement remplacé dès ce jour-là par un président-directeur général nommé par le conseil d'administration et dont l'identité n'est guère surprenante puisqu'il s'agit tout simplement d'Émile Parfait, l'homme de confiance de la famille.

Le dernier administrateur provisoire a ajouté dans son adresse aux ouvriers : « Financièrement, l'exploitation est satisfaisante et les résultats que constatera le bilan le seront aussi [...]. En dehors maintenant des questions matérielles, je sais que vous êtes soucieux d'éviter le retour des membres de la famille Berliet, objets de condamnations, ou de tous les épurés de la Libération. Des dispositions ont été prises pour vous donner satisfaction. » Sur le premier point, très contesté par Paul Berliet, aucun audit ne permet de trancher avec certitude mais il semble bien que la situation de l'entreprise à court terme n'était pas inquiétante. Antoine de Tavernost, qui nous a fourni à l'appui de ses dires une copie du rapport d'activité de Berliet pour l'exercice 1948, des plus rassurants quant à la santé financière de la société à cette époque, est formel : « On payait tout au comptant. On réalisait des bénéfices. On n'avait pas d'endettement. Et aucun problème commercial : les délais de livraison des camions étaient encore de sept à neuf mois en 1949. La situation était donc bonne [82]. » L'avenir, une fois revenu le temps d'une concurrence « normale » après la période atypique de l'immédiat après-guerre, restait peut-être incertain, surtout pour une entreprise toujours condamnée à l'autofinancement par son statut précaire. Il ne s'annonçait probablement pas désastreux, en tout cas, en raison d'un trou de neuf cents millions de francs et d'« une production devenue quasi nulle », comme l'assure Paul Berliet, certain que cet état de choses explique en bonne partie qu'on ait enfin décidé à Paris d'appliquer la décision du Conseil d'État fin 1949 [83]. Le fait qu'après la décision en question le président du Crédit Lyonnais, banque de l'entreprise, se soit rendu aux arguments des actionnaires et ait annoncé qu'il n'honorerait plus que la signature de M. Parfait a dû évidemment jouer, en revanche, un rôle, décisif celui-là, dans l'épilogue précipité de l'affaire ! Quant au second point, on peut être certain que les dispositions évoquées par M. Ansay ne se sont pas avérées efficaces, du moins sur la durée. Trois ans seront encore nécessaires pour qu'on voie un représentant de la famille franchir à nouveau le seuil des usines à Lyon, mais cette dernière étape de la reconquête de l'entreprise ne sera pas épargnée aux acteurs de l'« expérience Berliet » encore présents à Vénissieux et à Monplaisir à l'heure de la restauration.

Paul Berliet, après sa libération, s'est remis tout de suite au travail [84]. Il a lui-même fait nommer, avec l'accord de ses frères et sœurs, Émile Parfait au poste de P-DG, comme on l'a vu, et il s'est mis à exercer le pouvoir de l'actionnaire tout en s'employant à réoccuper petit à petit le terrain, visitant les concessionnaires, les fournisseurs, les concurrents, voyageant, pour se familiariser avec les marchés extérieurs, en Amérique latine et en Afrique. Il aurait même constitué rapidement, assure-t-il, un comité de direction clandestin fonctionnant après les heures de bureau et hors des usines. Après la mesure de grâce, au tout début des années cinquante, qui lève notamment les mesures d'interdiction de séjour, il garde son bureau à Paris, attendant son heure pour réapparaître au grand jour sans qu'on l'accuse de provocation. Parfait, habilement, a calmé les esprits à Lyon, jouant quand il le pouvait, parmi les représentants du personnel, les socialistes contre les communistes. Un jour, en 1952, celui qui avait été intronisé dauphin exactement dix ans plus tôt et son représentant à la tête de l'entreprise estiment que le temps est venu de franchir le pas. Ancien de l'école des apprentis Berliet, Paul décide de faire sa rentrée en venant s'entretenir à Lyon avec les élèves. Il remet ainsi le pied dans un établissement du groupe. Il peut entrer et ressortir sans problème. Il sait désormais, puisque personne n'a réussi à l'empêcher de faire cette visite, qu'il est de nouveau « chez lui » dans l'entreprise.

Dès qu'il se réinstalle officiellement à Lyon, Paul Berliet se voit proposer, affirme-t-il, une liste des employés de la maison encore présents qui avaient déposé lors de l'instruction et au tribunal contre lui, son père ou son frère Jean. On veut lui dénoncer ceux qui auraient — dit-il — forgé de fausses accusations, etc. Il n'écoutera, assure-t-il, personne. Car l'essentiel, à ses yeux, c'est de relancer l'entreprise, qu'il estime en danger, et donc de conquérir ou reconquérir des clients. Il ne veut promouvoir en ce début des années cinquante qu'un seul mot d'ordre : « Faire les meilleurs camions, avec la meilleure technique, et au meilleur marché. » En clair : fidélité à la ligne du fondateur. Marius, avant de mourir, lui aurait dit : « J'ai pardonné à tout le monde. Alors tu n'exerceras aucune vengeance. Tu feras comme si tu n'étais sorti de l'usine que la veille au soir, et pas en 1944 : il ne s'est rien passé entretemps. » C'est ainsi que le leader syndical qui, pense-t-il, avait tout fait à la Libération pour l'éliminer, M. Guérin, travaillera jusqu'à sa retraite dans l'entreprise, où il restera délégué CGT à Monplaisir. « Je n'ai pas voulu fouiller le passé », insiste Paul Berliet, ajoutant néanmoins avec un sourire entendu : « Ce qui ne veut pas dire que je n'ai pas gardé les documents... » Du côté du personnel, tout le monde n'a pas exactement la même appréciation de la situation : divers licenciements décidés en 1950, en particulier, par Émile Parfait pour « entrave à la liberté du travail » auraient « nettoyé » par avance l'entreprise de nombre des leaders de l'expérience de gestion ouvrière, rendant quasi inutile toute chasse aux « durs » de 1944[85].

Aujourd'hui occupé, après avoir cédé l'entreprise au groupe Renault, à animer la Fondation Marius Berliet, dont le siège a été évidemment installé dans la belle villa de la rue Esquirol qu'aimait tant son père, Paul Berliet n'a rien perdu de sa fougue pour évoquer le passé, le présent et l'avenir. Sur les aventures et mésaventures de l'entreprise et de ses dirigeants à l'époque de la guerre, il donne son témoignage sans retenue, défendant son point de vue toujours très tranché avec passion. Et quand, pour conclure, on lui demande si, avec le recul d'un demi-siècle, il ne pense pas que, sur certains points, les choses auraient pu se passer différemment entre 1939 et 1944, les décisions des Berliet avoir été parfois autres, il répond sans hésiter : « Non, je ne regrette rien... » Chacun peut avoir son opinion sur le procès de 1946 et son verdict, indulgent pour les uns, sévère pour les autres. Un point est certain : la vertu pédagogique des débats, s'agissant des accusés, a été nulle.

II

Les ruses du Majestic

Une nouvelle règle du jeu pour les patrons français

À la seule lecture de la saga des Berliet pendant l'Occupation, on peut imaginer le trouble qui a dû être celui de beaucoup de patrons lorsque, à partir de l'été 1940, ils ont découvert les nouvelles contraintes imposées par les Allemands ou par Vichy pour réguler leur activité : la ligne de démarcation, la réquisition de certaines usines, les commissaires allemands, les comités d'organisation, le rationnement des matières premières, le service du travail obligatoire (STO), etc. Avant d'aller plus loin, il convient de rendre ces règles un peu plus intelligibles. Et pour ce faire de mieux comprendre, d'une part, ce que voulait ce nouveau client envahissant qu'était l'occupant et, d'autre part, comment l'administration de Vichy, tout en acceptant rapidement le principe de la collaboration économique, a essayé de s'interposer pour contrôler les relations des entreprises françaises avec les Allemands.

Qu'il soit bien entendu que tous les patrons n'affrontent pas la même situation. Pour une simple raison géographique, tout d'abord. Comme nous l'avons constaté chez Berliet, un groupe peut voir ses installations réquisitionnées par les Allemands en zone occupée et être à l'abri de ce danger en zone non occupée. Les entreprises exploitant le minerai de fer de Lorraine et celles qui extraient la bauxite du Midi, deux matières premières également précieuses pour le Reich, sont ainsi traitées de manière très différente. La Lorraine étant annexée de fait au territoire allemand, les mines de fer subissent dès le début de l'Occupation un contrôle direct et sont rapidement placées sous l'autorité d'un commissaire général résidant à Metz[1]. En zone libre, les producteurs de bauxite et d'aluminium, dont nous reparlerons, conservent longtemps une marge de manœuvre assez importante, même s'ils livrent eux aussi l'essentiel de leur production à l'Allemagne.

De même, il est évident que tous les secteurs n'intéressent pas également le Reich, pour l'essentiel préoccupé par la poursuite de la guerre.

Tous les patrons ont eu à subir des contraintes nouvelles, liées en particulier au rationnement. Mais certains n'ont pratiquement pas vu les Allemands, en tout cas sur le plan professionnel. Plus loin dans cet ouvrage, nous retrouverons Paul Ricard, qui a d'autant moins risqué de fréquenter de façon régulière de tels clients qu'on lui a interdit dès 1940 de produire du pastis. Beaucoup de banquiers d'affaires, s'ils avaient été moins remuants, n'auraient eu que fort peu de raisons de rencontrer l'occupant. Au nord de la ligne de démarcation, en plein Paris, André Terren, assureur, futur patron du groupe Drouot, se souvient de l'Occupation comme d'une période d'inactivité pendant laquelle un de ses principaux soucis a été d'avoir à licencier du personnel à la compagnie Le Patrimoine. Situation atypique dans une période où les exigences allemandes provoquent plutôt une pénurie de main-d'œuvre. Mais l'occupant, tout comme les Français d'ailleurs, dans une large mesure, n'a pas vraiment ou a moins besoin alors de polices d'assurance[2].

On verra par la suite qu'il a cependant de multiples besoins. Les cuirs et peaux ne semblent pas stratégiques au premier abord. Pourtant, les industriels de ce secteur sont très sollicités pour fabriquer les bottes des fantassins allemands comme pour fournir les peaux de chamois qui permettent de filtrer l'essence d'aviation. De même, on ne peut pas dire que le champagne soit une denrée indispensable à une armée. C'est compter sans les officiers d'outre-Rhin. Les producteurs du précieux liquide sont encadrés dès juillet 1940 par un « Bureau de répartition des vins mousseux de la Wehrmacht » dirigé par le Sonderführer Klaebisch, un spécialiste, directeur général dans le civil de la firme Matheus Muller, une des grosses maisons allemandes de *Sekt*[3].

Dès le début de ce livre, nous avons vu apparaître, autre facteur de diversité et parfois de confusion, plusieurs types d'interlocuteurs allemands auxquels ont à faire face les patrons français. Un privé comme le représentant des gazogènes Imbert, que doit affronter Marius Berliet. Un privé militarisé comme celui que les Champenois surnomment le « Führer du champagne ». Des commissaires nommés par les occupants pour contrôler les usines ou les sociétés qui leur sont utiles. Dans les entreprises fournissant l'armée allemande, on aura à rendre des comptes aux clients, donc à recevoir des envoyés des Rüstungsinspektions et des Rüstungskommandos (organismes chargés du contrôle des fabrications de guerre), dépendant de l'état-major général (l'OKW), mais aussi des représentants directs de chacune des trois armes, très jalouses de leur autonomie. Au cours du récit, nous verrons apparaître tel ou tel Gauleiter dépendant directement de Hitler et chargé de régler une question spécifique comme le prélèvement de main-d'œuvre ou la mise à disposition de l'Allemagne de la flotte de commerce française. Nous verrons que des discussions économiques importantes se déroulent à Wiesbaden, en Allemagne, où siègent en permanence, à la Commission d'armistice, des officiels français et allemands chargés de négocier l'application concrète du texte signé le 22 juin 1940 « à 18 heures 32, heure d'été allemande, dans la forêt de Compiègne ». La coordination entre tous ces intervenants est loin d'être parfaite.

Malgré les apparences, l'Allemagne hitlérienne, pas plus que les autres régimes totalitaires, n'est une organisation parfaitement efficace. Albert Speer, le ministre de l'Armement qui succédera à Fritz Todt après sa mort accidentelle le 8 février 1942, ne cesse de se plaindre de cette « bureaucratie typiquement allemande, dont notre régime autoritaire ne faisait qu'accroître les effectifs et l'importance »[4]. La question éminemment stratégique des livraisons de champagne retient l'attention d'au moins trois « étages » de la bureaucratie allemande, dont la commission de Wiesbaden, ce qui donne bien entendu aux Français quelques possibilités de manœuvre. Son « Fürher » s'avérant un peu trop autoritaire, le Bureau national de répartition qui représente les producteurs de champagne trouvera ainsi un interlocuteur plus complaisant à Paris, le Dr Schoppmann, du « Majestic ».

Dans l'entrelacs complexe des lieux de pouvoir économique allemands, ce fameux Majestic est ce qui ressemble le plus à un centre de décision en France. Situé avenue Kléber à Paris, à côté de l'hôtel Raphaël, à deux pas de l'Étoile, cet immeuble imposant est devenu aujourd'hui le Centre des conférences internationales du ministère des Affaires étrangères. C'est là qu'ont été négociés entre autres les accords qui ont mis fin à la guerre du Viêt-nam. Cet ancien palace, fermé par son propriétaire après les grèves de 1936 et vendu alors au Quai d'Orsay, a été réquisitionné par les Allemands dès leur arrivée.

Ils y installent le commandement militaire, le Militärbefehlshaber in Frankreich (MBF), qui est en principe l'autorité suprême en France occupée, et sa section économique, qui gère tout ce qui n'est pas directement militaire. Mais ce centre de pouvoir est lui-même soumis à de multiples influences. L'implantation géographique ou le type d'activité ne suffisent donc pas à expliquer les disparités de situation entre les entreprises. On va voir cependant se dégager, avec le temps, une sorte de doctrine générale de l'occupant à l'égard de l'économie de la France, de ses entreprises et de leurs patrons.

La logique de l'exploitation et celle du pillage

En juin 1940, Hitler n'a pas de politique économique affirmée en ce qui concerne la France. Tous ses célèbres raisonnements sur l'espace vital nécessaire à l'expansion et au ravitaillement du peuple allemand, tels qu'il les a exprimés dans *Mein Kampf*, l'amènent à regarder vers l'Est. L'URSS est son but ultime, la France plutôt un obstacle sur son chemin. L'occupation de juin 1940 ne représente pour lui qu'une étape dans une guerre qu'il souhaite avant tout rapide, et dont l'objectif suivant est la Grande-Bretagne[5].

Hermann Goering essaye d'en profiter pour prendre les choses en main. C'est un vieux compagnon du Führer, dont il accompagne l'ascension depuis 1922. Bouffon et grandiloquent, typique des personnages extravagants propulsés au faîte du pouvoir par le régime nazi, le maréchal est responsable depuis 1936 du réarmement de l'Allemagne dans le cadre du « plan de quatre ans ».

Corrompu, jouisseur, il est animé par un fort esprit de revanche à l'égard du vainqueur de 1918. Son réflexe de base : celui du soldat pillard d'avant les grandes conventions internationales de la fin du XIXe siècle, notamment celle de La Haye (1899). C'est lui qui, en 1941, veut faire confisquer toutes les cloches des églises de France sous prétexte de récupérer quelques milliers de tonnes de bronze. Il s'indigne en permanence, car, selon lui, les Français vivent encore trop bien sous l'Occupation. Surtout en 1943 et 1944, lorsque la prolongation de la guerre impose de vraies privations aux civils allemands. Il fait partie de ceux qui ont de la France l'image d'un pays gras et riche, corvéable à merci.

Parmi les multiples clivages qui différencient les Allemands, il en est un d'essentiel : celui qui distingue ce genre de personnages politiques, proches de Hitler, des fonctionnaires traditionnels, militaires ou diplomates. Dès juin 1940, Goering se heurte au ministère des Affaires étrangères et à Ribbentrop, son patron, qui a une autre vision de l'occupation, plus légaliste, tout comme les militaires de métier. Il ne s'agit pas ici de « blanchir » qui que ce soit : les seconds obéissent très souvent aux ordres des premiers et les exécutent très professionnellement. Mais il faut bien comprendre leur attitude. Car elle marque fortement la politique économique à l'égard des territoires occupés, et en particulier de la France jusqu'à la mi-1942.

Sans jamais le désavouer complètement, Hitler retire en effet très vite à Goering l'exclusivité de la gestion économique des pays vaincus. Le maréchal vient souvent à Paris, tempête de Berlin, envoie parfois des émissaires, mais il n'est pas le maître sur place. À Paris, au Majestic, le véritable patron des affaires économiques est le « Doktor » Elmar Michel. Il a quarante-trois ans lorsqu'il est nommé « chef de la Section économique de l'Administration militaire allemande en France », poste qu'il occupera pendant toute la durée de la guerre avec le grade de général[6]. Ce n'est pas un militaire, plutôt un expert, fonctionnaire du ministère de l'Économie depuis 1925. François Lehideux, ancien administrateur de Renault, qui occupera plusieurs postes ministériels dans le gouvernement français entre 1940 et 1942, dit qu'il donnait l'impression d'un « officier déguisé »[7]. Elmar Michel se définit lui-même comme un Allemand du Sud, « calme et objectif ». Beaucoup de Français qui ont eu à négocier avec des officiers allemands font effectivement la distinction entre la dureté des Prussiens et l'abord plus facile des « Allemands du Sud ». François Lehideux garde même la mémoire d'un homme « modéré, très modéré [...], toujours très calme, très courtois », quelqu'un avec lequel on peut toujours argumenter sur un dossier[8]. C'est pratiquement contre son gré qu'Elmar Michel a été détaché à ce poste, assurera-t-il après guerre, l'état-major de l'armée d'occupation voulant éviter la nomination d'un homme du parti nazi comme en Norvège.

Ses relations avec Goering, dont il dépend en partie, sont régulièrement orageuses. Il dira avoir eu envie de démissionner le 6 août 1942 après une réunion spécialement dure. Le maréchal a convoqué ce jour-là tous les responsables de l'économie dans les territoires occupés pour leur dicter, selon les propres mots du responsable du Majestic, des « exigences démesurées, extravagantes », autrement dit une accélération du pillage. Michel parle de l'« étroitesse de vue » de Goering qui, de passage à Paris, fin 1940 ou début 1941, lui reproche d'astreindre les militaires allemands au même système de « points » que les civils français pour acheter les articles textiles qu'ils ramènent ou envoient à leurs familles. En 1942, il se fera d'ailleurs traiter de « francophile avachi » par le même Goering, qui l'a convoqué à Berlin et l'aurait gratifié — ce n'est certes pas un compliment à ses yeux — du sobriquet de « père des Français » [9].

Il faut sans doute se méfier lorsque Elmar Michel écrit en 1950, dans un ouvrage collectif conçu pour tenter de réhabiliter Pierre Laval [10], avoir toujours été convaincu « de la nécessité d'une entente finale et définitive entre l'Allemagne et la France ». En revanche, on peut le croire sincère lorsqu'il écrit qu'il était décidé à respecter le cadre du « droit international », même s'il y eut beaucoup d'exceptions. Ce besoin d'apparences légales est en effet un des traits qui séparent nettement une partie au moins des membres de l'administration et de l'armée allemandes des nazis bon teint et de l'entourage de Hitler. François Lehideux se souviendra du côté « très juriste » qu'Elmar Michel partageait avec certains de ses collègues. Ils menaçaient à l'occasion d'utiliser la force mais étaient prêts à négocier des heures entières pour obtenir le consentement de l'administration française ou du responsable d'un comité d'organisation représentant tel ou tel secteur économique. Il leur arrivait même de reculer, au moins en partie. Pour l'affaire des cloches, François Lehideux se rappellera avoir négocié un jour de neuf heures du matin à six heures du soir en compagnie de Jacques Barnaud, délégué général aux Relations économiques franco-allemandes, interlocuteur quotidien d'Elmar Michel, pour convaincre avec succès le responsable allemand de l'erreur que constituerait la mise en application de cette mesure qui révolterait les Français.

Mais cette attitude d'apparente mansuétude n'était-elle pas tout simplement la plus efficace du point de vue des intérêts allemands ? L'exploitation raisonnée du pays selon la « méthode Michel » donnera des résultats que la balourdise et la brutalité d'un Goering n'auraient pu obtenir*. Comme toute puissance coloniale, l'Allemagne, elle l'a vite

* La « méthode Goering » l'a emporté d'ailleurs dans certains territoires occupés, comme en Pologne, avec des résultats effectivement très inférieurs — à en croire tous les chiffres connus — en matière de concours apporté à l'économie de guerre allemande.

compris, ne peut mettre un soldat derrière chaque Français, d'autant moins qu'elle est en guerre. « Un principe supérieur et essentiel auquel obéissait l'Administration militaire fut, dès le début, de limiter au maximum son activité au contrôle de l'administration française tout en lui laissant son libre exercice », expliquera sans détour Michel, dans le rapport final sur ses activités qu'il rédigera fin 1944 après avoir été chassé de Paris par les Alliés. Ce principe ne se justifiait pas seulement par les effectifs relativement faibles mis à la disposition de l'Administration militaire, mais aussi par le fait que le gouvernement français, selon les vœux de l'occupant, « devait assumer dans ses fonctions la plus grande part des responsabilités vis-à-vis du peuple français ». Cinquante ans après, François Lehideux confirme : « Il voulait que ça fonctionne le mieux possible. Il s'est beaucoup félicité d'avoir un gouvernement en face de lui. » On ne peut pas reconnaître plus clairement, même si c'est de façon indirecte et involontaire, que l'existence du gouvernement de Vichy a apporté une aide très précieuse à l'occupant.

La France tenait les quinze millions d'habitants de ses vastes colonies d'Afrique noire avec 2 700 agents français à la veille de la Première Guerre mondiale[11] ; de même, le Dr Michel a contrôlé l'essentiel de l'économie française avec ses 1 100 fonctionnaires du Majestic, alors même qu'ils n'étaient pas tous très brillants si l'on en croit maints témoignages. Un tract anonyme écrit par un « industriel français » résistant et retrouvé dans les papiers de Jaques Barnaud parle ainsi de la « pauvreté d'esprit de certains de nos maîtres du Majestic »[12].

Le rôle de l'Administration militaire est de « diriger l'économie dirigée », comme l'explique Michel dans un article d'avril 1942 destiné au public allemand. Nous reviendrons sur les méthodes d'encadrement des entreprises instituées par l'administration française à travers la création de comités d'organisation et d'offices de répartition pour chaque branche professionnelle. Ceux-ci servent *de facto* à simplifier la tâche des Allemands en relayant leurs décisions : « Bien souvent, poursuit Michel, un seul conseiller de l'administration militaire dirige toute une industrie avec une seule dactylographe. »

« Diriger l'économie dirigée » dans quelle direction ? Avec quels objectifs ? Hitler, s'il écoutait ses sentiments plus que sa raison, pencherait plutôt du côté de Goering et serait prêt à traiter sans ménagement ce pays sur lequel il ne fonde aucun espoir, parce qu'il ne lui fait aucune confiance. Sa vision à long terme est claire dès juillet 1940, d'après les explications données à la presse allemande : la France doit devenir après la guerre une « Suisse agrandie », pays de tourisme « pouvant éventuellement assurer certaines productions dans le domaine de la mode »[13]. Mais pas ou peu d'activités industrielles. Curieusement, cette conception de l'avenir est assez vite connue et redoutée des Français les plus informés, des dirigeants et des patrons des grandes entreprises notamment. L'industriel auteur du tract retrouvé dans les papiers de Barnaud en parle. Les contemporains comprennent sans doute bien l'exaspération des Allemands à l'égard de ces Français qui prétendent s'intéresser à l'industrie alors que ce n'est manifestement pas leur vocation, du moins aux yeux de leurs vainqueurs. Ces derniers sont d'autant plus agacés par les ambitions de leur voisin défait qu'ils ne peuvent pas s'empêcher d'être séduits par certains aspects de la « doulce France ». Le 23 juin, le lendemain de l'armistice, Hitler, passionné d'architecture, s'offre en touriste une visite de Paris dont il connaît parfaitement les monuments par les livres.

La contradiction entre la haine et l'admiration que suscite la France atteint son comble lorsqu'il s'agit de mode. La « dictature » de Paris en la matière est insupportable, et en même temps incontournable. Qu'à cela ne tienne, on va déplacer le centre de la haute couture mondiale de Paris vers Vienne et Berlin. Dès juillet 1940, des officiers allemands viennent expliquer ce plan à Lucien Lelong, le président de la chambre syndicale de la haute couture. Les ateliers français, lui dit-on, ne bougeront pas et fourniront de la main-d'œuvre spécialisée aux nouveaux centres culturels de l'Europe. Mais les créateurs — et créatrices — français seront installés dans les capitales allemande et autrichienne, où « on leur réservera d'ailleurs de très brillantes situations »[14]. Assez rapidement, les occupants renonceront à ce projet : leur plan, ils s'en rendent compte, n'est pas très réaliste et la prolongation de la guerre impose d'autres priorités. La haute couture parisienne arrivera donc à survivre et même à poursuivre son travail de création en exploitant assez habilement l'ambivalence de l'occupant à son égard.

Hitler, capable de faire passer les exigences de la guerre qui continue avant ses envies profondes, laisse donc, en fin de compte, les responsables du Majestic exploiter au mieux le potentiel industriel français. L'avenir, il s'en occupera lorsque la victoire finale sera acquise. La politique dominante jusqu'en 1942, telle que l'incarne Michel, consiste avant tout à faire produire les entreprises françaises en France même pour les besoins de la guerre et des civils allemands. Dans un beau rapport plein de graphiques qu'il signera en avril 1944, très vraisemblablement pour justifier son efficacité auprès de ses supérieurs à Berlin, il peut se féliciter de son bilan en constatant que son pays a absorbé la moitié de la production industrielle française[15]. Sa « politique » était claire. Les patrons français ont donc eu en face d'eux, au moins pendant une bonne partie de l'Occupation, des gens qui ne demandaient qu'à faire des affaires.

À ce stade, levons une possible ambiguïté. Si, pour les Allemands, le problème du choix, pour obtenir des livraisons, entre le pillage et des méthodes d'apparence plus respectueuses de la légalité et du pouvoir des patrons se pose effectivement, il ne s'agit en aucun cas d'une question d'argent. Le paiement ne fait pratiquement jamais difficulté. En France, comme dans la plupart des pays occupés, les nouvelles autorités se sont fait accorder — pour ne pas dire : ont exigé — un droit de tirage pratiquement illimité sur deux comptes : l'un, en francs, à la Banque de

France, sur lequel peuvent tirer l'armée et toutes les administrations allemandes au nom des « frais d'occupation » ; un second, dit de « clearing », qui permet en dernier ressort de faire payer en francs les exportations outre-Rhin des entreprises de l'hexagone... par le Trésor français, sans que jamais l'occupant n'ait à débourser ni or ni devises fortes. Le lecteur intéressé par cette mécanique financière, beaucoup plus réfléchie et subtile que ne le donne à penser cette description sommaire, la trouvera décrite à la fin de ce volume *(cf.* annexe). Dans un prochain chapitre évoquant l'utilisation du marché noir par les Allemands eux-mêmes, on verra jusqu'où pouvait aller ce système de récupération des stocks et de la production du pays, qui ne connaît en fin de compte qu'une limite : la disponibilité physique de la marchandise.

D'une manière générale, nous parlons d'une période ou la contrainte financière perd de l'importance, pour tous les acteurs de l'économie, par rapport aux contraintes réelles. La plupart des entreprises n'ont pas de problème de trésorerie ou en tout cas ce n'est pas leur premier souci. Si elles ont besoin de disponibilités, les banques regorgent d'argent à prêter. Les industriels dépensent moins, l'entretien du matériel et l'investissement dans de nouvelles machines devenant souvent impossibles. Et pour peu qu'ils réussissent à dissimuler quelques stocks ou une partie de leur production, ils sont sûrs — qu'ils le fassent ou pas — de pouvoir réaliser de bonnes affaires au marché noir. Le vrai problème, pour les entreprises comme pour les particuliers, et pour les Français comme pour les Allemands, c'est en effet plutôt d'arriver à trouver des marchandises ou des équipements à acheter, quel qu'en soit le prix. D'autant que le gouvernement, qui ne tient pas à voir des salariés en colère créer du désordre dans la rue, prend assez régulièrement des dispositions pour éviter tout problème de trésorerie aux patrons.

Même les pertes dues au pillage ont été, en fait, remboursées par le Trésor français, du moins dès qu'il a pris — cas le plus général — le nom plus officiel de « réquisition ». Car pillage il y a eu, surtout pendant les premières semaines, avant que Ribbentrop n'arrive à équilibrer sinon à neutraliser Goering et que le Majestic n'impose petit à petit son autorité sur les troupes qui viennent d'envahir le territoire français.

Pillage et réquisitions : mythe et réalité

La ville de Lyon, par exemple, qui est d'abord occupée peu après la mi-juin 1940 avant d'être évacuée parce qu'elle doit faire partie de la zone libre, a été largement mise à sac pendant une quinzaine de jours. « Les Allemands se sont conduits correctement vis-à-vis de la population, mais nous avons assisté à un pillage en règle », écrira Georges Villiers, le futur président du patronat français qui fut maire de Lyon pendant l'Occupation [16]. « Ils ont été surpris de trouver les magasins de l'intendance regorgeant de tout — sucre, chocolat, café, vivres divers.

Ils ont, en particulier, trouvé un gros stock de nickel sous forme de pièces de cinq francs et des métaux des plus intéressants pour eux. Des trains entiers partaient tous les jours. » Pour faire bonne mesure, le général qui occupait la maison des parents de Georges Villiers a prélevé dans la cave « un nombre important d'excellentes bouteilles », mais, très « correct », il a laissé un bon de réquisition. C'est en effet la procédure réglementaire. Le Trésor français doit payer directement les dépenses de cantonnement et de logement des troupes allemandes en plus des « frais d'occupation » et c'est donc à lui de rembourser les particuliers réquisitionnés.

On imagine les abus auxquels a pu donner lieu ce système, malgré les protestations d'un service central des réquisitions rapidement mis en place par l'administration française pour essayer de limiter les dégâts. Un rapport de la Cour des comptes portant sur les années 1940 à 1945, publié dans le *Journal officiel* du 16 février 1947, s'en délectera. Au 1er octobre 1943, le Trésor français, nous apprend-il, a dû débourser de quoi payer entre autres 750 000 lits de troupe, 420 000 draps de lit, 580 000 armoires vestiaires, 400 000 tables, 700 000 chaises, 125 000 fauteuils, 2 000 000 d'assiettes. Le tout avec, parfois, des profits partagés entre l'intendant allemand, à qui tout cela ne coûte rien, comme on l'a vu, et le fournisseur français pour qui, par conséquent, la tentation de facturer le prix fort est grande. Il semble bien au total qu'il ne faille pas trop s'inquiéter pour les industriels ayant subi des réquisitions de stocks ou de fabrications en cours à l'arrivée des occupants ou par la suite. Le gouvernement, inquiet des problèmes de trésorerie des entreprises, a signé dès le 25 juillet 1940 une instruction pour que les enlèvements de produits leur soient remboursés au plus vite par le Trésor français. La Cour des comptes, flairant qu'on a réalisé à cette occasion quelques trop bonnes affaires, s'avouera, dans un nouveau rapport rendu public le 28 décembre 1948, bien incapable de calculer précisément les indemnités ainsi versées et surtout de dire combien d'industriels ont bénéficié de doubles ou de triples paiements : de la part du Trésor français, de la part des Allemands, qui parfois avaient acheté et payé ce qui a été déclaré réquisitionné, et éventuellement de la part d'un client à qui, dans certains cas, on a pu revendre *in fine* des produits consignés mais jamais enlevés par les occupants. Rien que pour l'industrie aéronautique, le crédit porté au compte des industriels au titre de ces remboursements a été de 2,5 milliards de francs.

Les réquisitions, même si la « méthode Michel » ne les encourage pas *a priori*, ne cesseront jamais complètement jusqu'à la Libération. Certaines sont restées célèbres, comme le démontage de *pipe-lines* ou d'éléments de raffineries inemployés faute de pétrole entre 1940 et 1942, ou celui de huit cents machines chez Peugeot à la fin de l'été 1944. La très officielle Commission consultative des dommages et réparations évaluera après guerre à 33 771 — 8 % du parc national — le nombre de machines-outils qui ont franchi le Rhin en quatre ans et à neuf milliards de francs les pertes subies pour cette raison par la France. Mais dans la plupart des entreprises, en particulier — le cas d'Hispano-Suiza mis à part — dans celles dont nous avons pu examiner le sort en détail, les enlèvements de tels matériels ne semblent pas avoir été très fréquents ni très considérables. Une explication peut-être : d'après une note du directeur des industries mécaniques qui tente de faire le point sur cette question le 20 avril 1945, la très grande majorité des machines — 85 %, dit-il — ont été enlevées dans les arsenaux, où étaient évidemment réalisées par priorité les fabrications militaires, et pas dans des entreprises privées [17].

En revanche, pendant toute la durée de l'Occupation, les industriels français et les occupants se livreront à un jeu de cache-cache : les uns cherchent à dissimuler des matières premières, notamment des stocks de métaux, et les autres à les trouver, parfois par l'intermédiaire des trafiquants du marché noir. On a vu comment, pour éviter une réquisition, on se livrait à cette dissimulation chez Berliet. On observe de telles pratiques un peu partout. Faisant le point courant 1944 sur la base de chiffres arrêtés fin 1943, Elmar Michel distingue très clairement dans ses statistiques les « minerais et métaux importants » obtenus « par contrats et achats » et ceux que les Allemands ont récupéré « comme butin ou stocks clandestins ». Dans plusieurs cas, la seconde colonne est plus importante ou presque aussi importante que la première. Notamment pour le fer de récupération, le cuivre, le zinc, le nickel (peut-être grâce aux pièces de cinq francs auxquelles faisait allusion Georges Villiers). Certains métaux comme le tungstène sont si recherchés que l'occupant n'hésite pas à recourir à de véritables truands pour s'en procurer. De vulgaires déchets de carbure de tungstène deviennent ainsi tellement précieux que des vols sont organisés dans les usines sidérurgiques ! « S'ils n'ont pas été tous organisés par les Allemands, ceux-ci du moins en ont toujours profité », explique l'Office des fers, fontes et aciers, le 15 mars 1945, dans une lettre au ministère de la Production industrielle [18]. « Les vols commencèrent à la fin de 1943 et allèrent en s'accroissant en 1944, de façon à porter finalement sur des quantités atteignant dix tonnes*. Ils étaient alors réalisés par des bandes armées qui opéraient en camions, munies de toutes les pièces d'identité nécessaires, et prétendaient quelques fois appartenir à la Résistance. »

Une fois passées les premières semaines, les pillages ou les opérations du même ordre ne sont donc pas dépourvus d'une certaine rationalité. L'occupant cherche surtout à s'emparer de matières premières ou de machines dont il pense qu'autrement elles ne travailleraient pas pour lui. Mais dès qu'il estime qu'une entreprise française est susceptible grâce à elles de fabriquer des produits finis à son usage, il est beaucoup plus compréhensif et ne procède à aucun enlèvement si ses commandes sont honorées.

* Tonnage important pour un métal rare dont la production mensuelle française, « poussée » par les Allemands, dépassera à peine les vingt-cinq tonnes en 1943.

Pour être sûr de ce résultat, il aurait suffi aux Allemands de prendre la direction des entreprises qui les intéressaient, pourrait-on penser. C'est un peu ce qui se passe dans les tout premiers temps de l'Occupation, quand ils peuvent craindre que de nombreux patrons, ayant fui l'avance des armées allemandes, ne reviennent pas. Ils menacent alors, avant parfois de passer à l'acte, de désigner rapidement des administrateurs de leur choix à leur place. Nous avons vu également que, dans un secteur comme l'automobile, les nominations de commissaires ne sont pas rares. Nous retrouverons de tels commissaires ou des officiers allemands présents dans les usines pour surveiller leur fonctionnement et leur rendement lorsque celles-ci travaillent, au moins pour une part, directement pour l'armée d'outre-Rhin. Dans les travaux publics, ainsi, les entrepreneurs français sont très encadrés par l'organisation Todt. Mais sorti de ces exemples précis, les « surveillants » allemands présents très régulièrement dans les entreprises elles-mêmes sont peu nombreux. Pour tout le secteur bancaire, on compte deux commissaires « installés », un à la Banque de France, l'autre chez Worms.

De la même manière que l'occupant s'appuie sur le gouvernement français, avec son administration et sa police, pour tenir le pays, il compte très largement sur les patrons de l'hexagone pour faire tourner les entreprises selon ses vœux. C'est dans la logique exprimée par Michel : diriger avec un minimum de cadres. De surcroît, c'est beaucoup plus efficace. En mettant un Allemand à la place ou au-dessus du patron, on risquerait beaucoup plus en effet de se heurter à des méthodes de résistance passive, comme celle qui était pratiquée dans une usine de la Générale de Fonderie, supposée fabriquer des corps d'obus : « Tous les ordres stupides de l'officier chargé de superviser la direction de l'usine étaient exécutés scrupuleusement et rapidement ; pour les autres, on traînait autant qu'on pouvait [19]. »

Dans l'ensemble, si on en croit Elmar Michel, les patrons français méritèrent sa confiance. « L'industrie française était en général disposée à produire et à livrer, expliquera-t-il dans son dernier rapport en 1944. Dans le cas où certaines entreprises étaient défaillantes, l'Administration militaire intervenait par l'adjonction de commissaires et de fondés de pouvoir. C'était toutefois rarement nécessaire. Le nombre de [postes de] commissaire créés ne dépassera pas, au cours des quatre ans, le chiffre de cinquante. » Certains des commissaires s'occupaient sans doute de plusieurs entreprises ; et le responsable du Majestic, pour démontrer son efficacité, peut avoir légèrement sous-estimé cet effectif. Mais il n'y a aucune raison de suspecter l'ordre de grandeur qui, par sa modestie, prouve bien que Michel a atteint ses objectifs avec les industriels.

Ce cadre général et officiel ou quasi officiel du comportement des Allemands vis-à-vis des entreprises est une chose. Mais le Reich possède aussi des patrons et des capitalistes qui sont bien décidés à assouvir quelques convoitises à l'occasion de la victoire. Et même à reprendre quelques guerres privées en interprétant ou en utilisant à leur manière les textes édictés par l'occupant.

L'exemple le plus caricatural que nous ayons rencontré va nous mener à nouveau en Champagne[20]. Si tant de marques de boissons célèbres ont dans cette région des consonances allemandes, ce n'est pas un hasard. En remontant au XVIIIe ou au XIXe siècle, on trouve des familles allemandes qui en ont fondé, nos voisins ayant eux aussi une longue tradition viticole. Ainsi en est-il des Mumm. Originaires de Cologne, ils ont beau être installés en Champagne depuis 1827, ils ne seront pas épargnés lorsque la guerre de 1914 arrivera. Hermann de Mumm, alors patron de l'entreprise, est interné en Bretagne, pendant que sa femme parvient à passer en Suisse avec leurs enfants. Après 1918, il ne fait toujours pas bon être allemand. La firme est purement et simplement vendue par adjudication à une Société vinicole de Champagne. Les rancœurs suscitées par ces événements sont régulièrement ravivées dans l'entre-deux-guerres par des procès entre cette entreprise, qui continue à exploiter la marque, et les Mumm, qui ont la prétention d'utiliser leur nom pour produire à nouveau du mousseux en Suisse et en Allemagne. Aussi ne faut-il pas trop s'étonner si, dès l'automne 1940, la société française voit arriver un natif de Reims un peu particulier : Godefroy Hermann de Mumm, le fils de Hermann. Il a réussi à se faire nommer commissaire de l'entreprise le 22 octobre. Après avoir mis à la porte les dirigeants, il reprend les rênes et s'occupe au mieux des intérêts du fabricant, autrement dit de ceux de sa famille et des siens propres. Il règle le contentieux juridique, assure l'indemnisation des Mumm et se fait nommer P-DG. Il sera, paraît-il, un bon patron pour le personnel. En août 1944, voulant éviter le sort de son père, il se dit qu'il est temps de repasser le Rhin et part tranquillement... avec la caisse, avant de poursuivre sa carrière dans les vins en Allemagne, puis en Afrique du Sud, à Johannesburg.

Voilà manifestement un cas d'entreprise non stratégique où on a nommé commissaire un homme d'affaires allemand pour défendre des intérêts privés, ceux de l'armée d'outre-Rhin étant gérés comme nous l'avons vu par le « Führer du champagne ». Anecdotique, cette histoire amène cependant à se poser une importante question : les Allemands ont-ils souvent cherché, sous l'Occupation, à prendre possession d'entreprises françaises ? Devenir propriétaire est en effet le moyen le plus radical de se faire obéir.

Les Allemands à l'assaut des entreprises françaises ?

Des histoires comme celle de Mumm — elle ne fut évidemment pas unique — frappent les imaginations. Bien des Français ont eu le sentiment au début des années quarante que les Allemands s'infiltraient un peu partout dans le capital des entreprises. À tel point que certains des experts de la France libre qui travaillent à Londres sur les problèmes économiques de l'après-guerre[21] pensent en 1942 qu'on peut envisager une future politique d'économie planifiée et de nationalisations en tablant principalement sur le « transfert des actifs allemands à l'État » au lendemain de la Libération. Le rédacteur de l'étude exprimant cette idée est persuadé en effet que « les Allemands [ont] acquis le contrôle des industries les plus importantes ». Cette conviction s'appuie certainement sur les informations que les Français d'outre-Manche reçoivent de ceux « de l'intérieur ».

On peut aujourd'hui affirmer que l'impression des uns et des autres est, dans une large mesure, erronée. On ne saurait même, sans exagérer, parler de « prise de possession de nombreuses affaires particulières françaises », comme le fera, juste après guerre, l'inspecteur général des Finances Pierre Arnoult, un des premiers auteurs de référence sur les questions financières concernant cette période[22]. Dans son rapport de fin 1944, le docteur Michel évalue à soixante-cinq millions de marks les investissements réalisés depuis 1940 dans le capital des entreprises françaises[23], soit mille trois cents millions de francs au taux de change de vingt francs pour un mark imposé par les Allemands. Car ces participations sont payées, bien entendu, et parfois au prix fort, contrairement à l'impression que pourrait laisser l'usage du terme « prise de possession ». L'historien Michel Margairaz[24] en décompte beaucoup plus : 3 795 millions de francs, ce qui est plus proche de l'évaluation du responsable des questions économiques pour le Reich à la Commission d'armistice, Richard Hemmen (121 millions de marks ou 2 400 millions de francs)[25]. Mais cela ne fait jamais, souligne-t-il, que 1,5 % des capitaux que les Allemands ont eu à leur disposition au titre des frais d'occupation ou du clearing. L'estimation la plus forte, celle de la Commission consultative des dommages et réparations mise en place après la Libération, atteint 4 600 millions de francs, dont 3 600 pour les participations françaises à l'étranger, le tout concernant une centaine d'entreprises — soixante-huit en France, trente à l'étranger. Ce n'est pas rien, mais à titre de comparaison la valeur en bourse des sociétés « métropolitaines » cotées était de 73 464 millions en 1938 et de 263 342 millions de francs en 1945. Jacques Barnaud, le délégué aux Relations économiques franco-allemandes, qui a intérêt à minimiser le phénomène il est vrai, ne sera donc pas très loin du compte lorsqu'il déclarera le 2 mai 1950 devant une commission d'enquête parlementaire[26] que ces cessions « n'ont représenté qu'une part infime, complètement négligeable, de l'économie française ».

Se replonger dans l'état d'esprit de l'époque demande un petit effort d'imagination. Jusqu'à tout récemment, l'achat d'une société par des étrangers est resté dans notre pays un sujet sensible pour l'opinion. Dans les années quarante, le lecteur s'en apercevra, on était beaucoup plus facilement choqué par des opérations de ce type que, pour prendre un exemple frappant, par le scandale de l'aryanisation économique entreprise par les autorités françaises et sur lequel nous reviendrons.

Dans les procès intentés à la Libération contre les responsables du régime de Vichy, on montera donc souvent en épingle la vente de la moindre entreprise de quelque envergure aux Allemands. On en parlera beaucoup au procès Laval[27]. On y évoquera très largement, en particulier, la cession des mines de Bor, ces mines de cuivre situées en Yougoslavie et dépendant du groupe de la banque Mirabaud qui étaient très convoitées par les Allemands. Ce fut la première prise de contrôle d'une entreprise importante — ce sera d'ailleurs, et de loin, la principale, les parts acquises par le Reich étant évaluées à environ 1 700 millions de francs. Laval sera même accusé, sans que cela puisse être prouvé, de s'être enrichi dans l'affaire. Mais on lui imputera surtout, ce que confirmera notamment Yves Bouthillier[28], ministre des Finances à Vichy jusqu'en avril 1942, la décision d'avoir cédé fin octobre 1940 devant les desiderata allemands, alors que tous les responsables des affaires économiques et les représentants français à la Commission d'armistice s'opposaient farouchement depuis des semaines à cette opération. Autre preuve de l'existence d'une sensibilité particulière en la matière, on verra souvent l'administration de Vichy essayer, dans une certaine mesure, de faire obstacle aux cessions d'entreprises, alors qu'elle consentira facilement à beaucoup d'autres abandons face à l'occupant.

S'il est relativement aisé de mesurer *a posteriori* l'ampleur, toute relative, de la pénétration effective d'intérêts d'outre-Rhin dans le capital des entreprises françaises, il est plus difficile de prendre la dimension des tentatives et des tentations allemandes, d'autant que beaucoup n'ont pas abouti ou ont été discrètes. On connaît les cas célèbres, ceux dont on a beaucoup parlé et reparlé dans les procès ou dans les livres d'après guerre : outre la vente des mines de Bor, déjà citée, la cession des importants intérêts français dans les pétroles roumains, la constitution des sociétés franco-allemandes Francolor, que nous examinerons plus en détail, dans le secteur de la chimie, et Théraplix, après un accord entre Rhône-Poulenc et Bayer (IG Farben), dans le secteur de la pharmacie, l'achat de la branche publicité de Havas, les tentatives d'acquisition des messageries Hachette, la prise de contrôle à effet différé des Galeries Lafayette.

D'autres tentatives ont fait couler moins d'encre mais sont connues. « Tout nous intéresse », dit à Bouthillier un directeur de la Dresdner Bank qui multiplie les propositions pour acheter des parts de sociétés pendant l'hiver de 1940-1941. Et le ministre assure que le service des intérêts étrangers en France, qu'il a créé, est arrivé à déjouer des manœuvres allemandes visant la Compagnie des Batignolles (construction de locomotives et travaux publics), les freins Westinghouse, Rhône-Poulenc, les Ateliers et Chantiers de la Loire (constructions navales), la Compagnie générale de construction mécanique, le Comptoir de l'industrie du sel, les établissement Hutchinson et des filiales des établissements Kuhlmann, de la compagnie de Saint-Gobain et de la Société des automobiles Peugeot. Pierre Arnoult évoque pour sa part quelques autres noms : Schneider, Châtillon, la Compagnie générale pour la navigation du Rhin, la Compagnie lilloise des moteurs, la Tuilerie de Jeandelaincourt, les Faïenceries de Sarreguemines et la Compagnie internationale des wagons-lits. Barnaud parlera — le chiffre est vraisemblable — de deux à trois cents tentatives en tout.

Restent les démarches plus discrètes qui n'ont donné lieu à aucune publicité ou qui n'ont pas été jusqu'au stade de la demande d'autorisation. Celles qui ont sans doute échappé en fin de compte à tous les recensements. Nous en avons retrouvé des traces dans beaucoup de dossiers, concernant le plus souvent des sociétés peu connues. Les groupes privés allemands s'intéressent tout particulièrement aux entreprises ou aux capitaux cédés de force par des Juifs. Même si Worms échappe à l'aryanisation, la Commerzbank convoite par exemple, sans succès finalement, la part de son capital appartenant à un actionnaire juif. On comprend donc pourquoi bien des patrons et des actionnaires ont vécu dans la crainte d'être dépossédés même s'ils ont été peu nombreux à l'être en définitive.

Si de nombreuses tentatives de prise de contrôle ont avorté, c'est en raison de la fermeté de l'administration française, expliquera bien entendu, plaidant pour son bilan, M. Bouthillier. Ce n'est ni vrai ni tout à fait faux. Il s'agit là effectivement d'un des fronts sur lesquels le ministère des Finances a résisté quelque peu à la pression allemande. Le 10 octobre 1940, il décide de soumettre à réglementation tout achat par un non-résident de biens mobiliers ou immobiliers français, qu'ils soient situés sur le territoire national ou à l'étranger. Le texte a échappé à la vigilance allemande car on l'a « caché » au beau milieu d'un décret complexe sur le contrôle des changes avant de le soumettre à l'occupant, expliquera Pierre Arnoult. Le Majestic ne pouvant perdre la face en revenant sur son accord, un « service des intérêts étrangers en France » fut donc créé au sein de la direction des Finances extérieures dirigée par Maurice Couve de Murville, le futur ministre du général de Gaulle, qui est un des plus proches collaborateurs de Bouthillier. Après une circulaire du 7 novembre 1940 annonçant que toute demande de cession de parts de capital serait désormais étudiée par cette direction, plus de cent demandes afflueront, racontera ce dernier. « Mais à partir de juillet 1941, devant notre volonté de refus, l'Allemand se découragea et les intrigues, progressivement, cessèrent », assurera l'ancien ministre. En réalité, elles cessent ou diminuent alors très sensiblement, mais pour une tout autre raison. Prendre le contrôle des entreprises françaises, en effet, n'est pas un objectif de la politique officielle allemande. Car, en vertu de la logique déjà évoquée, ce n'est pas le meilleur moyen de faire travailler l'industrie française pour l'effort de guerre du Reich.

Les hésitations des premiers mois de l'occupation se sont fait également sentir dans ce domaine. De même qu'il privilégie le pillage, Goering penche pour la prise de possession des entreprises. Et si les industriels comme les autorités françaises ont vu alors très souvent, en se fiant à l'occasion aux simples rumeurs, la main de ce qu'on a appelé « le groupe Goering » derrière bien des tentatives de pénétration de sociétés, c'est qu'on ne prête qu'aux riches. Le maréchal du Reich aurait écrit, le 2 août 1940, dans un document secret révélant ses intentions et découvert par les Américains après guerre [29] : « L'extension de l'influence allemande sur les entreprises étrangères est un but de la politique allemande. Il n'est pas encore possible de déterminer si le traité de paix prévoira des cessions de participations et dans quelle mesure. » Même lorsque la politique officielle évolue dans une autre direction, il continue très vraisemblablement à soutenir les initiatives de certains groupes privés pour des raisons qui n'ont plus rien à voir avec l'effort de guerre. Goering est en effet notoirement corrompu : « Ce [n'est] un secret pour personne, que si Goering [mène] si grand train, [c'est] grâce aux subsides des milieux de l'économie », écrira son ancien collègue Albert Speer [30]. Ces mêmes « milieux », du moins une grande partie d'entre eux, ont soutenu et surtout financé largement Hitler à partir des élections de 1932 et 1933. De plus, ils ont participé en mobilisant toutes leurs ressources et leur savoir-faire au réarmement et contribué par là même à l'autonomie stratégique de l'Allemagne. Les responsables de l'économie de guerre allemande ne peuvent pas refuser grand-chose à des groupes aussi coopératifs que Krupp ou l'IG Farben notamment [31]. Les responsables allemands à Paris doivent donc recevoir assez souvent des représentants des affaires privées qui, pour des raisons « politiques », bénéficient de soutiens haut placés à Berlin. Vrai ou faux, certains de leurs interlocuteurs pensent par exemple que les dirigeants du groupe lessivier Henckel, qui veulent prendre le contrôle de marques comme Persil ou Le Chat pour entrer sur le marché français, sont proches de Himmler, le patron des SS [32]. Mais nous entrons là déjà dans le domaine des intérêts particuliers, qui relève, d'ailleurs le plus souvent sans succès, de la politique du coup par coup.

Passés les premiers mois, les objectifs stratégiques officiels seront limités, en matière d'acquisition ou de participation, à deux types d'entreprises. Le Reich tient d'abord à prendre le contrôle des intérêts français dans les autres pays occupés, tout particulièrement si les entreprises concernées ont une production qui intéresse l'effort de guerre. C'est le cas des très importantes mines de Bor, mais aussi de la Norvégienne de l'Azote (groupe Paribas) ou des sociétés pétrolières roumaines dans lesquelles les Français sont présents, comme Steaua Romana, Colombia (liée au groupe Paribas) ou Concordia (liée à la Banque de l'Union parisienne), la Roumanie étant à l'époque un important fournisseur de brut. Même lorsque les considérations militaires n'entrent pas directement en ligne de compte, le « ramassage » des participations est systématique. Seront ainsi cédées aux Allemands la Banque commerciale roumaine, la Banque générale de crédit hongrois et la Banska de Bohême, petites filiales de banques françaises opérant dans des territoires contrôlés par la Wehrmacht.

La deuxième cible stratégique de l'administration allemande est d'une tout autre nature. L'occupant cherche à créer — c'est le cas pour Radio Monte-Carlo — ou à s'approprier directement ou indirectement à travers des hommes de paille des entreprises qui peuvent l'aider à contrôler et à orienter l'opinion française, du cinéma à la presse en passant par la publicité et l'édition [33]. Ils réussissent dans leur entreprise, pour ne citer ici que quelques exemples, avec Denoël, le groupe de salles de cinéma devenu depuis UGC ou encore avec la branche publicité de Havas [34], à la suite d'une négociation au plus haut niveau impliquant Laval lui-même. En revanche, ils se heurtent à quelques résistances farouches, comme chez Hachette, qu'ils ne pourront acquérir.

Mais au-delà de ces deux cas, la politique du Majestic n'est pas favorable aux prises de contrôle. Elle y est même plutôt hostile. Dans le testament administratif qu'il rédige fin 1944, après la Libération, Elmar Michel écrit : « L'Administration militaire [...] s'est toujours prononcée contre les essais de participation majoritaire qui ne cessaient de tenter les entreprises allemandes [...]. Un tel investissement à long terme, qui devait se prolonger après la fin des hostilités, ne se serait pas révélé utile aux intérêts allemands et n'aurait plus représenté qu'une opération commerciale. » Peu relevée par les historiens, cette prise de position nous semble suffisamment catégorique pour être prise en considération même s'il est patent que Michel se plie aux ordres et avalise, quand il ne contribue pas peu ou prou à les organiser, quelques prises de contrôle peu compatibles avec sa politique affichée, comme dans le cas des Galeries Lafayette.

Si les Allemands s'étaient assignés en tant qu'objectif officiel, comme on l'a cru, de créer des entreprises ou d'en acheter, les résultats auraient certainement été d'une tout autre ampleur. Une petite histoire permet de s'en persuader, et de prendre la mesure de leurs méthodes quand ils sont déterminés à aboutir.

Jusqu'à la fin de la guerre, l'Allemagne essaye de monter à Monaco une banque qui puisse lui servir de lien financier discret avec l'extérieur, notamment avec les États-Unis, même pour l'avenir lointain. Le 5 septembre 1944, après la libération de Paris, les négociations sont encore en cours. S'agissait-il de mettre à l'abri les fortunes des dignitaires ? De disposer d'un canal secret pour faire circuler des capitaux en cas de situation prolongée de ni paix-ni guerre ? Difficile de savoir. L'histoire en tout cas est d'autant plus intrigante que, parmi ses acteurs, les émissaires du Reich s'y trouvent mêlés à quelques célébrités [35].

La banque doit s'appeler Charles, du nom d'un banquier suisse auquel les autorités de la principauté, qui sont dans le secret dès le début, donnent leur accord pour fonder un établissement en 1943. Son principal associé est un certain Gaussebeck, banquier allemand résidant à New York. Et son principal mandataire, un certain Legesne, représentant la banque Lambert Biltz de Marseille. Sans doute pour lui donner une façade encore plus respectable et opaque, on associe à l'affaire Mme Gould, une célébrité de la Côte d'Azur, la femme du magnat américain des chemins de fer Franck Jay Gould. Elle reste sur la Riviera pendant toute l'Occupation, une partie de sa fortune, comme celle de son mari, étant « gelée » en France et gérée en tant que « bien ennemi » par un commissaire allemand.

Tout est fait pour que cet établissement apparaisse comme une banque privée sans aucun lien avec le Reich. Mais des dossiers retrouvés en Allemagne permettront au procureur de la cour de justice de Paris d'établir sans le moindre doute qu'il s'agit d'un projet manipulé dès le début depuis Berlin, par l'intermédiaire du Dr Karl Schaeffer, le commissaire chargé de surveiller la Banque de France et toutes les banques françaises. Charles participe à l'opération parce qu'il a d'importants fonds bloqués en Allemagne qu'il espère récupérer, sous forme d'investissement dans cette société, en rendant service au Reich. C'est le ministère des Affaires étrangères allemand qui l'envoie à Schaeffer, car toutes les administrations participent dans la plus grande discrétion à ce montage, de la Reichsbank à l'état-major des troupes d'occupation en France en passant par les services diplomatiques. Et c'est Schaeffer qui a présenté à Charles son associé Gaussebeck. La manipulation est totale.

Le projet est ébauché dès 1941. On se déclare tout à fait désireux sur le Rocher d'accueillir une banque allemande à Monaco, vraisemblablement pour obtenir du Reich qu'il respecte la neutralité de fait de la principauté, comme il le fait pour la Suisse. Mais comme le ministère des Affaires étrangères allemand craint que les alliés italiens ne prennent ombrage de cette intrusion dans leur zone d'occupation, le dossier ne prend vraiment corps qu'après la chute de Mussolini en 1943.

C'est un comparse, un certain Wagner, qui vendra la mèche à la sécurité militaire française après la libération de la Côte d'Azur. Les Américains étaient-ils au courant ? Manipulaient-ils eux aussi l'opération ? Quelques minutes après son arrestation par les Français, la police américaine est venue récupérer Charles... et on ne le reverra plus.

Et si les Allemands avaient gagné la guerre ?

Ce que nous avons dit de la politique du Majestic en matière de prises de contrôle est valable pour la période de la guerre. Nous avons constaté, à propos de la haute couture notamment, qu'on voit parfois se dessiner à travers des projets esquissés mais non réalisés ce qu'aurait pu être la politique allemande à l'égard des entreprises françaises en cas de victoire finale. Si l'on veut s'interroger plus avant sur le sort qui leur aurait été alors réservé, quand il l'aurait pu, par un État nazi dominant en Europe, il faut s'intéresser au cas de la société Francolor, créée sous l'Occupation. C'est un des dossiers qui est traité très officiellement à la Commission d'armistice à Wiesbaden à l'automne 1940[36] et qui est explicitement considéré comme exemplaire par les officiels allemands. À ce titre, il suscite d'ailleurs dans l'administration française une émotion et des débats qui n'ont sans doute d'équivalent que dans le cas des mines de Bor.

Pour schématiser les antécédents à l'extrême, l'Allemagne possède, depuis le tout début du siècle, une importante industrie des colorants d'origine chimique qui avait réussi pendant les années précédant la Première Guerre mondiale à maîtriser la synthèse de l'ammoniaque et des nitrates, ces derniers étant à la base de toutes les fabrications d'explosifs. Pendant le conflit, les grandes sociétés de ce secteur, membres de l'IG Farben, avaient fabriqué non seulement de la poudre mais aussi des gaz asphyxiants. Elles furent donc, on l'imagine facilement, menacées de fermeture ou de confiscation au moment des négociations de paix. Mais, après le début des hostilités et surtout à partir de 1916, pour les mêmes raisons stratégiques que l'Allemagne et pour suppléer à l'arrêt des livraisons venant d'outre-Rhin, la France avait cherché à développer au plus vite une industrie des colorants et de tous les produits chimiques dits intermédiaires, qui ont également des usages militaires. Plutôt que de chercher surtout à neutraliser la puissance industrielle allemande, l'ingénieur français chargé du dossier après 1918, Joseph Frossard, avait préféré négocier « à l'amiable » avec l'IG Farben. Il avait réussi à imposer, en échange d'assurances sur l'avenir du groupe chimique allemand, un accord assurant à l'industrie française naissante une partie des secrets de fabrication et des matières premières des usines d'outre-Rhin, ainsi qu'une protection contre la concurrence éventuelle de filiales de l'IG Farben.

À l'automne 1940, les industriels allemands ont donc une revanche à prendre. Lorsqu'ils retrouvent leurs collègues du pays vaincu pour des négociations dans le cadre de la Commission d'armistice, ils s'en souviennent. La délégation française, avec au premier rang René-Paul Duchemin, président de Kuhlman et « patron des patrons » de l'hexagone à la tête du CGPF pendant l'essentiel de l'entre-deux-guerre, s'entend dire d'emblée qu'elle doit reconnaître la prépondérance de l'industrie allemande, qui a désormais vocation à diriger l'ensemble du secteur à l'échelle européenne. L'instrument de cette domination, en ce qui concerne la France, devra être une société mixte créée à cet effet, Francolor, qui coiffera les sociétés françaises — la plus importante étant une filiale de Kuhlman — et dont l'IG Farben détiendra 51 %. Le fait que la présidence soit réservée à un Français, Frossard bien sûr, est supposé contrebalancer l'affront que représente alors pour l'orgueil national cette opération qui se traduit en fin de compte par une mise sous tutelle et une prise de contrôle d'une part importante de l'industrie chimique de l'hexagone. Le petit 1 % du capital à l'avantage des Allemands, qui fait toute la différence bien sûr, donnera lieu, jusqu'à la dernière minute, aux plus âpres discussions, celles-ci impliquant le gouvernement français jusqu'au plus haut niveau*.

L'industrie des colorants joue certes un rôle pour fournir des produits essentiels à caractère militaire. Mais il ne faut pas se tromper sur la signification de cette affaire. Les Allemands ne prennent pas le contrôle de ce secteur de l'industrie française pour bénéficier de son activité, mais pour en limiter le développement[37]. Dans ce cas précis, il s'agit beaucoup moins de faire participer le potentiel industriel français à l'effort de guerre allemand que d'organiser l'après-guerre au mieux des intérêts économiques du Reich. À Wiesbaden, lors des pourparlers, les Allemands ne cessent d'affirmer notamment que « l'exportation française, factice et déloyale, doit cesser ». En d'autres termes, ils exigent que l'industrie française se contente désormais d'approvisionner le marché français et celui de l'empire et laisse l'industrie allemande s'occuper du reste. De fait, la production de Francolor pendant ses deux ans d'existence représentera 55 % de celle des sociétés françaises de matières colorantes avant guerre, la nouvelle entreprise se contentant de remplir le seul objectif qu'on lui a assigné outre-Rhin.

Si l'industrie allemande poursuit des buts de guerre, sa stratégie à long terme, qui a peu varié par rapport à celle de l'époque de la guerre de 1914-1918, est claire : elle cherche avant tout des débouchés à l'abri de la concurrence**. Le souvenir de la crise de surproduction du début des années trente n'est pas fait pour tempérer cette tendance. Dans cette optique, les entreprises françaises sont destinées à devenir des sous-traitantes des entreprises allemandes et leur développement sera soigneusement limité. Les industriels en ont un avant-goût lorsque l'administration allemande se met à désigner assez systématiquement des *Patenfirma*, autrement dit des sociétés d'outre-Rhin chargées de surveiller en tant que « parrains » leur homologues françaises qui honorent des commandes du Reich. Dans l'immédiat, il s'agit de s'assurer que les Français exécutent bien ces commandes, mais il est plus que vraisemblable que les « Patenfirma » espéraient

---

* Les industriels concernés avaient pris eux-mêmes dès août 1940, très imprudemment, l'initiative de faire connaître aux Allemands leur désir de participer à d'éventuelles négociations à Wiesbaden sur l'avenir de leur branche, sans doute de peur de subir un simple diktat très défavorable à leurs intérêts. Ce qui ne les empêchera pas de faire porter aux autorités politiques la responsabilité d'avoir cédé aux exigences du Reich...

** L'historien Philippe Burrin *(La France à l'heure allemande, Seuil, 1995)* a retrouvé dans des notes et des rapports allemands plusieurs confirmations de la prédominance de cet état d'esprit. Il observe que les patrons allemands ne veulent pas communiquer de procédés de fabrication même aux entreprises françaises produisant pour l'outre-Rhin, car ils « craignent de donner une avance à des concurrents pour l'après-guerre quand ils devront eux-mêmes affronter une pénible reconversion ». Dans tous les secteurs, semble-t-il, les industriels allemands « demandent l'abaissement ou l'élimination des obstacles auxquels se heurtent leurs exportations ». Et « un bon nombre réclament, pour asseoir leur avantage, l'interdiction de créer ou d'agrandir des usines et même l'obligation d'en fermer certaines ».

bien garder un œil sur leurs « filleules » après guerre. Une esquisse d'organisation « européenne » de ce type est également évoquée en ce qui concerne l'industrie automobile, à plusieurs occasions, en 1941 et 1943, à Berlin, par François Lehideux, responsable du comité d'organisation de l'automobile. On a vu à quel point ces projets ont pu inquiéter un patron comme Marius Berliet, qui a craint d'être obligé un jour de devenir un simple fabricant de pièces détachées pour le plus grand profit de concurrents allemands.

Les patrons français, en effet, ont bien perçu le danger. Dans le tract anonyme d'un industriel que nous avons déjà évoqué, on peut lire : « Ce vainqueur, il ne faut pas que ce soit l'Allemagne, si nous ne voulons pas que les produits de l'industrie allemande déferlent sur la France comme les divisions blindées ont occupé nos provinces. » La crainte de perdre des débouchés chèrement acquis est égale chez certains patrons français à l'envie qu'ont leurs homologues allemands de les leur prendre. À tel point que certains, face au danger, se démèneront suffisamment pour arriver à s'opposer, malgré un rapport de forces très défavorable, à la cession de leurs filiales dans les autres pays occupés et même en Allemagne.

Robert Puiseux, cogérant de Michelin, refuse par exemple de vendre les filiales belge, néerlandaise et tchèque du fabriquant de pneumatiques, contribuant ainsi à faire capoter un accord franco-allemand qui prévoyait la livraison de caoutchouc synthétique d'outre-Rhin en échange de participations dans l'industrie française du pneu. Rien n'y fera, ni les convocations à Berlin ni celles dans les ministères de Vichy. Aux officiels français auxquels il tente d'expliquer qu'il préfère songer à ses marchés futurs plutôt qu'à son approvisionnement actuel, il dit : « J'ai fait mon choix : sacrifier le présent pour sauver l'avenir[38]. »

De même, le président de Saint-Gobain, Pierre-Louis Hely d'Oissel, s'oppose avec succès à la vente de 75 % du capital de ses filiales en Allemagne, puis dans tous les pays occupés, en faisant traîner les négociations pendant quatre ans[39]. Lui non plus ne veut pas compromettre ses positions d'après guerre en acceptant une limitation de ses marchés. Il obtient l'appui des autorités françaises, mais fait surtout preuve de beaucoup de détermination, refusant par exemple d'aller négocier à Berlin en 1943.

Le rôle ambigu de l'administration française

On vient de le voir très nettement dans le cas de Francolor ou de Michelin, la plupart des affaires que nous évoquons ne se discutent pas à deux mais à trois. L'administration française s'est très souvent « interposée », comme le diront volontiers les responsables de Vichy pour défendre à la Libération leur action et laisser entendre qu'ils ont ainsi limité l'étendue des concessions économiques aux Allemands. Les combats ont beau avoir cessé, on est encore dans une logique militaire. Le civil, c'est-à-dire en l'occurrence le patron, doit se plier aux intérêts supérieurs de la nation. Pour les entreprises, c'est une période de forte intervention étatique dans leurs affaires. Pour mieux les protéger face aux requêtes de l'occupant ? À voir.

L'administration et le gouvernement, en effet, cherchent surtout à utiliser les entreprises et leur production comme autant de cartes dans la « négociation » que le vaincu essaiera de nouer avec le vainqueur, en rêvant parfois — c'est l'obsession de Laval — d'un traité de paix en bonne et due forme, pendant presque toute la durée de l'Occupation. Le cadre des pourparlers n'est pas difficile à trouver. La convention d'armistice signée le 22 juin 1940 n'est qu'un document sommaire comportant vingt-quatre courts articles dont la plupart règlent des questions militaires. En ce qui concerne l'économie, tout, ou peu s'en faut, reste à interpréter. En dehors de l'article 18, qui met l'entretien des troupes d'occupation à la charge de la France et qui servira à justifier les exigences financières démesurées de l'occupant, l'article 17 stipule en termes très généraux « qu'il ne pourra être disposé [des] valeurs et stocks se trouvant en territoire occupé qu'en accord avec le gouvernement du Reich » et les articles 13 et 21 rendent le gouvernement français responsable de tous les sabotages ou destructions possibles. Tout le reste, c'est-à-dire presque tout en pratique, est à négocier et on s'y emploie à partir de l'été 1940. Une bonne partie des discussions, du moins pendant la première partie de l'Occupation, se déroulera au sein de la Commission d'armistice à Wiesbaden, uniquement entre officiels, mais parfois avec la participation d'« experts » — à l'occasion des industriels — issus de tel ou tel secteur. Ce qui contribuera à justifier l'« interposition » de l'administration et des militaires français puisqu'ils seront en première ligne chaque fois qu'un dossier étudié à la demande de l'une ou l'autre partie concernera les entreprises.

À Wiesbaden, l'interlocuteur allemand pour toutes les questions économiques, Richard Hemmen, est plus raide, plus cassant que Michel, son homologue à Paris. Mais c'est aussi un civil, un technicien de la diplomatie et de l'économie, dont les compétences sont utilisées par le Reich pour « gérer » l'Occupation. Ministre plénipotentiaire à Berne au moment de l'armistice, ce spécialiste des relations économiques franco-allemandes a rejoint les Affaires étrangères dès 1918. Il a participé aux négociations sur les réparations dues par l'Allemagne à la France après la Première Guerre mondiale, conduit des discussions commerciales franco-allemandes dans la première partie des années trente, puis à nouveau de 1937 à 1939. « Grand, d'allure assez militaire, rigide, certainement du type du hobereau prussien, de la bonne classe des bureaucrates de Frédéric II, courtois mais avec une dureté de propos naturelle, méticuleux dans la discussion, posant des questions et revenant sur certains points [...], homme désireux de s'informer », c'est le portrait qu'en dresse Paul Devinat, directeur des affaires économiques au ministère français des Colonies, un de ses premiers interlocuteurs[40].

Dès le 20 juillet 1940, Richard Hemmen a commencé à poser officiellement à Wiesbaden la question des livraisons des entreprises françaises à l'Allemagne en tablant manifestement sur le réalisme, et peut-être sur l'hypocrisie, de l'administration et des industriels. Il comprend, assure-t-il, avant même qu'ils ne soient exprimés, les « scrupules » de beaucoup de patrons français devant la perspective de travailler pour l'occupant. Ils auront certainement la « conscience soulagée » lorsqu'ils sauront qu'on leur demande seulement des pièces détachées et pas directement du matériel destiné à lutter contre la Grande-Bretagne, alliée de la veille. Ils seront sans doute intéressés de savoir qu'ils seraient « payés comptant ». Et, devant les délégués français très inquiets face au risque d'un chômage généralisé, éventualité qu'on craint fortement lors des premiers temps de l'Occupation, il fait valoir que la « reprise de la vie économique en France » serait ainsi possible. Il sollicite une sorte d'assentiment global de l'administration française — dont il perçoit bien la hâte à relancer l'activité — à des commandes allemandes qui se traiteraient en direct avec les entreprises, qu'il imagine, non sans raison, soucieuses de remplir à nouveau leurs carnets de commandes pour assurer leur avenir.

Le 9 août, toujours à Wiesbaden, à la sous-commission des industries de guerre, le colonel Hünermann s'inquiète cependant des informations selon lesquelles les industriels français auraient reçu l'ordre de ne pas fournir ou réparer de matériel de guerre pour le compte des Allemands. René Belin, ministre de la Production industrielle, aurait fait des déclarations en ce sens à l'agence de presse américaine UPI. Cette interdiction, a-t-il appris, aurait été communiquée aux industriels par l'ambassadeur Noël, qui a été pendant quelques semaines représentant du gouvernement auprès de l'occupant à Paris. Léon Noël a effectivement pris des dispositions très restrictives vis-à-vis des fournitures aux Allemands — dispositions qui, dans son esprit, devaient être définitives[41]. En désaccord profond avec Vichy, il a démissionné en fait fin juillet. Mais son intervention auprès des chefs d'entreprise, même si elle n'est déjà plus vraiment d'actualité, s'avère utile aux délégués français à Wiesbaden ; ils s'inquiètent en effet très vite de la manière dont ils vont faire des livraisons à l'Allemagne, qu'ils considèrent à l'évidence comme inévitables dès cette époque, un élément de négociation dans les mains de l'administration.

Le Français qui prend la parole, ce même 9 août, M. Allier, répond aux représentants du Reich que Vichy aimerait bien avoir des précisions sur ce qu'ils veulent obtenir exactement. Mais surtout il annonce que son gouvernement ne souhaite pas que les marchés entre les entreprises et l'occupant soient traités directement. Il a l'intention, précise-t-il, « d'organiser un office central destiné à recueillir les demandes des autorités allemandes, à les étudier, et éventuellement à répartir les commandes entre les industriels qualifiés ». Pour que les Allemands, dont il imagine les réticences, acceptent ce passage obligé par l'administration française, il fait miroiter les avantages d'un système qui permettra de placer des commandes « tant dans la zone occupée que dans la zone non occupée ». L'armistice n'a qu'un mois et demi ! Dès les premiers jours, ainsi, tout est dit, ou presque, et la « collaboration », au plan économique, est non seulement acceptée, mais même proposée par les négociateurs français. Deux mois et demi avant que le mot ne soit prononcé, et ne prenne un sens péjoratif qu'il a gardé, à l'issue de la célèbre rencontre Pétain-Hitler de Montoire du 24 octobre 1940. On voit bien là qu'il s'agit moins pour les autorités françaises de « s'interposer » pour freiner les relations économiques entre les deux rives du Rhin que de chercher à conforter leur légitimité et à jouer un rôle d'interlocuteur incontournable avec l'occupant.

L'« office central » esquissé par le négociateur français n'existera jamais. Mais on ne renonce pas à l'idée qui avait inspiré ce projet. Dès le 16 août, une loi de Vichy annonce la naissance des « comités d'organisation » qui sont chargés d'encadrer, branche par branche, les entreprises françaises. Souvent présentés un peu rapidement comme une simple création de circonstance, ces organismes professionnels tiennent en fait une place importante dans l'idéologie pétainiste et nous reviendrons sur leur très instructive genèse[42]. Ils vont effectivement enserrer les entreprises dans un réseau de plus en plus fin — leur nombre est de vingt-six en septembre 1940 et de 213 en 1944 pour les seuls secteurs industriels — et leur vocation à participer à l'« interposition » que veut instituer l'administration entre les Allemands et les patrons français sera évoquée explicitement. Dans ses mémoires[43], René Belin, le ministre de la Production industrielle du premier gouvernement de Vichy, dit à leur sujet que « l'économie devait être dirigée et [qu'] il fallait faire en sorte qu'elle le fût par nous et non par l'occupant ». Les comités joueront un rôle très inégal dans les relations avec le Majestic selon le secteur et la personnalité de leurs dirigeants. Mais, dans l'esprit du maréchal Pétain, ils « avaient [notamment] pour objet de confier à des hommes responsables l'autorité nécessaire pour négocier avec l'Allemagne », comme il l'affirmera dans un discours le 21 août 1941. En réalité, les patrons qui sont à leur tête traiteront rarement avec l'occupant sans au moins l'aval de l'administration française, qui a délégué un commissaire du gouvernement disposant d'un droit de veto au sein de chaque comité, et c'est bien ce qui était recherché. Un véritable « ministère de l'interposition », qui s'occupera de tous les dossiers importants, sera de surcroît créé à partir du début 1941 pour compléter le dispositif, quand l'essentiel des négociations économiques commencera à se déplacer de Wiesbaden vers Paris. Cette délégation générale aux Relations économiques franco-allemandes sera confiée à Jacques Barnaud, qui deviendra l'interlocuteur quotidien d'Elmar Michel.

L'administration française ne pourra pas empêcher les Allemands de se passer très souvent de son consentement ; elle a réussi cependant à créer un cadre dans lequel l'occupant négocie avec elle des programmes d'achat. Les Allemands acceptent sans doute d'autant plus volontiers cette méthode des « autorisations d'achat », dans de nombreux cas, qu'ils ont des raisons de penser qu'elle leur facilite la tâche en officialisant et en rationalisant leur accès aux fournisseurs. Mais ils se prêtent surtout au jeu lorsque les produits convoités sont hors de portée de leurs mitraillettes, dans les colonies ou dans la zone non occupée. Le minerai de fer lorrain, on le prend d'office ; la bauxite du Midi, on la demande fermement ; et l'utilisation des usines aéronautiques de la zone non occupée, on accepte de la négocier, pour s'en tenir aux trois produits stratégiques les plus convoités par le Reich.

La digue que Vichy veut interposer entre les industriels et les Allemands est donc en fin de compte très perméable. Peut-il en être autrement à partir du moment où, comme on l'a vu, le gouvernement n'est guère opposé au principe même des livraisons outre-Rhin, que ce soit par peur du chômage ou parce qu'il espère, même si c'est illusoire, obtenir des contreparties économiques ou politiques (amélioration du rationnement, retour des prisonniers, garantie de l'intégrité de l'empire colonial, etc.). Vichy donnera d'ailleurs l'« exemple » aux industriels qui auraient pu hésiter à fournir l'occupant en acceptant de céder aux désirs des Allemands même dans des secteurs « sensibles », et alors que ces derniers ne peuvent être que demandeurs, comme dans les cas, qu'on vient de citer, de l'aéronautique et de l'industrie de l'aluminium, où les livraisons outre-Rhin prendront d'énormes proportions.

« Je n'ai jamais compris la politique qui a été menée sur l'aéronautique », nous a avoué sans ambages François Lehideux, pourtant ancien ministre de la Production industrielle et ardent défenseur de la mémoire du maréchal Pétain. Il faut dire que le dossier, surtout pour qui voudrait prétendre que Vichy n'a jamais voulu aider militairement l'Allemagne nazie sans y être contraint dans une large mesure, est difficilement défendable[44]. Rien en effet n'oblige dans ce domaine à accepter les commandes d'outre-Rhin. Une bonne partie des usines fabriquant des matériels aéronautiques sont en zone libre, donc relativement hors de portée de l'occupant. Les autorités françaises, en particulier les militaires qui expriment cette crainte, ne peuvent pas supposer que, comme dans d'autres secteurs, les patrons risquent de travailler avec les Allemands dans l'aéronautique sans leur en référer et qu'il faut intervenir au niveau de l'État : la plupart des fleurons de cette industrie ont été nationalisés avant guerre. On pourrait imaginer que le caractère militaire des commandes allemandes pose problème. L'interdiction pour les entreprises françaises de livrer du matériel de ce type, conforme aux usages et à la convention de La Haye, est prévue par la convention d'armistice. Mais elle ne sera invoquée que comme prétexte pour exiger des contreparties. On ne considère en aucun cas qu'il s'agit d'une question de principe. Le 19 août 1940, le général Huntzinger, patron de la délégation française à Wiesbaden, écrivant à Weygand, alors ministre de la Défense nationale, résume la position française : « Il semble que le gouvernement ne soit pas hostile à des commandes [dans le secteur aéronautique] de pièces détachées ou de matériels non terminés, même si ces pièces détachées ou matériels non terminés sont destinés à constituer des engins à caractère offensif : plaques de blindages (pour lesquelles les autorités allemandes paraissent marquer un intérêt particulier), corps de bombes non chargés, etc. » L'utilisation du potentiel industriel français contre les alliés de la veille, à peine deux mois après l'armistice, ne pose manifestement pas de problème. Si l'on en croit Yves Bouthillier, ministre des Finances, son collègue de la Défense, en effet, « admit que les industriels acceptassent des commandes de pièces détachées et même des matériels complets, y compris des avions militaires, à condition qu'ils ne fussent pas armés ». Difficile de dire plus hypocritement que le gouvernement accepte de livrer ce que réclament les armées allemandes, avec tout au plus des réserves « cosmétiques ».

Pourquoi s'apprête-t-on ainsi à donner satisfaction au Reich sur un point aussi crucial et sans y être obligé ? On peut en avoir une idée en allant voir par exemple comment le sujet, qui restera à l'ordre du jour pendant des mois et des mois, sera traité, notamment par une partie du gouvernement et des responsables militaires, le 29 janvier 1941 lors d'une réunion en « commission d'armistice » placée sous la présidence du Maréchal. L'armée française vaincue, montre le compte rendu, veut à tout prix obtenir des avions pour se donner l'illusion qu'elle peut encore, sinon peser évidemment sur le déroulement de la guerre, du moins prétendre à une existence future. Or les Allemands, très habilement, ont promis qu'en cas d'accord sur un vaste programme de livraisons un avion construit sur trois lui sera réservé. Bouthillier croira pouvoir se féliciter dans ses mémoires qu'en novembre 1942 l'aviation nationale dispose de mille avions modernes, plus qu'en 1939. Il ne signale pas, bien entendu, que ce résultat, si cher payé, n'aura servi à rien, ou presque, puisque les Allemands pourront contrôler le destin des matériels et des installations de l'« armée d'armistice » après l'invasion de la zone libre. Les ouvriers français, craignant le chômage, ne se sont pas opposés ouvertement à la réalisation de ces accords, mais ils auraient parfois « freiné » ces productions, comme beaucoup d'autres. Tous les constructeurs français, nationalisés ou non, ont honoré les commandes. En novembre 1942, lorsque les Alliés débarquent, les Allemands ont pu se faire livrer un peu moins de deux mille avions et près de dix mille moteurs, neufs ou remis à neuf. Ils ont surtout réussi à transformer l'industrie nationale, désormais capable de fabriquer des modèles d'outre-Rhin et donc de collaborer efficacement. Le Reich en profitera pleinement en 1943 et 1944.

L'attitude du gouvernement lors de la négociation sur la bauxite, qui s'engage elle aussi avant fin 1940, est pour sa part surtout intéressante parce qu'elle montre bien comment les stratégies des industriels français et de l'administration s'emmêlent parfois de manière complexe. Gros producteur d'aluminium, l'Allemagne est pratiquement dépourvue du minerai nécessaire pour le fabriquer alors que le sud de la France, donc la zone libre placée sous le contrôle de Vichy, est bien doté par la nature de cette bauxite qui donne une couleur rougeâtre à certaines parties du Var et de l'Hérault. Avec la Hongrie, la France est la principale source d'approvisionnement envisageable pour le Reich. Des contacts parallèles se nouent très rapidement, parfois dès les premières semaines de l'Occupation, entre les administrations mais aussi entre certains industriels des deux pays[45]. Si bien que lorsque Jean Dupin, dirigeant d'Alais Froges et Camargue (AFC), le futur Pechiney, et du cartel de l'Aluminium français, exige 195 francs la tonne de bauxite, soit trois fois le prix d'avant guerre, dans le cadre d'une négociation officielle d'État à État, les Allemands font savoir qu'ils ont conclu un accord à soixante-quinze francs la tonne avec une petite société, la Compagnie des Bauxites. On aboutira à un prix de cent vingt francs en décembre 1940 pour une première livraison de deux cent mille tonnes, représentant 40 % de la production nationale de minerai avant guerre. Au début, il semble que les industriels soient plus désireux d'honorer des commandes que l'administration française de les y autoriser. La guerre les coupe de leur marché naturel d'exportation : la Grande-Bretagne. Mais à mesure que le temps passe, ils deviennent plus réticents alors que les négociateurs officiels français sont entrés dans une logique qui les conduit, après s'être « interposés », à accepter pour l'essentiel les demandes des Allemands en échange d'hypothétiques contreparties.

Les industriels anticipent-ils le risque d'avoir un jour à rendre des comptes pour avoir fourni des matières si précieuses au Reich ? C'est peut-être ce qui motivera en partie leur souci, qui s'affirmera de plus en plus année après année, d'être toujours couverts, avant chaque livraison, par une autorisation ou un ordre officiels. Jean Dupin et Raoul de Vitry, le patron d'AFC, auront à s'expliquer à la Libération devant une commission d'épuration, mais ils ne seront finalement pas inquiétés. Les sentiments patriotiques de Raoul de Vitry seront alors jugés d'autant plus incontestables qu'il a été par ailleurs membre actif d'un réseau de Résistance.

En fait, il semble que le comportement de ces industriels soit parfaitement lisible, avant tout, dans le cadre d'une pure logique de gestion. Les Allemands n'acceptant pas de surpayer, autant qu'ils le souhaiteraient, le minerai, ils deviennent des clients moins intéressants. D'autant qu'ils ne respectent pas leur partie des accords et ne livrent pas les quantités promises de charbon et autres matières premières nécessaires à l'industrie de l'aluminium. De plus, l'acier et les autres métaux non ferreux se faisant rares, les producteurs d'aluminium croient possible d'accroître leur part du marché intérieur. Or chez beaucoup de grands industriels français, on l'a vu chez Michelin par exemple, le souci de leur marché d'après guerre domine souvent les contingences du présent. Lors d'une réunion à la Commission d'armistice, Jean Dupin en arrive même à exiger d'un Allemand l'assurance que les livraisons françaises sont bien destinées à l'industrie de guerre allemande et qu'en aucun cas l'aluminium ne risque d'être exporté à des « clients fidèles » de l'industrie française ! Toutes ces subtilités n'empêcheront pas l'Allemagne de recevoir 70 % de la production française en 1941 et 80 % en 1942 si on cumule ce que le Reich obtient sous forme de bauxite, d'alumine et d'aluminium. Mais plus le temps passe, plus on voit les industriels français, qui participent toujours aux négociations aux côtés des officiels, arguer des besoins du marché français pour essayer de limiter les livraisons exigées.

Dans ce secteur mais encore plus dans bien d'autres, en effet, il apparaît vite que la puissance de la « pompe aspirante » des commandes allemandes peut mettre en danger la continuation de l'activité économique en France. Les Allemands eux-mêmes, en bons gestionnaires de leurs intérêts, n'ont pas tardé à s'en rendre compte et à agir en conséquence.

Les Allemands contrôlent l'essentiel : la répartition

Dans de nombreux secteurs les officiels français et allemands vont ainsi discuter longuement à Wiesbaden puis à Paris des quantités de matières ou de produits nécessaires au marché local et du montant raisonnable du prélèvement allemand. À partir du moment où les vainqueurs ont opté pour une stratégie d'exploitation économique rationnelle et abandonné l'option du pillage pur et simple, ils ne peuvent pas balayer les objections des Français et refuser des pourparlers à ce propos. Quand on achète, suivant les périodes, le tiers, la moitié ou les deux tiers de toute la production d'un pays, on est obligé de se préoccuper quelque peu de l'équilibre global du marché si on ne veut pas être soi-même indirectement victime d'une déstabilisation générale de l'économie chez son fournisseur. L'occupant se heurtera d'ailleurs souvent aux conséquences de pénuries qu'il a lui-même créées. C'est ainsi par exemple qu'il n'arrive pas à augmenter la production de minerai de fer parce que les mines manquent de bois pour étayer les galeries de wagons et parfois de locomotives pour évacuer le minerai[46]. Et si elles en manquent, c'est parce que les Allemands en ont trop prélevé pour d'autres usages.

Pour le Dr Michel et son équipe, l'exploitation de l'économie française passe donc par une connaissance aussi précise que possible des quantités produites et des stocks existants pour répartir de façon efficiente les matières premières entre secteurs. L'administration française a certes commencé pendant l'Occupation à rédiger un « plan », avec un horizon de dix ans, sous l'autorité de François Lehideux. Mais en fait le premier planificateur de l'économie française a été Elmar Michel, qui a réussi, pour mener à bien son entreprise, à obtenir le précieux concours d'un remarquable « assistant » français, en la personne de Jean Bichelonne, d'abord tout-puissant secrétaire général à la Production industrielle avant de devenir ministre, à la tête du même département, d'avril 1942 à la fin de l'Occupation. Pendant que Lehideux et ses experts planifient l'avenir, Michel et le très efficace Bichelonne planifient le présent, aiguillant, en fonction de priorités qui ne lèsent pas l'Allemagne comme on l'imagine, le charbon, l'acier, les wagons, etc. vers tel secteur plutôt que tel autre.

On comprend peut-être mieux dès lors pourquoi l'administration française a réussi à maintenir assez facilement la loi sur les comités d'organisation du 16 août 1940, qui devait rendre plus difficile les contacts directs entre les entreprises et les Allemands. Si, tout au début, ce texte, à en croire René Belin, le ministre qui en revendique la paternité, « provoqua la colère des Allemands », ils ne le remettront pas en cause vraisemblablement parce qu'ils se sont aperçus qu'il conduisait, comme on l'a vu, l'administration française à jouer un rôle qui au bout du compte les aide pour organiser la collaboration économique. Ils neutraliseront de plus les quelques effets gênants de ce dispositif en dictant au gouvernement une loi du 10 septembre 1940 qui instituera une douzaine d'offices de répartition — un pour les fers, fontes et aciers, un pour les métaux non ferreux, un pour le charbon, etc. — chapeautés par un Office central de répartition industrielle (OCRPI). L'ensemble, bien que lié à la Production industrielle, est contrôlé de très près par le Majestic, au point qu'on peut parler sans exagérer de mise sous tutelle.

« Les attributions de charbon et d'énergie constituent un moyen très puissant de diriger l'ensemble de l'économie industrielle dans la direction choisie », écrira très clairement Michel en 1942. La répartition restera sa grande fierté. Ayant dirigé lui-même pendant plusieurs années en Allemagne « le service des normes fondamentales pour le contingentement des matières premières », il se présentera régulièrement comme celui qui a appris la répartition aux Français et qui a eu, comme tout bon maître, la satisfaction de se voir dépasser par ses élèves. Parmi eux, au tout premier rang on l'a dit, Bichelonne, ancêtre des technocrates modernes, un homme qui connaît par cœur tous les chiffres de production et de consommation de l'économie française et qui est capable de déceler une erreur dans une longue addition tout en faisant un exposé sur n'importe quel sujet[47]. « Il était étonnant, écrira Michel, que l'ancien gouvernement français n'ait pas cru devoir, même pendant la première année de guerre, contrôler la production des principales matières premières, si l'on fait exception d'un certain contrôle du charbon et de quelques rationnements. » Et le patron économique du Majestic de pronostiquer que ce système simple et efficace de répartition survivra à l'Occupation, ce qui n'est si mal vu puisque les structures héritées de cette période serviront à gérer, avec quelques changements de noms et de personnes, les pénuries de la reconstruction.

Bien entendu, ce dispositif n'est pas aussi parfait que le voudrait son inspirateur allemand. Les industriels français essayent de tricher autant que possible sur les statistiques de production et les stocks. Il n'y a là rien de patriotique : le patron d'une entreprise dont on rationne les matières premières a tout intérêt à falsifier les chiffres. D'autant, on l'a dit, que ce qui est dissimulé peut se vendre beaucoup plus cher au marché noir qu'au prix officiel. Dans le secteur des carburants, malgré un contrôle draconien de l'occupant sur les très maigres ressources du pays, on arrive à conserver ici ou là quelques réserves non déclarées, en omettant, dès juin 1940, de comptabiliser certains stocks, en déclarant détruites par des bombardements ou des attentats des quantités restées intactes, ou bien encore en multipliant à tel point dans les rapports destinés aux Allemands les rubriques séparées qu'ils finissent par ne pas déceler certains chevauchements[48]. Dans la métallurgie et dans l'industrie automobile, on l'a vu chez Berliet, des matières soigneusement cachées échappent à la vigilance des Allemands pendant quatre ans. Chez Lafarge, dans l'importante usine de La Couronne, près d'Angoulême, on réussit à faire passer du ciment, produit destiné aux Allemands, pour de la chaux, qu'on a le droit d'écouler plus librement et qui n'a évidemment pas la même valeur. Les exemples similaires abondent.

Mais on aura souvent tendance, après la Libération, à exagérer la « résistance » ainsi opposée à l'occupant. M Blum-Picard, par exemple, secrétaire général à la Production industrielle, signe le 17 novembre 1945 une note qui donne à penser que la dissimulation a pris une ampleur considérable : « Dans chacune des sphères qui leur étaient propres, écrit-il notamment, les groupes industriels français contribuaient à freiner la plupart du temps les livraisons à l'Allemagne. Les bilans étaient truqués, les statistiques tronquées, le personnel et les stocks camouflés dans la mesure du possible ; les sondages allemands se trouvaient en conséquence fort incapables de déceler les nombreux sabotages des plans de répartition et des réseaux de commande. » Mais les archives ont conservé les documents fournis par les responsables de tous les secteurs de l'économie qui lui ont servi à rédiger son rapport[49]. On s'aperçoit en les consultant que dans sa synthèse très politique, le haut fonctionnaire oublie ce qui ne va pas dans le sens de ce qu'il veut démontrer. D'après le service chargé de l'électricité, ainsi, « il a été impossible de fournir des renseignements inexacts au sujet de la production et de la consommation d'énergie [...]. Les indications des appareils de mesure enregistreurs sont très facilement relevables et de nombreux recoupements permettent de déceler toute dissimulation ».

Dans la sidérurgie, autre exemple, les Allemands « connaissaient, d'après les plans de répartition des organismes professionnels, les tonnages de matières premières qui entraient dans chaque usine. Ils pouvaient en déduire, à peu près, quel devait être le tonnage des expéditions ». En somme, ce sont surtout les petits patrons du textile ou de la chaussure qui arrivent régulièrement à tricher. D'où l'intérêt pour les Allemands, et on verra qu'ils s'y sont employés systématiquement de 1940 à début 1943, de récupérer leurs produits en encourageant et en utilisant le marché noir à leur profit. Mais dès qu'il s'agit d'entreprises ou de secteurs d'une certaine importance, l'occupant est en fait, le plus souvent, extraordinairement bien renseigné et dispose de toutes les données nécessaires pour contrôler et orienter la marche de l'économie française en fonction des besoins du Reich.

La gestion rusée de l'économie française à son apogée

Toutes ces nouvelles « règles du jeu » imposées aux patrons par les deux administrations dont ils dépendent désormais, l'allemande et la française, se sont mises en place de façon stable dès l'automne 1940, une fois écartée, pour l'essentiel, la solution du pillage pur et simple. Mais elles ne sont pas restées les mêmes jusqu'à l'été 1944. L'exploitation du pays sur le mode rusé et plutôt légaliste symbolisé par le personnage de Michel a déployé tous ses effets mais a ensuite subi, on le verra, plus que des correctifs. Une décision importante et une initiative, beaucoup plus anecdotique, des Allemands conduisent à situer entre le printemps 1941 et le printemps 1942, dans le domaine de la vie des affaires, l'apogée de cette première période que certains patrons regretteront sans doute en 1943 et 1944, quand d'autres contraintes viendront perturber gravement leur activité et donner un tour moins « correct » aux relations économiques franco-allemandes.

La décision importante, c'est tout simplement l'ouverture de la barrière économique entre les deux zones qui a tant gêné beaucoup d'entreprises, en particulier celles qui avaient une envergure nationale, comme on l'a vu pour Berliet. Cette évolution, tant attendue par tous les agents économiques, a été paradoxalement plus lente à se dessiner que bien d'autres, alors même qu'elle ne paraissait pas pénalisante pour l'occupant.

La zone occupée englobait les régions de la moitié nord du pays, ainsi que la totalité de la côte atlantique, et ne laissait en zone libre qu'une partie des Pyrénées et du Sud-Ouest, le Massif central, la vallée du Rhône, les Alpes et la côte méditerranéenne. Elle a beau comprendre les deux grandes villes de Lyon et Marseille, cette petite moitié de la France sur laquelle règne Vichy n'est pas et de loin la mieux dotée. Alfred Sauvy a calculé qu'en 1938 la zone occupée produisait 72,5 % du blé français, 100 % du sucre, 87 % du beurre, 64,6 % des bovins, 76 %

du charbon, 95 % de l'acier, la quasi-totalité du textile, avec une population représentant les deux tiers des Français[50].

Le gouvernement perçoit immédiatement cette réalité, et le problème du ravitaillement de la zone sud par la zone nord est un des principaux points que tentent tout de suite de discuter ses négociateurs, en juin 1940. D'autant qu'à l'heure de la défaite la zone Sud est surchargée de réfugiés qu'on n'est pas très sûr de pouvoir simplement nourrir. La délégation française obtiendra ainsi l'ajout, à la fin de l'article 17 de la convention d'armistice, d'une clause, plutôt vague il est vrai, assurant que « le gouvernement allemand tiendra compte de ce qui est nécessaire à la vie des populations des territoires non occupés ».

Mais les Allemands ont vite compris pour leur part que cette coupure de la France en deux leur fournissait, en ces premiers temps de l'Occupation, une arme très efficace de négociation. Les Français s'attachent donc à faire valoir les arguments qui pourraient les inciter à renoncer à son utilisation. Dans une importante déclaration, le général Huntziger, chef de la délégation française à Wiesbaden, fait remarquer à Hemmen le 26 août 1940, par « ordre de [son] gouvernement », que l'exploitation de l'économie française ne sera possible que si celle-ci est mise en état de « fonctionner à plein rendement », ce qui suppose d'abord la disparition de cette frontière intérieure : « En effet, la ligne de démarcation, dans son rôle actuel, entre la zone occupée par les troupes allemandes et la zone demeurée libre, met un obstacle infranchissable à la reprise de la vie économique. Dans un pays aussi anciennement et aussi fortement centralisé que la France, la présence au milieu du territoire d'une ligne de démarcation plus sévère encore que la barrière douanière la plus élevée brise les courants commerciaux, sépare les industries de leurs clients, amène un trouble profond dans la répartition des produits, etc. »

En octobre 1940, dans les instructions de négociation données à la délégation française de Wiesbaden, le gouvernement s'inquiète aussi du rattachement du Nord et du Pas-de-Calais à l'état-major d'occupation allemand de Bruxelles : « Du point de vue économique, la séparation des départements du Nord et du Pas-de-Calais d'avec le reste de la France crée des effets néfastes tant pour l'industrie que pour le ravitaillement en denrées alimentaires et en charbon. Si cette séparation est maintenue, il sera impossible de ravitailler en blé et en sucre le reste du pays ; il sera en outre impossible d'assurer le minimum de production textile et métallurgique nécessaire. » Quant à la « ligne verte » qui sépare le Nord-Est, en avant de la « frontière » avec l'Alsace-Lorraine, du reste du territoire français, elle pose également de difficiles problèmes économiques et humains, qu'on évoque quand on le peut.

Les Allemands ne paraissent pas enclins alors à assouplir leur position. Ils commencent d'ailleurs par user de la ligne de démarcation pour asseoir, de façon peu subtile, leur domination. Les ministres de Vichy qui ne se montrent pas « sages », autrement dit pas assez coopératifs, ne sont pas autorisés à se rendre à Paris ! Les Français pensent ainsi qu'ils ne sont pas entendus lorsqu'ils essayent d'expliquer aux occupants qu'ils ne peuvent en même temps exploiter l'économie française et la détruire. En fait, leurs arguments sont compris, du moins plus qu'ils ne le croient. Pour le docteur Michel, qui défend, en somme en bon calculateur, le point de vue de l'économie française, toutes ces « frontières » imposées par les « gens de Berlin » font partie de ces décisions qui s'opposent « non seulement aux intérêts français, mais encore aux intérêts économiques allemands bien compris »[51]. À propos de la ligne de démarcation, il écrira très clairement dans son rapport de 1944 que « ce qui était initialement un moyen de pression contre les Français s'est révélé souvent, au cours de l'Occupation et de l'exploitation intensive économique du pays, une charge et un obstacle pour la direction de l'économie française par l'Administration militaire ». Il s'en est très vite aperçu. Il n'aura pourtant que partiellement — et tardivement — gain de cause. L'Alsace et la Lorraine demeureront annexées *de facto*, le Nord et le Pas-de-Calais resteront « zone interdite » rattachée à Bruxelles. Mais dès l'automne 1940, et c'est là l'essentiel, les Allemands prennent des mesures d'exception qui mettent fin à l'interdiction générale de tout trafic à travers la ligne de démarcation. Et en mai 1941, le transit des marchandises et des paiements est libéré. Ce qui sera considéré comme une bonne nouvelle par les chefs d'entreprise français... et comme un atout de plus pour développer la collaboration économique par Michel.

Outre cette importante évolution, nous avons évoqué une initiative qui témoigne elle aussi du bon fonctionnement de la « méthode Michel » vis-à-vis des milieux d'affaires et même de son succès incontestable au bout d'un an ou deux de pratique. Celle-ci se situe un peu plus tard mais montre bien dans quel esprit certains responsables allemands peuvent essayer de « gérer » habilement, au plan économique, l'Occupation et comment de nombreux patrons français se prêtent au jeu. Cette affaire des « déjeuners de la table ronde » donnera lieu à une longue enquête de police après la Libération, mais sans grande conséquence.

C'est Karl Schaeffer, semble-t-il, le commissaire détaché par l'occupant auprès de la Banque de France dont nous avons déjà parlé, qui a lancé l'idée de ces déjeuners. De février 1942 à octobre 1942, ceux-ci réuniront périodiquement trente à quarante officiels allemands avec autant de patrons et de dirigeants d'organisations professionnelles français dans une salle de restaurant du Ritz[52]. Les animateurs français de ce « club », le prince de Beauvau-Craon et François Duprès, ont opté curieusement pour ce palace, il est vrai très apprécié par les occupants, alors que le second est propriétaire du Plazza et du George V. N'imaginons pas des discours et des toasts au champagne à la gloire de la collaboration franco-allemande. En 1942, il commence déjà à être un peu tard. Ces repas ressemblent plutôt à autant de séances de lobbying auxquelles se prêtent volontiers les Allemands, qui ont souhaité ces rencontres pour faciliter les échanges entre responsables des affaires économiques dans un bon climat. En théorie, les Français et les Allemands sont disposés en alternance autour de la table, après avoir tiré au sort un carton, rouge pour les Allemands, vert pour les Français. En réalité, ces derniers s'arrangent souvent pour se faire placer à côté d'un Allemand bien précis dont ils veulent obtenir une information ou une décision. Parmi eux, des collaborateurs convaincus, mais aussi de grands patrons, certains membres de réseaux de résistance, qui cherchent simplement à se renseigner sur tel ou tel point. La question matérielle la plus épineuse à régler sera celle des... tickets de rationnement. Le patron du Ritz facture le déjeuner deux cents francs mais, par patriotisme insinuera-t-il, sans qu'on soit obligé de le croire, il exige de chacun de ces messieurs un nombre de tickets de rationnement déraisonnable. Certains protestent, d'autres « oublient » de donner leurs tickets. Le Majestic fait discrètement compléter...

Le dernier de ces déjeuners se situant en octobre 1942, on peut dire qu'ils représentent l'ultime manifestation de la collaboration « correcte » et symbolisent bien cette période où les relations économiques franco-allemandes ont été particulièrement étroites.

De l'exploitation « correcte » à l'exploitation sauvage

À partir du printemps 1942, la situation évolue considérablement. L'Allemagne, alors que la guerre prend un tour de plus en plus défavorable, se raidit. Elle va petit à petit basculer dans un nouveau système d'exploitation beaucoup plus radical. On passe d'un régime dur mais à peu près respectueux des formes et des hommes en matière d'économie à un régime violent. La France vivait déjà sous tutelle, elle expérimentera désormais une forme de colonialisme intolérable, celle qui condamme la population dominée non seulement à la corvée mais aussi à la déportation et au travail forcé. Arrive en effet le temps du STO (Service du travail obligatoire). Cette rupture est d'autant plus vivement ressentie par l'opinion publique française qu'elle coïncide à peu près avec deux autres changements annonciateurs, selon toute probabilité, d'une détérioration des conditions de vie et de travail de la population : le retour de Laval, écarté du pouvoir depuis décembre 1940, à la tête du gouvernement le 18 avril 1942 et l'invasion de la zone libre par les Allemands, le 11 novembre 1942.

Impossible, pour tout un chacun et encore plus pour des responsables, d'ignorer les implications de ces événements. C'est d'ailleurs le moment que choisissent judicieusement certains hommes politiques, fonctionnaires et patrons pour se séparer avec ou sans éclat de Pétain et de son gouvernement. En novembre 1942, par exemple, après le débarquement allié en Afrique du Nord et l'envahissement de la zone sud, Jacques de Fouchier, futur président de la Compagnie Bancaire puis de Paribas, décide que le temps est venu de démissionner de son poste de directeur de cabinet de Pierre Cathala, ministre des Finances de Laval, pour rejoindre Londres[53]. Jacques Barnaud, l'associé gérant de Worms devenu délégué aux Relations économiques franco-allemandes, un des hommes qui tenait la clé des relations économiques entre les deux pays, quitte également ses fonctions auprès de Laval à ce moment, mais sans partir à Londres pour autant. Il est très impressionné par les pressions de l'occupant pour obtenir le départ de travailleurs français outre-Rhin : « La question du recrutement de la main-d'œuvre pour l'Allemagne est, de beaucoup, la plus douloureuse, la plus terrible qu'il y ait eu à traiter pendant l'occupation », dira-t-il plus tard[54].

Du côté allemand, le dispositif change aussi. La Commission d'armistice, à Wiesbaden, et Richard Hemmen ne joueront plus les premiers rôles. Les « économistes » du Majestic, surtout, perdent de leur pouvoir. À Paris, les SS prennent bientôt le pas sur l'armée, et ils ne tarderont pas à le faire savoir en imposant leurs méthodes. En août 1943, par exemple, ils organiseront une vaste rafle de hauts fonctionnaires et de quelques grands patrons dont nous aurons l'occasion de reparler. En ce qui concerne le STO, Michel devra, comme dans d'autres domaines, appliquer désormais une politique bien différente de celle qu'il prônait depuis l'été 1940.

Un homme, en Allemagne, prend du poids. Albert Speer, l'ancien architecte de Hitler, a désormais sous sa responsabilité toute l'économie de guerre. De ce fait, il a vocation à dire son mot sur beaucoup de dossiers, y compris ceux qui concernent la collaboration industrielle avec la France. À mesure que le conflit s'installe dans la durée, et en particulier que la Wehrmacht s'enlise en Russie, Hitler doit en effet se résigner à abandonner la logique de la guerre éclair du début et décréter, plus encore qu'auparavant, une mobilisation générale des forces économiques de l'Allemagne et des territoires qu'elle contrôle. Ce qui explique la priorité donnée à la recherche de la main-d'œuvre, locale ou « importée », toutes les usines fabriquant des armements devant produire au maximum au moment même où des hommes, de plus en plus nombreux, doivent rejoindre le front.

Speer, qui appartient plutôt à la catégorie des technocrates, dispose de beaucoup de pouvoirs en tant que ministre de l'Armement, mais il est loin de contrôler tous les aspects de la politique économique intérieure et extérieure du Reich. Il est flanqué d'un homme, chargé précisément d'intervenir dans le domaine primordial de la main-d'œuvre, auquel il s'opposera de plus en plus. Celui-ci, Fritz Sauckel, ex-Gauleiter de Thuringe, raisonne en nazi convaincu et non en économiste. Partisan des méthodes radicales « à la Goering », il a été nommé « plénipotentiaire général pour le recrutement de la main-d'œuvre » dans les territoires occupés le 21 mars 1942. Laval, qui pourtant en avait vu d'autres, sera pris d'un malaise au terme de leur première rencontre en mai 1942, ce qui laisse imaginer la brutalité du personnage[55].

Le docteur Michel, même si ses réserves ne font pas de doute, exagérera probablement dans ses rapports d'après guerre son opposition personnelle aux envois de travailleurs français en Allemagne. Car cette « politique », sous une forme ou sous une autre, a été constante. Les recrutements ont commencé bien avant le tournant de 1942, dès la fin 1940, mais il est vrai discrètement. On fait en revanche déjà de la propagande pour développer le travail outre-Rhin ou sur les chantiers de l'occupant début 1941. Barnaud, qui s'en souvient[56], évoquera aussi des pressions du Majestic, notamment au printemps de cette année-là, pour obtenir du gouvernement Darlan une déclaration en faveur du travail volontaire en Allemagne. En mars 1942, le préfet de Lille signale un car publicitaire allemand « couvert d'affiches de propagande engageant les ouvriers français à s'embaucher pour aller travailler en Allemagne », qui circule dans la ville en diffusant de la « musique française »[57].

Mais, par opposition à la logique policière qui allait bientôt s'imposer, on restait alors encore dans une logique économique : les Allemands payent mieux, promettent des rations meilleures et essayent d'attirer les candidats par de la publicité. Ils peuvent d'autant mieux maintenir leur « avantage comparatif » qu'ils interdisent fermement les hausses de salaires en France. Par ailleurs, en poussant à l'augmentation des horaires de travail, qui remontent, en premier lieu dans les usines travaillant pour le Reich, à quarante-huit, cinquante et même parfois soixante heures*, ils « libèrent » de fait de la main-d'œuvre qui peut être tentée par l'émigration pour trouver un emploi. Le commandement militaire, dérogeant au principe qui consistait à faire assumer toutes les décisions économiques à l'administration française, promulguera même le 22 avril 1942 une ordonnance lui permettant de fixer les horaires de travail dans l'industrie[58]. Une politique de fermeture des usines qui ne sont pas jugées indispensables à l'effort de guerre et une baisse des allocations de chômage ont complété à la même époque ce dispositif « incitatif ».

Michel lui-même avait été chargé d'exercer des pressions pour accélérer, dès 1941, les départs, qui restaient trop rares au goût de Berlin, alors qu'environ soixante-dix mille travailleurs « volontaires » français étaient déjà présents en Allemagne[59]. Mais, en 1942, il sent bien que le problème changera totalement de nature à partir du moment où l'on envisagera des départs forcés. Il pensait, écrira-t-il dans son rapport de 1944, que les réquisitions de main-d'œuvre, auxquelles il ne pouvait éviter d'apporter son concours, « allaient à l'encontre de tous les sentiments du Français attaché, rivé à sa terre et à son foyer. Plus l'attaque était violente, plus forte se révélait la réaction attisée, au surplus, par une propagande ennemie ».

Quand Sauckel vient personnellement à Paris, au lendemain de sa

* Dès septembre 1939, la nécessité de faire tourner à plein les industries travaillant pour la défense nationale avait conduit le gouvernement français à redonner la possibilité aux industriels de fixer des horaires de soixante heures par semaine. Après l'armistice, les horaires avaient évidemment fortement diminué.

nomination au printemps 1942, pour exiger une accélération des départs, Laval, qui, en bon politicien, anticipe les réactions de l'opinion française, commence par essayer de trouver une solution « présentable ». Il propose de donner un nouvel élan aux départs volontaires grâce au système, négocié en mai et juin, de la « relève » : un prisonnier français en Allemagne serait libéré pour le départ de trois ouvriers spécialisés. Dans la mesure où Sauckel demande surtout des travailleurs qualifiés, la propagande gouvernementale française pense pouvoir jouer en partie, pour obtenir des résultats, sur la culpabilité supposée des ouvriers qui, ayant été « affectés spéciaux », donc dispensés de mobilisation, en 1939 ont échappé, de ce fait, au risque de la captivité. Les patrons sont également mobilisés, pour appuyer l'opération, par l'intermédiaire du secrétariat d'État à la Production industrielle[60] et des comités d'organisation. Ils sont conviés à des réunions et reçoivent force circulaires. Tous ceux qui dépendent du comité d'organisation des pelleteries et fourrures, par exemple, sont destinataires au début de l'été d'une copie d'une circulaire émise le 6 juillet par le secrétariat d'État et relayée dès le lendemain par le comité d'organisation[61]. Ils sont chargés de diffuser cette « publicité » pour le départ vers l'Allemagne dans leur entreprise et de rendre compte des réactions des employés avant le 20 juillet. Sur plus d'une centaine, presque tous accusent réception, mais sans prendre le moindre engagement précis sur des départs. Quatre ou cinq seulement ajoutent quelques considérations sur leur loyauté envers le régime et leur volonté de l'aider en toute circonstance. Comme ce patron de Montargis qui assure avoir diffusé l'appel gouvernemental « en faisant comprendre [au personnel] la tâche immense à accomplir en vue d'une collaboration franche et loyale pour la reprise prochaine de nos relations économiques avec l'Allemagne et pour favoriser par une bonne compréhension des difficultés présentes le retour de nos chers prisonniers ». La suite de cette lettre montre cependant que ce commentaire enflammé trahit peut-être moins un véritable soutien idéologique au régime de Vichy et à sa politique qu'un calcul intéressé. L'entreprise a déjà réussi à récupérer onze « classeurs de peaux » prisonniers en Allemagne, mais elle cherche toujours à faire revenir un de ses deux gérants et elle espère obtenir ce résultat.

Globalement, la « relève » est vite considérée comme un échec. Laval arrive à faire partir outre-Rhin moins de vingt mille ouvriers sur les trois cent cinquante mille personnes, dont cent cinquante mille spécialistes, exigées sur-le-champ ou presque par Sauckel[62]. Ce dernier ne croit manifestement pas longtemps à l'efficacité du système. Dès le mois d'août, alors que les entreprises sont à peine mobilisées depuis quelques semaines, il exige une relance du processus par des méthodes autoritaires.

De fait, les chiffres des départs ne sont sans doute pas très significatifs. Les patrons, qui n'ont guère eu le temps d'agir, ont certainement été plus réceptifs à l'idée de la « relève » que ne le disent les statistiques.

Ils continueront longtemps d'ailleurs à appeler « relève » ce qui ne sera plus que du travail obligatoire. Bien que personne ne leur ait jamais promis de faire libérer précisément tel ou tel membre de leur effectif si l'entreprise participe à l'opération, ils s'entretiennent et entretiennent leur personnel dans l'illusion que des départs permettront des retours de prisonniers maison. Ainsi, dans le groupe de travaux publics Sainrapt et Brice, on calcule qu'il faut envoyer quatre cent cinquante personnes en Allemagne pour libérer les cent cinquante prisonniers de l'entreprise. Et chez Berliet, fin 1942, lorsque les fils du patron partent en Allemagne pour accompagner les ouvriers, on parle encore, on l'a vu, de « relève » alors qu'on en est déjà à l'étape suivante.

Laval, ayant été menacé par Sauckel d'une mesure générale de réquisition pure et simple des travailleurs, a fait adopter non sans mal, certains ministres s'y opposant, une loi du 4 septembre 1942 « relative à l'utilisation et à l'orientation de la main-d'œuvre ». On n'y parle pas explicitement du travail en Allemagne, qui est pourtant le véritable objet de ce texte quasiment dicté par l'occupant. Il s'agit d'abord, comme dans les autres pays occupés, de « fixer » les travailleurs là où ils sont afin de repérer qui travaille et qui est disponible : il n'est théoriquement plus possible de changer d'emploi librement sans prévenir les autorités. On organise le recensement des Français de dix-huit à cinquante ans et des Françaises célibataires de vingt et un à trente-cinq ans, qui peuvent désormais être assujettis à tous travaux « dans l'intérêt supérieur de la nation ». Tous ces Français doivent pouvoir « justifier d'un emploi utile aux besoins du pays » et les chefs d'entreprise sont tenus à se conformer aux instructions qu'ils pourront recevoir « notamment pour la constitution d'équipes de travailleurs ». En clair, il est désormais possible de prélever de la main-d'œuvre dans les entreprises et de l'utiliser au service des Allemands, en France ou bien outre-Rhin.

Pour cette tâche délicate, car impopulaire, mais essentielle à ses yeux, l'occupant ne fait guère confiance à l'administration française : des Allemands chargés du recrutement accompagnent souvent les fonctionnaires français dans les entreprises, quand ils n'y vont pas tout seuls. Les tout premiers temps — les confusions provoquées par l'ambiguïté de la « relève » n'y sont sans doute pas pour rien —, ils peuvent agir sans rencontrer de réelle résistance. Chez Peugeot, ainsi, la première réquisition, le 5 octobre 1942, se passe sans heurt[63]. Les Allemands obtiennent les deux cent trente personnes demandées. Chez Puzenat, à Bourbon-Lancy, où les six cent cinquante ouvriers sont capables de fabriquer des machines agricoles mais aussi des matériels militaires si nécessaire, les Allemands sont venus par surprise en décembre 1942, assurera l'ingénieur en chef : « Un certain nombre de gendarmes allemands me firent appeler, exigèrent les livres de paie, désignèrent au hasard quarante personnes qu'ils appelèrent au téléphone, ne me permettant pas de sortir de la salle. Quinze seulement répondirent à cet appel ; ils furent emmenés sans voir leur famille, à jeun, en tenue de travail[64]. » Les ouvriers, on l'imagine, commencent vite à se méfier sérieusement et à anticiper, quand ils le peuvent, ces « descentes » musclées des services de la main-d'œuvre.

Même les patrons qui acceptent le principe de la « relève » ont du mal à justifier les nouvelles pratiques, malgré la caution de Vichy, et ils le font savoir. Mais en cherchant à protéger son personnel, on peut indirectement contribuer à étendre cette menace à tous les jeunes Français. Georges René Laederich, un industriel du textile très influent, déclarera ainsi en 1946[65] : « Les usines devaient désigner pour le prélèvement ceux qui n'étaient pas indispensables. Il y avait là une injustice criante. On pouvait avoir un manœuvre père de dix enfants désigné. » Peu à peu s'est imposée dans son esprit l'idée qu'il était injuste de voir les ouvriers subir seuls cette réquisition « alors que les étudiants, les jeunes bourgeois, les zazous, auraient été plus indiqués que des pères de familles ». C'est pourquoi, expliquera ce patron, il a essayé avec d'autres de faire passer l'idée qu'il fallait désigner d'office « un certain nombre de classes de jeunes gens », comme pour le service militaire. Et bien sûr, il sera très vite entendu.

Le « travail obligatoire », qui dit enfin son nom dans une loi du 16 février 1943, est institué à cette date pour tout Français de plus de vingt ans. Les hommes nés entre le 1er janvier 1920 et le 31 décembre 1922 sont réquisitionnés. Les jeunes se sentent traqués jusque dans la rue : « À la carte d'identité, à la carte de ravitaillement, il faut joindre [...] un certificat de travail et bientôt une carte de travail[66]. »

Dans les entreprises, les ouvriers, on l'a dit, ont compris ce qui les attend. Chez Peugeot, en février-mars 1943, les opérations de réquisition ne ressemblent pas à celles d'octobre 1942 : grève, fuite des ouvriers, manifestations au départ des trains... L'entreprise de Sochaux décline toute responsabilité et tient à le faire savoir à son personnel. En mars, dans le bulletin intérieur de l'établissement, on peut lire que « la direction des usines ne désigne personne pour partir en Allemagne. Chaque direction a dû fournir la liste complète de son personnel et les désignations ont été faites par les autorités au vu de ces listes ». On commence à voir des industriels comme le fabricant de machines outils Jean Bardet[67] recommander publiquement à leurs jeunes ouvriers de prendre le maquis pour échapper au STO.

Les résultats sont à la mesure de la subtilité des méthodes employées. Pour le dernier trimestre 1942 et le premier trimestre 1943, Sauckel arrive à peu près à obtenir les deux cent cinquante mille travailleurs qu'il réclame. Mais dès le printemps 1943, rien ne va plus. Au cours des interminables négociations avec le plénipotentiaire allemand, Laval, excédé par ses demandes, lui dit que AS ne signifiera bientôt plus « armée secrète » — ainsi que l'on nommait la résistance armée — mais « armée Sauckel »[68].

Les patrons qui prêtent activement la main à la réquisition deviennent vite plus que rares, même parmi ceux qui ne rejettent pas Vichy.

Certains, comme le banquier Henri Ardant, dont nous reparlerons, s'opposent farouchement à ce qu'on leur prenne « leurs » employés. En plus de l'indignation qu'ils ressentent vraisemblablement à l'égard d'une contrainte qui s'apparente en pratique de plus en plus aux travaux forcés sinon à une forme d'esclavage, ils sont très mécontents pour une raison plus terre à terre. L'Occupation, passés les premiers mois, est en effet une époque de pénurie de main-d'œuvre. Le travail obligatoire s'avère être un concurrent pour les patrons qui ont besoin de tout leur personnel. Même si, bien entendu, elle n'explique pas tout, il faut avoir cette donnée présente à l'esprit quand on voit ou entend évoquer les multiples certificats produits devant les tribunaux et autres commissions d'épuration après la Libération par des patrons qui ont « sauvé » des jeunes gens du STO en les embauchant dans leur entreprise. Pas une société de travaux publics, si « collabo » soit-elle, qui ne « protège » des jeunes requis en les recrutant... pour les chantiers allemands du mur de l'Atlantique. La solidarité, sans doute réelle, rejoint là l'intérêt bien compris.

Pour les responsables allemands qui analysent correctement la situation, le message est clair : les Français, en majorité, veulent bien travailler pour les Allemands mais en restant chez eux. Ils auront été au total « seulement » cent mille environ à partir outre-Rhin au titre du volontariat jusqu'à l'été 1942 ; et neuf cent mille à avoir travaillé en Allemagne avant la Libération*.

De l'échec relatif du STO aux usines « S Betrieb »

Pourquoi les Allemands ont-ils tenu à ce point à déporter massivement les travailleurs français, avec tous les inconvénients et tous les problèmes, y compris militaires, que cela impliquait, alors que les industriels de l'hexagone honoraient tant bien que mal toutes les commandes du Reich ? Edgar Faure, le futur président du Conseil, jamais à court d'une théorie, proposera l'explication suivante, en janvier 1946, lors du procès de Nuremberg où il défend les intérêts français[69] : « Dans une première période, c'est-à-dire tant qu'il a existé dans les pays occupés des stocks et des matières premières, les Allemands avaient plutôt intérêt à utiliser la main-d'œuvre sur place [...]. Mais lorsque, au bout d'un temps plus ou moins long, les pays occupés se sont trouvés appau-

* La fourchette pour le volontariat oscille entre les 43 000 départs « avoués » par Barnaud, qui tient à minimiser ce qui s'est passé avant sa démission, et les 185 000 du Dr Michel, qui tient à maximiser ce qu'il a obtenu avant Sauckel. On peut considérer comme très probable, notamment en interprétant des déclarations de Sauckel après guerre *(cf. Le Procès de Nuremberg : l'accusation française, op. cit.)* le chiffre de cent mille. Le chiffre de 900 000 travailleurs en Allemagne est avancé par le Dr Michel, mais il paraît corroboré par les calculs de la Commission des dommages et réparations — si l'on additionne les Français partis outre-Rhin après juin 1942 et les prisonniers « transformés » en travailleurs (un peu moins de 200 000).

vris de leurs matières premières et véritablement ruinés, à ce moment-là, les Allemands n'ont plus eu intérêt à laisser travailler la main-d'œuvre sur place. Il leur eût fallu en effet fournir eux-mêmes des matières premières et, par conséquent, assurer un double transport : celui des matières premières dans un sens, celui des produits finis dans l'autre. Il devenait dès lors plus avantageux d'exporter les ouvriers. » Séduisante, cette théorie nous semble difficile à étayer. Les Allemands réussissent plutôt bien à faire fonctionner leur réseau de transport jusqu'à l'effondrement final. De plus, ils ont intérêt à disperser les fabrications sur un territoire aussi large que possible pour éviter que les bombardements alliés ne paralysent leur machine de guerre en s'acharnant sur un maillon vital. C'est d'ailleurs l'une des obsessions de Speer. Dès juillet 1942 il aurait dit à Jacques Benoist-Méchin, représentant de Vichy à Paris, qu'il jugeait « imprudent de concentrer toute la main-d'œuvre européenne sur le territoire du Reich où elle servira de cible aux avions de la RAF »[70].

L'explication la plus probable de la politique de déportation des travailleurs, qu'on a déjà suggérée, est beaucoup plus simple : à mesure que la guerre devient plus difficile à mener que prévu et surtout plus meurtrière, l'Allemagne est obligée de regarnir les rangs de son armée et d'enrôler des ouvriers qu'elle avait pu, dans un premier temps, laisser à leur poste dans les usines. Il faut donc remplacer sur leur lieu de travail des Allemands partis au front. Le 11 janvier 1943, à Paris, Sauckel l'explique très clairement, au cours d'une réunion, aux fonctionnaires chargés d'appliquer ses directives : « La situation sur le front nécessite le rappel de sept cent mille soldats pouvant être utilisés au front. L'industrie de l'armement devra donner jusqu'à la mi-mars deux cent mille techniciens. J'ai reçu l'ordre du Führer de trouver en remplacement de ceux-ci deux cent mille ouvriers spécialistes étrangers et j'ai besoin pour cela de cent cinquante mille spécialistes français tandis que les autres cinquante mille seront tirés de Hollande, de Belgique et des autres pays occupés[71]. »

Le besoin de travailleurs étrangers est d'autant plus pressant que, paradoxalement, Hitler veut le moins possible « bousculer » ses concitoyens. Il n'hésite pas à envoyer à la mort des milliers et des milliers d'Allemands, mais, contrairement à une idée répandue, il se refuse très longtemps à remettre en cause — du moins outre mesure, car on est tout de même en guerre — leur confort, par crainte de ternir sa popularité. Speer, qui s'est beaucoup battu pour concentrer les ressources allemandes sur l'effort de guerre, écrira des pages très critiques et très intéressantes sur ce point : « Un des aspects les plus surprenants de cette guerre, explique-t-il, est que Hitler ait voulu épargner à son propre peuple les épreuves que Churchill et Roosevelt imposèrent au leur sans hésiter [...]. Afin de prévenir toute cause de mécontentement, on dépensa plus que dans les pays de régime démocratique pour approvisionner la population en biens de consommation, verser les pensions de guerre et indemniser les femmes pour le manque à gagner de leur mari mobilisé [...]. »

La volonté de protéger les femmes allemandes n'était manifestement pas secondaire dans cette affaire. Quand il fut question d'interdire les permanentes et de stopper la production des produits de beauté, Hitler eut de tels problèmes avec sa compagne, Eva Braun, qu'il demanda à Speer, d'après son témoignage, de laisser s'instaurer la pénurie sans prononcer d'interdiction explicite. Mieux encore, on fit le nécessaire pour que ces dames ne soient pas privées de femme de ménage en déportant vers le cœur du Reich des jeunes filles issues des « territoires de l'Est ». « Alors qu'en Angleterre le nombre des aides ménagères avait en 1943 diminué des deux tiers, écrit Speer, en Allemagne ce nombre resta à peu près le même jusqu'à la fin de la guerre, c'est-à-dire plus de 1 400 000. » Pas question donc de remplacer comme ailleurs les travailleurs mobilisés par des femmes : « Des collaborateurs de l'industrie me présentèrent des statistiques prouvant que le recrutement des femmes allemandes avait été nettement plus intensif durant la Première Guerre mondiale que maintenant ; ils me montrèrent des photos prises dans la même usine de munitions en 1918 et en 1942 ; sur ces photos on voyait les ouvriers quittant l'usine après le travail : en 1918, il y avait une majorité de femmes, maintenant on ne voyait presque plus que des hommes. On me présenta également des illustrations provenant de magazines américains et britanniques, prouvant que, dans toutes les usines d'armement de ces pays, le personnel comprenait une plus grande proportion de femmes que chez nous. » Peine perdue. Les « politiques », Sauckel et Goering, opposent à Speer leurs arguments sans réplique possible : la vie morale et spirituelle des femmes allemandes ainsi que le risque couru pour leur fécondité !

Le souci extrême du sort de la gent féminine n'empêche pas, bien entendu, les dirigeants nazis de demander aux Français d'étendre le travail obligatoire aux femmes. Pour Pétain, qui a déjà laissé Laval signer tout seul la loi du 16 février 1943, la limite est alors atteinte. Le maréchal constitue « l'obstacle principal au travail obligatoire de la femme française », explique Sauckel le 27 juin 1943 dans un rapport à Hitler. Ce qui n'empêche pas Michel de compter quarante-quatre mille Françaises travaillant en Allemagne en 1943. Mais peut-être sont-elles en grande partie des volontaires. Début 1944, le vieillard qui s'est érigé en protecteur de la famille française finit de toute façon par consentir officiellement au travail obligatoire des femmes à condition qu'elles restent en France et que les jeunes filles de dix-huit à vingt-cinq ans soient employées au lieu de leur résidence.

Cette « exigence » de Vichy n'est qu'apparemment contraire à la politique allemande de déportation des travailleurs. Car, entre-temps, le système d'exploitation de la main-d'œuvre française a une nouvelle fois évolué. Speer, qui avait été le premier à demander de la main-d'œuvre supplémentaire pour les usines d'armement d'outre-Rhin, se rend compte en 1943 des résultats désastreux de la politique de déportation. Et pas seulement sur les plans politique et militaire. En effet, « l'ampleur des exigences de Sauckel compromettait effectivement et sérieusement l'ensemble de la production économique [en France] et, de ce fait, également les intérêts allemands », comme l'écrira Michel après guerre. Or, aux yeux de Speer, « la France était, de tous les pays occupés, le plus important [pour fournir le Reich] ». D'où un changement de stratégie, qu'il définit ainsi : « Faire fabriquer par la France, mais aussi par la Belgique et la Hollande, les biens destinés à la population civile d'Allemagne [...] pour mettre les usines qui produisaient ces biens en Allemagne à la disposition de l'armement » et faire bénéficier les usines travaillant pour l'Allemagne d'une « protection contre l'action de Sauckel ».

L'idée de cette nouvelle politique, qui revient pour les Français à « échanger » une atténuation des mesures Sauckel contre une extension de la collaboration industrielle, est-elle vraiment de Speer ou plutôt de son collègue Bichelonne, le ministre de Vichy, avec qui il la met au point les 16 et 17 septembre 1943 à Berlin ? Des deux peut-être. Le responsable français de la Production industrielle aurait proposé en effet dès juillet d'augmenter la production pour l'Allemagne sur le territoire français[72]. Toujours est-il que quatorze mille entreprises françaises, désormais déclarées « S », ou « Sperr-Betriebe »[73], pourront, après cet accord entre ces deux ministres-technocrates tellement faits pour s'entendre qu'ils se disent amis, protéger du départ outre-Rhin presque un million et demi d'ouvriers français, ceux qui travaillent en France essentiellement pour l'Allemagne[74]. Ces sociétés seront, de plus, favorisées en ce qui concerne les allocations de matières premières, d'énergie et de moyens de transport. La morale et le patriotisme n'y retrouvaient pas vraiment leur compte. L'effort de guerre allemand y trouvait le sien.

Le rôle particulier de la France

Quelles ont donc été, en fin de compte, les caractéristiques principales de la nouvelle règle du jeu imposée entre 1940 et 1944 par les Allemands et par Vichy aux patrons français et qui a défini le nouveau contexte de leur activité ? S'il est vrai que la menace de la dépossession ou de la réquisition a souvent été brandie, il n'en reste pas moins que tout a été fait, pendant une bonne partie de l'Occupation, pour amener plutôt ces patrons à produire de bonne grâce, sans qu'on ait besoin de recourir à la force, pour l'effort de guerre du Reich. Les plus rusés parmi les nouveaux maîtres allemands de l'économie française, qui ont réussi pendant longtemps à imposer leur point de vue, ont anticipé parfaitement le comportement de la très grande majorité des chefs d'entreprise : ils ne cherchent pas nécessairement à faire fortune en profitant des circonstances, mais ils sont certainement prêts à tout faire — autrement dit à travailler pour l'Allemagne sans véritables états d'âme — pour préserver l'existence de leur entreprise et sans doute, pour les plus « sociaux » d'entre eux, le gagne-pain de leur personnel. Il est vraisemblable que beaucoup n'auraient pas agi différemment si l'administration de Vichy avait tenté de s'opposer à la collaboration économique. Mais celle-ci, loin de faire barrage, a simplement essayé d'utiliser au mieux la production des entreprises françaises comme une arme de négociation.

Cette interposition, sans grand résultat mais très active, de l'administration nationale, qui impliquait une véritable cogestion de la collaboration économique par Vichy et l'Allemagne, distingue quelque peu le cas de la France de celui des autres pays occupés. L'occupant semble d'ailleurs avoir repéré, sinon une particulière bonne volonté française, en tout cas une aptitude particulière de ses industriels à produire pour son compte sans se poser trop de questions quand certaines conditions étaient respectées : pouvoir, sans être inquiété, ne pas trop avoir de contacts directs avec l'occupant et conserver l'outil industriel en l'état et le personnel sur place. Alors qu'en Belgique on a fait enlever la plupart des machines des entreprises du secteur textile dès 1940 pour les mettre en service outre-Rhin, en France le plan Kehrl prévoit plutôt, dès 1941, de faire appel en ce domaine aux usines françaises, qu'on laisse en état de marche, pour subvenir aux besoins civils allemands. Il en sera de même, dans la branche du cuir, avec le plan Grünberg.

Dans ses mémoires, Speer souligne plusieurs fois à quel point la France a joué un rôle majeur pour aider l'économie de guerre. Et on imagine Elmar Michel ému lorsqu'en 1944 il se félicite que, « seule parmi les territoires occupés », la France ait permis à l'Allemagne de faire l'économie d'un service de rationnement des matières premières en instaurant un Office de répartition qu'il n'a eu qu'à diriger en coulisse. La politique industrielle de Vichy, du point de vue de Berlin, a été efficace. Rien d'étonnant : c'était la sienne.

Deuxième partie

DE LA COLLABORATION À L'ÉPURATION

III

LE SCANDALE BRICE

Les bâtisseurs du mur de l'Atlantique

Si l'occupation allemande a mis en sommeil certaines professions, il en est une dont toutes les côtes de France attestent encore le dur labeur à cette époque : les travaux publics. Pour les enfants qui ont fréquenté ces régions dans les années d'après guerre, et même parfois encore ces temps-ci, les blockhaus sont restés, plus que les ruines des bombardements, assez vite relevées, la trace intrigante de ce qui s'est passé là entre 1940 et 1944. Bien que l'activité globale du bâtiment et des travaux publics ait régressé pendant cette période, faute d'investissements immobiliers notamment, les entreprises de ce secteur, grâce aux chantiers allemands, ont été plus actives que toutes les autres. Elles y ont gagné, après la Libération, une place de choix au hit-parade de l'épuration : 29,7 %, très exactement, des dossiers examinés par la Commission nationale interprofessionnelle d'épuration les concernaient[1]. 36 % des travailleurs utilisés en France par les occupants entre 1940 et 1944 l'ont été dans les travaux publics, d'après une estimation de la délégation française au procès de Nuremberg[2]. C'est le seul secteur où les statistiques révèlent pendant la guerre un fort mouvement de création de sociétés[3].

Dans cet environnement « porteur » pour les entreprises, Sainrapt et Brice apparaît comme « la plus compromise, celle que la profession cite encore aujourd'hui comme exemple de collaboration notoire et volontaire », selon la récente formule d'une historienne[4]. Cette maison offre un intérêt supplémentaire : son comportement sous l'Occupation a été disséqué après guerre au cours d'une procédure judiciaire particulièrement riche, complexe et controversée. Au point de provoquer en 1948, alors que l'on s'inquiétait d'un possible enterrement de cette affaire, la démission, déguisée en mutation, du responsable de l'épuration économique au parquet de la Seine et deux jours de débats enflammés à la Chambre des députés. Exemplaire d'un secteur comme des difficultés de l'épuration, cette société a de plus été dirigée par un personnage captivant comme peuvent l'être à l'occasion certains grands délinquants qui n'ont pas l'air de ce qu'ils sont. Technicien passionné, fasciné par les Allemands, Pierre-Louis Brice a commis sans doute par pur orgueil les actes qui feront de lui un cas sortant de l'ordinaire dans une profession dont la collaboration est l'ordinaire*. Non content d'emmener ses employés travailler outre-Rhin, il a tout fait pour amener les Allemands à reconnaître les qualités de son brevet le plus précieux... Mais n'anticipons pas.

Un technicien du béton à la tête d'une belle entreprise familiale

« Front ordinaire, nez moyen, bouche dito, menton rond, visage ovale, teint ordinaire. » À lire les indications portées sur le passeport de Pierre Brice, on comprend que la police ait fini par abandonner le signalement au profit de la photographie pour reconnaître les citoyens qui passent les frontières ! Plutôt grand, avec son mètre quatre-vingt-trois, les yeux bleus et les cheveux châtains, c'est un homme d'allure « jeune ». Né en 1900, il n'a d'ailleurs que la quarantaine pendant la période qui nous intéresse. « Avec ses lorgnons, ses cheveux en brosse et son allure poupine, il a l'air ahuri de se trouver brusquement projeté au premier plan de l'actualité », racontera, lorsque Brice deviendra une vedette de l'épuration, un journaliste qui lui trouvera l'« air timide »[5]. Son défenseur, André Blumel, l'ancien directeur de cabinet de Léon Blum, l'installera tellement après guerre, pour mieux plaider sa cause, dans ce personnage de savant légèrement irresponsable qu'il est bien difficile de repérer aujourd'hui la part de l'exagération dans ce portrait. Brice, qu'on surnommerait volontiers le « grand technicien », voit son nom constamment associé à celui d'Eugène Freyssinet, le pape du béton précontraint, âgé de soixante-dix ans à l'époque. Ce dernier, qui a fait bénéficier la société Campenon-Bernard de ses talents d'ingénieur-inventeur, atteste qu'il le connaît depuis 1926 et que c'est effectivement « un technicien d'une grande valeur ». Pierre Brice a été reçu second en 1924 à l'École centrale où, dès 1932, il est devenu professeur et dispense « un cours très remarqué sur la technique du béton armé »[6]. Selon son avocat, « ses goûts et ses références scientifiques l'apparentent assez mal au type classique de l'entrepreneur qui recherche constamment de nouvelles affaires, prend des risques continuels, dirige une main-d'œuvre difficile et résout chaque jour des problèmes financiers ». Loin d'être un homme d'affaires audacieux comme l'imaginaient nombre de ses contemporains, il serait donc une sorte de savant. Ne s'est-il pas

* Ce qui n'empêche pas, bien sûr, cette profession de comprendre dans ses rangs d'authentiques résistants — par exemple Hubert Touya, qui sera président de la Fédération nationale des Travaux publics entre 1970 et 1973 — et des entreprises qui éviteront les chantiers allemands.

installé un laboratoire jusque dans sa villa de Boulogne pour poursuivre ses recherches[7] ? Brice est de la race des Louis Renault, des Marius Berliet ou des Georges Claude (l'Air Liquide), ces dirigeants ingénieurs ou inventeurs qui ont « fait », pour une bonne part, l'industrie française de cette première moitié du XXe siècle mais qui n'ont pas toujours eu l'habileté des grands gestionnaires formés aux sciences administratives.

Plus que jamais, dans les périodes troublées, le nombre et la diversité des contacts et des sources d'information peuvent creuser un fossé entre, d'une part, par exemple, de grands financiers comme un Henri Ardant — le très influent président de la Société générale — ou un Hypolite Worms, lesquels, par de multiples antennes, sont au courant des évolutions et savent humer l'air du temps, et, de l'autre, un patron comme Brice, beaucoup plus refermé sur sa forteresse familiale et qui fait preuve d'une grande capacité à défendre la prospérité de l'entreprise mais aussi d'une catastrophique absence de sens politique. D'autant que « ce n'est pas un homme souple », comme le précisera son avocat, évoquant des « incidents très violents à la Fédération du bâtiment », où « il a laissé derrière lui quelques rancœurs ».

« Dans presque toutes les entreprises de travaux publics il y a deux fondateurs, explique Brice lui-même, le technicien et l'administrateur. Dans le cas actuel, le technicien était mon père, auquel j'ai succédé[8]. » C'est en effet en 1901 qu'Irma Sainrapt, jeune veuve d'Henri Sainrapt, fils de Michel, fondateur en 1852 d'une entreprise de consolidation de fondations, avait proposé une association à Alexis Brice, jeune ingénieur de talent, qui apportait à l'entreprise sa connaissance du béton.

« Travaux souterrains, travaux de fondation, travaux hydrauliques, ciment armé », annonce le papier à en-tête des années quarante. Sainrapt et Brice est alors la cinquième entreprise française de BTP. Elle a des références prestigieuses, comme la salle souterraine de la Banque de France — dix mille mètres carrés aménagés à trente mètres de profondeur en terrain aqueux —, l'hôtel George V, le Casino de Paris, des barrages hydroélectriques, etc. Le père de Pierre a fait breveter les arcs armés à grande portée, le plateau-voûte armé, le plateau cloisonné à nervures...

Malgré une croissance rapide, l'affaire est restée familiale. « Elle appartenait aux quatre héritiers de MM. Sainrapt et Brice », précisera une sous-commission de la Commission nationale interprofessionnelle d'épuration qui tente de démêler les responsabilités des uns et des autres.« Il y régnait un grand souci de ne pas laisser pénétrer des capitaux ou des personnes étrangères. On ne recourait que le moins possible à la collaboration des banques et les deux principaux associés, M. Brice et sa sœur, Mme Bassot, engageaient à tout moment leur crédit personnel, donnant leur aval, achetant des immeubles de la société afin de [lui] procurer des liquidités et d'éviter l'introduction de toute influence étrangère [...]. La composition du conseil d'administration est caractéristique. Il comprend les héritiers et les chefs de service de la maison.

Ceux-ci [avant chaque réunion du conseil] ont conféré la veille avec leur directeur général. En qualité de chefs de service, ils ont reçu des ordres, ils sont mal qualifiés pour discuter avec M. Brice en tant qu'administrateur. »

En 1940, à la veille de l'armistice, assurera Brice après guerre[9], « à Dunkerque, nous terminions l'avant-port, près de Rouen, à Vernon, nous faisions des ateliers très importants ; à Brest, nous travaillions à l'arsenal ; à Paris, nous travaillions pour les ateliers de construction de Châtillon ; à l'île Jourdain, nous avions des ateliers ; à Bordeaux, nous travaillions aux réservoirs d'essence ; le seul chantier qui n'était pas pour la défense nationale se trouvait dans les Pyrénées, où les travaux consistaient en aménagements pour la vallée de la Têt ». Au total, l'entreprise « n'avait pratiquement que des travaux de défense nationale ». Une exagération qui vise à décerner un brevet de patriotisme bien nécessaire à la fin des années quarante au patron du groupe pour améliorer son dossier d'épuration. Car Sainrapt et Brice, entreprise bien gérée qui a une solide implantation dans les travaux publics civils, ne semble pas du tout s'être précipitée par priorité sur ces travaux de circonstance que sont les chantiers de défense nationale. La ligne Maginot s'est construite sans elle.

Quand, en juin 1940, les armées allemandes déferlent à travers la France, toute la direction quitte la capitale et se replie vers le Sud. Brice a un point de chute à Laruns, dans les Pyrénées, une résidence secondaire semble-t-il. Bien qu'il affectionne cette région, on l'imagine inquiet comme un éleveur loin de son bétail. Que deviennent ses machines, ses ouvriers, ses chantiers ? D'emblée, Marcel de Jarny, le secrétaire général de l'entreprise, qui parle allemand et chapeautait toutes les activités hors des frontières, est nommé par son patron « ministre des affaires étrangères » et chargé de rejoindre Paris, notamment pour aller voir comment l'occupant envisage la suite des événements et pour agir en conséquence. Il partagera de ce fait les ennuis de Brice après la Libération tandis qu'Édouard Jung, un autre dirigeant, qui reste alors dans les Pyrénées pour gérer les activités du groupe dans la zone non occupée, pourra se forger une image de « résistant ».

Le 2 juillet 1940, à Laruns, Brice signe ainsi des pouvoirs très étendus à Jarny pour régler toutes questions « concernant la réinstallation de notre siège à Paris, la remise en fonctionnement des chantiers existants et la réorganisation de l'activité de la société ». Dans ces circonstances exceptionnelles, alors que la France est encore sous le choc de la défaite, la première réaction du chef d'entreprise, qui caricature sans doute en l'occurrence celle de la grande majorité des Français, consiste à reprendre les choses là où on les a laissées, comme si rien ne s'était passé, ou presque. Très rapidement d'ailleurs, Brice n'y tient plus, et il rentre lui-même à Paris, sur les talons de Marcel de Jarny.

Dans un premier temps, Sainrapt et Brice essaie effectivement de poursuivre les chantiers en cours et de participer au relèvement des ruines. Le gouvernement, très inquiet des risques de chômage, ouvre rapidement des crédits et lance même des grands travaux pour absorber la main-d'œuvre existante. On commence le percement du tunnel de la Croix-Rousse à Lyon et les fondations du futur pont de Tancarville sur l'estuaire de la Seine. Mais tout cela ne dure que quelques mois.

« Sauvez le maximum de matériels et faites-vous payer ! »

« C'est par une gradation lente et continue que nous avons été amenés à travailler pour les Allemands », expliquera Marcel de Jarny après guerre en situant vers le deuxième trimestre 1941, une dizaine de mois après l'armistice, le vrai démarrage des travaux pour l'occupant [10]. Le calendrier est à peu près le même pour toute la profession.

Au début, la Wehrmacht n'a besoin que de travaux épars, très souvent gérés à l'échelon local : déterrer ou enterrer des lignes de téléphone, réparer des routes, aménager des camps militaires, etc. Les occupants parent au plus pressé et s'adressent aux entreprises qui exercent déjà leur activité sur place. « L'organisation allemande, très décentralisée, se trouvait être en contact avec notre propre décentralisation », résumera Jarny. Parfois, il y a « ordre pur et simple », « menace de réquisition » ou « réquisition pure et simple », affirmera l'avocat de Brice [11]. Mais d'autres fois, la « contrainte » est beaucoup moins évidente. Les Allemands viennent jeter un coup d'œil à un chantier civil, repèrent le matériel et, un beau jour, viennent le demander, pour faire un travail eux-mêmes. Vont-ils le rendre ? Dans quel état ? Il vaudrait peut-être mieux envoyer du personnel avec, se disent les cadres locaux de l'entreprise. Car Brice est prêt à tout pour préserver ses camions, ses bétonnières et ses bulldozers, et il a demandé qu'on fasse l'impossible « pour surveiller et faire réintégrer le matériel ».

« Dans la région de Tours, expliquera-t-on après guerre, nous sommes entrés en relation avec les autorités allemandes dès l'armistice pour récupérer la fraction de notre matériel entreposée dans l'enceinte de la poudrerie de Ripault et qui n'avait pas été enlevée [12]. » Bien entendu, la démarche a conduit à se faire repérer et, par conséquent, à se voir proposer de travailler pour l'occupant, ce qu'on a estimé devoir accepter. « Pour les travaux de la région d'Évreux, M. Pierre Auger, chef de centre, m'a téléphoné que les Allemands voulaient prendre un Caterpillar qui, à l'époque, valait plus de un million de francs. Pour qu'il ne risque pas d'être abîmé, M. Auger a envoyé le conducteur, et telle est l'origine des travaux », racontera encore un des directeurs lors d'un interrogatoire.

Du haut en bas de l'entreprise, personne ne semble se poser la question de savoir si c'est « bien » ou « pas bien », compatible avec un comportement patriotique ou non, de travailler pour les Allemands. « Comment réagissait le siège central quant vous lui appreniez que vous étiez réquisitionné, quels conseils vous donnait-il ? », demande-t-on, au cours d'un interrogatoire, à Pierre Auger. « Sauvez le maximum de matériels, faites-vous payer », répond l'intéressé.

À la faveur des difficultés de communication, les chefs de service et les responsables locaux ont acquis une grande autonomie ; ils prennent beaucoup de décisions sans en référer au préalable. Ce sera après guerre la thèse de la défense, appuyée par des témoignages tous concordants, ce qui fera de l'affaire Brice, pour les magistrats instructeurs, un dossier savonnette. Ils n'arriveront pas vraiment à dégager une responsabilité autre que collective, en tout cas pour toute cette première phase de collaboration molle. Selon certains, notamment Brice, la décentralisation des responsabilités aurait été de tradition dans la maison. Selon d'autres, par exemple sa sœur, Mme Bassot, à qui certains témoignages prêtent un rôle important pendant cette période, « les chefs de service, s'ils avaient été étroitement soumis à la direction générale du temps de notre père, avaient vu leur autonomie se développer et s'accroître après sa mort pour les raisons suivantes : mon frère était plus jeune que la plupart des anciens chefs de service ; son caractère personnel le portait plus vers les études spéculatives, la recherche scientifique que vers l'exercice de l'autorité [...] »[13]. La guerre n'aurait donc fait qu'accentuer la tendance.

Frédéric Mauro, par exemple, responsable local à Auray, en Bretagne, était chargé de la construction d'une usine pour le plus important constructeur français de moteurs d'avions, Gnôme et Rhône. « À partir du mois de juin 1940, au moment de l'invasion allemande, toutes les communications avec Paris ou la Province ont été coupées, raconte-t-il, de sorte que je me suis trouvé seul, indépendant, et que j'ai été appelé à prendre toute une série d'initiatives diverses qui ont fait de moi un petit entrepreneur autonome complètement indépendant des établissements Sainrapt et Brice. » L'essentiel de la zone côtière atlantique, où se trouvent alors beaucoup d'équipes de la société sur des chantiers en cours, est en effet soumise à des restrictions de communication pour des raisons stratégiques, celles-là même qui ont conduit les Allemands à occuper toute cette façade maritime sur laquelle ils bâtiront le célèbre mur de l'Atlantique. Il faut, en particulier, pouvoir empêcher les Britanniques de débarquer ou même de mener la moindre attaque.

Il ne doit pas être si difficile cependant de téléphoner ou d'écrire au siège ; le témoin exagère donc certainement les difficultés pour conforter le système de défense du groupe. L'argument, une fois relativisé, n'est pourtant pas totalement dénué de fondement. Car le mode de fonctionnement des entreprises dont les divers établissements et succursales avaient besoin de communiquer en permanence entre eux a été profondément modifié par la guerre et l'Occupation. Ainsi, pour prendre un exemple d'une autre nature, mais révélateur, la Société générale de fonderie, entreprise à la page, qui avait mis en place en 1938 un système de comptabilité centralisé sur cartes perforées IBM, en revient dès 1939 à une facturation séparée pour chaque usine, par peur des difficultés de liaison[14].

Chaque antenne locale aurait donc commencé, pour telle ou telle raison circonstancielle, à travailler pour l'occupant sous sa propre responsabilité. Sans se rendre compte de l'irréversibilité du processus. « Une fois entre les mains des Allemands [...], on était pris dans un engrenage duquel on ne pouvait plus sortir », témoignera en 1945 devant la cour de justice de la Seine, dans un autre procès, Henri Rigal-Ansous, un de ces petits entrepreneurs qui, à la faveur de l'Occupation, s'étaient découvert une vocation pour les travaux publics, dans la région de Brest[15]. Les Allemands déplacent les équipes à leur guise. « Nous ne savions même pas à un certain moment où étaient nos chantiers », dira le même.

Bientôt, tout change de dimension. Dès 1941, en effet, les besoins allemands prennent de l'ampleur avec le début des travaux de fortification et la construction des premières bases de sous-marins, monuments de béton pharaoniques et indestructibles que l'on peut encore voir dans plusieurs ports de la côte atlantique*. Au printemps 1942, le bétonnage prend encore une autre envergure, avec la construction du mur de l'Atlantique, cet énorme réseau de fortifications côtières resté dans toutes les mémoires. « Jamais depuis les Romains n'avait été entrepris à l'échelle du continent européen un programme aussi colossal », affirme un historien[16]. Supposés assurer la défense de toute la façade maritime contre d'éventuels débarquements alliés, dix-huit millions de mètres cubes de béton seront coulés en France pendant l'Occupation sous les ordres de l'organisation Todt, maître d'œuvre de l'ensemble du « chantier ».

« Ni véritable ministère, ni entreprise publique, directement subordonnée au chancelier du Reich [...] »[17], l'organisation porte le nom d'un des premiers compagnons de Hitler, ingénieur des Ponts et Chaussées, qui a géré, dès 1933, le grand programme autoroutier allemand. Sur le même modèle, elle a fortifié l'Allemagne puis le continent. Elle a le droit de réquisition — les chantiers qu'elle contrôle emploieront ainsi 291 000 travailleurs en France en juin 1944 — et ses officiers, au nombre de quinze mille dans l'hexagone peu avant la Libération, portent un uniforme. Elle est seulement là pour concevoir et diriger les opérations, en particulier pour s'assurer que l'intendance suit en réglant les problèmes d'approvisionnement, de transport et de logement. En général, elle ne réalise donc pas elle-même les ouvrages, qui sont confiés à des entreprises de travaux publics considérées comme des fournisseurs.

Dès 1941, et encore plus en 1942, tout est conçu pour orienter les entrepreneurs français du secteur vers les travaux allemands. Les occupants en ont les moyens puisqu'ils contrôlent, en zone occupée, tous les approvisionnements indispensables. Notamment le ciment, dont ils

* La base de Bordeaux, ayant été transformée en musée de la plaisance, peut ainsi se visiter.

surveillent jalousement la répartition. Officiellement, ils s'attribuent 55 % d'une production déjà réduite. En réalité, ils en consomment 75 %[18]. À partir du printemps 1941, date à laquelle les dirigeants de Sainrapt et Brice situent la réorientation de leur activité, Vichy conseille ouvertement aux entreprises de passer des marchés avec les Allemands pour éviter les réquisitions brutales. Le comité d'organisation du bâtiment, qui appuie très consciencieusement la politique de collaboration officielle, prodigue encouragements et mode d'emploi allant dans le même sens. En mai 1942, les autorités d'occupation soumettent tout simplement à leur autorisation les chantiers français de plus de cent mille francs en zone occupée, mesure étendue à la zone sud en février 1943. Le plafond tombe au niveau, très faible, de dix mille francs au mois de novembre de cette même année 1943, pendant laquelle les travaux de fortification allemands atteignent leur intensité maximale.

Quand on ne se pose pas spontanément beaucoup de questions sur l'opportunité de collaborer avec l'armée du Reich, l'ambiance régnant dans la profession n'incite pas à le faire. Quelques entreprises refusent pourtant les offres de l'occupant, comme la société Hersent, un des grands de l'époque, la Société de dragages et de travaux publics ou Fougerolle, ces deux dernières n'ayant pas alors l'importance qu'elles ont acquise par la suite. Mais mille à mille cinq cents entreprises françaises sur les 2 800 à 3 500 que compte le secteur se mettent à travailler à un moment ou un autre pour Todt, d'après les services secrets britanniques. « Brest était [alors] une ruche d'entreprises et de travaux », plaidera, même si cette « circonstance atténuante » est pour le moins discutable, Henri Rigal-Ansous, l'entrepreneur dont nous avons déjà cité les propos tenus devant la justice après guerre. Il est vrai qu'on a vu apparaître dans le secteur une nuée d'« entreprises champignons » créées de toutes pièces pendant l'Occupation pour profiter des circonstances. Certaines sont montées par des étrangers. Des Italiens notamment, implantés en France avant la guerre et qui, eux, tout en étant bien placés pour emporter les marchés, n'ont guère de questions idéologiques à se poser puisque leur pays fait désormais partie de l'Axe[19]. Mais les Français n'ont pas été les derniers, évidemment, à repérer et à exploiter le « créneau ». Comme cet agent d'assurances, par exemple, Jean L. D., qui, en 1942, à Rennes, sent poindre une vocation soudaine pour le BTP et rachète un fonds de commerce. Il invoquera après guerre, l'« erreur de jeunesse »... Des femmes entreprenantes, mais apparemment aussi imprudentes que peu au fait de l'évolution de la guerre, repèrent fin 1943 ou même en 1944 que le métier de loueuse de main-d'œuvre, auquel s'apparente alors de plus en plus cette activité, ne demande pas une grande technicité. On retrouve ainsi dans les dossiers de la Commission nationale interprofessionnelle d'épuration (CNIE)[20] le cas d'une demoiselle de Cognac, Renée L. T., couturière de son état, qui acquiert un fonds de commerce de travaux publics inexploité et fait travailler des ouvriers qu'elle recrute pour les Allemands, sous la direction d'un Italien, sans la moindre contrainte par évidence. Une autre, Henriette O., sans plus de compétences spécifiques, rachète une entreprise « qui sert au recrutement d'ouvriers chargés de procéder à la réfection des voies de la SNCF pour le compte de l'organisation Todt ». En avril 1944, à Cherbourg, cette dame, qui s'est attribuée elle-même un nom à particule, sent encore croître sa vocation tardive pour ce nouveau métier et acquiert un autre fonds de commerce spécialisé. Toutes ces entreprises ne disparaîtront pas après la Libération ; certaines, peu enclines en général à avouer leur date de naissance, prendront même de l'importance.

Plus la guerre avance, plus les besoins en main-d'œuvre s'avèrent considérables, et plus on a du mal à trouver des ouvriers. C'est pourquoi le métier d'entrepreneur de travaux publics peut parfois se limiter pour l'essentiel à une activité de recruteur, l'organisation Todt, épaulée par des sociétés allemandes, dirigeant les travaux. Les entreprises qui travaillent sur le mur de l'Atlantique accueillent sans poser de question quantité de Français qui, à partir de 1942, pour échapper au départ pour le STO outre-Rhin, sont prêts à couler du béton pour les Allemands dans l'hexagone.

Des entreprises comme Sainrapt et Brice essayeront, après guerre, de se prévaloir de l'héroïque protection qu'elles auraient ainsi offerte à des Français menacés. Les contremaîtres broderont même sur les difficultés qu'ils leur causaient : « les trois quarts étaient terrassiers comme je suis évêque », dira l'un d'eux. Cela donnera lieu à un amusant intermède technique au milieu d'une audience d'une commission d'épuration, un témoin extérieur à la société rapportant sa propre expérience en ces termes : « Un coiffeur s'intéressant au coffrage devenait un coffreur utile qui travaillait plus vite qu'un menuisier car le menuisier travaillait proprement et exactement en observant les routines du métier tandis que le novice exécutait le coffrage moins exactement mais plus vite. » Mais sur le fond, les prétentions « patriotiques » de Brice seront balayées le 24 février 1949 par le propre représentant du patronat à la Commission nationale interprofessionnelle d'épuration, M. Raymond de Balasy : « Je ne vois pas la différence qu'il y avait pour les ouvriers à être chez Todt au service des Allemands en France ou à être chez vous qui travailliez pour les Allemands. »

À force d'abris, de magasins souterrains, de cales de lancement, de tranchées pour câbles téléphoniques, un blockhaus par-ci, un blockhaus par-là, Sainrapt et Brice, dont l'activité se maintient d'abord puis se développe, finira en effet par facturer un très grand nombre de travaux à l'occupant. L'entreprise n'évite pas les commandes clairement militaires, même si elle échappe volontairement — nous y reviendrons — à certaines parmi les plus spectaculaires, comme les bases de sous-marins. Sur un total de 914,3 millions de chiffre d'affaires entre 1940 et 1944, 378,3 millions, soit 41 %, seront reconnus comme « allemands » après de multiples contestations. Les premiers rapports évoquaient des pourcentages atteignant 61 %. Jusqu'à la fin de la procédure, les avocats essaieront de faire baisser ce ratio, considéré comme crucial à l'époque pour « évaluer » la collaboration ; ils arguëront par exemple que des travaux réalisés en Syrie et au Liban pour la France libre et les Alliés par les équipes du groupe restées au Moyen-Orient devaient être pris en compte dans le chiffre d'affaires total et ramenaient la part allemande à 39 %.

Si on ajoute aux commandes allemandes les travaux français qui continuent, Sainrapt et Brice n'a donc rien, c'est le moins que l'on puisse dire, d'une entreprise qui serait en sommeil, ou même en demi-sommeil, pendant cette période, et attendrait des jours meilleurs. L'effectif moyen était de 1 392 ouvriers entre 1929 et 1938 inclus, il passe à 2371 entre 1941 et 1944[21]. Estimé à l'aune des fonds propres, le développement de l'entreprise est même foudroyant : de trois millions de francs en février 1940, le capital passe à quarante millions, treize fois plus, en juin 1944. En tenant compte de la dérive inflationniste, il est multiplié par un peu moins de sept « seulement » en francs constants[22]. C'est beaucoup. Quant au chiffre d'affaires, de 75,8 millions de francs en 1938, il est passé à 214 millions en 1943 et à 271 millions en 1944.

Bien sûr, les avocats plaideront la « contrainte » exercée par les Allemands, le seul motif de collaboration économique admis éventuellement — quand il est solidement étayé — par les textes sur lesquels se fonde la justice de l'épuration. À partir de quel degré une contrainte peut-elle justifier à coup sûr la collaboration selon les responsables de l'entreprise ? Parmi les pièces écrites produites au dossier, un courrier, cité à de multiples reprises, est supposé le montrer. Il s'agit d'une lettre de l'entreprise allemande Julius Berger, chargée de superviser des travaux, adressée au responsable local de Sainrapt et Brice à Brest, lui rappelant le 28 octobre 1943 que « tous les chantiers ne travaillant pas pour l'organisation Todt doivent être arrêtés par vous ». N'ayant pas obtempéré tout de suite, l'antenne locale de Sainrapt et Brice a reçu un « dernier avertissement » le 26 octobre, assorti de la menace d'une amende de quatre mille francs par chantier et par jour. Une éventuelle amende ! Voilà la contrainte intolérable ! Dès qu'il y a menace, et surtout si elle est proférée noir sur blanc, la pression est considérée comme irrésistible par le groupe, qui se considère comme obligé d'obtempérer. Une ligne de conduite qui ne risque guère de freiner son ardeur collaboratrice. D'autant que, à la fin de l'Occupation, les Allemands, évidemment, comprennent très bien qu'un simple écrit aide beaucoup à se faire entendre quand leur interlocuteur peut le conserver pour le produire plus tard. « Dans certaines entreprises que nous avons déjà jugées, certains chefs locaux ont [...] subi des arrestations », fera remarquer avec bon sens le président de la Commission nationale interprofessionnelle d'épuration, M. Rouge, en 1949[23], pour montrer ce que les « contraintes » endurées par Sainrapt et Brice avaient de relatif.

Bien entendu, tous les chantiers allemands ont été bâclés, ou en tout cas menés sans grand souci d'efficacité, expliquera-t-on aussi après guerre en produisant force lettres de protestation de ces clients exigeants. Mais s'agissait-il vraiment là de résistance, comme le prétend le groupe ? Dans une lettre fort courtoise au responsable de l'organisation Todt à Brest, le responsable local de l'entreprise fait un jour remarquer que le rendement est très bon compte tenu du manque des moyens qui ont été promis : matériel, transport, branchements électriques, carburant, etc.

Brice et ses employés travaillent donc beaucoup pour l'occupant, mais on ne peut repérer dans ce choix aucune connotation idéologique. Rien à voir avec le comportement d'un patron comme Georges Claude, de l'Air Liquide, qui tente, on le verra, de mobiliser les foules en faveur de la collaboration, ni même avec celui de certains banquiers qui, pendant les deux premières années de l'Occupation, sollicitent les faveurs des nouveaux maîtres. Les Allemands, le patron de Saintrapt et Brice ne les a pour ainsi dire pas fréquentés, répéteront à l'envi ses défenseurs. Pratiquant plutôt mal leur langue, il les a effectivement très peu vus, cette fonction étant manifestement déléguée à d'autres responsables de la société. À Boulogne, sa voisine d'en face, directrice du Cours Dupanloup, une demoiselle qu'on imagine habituée à surveiller les allées et venues, attestera qu'il n'a jamais reçu d'Allemands chez lui. Et la femme de ménage, qui sert à table en cas de réception, assurera qu'elle ne lui a pas entendu manifester de sentiments proallemands bien qu'il « ne [lui] parle que très rarement ».

Brice se dit patriote, et il est certainement sincère, mais il ne veut connaître de la nation française que cette fraction qui s'appelle Sainrapt et Brice. À ses collègues de la Commission nationale de reconstitution des organisations syndicales d'employeurs, des gens à même de le comprendre, pense-t-il sans doute, il écrit en conclusion d'une note expliquant son attitude irréprochable : « Nous aurions pu, comme d'autres, suivre une politique de passivité et de timidité laissant notre entreprise se disperser au gré de l'occupant. Nous n'aurions plus, à l'heure actuelle, ni matériel ni personnel, c'est-à-dire aucun moyen d'action. Bien au contraire, nos rapports avec l'étranger n'ont jamais eu pour conséquence l'aliénation d'une partie si minime soit-elle de notre capital ou de notre liberté d'action et notre attitude dynamique et de défense active nous a valu de conserver dans les meilleures conditions possibles la fraction de patrimoine national dont nous avons, en fait, la gestion et d'être à même de contribuer maintenant à l'œuvre de reconstruction. » Que les Allemands occupent la France, ce n'est donc pas vraiment son affaire, tant qu'ils n'occupent pas Sainrapt et Brice...

Des limites à la collaboration ?

De ce qui précède, on pourrait conclure que Pierre Brice fut un acteur indéniable mais somme toute plutôt ordinaire de la collaboration économique. Du moins en s'en tenant aux données précises et comparables qu'on possède. On peut même s'interroger sur ce que représente la part des travaux allemands dans le chiffre d'affaires du groupe, à savoir les 41 % déjà évoqués. Pour l'ensemble de la profession, l'historien Dominique Barjot, spécialiste du secteur, mentionne dans sa thèse, en ce qui concerne 1942, une fourchette de 40 % (d'après le comité d'organisation du BTP) à 55 % (d'après la commission consultative des dommages et réparations qui a travaillé après guerre). En 1943 et pendant les six premiers mois de 1944, les entreprises de BTP auraient travaillé à 80 % en moyenne pour l'occupant. Sainrapt et Brice ne fait donc pas partie du groupe des sociétés les plus zélées au vu des « performances » des autres. Le 3 mai 1949, lors du dernier passage de Brice devant la Commission nationale interprofessionnelle d'épuration, son avocat s'exclamera : « On n'a poursuivi pénalement aucune entreprise de travaux publics ayant effectué 41 % de travaux allemands. Toutes les entreprises poursuivies l'ont été — et cela j'en suis absolument certain — pour des pourcentages supérieurs. » Il ne s'agit évidemment pas ici de s'appesantir sur un chiffre pour « blanchir » l'entreprise cinquante ans après. Mais pour éclairer le fonctionnement mental d'un dirigeant comme Brice au cours d'une telle période, il peut être intéressant de se demander pourquoi son entreprise, manifestement prête dans bien des cas à répondre aux sollicitations de l'occupant, n'a pas consacré 80 ou 100 % de son activité aux principaux clients solvables du moment, les Allemands. Ainsi trouverons-nous une des clés qui permettent d'interpréter ensuite le comportement de Pierre Brice dans une affaire dont nous n'avons pas encore parlé et qui s'avérera la plus accablante pour lui après guerre.

Première hypothèse, cette entreprise n'aurait pas retenu l'attention de l'organisation Todt, et des diverses autorités d'occupation, autant que d'autres. C'est très peu probable, voire impossible. Sainrapt et Brice est parfaitement connue des grandes sociétés allemandes de travaux publics à qui l'organisation Todt donne mission de recruter et d'encadrer les entreprises françaises. Pas seulement à cause de l'excellente réputation technique de Pierre Brice. Tout simplement parce que ces sociétés ont déjà travaillé avec Sainrapt et Brice. Quand la guerre éclate, le groupe vient à peine d'achever les travaux du port de Dunkerque en association avec Polensky et Zollner, de Berlin, et Wayss et Freytag, de Francfort. Le règlement financier de l'opération n'est même pas terminé. C'est d'ailleurs pourquoi certains anciens responsables français de ces chantiers, qui ont passé des années à « arrondir les angles » avec les Allemands, comme le dira l'un d'entre eux, éprouveront peu de difficultés à reprendre du service, notamment — nous le verrons — quand il faudra partir outre-Rhin pour encadrer du personnel expatrié.

Ces travaux en association étaient une conséquence des difficultés qu'avaient éprouvées les Alliés à faire payer les fameuses réparations de la guerre de 1914-1918. Et plus particulièrement du « plan Dawes », mis sur pied au printemps 1924 et modifié en 1926. Dans un premier temps, les négociateurs alliés s'étaient dit que, puisque l'Allemagne ne pouvait pas ou ne voulait pas fournir des devises et de l'or, elle livrerait des marchandises. Mais les industriels français s'étaient vivement opposés à cette solution, qui aurait conduit à renforcer des concurrents. Le gouvernement français avait alors opté pour l'organisation de grands travaux réalisés en commun par des entreprises des deux pays. D'autres que Sainrapt et Brice, notamment les Grands Travaux de Marseille, la société de construction des Batignolles ou la Société générale d'entreprise, ont eux aussi participé à de telles opérations. Les deux premières — ceci explique-t-il cela ? — seront également assez bien placées au palmarès de la collaboration.

Chargés de mener à bien de nouveaux chantiers en France après l'armistice, ses anciens « associés » ont pris naturellement contact avec Sainrapt et Brice, notamment Polensky et Zollner, qui participe dès 1941 à la construction d'immenses bases de sous-marins — un million de mètres cubes de béton sont coulés en 1941 pour ce seul objet. Le contrat de rêve. D'autant que Sainrapt et Brice, société experte en fondations, est là dans sa spécialité, car il faut descendre jusqu'à la roche mère pour trouver une assise à ces monstres de béton. Mais Brice refuse l'offre. « C'est une autre entreprise française qui a réalisé avec eux, en participation, les travaux de la base sous-marine de Brest qui étaient infiniment plus importants que ce que nous avons fait », précisera-t-il[24]. L'entreprise en question, la société des Batignolles, travaillait essentiellement à l'étranger et dans les colonies avant guerre, et a donc perdu une grande partie de ses marchés ; elle est prête à tout pour retrouver des contrats[25].

Pourquoi ce refus de Brice ? Pourquoi, en conséquence, 41 % « seulement » de travaux allemands ? Ceux-ci, pourrait-on penser, ne sont peut-être pas jugés suffisamment rentables pour justifier un engagement trop exclusif dans de tels chantiers malgré tout très « spéciaux ». Difficile à imaginer. Examinons malgré tout cette autre hypothèse. Les experts chargés d'évaluer après guerre les « profits illicites » du groupe concluront à la confiscation de dix millions de francs pour 378,3 millions de francs de travaux réalisés pour l'occupant. Dans la mesure où ce chiffre est supposé mesurer les superbénéfices retirés de ces opérations, il paraît plutôt modeste. Mais lesdits experts ne se sont pas livrés à une véritable analyse de la rentabilité de ces chantiers, se contentant d'une approche comptable. Peut-on en savoir plus ?

L'organisation Todt a la réputation de très bien payer. Elle attire dès le début des travailleurs volontaires de la France entière, alléchés par des salaires qu'on dit doublés ou triplés. Nous avons vu d'autre part, et c'est un test apparemment très probant, fleurir dans le secteur ces « entreprises champignons » que seul l'attrait des profits rapides motivait. Il faut cependant nuancer quelque peu cette impression. À partir de 1943, d'abord, les travaux de fortification deviennent tellement énormes qu'ils en arrivent à « consommer » les indemnités d'occupation versées par Vichy qui alimentaient le compte, jusque-là très excédentaire, des Allemands à la Banque de France. Les occupants ne seront donc plus aussi généreux qu'avant. Le petit entrepreneur déjà cité, Henri Rigal-Ansous, explique qu'il a été soumis à des vérifications systématiques à partir d'octobre 1943, alors qu'avant cette date il arrivait à se faire payer chaque mois automatiquement 80 % du montant des travaux réalisés — et même 100 % en général, car il surévaluait l'avancement des chantiers. Mais de toute façon, Sainrapt et Brice cherche à maintenir un équilibre entre les prestations « françaises » et « allemandes » bien avant cette date, dès 1941, alors que ses responsables savent parfaitement que les Allemands payent plus rapidement que les Français.

On pourrait imaginer plutôt que Sainrapt et Brice possède une structure plus lourde et plus coûteuse, en ingénieurs, bureaux d'études et autres services administratifs qu'une de ces « entreprises champignons » qui se contentent de louer de la main-d'œuvre et que son bénéfice en soit en partie affecté. Un des experts-comptables mandatés par la CNIE écrit effectivement : « Certains chantiers allemands laissaient un gros bénéfice, d'autres étaient déficitaires. Les bénéfices réalisés par certains entrepreneurs nés de la guerre sont supérieurs à ceux de sociétés à l'état-major aussi coûteux que celui de Sainrapt et Brice. » « Supérieur » ne veut cependant pas dire sans comparaison aucune.

Tous les témoignages du personnel donnent également le sentiment qu'on ne s'active guère sur les chantiers de l'occupant et que la maîtrise n'ose pas trop s'élever contre ce manque de productivité, qui peut évidemment amoindrir la rentabilité. Après guerre, on assurera à longueur d'audience qu'il s'agissait là de « freinage » patriotique. Mais les Allemands semblent avoir tenu compte de ce facteur. Un témoin, sans doute extérieur à l'entreprise mais difficile à identifier, affirmera devant la cour de justice de la Seine que les tarifs de l'organisation Todt intégraient les considérations sur le manque de productivité. Ils étaient fondés, précisera-t-il, sur l'idée que, dans le Nord, un ouvrier français met une heure et demie pour accomplir le travail qu'un Allemand accomplit en une heure ; à Bordeaux, il lui faut 1,6 heure et à Marseille 2,25 !

Est-il donc possible, pour répondre à la question que nous avons posée, de trouver une raison plus convaincante que les précédentes ? C'est Brice lui-même qui nous propose une première piste. Car des heures et des heures d'interrogatoire laissent toujours percer une part de vérité malgré les stratégies de défense les mieux élaborées. Il a constaté, expliquera-t-il, et cela sera relevé dans la décision de classement de son cas par la cour de justice de la Seine[26], que « les entreprises travaillant à la fois pour les Français et pour les Allemands bénéficiaient de nombreux avantages leur permettant de faire de plus gros efforts sur les chantiers français ». La solution idéale pour une entreprise comme Sainrapt et Brice qui possède déjà une bonne clientèle française, notamment les Ponts et Chaussées et la SNCF, et qui ne veut pas la perdre sous prétexte de nouvelles activités consiste très certainement à continuer à la servir tout en utilisant au maximum les protections et les possibilités d'approvisionnement que lui procurent les travaux pour l'occupant. « Le chantier du Tréport était sous le contrôle de l'organisation Todt, raconte par exemple un responsable local de la société ; ce qui nous donnait de sérieuses facilités pour nos travaux français, la sauvegarde de notre matériel et le maintien de nos gens. » Plusieurs témoins confirment des détournements de matériaux prétendument patriotiques des chantiers allemands pour réaliser les commandes françaises. Maintenir un certain équilibre entre les deux catégories de donneurs d'ordre pouvait donc être judicieux.

Mais au-delà de cette première explication, par l'habileté et la « bonne gestion », la principale clé du comportement de Brice est, peut-être, tout simplement psychologique. S'il n'a pas participé à la construction des bases de sous-marins, c'est très probablement, pour une bonne part, par pur orgueil. Il ne supportait pas qu'on lui propose d'être un banal sous-traitant, comme n'importe quel autre, d'une entreprise allemande et qu'on ne lui demande pas, par exemple, de dessiner les plans des ouvrages dont il devait assurer la construction. Il ne le dit pas exactement comme cela, mais à lire ses déclarations après guerre, on voit bien que son principal grief vis-à-vis de l'occupant, c'est qu'il n'accepte pas d'avoir été traité, lui le « grand technicien », en vulgaire « colonisé ».

Todt fait travailler des entreprises, mais celles-ci, en effet, ont très peu d'initiatives. Les blockhaus, comme toutes les réalisations de l'organisation, sont aussi standardisés que possible. Hitler aurait dessiné lui-même certaines esquisses de bunkers. De plus, le maître d'œuvre du mur de l'Atlantique préfère travailler avec les grandes entreprises allemandes qu'il connaît bien et qu'il fait toutes venir en France. Le recours aux sociétés de l'hexagone est plutôt un pis-aller, un second choix qu'il faut bien tolérer, ne serait-ce que pour faciliter ou assurer le recrutement de la main-d'œuvre. Todt ne se résignera à passer des contrats directement avec les Français qu'en 1944, lorsque les bombardements alliés sur les barrages de la Ruhr obligeront ses fournisseurs habituels d'outre-Rhin à rentrer précipitamment au pays. Or Brice ne supporte pas d'être le simple exécutant que recherche l'occupant : « Ils embauchaient directement le personnel ; notre rôle se bornait à inscrire les hommes [...] », raconte ainsi, à propos de ses chantiers, le responsable de la région d'Auray. Défendant encore en 1949 le principe de travaux qu'il a réalisés en Allemagne même avec des entreprises d'outre-Rhin, Brice affirmera : « J'ai choisi la forme de l'association avec des firmes allemandes, ayant toujours jugé que c'était le meilleur moyen de défendre les intérêts français, car l'association me mettait à égalité avec les Allemands. J'ai toujours évité de travailler comme sous-traitant, ce qui m'aurait mis sous leur entière dépendance[27]. » À chacun sa conception des rapports de force avec l'occupant !

Associé des Allemands

Les travaux réalisés par Sainrapt et Brice en Allemagne, à partir de 1942, ne représentent que 2 % du chiffre d'affaires de l'entreprise pendant la période de l'Occupation et n'ont vraisemblablement rapporté que peu ou pas de bénéfice. C'est pourtant, à l'évidence, le pas de trop, le symbole voyant d'un comportement complaisant envers l'occupant qui fera de Brice le bouc émissaire d'une profession au sein de laquelle près de la moitié des entreprises ont pourtant collaboré très régulièrement, et sans manifester d'état d'âme excessif, avec les Allemands, organisations professionnelles en tête. Il s'agira là du grief principal retenu contre lui par la Commission nationale interprofessionnelle d'épuration. Autant on considère le gros volume des chantiers traités en France pour le compte des clients d'outre-Rhin comme une question relevant de la responsabilité collective au sein de Sainrapt et Brice, autant la direction centrale, au siège, et plus particulièrement le patron et un ou deux chefs de service semblent tenus pour les responsables directs de cette collaboration chez l'ennemi. L'envoi de travailleurs en Allemagne, on le sait, est très officiellement encouragé à partir du printemps 1942 par le gouvernement Laval. Celui-ci essaye alors de satisfaire les exigences de l'occupant en incitant des Français à partir symboliquement « relever » des prisonniers de guerre outre-Rhin. Comme toujours, les Allemands exigent le prix fort : trois ouvriers contre un prisonnier. Malgré les encouragements officiels du comité d'organisation du bâtiment et des travaux publics, la relève ne séduit pas beaucoup de volontaires individuels ni de sociétés du secteur. Seulement huit ou dix entreprises de BTP répondront positivement à l'appel passant par Vichy, si l'on en croit le commissaire du gouvernement à la CNIE. Sainrapt et Brice fera partie de cette minorité. Bien qu'il n'y ait aucune possibilité de choisir les prisonniers qu'on fera ainsi libérer, la société calcule qu'il faut envoyer quatre cent cinquante personnes en Allemagne pour en rapatrier cent cinquante, soit le nombre des captifs parmi les membres du personnel, comme l'expliquera Jarny le 24 février 1949 pour justifier le chiffre retenu pour les départs.

Pourquoi Brice, qui ne se précipite pas plus que les autres entrepreneurs sur les travaux allemands en France, n'hésite-t-il pas à paraître en pointe pour faire partir son personnel en Allemagne ? L'idée générale lui plaît. Les ouvriers et cadres, on le lui a assuré, doivent partir « groupés », être logés et travailler ensemble. Certes, les matériaux et le matériel seront fournis par les associés allemands, les Français apportant exclusivement la main-d'œuvre. Mais il ne sera pas question pour autant d'être réduit au statut de sous-traitant, ce qui est fondamental pour lui. Le commissaire général à l'équipement national et au plan décennal, Frédéric Surleau, préside du 25 juin au 13 juillet 1942 une commission qui met au point trois contrats types pour les entreprises qui sont prêtes à participer à l'opération. Toute société française qui accepte d'expatrier une partie de ses effectifs peut signer avec un partenaire d'outre-Rhin un accord « de participation », « de sous-entreprise » ou « de louage de main-d'œuvre ». Par le biais de la relève, on étend de fait ainsi le champ territorial de la collaboration économique, surtout dans le premier cas, celui que choisit Brice bien entendu. Il s'en vantera devant la CNIE : « J'ai tenu à avoir avec les Allemands autre chose qu'un contrat de sous-traitant ou de tâcheron. »

Encore faut-il convaincre le personnel. Tous les partants étaient volontaires, assurera la direction après guerre, sans que nul ne vienne contredire cette affirmation. Pour contribuer à la libération des prisonniers français ? Pas seulement. D'après le contrat signé par Sainrapt et Brice le 22 septembre 1943 avec l'entreprise allemande Hochtief, les ouvriers français doivent toucher des indemnités quotidiennes « de séparation » de 1,50 Reichsmark, soit trente francs par jour ou neuf cents francs par mois, s'ils sont mariés et habitent une localité de plus de cent mille habitants. La prime n'est que de un mark s'ils ont la malchance d'avoir moins de cent mille concitoyens. On reparlera après guerre de ces indemnités que les Allemands ne paieront pas toujours ou plutôt pas complètement d'après les intéressés. Autre argument important, les Français doivent recevoir les mêmes rations alimentaires que les ouvriers allemands, mais celles-ci doivent être préparées par une cuisine différente.

Les travaux de Sainrapt et Brice outre-Rhin n'ont que des rapports indirects avec l'effort de guerre du Reich, semble-t-il, ce qui met les ouvriers à l'abri des bombardements alliés. Pas question, par exemple, de les envoyer dans la Ruhr. C'est le résultat d'une négociation, assureront Brice et les autres dirigeants. Étonnant mais pas impossible. La société entretient de vieilles relations avec les entreprises allemandes et on a pu chercher à traiter mieux que d'autres un groupe « modèle » comme celui-ci. Parmi les chantiers sur lesquels interviennent des hommes de chez Sainrapt et Brice, il y a bien une usine chimique à Marienau, dont le caractère civil n'est peut-être pas « pur ». Mais le gros des équipes travaille effectivement sur un barrage, à Kaprun, un projet à très long terme.

Sur le terrain, la collaboration entre partenaires allemands et français paraît loin d'être idyllique. Les dossiers qu'on ressortira après guerre sont bourrés de lettres et de procès-verbaux où les deux parties se renvoient la responsabilité du mauvais fonctionnement des chantiers. Ils nous offrent une documentation précieuse sur le type de relations qui a alors prévalu. On est bien dans le monde des affaires, pas dans celui de la déportation. Certes, les Allemands, exaspérés par le manque d'ardeur à la tâche des Français à Marienau, finissent par menacer d'en envoyer douze dans un camp « où on leur apprendra à travailler ». Mais les ouvriers français de Sainrapt et Brice ne semblent pas outre mesure inquiets. Le 13 octobre 1943, la société Hochtief se plaint d'une équipe de déchargement qui « se couchait simplement pour dormir pendant les heures de travail sur les voies ferrées ». Le 12 février, cette même entreprise de Cologne calcule avec désespoir, toujours à propos des travaux de Marienau, qu'« un rendement aussi mauvais n'a encore jamais été vu par nous sur un chantier ». Les 6 et 7 mai de cette même année, les Allemands sont au comble de l'indignation en constatant que des ouvriers partis en congé « sont rentrés carrément avec une et même deux semaines de retard ».

En face, Sainrapt et Brice semble défendre avec constance son personnel face aux doléances des Allemands, sans trop le « pousser » au travail, selon le vocabulaire de l'époque. Ce qui contribue sans doute à expliquer que les récriminations contre la direction resteront limitées après guerre, à l'heure de l'épuration à l'intérieur de la maison. « Si vous trouvez le rendement insuffisant, la première mesure à prendre est la modification totale et radicale des conditions de vie des hommes », écrit la société à ses associés d'outre-Rhin le 15 novembre 1943. « Pas une récréation sportive ou théâtrale malgré toutes nos demandes », proteste-t-elle. S'ils dorment dans la journée, c'est qu'ils ne peuvent pas y arriver la nuit à cause de la vermine qui a envahi leurs baraquements. Cette présence de vermine, rétorquent les Allemands indignés, est la conséquence du laisser-aller de ces satanés Français, auquel ils opposent « l'ordre et la propreté remarquables de la baraque habitée par les Alsaciens-Lorrains » — ces derniers étant bien entendu considérés comme des quasi-Allemands depuis l'annexion de fait de leur région en 1940. Et « si seulement 2 % de vos ouvriers français connaissaient la langue allemande, il y aurait certainement beaucoup de malentendus évités », rêve, toujours dans un courrier, un des associés allemands de l'entreprise.

La nourriture constitue, bien entendu, un terrain de mésentente totale, les problèmes de pénurie venant s'ajouter à des clivages culturels majeurs. Si on veut retenir les ouvriers français, explique en substance Sainrapt et Brice aux Allemands le 16 décembre 1942, « il est de toute première urgence de les ravitailler dans leur propre cuisine et à la mode française. Jusqu'à présent, les hommes recevaient le repas principal le soir dans le camp de la DAF (la Deutsche Arbeitsfront, ou Front ouvrier allemand) en même temps que leur ration du lendemain en pain et casse-croûte. Cette ration, au lieu de la conserver, ils la mangeaient tout de suite. Résultat : ils passaient toute la journée avec un café et une soupe à midi ». On peut espérer que « tout cela changera lorsque les Français auront enfin leur propre cuisine », suggère ensuite, ce qui prouve que cette promesse n'a toujours pas été tenue, le rédacteur parisien de cette note.

Malgré cette volonté d'indépendance culinaire sourcilleuse, et rappelée à maintes reprises, les Allemands n'abandonnent pas facilement l'espoir d'une certaine fraternisation par le ventre. En février 1943, ils écrivent encore : « Avant tout, les chefs de chantier des deux entreprises devraient s'intéresser à la cuisine : la sympathie commence par l'estomac. Les gens sont suffisamment approvisionnés en Allemagne. La direction peut faire élever des porcs avec les restes de cuisine, elle recevra alors par bête un sac de farine nutritive et devra aussi planter quelques hectares de pommes de terre, ce qui permettra de contenter même les gros mangeurs. » Les Français, constate-t-on à regret, n'ont pas encore compris les vertus de l'alliage pomme de terre-cochon. On tente de leur expliquer que les rendements allemands sont plus élevés grâce à une nourriture plus « lourde ». « En effet, l'Allemand mange davantage de pommes de terre que le Français » et quand ce dernier en consommera autant « on l'amènera à des rendements plus élevés ».

Le prestige irrésistible du brevet allemand

Toutes ces anecdotes qui peuvent prêter à sourire aujourd'hui n'amuseront guère les commissions d'épuration et les magistrats instructeurs après la Libération. Le fait, peu commun, d'être allé travailler volontairement pour l'ennemi sur son propre territoire, avec une partie du personnel, singularise déjà le dossier Sainrapt et Brice par rapport à celui de la grande majorité des autres entreprises collaboratrices. Mais il y a pire. Non content de mettre les bras de ses ouvriers au service de l'occupant jusque dans son antre, c'est le fruit de son cerveau que Pierre Brice va lui offrir pendant la guerre.

La grande fierté du patron du groupe familial, c'est son invention de la « paroi hydraulique ». Il s'agit en fait, d'après l'intitulé du dépôt de brevet, d'un « réservoir en béton armé destiné à contenir certains liquides tels que les hydrocarbures » ; ou, encore plus précisément, selon un autre intitulé, d'un « réservoir en béton armé convenant en particulier aux liquides non miscibles à l'eau, notamment aux hydrocarbures »*. Cette importante innovation, pense Brice, devrait permettre de réaliser une économie d'acier pour stocker l'or noir, plus précieux que jamais en temps de guerre. Au prix d'une certaine complexité, il est vrai. Le procédé consiste, en effet, à faire circuler de l'eau dans un revêtement de tuiles creuses autour d'un réservoir en béton. On oppose ainsi « à la perméabilité du béton à l'essence une chemise extérieure d'eau dont la densité est supérieure à celle de l'essence ». Cette eau qui maintient le ciment humide assure en même temps une bonne conservation de celui-ci et constitue une « barrière » pour retenir les hydrocarbures, avec lesquels elle ne se mélange pas.

De tous, c'est manifestement à ce brevet que Brice tient le plus. Sur sept publications techniques signées de lui, qu'il citera dans un mémoire rédigé après guerre pour sa défense, trois s'y rapportent. Or, au début des

* Les travaux historiques où il est question de Brice évoquent à tort, à propos de ce brevet, une technique de construction des installations portuaires ou une technique liée au béton précontraint, une spécialité française grâce notamment à Eugène Freyssinet. La technicité du sujet explique sans doute ces inexactitudes.

années quarante, alors qu'on pourrait supposer que d'autres préoccupations l'assaillent, il s'emploie très activement à faire reconnaître cette invention par le Patentamt, l'office de la propriété industrielle allemand. Une initiative apparemment très peu patriotique, qui suscitera, on l'imagine, des réactions indignées après la Libération, quand Brice devra rendre des comptes sur son comportement sous l'Occupation.

Symboliquement et politiquement calamiteuse, l'argumentation de Brice pour se justifier sur ce sujet n'est pas dépourvue de logique. Le procédé étant déposé, donc public, en France, le seul moyen d'éviter que les occupants ne s'en emparent alors sans autre forme de procès était d'obtenir des garanties juridiques en Allemagne même, expliquera-t-il. Les autorités françaises s'étaient d'ailleurs inquiétées, peu après la déclaration de guerre, du sort des inventions françaises guignées par l'ennemi. Partagé entre le souci du secret et celui de la protection, le sous-secrétaire d'État aux Affaires étrangères avait pris le 9 octobre 1939 un arrêté dérogeant en la matière au texte général du 1er septembre précédent qui interdisait « toute relation avec l'ennemi ». Il précisait que « les Français étaient autorisés à remplir en territoire ennemi ou occupé par l'ennemi, soit directement, soit par mandataire, toutes les formalités et à exécuter toutes les obligations nécessaires à la conservation ou à l'obtention de droits de propriété industrielle ». Pour éviter quand même que le Reich ne puisse s'offrir facilement, grâce à l'obligation de publication des brevets, toutes les innovations utiles à son armée, un décret complémentaire du 29 novembre 1939 créait un délai de huit mois pendant lequel des officiers spécialisés devaient examiner toute invention avant qu'elle ne soit divulguée ou exploitée afin de vérifier si elle avait ou non un intérêt militaire. D'après un spécialiste de la gestion des brevets entendu comme expert par la justice après la Libération, M. Jean Casonova, du cabinet Armengaud Jeune, « après l'armistice, le fonctionnement du décret a pu être maintenu d'une façon occulte malgré la présence des occupants » et le service compétent « a d'ailleurs réussi à soustraire aux occupants les dossiers concernant des inventions importantes au point de vue militaire ».

Brice a beau jeu de faire remarquer que personne ne lui a rien objecté dans ce délai de huit mois. Les Français n'ont pas su reconnaître, dit-il même avec une amertume évidente[28], la valeur de son procédé alors qu'il l'avait déposé dès 1939 : « Ce brevet pouvait intéresser la Défense nationale en France et la Défense nationale s'en est désintéressée. » La sagesse eût commandé de l'oublier et de ne pas poursuivre. Mais il fait tout pour défendre son invention et obtenir enfin, en 1943, le fameux brevet allemand, dont il est manifestement très fier à une époque où la plupart des autres patrons ont compris depuis plusieurs mois déjà qu'il commence à devenir urgent d'acquérir des titres de résistance. « Vous étiez hanté par cette pensée que votre brevet devait être reconnu par les Allemands », résume sobrement le commissaire du gouvernement devant la CNIE en mai 1949 [29].

La fréquentation des techniciens d'outre-Rhin procure manifestement à l'ingénieur français un vrai plaisir. Enfin des gens sérieux ! L'obtention d'un brevet allemand « présente un intérêt considérable, explique Brice dans un mémoire en défense, du fait de l'examen préalable auquel il est soumis et qui permet à l'inventeur de connaître la valeur réelle de son invention, les antécédents ou les procédés similaires s'il y a lieu ». Il a « plus de valeur que le brevet français », insiste avec raison d'ailleurs Jarny. D'autant qu'il n'est pas facile à obtenir. Il faut démontrer l'originalité du procédé mais surtout prouver qu'il fonctionne.

Et c'est ainsi que Brice, non content de déposer une demande de brevet, construit ou contribue à édifier trois réservoirs en Allemagne. Et il tient à ce que les choses soient bien faites. « Les malfaçons toujours possibles, fussent-elles dues à l'ignorance des exécutants, auraient pu entraîner [...] le refus définitif d'octroi des brevets », écrira-t-il candidement à ses collègues après la Libération[30]. Dans une lettre à un de ses associés allemands, le 25 novembre 1941, la société Sainrapt et Brice insiste pour envoyer du personnel français surveiller outre-Rhin la réalisation des « parois hydrauliques » parce qu'elle tient à l'« exécution impeccable des travaux ».

« Avant guerre, explique le spécialiste du cabinet Armengaud, les Français qui demandaient des brevets allemands essayaient d'intéresser des firmes allemandes à leur invention pour obtenir leur appui auprès du Patentamt. » Polensky et Zollner, l'ancien associé de Dunkerque, a même fait alors des avances à Brice, semble-t-il. Mais il voulait une licence exclusive et l'affaire n'a pas été conclue. Il y aura cependant bientôt un autre candidat.

Sainrapt et Brice avait fait la connaissance, peu avant la guerre, d'un certain Victor Friedrich Fasolt, un ancien officier reconverti dans les affaires qui, par l'intermédiaire d'un représentant en bétonnières allemandes, avait proposé à la société de BTP d'exploiter en France un procédé de fabrication de pavés en béton. Or ne voilà-t-il pas que ce même M. Fasolt, la cinquantaine à l'époque, débarque à Paris en décembre 1940. Il vient notamment installer une organisation qui ressemble fort à ces multiples bureaux d'achat allemands qui, pendant une partie de l'Occupation, nous le verrons, joueront le rôle d'intermédiaires très intéressés entre fournisseurs de l'hexagone et acheteurs d'outre-Rhin désireux de traiter discrètement des affaires, autrement dit sans que les autorités françaises s'en mêlent. Il crée donc, car il faut disposer d'une « couverture » pour mener de telles activités, la Société des fournitures industrielles, au 31 de la rue Marbeuf, près des Champs-Élysées. La SFI, qui se présente comme une émanation de la succursale parisienne du groupe Gebruder Sachsenberg, de Dessau-Rosslau, emploie quatorze personnes, dont six Allemands. Fasolt, que Brice nous décrit comme « un homme excessivement violent, un Prussien très impulsif », se suicidera opportunément le 15 décembre 1944 en Allemagne, ce qui permettra de lui attribuer l'essentiel de ce qui était gênant. Très méthodique et organisé, il dressait des comptes rendus de toutes ses démarches et ses papiers ne seront pas tous détruits ou emportés en Allemagne, comme dans la plupart des cas similaires, en 1944. Mais heureusement pour Brice, la justice ne sera saisie de ce dossier qu'en 1949, alors qu'elle commence à se lasser des affaires de collaboration et que le principal intéressé n'est plus là pour confirmer ses écrits[31].

Une fois installé en France, Fasolt, bien décidé à commercialiser les inventions de Brice pour son plus grand profit, fait le tour de tous les organismes allemands, à commencer par les militaires bien sûr, qui pourraient s'intéresser à la paroi hydraulique. Le fait-il de sa propre initiative ? C'est possible. Quelle est la réaction de l'ingénieur Brice quand des interlocuteurs sérieux — Fasolt est entouré de techniciens — commencent à vouloir en savoir plus sur un procédé dont les Français n'ont pas su, à son avis, voir l'intérêt ? Il est ravi, bien entendu. D'autant que l'importance réelle de son invention est sans doute discutable : il ne semble pas que, au-delà d'essais systématiques, le Reich se soit lancé en grand dans la paroi hydraulique ni que cette innovation ait connu un grand destin après guerre. Les propos de Brice refléteront d'ailleurs toujours une certaine amertume, qui ne pourra être que renforcée par des circonstances qui l'obligeront bientôt à relativiser lui-même la portée de son brevet : « S'ils étaient d'un intérêt si puissant on en ferait », rétorquera-t-il agacé au président de la CNIE, qui lui parle encore de ses réservoirs le 3 mai 1949. « Or on n'en fait pas. »

Mais pendant quelque temps, grâce aux Allemands, Brice peut rêver. Fasolt organise visites et démonstrations. À Bourg-sur-Gironde notamment, où Sainrapt et Brice avait des réservoirs en cours de construction pour une société locale de stockage de carburant, la Société anonyme des entrepôts souterrains du Sud-Ouest. La Kriegsmarine a convaincu sans peine ce client de faire terminer les travaux... et de lui louer les stockages. Les Allemands posent des questions sur des constructions similaires en zone sud, ou même en Afrique du Nord. Enfin des interlocuteurs dignes de Brice ! Est-ce que les mêmes réservoirs sont utilisables aussi bien avec des huiles lourdes — diesel, fuel lourd — qu'avec de l'essence ? Que se passe-t-il en cas de températures extrêmes ? Brice ne résiste pas au plaisir de défendre toutes les vertus de son invention. Pas de risque de mélange entre l'huile et l'eau, explique-t-il le 18 mars 1942 aux experts allemands d'après le procès-verbal d'une réunion établi par Fasolt : « L'huile ne pénètre pas les parois mais les parois, au contraire, sont maintenues humides d'une façon permanente par l'eau ; ce sont les conditions idéales pour la conservation du ciment. » On évite même les « fendillements dus au retrait » en raison de l'humidité qui imprègne continuellement les parois. Sur la question des hautes températures, il prend lui-même la plume pour expliquer en très mauvais allemand, en juin 1943, qu'il suffit de chauffer, au préalable, l'eau chemisant les réservoirs. Le 24 juillet 1944 encore, Fasolt fait un récapitulatif de toutes ses démarches en faveur de « notre paroi hydraulique » !

Pourquoi ne pas essayer d'appliquer cette technique à la construction d'un navire pétrolier ? C'est Fasolt, commercial infatigable, qui, d'après Jarny, aurait eu cette idée, d'autant plus intéressante que Sachsenberg, le principal correspondant de Fasolt en Allemagne, a quelques intérêts dans le secteur maritime. Le principe de la construction, à Rotterdam, d'un bateau expérimental est bientôt acquis, mais Siemens, qui a eu vent de l'affaire, réussit à s'imposer à la place de Sachsenberg. Un seul problème : Siemens veut qu'on lui envoie des techniciens français sur place, à Berlin, pour faire la liaison avec la maison mère. C'est ainsi que Sainrapt et Brice va posséder, en 1942 et 1943, une adresse et une équipe à demeure dans la capitale du Reich. Voilà qui est quelque peu ennuyeux quand on est accusé de collaboration à la Libération ! Les vingt à vingt-cinq personnes du bureau d'études de Paris n'avaient pas grand-chose à faire, expliquera leur patron. Car les travaux commandés en France, notamment par les Allemands, ne nécessitaient ni plans ni études. En d'autres termes, et du point de vue de Brice, quand la société travaille en Allemagne même, au moins on prend ses compétences techniques au sérieux !

Fasolt « vend » à ses compatriotes l'idée suivante : un pétrolier en béton pèserait de 20 à 25 % de moins que le même en acier et permettrait d'économiser 8 % de ce dernier matériau, si précieux en temps de guerre. Brice, quant à lui, assurera ne jamais avoir cru sérieusement à ce projet. Pour Sainrapt et Brice, il s'agissait seulement, à l'en croire, de saisir une occasion d'acquérir gratuitement « une expérience technique d'une valeur incontestable, principalement du point de vue de ce qu'il ne faut pas faire »[32]. L'ouvrage, précisera-t-il le 31 janvier 1949 devant la CNIE, « n'avait qu'un intérêt de curiosité ; c'était une expérience gratuite puisque les Allemands payaient [...]. C'était d'ailleurs une erreur [...], le bateau ne peut flotter ». Si les pétroliers de ce type avaient eu autant d'avenir que le prétendait Fasolt, il est effectivement probable qu'on en aurait entendu parler depuis. Mais il n'empêche qu'au même moment, sur la côte sud de l'Angleterre, on construisait d'énormes barges en béton. Celles-ci traverseront la Manche en juin 1944 pour être coulées devant Arromanches et constituer les jetées d'un port artificiel qui jouera un rôle décisif dans la réussite du débarquement allié*.

Un des dessinateurs parti à Berlin expliquera après guerre, en évoquant son activité, en quoi consistait le travail des expatriés. Il recevait les calculs, plans et dessins préparés à Paris pour la partie du bateau réalisée à Rotterdam et dont la conception était confiée aux établisse-

* Il est tout à fait possible de faire flotter une construction en béton. Le ferrociment est une technique utilisée par les constructeurs amateurs de yachts. Déja pendant la guerre de 1914-1918, des essais avaient été faits. Mais le béton n'a jamais été un concurrent sérieux de l'acier pour les constructions navales en temps de paix, sans doute par manque de flexibilité.

ments Sainrapt et Brice. Il devait alors vérifier s'ils s'adaptaient aux plans et dessins préparés en Allemagne par la maison Siemens pour le reste de l'ouvrage. Au besoin il était chargé de les modifier. Les techniciens français ne paraissaient pas vivre alors dans des conditions trop difficiles : ils revenaient tranquillement à Paris toutes les trois semaines. Le voyage de retour est définitif après la destruction de leur bureau par un bombardement pendant l'été 1943.

Une épuration controversée

De toute cette activité en Allemagne, en pleine guerre, on retrouve aujourd'hui, dans les archives, des traces étonnantes et inattendues. Par exemple celles des ennuis que les douanes françaises, imperturbables, font à l'entreprise... pour ne pas avoir réimporté un certain nombre d'instruments de mesure précieux et fragiles exportés en franchise en 1943. Et cela de longs mois après l'écrasement final de l'Allemagne sous des déluges de bombes et alors même que Sainrapt et Brice doit répondre de charges autrement sérieuses.

Encore que ce dernier qualificatif convienne assez peu aux poursuites qui seront intentées contre Brice. Certes, il faudra cinq bonnes années à ses avocats pour le libérer après guerre des griffes de la justice — nous allons y revenir. Mais quand on sait que Pierre Brice n'a pas même été arrêté, alors que, pour nous en tenir au seul domaine de la collaboration économique, d'autres patrons qui semblaient beaucoup moins compromis avec l'ennemi ont collectionné les mois voire les années de prison, on comprend que son « épuration » très indulgente ait provoqué des polémiques.

Ses ennuis commencent un mois environ après la libération de Paris. Un rapport manuscrit, au style très appliqué, un peu enfantin même, sur un curieux papier de très petit format, est adressé par le « chef de poste Berry » à son « commandant de secteur », le lieutenant-colonel Cévennes. La résistance parisienne fait part de ses enquêtes. Dix-neuf témoins ont été méthodiquement répertoriés, avec leurs adresses. Qui en veut à Brice ? Peut-être quelques-uns des cinq cents membres du personnel victimes de « déportations massives », comme le dit ce texte accusateur, avant de préciser quand même que quatre cents de ces « déportés » auraient été volontaires. Les griefs invoqués font dresser l'oreille quant aux motivations des plaignants : « refus de payer les indemnités de déplacement accordées par les autorités d'occupation aux ouvriers déportés ». Et plus loin, un membre de la direction, Pierre Jung, à ne pas confondre avec son homonyme prénommé Édouard et déja cité, est mis en cause pour avoir « trompé les ouvriers et les familles quant aux avantages qui leur seraient réservés à l'étranger ». Curieux déportés décidément !

Une instruction est finalement ouverte, le 21 décembre 1944, contre

X. Pierre Brice, entendu comme témoin, n'est même pas inculpé ! Il ne le sera jamais. La section financière du Parquet dépose le 7 janvier 1945 un premier rapport, qui s'appuie essentiellement sur celui des policiers amateurs qui ont déclenché l'affaire. Les seules véritables charges, provenant de l'intérieur de l'entreprise, se résumeront à des déclarations de quelques syndicalistes, et notamment des responsables du comité d'entreprise. Cette dénonciation de la direction n'est ni très surprenante ni originale : il s'agit d'une attitude très répandue dans les mois suivant la Libération chez les syndicalistes communistes de la CGT réunifiée. La déposition la plus caricaturale émane d'un certain Émile Brimant, maçon de quarante-huit ans, qui ne faisait pas partie du personnel pendant la guerre mais est désormais secrétaire du comité d'entreprise et n'hésite pas à assurer que « Brice est considéré par tous les ouvriers comme le grand responsable » des compromissions avec l'Allemagne. En fait, policiers et magistrats ne trouveront pratiquement aucun membre du personnel désireux de se plaindre à ce sujet. Du coup, l'instruction devant la cour de justice de la Seine traînera en longueur des années durant.

D'autres procédures d'épuration, cette fois au niveau de la profession, se dérouleront parallèlement et toutes interfèrent les unes avec les autres. Dès octobre 1944, Pierre Brice est ainsi prié de s'effacer de la vice-présidence de la chambre syndicale des constructeurs en béton armé de France. Le jury d'honneur de cet organisme estime que sur vingt et une firmes représentées à son comité de direction, trois, dont Sainrapt et Brice, ont « dépassé dans leur participation aux travaux de la puissance occupante la mesure admissible ». Les élections du 11 janvier 1945 écartent également Brice de son poste d'administrateur de la Fédération nationale des travaux publics. Le 4 juillet 1945, il est d'ailleurs déchu du droit de faire partie du bureau et des instances de direction de toute organisation syndicale patronale.

Tout cela ne paraît pas bien grave. Accusé de collaboration, Louis Renault meurt, peut-être en partie à cause des mauvais traitements reçus dans sa cellule, sans avoir été mis en liberté provisoire et ses biens sont confisqués ; Ardant, Worms, les Berliet père et fils et des centaines d'autres responsables d'entreprises n'échappent pas à la prison pendant l'instruction de leur dossier et même parfois après. Par comparaison, les sanctions infligées à Brice paraissent plutôt bénignes. Mais pendant qu'il est en prison, Ardant, par exemple, est défendu, nous le verrons, par ses collègues banquiers ; pour l'inventeur de la paroi hydraulique, nul ne manifestera sa solidarité.

En théorie, il devrait bénéficier d'une certaine bienveillance de ses pairs. D'abord, parce que, dans son secteur, les maisons irréprochables ne sont pas si nombreuses. Ensuite parce que Sainrapt et Brice n'est pas une entreprise « champignon » apparue soudainement pour profiter des événements mais une vieille entreprise honorablement connue depuis fort longtemps. « Nous faisons une distinction très nette entre les entreprises créées pendant la guerre, à peu près exclusivement dans le but de travailler pour les autorités allemandes, et les entreprises qui existaient depuis plusieurs années », explique ainsi au juge d'instruction dans une lettre du 15 octobre 1945 M. Gaston Houy, président de la commission de la Libération au Syndicat professionnel des entrepreneurs de France, d'Algérie et des colonies, installé dans la capitale, 3, rue de Berry, où se trouve toujours, cinquante ans après, le siège de la Fédération des travaux publics. « Nous rejetons impitoyablement, précise-t-il, les premiers et avons obtenu, par l'ordonnance du 16 janvier 1945, que leur matériel, mis sous séquestre, soit redistribué aux autres. En ce qui concerne les entreprises anciennes, et principalement celles qui avaient un certain standing en cadres, personnel et matériel, notre avis est que, généralement, il leur a été très difficile, et quelquefois même impossible, de se soustraire entièrement aux exigences de l'ennemi. »

Brice ne semble pas bénéficier de cette bienveillance alors qu'à l'inverse certaines entreprises créées pendant l'Occupation ou qui ont connu un essor vertigineux pendant cette période résistent fort bien à la Libération, comme, par exemple, les Sablières et entreprises de Paris ou la Compagnie française de bâtiment et de travaux publics[33]. Brice a-t-il été délibérément « lâché » par le patronat qui, dans ce secteur en particulier, a besoin de quelques boucs émissaires pour satisfaire l'opinion ? Un incident de séance survenu lors de sa dernière comparution devant la CNIE, juridiction professionnelle où les patrons sont représentés, conduit à se poser la question. Le 3 mai 1949, un certain M. Louvard, en relation d'affaires avec Brice il est vrai, ce qui enlève beaucoup de poids à son témoignage, affirme avec assurance que Raymond de Balasy, de l'Union des industries chimiques, représentant habituel du patronat à la Commission, aurait dit, au début de la procédure, avoir reçu des instructions du patronat français pour faire condamner Brice. Il se verra opposer des démentis horrifiés de l'intéressé, bien entendu, ainsi que de Georges Villiers, le patron du CNPF[34]. Ce soupçon, même s'il est infondé, est certainement significatif d'une ambiance.

La spectaculaire initiative prise par Sainrapt et Brice de travailler volontairement en Allemagne même fait, il est vrai, de son patron un bouc émissaire parfait. De plus, il est au plus mal avec une partie de ses confrères pour des raisons sans rapport avec l'épuration. Dans un mémoire, ses défenseurs racontent, en 1949, qu'il a, de lui-même, « quitté le syndicat des travaux publics avec éclat ». D'après d'autres déclarations, il semble bien qu'on lui ait demandé de partir. Toujours est-il que, d'après son avocat, « ses confrères ne lui ont jamais pardonné un acte d'indépendance jugé offensant. Aujourd'hui il est particulièrement visé par le Syndicat d'autant que, seule parmi les grandes entreprises, Sainrapt et Brice n'en fait pas partie ». Le conflit tournait autour des frontières entre travaux publics et bâtiment. Pouvait-on confondre dans un même syndicat ce milieu à tendance artisanale qui regroupe les spécialistes du bâtiment avec les entrepreneurs de travaux publics qui se veulent des industriels ? Brice plaidait, contre le consensus de sa profession semble-t-il, que « les travaux du bâtiment n'étaient pas tellement différents », ce qui avait été vécu comme une trahison par ses collègues.

Son avocat n'hésite pas à dire que la sévérité — très relative bien sûr, comme on l'a vu — des instances patronales à l'égard de Brice est due également à « certains concurrents, intéressés à la chute d'une entreprise en pleine ascension ». Il ne cite pas de noms, mais le souci général de « marquer » les entreprises du même secteur reste aussi vif à la Libération que pendant les années précédentes. Cette préoccupation transparaît souvent, et pas seulement dans la partie strictement patronale de la procédure d'épuration. « Dans la lutte industrielle à venir, de tels essais de collaboration avec les meilleurs techniciens allemands ont pu donner à la société incriminée une avance considérable sur ses concurrents français », s'inquiétera le rédacteur de la décision de classement du dossier Brice à la CNIE à propos des réservoirs et du bateau construits en Allemagne. Et l'expert comptable désigné par la Commission pour rédiger un rapport sur cette affaire est très attentif à ce que les fonds dégagés sur les travaux allemands pour remplacer le matériel ne « placent les entreprises qui ont travaillé pour le compte des occupants dans une meilleure posture au point de vue des renouvellements que les entreprises qui n'ont pas travaillé pour l'ennemi ». Enfin, le comité régional interprofessionnel d'épuration de la Seine énumérera avec indignation, comme s'il s'agissait de pièces à charge, le matériel acquis pendant l'Occupation par Sainrapt et Brice parce qu'il peut donner à cette société une avance sur les autres : 61 bétonnières, 29 compresseurs, 12 excavateurs ou pelles mécaniques, 38 camions, 8 camionnettes, 267 moteurs divers, 33 grues diverses, 2 sonnettes, 3 moutons, 650 baraquements, 18 tracteurs, 2 scrapers, 1 pompe à béton et 37 concasseurs.

Quand la CGT et le ministre des Travaux publics négocient le sort d'une société collaboratrice

Quelles que soient les indignations exprimées, Brice, de fait, n'est pas en prison et les condamnations de ses pairs restent très symboliques. La seule menace de sanction véritablement concrète, qui engage l'avenir de façon décisive, concernera finalement l'entreprise, et pas son patron. L'administration ne veut pas se voir accusée d'amplifier encore la fortune des collaborateurs du BTP — les bâtisseurs du mur de l'Atlantique n'ont pas bonne presse à la Libération ! — sous prétexte de reconstruction. Elle impose donc rapidement à tous ceux qui veulent travailler pour l'État, alors principal donneur d'ordres, de réclamer un agrément, qui n'est accordé qu'au vu des réponses à un questionnaire détaillé sur leur comportement en 1940 et 1944. Les explications fournies par Sainrapt et Brice ne conviennent évidemment pas et, en juillet 1945, la société est rayée de la liste des entreprises autorisées à soumissionner pour des marchés publics.

Cette décision, qui met en péril les emplois, embarrasse beaucoup, au sein de l'entreprise, les syndicats ouvriers, ceux-là mêmes dont certains représentants figuraient parmi les dénonciateurs de fin 1944. Elle est interprétée comme une « punition collective de tout le personnel pour collaboration avec l'ennemi », comme l'explique Armand Schoup[35], qui sera délégué par sa fédération syndicale dans un « comité de direction » de l'entreprise sur lequel nous allons revenir. Il s'ensuit un étrange accord, qui montre au passage, exemple parmi tant d'autres, le poids de la CGT à la Libération, en particulier dans les affaires d'épuration. L'entreprise, décide-t-on en effet, doit retrouver la possibilité de réaliser des chantiers publics ; en échange, son patron sera écarté de la direction, ainsi que quelques-uns de ses plus proches collaborateurs. La CGT négocie directement cette solution face à face avec le ministre !

Les termes de cet accord seront très exactement rappelés un an plus tard, le 7 septembre 1946, dans une lettre adressée au ministre de la Justice par René Arrachart, le secrétaire général de l'organisation à laquelle appartient M. Schoup, la Fédération nationale des Travaux publics, des industries du bâtiment et parties similaires de la CGT[36]. Le syndicat, pour expliquer son intervention, se présente bien entendu uniquement comme un épurateur exigeant : « Au mois de juillet 1945, désireux d'aider à la réalisation de l'épuration indispensable, nous sommes intervenus auprès de M. Dautry, ministre de la Reconstruction et de l'Urbanisme, écrit-il. Nous avons obtenu ainsi de M. René Mayer, ministre des Travaux publics et des Transports, que M. Brice soit immédiatement écarté de la direction de son entreprise et qu'un comité de direction soit constitué avec la participation d'un délégué direct de notre fédération. Cette mesure, ainsi que nous l'avons précisé le 2 août 1945 par une lettre à M. le ministre de la Reconstruction et de l'Urbanisme, n'était acceptée par nous que comme un moyen transitoire et momentané en attendant qu'une situation normale s'établisse qui ne pouvait être obtenue que par l'épuration réelle de cette entreprise[37]. » Il est évident que le syndicat, en agissant ainsi, n'a aucune intention de protéger Brice et les principaux dirigeants de l'entreprise, bien au contraire. C'est pourtant ce qui va se passer dans les faits.

La suite, c'est Armand Schoup qui la raconte : « Pendant plusieurs mois, je fis les démarches nécessaires auprès des différentes administrations qui avaient déjà reçu des instructions ministérielles pour exclure l'entreprise Sainrapt et Brice des marchés de l'État. » La constitution de ce fameux comité apparaît donc bien comme un moyen de défense du personnel contre le chômage. Mais aussi, du même coup, comme un moyen de défense très efficace de l'entreprise et de toutes ses composantes, direction et actionnaires inclus.

Cet effort de lobbying syndical est couronné de succès. Le 18 septembre 1945, le ministère de la Reconstruction autorise à nouveau la société à soumissionner. Le 8 février 1946, Jules Moch, ministre des Travaux publics, la raye de la liste des exclus des marchés publics. Le 15 novembre 1946, son directeur de cabinet, sentant sans doute un réel besoin d'explication pour justifier ce revirement, écrit au délégué du ministère dans le Pas-de-Calais pour lui préciser que Sainrapt et Brice a été autorisée à soumissionner « pour éviter le chômage de son nombreux personnel et pour pouvoir utiliser les moyens très importants de cette entreprise »[38]. On voit ici apparaître une autre raison du revirement des pouvoirs publics : en punissant Sainrapt et Brice, le ministère se privait, à l'heure de la reconstruction, de toutes ses bétonnières, caterpillars et autres concasseurs. Voilà qui explique sans doute que l'épuration n'ait pas été globalement à la mesure de la collaboration, ni pour Brice ni pour les autres, dans un secteur aussi vital pour le rétablissement économique et social du pays que le BTP.

Affaire classée !

Brice est exclu de la direction de son entreprise pendant l'été 1945 : le 30 juillet, bien obligé de céder s'il voulait sauver son entreprise, il a présenté sa démission lors d'un conseil d'administration. Il n'est plus président. La CNIE estime logique, le 19 novembre de la même année, de lui interdire d'exercer tous pouvoirs de gestion ou d'administration, sans indiquer de limite de temps à cette sanction. Ce n'est toujours ni la prison ni la confiscation des biens. Et l'entreprise tourne. Mais cet ensemble de mesures commence à indisposer sérieusement un patron très attaché à sa société. Il est même suffisamment inquiet, d'autant que par ailleurs l'instruction auprès de la cour de justice n'est toujours pas close, pour envisager de se mettre à l'abri, puisqu'il se fait délivrer un visa pour la Suisse le 25 octobre 1945. Très vite, avec une habileté consommée et un bon avocat, il va pourtant rétablir la situation à son avantage.

Eugène Ligonnet a été nommé président du conseil d'administration dès le 20 juillet, dans le cadre des accords entre Dautry et Mayer et la CGT. Soixante-deux ans, marié avec une demoiselle Sainrapt, Ligonnet a eu la bonne idée pendant la guerre de s'occuper surtout de ses affaires en Algérie. A-t-il été agréé ou non par Brice ? Difficile à dire, même s'il est pour le moins probable qu'il n'a pas été récusé par ce dernier.

Tant que l'entreprise a besoin des interventions du syndicat pour faire lever les interdits qui ont failli l'empêcher de travailler, le nouveau « comité de direction », avec la participation d'Armand Schoup, fonctionne. Le délégué de la CGT se félicite même, dans son rapport du 15 août 1946, d'avoir obtenu le renvoi de Pierre Jung. Le motif : ce dirigeant, malgré l'accord de l'été 1945 qui prévoyait sa mise à l'écart de toute responsabilité, continuait à exercer de fait des fonctions de chef de service. Édouard

Jung, l'ancien responsable de la zone non occupée, à ne pas confondre comme on le sait avec le précédent, apparaît au contraire comme un des patrons « présentables » de l'entreprise. Jouant un rôle prépondérant dans le comité, il prend bien soin de consulter sur tous les sujets le délégué du syndicat pendant quelques mois, jusqu'à la fin 1945.

Mais peu après, les choses se gâtent. « Mme Bassot, chef du service social et sœur de Pierre Brice, qui avait eu pendant la guerre [au dire du personnel] une grande influence sur son frère et qui s'était intéressée à la marche de l'entreprise, continuait de donner certaines directives générales aux chefs de service et exigeait que des comptes lui soient rendus fréquemment par le service de la comptabilité générale », raconte, toujours dans son rapport de l'été 1946, M. Schoup, qui commence manifestement à se sentir berné. « J'appris ensuite que M. Pierre Jung [licencié] avait été engagé au bureau d'études par M. Brice. » En effet, ce dernier, tout en étant interdit de direction, a pu rester dans l'entreprise, où il s'occupe de ses chères recherches. « Par ailleurs, j'appris qu'une décision importante avait été prise conjointement par M. Brice, M. Jung et M. Ligonnet. Cette décision avait pour objet de réunir chaque semaine les différents chefs de service au bureau d'études et en dehors du comité de direction sous prétexte de discussions techniques. » Des rumeurs courent, évoquant d'autres réunions avec Mme Bassot. Le délégué de la CGT sent bien que la réalité du pouvoir lui échappe : « Je n'ai jamais été consulté au sein du comité de direction sur les questions les plus importantes et en particulier sur l'établissement des marchés passés avec les administrations de l'État et des collectivités. [...] Lorsque l'entreprise Sainrapt et Brice a soumissionné par exemple à l'adjudication du barrage de Bort-les-Orgues [en Corrèze], adjudication de 1,2 milliard de francs, les prix et les termes du marché ont été établis sans même que le comité de direction ait été consulté. »

Le 7 septembre 1946, René Arrachart, le secrétaire général du syndicat, écrit au ministre de la Justice pour se plaindre de cette mise à l'écart de son représentant. Il ne s'agit pas d'un cas à part : dans les quelques autres entreprises où les représentations du personnel ont obtenu un retrait de patron, comme chez Simca par exemple, l'évolution est similaire au bout d'un certain temps. Mais même si le climat est devenu moins favorable, on n'entend pas accepter passivement le fait accompli. Arrachart précise que le délégué du syndicat a été retiré depuis le 1er septembre du comité de direction en signe de protestation et qu'il demande une sanction contre les dirigeants de l'entreprise. Le 2 avril 1947, Jules Moch, à qui la plainte a été transmise, obtempère. Il écrit à la Commission nationale interprofessionnelle d'épuration en signalant que Brice continuerait à avoir une activité qui ne lui paraît pas compatible avec les sanctions décidées fin 1945. Et le 13 mai 1947 une information contre X est ouverte pour infraction aux ordonnances de 1944 sur l'épuration. Elle s'ajoute à l'instruction qui, année après année, continue à cheminer à la cour de justice de la Seine.

Tandis que les juges s'épuisent en essayant, apparemment sans hâte excessive, de démêler les responsabilités des uns et des autres chez Sainrapt et Brice pendant l'Occupation, l'économie elle aussi s'enlise. Le premier boom de la reconstruction va vers sa fin dès 1947 et les salariés de la société, sans doute habilement manipulés par la direction, s'inquiètent pour leur emploi. D'où les deux étonnantes pétitions que le ministre de la Justice reçoit du comité d'entreprise, datées des 26 et 31 janvier 1948, et qu'il communique au Parquet. Certains des permanents du comité d'entreprise qui « chargeaient » Brice au début de l'instruction, Émile Brimant par exemple, signent désormais des lettres disant notamment que « la situation économique et les menaces de chômage imposent de tout faire pour maintenir et augmenter l'activité de l'entreprise et son volume de travaux ». Il faut « redonner à M. Brice la place qui lui revient » et « mettre fin à la situation provisoire de l'entreprise par la clôture rapide et définitive de l'instruction ouverte ».

Ils seront entendus neuf mois plus tard, après quelques péripéties internes à l'appareil judiciaire. Le dossier est classé le 29 septembre 1948 par la cour de justice de la Seine, qui renonce à poursuivre. Argument essentiel : il y a bien eu collaboration de l'entreprise Sainrapt et Brice mais les responsabilités du personnel, des cadres et de Pierre Brice lui-même sont tellement emmêlées qu'il est difficile d'inculper le patron. Cette conclusion est pour le moins discutable. Il n'est pas impossible pour autant de comprendre son « économie » en ce qui concerne la collaboration en France même, qui a représenté le gros du chiffre d'affaires réalisé avec les Allemands. Elle est beaucoup plus difficile à justifier pour les travaux outre-Rhin et l'affaire du brevet. Mais on est en 1948, le temps de la Libération est passé. Les épurateurs sont fatigués, les communistes ont été exclus du gouvernement, l'économie ne va pas bien — on a d'ailleurs dû adopter un plan de stabilisation budgétaire cette année-là — et, au vu de quelques acquittements récents, le ministre de la Justice dit craindre que l'accusation ne tienne pas devant la cour de justice[39].

Forts de ce classement, les avocats de Brice retournent devant la CNIE pour essayer de faire annuler les mesures d'interdiction professionnelles qui frappent toujours leur client, ou tout au moins d'obtenir qu'elles soient limitées dans le temps. Ce qui leur sera accordé, mais pas tout de suite. Car la commission, confrontée au même problème de responsabilité collective que la cour de justice, va demander un supplément d'instruction pour essayer de mieux cerner « le rôle personnel de Brice ».

Entre-temps, le classement du dossier en septembre 1948 a provoqué des remous. La décision a été prise pendant les vacances du principal responsable de l'instruction. Elle révolte ce dernier. Il rédige une demande de mutation qui s'apparente fort à une démission. Neveu d'André Citroën, maire d'Étretat, bénéficiant d'une importante fortune personnelle, M. Robert Lindon est devenu magistrat par conviction, pour contribuer à l'épuration. Installé par simple décret, il est substitut général au parquet de la Seine, commissaire adjoint du gouvernement à la tête de la section économique. Il est devenu le spécialiste de l'épuration patronale. « En conscience, il me serait impossible maintenant de renvoyer en cour de justice ceux qui ont fait moins que Brice et selon moi c'est la majorité de ceux dont l'affaire reste à régler », écrit-il à son supérieur hiérarchique[40].

Cinq mois après la décision de classement, le jeudi 3 février 1949 à seize heures, le dossier d'épuration Brice devient même une véritable affaire politique. Ce jour-là, André Marie, garde des Sceaux, vice-président radical du conseil, ancien chef du gouvernement, monte à la tribune de l'Assemblée pour se défendre face à une campagne de presse qui a débuté les 14, 15 et 16 janvier dans *L'Espoir de Saint-Étienne*, et a été relancée la veille dans *Le Rassemblement*, l'organe du RPF. Les interpellations pleuvent. Certains de ses contradicteurs évoquent la lettre de « démission » de Robert Lindon pour dénoncer le scandale que constitue l'enterrement de l'affaire. Comme la répression de la deuxième grande grève des mineurs bat alors son plein, les parallèles vont pleuvoir : « Les hommes qui ont amassé des fortunes grâce à la collaboration jouissent maintenant pour une bonne part tranquillement de leur trahison tandis que le gouvernement, indulgent aux collabos, a mené une politique de répression scandaleuse contre la classe ouvrière », tonne par exemple Emmanuel d'Astier de la Vigerie, alors député progressiste, à l'Assemblée.

Rien d'étonnant si le ministre est directement mis en cause. Car les textes de l'époque, notamment l'ordonnance du 26 juin 1944, adoptée par le gouvernement provisoire de la République à Alger pour déposséder de leurs prérogatives les magistrats, dont on craignait l'indulgence à l'issue de l'Occupation, laissent au commissaire du gouvernement, donc *in fine* au ministre, la responsabilité de poursuivre ou non. Dans son intervention du 3 février, André Marie a donné maladroitement l'impression que c'est l'intervention du comité d'entreprise qui a emporté la décision de classement. Cela lui vaut d'être attaqué des deux côtés de l'hémicycle. Le 8 février, car l'affaire occupe l'Assemblée nationale au cours d'une deuxième séance, le député de l'Oise Jean Legendre, spécialiste de ce genre de débats, que l'on retrouvera en 1954 ferraillant contre François Mitterrand lors de l'« affaire des fuites », s'exclame : « Si les ouvriers étaient venus vous demander la tête de M. Brice, auriez-vous répondu favorablement à leur demande et la leur auriez-vous donnée ? » Le parti communiste, de son côté, ne se reconnaît pas dans la démarche du comité d'entreprise et Jacques Duclos lit un texte attestant que cet organisme aurait pris cette initiative sans consulter le personnel et surtout sans l'approbation de René Arrachart, le responsable national du syndicat.

Le RPF, par la voix de René Capitant, demandera avec insistance la constitution d'une commission d'enquête, proposition qui sera repoussée par l'Assemblée. Le ministre ne pourra, au bout du compte, que répéter l'argument essentiel qui motivait officiellement le classement : « Je ne peux poursuivre un homme pour la responsabilité collective de sa société. Une société peut être traduite devant un comité d'épuration mais ce que je dois établir et rechercher, c'est la responsabilité personnelle de celui qui comparaît. » Réplique assez peu convaincante, nous l'avons vu, car il paraît difficile de ne pas repérer une responsabilité personnelle dans une partie au moins du dossier.

André Marie, affaibli par cette affaire, démissionnera le 13 février 1949. Sans doute pour calmer les esprits, le dossier sera brièvement rouvert le 9 mai 1949. Mais le temps a poursuivi son œuvre et les magistrats ne prêteront alors qu'une attention distraite aux nouvelles pièces justifiant, du point de vue du droit, un réexamen de l'affaire, notamment aux comptes rendus de ses activités si bien tenus par M. Fasolt.

Le dossier restera donc classé à jamais. Pierre Brice reprend officiellement en 1950 la direction de son entreprise. Celle-ci, après avoir payé sans problème une modeste amende de dix millions de francs pour « profits illicites », continue à prospérer pendant toute la période de la reconstruction. Elle retrouve ses clients habituels (les Ponts et Chaussées, la SNCF, la Marine), multiplie les contrats avec le secteur privé, exporte ses talents hors de France. L'inflation aidant, les bénéfices passent de dix millions de francs en 1941 à cinquante et un millions en 1945 et quatre-vingt-neuf en 1947. Le capital est augmenté dans les mêmes proportions : de dix-huit millions de francs en 1940, on passe à cent vingt-cinq en 1948. Tout va bien jusque dans les années soixante-dix, où la société est contrainte de déposer son bilan. Elle sera alors reprise par la Société générale d'entreprise. Son fantôme erre encore quelque part dans cette ex-filiale du groupe Saint-Gobain qui fait désormais partie de la Générale des Eaux.

L'affaire Brice, en fin de compte, apparaît exemplaire à bien des égards. Tout d'abord, sans doute, parce qu'elle a laissé des traces : elle a beaucoup contribué, en particulier, à accréditer l'idée, exagérée comme on le verra, qui veut que l'épuration du patronat français ait été inexistante à la Libération. Ensuite, et c'est plus justifié, parce qu'elle met en lumière certains points essentiels concernant la collaboration avec l'occupant et l'épuration des entreprises : le mécanisme qui transforme presque inéluctablement toutes les compromissions même mineures avec les Allemands en un véritable engrenage dont on ne peut sortir ; la distinction, lors des poursuites judiciaires après guerre, entre les personnes morales et leurs représentants, qu'on épargne, et les personnes physiques, les seules éventuellement incriminées si on peut leur attribuer des fautes directes et non contestables[41] ; le rôle essentiel et controversé qu'ont joué le parti communiste et la CGT dans le processus de l'épuration, etc. Enfin, parce que ce cas concret permet d'observer que, le plus souvent, il faut se garder de certains jugements simplistes sur le comportement des dirigeants d'entreprise entre 1940 et 1944, même vis-à-vis de ceux qui ont incontestablement travaillé volontairement avec les Allemands. On est bien loin, avec Pierre Brice, de l'image du petit patron « collabo » qui « fricote » avec l'occupant pour améliorer ses bénéfices, éliminer ses concurrents et obtenir quelques passe-droits. L'Allemagne est aussi une grande puissance économique et technologique voisine. Un partenaire naturel, donc, pour un industriel d'envergure. Un pays dont on admire les capacités techniques et dont on veut se faire respecter. Car Pierre Brice, il ne faut pas l'oublier, est certainement un homme qui a le sens de l'honneur. Mais celui de l'entreprise qui porte son nom passe bien avant celui du pays. Lui, le dit candidement. Combien de patrons, à l'époque, ont partagé le même sentiment sans le dire ?

IV

LES BONNES AFFAIRES DE MONSIEUR JOSEPH, MONSIEUR HENRI, MONSIEUR MICHEL & CIE

Joinovici et les trafiquants du marché noir

Ils réalisent des chiffres d'affaires, avoués ou occultes, que leur envieraient la plupart des patrons de PME, voire de firmes plus importantes. Ils emploient des secrétaires, des comptables, des manutentionnaires, des vendeurs. Ils concluent leurs plus grosses transactions, souvent la totalité, avec des clients étrangers, donc, au moins indirectement, à l'exportation. Ils procurent de la trésorerie et à l'occasion « donnent » du travail à beaucoup d'entreprises dont ils achètent une part importante des stocks et parfois de la production. Leur raison d'être : jouer les intermédiaires entre ceux qui cherchent des marchandises et ceux qui en possèdent, même si ce n'est pas toujours leur unique activité. Ils se présentent d'ailleurs plus volontiers, quand on leur demande leur profession, comme des hommes d'affaires que comme des dirigeants ou des gestionnaires.

« Ils », ce sont, dans les années quarante, ces agents économiques très spéciaux dont on ne retrouve pas alors la trace, sauf exception, dans les rubriques « finance », « commerce » ou « industrie » des journaux, mais plutôt, en bonne place, dans celles des faits divers ou de l'actualité judiciaire. Pendant l'Occupation, en effet, bien que discrets par nécessité professionnelle, ils ne pourront pas toujours éviter de voir parfois leur nom cité quand la presse annonçait les résultats de telle ou telle action menée par les services du contrôle économique ; et après la Libération, ils connaîtront souvent la notoriété grâce aux colonnes réservées à la chronique de l'épuration dans les quotidiens de l'hexagone. Car ces hommes d'affaires exerçaient un « métier » aussi lucratif qu'illégal : négociant en gros de marchandises non déclarées. En d'autres termes, ils avaient pour spécialité le marché noir, à l'échelle industrielle et avec pour principaux clients les Allemands.

Le plus connu de ces entrepreneurs bien particuliers, le seul sans doute dont le nom, devenu symbolique, est resté dans les mémoires jusqu'à aujourd'hui, Joseph Joinovici*, le « chiffonnier milliardaire » comme on le surnommera après guerre, n'a certes pas usurpé sa réputation. Il ne fut pourtant que le plus voyant, sinon le plus fortuné — Mandel Szkolnikoff, nous ne verrons, ne lui fut sans doute pas inférieur dans la course à l'enrichissement rapide —, de cette théorie d'affairistes sans scrupules dont le rôle direct et indirect fut essentiel lors de la mise en coupe réglée de l'économie française par l'occupant. Si essentiel qu'on ne peut le négliger quand on s'intéresse au destin des entreprises et de leurs dirigeants entre 1940 et 1944. Et cela bien que ces curieux « patrons » aient été pour le moins atypiques au regard des mœurs habituelles de la vie des affaires.

Comment et pourquoi devenait-on alors un de ces personnages emblématiques de la période qui a suivi l'armistice de juin 1940 ? Quelle fut la nature et l'ampleur réelle des activités des trafiquants du marché noir opérant à l'échelle industrielle ? Jusqu'à quel point, et dans quel dessein, les Allemands ont-ils suscité de telles « vocations » et facilité leur accomplissement ? Les patrons « classiques » et leurs entreprises se sont-ils gardés de recourir eux-mêmes, directement ou indirectement, à ces pratiques illégales ou d'en être les complices ? Pour tenter d'y voir plus clair, attachons-nous d'abord, comme à un fil directeur qui nous permettra au passage d'évoquer d'autres cas et d'autres questions, à la carrière « exemplaire » de Joinovici.

Monsieur Joseph, self-made man

C'est au milieu des années vingt qu'on trouve pour la première fois de façon certaine la trace de Joinovici en France, dans le nord de la capitale. Le jeune immigré est né en 1905 dans une famille juive de Bessarabie, une province de l'empire tsariste qui redeviendra roumaine en juin 1920 en vertu du traité de Trianon. Orphelin l'année même de sa naissance, il est élevé par des amis de ses parents, qui ne jugent pas utile de l'envoyer à l'école et le mettent au travail à l'âge de douze ans. Peu après son mariage avec Hana Schwartz, une femme de sa ville natale, Kichinev, il est parti, seul, vers l'Ouest, comme avant lui tant de ses parents, pour courir sa chance sous d'autres cieux. Dénué de véritable formation professionnelle, malgré quelques années d'apprentissage de la serrurerie et de la plomberie, il gagne sa vie dès son arrivée, en même temps qu'il acquiert des notions de français — qu'il parlera tou-

* On retrouve à peu près aussi souvent les orthographes Joinovici et Joanovici dans les diverses sources (*cf.* notes *infra)* sur lesquelles nous nous sommes appuyés. La première est celle retenue par la justice après guerre ainsi que par les Allemands, qui ont eu accès à des documents d'état civil roumains originaux, sous l'Occupation. Nous avons opté pour celle-ci, même si rien n'oblige à disqualifier la seconde, souvent choisie par la presse et sans doute d'origine « orale » (« Joinovici » peut se prononcer « Joanovici »), que l'usage tend à conserver.

jours très approximativement —, en commençant au bas de l'échelle une carrière de chiffonnier-ferrailleur. Comment a-t-il réalisé ses premières affaires, puis créé sa propre entreprise ? Le flou qui enveloppera toute la carrière de Joinovici est déjà là au début.

Son unique biographe, Henry Sergg, propose, sans indication de source bien précise, une version quelque peu romanesque des premiers pas qu'a accomplis en France le jeune expatrié[1]. Selon lui, il séjourne d'abord, misérablement, dans l'immense bidonville qui s'étend dans les années vingt entre l'ancien mur des fermiers généraux et les actuels boulevards des maréchaux, la « zone de Saint-Ouen ». Il a tout de suite vécu, survécu plutôt, en récupérant ici ou là de petites quantités de chiffons ou de métaux qu'il tente de revendre à des ferrailleurs. Il rencontre bientôt, au hasard de ses premières recherches de clients, un certain Yacoub, un immigré polonais, déjà installé dans le métier au point d'avoir pignon sur rue. Avec son bagout, et déjà aussi sa capacité à attendrir ou séduire ceux dont il a besoin, le petit Bessarabien rond et jovial réussit à devenir le protégé de son aîné, qui ne lui ménage pas ses conseils et son aide. Fini la « zone de Saint-Ouen », il peut déménager dans une habitation « normale » à Clichy. Embauché bientôt par Yacoub, qui fait immédiatement confiance à ce travailleur infatigable, il apprend vite. Il abandonne son modeste poste au tri des métaux afin de traiter de petites affaires pour le compte de son patron. À l'insu de ce dernier, il ne tarde pas en fait à œuvrer surtout pour lui-même. Ce qui explique pour une bonne part les difficultés rencontrées bientôt par l'entreprise de son bienfaiteur, dont la substance est « pompée » de l'intérieur. Pour surmonter cette mauvaise passe, Yacoub cherche un relais de trésorerie. Il le trouve... chez son employé préféré, qui n'hésite pas à lui prêter ses quelques économies, sans oublier de réclamer, seulement pour la forme bien entendu, un reçu. L'opération se renouvellera plusieurs fois. Et voilà comment un beau matin Yacoub apprend que sa société ne lui appartient plus ! Joinovici est sans doute encore à peu près illettré, mais il a toujours su compter et il a simplement attendu que son employeur se retrouve définitivement incapable de rembourser pour exiger, soit le paiement de ses dettes, soit la majorité de l'affaire. Yacoub, dès le lendemain, ne sera plus, avant d'être bientôt mis à la porte, qu'un des adjoints de son ex-employé, le nouveau maître des lieux. Et à vingt-deux ans à peine, en 1927, Joinovici serait ainsi devenu petit patron, mais patron quand même.

Ce récit a le mérite de laisser entrevoir de façon vraisemblable, vu ce qu'on apprendra par la suite, le contexte et le milieu dans lequel évoluera tout au long de sa carrière le jeune Joinovici. Il n'est cependant au mieux que partiellement exact. Car les enquêtes de la Gestapo pendant l'Occupation et de la police française après guerre, quand on peut les consulter, permettent de reconstituer un peu différemment cette période, bien que cette seconde version laisse elle-même subsister des incertitudes en raison de la qualité très inégale des informations et des témoignages reccueillis par les autorités, à commencer par les déclarations du principal intéressé. La date de l'arrivée en France de celui-ci, qui varie entre 1921 et 1927 selon les sources, ne semble pas mystérieuse en fin de compte, car la police et les proches du ferrailleur s'accordent sur la date de 1925, le 24 juin exactement d'après les registres officiels[2]. Il est plus difficile déjà de savoir avec certitude si le Bessarabien a rejoint Paris sans le sou, comme l'affirme Henry Sergg, ou avec un pécule. Peut-être pour tenter d'établir une improbable respectabilité, Joinovici assurera en effet après guerre avoir bénéficié d'un généreux cadeau de la grand-mère de sa femme à l'occasion de leur mariage, le mois précédant son départ de Roumanie. Celle-ci, expatriée depuis longtemps aux États-Unis, lui aurait donné trente mille dollars pour faciliter l'installation dans la vie du jeune couple.

Qu'un don bienvenu ait permis l'expatriation dans des conditions de très relative aisance, ce n'est pas impossible. Un commissaire fera cependant à la Libération une remarque de bon sens — mais il ne s'agit que d'une opinion — en observant que, si le nouvel arrivé avait disposé d'un tel pactole, on ne voit pas pourquoi il aurait commencé sa carrière si modestement. Car il paraît certain, d'après des témoignages directs, que le futur milliardaire a dû, pour son premier emploi, se contenter d'une place de manœuvre, à l'occasion de commis, chez un chiffonnier-ferrailleur de Clichy, Benjamin Krough. Celui-ci était un cousin éloigné, semble-t-il, de sa famille ou de sa belle-famille. Joinovici gardera cette place pendant deux ans mais, avec ou sans l'accord de son patron, il entamera aussi assez vite un parcours autonome en louant, dit un rapport de police, une « baraque vétuste dans la zone de Clichy » où, « nanti d'une poussette à bras, il ramassait des vieux vêtements, chiffons, ferraille, etc., en criant à tous les vents sa raison sociale ».

Ce commerce parallèle marche-t-il convenablement grâce au sens inné de la vente d'un ambitieux débutant ? Le cadeau de mariage, même plus modeste qu'annoncé, existe-t-il bel et bien et est-il alors consommé à cet usage ? Ou bien l'hypothèse Yacoub a-t-elle quelque réalité ? Toujours est-il qu'en 1927 Joinovici s'émancipe professionnellement, se mettant définitivement à son compte, avant de fonder, officiellement du moins, sa première société, au capital de cinquante mille francs, en 1929, année où on le trouve inscrit au registre du commerce. Il a au début deux associés, David Bidnik et David Millner, mais on le retrouve bientôt seul maître de son entreprise, la Société de récupération des métaux, transformée un peu plus tard en Société de triage et de récupération.

L'irrésistible ascension commence. Joinovici, jamais en repos, est déjà connu dans son milieu professionnel et devient vite un grossiste. Il ne cesse de démarcher clients et fournisseurs, non seulement dans la région parisienne mais aussi un peu partout en province où il va acquérir la collecte des chiffonniers locaux. Dès 1927, il a pu accueillir à Paris sa femme, qui lui donne deux filles en 1928 et 1929. En 1931, il a fait venir son frère, Mordhar, qui francisera son prénom en Maurice. Il créera d'ailleurs en 1936 une nouvelle société, les Établissements Joinovici Frères. La France est alors déjà entrée dans la crise économique des années trente mais, dans le secteur de la ferraille, les entrepreneurs les plus avisés n'ont pas souffert trop longtemps de la conjoncture. La stratégie de la ligne Maginot, en particulier, requiert toujours plus de métaux pour construire les ouvrages fortifiés. Et « Monsieur Joseph », comme on a commencé à surnommer le truculent petit patron auquel nul ne semble résister, ne rate aucun des marchés qui s'ouvrent. Pour pouvoir fournir, il parcourt les pays limitrophes, crée des filiales en Belgique et aux Pays-Bas.

Et déjà des bruits courent. D'aucuns l'accusent d'être un agent soviétique, d'autres un partisan voire un espion du régime hitlérien. Aujourd'hui encore, on ne sait si ces deux rumeurs apparemment contradictoires, qui persisteront après guerre, s'appuyaient sur des faits réels. Un rapport de la police belge de 1935, jamais recoupé, tend à accréditer la première[3]. La seconde, plus étonnante, du moins avant que ne débute l'Occupation, a pu être lancée par des concurrents ou par des informateurs des services secrets qui ont sans doute entendu parler d'importantes livraisons de ces précieuses matières que représentent les métaux non ferreux par l'entreprenant Joinovici aux Allemands, dans la seconde moitié des années trente, au moment même où ces derniers accéléraient leur réarmement. Les sociétés-relais du ferrailleur établies dans des pays voisins du Reich étaient bien placées en effet pour réaliser de telles opérations. Et on verra d'ailleurs, ce qui est significatif, que Monsieur Joseph connaissait déjà avant la guerre des confrères d'outre-Rhin dont il était le fournisseur. De là à en conclure qu'il était prohitlérien ou « honorable correspondant » des services secrets nazis, il y a un grand pas. Un pas que ne franchira pas, d'ailleurs, le capitaine Radecke, responsable de l'Abwehr en France sous l'Occupation, quand la justice l'interrogera après la Libération, à un moment où il n'aurait plus eu aucune raison de protéger d'anciens agents*.

Toujours est-il que le jour où les armes s'apprêtent à parler, et contrairement aux idées reçues d'après guerre où l'on attribuera généralement la totalité de sa « réussite » à son activité sous l'Occupation, Joinovici, loin d'être un petit chiffonnier en mal de chiffre d'affaires, est un homme arrivé, et reconnu comme tel par ses concurrents que son assurance inébranlable et sa débrouillardise fascinent autant que son

* Joinovici affirmera après guerre qu'il avait fait courir lui-même pendant l'Occupation le bruit de son affiliation à l'Abwehr et de son rôle d'important fournisseur du Reich dans les années trente afin d'être bien vu de ses protecteurs allemands. Ses livraisons outre-Rhin avant guerre, assurera-t-il, n'avaient été qu'indirectes : il livrait des maisons étrangères qui elles-mêmes fournissaient parfois le Reich. Ces « explications », bien que compatibles avec les déclarations de Radecke, ne suffisent pas, évidemment, à nous faire comprendre pourquoi des bruits couraient déjà avant guerre sur les relations troubles de Joinovici avec l'Allemagne. Le dossier d'instruction de son « affaire » laisse de plus à penser qu'il a bien organisé lui-même des transactions « discrètes » au profit du régime hitlérien à la fin des années trente.

intelligence. Il est déjà millionnaire, quinze ans à peine après être parti de moins que rien. Les Établissements Joinovici Frères de Clichy et l'entreprise sœur, la Société de triage et de récupération, domiciliée alors dans le XVIIe arrondissement de Paris, possèdent plus de vingt camions et avouent officiellement — la réalité, en raison de la propension déjà connue du ferrailleur à « oublier » de déclarer une partie des transactions[4], va certainement bien au-delà — des ventes annuelles supérieures à onze millions de francs en 1939. Le groupe est sans doute alors, sinon un des « grands » dans son secteur en France, du moins un des dix premiers de sa spécialité dans la région parisienne.

Lorsque la guerre est déclarée, Joinovici essaie de s'engager, ou feint de vouloir le faire comme le supposent beaucoup. Quoi qu'il en soit, parce qu'il est étranger, comme il l'assurera lui-même de façon peu convaincante, parce qu'il est déjà suspect d'intelligence avec des puissances étrangères, comme on l'a vu, ou pour une autre raison, l'armée ne l'accepte pas. Il aurait voulu alors contribuer à l'effort de guerre de son pays d'adoption en envoyant un chèque de trois mille dollars au ministre de la Défense Édouard Daladier. Si ce don — maintes fois évoqué, jamais avéré de façon certaine, le chèque n'ayant pu être retrouvé malgré des recherches — est authentique, il paraît bien dans la manière de l'habile ferrailleur, qui a compris depuis longtemps que les apparences de l'honorabilité, à défaut de sa réalité, se monnaient ou en tout cas s'obtiennent par des échanges de services. Il le prouvera bientôt, après son retour de La Rochelle, où il a fui entre la mi-juin et la mi-juillet 1940 avec sa famille et une partie de ses stocks, en n'oubliant pas de réclamer à la mairie de Clichy un précieux certificat assurant qu'il s'est occupé bénévolement du ravitaillement de la ville lors des premiers temps de l'Occupation[5]. Il l'avait déjà montré en se liant à la fin des années trente avec un ancien officier supérieur et un sous-directeur de la préfecture de police, Pierre Barré et Henri Verdier, qu'il introduira dans ses affaires. Et avant la fin de l'été 1940, il poursuivra dans la même voie en embauchant deux ex-policiers de Clichy, MM. Gaget et Milcent, pour l'assister dans son commerce.

Le charme du chiffonnier parvenu opère donc à l'époque de la déclaration de guerre dans des milieux plus huppés que ceux des ferrailleurs, les seuls vraiment fréquentés les premiers temps. Joinovici, il est vrai, a tout fait pour « monter ». Il sait se montrer généreux avec les puissants ou les « gens bien » qu'il réussit à croiser. Pour les rencontrer, il s'est résolu, malgré son attachement à Clichy, à posséder une adresse personnelle à l'intérieur de Paris, non loin du quartier de l'Étoile, dans la très bourgeoise rue Albert-Samain. Il n'a pas hésité non plus à se séparer de sa femme, qui, paraît-il, ne se plaisait pas — et, peut-être, qu'il ne jugeait pas présentable — dans la nouvelle société qu'il fréquente. Il continuera toujours à l'assister financièrement mais auprès de lui se tiendra désormais, au bureau comme dans l'intimité, sa maîtresse et fidèle secrétaire Lucie Schmitt, qui aurait été plaisamment surnommée Lucie-fer par les ferrailleurs qui reconnaissent son professionnalisme. Elle-même devra céder la place, ou plus exactement, une partie de la place, à partir de la fin 1941, à une autre collaboratrice du ferrailleur, Greta Koch.

Cette quête de respectabilité, Joinovici la poursuivra à sa manière très particulière à partir de 1940. Il est arrivé en France roumain, donc citoyen d'un pays en délicatesse avec l'URSS. Mais dès fin juin 1940, les Soviétiques, alliés des nouveaux occupants de la France, ont repris le contrôle de la Bessarabie ; et voilà que Monsieur Joseph se découvre un profond attachement à cette nouvelle mère patrie et va demander au consulat d'URSS à Paris un nouveau passeport. Il l'obtiendra le 3 mars 1941, avec une facilité qui renforcera les soupçons de ceux qui voient en lui un agent soviétique. En 1941, après la rupture du pacte germano-soviétique, on le retrouvera évidemment roumain... puis de nouveau soviétique en 1944 — année où il se fait par ailleurs fabriquer un faux passeport espagnol pour pouvoir se mettre à l'abri si les choses tournent mal à la Libération. Plus ennuyeux, bien entendu, au moment où les nazis commencent à tenir le haut du pavé et où apparaissent les premières lois antisémites décrétées par les occupants et par Vichy, sa religion s'annonce comme un redoutable handicap pour ses affaires et peut-être bientôt — il est assez lucide pour s'en rendre vite compte — pour sa sécurité. Il commence donc, l'un des premiers, par « aryaniser » volontairement son entreprise avec des hommes de paille au-dessus de tout soupçon, notamment le précieux fonctionnaire de police Verdier, lui-même se contentant désormais du titre de conseiller technique, qui ne l'empêchera évidemment pas de continuer à tout diriger. Il ne ménagera pas sa peine les mois suivants pour obtenir un certificat d'aryanité. Les curieux documents roumains attestant de sa religion orthodoxe qu'il produira alors lui seront assurément moins utiles pour atteindre, ainsi que son frère, cet étonnant résultat pour un petit patron notoirement juif que ses relations chez l'occupant.

Joinovici a tout de suite compris, en effet, non seulement que le début de la guerre ne signifiait pas la ruine de ses activités mais même qu'il était, en tant que spécialiste de la récupération des vieux métaux, sur un véritable créneau. À condition, bien entendu, d'ignorer les contraintes de la réglementation des marchés mise en place par les autorités de Vichy — pour économiser en particulier les matières premières non réquisitionnées par les Allemands, devenues rares et précieuses — et de devenir le fournisseur privilégié du client à la fois le plus important, le plus solvable et le moins regardant — la guerre n'attend pas ! — quant à la « morale des affaires », à savoir l'occupant. Les témoignages de collaborateurs ou de proches feront état après guerre de discours plutôt antinazis de sa part tout au long de l'occupation, ce qui peut sembler naturel en raison de la politique raciste du régime hitlérien. Les faits, malgré son talent pour pratiquer le double jeu, prouvent que ses comportements suivirent exactement la ligne contraire... tant que la défaite allemande ne parut pas presque certaine.

Joinovici, on l'a dit, sait se faire des relations et les utiliser au mieux de ses intérêts. Il le démontrera encore tout au long de la guerre. Quand l'année 1940 se termine, il est déjà l'un des « grands » du trafic de la ferraille dans la zone occupée. Un rapport des services du Contrôle économique de début 1941 évoque les affaires qu'il a déjà réalisées grâce à des officiers allemands, d'anciens courtiers qu'il avait connus avant le début des hostilités. Ceux-ci sont ravis d'avoir trouvé si vite un fournisseur zélé pour la Wehrmacht, d'autant qu'il n'oublie pas de leur réserver une commission sur chaque opération. Mais surtout, il saura s'introduire assez rapidement dans le plus important « bureau d'achat » allemand, resté célèbre sous le nom de bureau Otto, et gagner la confiance de son animateur Hermann Brandl, alias Otto. Ce serait, d'après Joinovici, son collègue et ami d'avant guerre Zelman Krasnik, alias Louis Nivelle, devenu sous-directeur du département cuirs et métaux du bureau Otto peu après sa création, qui lui aurait présenté, début 1942, son supérieur direct, le docteur Fuchs, bras droit d'Otto, puis le grand patron lui-même. Opportunément parti pour les États-Unis à l'époque de la Libération, Krasnik ne pourra être interrogé qu'en 1947. Il expliquera alors qu'il n'avait eu nul besoin de jouer les intermédiaires car Monsieur Joseph avait très vite trouvé tout seul l'adresse de l'organisme allemand afin de lui livrer le produit de ses collectes « parallèles ». Il avait en revanche, précisera-t-il, indirectement aidé Joinovici à devenir l'expert en métaux du bureau Otto en lui abandonnant cette partie de sa propre fonction quand, à la suite d'une fraude sur la marchandise l'ayant rendu suspect aux yeux des Allemands, il avait dû chercher une autre occupation au cours du premier trimestre 1942. Monsieur Joseph avait alors, il est vrai, d'autant plus besoin de se mettre au service direct de l'occupant pour prouver son ardeur collaboratrice qu'il venait d'être libéré après trois mois de prison fin 1941 pour... corruption de militaires allemands. Il lui fallait donc à la fois se « blanchir » et remercier les autorités d'occupation qui, à la suite de témoignages garantissant ses talents de dénicheur de matières au service du plus offrant, l'avaient fait élargir en abandonnant les poursuites*.

Quand l'Abwehr organise le marché noir

Impossible d'imaginer et de comprendre ce que fait Joinovici jusqu'en 1944 sans évoquer le système des « bureaux d'achat » allemands et la genèse du principal d'entre eux. Une fois la défaite des Français consommée, les occupants, on le sait, ont rapidement défini et appliqué

* Joinovici laissera entendre après guerre qu'il avait été arrêté pour faits de résistance. Certains de ses collaborateurs avaient effectivement organisé une filière de départ pour Londres à partir de sa succursale de La Rochelle, ce qui vaudra à un neveu du ferrailleur une déportation outre-Rhin et à M. Gaget d'être fusillé. Mais cette action clandestine avait été entreprise très probablement à son insu. Ce n'était en tout cas pas la raison de son arrestation.

une stratégie d'exploitation économique du pays vaincu. Outre les réquisitions officielles ou « sauvages » entreprises dès l'arrivée des troupes allemandes, outre, à partir de l'automne 1940, les accords négociés en position de force avec le gouvernement de Vichy pour qu'il ordonne aux industriels de livrer des proportions sans cesse croissantes de la production hexagonale outre-Rhin, cette politique d'« aspiration » des richesses fut organisé selon un processus extraordinairement efficace consistant à faire payer par les Français eux-mêmes leur spoliation grâce au fameux article 18 de la convention d'armistice prévoyant le paiement de « frais d'entretien des troupes d'occupation » par leurs hôtes forcés. Une fois fixé le montant de ces « frais » à un niveau tellement exorbitant — avec quatre cents millions de francs par jour, ils représentaient approximativement la moitié du budget du pays, autrement dit une somme équivalant aux dépenses budgétaires courantes de l'État[6] ! — qu'il était strictement impossible de les dépenser « normalement », même en accordant de généreux bons d'achat à tous les soldats occupants, il ne restait en effet qu'à utiliser autant que possible ce trésor inépuisable pour le détourner de son usage théorique. Ainsi achètera-t-on avec les billets de la Banque de France tout ce qui était réellement ou potentiellement en vente et qui pouvait être utile ou agréable au IIIe Reich, aussi bien en premier lieu pour fournir l'armée et les industriels à son service qu'en second lieu pour faire oublier quelque peu les difficultés des temps de guerre à la population d'outre-Rhin. L'acquisition d'entreprises, par ce biais, fut même tentée ; mais l'essentiel était ailleurs : il fallait s'emparer des matières et des marchandises de toutes sortes que détenaient les Français.

Deux obstacles majeurs pouvaient cependant entraver la réalisation de cet objectif jugé primordial pour appuyer l'effort de guerre hitlérien. D'une part, les autorités de Vichy, on l'a vu, ont assez rapidement érigé des barrières pour rendre non seulement les prises de participation mais même toutes les exportations vers l'Allemagne sujettes à autorisation, donc théoriquement toute vente non officielle outre-Rhin impossible. D'autre part, une grande partie des stocks de produits ou de matières des entreprises — surtout des PME, moins « transparentes », mais aussi des grandes firmes — avaient été dissimulés ou étaient en train de l'être depuis que leur déclaration, dès le début de l'Occupation, était devenue obligatoire. Les industriels craignaient de les voir réquisitionnés, alors qu'ils étaient essentiels pour permettre la poursuite de l'activité ; ou tout simplement d'être obligés de les vendre aux prix imposés par le gouvernement, beaucoup moins lucratifs que ceux qu'ils espéraient obtenir chez n'importe quel client prêt à payer les « cours du jour », déjà soufflés par l'apparition ou la crainte de pénuries. Beaucoup de marchandises n'apparaissaient donc pas sur le marché. D'un côté, ainsi, on trouvait des acheteurs avides et sans aucun problème de trésorerie, prêts à surpayer ce qu'on leur proposerait ; et de l'autre, des vendeurs potentiels, avec une certaine capacité de production et des stocks cachés déjà existants ou en constitution mais sans le droit de commercer avec les précédents. Les conditions de la création d'un marché parallèle furent rarement aussi bien réunies. Seul un patriotisme intransigeant ou un respect scrupuleux des règlements et des consignes édictés par les autorités pouvaient empêcher les industriels de l'hexagone que la nature ou la taille de leur entreprise ne retenaient pas de prendre un tel risque d'être tentés par les opportunités d'affaires qui s'ouvraient. Et nombreux — on ne connaît pas les statistiques mais sans doute ont-ils représenté une très forte minorité — furent ceux qui ne résistèrent pas à cette tentation, que ce soit pour assurer, en ces temps difficiles, l'avenir de leur entreprise et de ses emplois ou, plus prosaïquement, et avec une motivation que nul n'acceptera évidemment de « comprendre » après guerre à l'heure de l'épuration, pour réaliser de fructueuses opérations au nom du principe « les affaires sont les affaires ».

Ne restait aux Allemands qu'à créer les organismes aptes à fournir un lieu de rencontre entre cette offre nécessairement plus ou moins clandestine — en général plus que moins, puisque le Contrôle économique français veillait — et la demande elle aussi nécessairement discrète puisque non conforme à la lettre des accords entre les deux gouvernements — mais là plutôt moins que plus car le rapport de forces entre les autorités d'occupation et les autorités françaises était évidemment des plus déséquilibrés et permettait aux premiers d'en prendre à leurs aises. Ces organismes, ce seront les bureaux d'achat, qui poussèrent comme des champignons dans le Paris de l'automne 1940 et surtout de l'hiver 1940-1941, la province suivant plus modestement et avec retard. Le pionnier, semble-t-il, s'est installé au numéro 1 de la rue Saint-Florentin dans un local du ministère de la Marine. Il fut ouvert théoriquement pour assurer, sous la direction du Hauptmann (capitaine) Klauss, les seuls achats de la Kriegsmarine. Toutes sortes de marchandises, la spécialité de la maison étant les tissus, seront en fait acquises « au noir » sans que leur utilité pour des marins soit le moins du monde évidente : on accumulait ainsi des stocks de maroquinerie, des parfums, etc. Un des premiers fournisseurs du lieu sera Mandel Szkolnikoff, dont nous aurons à reparler. La Luftwaffe, puis les SS, puis toutes les principales autorités allemandes représentées en France et disposant d'agents efficaces firent de même, créant d'ailleurs souvent plusieurs officines. La plupart des bureaux d'achat étaient donc plus ou moins dépendants d'une administration centrale, en tout cas à l'origine puisqu'ils essaimèrent vite en une multitude de sous-bureaux disposant d'une certaine latitude. Un, pourtant, s'avérera très vite totalement autonome au niveau du fonctionnement quotidien : le fameux bureau Otto, en effet, sera non seulement le plus important de tous mais aussi une organisation un peu à part au sein de cette constellation de centrales de marché noir[7].

Hermann Brandl, quarante ans en 1940, possédait une double formation d'espion et d'industriel qui le prédisposait à développer la double vocation de l'organisme qu'il anima pendant l'Occupation. Quand les responsables de l'Abwher, autrement dit les services de renseignements de l'armée allemande, ouvrent, en septembre 1940, un service à Paris, à l'hôtel Lutétia, ils ne peuvent que penser à lui. Ingénieur diplômé, ancien dirigeant d'une firme de chauffage central en Belgique dès les années vingt, collaborateur d'un inventeur et détenteur lui-même d'un brevet pour le perfectionnement des gazogènes connu en France sous le nom de « système Otto », il est alors depuis de très nombreuses années également agent de l'Abwehr. Dépendant de l'antenne de Cologne, il s'est spécialisé depuis les années trente sur la France, où il a fait de nombreux séjours avant guerre et dont il maîtrise parfaitement — ainsi que sa compagne « Mary » — la langue. C'est le « patron » de l'Abwehr à Berlin, l'amiral Canaris, soucieux de préserver l'autonomie de son antenne parisienne face au commandement militaire du Majestic, qui aurait demandé lui-même qu'on crée une branche commerciale dans le service, sans imaginer alors son extension future*. Assurer son indépendance financière, n'est-ce pas le meilleur moyen à la fois de garantir son indépendance tout court et de se procurer le nerf des guerres secrètes, l'argent qui permet de corrompre et de monter des opérations ? Sans compter que disposer d'une « couverture » est un des principaux soucis de tout agent secret et qu'une activité commerciale permet de justifier à peu près tous les contacts. Ainsi naquit et grandit le bureau d'achat de l'Abwehr, avec à la fois une mission particulière d'espionnage et *de facto* un rôle à jouer dans le système général d'exploitation économique de la France. Dès 1941, la « mission particulière » se dédoubla elle-même car au travail de renseignement classique s'ajouta — fruit de la collaboration entre services allemands en France — une tâche de police secrète au service de la Gestapo. Des agents français au service d'Otto, comme Rudy de Mérode, s'illustreront dans cette sinistre entreprise, ce qui permettra de parler après guerre, notamment à leur sujet, de « Gestapo française ».

Au début, le bureau Otto fut donc simplement, conformément à sa vocation, un nid d'espions qui voulait se financer et se trouva amené par là même à « faire des affaires ». Ses tout premiers pas, le temps qu'Otto s'impose comme le seul patron, furent d'ailleurs dirigés par un « non commercial », le capitaine Radecke, homme de renseignement. Mais sans doute parce que Hermann Brandl avait le génie des affaires et savait s'entourer d'hommes éventuellement sans scrupules mais toujours efficaces, ce qui devait être une simple activité annexe prit, à côté du travail de l'ombre, des proportions gigantesques. Tous les « concurrents », pourtant eux spécialisés en général uniquement dans ce métier de l'import-

* Le capitaine Radecke, lors de son interrogatoire après guerre, dira que l'amiral Canaris avait simplement voulu charger l'antenne de l'Abwehr à Paris, qu'il dirigeait, de réaliser à l'occasion quelques achats, sans songer alors à créer un véritable bureau commercial et à organiser ainsi un financement parallèle des activités de l'Abwehr. Et il s'attribuera par là même, sans doute en exagérant son rôle, la paternité principale de la création « en grand » de l'organisme dont Otto sera l'animateur.

export non officiel, seront surpassés. Comme, dès l'origine, Otto voyait grand, et comme il avait bien entendu compris qu'il serait plus facile — autrement dit moins compromettant pour eux — de recevoir les hommes d'affaires ou industriels français à une adresse « civile », on installa d'ailleurs rapidement le nouvel organisme loin du Lutétia, dans trois immeubles successivement réquisitionnés par l'Abwehr à deux pas de l'avenue Foch, aux numéros 18, 23 et 24 du square du Bois-de-Boulogne.

Après à peine plus de six mois de fonctionnement, au printemps 1941, le bureau d'achat emploie environ quatre cents personnes, alors qu'il est encore loin de son apogée. Rien d'étonnant si, dès cette date, on se met à rechercher déjà de nouveaux mètres carrés, toujours dans un quartier prestigieux bien sûr. Otto se voit indiquer une piste par son agent Masuy, de son vrai nom Georges Delfanne, un Belge retourné par l'Abwehr au début de la guerre après avoir trop peu discrètement fait sortir d'Allemagne — contre finances bien sûr — une famille juive. Celui-ci restera tristement célèbre à travers l'adresse de son propre sous-bureau d'achat, 101, avenue Henri-Martin, et surtout pour avoir « inventé », dans la lutte contre les résistants dont il fut un des animateurs les plus féroces, le supplice de la baignoire. Il apprend à Otto l'existence d'un bel immeuble vide dans le XVIe arrondissement, 6, rue Adolphe-Yvon, près de l'avenue Victor-Hugo. On y envoie en repérage le spécialiste des réquisitions d'immeubles de l'organisation, Frédéric Martin, un ancien entrepreneur de travaux publics de Metz, évadé en juin 1940 des geôles de l'hexagone où l'avait amené un double travail de terrassement au profit des Français et d'espionnage au profit des Allemands sur la ligne Maginot en 1936.

Plus connu par la suite sous son pseudonyme prétentieux, Rudy de Mérode, Frédéric Martin, également à la tête d'un sous-bureau d'achats et spécialiste de la récupération musclée des stocks d'or chez les particuliers (ses saisies auraient dépassé au total les quatre tonnes de métal précieux !), est surtout chargé de la sécurité et du convoyage des fonds dans le « groupe Otto ». C'est, tout comme Masuy, un des « durs » de l'organisation. Sa participation personnelle aux séances de torture de résistants dans ses locaux « commerciaux » de la rue Pétrarque puis du boulevard Maurice-Barrès à Neuilly a laissé aux rares survivants d'effroyables souvenirs. D'aucuns assurent, ajoutant à l'horreur, que ses fournisseurs — souvent de « purs » trafiquants mais aussi à l'occasion de véritables industriels convertis au marché noir — croisaient parfois, surtout après 1942, dans les couloirs desdits locaux des prisonniers enchaînés et encadrés d'hommes de main sans pour autant renoncer à leurs lucratives affaires. Martin mettra pourtant presque un an à obtenir les clés du bâtiment convoité par Otto, en fait l'hôtel particulier du prince Georges de Grèce, qui avait confié ses intérêts au consulat d'Argentine. Les manœuvres de retardement entreprises par les diplomates sud-américains pour tenter d'empêcher l'opération ne pourront durer au-delà de la fin du printemps 1942. Cet agrandissement du bureau Otto ne s'avérera pas suffisant puisqu'on devra procéder au cours de la même année à une nouvelle réquisition, celle d'un immeuble voisin dans la même rue, au numéro 7, pour s'étendre.

Square du Bois-de-Boulogne comme rue Adolphe-Yvon, on agit avec méthode pour arriver à ses fins. On anticipe en quelque sorte sur les techniques d'aujourd'hui vantées par les théoriciens du management en matière de « marketing-achat ». On entreprend non seulement de créer un cadre « sécurisant » et attractif pour séduire les détenteurs français de stocks de matières et de marchandises mais aussi de promouvoir une approche dynamique du « marché ». Ainsi, on fait d'abord savoir, avec succès car de telles nouvelles se répandent vite, qu'on recherche les produits les plus variés et qu'on est prêt à les acquérir au plus haut cours et anonymement. Aucune liste en clair des noms des industriels vendeurs ne sera effectivement retrouvée après guerre dans les archives du bureau d'achat ; et même la SNCF n'a pu réussir à garder la trace de l'origine des livraisons car elle avait reçu l'ordre de détruire les bordereaux compromettants. S'agissant des prix également, on ne mentait pas : pour ne prendre qu'un exemple, celui des cuirs verts, le cours, fixé par Vichy à neuf francs le kilo, atteignait quinze francs pour un achat au niveau local par un petit démarcheur « au noir », une trentaine de francs en arrivant dans la capitale et le double, soit huit fois le cours officiel environ, dans les locaux d'Otto ! Des dizaines et des dizaines de fournisseurs sont donc venus chaque jour faire la queue aux heures réservées aux achats, en début d'après-midi de 14 à 17 heures, pour proposer leurs échantillons. Mais il n'est pas question pour Otto de se contenter d'attendre les offres. D'autant qu'évidemment nombre d'industriels ne sont guère enclins — par prudence pour beaucoup, par conviction pour d'autres — à livrer directement une officine allemande de marché noir, même « civile » et aussi importante soit-elle. On s'applique donc à spécialiser le personnel (acheteurs, experts pour le contrôle de qualité, etc.) et à segmenter — on n'emploie pas alors ce mot, bien entendu — les marchés. On crée ainsi des départements s'occupant de secteurs particuliers (cuirs, métaux, articles de ménage, textiles, etc.) et on recrute surtout — les offres de service ne manqueront pas — d'innombrables intermédiaires plus ou moins qualifiés. Ces sortes de représentants « à l'envers » ont pour tâche de débusquer dans toutes les régions les marchandises potentiellement disponibles dans leur domaine d'activité par tous les moyens, y compris les moins honnêtes comme le chantage à la réquisition ou à la dénonciation de stocks cachés. Par ailleurs, du moins quand ils n'appartiennent pas ouvertement comme certains d'entre eux au milieu, ces acheteurs disposent évidemment d'une façade commerciale plus présentable que celle d'Otto pour « travailler » avec les industriels. Ils permettent à ces derniers de se justifier auprès de leur entourage ou de leur personnel : les fournisseurs peuvent prétendre en effet, hypocritement le plus souvent bien sûr, réaliser des affaires certes illégales mais avec des Français et non avec l'occupant. Et s'il y a un « raté », si le Contrôle économique français remonte une piste de marché noir grâce à une dénonciation ou pour une autre raison, tout le monde est protégé car on peut faire appel à travers Otto à la police allemande officielle afin qu'on classe le dossier : on aurait dénombré plus de trois mille interventions de ce type à Paris seulement entre 1940 et 1944[8].

Avec ces méthodes, les affaires d'Otto se développent si rapidement que les problèmes de logistique ne se résumeront plus, très rapidement, à de simples soucis immobiliers. Dans les bureaux du XVIe arrondissement, on ne manipule que des échantillons, mais les livraisons suivent. Le stockage, la manutention et l'expédition des marchandises outre-Rhin requièrent des installations adéquates, avec des magasins couverts, du matériel de levage, des liaisons avec les chemins de fer et les voies d'eau, etc. On s'empare donc, dès 1941, des « Docks de Saint-Ouen », jusque-là utilisés par la Compagnie des chemins de fer du Nord, par voie de réquisition autoritaire et, en partie, de location. Le bureau d'achat dispose ainsi de plusieurs hectares de bâtiments et de quais de chargement ou de déchargement dans le nord de la capitale. Plus de deux cents ouvriers ou contremaîtres dirigés par l'énergique lieutenant Uthoff, bien payés pour l'époque (cinq mille à douze mille francs mensuels), seront bientôt employés sur ce site pour réceptionner les marchandises et, après contrôle, les expédier par wagons ou péniches vers l'Allemagne. Un transitaire exclusif, l'importante société allemande Shenker & Cie, prend en charge les opérations dès le départ de Saint-Ouen. À la fin de la deuxième année de l'Occupation, on renforcera ces moyens logistiques en réquisitionnant également les docks de Saint-Denis et le port de Satory.

L'évolution du montant des achats montre à quel point la maîtrise de la croissance a dû être une question essentielle à résoudre pour le bureau Otto. Dès octobre 1941, après environ un an d'activité donc, Rudy de Mérode, accompagné de quelques-uns de ses hommes de main, est chargé d'aller chercher chaque matin à la ROGES, 37, boulevard des Capucines, la société qui gère d'un point de vue comptable et administratif les mouvements de marchandises vers l'Allemagne*, une

---

* La ROGES, diminutif de Rohstoffhandelsgesellshaft Mbh, était une société spécialisée dans les achats de matières premières créée par les Allemands en janvier 1941 pour mieux contrôler ces opérations. Son antenne parisienne devait financer les achats de produits français — autrement dit financer les bureaux d'achat — et organiser administrativement leur répartition entre les industriels ou les collectivités locales outre-Rhin. On ne sait à quel prix les matières et les marchandises acquises au cours du marché noir étaient rétrocédées aux Allemands destinataires. Mais le prix d'achat n'était sans doute pas un facteur important pour déterminer le prix de vente puisqu'il était, on l'a vu, acquitté pour l'essentiel par les Français eux-mêmes à travers le système des prétendus frais d'occupation. Un officiel allemand a évalué dans un rapport de janvier 1943 retrouvé après guerre à 85 % la proportion des achats au marché noir ainsi « couverts » par les versements français (*cf. Le Procès de Nuremberg : l'accusation française*, Office français d'édition, 1946). La ROGES emploiera jusqu'à deux cent cinquante personnes à Paris, dont soixante Français.

somme de cinquante millions de francs environ pour alimenter la trésorerie nécessaire aux affaires du jour. À l'automne 1942, douze mois plus tard, le chiffre d'affaires du bureau d'achat s'envole. En octobre de cette année-là, la barre des cent millions de francs quotidiens est franchie, en novembre et décembre on atteindra même les cent cinquante millions. Des chiffres qui n'ont rien d'étonnant lorsqu'on sait que le seul département « outillage » de l'organisation aurait effectué huit milliards de francs d'achats pendant l'Occupation ! Le total général des transactions effectuées pour le compte d'Otto sous l'Occupation est resté inconnu. Il a été estimé « officiellement » après guerre à trente-sept milliards de francs, mais aurait été plus proche de cinquante milliards si l'on tient compte de ses activités non repérables par ceux qui ont fait ce calcul[9]. Après guerre, le commissaire Petit, chargé d'une enquête secrète par le contrôle économique français en mai 1942, évaluera pour sa part plutôt à soixante milliards le chiffre d'affaires global d'Otto lors de son audition devant une cour de justice pour une affaire de marché noir[10]. À l'occasion de divers procès où il a été appelé à témoigner à la Libération, et notamment en 1949 lors de celui de Joinovici, le caissier principal du « groupe » Otto de juin 1942 à juillet 1943, Jean Georges, avouera se souvenir d'une journée historique, celle du 22 décembre 1942, où il a eu à verser aux fournisseurs la somme inimaginable de 322 millions de francs en quelques heures. Pour appréhender ce que signifie un tel niveau d'activité, il suffit de se souvenir que le chiffre qui le mesure ce jour-là est du même ordre de grandeur que celui des prétendus frais d'occupation, lesquels représentent sur une base annuelle, on l'a dit, une bonne moitié du budget de l'État français !

Ce n'est pas un hasard si le bureau Otto a battu ses records d'activité au cours du second semestre 1942. L'été 1942 a marqué, en effet, l'apogée de la volonté du Reich de « piller » les économies des territoires occupés. Début août, lors d'une conférence réunissant à Berlin les commandants militaires et les commissaires pour les territoires occupés, le Reichmarschall Goering, aussi direct que d'habitude, s'est exclamé devant ses auditeurs venus chercher des instructions : « Dieu sait que vous n'êtes pas envoyés là-bas pour travailler au bien-être des peuples qui vous sont confiés, mais pour en retirer le maximum afin que vive le peuple allemand [...]. La collaboration, c'est seulement [notre ambassadeur à Paris] M. Abetz qui en fait, pas moi. La collaboration de messieurs les Français, je la vois seulement de la façon suivante : qu'ils livrent tout ce qu'ils peuvent jusqu'à ce qu'ils n'en puissent plus [...]. » Ces directives concernaient plus précisément la collecte des produits alimentaires pour le Reich, mais elles avaient une portée générale, comme le montre ce commentaire qui les accompagnait : « Dites aux usines qui ne livrent pas qu'elles n'auront plus rien à se mettre sous la dent[11]. » La traduction administrative de cette politique avait commencé à entrer dans les faits dès la fin du printemps 1942 avec la nomination par Goering d'un ancien chef d'escadrille reconverti dans les affaires, le colonel Veltjens, comme « plénipotentiaire spécial » chargé de centraliser, rationaliser et accélérer les opérations de marché noir pudiquement désignées à partir de cette époque comme appartenant au « secteur clandestin officiel » [*sic*].

Théoriquement destiné à faire baisser aussi le coût des approvisionnements de l'Allemagne en « organisant » la concurrence entre les bureaux d'achat, cette reprise en main qui donnait un rôle encore plus central à la ROGES, dépendance commerciale de la société d'État WIFO (Wirtschaftliche Forschungsgesellschaft), une sorte de bureau d'études économiques créé depuis 1935 par les autorités nazies, aura pour unique effet immédiat une augmentation du rendement quantitatif des opérations. D'abord parce que la question du prix des marchandises, au moins jusqu'à fin 1942, est restée secondaire même si on s'est aperçu que l'essor des « affaires » risquait de réduire à néant, à long terme, l'immense réserve de moyens de paiement procurée aux Allemands par les « frais d'occupation ». Ensuite parce que si Veltjens a pu rapidement contrôler l'activité de nombreux bureaux d'achat — celui d'Otto mais aussi, par exemple, ceux baptisés Munimin, Pimetex, Sodeco ou Essex et la nébuleuse de sous-bureaux qui leur étaient liés —, d'autres et non des moindres — certains de ceux dépendant de la Gestapo, de la Kriegsmarine ou des SS en particulier — ont continué comme auparavant leurs opérations sur les « marchés parallèles », sans se soumettre à la nouvelle « politique » centralisée.

Rien d'étonnant si, dans un tel contexte, les organisateurs de l'exploitation de la France pour le compte du Reich ont trouvé un jour une limite physique au développement de leurs activités du fait même de leur trop grand succès. À partir de janvier 1943, ainsi, des Docks de Saint-Ouen vont partir chaque mois moins de wagons que les mois précédents, le total des expéditions restant néanmoins important — cinq mille deux cents wagons entièrement chargés roulent vers l'Allemagne à partir de ce seul point de départ entre juillet 1942 et juillet 1943. Cette décrue sera accentuée par la nécessité de financer désormais la construction du mur de l'Atlantique, autre source de commandes allemandes entre 1943 et 1944 pour les industriels français avides de chiffre d'affaires. Mais elle semble bien *a posteriori* avoir été surtout le résultat d'un relatif assèchement du marché, les stocks de marchandises non répertoriés n'étant pas inépuisables. La « preuve » en a été apportée *de facto* par les autorités d'occupation elles-mêmes : elles ont décidé à partir de la fin de l'hiver 1942-1943 de changer progressivement de méthode pour assurer l'approvisionnement du Reich en favorisant désormais les marchés officiels, ce qui conduira bientôt au déclin puis à la fermeture de la plupart des bureaux d'achat. À partir du moment où les disponibilités de l'industrie française sont devenues tellement insuffisantes que l'on n'arrive plus qu'à grand-peine à livrer les quantités dues officiellement à l'Allemagne en vertu d'accords gouvernementaux, il n'existe en effet plus de raison de continuer à protéger des marchés parallèles plus coûteux et par nature malsains*.

De plus en plus de responsables allemands de ce commerce « au noir » commencent d'ailleurs à défrayer la chronique. Comment résister, même quand on est un fonctionnaire ou un militaire allemand discipliné, à la corruption — les occasions de percevoir des « commissions » ne se comptent pas — voire à la tentation de faire des « affaires » soi-même, alors qu'on vit au milieu de trafiquants dont on est chargé de gérer l'activité au profit du Reich ? On imagine ainsi la surprise d'agents du Contrôle économique français partis un jour sur la trace d'une grosse opération illégale de commerce de pulls de laine et qui ramenèrent dans leurs filets... un général de la Luftwaffe qui s'était lancé dans le marché noir pour arrondir ses revenus [12]. Ou la fureur des chefs des SS à Berlin au retour d'une mission d'officiers partis pour Paris nantis d'une très forte somme pour acheter du matériel médical pour cette « arme » et revenus au bout de trois semaines très contents de leur voyage mais sans les fournitures convoitées ni les fonds destinés à leur acquisition.

Quand le bureau Otto, pour se conformer aux nouvelles directives, réduit énormément son activité « achats » pour ne plus privilégier que ses branches « espionnage » et « police secrète », il peut cependant se targuer d'avoir bien accompli, et même au-delà, sa « mission » économique. Son exceptionnelle réussite a tenu au « talent » de Hermann Brandl, organisateur remarquable mais aussi homme à poigne comme s'en est rendu compte son adjoint le docteur Fuchs qui devra séjourner trois semaines à l'hôpital en juin 1943 après une explication avec son patron. Elle a été aussi le résultat, nous l'avons dit, d'une stratégie commerciale bien conçue fondée en grande partie sur l'activité inlassable d'intermédiaires occupés à dénicher les stocks de marchandises. Et parmi eux, au premier rang, Joseph Joinovici.

Simple milliardaire ou multimilliardaire ?

Étant donné les méthodes de travail de Hermann Brandl et de ses « collègues » et l'impossibilité évidente de faire crédit à la seule parole de Joinovici, on ne pourra jamais calculer combien d'argent celui-ci gagna en fournissant les bureaux d'achat, et en particulier celui de la rue Adolphe-Yvon, ainsi qu'à travers d'autres opérations entre 1940 et

* Le gouvernement de Vichy s'attribuera une grande partie du mérite de cet abandon par les Allemands de la politique du marché noir organisé. Il avait protesté il est vrai plusieurs fois contre celle-ci. Mais cette prétention à avoir joué un rôle essentiel dans cette affaire est très excessive. Ce n'est qu'une fois que la décision a été prise à Berlin, pour les raisons déjà exposées, de renoncer à cette politique, que les Allemands ont bien voulu évoquer la question du marché noir sérieusement avec les Français et signer — ce qui n'avait plus grande importance — les accords Bichelonne-Michel de mars 1943 qui prohibaient des pratiques déjà condamnées de toute façon.

1944. Que sait-on ? On sait qu'il fut très vite actif, comme le prouve en particulier le renforcement de son équipe de collaborateurs dès les premiers temps de l'Occupation, avec l'embauche d'hommes de confiance, certains issus du métier de la ferraille, d'autres venus d'horizons divers. On sait qu'il créa plusieurs sociétés communes avec des fournisseurs ou des responsables de bureaux d'achat, à commencer par Otto lui-même qui utilisera à cette occasion un de ses proches comme homme de paille. On sait encore qu'il fut un des piliers, très probablement le principal, du bureau Otto, à tel point que certains avanceront d'ailleurs qu'il en fut non seulement le fournisseur et l'expert en métaux de récupération mais aussi l'un des responsables. Joinovici fut, il est vrai, un des rares parmi ceux qui ont fréquenté le square du Bois-de-Boulogne puis l'hôtel particulier du prince Georges de Grèce à être reçu à tout moment par Hermann Brandl en personne. Et l'un des « spécialistes » qui évaluaient dans ces lieux les échantillons de marchandises, Émile Deniau, a pu déclarer au procès de 1949, sur lequel nous reviendrons, comme allant de soi que Monsieur Joseph « faisait la pluie et le beau temps chez Otto ». L'ampleur des affaires qu'il traita avec le bureau d'achats, dont il contrôla, semble-t-il, les trois quarts des approvisionnements en métaux, suffit, quoi qu'il en soit, à justifier qu'on l'ait considéré comme « de la maison » même s'il ne fut jamais invité à apparaître dans le haut de l'organigramme de cette organisation.

Peut-on avancer des chiffres ? Jean Georges témoignera qu'il lui versait un certain nombre de millions de francs (environ quinze millions, croit pouvoir préciser le biographe de Monsieur Joseph) tous les trois jours pendant le temps où il officia. On peut supposer qu'il recevait ainsi à la fois le produit de ses ventes directes et celui de ses commissions d'intermédiaire dans ce seul bureau d'achat — car il opérera aussi, de façon également non déclarée, dans d'autres lieux. Dans ses spécialités, la vente de vieux métaux puis, bientôt, celle de métaux neufs et d'outillage, il bénéficiait chez Otto en cas de transactions directes ou faites en son nom des tarifs très généreux des acheteurs du Reich — vingt-sept francs le kilo pour les déchets de plomb contre six francs au prix officiel, mille francs pour le nickel contre deux cents, quatre-vingt-cinq francs pour le cuivre contre quinze, etc. — et en cas d'affaires « à la commission » de un franc par kilo apporté pour les métaux cuivreux et de cinq francs pour les métaux « blancs » (à base d'étain). Mais il vendait aussi des cuirs verts, du textile — on n'a pas débuté comme chiffonnier pour rien — et d'autres produits. Une estimation officielle des services des Finances, qu'il ne faut pas chercher à recouper avec les renseignements précédents très fragmentaires, mais qui est crédible, a évalué au total, par extrapolation à partir des données certaines, les gains du ferrailleur chez Otto à environ quatre milliards de francs. D'autres, comme Robert Aron, ont parlé d'un unique milliard amassé entre 1940 et 1944, d'après des sources non citées. La seule véritable incertitude concerne donc le statut de simple milliardaire ou de multimilliardaire de Joinovici en ne tenant compte que de ses recettes chez Otto. Car ses marges étaient telles que même d'éventuelles confusions entre chiffre d'affaires et profit ne changeraient pas les ordres de grandeur évoqués. Lui-même fera sourire après guerre avant son procès en prétendant un temps, sans convaincre personne, n'avoir pas gagné, comme bénéfice net, plus de vingt-cinq millions pendant l'Occupation. Cette somme équivaut — d'après un témoin direct — à peine à huit fois ses pertes d'une soirée malchanceuse où il jouait au poker, comme presque chaque jour, en 1943 ; ou, à deux millions près, au montant d'un seul chèque — de vingt-trois millions — qu'il retira le 11 août 1942 d'un de ses comptes en banque ! Mais c'était pour rembourser le prêt d'un ami, dira-t-il au juge d'instruction avec son assurance habituelle...

Si on le retrouve si modeste quand il s'agit d'évaluer après guerre le montant de ses profits de marché noir, c'est que Joinovici n'ignore pas alors qu'il risque gros. Car de 1940 à 1943, ouvertement, et après, dans le cadre d'un étonnant double jeu jusqu'à la Libération, il a cultivé des relations et organisé des opérations qui allaient bien au-delà, c'est le moins que l'on puisse dire, de la simple collaboration économique. Tout fut toujours tellement embrouillé dans ses affaires que les tenants et les aboutissants de ses comportements sous l'Occupation — même une fois admis que sa principale motivation sera toujours la réussite par l'argent — ne paraissent pas toujours clairs. Il semble difficile de justifier uniquement par des considérations commerciales immédiates sa fréquentation assidue non seulement de ce nid d'espions de l'Abwehr que représente le bureau Otto mais aussi, on va le voir, d'auxiliaires parmi les plus brutaux de la Gestapo. Sans parler — nous y reviendrons également — de son association mal définie, et sans doute indirecte, mais probable avec des tueurs célèbres ; ou encore de sa propension à rendre des services très spéciaux aux Allemands, notamment, si l'on en croit son biographe, quand ils voulurent ruiner l'Angleterre et cherchèrent des intermédiaires pour écouler de fausses livres sterling.

Alors ? Prenait-il un plaisir irrépressible au double jeu ? Éprouvait-il un besoin de reconnaisssance tel, lui qui avait débuté si modestement, que tout était bon pour se faire valoir aux yeux des « personnalités » qu'il rencontrait ? Cherchait-il — non sans raison d'ailleurs on le verra — des garanties à n'importe quel prix pour échapper au sort que lui réservaient les lois antijuives, surtout une fois qu'il avait mis le doigt dans l'engrenage dangereux des pratiques économiques illégales ? On ne sait et on ne saura sans doute jamais de façon certaine ce que valent de telles conjectures psychologiques. Mais les explications de l'intéressé à la Libération, déclarant avec un aplomb rare que seule sa volonté de préparer un futur appui à la résistance — qui, pour être tardif, n'en sera pas moins réel — avait pu lui faire côtoyer de si près et si longtemps l'occupant et ses pires compagnons de route français sont encore moins satisfaisantes. Elles ne pourront faire illusion un temps en 1944, nous le verrons, que grâce aux circonstances exceptionnelles de cette époque troublée et à des complicités chèrement acquises. Un simple aperçu de ce que furent certaines des amitiés très particulières du ferrailleur sous l'Occupation suffit à le démontrer.

La plus spectaculaire de ces amitiés, et sans doute la plus compromettante pour lui, sera plusieurs fois évoquée lors de son procès. Le ferrailleur a en effet noué des liens intimes avec Henri Chamberlin, dit Henri Lafont, dit « Monsieur Henri », chef incontesté du véritable « gang » qui a opéré à partir de fin 1941 au 93, rue Lauriston et qu'on appellera la « Carlingue » dans le Milieu sous Vichy et « bande Bonny-Lafont » ou « Gestapo française de la rue Lauriston » dans les journaux après la Libération.

Rue Lauriston

L'histoire du groupe Lafont vaut d'être racontée pour elle-même avant d'en revenir à Joinovici, car elle illustre bien ce que put être le triomphe du mélange gangstérisme-affairisme à cette époque[13]. Abandonné par ses deux parents, livré à lui-même à l'âge de onze ans et vivant désormais de petits boulots et de petits larcins, Monsieur Henri, né la même année que Monsieur Joseph, vit son adolescence dans une maison de correction, à Villeneuve-sur-Lot, et collectionne ensuite les condamnations pour vols et escroqueries, des délits dont il se dira, pour la plupart, innocent. Émergeant un bref moment de l'engrenage de la délinquance vers la fin des années trente, il réussit, sous le faux nom de Normand, à devenir agent Simca dans la capitale, à la porte des Lilas. Cette carte de visite respectable s'avère une aubaine. Avant que le garage ne périclite vu sa gestion peu orthodoxe, son patron a en effet le temps, flairant l'utilité d'un tel geste, d'offrir à un démarcheur de l'Amicale de la préfecture de police de Paris, venu le visiter parmi bien d'autres, un cadeau somptueux pour son « œuvre » : une automobile toute neuve. Le présent de marque laissera bien sa marque. Dès que Chamberlin se retrouve une fois de plus à la recherche d'un travail, la préfecture de police, d'autant moins curieuse à son sujet que l'incroyable « culot » du donateur désarme toutes les suspicions, lui renvoie l'ascenseur : il devient gérant du mess de l'Amicale ! La confusion entre les genres — collaboration avec la police d'un côté, délinquance de l'autre — ne fait que commencer pour le pseudo-Normand, qui, comme Joinovici, ne craint pas d'emprunter des chemins sinueux.

Quand la guerre arrive, c'est avec stupeur que les employeurs de ce bienfaiteur de la police découvrent son vrai curriculum vitæ le jour où des collègues viennent l'arrêter pour insoumission. Envoyé à la prison du Cherche-Midi puis au camp de Cepoy, Chamberlin y fait la connaissance de truands encore en herbe comme Pierre Loutrel — bientôt on l'appellera Pierrot-le-Fou — et Georges Brahim — alias Jo Attia — ainsi que de trois agents de l'Abwehr, deux officiers allemands et un Suisse, démasqués par les autorités françaises. La débâcle provoque l'évacuation des prisonniers puis leur libération inattendue quand les gardiens chargés de les convoyer plus au Sud, effrayés par les Stukas, s'enfuient, les laissant à eux-mêmes au bord de la route autour de Montargis. Séduits par la personnalité colorée de leur codétenu, à l'abord très sympathique et généreux, les deux espions allemands, revenus avec lui à Paris, lui laissent leurs coordonnées « en cas de besoin ». Quelques jours plus tard, ils le « dépannent » alors qu'il se trouve précisément dans le besoin dans le Paris déserté de cette fin juin 1940. Ils ont alors déjà rejoint leur base « naturelle », le quartier général de l'Abwehr, installé rive gauche dans l'hôtel Lutétia. C'est là que Lafont les rencontre. Ce qui devait arriver arrivera : après quelques entrevues, ils proposent à leur ami français de se sortir définitivement de sa mauvaise passe en travaillant pour l'occupant. Le capitaine Radecke, l'un des responsables de l'Abwehr, le prend à son service et lui octroie un bureau dans ses propres locaux, à l'hôtel Pierre Ier de Serbie. Et voilà le futur Lafont — il optera bientôt définitivement pour ce pseudonyme après en avoir usé d'autres au début de la guerre — qui se lance d'abord dans la recherche de locaux à réquisitionner par les Allemands puis dans la collecte de marchandises. Il se serait notamment spécialisé dans la récupération des commerces classés « biens vacants » et de leurs stocks, certainement en majorité la propriété de Juifs non revenus de zone libre après l'armistice. Ses « achats » finiront bien évidemment dans les entrepôts du bureau Otto, et Lafont devient l'un des « amis » de Brandl. Ses talents de commerçant sont modestes — n'est pas Joinovici qui veut ! — mais en peu de temps l'ex-évadé miséreux découvre l'aisance financière.

L'Abwehr, bien entendu, ne se contente pas longtemps d'aider simplement Lafont à oublier ses soucis matériels et judiciaires antérieurs. Il est très vite prié — et il ne demande d'ailleurs pas mieux pour plaire à ses commanditaires — de donner la priorité à des missions d'espionnage ou de police au service des Allemands, tout en poursuivant évidemment ses activités économiques qui à la fois rapportent gros et financent, selon la tradition Otto, ses agissements occultes. Pour mener à bien toutes ses missions, dont la moindre ne sera pas de pourchasser les collaborateurs ou fournisseurs d'Otto et de quelques autres bureaux d'achat qui ne se sont pas montrés « corrects », par exemple en proposant des marchandises comportant des malfaçons, Lafont a besoin d'hommes. Il va les recruter dans l'endroit qui lui est le plus familier, la prison. Il constitue ainsi rapidement le noyau de sa « bande » avec des détenus qu'il connaissait ou qu'on lui a recommandés et qu'il a fait libérer de Fresnes sans aucun mandat de justice grâce à l'appui de Radecke, qui couvre ce véritable « coup de main » de son autorité, et une carte toute neuve de membre de la police allemande qu'on lui a délivrée. Le groupe s'illustre rapidement en organisant pendant plusieurs mois une opération conjointe d'espionnage et de trafic d'or en Algérie. La police économique française ayant repéré la seconde activité, il faudra mettre fin d'urgence à la première, sur le point d'être découverte. Mais Lafont a démontré son savoir-faire, et son ascension dans les services d'outre-Rhin — il aurait été nommé capitaine de la police des SS après avoir été naturalisé Allemand dès 1941 — comme dans les milieux français ouvertement favorables à l'occupant ne s'arrêtera plus.

Il s'installe bientôt dans un hôtel particulier de la rue Lauriston, où il vivra et travaillera désormais. Ses réceptions et ses dîners quasi quotidiens sont d'autant plus courus qu'il a vite la réputation méritée de rendre volontiers service. On voit passer chez lui des patrons de presse comme Georges Prades *(Paris-Soir)* ou Jean Luchaire *(Les Nouveaux Temps)*, ce dernier généralement accompagné de l'actrice de cinéma Yvette L., mais aussi des industriels voire des hauts fonctionnaires — Lafont, devant le juge d'instruction, citera René Bousquet, pour lequel il serait intervenu auprès des Allemands [14] —, lesquels croisent des dignitaires du Tout-Paris allemand, à commencer par l'ambassadeur Otto Abetz, Brandl, Radecke, le chef de la police Helmut Knochen ou le conseiller Boemelburg, responsable jusqu'à fin 1943 de la Gestapo proprement dite. Il dispose d'un tel entregent qu'il parvient même à connaître Laval, et il assurera, exagérant sans aucun doute leur intimité, qu'ils se tutoyaient. Les succès mondains de Lafont flattent certainement son ego mais ils ont surtout pour objet de conforter sa puissance et son influence, en particulier auprès de ses protecteurs allemands. Ces derniers ne bénéficient pas que de bon dîners et du parfum de la belle vie parisienne que distille leur hôte ; ils ont droit aussi à de somptueux cadeaux quand il est nécessaire de s'assurer leur indéfectible amitié. Pour son mariage, Helmut Knochen accepte par exemple sans sourciller le présent peu banal de Chamberlin : une magnifique Bentley blanche ! Il ne sait évidemment pas que loin d'avoir coûté une fortune à son généreux ami, la prestigieuse automobile, on l'apprendra après guerre au procès de la « bande Bonny-Lafont », a été « récupérée » au cours d'une fructueuse saisie dans un hôtel particulier appartenant à un colonel américain, un certain Lindemann. Quant à Radecke, il aurait plus simplement touché régulièrement un pourcentage sur une partie des affaires réalisées par Lafont. Diverses femmes (anciennement) du monde, en particulier celles que l'on surnommera les « comtesses de la Gestapo », contribueront beaucoup, dit-on, à donner à l'hôtel particulier de Lafont cet aspect accueillant qu'apprécieront ses invités des deux rives du Rhin. Elles auraient monnayé des marchandises pour les bureaux d'achat et offert parfois leurs charmes à la bande de Lafont et à ses relations — un auteur soutient même que Joinovici put bénéficier des mœurs très libres de l'une d'entre elles. Parmi ces égéries-femmes d'affaires, il y a bien quelques vraies ou fausses aristocrates, comme la marquise d'Abrantes, spécialiste de l'extorsion de fonds au préjudice des Juifs, et la comtesse Tchernikoff Bezodradoff, plus connue sous le nom de Mme Garat, du nom de son ancien mari, un acteur célèbre, toutes deux un temps maîtresses de Monsieur Henri.

La rue Lauriston — comme vers la fin de la guerre l'immeuble de Neuilly où Chamberlin a déménagé son domicile personnel — est donc régulièrement fréquentée par un cortège d'obligés. Monsieur Henri a le bras long, et cela se sait, ce qui incite sans doute ses hôtes à « oublier » la sinistre réputation du lieu. Car il est vite difficile d'ignorer dans la capitale que le maître de maison, devenu une sorte de parrain du milieu parisien, est avant tout un agent allemand qui règne sur une bande de criminels et qu'il ne fait pas bon pénétrer dans ses locaux quand ce n'est pas volontairement pour une réception ou une vente de marchandises. L'efficacité du gang de la rue Lauriston, qu'il s'agisse de réaliser des affaires ou de faire du renseignement, activité qui devient de plus en plus dominante au fur et à mesure que les années passent et que la résistance à l'occupant prend de l'ampleur, est en effet à la hauteur de l'habileté de son chef. Ce dernier a d'ailleurs recruté début 1942 un auxiliaire précieux qui rationalise aussi bien les opérations de type bureau d'achat que les basses besognes policières. Son nouveau second engage des secrétaires et des comptables, impose d'un côté la tenue de fiches de paie et de l'autre celle de procès-verbaux d'interrogatoire, crée un fichier des personnes recherchées par l'officine, etc. Cet homme providentiel, qui va hélas grandement stimuler le rendement de l'organisation, n'est pas un inconnu ni un amateur : il s'agit de l'inspecteur principal Pierre Bonny, déjà mêlé à divers scandales dans les années trente, dont l'affaire Stavisky, révoqué de ce fait de la police et, par conséquent, à la recherche depuis longtemps d'un emploi où ses talents pourraient s'exprimer. Présenté à Chamberlin par Otto, chez qui une de ses relations a demandé si on pouvait lui trouver un travail, il suivra comme son ombre ce dernier... jusqu'au peloton d'exécution.

Difficile, d'un point de vue économique, de savoir ce que put être la « surface » commerciale et le chiffre d'affaires du groupe Lafont lorsqu'il agissait en tant que bureau d'achat. On ne dispose, pour s'en faire une idée, que d'informations plus ou moins précises sur telle ou telle activité ou telle ou telle affaire réalisée par celui-ci et évoquée après guerre devant le tribunal militaire ou par des sources secondaires. Ses deux spécialités « officielles » furent jusqu'à fin 1941 les transactions sur l'or et sur les textiles. Pour le métal jaune, dont la détention non déclarée est interdite depuis le début de l'Occupation, le travail se fait en relation avec le service allemand de l'or et des devises, le Deutschdevisen Kommando de la rue Pillet-Will. Il consiste, selon l'acte d'accusation de 1944, « à se présenter comme des acheteurs sérieux aux trafiquants d'or notoires ou aux simples particuliers cherchant à négocier [leur avoir]. Les gens de Lafont dévoilent alors leur appartenance à la police allemande, se saisissent de l'or et livrent, la plupart du temps, les individus [à l'occupant] ». La rémunération consiste en « une prime de 10 à 33 % de la valeur saisie selon sa taille ». On ne sait combien d'« affaires » de cette sorte furent traitées, mais elles furent nombreuses. Lafont en a avoué une quarantaine ; le chiffre fut sans doute de loin supérieur. Le très incompétent prédécesseur de Bonny comme « secrétaire-comptable » du groupe, Edmond Delahaye, n'a-t-il pas proclamé avoir dactylographié un jour une liste de détenteurs d'or repérés, « tous israélites », autrement dit tous promis à l'arrestation en plus de la spoliation, qui comprenait à elle seule une trentaine de noms. Certaines affaires restaient d'ampleur modeste, comme par exemple celle de la saisie par la ruse de l'unique lingot d'or appartenant au directeur du cirque Amar — une opération qui donnera lieu d'ailleurs à un début de règlement de comptes car un des hommes du gang tentera de substituer un faux lingot en cuivre doré au véritable à l'issue de cette « transaction ». Mais d'autres, parmi celles qu'on connaît, furent beaucoup plus importantes : un banquier sera piégé dans un café de la place de la Bourse alors qu'il voulait vendre pour un million sept cent mille francs de métal précieux ; un bijoutier de la rue du Faubourg-du-Temple subira le même sort en cherchant à monnayer quatre cents pièces d'or, etc. Les commissions, à l'évidence, étaient donc substantielles, mais elles ne représentaient pourtant qu'une partie des recettes dans ce domaine. Les hommes de Lafont, en effet, avaient pris l'habitude d'escamoter, dans bien des cas, tout ou partie de l'or récupéré avant d'aviser les Allemands de la découverte du stock. Pour être « couverts », ils reversaient une partie de ce butin à celui qu'ils appelaient souvent « le patron », autrement dit Lafont lui-même. Toute transaction sur de l'or non déclaré étant illégale, on l'a vu, les victimes ne risquaient guère de dénoncer les faits aux autorités. Pour le textile, les enquêtes d'après guerre sont encore moins précises. Si l'on sait que Lafont, toujours d'après les dires de Delahaye, réussit à saisir « d'importants stocks de bonneterie dans la capitale chez des commerçants israélites rue Notre-Dame-de-Nazareth » ainsi que « chez des commerçants chinois du Marais », si on sait aussi que la réputation de l'organisation Lafont lui a permis de recevoir directement des propositions de ventes de marchandises émanant de solliciteurs qui cherchaient des intermédiaires pour atteindre les bureaux d'achat allemands, aucune donnée chiffrée ne permet de mesurer l'ampleur du trafic.

On peut donc seulement évaluer à plusieurs dizaines de millions de francs au minimum le volume d'affaires traité par Lafont et ses lieutenants pendant la première période de leur activité avant que celle-ci ne prenne une autre ampleur rue Lauriston. On peut aussi remarquer, d'une part, qu'un grand nombre des opérations de toutes sortes effectuées par le groupe concernaient des Juifs, ce qui n'est pas étonnant étant donné la vulnérabilité de ces derniers qui ne pouvaient agir le plus souvent que de façon « parallèle » du fait des lois d'aryanisation, et d'autre part, que les opérations « régulières » — aux yeux des Allemands s'entend, car aucune ne l'était aux yeux des autorités françaises — ne semblaient avoir la faveur des hommes de Lafont que lorsqu'ils n'avaient pas la possibilité de faire autrement.

À partir de la fin 1941, il semble que la bande de Monsieur Henri, toujours pour en rester au domaine « commercial », abandonne sa spécialisation sur l'or, qui ne rapporte plus assez car les Allemands ont baissé l'ampleur des commissions. Tout en profitant de son installation « indépendante » rue Lauriston, qui permet de recevoir de plus en plus d'offres de ventes de marchandises spontanées, du moins tant que le marché noir « officiel » n'est pas découragé par les occupants, elle développe ses activités de « police économique » dans tous les secteurs pour le compte des bureaux d'achat, avec souvent pour résultat des saisies fructueuses, et mène surtout une politique de « coups ».

Côté saisie, la plus spectaculaire aura lieu fin 1942 dans des locaux loués dans un immeuble de la rue des Saints-Pères à Paris par un sujet suisse pour le compte, semble-t-il, de l'ambassade des États-Unis. Un informateur a signalé la présence de nombreuses caisses suspectes entreposées dans les chambres de bonne de l'immeuble. Lafont fait arrêter le locataire des lieux et transporte tout ce qu'ils contiennent rue Lauriston. Il découvre alors qu'il est tombé sur un véritable trésor, composé de pièces d'orfèvrerie ancienne d'une valeur inestimable (vaisselle en argent massif, objets d'or et de platine), de tapisseries, etc. On ne sait à quel prix deux antiquaires français qui se sont montrés intéressés ont acquis, sans poser trop de questions, l'essentiel de ce butin exceptionnel, mais la somme est importante puisque les estimations varieront entre cinq millions de francs (Bonny) et quarante millions (Delahaye). On suppose qu'il s'agissait de biens mis à l'abri au début de la guerre par des Juifs américains avec l'aide de leur représentation diplomatique. La somme en jeu paraît considérable mais elle ne saurait impressionner Lafont : il a arrêté, vers la même époque, un trafiquant hollandais, un certain M. Seleen, qui a escroqué — avec la complicité d'un amiral allemand ! — vingt-sept millions de francs à la Kriegsmarine en vendant une énorme quantité de plomb qu'il a fait passer pour de l'étain ; il arrêtera peu après, en 1943, M. Allard, le fils d'un banquier belge, qui tentait de vendre pour huit millions de francs à Otto du papier goudronné qui avait pour principal défaut... de ne pas être goudronné.

La plupart des « coups », ensuite, relèvent eux tout simplement du banditisme. Ils consistent à attirer dans des guets-apens des trafiquants notoires ou des vendeurs de marchandises de toutes sortes aux abois du fait de la guerre. Le fonds de commerce Lafont ne peut être que florissant puisqu'il a obtenu des Allemands, du fait de sa double activité, le « droit » d'opérer des arrestations et d'exhiber des cartes de policier délivrées par les autorités d'occupation. Nul ne peut résister à des hommes qui utilisent des méthodes de gangster en étant « protégés » par des papiers officiels ou officieux (les fausses cartes sont plus nombreuses que les vraies...). Sans cette couverture policière, il serait évidemment difficile de conserver le standing du groupe. Lafont ne s'y trompe pas : il sait, lorsque la Wehrmacht perd ses prérogatives pour le maintien de l'ordre en France au profit des SS en 1942, se faire aussi bien apprécier des nouveaux hommes forts que des anciens, ce qui explique sa politique assidue de corruption des adjoints du général Karl Oberg, comme le conseiller Boemelburg. On gère pour le compte exclusif de ce dernier, par exemple, une ferme à Giverny afin qu'il ne manque de rien ! Mais les « coups » sont parfois aussi « réguliers ». Comme le groupe a la réputation d'être efficace et mobile — on dirait « réactif » aujourd'hui —, on lui confie des opérations ponctuelles d'importance. Ainsi, la seule « affaire des chaussettes de Biarritz » représentera un chiffre d'affaires de cent millions de francs environ. Lors de cette mission confiée par Otto, Lafont, agissant là comme « opérateur » mais en association avec d'importants trafiquants de marché noir comme le faux marquis de Wiett (en réalité Wiett tout court) et Mme Garat, crée un sous-bureau d'achat provisoire pendant deux mois à Biarritz. Il s'agit de drainer en fraude de la bonneterie en provenance d'Espagne. Les seules chaussettes récupérées, grâce à l'aide de divers contrebandiers de la région, rempliront six wagons, expédiés aussitôt en direction des entrepôts du bureau Otto puis vers le Reich.

La seule réputation d'homme d'influence de Lafont lui permet, on le sait, de recevoir souvent des gens qui ont besoin d'un service. Ses « gestes », qui consistent à intervenir auprès de ses amis allemands en cas d'incident mineur ou majeur, profiteront plusieurs fois à des industriels qui, après, sauront se montrer généreux. Ainsi, à une date qu'on peut situer par recoupement en 1942, d'énormes stocks de sous-vêtements de la maison Rasurel — on parlera, ce qui paraît à peine croyable, de quatre-vingts wagons ! — se sont retrouvés bloqués par les Allemands à la ligne de démarcation. Lafont reçoit alors la visite rue Lauriston d'un homme qui le connaît — un certain Lyon dira-t-il au procès du groupe fin 1944, mais ce nom, celui de la ville qui abrite les activités de Rasurel, est probablement un pseudonyme. Son interlocuteur, racontera Monsieur Henri, lui dit : « Nous avons voulu passer des wagons de sous-vêtements avec des papiers qui servaient à franchir la ligne de démarcation. Ces papiers étaient faux et nous avons été pris. Notre marchandise est saisie, il y en a pour trente-six millions. » L'homme, prévoyant, avait emmené avec lui chez Monsieur Henri des échantillons des articles concernés. « J'ai cherché à l'aider, poursuit Lafont. Pour eux, c'était une perte sèche. J'ai pu toucher un acheteur d'un service allemand qui, avec l'échantillonnage, s'est rendu à la ligne de démarcation et a réussi à acquérir la marchandise... qui était déjà aux Allemands [puisqu'elle avait été saisie]. » De surcroît, la transaction fut conclue à un chiffre supérieur de quatorze millions à celui de la valeur estimée des lots, à hauteur de cinquante millions de francs. Le dénommé Lyon, étant donné l'issue inespérée de l'affaire, reviendra voir Lafont après avoir été récompensé : « J'ai touché quinze millions, dit-il. Voilà cinq millions pour vous. » Chamberlin, qui s'y entend pour renforcer la cohésion de son équipe, distribuera l'essentiel de cette somme autour de lui, gratifiant en particulier le précieux Bonny d'une prime de un million de francs. On ne sait si cette intervention efficace fut *a priori* aussi désintéressée que le déclarera Lafont, assurant que : « Je n'aurais pas touché, c'était égal. » Mais il est certain que Monsieur Henri a rendu service des dizaines et des dizaines de fois sans réclamer auparavant de compensation financière. Le président de la société Saint-Raphaël a pu ainsi sauver son beau-fils, condamné à mort, en réussissant à faire intervenir Georges Prades auprès de Lafont, lequel obtiendra des Allemands l'assurance que la peine serait commuée.

Il ne faut évidemment pas conclure de l'exemple précédent qu'un quelconque souci humanitaire ait jamais guidé aucune action du groupe Lafont-Bonny. De fin 1941 à fin 1944, l'essentiel de ses activités ne sont pas commerciales mais policières, cette seconde mission devenant quasi exclusive — et très lucrative car les primes accordées par les Allemands sont importantes — après la mise en sommeil des bureaux d'achat en 1943. Et la plupart de ceux, industriels compris, qui eurent affaire à l'équipe de la « Gestapo de la rue Lauriston » ont d'ailleurs été livrés à la Gestapo allemande, la « vraie », en général après avoir été torturés. Lors du procès de fin 1944, on évoquera le sort de l'administrateur de sociétés M. Azaria, domicilié à Paris et dénoncé dans la région de Lyon car « il est soupçonné d'entretenir dans ses usines une activité anticollaborationniste », qui fut arrêté le 8 juin 1944 par les hommes de Monsieur Henri. Mais même des années plus tôt, fin 1941, alors que l'activité dominante du groupe était encore « commerciale », il y eut des cas semblables. On citera, parmi d'autres, une intervention de la bande à l'issue tragique chez un industriel, Jacques Kellner. Ce dernier, résistant précoce, cachait dans les locaux de son affaire de carrosserie, qui couvrait trois mille mètres carrés à Boulogne-Billancourt, un poste émetteur. Certainement dénoncés, puisque Lafont et certains de ses lieutenants trouvèrent en moins de trois minutes la preuve recherchée de l'appartenance de l'homme d'affaires à la Résistance, Kellner, un de ses directeurs, M. Étienne, et un des dessinateurs de l'usine, M. Paulin, furent arrêtés, interrogés brutalement et livrés aux Allemands. Tous trois ont été fusillés le 21 mars 1942, peu après, horrible ironie du sort, que leur entreprise eut été détruite, le 3 du même mois, par un bombardement allié. Comme la condamnation de Kellner était assortie de la confiscation de ses biens, la famille, pour éviter la ruine, dut verser une « commission » de quatre millions de francs à un conseiller militaire allemand corrompu qui mit fin à la procédure.

Le trafiquant et le truand

Et Joinovici ? Loin de l'avoir abandonné en évoquant quelques moments marquants de la carrière de Lafont et de son équipe, nous n'avons fait en réalité qu'enrichir sa biographie, car les parcours des deux personnages se croisent en permanence, quand ils ne se confondent pas, sous l'Occupation. Henry Sergg suppose, mais rien ne le prouve, que les deux hommes ont dû se voir dans les mois suivant l'armistice dans le bureau d'achat de Hermann Brandl, qu'ils ont tous deux vite fréquenté, et assidûment. Lafont lui-même, au cours de son procès, dira, de façon imprécise, que « Joinovici lui a été présenté par les Allemands au début de la guerre » et ajoutera : « Pendant toute la guerre, je l'ai aidé. » On a avancé, ce qui va dans le même sens, que c'est le capitaine Radecke qui aurait organisé la rencontre, début mars 1941, à la demande du ferrailleur. Ce dernier aurait alors entendu parler par des relations commerciales, des industriels avec lesquels il était en affaires, d'un homme efficace et bien en cour auprès des Allemands et il aurait voulu le voir. On a aussi avancé l'hypothèse, et Lafont — se contredisant — la confortera au cours de son procès, que le premier contact vraiment sérieux entre les deux hommes a eu lieu en 1943 à l'occasion d'une menace d'arrestation et de saisie des biens de Joinovici par les Allemands. Lafont, une fois encore prêt à rendre service, lui aurait évité, contre cinq millions de francs malgré tout, la vindicte des SS, curieux un temps d'en savoir plus sur la vieille réputation d'agent double du vendeur de métaux à la religion et à la nationalité fluctuantes au gré des circonstances. La rivalité entre les services allemands, et en particulier entre les SS et Otto, pourrait expliquer en grande partie cet incident. L'épisode, rapporté par plusieurs sources, paraît en effet certain bien que postérieur à la date où les deux hommes ont noué des liens. Et la somme versée aurait été destinée à acheter la clémence des Allemands plus qu'à enrichir Lafont lui-même

Il est sûr, en tout état de cause, qu'à partir de 1943 les relations entre les deux personnages sont devenues très étroites, et cela jusqu'à la Libération. Il est impossible de raconter dans la continuité ce qu'ils firent ensemble, mais on dispose de beaucoup d'indices pour assurer que leur collaboration fut intime. On vit tout d'abord Joinovici très régulièrement dans les dîners de Lafont, où il fit venir de surcroît des industriels avec lesquels il était en affaires. On sait aussi que les camions des florissantes entreprises de Monsieur Joseph ont été mis à la disposition de la bande de la rue Lauriston pour des « déménagements », autrement dit des saisies « sauvages », et de nombreuses opérations de pillage. Plus significatif encore, il apparaît que le ferrailleur n'hésita pas à associer ses intérêts à ceux de Lafont au sein d'une société, l'Union économique, domiciliée au 16 de l'avenue George-V, dirigée en façade par un certain Ansart et vouée à fonctionner comme un bureau d'achat lors des deux dernières années de l'Occupation, soit après la fermeture théorique de toutes les officines de ce type. Sa spécialité : l'acquisition de stocks d'outillage. Le fonds de roulement de la société, de quatorze millions, fut versé par Joinovici, et on peut supposer que l'associé de la rue Lauriston fournissait des « tuyaux » et les hommes décidés nécessaires à la bonne marche des affaires. Bonny a révélé, lors de ses interrogatoires, que Lafont partageait souvent le bénéfice de ses affaires de marché noir avec Joinovici, soulignant ainsi la permanence des opérations communes.

La solidité du couple Joinovici-Lafont reposera sur la complémentarité de leurs atouts respectifs. D'un côté, il y a le talent commercial et l'expérience d'homme d'affaires de Monsieur Joseph, ainsi qu'une fortune déjà largement constituée qui permet d'organiser et de financer des marchés « classiques » ou des « coups ». De quoi intéresser et impressionner son interlocuteur avide de puissance mais sans connaissances ni savoir-faire économiques. De l'autre côté, Lafont peut offrir à Joinovici l'efficacité de son gang et la crainte qu'il inspire, en plus de la mine de renseignements que constitue son officine policière et de ses relations avec les Allemands, garantie d'une protection efficace. Si on ne possède ni chiffres ni descriptifs des affaires commerciales réalisées en commun par le trafiquant et le truand, on a plus d'indications sur les contreparties et les à-côtés de leur association.

Jalousé par ses confrères ferrailleurs, mais plus souvent encore détesté pour avoir employé des méthodes peu loyales ou expéditives pour éliminer la concurrence, Joinovici, sous l'Occupation, a déjà toutes raisons de chercher l'aide d'un spécialiste comme Lafont pour garantir sa sécurité dans son milieu professionnel. C'est ainsi qu'il aurait bénéficié des services de Pierre Loutrel, qui n'est pas encore Pierrot-le-Fou, et de quelques membres de sa future bande car ces auxiliaires recrutés par Lafont auraient joué un temps les gardes du corps auprès de lui en 1942 ou 1943 avant d'être remplacés par d'autres membres de l'équipe de la rue Lauriston. Loutrel aurait abandonné la fonction en raison des horaires de travail impossibles à suivre de l'homme d'affaires boulimique[15]. Mais Joinovici a encore plus besoin d'être protégé, à l'occasion, de la police économique française et surtout des Allemands, nous l'avons dit. Il lui faut faire oublier parfois des différends commerciaux à propos de marchandises fournies ou de ses affaires de marché noir qui restent trop voyantes après le tournant de 1943. Il lui faut surtout éviter qu'on se « souvienne » de son passé obscur et de son origine juive qu'il a du mal, malgré tous ses efforts « administratifs », à gommer de la mémoire sélective mais excellente en cas de besoin des occupants.

Le capitaine Radecke disait de Joinovici au début de la guerre, comme on le rappellera lors du procès de 1949, qu'il était « extrêmement utile et même indispensable sur le plan économique » pour les Allemands. Il le classait alors dans la catégorie des « Juifs d'importance économique » qu'on avait décidé de ne pas persécuter tant qu'ils rendaient service. Mais certains des « collègues » du responsable de l'Abwehr, plus à cheval sur les règlements, moins corrompus et désireux sans doute, on l'a dit, de s'imposer face aux amis d'Otto, ne partageront pas, du moins après une certaine date, cette analyse. Un certain Hauptsturmführer nommé Schmoll, fervent nazi et membre des SS, aurait ainsi voué à partir de début 1943 une haine farouche au ferrailleur et aurait cherché par tous les moyens à le faire arrêter et déporter. Le danger devenait donc chaque jour plus réel. La baisse d'influence à Paris du commandement militaire au profit des SS à partir de la mi-1942 tout comme l'abandon de la politique de pillage fondée sur les bureaux d'achat en 1943 avait affaibli de fait considérablement la position de ceux qui protégeaient jusque-là Joinovici. Mais pas celle de Lafont, qui avait alors su reconvertir, nous l'avons vu, ses amitiés comme ses activités. Voilà pourquoi, même s'il n'est pas du tout certain qu'ils se soient rencontrés pour la première fois dans une circonstance de ce type, Lafont pourra intervenir à de nombreuses occasions pour assurer la tranquillité de son riche ami, notamment vis-à-vis des SS, comme il le soutiendra de façon convaincante après son arrestation à la Libération. Il dira, pour résumer la situation : « Je l'ai ressorti plusieurs fois des mains des Allemands comme de celles des Français. Tout le monde savait qu'il était protégé par moi. »

Joinovici a-t-il également utilisé les compétences de l'équipe de tueurs de Lafont, d'une part pour agrandir sa fortune en faisant disparaître des individus, et d'autre part pour éliminer tous ceux qui le gênaient ? Son biographe soutient avec force détails à l'appui, mais sans qu'on puisse recouper ses informations, cette thèse que rien dans le comportement du ferrailleur n'interdit de trouver vraisemblable à défaut de pouvoir la fonder sur des faits avérés. Joinovici aurait ainsi proposé au « chercheur d'or » Lafont une association prévoyant l'élimination systématique par ses hommes de main de détenteurs du métal précieux pour éviter de verser l'essentiel des saisies aux Allemands. Il aurait demandé par ailleurs à Lafont, et si ce fait étonnant est exact il mesurerait l'appétit de puissance irrépressible du ferrailleur, de l'aider à éliminer son unique véritable concurrent, le seul autre trafiquant capable de lui faire de l'ombre, Mandel Szkolnikoff. Il aurait surtout utilisé comme Lafont, et grâce à lui, les services du célèbre docteur Petiot pour organiser des disparitions opportunes [16].

Ce dernier, à partir de 1941, fait courir le bruit qu'il collabore à une filière d'évasion du territoire français et il attire ainsi, loin de son cabinet médical de la rue Caumartin, dans son second domicile, un hôtel particulier de la rue Lesueur dans le XVIe arrondissement de la capitale, de riches candidats à l'exil. Le prix très élevé évoqué pour organiser l'expatriation aide à opérer une sélection. Une fois arrivés chez ce docteur si serviable, nantis de toutes leurs économies, qui se chiffrent souvent en millions, ces hommes traqués, par évidence presque toujours juifs, ne le savent pas, mais ils sont déjà au bout de leur voyage. Après guerre, quand il sera arrêté après une rocambolesque enquête, alors qu'il était parvenu sous un faux nom à se faire passer pour résistant et à devenir magistrat de la justice militaire de l'épuration dans l'est de la région parisienne, Petiot restera muet sur le mode d'assassinat de ses victimes. D'aucuns supposent qu'il administrait, prétextant la nécessité d'une vaccination avant le départ lointain, une piqûre mortelle. On saura mieux comment il se débarrassait des corps : après dépeçage au bistouri, les restes des malheureux qui lui avaient imprudemment confié leur sort étaient en général brûlés dans l'une des deux chaudières de la rue Lesueur ou consumés lentement dans la chaux vive. Petiot, bien qu'accusé « seulement » de vingt-trois meurtres, revendiquera soixante-trois assassinats. Vu son système de défense, le nombre importait peu : comme on ne put identifier les corps, il assurera qu'il ne s'agissait que d'Allemands ou de collaborateurs éliminés sur ordre d'un très mystérieux réseau de résistance. Il semble que son score macabre ait en réalité dépassé les cent victimes. Dont un bon nombre pour le compte de Lafont et peut-être de Joinovici ? Le patron de la rue Lauriston, assure le biographe de Monsieur Joseph, aurait « tenu » en effet Petiot depuis qu'il avait commis l'erreur, en août 1942, de traiter selon sa médecine radicale des malfrats pressés de quitter le pays avec cinq millions de francs provenant d'attaques à main armée. Ceux-ci étaient recherchés pour manquement aux règles du milieu par Lafont et ses hommes avaient réussi à remonter la piste jusqu'à celui qui avait proposé d'organiser leur évasion de l'hexagone. Depuis lors, Petiot, découvert, n'aurait plus pu rien refuser à son voisin du XVIe, qui, désormais, l'aurait « protégé » et aurait touché un fort pourcentage sur ses gains, que d'aucuns estimeront au total à près de cent millions de francs pendant la durée de l'Occupation. Et Monsieur Henri, selon la même source, aurait fait profiter son ami Joinovici des « talents » de son nouvel « associé ».

Face aux précieux services — la plupart n'étant pas hypothétiques — que lui rend Lafont, Joinovici, de son côté, ne se contentera pas de l'aider à réaliser de fructueuses affaires grâce à son argent, ses relations dans les milieux économiques et ses moyens logistiques. Il tient à prouver sa fidélité au groupe de la rue Lauriston en proposant son appui à des opérations qui n'ont rien de commerciales, comme les équipées de « contre-parachutage » consistant à aller récupérer, grâce aux camions du ferrailleur, des armes et autres matériels tombés du ciel au moment où les résistants, qui sont alors appréhendés, s'apprêtent à en prendre livraison. La plus spectaculaire et la plus importante des initiatives antipatriotiques de Lafont vers la fin de la guerre, début 1944, la constitution et l'envoi sur le terrain d'une « brigade nord-africaine » pour combattre la résistance, se fera encore avec le soutien de Monsieur Joseph.

Probablement pour avoir poussé à son terme le dangereux — mais classique — raisonnement suivant lequel l'ennemi de mon ennemi est mon ami, un nationaliste algérien quelque peu marginal, qui se fait appeler El Maadi, est alors venu demander aux Allemands s'ils pourraient l'aider à publier un journal. Il est prêt en échange à recruter un très grand nombre d'Algériens, dit-il, pour combattre aux côtés des occupants. D'obscures querelles autour de la fourniture du papier empêcheront l'impression prévue de cette publication à l'imprimerie de *Paris-Soir*, mais l'enrôlement des quasi-mercenaires aura bien lieu. Monsieur Henri est chargé par l'occupant d'assurer la mise en œuvre de l'opération. La brigade « nord-africaine », divisée en sections commandées par des « cadres » de la rue Lauriston, autrement dit par les plus chevronnés parmi les hommes de main de Lafont, est envoyée guerroyer contre les maquis que les Allemands ont du mal à réduire dans le Limousin, en Dordogne ou en Franche-Comté. En réalité, ces hommes mal commandés — un « voyou » n'a aucune raison d'être un bon militaire — et peu opérationnels — le semblant d'instruction des troupes n'a duré que quelques jours — ne s'illustreront que dans des opérations de représailles féroces et dans divers « coups tordus » avant d'être décimés par la Résistance ou désarmés par les Allemands eux-mêmes, inquiets devant tant d'incompétence et de violence gratuite.

Une des sections s'illustrera à Sochaux-Montbéliard, chez Peugeot, où, sous le commandement de deux membres de la « Carlingue », Maillebuau et Engel, elle est chargée de faire régner l'ordre dans les établissements automobiles à la suite de nombreux sabotages. Une vingtaine d'ouvriers sont arrêtés et interrogés sans ménagement. Mais la brigade intervient surtout avec tant de cruauté dans les environs des usines — on parle de plusieurs cas de viols de femmes dans la région — que les troupes d'occupation finissent par exercer des représailles... contre ces encombrants auxiliaires, avant de les chasser de l'endroit et de les renvoyer à leurs occupations antérieures.

Le fiasco de ces expéditions est dû à l'incompétence des responsables et à l'indiscipline des hommes de troupe, tous très mal choisis, mais certainement pas à leur équipement, de première qualité et en quantité largement suffisante. Le fournisseur exclusif et attentif de la brigade nord-africaine n'est autre en effet que le très efficace Monsieur Joseph. Les camions pour le transport, bien sûr, mais aussi la tenue spéciale complète, y compris les chaussures, les ceinturons et les casques, ainsi que les cuisines, gamelles et autres matériels de campagne utiles, tout comme les premiers vivres, sortent des entrepôts de Joinovici. Tout sauf les armes, que seuls les Allemands peuvent attribuer. Le service est apprécié par la rue Lauriston et ses commanditaires allemands. Il est d'autant mieux assuré que le ferrailleur n'oublie pas, bien entendu, de le facturer — à hauteur de un million de francs environ.

Lafont poursuit le plus souvent ses activités policières indépendamment de Joinovici : nul n'a jamais suspecté le ferrailleur d'être intervenu dans ce domaine « en y mettant les mains » car, de l'avis général et selon l'expression de Bonny, « il était trop froussard pour cela ». Joinovici, de même, réalise la plupart de ses opérations commerciales sans y intéresser la rue Lauriston, surtout quand la transaction envisagée ne nécessite aucune intervention musclée ni aucune « protection ». Ainsi en fut-il par exemple, à en croire son biographe, lors de la très lucrative affaire des fausses livres sterling de 1942. Henry Sergg pense que Monsieur Joseph fut avec son rival Szkolnikoff un des principaux bénéficiaires de ce trafic de fausse monnaie. Il aurait été alors un des organisateurs, pour le compte du Reich, de l'importation, payée en livres sterling, de grandes quantités de blé et de viande d'Argentine *via* le Portugal et l'Espagne, officiellement des étapes avant une livraison en France. Les marchandises, cela va de soi, ne devaient pas finir dans les magasins de l'hexagone mais dans ceux du Reich ; et les livres sterling, fournies par l'Allemagne, n'étaient que des fausses coupures, splendidement imitées, destinées à affaiblir par leur diffusion la monnaie britannique. Même dans ce cas, cependant, l'opération, si elle a bien profité à Joinovici, a pu servir indirectement à resserrer les liens entre les deux amis. C'est à cette occasion, en effet, que le ferrailleur aurait ouvert, pour faciliter les transactions, des comptes bancaires dans la péninsule ibérique dont on suppose qu'ils furent également utilisés, à travers lui, par Lafont, afin de mettre à l'abri une bonne part de ses gains. Cette hypothèse serait d'autant plus vraisemblable, d'après ceux qui la soutiennent, que l'on n'a jamais retrouvé le « trésor » de la rue Lauriston, dont les chefs tenteront en 1944 de s'enfuir vers la frontière espagnole, alors même que Monsieur Henri connaissait les talents financiers de Joinovici, en lequel il pouvait imaginer avoir confiance*.

Une confiance bien évidemment très mal placée. Lafont, sans le savoir, en fera l'expérience quand son « ami » Joinovici lui-même organisera sa perte. Monsieur Henri, jusque-là plus actif que jamais, même après le débarquement de début juin en Normandie, estime à la mi-juillet 1944 que la partie est définitivement perdue. Il ordonne alors à Bonny d'entreprendre la liquidation de l'organisation de la rue Lauriston. On verse des « primes de départ » confortables aux fidèles qui sont restés jusqu'au bout : le tueur Abel Danos, un des futurs lieutenants de Pierrot-le-Fou, aurait reçu à lui seul, d'après ses aveux à la suite de son arrestation, fin 1948, dix millions de francs ; on détruit les dossiers, sauf celui des personnes arrêtées, envoyé avenue Foch, au siège des services de la police allemande (SIPO-SD) dont dépend la « Gestapo française » ; on élimine autant que possible de l'hôtel particulier du XVIe arrondissement toute trace trop compromettante. Fin juillet, en compagnie de son ex-maîtresse, une ancienne trafiquante désormais gouvernante de ses enfants, Jeanine Douflos, de son second l'ex-inspecteur Bonny, avec sa femme et son fils, Lafont déménage pour le Loiret, dans la ferme des Baslins, près de Bazoches, qu'il a acquise quelques mois plus tôt, première étape vers le repli prévu au-delà de la frontière espagnole. Courant août, un problème majeur survient : des maquisards, ayant entendu parler sans doute des voitures luxueuses qui ont convoyé de Paris en province les « réfugiés », viennent réquisitionner les belles et rapides automobiles. On renvoie alors à la mi-août dans la capitale le fils de Bonny, à bicyclette, pour demander à Joinovici de lui procurer deux voitures et proposer à ce dernier de rejoindre le Loiret afin de fuir

* Cette hypothèse de la participation de Joinovici à la célèbre « guerre monétaire » de l'Allemagne contre l'Angleterre est exposée, et présentée comme certaine, par Henry Sergg. Elle ne paraît pourtant au mieux que vraisemblable en l'absence de preuve. En revanche, l'existence même de cette « guerre monétaire » est avérée et le fait que les Allemands ont utilisé divers stratagèmes commerciaux et divers intermédiaires discrets et prêts à tout pour la mener a été plusieurs fois rapporté. Par ailleurs, on sait que Joinovici s'est procuré vers la fin de l'Occupation un faux passeport espagnol, ce qui laisse supposer qu'il avait effectivement pensé à conserver à l'abri une partie de ses revenus en Espagne.

avec ses « amis ». Le ferrailleur, selon Lafont, « tergiversera et refusera l'invitation sous prétexte qu'il avait à récupérer encore, de divers côtés, une somme de vingt millions de francs ». Il semble qu'il promette les voitures « pour bientôt », se contentant de demander où les livrer. Désormais certain de la localisation de Monsieur Henri et de ses proches, en possession d'une adresse qu'il a toute raison de supposer exacte même sans y être allé... puisque c'est lui qui a financé en grande partie, en avançant 2 millions de francs sur le prix total de 3,2 millions, l'acquisition de la ferme-refuge avec comme prête-nom Mme Douflos, Monsieur Joseph a compris ce qu'il lui reste à faire. Il prévient une de ses relations de la préfecture de police, un attaché au cabinet du préfet, l'inspecteur principal Morin, qu'il connaît la cache de deux des hommes les plus recherchés de France en ces jours qui voient enfin s'annoncer la libération de Paris. Le 30 août 1944 se déroule ainsi une opération conjointe des forces de police et des FFI, qui diront avoir été informés par un patriote nommé « Spass », pseudonyme de « résistant » du ferrailleur qui signifie « le sauveur » en russe. On encercle le refuge de Bonny et Lafont et on s'empare d'eux sans coup férir, tellement la surprise est totale. Comme viatique, ce qui ne préjuge pas de sommes éventuellement placées à l'étranger pour son compte par Joinovici, l'ex-animateur de la rue Lauriston possédait cinq millions de francs et une magnifique collection de bijoux qu'on trouvera dans son repaire.

Ce dernier ne se doutera pas, semble-t-il, même plusieurs semaines après son arrestation, du double jeu, un de plus, de son associé. On ne sait si, comme l'a avancé Henry Sergg, Joinovici — brièvement détenu d'ailleurs dans la même prison, à Fresnes, en octobre 1944 — est entré en contact avec Lafont dès septembre au dépôt pour l'assurer de son appui et lui promettre de tout faire pour le sauver, ainsi que Bonny, en échange de son silence sur ses activités pendant la guerre. Mais il est frappant de constater la relative rareté des références à Monsieur Joseph lors de l'instruction — où Lafont parle peu et Bonny s'épanche longuement — de l'affaire du groupe de la rue Lauriston. Qu'un « marché » entre les anciens complices ait existé ou non, car il n'est de toute façon pas forcément de l'intérêt des auxiliaires de la Gestapo de s'accuser eux-mêmes en accusant le ferrailleur de leurs actions communes, il n'est pas absurde de l'avoir envisagé. Car Joinovici a effectivement déjà noué alors des relations désormais bien utiles : la préfecture de police de Paris, à la fin de l'été 1944, est devenue un des lieux les plus assidûment fréquentés par le trafiquant !

Prudent et méticuleux, à la différence d'un hors-la-loi impénitent comme Lafont, Joinovici, quand vient la Libération, a organisé depuis longtemps ses arrières. Le premier des jalons connus qu'il sème sur le chemin escarpé qui doit le mener à se faire passer pour un compagnon de route des résistants date de l'été 1943. À cette époque, Lafont, opérant sur renseignement grâce à la trahison d'un résistant « retourné », l'étudiant en médecine Serge Marongin, a réussi à monter une souricière dans laquelle tomberont une grande partie des principaux membres du réseau Défense de la France. La plus belle prise du groupe de la rue Lauriston se nommera Geneviève de Gaulle, la propre nièce du Général, membre du comité directeur de ce réseau. Elle agissait sous un faux nom mais donnera vite sa véritable identité car, dira-t-elle, « pour mes camarades de la Résistance, pour d'autres aussi, c'était bien de savoir que la famille du général de Gaulle participait au combat clandestin »[17]. Interrogée d'abord dans une chambre de bonne d'un immeuble de la place des États-Unis, annexe-prison de la rue Lauriston, elle sera rapidement livrée aux Allemands puis déportée à Ravensbrück. Or, pendant le court laps de temps où elle fut entre les mains de la Carlingue, l'illustre prisonnière par parenté a été, à son insu, au centre des préoccupations de Joinovici. Celui-ci a multiplié les interventions auprès de Lafont pour qu'on la libère discrètement avant que les occupants n'apprennent son arrestation. Il aurait même essayé ensuite d'utiliser son influence auprès de relations allemandes pour lui obtenir un traitement de faveur. Il aurait proposé ici et là de l'argent, mais en vain, car la prise apparaît symboliquement trop importante aux yeux de Lafont comme à ceux des policiers du Reich pour qu'aucun accommodement « à la Joinovici » ne soit possible. L'essentiel, de toute façon, est déjà acquis pour le ferrailleur très prévoyant : les efforts déployés à cette occasion seront maintes fois portés au crédit de « Spass » dans les milieux résistants où il aura par la suite réussi à s'infiltrer.

Joinovici héros de la Résistance

Loin de pratiquer une politique du coup par coup, Joinovici a en effet décidé, dès cette époque semble-t-il, de prendre des gages solides sur l'avenir. Lafont lui en a-t-il donné l'idée en essayant l'année précédente de noyauter, avec l'aide de l'ex-inspecteur Bonny, la préfecture de police de Paris comme d'aucuns l'affirment ? Le ferrailleur a-t-il tout naturellement pris seul cette initiative, lui qui s'était déjà associé avec un hiérarque de ladite préfecture ? Il courtisait déjà suffisamment des policiers de la « maison » avant guerre pour que l'inspecteur Morin, celui-là même qui opérera à la ferme des Baslins, ait eu en poche, en 1941 ou 1942, une vieille carte de visite de Monsieur Joseph qui lui permettra un jour d'éviter, puisqu'il est un ami d'ami, un interrogatoire musclé rue Lauriston où on l'a amené pour le décourager de se mêler des activités du groupe Lafont[18]. Toujours est-il que Joinovici, probablement d'autant plus au courant de l'organisation de la Résistance dans la police que la rue Lauriston tente de la démanteler en cette fin de l'année 1943, repère un petit réseau, « Honneur de la police », dont les premiers chefs ont été arrêtés par Lafont et ses hommes et qui vivote désormais sous la direction d'obscurs fonctionnaires, le brigadier André Fournet et l'agent cycliste Lucien Piednoir. On ne sait comment s'est effectué le premier contact avec les deux responsables, même si un observateur de l'espionnage soviétique en France assure — sans convaincre — qu'il fut facilité par les relations supposées de Monsieur Joseph avec Moscou, « Honneur de la police » ayant été créé, selon la même source, à l'instigation d'anciens agents du Komintern[19]. Très rapidement, en tout cas, le réseau ne manque plus de rien. Fournet et Piednoir, les seuls que rencontre au début leur « bienfaiteur », disposent de tout l'argent nécessaire et au-delà, de tous les équipements réclamés, d'armes en grand nombre — sans doute celles récupérées par Joinovici auprès de Lafont à la suite des interceptions de parachutages alliés ! Leur organisation prendra de l'ampleur. Et Monsieur Joseph aura réussi son opération d'« entrisme » dans la résistance organisée. Par chance ou grâce à son habileté hors pair, cette démarche restera ignorée à la fois des Allemands et de Lafont, comme on l'a vu. À la fin de l'été 1944, Monsieur Joseph pourra ainsi se vanter d'avoir « sponsorisé » depuis une bonne année un des réseaux les plus en vue pendant les combats du mois d'août dans la capitale, où s'illustrent les policiers résistants. Il jouera également un rôle majeur dans l'arrestation des chefs de la « Gestapo de la rue Lauriston », comme on le sait, et d'autres hauts faits d'aide aux combattants de l'ombre, qu'il s'attribue sans qu'on ait jamais pu vérifier leur authenticité, à part quelques cas d'assistance à des individus en danger d'être arrêtés lors de la dernière année de l'Occupation. Le trafiquant peut ainsi presque passer pour un héros de la Résistance à la Libération.

Presque, seulement, car il a beau s'être « acheté » juste à temps un passé glorieux, il n'a pu tout effacer de sa vie antérieure. Il a déjà failli perdre tout le bénéfice de sa « reconversion » de 1943-1944 en voulant perpétuer ses bonnes affaires jusqu'au dernier moment. Le 4 juin 1944, deux jours avant le débarquement, il a été arrêté à Bruxelles, avec certains de ses lieutenants, par la police économique allemande chargée de la répression du trafic d'or et de devises. Le 5 juillet, une nouvelle fois dans la capitale belge, un des hommes à tout faire du ferrailleur, Victor Terre, s'est fait appréhender pour un simple trafic de montres en or et a avoué travailler pour Joinovici, qui a dû aller lui-même le faire libérer. En effet, les autorités d'occupation en Belgique ne sont pas « sous contrôle » comme en France ; dans les deux cas, il a fallu réclamer l'intervention de la police allemande de Paris pour qu'on cesse d'inquiéter Monsieur Joseph et ses collaborateurs. Mais on lui a fait signer la première fois un document où il avouait que « c'est en raison des missions de service qui nous ont été confiées [par les Allemands] que nous avons négligé les règlements sur la protection des devises » avant de le libérer ; et il aurait été porteur la seconde fois d'un document de la SIPO-SD signalant qu'il était « actif et utile » pour pouvoir faire élargir son collaborateur.

Ces pièces plus que compromettantes pour un supposé résistant de vieille date, conservées à Bruxelles, ne surgiront pas avant longtemps au grand jour, mais l'alerte a été chaude. Et l'occultation de quelques « ennuis » tardifs de ce type ne suffira évidemment pas à faire oublier une longue activité de trafiquant qui n'avait pu passer inaperçue étant donné son ampleur depuis le début de l'Occupation. La seule véritable garantie du ferrailleur à l'heure de l'épuration consiste donc à faire admettre que s'il a certes joué double jeu, le bénéficiaire en fut toujours, en tout cas depuis longtemps, la Résistance. D'un côté, il continue donc plus que jamais à soutenir de sa fortune les chefs d'un mouvement patriotique de policiers. Réussissant à transformer ces derniers en obligés et à disposer ainsi de soutiens officiels à la préfecture de police, il peut, semble-t-il, faire disparaître des dossiers gênants ou faire apparaître des rapports vantant ses actes de résistance — comme celui imputant à la Libération au ferrailleur, sans apporter de preuve sérieuse et probablement sous sa dictée, le financement d'une filière d'évasion par mer vers l'Angleterre dès 1941 ou un sabotage en 1942 aux docks de Saint-Ouen[20]. D'un autre côté, il neutralise autant que possible les complices ou les spectateurs de son ascension sous l'Occupation et de sa participation à des opérations contre la Résistance, par la ruse ou bien par des méthodes plus brutales si l'on en juge par le nombre de morts violentes ou de disparitions opportunes de témoins gênants autour de lui à l'heure du repli allemand. Il sera beaucoup question, ainsi, lors du procès de 1949, de l'exécution sommaire d'un jeune résistant, Robert Scaffa. Le jeune homme était allé chercher des armes avec Spass et des FFI de Seine et Marne dans un monastère de la région parisienne acquis à la Résistance, à La Brosse-Montceaux, le 19 juillet 1944. Il avait su que les Allemands, mystérieusement prévenus de l'existence de cette cache, avaient investi les lieux quelques jours plus tard et exécuté les six moines qui leur avaient remis les armes. N'ayant pu les faire parler, ils avaient arrêté puis fait déporter tous les autres religieux, près d'une centaine. Une bonne partie des FFI présents le 19 juillet avaient été appréhendés le même jour, avant d'être fusillés. Scaffa, qui avait donc toutes les raisons de suspecter Joinovici d'avoir parlé, sera vu la dernière fois vivant le 27 juillet dans une forêt de Seine-et-Marne, descendant avec deux hommes d'une traction avant qui aurait appartenu au parc du ferrailleur, par deux témoins qui découvriront plus tard son cadavre, avec deux balles dans la tête. L'un des deux exécuteurs sera identifié formellement, après une longue enquête, comme étant le policier Piednoir, lequel affirmera, sans convaincre, avoir voulu éliminer un traître. On retrouvera Piednoir, l'un des animateurs d'« Honneur de la police », habitué des bureaux du ferrailleur après guerre*.

* On ne saura jamais avec certitude si Piednoir avait agi ou non à l'instigation de Joinovici. On peut signaler cependant que le lieutenant allemand qui avait dirigé l'expédition punitive dans le monastère, interrogé tardivement à la fin des années quarante, dira à un juge d'instruction que son informateur n'était pas Joinovici.

Le scandale Joinovici

La préfecture de police de Paris n'est cependant pas la seule force de l'ordre en activité dans la capitale à la fin de l'été 1944. L'ancêtre de l'actuelle DGSE, la DGER (Direction générale des études et recherches), le deuxième bureau militaire issu de la France libre à Londres et Alger, ne trouve pas d'aussi bonnes raisons que la « maison » de l'île de la Cité pour dédouaner Joinovici de tout son cursus proallemand en raison des services rendus. Ses agents l'appréhendent donc le 10 septembre et il est bientôt écroué à Fresnes, après avoir été inculpé d'intelligence avec l'ennemi. Son système de défense s'est-il écroulé ? Deux mois plus tard, après avoir produit quantité de certificats et autres attestations prouvant son appui à la Résistance, il est remis en liberté provisoire avec les honneurs ou presque. C'est libre qu'il suivra en décembre, certainement avec intérêt, le procès de la bande Bonny-Lafont. Il apprendra bientôt, cette fois avec sans doute autant de soulagement que d'intérêt, l'exécution presque immédiate au fort de Montrouge des chefs et des quelques hommes de main du groupe de la rue Lauriston qui n'ont pu gagner les frontières ou réussir à se cacher.

Dans *France-Soir* du 17 novembre 1945, le journaliste Paul Bringuier, évoquant avec un humour féroce le sort de Monsieur Joseph un an après la Libération, fait le récit suivant : « Un magistrat vertueux, ayant eu l'audace de dénoncer à un haut fonctionnaire du ministère de la Justice l'activité d'un de ses voisins, marchand de ferraille et ancien fournisseur de la Luftwaffe [il s'agit de Joinovici], s'entendit faire l'admirable réponse que voici : "Tout doux, tout doux, monsieur le juge. Vous avez pourtant de l'expérience. Vous savez bien qu'au-dessus de dix millions une escroquerie s'appelle une 'spéculation hardie'. Un bonhomme qui a fait des émissions à la radio allemande pour six mille francs par mois, ça c'est de la collaboration à douze balles dans la peau. Mais un fournisseur de ciment, de camions, de textiles, d'armes à l'envahisseur, ça c'est de la haute économie politique. Vous ne connaissez pas encore le truc ? Mon pauvre ami. Pendant quatre ans, on est le fournisseur de la Kommandantur, on encaisse quelques centaines de millions. Quand les carottes sont cuites, en juin 1944, on distribue quelques dizaines de millions à bon escient. S'il le faut, on subventionne la caisse d'un groupement de résistance. Et on n'a plus qu'à se laisser vivre, en se payant la tête, par surcroît, des authentiques combattants de l'armée intérieure que l'on a proprement endormis et bafoués. À l'heure du règlement de comptes, on peut encore se payer pas mal de consciences, des témoignages éloquents, et c'est bien le diable si l'on n'arrive pas à déjeuner avec quelque ministre... ou ministrable. Croyez-moi, monsieur le juge, ne fourrez pas votre nez là-dedans. Vous y laisseriez votre dernière chance de finir votre carrière comme conseiller de première." »

Les traits sont grossis, les détails presque tous approximatifs ou faux — Joinovici n'a guère travaillé directement pour la Luftwaffe, il a surtout fourni des métaux et non pas du ciment ou des camions, etc. —, mais le tableau que dessine globalement ce texte traduit bien l'incroyable situation de Joinovici en 1945 et 1946. Il commence à être connu, au moins de tous les observateurs avertis, comme « le » trafiquant des années de l'Occupation, l'enrichi du marché noir par excellence. Pourtant, le même homme a ses entrées partout, et notamment, bien entendu, à la préfecture de police dont il est resté le mécène. Ses protégés Fournet et Piednoir sont d'ailleurs devenus commissaires et il a même réussi à se faire attribuer un bureau dans l'île de la Cité. Il reçoit beaucoup, comme son ami Lafont à l'époque de sa splendeur, dans son hôtel particulier du 205, boulevard Malesherbes où les maîtresses de maison s'appellent toujours Lucie Schmitt ou Greta Koch et où défilent hommes politiques, hauts fonctionnaires, journalistes, avocats, militaires et industriels. On a même dit qu'il soutenait alors des organisations et des journaux proches du parti communiste, dont l'influence est au plus haut[21]. Il est vrai que la fortune de Monsieur Joseph, loin de se dissoudre à l'époque dans son train de vie fastueux, est encore en expansion. Car si l'avant-1939, avec les préparatifs de la guerre, et l'Occupation, avec la stratégie allemande de pillage de la France, ont été des périodes fastes pour les ferrailleurs sans scrupules, l'après-guerre n'est pas moins favorable aux affaires, avec le recyclage des matériels de guerre à effectuer et la reconstruction de l'Europe dévastée à entreprendre. Or Joinovici, très bien introduit, obtient les meilleurs marchés, devenant en particulier, grâce à la complicité d'un militaire d'outre-Atlantique récemment démobilisé, l'un des spécialistes de la revente des surplus américains.

Au moment où la moindre entreprise française qui a travaillé un tant soit peu pour les occcupants voit, si sa déclaration « volontaire » de livraisons aux Allemands paraît suspecte, ses comptes auscultés au centime près pour calculer les « profits illicites » à rétrocéder au Trésor public, Monsieur Joseph, qui n'admet pas, nous l'avons vu, avoir réalisé plus que quelques dizaines de millions de francs de bénéfices pendant la guerre, réussit à transiger avec le ministère des Finances et à ne payer qu'une faible amende. Et chaque fois que la Direction des douanes veut enquêter sur les nouvelles opérations d'import-export du ferrailleur, qui n'a pas changé ses méthodes de travail particulières avec la fin des hostilités, il paraît impossible d'instruire le dossier. Quant aux poursuites intentées depuis 1944 pour intelligence avec l'ennemi, elles paraissent enterrées. Une telle impudence et une telle impunité, alors que le cours des choses redevient petit à petit normal dans la France d'après guerre, finissent par exaspérer certains. Une nouvelle fois, puisque la police parisienne paraît « contrôlée » par Joinovici, c'est une autorité concurrente qui va passer à l'acte.

Après l'élection, début 1947, à la présidence de la République de Vincent Auriol et le choix de Paul Ramadier pour occuper l'hôtel Matignon, le nouveau ministre de l'Intérieur Édouard Depreux, socialiste comme les deux précédents, décide d'appuyer le directeur de la DST qui a désormais une obsession : « normaliser » la préfecture de police, gangrenée de l'intérieur par le système Joinovici et, pense-t-il, fief des communistes. Roger Wybot, grand commis de l'État, polytechnicien et authentique résistant, qui est à la tête de la Sûreté du territoire, a diligenté une enquête serrée sur les activités du trafiquant qu'il veut neutraliser. Ses recherches ont été considérablement entravées par les amis de Joinovici. Ce dernier ne se promène à cette époque qu'accompagné de gardes du corps qui interdisent qu'on l'importune et que la DST identifie comme étant des policiers en activité. « Bientôt il devint quasiment impossible de vérifier les activités du personnage, à travers cet écran protecteur que la préfecture de police dressait entre nous », raconte Roger Wybot, ajoutant, scandalisé, que les voitures de service dans lesquelles se déplacent les policiers affectés à la garde de Monsieur Joseph et de son entourage étaient des voitures... offertes par le ferrailleur. Un travail acharné permettra néanmoins de trouver un document allemand immatriculant le ferrailleur comme agent de la Gestapo. « Et ce n'était pas un faux ! » s'exclame dans ses mémoires le patron de la DST, comme s'il estimait miraculeux d'avoir pu mettre la main sur une seule fiche accablante pour sa cible, tellement celle-ci avait brouillé les pistes et fait disparaître pièces et témoins à charge.

S'étant assuré l'appui de la Justice en la personne tenace du juge Fayon, le patron de la DST, couvert par Depreux, n'hésitera pas à aller bientôt perquisitionner dans l'île de la Cité, où il pense pouvoir trouver et arrêter le ferrailleur, disparu de son domicile, puisque celui-ci se pense certainement intouchable dans son sanctuaire policier. Sans doute prévenu à temps par ses obligés, Monsieur Joseph s'est en fait évanoui on ne sait où. Le proche parmi les proches, le commissaire Fournet, prié d'aider les enquêteurs à appréhender l'ex-intouchable, joue un mauvais tour à ses « collègues » en faisant semblant de les amener à celui-ci alors même qu'il protège sa fuite. Cette fois les choses n'en resteront pas là. Fournet est arrêté. Le juge Fayon enquête sur la petite et la grande corruption dans la police parisienne. Le grand nettoyage a bientôt lieu. Le préfet Luizet, qui avait grandement contribué à la tête de la police parisienne à accréditer les brevets de résistance de Joinovici, qu'il a décoré lui-même dans la cour d'honneur de la maison, est suspendu. Tout comme le directeur de la police judiciaire, des commissaires, des magistrats. Pierre Barré, désormais général de réserve, devenu en 1945 gérant d'une société pour le compte de Monsieur Joseph, est interrogé sans ménagement. Le fidèle Victor Terre, modeste ferrailleur avant guerre et subitement enrichi depuis qu'il fréquente Joinovici au point de posséder une écurie de courses, est inculpé d'assassinat. Le non moins fidèle Srul Rajzman, qui reconnaît avoir utilisé une carte personnelle de la SIPO-SD, le suit en prison. Bientôt, le 12 avril, le frère de Joinovici est lui aussi arrêté, pour commerce avec l'ennemi. En août, enfin, les biens du fugitif et de ses hommes de paille sont mis sous séquestre. On parle désormais au grand jour, et pour la première fois, d'une « affaire Joinovici ». Le scandale a éclaté, il ne quittera plus la une des journaux pendant des mois et même des années.

Où se cache Monsieur Joseph ? Il dira avoir commencé par rester dans un lieu discret à Paris puis avoir gagné avec l'aide des Américains la zone qu'ils contrôlent en Allemagne, plus exactement Munich. Là, il aurait retrouvé un de ses anciens collaborateurs, devenu semble-t-il familier des services secrets d'outre-Atlantique, qui lui facilitent son séjour. Pourquoi les Américains ont-ils apparemment « protégé » Joinovici ? Rien n'est certain à cet égard, mais rien n'interdit de penser qu'il ait aussi rendu des services aux agents d'Allan Dulles à la fin de la guerre et après. Toujours est-il que, malgré la chute de son bastion parisien, il n'a pas perdu toutes ses cartes. On le dit bientôt revenu dans la capitale et vaquant à ses affaires en toute impunité, ce qui relance le scandale, mobilise à nouveau le juge Fayon et implique un nouvel exil. Retourné dans la capitale bavaroise, il négocie un deuxième come-back pour se constituer prisonnier et régulariser sa situation. Il ne se sent donc pas en grand danger, lui qui a pourtant multiplié les actes qui valent la peine de mort devant les cours de justice. Sa réapparition se passe dans des conditions rocambolesques et fait le bonheur des gazettes. Le directeur de la PJ a convoqué la presse, le 26 septembre 1947, à un poste frontière, à Phalsbourg, pour que la reddition de Monsieur Joseph soit spectaculaire et publique. On l'attend en vain. Il réapparaît le lendemain dans la capitale, où il se rend aux autorités, après avoir mis les rieurs de son côté. En prison, il semble bénéficier d'un régime de faveur que d'aucuns attribuent à l'arrangement amiable qu'il aurait conclu avec les autorités.

Fin 1948, il sort indemne d'un premier petit procès pour recel d'objets volés — il est effectivement innocent — et d'un second pour avoir possédé 1,5 million de francs de titres provenant d'un cambriolage — il est relaxé cette fois au bénéfice du doute, après avoir prétendu qu'on lui avait remboursé à son insu une dette avec cet argent « sale ». Le 10 mai 1949, il est de nouveau dans le box des accusés comme complice présumé de la « Gestapo française » de l'avenue Foch, qui était dirigée par un de ses amis, René Launay, et avec laquelle il semble bien avoir à l'occasion collaboré. Mais Launay, qui comptait « charger » Joinovici, qu'il soupçonne de l'avoir trahi, meurt opportunément trois jours avant le procès. Les témoignages de ses coaccusés, simples agents sans envergure de la SIPO-SD, qui seront cependant condamnés à mort, ne sont pas pris en compte et le ferrailleur est encore acquitté au bénéfice du doute. Le véritable procès Joinovici a lieu du 5 au 21 juillet 1949 — cinq ans après la libération de Paris ! — devant la cour de justice de la Seine. L'accusé, assisté d'une véritable troupe de brillants défenseurs, avec à sa tête Henri Torrès et Charles Delaunay, n'a en fait à répondre véritablement, malgré la durée des débats, que de son activité de collaboration économique, si complexe et si floue que personne ne s'y retrouve dans le dossier. On assiste à des échanges étonnants, le prévenu pouvant assurer un jour qu'il n'a finalement rien gagné avec les Allemands et une autre fois chipoter simplement sur le nombre de wagons nécessaires quotidiennement — dix à douze selon le chef réceptionniste des docks de Saint-Ouen, un ou deux au maximum selon l'accusé — pour acheminer ses livraisons outre-Rhin. Quand on lui reproche d'avoir fait circuler tous ses camions avec des laissez-passer allemands, il rétorque, rigolard, au président du tribunal, sûr de son succès : « Évidemment, avec des laissez-passer anglais, ça n'aurait pas marché ! » Tous les aspects criminels et politiques du dossier sont à peine évoqués ; ils restent à l'écart des débats. Le défilé des témoins de la défense, avec ses ex-employés parlant tous d'un « chic patron » et d'innombrables résistants ou persécutés par la Gestapo venant raconter les services qu'il a rendus, fait penser un moment aux observateurs qu'il pourrait bien être acquitté. On a même trouvé un homme venu à la barre, sans rire, demander qu'on élève une statue au ferrailleur pour son rôle lors de la libération de Paris.

Quelques témoignages accablants, comme celui d'un chef de mission de la DGER qui le décrit, éléments circonstanciés à l'appui, comme un faux résistant, et quelques documents plus que compromettants, comme une lettre de Himmler trouvée sur un officier SS parachuté en France après la libération de Paris et lui conseillant de s'adresser à Joinovici en cas de besoin, rendent pourtant impossible une telle issue. On déclare donc le ferrailleur coupable d'« actes ayant nui à la défense nationale » mais pas, accusation autrement grave, d' « intelligence avec l'ennemi ». Il est condamné à cinq ans de prison, six cent mille francs d'amende, saisie de ses biens à concurrence de cinquante millions. Apparemment surpris par la sévérité de la peine de réclusion — les sanctions annexes ne sauraient atteindre un milliardaire —, Joinovici se pourvoit en cassation. Mis à part ses plus proches amis, il est le seul à trouver le verdict trop lourd. L'« oubli » des charges les plus sérieuses contre lui semble donner raison à tous ceux, Roger Wybot en tête, qui pensent que la négociation préalable à son retour a bien porté sur « le sort judiciaire qu'on allait lui réserver en France, les accusations qu'on maintiendrait contre lui, bénignes, et les autres, beaucoup plus graves, auxquelles on renoncerait »[22]. A-t-on voulu ainsi limiter l'ampleur du scandale et éviter d'incriminer les innombrables relations du ferrailleur ? A-t-on voulu ménager un agent certes double ou triple mais qui a rendu tant de services ? On ne peut que faire des suppositions en observant la mansuétude dont on a fait preuve à l'égard d'un homme qui apporta tant aux Allemands.

Après le procès, l'opinion comme les professionnels ne s'y trompent pas. Quand on veut évoquer dans les années cinquante le marché noir sous l'Occupation, immédiatement vient à l'esprit le « chiffonnier milliardaire ». Et quand, dans un procès ou devant une juridiction chargée de l'épuration, on dit que tel ou tel a collaboré avec Monsieur Joseph, l'affaire prend une autre dimension. Ainsi le 16 janvier 1950, on évoque devant une commission d'épuration chargée du secteur des chiffons le cas de Marcel Vindevogel, un « biffin » comme dit un témoin pour situer la petitesse de ses affaires[23]. Quand l'accusation souligne qu'il aurait été un fournisseur de Joinovici, on sent qu'il va avoir du mal à apitoyer ses juges. Mais quand son défenseur, malgré le point qu'a marqué le commissaire du gouvernement en établissant que les ventes du prévenu ont atteint quarante tonnes de chiffons pendant les seuls sept premiers mois de l'année 1942, révèle, témoin à l'appui, que Vindevogel aurait plutôt été une victime qu'un complice de Joinovici, qui aurait même été à l'origine de l'ordre de déportation vers l'Allemagne le visant, cela vaut toutes les circonstances atténuantes. La condamnation sera d'ailleurs très modérée : interdiction de conserver un poste de commandement dans la profession de chiffonnier pendant six mois.

Certes, l'opprobre qui s'attache au nom du ferrailleur ne l'empêche pas de reprendre ses affaires dès sa libération anticipée le 23 août 1951. Roger Wybot, faute de trouver un pays accueillant où l'expulser, a eu beau obtenir son assignation à résidence dans la lointaine et pauvre Lozère, à Mende, Joinovici, armé de ce qui lui reste de relations, de sa connaissance hors pair de son secteur et d'un téléphone, réussit à reprendre pied dans les affaires. Mais il ne remontera jamais totalement la pente. D'abord parce que sa libération a été assortie d'une injonction de payer au fisc une amende considérable pour « profits illicites » sous l'Occupation : un milliard de francs. Certes, il obtient des facilités de paiement, mais la facture reste lourde. Ensuite parce que, isolé à Mende, il ne peut réussir à reconstruire un réseau d'influence suffisamment important pour initier, réaliser et « protéger » ses affaires comme auparavant. À partir de 1954, il aurait de plus été racketté, sans pouvoir se défendre, par d'anciens membres de la bande Bonny-Lafont, comme Jo Attia et Georges Boucheseiche, celui-là même qu'on retrouvera dans l'affaire Ben Barka, au point d'y perdre une bonne part de ce qui lui reste de sa fortune[24].

Quelle qu'en soit la raison, il semble bien que le temps de la splendeur ait touché à sa fin. En octobre 1957, après avoir réussi à « emprunter » une dizaine de millions de francs à un important ferrailleur local trop naïf avec lequel il avait traité des marchés, il s'enfuit au Maroc puis en Israël, où il demandera à bénéficier de la loi du retour. Mais, malgré son talent procédurier, Tel-Aviv refuse d'abriter le célèbre trafiquant si bien introduit chez les nazis et l'extrade en décembre 1958 vers la France, où il est à nouveau emprisonné, pour escroquerie, à sa descente du bateau, à Marseille. En mai 1962, libéré des Baumettes, il est cette fois assigné à résidence à Clichy. Retour à son fief des débuts. Mais il a soixante ans, en paraît beaucoup plus, et n'a plus le goût ni les moyens, semble-t-il, de faire des affaires. Il meurt, apparemment dans le plus complet dénuement, le 7 février 1965, sans avoir jamais écrit, comme beaucoup l'avaient craint, ses mémoires. À son enterrement, au cimetière de Bagneux, parmi les quelques dizaines de proches et d'amis restés fidèles, quatre policiers anonymes de la préfecture de police. « Ils déposèrent sur sa tombe, témoigne Roger Wybot, une immense gerbe avec cette inscription : "À notre camarade, Honneur de la police, ses amis reconnaissants." » Commentaire ironique de l'ex-directeur de la DST : « D'une certaine manière, ils lui devaient bien cela[25] ! »

Joinovici est resté un symbole, mais il ne fut, nous l'avons dit, qu'un de ces hommes d'affaires, avec ou sans guillemets, qui ont profité des occasions particulières de s'enrichir que seule une période comme celle de l'Occupation offre aux aventuriers de l'économie décidés et sans scrupules. Raconter le parcours de Monsieur Joseph nous a permis, au passage, de faire quelques rencontres et de dresser une petite galerie de portraits. En plus du ferrailleur, l'« homme du double jeu », nous avons croisé l'animateur numéro un du pillage de la France au travers du marché noir, l'ingénieur-espion Hermann Brandl, l'« homme des bureaux d'achat » ; le plus puissant complice des occupants, le truand-policier-affairiste Henri Chamberlin, l'« homme lige des Allemands » ; son second l'ex-inspecteur Bonny, le « comptable-administrateur au service de gangsters » liés à la SIPO-SD ; d'autres animateurs d'officines allemandes comme Georges Delfanne et Frédéric Martin, trois quarts hommes de main et tortionnaires, un quart spécialistes du marché noir, les « hommes de la Gestapo ». Ce récit, cependant, ne nous a pas permis de peindre un tableau totalement représentatif de ce que fut ce monde des trafiquants professionnels de la période 1940-1944. Car il y eut bien des cas de figures et, malgré la complexité et l'ampleur de ses activités, la carrière « exemplaire » de Joinovici ne les illustre pas tous. Tentons de compléter le panorama et de le rendre plus significatif en évoquant beaucoup plus rapidement, sauf dans le premier cas, exceptionnel, le comportement de quelques autres parmi ces « commerçants » peu respectueux de la légalité qui furent si nombreux entre 1940 et 1944, chacun représentant un exemple type.

Monsieur Michel, fournisseur numéro un des SS

Impossible de ne pas commencer cette série par la présentation du prototype même du trafiquant « pur », celui que l'on peut considérer, dans notre galerie de portraits, comme « l'homme qui poussa la pratique du marché noir à son point le plus extrême » : Mandel Szkolnikoff[26]. Joinovici, on le sait, le jalousa. Avec raison. Car son rival l'égala voire le dépassa en volume d'affaires traitées. De surcroît, il n'eut pas besoin lui, autant qu'on le sache, de mélanger si peu que ce soit activité commerciale et activité de police ou de renseignement au service des Allemands — directement ou par l'intermédiaire de complices — pour arriver à ce résultat. Commerçant il est né, le 28 janvier 1895, en Russie, dans une famille de marchands de tissus, commerçant il est toujours resté. Et il est doué : dès 1916, il est déjà, malgré son jeune âge, l'un des fournisseurs des soldats du tsar... avant de devenir, l'année d'après, celui de l'armée révolutionnaire. On le retrouve à Riga (1923), Varsovie (date indéterminée) et Dantzig (1929). Sans doute quitta-t-il l'Allemagne en 1933 car, ironie de l'histoire quand on connaît la suite, il craint, en tant que Juif, le régime nazi. Il rejoint alors les Pays-Bas puis la Belgique. Son père ayant ouvert un commerce de tissus à Anvers, il en fait de même à Bruxelles. Une rapide banqueroute frauduleuse, la première connue à son palmarès, l'incite à franchir une nouvelle frontière, et le voilà à Paris fin 1933, avec sa femme dont il se sépare rapidement. Arrivé sans le sou ou presque, il se lance quand même dans les affaires grâce à son sens de la débrouille. En novembre 1934, il rachète une boutique de soldeur rue d'Aboukir, dans le Sentier, où il domicilie une société de négoce de tissus créée avec son frère, Textima. Quelques escroqueries et émissions de chèques sans provision plus tard, le voilà expulsé de France par un tribunal. Mais la mesure est difficilement applicable à un apatride et il est donc simplement placé sous surveillance d'un inspecteur de police... qu'on retrouvera quelques années plus tard employé de celui dont il avait la garde. Lorsque la guerre est déclarée, il n'a pas encore réellement réussi, à la différence d'un Joinovici, mais il dispose déjà d'une certaine surface financière si l'on en juge par la voiture dont il tient le volant, une grosse « Cord » américaine. Il possède surtout, après une série d'achats à très bas prix à des concurrents connaissant des revers de fortune, des lots importants de produits textiles.

Négociant avisé et sans scrupules, Szkolnikoff, qui se fera appeler « Michel » pendant l'Occupation, ne met guère de temps à comprendre le parti qu'il pourra tirer de ses stocks de marchandises. Au début de l'automne 1940, ayant lucidement évalué la situation, il a déjà cédé les parts de sa société à deux prête-noms, un pour lui, un pour son frère. Ainsi à l'abri, autant qu'il est possible, des mesures économiques antisémites, il offre immédiatement ses services aux Allemands, qui n'ont pas encore mis au point dans le détail le système des bureaux d'achat et les modes de contournement de la réglementation française par la ruse ou par la force qu'il suppose. Dès le mois de novembre, il monte une opération avec la Kriegsmarine, pionnière des pratiques de marché noir organisé en France. Celle-ci consiste en une vente de textiles à l'occupant, vente déguisée en saisie pour détourner les soupçons éventuels du Contrôle économique. Très vite il n'aura plus besoin de recourir à de tels montages pour continuer son commerce illégal. Dès le mois de décembre, après avoir transformé Textima en coquille vide, il acquiert la Société commerciale de l'océan Indien, dont le seul client réel sera la Kriegsmarine, et il avertit ses associés et son personnel d'une bonne nouvelle : plus besoin de tenir une comptabilité car il est totalement couvert par les Allemands. Il ne se vantait pas. Au début du printemps 1941, la police économique française, grâce à une dénonciation, le prend en flagrant délit de trafic, saisit huit cent mille mètres de tissus et exige des comptes. Il est même interrogé et avoue sans trop se faire prier, devant l'insistance des enquêteurs, que les capitaux importants qu'il manipule et qui lui permettent de traiter de si grosses affaires lui ont été fournis par l'occupant afin de financer des achats qui leur sont destinés. Il refuse de donner des précisions, arguant... du secret professionnel qu'exigent les Allemands. Ces derniers, de fait, arrivent en quelques jours à obtenir l'annulation des poursuites contre leur protégé et, bien entendu, la restitution des marchandises. Les fonctionnaires français avaient malgré tout eu le temps de constater que la Kriegsmarine avait versé à Szkolnikoff près de dix millions de francs en janvier 1941, près de vingt en février et près de soixante entre le 1er et le 24 mars. Il est alors déjà un « grand » du marché noir avec les Allemands. Deux circonstances particulières, l'une « privée », l'autre politique, vont en se conjuguant faire de lui le numéro un ou deux — selon le rang que l'on accorde à Joinovici — de cette « spécialité » en France.

En mai 1941, une de ses relations rencontrée au bureau d'achat de la Kriegsmarine présente Michel à une Allemande, Elfrieda Sanson, dite « Hélène », réfugiée en France depuis 1933 avec son mari juif. Elle-même réalise des affaires avec les représentants de la marine de guerre d'outre-Rhin. Les deux trafiquants sont faits pour s'entendre commercialement, ils s'entendent aussi dans l'intimité. Le nouveau couple bénéficie de surcroît rapidement de la disparition de celui qui avait été le premier associé d'Hélène, Fabius Finkelman, un ami de longue date de son mari. Ce commercant, qui n'était pas « protégé » par un bureau d'achat, s'était mis à travailler dans une totale clandestinité au début de l'Occupation. Mais il avait été repéré et arrêté par les Allemands puis fusillé en juin 1941. Son magasin de fourreur, 7, rue Sainte-Anne, dans le quartier de l'Opéra à Paris, était donc devenu vacant et il avait été immédiatement récupéré comme adresse commerciale par le très pragmatique Szkolnikoff, sans doute toujours désireux de brouiller les pistes pour éloigner de son chemin le Contrôle économique. Grâce aux relations et au flair de sa nouvelle compagne, Michel a pu alors entreprendre de développer considérablement son chiffre d'affaires, toujours réalisé essentiellement avec la Kriegsmarine.

Au printemps 1942, nous l'avons vu, suite à un décret de Hitler, les SS, sous la direction de Karl Oberg, prennent le pas, pour gouverner la France occupée, sur la Wehrmacht. Hélène, sans doute parce qu'elle est allemande, comprend tout de suite l'importance et les conséquences du changement de politique décidé à Berlin. Et Szkolnikoff, grâce à elle, sait ce qui lui reste à faire : entrer en relation d'une façon ou d'une autre avec les SS, nouveaux maîtres du pays, afin de les faire bénéficier de sa science du négoce illégal en temps de guerre. Le couple l'a bien senti : le « débarquement » des SS à Paris ne doit pas être considéré seulement comme une mesure policière de contrôle plus sévère d'un territoire où les premiers troubles sérieux sont apparus ; il annonce aussi l'apparition d'un nouvel acteur économique de premier plan et il va de pair avec une évolution de la stratégie des Allemands qui implique, pour qui sait la décoder, une reprise en main des bureaux d'achat classiques. L'avenir, passée l'euphorie du moment dans les milieux du marché noir, dont profite d'ailleurs bien Michel, devenu récemment fournisseur en textiles du bureau Otto pour développer ses ventes, appartient donc surtout aux officines les moins contrôlables, comme celle des SS qui s'est installée tout naturellement dans la capitale française après la nomination d'Oberg.

Le WVHA (Wirtschaftsverwaltungshauptamt) ou Service central de l'administration économique, qui gère, avec une totale indépendance, tout l'aspect économique des activités des troupe d'élites nazies de Himmler, a ouvert en effet à Paris, au début de l'été 1942, 4-6 rue du Général-Appert, une « mission de stockage » (Auftragsverlagerung) dirigée par l'Hauptsturmführer (capitaine) Fritz Engelke. Voilà l'homme qu'il faut connaître. Par l'intermédiaire d'Elfrieda selon certains, plus probablement grâce à une de ses relations au sein de l'administration allemande à Paris, Max Lütchen, Michel est présenté à ce parfait francophone, « d'un abord très sympathique » de l'avis de beaucoup, mais surtout efficace et influent — il a été le secrétaire personnel de Himmler, a la confiance d'Oberg et a été nommé directement par le puissant « patron » du WVHA Oswald Pohl, qui laissera une trace sinistre dans l'histoire pour avoir été l'organisateur de l'exploitation économique des camps de la mort. La compagne d'Engelke se liant rapidement d'amitié avec Hélène, quelques affaires et quelques dîners plus tard, les deux couples sont devenus des intimes. Sous peu, Michel s'affirmera comme l'acheteur numéro un des SS. Le capitaine nazi a désormais table ouverte chez le trafiquant, qui ne l'appelle plus que « Fritz ».

Les Szkolnikoff vivent de plus en plus luxueusement à l'Étoile, au 19, rue de Presbourg, entourés d'une dizaine de domestiques si utiles pour les réceptions, quand ce n'est pas à Chatou, où l'on passe les week-ends agréablement avec des proches dans une villa de dix pièces, ou encore dans le château d'Aisne à Azé en Saône-et-Loire, qui a été acquis pour offrir des vacances aux amis. Ces derniers n'aimaient-ils pas la chasse ? On dit en effet que Szkolnikoff ne mit les pieds qu'une seule fois dans une autre propriété achetée à cette époque à cet usage et où il ne risquait guère pourtant d'être importuné par ses voisins : le domaine couvrait neuf cents hectares ! Hélène, qui ne s'habille plus que chez les grands couturiers, possède au minimum dix manteaux de fourrure — ceux que l'on retrouvera en garde chez Paquin à la Libération. Elle est surtout fière de ses bijoux, achetés chez les plus grands joailliers et valant, selon ses propres confidences, cent cinquante millions — une émeraude à elle seule lui en avait coûté quatorze. En 1942 et début 1943, la table de Michel et d'Hélène acquiert la réputation d'être la meilleure — en tout cas la mieux fournie — de Paris. Alors que la pénurie atteint en France un point critique dans les villes, une bonne vingtaine d'invités dégustent tous les jours, midi et soir, saumon, caviar, foie gras et autre mets de qualité, servis à l'occasion, témoignera le maître d'hôtel, dans de la vaisselle d'or. Les convives sont toujours issus des deux rives du Rhin. Côté allemand, outre Engelke et ses adjoints, présents en permanence, il y a des habitués, comme Otto, bien sûr, ou le chef de la police économique allemande de l'avenue Foch, le docteur Wunderlich, mais également des hôtes de marque comme Oberg, vu plusieurs fois à dîner, ou même peut-être Himmler — il aurait été amené rue de Presbourg par son ex-secrétaire lors d'un passage à Paris. Côté français, et parfois belge, on soigne surtout les précieux apporteurs d'affaires. D'après le meilleur connaisseur du dossier Szkolnikoff, l'ancien commissaire Jacques Delarue, « les habituels commensaux étaient tous des fournisseurs. Un tisseur de Castres et d'Albi, dont Michel achetait presque toute la production de couvertures [...] ; un industriel de Roubaix, propriétaire d'une grande et vieille maison, qui fournit un jour en une seule fois cinquante-cinq mille mètres de lainage peigné [...] ; un Belge qui vendait de la toile à bâche par kilomètres carrés [...] ; le directeur d'une grosse firme lyonnaise de bonneterie ; une Alsacienne, « Joséphine », qui trustait les parfums dont les dames SS étaient friandes [...] ; un Antillais qui vendait les gâteaux secs par tonnes et le gruyère par wagons ; un bonnetier de Troyes, dont toute la production de bas de soie arrivait chez Szkolnikoff [...] ; deux filateurs rouennais, un drapier roubaisien, deux filateurs des Vosges qui travaillaient presque uniquement pour Szkolnikoff ; le fondé de pouvoir d'une importante entreprise de cotonnades des Vosges qui fournissait des trains entiers de marchandises [...] ».

Pendant les deux années où son activité, son chiffre d'affaires et son train de vie explosèrent littéralement, de la mi-1941 à la mi-1943, on ne sait combien de milliards Szkolnikoff a vu passer entre ses mains. Nul moyen d'appréhender les flux d'argent et de marchandises : depuis fin 1940, Michel ne tenait plus de comptabilité et, depuis le printemps 1942, il n'avait même plus de bureau, se contentant de contacts chez lui, chez ses fournisseurs ou, pourquoi pas, directement chez le destinataire final des produits, dans les locaux d'Engelke. Nombre de ses transactions d'ailleurs n'auraient pu se traiter autrement que chez le vendeur : Szkolnikoff, informé par ses relations SS de saisies envisagées, après la découverte ou la dénonciation de détenteurs de stocks clandestins, allait souvent charitablement prévenir les intéressés du sort qui les attendait et repartait aussitôt après les avoir sortis d'affaire... en leur ayant acheté à bas prix ces marchandises encombrantes, à livrer dans un de ses entrepôts.

On a pu cependant trouver une trace tangible de ses revenus. La seule liste de ses biens immobiliers connus, ceux qu'on put placer sous séquestre en 1945, donne effectivement un ordre de grandeur de la fortune atteinte en l'espace de quelques années par le petit commerçant-escroc d'avant guerre. Évalués, de façon prudente a-t-on dit, à plus de deux milliards de francs par les experts, ces placements avaient pour site privilégié la Côte d'Azur et plus particulièrement la principauté de Monaco, où l'avait sans doute attiré sa passion des bancos de plusieurs millions dans les casinos. L'acquisition de ces propriétés au soleil commence dès fin 1941 avec l'achat de la société contrôlant l'hôtel Windsor à Monte-Carlo, puis de l'hôtel du Louvre et d'une série d'immeubles dans la même ville. Suivirent l'hôtel Regina et l'hôtel du Helder. L'année suivante, il entreprend carrément d'acheter la majorité des grands hôtels de la Riviera : le Plazza, le Savoy, le Ruhl à Nice, le Martinez à Cannes et bien d'autres palaces changent de propriétaire, les offres étant séduisantes. C'est par dizaines qu'il achète également, souvent à travers la prise de contrôle de sociétés immobilières, les plus grands et les plus beaux immeubles de la Côte, comme par exemple le palais Bellevue à Nice. Il investit également dans l'hôtellerie et l'immobilier à Aix-les-bains (le Grand Hôtel), à Biarritz et à Paris : deux des nombreuses sociétés dont il s'est assuré la majorité dans la capitale possédaient à elles seules cinquante et un immeubles dans le quartier des Champs-Élysées. En face de cela, ses intérêts dans une usine de tissage dans les Vosges ou dans un restaurant place de la Bourse ne représentent que des à-côtés. Restent, parmi les investissements qu'on peut appréhender, à ajouter à cet empire « dans la pierre » l'extraordinaire collection de meubles et d'objets d'art (une tapisserie des Gobelins, des tableaux de maître...) réunie par le couple ainsi que ses placements plus « liquides » en bijoux. En plus des pierres précieuses qu'aimait porter Hélène pour impressionner ses amies, Szkolnikoff avait en effet accumulé suffisamment de produits de joaillerie pour se faire contrôler un jour de mai 1944, par des policiers espagnols, en possession de huit cents millions de francs de « cailloux » qu'il était venu mettre à l'abri outre-Pyrénées. Rien n'assure, bien que ce soit probable, qu'il s'agissait là de son plus beau lot dans ce domaine. Et même si, comme on l'a supposé parfois mais sans pouvoir avancer de preuves, une bonne partie des placements de Michel avaient été opérés pour le compte d'Allemands désireux de pénétrer l'industrie française du tourisme, voire de dignitaires nazis préoccupés, pendant les derniers temps de l'Occupation, de préparer l'avenir, le pactole « en propre » de Szkolnikoff garderait un aspect démesuré.

Le seul accroc sérieux que connut en France la carrière linéaire du trafiquant se produisit pendant l'été 1943. Szkolnikoff a toutes les raisons de penser à cette époque qu'il a choisi la bonne alliance : les SS, contrairement à la plupart de leurs « concurrents », y compris Otto, n'ont pas dû fermer en quelques mois au printemps leurs bureaux d'achat malgré la nouvelle politique décidée par Berlin. Mais le contrôle du marché noir, du fait des nouveaux ordres, s'est intensifié. Et comme Engelke, profitant ostensiblement des largesses de son protégé, a fait des jaloux, il a suffi d'une absence prolongée de sa part pour que, guerre des services allemands aidant, un responsable d'un département de la

Gestapo décide de frapper un grand coup. Le 21 août 1943, alors qu'il vient de revenir pour quelques jours de son château de Saône-et-Loire pour régler des affaires à Paris, Szkolnikoff est arrêté. Peu après, on appréhende à Azé Hélène et tous les invités du couple, dont un industriel du textile conduit sans ménagement jusqu'à la prison de Fresnes. On ne sait si cette découverte si tardive des activités illégales de Michel — on l'accuse de mener directement pour son compte, à l'insu des autorités, des opérations de marché noir — et du fait aggravant qu'il est juif le vise alors lui-même ou doit servir à enlever de sa superbe à son ami SS trop puissant. Elle oblige néanmoins Engelke, dès qu'il le peut, à se démener, jusqu'à faire intervenir Oberg, pour le faire libérer ainsi que ses hôtes d'Azé. Szkolnikoff reprend vite de l'assurance et son existence, en apparence, ne changera pas après cette alerte. La leçon, pourtant, a porté. Il réduit à leur plus simple expression ses activités commerciales à l'exception de celles utiles aux SS et il se consacre désormais — il y a de quoi occuper un homme ! — à gérer ses biens immobiliers et à organiser, au fur et à mesure que l'année 1944 se déroule, l'expatriation de ses avoirs les plus liquides.

Au cours de ses fréquents voyages vers l'Espagne, il stocke avec l'aide de prête-noms de grandes quantités d'or et de pierres précieuses. Jusqu'à ce qu'il soit inquiété au printemps 1944, on l'a vu, par la Sûreté espagnole qui a diligenté une enquête après avoir été intriguée par ses nombreuses allées et venue entre Paris et Madrid depuis le début de l'année. Cette interpellation vaut à Michel et à Hélène, une fois libérés en juin, une interdiction de quitter le territoire espagnol qui tombe à pic pour les « obliger » à rester en sécurité derrière la frontière. Et si ce fâcheux incident empêcha certes Szkolnikoff de pouvoir réaliser — ou occulter par des montages sophistiqués — ses propriétés immobilières, il est alors plus qu'à l'abri du besoin. D'autant, on l'a vu, qu'il avait probablement conservé dans la péninsule ibérique, comme Joinovici, des revenus d'un trafic de fausse monnaie.

Il vivra pendant un an sans défrayer la chronique dans son refuge doré de Madrid — dans son cas, ce n'est pas une image. En juin 1945, juste après la fin de la guerre, on perd sa trace. Ou plutôt on la retrouve mais sans qu'il soit certain qu'il s'agit bien de lui. Le 17 du mois, en effet, un corps presque entièrement carbonisé est découvert à trente kilomètres de la capitale espagnole, sur la route de Burgos. La police espagnole dira avoir identifié le cadavre comme étant celui de Szkolnikoff. Elle fera plus tard état d'une enquête menée à cette époque sur les circonstances de sa mort. Il aurait été assassiné « par plusieurs personnes venues de France pour l'appréhender », en clair par des hommes se disant agents de la DGER. Il n'aurait pas survécu à « un coup asséné sur le crâne lors de son arrestation et de son transfert vers la frontière française ». Ses agresseurs, interpellés par la police, auraient avoué « avoir alors retiré le cadavre de la voiture et l'avoir arrosé d'essence puis incendié ». Les autorités espagnoles assureront même que le frère de Szkolnikoff aurait reconnu le corps, « qui n'était pas entièrement consumé ». D'autres versions de l'assassinat, évoquant une mort par crise cardiaque de Michel lors d'un interrogatoire musclé par ses ravisseurs, ou son décès à la suite d'une piqûre supposée l'endormir pour qu'on puisse le transporter inconscient jusqu'en France, ont alors circulé. Elles privilégiaient en général moins l'hypothèse d'un enlèvement destiné à faire parler et juger le trafiquant que celle d'un rapt à vocation crapuleuse, l'objectif étant de capter la fortune encore considérable du réfugié.

Aucun des récits, pas même celui des autorités madrilènes, ne satisfera pendant longtemps la justice française. D'autant que l'affaire ne connaîtra aucune issue judiciaire outre-Pyrénées. Le 8 mai 1950, Szkolnikoff sera donc condamné à mort par contumace ainsi qu'à la confiscation de tous ses biens et à des amendes totalisant deux milliards de francs. Et en 1956, sans aucun doute en raison des intérêts financiers énormes encore en jeu, le tribunal militaire de Paris est saisi d'une demande d'une « légataire universelle », autrement dit de sa dernière compagne, visant à faire reconnaître la mort de Michel en 1945 et à annuler le verdict de 1950. Celui-ci tenait en effet les héritiers pour « solidairement responsables des sommes mises à la charge de Szkolnikoff », autrement dit les confiscations de biens et les amendes. On discute donc encore d'un enjeu considérable : la destination finale de plusieurs milliards de francs.

Szkolnikoff est-il bien mort en 1945 ? Ou a-t-il réussi à se faire passer pour mort et, comme le bruit en a couru, à s'enfuir en Amérique latine avec les restes de sa fortune ? La première hypothèse sera jugée très probable mais pas absolument certaine jusqu'à l'audience de 1956. Vu les pièces produites alors, elle ne fait plus aucun doute pour ceux qui ne veulent pas à tout prix cultiver le mystère. Diverses pièces produites par la justice espagnole ont prouvé en effet à cette occasion que l'identification du cadavre de la route de Burgos avait été en fin de compte sans équivoque. D'autant que ceux qui avaient organisé cette mise en scène macabre — la victime étant effectivement morte suite à l'injection d'un somnifère avant la tentative d'escamotage du corps — avaient bien tous été arrêtés, a-t-on appris alors, par la police espagnole et discrètement renvoyés en France, après leurs dépositions, dans le cadre d'un échange bien compris d'agents secrets des deux pays. Le trafiquant avait été « donné » par un collaborateur réfugié en Espagne et désireux d'amadouer les autorités françaises avant son retour. Mais le kidnapping avait mal tourné[27].

Les petits et les gros

Joinovici, Otto, Lafont, Szkolnikoff... difficile après de tels cas de ne pas trouver quelque peu anodins l'itinéraire des autres trafiquants. On aurait tort. Car ce n'est pas l'ampleur du chiffre d'affaires réalisé mais la nature de l'activité qu'ils ont choisie et l'alliance inévitable avec l'occupant pour réaliser les desseins inavoués qu'elle supposa qui caractérisent surtout le comportement de ces hommes entre 1940 et 1944. Aucune raison, donc, pour commencer par cet exemple, de trouver de sérieuses circonstances atténuantes à un animateur de bureau d'achat, devenu sur le tard policier au service des Allemands, comme Jean Bouillon, uniquement parce qu'il fit à un petit niveau ce qu'un Henri Chamberlin réalisa à grande échelle[28]. Garçon de café à Paris chez Capoulade, au Quartier latin, au début de la guerre, ce trafiquant ne débuta qu'en 1942 dans les affaires. Prototype de l'« homme qui avait des relations », et qui a réalisé tout à coup au milieu de l'Occupation que cela constituait un capital inestimable dans une telle période, il s'est lancé alors dans le commerce de textiles. Il avait en effet travaillé un temps, avec ses frères, dans une entreprise de Calais, exportant tulles, dentelles et broderies, et il connaissait les fabricants de textiles du Nord. Il avait entrepris des voyages clandestins au-delà de la ligne de démarcation nord pour rapporter des articles de lingerie à Paris, notamment pour fournir la centrale d'achats d'un magasin populaire de la rue de Provence. Inévitablement, il avait été appréhendé lors de certains de ses déplacements, voyant ses marchandises saisies, et il avait été pris dans l'engrenage. Pour obtenir une protection, il avait passé un accord avec un ex-commissaire de police lié aux Allemands, lui offrant cent mille francs et un petit pourcentage sur ses affaires en échange d'un laissez-passer. Arrêté à nouveau, il avait fait la connaissance d'un interprète allemand, lequel l'avait bien entendu présenté rapidement à des agents de la Gestapo. Et voilà comment Bouillon avait été autorisé à créer, avec des associés, son propre sous-bureau d'achat, situé d'abord 5, rue de Berri dans le quartier des Champs-Élysées, puis 7, boulevard des Capucines, livrant des produits textiles provenant désormais de plusieurs régions, et en particulier de Troyes.

Les marchandises récupérées sont livrées à Inter-Export, une maison de commerce allemande qui abrite un centre d'espionnage et dépend elle-même d'un bureau d'achat de l'avenue Kléber, Centralex. Bouillon refuse en septembre 1943 de s'expliquer sur ses activités devant des agents du service du Contrôle économique français en les menaçant d'une arme et en arguant de ses relations à la Gestapo. À la fin de la même année, il cherche à protéger un de ses adjoints qu'on menace de dénoncer comme « Israélite muni de faux papiers » et il se retrouve, après avoir obtenu des assurances à ce sujet, complètement inféodé à la police allemande. Lors de son procès en cour de justice en mars 1945, il sera de fait condamné à mort moins pour avoir réalisé huit millions de francs de bénéfices dans ses transactions commerciales en 1942 que pour avoir participé à des opérations de police contre les résistants.

Jean P., petit fabricant de produits au tungstène à Lyon, rue de Créqui, sera lui aussi condamné à mort, du moins en première instance, mais par contumace[29]. Il semble avoir surtout à se reprocher des activités économiques illégales, même si son nom — circonstance aggravante bien sûr — figure dans les archives de l'Abwehr retrouvées à l'hôtel Majestic en 1944. On n'est pas enclin à l'indulgence, évidemment, dans une cour de justice quand le prévenu, absent, correspond « au portrait de l'homme qui a su se mettre à l'abri avec ses profits de marché noir ». À peine remis en selle en 1940 après une récente faillite, Jean P., trente ans environ, trois employés, a en effet très vite compris, d'abord que sa spécialité restera au cœur d'un créneau commercial, car l'industrie de guerre allemande consomme beaucoup de composés à base de tungstène, ensuite que le système de bureaux d'achat pouvait faire sa fortune. Selon le dossier d'instruction, les plaquettes de carbure de tungstène, dont le cours « officiel » se situe aux environs de trois francs le gramme, « se vendaient couramment aux intermédiaires douze à quinze francs et ont été acquises par des bureaux d'achat allemands jusqu'à vingt-quatre francs, et ce pour des produits de qualité non seulement très médiocre, mais le plus souvent inutilisables en l'état ». En peu de temps, l'entreprise de P. multiplie par dix son personnel et par plus encore son chiffre d'affaires réel, difficile à connaître vu la méthode de paiement de ses clients allemands, qui vont des bureaux d'achat, et notamment celui de la Kriegsmarine, jusqu'aux grands groupes industriels comme les aciéries Röchling. Le personnel de cette société si précieuse pour l'occupant sera bien sûr protégé du STO, grâce à un classement parmi les usines « S » début 1944. Le train de vie de Jean P., quelconque avant guerre, s'est ressenti de cette embellie de ses affaires : il a pu acheter une belle propriété à Pusignan au nom de sa femme, s'installer à Paris dans un confortable appartement avenue Lamballe dans le XVIe arrondissement, nourrir un compte de titres dans une banque qui lui permet d'obtenir un découvert de un million de francs... Il ne juge pas utile de s'enfuir dès la Libération, ignorant peut-être que l'hôtel Majestic l'a recensé comme agent, et il est donc arrêté le 13 octobre 1944. Mais une opportune mise en liberté provisoire dix-huit mois plus tard lui permet de changer d'adresse, et de continent. Sa demande de révision du jugement par contumace de 1947 proviendra quelque temps plus tard de Rio de Janeiro, où on peut supposer qu'il n'est pas reparti de zéro.

Autre condamné à mort après guerre, Robert Fissier, l'« homme qui a changé de camp », eut la mauvaise idée, à un certain moment, de considérer que contrôler les prix pour les Français ou le faire pour les Allemands ne représentaient pas deux activités foncièrement différentes même si la seconde était évidemment plus lucrative[30]. De formation comptable, il a travaillé dans sa spécialité au Bon Marché et chez Facom, puis, peu avant la déclaration de guerre, comme responsable d'une usine fournissant des produits utiles à la défense nationale. Il est mobilisé et, après la fin des hostilités, ne peut reprendre son poste. Son loyer à Paris, de dix-sept mille francs par an, est désormais trop élevé et il doit se replier aux environs de la capitale, à Villennes-sur-Seine, où il tente de lancer un élevage de volailles avec son fils. Il se décide rapidement à reprendre sa véritable profession et il ouvre en juin 1941 un cabinet comptable dans un bureau qu'il loue dans la capitale, rue de Miromesnil. Pour obtenir du travail, en ces temps difficiles, il s'adresse au service du Contrôle économique français de la rue Meyerbeer. On lui confie des missions de routine mais il travaille surtout comme indicateur pour la répression du marché noir. En clair, il fait savoir qu'il recherche des marchandises, attend qu'on lui propose un prix et fait intervenir les contrôleurs qui constatent l'infraction et prononcent une amende ou saisissent la justice.

En mars 1942, il se fait ainsi présenter par une de ses connaissances un certain M. Lang, possesseur de stocks de plomb et de zinc pour lesquels il serait ravi, dit-il, d'obtenir un bon prix — autrement dit un prix très supérieur au cours taxé. Il fait venir ce fournisseur dans son bureau, où il se trouve face à face avec des agents de la police économique française qui l'arrêtent. On saisit la marchandise, puis on relâche le trafiquant. Ce que ne savaient ni Fissier ni les inspecteurs français, c'est que M. Lang, fournisseur des bureaux d'achat, et certainement aussi agent au service des Allemands, était intouchable. On va vite s'en apercevoir. À peine libéré, il va se plaindre chez ses protecteurs. Et c'est Boemelburg lui-même, le chef de la police politique à la SIPO-SD, qui se charge de signifier son indignation auprès d'un des directeurs du contrôle économique. Ce dernier, apparemment sans imaginer la suite des événements, explique que ce malheureux incident est dû au zèle d'un collaborateur qui a agi de sa propre initiative, le dénommé Fissier. Et voilà ce dernier immédiatement appréhendé par la Gestapo. Il se souvient alors opportunément qu'un certain M. Morron, « qui s'occupait de savon », et auquel il avait rendu service l'année précédente en lui évitant des ennuis avec la police économique française, lui avait dit que sa femme connaissait « des grands chefs allemands ». Il demande donc à sa propre femme de contacter Mme Morron. Celle-ci, qui travaille place Vendôme pour un bureau d'achat, Intercommercial, spécialisé dans l'acquisition de véhicules, de machines-outils et d'outillage, agit effectivement et obtient de son patron, l'allemand Nagel, au mieux avec les policiers de son pays, une intervention pour faire libérer Fissier.

L'ex-comptable reprend ses activités. Mais ses opérations au service de la répression du marché noir lui ont valu l'inimitié de plusieurs trafiquants et il reçoit des menaces, qu'il prend au sérieux. Par ailleurs, il craint de ne pouvoir éviter le STO. Il va donc à nouveau solliciter l'aide de sa bienfaitrice, fin 1942, laquelle le présente à Nagel, qui se hâte de recruter ce contrôleur si efficace. Il lui trouve un poste d'inspecteur des prix, bien entendu, dans le bureau d'achat Dekaka, situé rue Clément-Marot dans le quartier des Champs-Élysées. Cette filiale du « bureau Pimetex » dépend du ministère de l'Armement et des Munitions et est liée à l'organisation Todt, ce qui lui permettra de poursuivre ses activités jusqu'à la fin de la guerre. À nouveau, Fissier se montre un collaborateur zélé. Il fait savoir qu'il recherche des marchandises, mais cette fois, quand le vendeur se présente, c'est à la police économique allemande qu'il a affaire, l'ex-comptable possédant d'ailleurs lui-même désormais une carte de ce service. Ainsi, pour prendre un exemple, ayant entendu dire par un « pays » rencontré dans le métro, M. Brossard, un intermédiaire ami de Fissier, que ce dernier était acquéreur de produits les plus divers, une certaine Mlle Bouteloup en avait parlé à un de ses oncles fabricant de bonneterie à Troyes. L'oncle avait donné son accord pour vendre « à condition que l'acheteur ne soit pas un Allemand », ce que lui avait garanti Brossard. Rendez-vous avait été pris chez Fissier pour conclure une vente de quatre-vingt mille francs de bas, au prix de cent vingt francs la paire, et le tout s'était conclu par une saisie des articles, que viendra encore dénoncer avec indignation Mlle Bouteloup à la cour de justice lors du procès de Fissier après guerre.

On autorise Fissier, après avoir vérifié sa totale fidélité aux intérêts allemands, à ouvrir rue de Moscou, début 1944, son propre bureau d'achat, lequel fournit en dernier ressort l'organisation Todt. Ce bureau, spécialisé dans le petit outillage, est de fait financé par Mme Morron, qui semble jouer les prête-noms pour Nagel, devenu entre-temps son amant, et son activité consiste pour une bonne part à toucher des commissions en détournant de la « clientèle » de Pimetex avec la complicité de l'Allemand. Comme les bénéficiaires de cette activité ou pseudo-activité commerciale sont au nombre de trois, les bénéfices de chacun n'atteignent pas des sommets et Fissier semble n'avoir réalisé comme bénéfice « que » quelques centaines de milliers de francs — cinq cent mille francs au maximum estimera un expert. Mais son intégration totale dans le système des bureaux d'achat allemands semble avoir impliqué pour lui, comme pour la plupart de ceux qui ont suivi le même chemin, une activité de « pigiste », sinon des services de renseignements — il niera avec véhémence avoir travaillé pour l'Abwehr malgré la découverte d'une fiche à son nom dans les archives allemandes en 1945 —, du moins de la police allemande. Ainsi fait-il « tomber » dans un piège, dans son propre bureau, un résistant trop bavard venu le trouver de la part d'un ami pas assez méfiant... pour vendre une coupe de bois afin de financer ses activités clandestines. Le patriote, M. Parnageon, sera fusillé après un procès au cours duquel Fissier témoignera contre lui. De même, il fait arrêter le fils d'un industriel de Sartrouville, M. Hyppolite Lambert, qu'il avait connu une dizaine d'années auparavant alors qu'ils étaient en relation d'affaires. L'ayant fortuitement retrouvé pendant la guerre, l'industriel a appris qu'on pouvait se faire aider par Fissier quand on avait des ennuis avec les autorités. Il lui a donc demandé de lui donner un coup de main pour éviter le départ de certains de ses ouvriers au STO. Cette démarche, malgré un mot de recommandation de Fissier auprès d'un inspecteur du travail, ne donna guère de résultat. Mis en confiance cependant par cette tentative d'inter vention, l'imprudent industriel a demandé à Fissier d'aider son fils à entrer en contact avec un camarade résistant détenu à Fresnes... et Lambert junior se retrouvera hélas bientôt détenu au même endroit après avoir trouvé la police au rendez-vous chez l'« ami » de son père. Ces deux cas de trahison de résistants ne seront pas les seuls évoqués à son procès.

À la Libération, Fissier, qui a effectivement rendu par ailleurs beaucoup de services, réels ceux-là, à des amis d'amis, estime sans doute que ces actions patriotiques lui vaudront l'indulgence pour ses activités commerciales illégales, car il ne fait pas partie, loin de là, des « grands » du marché noir. Il est sans doute persuadé par ailleurs que ses dénonciations n'ont pas trop laissé de traces ou ne lui seront pas imputées. Il ne s'enfuit donc pas et c'est à son domicile de Villennes qu'il est arrêté le 25 août 1944 par un groupe de résistants au courant de son activité sous l'Occupation. Toujours aussi sûr de pouvoir démontrer que les charges le concernant ne sont pas majeures, il adresse un mémoire en défense au juge qui lui vaut d'être mis en liberté provisoire en février 1945. Il n'en profite toujours pas pour se cacher. Mais c'est alors qu'on découvre son nom dans un fichier de l'Abwehr, puis que l'on retrouve des témoins évoquant les dénonciations. Fissier est donc réincarcéré, puis jugé en octobre 1946. Il a beau soutenir, appuyé par l'éloquence de son avocat, que seules les apparences sont contre lui dans les cas de dénonciations et que, par conséquent, « sa seule erreur a été de rencontrer Nagel », il ne convaincra pas ses juges.

Beaucoup plus bénigne, d'un point de vue criminel, l'affaire dite des diamants industriels, dont le « héros », Charles Baszanger, se présentera, face à ses juges, comme « un homme qui n'a rien fait de plus que ses collègues », se situe à la frontière entre le trafic de marché noir, la débrouille et la collaboration économique[31]. Au début de la guerre, Baszanger, professionnel très réputé, un des meilleurs experts mondiaux et un des quelques négociants qui font la loi sur le marché français du diamant industriel, n'a déclaré qu'environ 10 % de son stock « afin, après réquisition, de pouvoir continuer à travailler ». Il peut d'autant plus continuer à exercer son métier, d'ailleurs, que pendant les mois de mai et juin 1940, lors de l'invasion allemande des Pays-Bas et de la Belgique, la grande majorité des diamantaires de ces pays, d'autant plus inquiets qu'ils sont très souvent juifs, ont transporté la quasi-totalité de leurs stocks en France, lesquels alimentent le marché par la suite.

Le négoce « classique », pendant les premières années de la guerre, vit cependant sous la menace d'une autre source d'approvisionnement de grande importance. Les douanes françaises ont en effet arraisonné en avril et mai 1940 au large de La Palice deux vapeurs battant pavillon belge, en provenance du Congo, et transportant 397 000 carats de diamants industriels. La consommation annuelle de la France est alors de cent mille carats. On veut éviter une éventuelle appropriation par l'ennemi de cette matière indispensable à certaines branches industrielles travaillant pour la production d'armements — on équipe notamment de diamants les machines effectuant des travaux de précision sur aciers spéciaux pour les moteurs d'avion, les chars, les véhicules automobiles, etc. Les cargaisons sont donc d'abord transférées dans un lieu sûr au Maroc, réquisitionnées, puis mises à la disposition d'une société, la SCI, spécialement créée fin 1941 par le comité d'organisation des minerais et métaux bruts pour l'occasion et supposée répartir discrètement le stock en France au fur et à mesure des besoins de l'industrie. Les pierres, bien entendu, ont été expertisées à Casablanca, pour préserver les intérêts des ayants droit après guerre, par quatre des meilleurs professionnels du secteur, dont Baszanger. Mais en mars 1942, alors que la SCI prend physiquement possession des diamants, les Allemands sont mystérieusement prévenus de l'opération. Le docteur Hemmen lui-même écrit au président de la délégation française à la Commission d'armistice, M. de Boisanger, pour réclamer la restitution du précieux stock... au nom des sociétés belges propriétaires. Les Français, comme d'habitude, tergiverseront, et, comme d'habitude encore, céderont totalement en fin de compte devant les pressions allemandes. Le 20 mars 1943, ainsi, 391 000 carats, ce qui reste des lots saisis, sont remis à l'occupant. Qui avait trahi le secret ? Sachant que les négociants devaient forcément voir d'un mauvais œil la SCI, pourvue de telles quantités de diamants, risquer de venir les supplanter en partie sur le marché, ils avaient toutes raisons d'être suspectés. Baszanger, en première ligne pour avoir fait partie des quatre spécialistes envoyés au Maroc et au courant de toute l'affaire, accusé de surcroît par une enquête laissant supposer que les Allemands avaient eu connaissance de son propre rapport d'expertise, sera inculpé après guerre, le 21 octobre 1944, pour cette affaire malgré ses protestations d'innocence.

Le négociant, il est vrai, avait dans son entourage des hommes on ne peut plus susceptibles d'avoir transmis des documents aux Allemands, même si eux aussi s'en défendront. Son employé André Coulin, en particulier, a servi d'intermédiaire entre Baszanger et un acheteur opérant pour le compte de l'occupant à partir de début 1942. C'est à cette date en effet que, présenté par des amis travaillant à l'ambassade d'Italie, Coulin a fait la connaissance de François Kopp, un Lorrain doté depuis sa naissance d'un passeport allemand, car né dans cette province avant 1914, mais réfugié en France depuis 1926 pour échapper à la justice d'outre-Rhin le suspectant de « fraude sur les alcools et corruption de fonctionnaire d'État ». Homme d'affaires peut-être véreux mais très diplômé, il est docteur en chimie, Kopp a été recruté — sans qu'on lui laisse le choix, dit-il — par les autorités d'occupation dès l'invasion de la France. Employé depuis 1941 par le bureau d'achat allemand de l'hôtel Astoria lié à l'organisation Todt, Kopp a d'abord cherché à acheter des camions pour l'armée allemande — il en trouvera cent cinquante environ grâce à un réseau de rabatteurs français — puis a été chargé d'acquérir des diamants industriels. Sa rencontre avec Coulin est donc providentielle. Ce dernier lui démontre que, n'y connaissant rien, il ne s'adresse pas là où il faut et paye les pierres beaucoup trop cher. Et il propose ses services, contre un fixe (dix mille francs par mois) et la possibilité de toucher des commissions chez les fournisseurs. Le premier, parmi ceux à qui il propose de vendre des pierres à Kopp, sera bien sûr son patron Baszanger, qui affirmera après guerre avoir réalisé 8 % de ses transactions — c'est donc un minimum — pendant l'Occupation avec l'hôtel Astoria.

En 1943, après l'accord franco-allemand sur les diamants belges, l'organisme de répartition officiel français est devenu dépendant du bon vouloir de l'occupant pour fournir les industriels de l'hexagone puisqu'il a perdu l'essentiel de ses stocks. Comme l'autre partie, ne respectant pas ses promesses, ne livre pas les quantités convenues, les Français décident de cesser de fournir en pierres les industriels dont les besoins sont liés aux commandes allemandes. S'ensuivent des plaintes, des menaces et, finalement, la création d'un office de répartition, dirigé par Kopp, à l'hôtel Astoria, chargé de fournir en diamants importés d'outre-Rhin les usines travaillant pour le secteur allemand. Coulin, sans abandonner pour autant son habituel employeur, devient salarié du nouvel office. En réalité, après une première livraison, plus aucun stock ne parviendra d'Allemagne. Et Kopp, avec le concours de Coulin et en grande partie par l'intermédiaire de Baszanger, effectuera des achats massifs sur le marché clandestin en France pour fournir les entreprises exportant outre-Rhin. Trente mille carats au moins seront ainsi drainés « au profit de l'Allemagne », soit indirectement, soit directement puisque la collecte dépassera largement la quantité attribuée aux clients de l'office et évaluée à sept mille carats environ. Il est vrai que la différence servira aussi à alimenter bien des transactions irrégulières auprès d'industriels payant en liquide et au comptant. Le marché noir est tentant : le carat est coté fin 1944 à près de dix mille francs, contre moins de cent avant guerre quand le diamant industriel ne se vendait même pas au centième de la valeur du diamant « de luxe ».

Coulin, au total, gagne sans doute un peu moins de un million de francs en commissions diverses chez Baszanger et chez Kopp au cours de l'Occupation. Son ami de l'hôtel Astoria avouera lui un bénéfice personnel supérieur à un million et, au moment du procès où il se rend en prévenu libre fin 1946, il vit dans une propriété — on dit aussi le « château » pour en parler — de cent hectares, à Angerville-la-Rivière. Il ne comprendra jamais ce qu'on peut lui reprocher puisqu'un citoyen allemand, estime-t-il, n'a certes pas à être accusé d'avoir favorisé... son propre pays. Baszanger fixera lui-même ses profits illicites à trois millions, sans déduire cependant les commissions versées à Coulin. Vers la fin de l'Occupation, au mois de juin 1944, il a tardivement pensé que la présence de ce dernier dans ses effectifs salariés risquerait de lui nuire et il l'a licencié. Il a alors également tenté de racheter à Kopp une partie de la marchandise compromettante qu'il lui avait fournie. L'avocat du diamantaire, traduisant les sentiments de son client, estimera que, s'il n'y avait pas suspicion de trahison à propos des diamants belges, Baszanger n'aurait pu être poursuivi puisque « tous ses collègues et tous ceux qui ont travaillé pendant la guerre dans l'industrie diamantifère ont livré plus de 8 % [de leur chiffre d'affaires] ». La cour de justice ne le suivra pas. Tout en exonérant l'expert international de l'affaire des diamants de Casablanca, faute de preuves irréfutables, elle le condamnera à trois ans de prison et à la confiscation de 2,4 millions de francs comme « produit du délit ». Coulin et Kopp seront tous deux condamnés à cinq ans de prison.

Albert Walther, pour sa part, c'est tout simplement l'« homme qui aime rendre service ». Quand l'Occupation commence, il est fondé de pouvoir à la Banque nationale du commerce extérieur (BNCE), où il est un employé modèle depuis 1924[32]. Marié à une Allemande, il pratique à la perfection la langue de Goethe. Il est donc chargé par ses supérieurs de voir s'il pourrait obtenir auprès des autorités allemandes des nouvelles des employés de la banque prisonniers outre-Rhin et tenter de négocier des rapatriements. Walther est content d'aider les autres, il est très gentil et très diplomate. Comme il se débrouille plutôt bien, même s'il n'arrive évidemment pas au résultat recherché pour faire revenir les captifs, et comme il est apprécié des Allemands du « service banque » de l'hôtel Majestic, il se trouve bientôt chargé, d'un commun accord, de centraliser les démarches de tous les établissements affiliés au syndicat professionnel du secteur dirigé par M. Lehideux, dirigeant de la banque du même nom et parent du ministre de la Production industrielle de Vichy. Il est bientôt chargé aussi par la BNCE d'aider des clients industriels qui ont des démarches à entreprendre auprès des occupants. Grâce à un « supplément de frais généraux » alloué par sa banque, il distribue çà et là des petits cadeaux, et en particulier dans les services allemands installés à l'Assemblée nationale où l'on délivre les laissez-passer pour se rendre en zone occupée. Il ne vise pas très haut, s'attirant les bonnes grâces des plantons, des secrétaires, de tout le personnel subalterne qui peut donner un coup de pouce à un dossier, distribuer des *Ausweiss* sans trop vérifier la véracité des certificats médicaux justifiant les demandes, etc. On lui attribue de petites primes à la BNCE chaque fois que ses démarches ont été fructueuses.

Dès 1941, Walther, dont tous les obligés louent le comportement — ils le feront encore après guerre à son procès —, décide qu'après presque vingt ans de vie de bureau il pourrait profiter de son talent d'interprète et d'intermédiaire auprès des Allemands pour voler de ses propres ailes. Il reste pourtant prudent, comme il l'a toujours été, et il ne prend d'abord sa liberté qu'à mi-temps, ne se décidant à quitter totalement la BNCE qu'en 1942. Ses clients, ce sont ceux de la banque qui ont expérimenté ses talents, et ceux qui ont entendu parler de cet homme qui obtient tous les laissez-passer qu'il veut et qu'apprécient les occupants.

Il rend en particulier d'importants services à la Société des graviers et des sables de Haute-Seine, aidant à éviter le départ en Allemagne de certains de ses ouvriers, aplanissant des conflits avec l'occupant et obtenant surtout, après de longues négociations pendant près d'un an, des levées ou des dégrèvements de réquisitions opérées par l'organisation Todt. Il recevra soixante-dix mille francs en deux versements de cette entreprise, le premier pour lui avoir permis de négocier à la baisse une grosse amende pour « sabotage » (livraison de sable de mauvaise qualité), le second pour avoir fait annuler certaines réquisitions. Grâce à lui, affirmera ce client satisfait, la société a pu disposer de suffisamment de sable pour « ne pas perdre sa clientèle » et livrer des Français.

Outre son assistance à des entreprises travaillant pour l'Allemagne, on reprochera surtout à Walther après guerre sa fréquentation assidue du bureau Otto en 1942, où on le vit proposer des échantillons de métaux et de produits textiles. Que venait faire dans ce bureau d'achat ce modeste cadre de banque ? Il expliquera que sa fréquentation trop assidue de l'Assemblée nationale pour obtenir des laissez-passer lui avait valu finalement, malgré toutes ses attentions pour le personnel, une interdiction de pénétrer en ce lieu. Comme il avait une clientèle personnelle à satisfaire, il lui avait fallu trouver d'urgence une solution pour ne pas perdre sa réputation de fournisseur de documents permettant de circuler dans tout le pays. Il avait alors eu l'idée de se présenter chez Otto et de faire savoir qu'il pensait pouvoir amener des fournisseurs si on lui procurait des laissez-passer. Cela toujours en discutant avec le personnel administratif et en offrant ces petits présents qui font les bons amis. Au début, il avait pu se procurer les autorisations recherchées sans problème. Puis on lui avait fait remarquer qu'on attendait toujours les fournisseurs annoncés. Il avait alors joué son va-tout en proposant ses services comme interprète et homme de relations publiques auprès de fournisseurs français rencontrés dans l'antichambre du bureau d'achat. Il pouvait, leur disait-il, leur garantir un meilleur accueil lors de la présentation des échantillons et un paiement plus rapide grâce à ses bonnes relations avec les employés d'Otto. Et l'offre avait été acceptée par plusieurs industriels, qui, en le suivant à quelques mètres, le laissaient opérer pour leur compte. Il y avait gagné quelques gratifications et surtout la faculté de récupérer les précieux laissez-passer. Il pourra prouver cette version des faits grâce à des témoins, des anciens de chez Otto, affirmant qu'on ne l'avait jamais revu au bureau d'achat après la suppression de la ligne de démarcation. Bien que n'ayant été que complice occasionnel de trafic du marchandises, bien que les témoignages en sa faveur de tous ceux qu'il avait aidés sans contrepartie aient été nombreux, il ne pourra évidemment échapper à une condamnation pour « actes de nature à nuire à la défense nationale » après avoir été reconnu non coupable « d'intelligence avec l'ennemi ». Le verdict : quinze mois de prison et cent mille francs d'amende.

Walther pensait qu'il n'avait rien fait de répréhensible en rendant quelques services, voulant oublier qu'on pouvait ainsi aider au moins indirectement les Allemands dans leurs entreprises en facilitant les rapports avec leurs interlocuteurs français. René Kovacs, pour sa part, se définit devant le tribunal qui le juge comme « l'homme qui n'a fait de mal qu'aux Allemands »[33]. Il est tellement sûr qu'il n'a pas grand-chose à se reprocher qu'il s'est constitué prisonnier dès qu'il a appris qu'il était recherché en septembre 1944. S'il a conclu des affaires avec les Allemands, c'est toujours à leur détriment, assure-t-il, et il a aidé aussi la Résistance. Il n'a jamais pensé, poursuit-il, qu'il pouvait y avoir incompatibilité entre son patriotisme et son activité d'intermédiaire pour les bureaux d'achat : « les affaires étaient une chose, les sentiments une autre ».

Après sa démobilisation, pendant l'été 1941, Kovacs est revenu travailler comme avant guerre en tant que représentant, avec un salaire de six mille francs par mois, dans une usine de pâtes alimentaires appartenant à la société Buitoni. Les affaires périclitant, il est licencié peu après. Professionnel du commerce, il décide, encouragé par des amis qui s'engagent à l'aider, de monter à Paris une société de négoce et de devenir commissionnaire-exportateur, rue de La Trémoille. Il n'est pas facile de dénicher des affaires. En décembre 1940, il apprend qu'un important lot de toiles cherche acheteur et il propose de se charger de l'opération. Il trouve par relations un certain Fourrier, qui se dit personnellement acquéreur de la marchandise. Mais, au moment de la livraison, ce dernier se présente accompagné d'un Allemand, M. Achenberg, qui se révélera être inspecteur général de la Luftwaffe. Kovacs ne peut, estime-t-il, se désister et il réalise cette vente, d'autant, il est vrai, qu'il a besoin de lancer son entreprise. Après, dit-il, une fois la première transaction effectuée, impossible de ne pas continuer, sauf à risquer des représailles de la Gestapo. Même si le danger couru est quelque peu exagéré, il est de fait que les Allemands relancent toujours les intermédiaires qui leur paraissent utiles. Et Kovacs trouve vite ici et là des industriels désireux de vendre leurs stocks non déclarés aux Allemands. Il livrera ainsi beaucoup de tissus à l'armée de l'air d'outre-Rhin. Il triche, volontairement dit-il, sur la quantité et sur la qualité et réalise ainsi d'importants bénéfices en ayant l'impression de « rouler les Allemands ». Bientôt, se révélant très habile, il réussit même à racheter des marchandises déjà acquises par des bureaux d'achat... pour les revendre plus cher à d'autres bureaux d'achat. Il a alors encore plus l'impression de n'avoir jamais vendu aux occupants que des marchandises qui, de toute façon, leur étaient destinées et à des prix tels qu'à son modeste niveau il les appauvrissait.

Son chiffre d'affaires aurait atteint plusieurs centaines de millions de francs, ses bénéfices plusieurs dizaines et, pour Kovacs, il faut considérer que c'était autant de pris à l'ennemi dont il a réussi « à diminuer le pouvoir d'achat ». À l'appui de son raisonnement, il fournira la preuve qu'il a financé une organisation de résistance grâce à sa fortune rapidement acquise. Plus significatif, il s'engagera lui-même dans la Résistance au tout début de 1944. Il participera à la libération de Paris comme agent motocycliste et se montrera courageux lors des combats.

Inutile de démontrer longuement à quel point le raisonnement de celui qui a réussi à apparaître après guerre comme un trafiquant-résistant est irrecevable. Le président de la cour de justice aura pourtant le plus grand mal à lui expliquer, et sans le convaincre, qu'à partir du moment où ce sont en fait les Français eux-mêmes qui fournissaient les moyens de paiement des achats allemands, faire payer cher ces derniers, c'était tout simplement appauvrir doublement son pays, en le privant de ses productions et de ses matières premières d'une part et en permettant aux occupants de puiser dans les réserves de la Banque de France d'autre part. Et même si on ne faisait le plus souvent, comme Kovacs, que se greffer sur des circuits déjà existants sans trouver de nouveaux stocks cachés, on participait bien au processus et on facilitait sa perpétuation. Kovacs devra donc uniquement à son engagement, même tardif, dans la Résistance, et nullement à sa prétendue capacité de nuire commercialement aux Allemands, les circonstances atténuantes qu'on lui accordera. Celles-ci n'empêcheront pas la confiscation générale de ses biens mais limiteront à deux ans la peine d'emprisonnement infligée à un accusé dont les derniers mots devant la cour seront : « J'ai cru que de la manière dont je faisais des affaires, je ne causais pas de tort et je ne privais pas, en tout cas, les Français. »

Qui fut le plus coupable ?

Parmi les arguments de Kovacs pour tenter de démontrer que son rôle fut mineur, nous n'avons pas relevé l'un d'entre eux, qui pose pourtant un problème essentiel. Déclarant « je pense sincèrement que le responsable [...] n'est pas l'intermédiaire », il signifiait que les vrais coupables, à ses yeux, du pillage de la France furent surtout, plus que les trafiquants eux-mêmes, d'un côté, évidemment, les acheteurs de dernier ressort, les Allemands, et de l'autre les fournisseurs de dernier ressort, les industriels français vendant à prix d'or — couramment quatre ou cinq fois, à l'occasion dix fois, le prix officiel — des stocks illégalement dissimulés. Même si dans la bouche du trafiquant, ce jugement peut paraître spécieux, il sera souvent mis en avant devant les tribunaux, puis par des historiens et des journalistes, après guerre. Évoquant les industriels et hommes d'affaires enrichis par leurs pratiques de marché noir facilitées par le système des bureaux d'achat, Jacques Delarue, après avoir témoigné du « mouvement de recul des initiés en lisant certains noms dans la chronique financière » des journaux dans les années soixante, date à laquelle il écrit, affirme : « Ceux-là furent les vrais profiteurs de l'Occupation[34]. » Quant à Robert Aron, dans sa monumentale *Histoire de l'épuration* où il est pourtant en général très compréhensif envers les dirigeants d'entreprise, il ne s'indigne sans nuance vis-à-vis de leur comportement que quand il rapporte des cas de marché noir, comme celui impliquant un grand industriel de l'alimentation, accusé après guerre d'avoir livré au moins une trentaine de wagons de chocolat « à une époque où les enfants étaient de plus en plus privés de nourritures essentielles »[35]. Un comité d'épuration après guerre estimera que ce chocolatier, qui exerçait probablement — d'après le recoupement que permet une autre source — dans le Forez, présenté par l'auteur sous le pseudonyme de Drapier, vendit près de quatre cents tonnes de sa production à un prix moyen de cent vingt et un francs le kilo alors que le prix taxé était d'environ quinze francs fin 1941. Drapier avait été contacté et conseillé pour réaliser ces fructueuses transactions, bienvenues pour redresser les comptes de l'entreprise alors déficitaire, par un ancien garçon de café avec lequel il avait eu avant guerre une liaison homosexuelle discrète. La circonstance, aux yeux de l'historien, n'était manifestement pas atténuante.

Il semble bien que cette façon de privilégier le comportement, évidemment plus que critiquable, des industriels s'étant livrés au marché noir tient pour une bonne part à l'impunité dont ils ont très généralement bénéficié, à la différence de leurs « clients » des bureaux d'achat, après guerre. Certains d'entre eux ont certes connu les cours de justice. Mais il semble qu'ils aient été des exceptions et, uniquement, ou presque, des « petits » ou des maladroits. Si on accepte sa version des faits devant la justice, par exemple, on a du mal à considérer comme un cas parmi les plus graves celui de cet industriel de la chaussure de l'Orne, M. Milonas, qui devint fournisseur des Allemands pour échapper à une mesure autoritaire de concentration condamnant à mort son entreprise[36]. Travaillant dans un village où il était le seul employeur de quelque importance et faisait vivre une centaine de familles, il n'avait pu continuer son activité que grâce aux passe-droits obtenus, notamment pour la fourniture de l'électricité, par le bureau d'achat intéressé par sa production de chaussures de femme.

Le plus souvent, on ne risquait pas de retrouver, comme là, des fournisseurs des officines allemandes devant les tribunaux puisqu'ils n'avaient pas agi sous leur nom, n'avaient jamais tenu de comptabilité décelable des opérations de marché noir et ne se vantaient guère — ce qui prouve qu'ils savaient bien ce qu'ils faisaient — de leurs pratiques. Chez Otto comme chez Kovacs, du plus gros au plus petit des bureaux d'achat, on ne traitait qu'avec des « Pierre », « Paul » ou « Jacques » munis d'échantillons et l'anonymat était même imposé, on l'a vu, aux organismes de stockage et de transport de marchandises une fois les affaires conclues. Les procès d'après guerre mettront donc surtout en scène les employés et les intermédiaires des bureaux d'achat, en plus de leurs responsables, et très peu souvent leurs fournisseurs, restés inconnus et apparemment peu recherchés. S'ils ont parfois connu des sanctions quand ils n'ont pu occulter toutes les transactions, elles ne leur ont le plus souvent valu que des amendes pour profits illicites, au pire une interdiction provisoire d'exercer une responsabilité dans leur profession quand les commissions d'épuration se sont saisies sérieusement de leur cas. Leur nombre, même au niveau de l'ordre de grandeur, reste indéterminé. Si le principal caissier du bureau Otto évoque quelques centaines de fournisseurs, rien ne dit qu'en réalité il n'y en eut pas dix ou cent fois plus puisque les vendeurs qu'il rencontra n'étaient bien souvent que des intermédiaires, eux-mêmes en relation avec des dizaines d'industriels voire plus. Les fabricants, en effet, préféraient, on l'a vu, ne vendre qu'à des Français...

Il n'est pas certain, de fait, qu'un débat du type « qui fut le plus coupable ? » ait grand sens en matière de marché noir — dès lors, bien sûr, qu'il ne s'agit pas de petites initiatives individuelles relevant d'un autre registre, celui de la débrouille et de la survie, qu'on ne saurait condamner. La chaîne qui va des fournisseurs jusqu'aux bureaux d'achat en passant par les innombrables intermédiaires est ininterrompue et par nature solidaire. Tous ont participé, certes avec des degrés de cynisme ou de conscience différents, à la même opération gigantesque de pillage du pays occupé qui n'aurait pu réussir, du moins à ce point, sans à la fois la vénalité des industriels, le zèle des intermédiaires, le sens de l'organisation des véritables animateurs allemands des bureaux d'achat, l'absence de scrupules de leurs complices français. Tous, de plus, ont participé, fût-ce indirectement, à l'effort de guerre allemand : même, pour ne prendre que le cas apparemment le plus bénin parmi ceux évoqués, un fournisseur de chaussures pour dames permettait, par ses livraisons, de « libérer » des capacités de production et surtout des ouvriers pour renforcer la Werhmacht outre-Rhin. Vouloir hiérarchiser subtilement les responsabilités est donc un exercice vain, aussi vain que celui qui consisterait à vouloir désunir le couple corrupteur-corrompu. Ce n'est d'ailleurs peut-être pas un hasard si, s'agissant des trafiquants, tout, ou presque, se passe entre des individus qui, au moins un temps, ont été, même les pires, même ceux qui ont versé dans l'escroquerie pure ou la criminalité, des hommes d'affaires ou des entrepreneurs, appartenant jusqu'à un certain point tous au même monde, celui des affaires. Joinovici, on l'a vu, dirigeait déjà dans les années trente un groupe important spécialisé dans la récupération de ferraille et de chiffons. Avant guerre, Frédéric Martin alias Rudy de Mérode était un chef d'entreprise dans les travaux publics, Lafont un agent Simca, Fissier un directeur d'usine, etc.

Cette remarque ne signifie évidemment pas que chaque industriel qui fit illégalement de bonnes affaires en fournissant les trafiquants fut l'équivalent d'un Rudy de Mérode ou même d'un Joinovici, du moins quand l'individu en question ne démontrait pas trop ouvertement qu'il participait du même milieu en fréquentant les pires bureaux d'achat, comme ceux de Masuy ou de Lafont, et les réceptions de leurs animateurs. Des fabricants qui firent une fois ou deux un « bon coup » jusqu'aux affairistes d'abord, puis de ces derniers jusqu'aux escrocs, et enfin de ceux-ci jusqu'aux traîtres et aux criminels, il y a toute une gradation et il faut éviter les amalgames. La justice, en tout cas, quand elle a été saisie, a su faire des distinctions : les entrepreneurs gestapistes, ainsi, ont été généralement condamnés à mort et exécutés, les fournisseurs occasionnels des bureaux d'achat mis simplement à l'amende ; dans les cas intermédiaires, ces amendes, couplées presque automatiquement avec des sanctions civiques, étaient assorties de peines de prison plus ou moins sévères.

La nécessité d'établir des nuances n'implique pas en revanche de considérer comme fortuite la réunion inattendue de toutes ces catégories d'individus autour d'une entreprise commune et elle incite à s'interroger sur sa signification. En d'autres termes, on peut remarquer que dès qu'on annule, comme l'ont fait les occupants, les barrières légales qui imposent les règles du jeu des affaires, on aboutit à un type d'économie de marché où s'imposent vite d'inquiétantes méthodes de travail. L'effet, comme les Allemands l'avaient prévu, est quasi mécanique, le dérapage inévitable. Une expérience en grandeur nature qui constitue peut-être un sujet de méditation pour ceux qui croient qu'il peut exister « naturellement » une limite à la logique du profit et une éthique des affaires...

V

Étranges cohabitations

L'Air Liquide et la Banque de l'Indochine avaient-elles deux fers au feu ?

L'avantage, quand on examine l'itinéraire d'un Joinovici ou d'un Szkolnikoff comme dans les pages précédentes, c'est qu'on n'a aucun mal à distinguer de quel côté de la barrière entre le vice et la vertu ils se situent. La collaboration avec le Reich, pour ces « purs » affairistes, est une affaire simple. On saisit, en profitant des circonstances exceptionnelles de l'Occupation, une occasion de bâtir rapidement une fortune. Le reste, tout le reste, est en fin de compte secondaire. Il n'en est évidemment pas de même, on l'a vu, avec les véritables entrepreneurs. Marius Berliet ou Pierre Brice, chacun à sa manière, nous ont démontré que les motivations des patrons « classiques » ayant estimé nécessaire ou inévitable de s'accommoder tant bien que mal de la victoire de l'ennemi et de travailler pour lui pouvaient être variées et complexes. Mais même dans ces cas, on a pu repérer sur la durée une attitude claire, cohérente, consistant à accepter le principe de la collaboration avec le vainqueur, bien que ce choix — à en croire ses auteurs — fût en bonne partie contraint. Berliet et Sainrapt et Brice, cela ne fait guère de doute, ont considéré les Allemands comme des clients plus ou moins désirables mais parfaitement légitimes.

Il n'est pas toujours possible de porter des jugements aussi nets sur la stratégie des dirigeants, et surtout des sociétés où ils exerçaient leur commandement, vis-à-vis de l'occupant. Car parfois les comportements des hommes et des entreprises ont été si évidemment divergents ou contradictoires que, selon qu'on décide de privilégier l'observation de tel ou tel individu, telle ou telle période, tel ou tel événement, voire tel ou tel service ou telle ou telle filiale au sein d'un groupe, on est obligé de réviser constamment son opinion sur leur inclination entre 1940 et 1944. Avec l'Air Liquide et la Banque de l'Indochine, ces discordances ont pris un tour spectaculaire. Bien que ces deux entreprises, notamment en raison chaque fois du parcours singulier d'un homme de premier plan en leur sein, aient souvent paru mériter l'opprobre après guerre, elles produiront des « titres » de résistance à l'ennemi difficiles à contester. À tel point qu'on peut *a posteriori* avoir l'impression, même si rien ne permet d'affirmer que cela résultait d'une stratégie consciente, qu'elles ont longtemps maintenu sous l'Occupation, avec une grande habileté, deux fers au feu. Qu'on en juge.

Fondateur de l'Air Liquide, collaborateur... et fier de l'être

Georges Claude, ingénieur hors du commun, inventeur de génie, était, depuis la création du groupe au début du siècle, l'un des deux hommes clés de l'Air Liquide. Il est apparu entre 1940 et 1944 comme un cas extrême et peu banal dans le monde industriel. Nul besoin en effet de chercher de subtiles métaphores ou de pratiquer prudemment la litote pour qualifier son comportement sous l'Occupation, puisque lui-même s'est voulu un apôtre radical et inconditionnel de la collaboration. Il n'a pas mis longtemps à choisir son camp. Peu après l'armistice, ainsi, il rencontre par hasard son ami Albert Caquot, une connaissance d'un quart de siècle[1]. Cet ingénieur-constructeur de réputation mondiale, personnage extraordinaire auquel on doit aussi bien le barrage de Bort-les-Orgues que l'immense statue du Christ surplombant la baie de Rio de Janeiro, membre de l'Académie des sciences, a été choisi par Daladier pour présider l'ensemble des sociétés aéronautiques nationales en septembre 1938, après les nationalisations. Et il vient alors de démissionner de toutes ses fonctions officielles. Originaire des « marches de l'Est », très antiallemand, il ne veut en effet absolument pas, comme Vichy le lui a demandé rapidement, travailler pour l'occupant. Il essaie ce jour-là de convaincre Georges Claude, son collègue à l'Académie, de faire de même. Il s'entend immédiatement répondre par « cet homme tout d'une pièce », comme il le racontera après la Libération, que la guerre est finie et que « l'intérêt supérieur de la France » implique « de faire confiance à l'Allemagne ». Albert Caquot s'apercevra vite qu'il ne s'agit pas là de paroles en l'air.

Dès 1940, en effet, et de plus en plus souvent au fur et à mesure que l'Occupation se prolonge, le cofondateur et administrateur de l'Air Liquide — une société qu'il a créée avec Paul Delorme en 1902 — parcourt le pays pour vanter les mérites de la collaboration, « à la manière de Don Quichotte » selon sa propre formule. Encouragé par la poignée de main de Montoire et persuadé d'appliquer simplement la politique décidée « par le chef », autrement dit Pétain, il va mettre son grand prestige au service de la propagande non seulement de Vichy mais également de l'Allemagne hitlérienne qui, selon lui, permettra « le salut de l'Occident ». Il donne des conférences, rédige et fait largement distribuer des brochures. Les titres sont évocateurs : « De l'hostilité à la collaboration », « Dans l'Europe nouvelle, pourrons-nous être fiers d'être français ? », « Français, il faut comprendre »... Quand il n'est pas parti en province porter la « bonne parole », on le voit parader à Paris dans les salons de l'ambassade d'Allemagne ou dans les réunions de l'Institut allemand, où il ne déteste pas, il est vrai, s'entendre qualifier de « plus grand savant de la France ». Hanté par la crainte du bolchevisme, pressé de placer la France « aux côtés du vainqueur », il n'évite dans ses discours et ses écrits aucun des dérapages que le choix de Vichy et de la collaboration peut induire. Trois exemples. Même si tous les industriels ne sont certes pas résistants, rares sont ceux qui pensent et soutiennent publiquement, entre 1942 et 1944, à l'évidence contre l'avis des individus concernés et même contre l'intérêt de l'économie nationale, que non seulement la « relève » mais même le STO représentent « la plus haute expression du devoir français ». Quant à l'aryanisation, elle ne lui inspire nulle autre réflexion à haute voix que celle-ci : « Des ponctions sur les biens juifs, ce serait habile. » Une formule que ne saurait évidemment justifier sa laborieuse explication d'après guerre, selon laquelle, dans son esprit, « il s'agissait de remplacer le sang des Français par les biens juifs », donc d'assouvir « pacifiquement » par cette spoliation les envies allemandes de représailles. Le 9 mai 1942, enfin, sans doute fier de se voir ainsi reconnaître comme un membre de l'intelligentsia, il estimera devoir signer en compagnie d'Abel Bonnard, de Robert Brasillach, d'Henri Béraud et de quelques autres un « manifeste des intellectuels français contre les crimes britanniques » après le bombardement des usines Renault.

Georges Claude ne prêche pas dans le désert. Ses conférences attirent du monde et ses textes, cités souvent par la presse, sont lus. Les ultras de la collaboration comme les Allemands ne s'y sont pas trompés en utilisant ses services et en l'encourageant dans ses œuvres car, même si elle n'était pas à la hauteur de sa vanité, sa gloire était réelle dans le pays. Auteur de dizaines de découvertes essentielles — il a inventé un procédé original de liquéfaction de l'air, qui a fait sa fortune et plus encore celle de la société l'Air Liquide à partir du début du siècle, il a trouvé une nouvelle façon de réaliser la synthèse de l'ammoniaque*, qui a permis à la France à la fin de la guerre de 1914-1918 de rattraper *in extremis* l'Allemagne dans un domaine capital pour la fabrication des engrais mais aussi des explosifs, il a mis au point un système d'éclairage au néon grâce auquel son patronyme figure encore aujourd'hui sur la plupart des grandes enseignes lumineuses des villes de l'hexagone, etc. —, Georges Claude est devenu dans l'entre-deux-guerres un savant respecté et honoré. Il est aussi, ce qui conforte évidemment sa renom-

* Ironie de l'histoire, Georges Claude a mis au point ses premiers appareils pour fabriquer de l'ammoniaque synthétique dans une usine allemande, plus précisément dans un établissement de la société Merck, proche de Fontainebleau, mis sous séquestre comme bien ennemi pendant la guerre de 1914-1918. C'est cet établissement qui donnera naissance à l'un des plus beaux fleurons du groupe l'Air Liquide, la société chimique de la Grande Paroisse.

mée, une espèce d'aventurier de la science et de la technologie, souvent incompris — du moins le pense-t-il —, et a englouti des dizaines de millions de francs dans de multiples expériences spectaculaires et incertaines. Du début des années vingt au milieu des années trente, il consacre notamment une énorme part de sa coquette fortune — il reçoit statutairement 25 % des bénéfices de l'Air Liquide — à financer lui-même une tentative de dimension planétaire pour domestiquer l'énergie géothermique qui doit prouver la validité d'une de ses inventions. Quand il renonce à cette ambition, il a déjà construit des usines dans le Calvados, mais aussi à Cuba et dans la baie de Rio de Janeiro, et armé un navire avec quarante hommes d'équipage pour tester son idée dans les mers tropicales ! Au printemps 1940, et ses avocats ne manqueront pas de le souligner lors de son procès après guerre pour vanter son patriotisme, il a tenté, sans succès, de « vendre » à l'armée française puis à la Navy britannique sa dernière trouvaille, un étonnant système d'arme permettant l'attaque des troupes au sol par des milliers de fléchettes lancées d'avion.

Si son imagination est fertile, l'homme est cependant rigide, peu pragmatique et têtu jusqu'à l'irréalisme. L'inventeur génial est un piètre politique, même s'il est volontiers démagogue, comme il l'a démontré dès 1928 en se présentant sans succès aux élections législatives à Fontainebleau au nom du « parti immense des honnêtes gens, écœurés par le flot de l'amoralité, du gaspillage et de l'incompétence » — un programme que n'aurait pas désavoué le Pétain de 1940. Il est aussi un citoyen inconséquent. Quelques années après avoir postulé à l'élection au suffrage universel, il devient monarchiste, versant deux cent cinquante mille francs en 1933 à l'Action française. Et quelques mois après avoir plaidé, dans une lettre ouverte publiée en 1939 aux États-Unis par *Time*, pour une entente américano-anglo-française destinée à préserver « les libertés du monde » face à Hitler, il défendra passionnément, on l'a vu, le point de vue allemand. Il ne peut cependant être accusé ni d'avoir profité de la guerre ni de s'être montré opportuniste. Déjà à demi ruiné à la veille du conflit mondial par ses expériences scientifiques coûteuses et sans lendemain, il dilapidera une part de ce qui lui reste de fortune entre 1940 et 1944 — on parlera de un million de francs — en payant de sa poche ses voyages, la location de salles de conférence et l'édition, à des milliers et des milliers d'exemplaires, de ses brochures écrites pour soutenir ses efforts de propagande. Et il ne retournera pas sa veste au premier doute sur l'issue de la guerre. Quand fin 1942 l'annonce du débarquement allié en Afrique du Nord sape le moral des partisans les plus tièdes de l'alliance avec l'Allemagne, il fait spectaculairement le don de sa personne à la cause qu'il défend en avalant en public, à la fin d'une conférence à Bordeaux, une dose théoriquement mortelle de strychnine. Sauvé de justesse après cette rocambolesque tentative de suicide qui fera les gros titres dans les journaux en décembre 1942, il expliquera avoir voulu « prouver » à Hitler comme aux Français, par « ce geste théâtral », la sincérité de son combat pour renforcer la collaboration malgré les premiers signes d'un fléchissement militaire allemand. Beaucoup plus tard, en mai 1944, à la veille du débarquement, on le retrouve poursuivant comme si de rien n'était ses tournées de conférence pour l'amitié franco-allemande. Et le 28 juillet 1944, quand la plupart de ses compagnons idéologiques ne cherchent déjà plus qu'à échapper autant que possible à la future épuration, il met son nom au bas d'un texte exigeant « des sanctions sévères contre les hommes de la Résistance ».

Le 17 août 1944, Georges Claude, alors âgé de soixante-quatorze ans, fait partie des premières grandes figures de la collaboration à être arrêtées. Il est interné à Fresnes. Persuadé de n'avoir cherché, selon ses termes, que « le relèvement de la patrie » par « la collaboration dans l'honneur » après la défaite, il ne comprend guère qu'on l'accuse d'intelligence avec l'ennemi et de trahison. Son cas se présente de plus en plus mal. Bien qu'il n'ait pas ménagé ses efforts pour déployer au grand jour ses activités proallemandes, l'inventeur est en effet vite suspecté d'avoir commis dans l'ombre le plus grave des forfaits. Il aurait, dit la rumeur, fait profiter les occupants de sa science pour les aider à construire les bombes volantes V1, si meurtrières à la fin de la guerre. L'affaire est jugée suffisamment sérieuse pour que Charles Maurain, président de l'Académie des sciences, dont Georges Claude vient d'être — bien tardivement — radié, s'exclame : « Quelle monstrueuse perversion de jugement, d'orgueil, quels inavouables intérêts ont incité notre ex-collègue — il m'en coûte de penser qu'il fut des nôtres — à céder sa diabolique trouvaille aux ennemis du genre humain[2] ? » Le savant avait tout au plus proposé vainement à l'état-major français... de la guerre de 1914-1918 son invention d'une bombe à air liquide ; il n'a été d'aucune utilité aux fabricants allemands d'armements modernes pendant la Seconde Guerre mondiale et aucun indice sérieux de sa culpabilité ne sera jamais produit. Accusé également d'avoir mis à la disposition des Allemands « ses usines » de l'Air Liquide, il sera paradoxalement lavé devant la cour de justice de tout soupçon à cet égard par le témoignage d'un résistant, le lieutenant Rogoff, employé d'une filiale du groupe, Claude, Paz & Silva, et coauteur de divers sabotages d'installations industrielles chez son employeur. Il confirmera, après bien d'autres, que d'une part Georges Claude ne possédait aucun établissement en propre, parmi tous ceux qui exploitaient ses procédés, et que d'autre part, bien qu'occupant des postes d'administrateur et disposant d'une certaine influence, il n'avait joué à l'époque aucun rôle effectif de direction, ne pouvant prendre ou faire appliquer personnellement aucune véritable décision de gestion dans telle ou telle société. Le personnel, assurera-t-il, l'avait toujours considéré comme totalement irresponsable en matière politique, son activisme collaborationniste s'apparentant plus à ses yeux à une « marotte de savant » qu'à une entreprise criminelle.

Malgré l'abandon de certaines charges non fondées, malgré un défilé de témoins prestigieux venant soutenir un homme « honnête, patriote et sincère » tout en regrettant qu'il se soit « totalement trompé pendant la guerre », le commissaire du gouvernement réclamera pour ce cham pion de la collaboration la peine de mort car « la justice doit frapper d'autant plus fort que la tête est plus haute ». Son défenseur, le bâtonnier Ribet, résistant incontesté, conseil de Daladier lors du procès de Riom puis de Louis Renault en 1944, implorera qu'on ne juge pas son illustre client « à l'échelle du banal collaborateur » et soulignera avec emphase « la naïveté de l'inventeur [...] qui s'égare en des métaphysiques à l'abri de la chevauchée des exigences qui assaillent quotidiennement l'homme astreint à la vulgaire réalité ». La sentence, même si elle ne sera pas capitale, ne sera pas « vulgaire » : réclusion à perpétuité, confiscation des biens, indignité nationale. Il restera cinq ans en prison ; en mai 1954, il bénéficiera d'une mesure d'amnistie accordée par le président Laniel. Il mourra six ans plus tard, ayant perdu toute sa fortune, dans une maison mise à sa disposition par le président de l'Air Liquide, qui subvient alors à ses besoins. Faut-il en déduire que l'entreprise ne s'est jamais désolidarisée de son encombrant fondateur ? Le conclure trop vite, on va le voir, serait se tromper.

La double allégeance du directeur général

À l'orée de l'été 1940, l'autre créateur de l'Air Liquide, le président du conseil d'administration Paul Delorme, soixante-treize ans, le gestionnaire qui a fait fructifier les idées de l'inventeur, a une unique priorité en tête : sauver la société. Le problème qu'il affronte n'est pas seulement de dimension hexagonale. Le directeur adjoint du département étranger du groupe, Pierre Bruneton, le montrera bien dans une conférence qu'il donnera en juillet 1942 pour le personnel, en affirmant sans modestie excessive mais sans mentir : « Notre président, comme Charles Quint, peut déclarer que le soleil ne se couche jamais sur ses usines. » Pour préserver ce patrimoine extérieur, que d'aucuns considèrent comme le plus étendu du monde industriel français à l'époque[3], le siège parisien, conscient des limites auxquelles son activité et son influence vont être confrontées sous l'Occupation, décide de prendre ses précautions et d'anticiper sur les événements. D'une part, on va utiliser au mieux, comme base extérieure en Europe, la filiale de Lisbonne, dirigée par un ancien as de la Première Guerre mondiale puis de l'Aéropostale, Albert Neuvy. Ce dernier peut en effet facilement se déplacer et rendre des services en raison de ses relations tous azimuts — y compris avec l'ambassade britannique — et de son lieu de résidence, le Portugal ayant conservé une position de neutralité dans le conflit*. D'autre part, dès le 18 juin 1940, date assurément inoubliable, on expatrie en lieu sûr deux

* Lisbonne, de fait, sert alors de plaque tournante très commode, on le verra, pour plusieurs sociétés. Hypolite Worms revient de Londres vers Paris fin juillet 1940 en passant par la capitale portugaise où il croise de nombreux banquiers juifs qui font le chemin inverse ; René de Montaigu s'y installe fin 1942 pour gérer les intérêts extérieurs de la CFP, etc.

membres de la direction, Pierre Philippon, directeur du département étranger, et Jean Brillé, responsable du laboratoire de recherche de la société à Paris.

Les deux hommes de confiance se sont, non sans difficulté, embarqués à Bayonne sur un bateau à destination du Maroc. De là, ils pourront, *via* le Portugal bien entendu, se rendre en Amérique du Nord. Munis d'une lettre de mission leur déléguant les pleins pouvoirs pour contrôler les sociétés non européennes de l'Air Liquide, ils s'installent à Montréal, d'où ils vont agir dans les meilleurs intérêts du groupe pendant cinq ans. Ils réussissent, d'un point de vue défensif, à protéger des convoitises plus ou moins bien intentionnées qu'on imagine le patrimoine international — normes, procédés, brevets — de l'entreprise. À leur arrivée fin juillet outre-Atlantique, notamment, ils peuvent éviter *in extremis* la mise sous séquestre des actifs américains. D'un point de vue offensif, il suffit de savoir que la capacité de production de l'Air Liquide dans la zone sous leur influence triple pendant cette période pour imaginer à quel point ils ne sont pas restés inactifs. Ils rendent compte, autant qu'ils le peuvent, de la marche des filiales au siège en faisant parvenir des documents à Paris grâce à une filière montée à partir de Lisbonne par l'indispensable Neuvy.

En France même, où le groupe possède environ soixante-dix usines d'oxygène ou d'acétylène, l'objectif premier de Paul Delorme — maintenir une activité aussi normale que possible — prête évidemment plus à discussion en raison de la présence des Allemands. Le siège, du moins dans un premier temps, n'est pas réquisitionné. Et à part les agences de Strasbourg et de Mulhouse, annexées au Reich en même temps que l'Alsace et la Lorraine, l'appareil de production et de commercialisation est à nouveau en état de marche avant la fin de l'été 1940. Les travaux de reconstruction du pays, après la guerre éclair, réclament la livraison des produits et des matériels fabriqués par l'Air Liquide, et les commandes reprennent à un niveau jugé satisfaisant. La société est d'ailleurs présente désormais dans le secteur devenu important des gaz-carburants et des gazogènes. Après 1942, les immenses travaux de construction de bases navales et de fortifications le long des côtes françaises augmenteront énormément les besoins en gaz industriels des entreprises travaillant sur ces chantiers pour le compte de l'occupant. Ces commandes aideront à maintenir le chiffre d'affaires quand d'autres marchés fléchiront. À partir de cette époque, les installations industrielles seront parfois atteintes par des bombardements alliés. Pendant les deux dernières années de l'Occupation, des usines sont touchées à Saint-Nazaire, Lorient, Rennes, La Seyne, Bagnolet, Lyon. Près de la capitale, à Boulogne-sur-Seine, deux sabotages réalisés par des résistants, pour empêcher les livraisons aux Allemands, endommagent fortement les installations de production d'oxygène gazeux et d'oxygène liquide en novembre 1943 puis, à nouveau, puisqu'elles ont été réparées, en mars 1944.

Il est difficile de déterminer dans quelle proportion la production de l'entreprise dans l'hexagone a été utilisée par l'armée ou par certaines entreprises du Reich. Car il est plus que probable que bien des livraisons dites « françaises » ont été en dernier ressort destinées, *via* des sous-traitants, à des chantiers de l'occupant, notamment ceux de l'organisation Todt. On sait cependant que les commandes allemandes directes ont été très minoritaires au niveau du groupe dans son ensemble. Après guerre, les « profits illicites », c'est-à-dire ceux réalisés grâce aux prix avantageux applicables à ces commandes, ne seront en effet estimés qu'à 10,3 millions de francs par rapport à un chiffre d'affaires de 1 271 millions entre 1940 et 1944, et cela dans une activité réputée très rentable. Si l'on en juge par l'exemple de l'établissement de Boulogne, les Allemands estiment cependant que la production de la société est très précieuse pour eux. Après chaque sabotage, sur ce site d'ailleurs classé V-Betrieb, donc jugé essentiel pour leur effort de guerre, ils exigent une remise en état rapide des appareils. Et pour montrer leur détermination, ils envoient un détachement de trente soldats surveiller l'usine après le deuxième attentat. L'oxygène gazeux, dont ils ne réclament que 10 % du volume fabriqué et que proposent d'autres fournisseurs dans la région, les intéresse évidemment moins que le même gaz sous forme liquide, très utile pour leur aviation. Jean Delorme, fils unique de Paul et son successeur désigné, dira d'ailleurs après guerre, dans une note rédigée en avril 1945[4], qu'il avait regretté la mise hors d'usage par la Résistance de la fabrication d'oxygène gazeux — car les clients, au nombre de seize mille, étaient surtout des Français, à commencer par les hôpitaux, les ateliers d'outillage agricole, etc. — mais approuvé celle concernant l'oxygène liquide qui « semblait intéresser particulièrement les Allemands ».

Le même Jean Delorme, peut-être las d'attendre indéfiniment dans son fauteuil de directeur général la place occupée par son père, ne paraît pas négliger pendant l'Occupation les occasions de s'occuper au service du patronat mais aussi du régime de Vichy. En avril 1941, il accepte d'être nommé par Pierre Pucheu, ministre de la Production industrielle, membre du conseil consultatif du Comité d'information interprofessionnel, organisme créé après la dissolution de la confédération patronale d'avant guerre, la CGPF. En septembre 1942, surtout, le nouveau secrétaire d'État à la production industrielle, Jean Bichelonne, lui offre de venir le seconder en acceptant un poste au sommet de l'Office central de répartition des produits industriels, en tant que répartiteur général, ayant autorité sur les douze répartiteurs spécialisés. Inutile de souligner le rôle stratégique d'un tel organisme qui régit, en ces temps de pénurie, la distribution des combustibles et des produits de base (métaux, corps gras, textiles, etc.) aux divers comités d'organisation et, par la même, aux entreprises. C'est à travers l'OCRPI, estimait Bichelonne en janvier 1942, que « l'État possède [...] les moyens de commander réellement à l'industrie française ». Les Allemands surveillaient de très près, on l'a vu, la marche de l'Office, dont ils avaient eux-mêmes suscité la création et qu'ils considéraient comme leur principal outil pour orienter dans le sens de leur intérêt les activités des diverses branches de l'économie de l'hexagone[5]. Le responsable de l'Air Liquide — qui se mettra en congé de sa société à cette occasion — restera un an en fonction, avant de démissionner de cette administration clé pour Vichy comme pour le Majestic en août 1943.

À la Libération, le groupe chimique paraît donc en fâcheuse posture. L'une de ses deux figures de proue, Georges Claude, a été une tête d'affiche sur la scène de la collaboration. Son président, Paul Delorme, ne paraît guère avoir pris de distance avec ceux qui ont gouverné la France pendant l'Occupation, quatre années pendant lesquelles les affaires de l'Air Liquide n'ont pas pâti outre mesure de la situation du pays. Son fils, redevenu directeur général depuis lors, fut pendant onze mois un adjoint de Bichelonne à la tête d'un organisme étroitement contrôlé par les Allemands. Et il ne semble pas que les occupants aient jamais eu à se plaindre de leurs relations avec la société et ses filiales. En fait, à part Georges Claude évidemment, l'Air Liquide et tous ses responsables passeront sans trop de difficultés à travers les mailles du filet de l'épuration. Il est bien possible, certes, que le remplacement à la présidence de Paul Delorme par Jean début 1945 ait paru particulièrement opportun dans le climat de l'époque, mais l'âge du partant pouvait suffire à justifier son choix de la retraite et aucune plainte ne le visait personnellement. Que s'est-il donc passé ? L'habileté de la direction, pendant et après la guerre, mais aussi l'existence très surprenante d'une taupe de la Résistance au plus haut niveau de l'entreprise, dévoilée seulement à l'automne 1944, expliquent pourquoi la cause de l'Air Liquide put être plaidée avec succès à l'heure des comptes.

Même si on y mit le temps, on sut d'abord écarter de la direction du groupe, juste avant qu'il ne soit vraiment trop tard pour qu'on puisse s'en prévaloir, l'encombrant Georges Claude. En juillet 1942, au cours de sa conférence déjà évoquée, Pierre Bruneton affirme certes que « nous avons encore la joie de voir fidèles à leur poste de commandement les deux principaux animateurs sans qui notre société n'existerait pas et à qui nous devons tous directement ou indirectement le travail qui nous fait vivre : notre président Monsieur Paul Delorme et Monsieur Georges Claude ». Mais l'année suivante, le compagnon des premiers jours de l'inventeur, irrité depuis quelque temps déjà par l'« aventurisme » de ce dernier, s'est enfin décidé à lui faire savoir que ses prises de position politiques étaient incompatibles avec son rôle d'industriel. Il lui signifie que, dans l'intérêt du groupe, il vaudrait mieux qu'il démissionne de ses fonctions de responsabilité. Sans se faire prier, et sacrifiant plus en l'occurrence des avantages matériels qu'un pouvoir qu'il n'exerçait guère, le savant a alors abandonné son poste d'administrateur de l'Air Liquide. L'entreprise pourra par ailleurs faire état du comportement exemplaire de certains de ses dirigeants. Le très utile Albert

Neuvy, gaulliste et résistant de la première heure à partir de sa base portugaise, n'a cessé durant la guerre de rendre de multiples services aux hommes de l'ombre. En 1944, ses obligés s'appellent Joseph Kessel ou Maurice Druon, et ses relations parmi les personnalités de la Résistance ont pour nom Georges Bidault ou Maurice Bourges-Maunoury. Edmond Deschars, l'administrateur général, aurait par ailleurs « rendu des services à la Résistance », selon la formule vague d'un membre du comité d'épuration créé au sein de la société dans la capitale. Enfin, à un moindre niveau, Robert Nicolas, le directeur de l'usine de Boulogne, cible et victime des épurateurs en 1944, peut d'autant plus facilement retrouver rapidement une fonction au siège du groupe qu'on arrivera à démontrer qu'il fit tout, après le sabotage de mars 1944, pour ne pas réparer l'appareil à fabriquer de l'oxygène liquide, le seul véritablement essentiel pour les Allemands. Mais l'essentiel n'était pas là.

À part l'indéfendable Claude, le plus impliqué des dirigeants du groupe dans le régime précédent était manifestement Jean Delorme, qui a d'ailleurs failli être arrêté à la Libération. Or la taupe de la Résistance, c'était lui. S'il a démissionné bien tard de son poste à l'OCRPI, longtemps après le débarquement des Alliés en Afrique du Nord et le début des revers allemands, à peine un an avant la libération de Paris, il n'avait accepté, dira-t-il, cette fonction très compromettante en 1942 qu'après avoir obtenu, d'abord l'accord des Alliés, contactés à travers Neuvy et ses amis anglais d'une part, l'ambassade des États-Unis à Vichy d'autre part, et ensuite l'aval du chef d'un réseau de renseignements de la Résistance, Georges Charaudeau. Ce dernier dirigeait l'organisation Alibi, dont faisait partie le directeur général de l'Air Liquide, informateur précieux et, apparemment, doué pour pratiquer la double allégeance. Par ailleurs, Jean Delorme est en contact régulier depuis 1943 avec le syndicaliste cégétiste Louis Saillant, futur président du Conseil national de la Résistance, et Charles Deniau, chef du réseau Libération-Région parisienne, à qui il a prêté discrètement, pour ses activités clandestines, un bureau dans les locaux de la société l'Air Liquide de l'avenue Claude-Vellefaux. Il dira après guerre que c'est précisément au cours d'une conversation avec Saillant et Deniau qu'il avait désapprouvé en mars 1944 le sabotage des appareils de Boulogne car « il aurait été préférable de consulter les techniciens de la société, par mon entremise, avant de procéder à l'exécution [de l'attentat] ». Le chef d'entreprise, on le voit, n'avait pas abdiqué derrière le résistant même, et peut-être surtout, à quelques mois du départ des Allemands. Lorsque celui-ci aura eu lieu, il reprendra rapidement tous ses droits. Quant à ses relations du temps du combat contre l'occupant, ajoutées à celles encore plus prestigieuses et utiles de Neuvy, elles seront mises à contribution pour préserver le groupe d'un nouveau danger : la nationalisation. L'Air Liquide, en effet, a figuré à la Libération, en tant qu'entreprise dominante de son secteur, sur une liste provisoire de « trusts » visés par une telle mesure et dressée par la commission de la production industrielle et de l'équipement de l'Assemblée constituante. L'intervention vigoureuse des deux médaillés de la Résistance de la direction du groupe suffira à éloigner la menace[6].

La Banque de l'Indochine : docteur Jekyll et mister Hyde ?

La singularité du comportement des hommes, qui permet, comme dans le groupe de l'Air Liquide, à un héraut de la collaboration de voisiner dans le haut de l'organigramme d'une entreprise avec des managers résistants, a permis à maintes sociétés — les exemples abondent dans cet ouvrage — de traverser sans grand dommage l'époque de la Libération malgré un parcours disons problématique sous l'Occupation. Le cas le plus caricatural à cet égard fut peut-être celui de la Banque de l'Indochine en raison de la coexistence à la tête de l'établissement de deux hommes profondément « marqués » par des cheminements opposés dans les sphères gouvernementales. Cette particularité, qui a conduit certains à raconter le destin de cette institution financière au début des années quarante un peu comme une nouvelle version de Dr Jekyll et Mr. Hyde, jointe à quelques embauches remarquées d'épurés célèbres dans les années d'après guerre, n'a pas peu contribué à envelopper d'un voile trouble le comportement de la « French Bank », comme on l'appelait en Extrême-Orient, pendant la guerre[7].

Côté Dr Jekyll, Paul Baudoin, homme-symbole s'il en est puisqu'il fut l'un des rares grands dirigeants d'entreprise à détenir plusieurs portefeuilles, dont un de tout premier plan, dans les gouvernements nommés par Pétain. Polytechnicien, inspecteur des finances, pilote d'escadrille pendant la guerre de 1914-1918, le futur banquier avait peut-être une certaine prédisposition aux plus hautes fonctions au service de l'État. Né de « père inconnu » — il porte le nom de sa mère —, il est en effet très probablement le fils d'un ancien président du Conseil, Maurice Rouvier, lequel finança et guida ses études*. Après un bref passage par un cabinet ministériel, aux Finances bien entendu, il rejoint à la Banque de l'Indochine en 1926 un ancien collaborateur de Joseph Caillaux, René Thion de La Chaume, qu'il a connu à l'occasion de ce premier séjour sous les lambris de la République. Il suit l'ascension de ce dernier au sein de la banque, devenant directeur général en 1931 au moment où son « mentor » s'apprête à accéder à la présidence. Quand le gouvernement du Front populaire — car l'État est évidemment influent au sein de cet établissement qui a le statut de banque d'émission en Indochine — force Thion de La Chaume, l'un des représentants des fameuses « 200 familles », à la démission en novembre 1936, Baudoin se retrouve en

* Le fils de Paul Baudoin nous a dit estimer cette filiation, jamais reconnue officiellement par son père, très discret à ce sujet, « certaine à 99 % ». Nous n'avons trouvé de renseignements sur ce point dans aucune source écrite.

position de véritable patron, le nouveau président, M. Borduge, ayant une personnalité plutôt effacée. Il est désormais un membre éminent de l'establishment bancaire, déjà au sommet de sa carrière à l'âge de quarante-deux ans, cumulant les sièges d'administrateur, notamment dans les plus grandes entreprises coloniales (le Nickel, Chemins de fer Djibouti-Addis-Abeba, Distilleries de l'Indochine, Tramways de Shanghai, etc.). Ses responsabilités l'amènent à rencontrer divers grands de ce monde, notamment Mussolini, qu'il voit à deux reprises et dont on le dira admirateur, et même le pape*. À Paris, il a parfois pour compagnons de promenade au bois de Boulogne le général Weygand[8], qui vient le retrouver à cheval, et Paul Reynaud, qu'il connaît depuis la fin des années vingt.

Paul Baudoin se considérera toujours, à l'en croire mais aussi selon ses proches, comme un pur technicien des finances publiques qui s'est fourvoyé dans les affaires et encore plus dans la politique active. Ce grand amateur de lectures et d'œuvres d'art, à jamais à l'abri de tout besoin — sa fortune est estimée à plus de cinquante millions de francs à l'époque de la guerre —, n'est donc peut-être pas un homme comblé à la tête de la Banque de l'Indochine. Mais même à supposer qu'il n'ait pas eu une véritable vocation pour l'exercice du pouvoir, il ne paraît pas dédaigner, dès que l'occasion se présente, la griserie des jeux d'influence. En mars 1940, quand Paul Reynaud, chef du gouvernement, lui demande de devenir sous-secrétaire d'État à la présidence du Conseil, il n'hésite pas. Il estime sans doute de son devoir d'accepter en ce moment crucial : « Je ne pouvais me dérober », écrira-t-il en 1948 dans ses mémoires. Mais il est également comblé par la proposition : « Je ne cachais pas au président que cette tâche m'intéressait hautement. » Du jour au lendemain, il quitte donc la banque pour aller remplir, en rejoignant le gouvernement, deux fonctions essentielles, comme secrétaire à la fois du Comité économique interministériel, où il est assisté par M. Baumgartner, et du cabinet de guerre, où il faillit avoir pour adjoint... le général de Gaulle[9]. Il est au cœur du dispositif de commandement du pays et de l'armée au moment où finit la « drôle de guerre » et où va commencer la guerre tout court. À la banque, où on se prépare aux événements à venir depuis plusieurs mois puisque le service des titres a été prudemment transféré à Bordeaux dès septembre 1939, on considère alors le directeur général comme « en service détaché » et son titre n'est pas réattribué.

Paul Baudoin ne déçoit manifestement pas les attentes de Paul Reynaud. Quand ce dernier remanie profondément son gouvernement le 5 juin 1940, il songe à lui confier les Finances. Le poste échoit à un

---

* D'après l'un de ses adjoints directs de l'époque, il aurait demandé au Pape : « Que se passerait-il si Mussolini disparaissait ? » Ce dernier lui aurait répondu : « L'Italie, le lendemain, se lèvera une heure plus tard. » Le seul fait qu'il ait tenu à rapporter à son entourage cette anecdote semble sinon confirmer à coup sûr du moins conforter sa réputation d'admirateur de Mussolini.

autre inspecteur des finances, Yves Bouthillier. Mais le banquier, qui affirme avoir lui-même préféré garder ses fonctions antérieures pour rester « au centre du ministère », se voit alors confier un deuxième maroquin, celui de sous-secrétaire d'État aux Affaires étrangères. Il navigue désormais entre ses trois bureaux, à la présidence du Conseil, au ministère des Affaires étrangères et au ministère de la Guerre. À l'heure de la débâcle, au sein du cabinet de guerre où il entend désormais de la bouche même de Weygand des nouvelles catastrophiques du front, Baudoin, comme ce dernier, juge « fantaisiste » la proposition de Paul Reynaud, appuyé de Londres par le nouveau sous-secrétaire d'État à la guerre Charles de Gaulle, de résister à tout prix, fût-ce dans un « réduit breton ». Il est, avec Bouthillier, de ceux qui ont milité très vite et très activement pour l'armistice, tentant même de rallier à cette solution certains des opposants irréductibles à toute acceptation de la défaite, comme Raoul Dautry. C'est en grande partie à cette attitude sans équivoque en faveur d'un arrêt des combats qu'il doit d'être particulièrement remarqué par le maréchal Pétain, appelé à former un nouveau gouvernement supposé sonder les Allemands sur les conditions de la paix dans la nuit du 16 au 17 juin. Il lui confie le portefeuille, crucial en ces circonstances, des Affaires étrangères, celui-là même que visait déjà Pierre Laval. C'est donc Baudoin qui aura le triste privilège de rechercher, *via* l'ambassadeur d'Espagne en France, le contact avec Berlin pour connaître et autant que possible négocier le prix de ce qui apparaîtra vite comme une reddition.

Quittant l'ombre pour le devant de la scène au moment où le cabinet Pétain fait ses premiers pas, Paul Baudoin, malgré la brièveté de sa carrière politique, se trouvera directement ou indirectement mêlé à la plupart des décisions politiques majeures qui façonneront pour toujours le visage du régime de Vichy. Ses propres opinions, il est vrai, n'étaient certainement pas très différentes, au début tout au moins, de celles de ses collègues sélectionnés par le maréchal. Munichois en septembre 1938, choqué pour l'essentiel par les réformes du Front populaire aux antipodes des méthodes paternalistes qu'il a connues et expérimentées à la Banque de l'Indochine, favorable aux positions antiparlementaires très en vogue avant guerre dans les milieux d'affaires conservateurs, où l'on brocarde l'incapacité des gouvernements de la République à sortir le pays de la crise, le nouveau titulaire du Quai d'Orsay était on ne peut mieux préparé à devenir un supporter de la révolution nationale. À peine nommé, il déclare sans ambiguïté : « La révolution totale que la France commence à cette heure solennelle a été préparée par vingt années d'incertitude, de mécontentement, de dégoût et d'insurrection larvée [...]. Cette possibilité de faire du neuf exalte les hommes de toute origine[10]. » Discutant avec Weygand le 28 juin d'une note que ce dernier a préparée à l'intention de Pétain sur « les buts à atteindre », il dit lui-même, dans ses mémoires, avoir alors approuvé sans réserve des formulations telles que : « L'ancien ordre des choses, c'est-à-dire un régime politique de compromissions maçonniques, capitalistes et internationales nous a conduits où nous sommes. La France n'en peut plus » ; ou encore : « La lutte des classes a divisé le pays [...]. Le relèvement de la France par le travail ne peut être réalisé sans l'institution d'un nouveau régime social fondé sur la confiance et la collaboration entre ouvriers et patrons. » Certain qu'« un régime de paternelle autorité s'impose », il ne risque donc guère d'être heurté par les valeurs promues par Vichy, car ce sont les siennes. Sans doute cette approbation d'ensemble lui fait-elle même oublier ses anciennes fonctions et les hommes qu'elles l'amenaient à côtoyer, puisqu'il semble aller jusqu'à partager, si l'on en juge encore par le contenu de ses mémoires, les préventions du maréchal envers non seulement « les parlementaires », ce qui n'a rien d'étonnant, mais aussi « les chefs d'industrie ».

Le ministre Paul Baudoin est amené à négocier des accords et à écrire des phrases qui, même replacées dans le contexte de l'époque et des obligations de sa fonction, sont parfois difficiles à assumer après guerre. Le fait que dans une lettre envoyée à l'ambassadeur français à Madrid il ne trouve pas d'autre qualificatif pour désigner de Gaulle que celui de « hors-la-loi » n'est pas glorieux mais somme toute banal dans l'atmosphère du moment à Vichy. Qu'il fasse pencher la balance en faveur d'un arrangement amiable avec le Japon quand Tokyo menace la colonie d'Indochine dès l'été 1940 peut induire des questions, qui ne lui seront jamais posées, sur les liens entre ses décisions politiques et ses anciennes (et futures) fonctions de dirigeant d'une entreprise exerçant la majorité de ses activités et recueillant l'essentiel de ses profits dans la région, mais il lui fallait bien prendre position et rien ne permet sérieusement de jeter la suspicion sur son indépendance de jugement à cette occasion. On peut cependant noter qu'il est conduit en traitant ce dernier dossier à assurer dès le 15 juillet à l'ambassadeur du Japon qu'il entend réserver à ce pays allié de l'Allemagne « une place préférentielle dans l'économie indochinoise » et à évoquer la nécessité, pour cela, d'établir « les principes de la collaboration économique entre le Japon et l'Indochine ». Nul besoin pour lui, quelques jours plus tard, le 26 juillet, de changer de vocabulaire pour dire explicitement à Pétain qu'il est favorable à une collaboration économique avec l'Allemagne qu'il estimait d'ailleurs, quelques jours auparavant, utile à « l'organisation d'une Europe moins absurde que celle de 1939 ». Ces penchants apparemment très collaborationnistes sont, il est vrai, assortis de réserves. Baudoin, partisan de l'application stricte du texte de l'armistice, n'aurait jamais accepté, dira-t-il, les perspectives qu'il appelait lui-même de ses vœux dans le domaine économique sans obtenir, au préalable, la signature de la paix. Et comme il le souligne dans un texte qu'il écrit fin juillet 1940, s'il est résigné à voir « dans l'ordre économique » la France risquer « une subordination », il refuse toute collaboration militaire — dès fin juin il imaginait d'ailleurs la France comme vouée à devenir un « pays neutre » — et réclame « dans l'ordre spirituel » le respect de « notre indépendance » car les « idéaux hitlériens » ne lui paraissent « pas acceptables ». Ces réserves suivent cependant un constat plutôt flatteur pour le régime d'outre-Rhin : « Les Français doivent s'incliner devant la victoire allemande. L'Allemagne l'avait méritée. L'immense effort auquel elle s'est soumise pendant des années alors que la France s'abandonnait à la facilité lui donnait droit à cette victoire. » Enfin, quand il est question des mesures à prendre contre les étrangers et les Juifs, on ne relève pas, dans les écrits du ministre, une quelconque révolte même s'il trouve parfois les textes soumis à son appréciation par ses collègues en charge du dossier « beaucoup trop sévères »[11].

Notant par exemple dans ses mémoires que Raphaël Alibert, ministre de la Justice, propose le 23 juillet « de retirer la nationalité française aux émigrés de la période de l'invasion [soit : de la période précédant l'Occupation] et de confisquer leurs biens », il ne trouve nécessaire de faire aucun commentaire si ce n'est que « le Maréchal que je croyais hostile à cette mesure s'en déclare partisan ». Et s'il se dira après guerre, avec des accents de sincérité et des témoins pour l'appuyer, hostile aux lois raciales, Baudoin, de fait, concerné en tant que responsable d'une administration, appose sa signature au bas de tous les décrets qui les instituent à l'automne 1940. Le point de vue qu'il expose à plusieurs reprises à l'époque, s'il n'est pas effectivement adossé à des considérations raciales au sens strict, est cependant toujours radicalement xénophobe. Estimant qu'il agit ainsi « avec un esprit chrétien », il propose, au cours du conseil de cabinet du 30 septembre consacré à l'étude du statut des Juifs, de traiter « le problème des Juifs comme un problème d'étrangers ». Cette approche du « problème » — il ne met évidemment jamais en doute qu'il y en ait un — le conduit à envisager de ne laisser la nationalité française qu'aux Juifs anciens combattants ou établis dans le pays avant 1900 « à moins bien entendu que ces Juifs ne préfèrent prendre la nationalité juive [*sic*] »[12]. Il présentera après guerre, comme nombre de ses collègues, l'adoption à cette date de la première grande législation antisémite de Vichy comme une nécessité pour « empêcher l'application par les Allemands en zone occupée de mesures draconiennes antijuives ». On pourrait admettre qu'il l'ait pensé, même si les historiens ont démontré depuis à quel point cette « nécessité » avait surtout permis au régime de réaliser son propre « programme » antisémite[13]. Mais on pourrait alors se demander pourquoi Baudoin a tenu à pousser à l'extrême son sens de la solidarité gouvernementale en déclarant à la presse américaine qu'il recevait le 23 octobre : « Avons-nous voulu frapper une race ? Non. Mais nous pensons que les Français seuls doivent être responsables de la gestion de la cité française [...]. Nous ne voulons plus que les Juifs soient, chez nous, comme un empire dans un empire. » La « nécessité », en l'occurrence, est donc devenue bien française, même dans la bouche du ministre. Le banquier de métier, pourtant l'un des mieux placés vu son activité pour n'en être pas dupe, partageait-il donc les préjugés et les fantasmes si répandus alors sur la toute-puissance des Juifs dans l'économie française ou bien s'est-il mal fait comprendre ? Plutôt que de tenter de répondre, laissons le soin à Paul Baudoin lui-même de décrire indirectement dans quel état d'esprit il était alors. Le récit, dans ses mémoires, de la visite que lui fit le 25 septembre 1940, au Quai d'Orsay, « le grand vizir du Maroc, El Mokri » est en effet parlant : « Il attire mon attention sur la prospérité de certains israélites. Il me donne une leçon charmante : "Avant le protectorat, les Juifs mettaient une vingtaine d'années pour faire une grosse fortune ; ils en jouissaient dix ans et à ce moment-là, une petite révolution intervenait qui jetait leur fortune par terre. Les Juifs recommençaient et s'enrichissaient à nouveau trente ans pour aboutir finalement à la confiscation de leurs biens excessifs. Maintenant que le protectorat existe, nous craignons que ce rythme ternaire soit interrompu. Le protectorat dure depuis vingt-huit ans, il nous reste donc deux ans pour confisquer la fortune des israélites suivant la règle séculaire qui me paraît très sage." » Il ne faudra pas deux ans, peut-on observer, mais à peine dix mois au régime de Vichy pour décréter effectivement à la mi-1941 l'« aryanisation » de l'économie. Non pas au seul Maroc, mais dans tous les territoires français. La « leçon charmante » n'y aura été, il est vrai, pour rien, puisque Paul Baudoin a alors quitté le gouvernement...

Dès l'automne 1940, en effet, très exactement dès après l'entrevue Pétain-Hitler de Montoire qui inaugure la politique « volontariste » de collaboration du régime, et bien au-delà du seul secteur de l'économie, Paul Baudoin présente sa démission au chef de l'État. D'aucuns ont fait justement remarquer, pour expliquer cette défection précoce, que le ministre des Affaires étrangères, qui n'avait pas été convié à assister à la rencontre franco-allemande au sommet du 24 octobre en raison de la méfiance et même de l'hostilité de Laval à son endroit, avait pu être surtout vexé par ce camouflet. Il ne paraît cependant guère faire de doute que Baudoin ait été alors plus que réservé face au tournant qui s'annonçait. Quand l'amiral Fernet, secrétaire général de la présidence du Conseil, est venu lui annoncer qu'il ne serait pas du voyage, il ne lui aurait pas dit seulement que dans ces conditions il ne conserverait pas son poste mais aussi qu'il craignait « une politique nouvelle dont tout ce que j'en sais, c'est qu'elle s'écartera de la convention d'armistice ». Le jour même de Montoire, il aurait dit à Bouthillier qu'on entrait là dans « une combinaison douteuse » et qu'il était « décidé à mettre fin à [son] intermède ministériel et à reprendre [ses] occupations habituelles ». On peut suspecter les explications de l'intéressé, exposées dans ses mémoires. Mais tous les témoignages semblent confirmer que Baudoin, anglophile de tradition, était suspecté à juste titre par Laval de ne pas souhaiter une politique de collaboration étendue, du moins dans le contexte de l'automne 1940. Ce profond désaccord avait peut-être ses limites : il ne le conduira pas, après sa démission du ministère des Affaires étrangères, à refuser de rester au moins deux mois actif dans le cabinet comme secrétaire d'État à la présidence du Conseil en obéissant, selon lui, à un « ordre de Pétain », qui ne voulait pas apparaître « désavoué ». Mais il était suffisant pour qu'il ne revienne pas sur sa décision de partir malgré plusieurs propositions de reprendre un grand ministère, notamment celui de la Production industrielle, pendant les mois qui ont suivi Montoire.

Le 2 janvier 1941, Paul Baudoin peut donc annoncer enfin sa démission définitive du cabinet. Il ne jouera plus aucun rôle dans l'administration du pays et il ne cherchera plus jamais — il s'en était fait alors le serment, assure son fils — à revoir ni le maréchal ni aucun de ses collègues de Vichy. Son installation à Marseille, loin des allées du pouvoir, l'aidera à réaliser cette « coupure ». Il ne perdra pas pour autant dans l'opinion son étiquette de sympathisant du régime. Parce qu'on ne peut avoir été impunément un ministre de premier plan sous Pétain. Parce qu'il a semblé être récompensé de sa loyauté par le gouvernement, obtenant que Bouthillier le nomme, le 4 février 1941, président-directeur général de... la Banque de l'Indochine, où il réoccupe, avec en plus le titre de président, sa place antérieure. Parce que son activité discrète, sous l'Occupation, à la tête de cet établissement amené par nature à pratiquer la collaboration sinon avec les Allemands du moins avec les Japonais en Asie, ne risquait guère de modifier sa réputation établie dès juin 1940 quand son nom était devenu public. À la Libération, Paul Baudoin sera donc immédiatement recherché par la justice militaire, puis, après la création en novembre 1944 de la Haute Cour de justice, par les juges chargés d'instruire les procès des anciens dignitaires de Vichy. On ne le trouvera pas avant longtemps. Il a alors disparu, en effet, nul ne sait comment.

Mais la banque a aussi, on l'a dit, son Mr. Hyde. Le numéro deux de l'établissement, adjoint mais aussi à bien des égards alter ego de Paul Baudoin, a suivi en effet pendant la guerre une trajectoire presque caricaturalement opposée, au moins en apparence, à celle du ministre de Pétain. Également polytechnicien, également inspecteur des finances, également passé brièvement en début de carrière par un cabinet ministériel — celui de Poincaré — en 1926, Jean Laurent rejoint la « French Bank » deux ans après son aîné et il gravit l'échelle de l'organigramme au même rythme que celui-ci, un niveau en dessous. Moins de trois mois après Baudoin, le 6 juin 1940, il rejoint aussi un ministère mais, plus simplement, comme chef de cabinet d'un sous-secrétaire d'État, lequel s'apprête à entrer dans l'histoire : Charles de Gaulle. Son entrée en politique durera ce que durera le dernier cabinet Reynaud : dix jours. Quand, refusant de se résigner à la défaite, le général de Gaulle choisira de continuer le combat à partir de Londres, il demandera au banquier de rester auprès de lui. Tout en remettant au chef de ce qui va devenir la France libre les clés de son appartement londonien et une somme d'argent, Jean Laurent aurait répondu : « Mon général, je pense que je ferai du meilleur travail en restant en France[14]. » On ne sait si le « travail » du directeur général adjoint de la banque fut meilleur à Paris qu'il ne l'aurait été à Londres ; on sait qu'il ne fut pas purement symbolique. À la fin de l'année 1940, à défaut d'y être allé lui-même, Jean Laurent a déjà facilité le départ de Français vers l'Angleterre et il fournit des renseignements à Londres. En décembre 1941, il devient « correspondant » du réseau de résistance Beryl, puis en 1942 on le retrouve membre du réseau Alliance et, enfin, chef de secteur du réseau Jade-Amicol. Il procure des fonds au jésuite résistant, le père Chaillet, créateur de *Témoignage chrétien*. Il aide plus généralement au financement de l'armée de l'ombre, notamment vers la fin de l'Occupation en servant d'intermédiaire entre la Banque de l'Indochine et un certain « Bossuet », qui place d'abord des « bons du Trésor d'Alger » puis des « bons de caisse » de la Résistance émis en France*. L'établissement souscrit pour seize à dix-sept millions de francs. Jean Laurent sert également de poisson pilote à l'armateur Pierre Louis-Dreyfus, quand il vient demander en 1941 à la banque, dont les bureaux repliés sont voisins des siens à Marseille, de l'aider à réaliser une « fausse aryanisation » de sa flotte de commerce.

L'action la plus spectaculaire de Laurent sous l'Occupation, celle qui lui vaudra quelque notoriété, sera pourtant d'une autre nature : il sera l'un de ceux grâce auxquels Paris « ne brûlera pas » en août 1944. Il avait utilisé, au cours du mois précédant la Libération, les services de deux hommes écoutés des Allemands pour sauver des prisonniers en danger ou des personnes menacées de déportation. Il aurait connu le premier d'entre eux, Bobby Bender, par l'intermédiaire de deux banquiers d'outre-Rhin autrefois rencontrés en Chine. Le second, le fameux consul de Suède à Paris pendant la guerre, Raoul Nordling, était tout simplement un voisin du siège de la Banque de l'Indochine. L'immeuble où il habitait et travaillait, au 78, rue d'Anjou, était même relié par un passage intérieur à celui de l'établissement financier, permettant à son directeur général adjoint de le rencontrer facilement. Quand l'insurrection de Paris éclate, le 19 août, plusieurs jours avant que les Alliés ne puissent arriver, on craint le pire. Face aux résistants mal équipés, le commandant allemand de la place, le général von Choltitz, dispose encore de nombreux blindés et de troupes suffisantes pour mettre les rues à feu et à sang. Or Hitler lui a ordonné de se battre le plus longtemps possible. Laurent, Bender et Nordling se concertent et décident de tenter de conclure une trêve qui sauvera des vies et préservera la

* « Bossuet » était le pseudonyme de résistant d'André Debray, président du Comité financier de la résistance (COFI) et directeur de la Banque de Paris et des Pays-Bas. Ce pseudonyme avait été trouvé par Georges Bidault car le frère d'André Debray était évêque de Meaux, donc un lointain successeur du célèbre prélat et écrivain. L'histoire du COFI et de ses animateurs est notamment évoqué par François Bloch-Lainé — lui-même membre du Comité — dans un article intitulé « Le financement de la Résistance » (*Revue d'histoire de la deuxième guerre mondiale*, n°1, novembre 1950). Il estime que le COFI, entre sa création début 1944 et la Libération, a recueilli environ six cents millions de francs.

capitale. Le premier prend contact avec les chefs du soulèvement, le deuxième persuade von Choltitz d'accepter de négocier, le troisième se présente comme le médiateur neutre qui peut garantir un accord. La trêve conclue dès le 20 août ne sera guère respectée, mais les trois hommes poursuivront leurs efforts pour abréger les souffrances de la ville, Laurent partant même à la rencontre du général américain Patton pour hâter son arrivée... au moment où, ce qu'il ignore, Leclerc est déjà en train de franchir la porte d'Orléans. Le numéro deux de la banque a bien mérité de Paris et de la patrie.

L'homme public, l'homme privé et le banquier professionnel

Baudoin le pétainiste et Laurent le gaulliste ? Le collaborateur et le résistant ? Cette dichotomie bien commode est celle qui a cours à la fin de la guerre. Comme l'écrit l'historien de la Banque de l'Indochine, Marc Meuleau, « après la Libération, les hauts faits de Jean Laurent viennent en quelque sorte compenser l'opprobre qui atteint Paul Baudoin et sauvent la banque de l'accusation d'une collaboration sans retenue. Mais le paradoxe est que l'action louée ou condamnée n'a aucun lien avec l'institution bancaire : Paul Baudoin est poursuivi en justice pour avoir été ministre des Affaires étrangères de Vichy, non pour son rôle à la tête de la Banque de l'Indochine, et Jean Laurent est célébré pour son action de renseignement, sa contribution à la libération de Paris, alors que son action de banquier demeure complètement dans l'ombre. La focalisation sur quelques individus est encouragée par la banque elle-même, ce qui lui permet à la fois d'occulter le rôle de l'ensemble de son personnel, dirigeants et administrateurs inclus, et d'éviter que ne se pose la vraie question : quelle fut l'activité de la banque pendant l'occupation de la France et de l'Indochine ? » Le plus étonnant est que cette prudente tactique a eu sans doute pour premier effet de ternir encore plus qu'il n'était nécessaire l'image de celui qui fut le président de l'établissement pendant les années noires sans pour autant grandir celle du résistant maison, affectée par des événements survenus après guerre. Or la réalité semble moins simpliste.

Même si cela ne change rien de toute évidence à ses actes et écrits de l'année 1940, Paul Baudouin, d'abord dans le lieu de repli du siège de la banque à Marseille, puis à Paris où il retourne à partir de fin 1942, eut une attitude qui ne paraît pas, en fait, mériter l'« opprobre ». Dès qu'il reprend son fauteuil de banquier, assurera Jean Laurent[15], Baudoin connaît tout de ses activités de résistance. Le contraire eût été difficile. Les deux hommes sont alors non seulement des collègues mais aussi des amis depuis une quinzaine d'années. Leurs bureaux sont contigus, leurs contacts quotidiens. Et le directeur général adjoint ne pourra se servir de la banque pour rendre des services, en particulier financiers, à la Résistance qu'avec l'accord et souvent l'appui déterminant de son supérieur hiérarchique*. Se sentant en confiance avec lui — il l'a entendu dire, lors d'une entrevue quand il était encore ministre, que les Allemands n'ayant pu débarquer outre-Manche, il n'y avait plus qu'à attendre la victoire anglo-saxonne —, il n'hésite pas au printemps 1941, après avoir reçu Pierre Louis-Dreyfus, à le lui adresser immédiatement. L'armateur, qui n'avait encore jamais rencontré Baudoin, demandait en effet à la banque une aide risquée à laquelle seul le président pouvait consentir. Et il l'obtint.

En 1947, le témoignage en faveur de Baudoin de Pierre Louis-Dreyfus, compagnon de la Libération et peu suspect de sympathie *a priori* pour un ministre de Vichy, ne sera pas tiède[16]. Quand il a vu le président de la banque à Marseille pour la première fois, raconte-t-il, il lui a expliqué que sa flotte importante, constituée de bateaux au long cours récents, rapides et dotés d'une très grande autonomie, intéressait particulièrement les Allemands. Or ceux-ci, en raison des mesures d'« aryanisation », étaient à même de s'emparer de ces navires d'intérêt stratégique en spoliant l'armateur si une solution n'était pas trouvée d'urgence. Tenter des acquéreurs réels, vu l'intérêt des actifs, n'aurait sans doute pas été difficile, mais les Louis-Dreyfus entendaient conserver leurs biens et cherchaient donc à monter une opération d'« aryanisation » simulée. Il fallait donc trouver « un acquéreur fictif qui présentât une surface et un standing suffisants pour rendre l'opération vraisemblable ». Tâche difficile, d'autant plus difficile qu'une récente saisie, jugée bizarre par l'occupant, de deux navires de l'entreprise par les Anglais en haute mer rendait suspecte *a priori* toute transaction de ce type. « Dès que M. Baudoin comprit de quoi il s'agissait, poursuit Pierre Louis-Dreyfus, très spontanément il me mit à l'aise. Ce fut lui qui imagina le plan de toute l'opération, plan qui devait résister à toutes les enquêtes qui eurent lieu par la suite et que Vichy crut bon de faire à la demande des Allemands. » L'établissement eut effectivement à justifier, non sans peine, au cours de l'année 1943 cette manœuvre acrobatique qui avait consisté à créer *ex nihilo* sous le patronage de la Banque de l'Indochine une société, la SAGET, dont la seule activité avait été de racheter les bateaux de Louis-Dreyfus. L'armateur ajoutera, au cours de son témoignage, que, comme il était Juif et résistant, « du printemps 1941 jusqu'à décembre 1942, date à laquelle j'ai quitté la France, je n'étais pas d'une fréquentation très recherchée, et nombreux étaient ceux qui faisaient semblant de ne pas me reconnaître dans la rue ». Or « chaque fois que je rencontrais M. Baudoin [...], celui-ci m'a toujours demandé d'aller bavarder avec lui dans ses bureaux. C'est ainsi qu'une

* Une concertation entre Jean Laurent et Paul Baudoin était d'autant plus nécessaire en matière financière que la souscription de « bons d'Alger » nécessitait la complicité de sociétés clientes de la banque. Ces dernières devaient accepter de souscrire des emprunts fictifs à la banque afin de lui permettre de « créer » des liquidités hors comptabilité. Or ces opérations n'auraient jamais pu être montées et encore moins dénouées sans l'accord des deux dirigeants responsables de la signature de l'établissement.

intimité assez grande s'est établie entre nous [...] qui ne lui a plus permis bientôt d'ignorer quelle pouvait être mon activité de résistance et les risques que peut-être ma seule fréquentation comportait pour lui [...]. J'ai pu apprécier la certitude qu'il a eu à tout moment de la victoire de la France et de ses Alliés ». Une connivence « de classe » entre un riche armateur juif et un banquier à peine démissionnaire d'un gouvernement qui a multiplié les initiatives antisémites ? Le bouillant Kriegel-Valrimont, député membre de la Haute Cour, ne manquera pas de faire remarquer en 1947 à ce témoin peu avare de compliments sur l'accusé que le ministre Baudoin, avant de le connaître, s'était illustré par des déclarations antijuives, déclarant notamment à l'été 1940 qu'« il ne pouvait pas permettre que les postes dirigeants et le souci de la formation des esprits soient confiés à des membres d'une communauté dont les traditions, la pensée n'ont jamais été spécifiquement françaises, et dont l'influence internationale considérable ne s'est jamais manifestée en faveur des intérêts purement français ». Pierre Louis-Dreyfus répondra alors qu'il n'avait pas connu ces propos de l'homme public, mais que « ce que l'homme privé pensait [...], cela j'ai pu l'apprécier ».

Baudouin, plusieurs témoignages à son procès seront concordants à cet égard, ne fut pas, de surcroît, un simple ami des bons et des mauvais jours pour certains résistants ; il fut un homme de l'ombre relativement actif lui-même. Son ami Jacques Trefouel, directeur de l'Institut Pasteur, suffisamment sûr de Baudoin pour l'inviter à dîner pendant l'Occupation avec Aragon et Elsa Triolet, le mettra en contact en octobre 1943 avec un chef résistant à peine débarqué d'Afrique, Pierre-Yves Chenet. « Baudoin, assurera ce dernier, nous a rendu des services éminents sur deux plans. Sur le plan financier [...], je lui ai remis moi-même à diverses reprises ces bons émis par le payeur général d'Algérie, dont le montant servait à subvenir aux besoins des groupes de résistance [...]. Vous savez qu'étant donné leur provenance ils représentaient pour leur porteur un réel danger. Il nous a fourni d'autre part, dans la mesure où cela était possible du fait de ses fonctions, des renseignements de divers ordres [...] : militaires, économiques, mouvements de troupe, etc. Ils étaient souvent fort intéressants. » En matière de renseignements, il est vrai qu'à cette date le président de la banque n'est plus un néophyte. Le colonel Ollivier, M. Arnould dans le civil, responsable de l'Intelligence Service à Paris et à Bordeaux, a inscrit dès mai 1942 Paul Baudoin dans son vaste réseau de mille cinq cents membres sous le numéro 786. Il a obtenu de lui à la fois des sommes conséquentes à titre de prêt sans aucune garantie ni aucun intérêt et des renseignements importants sur l'Indochine ou les Allemands. Il fut suffisamment satisfait des services de cet agent peu banal pour oser le proposer à la Libération « pour une décoration au titre de la France combattante », honneur qui sera évidemment refusé à un ancien ministre de Pétain en fuite. Paul Baudoin, par ailleurs, avait donné des instructions pour que la Banque d'Indochine finance en partie le groupe de résistance organisé à partir de début 1943 par M. Chauvel, ambassadeur de France, au Quai d'Orsay et il avait proposé à ce dernier d'abriter les activités de son réseau dans l'établissement de la rue d'Anjou. Le diplomate, cependant, n'avait pas cru devoir accepter cette offre — qu'il confirmera — d'un homme issu de Vichy.

En tant que chef d'entreprise proprement dit, enfin, Paul Baudoin pourra présenter après guerre un bilan apparemment très défendable pour lui-même comme pour son établissement. Sans doute plaide-t-il *pro domo* quand, peu après son arrestation, fin 1946, il déclare sans nuance devant des « experts » d'une commission d'épuration : « Je n'ai qu'un désir : que vous fassiez une enquête aussi approfondie que possible sur mes actes et sur mes attitudes [à la tête de la Banque d'Indochine], car je suis absolument certain qu'aucun reproche d'aucune nature ne pourra m'être adressé. » Mais ce discours n'apparaît pas sans fondement quand on observe la réalité. En France, la banque, en effet, ne semble avoir jamais, même indirectement, réalisé la moindre opération significative avec les Allemands. Ce mérite ne doit évidemment pas être surestimé. Son statut même d'établissement créé en 1875 pour agir à l'extérieur des frontières par quelques-unes des plus grandes banques de la place conduisait très naturellement la Banque de l'Indochine à mettre son point d'honneur à ne pas concurrencer ses fondateurs-actionnaires dans l'hexagone, et les tentations de réaliser des opérations pour l'occupant étaient donc faibles. D'autant que, comme se le rappelle le secrétaire général de l'époque, Jean-Maxime Robert, nécessité ne risquait pas de faire loi : « On vivait bien pendant la guerre, car on disposait d'une masse de bons du Trésor, contrepartie de notre activité d'émission de monnaie dans les colonies, et on avait un gros portefeuille de participations. On a certes dû réduire un peu le dividende versé à la fin de la guerre, mais c'est tout[17]. » L'aisance financière ne résolvait pas pour autant tous les problèmes liés à l'Occupation. La Haute Cour retiendra ainsi comme un réel argument à décharge les efforts, confirmés par les syndicats de salariés, du président pour éviter tout départ au STO de son personnel et pour embaucher, en 1943, d'anciens officiers de l'armée d'armistice menacés de déportation outre-Rhin[18]. Il pourra également se targuer d'avoir non seulement accepté mais facilité et financé des départs d'agents de la banque pour Londres. Pendant leur « absence », il a fait régler à leurs familles, de la main à la main, la totalité de leurs appointements « comme s'ils avaient continué à être en service ». À un niveau plus officiel, Baudoin avait par ailleurs montré qu'il n'aimait guère recevoir des ordres de Vichy lors d'un incident survenu à propos de la nomination d'un nouvel administrateur de la banque. Cet incident, révélateur mais apparemment mineur, sera curieusement au centre de l'enquête menée sur la banque par la justice de l'épuration, qui aboutira à un classement sans suite de son dossier. La qualité des acteurs, on va le voir, explique sans doute ce fait.

Jacques Bouteron, auteur réputé d'ouvrages de droit, ancien directeur du contentieux de la Banque de France, depuis peu à la retraite, cherchait à la mi-1942 une occupation pas trop prenante et lucrative. Il pensait avoir le droit d'y prétendre puisqu'« il est de tradition, dans cet établissement, de procurer à ses hauts fonctionnaires, lorsqu'ils sont atteints par la limite d'âge, un complément à leur pension », comme l'écrira après guerre un rapporteur de la Commission nationale interprofessionnelle d'épuration. Certes, dans le cadre des mesures d'« aryanisation » de l'économie française, il avait déjà obtenu, mais sans vraiment le souhaiter dira-t-il, l'administration provisoire de la banque Lazard Frères, établissement « juif » de grand prestige, depuis le mois d'avril 1942, grâce aux bons offices du premier sous-gouverneur de la Banque de France. Mais il estimait mériter un poste moins astreignant, ou en tout cas plus tranquille, plus « noble » et plus en rapport avec ses compétences voire ses souhaits financiers. Et il avait décidé de faire jouer ses relations, qui n'étaient pas négligeables. Ainsi avait-il demandé à Pierre Cathala, le nouveau ministre des Finances de Vichy, qu'il avait connu du temps où il était avocat, de lui trouver un autre point de chute. Il avait refusé une première proposition de rejoindre la direction de la Caisse centrale de dépôts et de virements de titres, car « ce serait trop absorbant » ; et il avait laissé entendre qu'une place d'administrateur dans une grande banque correspondait à ses désirs. Au même moment, après le décès d'un de ses membres, Pierre Julien, le conseil d'administration de la Banque de l'Indochine avait décidé de le remplacer, pour conserver une composition équilibrée, par un autre dirigeant d'affaires coloniales, Ernest Teissier du Cros. Paul Baudoin, qui ne s'était pas concerté avec le ministère des Finances auquel il ne voulait pas rendre de comptes, n'avait averti qu'*a posteriori* Cathala de son choix, ce qui était semble-t-il contraire à l'usage pour un tel établissement, dont le rôle, on le sait, était quasi officiel dans les colonies. Ce dernier avait alors pensé que ce siège conviendrait à M. Bouteron, qui se voyait fort bien assumer effectivement cette fonction éminente impliquant d'assister une fois par mois à une réunion d'une durée moyenne d'une demi-heure avec pour récompense des émoluments annuels d'environ cent mille francs. Le ministre des Finances, ce qui était encore plus contraire à l'usage, voulut donc imposer son poulain, mais il se heurta à l'avis contraire de Baudoin, qui avait déjà obtenu l'accord définitif du conseil de la banque sur la nomination de Teissier du Cros. Cathala s'ouvrit alors au chef du gouvernement, le vice-président du Conseil Pierre Laval, de ce qu'il considérait comme un acte d'insubordination de l'ancien ministre des Affaires étrangères. Sans doute savait-il qu'il serait écouté. L'ancien détenteur du siège, M. Julien, était en effet une relation de Laval et surtout M. Bouteron, qui avait de la suite dans les idées, avait obtenu de se faire recommander auprès de l'homme fort de Vichy par l'intermédiaire du gendre de ce dernier, le comte de Chambrun, un de ses anciens élèves à la faculté de droit. De surcroît, l'hostilité du chantre de la collaboration envers Baudoin, considéré par lui-même et ses soutiens comme un anglophile adversaire de sa politique depuis les premiers temps de l'Occupation, n'était pas un mystère*. Après avoir vérifié que le président de la Banque ne voulait pas céder, il l'avait donc convoqué. Il lui avait fait savoir, pour conclure une entrevue très orageuse, que soit il se soumettait, soit il serait « démissionné », ainsi que tout le conseil. Ayant rendu compte de la situation devant les administrateurs, et après qu'il eut été envisagé de poursuivre la résistance en laissant le siège de M. Julien vacant, Paul Baudoin avait jugé avec ses collègues que l'épreuve de force était perdue d'avance et pouvait mettre en danger l'avenir de la banque si un nouveau conseil entièrement acquis à Laval était constitué. Il avait donc fini par s'incliner, de mauvaise grâce. M. Bouteron fut accueilli à sa première apparition au conseil par un silence glacial et n'eut droit à aucun mot de bienvenue. Comme il ne jugea pas utile de prendre une part active aux délibérations, se contentant de faire acte de présence, il n'eut pas à subir d'autre marque d'ostracisme. Peu de jours après la Libération, le 9 septembre 1944, il fut prié de démissionner sur-le-champ[19].

La conduite professionnelle des responsables de l'établissement à Marseille et à Paris ne sera donc pas critiquée. Et ailleurs ? La banque, loin de la métropole, en Extrême-Orient et tout particulièrement dans son fief indochinois, ne peut se contenter entre 1940 et 1944 de gérer sa trésorerie et ses participations « en bon père de famille », comme on le fait au siège. L'occupation japonaise place la « French Bank », acteur majeur de l'économie de la colonie, principal dispensateur du crédit, dans une situation inconfortable. Banque d'émission, elle doit financer le séjour des troupes venues de l'archipel nippon et qui entendent utiliser la péninsule comme base d'attaque de la Chine. Banque d'affaires, elle doit également financer la vie des entreprises et le commerce extérieur alors même que les Japonais entendent largement contrôler à leur profit et l'une et l'autre. Dans une note de 1947, la Commission nationale interprofessionnelle d'épuration estimera que les témoignages et documents en sa possession « établissent la responsabilité du gouvernement de Vichy et en particulier de Pétain dans la conclusion des accords avec les Japonais — militaires, économiques et financiers — et dans leur exécution par le gouvernement de l'Union et la Banque de l'Indochine ». Elle ajoutera que « loin de favoriser l'emprise japonaise par un

* Laval, disait-on, considérait que Baudoin lui avait « pris » en juin 1940 le portefeuille des Affaires étrangères qu'il convoitait. Il estimait surtout que Baudoin était un opposant à sa conception de la politique de collaboration, étant trop partisan de ménager l'Angleterre. Il lui reprochera évidemment aussi son soutien aux « comploteurs » du 13 décembre 1940, qui obtinrent de Pétain son éviction provisoire du gouvernement. Mais cette animosité était partagée par les milieux ultracollaborationnistes. Lucien Rebatet, dans *Les Décombres* (Denoël, 1942), écrit ainsi en pleine guerre à son propos, dans son style pamphlétaire : « Des ministres comme M. Baudoin [...] ne pensaient pas autrement que les manœuvres alcooliques hébétées par vingt années de propagande rouge [...]. Les Anglais finiraient la guerre un peu las mais victorieux [...]. Vichy avait misé sur la victoire anglaise. »

zèle spécial, la Banque de l'Indochine s'est employée à [en] amenuiser les conséquences désastreuses ». On peut être à bon droit surpris par l'oubli, dans cette note, des responsabilités évidentes de Baudoin, ministre des Affaires étrangères lors des moments décisifs de l'été 1940 en Asie, dans la définition de la politique de collaboration avec le Japon décidée par Vichy. Mais en tant que président-directeur général de l'établissement, il ne prit jamais il est vrai, autant qu'on sache, la moindre initiative de nature à favoriser les desseins de Tokyo. Dans la mesure, variable selon les époques, où le siège a pu réussir à maintenir le contact avec son état-major en Asie, dirigé par l'énergique Paul Gannay, il l'encourage à contrecarrer les visées des intérêts japonais, entreprises en tête, sur les actifs de la colonie. C'est d'un commun accord entre la rue d'Anjou et Saigon, en particulier, qu'on met des obstacles à la constitution de sociétés mixtes franco-japonaises envisagée selon le vœu de Tokyo. Il semble cependant que jamais la banque n'ira jusqu'à l'affrontement avec les tuteurs de fait de la colonie ; elle fait même ce qu'il faut pour, selon le mot d'un historien, « gagner la bienveillance des autorités japonaises »[20]. Elle réussira ainsi, avec habileté, mais sans avoir jamais collaboré autrement qu'avec l'aval et en général des instructions des autorités françaises, à traverser sans encombre les années de guerre en Extrême-Orient et à préserver intégralement ses considérables actifs dans la région.

Cette politique, conforme à celle de l'administration coloniale qui a accepté d'entrer dans « le jeu ambigu des concessions réticentes[21] » avec le Japon, a souvent été moins héroïque que pragmatique, axée avant tout sur la défense de la position de l'établissement et de ses clients, mais on ne la reprochera pas, au contraire on l'a vu, à la banque. Le patriotisme de ses principaux responsables en Extrême-Orient ne semblait pas, de fait, pouvoir être mis en cause. Les arrestations par les Japonais du directeur de l'agence de Tokyo, au milieu de la guerre, puis, quelques mois avant la fin des hostilités, à Saigon, de Paul Gannay lui-même et de nombre de ses agents contribueront à le faire apparaître. À l'heure de l'épuration, l'activité de la banque en Asie, à la surprise de quelques-uns, représentera donc, pour Paul Baudoin, une pièce à décharge dans son dossier judiciaire.

Paul Baudoin condamné, René Bousquet embauché

Quand, un an avant qu'il en aille de même à Saigon, se profile à Paris la fin de l'Occupation à la mi-1944, Paul Baudoin se trouve dans une situation paradoxale. Depuis des mois, l'ex-ministre de Pétain doit surtout se méfier... des Allemands. À partir de 1943, il a été convoqué maintes fois par la Gestapo, qui le considérait comme suspect. Et le principal chef résistant qu'il renseigne et finance, le colonel Ollivier, le prévient au printemps 1944 qu'il figure sur une liste de personnalités françaises à arrêter vue par un de ses agents rue des Saussaies. Il se cache d'ailleurs quelques jours au moment du débarquement, quand le danger paraît le plus fort. Mais alors que les Alliés approchent de la capitale, il devient évident qu'il va devenir aussi, en tant qu'ancien de Vichy, une cible pour la France libre. L'Intelligence Service lui offre plusieurs fois de l'emmener en avion à Londres pour le remercier de son aide. Il fait partir ainsi toutes ses archives pour la capitale britannique, mais il refuse de s'enfuir lui-même, estimant, dira-t-il, que sa place reste à Paris, à la tête du personnel de la banque. Quand à la mi-août, l'insurrection de la capitale annonce la fin de l'Occupation, le colonel Ollivier finit par persuader Baudoin de se mettre à l'abri et il le cache dans son repaire du couvent de Sainte-Agonie, l'institution religieuse résistante où résidait son état-major, rue de la Santé. Un sondage auprès de l'entourage de De Gaulle confirme au protecteur de Baudoin qu'il n'est pas question d'accorder en cette fin d'été 1944 un quelconque pardon aux dignitaires de l'ancien régime, même quand ils se sont éloignés assez rapidement de Vichy. Instruit, affirmera-t-il, par le précédent de Pucheu, fusillé en 1943 après avoir rejoint l'Afrique du Nord, peu désireux de faire face à une justice qu'il craint expéditive, Baudoin décide de rester dans la clandestinité. Le colonel Ollivier dira l'avoir alors fait conduire à Dijon, à sa demande. Le voyage outre-Manche, en effet, est devenu désormais impossible sans risquer l'incident diplomatique entre Londres et Paris, où les autorités s'installent.

En fait, le fugitif choisira finalement comme planque... le même couvent de Sainte-Agonie qui, après avoir abrité sous l'Occupation en prenant de grands risques des résistants particulièrement recherchés, cache désormais un ex-ministre de Pétain traqué par la justice française. Le nouveau pouvoir révoque bien entendu Baudoin de ses fonctions de P-DG de la banque par un arrêté conjoint des ministères des Finances et des Colonies daté du 21 septembre 1944. Le 18 octobre, il perd son siège d'administrateur ; quelques mois plus tard, il est officiellement privé de toutes ses fonctions dans les sociétés liées à l'établissement de la rue d'Anjou par décision du nouveau président de la banque, Émile Minost, ancien directeur général du Crédit Foncier égyptien, rallié à la France libre dès 1940. Jean Laurent reste l'homme fort du groupe, mais on ne lui a pas offert le poste suprême. Le gouvernement de la Libération veut du sang neuf à la tête d'une banque qui reste « marquée » du mauvais côté même si, comme on l'a vu, on ne semble pas alors avoir pu trouver rien de très précis, à part le passé politique de son ex-président, à lui reprocher[22].

Il est vrai qu'une mésaventure survenue à Laurent peu après la Libération a contribué, comble de l'injustice, à jeter la suspicion sur l'incontestable résistant maison. Charles Fillon, ministre de l'Air communiste, a en effet décidé en novembre 1944, probablement pour appuyer une manœuvre de prise en main par l'État de la société aérienne, de faire arrêter et emprisonner tous les administrateurs d'Air France, accusés d'avoir laissé s'effectuer une vente d'avions à l'Allemagne début 1943. Laurent, qui est du nombre, est vite libéré. D'autant que parmi les innombrables témoignages faisant son éloge, il en est alors un provenant d'un des chefs du réseau Alliance, qui explique lui avoir « personnellement demandé plusieurs fois de se maintenir au conseil de cette compagnie aussi longtemps que possible » car « sa position nous a valu des renseignements de la plus haute importance ». Le directeur général adjoint, bientôt directeur général de la banque, blanchi, recevra sous peu la croix de guerre avec palme, mais cette reconnaissance de son activité pendant la guerre n'effacera pas l'affront et ne suffira pas à restaurer l'image trouble de son établissement au sortir de l'Occupation.

La suite des événements ne risquait guère de modifier cette situation. D'abord Baudoin, qui a dit à son entourage vouloir se présenter devant la Haute Cour dès que la justice de l'épuration sera redevenue sereine, ne s'est jamais livré aux autorités. Son défenseur, maître Chresteil, assure son fils, devait lui indiquer quand l'heure serait venue. Apparemment, cet avocat, qui était aussi celui... de la Banque de l'Indochine, ne l'a pas encouragé à précipiter les choses. À la mi-1946, ainsi, alors que sa femme, malade, ne supporte plus de ne voir que rarement et clandestinement son mari, il décide de partir, mais seulement pour un temps affirmera-t-il, aux États-Unis, pour vivre avec elle. Il doit l'y rejoindre après un passage par l'Espagne puis l'Amérique latine organisé par d'anciens membres du réseau du colonel Ollivier. Des amis ont préparé le terrain auprès des autorités américaines, qui auraient accepté de le recevoir sur leur territoire. À l'automne, en compagnie de son fils Jean-Paul, étudiant en dernière année de HEC, l'ex-grande figure de la banque française, comme un vulgaire contrebandier, retrouve un contact près de la frontière à Saint-Jean-de-Luz. Mais le contact en question, un officier espagnol, était filé par un groupe de républicains réfugiés qui le soupçonnaient d'être en mission de renseignement pour le régime franquiste. Baudoin père et fils seront ainsi interceptés avec leur passeur et remis à la police... comme de probables agents de Madrid.

Cette tentative de fuite ne servira évidemment pas la cause de l'ex-ministre, emprisonné à Fresnes. Son fils, vite relâché, aura eu le tort de se retrouver cité dans les journaux qui ont relaté l'arrestation. La direction de HEC, assez peu élégamment, lui demande de démissionner, et il ne pourra finir ses études et obtenir son diplôme. Il lui faut donc trouver du travail. Il se retrouvera bientôt en Amérique latine au service du groupe Louis-Dreyfus, dont l'animateur n'a pas oublié les gestes de Paul Baudoin en 1941 et 1942. Ce dernier sera jugé à partir du 25 février 1947. Son avocat demande « un verdict d'absolution » pour cet « homme de bonne foi et de bonne volonté ». Le 3 mars, pour avoir participé à des « actions visant à démoraliser la nation », apposé sa signature sur « des textes portant gravement atteinte à l'unité nationale » et « appartenu à un pseudo-gouvernement », il est condamné à cinq ans de travaux forcés, à la confiscation de ses biens et à l'indignité nationale à vie. Il sera libéré à la fin des années quarante, sa peine ayant déjà été commuée précédemment en cinq années de prison « simples » par le président Auriol. Il ne sera pas lâché par ses anciens collègues et retrouvera discrètement quelques postes d'administrateur. Il deviendra surtout conseiller d'un grand groupe minier d'Amérique latine, appartenant à la famille Patino, jusqu'à peu de temps avant sa mort, début 1964[23].

Le procès de Baudoin était à peine oublié que plusieurs embauches de collaborateurs très marqués allaient finir de forger l'image « vichyste » de la banque au passage des années quarante à cinquante. Le premier recrutement sera d'autant plus remarqué qu'il concernera une personnalité connue du monde bancaire, l'ancien directeur de la Banque de Paris et des Pays-Bas Paul de Thomasson, auquel on offrira un poste de premier plan, puisqu'il aura rang de directeur général adjoint. Thomasson n'avait pas eu que le tort d'exercer sous l'Occupation ses talents de financier au sein d'une banque jugée très complaisante avec les Allemands, ce qui lui avait valu de figurer après guerre sur la « liste des [trente] personnes que le ministre des Finances a demandé aux banques d'écarter provisoirement de leur gestion jusqu'à décision de la Commission nationale interprofessionnelle d'épuration »[24]. Il s'était aussi illustré par des déclarations manifestant sa certitude de la victoire des troupes hitlériennes — « Il n'y a que les imbéciles qui croient à la victoire des Anglo-Saxons », aurait-il dit au printemps 1942[25] — et l'exercice de fonctions jugées compromettantes après la Libération. Il avait en effet été administrateur d'établissements juifs aryanisés — il fut, par exemple, à la tête de Lazard Frères, le prédécesseur de... Jacques Bouteron — et, ce qui était beaucoup plus mal vu, membre du conseil de sociétés mixtes franco-allemandes où sa banque avait des intérêts. À la mi-1948, alors que les commissions d'épuration étaient déjà devenues particulièrement indulgentes, il avait été blanchi des accusations de collaboration économique, non avérées d'un point de vue légal, et avait obtenu sa relaxe. L'entrée en 1950 d'un tel homme rue d'Anjou, même absous par la justice et par ses pairs, ne pouvait être considérée comme neutre. Elle était cependant assez facilement explicable. Thomasson, inspecteur des finances comme l'ancien président et comme le directeur général tout-puissant de l'heure, était en effet, on l'a vu, issu de la Banque de Paris et des Pays Bas, actionnaire important de la Banque d'Indochine. Il avait surtout comme atout d'avoir, par ses fonctions antérieures, une grande expérience de la banque d'affaires à un moment où, venant de renoncer « volontairement » à son privilège de banque d'émission, notamment pour écarter toute menace de nationalisation, la « French Bank » voulait se spécialiser dans ce métier. Mais si ce profil professionnel était adapté à la tradition et au besoin immédiat de la Banque de l'Indochine, celui de René Bousquet, également recruté en 1950, ne le qualifiait absolument pas pour suivre le même chemin.

Le choix d'embaucher l'ancien secrétaire général de la police de Vichy au temps des grandes déportations de Juifs, en 1942 et 1943, restera considéré comme le plus significatif. Même si, au lendemain de son quasi-acquittement par la Haute cour de justice en 1949, il n'est pas encore accusé, comme il le sera au cours des années quatre-vingt, d'avoir été un véritable coorganisateur de la rafle du Vél' d'hiv, ou *a fortiori* inculpé de crimes contre l'humanité, nul n'ignore son parcours et rien dans son curriculum vitæ ne le prédestine à la banque[26]. La quasi-totalité des commentateurs et des historiens ont attribué son entrée à la Banque de l'Indochine à ses relations, nouées avant guerre, avec la famille Sarraut, Albert Sarraut, ancien ministre des Colonies, étant supposé influent rue d'Anjou. Lui-même, interrogé à ce sujet en mars 1986, affirmera curieusement « ne pas connaître les raisons qui ont poussé la banque à s'assurer ses services »[27]. En fait, selon ce que nous a déclaré le fils de Paul Baudoin, il aurait utilisé un intermédiaire beaucoup plus direct pour se faire recommander. Quand, après son arrestation, l'ancien ministre des Affaires étrangères avait été emprisonné, il avait fait, au bout de quelque temps, la connaissance à Fresnes de René Bousquet, en détention depuis la fin de la guerre. L'ancien chef de la police, qui avait conservé un excellent moral et soutenait volontiers celui de ses compagnons détenus « politiques », s'était lié d'amitié avec l'ex-président de la Banque de l'Indochine, séduit par son intelligence. Celui-ci avait donc trouvé tout naturel de l'adresser, alors qu'il cherchait à retrouver une situation, quelque temps après sa libération, à ses anciens adjoints désormais à la tête de l'établissement, Jean Laurent en tête.

C'est donc bien, même s'il s'agit d'un effet *a posteriori*, puisque la rencontre Baudoin-Bousquet est d'après guerre, à travers une filière d'origine « vichyste » que s'est opéré le recrutement de l'ancien secrétaire général de la police à la pire époque du régime Pétain. Ce qui ne risquera pas de faire douter de sa conviction un grand connaisseur de la « French Bank », persuadé que l'engagement de Bousquet, après celui de Paul de Thomasson, est venu confirmer que « après 1945, la banque devient le bastion d'une élite sociale hostile au pouvoir né de la Libération »[28]. Difficile de savoir, en l'absence d'une étude sérieuse des comportements et opinions de l'encadrement de la banque, si cette appréciation est totalement fondée, mais il est certain que les initiatives — en particulier en matière de personnel — prises par les dirigeants de l'établissement après la guerre, malgré le parcours apparemment exemplaire de Laurent, la confortent. Comme elles conforteront longtemps, jusque dans les années cinquante et soixante, la réputation de la Banque de l'Indochine d'être un territoire antigaulliste.

VI

« On m'y a contraint, monsieur le juge ! »

De l'impossible définition de l'entreprise collaboratrice aux règles du jeu de l'épuration

À la Libération, des sondages le font apparaître[1], la majorité des Français considèrent que les industriels et les commerçants sont, après les paysans, ceux qui ont le moins souffert de l'Occupation. À cette même époque, la plupart des journaux, et en particulier la presse communiste alors très puissante, ne cessent de dénoncer les « trusts », accusés à la fois d'avoir manqué de patriotisme et d'avoir accumulé des profits pendant la guerre. Les nouveaux dirigeants du pays, de Gaulle en tête, ne sont pas les derniers à laisser entendre que, lorsque le pays vivait sous le joug allemand, les patrons, dans leur majorité, se sont plutôt bien accommodés de la situation. Dire pour autant que les responsables d'entreprise et leurs sociétés sont considérés pendant les années d'après guerre comme des parias serait, on le verra, tout à fait exagéré. Mais il est certain que l'idée reçue à ce moment-là, et elle n'a pas beaucoup varié depuis, veut qu'ils n'aient pas eu, il s'en faut beaucoup, un comportement suffisamment distancié avec l'occupant entre 1940 et 1944.

Alors, presque tous « collabos », du moins jusqu'à un certain point, les patrons petits et grands, financiers, commerçants ou industriels ? L'opinion publique, en d'autres termes, a-t-elle eu raison de porter un jugement aussi radical sur la conduite du monde des affaires sous l'Occupation et de réclamer une épuration sévère ? On peut aussi facilement, avec les apparences de l'objectivité, conclure dans le sens de la *vox populi* que soutenir une thèse différente, sinon inverse. Si l'on attribue le qualificatif de collaborateur, au sens large de ce mot, à tout individu ou toute firme qui a directement ou indirectement participé à des opérations économiques utiles à l'Allemagne (fournitures de marchandises ou de services, mise à disposition de personnel...), il suffit simplement de savoir qu'on évalue entre 1940 et 1944 à près de 30 % de l'ensemble de la production française les livraisons incontestées aux occupants, c'est-à-dire volontaires ou forcées mais comptabilisables, pour imaginer que peu d'« agents économiques » en activité sous l'Occupation, et presque aucune entreprise de quelque importance, pouvaient être totalement à l'abri du soupçon de collaboration à la Libération*. Si l'on choisit une définition beaucoup plus restreinte, en excluant de la catégorie des collaborateurs tous ceux qui peuvent faire valoir qu'ils ont subi à un degré quelconque une contrainte quand ils ont travaillé d'une façon ou d'une autre pour l'Allemagne, il ne reste en revanche plus grand monde à placer à coup sûr sous cette étiquette. Les verdicts indulgents d'après guerre ne s'expliquent pas autrement. La collaboration économique avec le vainqueur de 1940 a donc été incontestablement massive en France sous l'Occupation. En douter serait nier l'évidence. Mais la population concernée par cette « pratique » qui méritait réellement l'opprobre ne se superpose peut-être pas toujours avec celle des présumés coupables qu'on a montrés du doigt à partir de l'été 1944.

Sans doute, pour tenter d'y voir plus clair en profitant du recul du temps, faut-il donc s'interroger sur le qualificatif même de « collaborateur » et encore plus sur celui d'« entreprise collaboratrice ». Car, comme la justice de l'épuration devra en convenir, et c'est ce qui explique la difficulté à porter des jugements assurés dans ce domaine, il n'est pas possible, sauf à adopter une position manichéenne, de définir aucun comportement type qui permettrait à lui seul de tracer une limite précise, d'un point de vue éthique ou juridique, entre ce qui méritait d'être réprouvé et ce qui n'était justifiable d'aucune condamnation. Rien ne le démontrera mieux peut-être, pour commencer, que l'exemple du groupe Carbone-Lorraine[2]. Le principal responsable de cette société, en effet, fut sans doute le dirigeant le plus lourdement sanctionné pour faits de collaboration avec l'occupant après guerre — si l'on met à part, bien sûr, le cas particulier des trafiquants du marché noir. Or, on va le voir, son entreprise ne fut pas pour autant plus en pointe, bien au contraire, que tant d'autres dans la course aux commandes allemandes.

---

* On peut notamment déduire ce pourcentage de 30 % des savants et complexes calculs d'Alfred Sauvy dans son ouvrage sur *La Vie économique des Français de 1939 à 1945* (Flammarion, 1978). Il va de soi que le même pourcentage serait nettement supérieur si l'on s'en tenait à certains secteurs ; ou aux seules années 1943 et 1944, après la disparition de la zone libre et à une époque où la « pression » allemande a atteint son maximum. Un autre calcul peut donner une idée de l'ampleur de la collaboration économique « au sens large », c'est-à-dire aussi bien volontaire que forcée : le délégué français au tribunal de Nuremberg a estimé à deux cents milliards de francs, après un calcul branche par branche, le total des « commandes allemandes » de produits manufacturés et miniers entre 1940 et 1944, soit l'équivalent, en francs courants il est vrai, des recettes budgétaires de l'État français avant guerre (54 milliards de francs pour la seule année 1938).

Carbone-Lorraine face aux convoitises allemandes

Issue de la fusion en 1937 de deux importantes sociétés fondées au XIXe siècle, « Le carbone » (anciens Éts Lacombe et Cie) et « la Compagnie lorraine de charbons pour l'électricité » (ancien Éts Fabius Henrion), Carbone-Lorraine est en 1939 ce qu'on appelle une belle affaire. Spécialisée dans les « charbons pour l'électricité » (charbons pour piles, balais de dynamos, etc.), l'entreprise, bien que de taille moyenne, est en position de quasi-monopole en France, où elle exploite cinq usines. Elle possède une dimension mondiale, grâce à l'exportation d'une bonne partie de sa production et surtout à sa présence, à travers onze filiales, dans tous les pays importants de la planète. On ne lui connaît d'ailleurs, au niveau international, que trois concurrents dignes de ce nom, l'un aux États-Unis, le second en Grande-Bretagne et le troisième en Allemagne (le groupe Ringsdorff). Avec deux mille trois cents ouvriers et employés, ses ventes atteignent en 1938 cent vingt-huit millions de francs, dont trente-trois à l'exportation. La filiale d'outre-Rhin, Carbone AG, est la plus importante, réalisant 45 % du chiffre d'affaires à l'étranger. La grande concentration du secteur tient à la fois à l'existence d'une entente internationale sur les prix, permettant d'assurer des marges confortables, et à des particularités de la production, qui impliquent des tours de main et des procédés secrets.

Au cours de l'été 1940, le président du conseil d'administration de Carbone-Lorraine, René Oppenheim, s'est aperçu rapidement, dira-t-il, que sa société faisait l'objet de convoitises. Il est rentré le 1er août à Paris, après la défaite, pour tenter de remettre au travail les usines du groupe, à commencer par la plus importante, celle de Gennevilliers. Il a appris alors que dès juillet 1940, M. Heinrich, le directeur de la filiale allemande Carbone AG, séparée du groupe depuis 1939 après sa mise sous séquestre comme bien ennemi par les autorités du Reich, s'était rendu dans la capitale française. Il voulait faire savoir qu'il avait été chargé par son pays d'assurer le contrôle de toutes les usines de Carbone-Lorraine et qu'un de ses cadres viendrait bientôt exercer cette fonction. Quelques jours après, dans la région de Nancy, l'établissement du groupe à Pagny-sur-Moselle, fleuron de Fabius Henrion avant la fusion de 1937, a vu arriver un visiteur, M. Oehlert, pour le moins indésirable. Son père, en effet, qui possédait une fabrique de balais pour dynamos à Neustadt am Haardt dans le Palatinat, était avant la Première Guerre mondiale le représentant en Allemagne de Fabius Henrion. Aussitôt après l'occupation de Pagny par les troupes d'outre-Rhin en août 1914, il s'était précipité dans la localité et avait organisé le déménagement vers ses propres ateliers de tout le matériel de l'usine. Les machines n'avaient pu être récupérées qu'en 1919. Et voilà qu'Oehlert fils, en juillet 1940, est apparu manifestement désireux de rééditer le « coup de main » paternel. Seule la réaction encore plus rapide de M. Heinrich pour obtenir la tutelle de la totalité du groupe a pu l'en empêcher. Il a dû se contenter du rôle de « contrôleur » allemand, dans la même localité, d'une usine de la Compagnie des lampes, fonction qu'il conservera jusqu'à l'arrivée des troupes alliées en 1944. Mais il ne renoncera pas pour autant à ses visées sur l'appareil industriel de Carbone-Lorraine, comme le prouvera notamment, nous le verrons, une nouvelle offensive de sa part en 1941. Enfin, il apparaîtra bientôt que le grand concurrent de l'entreprise chez les vainqueurs, Ringsdorff, a lui aussi des visées sur son homologue français. Il tentera d'ailleurs, affirmera la direction du groupe après guerre, de contrer les manœuvres d'Oehlert pour conforter sa propre stratégie de conquête. Celle-ci s'est manifestée concrètement par l'envoi à Paris dès 1940 d'un émissaire désireux d'inventorier les matériels et les stocks de l'entreprise.

Devant cette situation périlleuse, René Oppenheim, qui est un bon connaisseur de l'Allemagne, semble se dire très vite qu'un Juif aura du mal à mener des négociations, à ses yeux inévitables, pour préserver l'indépendance de Carbone-Lorraine. Il confie donc la direction générale de l'entreprise en septembre à celui qui lui paraît l'homme de la situation, l'un de ses bras droits, Jacques Legueu. En octobre, alors que les Allemands lancent une politique d'« aryanisation » de l'économie en zone occupée, il juge d'ailleurs prudent voire nécessaire de renoncer avant même qu'on le lui demande à toute présence apparente au sein de Carbone-Lorraine. Il abandonne alors en particulier son poste de président du groupe, même s'il continuera pendant toute la guerre à suivre de loin sa destinée, en laissant ce titre à M. Gravier, jusque-là vice-président. Mais le pouvoir réel, désormais, est incontestablement entre les mains de Legueu, qui dira pour sa part être rentré des États-Unis, où il était en mission à l'heure de l'armistice en juin 1940, à la demande du conseil d'administration de Carbone-Lorraine « pour sauver la société mère ». Lui-même, assurera-t-il, serait volontiers resté outre-Atlantique pour s'occuper, en attendant la fin de la guerre, des filiales du groupe dans les pays de l'aire d'influence anglo-saxonne. S'il a été considéré comme utile et même indispensable à Paris, c'est sans doute parce que, outre ses compétences techniques et son autorité, cet ingénieur polytechnicien de quarante-sept ans dispose alors d'un atout majeur. À sa sortie de l'X, en 1921, il avait rejoint le Service des poudres et avait été immédiatement envoyé par le gouvernement à Ludwigshafen, chez Badische Anilin, pour y étudier pendant deux ans le procédé Haber, un procédé chimique dont la France s'était assuré un droit d'acquisition dans le cadre du traité de Versailles. Il avait à cette occasion sympathisé avec des ingénieurs d'outre-Rhin et il avait commencé à devenir un très bon connaisseur de l'Allemagne, et des Allemands, qualité devenue essentielle aux yeux de ses employeurs alors que commence l'Occupation[3].

La première tâche de Legueu, celle qui fournira d'ailleurs la matière du premier chef d'accusation le concernant après la Libération, consistera à négocier un accord commercial et surtout financier avec les Allemands. Rentré des États-Unis le 13 septembre, il a pris ses nouvelles fonctions le 19, soit le lendemain de la nomination officielle par l'occupant d'un commissaire qui s'installe dans les locaux de Gennevilliers. Ce dernier, M. Stieber, est en fait, comme M. Heinrich l'avait annoncé, un ingénieur de chez Carbone AG, la filiale allemande du groupe. Celle-ci n'entend pas se contenter de contrôler sa société mère : elle veut au plus vite avoir les coudées franches dans son pays en acquérant officiellement son indépendance. Il s'agit là d'une condition nécessaire à la levée rapide du séquestre et à l'obtention de marchés qu'on espère d'autant plus intéressants que la production de l'usine est utile pour l'armée du Reich. Les pourparlers, d'après la partie française, auraient donc eu lieu à la seule initiative de la société d'outre-Rhin. Il semble cependant patent, probablement parce qu'ils considèrent qu'il s'agit là d'un moindre mal pour garantir l'avenir de la société française, que les dirigeants de Carbone-Lorraine — y compris M. Oppenheim lui-même si l'on en juge par ses déclarations à la justice d'après guerre — ont immédiatement accepté le principe non seulement de l'émancipation de leur filiale mais même d'une entente générale avec celle-ci.

Les pourparlers franco-allemands entre Legueu et Stieber commencent donc très rapidement, alors que l'encre de la signature de l'armistice est à peine sèche. Ils donnent tout aussi rapidement des résultats. Les deux parties — il est vrai qu'on négocie en quelque sorte en famille — ont manifestement surtout envie d'annihiler au plus vite les appétits — réels on l'a vu — des concurrents. Un premier protocole d'accord est mis au point dès le 10 octobre 1940. Il prévoit avant toute chose une répartition des marchés européens. Carbone AG fournirait, en plus de l'Allemagne, les États scandinaves, l'Est européen, les pays balkaniques, l'Europe centrale, la Hollande et l'Espagne, Carbone-Lorraine conserverait les commandes françaises, belges et britanniques, la Suisse et l'Italie étant considérées comme des territoires à statut particulier. Stieber, selon le texte du projet adopté, propose également à son ancienne maison mère d'exporter 35 % de sa production outre-Rhin à travers Carbone AG Par ailleurs, dans le cas, comme on le dit avec délicatesse, où l'usine de Pagny tomberait « dans le système d'influence allemande », soit, pour parler clairement, en cas d'annexion par le Reich de la Lorraine, on fixe, comme sa production est au moins en partie spécifique et donc précieuse pour les deux pays, les quantités de « charbons » pour piles ou de « plaques » qu'elle devra accepter de vendre en France et outre-Rhin. Il est envisagé enfin, et c'est l'essentiel, des arrangements financiers. Carbone-Lorraine consentira à la germanisation de la société dirigée par M. Heinrich en cédant cent quarante-cinq actions — sur un total de titres de deux cents, dont le groupe français possédait la quasi-intégralité — au prix de 1 750 Reichsmarks l'une. Carbone AG, suite au partage territorial, sera également autorisé à acheter des participations majoritaires dans les filiales tchèques et suédoises ainsi que 34 % de la filiale suisse. Enfin, la société allemande devenue indépendante prendra une participation minoritaire dans la firme française. Nul besoin de souligner, sachant qu'au départ le groupe était entièrement contrôlé de Paris, à quel point cet accord, qui entérine de surcroît la perte de marchés importants, est favorable aux intérêts allemands. D'autant plus qu'il présente comme une compensation offerte aux Français, d'une part l'accès à un territoire désormais hors d'atteinte par évidence — l'Angleterre —, et d'autre part des commandes qui doivent surtout permettre aux occupants d'obtenir la livraison de produits très recherchés et dont le secret de fabrication n'est parfois connu que dans l'hexagone. Legueu estimera, pour se justifier, qu'on ne pouvait espérer mieux et que l'objectif primordial à ses yeux — la survie de l'entreprise — était ainsi atteint.

Le passage de la théorie à la pratique s'avérera plus long que prévu. Dès l'automne 1940, le gouvernement de Vichy a commencé à devenir sourcilleux, on le sait, envers toutes les éventuelles cessions de capitaux nationaux à l'Allemagne et l'a fait savoir[4]. Plus question, donc, de prétendre signer et encore plus appliquer, sans violer la réglementation en vigueur, un accord prévoyant la perte de contrôle de filiales et surtout des participations croisées avec une société d'outre-Rhin sans l'approbation du service compétent au ministère des Finances. La direction des Finances extérieures, saisie officiellement de l'affaire, après de probables contacts officieux, en janvier 1941, se montre en fait conciliante. Elle semble partager pour l'essentiel l'analyse des responsables de Carbone-Lorraine, explicitée dans une note à son intention. Ces derniers assurent qu'un accord avec Carbone AG représente la meilleure tactique possible pour éviter une offensive difficile à parer de concurrents allemands beaucoup moins « amicaux ». L'administration répond qu'elle autorisera les transactions prévues par le protocole du 10 octobre si trois conditions sont remplies.

Ces conditions apparaissent très révélatrices de l'état d'esprit et de l'échelle des priorités des autorités françaises. La première consiste à exiger que les opérations financières soient exécutées « dans le cadre du clearing ». À cette époque de la guerre on croit en effet encore — ou on affecte de le croire à Vichy pour maintenir au niveau des apparences le dogme de la souveraineté française auquel on tient tant — que l'utilisation du clearing permettra un jour d'obtenir de l'Allemagne le règlement en devises ou en or des créances que la France accumule à son égard[5]. Ensuite, toujours dans une optique, cette fois moins symbolique et plus réelle, de maintien du patrimoine industriel national, on accorde « une dérogation expresse à l'interdiction légale de céder des valeurs mobilières à des personnes considérées comme étrangères » pour permettre l'entrée de Carbone AG dans le capital de Carbone-Lorraine, mais seulement dans la mesure où cette participation ne dépassera pas 10 % et constituera « l'unique immixtion du capital allemand dans l'industrie française des charbons pour l'électricité ». La dernière condition *sine qua non* manifeste, enfin, on ne peut plus naturellement dans ce cas, le souci du ministère de refuser par avance une politique de fait accompli en Alsace-Lorraine en exigeant la suppression, dans les clauses relatives aux zones d'influence de chacun, de la mention sur l'annexion éventuelle de l'usine de Pagny à la suite d'une modification de frontière. On demande que ne soit évoqué pudiquement qu'« un droit de préemption sur l'usine de Pagny-sur-Moselle qui expirera deux ans après la cessation de l'état de guerre [...] afin de donner toute garantie à Carbone AG pour son approvisionnement ».

Indépendamment de tout jugement de fond sur le principe même de l'accord, c'est-à-dire sur une politique d'accommodement avec les desiderata allemands, ces réserves de la partie française auraient pu paraître en grande partie illusoires mais malgré tout raisonnables et peu choquantes si un petit codicille la complétant n'avait donné à la seconde des conditions posées une tonalité très particulière. Après avoir autorisé la vente outre-Rhin de 10 % du capital du groupe au maximum, le ministère précisait en effet que « les actions cédées à Carbone AG devaient être prélevées sur les titres détenus par les actionnaires israélites, de manière à diminuer l'influence israélite s'exerçant sur Carbone-Lorraine ». Il s'agit ici en fait, puisque nous ne sommes qu'en janvier 1941, et en zone occupée, d'une sorte d'anticipation sur les lois françaises d'aryanisation de l'économie qui ne seront promulguées que beaucoup plus tard dans l'année*. On peut noter par ailleurs que le souci manifeste de protéger la souveraineté française qui apparaît dans les remarques des autorités françaises ne semble pas concerner les capitaux dits israélites, traités de fait comme s'ils étaient déjà en quelque sorte « étrangers ». « Diminuer l'influence israélite » semble représenter dans ce curieux marchandage un gain plus ou moins équivalent à la perte des 10 % du capital du groupe au profit de l'Allemagne. On se fait une raison, même si c'est difficile, quand on voit l'« influence française » se restreindre à partir du moment où cela se passe de cette façon... Qu'il s'agisse là de « Realpolitik », puisque les Allemands font déjà appliquer leur programme d'aryanisation en zone occupée, ne change rien à l'affaire.

À la suite de ces commentaires très directifs de la direction des Finances extérieures, administration dont la responsabilité est alors assurée par Maurice Couve de Murville, les négociations ont repris entre Legueu et Stieber pour inclure les conditions posées dans l'accord. Sans doute furent-elles laborieuses puisque le projet de texte de la convention « définitive » ne sera adressé au ministère qu'en octobre 1941. Cette nou-

* Si les Allemands ont inauguré leur politique d'« aryanisation économique » en France occupée dès octobre 1940, les Français n'adopteront une loi de même nature que le 22 juillet 1941. Il est probable que le ministère se sentit « justifié » dans sa démarche en « sacrifiant » une participation « israélite » parce qu'il estimait celle-ci, du fait de la loi allemande, condamnée tôt ou tard à être vendue à des intérêts « aryens ». Il ne s'agissait pas moins d'une mesure anticipée, apparemment non réclamée à cette date par les autorités allemandes puisque nul n'a évoqué cette hypothèse lors des procès d'après guerre.

velle mouture paraît presque identique à la précédente, à quelques nuances près supposées calmer les « susceptibilités » des autorités françaises. Elle prévoit néanmoins explicitement, si on la regarde de près, un partenariat encore plus étendu entre les deux sociétés grâce à l'échange de brevets, de procédés de fabrication, de produits semi-finis, etc. Cet ajout, non dénué d'intérêt pour les Allemands on le verra, n'attirera pas l'attention des deux ministères — Finances, Production industrielle — consultés. La seule réserve encore exprimée concerne le prix de vente, jugé trop faible, des actions de Carbone AG. Si les Finances donnent leur aval, le 27 octobre, pour la signature de l'accord, elles demandent dans le même courrier à Carbone-Lorraine d'exiger deux mille Reichsmarks au lieu des mille sept cent cinquante prévus car, étant donné la prospérité de la société, cela paraît en fin de compte un minimum. Trop tard. Pressé d'aboutir, Legueu, sans tenir compte de cette nouvelle condition qui impliquait une reprise des pourparlers, s'est contenté de l'annonce de l'approbation globale des autorités pour remettre sans plus tarder à Stieber les cent quarante-cinq titres de sa filiale, qui, aux yeux des Allemands, constituaient évidemment l'essentiel de la transaction. René Oppenheim, qui possédait en propre avec son associé M. Blumenthal un peu plus de vingt et un mille actions de Carbone-Lorraine, soit 10 % du capital, se plie pour sa part aux stipulations de la convention en remettant onze mille titres « israélites » à Carbone AG, les dix mille autres devant être cédés plus tard — en deux fois en 1945 et 1946 — à des intérêts non identifiés, à travers la banque de Neuflize[6]. Cette seconde opération ne sera évidemment jamais exécutée.

On ne dispose pas de documents exposant avec certitude la raison de ce « passage en force » opéré par Jacques Legueu pour rendre irréversible l'accord en octobre 1941. L'insistance avec laquelle le directeur général reviendra, au cours de l'instruction de son cas par la cour de justice comme au cours de son interrogatoire lors de son procès, sur le risque de prise de contrôle de la totalité du groupe soit par M. Oehlert, soit par la société Ringsdorff laisse imaginer cependant qu'il était véritablement inquiet à ce sujet et qu'il le fut de plus en plus, à tort ou à raison, au fur et à mesure que le temps passait. Il fallait, dira-t-il, d'autant plus vite permettre à Carbone AG de trouver un statut acceptable par les Allemands que cette filiale connaissait une grande partie des procédés secrets de la société et risquait, à tout moment, d'être placée sous l'autorité d'un autre groupe industriel d'outre-Rhin aux intentions inamicales. Il fallait surtout, dira-t-il encore, prendre de vitesse les prétendants à la reprise du groupe qui connaissaient sa « vulnérabilité » en raison des « 48 % d'actions israélites » dans son capital. « On a craint, précisera-t-il, que [les Allemands] nomment un commissaire aux affaires juives, qui remplace le conseil d'administration et mette les directeurs de son choix. » Or ces directeurs, ayant accès aux secrets de fabrication, auraient pu, ajoutait-il, vider le groupe de sa substance. Il est difficile d'apprécier l'ampleur du risque réellement couru et la gravité éventuelle de ses conséquences mais il est certain que toutes ces menaces n'étaient pas imaginaires. Au moment où Legueu négociait encore avec Stieber, à la mi-1941, le « bureau allemand des affaires juives », selon la terminologie approximative employée après guerre par la direction de Carbone-Lorraine, s'employait à faire nommer un commissaire-gérant à la tête de l'entreprise, présumée « juive ». Or le tenace Oehlert fils, toujours à l'affût, intriguait à cette occasion pour obtenir la désignation à cette fonction d'un « complice », un ancien membre de la Cagoule libéré fin 1940 par la justice de Vichy, M. Moreau de la Meuse. Il fallut alors multiplier les interventions pour réussir, grâce au comité d'organisation de l'industrie électrique, à écarter cette candidature au profit de celle, plus « pacifique », d'un inspecteur général des Ponts et Chaussées, L. Suquet. Celui-ci deviendra par la suite simple administrateur provisoire des actions Carbone-Lorraine détenues par des Juifs, sa fonction de commissaire-gérant ayant apparemment vite perdu un objet qu'elle n'aurait sans doute jamais dû avoir logiquement dans ce groupe dont le capital était en cours de modification en raison d'un accord franco-allemand.

La hâte mise à signer par Legueu, pour contestable qu'elle soit, est donc explicable. Il n'est pas impossible, de plus, qu'il ait été encouragé dans cette voie par René Oppenheim lui-même. Ce dernier, on l'a vu, s'est presque immédiatement résigné, par pur réalisme évidemment, à disparaître, au moins provisoirement, de l'organigramme de son groupe. Il a également pensé très vite qu'il serait judicieux de réduire, au niveau des apparences en tout cas, sa participation au capital. Il a donc envisagé dès l'automne 1940 d'organiser une opération de vente fictive de ses titres à Jacques Legueu, son homme de confiance, et aux autres membres de la direction de Carbone-Lorraine. Il a abandonné cette tentative dangereuse de préservation de ses intérêts en raison du tour favorable pris par les discussions avec Carbone AG, qui lui laissaient espérer un non-démantèlement du groupe et ouvraient l'espoir d'arrangements à l'amiable moins risqués pour lui. De fait, d'après l'expert nommé par la cour de justice après guerre, ce serait grâce à l'intervention des dirigeants de Carbone AG que René Oppenheim a pu obtenir des Allemands un « traitement de faveur » : ses parts de capital ont été considérées comme des « biens ennemis » et non pas comme des « biens juifs », ce qui lui a permis de recevoir en plein milieu de la guerre, début 1943 sans doute, une somme de vingt millions de francs représentant une partie — autour de 20 % — de la valeur des onze mille actions cédées outre-Rhin. On ne sait si une spoliation non complète pourra jamais être considérée par qui que ce soit comme une aubaine. Mais l'expert judiciaire tout comme Jacques Legueu — auteur au procès d'une phrase pour le moins maladroite à ce sujet quand il estima que M. Oppenheim « n'avait pas à se plaindre évidemment de l'opération » — étaient fondés à remarquer qu'il s'agissait bien là d'une « dérogation à la législation sur les biens israélites », à l'époque normalement séquestrés — dans tous les sens du terme — en totalité à la Caisse des dépôts et consignations après leur saisie. L'ex-président du groupe, semble-t-il, avait d'ailleurs tout intérêt à inciter à une conclusion rapide des pourparlers car, quels qu'aient été ses appuis, chaque jour qui passait les rendait certainement moins opérants en raison du tour de plus en plus radical pris par la politique antijuive des représentants du Reich à Paris mais aussi de Vichy.

Le ministère des Finances, après avoir émis une lettre de protestation purement formelle le 17 novembre 1941, manifesta finalement surtout son mécontentement face à l'initiative brutale de M. Legueu en faisant traîner quelque peu, jusqu'en juillet 1942, l'autorisation de règlement à Carbone-Lorraine de la somme de cinq millions de francs due par les dirigeants de Carbone AG en échange des trois quarts des actions de l'ex-filiale. Mais l'accord fut bientôt avalisé par une lettre signée Couve de Murville et les dirigeants du groupe ne manqueront pas de s'en prévaloir après guerre quand les juges de M. Legueu et, de façon beaucoup plus modérée, les membres du Comité national interprofessionnel d'épuration s'interrogeront sur la nécessité réelle des concessions aux Allemands qui avaient conduit à l'affaiblissement du patrimoine industriel national. L'appui explicite accordé par M. Oppenheim après guerre à la stratégie adoptée en l'occurrence par son successeur ôtera cependant beaucoup de leur portée à ces critiques.

Le second chef d'accusation retenu à la Libération contre le directeur général de Carbone-Lorraine — la collaboration économique — est plus classique et *a priori* moins complexe que le précédent, lié à des accords financiers subtils dont on peut faire plusieurs lectures. De juin 1940 à août 1944, la société française, dont les effectifs n'ont guère varié pendant la guerre, a fourni pour cent quarante-quatre millions de francs de marchandises outre-Rhin, réalisant avec ces ventes, représentant 17 % du chiffre d'affaires global, un profit estimé à dix millions de francs environ. L'existence même du commerce avec les Allemands — au demeurant relativement modeste — n'est guère surprenante dans une entreprise qui a retenu l'attention des autorités d'occupation dès l'été 1940 et a « bénéficié » pendant toute la durée de la guerre de la présence d'un commissaire chargé de surveiller l'exécution des commandes. Celui-ci était même autorisé, de par sa fonction, à participer « à toutes les conférences du comité de gestion et de la direction de l'usine » et à examiner « la comptabilité et toutes les transactions ou documents[7] ». À la Libération, on reprochera donc moins à la direction du groupe le principe de ce commerce, incontestablement imposé « sous la contrainte » selon la formule alors en usage, que son zèle apparent pour l'entretenir voire le développer. Divers documents et beaucoup de témoignages démontrent que les rapports de Legueu ont été tout à fait cordiaux à la fois avec les commissaires allemands — Stieber puis son successeur Heimpel — et les dirigeants ou représentants des sociétés clientes d'outre-Rhin, les deux plus importantes étant l'ancienne filiale de Francfort, Carbone AG, et le traditionnel concurrent, Ringsdorff. Le responsable de l'entreprise expliquera que s'il entretenait des relations aimables avec ses interlocuteurs, c'est d'abord tout simplement que ces derniers étaient presque tous « des connaissances », puisqu'il s'agissait le plus souvent d'anciens collaborateurs du groupe, salariés de Carbone AG [8]. De plus, assurera-t-il, cette attitude avait pour objet et pour effet « d'amenuiser les exigences allemandes et d'aplanir bien des difficultés ». Fallait-il pour autant aller — comme ce fut le cas — jusqu'à inciter fermement le personnel à augmenter sa productivité pour éviter que le commissaire ne se plaigne des délais de livraison ? On pourrait admettre qu'on craignait en l'occurrence des représailles. Mais la recherche active de commandes à l'exportation vers le Reich paraît plus difficilement entrer dans la catégorie des comportements « contraints ». Or on prit, chez Carbone-Lorraine, des initiatives de cette nature.

En 1942, ainsi, Jacques Legueu se rend de son propre chef à Berlin pour tenter de décrocher une commande de quarante mille piles on ne peut moins civiles, le donneur d'ordre étant la Wehrmacht. Comment expliquer ce « forcing » commercial, qui relativise évidemment l'affirmation du directeur général à son procès selon laquelle « il ne dépendait pas de nous d'accepter ou de ne pas accepter les commandes allemandes » ? Il s'agissait, soutiendra-t-il, de maintenir l'activité de l'entreprise en ces temps difficiles et non pas de soutenir l'effort militaire allemand. Pour appuyer ses dires, il se justifiera plus précisément en disant que ce marché « était passé à un de nos concurrents français, et ce que nous avons essayé d'obtenir, c'est d'en aiguiller la totalité ou une partie [...] sur notre société ». Dire que l'on n'a fait qu'imiter un concurrent avide d'ordres d'outre-Rhin est-il une « excuse » recevable ? Parfois, il n'y a même pas besoin de se déplacer pour obtenir une commande militaire apparemment non imposée au sens strict, et en tout cas évitable. Le 20 novembre 1942, une séance de travail rassemble à Paris un représentant de la Luftwaffe avec des cadres de Carbone AG et, autour de Jacques Legueu, des responsables de Carbone-Lorraine. Au cours de telles réunions franco-allemandes, apparemment régulières, on examine les moyens techniques d'améliorer les produits. Ce jour-là, on évoque le problème de la production, souhaitée par les Allemands, de balais de dynamo spéciaux, en carbone aggloméré par de l'asphalte et de la paraffine, pour les besoins de l'aviation d'outre-Rhin. On ne sait si on pourra lancer cette fabrication, objecte le fabricant français, car l'asphalte comme la paraffine sont devenus quasi introuvables. Un ingénieur de Carbone-Lorraine, M. D., intervient alors pour dire qu'il se demande si une invention de son cru datant de 1938, consistant à utiliser de l'huile de lin à la place des produits manquants pour agglomérer le carbone, ne pourrait pas fournir la solution. Les Allemands, qui ont absolument besoin de ces balais destinés aux avions volant à haute altitude, sautent sur l'occasion. Des tests, effectués dans des usines en Allemagne, sont concluants : le procédé mis au point par M. D. est très résistant, comme on l'espérait, à haute altitude. Carbone-Lorraine obtient ainsi un beau marché de près d'un million de balais. La fin de l'Occupation ne permettra d'effectuer, entre septembre 1943 et l'été 1944, que le quart environ des envois de balais prévus, pour une valeur de 806 000 francs. Cette livraison d'un matériel fort utile à la Luftwaffe est attribuable en partie à la « gaffe » d'un ingénieur fier de ses découvertes qui aurait mieux fait de se taire. Mais, comme on le remarquera lors du procès de J. Legueu devant la cour de justice fin 1945, elle est aussi et surtout une résultante directe de l'accord de 1941 où on avait finalement introduit, on l'a vu, une clause « follement imprudente » — l'expression est de l'expert entendu par la Cour — prévoyant l'échange de brevets et de procédés, donc nécessairement des rencontres périodiques entre les responsables pour organiser une véritable coopération technique.

Les Allemands ont d'ailleurs su apprécier à leur juste prix, semble-t-il, les efforts de Carbone-Lorraine pour répondre à leurs demandes et la valeur stratégique de ses fournitures. Malgré la part très minoritaire de la production de ses usines destinée à franchir le Rhin, ils ont classé l'entreprise S-Betrieb, privilège permettant de conserver l'essentiel de son personnel à l'heure du STO et accordé en principe uniquement à des sociétés travaillant surtout pour le Reich. Après guerre, considérant que le fabricant français avait malgré tout consacré la majeure partie de son activité à fournir les besoins français et que la présence des Allemands dans ses usines ne lui laissait guère de marge de manœuvre, les différentes juridictions n'insisteront cependant pas outre mesure sur l'aspect « collaboration économique » du dossier Carbone-Lorraine. La Commission départementale de confiscation des profits illicites estimera que la modicité des bénéfices réalisés avec les Allemands ne justifiait aucune mesure de récupération d'une partie de ceux-ci par l'État. Et, après une très longue instruction, la Commission nationale interprofessionnelle d'épuration ne jugera pas utile en 1949 d'inquiéter l'encadrement du groupe, Legueu, déjà condamné, mis à part. Seule la cour de justice prendra donc sérieusement en considération fin 1945 le grief de « collaboration économique », en accusant plus d'ailleurs à ce sujet le directeur général d'avoir voulu maintenir fermement par divers moyens la productivité des usines — ce que le commissaire du gouvernement considérera comme un indice d'un « manque de patriotisme » — que d'avoir signé des contrats. La principale charge retenue alors contre la direction du groupe et surtout contre Jacques Legueu était, il est vrai, d'ordre social plus qu'économique. Et autrement plus grave. Car, avec le troisième chef d'accusation évoqué au procès de 1945, on en vient à parler de morts d'hommes.

Responsable donc coupable

En novembre 1942, les ouvriers de l'usine de Gennevilliers de Carbone-Lorraine, mécontents de leurs rémunérations avec lesquelles ils peuvent difficilement faire vivre leurs familles à une époque où le ravitaillement « officiel » laisse de plus en plus à désirer, décident de se mettre en grève. La direction, se retranchant derrière les directives gouvernementales qui n'autorisent pas les augmentations, a en effet déclaré jusque-là ne pas pouvoir satisfaire les demandes du personnel. Avant même qu'une réelle négociation n'ait eu lieu, le commissaire allemand, M. Heimpel, apprenant incidemment la nouvelle, s'est rendu dans les ateliers. Il harangue les ouvriers, leur promettant de s'occuper de leurs revendications s'ils reprennent le travail. Il obtient satisfaction, à la fureur de Legueu qui, pour reprendre l'initiative et calmer la situation, annonce vite qu'à défaut d'une hausse des salaires, interdite, il accepte désormais — procédé courant sous l'Occupation — d'accorder une prime mensuelle aux employés de Carbone-Lorraine. Peu après, Heimpel s'étant plaint à ses supérieurs de n'avoir pas été prévenu par la direction du mouvement revendicatif, le directeur général est convoqué par les autorités allemandes. On lui rappelle fermement que la grève est assimilée à un sabotage et qu'il aura des ennuis, ainsi que tous les ouvriers, si un tel incident se reproduit. Il est de plus invité, dans un tel cas, à immédiatement avertir, cette fois, le commissaire.

Legueu, on ne peut moins à propos, fait alors savoir aux ouvriers, d'après plusieurs témoins, que « s'il y a grève à nouveau, je dois sauter sur le téléphone » afin de prévenir les Allemands. Il aurait ajouté selon un de ses futurs accusateurs : « Je ne veux pas aller en camp à leur place. » La menace, car c'est ainsi qu'on interprète sa phrase, destinée selon son auteur à éviter à son personnel de « faire une folie » en récidivant, n'impressionne pas outre mesure ceux auxquels elle s'adresse. Un incident du même genre, en effet, s'était produit peu auparavant dans une usine du voisinage, où les ouvriers avaient également débrayé pour obtenir des augmentations. Or c'est après l'intervention des occupants, désireux avant tout de récupérer au plus vite leurs commandes, qu'ils avaient obtenu satisfaction, malgré la réglementation contraignante de Vichy sur les salaires. Aussi, quand, le 21 janvier 1943, jour de paye, la direction annonce que la prime promise, trop « difficile à mettre sur pied », ne sera pas versée et se verra remplacée par deux gratifications semestrielles à chaque fin des mois de mars et de septembre « en fonction des résultats des semestres précédents », la décision de reprendre la grève est presque immédiate. On ne craint guère une réaction brutale des Allemands puisqu'ils sont réputés plus ouverts aux revendications que les dirigeants du groupe.

Il est seize heures, le 22 janvier, quand le mouvement commence. Le principal responsable de l'usine présent, M. S., se rend dans l'atelier des balais, d'où tout est parti, et demande avec insistance aux ouvriers de reprendre le travail, évidemment sans succès puisqu'il ne propose rien en échange. Heimpel, présent à Gennevilliers, va à son tour rencontrer les grévistes mais les trouve encore plus déterminés que deux mois auparavant et décidés à ne pas céder. Ils lui auraient dit, d'après M. S. qui donne ainsi involontairement une indication sur le climat social détestable régnant dans l'établissement, qu'« ils préféraient voir venir les Allemands plutôt que discuter avec la direction française » puisque celle-ci n'avait pas tenu sa promesse. Vers dix-sept heures, toujours selon le même témoin, le commissaire aurait téléphoné aux autorités allemandes, déclarant ensuite : « Ils ne viendront pas ce soir ; mais si le travail ne reprend pas demain matin, ils viendront. » Le soir même, Legueu, qui n'avait donné comme instruction à M. S. que de tout faire pour obtenir la fin du mouvement, est convoqué à la Gestapo, où on lui aurait laissé entendre qu'une intervention se préparait déjà.

Le 23 janvier au matin, la grève reste totale à Gennevilliers. Le comité social de l'entreprise, qui a été convoqué par la direction, décide, pour montrer son soutien au personnel, de démissionner. Des délégués des ouvriers attendent que Legueu vienne écouter leurs doléances dans la « salle du Conseil ». Mais ce dernier, auquel les Allemands auraient interdit de négocier la veille au soir, ne se montre pas, et beaucoup supposeront qu'il est alors en train d'organiser la répression du mouvement de protestation. Deux camions chargés de soldats « feldgrau » entrent bientôt dans la cour de l'usine. Le chef du détachement, le Dr Guntzen, conseille aux délégués et aux membres du comité social d'intervenir immédiatement auprès de leurs camarades pour leur faire reprendre le travail. Ils le font, sans succès. Les Allemands entrent presque aussitôt dans les ateliers et prennent au hasard des otages, qu'ils font aligner contre un mur en menaçant de les fusiller. Ils vont ensuite jusqu'à la salle du Conseil où ils choisissent d'autres otages parmi les représentants — légaux ou non — du personnel. Le mouvement est alors interrompu. Mais vingt et un otages, en fin de compte, sont emmenés par les troupes d'occupation. Tous seront écroués à Fresnes, avant d'être, en majorité, transférés au camp de Compiègne puis, pour neuf d'entre eux, déportés outre-Rhin. Cinq ne reviendront jamais, morts dans les camps allemands.

Jacques Legueu, qui ne s'attendait manifestement pas à une telle répression, dira qu'il s'est rendu très vite à la Gestapo pour tenter de faire libérer les otages. On lui aurait dit que l'affaire était très grave car « c'est la première fois, tout au moins dans la région parisienne, non pas qu'il y a une grève, mais que les ouvriers ne reprennent pas le travail après une sommation ». En conséquence, aurait ajouté son interlocuteur, « je ne peux pas vous redonner tous les otages ». En fait, seule une femme sera relâchée rapidement. Quelques semaines après, en plusieurs fois, huit autres ouvriers recouvreront la liberté. Deux autres, parmi les trois restés à Compiègne, alors que leurs camarades — les « meneurs » — ont été envoyés en captivité en Allemagne, seront élargis plus tard. Le directeur général affirmera avoir tout fait pendant dix-huit mois, jusqu'au départ définitif de Heimpel outre-Rhin le 15 août 1944, pour obtenir le retour des déportés, en faisant valoir sans arrêt auprès des autorités allemandes, selon ses propres termes, « la disproportion entre la faute infime et la sévérité de la punition ». C'est dans ce but qu'il aurait invité à plusieurs reprises des responsables de la Gestapo à Gennevilliers, avant de les retenir à déjeuner. Il voulait, assurera-t-il, qu'ils constatent que le calme était revenu, et non pas leur manifester des sentiments particulièrement amicaux, comme l'en ont accusé après guerre des membres du personnel.

L'instruction comme les débats du procès de Jacques Legueu en 1945 démontreront effectivement que, contrairement aux impressions de plusieurs ouvriers, le directeur général n'avait pas demandé lui-même l'intervention des soldats allemands et qu'il avait bien tenté avec opiniâtreté de « récupérer » les otages. Ils feront aussi apparaître à quel point, non seulement sa politique sociale, mais aussi, plus généralement, ses rapports avec autrui laissaient fortement à désirer et pouvaient expliquer qu'il ait été suspecté de nourrir les pires desseins envers son personnel. Ce manque certain de sens des relations humaines, patent lors de son procès, a fortement crédibilisé les dépositions en sa défaveur. On ne sait si, lors d'une visite en Allemagne, il a réellement déclaré, comme le soutiendra un témoin, à des ouvriers de Carbone-Lorraine envoyés au STO qu'ils avaient tort de se plaindre, en prononçant ces mots : « Vous n'êtes pas si mal que cela ici. À Gennevilliers, cela a été beaucoup plus mal et j'ai été obligé de faire coffrer une vingtaine de vos camarades. » Il est même très probable qu'il n'a jamais pu parler exactement ainsi. Mais ses employés, mis au courant de cette rumeur, n'ont certainement pas estimé improbable qu'il l'ait fait. Le président de Carbone-Lorraine à cette époque, M. Gravier, pour tenter de disculper l'ancien directeur général, devra d'ailleurs mentionner après guerre « l'atmosphère d'hostilité » qu'il avait créée autour de lui pour avoir « souvent froissé et blessé ses subordonnés » et qui se serait transformée « en soif de vengeance » à la Libération. Sous l'Occupation, dans une usine travaillant sous la surveillance de l'occupant, une telle déficience « d'ordre psychologique », pour reprendre l'expression de M. Gravier, ou d'ordre « social », selon le mot de l'accusation, a-t-elle pu être la cause plus ou moins directe des événements tragiques de janvier 1943 ?

Les juges de 1946 le penseront, trouvant tout à fait insuffisante l'explication de la « catastrophe » — le mot est de lui — proposée par Legueu. Elle était, selon ce dernier, « inévitable depuis l'intervention de Heimpel en novembre 1942 » car celle-ci avait « déconsidéré la direction » et fait croire que « les Allemands étaient plus conciliants » que les Français. Ce rejet de culpabilité convaincra si peu la cour de justice qu'elle infligera le 13 mars 1946 au directeur général de Carbone-Lorraine, tout en lui accordant des circonstances atténuantes, une condamnation très sévère, du moins par comparaison avec toutes celles qu'ont pu encourir les autres responsables d'entreprise poursuivis à la Libération « ès qualités » et non pas pour des actes extra-professionnels. Avec dix ans de travaux forcés[9], il est même probable que Legueu ait obtenu une sorte de record dans la catégorie des patrons condamnés pour leur seule activité de dirigeant. Le bilan de son règne à la tête de Carbone-Lorraine entre 1940 et 1944 est évidemment lourd et même dramatique, et nombreux furent certainement ceux qui ne jugèrent pas choquante cette sentence à la Libération. Mais d'aucuns — surtout parmi ses collègues, y compris son ancien président, Juif spolié par les Allemands — s'étonneront puis s'indigneront de ce verdict hors norme qui frappait un simple « gestionnaire ». Il n'avait retiré, observeront-ils, aucun bénéfice personnel d'une collaboration économique avec l'Allemagne effective mais largement pratiquée « sous la contrainte » ; et ses actes les plus graves de conséquences, ceux liés à l'affaire des otages, furent certainement accomplis sans conscience de leurs possibles effets.

Le fait même que les plus proches adjoints de Legueu aient été finalement exemptés de poursuites, alors qu'ils étaient plus que suspectés d'avoir joué eux aussi un rôle majeur dans la collaboration économique de l'entreprise et même lors de la grève de janvier 1943*, montre que sa condamnation servait surtout un souci d'exemplarité. Le jury a statué en répondant à une question qu'on pourrait formuler ainsi : peut-on laisser impuni le responsable d'une société qui a été dirigée d'une telle façon que, même si personne ne l'a sérieusement souhaité parmi l'encadrement, cinq de ses employés sont morts à la suite d'un conflit interne ? Le reste, tout le reste, était considéré comme relativement secondaire et ne saurait expliquer en tout cas la peine retenue. Déjà après guerre, si l'on peut se permettre cet emprunt anachronique d'une formule devenue récemment célèbre, les interrogations sur le thème « responsable mais pas coupable ? » étaient donc d'actualité. Pour la cour de justice, à la différence des milieux managériaux qui ont toujours soutenu dans des cas semblables l'opinion inverse, la réponse, dans le cas de Jacques Legueu, fut claire : responsable donc coupable.

Peut-on être coupable de suivre une politique prônée par les pouvoirs publics ?

De Berliet à Sainrapt et Brice et de l'Air Liquide à Carbone-Lorraine, on a pu observer, chapitre après chapitre, à quel point de grandes entre-

* Signalons par exemple que, dans l'acte d'accusation du procès de mars 1946, on dit que l'instruction a fait apparaître, finalement, que les otages ont été choisis en janvier 1943 par les Allemands au hasard et que les poursuites contre M. P., le directeur de l'usine, suspecté d'avoir participé à ce choix, sont donc abandonnées. Mais on demande à ce même M. P. de ne jamais se prévaloir de ce classement sans suite car il a eu « des réflexions malheureuses à l'égard des ouvriers désignés comme otages » telles que : « Vous ne vouliez pas partir en Allemagne, comme cela vous partirez ! » ou « Rappelez-vous 1936 ! ».

prises volontiers considérées à des titres et à des degrés très divers comme « marquées » par la collaboration s'avèrent, quand on examine d'un peu plus près leur activité et leurs décisions effectives de 1940 à 1944, comme relevant de catégories et de situations très peu comparables et jamais monolithiques. Ne serait-ce qu'en raison du comportement souvent divergent des membres de la direction de ces entreprises et des contraintes réelles très spécifiques auxquelles elles ont eu — ou n'ont pas eu — à faire face. Mais si ces cas se sont révélés plutôt complexes, aussi bien sous l'Occupation d'ailleurs que pendant la période de l'épuration qui l'a suivie, il ne faut pas en conclure qu'on ne peut pas en découvrir de beaucoup plus simples, au moins par comparaison, en matière de collaboration économique. Même en éliminant les exemples les plus caricaturaux — certains ont déjà été évoqués [10] — relevant de la criminalité « classique », on trouve facilement des entreprises dont l'activité a été très directement mise au service des Allemands, de façon régulière ou provisoire, sans contrainte réelle apparente, tout simplement, semble-t-il, pour garnir le carnet de commandes et éventuellement réaliser de bonnes affaires avec les meilleurs clients du moment. Examinons donc, avant de tenter de répondre à la question « qu'est-ce qu'une entreprise collaboratrice ? », quelques exemples de ce type à la lumière d'enquêtes effectuées après guerre ou de documents du temps de l'Occupation restés dans les archives d'administrations.

Une conversation téléphonique à bâtons rompus entre deux fabricants de chaussures de la zone libre, donc non soumis aux pressions de l'occupant, en août 1941, interceptée par le service des écoutes de l'administration de Vichy, donne déjà une idée de l'esprit collaborationniste sans réserve qui pouvait animer certains industriels. Ce dialogue, retrouvé dans les archives de la direction des services de l'armistice [11], entre un certain M.V. et un autre directeur d'usine, a notamment pour objet de raconter et commenter au second une réunion à laquelle a assisté le premier à Lyon en compagnie de certains collègues afin de rencontrer des Allemands désireux de passer des commandes. À la question « Et la visite des Allemands ? », le chausseur sachant chasser les bonnes affaires répond : « Ça s'est très bien passé. Ils étaient trois acheteurs allemands, un docteur, un grossiste de Düsseldorf et un marchand de chaussures de Munich, des types de premier ordre. Nous avions installé tous les échantillons sur une table en fer à cheval. Au début il y a eu un peu de rigolade, le président de la commission a dit : "S'il y a des chaussures juives, sortez !". Sur notre affirmation qu'il n'y en avait pas, ils ont fait le tour et, au bout de dix minutes, ils étaient fixés [...]. Ensuite nous les avons emmenés déjeuner chez La Mère [...]. Une atmosphère complètement correcte, presque cordiale. Ils nous ont dit [...] que la paix — le Führer l'a dit — serait absolument douce et nous surprendrait, que l'Allemagne et la France seraient les deux plus grands pays du monde. Ils ont pris 32 000 paires sur 35 000 présentées, tous les articles fantaisie, éliminés, rien, mais les chaussures classiques, oui

[...]. Pour les factures, il faut les faire en cinq exemplaires et les soumettre à la Chambre de commerce [...]. Ce qu'ils veulent, ce sont des maisons sérieuses, ils ont été rôtis, pour des brodequins de travail, par des salopards. » Ce petit compte rendu pris sur le vif d'un rendez-vous d'affaires somme toute banal, comme il y en eut des centaines et des centaines sous l'Occupation, a le mérite de faire apparaître que traiter avec un Allemand, même de façon très officielle et sans doute « légale » puisqu'on parle de factures et de Chambre de commerce, impliquait un type de relations et de propos adaptés à la circonstance : un petit aparté antisémite par ici — il faut bien rire ! —, un commentaire germanophile sur l'issue de la guerre par là... Tous les rapports clients-fournisseurs entre Allemands et Français ne furent peut-être pas de cet acabit, mais tous risquaient sans doute de conduire un jour ou l'autre à des échanges de ce type en raison même de la logique commerciale que résume bien le célèbre adage : « Le client a toujours raison. »

L'entreprise Lorendeau père et fils, autre exemple, est spécialisée dans le département du Rhône dans la vente de matériels de travaux publics d'occasion. Il apparaît au printemps 1941, d'après des échanges de courriers entre le correspondant local du ministère de la Production industrielle et ses supérieurs hiérarchiques [12], que l'on se formalise en haut lieu après avoir appris que ladite société avait vendu des grues à deux gros clients, un Français nommé Bourdyot et un ingénieur allemand nommé Kirchbaum, qui ont la particularité d'être en fait tous deux des acheteurs de l'organisation Todt, prête à payer fort cher pour acquérir de tels équipements. Il ne saurait évidemment là encore être question de contrainte, puisqu'on est en zone libre. Par ailleurs, comme il s'agit de vente aux Allemands et plus encore à un organisme officiel du Reich, une autorisation aurait dû être demandée à l'administration. Entendu par la police, à la demande de l'administration, et donc inquiet pour l'avenir de ses affaires, l'entreprenant commerçant se souviendra un peu plus tard tout à coup qu'il avait de plus d'autres transactions en cours, non encore conclues définitivement celles-là, notamment la vente de deux locotracteurs et de deux locomotives, et il écrira aux autorités, évidemment sans grand espoir de réponse positive, pour demander s'il peut poursuivre, quitte à remplir les demandes administratives nécessaires, ces opérations.

M. Lorendeau avait affirmé pour sa défense à l'inspecteur qui l'interrogeait, manifestement sans être cru, qu'il ignorait qu'il fallait des autorisations pour vendre aux Allemands et que de telles transactions n'étaient pas considérées par les autorités de son pays comme strictement équivalentes aux autres. Ce n'était pas le plus probable, mais ce n'était pas, moins d'un an après l'armistice, totalement invraisemblable. Le gouvernement français, en effet, avait mis plusieurs mois à édicter les mesures théoriquement destinées à protéger l'économie nationale des convoitises allemandes et se traduisant par l'instauration d'obstacles administratifs plus ou moins efficaces pour empêcher parfois les prélèvements massifs de matériels ou de produits et, surtout, lui permettre de « s'interposer ». Et la publicité de ces mesures n'avait pu être que progressive. Une telle « défense », en revanche, n'était évidemment plus du tout crédible à l'époque de l'épuration quand on avait consacré l'essentiel de ses activités à fournir les occupants du pays d'un bout à l'autre de la guerre, que ce soit en zone libre ou en zone occupée. Difficile de faire croire qu'on a pris simplement toutes les commandes qui se présentaient, sans discrimination aucune, quand on a pratiquement pour seul client les autorités d'occupation ou leurs émanations ! Ainsi, Henri Rigal-Ansous, dont nous avons déjà parlé[13], a été arrêté en octobre 1944 pour avoir acquis au début de la guerre une société en sommeil depuis plusieurs années afin de pouvoir proposer en Bretagne ses services d'entrepreneur de BTP essentiellement aux Allemands. En partant de cette coquille vide, il a réalisé pour deux cent dix-huit millions de travaux entre mars 1941 et juillet 1944, faisant passer ses effectifs de quatre-vingt-trois ouvriers en 1941 à mille cinq cent sept en 1943. Son premier chantier : la réparation d'une route à l'intérieur de l'arsenal de Brest contrôlé par l'armée du Reich. L'industriel, selon un témoin à son procès, cherchait moins à réaliser d'immenses profits immédiats qu'à construire une société solide, en profitant des facilités de la guerre, afin de préparer l'avenir : « Son souci était de réaliser quelques bénéfices qui lui permettraient d'installer son entreprise en vue de la reconstruction après guerre. » Accusé d'avoir aidé l'ennemi, il ne niera pas avoir intensément travaillé pour les autorités d'occupation mais affirmera qu'il « ne croyait pas trahir son pays en se mettant à la disposition des Allemands étant donné la politique suivie par les pouvoirs publics ».

L'argument de l'accusé pouvait sembler quelque peu hypocrite mais il n'était évidemment pas sans fondement puisque Vichy, tout en s'efforçant d'éviter un « pompage » radical des ressources nationales par l'occupant, prônait officiellement la collaboration et, y compris dans des domaines militairement sensibles comme l'aéronautique, avait commencé à signer dès la deuxième année de la guerre de vastes accords de fabrication prévoyant l'acceptation de très importantes commandes d'outre-Rhin par les entreprises françaises. Cependant il était difficile de justifier par la seule politique du gouvernement des pratiques qui, comme dans le cas précédent, avaient permis, en cette période difficile, non pas seulement de maintenir l'activité d'une société mais plutôt de créer ou de développer de véritables affaires-champignons, dont les responsables pouvaient à bon droit apparaître beaucoup plus comme des profiteurs de l'Occupation que comme des gestionnaires avisés ou dynamiques. C'est ce que le commissaire du gouvernement fera remarquer, par exemple, à M. Lemoine, directeur technique de la Société générale de sablières et d'entreprises, jugé par la cour de justice après guerre[14]. Son entreprise, en effet, qui a accepté à partir de novembre 1940 des commandes de la Luftwaffe pour réaliser des pistes d'envol et des routes d'accès à l'aérodrome de Chartres puis bientôt de nombreux travaux sur le littoral atlantique, n'a pas été créée, contrairement à la précédente, pendant la guerre mais son destin a basculé vers la prospérité avec l'Occupation : le chiffre d'affaires était de deux millions et demi de francs en 1938, il atteindra un niveau annuel moyen de près de cent millions de francs entre 1941 et 1944, 90 % du total (de trois cent cinquante millions de francs pendant la guerre) étant imputables aux commandes allemandes, très souvent de nature directement militaire. Même en tenant compte de l'inflation, la progression est spectaculaire ! En l'absence du numéro un de la société, Marcel Porquerel, qui avait alors jugé plus prudent de disparaître, et qui s'attirait par conséquent les foudres de l'accusation qui requérait contre lui par contumace les travaux forcés à perpétuité « car la peine de mort n'est pas donnée en matière purement économique », M. Lemoine, qui avait pu produire des attestations de résistance convaincantes, ne sera condamné qu'à une peine d'emprisonnement légère et à cent mille francs d'amende.

Les sociétés qui, comme les deux précédentes, travaillaient presque exclusivement pour les occupants étaient nombreuses dans le secteur du BTP, on l'a déjà vu, mais ce dernier était loin d'être le seul à abriter des entreprises dont la quasi-totalité des activités était consacrée à satisfaire des commandes allemandes. Dans tous les domaines où il y avait une forte demande soit des troupes d'occupation, soit des firmes d'outre-Rhin, certains industriels ou commerçants français s'étaient focalisés sur ce marché, à la fois le plus actif et le plus lucratif puisque les clients avaient pour principal souci de trouver de la marchandise et non pas — pour des raisons maintes fois évoquées dans cet ouvrage — de la payer au juste prix. On trouve parfois la trace de ces « spécialistes » de la commande allemande dans les archives des sociétés de commerce ou des filiales de groupes allemands, quand celles-ci ont été retrouvées après guerre, car il était de bon ton de faire apparaître cette particularité de son activité si on voulait démontrer à l'occupant qu'on était des fournisseurs de toute confiance. Par exemple, dans un appartement du 31, rue Marbeuf à Paris, on découvrira à la fin de l'été 1944, après le départ précipité des locataires, qui se présentaient comme les responsables d'une succursale d'une entreprise allemande, divers documents commerciaux qui avaient échappé au sort commun, à savoir l'incinération[15]. Parmi ceux-ci, outre des courriers évoquant quelques commandes en cours ou projetées avec de grands groupes métallurgiques, on trouvera des fiches de renseignements fournis par des firmes de la région parisienne qui présentaient leurs références. Celles-ci, même si elles pouvaient concerner en partie des commandes « sous la contrainte », étaient éloquentes. La société « Le sciage mécanique » (découpage de métaux, etc.), dont le personnel s'était fortement accru depuis l'avant-guerre (soixante-quinze ouvriers et employés en 1938, cent vingt-six en 1944), annonçait ainsi que 98 % de ses travaux étaient « pour les autorités allemandes ». Les Ets Kriege et Zivry (menuiserie métallique, chaudronnerie, etc.), pour leur part, supposant peut-être qu'un score de 25 % de commandes allemandes « seulement » ne serait pas considéré comme suffisant, annonçaient que ce chiffre, en dernier ressort, devait être reconsidéré à la hausse grâce à 40 % de commandes indirectes pour l'occupant. Une précision qui, au passage, montre bien qu'il faudra accueillir après guerre avec la plus grande prudence les pourcentages de commandes françaises ou allemandes affichés par les entreprises car l'importance de la sous-traitance, et donc des commandes indirectes pour l'occupant « masquées » par un donneur d'ordres hexagonal, permettra bien souvent de fausser les statistiques quand il deviendra nécessaire — contrairement au cas présent — de minimiser l'ampleur des fournitures « à l'ennemi ».

L'impossible typologie des entreprises collaboratrices

Cette rapide énumération de quelques cas de collaboration économique patente concerne surtout des petites entreprises. Elle pourrait faire croire, si l'on considère les pourcentages de l'activité consacrée respectivement au « secteur allemand » et au « secteur français » — comme on disait dans les documents administratifs à l'époque —, d'une part dans ces sociétés et d'autre part dans les grands groupes évoqués auparavant dans cet ouvrage, que les PME ont souvent été en pointe en matière de livraisons aux autorités d'occupation ou aux firmes d'outre-Rhin. Aucune analyse statistique, même sur un simple échantillon à peu près représentatif, ne permet en fait aujourd'hui encore d'affirmer avec certitude quoi que ce soit de définitif quant à la propension à la collaboration économique de tel ou tel type d'entreprise, en particulier en fonction de la taille. Il paraît même hautement improbable qu'on puisse jamais repérer des corrélations très convaincantes et irréfutables en la matière. Après avoir examiné des dizaines et des dizaines de comptes rendus de procès ou de dossiers d'épuration d'après guerre et consulté de nombreuses autres sources (archives du ministère de la Production industrielle, interviews de dirigeants, histoires d'entreprises, etc.), on peut cependant faire état d'impressions relativement étayées à défaut d'être prouvables. Et celles-ci inciteraient en fait à la fois, on va le voir, à relativiser d'abord et à ne pas récuser totalement ensuite la distinction entre petites et grandes entreprises en matière de collaboration économique.

Si on s'en tient à l'acception la plus large de la collaboration économique, celle fondée simplement sur la proportion de l'activité réalisée pour le « secteur allemand », on dispose de maints exemples de sociétés qui n'étaient pas, loin de là, des PME et qui ont elles aussi travaillé presque exclusivement pour les occupants. Or on peut penser que la taille des groupes incriminés compense, à bien des égards, la moindre ampleur du nombre de cas recensés. Une société aussi importante que Hotchkiss, l'une des premières de surcroît à avoir vu passer sur ses chaînes des chars de la Wehrmacht, a réalisé par exemple près de neuf dixièmes de son chiffre d'affaires entre 1940 et 1944 (87 % exactement, soit 867 millions de francs) non seulement avec les Allemands mais même en quasi-totalité avec les forces armées ennemies. Et les fournisseurs de ciment, à commencer par Lafarge, comme tous les grands constructeurs automobiles de la zone occupée, non seulement Renault mais même Citroën et Peugeot, pour citer les plus connus, ont eu pour premier client, et de loin, les autorités d'occupation. Il n'y a donc pas de corrélation *a priori* évidente entre le fait d'être un fournisseur du Reich et la taille de l'entreprise.

La quasi-totalité de ces grandes sociétés, cependant, peuvent assurément faire état d'une contrainte plus ou moins forte, et souvent on ne peut plus réelle dès l'été 1940 quand elles étaient en zone occupée, pour expliquer ce résultat. Or on ne saurait placer sur le même plan une entreprise qui a accepté ou surtout recherché des marchés et une autre qui s'est contentée de ne pas saboter sa production après avoir été réquisitionnée ou sommée de collaborer par des occupants en armes. Il en sera tenu compte, nous y reviendrons plus en détail, lors de l'épuration à la Libération. C'est ainsi que si certains dirigeants de Hotchkiss n'échapperont pas à l'épreuve de la détention puis de la cour de justice après guerre, parce qu'on considérera qu'ils avaient accueilli sans réserve excessive les commandes allemandes, ils feront, même si c'est avec quelques autres, plutôt figure d'exception. Pour conserver les mêmes exemples, leurs homologues de Citroën ne seront pas inquiétés et ceux de Peugeot, on le verra, seront même considérés comme ayant appartenu au camp de la Résistance. Rares, de fait, seront les groupes d'une certaine taille à ne pas réussir après guerre à être blanchis des accusations de collaboration économique même quand ils avaient largement fourni l'occupant. Rares, en d'autres termes, furent les grandes entreprises qui ne bénéficièrent pas des plus larges circonstances atténuantes, quand ce n'était pas d'un véritable quitus, pour leur activité entre 1940 et 1944 alors que bon nombre de PME, et même celles affichant des bilans semblables ou plus modestes en matière de commandes allemandes, ont eu du mal à obtenir le même traitement.

Faut-il voir là une injustice ? Peut-être, mais alors une injustice très explicable, sinon toujours justifiée, dès lors qu'on considère avec bon sens que toutes les formes de collaboration économique ne sont pas équivalentes. Il existe en effet en moyenne, même si c'est en moyenne seulement, une différence sensible selon la taille des sociétés, tenant à leurs structures et à leurs organisations spécifiques, qui explique peut-être la plus grande implication apparente des PME sinon dans la collaboration économique en général du moins dans la collaboration économique sans contrainte sérieuse. Il n'est pas surprenant que des sociétés au personnel peu nombreux, dont toutes les facettes de l'activité étaient contrôlées par une équipe de direction le plus souvent réduite à un seul homme, aient été amenées, quand elles avaient décidé de ne suivre que leur intérêt économique, à entrer profondément, et sans retour, dans l'engrenage tentant et vite inexorable de la collaboration avec l'occupant. Surtout quand celle-ci était considérée comme « légale » en étant tolérée ou encouragée, voire réclamée, comme ce fut le cas dans de nombreux secteurs, par les autorités françaises. Craignant parfois pour leur simple survie si elles ne pouvaient justifier d'un certain niveau d'activité, en particulier à partir de 1942-1943 quand la concentration était devenue un objectif affiché, souvent défavorisées face aux sociétés plus importantes en matière de répartition, donc d'accès aux indispensables approvisionnements pour pouvoir travailler, moins aptes, à supposer qu'elles le souhaitaient, à résister aux pressions allemandes, les petites entreprises n'abritaient pas en leur sein, de surcroît, les freins « naturels » à une dérive vers un tel comportement qu'on trouve dans les groupes d'une certaine taille. Rien n'indique, en d'autres termes, qu'il ait été en moyenne plus tenu compte *a priori* dans les grandes entreprises que dans les PME de critères non directement économiques — le patriotisme, la défense du personnel à tout prix, etc. — pour définir des stratégies qui, presque toujours et presque partout, se sont résumées à la poursuite d'un triple objectif : préserver l'existence de l'entreprise ; maintenir au mieux sa production et sa capacité concurrentielle ; réaliser des bénéfices dans toute la mesure du possible. Mais tout indique que d'abord la présence d'un personnel nombreux, et assez souvent organisé malgré la répression antisyndicale, apte à observer le comportement de la direction et éventuellement à le contrarier quelque peu, ensuite la visibilité plus grande des activités, qui rend plus difficiles les démarches qu'on ne peut assumer publiquement et plus facile la surveillance des mêmes activités par les autorités françaises et en particulier par le ministère de la Production industrielle, enfin la capacité managériale de songer au moyen voire au long terme, donc à l'issue de la guerre et à ses conséquences selon les cas de figure envisageables, ont induit des politiques particulièrement subtiles voire contradictoires selon les moments et selon les auteurs des décisions — comme on l'a vu — dans les groupes importants. Au point que bien souvent qualifier ces entreprises et même leurs dirigeants de plutôt favorables ou plutôt hostiles en moyenne à la collaboration relève, soit de l'exercice impossible si on s'en tient aux actes « objectifs », soit au mieux de l'intime conviction si on essaie de comprendre plus en détail ce qui s'est passé.

Voilà sans doute pourquoi les PME, après guerre, eurent souvent plus de mal à justifier leur conduite pendant l'Occupation, sans que, pour autant, on puisse affirmer qu'elles se sont comportées en général d'une façon nettement plus critiquable. La référence à la taille, au niveau de la justice comme de l'opinion publique, n'a d'ailleurs jamais été évoquée à la Libération parmi celles qui vous rendaient plus ou moins suspect d'une conduite condamnable. Il n'y eut même, au total, aucune propension sérieuse à viser plutôt tel ou tel type d'entreprise. Alors, sur quoi s'est-on fondé pour sélectionner les « candidats » à l'étiquette de collaborateur après guerre ?

Lors des années de l'épuration, la difficile recherche du « bon indicateur » pour évaluer les comportements de collaboration économique n'a jamais cessé, aussi bien au niveau de l'opinion que d'un tribunal ou d'une commission d'épuration à l'autre, sans pour autant aboutir — on l'a déjà dit — à un résultat vraiment satisfaisant. Les deux principaux critères qu'on a tenté malgré tout d'objectiver — la plus ou moins grande proportion de l'activité consacrée au « secteur allemand » d'une part, le degré de contrainte qui avait rendu inévitable ou non ce degré d'activité d'autre part — ont toujours été examinés de près par les magistrats mais n'ont que rarement permis de fonder à eux seuls les décisions judiciaires — nous y reviendrons — ou même les appréciations des observateurs sur les cas présentés. Il est d'abord apparu que s'appuyer sur ces critères « globaux » revenait à identifier le comportement des entreprises et celui des hommes — les seuls à devoir rendre compte directement devant la justice pénale de la collaboration économique — et que c'était évidemment souvent abusif. Dans les PME ou, d'une manière générale, dans les entreprises familiales, quand le pouvoir était très concentré, il paraissait certes possible d'attribuer dans beaucoup de cas de collaboration économique la totale responsabilité des décisions et initiatives estimées répréhensibles tout comme le bénéfice des éventuelles circonstances atténuantes au principal dirigeant. Il ne pouvait en être de même dès qu'on avait affaire, dans les groupes « managériaux », d'une part à un organigramme complexe et à des structures décentralisées, d'autre part, comme on l'a vu, à des décisions sujettes à des interprétations contradictoires et impliquant de nombreux responsables aux motivations éventuellement divergentes.

On s'est vite aperçu par ailleurs que ces deux critères, qui semblaient les seuls applicables à tous, étaient souvent le premier peu significatif et le second difficile à définir. Il suffira, d'abord, de rappeler simplement que le groupe Sainrapt et Brice, dont la direction n'était certes pas hostile à la collaboration comme on l'a vu, a travaillé majoritairement pour le « secteur français », alors que Peugeot, considéré généralement comme une entreprise « résistante », a livré la quasi-totalité de sa production aux Allemands, pour montrer avec quelles précautions il faut manier le ratio commandes allemandes/commandes françaises. Certaines fournitures à des entreprises françaises — par exemple, pour prendre un cas très répandu, la livraison de pièces détachées s'intégrant dans des matériels militaires destinés en dernier ressort à être livrés par le donneur d'ordres à l'Allemagne — pouvaient être à l'évidence autrement plus « collaboratrices » que des ventes directes de produits « pacifiques » — par exemple des ustensiles ménagers — aux autorités d'occupation ou à des firmes d'outre-Rhin. Quant à la contrainte, il est de fait que malgré tous les efforts des législateurs d'abord, de ceux qui eurent à appliquer les textes ensuite, nul n'a jamais pu dire exactement où elle commençait et où elle se terminait ni, à supposer qu'on en accepte une définition de bon sens provisoire, quels actes elle suffisait à légitimer et quels actes elle ne saurait excuser.

Les cas indiscutables, comme d'un côté celui de l'usine occupée par la Wehrmacht ou réquisitionnée sous surveillance militaire, de l'autre celui de la société créée ou gérée sous l'Occupation uniquement pour profiter des commandes allemandes, permettent simplement de borner aux deux extrêmes le champ des possibles en matière de contrainte. Ils fournissent une illustration commode, d'abord de la situation de contrainte irrésistible — encore qu'on pouvait toujours, d'aucuns l'ont fait, tenter de saboter ou de freiner à ses risques et périls la production pour les Allemands même dans une telle situation de contrainte « militaire » — ; et ensuite de la collaboration économique maximale et vénale — encore que le discours officiel de Vichy en faveur de l'entente franco-allemande sur le front de l'économie pouvait inspirer des vocations qui auraient été parfois inhibées si l'armistice et ses suites n'avaient pas été ce qu'elles furent. Mais les exemples réels relevant de ces deux cas sont très loin d'avoir été les plus nombreux, et la réalité, presque toujours, sera à rechercher dans l'entre-deux. Comment pouvait-on parler de contrainte absolue, même si son usine était contrôlée par les Allemands, quand on avait recherché sans obligation réelle des contrats outre-Rhin ? Et comment, inversement, ne pas parler de contrainte au moins relative quand on avait accepté sans y être obligé des commandes allemandes « civiles », souvent à la demande expresse de Vichy, signataire d'accords entre les deux pays, alors même qu'il s'agissait peut-être du seul moyen non seulement d'assurer des salaires mais surtout d'éviter le départ de tout ou partie du personnel au STO ?

Ces réserves ne disqualifient pas pour autant, bien entendu, les critères en question, difficilement contournables. Mais elles montrent que leur utilisation nécessite dans chaque cas des interprétations spécifiques si l'on ne veut pas risquer d'émettre des jugements trop indulgents ou trop sévères pour les sociétés comme pour leurs dirigeants sous le couvert de données « objectives ». Il est donc très difficile de constituer des catégories homogènes parmi les entreprises — et on parle ici sans aucun doute de la majorité des entreprises françaises de quelque importance — qui ont participé directement — essentiellement par des prises de commande — ou indirectement — surtout par la sous-traitance — à la collaboration économique. Si l'on voulait néanmoins, en connaissant les limites de l'exercice, opérer une classification aussi peu arbitraire que possible, au moins d'un point de vue théorique, que pourrait-on proposer comme grille de lecture acceptable du comportement de ces entreprises ? Le minimum exigible serait de croiser plusieurs approches, par exemple de la façon suivante. On pourrait d'abord distinguer à très grands traits dans la population des sociétés trois grandes strates en fonction du degré de contrainte subie : 1) contrainte réelle indiscutable ; 2) contrainte sérieuse inexistante ; 3) contrainte effective mais relative. Puis, à l'intérieur de chacune de ces trois strates, on devrait alors tenter d'opérer une distinction en fonction du plus ou moins grand appétit de collaboration ou de résistance manifesté par les entreprises ayant eu à faire face à des contraintes de même type. Pour mesurer cet « appétit », le ratio secteur français/secteur allemand serait pris en compte, mais uniquement comme le premier parmi une dizaine d'« indicateurs » à examiner. Parmi ceux-ci il faudrait retenir au moins la nature de l'activité (civile ou militaire, essentielle pour l'occupant ou non, etc.) ainsi que les performances et la politique financière de l'entreprise (pourcentage des bénéfices réalisés pendant la guerre du fait des livraisons directes ou indirectes à l'occupant, évolution du capital et du chiffre d'affaires de la société entre le début et la fin de l'Occupation, etc.), mais aussi l'origine et la destination des commandes (fournitures directes aux autorités d'occupation ou sous-traitance, vente en France ou à l'exportation outre-Rhin, etc.), la politique de personnel (défense réelle des intérêts des employés ou défense prioritaire des intérêts patronaux, interventions effectives pour éviter les départs outre-Rhin et aider les réfractaires ou attitude passive à cet égard, propagande pour la relève ou non, etc.), la vulnérabilité de l'entreprise (survie véritablement en jeu ou non, risque d'affaiblissement concurrentiel important ou non, etc.), la politique commerciale (recherche assidue de travail ou position d'attente, sélection des ordres autant que possible ou acceptation de toutes les propositions, etc.), la politique de développement (acquisition ou non d'autres entreprises et en particulier de sociétés « aryanisées », etc.) et, bien entendu, le comportement « de terrain » en matière de résistance (éventuel sabotage ou freinage volontaire et organisé de la production destinée à l'Allemagne, aide matérielle ou financière à la Résistance, participation ou non de membres de la direction et de l'encadrement à la Résistance, etc.). Il faudrait de surcroît dater les éléments ainsi réunis car, sans même parler de l'évidente rupture de fin 1942, avec pour tous l'institution du STO et pour les entreprises du Sud jusque-là relativement à l'abri l'occupation de la zone libre, il est clair que les mêmes initiatives ont souvent un sens complètement différent selon le moment où elles sont prises.

Si, d'une entreprise à l'autre, on a réussi souvent à obtenir des informations sur une bonne partie de ces « indicateurs », il est clair que rares sont les cas où il fut possible après guerre, notamment lors des instructions judiciaires, et où il reste envisageable aujourd'hui, en enquêtant avec le recul du temps, d'en faire le tour complet. L'aspect très « qualitatif » de certains d'entre eux interdit d'ailleurs parfois d'aller au-delà de la simple opinion plus ou moins fondée à leur sujet. Cette check-list, qui témoigne une nouvelle fois par sa diversité de la complexité des situations effectivement vécues, doit donc être considérée au mieux comme un petit aide-mémoire pour décoder approximativement le comportement des entreprises sous l'Occupation et avoir des éléments pour évaluer sa légitimité, mais il n'annonce ni pour aujourd'hui ni pour demain la constitution d'un impossible tableau à double entrée permettant de situer précisément chacun dans le paysage de la collaboration économique. Essayons pourtant, au moins pour les trois strates évoquées, à défaut de pouvoir le faire aussi pour tous les « indicateurs » signalés, d'illustrer par quelques cas concrets les différents types d'entreprise concernés. Cet exercice permettra une nouvelle fois de souligner à quel point, dans des situations de contrainte égale, les sociétés ont connu des destins fort différents, justifiant une approche aussi individualisée que possible de leur comportement. Il permettra d'ailleurs également de voir que même une typologie aussi « lâche » ne permet pas de recenser tous les cas de collaboration puisque certains ne peuvent pas être appréhendés par cette approche en terme de contrainte.

Les trois degrés de contrainte

On pourra indiscutablement évoquer, pour examiner d'abord la première strate, une « contrainte réelle » pour les entreprises dont les installations ou la production ont été réquisitionnées ou, quand ce n'étaient pas les mêmes, pour celles qui ont été obligées d'abriter un commissaire allemand voire un détachement militaire. Toutes les sociétés fabriquant des produits stratégiques aux yeux des Allemands — les industriels de l'armement mais aussi les constructeurs automobiles, les grandes usines métallurgiques, les cimentiers, les producteurs d'énergie, etc. — se sont retrouvés dans cette situation, qui impliquait un rapport direct avec l'occupant. Il est arrivé, bien entendu, que cette contrainte réelle ne concerne qu'une partie de l'entreprise ou une période précise de son existence mais le plus souvent elle a affecté ceux qui la subissaient pendant toute l'Occupation.

La seule façon de refuser totalement et pour toute la durée de la guerre de travailler pour les Allemands aurait consisté dans ces cas-là à risquer la survie même de l'entreprise en décidant volontairement de la fermer ou de la saboter plutôt que d'obéir aux ordres des occupants. Il est remarquable, et très significatif, qu'on ne puisse que difficilement repérer entre 1940 et 1944 des comportements de ce type dans des entreprises de taille conséquente, même si les exemples de véritable résistance, on le verra, n'ont, eux, pas manqué. Certes un journal comme *Le Progrès* de Lyon — et il y en eut d'autres après lui — a décidé de son propre chef de cesser de paraître et de se saborder en 1942, le jour même de l'invasion de la zone sud, pour ne pas subir, d'abord à travers diverses consignes de Vichy et bientôt évidemment avec la censure allemande, une contrainte inacceptable[16]. Mais, même si une telle attitude sans concession fut courageuse et exemplaire — et récompensée comme telle par une très précoce autorisation de reparaître à la fin de l'été 1944* —, elle ne concerne pas une société industrielle ou commerciale comme une autre : comment ne serait-ce qu'imaginer possible de produire et de diffuser de l'information, surtout dans un grand quotidien, sans devenir ouvertement un auxiliaire quasi direct et précieux des nazis sous l'Occupation ? Certaines entreprises dont les principaux actionnaires, juifs, ont estimé devoir s'attendre dès l'été 1940 à subir des contraintes majeures dans le cadre de leur activité, même sans prévoir probablement à quel point elles seraient radicales, ont également décidé de se mettre en sommeil — comme les banques Lazard ou Rothschild. Il s'agit là encore évidemment, même si le sacrifice d'un simple point de vue économique n'en est pas amoindri pour autant, de cas très particuliers.

Les entreprises subissant une contrainte réelle, au contact des Allemands, ont donc, sauf exception, poursuivi leur activité en se pliant plus ou moins, et presque toujours plus que moins, aux ordres de l'occupant, l'idée de risquer l'existence de ces organisations n'ayant, semble-t-il, jamais traversé l'esprit de leurs dirigeants. Aussi bien d'ailleurs quand ils en étaient les propriétaires que lorsqu'ils n'étaient que des professionnels de la gestion. Les comportements n'en furent pas moins très divergents à la lumière des « indicateurs » que nous avons proposés. Renault mais aussi Carbone-Lorraine ou diverses entreprises de BTP généralement traitées de « collabos » faisaient partie de cette catégorie des entreprises « sous contrainte », tout comme des sociétés louées après guerre pour leur attitude courageuse telles que Peugeot ou, plus encore, le constructeur de matériels aéronautiques Hispano-Suiza, contrôlé « militairement » par les Allemands en partie dès 1940 et en totalité après fin 1942. Pour certaines entreprises, comme Lafarge, on assista même à des accès de schizoïdie, certains sites industriels se conduisant parfois très différemment des autres malgré une situation de contrainte apparemment très semblable, et indiscutablement « réelle ». Détaillons ce cas, complexe mais instructif.

On peut parler à vrai dire, à propos du groupe cimentier devenu le premier du pays à la veille de la guerre, de double schizoïdie — au niveau global de l'entreprise et au niveau des usines une par une — sous l'Occupation[17]. Lafarge, en effet, est d'abord divisé en trois entités quasi indépendantes, aussi bien avant fin 1942 qu'après. Au lendemain de l'armistice, les principales activités du groupe sont réparties entre la zone occupée, sous domination allemande, la zone libre et l'Afrique du Nord, sous l'influence de Vichy, et l'Angleterre enfin, où la filiale est coupée de la maison mère. Outre-Manche, Lafarge Aluminous Cement (LAC), dont le « fondu » sert notamment à construire les pistes d'aéro-

---

* *Le Progrès* fut, grâce à sa décision immédiate de sabordage lors de l'invasion de la zone libre, le seul des grands quotidiens lyonnais autorisé à reparaître très peu de temps après la Libération, le 8 septembre 1944, sous le même titre. *Le Nouvelliste*, *Le Salut public* et *Lyon Républicain*, pour n'avoir pas suivi cet exemple courageux, n'obtiendront pas cette autorisation.

drome utiles à la Royal Air Force, poursuit tant bien que mal ses activités, avec des difficultés pour reconstituer ses stocks de bauxite et l'obligation de camoufler ses installations pour éviter les attaques de la Luftwaffe. En zone libre et outre-Méditerranée, on maintient comme on peut, malgré tous les problèmes d'approvisionnement, la production et on suit les instructions de la direction générale, réfugiée dans le Sud à Viviers. Celle-ci ne paraît pas exagérément optimiste un an après l'armistice quant à l'issue de la guerre puisque le conseil d'administration déclare en juin 1941 : « Après les jours tragiques de 1940 qui virent la France terrassée et vaincue [...], la vie continue et notre devoir à tous est de travailler [...]. Si nous savons nous grouper autour de notre chef (le maréchal Pétain) et nous consacrer à notre tâche, l'avenir nous appartient. » Le présent de Lafarge, en tout cas, semble surtout appartenir à l'Afrique du Nord où les tonnages comme les bénéfices progressent et où on étend la capacité de production : au Maroc, on récupère les équipements de l'usine arrêtée du groupe concurrent Poliet pour développer la cimenterie de Casablanca ; en Algérie, on prépare la construction d'une grande unité à Oran, le matériel étant commandé aux États-Unis. En zone occupée, enfin, toutes les cimenteries sont sous contrôle allemand et voient leur production réquisitionnée par l'occupant. Fin 1942, les frontières des trois « morceaux » de Lafarge évoluent quelque peu. Le débarquement des Alliés en Afrique du Nord isole le Maghreb, en voie de libération, de la métropole, désormais entièrement occupée. En Algérie et au Maroc, le principal dirigeant local de Lafarge, Pierre Marée, prend directement le commandement. Outre-Manche LAC est alors placé sous séquestre et ne rejoindra à nouveau le groupe qu'après guerre. Dans l'hexagone, où la tête de l'entreprise rejoint bientôt Paris, toutes les usines sont désormais logées à la même enseigne, allemande. Tout en mettant l'accent sur la simple préservation de l'entreprise, le siège, en ces jours difficiles, n'oublie cependant pas l'avenir : on réorganise le groupe en absorbant des filiales, on achète des fours à chaux en Bretagne sur un site où l'on édifiera bientôt l'une des usines les plus rentables de Lafarge (Saint-Pierre-la-Cour), on contracte deux emprunts à de bonnes conditions (4 % d'intérêts).

Mais, autre phénomène schizoïde sous l'Occupation, chaque cimenterie suit aussi son destin propre et celui des deux principales usines de la société — celle de La Couronne, près d'Angoulême, et celle de Lafarge, en Ardèche — sera en particulier suffisamment différent pour conduire à des situations presque opposées à la fin de l'été 1944, lors de la Libération puis de l'épuration.

À La Couronne, en zone occupée, les Allemands sont venus réquisitionner la quasi-totalité de la production de ciment de l'usine dès août 1940. Ils ne seront pas présents en permanence sur le site mais ils le visitent avec une grande régularité pour contrôler l'activité et les comptes. Suivant en cela, nous assure le directeur adjoint de l'unité à l'époque, Pierre Richaud, la politique du groupe de ne pas faire de zèle et de privilégier l'entretien, on n'a pas remis en marche alors le deuxième four de l'établissement, qui avait été arrêté provisoirement en 1939 à l'heure de la mobilisation. Quand, en 1943, devant l'insistance menaçante des occupants affairés à la construction du mur de l'Atlantique, on ne peut éviter de réactiver ce four, on s'empresse de trouver des problèmes techniques qui permettent, au bout de quarante jours, de l'éteindre jusqu'à la fin de la guerre. Ce freinage de la production fut sans doute plus systématique que celui pratiqué par l'ensemble du groupe puisque ce dernier, contrairement à l'unité de La Couronne, affichera un bilan bénéficiaire pendant les trois premières années de l'Occupation. Il n'empêche pas de distraire une partie très substantielle du ciment fabriqué au profit de petits entrepreneurs ou d'agriculteurs de la région, non approvisionnés par les circuits officiels. Cette opération, qui nécessite une double comptabilité et un double état des stocks, est réalisée en faisant passer, grâce aux emballages, du ciment pour de la chaux, dont la vente est autorisée aux nationaux. La fraude volontaire et peu rentable — la chaux se vend moins cher que le ciment — n'est pas mineure : entre le 1er janvier 1941 et fin juillet 1944, les livraisons officielles de ciment enregistrées par les services allemands sont de 241 000 tonnes, dont 32 000 seulement ont été attribuées aux besoins français de la SNCF et de l'agriculture ; les livraisons parallèles atteignent un total de près de 108 000 tonnes, soit plus de la moitié des fournitures destinées aux occupants. L'ambiance et en particulier le climat social dans l'usine, où aucun départ vers le STO ne sera enregistré, resteront sereins jusqu'au bout. Quand Pierre Richaud se rend, comme il y est obligé régulièrement, à la Kommandantur d'Angoulême, il a dans sa poche une attestation du responsable clandestin de la CGT de l'établissement pour le dédouaner vis-à-vis de la Résistance qui pourrait trouver suspecte sa fréquentation des Allemands. En juillet et août 1944, des réserves d'essence clandestines, accumulées grâce à un usage non déclaré de gazogènes pour les tracteurs de carrière, sont en grande partie mises à la disposition des FFI... qui avaient d'ailleurs déjà pris l'habitude de se servir tout seuls dans la cache du carburant. À la Libération, le directeur de l'usine, Jean Fargier, peut afficher sur le portail un communiqué détaillant les « résultats » de l'activité sous l'Occupation et se terminant par ces mots : « Aucune autre cimenterie de zone occupée n'a fait un effort égal au profit de ses compatriotes ; il est bon que chacun le sache[18]. » Quelques jours auparavant, un « banquet de la libération » avait réuni ensemble la direction et la totalité du personnel pour fêter le départ des Allemands.

De l'autre côté du Massif central, à l'usine ardéchoise de Lafarge, il n'aurait même pas été imaginable d'émettre l'idée d'un tel banquet. Bien que disposant des mêmes consignes, et tout aussi obligé à partir de fin 1942 — mais seulement de fin 1942, puisqu'on était auparavant en zone libre — de livrer sa production en quasi-totalité aux occupants, le directeur de l'usine, Camille Ettore, n'a sans doute pas réagi à la situation de la même façon que ses collègues. Dans ce département de l'Ardèche où la Résistance, peut-être parce qu'elle n'a pas trouvé pendant longtemps le soutien espéré dans la population, est particulièrement déterminée, le responsable de la cimenterie est considéré pendant l'Occupation comme un opposant à la fois par les maquisards et par la majorité de ses ouvriers. « Gestionnaire autocrate, symbole du patronat de combat », selon les termes mêmes de l'historien « autorisé » de l'entreprise[19], ce dernier n'a pas su ou pas voulu donner des gages de son patriotisme. Il est destitué en septembre 1944 par une assemblée du personnel. Celle-ci réclame alors la mise sous séquestre de l'ensemble de la société. Le préfet de l'Ardèche, Jacques Trimoulin, ne met pas huit jours pour nommer, avant la fin du même mois de septembre, un administrateur provisoire, l'ingénieur Raphaël Evaldre. Il est soutenu par le commissaire régional de la république dont il dépend, Yves Farge, lui-même favorable, on le sait, aux « séquestres-sanctions »[20]. Evaldre, malgré une tentative de prise en main du groupe usine par usine, ne pourra rallier d'autres unités et devra se contenter de régner sur l'Ardèche.

Loin d'avoir conduit à une réunification de l'entreprise, la Libération a donc maintenu sous une autre forme son éclatement, cette fois en France métropolitaine, là même où depuis 1942 tous les établissements subissaient les mêmes contraintes. Il faudra plus de deux ans et une longue lutte juridique pour que la direction générale réussisse à réduire, avec l'appui décisif du Conseil d'État, la dissidence de la principale usine de la société. La parenthèse de la guerre ne se refermera, difficilement, qu'à partir du début 1947. L'ancien président du comité d'organisation de l'industrie cimentière sous l'Occupation, Marcel Demonque, qui avait conseillé en tant qu'expert pendant la guerre la remise à Lafarge des installations de Poliet au Maroc, puis qui avait surtout soutenu la société depuis la Libération, alors qu'il était devenu dans la continuité président de l'organisation professionnelle des Chaux et ciments, dans son combat contre le séquestre, était nommé au lendemain même de la réunification du groupe directeur général.

Typiquement considéré, avec tous les cimentiers, comme un cas d'entreprise type sous contrainte réelle entre 1940 et 1944, Lafarge, du fait de son implantation géographiquement diversifiée, fut donc en réalité pendant l'essentiel de la guerre à la fois très libre de ses mouvements en Afrique du Nord, résistante sous contrainte — de très bonne grâce manifestement — en Angleterre et collaborateur économique sous contrainte — de plus ou moins mauvaise grâce — d'abord en zone occupée puis dans tout l'hexagone. Inutile donc d'essayer d'envisager de façon globale l'histoire d'un groupe industriel qui construisait à la fois des pistes pour la RAF outre-Manche, pour l'US Air Force outre-Méditerranée et pour la Luftwaffe sur les côtes françaises, dans des usines dont le comportement, en raison de directeurs aux personnalités très différentes, ne fut pas du tout homogène.

Il y eut cependant des entreprises qui vécurent, toujours dans cette catégorie des sociétés sous contrainte réelle, dans un contexte beaucoup moins complexe : un industriel d'Alsace, par exemple, plus que tout autre, ne pouvait que fermer son établissement ou se plier aux ordres des Allemands, qui étaient en l'occurrence plus que de simples occupants puisqu'ils avaient annexé de fait la région au Reich. Un exemple unique suffira pourtant à montrer que même une telle situation de contrainte la plus absolue n'offrait pas la garantie d'un comportement à l'abri de tout questionnement après guerre — bien au contraire.

Fritz Schlumpf est l'un de ces deux frères, industriels opérant en France mais de nationalité suisse, qui rendirent leur nom célèbre il y a une dizaine d'années à la suite d'un grave conflit social. Celui-ci avait entraîné leur fuite au-delà des frontières puis la découverte dans leur propriété par les ouvriers grévistes de leur établissement textile, scandalisés, surtout à l'heure où ils vivaient un lock-out brutal, d'une incroyable collection de voitures anciennes à la valeur inestimable. En 1940, l'aîné des Schlumpf possédait une filature de laine employant 1 350 ouvriers à Malmerspach, près de Mulhouse[21]. L'entreprise, l'une des rares en Alsace à n'être pas formellement réquisitionnée, son propriétaire n'étant pas un étranger « ennemi », ne peut alors, par définition, éviter de livrer toute sa production aux Allemands à partir du moment où elle exerce *de facto* son activité au sein du Reich. La société devient de droit allemand, les commandes viennent toutes de Berlin, et les comptes, dont rien n'indique qu'ils en souffrent, ne peuvent être libellés qu'en marks. Mais la germanisation ne s'arrêtera pas là. En novembre 1940, alors qu'un colonel SS visite les lieux, on hisse dans la cour, assurera après guerre un ancien employé résistant, un drapeau à croix gammée. Pendant toute la guerre, surtout quand on reçoit des Allemands, le salut nazi, bras levé, est de rigueur pour la direction comme pour le personnel. Fin juillet 1944, quelques mois avant la Libération, Fritz Schlumpf signe même un télégramme de félicitations, en son nom et au nom de tout le personnel écrit-il, qu'il envoie à Hitler en signe de solidarité après le fameux attentat manqué contre le Führer. Quinze jours avant l'arrivée des troupes alliées, l'industriel, se rappelant ses origines, fait disposer tout autour de l'usine des drapeaux avec une croix moins compromettante que celle de novembre 1940 puisqu'il s'agit cette fois de l'emblème national suisse. En raison des nombreux « prélèvements » de main-d'œuvre au profit des usines de guerre qui étaient installées dans les environs et des enrôlements autoritaires de travailleurs dans la Wehrmacht — trente-six ouvriers de l'établissement textile ne reviendront d'ailleurs jamais du front de l'Est —, les effectifs de l'usine, au sortir de la guerre, sont tombés à huit cents personnes environ.

Opérant à l'évidence sous la contrainte, M. Schlumpf, avec un tel bilan, n'a-t-il pour autant concédé aux occupants que ce qui était inévitable ? On imagine en tout cas à quel point des résistants, même en relativisant dans le cas d'un étranger l'importance de la notion de patriotisme, ne risquaient pas de répondre par l'affirmative à une telle question. Le dossier transmis à la justice contre l'industriel à l'heure de l'épuration sera ainsi constitué, d'après son rédacteur, à la demande d'un chef local de l'armée des ombres, le capitaine Desbally, « outré de la propagande nazie que faisait M. Schlumpf ». Ce dernier déclare alors, comme tous les industriels le feront d'ailleurs quel qu'ait été leur comportement, qu'il avait été bien obligé de faire tourner son usine qui assurait un gagne-pain à des centaines de familles. Il affirmera qu'il estimait pouvoir revendiquer sans regret « tout ce qui s'est passé dans l'usine de 1939 à 1944 ». Sa qualité d'étranger « neutre » lui avait d'abord permis, précisait-il, de mieux maintenir l'activité, donc des emplois et des salaires « civils », que d'autres entrepreneurs moins à l'aise pour agir face aux Allemands. Et les concessions idéologiques aux nazis, ajoutait-il, étaient nécessaires si on voulait maintenir l'établissement en vie. Ce plaidoyer *pro domo* fut conforté par plusieurs catégories de témoins. On n'a aucune raison d'être véritablement surpris par le soutien qu'accordèrent ainsi après guerre à leur collègue les six autres filateurs de laine peignée d'Alsace restés en activité sous l'Occupation et estimant que Fritz Schlumpf n'avait rien à se reprocher professionnellement. Cependant le personnel de l'usine lui-même, quand il sera question un temps d'expulser de France l'industriel suisse, votera à bulletins secrets à 98 % une motion de confiance envers son patron. Il avalisera par là même en majorité les dires de ce dernier — peu agréables pourtant pour ce même personnel par leur contenu implicite — quant à l'institution du salut hitlérien : « Le salut hitlérien », selon lui, avait été « imposé dans toutes les usines, mais jamais, je précise jamais, aucun de mes ouvriers n'a été forcé par moi de le faire. Je leur ai simplement recommandé dans certaines circonstances, si les autorités militaires ou du parti nazi étaient à l'intérieur de l'usine, de lever la main afin de les préserver d'ennuis que nous aurions tous ensemble ». Quant au message à Hitler après l'échec malheureux de l'attentat de 1944, un incontestable résistant réfugié à Alger pendant la guerre, mais aussi ami personnel de M. Schlumpf il est vrai, M. Heitz, magistrat de métier, le décrétera banal à la barre d'un tribunal : « Je ne connais pas d'exemple d'une industrie, même moyenne, qui n'ait pas été forcée [en Alsace] d'envoyer un télégramme de ce genre-là. » On est pour le moins en droit de ne pas trouver totalement convaincantes ces « explications » qui légitiment par la « contrainte » et les dures nécessités de la vie des affaires des attitudes de soutien peut-être apparent seulement, mais très apparent, aux nazis. Il faut noter cependant, quitte à rester perplexe, qu'elles ont été considérées comme tout à fait suffisantes dans une région certes particulière comme l'Alsace à la Libération : Fritz Schlumpf ne fut pas expulsé, obtint un « classement sans suite » de son dossier en cour de justice et n'eut à subir qu'un séquestre très provisoire de ses biens.

Si les exemples cités ici montrent à nouveau à quel point avoir agi sous une « contrainte réelle » n'a impliqué aucun comportement standard, on se doute qu'il en fut *a fortiori* de même pour les entreprises et les hommes d'affaires de la deuxième strate, ceux dont l'activité n'a été soumise à « aucune contrainte sérieuse ». Les entreprises de la zone libre non dotées de filiales ou de succursales importantes en zone occupée, à la seule exception de quelques-unes parmi celles qui fabriquaient des produits éminemment stratégiques pour l'occupant (aluminium, etc.), furent évidemment dans ce cas jusqu'en 1942. Mais toutes les entreprises de la France occupée qui opéraient dans des secteurs sans intérêt immédiat pour le Reich peuvent être considérées également comme ayant appartenu à cette catégorie. Les commandes allemandes qu'elles ont le plus souvent acceptées ne leur avaient nullement été imposées. Elles leur furent souvent proposées, elles furent aussi très souvent recherchées. Et cela dès après la défaite.

Les commissions de contrôle de l'armistice allemandes qui parcourent la zone libre dès l'automne 1940 ont fait ouvertement état dans leurs rapports de la disponibilité de la quasi-totalité des industriels visités — parmi lesquels tous ceux qui avaient fabriqué des matériels pour l'armée française — pour honorer des commandes d'outre-Rhin[22]. On pourrait suspecter ces représentants du pays alors vainqueur d'avoir en partie pris leurs désirs pour des réalités même si des confirmations écrites, en réponse à des questionnaires, des intentions de nombre de ces industriels sont vite venues conforter leurs impressions. Mais on ne saurait imputer les mêmes préjugés — du moins à cette époque — au ministère de la Production industrielle français. Or celui-ci ne cessera, à partir de la fin de l'été 1940, de rappeler à l'ordre les entreprises du sud du pays trop enclines à accepter de fournir les Allemands et qui contrecarraient ainsi les tentatives du gouvernement de mettre sur pied, avec les autorités d'occupation, une politique de contreparties en échange d'une collaboration économique « volontaire ».

On se doute que si les scrupules des industriels face à la collaboration économique furent souvent inexistants en zone libre juste après la défaite en 1940, ils ne risquaient guère — sauf évidemment beaucoup plus tard, au moment où le sort du conflit mondial semblera joué — de réapparaître quand, en 1941 et 1942, la férule allemande, des deux côtés de la ligne de démarcation, sera devenue routinière sinon acceptée. Tout au plus devront-ils désormais, sous peine de risquer des remontrances et parfois des sanctions de Vichy, réclamer une autorisation de réaliser des travaux pour l'outre-Rhin. Une autorisation qui sera généralement accordée, afin de préserver les activités des sociétés, sous la seule réserve d'obtenir auprès de l'occupant la promesse d'un approvisionnement en matières premières spécifique pour ces productions. En zone occupée, où théoriquement, même si cette clause des conventions internationales sera très peu respectée, les industriels n'étaient pas autorisés, sauf accord particulier, à honorer des commandes de nature militaire, la course aux affaires fut pour beaucoup l'occasion d'oublier toute retenue. Pierre Pucheu, ministre de la Production industrielle pendant le premier semestre 1941, lui-même ancien industriel, a évoqué, dans ses mémoires posthumes, les difficultés qu'il avait rencontrées pour limiter les commandes allemandes militaires dans la zone occupée car souvent il avait « été devancé par les industriels eux-mêmes, ce qui me plaçait dans une situation impossible à l'égard de l'occupant »[23].

Quelle était la motivation essentielle de ces détenteurs de commandes allemandes totalement libres de les accepter ou de les refuser ? En mettant une nouvelle fois à part le cas, déjà étudié, des industriels-trafiquants, ces « hommes d'affaires » assimilables le plus souvent à des escrocs pour lesquels tout simplement l'argent n'avait pas d'odeur et la force primait la loi, on a l'impression de rencontrer essentiellement trois types de comportement parmi ces collaborateurs économiques *a priori* volontaires.

Le premier, pour ne pas être le plus glorieux, est très banal : on suppose, et en général à raison, qu'il y a de bonnes affaires à réaliser avec les Allemands et on propose donc ses produits ou ses services, directement ou par intermédiaire, à ces clients réputés bons payeurs comme s'il s'agissait d'un partenaire commercial quelconque. Ceux qui avaient déjà établi avant guerre des relations avec des firmes importatrices d'outre-Rhin ne seront évidemment pas les derniers à se manifester. Considérant que, même sous l'Occupation, les affaires sont les affaires et qu'il n'y a aucune raison de trop s'interroger, du moins tant qu'on agit dans un cadre apparemment légal, sur la nature éventuellement particulière des commandes allemandes, tel établissement de l'Allier propose donc de livrer des machines à découper la charcuterie en janvier 1942 aux Établissements Alexanderwerk à Remscheid, telle aciérie de la région stéphanoise veut expédier des bielles d'accouplement de locomotives en décembre 1941 à la société allemande Orenstein & Koppel, telle entreprise du Puy-de-Dôme entend envoyer dix mille tondeuses pour la coiffure en juin 1943 à la firme Lauterjung Söhne de Solingen, telle société du Saut-du-Tarn est impatiente de fournir une quarantaine de tonnes d'outillages à la fin du printemps 1941 aux autorités d'occupation (Feld-Kommandantur de Bordeaux) soucieuses de faire travailler les pensionnaires des camps de prisonniers des Landes, etc.*. Ce primat accordé au carnet de commandes sans aucune autre considération n'a hélas pas toujours conduit uniquement à prospecter « banale-

* On peut trouver des centaines et des centaines d'exemples de ce type dans les archives du ministère de la Production industrielle, qui a notamment échangé de nombreux courriers avec des entreprises qui désiraient exporter en Allemagne et, pour certaines, avaient « oublié » de demander l'autorisation nécessaire dans ce cas. Les quelques exemples cités ici sont extraits de ce courrier. Nous avons préservé l'anonymat de ces exportateurs vers l'Allemagne car nous n'avons pu vérifier suffisamment en détail les conditions précises dans lesquelles ces marchés ont été conclus et nous ne pouvions exclure que, dans quelques cas, d'autres motifs que le seul souci de réaliser une bonne affaire aient pu jouer.

ment » des ordres. Ainsi, sans qu'il soit possible de mesurer la part respective de l'appât du gain et de l'antisémitisme dans un tel acte, on sait, grâce à un courrier retrouvé récemment par l'écrivain Antoine Lefébure, que la célèbre société Photomaton a contacté en mai 1941 les autorités allemandes pour devenir leur fournisseur en ces termes très clairs, qu'il nous paraît inutile de commenter : « Nous pensons que le rassemblement de certaines catégories d'individus de race juive dans des camps de concentration aura pour conséquence administrative la constitution d'un dossier, d'une fiche ou carte, etc. Spécialistes des questions ayant trait à l'"identité", nous nous permettons d'attirer tout particulièrement votre attention sur l'intérêt que présentent nos machines automatiques Photomaton susceptibles de photographier un millier de personnes en six poses et ce en une journée ordinaire de travail [...]. La qualité très spéciale du papier ne permet ni retouche ni truquage[24]. »

Le deuxième type d'hommes et d'entreprises appartenant à cette catégorie des fournisseurs opérant « sans contrainte » regroupe tous ceux qui ont trouvé tout à fait normal de rechercher ou d'honorer des commandes allemandes en raison même de la politique de collaboration d'État. Dans la mesure où, quitte à vouloir ensuite la contrôler, ce qu'il fera d'ailleurs difficilement, Vichy prône officiellement la collaboration économique et souvent l'organise lui-même à la suite d'accords de production franco-allemands, bien des entrepreneurs se sont sentis encouragés par l'attitude même du gouvernement à rechercher les précieuses commandes des autorités d'occupation ou des firmes d'outre-Rhin. L'administrateur délégué des Anciens Établissements Labbé Frères, de la région lyonnaise, estime ainsi fin 1941 ne réclamer que son dû en écrivant par deux fois au secrétariat d'État à la Production industrielle pour s'étonner de n'avoir pas encore eu sa part « de commandes allemandes qui auraient été confiées en grande importance [dans le secteur des métaux] à la profession[25] ». Pas de raison, autrement dit, que les autres en profitent et pas nous, semblent penser bien des industriels soucieux d'alimenter la charge de travail de leurs ateliers et qui ont appris la conclusion de marchés entre le gouvernement et les occupants. Ces commandes, de fait, sont en général réparties entre les industriels de la branche concernée par le biais de son comité d'organisation, ce qui « légitime » ces fabrications puisqu'elles sont entreprises sous l'égide d'un organisme professionnel officiel et national. C'est ainsi, par exemple, que la plupart des fabricants de chaussures de quelque importance dans le pays se trouveront tout naturellement, à la demande du ministère de Bichelonne qui a accepté une demande du général Oberg, en train de négocier à la fin du printemps 1944 les modes de livraison outre-Rhin de dizaines de milliers de chaussures « hommes, usage travail » à destination des « sinistrés des SS et de la police allemande[26] ». L'arrivée rapide de la Libération, en particulier dans la grande région productrice de chaussures de Fougères, rendra de fait impossibles les livraisons à ces sinistrés bien particuliers. Quant à M. Maurice Chatam, qui réussit à développer très sensiblement ses affaires pendant l'Occupation en obtenant l'exclusivité du commerce de fruits et légumes avec l'Allemagne, il opère pour le compte du Groupement d'import-export des fruits et légumes créé après un accord entre son gouvernement et les Allemands sur la participation française au ravitaillement civil du Reich et des troupes d'occupation. Il a d'ailleurs été désigné par Vichy pour cette tâche. Les autorités allemandes du nord-ouest de la France affirmeront dans une note au Majestic que ce négociant leur a donné « entière satisfaction en tous points ». Mais certains résistants en diront autant à la Libération et cet efficace organisateur très « officiel » du transfert des précieux produits alimentaires français outre-Rhin (40 % de son chiffre d'affaires entre 1940 et 1944) n'aura à redouter après guerre qu'un simple blâme professionnel[27]. N'a-t-il pas simplement fait son travail sans se dérober, tout au plus, aux consignes de l'administration française ?

Le troisième et dernier grand type de motivation animant les amateurs de commandes allemandes pouvait fort bien accompagner les deux précédents. Il s'agissait en effet pour les industriels ou les commerçants de garantir à coup sûr la pérennité de leur entreprise. On pouvait vouloir ainsi défendre son patrimoine mais aussi, moins égoïstement, tenter de maintenir un degré d'activité suffisant pour, du côté défensif, préserver l'emploi ou éviter de risquer d'être l'objet d'une mesure de concentration et, du côté offensif, être en bonne position pour le jour où, d'une façon ou d'une autre, la guerre étant finie, les affaires retrouveraient un cours normal. Les commandes allemandes représentaient souvent un atout majeur pour atteindre de tels objectifs puisqu'elles seules garantissaient un approvisionnement certain en matières premières. La missive adressée au ministère de la Production industrielle fin octobre 1941 par un responsable de « Les fils de C. Martin », et signée joliment sous la mention « l'un d'eux », témoigne ainsi, en prenant ses termes d'un pathétique un peu appuyé à la lettre, d'un souci d'assurer l'avenir, qui risque d'être compromis, de l'entreprise. « Par un intermédiaire », est-il écrit par ce fabricant lyonnais de petits matériels pour la corseterie, « une maison allemande de Berlin demande une offre pour une commande assez importante [...]. Notre industrie n'étant pas classée probablement dans celles indispensables à la vie économique durant la période actuelle, notre stock de matières premières tend à zéro et nous nous voyons obligés d'envisager la fermeture de notre usine occupant environ cent quatre-vingts personnes. Ce qui serait désastreux pour le personnel que nous faisons vivre, au seuil de cet hiver. C'est la seule considération qui nous fait envisager de travailler pour la clientèle allemande, ce que nous avions toujours refusé de faire jusqu'à présent. Nous serions heureux de savoir si nous pouvons accepter des commandes directes ou si nous devons en référer à vous-même ou à d'autres organismes [...][28] ». Une autre lettre postée à Aix-les-Bains et reçue en février 1942 au même ministère, avec une variante dans la partie de l'argumentaire propre à émouvoir le destinataire, paraît de nature à illustrer un raisonnement semblable : « Nous serions assez disposés à envisager », écrit en pratiquant la litote un dirigeant de la Société savoisienne de constructions électriques, « la fabrication de quelques-uns des transformateurs [pour lesquels une organisation commerciale d'outre-Rhin a fait un appel d'offres]. En effet, nous voudrions profiter d'une telle fourniture pour obtenir la libération de treize prisonniers de guerre non encore rapatriés [...]. De plus, nous sommes assez démunis de commandes en transformateurs de puissance moyenne comme ceux spécifiés [...]. Pour les raisons qui précèdent, nous vous serions reconnaissants d'examiner avec bienveillance [notre demande d'autorisation] en prenant note que jusqu'à ce jour, nous n'avons enregistré aucune commande allemande ». Le fait de n'avoir pas encore cédé à la tentation du « gâteau » des livraisons aux entreprises du Reich est ainsi régulièrement utilisé comme un argument pour se présenter comme une entreprise méritante — ce qui, au passage, montre, si c'est encore nécessaire, que la banalisation desdites commandes n'allait pas de soi même pour ceux qui étaient prêts à les accepter. La plupart, cependant, de ceux qui voulaient être autorisés à vendre aux Allemands pour préserver leur entreprise ne quittaient pas le terrain économique. Ils s'en tenaient plutôt à des propos comme ceux de l'entreprise Saprolip, d'Issoudun dans le Limousin, qui voulait rapidement obtenir en octobre 1941 un accord de principe pour fabriquer, suite à une proposition du comité d'organisation de l'automobile, cinquante mille axes et deux cent cinquante mille écrous pour bougies d'allumage à destination d'outre-Rhin car « l'activité de l'usine peut être amenée à se ralentir prochainement du fait de la diminution du contingent [de métal] qui nous est accordé pour la fabrication de valves de bicyclettes[29] ».

Restent enfin, dans une troisième catégorie, peut-être la plus fournie mais aussi la plus floue, les sociétés qui ont travaillé pour les Allemands pendant la guerre dans une situation de « contrainte relative ». La plupart, sans doute, de celles que nous avons assignées à la catégorie précédente soutiendraient qu'elles ont poursuivi leurs activités pendant tout ou partie de la guerre dans des conditions de ce type. Si l'on admet une définition suffisamment large pour assimiler toute contrainte économique un peu sérieuse — la peur de voir l'entreprise péricliter, le risque de devoir débaucher du personnel, etc. — à une « contrainte relative », comme beaucoup le feront après guerre à la fois parmi ceux qui auront à s'expliquer à l'heure de l'épuration et parmi les commentateurs de la période, on ne peut que leur donner raison. Mais ce serait admettre que toutes les sociétés, ou presque, en activité entre 1940 et 1944 ont vécu « sous contrainte » — au sens d'une contrainte spécifique du fait de l'occupation du pays — et il est patent que tel ne fut pas véritablement le cas. Avoir vécu des moments difficiles, avoir craint une relative dévalorisation de son patrimoine, avoir observé que ses concurrents prenaient un avantage sur vous en acceptant des travaux pour l'occupant, etc., n'est pas équivalent à n'avoir pas eu le choix d'accepter ou non des commandes allemandes. C'est sans doute cette notion de choix qui permet d'ailleurs le mieux, ou le moins mal, d'appréhender ce que l'on peut qualifier de collaboration économique sous contrainte relative. Cette formule s'applique au « vécu » des entreprises qui ont livré aux Allemands des produits ni dans une situation de contrainte réelle (autre choix impossible sauf à accepter la fermeture ou des sanctions graves), ni dans une situation sans contrainte sérieuse (choix toujours possible même si le refus des commandes n'était pas totalement sans conséquences), mais dans une situation avec des marges de choix significativement réduites. Sont dans ce cas les entreprises qui, bien que n'ayant pas eu de contacts obligatoires directs avec les forces d'occupation ou leurs représentants, pouvaient affirmer en étant supposées de bonne foi : je ne pouvais pas raisonnablement faire autrement que d'accepter des commandes destinées à l'occupant.

Une entreprise située en zone libre, donc *a priori* à l'abri de toute contrainte sérieuse, mais dont des filiales ou succursales produisant des matériels ou des pièces totalement indispensables à la marche des ateliers étaient, elles, en zone occupée, expérimentait le cas de figure décrit ci-dessus, puisqu'elle pouvait être soumise rapidement à un chantage allemand du type : ou vous nous livrez une part de votre production et nous acceptons de laisser vos approvisionnements indispensables franchir la ligne de démarcation, ou vous refusez, et dans ce cas, débrouillez-vous ! Berliet, dont l'activité sous l'Occupation peut par ailleurs être sérieusement critiquée, se retrouva ainsi dès l'été 1940, on l'a vu, dans une situation de ce type. Une entreprise, autre exemple, qui obtenait, à travers des propositions du comité d'organisation de son secteur, la faculté de recevoir des commandes allemandes ne faisait certes *a priori* rien d'illégal mais n'agissait pas pour autant sous contrainte, même relative. Cependant, si Vichy la menaçait d'une sanction non strictement symbolique au cas où elle n'aurait pas accepté lesdites commandes, au point par exemple qu'elle aurait pu craindre de se retrouver sur une liste de sociétés victimes de mesures de concentration autoritaires, la même entreprise devait être considérée bien entendu comme relevant non plus de la deuxième mais de la troisième catégorie. Il est probable, d'après les courriers échangés avec le ministère de la Production industrielle, que beaucoup de patrons ont pu penser, à tort pour certains, à raison pour d'autres, qu'ils se trouvaient dans cette situation quand ils recevaient des instructions pour fabriquer tel ou tel contingent de produits à la suite d'un engagement formel des autorités françaises de livrer au plus vite les occupants. Une partie au moins des chausseurs qui se préparaient au printemps 1944, comme on l'a vu précédemment, à honorer des ordres de fabrication en raison d'un accord Bichelonne-Oberg étaient sans doute dans ce cas, d'autant que beaucoup d'usines de cette branche étaient alors au bord de la fermeture, donc très sensibles à d'éventuelles sanctions. Est-ce cela, sans négliger aussi l'espoir de voir peut-être la Libération interrompre le processus, qui explique que la destination de leurs livraisons — promises, rappelons-le, aux SS et à la police allemande — n'ait pas paru leur poser un problème de conscience de nature à provoquer un refus d'y procéder ? Une entreprise, dernier exemple, qui n'était ni réquisitionnée ni autoritairement désignée comme fournisseur des Allemands par ces derniers ou par Vichy mais qui subissait des pressions pour livrer tout ou partie de sa production était enfin également en situation de « contrainte relative ». Surtout si les pressions en question (menaces de représailles, de réquisition, de déportation du personnel, etc.) étaient, sinon irrésistibles, du moins très inquiétantes et crédibles. Bien des fabricants de pièces détachées utiles pour des productions précieuses aux yeux des Allemands et bien des fournisseurs de produits alimentaires diront ainsi après guerre, avec des arguments méritant au moins considération, n'avoir été pris dans l'engrenage des commandes de l'occupant qu'en raison de circonstances de ce type. Un important vendeur d'automobiles parisien, M. D., qui avait mis au point un système de transformation des véhicules « classiques » en voitures électriques et avait reçu, à la suite d'une imprudente campagne de publicité pour son procédé, une importante commande allemande aux allures impératives, soutiendra ainsi ce raisonnement, de façon assez convaincante, devant la cour de justice de la Seine pour expliquer son entrée en collaboration économique[30].

Même si la très grande majorité des entreprises qui ont travaillé pour l'occupant ont appartenu — au moins pendant une période — à l'une des trois catégories évoquées, il reste bien des cas particuliers très mal appréhendés par cette classification, pourtant très sommaire, selon le degré de contrainte subie. Celle-ci d'abord ne prend pas en compte, en effet, la dimension idéologique éventuelle de la collaboration des entreprises : on ne saurait être contraint de réaliser ce qu'on souhaite faire ! On peut imaginer par exemple que l'ardeur mise à rechercher des commandes allemandes dès 1940 par Gaston Bruneton, alors un des responsables de l'entreprise métallurgique Schmidt, Bruneton et Morin, animée notamment par son frère, ne fut pas sans rapport avec son adhésion active au régime de Vichy et à la collaboration. Pourquoi ne pas solliciter au nom de sa société la faveur (lucrative bien entendu) de réaliser des travaux pour la Kriegsmarine ou la Luftwaffe, dont il fréquente les services, alors même qu'il prône, par exemple dans une lettre d'octobre 1941 adressée à un occupant, « la bonne camaraderie entre Français et Allemands » et qu'il s'apprête à devenir, à sa demande, commissaire général à la main-d'œuvre outre-Rhin, autrement dit le représentant de Vichy chargé des travailleurs déportés dans les usines du Reich[31]. Sans que la liaison entre leurs préférences idéologiques et leur activité ait toujours été aussi décelable, il est certain que pour bien des dirigeants de sociétés, et encore plus pour nombre d'animateurs des comités d'organisation, leur propension à accepter ou à refuser de travailler eux-mêmes ou de faire travailler des collègues pour l'occupant, surtout quand ils y étaient expressément invités par Vichy, fut corrélée avec leur degré de fidélité et de soutien à la politique du maréchal Pétain et de son régime, voire à leur croyance à une « nouvelle Europe » à la mode germanique. Autant dire que cette propension ne fut pas faible dans le milieu des chefs d'entreprise où, surtout au début de l'Occupation, seule une attitude ouverte de non-allégeance au régime — comme par exemple celle d'un Étienne Mimard, le patron de la Manufacture d'armes et de cycles de Saint-Étienne, farouchement antipétainiste dès l'été 1940[32] — pouvait vous distinguer de vos collègues du sein d'un monde patronal qui trouvait à l'occasion évident — par exemple dans la capital du Forez le 1er mars 1941, pour rester dans la même ville — d'arrêter toute activité dans les ateliers une journée entière pour permettre aux ouvriers d'aller applaudir le chef de l'État en visite*. Cette attitude *a priori* provichyste était simplement en accord, au début de la guerre, avec celle de la grande majorité de la population, peut-on remarquer ; mais, dans le cas des entrepreneurs, elle n'était pas toujours sans conséquences sur leur activité. Rares furent en revanche les dirigeants qui exprimèrent après le début de l'Occupation des sentiments prohitlériens, lesquels pouvaient avoir cette fois des conséquences directes sur leur activité s'ils la mettaient au service de leur cause. Un Bernard Grasset qui rêvait, heureusement sans succès finalement, de devenir le Führer de l'édition française avant même la fin de l'été 1940 a failli illustrer un tel cas de figure[33]. Au total, il est clair cependant, vu d'après guerre, que, dans la plupart des cas, la motivation idéologique, même quand elle existait, fut le plus souvent secondaire par rapport aux motivations économiques, financières et sociales (pérennité de l'entreprise, préservation du patrimoine, profits, maintien et protection des effectifs, etc.) pour prendre des décisions en matière de collaboration économique directe ou indirecte.

La classification par type de contrainte ne permet pas par ailleurs d'appréhender une certaine forme essentielle — bien que très minoritaire statistiquement — de la collaboration économique : les prises (plus rarement les échanges) de participations. Ces accords capitalistiques, parfois liés d'ailleurs à des coopérations technologiques (par exemple pour la fabrication de certains types de gazogènes, avec la société des gazogènes Imbert, la mise au point et l'exploitation de médicaments, avec Théraplix, la fabrication de nombreux produits chimiques, avec Francolor, etc.), ont en effet représenté, par nature pourrait-on dire, la quintessence de la collaboration économique. Entre livrer plus ou moins de bonne grâce des commandes aux Allemands d'une part et les inviter à devenir actionnaires et à participer à des conseils d'administra-

* À Saint-Étienne, ainsi, le 1er mars 1941, un « ordre de service » signé de l'« ingénieur en chef » signale aux ouvriers des Aciéries de Saint-Étienne que : « Pour permettre au plus grand nombre d'assister à la réception du maréchal Pétain, chef de l'État français, les ateliers seront arrêtés dans la journée du 1er mars. Les feux seront couverts. Le travail reprendra en poste de nuit. »

tion d'autre part, il y a évidemment une différence plus que sensible. Les cas d'accueil de participations allemandes dans le capital de sociétés de droit français s'expliquent par des motivations très différentes. On peut trouver d'abord des initiatives isolées d'entrepreneurs à la recherche de capitaux et qui n'estimaient pas devoir récuser les investisseurs en provenance d'outre-Rhin. Robert Denoël, qui n'avait pas de préjugés antiallemands excessifs puisqu'il venait alors de publier un recueil de discours de Hitler, céda ainsi à la mi-1941, en « oubliant » dans un premier temps de réclamer l'autorisation de l'office des Changes, près de la moitié du capital de sa maison d'édition à son confrère allemand Wilhelm Andermann, apte à l'épauler pour restaurer des comptes passés au rouge vif et intéressé par une association commerciale sur le marché français [34]. On trouve aussi des cas d'entrée « en force », souvent avec la complicité de prête-noms français, à l'occasion masqués, dans des entreprises fragilisées par les mesures d'aryanisation (les Galeries Lafayette, les maisons d'édition Calmann-Lévy et Ferenczi, etc. [35]) ou pour d'autres raisons (sociétés contrôlées par des capitaux anglo-saxons comme Le Bouchon-Couronne, sociétés « francisées » après la guerre de 1914-1918 comme la maison de champagne Mumm, etc.). On trouve encore, et c'est le plus important, les cas des véritables sociétés mixtes franco-allemandes. Le chef de la section économique du Militärbefehlshaber en France, le Dr Michel, ne s'y trompait pas en concluant à la fin de l'hiver 1942 un article écrit pour ses compratriotes, où il se félicitait d'avoir « réalisé progressivement la transformation de l'ensemble de la production française en vue d'atteindre les buts de l'économie européenne de guerre », par la phrase suivante : « Dans les branches les plus diverses de l'économie naissent, sous l'initiative allemande, des entreprises mixtes qui indiquent la voie vers le resserrement de plus en plus étroit des liens qui doivent unir les deux économies dans une Europe pacifiée. » Sans doute surestimait-il, à l'usage de ses lecteurs allemands, les résultats d'une politique de constitution de sociétés franco-allemandes qui ne prit pas finalement une ampleur énorme. Elle devait pourtant impliquer, avec ou sans leur véritable consentement, des groupes industriels importants (Kuhlmann avec Francolor, Rhône-Poulenc avec Théraplix, etc.) et des établissements financiers de premier plan (la Banque de Paris et des Pays-Bas en particulier) [36].

La justice face à la collaboration économique

Comment, après guerre, et même déjà avant la Libération, a-t-on envisagé dans le camp de la Résistance la collaboration économique alors que s'annonçait puis arrivait l'heure de l'épuration ? Il ne s'agissait plus alors seulement, ainsi que nous l'avons fait pour l'essentiel dans ce chapitre jusqu'ici, d'appréhender ce phénomène comme une conséquence de l'occupation du pays ayant engendré divers types de comportements plus ou moins acceptables ou inacceptables mais d'examiner une activité éventuellement condamnable d'un point de vue légal. Et s'est posée immédiatement la question, déjà rencontrée, des critères à retenir pour départager les attitudes sanctionnables de celles qui ne l'étaient pas. Une question qui aura plusieurs réponses successives, déjà du seul point de vue théorique, au niveau des textes[37].

Depuis que Napoléon, au début du XIXe siècle, avait donné ses lettres de noblesse à la guerre économique moderne en décidant d'infliger à l'Angleterre le Blocus continental, le fait de devenir un fournisseur de l'adversaire en période de conflit était devenu une forme grave et sévèrement réprimandée, en vertu en particulier de l'article 77 du code pénal de 1810, de cette forme de trahison qu'on nomme l'intelligence avec l'ennemi. La guerre de 1914-1918 avait conduit à un élargissement de la définition des actes répréhensibles — le commerce n'était plus seul en cause — et à un renforcement de l'arsenal juridique destiné à faire respecter cette interdiction générale faite aux Français « d'entretenir des relations d'ordre économique avec les sujets d'une puissance ennemie ». À l'orée de la Seconde Guerre mondiale, pendant l'été 1939, le gouvernement avait décidé de rédiger plus subtilement les textes jusque-là peu nuancés sur les rapports avec l'ennemi. À la suite d'une refonte des articles 75 et suivants du code pénal et d'un décret-loi du 1er septembre 1939, le juge devait désormais s'interroger sur les intentions du présumé coupable d'intelligence avec l'ennemi en matière économique et sur les caractéristiques de ses actes. L'ampleur et l'objet des échanges que l'accusé avait organisés ou aidé à organiser avec l'adversaire et surtout le but et le résultat de ceux-ci — plutôt attentatoires à la défense nationale ou plutôt liés au seul intérêt personnel — permettaient dorénavant de qualifier l'infraction — crime ou simple délit — ainsi que sa gravité. Dès la mi-juillet 1940, quelques semaines après l'armistice, Vichy suspendait les mesures adoptées un an auparavant. Logique avec lui-même, le régime pétainiste ne pouvait guère réprimer *a priori* et sans discrimination toutes les relations avec un pays difficile à traiter comme un ennemi alors même qu'on cherchait à conclure un accord de paix avec lui. L'entrée « officielle » dans la collaboration avec l'Allemagne après Montoire, à l'automne 1940, ne risquait pas de modifier cet état d'esprit et ses conséquences légales, d'autant que l'économique avait précédé dans ce domaine le politique : sans parler des nombreuses initiatives individuelles, des « arrangements » avec l'Allemagne, on l'a vu, avaient alors déjà permis à des industriels d'honorer avec l'aval de Vichy des commandes des autorités d'outre-Rhin dans certains secteurs. Commercer avec les Allemands restait donc soumis à autorisation, pour des raisons tant économiques (défendre la monnaie, protéger le patrimoine national, etc.) que politiques (maintenir au moins les apparences de la souveraineté, tenter d'obtenir des contreparties, etc.), mais n'était plus nécessairement illégal. Seules bientôt la vente clandestine de matériels militaires offensifs et la cession d'entreprises à l'Allemagne resteront *de facto* réprimées, du moins quand l'occupant ne fera pas directement ou indirectement obstacle à l'application de la réglementation nationale.

Du côté de la France libre et de la Résistance, on n'entendait évidemment pas accepter une telle vision des choses. De Gaulle, promettant à la radio dès le 13 juillet 1940 que « la France libérée punira les responsables de ses désastres et les artisans de sa servitude », ne visait sans doute pas spécifiquement dès cette époque les collaborateurs économiques en évoquant les « artisans de la servitude ». Mais tout indique qu'à Londres puis à Alger les industriels français ne furent jamais considérés pendant la guerre comme réellement libres de travailler, si peu que ce soit, avec les Allemands, même quand, du point de vue de Vichy, c'était légal voire, parfois, nécessaire. On était, tout au plus, prêt à envisager des circonstances atténuantes pour ceux qui n'avaient pas collaboré volontairement. Les sabotages, bombardements et attentats, de plus en plus nombreux à partir de fin 1942, contre des usines fournissant l'occupant sont vite venus rappeler d'ailleurs cette position des résistants de l'intérieur comme de l'extérieur aux entrepreneurs qui auraient pu prétendre ne pas la connaître. Les premiers textes concernant la future épuration mis au point par ceux qui seront chargés plus tard de l'administrer ne feront que la confirmer.

À partir du début de 1943, en France occupée, le Comité général d'études, créé en 1942 à l'initiative de Jean Moulin et chargé sous l'égide de François de Menthon de réfléchir au « programme » et aux structures de la future France libérée, se pencha sur les problèmes judiciaires et chargea plus précisément de cette question un groupe de travail dirigé par un substitut au procureur de la République de Paris, Maurice Rolland. Il fut jugé préférable par ces experts de ne pas créer, autant que possible, de nouvelles lois, pour éviter de permettre, à l'instar de Vichy, des condamnations en vertu de textes rétroactifs. Il suffisait, sachant que l'armistice n'est pas la paix, de constater que l'Allemagne était restée l'ennemi de la France pour pouvoir juger les collaborateurs pour « intelligence avec l'ennemi », infraction bien définie, comme on l'a vu, dans le code pénal, après avoir jugé sans valeur la décision de suspendre l'application de la législation prise par le régime pétainiste en juillet 1940. La seule innovation proposée concernera, pour tous les cas de collaboration jugés trop bénins pour être passibles des sanctions très sévères — allant jusqu'à la peine de mort — prévues par les articles 75 et suivants du code, la définition d'un délit d'indignité nationale impliquant une peine de dégradation nationale, autrement dit de simple privation des droits civiques[38].

Les souhaits du groupe Rolland, qui revenaient pour l'essentiel à prôner le rétablissement des textes de 1939 et donc à signifier en particulier que la collaboration économique était restée une forme de trahison malgré l'acceptation de son principe par Vichy, inspireront la doctrine de la France libre. Ainsi, en octobre 1943 à Alger, une ordonnance du

Comité français de libération nationale, alors coprésidé pour peu de temps encore par de Gaulle et Giraud, venait rappeler que les relations d'affaires avec l'occupant étaient prohibées par le code pénal et seraient sanctionnées dès la libération du territoire, sauf quand les personnes accusées pourront prouver que, loin d'avoir pris l'initiative de ces actes, elles avaient été contraintes sans échappatoire de commercer avec l'occupant — par ce dernier ou par Vichy. Les tribunaux compétents pour juger ces infractions, ainsi que toutes celles passibles des articles 75 et suivants du code pénal, seront les cours de justice, des sortes de cours d'assises, spécialement créées pour l'occasion et définies précisément peu de temps après le débarquement, le 26 juin 1944, par une nouvelle ordonnance du gouvernement provisoire d'Alger. À ces cours, instruments principaux de l'épuration, seront adjointes, en accord avec les travaux préparatoires des juristes de la Résistance, des chambres civiques qui auront pour tâche de désencombrer les tribunaux en jugeant les collaborateurs — notamment en matière d'économie — dont les actes, supposés moins graves, ne devaient relever *a priori* que de l'indignité nationale.

En fait, les cours de justice, en période d'installation, n'avaient pas encore commencé à siéger, au début de l'automne 1944, que déjà la lourde procédure qu'impliquait leur fonctionnement, si l'on voulait garantir l'impartialité des jugements, fut considérée comme mal adaptée aux nécessités de l'épuration économique. Il apparaissait d'abord que les industriels accusés de collaboration ne pourraient pas passer en jugement avant fort longtemps, alors que tout — et en particulier le désir des autorités d'éviter les vengeances et la justice expéditive — et tous — et en premier lieu les résistants, travailleurs en tête bien sûr — militaient pour une épuration immédiate. Il était clair ensuite que, du fait de la spécificité des activités économiques, bien des comportements ou des décisions très contestables de l'époque de l'Occupation ne devaient pas rester sans sanctions alors même que les dirigeants ou les employés des entreprises concernées ne pouvaient être poursuivis raisonnablement pour « trahison » ou « actes de nature à nuire à la défense nationale », selon le libellé des articles 75 et suivants du code pénal applicables à la collaboration économique, ni pour quoi que ce soit relevant de l'« indignité nationale ». L'assimilation générale de la collaboration économique à l'intelligence avec l'ennemi semblait finalement peu commode à manier, du moins dans beaucoup de cas. La raison essentielle, cependant, pour laquelle on estima nécessaire de sortir du « droit commun » dans ce domaine était de nature... économique. La priorité des priorités, dans les régions du pays déjà libérées et plus que jamais en proie à la pénurie, était de relancer l'activité, donc de permettre au plus tôt aux entreprises de fonctionner aussi normalement que possible. Or, aux yeux des autorités dans la capitale, il était tout aussi impossible, dans l'ambiance de la Libération, d'imposer aux ouvriers et employés accusant leurs directions de collaboration de continuer ou de reprendre le travail comme si de rien n'était en attendant d'hypothétiques décisions de justice à un horizon indéterminé que d'envisager la remise en route efficace de l'appareil économique sans l'appui des gestionnaires et des cadres des entreprises, du moins quand ils ne méritaient pas d'évidence une mise à l'écart. Il fallait donc inventer une réglementation permettant de crever rapidement l'abcès, afin de ne pas nuire non seulement à la paix civile mais aussi et surtout au rétablissement progressif de la production dans le pays. Plusieurs ordonnances promulguées à partir de la mi-octobre 1944 et jetant les bases d'une épuration professionnelle viendront donc compléter d'urgence le système « de droit commun » — sans pour autant annuler ce dernier.

L'ordonnance du 16 octobre 1944, le texte fondateur à cet égard, permit ainsi de prendre des mesures immédiates d'épuration « dans le cadre de la discipline professionnelle » contre tous les acteurs de l'entreprise — du propriétaire aux dirigeants salariés, aux cadres et même aux simples employés — contre lesquels existaient des charges tangibles de collaboration directe ou indirecte avec l'Allemagne. Les accusés étaient passibles de sanctions plus ou moins graves impliquant toutes une restriction partielle ou totale de leur activité professionnelle : modification d'office du lieu de travail ou de la fonction, mise à pied provisoire avec ou sans rémunération, licenciement avec ou sans indemnités, interdiction plus ou moins longue d'exercer un poste de responsabilité dans leur société ou même dans toute la branche ou la profession à laquelle ils appartiennent. Ces mesures ne pouvaient être prises, sous forme exécutoire, que par les commissaires de la République — ces super-préfets nommés par la France libre pour représenter l'autorité de l'État dans les régions libérées — ou, à défaut, comme en région parisienne où il restait au sommet de la hiérarchie, par le préfet. Mais l'instruction des dossiers et les propositions de sanctions étaient sous la responsabilité de Comités interprofessionnels d'épuration présidés par un magistrat et comprenant des représentants de la Résistance (membres des comités départementaux de libération — CDL), des syndicats, du personnel d'encadrement et du patronat. La composition de ces organismes était supposée, grâce à son dosage subtil, permettre l'expression équilibrée des avis de chaque camp, les partisans probables de la sévérité — résistants et syndicats — devant faire face à des « jurés » portés à la compréhension voire à l'indulgence vis-à-vis des directions d'entreprise*. Chaque région était chargée d'insti-

* La composition d'un Comité régional interprofessionnel d'épuration, comprenant douze membres, était la suivante : un magistrat, faisant fonction de président et nommé par le pouvoir central ou son représentant dans la région, était entouré de deux représentants des comités départementaux de libération (délégués de la Résistance), trois représentants des organisations syndicales d'ouvriers ou d'employés (délégués des travailleurs), deux représentants de l'encadrement (un agent de maîtrise et soit un ingénieur, soit un cadre supérieur), un représentant des employeurs (délégué du patronat), trois représentants de la catégorie à laquelle appartenait l'inculpé (donc délégués soit des ouvriers, soit des employés, soit des cadres et techniciens, soit du patronat). Une telle composition impliquait de fait, on le voit aisément, un pouvoir d'arbitrage non seulement du magistrat mais aussi des délégués de l'encadrement lors de l'examen du cas d'un dirigeant.

tuer un Comité, sachant que, pour traiter des affaires d'ampleur nationale et pour servir de deuxième instance, une Commission nationale interprofessionnelle d'épuration (CNIE), comportant aussi bien des délégués des travailleurs que des proches du patronat, était également instituée*. Les décisions prises selon la recommandation des comités régionaux ou, comme ce fut presque toujours le cas pour les entreprises importantes, de la CNIE étaient susceptibles d'appel devant le Conseil d'État.

Mais même ce système de « justice professionnelle », destiné *a priori* à aller vite en évitant la complexité et la lenteur de la « justice pour tous » en matière économique, ne pouvait laisser espérer un retour rapide de la sérénité s'il n'était pas complété par un dispositif frappant spécifiquement ceux que l'opinion publique dénonçait avec virulence comme les « profiteurs de l'Occupation ». Il aurait été effectivement choquant qu'aucune sanction ou au mieux de simples sanctions professionnelles viennent toucher, en attendant d'hypothétiques confiscations de biens en cour de justice, les entreprises ou les hommes d'affaires qui s'étaient enrichis grâce à la spéculation (marché noir) ou aux commandes directes ou indirectes, visibles ou occultes, des Allemands sous l'Occupation. D'autant que ces commandes lucratives pouvaient fort bien avoir été honorées par des entrepreneurs qui, ayant apparemment agi pendant la guerre sous une contrainte indiscutable, ne seraient pas poursuivis pénalement et qui risquaient donc, en toute légalité, de n'être jamais contrôlés. Une ordonnance du 18 octobre 1944, dont le champ d'application sera élargi le 6 janvier 1945 (notamment aux bénéfices réalisés grâce à l'appropriation de biens juifs), prévoira ainsi la restitution au Trésor public des « profits illicites » car, selon les termes de l'exposé des motifs, « la plus élémentaire justice fiscale exige que soient reversés [...] les gains illicites réalisés pendant plus de quatre années de guerre et d'occupation [...] ». Cette mesure, dont l'application sera déléguée à des comités de confiscation dotés dans chaque département de tous les pouvoirs d'investigation supposés nécessaires (examen de la comptabilité, etc.), n'aura donc finalement qu'une portée fiscale : son objet sera surtout de récupérer dans les caisses de la nation les superbénéfices réalisés entre 1940 et 1944, une amende pouvant s'ajouter à cette saisie dans les cas graves de collaboration éminemment volontaire ou de marché noir caractérisé.

* La composition de la CNIE était semblable à celle des Comités régionaux d'épuration, si ce n'est qu'elle possédait quinze membres au lieu de douze, grâce à l'adjonction de trois « jurés » désignés par les pouvoirs publics (par les ministères de l'Économie nationale, de la Production industrielle et du Travail). L'« équilibre » de la Commission nationale est donc équivalent à celui constaté pour les Comités régionaux entre les principales parties en présence, mais le pouvoir d'arbitrage des représentants du gouvernement est dans ce cas essentiel. La commission chargée d'instruire les affaires pour la CNIE et de lui présenter un premier rapport devait être composée de trois personnes représentant respectivement les ouvriers, les techniciens et le patronat. L'inculpé, assisté quand il le souhaitait d'un avocat, présentait en général lui-même un mémoire avant d'être entendu.

Cette accélération et cette diversification des procédures d'épuration n'exonéraient pas, avons-nous dit, les dirigeants passibles des cours de justice de devoir rendre compte de leurs actes devant celles-ci. Quand les juridictions précédentes estimaient que les cas qu'elles avaient à examiner étaient aussi du ressort de ces cours, elles leur transmettaient d'ailleurs, si nécessaire, le dossier en question après avoir rempli leur office. Mais, dans ce cas encore, il apparut assez vite, lors des instructions, qu'il était difficile de traiter les « économiques », comme on disait parfois, de la même façon que les collaborateurs « politiques ». La simple et stricte application du code pénal existant, a vite estimé le gouvernement, ne permettra pas d'appréhender dans toute sa complexité la situation vécue dans les entreprises, malgré les améliorations de 1939 permettant d'individualiser les sanctions en tenant compte des intentions de l'inculpé et de l'importance de ses actes. Il fallait donc prévoir une approche spécifique pour évaluer les actes mais aussi pour trouver et analyser des pièces à conviction. Dans la plupart des cas, comme devait le souligner un peu plus tard le garde des Sceaux de l'époque de la Libération, Pierre-Henri Teitgen, les collaborateurs politiques étaient faciles à poursuivre car « la preuve de leur trahison, ils l'avaient écrite et signée » et un dossier pouvait être constitué contre eux « en quelques heures » alors qu'il ne pouvait en être de même avec la collaboration économique : « Il faut examiner la comptabilité et toute la correspondance de l'entreprise accusée ; les marchés qu'elle a passés avec l'ennemi l'ont en général été par personnes interposées ; il y a toute une série d'opérations bancaires et comptables à expertiser [...][39]. » Une ordonnance du 29 mars 1945, promulguée au moment où la libération de l'ensemble du territoire était acquise et où les premières affaires économiques en arrivaient au stade du procès, allait donc apporter toute une série d'éclaircissements sur les « actes de commerce punissables » dans les circonstances très particulières de l'Occupation. Il s'agira surtout, *de facto*, de prévoir de nombreuses exceptions à l'application littérale des articles du code pénal en limitant, en matière économique, les cas où l'accusation d'intelligence avec l'ennemi pourra être retenue.

Hormis diverses considérations sur la législation existante utiles pour éviter des situations ubuesques mais sans grand intérêt — on précisait par exemple que les envois de colis à des prisonniers de guerre sous l'Occupation ne sauraient être considérés comme des envois de marchandises vers l'Allemagne susceptibles d'être sanctionnés ! —, l'ordonnance de mars 1945 évoquait à la fois des cas d'exemptions de poursuites et des motifs de circonstances atténuantes pour les dirigeants accusés d'avoir travaillé « pour l'ennemi ». En décidant de ne pas poursuivre, en vertu de l'article 3 de ce texte, les commerçants ou producteurs effectuant de la vente au détail qui n'avaient pas livré aux Allemands des quantités de marchandise d'« une importance anormale », ou sous forme de marché noir, on excluait du même coup du champ de l'épuration économique de nature « pénale » aussi bien l'épicier qui avait servi des clients d'outre-Rhin — ce qui n'avait rien, bien sûr, de très choquant — que presque toutes les petites affaires du pays qui avaient accepté de travailler pour l'occupant sans en faire une spécialité. Du côté des entreprises d'une certaine taille, l'essentiel se trouvait dans l'article 5 de l'ordonnance où étaient précisées des circonstances qui pouvaient justifier totalement ou dans une certaine mesure des livraisons à l'occupant et ouvraient droit au classement des poursuites ou à la possibilité d'invoquer des circonstances atténuantes.

Le premier cas permettant d'échapper à toute condamnation pour collaboration économique n'avait rien de nouveau à première vue puisqu'il concernait, selon l'usage désormais établi, ceux qui n'avaient entretenu de rapports avec l'occupant que sous l'effet de la contrainte. Mais la définition de la contrainte proposée en 1945 apparaissait beaucoup plus souple que celle retenue jusqu'ici. On évoquait en effet, pour caractériser la contrainte, non plus seulement des circonstances telles qu'une pression allemande irrésistible ayant pratiquement exclu du champ des possibles un refus direct de collaborer (réquisitions, etc.) mais aussi des situations où les dirigeants n'avaient pu agir autrement pour sauver leur entreprise, réellement menacée dans son existence même par le manque de travail. Même s'il était explicité que seuls les cas de ce type véritablement extrêmes pourraient être pris en compte, on avait ainsi introduit dans la notion de contrainte plus qu'une nuance puisque celle-ci pouvait être désormais « légalement » de nature strictement économique. Ce qui ouvrait la voie, d'un point de vue juridique, à toute une série d'argumentations jusque-là difficilement soutenables quant aux nécessités économiques de la collaboration pour telle ou telle société à tel ou tel moment. Les inculpés, c'était le second cas d'exonération, pouvaient être également « blanchis » quand ils démontraient n'avoir ni pris l'initiative ni profité anormalement de l'« acte antinational » qui leur était reproché, autrement dit quand ils n'avaient exécuté des livraisons que sur instruction des autorités d'occupation et en cherchant à en limiter au maximum l'ampleur. Ainsi pouvait-on échapper au « pénal » même dans les cas où la contrainte n'était pas de nature irrésistible et où la survie de l'entreprise n'était pas en jeu. Quant aux circonstances atténuantes, elles pouvaient maintenant résulter des situations décrites ci-dessus, quand elles n'étaient pas assez caractérisées pour donner lieu à un classement de l'affaire, et de motifs suffisamment larges pour qu'on puisse les invoquer dans la plupart des dossiers examinés. L'ordonnance de 1945, en effet, admettait d'abord, malgré la règle générale de non-reconnaissance de la légalité du régime pétainiste, l'atténuation de la responsabilité des entreprises qui n'avaient fait qu'obéir « aux prescriptions dudit gouvernement [de Vichy] » quand elles n'avaient pas eu d'évidence la « faculté de se soustraire » à ces instructions. Elle prônait également l'indulgence pour les industriels qui n'avaient pas pris volontairement de commandes susceptibles d'aider l'ennemi de façon importante en matière économique. D'ailleurs, pour distinguer entre les crimes, passibles des cours de justice, ou les simples délits, le texte de 1945 opérait une distinction, du type de celle déjà réalisée dans la législation de 1939, entre les comportements graves et bénins. Il n'y aura crime, écrivait alors le rédacteur du ministère de la Justice, que « lorsque les rapports économiques auront apporté à l'ennemi un appoint appréciable en raison de leur nature, leur ampleur, leur importance ou leur répétition [...]. Il y aura délit dans les autres cas ».

La panoplie juridique ainsi mise en place avant, pendant et après la Libération a donc été d'abord progressivement étoffée pour permettre de prendre en compte aussi rapidement que possible et aussi complètement que possible le phénomène de la collaboration économique. Elle a également été considérablement précisée et nuancée, avec l'intention de reconnaître la spécificité des décisions et des comportements liés à la marche des affaires mais aussi, de façon moins avouée, avec le désir de redonner au plus vite la priorité à la reconstruction. Cette double évolution de la façon « théorique » d'envisager l'épuration était, pour l'essentiel, louable et difficilement critiquable et, même à l'époque, alors que les passions étaient encore vives, elle ne suscita pas de grandes protestations. Il ne s'agissait d'ailleurs, en quelque sorte, que de tendre un filet le plus large possible *a priori*, puis de mettre en place ensuite un système d'évaluation apte à trier les entreprises en examinant d'une part les degrés de contrainte subie et d'autre part les circonstances aggravantes ou atténuantes qui avaient pesé sur les actes et les décisions des dirigeants pendant l'Occupation. La conception même de la collaboration économique qui sous-tendait ce dispositif était donc proche, malgré quelques différences sensibles, de celle qui nous conduisait à proposer ci-avant une sorte de modèle descriptif fondé sur trois niveaux de contraintes et dix critères discriminants « applicables » dans chacune de ces trois catégories. Les entreprises, plus encore que la plupart des autres acteurs de la guerre, ayant dû exercer leur activité dans un environnement très complexe, on a donc proposé pour appréhender et juger cette activité un cadre d'analyse tout aussi complexe. Mais ce qui est tout à fait satisfaisant sur le papier et pour l'esprit l'est parfois moins sur le terrain, au niveau des résultats effectifs. Et beaucoup ont eu l'impression qu'il en fut ainsi en matière d'épuration économique, accusant le filet tendu d'avoir été peut-être largement déployé (tous les aspects de la collaboration ont été passés en revue), mais avec des trous béants (les exceptions retenues) et de trop grosses mailles (les circonstances atténuantes acceptées) pour attraper efficacement les poissons recherchés, surtout quand ils étaient un tant soit peu habiles.

L'épuration économique a-t-elle vraiment eu lieu ?

Peut-on décrire, au-delà de la théorie, comment s'est effectivement déroulée l'épuration économique avant de l'estimer plutôt sévère ou plutôt laxiste ? Le lecteur de cet ouvrage, au fil des chapitres, aura sans doute déjà pu, au niveau de très nombreux cas, se faire sa propre opinion en notant comment chaque type de comportement a connu telle ou telle issue judiciaire dans des situations concrètes. Il aura aussi pu observer, en fonction des types d'activité ou d'entreprise ou en fonction des dates des jugements, à quel point ces issues furent plus ou moins homogènes et permettent de repérer intuitivement des régularités dépassant les situations individuelles, très différentes les unes des autres. Il n'y a d'ailleurs pas eu à ce jour — y en aura-t-il jamais ? — de bilan à la fois global et détaillé spécifiquement consacré à l'épuration économique qui permettrait de répondre, faits et chiffres indiscutables à l'appui, aux questions primordiales que l'on pourrait se poser avant toute analyse à son endroit. Quel fut le nombre des responsables et employés d'entreprises condamnés, en France et par région ? Quelle fut la répartition des condamnations selon le type des infractions retenues (crimes, délits, profits illicites, indignité nationale), selon les branches, selon les fonctions dans les entreprises ? Quelle fut la sévérité des peines, également selon les catégories d'entreprise (branche, taille, etc.) et les types de responsabilité des inculpés et en fonction des dates des procès ? Quelle comparaison peut-on faire avec les autres types d'épuration en France, avec l'épuration dans d'autres pays, etc. ? Les réponses à ces questions sont très fragmentaires. On dispose cependant de très nombreuses données partielles réunies au niveau national ou régional par des historiens et leur accumulation permet de fonder ou de corriger les impressions qu'on peut retirer empiriquement de la longue plongée que nous avons effectuée dans la masse des dossiers d'instruction, des relations de procès ou des témoignages qui constituent la mémoire écrite ou orale de l'épuration économique. Sans tenter de traiter en profondeur ici un sujet qui justifierait à lui seul de très longs développements qui échappent à notre propos essentiel, nous pouvons donc proposer quelques éléments et commentaires sur le déroulement effectif de l'épuration, utiles, à tout le moins, pour comprendre comment s'est forgée parfois à tort et souvent à raison, au milieu des années quarante, une certaine « image » de la collaboration économique et de son impunité après la Libération.

En premier lieu, pour une simple raison chronologique mais aussi parce que de telles périodes sont révélatrices, on peut se demander comment les entreprises ou surtout leurs dirigeants ont traversé la période de l'« épuration sauvage » qui se développa pendant l'été 1944 et accompagna la Libération avant que l'appareil judiciaire officiel ne réussisse à s'organiser et à fonctionner. Les patrons et autres hommes d'affaires avaient quelques raisons de s'inquiéter, car même s'ils ne constituaient pas les premières cibles comme « les traîtres et mouchards qui ont été au service des Boches[40] », autrement dit les miliciens, délateurs et autres catégories de collaborateurs politiques et militaires, ils n'étaient certes pas oubliés dans les appels de la Résistance à une prompte et sévère justice. Ainsi, pour ne donner qu'un exemple, en haranguant ses troupes peu après la mi-août à Saint-Étienne, le commandant Marey, un chef départemental FFI qui n'avait rien d'un extrémiste, s'exclamait : « Vous resterez impitoyables [...] à l'égard des profiteurs de guerre, des vautours du champ de bataille, de ceux qui ne savent que jouir quand d'autres souffrent, de ceux qui n'ont pour tout idéal que leur portefeuille et leur estomac[41]. » On imagine donc à quoi pouvaient ressembler à l'époque les revendications d'épuration moins « officielles » et moins respectueuses de la légalité des tenants d'une « justice populaire » plus préoccupés parfois de vengeance que de justice.

De fait, au-delà des discours, les accusés de collaboration économique ne firent pourtant pas partie des principales victimes de l'« épuration sauvage », dont on a d'ailleurs pendant longtemps nettement surestimé l'ampleur[42]. Ils ne furent pas nombreux à pâtir de l'épuration extra-judiciaire de la fin du printemps et de l'été 1944. L'intermède, propice à la justice expéditive, qui sépara l'écroulement de Vichy de l'installation définitive de la nouvelle administration et des nouvelles institutions fut souvent mis à profit pour arrêter avant tout début d'enquête des « économiques » mais jamais, ou presque, pour les juger en urgence comme ce fut le cas pour tant d'autres accusés de collaboration. On peut relever ici et là des cas d'exécutions sommaires concernant des commerçants ou des industriels[43] mais, chaque fois qu'on a réussi à connaître le contexte de l'affaire, on s'est aperçu que la raison principale de cette apparente « bavure » n'était pas, sauf exception, de nature directement, ou uniquement, économique, d'autres motifs l'expliquant (dénonciations aux Allemands, appartenance à la milice, règlements de compte personnels ou politiques, etc.). Même les gros trafiquants de marché noir semblent avoir rarement subi en 1944 l'épreuve redoutable et parfois fatale de la vindicte populaire incontrôlée, ou celle des cours martiales plus ou moins improvisées par les groupes de résistants ou les CDL, pour ce seul motif. Quant aux responsables d'entreprises, s'ils ont parfois craint pour leur vie lors d'arrestations sans ménagement excessif, comme par exemple plusieurs membres de la famille Berliet[44], ils en ont été très généralement quittes pour la peur. Et quand ils furent pendus en effigie, comme le cimentier André Lindenmeyer en fit la désagréable expérience à la Libération à Marseille, un an avant d'obtenir un non-lieu en cour de justice, ils avaient sans doute plus l'impression de revivre les frissons de 1936 que de risquer véritablement une agression physique imminente[45]. Les quelques patrons qui se sont cachés ou qui se sont enfuis à l'étranger à la Libération, comme l'avionneur Émile Dewoitine, voulaient surtout éviter, semble-t-il, d'avoir à affronter une cour de justice. Rares furent ceux qui, comme le baron Jean Empain, passé en Espagne, justifièrent leur départ en voyage précipité par la crainte de subir un mauvais sort. Le célèbre et richissime homme d'affaires belge, qui se disait échaudé par l'assassinat d'un de ses amis, craignait sans doute moins les accusations de collaboration économique que celles liées à sa germanophilie mondaine, laquelle était pourtant plutôt inoffensive militairement si l'on en croit son homme de confiance qui expliquait, pour le défendre, qu'« il a fait la noce avec les Allemands comme il l'a [toujours] fait avec d'autres[46] ».

Si l'existence même des dirigeants d'entreprise ne fut pas alors souvent en réel danger, ils ne vécurent pas pour autant dans la tranquillité l'époque de la Libération. Les présidents des chambres de commerce — organismes parfois dissous, comme dans le Gers, dès le 20 août 1944 — étaient souvent inquiétés ; des dirigeants de l'industrie et des commerçants symbolisant la collaboration étaient arrêtés plus ou moins rapidement dans les grandes villes, comme à Marseille à partir des derniers jours d'août 1944 ; des sortes de tribunaux professionnels *ad hoc* étaient parfois créés en urgence, comme à Lyon dès les premiers jours de septembre, pour identifier les collaborateurs économiques et proposer des sanctions immédiates ; des cours martiales, comme en Savoie dès la fin août, condamnaient en série à des amendes importantes des commerçants petits et gros qui avaient profité de l'Occupation (une entreprise de transport a dû payer sur l'instant trois millions de francs à Chambéry le 27 août), etc. Ces premières mesures d'épuration, d'une ampleur très différente selon les régions, chaque commissaire de la République et chaque préfet imposant sa marque personnelle, furent somme toute relativement modérées mais apparurent souvent spectaculaires, surtout quand les hommes touchés étaient des personnalités au niveau local ou — cas plus rare — national. Elles participèrent à entretenir une ambiance antipatronale que d'innombrables déclarations et, dans certains départements, des mesures effectives contre « le capital » attisaient.

Partout, les résistants, conformément aux programmes échafaudés dans la clandestinité depuis 1943, réclamaient en effet dans un même élan un double effort pour, d'une part sanctionner impitoyablement les collaborateurs économiques, d'autre part instaurer « un ordre social plus juste » grâce à « l'éviction des grandes féodalités économiques et financières de la direction de l'économie »*. Presque aucune distinction n'était faite, à la fin de l'été et au début de l'automne 1944, par les porte-paroles des Comités départementaux de libération ou les éditorialistes d'organes de la Résistance, surtout quand ils étaient proches des communistes, entre ces deux objectifs, l'un surtout conjoncturel (l'épuration), l'autre plutôt structurel (le nouveau pays à construire). Quand, début octobre 1944, les dirigeants de quarante CDL de la zone sud signent une résolution commune, ils demandent globalement « que les gros trafiquants et les trusts soient mis à la raison » sans faire de différence entre les uns et les autres[47]. À la mi-septembre, à Nice, au cours d'une réunion très significative du CDL pour discuter de recommanda-

* Ces expressions sont extraites du « programme d'action » adopté le 15 mars 1944 par le Conseil national de la Résistance.

tions de la commission départementale d'épuration, on confond allégrement pratiques de collaboration et pratiques du capitalisme. Personne ne désavoue le leader local de la CGT, Charles Andrieu, qui affirme à la fois que les dirigeants des « trusts », après avoir « contribué au déclenchement de la guerre », sont « ceux qui financent les assassins » (soit : les miliciens et assimilés) et qu'il faut mettre sous séquestre la Compagnie du gaz de la ville car elle a « volé trois cent cinquante millions de francs aux consommateurs » en profitant d'une situation de monopole[48]. Parmi les treize « trusts » niçois dont il fallait déposséder les propriétaires d'après la liste présentée ce jour-là, on notait des PME de quelques dizaines d'employés tout au plus, comme la savonnerie Couiteias occupant alors une cinquantaine d'ouvriers. Cet amalgame entre épuration et révolution servira à légitimer dans diverses villes — Marseille, Lyon, Toulouse, Montpellier, Montluçon, Nice... — ou régions — la Haute-Loire, l'Ardèche, le Languedoc... — des dizaines de mises sous séquestre dont les inspirateurs, en général des « comités de gestion » ouvriers autoproclamés mais plus ou moins soutenus par les nouvelles autorités, ne doutaient guère qu'elles conduiraient à des confiscations au détriment de patrons affublés de l'étiquette « collabo ».

Si cette ambiance prérévolutionnaire put donc effrayer les patrons et conduire à des mesures immédiates touchant directement nombre d'entre eux — arrestations et, moins fréquemment, confiscations, en général provisoires, des entreprises —, elle n'annonçait pourtant aucun « grand soir », d'autant que le très puissant parti communiste de la Libération, au grand dam de nombre de ses représentants locaux, décida rapidement de jouer la carte de la restauration de l'autorité de l'État et de la priorité à la reconstruction. Avant la fin de l'automne 1944, ainsi, les traces d'épuration économique un tant soit peu « sauvages » avaient disparu, mis à part quelques séquestres persistants et quelques discours guère suivis d'effets. Les instruments judiciaires créés, on l'a vu, pour sanctionner la collaboration économique tout en apaisant les passions ne seront plus concurrencés désormais par aucun tribunal « *ad hoc* » sur tout le territoire libéré. Et si les importantes nationalisations qui seront bientôt décidées dans divers secteurs peuvent être évidemment considérées comme des suites spectaculaires de la guerre, elles ne seront guère motivées essentiellement — le cas exceptionnel et symbolique de Renault, dont les raisons sont d'ailleurs complexes, n'ayant pas fait école[49] — par des arguments liés à l'épuration mais plutôt par des options de politique économique ou de politique industrielle. Il est d'ailleurs frappant de constater que toutes les tentatives de nationalisation « en force » ou de récupération par les ouvriers de sociétés dont la direction était accusée de collaboration ont échoué *in fine*, malgré tous les efforts d'une grande partie du personnel pour éviter cette issue : les entreprises réquisitionnées de Lyon, de Marseille, de l'Ardèche ou d'ailleurs seront toutes restituées avec l'aval des autorités à leurs anciens propriétaires, en général après des décisions — souvent tardives il est vrai — du Conseil d'État, car aucun gouvernement n'avait avalisé ces mesures considérées comme très provisoires. Quant aux dirigeants et aux hommes d'affaires, ils purent rapidement oublier les mauvais moments de la Libération. À part ceux supposés les plus compromis et risquant des peines sévères en cour de justice, au nombre de quelques dizaines, il ne restera plus d'« économiques » de quelque envergure en prison avant même la fin effective de la guerre au printemps 1945, la liberté provisoire étant la règle quand l'affaire n'était pas classée. Il n'y avait presque pas eu de châtiment sévère des patrons fournisseurs des Allemands jusque-là, il y en eut évidemment encore moins après.

Conçue pour permettre une épuration à la fois rapide, équitable et complète, la panoplie judiciaire spécifique au monde des affaires, ainsi, n'atteindra finalement que partiellement ces trois objectifs. En matière de rapidité, on passa d'un extrême à l'autre. Grâce à la création d'un système de sanctions professionnelles, on put certes, dans les cas jugés les plus graves ou les plus symboliques, prendre des mesures immédiates de suspension d'activité plus ou moins longues de quelques personnes pour ramener la sérénité dans tel ou tel secteur et telle ou telle entreprise. Mais une fois ces décisions, en général très provisoires, appliquées, le calme étant revenu, on ne s'est guère pressé pour instruire les dossiers des « économiques », que ce soit devant ces mêmes juridictions professionnelles — qui seront ainsi à l'œuvre jusqu'en février 1951 ! — ou devant les cours de justice et les chambres civiques — qui ne prirent véritablement leur allure de croisière qu'une bonne année après la Libération et mirent également plus de cinq ans à finir de traiter les affaires qui n'avaient pas été considérées comme closes faute de charges suffisantes. Ainsi, d'une façon paradoxale, l'épuration économique fut à la fois la seule à disposer d'une législation particulière destinée à en accélérer autant que possible le cours et de loin la plus lente, une fois passé le temps de l'extrême urgence.

Cette mise en route laborieuse de l'épuration économique « concrète » fut causée essentiellement par l'effet cumulatif, d'une part de la difficulté réelle à réunir des pièces et toutes sortes d'éléments aussi objectifs que possible à charge comme à décharge, dans un domaine où les crimes et délits sont rarement apparents sans expertise et peu conformes aux apparences après expertise, d'autre part de l'encombrement de la justice après guerre, que la complexité des dossiers étudiés ne pouvait qu'entretenir ou aggraver dès qu'il s'agissait des entreprises et de leurs dirigeants. Il est vrai aussi que ces derniers étaient bien conseillés et défendus, ce qui allongeait les instructions pour une raison avouable — les avocats voulant s'assurer que leurs clients ne seraient jugés qu'en fonction de faits établis — et peut-être pour une autre qui l'était moins — il était patent que plus on attendrait, moins on risquerait de subir de lourdes peines. Quand on n'avait pas pu éviter d'être sanctionné lourdement, notamment par les juridictions professionnelles, lors des deux premières années de l'épuration, un appel interjeté immédiatement permettait de voir son dossier réexaminé par la Commission nationale interprofessionnelle d'épuration. Or celle-ci optera manifestement, au vu des dossiers qu'on peut consulter, pour l'indulgence dès le début de 1945 et pour la plus grande indulgence à partir des années 1946 et 1947. Les cours de justice elles-mêmes, saisies pour toutes les affaires importantes, deviendront de plus en plus clémentes au fur et à mesure que les mots d'ordre réclamant de donner la priorité à la reconstruction — reconstruction économique mais aussi reconstruction nationale — l'emporteront sur les appels à l'épuration. L'un des théoriciens — à l'époque du comité général d'études — mais aussi des praticiens de l'épuration, Charles Zambeaux, directeur de cabinet du ministre de la Justice au milieu des années quarante, a « avoué » il y a une dizaine d'années dans un entretien avec un chercheur américain qu'on avait même décidé à une certaine date — 1945 ? 1946 ? — « de ne pas transmettre à la cour de justice certaines preuves contre des industriels français qui avaient collaboré trouvées dans les archives allemandes saisies par l'armée américaine[50] ». Petit à petit, les accusés « économiques » ou leurs avocats ont appris de surcroît à manier les critères de circonstances atténuantes, lesquels, on l'a vu, ont évolué nettement, au niveau des textes et de leur doctrine d'application, en faveur des industriels à partir de 1945. Tous ou presque, ainsi, arriveront à « démontrer », d'une part qu'ils avaient agi au moins dans une certaine mesure sous contrainte économique — quelle entreprise ne peut pas faire état de difficultés pour fonctionner sous l'Occupation ! —, et d'autre part qu'ils avaient freiné la production destinée aux Allemands — un argument en général soit quasi invérifiable, puisqu'il existait toujours bien des obstacles « naturels » à la production (manque de matières, de personnel, etc.) suffisant à expliquer son ralentissement, soit plus ou moins hypocrite, puisque rien ne démontrait avec certitude que ce soit à la demande expresse de la direction des entreprises que le freinage, certainement le plus souvent d'origine ouvrière, avait eu lieu. À la fois pour éviter des risques d'injustice, permettre la continuité des activités des entreprises et éviter l'engorgement total de la justice, la justice fut très sensible à ces « excuses » pour clore les dossiers ou sévir très modérément. Raymond Lindon, chargé en 1945 par le procureur général André Boissarie de dynamiser la section économique de la cour de justice de la Seine, forgera lui-même, malgré sa réputation d'intransigeance, une sorte de jurisprudence conduisant à blanchir, au niveau pénal, tous les industriels qui n'avaient pas délibérément choisi de coopérer avec l'ennemi. Cette conception assez étroite de la collaboration à sanctionner en matière économique était, il est vrai, cohérente avec la « philosophie » de l'épuration adoptée pendant l'Occupation et issue, on l'a vu, de l'arsenal judiciaire adapté à la guerre de 1914-1918 ou à celle de 1939-1940 jusqu'à la défaite. Il s'agissait en fait beaucoup plus de déterminer si les industriels avaient été des traîtres, coupables de conduite véritablement « antinationale », que de se demander s'ils avaient directement ou indirectement aidé l'Allemagne.

Du coup, le second objectif de l'épuration, celui de l'équité, sera également très imparfaitement atteint, du moins, puisqu'on ne peut la mesurer avec quelque objectivité qu'à cette aune, par comparaison avec les cas « non économiques ». À lire les dossiers d'instruction ou les comptes rendus des procès des accusés de collaboration entre 1945 et 1949, on a manifestement l'impression qu'en matière politique, le plus souvent, c'est à l'accusé de faire la preuve de son innocence ou de faire apparaître les circonstances atténuantes dont il pourrait se prévaloir, alors qu'en matière économique c'est vite l'inverse, l'accusation, sauf exception, ayant à démontrer que l'inculpé n'a pas agi sous la contrainte ou n'a pas freiné la livraison des commandes allemandes. D'un côté l'emporte la logique du besoin d'épuration et de justice du pays au sortir de la nuit de l'Occupation, de l'autre règne la logique gestionnaire du « on a fait du mieux qu'on a pu dans une situation bien compliquée » et du « il faut avant tout que les usines tournent ». La nécessité, dans la plupart des cas, de faire appel à des « experts », aussi bien lors de l'instruction que lors des comparutions des accusés, ne fera qu'accentuer ce phénomène car, par formation et même par profession, ces auxiliaires de la justice, en général des comptables ou des commissaires aux comptes, sont des hommes *a priori* acquis à cette logique gestionnaire qui permet d'expliquer, et par là même de comprendre, très « naturellement » les comportements des directions d'entreprise. De surcroît, et à cet égard la lenteur du processus ne put que favoriser le phénomène, il y eut un effet « pervers », au sens que les économistes donnent à ce terme, de la spécificité du dispositif adopté pour juger la collaboration économique. Un industriel compromis pouvait en effet fort bien avoir affaire à la fois à une commission d'épuration, en tant que « professionnel », à un comité de confiscation des profits illicites, en tant que propriétaire ou représentant des propriétaires de l'entreprise, et à une cour de justice ou, dans les cas moins graves, à une chambre civique ou une simple cour correctionnelle, en tant que suspect d'intelligence avec l'ennemi ou de simple collaboration bénigne. Or il est rapidement apparu que ce système conduisait sur la durée à une justice non pas de nature « additive » mais « soustractive » : un acquitté en cour de justice est systématiquement mis hors de cause par la Commission d'épuration professionnelle ; un entrepreneur qui a trouvé un terrain d'entente avec le Trésor pour payer des profits illicites est souvent considéré par ses juges comme suffisamment sanctionné car il a été atteint « au portefeuille », là où, pense-t-on, ça fait le plus mal ; un inculpé d'intelligence avec l'ennemi fait volontiers état avec succès du classement de son affaire par la justice « professionnelle » pour réclamer un non-lieu en cour de justice, etc.

Tout, donc, se conjugua pour que, mis à part quelques cas exemplaires dont on se prévaudra au niveau gouvernemental pour faire face aux critiques, la justice soit plutôt clémente envers les dirigeants d'entreprise. Un indice, à cet égard, ne trompe pas. La plupart des hommes qui compteront au sein du patronat après la Libération, et en particulier ceux qui pour avoir eu une conduite considérée comme courageuse sous l'Occupation auront la faculté de s'exprimer très librement, s'inquiéteront alors volontiers de l'influence des communistes au niveau national et dans les entreprises mais ne mettront guère en cause l'épuration dans leurs déclarations. Ils se diront certes choqués par les mesures prises à cette époque qui heurtaient leur conception de l'économie, comme les séquestres, tant qu'ils dureront, et surtout les nationalisations, mais ils ne critiqueront pas ouvertement, sauf à propos de rares cas strictement individuels, l'œuvre de la justice. Dans ses mémoires, le premier président du CNPF après guerre, Georges Villiers, n'évoque ainsi directement l'épuration que d'une part pour se féliciter de la non-mise en application à la Libération d'un projet de punition sévère des industriels collaborateurs que lui avait présenté dans sa retraite provençale l'ex-ministre de l'armement Raoul Dautry en 1943, d'autre part pour évoquer avec satisfaction ses efforts couronnés de succès afin d'éviter, en 1947, une tentative de nationalisation de dernière minute de Berliet[51]. Autre fait significatif, les cas les plus spectaculaires de désaveu de la justice de l'après guerre par ses propres artisans, autrement dit la demande de mutation du Commissaire du gouvernement Raymond Lindon en 1948 et la démission de ses fonctions du procureur général André Boissarie peu après, eurent pour motif déclaré leur écœurement devant le laxisme de l'épuration économique favorisé par le gouvernement[52].

Rien d'étonnant, donc, si, à la fois dans les années d'après guerre et encore plus depuis lors, l'opinion dominante a trouvé de bonnes raisons de soutenir qu'on avait bâclé ou éludé l'épuration économique, du moins dès qu'il ne s'agissait plus de besogneux du marché noir ou du personnel subalterne des entreprises. On a cependant en général un peu vite confondu la mansuétude à laquelle a conduit le souci très affirmé du législateur et des juges de la République retrouvée de tenir compte largement des contraintes du métier pour les industriels avec la preuve d'une garantie d'impunité, voire de l'inexistence de l'épuration en ce qui concernait le monde des affaires. L'un des meilleurs historiens de la période, célébré notamment pour avoir été le premier à fournir un récit détaillé de « la France de Vichy » qui ne faisait pas l'impasse sur les sources allemandes, écrit ainsi que « les techniciens, les hommes d'affaires, les administrateurs se tirent pratiquement indemnes de la tourmente [de l'épuration] », ce qui est vrai, mais aussi que « dans le secteur privé, les ingénieurs et directeurs n'ont sans doute guère connu de vicissitudes pendant cette période » et même qu'« aucun homme d'affaires n'est passé en jugement pour collaboration après la guerre », ce qui est inexact, comme le lecteur de cet ouvrage a eu maintes occasions de le vérifier[53]. De fait, presque toutes les entreprises de quelque importance ont connu, ainsi que leur direction, des « vicissitudes » après la fin de l'Occupation. Rares, en effet, furent celles qui n'abritèrent pas en leur sein un comité de libération ; et quand ce n'était pas le cas, il en existait un au niveau de la branche, sans compter, bien entendu, les comités départementaux. Les plaintes, pas toujours bien motivées mais le plus souvent vérifiées avec soin, furent donc innombrables pour dénoncer les entreprises et les entrepreneurs qui étaient soupçonnés de collaboration. Même dans des cas mineurs. Un exemple ? Les dirigeants de la société Félix Potin, qui a réalisé au total à peine 2 % de son chiffre d'affaires avec les occupants (ventes de confitures) dans le cadre soit de commandes impératives de l'intendance de la Wehrmacht soit d'instructions de Vichy, n'échapperont pas, suite à une dénonciation visant toute une liste de confituriers, à une instruction devant la cour de justice de la Seine pour collaboration économique. Quant à la femme du principal responsable de la même entreprise, elle devra s'expliquer devant la CNIE, suite à une plainte formulée par la « garde patriotique Félix Potin » et reprise par le comité d'épuration des usines Félix Potin, sur un texte qu'elle avait fait insérer en décembre 1941 dans le bulletin n°3 du service d'entraide de l'entreprise qu'elle présidait et qui affirmait : « Nous faisons nôtre la devise du Maréchal : Travail, Famille, Patrie. » L'auteur de cette profession de foi sera cru quand elle se déclarera apolitique après avoir assuré qu'« en écrivant les mots qui me sont reprochés, je n'ai fait que suivre le goût du jour ». Et l'état-major du groupe convaincra le commissaire du gouvernement qu'il n'avait jamais travaillé de son plein gré pour les Allemands. Mais, avant d'être relaxés, ils avaient dû tous rendre compte en détail des raisons de leurs actes[54]. Il en sera de même pour un très grand nombre de dirigeants. Parfois même de façon caricaturale : un importateur-exportateur de Marseille, M. K., doit encore s'expliquer en 1949 devant un juge d'instruction, à la suite de « renseignements [récemment] parvenus du service des licences de la direction générale de ravitaillement à Paris », sur une demande d'autorisation « pour l'exportation de 0,54 hectolitre de vin à destination de l'Allemagne pendant l'Occupation[55] » !

Si le dispositif judiciaire de l'épuration s'est avéré pour le moins d'une efficacité discutable pour permettre des jugements rapides et pour garantir des sanctions d'une égale sévérité contre tous les inculpés de collaboration économique, il a donc en revanche mieux atteint son troisième objectif, celui de réclamer des comptes au plus grand nombre possible d'accusés potentiels. Il est plus que probable qu'un certain nombre de dirigeants de société ont réussi, par chance, par débrouillardise ou par corruption, à passer entre les mailles du filet[56]. Mais, répétons-le, rares, parmi les entreprises qu'on pouvait supposer compromises, furent celles qui n'eurent pas à s'expliquer sur leur activité sous l'Occupation. Au minimum, même quand les dirigeants n'avaient pas eu à affronter les cours de justice, les chambres civiques ou les commissions d'épuration, il fallait, quand on avait effectué la plus petite vente aux Allemands, la déclarer afin de permettre aux Comités départementaux de confiscation des profits illicites de proposer une éventuelle restitution de bénéfices ainsi réalisés assortie ou non d'une amende (là encore en fonction du degré de contrainte). Ils furent des milliers à fréquenter les cours de justice en tant qu'« économiques », ils furent des dizaines de milliers à devoir négocier avec les services fiscaux pour tenter de limiter l'ampleur des « redressements » autoritaires et des amendes[57]. Et si les entreprises furent sans doute souvent soulagées, quand elles n'avaient que cet obstacle à franchir, d'enterrer le passé récent contre de simples contributions au Trésor, payées en francs dévalués à un moment où s'annonçait pour bientôt un retour de la prospérité dont elles seraient d'autant plus à même de profiter qu'elles n'avaient pas sacrifié leur activité pendant la guerre, aucune ne le fit de très bonne grâce, on l'imagine.

En fin de compte, l'épuration économique d'une part ne fut pas, loin de là, inexistante, et d'autre part ne fut pas, *in fine*, bien sévère. Ce n'est donc pas à travers le processus de l'épuration que l'on peut véritablement décrire le phénomène de la collaboration économique. Car bien des questions que celle-ci aurait dû soulever, que ce soit au niveau du comportement de l'État ou de celui des entreprises et des individus un par un, n'ont en fait guère été examinées par la justice. Au niveau national, la mort prématurée de Bichelonne a de toute façon privé le pays d'un procès de la politique du puissant ministère de la Production industrielle. Au niveau micro-économique, on ne peut examiner sans parti pris que cas par cas, avec l'aide de la justice mais sans se contenter de ce qu'elle a fait apparaître, ce que signifia la collaboration économique, autrement dit ce qu'a impliqué pour les entreprises la poursuite d'une activité industrielle et commerciale liée de près ou de loin aux désirs et aux besoins de l'occupant ou à ceux d'un gouvernement en constante négociation avec ce dernier en position de faiblesse. Car si tous les cas qu'on peut étudier apportent une certitude, c'est bien qu'il ne fut jamais « neutre » de travailler pour les Allemands, directement ou indirectement, volontairement ou sous la contrainte, entre 1940 et 1944. Qu'est-ce qu'une entreprise collaboratrice ? Les juges ne nous l'ont pas vraiment dit. L'ensemble des faits recensables nous en ont donné une assez bonne idée.

Troisième partie

L'ENTREPRISE RÉSISTANTE EXISTE-T-ELLE ?

VII

À LA RECHERCHE DES PATRONS RÉSISTANTS...

Hispano-Suiza, Peugeot, Michelin, etc. : y a-t-il eu des patrons résistants ?

Il est des reproches qui valent brevet de bonne conduite. En dénonçant, lors de son procès en 1946, l'attitude irresponsable d'Hispano-Suiza, dont, selon lui, « la résistance brutale » à l'occupant a conduit à ce que « tout le matériel, tout le personnel, toutes les marchandises [de l'entreprise] ont été emportés en Allemagne », Paul Berliet a sans doute moins convaincu du bien-fondé de la politique de dialogue avec les Allemands suivie par sa propre firme qu'il n'a rendu involontairement, devant la cour de justice du Rhône, le plus vibrant des hommages au célèbre constructeur d'automobiles et surtout de moteurs d'avion[1]. Hispano-Suiza, fabricant de matériel de guerre, présent des deux côtés de la ligne de démarcation, était *a priori* plus exposé que tout autre entre 1940 et 1944 au désir de l'armée d'outre-Rhin d'employer à son service toutes les compétences utiles à ses desseins. Le motoriste pourrait donc passer pour un cas d'entreprise tout à fait exemplaire si l'attitude de sa direction face à l'occupant a bien été aussi radicalement intransigeante que le laissait supposer dans ses propos sans nuances l'industriel lyonnais.

Obtiendrait-on par là même un premier démenti spectaculaire à l'idée reçue selon laquelle, si toutes les sociétés ne se sont pas nécessairement complu dans des positions très critiquables entre 1940 et 1944, elles n'ont pas pour autant été résistantes, surtout au niveau de la direction ? Raconter l'histoire d'Hispano-Suiza, on va le voir, conduit moins à répondre — positivement d'ailleurs — à une telle interrogation qu'à instaurer un débat sur les notions mêmes d'entreprise résistante ou de patron résistant. Car il n'est pas plus facile, comme l'examen de nombreux autres cas concrets le montrera, de donner une définition précise de ce qu'aurait pu être un comportement résistant modèle dans le monde des affaires face aux Allemands que de dresser le portrait type du collaborateur économique, exercice dont on a déjà pu mesurer la difficulté. Doit-on accepter comme point de départ la formule apparemment incontestable et de bon sens de l'historien du génocide Raul Hilberg, qui affirmait récemment que « peut être considéré comme résistant celui dont les actions visent à empêcher l'ennemi de réaliser ses objectifs » ? On s'aperçoit vite qu'elle est rarement utilisable sans réserves, jusques et y compris pour évoquer le comportement des entreprises ou des patrons dont la combativité et le patriotisme ont été loués[2]. Commençons donc par tenter d'en savoir plus sur le parcours, effectivement instructif et édifiant, d'Hispano-Suiza sous l'Occupation.

Huit mille ouvriers sur la route

Quand la guerre est officiellement déclarée entre la France et l'Allemagne, en septembre 1939, pour Hispano-Suiza comme pour la plupart des sociétés du même secteur, le changement se passe plus dans la continuité que dans la rupture. Le groupe a alors entrepris depuis plusieurs années, en effet, de concentrer tous ses efforts sur les productions utiles à la défense nationale.

Constructeur d'automobiles de grand luxe et de voitures de sport très rapides en Espagne, à Barcelone, depuis le tout début du siècle puis en France, à Paris, depuis 1911, Hispano a déjà dû à une guerre, celle de 1914-1918, son entrée dans le club des grands producteurs de matériels militaires. À peine inaugurés, ses modestes ateliers de Bois-Colombes, dans la région parisienne, avaient été réquisitionnés dès 1914 pour produire essentiellement des pièces de rechange de moteurs rotatifs d'avion.

Le principal animateur de l'entreprise, l'inventeur Marc Birkigt, un jeune ingénieur suisse qui s'était exilé en Espagne en 1899, venu depuis peu s'installer dans la capitale française, était alors retourné travailler plus tranquillement au-delà des Pyrénées. Là, cette même année 1914, à la demande du gouvernement de Madrid, soucieux de se constituer une force aérienne, il avait réussi à mettre au point, en quelques mois seulement, un moteur d'avion de 150 CV de conception très originale*. Les spécialistes français de l'aéronautique militaire avaient entendu parler depuis Paris de cette prouesse technique et ils avaient été jus-

* Marc Birkigt a eu l'idée, en particulier, de remplacer dans les moteurs d'avion les éléments jusque-là soudés — chambres d'eau, pipes — par un bloc d'aluminium dans lequel étaient rapportés les cylindres. Ainsi remédiait-on à la fragilité des moteurs à refroidissement à eau qui ne valaient que ce que valaient leurs soudures. Ce nouveau type de moteur possédait, par ailleurs, un système de distribution, entièrement sous carter, qui assurait une sécurité de fonctionnement inconnue jusqu'alors. Sur la conception des moteurs d'aviation Hispano-Suiza, on peut se référer au texte de l'ingénieur général Raymond Marchal paru dans la revue *Pionniers* n°50, d'octobre 1979. Ce même numéro de la revue contient, sous la plume de son petit-fils, Bernard Heurteux, un article résumant la vie et l'œuvre de M. Birkigt. Contenant d'intéressants éléments biographiques, il nous a été utile pour rédiger certains passages de notre texte.

qu'en Catalogne faire subir un premier test au nouvel engin. Fin 1915, après un dernier passage au banc d'essai de cinquante heures, une épreuve particulièrement sévère pour l'époque, le moteur, malgré les tentatives de dénigrement des concurrents à l'annonce des premières commandes, était homologué par l'armée de l'air.

Vite adopté par les « as », ce « moulin », dont la puissance atteindra rapidement 220 puis 280 CV, équipera bientôt une grande partie des avions alliés. L'usine de Bois-Colombes ne pouvant y suffire, il sera fabriqué également par Peugeot, Voisin, de Dion-Bouton, etc. en France, Wolseley en Angleterre, Wright aux États-Unis. Au total, quarante mille moteurs Hispano — chiffre extraordinaire pour l'époque — seront ainsi produits jusqu'à la victoire sur l'Allemagne en 1918.

La firme pouvait alors afficher un autre titre de gloire. Car Marc Birkigt, de nouveau parisien depuis 1915 vu la tournure prise par l'activité d'Hispano-Suiza, était aussi devenu, à partir de 1917, un pionnier du « moteur canon » en inventant un système de tir à travers l'hélice par une mitrailleuse utilisant le moteur comme bâti. Guynemer attribuera ses 49e, 50e et 52e victoires lors de la Grande Guerre à cette innovation ingénieuse et efficace.

Au lendemain de la paix, le marché des moteurs d'avions s'était effondré brutalement et l'usine de Bois-Colombes avait naturellement recommencé à produire des automobiles, incorporant dans les nouveaux châssis certains des acquis de l'aéronautique. Avec leurs moteurs puissants au régime relativement lent, leur servofrein révolutionnaire pour l'époque, les Hispano-Suiza avaient vite retrouvé les faveurs de la clientèle attirée par les voitures de luxe rapides. Les modèles avaient été constamment améliorés, de la H6B de 32 CV de 1919, une grande routière qui dépassait les 140 km/h, à la J12 de 54 CV de 1930, une douze cylindres aux accélérations impressionnantes qui atteignait les 180 km/h tout en assurant au passager, selon le vœu de Marc Birkigt, le « silence Rolls ». Mais l'épuisement des stocks de guerre et surtout l'essor progressif de l'aviation de transport avaient relancé dès le milieu des années vingt l'activité aéronautique. Les moteurs d'avion mis au point par Marc Birkigt remportaient de nombreux trophées et permettaient d'améliorer à plusieurs reprises le record du monde de vitesse — notamment en 1924 avec 448 km/heure. Ils démontraient surtout leur capacité à équiper l'aviation long-courrier en s'illustrant dans des raids spectaculaires. L'apogée sera atteint en 1929 avec la traversée États-Unis-France par Assollant-Lefèvre et Lotti (... et un passager clandestin) grâce à un Hispano de 600 CV et en 1930 avec le raid Paris-New York par Costes et Bellonte, sur un Breguet bénéficiant d'un Hispano 650 CV.

En 1932, avec deux moteurs de 690 CV et 830 CV, le 12X et le 12Y, Hispano-Suiza s'était approprié pour plusieurs années le record du rapport puissance-poids, alors considéré comme primordial par beaucoup. Pour les installer sur des avions de chasse, Marc Birkigt avait bientôt pensé à réutiliser son idée de moteur-canon en plaçant un canon à tir rapide Oerlikon Buerle, le meilleur de sa catégorie, dans le V des cylindres du 12X et du 12Y. Mais le ministère de l'Air voyait d'un mauvais œil un Allemand — nationalité de Buerle — équiper l'armée nationale. En 1935, l'inventeur suisse était par conséquent invité à créer aussi rapidement que possible un nouveau canon à tir rapide de sa conception.

Hispano est donc entré, en quelque sorte, avec plusieurs années d'avance dans le second conflit mondial. Les événements du milieu des années trente seront d'ailleurs décisifs pour l'avenir de la firme, aussi bien au niveau de son organisation que de ses activités.

D'abord, tout comme les autorités militaires, les autorités politiques veulent « franciser » tout ce qui concourt à la défense nationale : les armes, les fabricants, les hommes. Un décret-loi d'août 1936 réserve ainsi la production de matériels de guerre aux sociétés françaises administrées par des nationaux. Hispano-Suiza, dont l'homme clé est un Suisse, le directeur technique Marc Birkigt, les capitaux majoritairement espagnols et suisses et les administrateurs de trois nationalités, ne peut présenter le passeport requis. Comme on ne souhaite pas nationaliser l'entreprise — notamment parce que, tout comme Gnôme et Rhône, l'autre grand fabricant de moteurs, elle coûterait trop cher — ni bien sûr se passer de ses précieux services, on a recours à un montage juridique pour tourner la difficulté. On crée donc, début 1937, avec l'accord du ministère de l'Air, une société d'exploitation des matériels Hispano-Suiza à laquelle l'ancienne société française Hispano-Suiza accepte de céder ses stocks et ses produits en cours de fabrication, de louer ses usines et d'apporter son concours technique. Cette société d'exploitation à capitaux hexagonaux sera présidée par Raoul Dautry, l'ancien patron des chemins de fer de l'État, et son administrateur-délégué sera un ancien de la maison, où il est entré en 1922, le prince Stanislas Poniatowski.

Marc Birkigt, selon le vœu des militaires, passera la fin des années trente à étudier prioritairement les problèmes d'armement. Il laissera à d'autres le soin de s'occuper du développement des moteurs d'avion, qui par là même prendra quelque retard, et abandonnera, après avoir dessiné un tout dernier modèle en 1934 pour remplacer la 32 CV de 1919 dans la gamme, son activité de créateur d'automobiles. En 1936, la société arrête même — cette fois définitivement — la fabrication de voitures, laissant ainsi pour toujours le nom Hispano-Suiza désigner d'anciens véhicules de légende. Tout le potentiel de l'entreprise, a-t-on décidé, sera désormais consacré aux seules tâches de réarmement. Le nouveau canon Hispano, le 404, un 20 mm, ayant été mis au point et s'avérant une réussite, on accélère la cadence de production des moteurs-canons pour équiper de nombreux avions — des Morane 406, des Dewoitine 520, etc. — de la chasse française. On fabrique également, grâce à des machines spéciales dessinées par Marc Birkigt, des munitions par centaines de milliers.

Fin 1939 et jusqu'en mai 1940, les usines tournent donc à plein pour équiper l'armée française qui tente vainement de rattraper son retard technique, en particulier dans l'aviation, sur les Allemands. Les principaux sites industriels de la société sont toujours dans la région parisienne — à Bois-Colombes et à Paris même, boulevard Brune — mais, à la demande du ministère de la Guerre, une vaste opération de décentralisation dans des zones moins exposées en cas d'avancée ennemie a été engagée. Une usine, déjà opérationnelle au milieu du printemps 1940, a été construite à Saintes pour produire, à l'aide de plusieurs centaines de machines, des pièces de canon, des munitions, etc. Un centre de montage de moteurs a été, par ailleurs, mis en chantier dans la Charente-Inférieure à Jonzac, sous la direction du célèbre aviateur Dieudonné Costes, devenu directeur commercial d'Hispano depuis quelques années et désormais mobilisé comme « affecté spécial » dans sa propre entreprise. Il est prévu que ces ateliers « camouflés » dans d'anciennes carrières, donc à l'abri des bombardements, pourront, une fois terminés, fonctionner de façon indépendante par rapport au reste du groupe, en s'appuyant uniquement sur des livraisons de sous-traitants — Ford entre autres — pour obtenir les pièces (vilebrequins, culasses, arbres à cames, etc.) à assembler. Enfin, et il s'agit là du déménagement de la plus grande envergure, on a entrepris d'installer à Tarbes, loin du théâtre supposé des combats, une importante usine de moteurs d'avions, qui attend encore à la fin du printemps 1940 pour acquérir son autonomie de nombreuses machines commandées en France et surtout aux États-Unis.

À partir de la seconde partie du mois de mai, après la fin de la drôle de guerre et le début des revers français, ce redéploiement de l'entreprise est accéléré. Le prince Poniatowski, interlocuteur des autorités militaires, reçoit le 22 mai les premières instructions pour organiser une évacuation progressive des sites parisiens, à commencer par le principal, celui de Bois-Colombes. On lui demande, quitte à désorganiser un temps la fabrication, d'envoyer à Tarbes des machines prélevées dans les ateliers de la capitale afin de lancer la production dans les Hautes-Pyrénées au plus tôt. Au fur et à mesure que passent les jours et que les armées se replient, ce qui était utile et pressé devient nécessaire et urgent et il ne s'agit bientôt plus de déplacement mais d'évacuation. Du 22 mai à la mi-juin, ainsi, « dans une pagaye complète », selon l'expression de M. Poniatowski[3], on démonte les équipements transportables de Bois-Colombes et du boulevard Brune afin d'envoyer ceux qui concernent les moteurs à Tarbes et ceux qui concernent l'armement à Saintes. On charge également sur des camions et des wagons par dizaines les matières premières et les pièces en cours d'usinage. Les derniers jours, c'est au tour des huit mille ouvriers parisiens et de leurs familles de se former en convoi et de prendre le chemin du Sud.

Au moment de la débâcle, l'essentiel de l'entreprise — hommes et matériels — est donc sur des rails ou sur la route pour tenter de rejoindre Saintes ou les Pyrénées. Costes racontera plus tard comment, sur ordre de M. Poniatowski, il a « erré pendant quatre ou cinq jours entre le 11 ou le 12 juin et le 16 ou 17 pour tenter de retrouver sur les routes parallèles à la Loire un convoi de camions » parti de Paris et dont on était sans nouvelles. Il finira par franchir le fleuve juste avant que les ponts ne sautent, sans avoir pu localiser la colonne de véhicules, afin de se réfugier dans un premier temps à Toulouse, siège provisoire d'une partie de l'administration de l'armée de l'air, puis de reprendre contact rapidement avec sa direction dans les Hautes-Pyrénées. Une bonne partie des employés d'Hispano réussiront à rejoindre assez rapidement le Sud-Ouest. Plus de mille ouvriers, avec leurs familles, sont installés à Saintes fin juin. Ailleurs on fait comme on peut : on réquisitionnera, par exemple, tous les hôtels de Lourdes, à une quinzaine de kilomètres de Tarbes, pour arriver à loger le personnel replié, etc. L'arrivée du matériel, quand il arrivera, se fera en ordre très dispersé et s'étendra bien au-delà de la date de l'armistice... grâce à l'armée allemande. « Nous avions tellement encombré les voies ferrées, racontera non sans humour l'administrateur délégué de l'entreprise, que vers le 15 juillet les Allemands nous ont envoyé trois cents wagons et quatre-vingts camions, dirigés par eux vers Tarbes de façon à débarrasser les lignes. Nous avons ainsi récupéré du matériel que nous n'espérions plus du tout retrouver. »

Au lendemain de la défaite, la situation n'est guère brillante. Les usines de Paris, désertées par le constructeur franco-espagnol, ont été, bien entendu, immédiatement occupées et réquisitionnées par les Allemands. Tout ce qui se trouve à l'intérieur est considéré comme prise de guerre. Dans les zones de repli, seules les installations de Saintes étaient vraiment opérationnelles, celles de Jonzac n'étant pas terminées et celles de Tarbes venant à peine de recevoir, en partie, les équipements nécessaires. L'entreprise « version repliée », ainsi, n'est pas en état de marche. L'essentiel, cependant, n'est pas là : toute activité est devenue à court terme impossible puisque les accords d'armistice franco-allemands interdisent au vaincu la production de matériel de guerre, autrement dit paralysent totalement l'activité d'Hispano-Suiza. Les employés, les « délocalisés » comme ceux, beaucoup moins nombreux, qui sont restés à Paris, sont donc inoccupés. De surcroît, on se demande comment leur donner de quoi survivre, ne serait-ce que provisoirement puisqu'il faudra rapidement débaucher selon toute vraisemblance. Que faire pour l'entreprise et pour son personnel ?

Marc Birkigt ne se pose pas longtemps la question. Il ne veut en aucun cas travailler pour les Allemands et, quand survient l'armistice, il franchit une fois de plus les Pyrénées pour rejoindre le berceau de l'entreprise à Barcelone. Il a facilité avant de partir, assure son petit-fils, l'envoi en Grande-Bretagne des plans et de prototypes de ses dernières inventions en matière d'armement. Le 404, à défaut du 410, une arme de 30 mm destinée à remplacer la précédente et qui en est encore au stade du premier prototype à la fin du printemps 1940, équipera les années suivantes de très nombreux avions d'outre-Manche et d'outre-Atlantique. Les canons Hispano participeront donc directement à la poursuite de la lutte contre l'Allemagne. Marc Birkigt a eu également la satisfaction de voir expédier chez Ford aux États-Unis, juste avant la débâcle, un prototype de son dernier moteur, le 12Z, conçu à la demande de l'armée de l'air pour tenter de rivaliser avec les moteurs allemands Daimler-Benz ou BMW grâce à une importante amélioration des performances — considérées désormais comme insuffisantes — des 12X et 12Y. On voulait le faire fabriquer en série par les Américains pour le compte de la France. Mais si en matière d'armement l'inventeur avait su hisser son entreprise à un excellent niveau, le retard pris depuis le milieu des années trente en matière de moteurs n'avait pas encore été comblé. L'armistice rendant caduques les commandes françaises, les Américains ne sortiront donc pas de sa caisse ce 12Z qui ne pouvait pas leur assurer une supériorité dans les airs et n'était d'ailleurs pas adapté aux cellules de leurs constructeurs.

Pierre Forgeot, qui avait remplacé Raoul Dautry à la présidence de la société d'exploitation quand ce dernier avait été nommé ministre de l'Armement en septembre 1939, était, pour sa part, en train de régler des affaires importantes aux États-Unis au moment où les Allemands avaient occupé la France. C'est donc à M. Poniatowski, l'administrateur délégué, qu'il revient au début de l'été 1940 de faire face. Dès fin juin, il se dit, selon ses propres mots, qu'il faut « faire le point, contacter [les autorités] pour savoir quelle politique industrielle mener et essayer de sauver ce qui pouvait l'être ». Il part donc de sa base de repli à Tarbes pour Vichy où, à défaut de réussir à envisager clairement l'avenir, sans doute parce qu'il n'est encore clair pour personne, il obtient des papiers valant laissez-passer pour se rendre en zone occupée à Paris, afin d'évaluer la situation. Il décide d'emmener avec lui dans la capitale Costes, car le héros de l'aviation, désœuvré, mais membre du conseil d'administration depuis la réorganisation de 1937, pourra, pense-t-il, l'aider dans sa tâche de préservation des intérêts d'Hispano et de son personnel.

Il arrive tôt en juillet à Paris[4] où il ne peut que constater l'occupation militaire des usines[5]. L'urgent est donc de raisonner en termes de survie. Il faut d'une part trouver des accommodements auprès des banques pour être à même de donner de quoi subsister au personnel et d'autre part inventorier ce qu'il y a encore dans les établissements afin de pouvoir liquider les marchés de guerre, autrement dit faire payer l'entreprise et ses fournisseurs par son client quasi unique, le ministère de l'Air. Craignant, si l'on en croit son témoignage et celui de Costes après guerre, d'être l'objet de « sollicitations des Allemands » qui le placeraient en position délicate, le prince Poniatowski préfère ne pas s'attarder à Paris et retourne à Tarbes où l'entreprise entend maintenir, dans l'abri relatif de la zone libre, sa direction, son administration et son principal site industriel. Il laisse donc à l'aviateur le soin d'entretenir les contacts avec l'occupant nécessaires pour résoudre divers problèmes quotidiens et d'entreprendre les deux tâches prioritaires évoquées ci-dessus. La seconde, la liquidation des marchés militaires, est à la fois délicate, car elle suppose un accès à l'intérieur des usines qui n'est pas acquis d'avance, et essentielle pour l'avenir de la firme. Costes commentera ainsi l'ampleur et l'enjeu du problème : « Avant l'armistice, le ministère de l'Air avait passé des marchés ouverts, c'est-à-dire qu'il fallait produire le maximum, et, dans cet ordre d'idées, on avait lancé des commandes à tous les fournisseurs de matières premières, d'accessoires, de matériaux de toutes sortes. On avait commencé à fabriquer à tour de bras [...]. Quand tout s'est arrêté, il a fallu faire un état des services fournis au gouvernement, c'est-à-dire [inventorier] le stock des matières premières [...], le stock des pièces et [constater] les états d'avancement [des fabrications]. Cela a demandé huit mois. [...]. Le total du marché de la liquidation s'est chiffré à un milliard et demi de francs. C'est dire le matériel que nous avions ! » Un matériel qu'il sera possible d'inventorier, en promettant aux Allemands — promesse de Costes d'ailleurs non tenue[6] — de leur fournir régulièrement un double des états effectués, mais qu'il ne sera pas envisageable, bien entendu, de soustraire à la garde de l'occupant.

Les Allemands ont placé à la tête des usines Hispano-Suiza de la capitale un ancien as de l'aviation allemande pendant la guerre de 1914-1918, le major Karl Abt. Il est chargé d'abord d'une mission militaire, consistant à monter au plus vite un atelier de réparations des moteurs pour la Luftwaffe, et secondairement d'une mission civile. Il s'agit pour lui d'obtenir des commandes ou des sous-commandes de sociétés allemandes et de les faire exécuter dans l'entreprise française. Une tâche qui s'avérera d'autant moins facile à réaliser que les usines ont été vidées de la plupart de leurs machines modernes. Le nouveau maître des lieux mettra d'ailleurs des mois à lancer une fabrication de pièces détachées, pour des moteurs allemands surtout, avec les équipements restants. Karl Abt tenait alors beaucoup, dira-t-il, à donner du travail aux nombreux ouvriers au chômage qui se réunissaient tous les jours devant la porte des établissements à Bois-Colombes pour réclamer un emploi. Cela, ajoutera-t-il, bien que ses supérieurs ne l'aient pas encouragé vraiment dans cette voie car « on voulait laisser tomber cette usine » à la direction peu coopérative et d'un intérêt limité après le déménagement d'une grande partie de son outil de production vers le sud-ouest de la France, avant l'Occupation de Paris, ou vers l'Allemagne, après.

L'ancien aviateur allemand est l'interlocuteur obligé de Costes, avec lequel il semble bientôt établir des rapports courtois, « entre anciens adversaires de la Première Guerre mondiale » comme il l'affirmera. Il ne s'entendra en revanche jamais — « ça ne collait pas du tout », assurera-t-il — avec le prince Poniatowski, dont on ne sait s'il le rencontra brièvement lors de son premier retour à Paris ou s'il ne le verra pour la première fois qu'un peu plus tard, quand finira l'été[7]. Quoi qu'il en soit, affirme la direction d'Hispano, il ne s'est strictement rien passé à Paris pendant les mois de juillet à septembre 1940, hormis d'éventuels travaux de réparation de moteurs réalisés par des Allemands pour des Allemands dans les espaces réquisitionnés et, cela va de soi, la mise en route de l'inventaire déjà évoqué.

Et ailleurs ? À Jonzac, rien, ou presque, n'était encore prêt lors de l'armistice, et aucune fabrication ne sera jamais entreprise. À Saintes, en revanche, où la production était déjà en cours en juin 1940, on a reçu de surcroît, on l'a dit, tout le matériel de recherche et de production d'armement évacué de la région parisienne. On a eu beau, devant l'avancée allemande, en envoyer — notamment une série de prototypes — vers les Hautes-Pyrénées puis, par bateau, vers le Maroc et l'Angleterre, on s'est retrouvé avec tant d'équipements que les locaux de l'entreprise, même une fois leur fonctionnement interrompu, ne pouvaient suffire à les abriter. Avant que les occupants n'investissent les lieux en juillet, plus d'une quinzaine de jours après leur arrivée dans la ville, le directeur de l'usine de Saintes, M. Duval, a eu le temps de détruire les productions encore en stock et de trouver et faire réquisitionner deux entrepôts improvisés — un ancien garage de tramways devenu aire de stationnement d'autobus et une scierie — pour abriter et surtout cacher l'essentiel des machines nomades d'Hispano-Paris.

Bien qu'il leur soit signifié une interdiction de pénétrer dans l'usine après qu'ils ont refusé d'entamer des fabrications pour l'Allemagne, M. Duval et son adjoint M. Fleurot surveillent autant qu'ils le peuvent, c'est-à-dire tant qu'on les laisse faire, ce qui ne dure pas, les opérations de démontage et d'enlèvement de toutes les machines-outils qu'ont entreprises les Allemands. Car ils s'estiment comptables vis-à-vis de l'État du sort de ces matériels. Mais pendant cet été où les occupants nettoient par le vide ce site de repli d'Hispano, ils « oublient », de leur propre initiative, de signaler l'existence des entrepôts aux vainqueurs devenus des pilleurs.

Dans la seconde partie du mois de septembre, cependant, renseignés très probablement par un membre du personnel, des militaires d'outre-Rhin viennent chercher MM. Duval et Fleurot et les conduisent jusqu'à la scierie où ils les mettent en face d'un des deux stocks de machines dissimulés. D'après le sous-directeur[8], ils n'ont pu tenter de se justifier, dans cette situation pénible, qu'en expliquant à leurs accompagnateurs que nul ne les avait jamais explicitement interrogés à propos d'éventuels dépôts de machines en dehors de l'usine. Ils n'ont pas plus tôt bredouillé cette réponse, évidemment peu satisfaisante pour les Allemands, qu'on leur demande, puisqu'il faut le leur demander, s'il y a d'autres sites semblables. Le deuxième entrepôt n'a donc peut-être pas été découvert. Que faire ?

Stanislas Poniatowski dira après guerre qu'il avait évoqué quelques jours auparavant l'éventualité de la découverte des « caches » par les occupants avec le directeur de l'usine[9]. Il lui avait alors conseillé, assurera-t-il, « de ne pas jouer au plus fin » car « à la période où on était, il ne fallait pas chercher à avoir des histoires inutilement ». Il lui avait donc dit qu'il « l'autorisait formellement à prendre la première occasion venue pour signaler l'existence de toutes ces machines-là ». Les ennuis que connaissait déjà l'entreprise dans d'autres lieux ainsi que les conseils de prudence qui lui avaient été prodigués par les services officiels du « contrôle de l'air » repliés à Toulouse avaient persuadé l'administrateur-délégué de l'inutilité d'adopter une autre attitude. D'autant, ajoutera-t-il, que l'ampleur des transports et des déménagements de matériels effectués fin juin à Saintes avait été telle qu'on pouvait difficilement supposer que le secret serait gardé bien longtemps à la fois par la totalité du personnel — avec les familles, cela faisait deux mille personnes plus ou moins au courant des « cachettes » — et par les nombreux témoins oculaires des opérations. Les deux dirigeants d'Hispano à Saintes ne se feront donc pas prier pour avouer l'existence d'un deuxième entrepôt et amener les Allemands jusqu'à l'ex-garage de tramways. Peu de temps après, il ne restera plus à Saintes aucun matériel Hispano de quelque utilité, les occupants ayant cette fois vraiment tout déménagé outre-Rhin.

À Tarbes, on a *a priori* l'immense avantage pour une entreprise peu encline à travailler pour l'ennemi de se trouver en zone libre. Mais le « navire amiral » replié d'Hispano-Suiza est à peine mieux loti que son prédécesseur de Bois-Colombes ou que les vaisseaux légers de Jonzac ou de Saintes. Certes l'établissement n'est pas réquisitionné. Mais de fait, sauf à accepter de travailler directement ou indirectement pour les Allemands, auquel cas le retour dans la région parisienne serait d'ailleurs indiqué, il n'y a aucune possibilité de relancer l'activité peu après l'armistice pour un constructeur de moteurs d'avion et d'armes dont le seul client de quelque importance, l'armée française, est jusqu'à nouvel ordre interdit de commandes par les accords d'armistice. Comment, alors, éviter de licencier la totalité des employés et, par là même, de condamner presque certainement l'entreprise à la disparition à terme ?

En 1940 et pendant la majeure partie de 1941, aidé certainement par la relative solvabilité du groupe qu'assure alors la liquidation des marchés de guerre, on peut continuer à occuper à Tarbes ou dans les environs, notamment à Lourdes, du personnel ouvrier et surtout des cadres et des techniciens, ces hommes qui font la valeur d'une entreprise comme Hispano-Suiza. Si les effectifs globaux du groupe vont fondre des trois quarts entre l'été 1940 et l'été 1941, tombant de près de seize mille à quatre mille salariés, cette hémorragie touche effectivement beaucoup plus les ouvriers (80 % quittent l'entreprise) que les cadres et assimilés (moins de 50 % de départs, en partie compensés avant la fin de la guerre par de nouvelles embauches). Profitant du savoir-faire spécifique de la société et des matières qu'elle a pu conserver, on fabrique tant bien que mal des équipements mécaniques — des moteurs de tours en particulier — ou même de simples ustensiles, comme des casseroles en aluminium. On poursuit par ailleurs discrètement, en l'attente de jours meilleurs, les travaux de recherche et de mise au point de matériels en cours avant l'armistice. Pour décourager la curiosité de l'occupant, puisque de tels travaux sont interdits, on organise d'opportuns déplacements en automobile sur les routes de campagne des plans et de divers prototypes lors de chaque visite d'une mission d'inspection allemande. M. Billard, l'ingénieur responsable de l'armement, qui a pu convoyer jusque dans les Hautes-Pyrénées quelques modèles de canons et quantité de documents avant l'armistice, a ainsi poursuivi sa tâche avec ses collaborateurs jusqu'à l'invasion de la zone libre à l'automne 1942. Il sera alors obligé d'enterrer dans des jardins « amis » ou de dissimuler à la mairie de Lourdes des caisses de dossiers. Et surtout d'immerger de nuit au centre du lac de Lourdes en catastrophe, après les avoir tronçonnés, tous les prototypes d'armes qu'il avait conservés.

Avant cette brusque interruption, au milieu de l'Occupation, de la (très) relative liberté que connaît l'entreprise, celle-ci a pu cependant retrouver depuis un an un certain plan de charge à Tarbes dans sa principale spécialité, les moteurs d'avions, grâce à des commandes importantes de Vichy pour les forces aériennes de l'armée d'armistice. Ces fabrications militaires françaises avaient été rendues possibles fin 1941 par l'accord franco-allemand de l'été précédent qui autorisait la France à faire construire mille cent avions et près de deux mille cinq cents moteurs pour son compte. Il avait fallu en échange, on l'a vu, accepter des conditions allemandes très dures, qui s'apparentaient en fait à un véritable « passage du Rubicon » : Vichy, pour obtenir le droit de maintenir une petite armée de l'air en état de fonctionnement, avait décidé officiellement de lancer un important programme de construction de matériels aéronautiques militaires pour l'Allemagne dans les usines nationales, une concession ouverte aux désirs de Berlin de faire participer la France « volontairement » à son effort de guerre sans véritable précédent jusque-là*. Le prix payé par Vichy, c'était donc celui d'une

* L'accord franco-allemand sur le programme aéronautique commun, qui permettra notamment à Hispano-Suiza de recevoir des commandes pour l'armée de l'air française à partir de fin 1941, date du mois de juillet de la même année. Sur cet accord, déjà évoqué dans le chapitre 2, son historique, les conditions de sa négociation et son application jusqu'à sa résiliation partielle fin 1942 (seule la partie du programme intéressant les Allemands étant alors maintenue), on peut lire la recherche détaillée de Peter F. Klemm, fondée sur la consultation de très nombreuses archives allemandes, intitulée « La production aéronautique française de 1940 à 1942 » et publiée dans le numéro 107, de juillet 1977, de la *Revue d'histoire de la Seconde Guerre mondiale*. Cet article démontre en particulier que si la France bénéficia, au moins sur le papier, mais en partie aussi dans la réalité, d'avantages certains avec la signature de cet accord, « ces avantages furent obtenus à un prix élevé » car « la France s'engagea à fabriquer des avions et des moteurs militaires pour le Reich et elle accepta une supervision et un contrôle allemands considérables sur la production et la mise au point de son aéronautique ». On peut compléter cette lecture par celle de l'article, également très détaillé, de deux chercheurs du service historique de l'armée de l'air, Patrick Facon et Françoise de Ruffray, intitulé « Aperçus sur la coopération aéronautique franco-allemande, 1940-1943 » et publié dans le numéro 108, d'octobre 1977, de la même *Revue d'histoire de la Seconde Guerre mondiale*.

intensification majeure de la collaboration. Mais Hispano, contrairement à la plupart de ses concurrents, n'a pas voulu réaliser de commandes liées au « volet allemand » de l'accord et n'a alors livré de matériels qu'au gouvernement français.

Le « non » aux Allemands

L'attitude que l'on pourrait qualifier de « plutôt résistante » voire de « globalement résistante » d'Hispano-Suiza s'est ainsi manifestée sur tous les principaux sites dès l'armistice et les mois qui ont suivi. Elle ne résulte pas, si l'on en croit toutes les sources auxquelles nous avons pu nous référer, d'un simple « réflexe » patriotique mais, on va s'en apercevoir, d'une véritable stratégie de l'entreprise réfléchie, assumée et appliquée, autant que faire se peut, jusqu'en 1944. Si, *a priori*, cette position de principe hostile vis-à-vis des souhaits de l'Allemagne peut sembler somme toute normale de la part d'un fabricant national d'armements destinés à être utilisés prioritairement contre la Wehrmacht, on ne saurait se contenter de cette appréciation quand on compare une telle attitude avec celle adoptée par la majorité des autres constructeurs confrontés peu ou prou à la même situation. D'après les archives allemandes disponibles à ce sujet et dépouillées par l'historien américain Peter F. Klemm, il apparaît que, dès l'été 1940, « les directeurs et administrateurs de l'industrie aéronautique française voulaient accepter les contrats [que leur proposaient les] Allemands ». Des exemples ? « Le 22 juillet 1940, la firme aéronautique française Caudron-Renault demande l'autorisation du ministère de l'Air pour achever plusieurs centaines d'avions d'instruction pour l'aviation allemande. Le directeur général de Gnôme & Rhône, le plus grand fabricant de moteurs d'avions français, fit savoir, en août, aux organismes allemands qu'il était disposé à construire pour eux des moteurs et des pièces. Au début d'août 1940, les usines Schneider-Creusot acceptèrent de fabriquer des éléments de bombes pour une firme allemande. Les industriels de la France non occupée eux-mêmes brûlaient de faire des affaires avec les Allemands [10]. »

Se refuser alors sans détour à prendre des commandes allemandes comme le fit Hispano était, il faut le savoir pour mieux comprendre sinon admettre la position des autres constructeurs, une attitude d'autant plus originale dans ce secteur que le gouvernement français ne l'encourageait pas, loin de là. Bien avant l'accord de collaboration ouvertement militaire de l'été 1941, c'est-à-dire seulement quelques semaines après l'armistice, Vichy — on en a déjà parlé — a commencé à céder à des demandes pressantes des Allemands d'organiser une « coopération » en matière d'aéronautique. Le 22 juillet 1940, il autorisait un comité allemand à inspecter l'industrie aéronautique de la France non occupée pour envisager la passation de marchés. Le 24 juillet, il acceptait que l'industrie aéronautique de la France occupée produise des appareils de transport et d'entretien ainsi que des moteurs et des pièces pour l'occupant. Début septembre, cette mesure était étendue aux avions de combat non armés.

Les motivations des autorités françaises pour céder si vite sur tous ces points furent multiples et ne résultaient pas que des pressions conjuguées des Allemands et de la quasi-totalité des firmes inquiètes pour leur survie — pressions évidentes comme le prouve l'ampleur des commandes d'avions placées par le Reich auprès de sociétés de l'hexagone fin août 1940 (elles atteignent le chiffre de cent vingt et un appareils le 25 du mois) et surtout dans les semaines qui suivent (des contrats pour huit cent neuf appareils au total avaient été conclus avant fin novembre 1940). L'état-major, désireux de reconstituer une aviation militaire, notamment pour « défendre » l'empire colonial « menacé par l'Angleterre », ne désapprouvait pas, en particulier, une politique qui lui permettait d'espérer atteindre ses objectifs. Le parfum collaborationniste avant l'heure des accords de l'été 1940 — Montoire n'a lieu que le 22 octobre — fait ressortir, quoi qu'il en soit, avec une certaine netteté le cas particulier d'Hispano-Suiza, qui ne participe pas à la quête des commandes allemandes.

Quand, en octobre 1940, le prince Poniatowski est convoqué à Paris pour s'entendre proposer très officiellement — et au sens d'une proposition à ne pas refuser bien entendu — de consacrer l'appareil de production de son entreprise à la fabrication de matériels aéronautiques pour l'Allemagne, à travers un accord « attrayant »* d'usine à usine avec Daimler-Benz, il ne peut ignorer en effet qu'il n'est pas le premier à recevoir une telle offre et qu'en cas d'acceptation de principe, sous réserve de l'approbation de Vichy, il ne ferait que suivre la trace de plusieurs de ses concurrents. Or, loin de se déclarer ne serait-ce qu'intéressé, ce qu'on attend évidemment de lui au minimum, il commence par tergiverser, répondant finalement... qu'il lui faut consulter les autres dirigeants du groupe avant de donner une réponse. Il s'agit là bien sûr d'une manœuvre d'esquive, mais pas seulement. « Cette idée-là [de collaboration avec Daimler-Benz] ne me plaisait pas, dira M. Poniatowski après guerre, mais je ne désirais pas prendre seul la responsabilité de dire non. »

Cette prudence peut se comprendre comme signifiant que l'administrateur-délégué n'ignore pas, ou au moins pressent, les risques courus non seulement par lui-même mais par l'entreprise en cas de réponse négative à l'issue de cette « négociation ». Il retourne donc dans le Sud-Ouest, se concerte avec les autres dirigeants, puis contacte Marc Birkigt

---

* Le mot est de M. Poniatowski qui, évoquant cette proposition en 1949, expliquera qu'on avait voulu la rendre plus attrayante qu'une collaboration « classique » avec l'Allemagne en la présentant sous une forme purement industrielle, d'usine à usine. Cette forme de collaboration, dans un secteur militaire, n'était évidemment moins compromettante qu'en apparence.

qui, malgré son « exil », est resté l'homme pivot d'Hispano-Suiza. Comme toujours dans ces occasions-là, la rencontre, pour préserver sa confidentialité, a lieu à mi-chemin entre Barcelone et Tarbes, à la frontière espagnole. Le prince Poniatowski expose à l'inventeur suisse la proposition allemande et lui explique qu'en cas de refus il est probable que les usines, et l'avenir industriel du groupe, en souffriront car de nouvelles machines seront enlevées et diverses mesures de rétorsion seront certainement prises. Il lui indique qu'il est cependant enclin à décliner l'offre des occupants et qu'il s'en tiendra à cette position si elle est approuvée. Birkigt lui donne son accord sans réserves.

À la fin du délai accordé par les Allemands, début décembre, l'administrateur-délégué retourne à Paris. Costes dira qu'apprenant ce qu'il s'apprête à répondre il l'encourage alors d'un : « C'est la seule attitude à prendre[11]. » L'effet de cette attitude ne se fera en tout cas pas attendre et sera à la hauteur des craintes préalables. Le prince Poniatowski est en effet arrêté, mis en cellule à Paris, puis transféré à Berlin où on l'interroge avant de le renvoyer en France. Il restera, jusqu'à la Libération, en résidence surveillée à Arcachon, avec l'interdiction, qu'il ne pourra tourner que tardivement et avec difficulté, de reprendre contact avec son entreprise.

Le refus de principe du groupe de travailler pour les Allemands s'est manifesté d'ailleurs de façon incontestable avant même la proposition formelle d'octobre 1940. Les dirigeants de l'entreprise avaient fait nommer par le tribunal de commerce de la Seine dès fin septembre un administrateur judiciaire à la société d'exploitation des matériels Hispano-Suiza. Jean-Louis Rempler, syndic et liquidateur judiciaire de profession, avait théoriquement été désigné spécifiquement pour superviser juridiquement et financièrement le règlement des marchés de guerre et procéder au paiement des sous-traitants créanciers d'Hispano en zone occupée. Cette mission, en réalité, aurait fort bien pu être effectuée par la société elle-même. Mais on avait eu recours à cette « médiation » afin d'empêcher les Allemands de prétendre récupérer les avoirs de l'entreprise pour acheter... de nouvelles machines-outils. Après avoir enlevé auparavant eux-mêmes la plupart de ceux qui étaient restés à Paris, pour les expédier outre-Rhin, ils avaient en effet besoin de tels matériels pour procéder au redémarrage de l'activité, souhaitée dès avant la fin de l'été, nous l'avons vu, par Karl Abt. Rempler pourra effectivement, comme il en avait reçu l'instruction, refuser les demandes de fonds des Allemands, en se retranchant derrière son mandat qui ne prévoyait pas la possibilité de prendre de telles décisions sans l'accord, long et difficile à obtenir, du tribunal de commerce[12].

Mais dès après l'arrestation du prince Poniatowski, la situation s'est encore compliquée. Les dirigeants du groupe, très inquiets on s'en doute, craignent alors que les autorités d'occupation, pour contourner tous les obstacles, ne fassent nommer un administrateur allemand à la tête non plus seulement des usines mais de la société elle-même. Au cours d'une réunion tenue en présence de M. Rempler, qui en témoignera, ils sont arrivés à la conclusion que le mieux, pour éviter cette éventualité, serait de faire des démarches officieuses pour obtenir du ministère de la Production industrielle la désignation d'un remplaçant officiel de M. Poniatowski, en tant qu'administrateur provisoire de la société pour la zone occupée. L'ingénieur Paul Rodary, directeur de la production d'une des sociétés nationales de matériels aéronautiques créées avant guerre, la SNCASE, est donc choisi par Bichelonne, alors secrétaire général du ministère, pour occuper cette fonction.

Le remède faillit s'avérer pire que le mal. Le nouveau patron de l'entreprise en zone occupée s'est en effet empressé, très probablement sur ordre du ministère, de prendre son rôle très au sérieux et de tout faire par là même, d'un point de vue administratif, pour faciliter la remise en activité des usines parisiennes. Exactement ce que souhaitaient les Allemands. Comme l'écrira le commissaire du gouvernement après guerre, « il a rempli ses fonctions avec la conscience d'un technicien [...] en oubliant [que son travail] devait servir à l'occupant ». Du coup, les responsables de Tarbes, tout comme M. Rempler, ont dû immédiatement s'employer à entraver par tous les moyens la mission de cet administrateur rigide aux initiatives sans doute plus souvent maladroites et malheureuses que mal intentionnées envers eux [13]. Ils tenteront donc de récuser au plus vite — on verra comment — le principe même de sa nomination, théoriquement indépendante de leur volonté.

Dès février 1941, suite à des entretiens infructueux, M. Rodary a en effet affirmé très officiellement par écrit à Pierre Forgeot, revenu des États-Unis et toujours président en exercice de la Société d'exploitation Hispano-Suiza, son refus de diminuer le personnel en zone occupée ainsi que l'exige ce dernier. L'état-major du groupe a déjà envoyé des lettres de licenciement à tous les employés qui sont en surnombre du fait de l'arrêt des travaux de recherche et des fabrications, et en particulier bien entendu à ceux que l'administrateur provisoire a cru devoir rapidement embaucher en prévision d'un redémarrage des usines. M. Rodary annonce même dans son courrier sa détermination de faire remonter à Bois-Colombes des camions et des matériels évacués vers Tarbes à la fin du printemps 1940, ainsi que la comptabilité de l'entreprise [14].

Deux semaines plus tard, le 3 mars, toujours par lettre recommandée puisque, rapidement, on ne communique plus qu'ainsi entre les dirigeants « légitimes » et l'administrateur « légal », Pierre Forgeot oppose une fin de non-recevoir à toutes les requêtes de M. Rodary pour relancer l'activité. Il lui rappelle d'abord, d'une part que « [sa] mission manque de bases légales » et d'autre part que, comme « ce n'est pas de gaieté de cœur » que « la société a dû licencier une grande partie de son personnel [...] à la suite des événements de juin 1940 et de l'arrêt total des fabrications », il n'y a aucune raison de changer de politique et de maintenir un niveau d'emploi au-delà du minimum nécessaire à la survie de l'entreprise, que ce soit en zone libre ou en zone occupée. Il lui signifie surtout, en mettant les points sur les i, qu'il y a incompatibilité totale entre la politique qu'il entend mener à Paris et celle décidée par le conseil d'administration de l'entreprise. Le contenu précis des réponses de Pierre Forgeot montre à quel point la détermination des dirigeants d'Hispano-Suiza est réelle et non pas formelle et à quel point le combat engagé contre l'administrateur provisoire, qui semble agir un peu trop selon les instructions de Bichelonne dans l'« esprit de Montoire », est sans ambiguïté, même s'il emprunte ses armes au plus pur juridisme.

On profite d'abord de l'organisation juridique complexe du groupe depuis 1937 pour « démontrer » l'absence de base légale d'au moins une partie des attributions de M. Rodary, celles qui concernent sa nomination comme administrateur de la société française Hispano-Suiza. L'enjeu n'est pas que symbolique : cette société détient en fait le contrôle de la majorité des fonds disponibles puisqu'elle a été créée au sein du groupe pour ne pas léser les propriétaires de l'entreprise malgré les lois de 1936 « francisant » obligatoirement la fabrication des matériels de guerre. Sous la plume de Pierre Forgeot, on lit ainsi l'argumentation suivante : « [...] Quelle raison y avait-il pour Monsieur le ministre de la Production industrielle de vous désigner comme administrateur provisoire de la société française Hispano-Suiza ? Aucune, il est facile de le montrer. La fabrication de matériel de guerre pour l'Allemagne, par la société française Hispano-Suiza, serait aussi illicite que l'était celle du même matériel pour la France. C'est précisément pour ce motif, répétons-le, que la Société d'exploitation a été créée. La perception des sommes dues par des tiers à la société française est assurée par Monsieur Rempler, avec qui vous faites sur ce point double emploi [...]. La poursuite des recherches, études et expériences dans les locaux parisiens de la société française ? Avec quel personnel et pour le compte de qui ? Les travaux étaient assurés à Bois-Colombes par MM. Birkigt père et fils et leurs collaborateurs directs au bénéfice de l'aviation française ; ils se poursuivent actuellement à Tarbes dans les mêmes conditions et on ne voit pas pourquoi, comment, et avec qui, ils se poursuivraient simultanément à Paris. Le ministre de l'Air ne nous a d'ailleurs fait aucune demande tendant à la reprise à Paris de nos travaux de recherches et d'expérience. Il ne peut donc s'agir pour vous, si l'on veut trouver une explication à votre mission, que de poursuivre des travaux pour l'aviation allemande. Permettez-moi de vous dire que, pour cette activité, les techniciens allemands apparaissent plus qualifiés que quiconque. »

Voilà pour la Société française Hispano-Suiza, avec de surcroît, dans la même missive, la notification par Pierre Forgeot à M. Rodary de son intention de « poursuivre en nullité [sa nomination] devant la juridiction compétente ». Mais que faire à propos de la Société d'exploitation des matériels Hispano-Suiza ? On ne peut là opposer la présence d'un autre homme, comme M. Rempler, pour conclure à un double emploi *de facto* sinon *de jure* au poste d'administrateur provisoire. Le président du groupe n'a cure de la différence et récuse tout autant la présence de l'envoyé du ministère de la Production industrielle à la tête de cette seconde société : « Le texte, en date du 16 décembre, par lequel Monsieur Bichelonne vous a désigné vise "l'impossibilité où se trouvent les dirigeants de la Société d'exploitation d'exercer leurs fonctions en zone occupée", cas prévu par la loi du 10 septembre 1940. [...] Nous ne sommes nullement dans l'impossibilité d'exercer nos fonctions. Nous avons refusé et nous refusons, ce que personne n'ignore, de fabriquer du matériel de guerre (moteurs d'avion, canons et munitions) pour les autorités allemandes. Il s'agit là de tout autre chose qu'une impossibilité et je me propose en conséquence de poursuivre [...] la nullité de l'arrêté ministériel du 16 décembre 1940. » Comme l'argument juridique, dans ce cas, est, on l'a dit, moins évident pour ne pas dire spécieux, Pierre Forgeot ajoute en conclusion : « Même si le motif ci-dessus n'existait pas et si votre nomination avait été légale, il serait contraire à l'intérêt de la Société d'exploitation comme à l'intérêt français lui-même que le matériel que vous réclamez rentre en zone occupée. »

Le même 3 mars, cherchant un appui officiel pour résister au requêtes de M. Rodary, Pierre Forgeot écrit au général Bergeret, ministre de l'Air. Il lui rend compte de ses échanges de courrier avec l'administrateur nommé par la Production industrielle. Il rappelle le refus de l'entreprise de fabriquer du matériel de guerre pour l'Allemagne. Et il propose, pour débloquer la situation, de remettre sans frais à l'État français, s'il le souhaite, l'usage des établissements Hispano de la zone occupée. Il ajoute que « la Société française Hispano-Suiza s'est déclarée et se déclare toujours prête à remettre gratuitement au groupe ou à la société que vous lui désignerez la libre disposition de ses usines parisiennes sous la seule condition du paiement des impôts et des assurances ». En clair : nous avons décidé de ne pas collaborer, à l'État de prendre ses responsabilités s'il estime devoir le faire. Le ministère, de fait, retient l'offre de reprise provisoire des usines et cherche un industriel intéressé. M. Leroux, directeur technique et industriel de l'Air, sollicite ainsi le groupe Michelin-Citroën, qui refuse. Puis il négocie avec la société Fordair, une filiale de Ford présidée par M. Maurice Dollfus, qui, dans un premier temps, paraît accepter, à la condition qu'on le lui demande formellement et que les dirigeants d'Hispano-Suiza n'y fassent aucune objection. Ces derniers, en avril 1941, lui écrivent, sous la plume de M. Forgeot, que « comme il n'est pas en notre pouvoir d'empêcher la remise en marche de nos usines, [nous vous donnons] l'assurance que nous préférons qu'elle soit assurée par vous plutôt que par d'autres ». Mais M. Dollfus, alors que les contrats étaient prêts, déclare finalement qu'il lui est impossible d'accepter. Aucune solution n'est donc en vue.

La véritable guérilla procédurière entre M. Rodary et les dirigeants d'Hispano-Suiza, apparemment dérisoire mais aux enjeux importants, se poursuivra ainsi pendant tout le premier semestre 1941. L'ingénieur-administrateur réitère plusieurs fois toutes ses demandes et menace à l'occasion de faire annuler par un tribunal la décision récemment prise par le conseil d'administration, pour des raisons évidentes, de transférer le siège des sociétés du groupe de Paris à Tarbes « avec effet rétroactif au 10 juin 1940 ». Il réclame surtout, avec de plus en plus d'insistance, des fonds à M. Rempler pour financer la reprise de l'activité. Devant le refus de celui-ci, il le convoque pour un rendez-vous dans les bureaux de la Luftwaffe, rue du Faubourg-Saint-Honoré, où on fait venir également un représentant de l'administration de l'Air, l'ingénieur d'État responsable de l'Aéronautique Joseph Roos, lequel, ce qu'on ne sait évidemment pas alors, est depuis quelque temps... un agent de l'Intelligence Service[15]. M. Rodary explique au cours de cette réunion aux nombreuses personnalités allemandes présentes, qui l'ont sans doute déjà sommé de s'expliquer sur son inefficacité, qu'il ne peut remplir ce qu'il estime être sa mission faute de disponibilités pour payer du personnel et acheter du matériel de fabrication. Il aurait besoin d'au moins cinquante millions de francs. M. Rempler, après avoir remarqué perfidement que le plus indiqué pour équiper les usines lui paraissait être de faire revenir les machines enlevées par l'armée d'occupation, déclare selon son habitude qu'il n'est pas habilité à libérer des sommes pour un autre objectif que le règlement du passif.

Le ton de ses interlocuteurs se faisant menaçant, il ne pourra défendre ce point de vue qu'en s'abritant derrière des arguments légaux mais aussi grâce au soutien bienvenu de M. Roos. Les Allemands, pensant sans doute que ce n'est que partie remise, renoncent alors à obliger M. Rempler à financer immédiatement l'achat de machines mais déclarent qu'ils exigent au minimum qu'on donne les moyens à M. Rodary de reprendre l'exploitation des usines en l'état, ce qui nécessiterait une avance de dix millions de francs. L'administrateur judiciaire, sur la défensive, affirme qu'il ne peut autoriser ce paiement que si M. Rodary demande et obtient une décision en ce sens du président du tribunal de commerce. Ce dernier rendra effectivement une ordonnance autorisant le versement d'une somme de dix millions de francs et M. Rempler devra s'exécuter.

Le 25 juin 1941, prenant acte de la situation, le conseil d'administration d'Hispano-Suiza se réunit à Barcelone pour tenter de trouver une issue définitive au conflit avec M. Rodary, avant qu'une solution désagréable ne soit — inévitablement — imposée par les autorités d'occupation. On propose au ministère de l'Air ce qui paraît être le moins mauvais compromis, à savoir le remplacement de l'envoyé de Bichelonne par le dévoué M. Rempler en tant qu'administrateur provisoire. Cette formule présente des avantages évidents mais implique bien sûr qu'on renonce à obtenir devant le Conseil d'État l'annulation de la décision de la Production industrielle de placer à partir de décembre 1940 Hispano sous administration provisoire. Pierre Forgeot, partisan de poursuivre cette requête en annulation qu'il a initiée sans faiblesse, donne alors sa démission de la présidence de la Société d'exploitation, où il est remplacé par Jean Lacoste, mais garde la présidence de la Société française. Une lettre, quadruplement signée par Lacoste et Forgeot ainsi que par Marc Birkigt et, pour les intérêts espagnols du groupe, Miguel Mateu, est alors envoyée à M. Leroux. On lui dit vouloir « aplanir les différends surgis au sujet de la gestion de l'affaire » grâce à la nomination de M. Rempler « pour administrer les usines des deux zones, au double titre de mandataire du président du tribunal de commerce et de mandataire du ministre de l'Air ou du ministre de la Production industrielle ».

En échange d'une solution enfin acceptable, les animateurs d'Hispano concédaient essentiellement un relatif abandon de leur autonomie à Tarbes, au sud de la ligne de démarcation. Ils ne le firent, assureront-ils, qu'après avoir obtenu par avance un engagement verbal mais formel de M. Leroux de ne jamais réclamer l'utilisation de l'usine de la zone libre que pour des fabrications françaises. Une fois la proposition d'Hispano-Suiza acceptée et mise en œuvre, début août 1941, cette promesse sera tenue. Il est vrai que l'invasion de la zone libre un an plus tard lui ôtera par définition de son intérêt. Mais dans l'intervalle, on le sait, les seules commandes officielles ont concerné des moteurs, au nombre d'un millier, pour l'aviation française.

Les deux premières années de la guerre ont ainsi été celles de la résistance active, d'un point de vue industriel s'entend. Les deux dernières seront celles de la résistance passive.

À Paris, où règne toujours comme commissaire le major Abt, la situation n'a guère changé, sinon que la pression pour faire produire les établissements de Bois-Colombes et du boulevard Brune s'est accentuée. Indépendamment, donc, des secteurs des usines entièrement occupés par des équipes d'outre-Rhin pour entreposer des véhicules utilitaires, réparer des moteurs ou faire des expériences diverses, notamment dans la soufflerie, les locaux sont affectés à l'exécution des commandes de pièces ou d'outillages pour l'industrie allemande — Daimler-Benz est le premier client — transmises par les autorités d'occupation.

Ces dernières se plaignent du peu de rendement des usines et en rendent responsables — à raison d'ailleurs — MM. Rempler et Lacoste. Ceux-ci disposent surtout comme atout de leur signature, indispensable pour permettre le financement de l'exploitation des usines. D'où des occasions de freiner les opérations. Prétextant par ailleurs le plus souvent, une fois épuisés les autres motifs plausibles, l'absence de machines adéquates pour éviter de réaliser — ou pour retarder — les commandes, les deux dirigeants sont menacés continuellement de destitution et, à l'occasion, surtout pour le président de la société, d'arrestation. Abt, d'ailleurs, passera vite directement une bonne partie des commandes, celles qui lui paraissent importantes, au directeur des ateliers, qui ne lui résiste guère, sans passer par le président et par l'administrateur, mis devant le fait accompli.

À Tarbes, l'invasion de la zone libre fin 1942 a évidemment changé le climat beaucoup plus que l'accord de l'été 1941. On ne réussit plus, désormais, à éviter complètement de travailler pour les autorités d'occupation. On se résoudra, en effet, en 1943, quand le sort d'un grand nombre d'ouvriers et d'employés réduits au chômage sera en jeu, à réparer des camions pour le compte des occupants. Mais on continue à démontrer un tel manque d'empressement à faire tourner les machines pour l'outre-Rhin et *a fortiori*, on l'a vu, à les envoyer à Paris pour cet usage que les Allemands décident de faire un exemple.

Ainsi, au cours du printemps et de l'été 1943, la majorité des machines et des installations de l'usine de Tarbes sont démontées et envoyées vers le Reich et les territoires conquis. Il faudra dix-neuf trains pour évacuer tout ce matériel à destination de l'Allemagne, de l'Autriche, de la Pologne et de la Tchécoslovaquie. Modernes, parfois d'origine américaine, ces équipements intéressaient certainement depuis longtemps les Allemands.

Si par ailleurs une fonderie, à la suite du bombardement de Bois-Colombes fin 1943, fut installée sur ordre des Allemands à Tarbes, plus à l'abri, elle eut à peine le temps de sortir ses premières pièces, qui ne seront même jamais usinées, avant d'être sabotée par un groupe de résistants de l'établissement du Sud-Ouest. Cette opération peut-être trop bien effectuée — on avait détruit uniquement les modèles de fonderie destinés aux Allemands en épargnant les modèles spécifiquement Hispano — eut pour conséquence directe la déportation du directeur de l'usine, M. Nicolet, jugé complice. Il ne reviendra jamais d'Allemagne.

Au total, au moment de la libération de tous ses sites industriels, l'entreprise pourra présenter comme suit le bilan global de son activité sous l'Occupation. Strictement aucun matériel Hispano, ni moteur d'avion, ni canon, ni munition, ni machine, n'a été fabriqué pour les Allemands — une performance que l'on aimera rappeler car elle a été le fait d'une société importante et même « stratégique », dont les principales installations industrielles étaient de surcroît en zone occupée, donc vulnérables. On a cependant produit, même en y mettant apparemment beaucoup de mauvaise volonté, un tiers environ des commandes de pièces passées par les Allemands (1,7 milliard de francs de commandes, moins de cinq cent quatre-vingts millions de francs de livraisons), surtout dans les usines de Paris [16]. Mais l'entreprise n'a retiré aucun avantage financier important de ces fabrications, le bilan général des transactions étant, à en croire un expert judiciaire, déficitaire de cent quatante-deux millions de francs à la fin de l'Occupation. Quant aux membres du conseil d'administration, ils ont renoncé à percevoir leurs « tantièmes » pendant toute la période 1940-1944. Les effectifs, de 15 948 personnes en juin 1940, sont passés à 4 544 en août 1944, avec à peine deux fois moins d'employés que d'ouvriers car on a voulu conserver au maximum les cadres — on l'a dit — pour assurer au mieux, le jour venu, la remise en marche des activités. Trois cent quarante techniciens et ouvriers ont été déportés en Allemagne, soit moitié moins que ce que réclamaient les services de M. Sauckel, l'organisateur allemand du recrutement forcé de la main-d'œuvre, et environ 7 % du personnel employé vers la fin de la guerre. C'est beaucoup, mais on est loin évidemment de la déportation complète des salariés du groupe qu'évoquait Paul Berliet lors de son procès, sur la foi sans doute d'une rumeur. Les usines de l'entreprise, qui se mettront immédiatement au service de l'effort de guerre allié à l'été 1944, sont alors en piteux état mais encore aptes à fonctionner. L'établissement le plus touché par les bombardements est celui de Bois-Colombes, le plus important de tous, détruit à 50 %. Les autres manquent surtout des matériels et des machines utiles à la fabrication. Au total, les Allemands ont prélevé 2 215 machines-outils, de préférence évidemment les plus modernes, sur le parc de 3 900 possédé par le groupe.

Sachant que, comme on l'a vu, l'entreprise connaissait un relatif déclin au niveau des performances de ses moteurs à la fin des années trente, sachant de surcroît que le secteur aéronautique était secoué par le choc technologique de l'apparition, pendant la guerre, du moteur à réaction, on ne sera pas étonné si, avec de tels handicaps supplémentaires, le redémarrage des activités ne sera que progressif et difficile. La véritable renaissance d'Hispano devra passer par des accords, en 1946, avec Rolls-Royce pour entreprendre, sous licence, la construction de réacteurs modernes. Il est cependant difficile de mesurer à quel point les choix courageux des dirigeants d'Hispano sous l'Occupation auront joué un rôle essentiel dans cette évolution aux causes multiples.

Le héros de l'aviation était-il un traître ?

Un tel bilan permettra à l'administrateur judiciaire Jean-Louis Rempler de célébrer, longtemps après avoir quitté ses fonctions, « la beauté de cette maison Hispano qui, en quelque sorte, s'est identifiée avec la France »[17]. Le groupe, pourtant, ne sera pas épargné paradoxalement par l'épuration. Plusieurs de ses employés, et en particulier le directeur des ateliers de Bois-Colombes, seront poursuivis dès la Libération pour avoir manifesté « une certaine soumission devant les volontés des Allemands ». La société elle-même devra s'expliquer sur toutes les commandes allemandes. Et surtout, un membre important de la direction sera inquiété, longtemps après la fin de la guerre, en 1949, pour trahison. Sur la foi de documents retrouvés dans les archives de l'Abwehr, et révélés tardivement à l'occasion de l'instruction du procès de Nuremberg, le « vainqueur de l'Atlantique » Dieudonné Costes sera en effet accusé d'être devenu sous l'Occupation un agent allemand et traduit en justice. De quoi ternir, si ces soupçons devaient s'avérer fondés, « la beauté » de l'image de l'entreprise !

Au cours de l'été 1940, on l'a vu, Costes était resté à Paris, à la demande du prince Poniatowski, en tant que principal représentant du groupe. On pensait en effet alors que, pour résoudre les problèmes toujours pendants, on aurait à faire face aux occupants et que seul un homme d'un certain prestige et pouvant arguer de la qualité d'administrateur comme l'aviateur pourrait « faire le poids ». Dès le début août, il avait eu à le démontrer en raison de l'arrestation d'un responsable des ateliers, Léon Marquet, et de son adjoint, M. Burdin, à Bois-Colombes. Cette affaire, selon l'accusation, avait marqué le début de l'engrenage conduisant jusqu'à la trahison de Costes.

M. Marquet avait alors refusé de signer une demande de carte hebdomadaire de chemin de fer d'un ouvrier qui s'était fait embaucher par un des ingénieurs allemands présent dans l'usine et désireux de remettre en marche une soufflerie. Il avait répondu sèchement à l'employé qu'il ne l'avait pas lui-même recruté et qu'il ne voyait donc pas pourquoi il aurait à intervenir, l'invitant à présenter sa demande aux Allemands. L'homme éconduit avait immédiatement été se plaindre auprès de l'ingénieur d'outre-Rhin, qui avait menacé le responsable français, puis avait prévenu le major Abt. Ce dernier, appliquant strictement les instructions en sa possession, avait rendu compte de ce « sabotage » aux autorités d'occupation. Et dès le lendemain, M. Marquet ainsi que son adjoint, qui n'avait eu que le malheur de servir d'interprète à son supérieur face aux Allemands, car il parlait la langue de Goethe, avaient été envoyés en prison puis présentés devant une cour martiale. Costes avait dû multiplier les interventions, notamment auprès de Abt, pour défendre les deux accusés et les tirer de ce mauvais pas. Il était arrivé à ses fins, réussissant à les faire acquitter puis libérer, en grande partie grâce aux relations relativement cordiales qu'il avait alors réussi à nouer avec l'ancien aviateur allemand responsable des usines.

Ce dernier, ce qu'il ne savait pas, était en rapport avec l'Abwehr, auquel il devait adresser une note chaque mois sur la situation des usines Hispano, les services secrets de l'armée allemande étant en particulier responsables de la répression en matière de sabotage dans les usines « militaires ». Et c'est ainsi que Abt avait pu un jour lui présenter en toute amitié un Allemand spécialiste des alliages légers, M. Schaller, alias Schmidt, à moins que ce ne soit le contraire, qui, pour être effectivement un ingénieur, n'en était pas moins aussi un véritable agent de l'Abwehr.

D'après les archives des services spéciaux allemands retrouvées après guerre, Schaller aurait rapidement réussi à manipuler Costes, dès septembre 1940 dira l'accusation, puis à le recruter comme agent. Et l'aviateur aurait ainsi fourni à l'Abwehr, à travers trois « officiers traitants » qui s'étaient succédé de 1940 à 1942 auprès de lui, des secrets techniques essentiels — sur les derniers prototypes de moteurs et de canons Hispano — ainsi que des renseignements industriels — il aurait lui-même révélé les « caches » de matériels de Jonzac et de Saintes avant de fournir plus tard, à l'occasion d'un voyage en Algérie en 1941, un rapport sur la situation générale en Afrique du Nord.

Il aurait, par ailleurs, accepté de se rendre, profitant de sa notoriété qui devait le rendre insoupçonnable, en mission d'espionnage outre-Atlantique en 1942. Il avait, certes, décidé de tout révéler aux Américains dès son passage en transit par l'Espagne sur le chemin des États-Unis, permettant aux Alliés d'intoxiquer les services allemands. Mais ce revirement, présenté par Costes comme un acte de résistance prémédité, et qui lui avait valu d'ailleurs d'être traité en héros du contre-espionnage outre-Atlantique pendant la guerre, était, selon l'accusation, bien tardif et bien commode pour un homme désormais à l'abri.

En mars 1949, lors de son procès, Costes, qui se présente comme un as du double jeu, est appuyé par un défilé de témoins prestigieux. Il peut faire apparaître l'inanité d'une bonne part des accusations. Il semble bien, ainsi, que les Allemands connaissaient avant d'être en rapport avec lui tous les « secrets » qu'on l'accuse d'avoir dévoilés. À commencer par les plans des moteurs et des armes les plus récemment mis au point par Hispano et qui avaient des performances tellement inférieures à celles de leurs homologues d'outre-Rhin que leur intérêt pour l'ennemi n'allait pas de soi. L'instruction n'a par ailleurs guère crédibilisé les autres charges — dénonciations, travail pour l'Abwehr — retenues contre lui. Outre, bien sûr, le commissaire du gouvernement, qui réclamera une peine de quinze ans de travaux forcés contre le pilote, un témoin capital semble pourtant croire à au moins une partie de ces charges devant le tribunal militaire de Paris. Heinrich Baake, alias Braun, le troisième officier de l'Abwehr qui s'était occupé de Costes et qui est venu à la barre, n'en démordra pas : Costes a bel et bien accepté de travailler comme agent pour l'Allemagne. Comme on peut soupçonner l'ancien espion allemand de vouloir se venger après s'être fait « rouler » par l'aviateur français, puisqu'il avait lui-même organisé et financé le départ de ce dernier pour les États-Unis, il ne convaincra cependant guère ceux qui assistent au procès. D'autant que Abt déclare pour sa part n'avoir jamais cru à un « retournement » réel de Costes. Il affirmera devant la cour avoir plusieurs fois mis en garde les agents allemands, qu'il trouvait en l'occurrence naïfs, car le patriotisme de Costes ne lui avait jamais paru douteux.

Il reste que s'il n'a pas livré de secrets, Costes a bien accepté de prendre langue avec des hommes de l'Abwehr puis de se faire confier par eux une mission aux États-Unis sans en référer à qui que ce soit, pendant de longs mois, avant son passage en Espagne. Même si, comme il l'affirmera, il s'est effectivement senti alors, par désir de réaliser un acte courageux et utile dans la lutte contre l'Allemagne, une vocation de contre-espion amateur, dont il ne se serait ouvert à personne par précaution, il a pour le moins été imprudent dans sa pratique solitaire du double jeu. Un des témoins venu déposer en faveur de l'aviateur, le député Philippe Livry Level, un des trois principaux dirigeants d'Alais, Froges et Camargue, autrement dit Pechiney, pendant la guerre, le dira en évoquant sa propre expérience à la barre. Le 25 mai 1941, racontera-t-il, il avait été convoqué à Londres par Anthony Eden, qui lui avait demandé « de rentrer en France et de retourner à Vichy pour y jouer double jeu [...]. J'ai refusé et je crois que j'ai eu raison [...] car si j'avais accepté, un jour ou l'autre, vous auriez peut-être eu à me juger au lieu d'avoir comme témoin un grand-croix de la Légion d'honneur ». L'industriel résistant expliquera ainsi qu'un agent double, non seulement se retrouve par évidence fiché comme traître, mais s'expose de plus à la vengeance de ceux qu'il a floués. Est-ce bien ce qui est arrivé à Costes, qui a un dossier — accablant au moins au niveau des apparences — et un numéro d'agent dans les papiers de l'Abwehr ? Le tribunal, en acquittant de justesse mais sous les applaudissements du public l'ancien directeur commercial et administrateur d'Hispano-Suiza, en jugera ainsi[18].

Qu'est-ce qu'une « entreprise résistante » ?

Le parcours controversé de Costes dans le difficile métier d'agent double n'aura donc pas, finalement, éclaboussé l'image d'Hispano-Suiza. Il aura peut-être même eu le mérite, pour l'entreprise, de faire apparaître au grand jour, lors d'un procès spectaculaire, son activité résistante à l'occasion de tous les témoignages entendus. Et ce faisant, il nous aura aidé, d'ailleurs, à apercevoir quelques questions essentielles que soulève la notion même d'entreprise résistante. Relevons-en deux.

On peut observer d'abord que l'attitude des hommes, et en particulier des dirigeants, est déterminante pour infléchir dans un sens ou dans un autre la position d'une entreprise dans une situation cruciale comme celle de l'Occupation. On pourrait croire qu'il s'agit là d'une vérité de La Palice. Ce n'est pourtant pas certain, car cette attitude est le produit de motivations souvent complexes. Aucun industriel, en effet, tous les cas évoqués dans cet ouvrage le montrent bien, n'est indifférent au sort de sa société mais tous ne se font pas la même idée de ce que signifie cet attachement profond à « leur » entreprise et des priorités qu'il implique. Il en résulte des comportements souvent peu linéaires et rarement prévisibles. Pour proposer un exemple parlant, c'est au nom — en prenant leur discours à la lettre — d'une même fidélité à l'entreprise et à sa « mission » que les Berliet, sous l'Occupation, tiennent à fabriquer, comme on l'a montré, des camions Berliet et seulement des camions Berliet et que les dirigeants d'Hispano, comme on l'a vu ici, refusent totalement de produire du matériel Hispano. Certes, on pourrait décider de tout simplifier en s'en tenant — ce qui ne serait pas *a priori* le moins légitime — aux réactions opposées d'un Birkigt, qui ne veut même pas avoir à parler aux Allemands, et de ses proches collaborateurs et de la famille Berliet, qui estimera dès le début essentiel de ne pas « braquer » les occupants, deux comportements immédiats qui ont incontestablement orienté toute la suite des événements. Mais, même sans s'arrêter à la facile constatation qu'il peut paraître curieux de décerner un brevet de patriotisme français... à un Suisse, on remarquera ensuite, et c'est un deuxième point essentiel, que même un groupe exemplaire comme Hispano-Suiza a travaillé en fin de compte en partie pour l'Allemagne et lui a fourni, *via* Daimler-Benz en particulier, des pièces nécessaires à la fabrication de matériels utiles à l'armée d'outre-Rhin. Ce n'est pas amoindrir le mérite de l'entreprise — obligée d'agir ainsi — que de le souligner. En clair, rien ne démontre mieux que le cas d'Hispano que les équivalences « avoir travaillé pour l'Allemagne = être collaborateur » ou « avoir refusé de fournir l'occupant = être résistant » sont en général simplistes et souvent trompeuses, contrairement à l'opinion la plus communément répandue. Les situations affrontées étaient trop complexes, on l'a déjà dit, pour que les comportements puissent être interprétés ainsi, de façon binaire.

Malgré cette difficulté à appréhender clairement, au simple niveau du bon sens, ce qui caractérise, sauf dans les exemples caricaturaux, une entreprise résistante par rapport à une autre pendant l'Occupation, il semble pourtant y avoir eu des responsables politiques et des fonctionnaires pour penser après guerre que cette question possédait, au moins dans chaque cas particulier, une réponse. Au ministère de l'Économie nationale, dans la seconde partie des années quarante, on accorde en effet — ou on refuse parfois — le label « entreprise résistante » à des sociétés qui en font la demande. L'examen d'une bonne partie des centaines de dossiers constitués à cette occasion ne clarifie pourtant pas beaucoup, on va le voir, le problème, sinon de l'existence, du moins de la définition de l'entreprise qu'on peut qualifier de résistante*.

L'enjeu n'était évidemment pas alors de décerner des médailles — fussent-elles... de la Résistance. Comme la plupart du temps quand il s'agit de la vie des affaires, ce sont très naturellement des questions d'intérêt, et plus précisément de concurrence, qui ont conduit ainsi l'administration à s'imposer au printemps 1945 la difficile tâche de porter un jugement sur l'activité des sociétés sous l'Occupation. On s'était certes déjà intéressé au ministère de l'Économie à cette activité sous l'angle fiscal. Les bénéfices importants réalisés le plus souvent grâce aux commandes allemandes avaient en effet été déclarés illégitimes sinon toujours illégaux par les autorités à la Libération. Et on avait créé, on l'a vu, un « impôt pour profits illicites » applicable à tous. Cette généralité même — du moins en théorie — de la récupération par l'État desdits profits illicites signifiait qu'il ne s'agissait pas là avant tout de stigmati-

* On peut consulter aux Archives nationales (F12 10168 à 10 179) plus d'une dizaine de cartons remplis de dossiers d'entreprises réclamant une aide en tant qu'« entreprise résistante », ce qui représente des centaines de cas. Il est probable que ces cartons ne contiennent pas, loin de là, l'intégralité des dossiers examinés. Ils proviennent des archives de la Chambre de commerce de Paris, chargée par le ministère de l'Économie de mettre en œuvre diverses mesures d'aide aux postulants (après vérification des titres de résistance des entreprises par le ministère). Tous les exemples cités dans les pages qui suivent proviennent de cette source.

ser des comportements mais plutôt de restituer à la collectivité publique les sommes trop facilement gagnées par les entreprises qui avaient eu accès à ces marchés atypiques que constituaient les achats — en général à très bon prix — des Allemands. Même des sociétés insoupçonnables de complaisance envers l'occupant s'étaient trouvées ainsi touchées par cette décision qui consistait à annuler un avantage obtenu par les bénéficiaires de commandes réparties selon des critères biaisés, puisque liés à des considérations valables uniquement pendant la période de l'Occupation. Il s'agissait incontestablement d'une mesure d'équité, mais aussi, on s'en aperçut bientôt, d'une mesure insatisfaisante si l'on voulait rétablir un tant soit peu après la fin des hostilités une certaine égalité de chances entre les acteurs de l'économie. Car il ne suffisait pas de taxer les profiteurs volontaires ou involontaires de la défaite pour que les victimes économiques de cette période, et en particulier les entreprises qui avaient pâti de leur attitude hostile à la collaboration, soient récompensées ou, pour le moins, non pénalisées par rapport aux précédentes au niveau de leur activité. Il est clair en effet, pour schématiser, que plus on a collaboré, donc plus on est en bonne santé économique à la Libération, plus on est à même de l'emporter sur la concurrence, en particulier lors de l'attribution de marchés.

Le ministre de l'Économie s'est donc préoccupé, peu avant la mi-1945, du sort des sociétés affaiblies pour avoir eu une « bonne conduite » pendant l'Occupation. Il intervient alors dans un souci de justice mais aussi, plus pragmatiquement, pour aider, voire, dans quelques cas, sauver ou « ressusciter » des entreprises jugées utiles au redressement économique du pays, considéré comme la priorité de l'heure. À la mi-juin 1945, le ministre écrit par exemple à la Chambre de commerce de Paris, chargée de répartir dans la capitale des « attributions » à l'époque essentielles, comme celles de bons d'essence, pour lui demander de favoriser « les entreprises qui se sont refusées à toute collaboration économique et dont la reprise d'activité est désirable pour des raisons d'ordre moral et économique »[19].

Peu après, début juillet, tous les organismes répartiteurs liés au ministère de la Production industrielle reçoivent une lettre du ministre de l'Économie nationale plus explicite encore et contenant une sorte de description officielle des « entreprises résistantes ». Celui-ci écrit ainsi le 5 juillet — le texte fut certainement identique pour ses nombreux destinataires — au responsable de la section du pétrole et des carburants à l'Office central de répartition des produits industriels la recommandation suivante : « Nos services se sont préoccupés du sort des entreprises qui se sont refusées à toute collaboration économique avec l'ennemi et qui ont subi, de ce fait, d'importants préjudices. En effet, si les maisons qui ont collaboré ont pu maintenir leur activité d'avant 1939, et même augmenter considérablement leur chiffre d'affaires, par contre, les entreprises résistantes ont été contraintes de travailler au ralenti ou de s'arrêter complètement et se sont vu supplantées par des concurrents moins scrupuleux. Certaines, dont les propriétaires ou gérants ont été arrêtés par l'ennemi ou ont rejoint les forces françaises combattantes, se trouvent dans une situation particulièrement grave. Une majorité de ces entreprises éprouvent, du fait de leur diminution ou de leur suppression d'activité au cours de la période d'occupation, de grosses difficultés à obtenir des organismes répartiteurs les quantités de matières premières correspondant à leur place dans l'économie nationale antérieurement à l'Occupation. Certaines prétendent même ne pouvoir obtenir leur admission dans le cycle de répartition. » Et le ministre conclut, avec l'inimitable style des administrations, en ces termes : « J'ai l'honneur en conséquence de vous prier de bien vouloir envisager la possibilité d'adresser une note aux différents services intéressés en attirant leur attention sur les considérations mentionnées ci-dessus, et en leur demandant de tenir compte, lors des attributions de tous ordres et notamment lors des répartitions de surplus alliés, des possibilités de production des entreprises victimes des conséquences de la résistance qu'elles ont su opposer à l'ennemi. Je vous serais très obligé de m'aviser des décisions qu'il vous aura été possible de prendre en la matière. » La création, alors, d'un « service d'aide aux entreprises résistantes » au sein du ministère montrera qu'il ne s'agit pas là que de vœux pieux.

Cette prise de conscience de l'importance et de l'urgence des problèmes rencontrés par lesdites entreprises résistantes fut, semble-t-il, accélérée, sinon suscitée, par l'activisme de divers organismes professionnels mais aussi de groupes de pression créés par des industriels autoproclamés « patriotes » et estimant mériter une plus grande attention des pouvoirs publics. Dès la mi-septembre 1944, ainsi, alors que l'on a à peine fini de célébrer la libération de la capitale, on assiste à la naissance du « Groupement des industriels, artisans et commerçants de la résistance effective durant l'Occupation », le GIAC, qui a élu domicile chez M. A. Fiers, dirigeant d'une petite entreprise d'industrie mécanique (roulements à billes, etc.) à Clichy sur Seine. Cette association qui, selon un prospectus la présentant, « se compose des industriels, artisans et commerçants n'ayant jamais travaillé ni directement ni indirectement pour les Allemands » et « n'ayant jamais fait de marché noir » a pour but principal et proclamé de « faire valoir les droits de chacun de ses membres par priorité sur tous les collaborateurs ». Elle paraît surtout active, du moins vis-à-vis du ministère de l'Économie, à partir de 1946, où elle commence à multiplier les interventions pour appuyer des demandes de carburant, d'autorisation de circuler ou de bons-matière pour ses nombreux adhérents. Une organisation concurrente, « le Devoir français », qui a son siège 237, rue La Fayette dans le Xe arrondissement de Paris, se définit sur son papier à en-tête comme l'« Association nationale des industriels, artisans et commerçants qui n'ont pas voulu collaborer ». Vu l'abondant courrier qu'elle échange avec le ministère à partir de l'automne 1945, elle paraît également regrouper beaucoup de membres. Ces derniers font les mêmes demandes que les précédents, à quelques variantes près comme celle consistant par exemple à réclamer — cas des Fours Rousseau, d'Argenteuil — une attribution de machines-outils récupérées après guerre en Allemagne pour être distribuées aux entreprises françaises victimes d'enlèvements de matériels par les occupants.

La plus active de ces associations fut peut-être l'ALREF, l'« Alliance pour la libération et la résurrection économique française ». Dans un courrier adressé le 1er septembre 1945 au ministre de l'Économie, René Pleven, cette « Union d'industriels et de commerçants n'ayant jamais collaboré avec l'ennemi » revendique à elle seule, ce qui devrait être en théorie rassurant quant au patriotisme des petits patrons, environ neuf mille adhérents. Elle a été créée trois mois après la Libération par une vingtaine de personnes qui avaient tout de suite constaté « que les bénéficiaires des répartitions effectuées n'étaient que trop souvent les anciens favoris du régime vichyssois ». L'ALREF réclame donc, dans sa lettre, où elle confirme des propos tenus lors d'un entretien au ministère en juin 1945, « la suppression de l'administration vichyssoise », puisqu'on l'accuse d'être toujours en place, « la mise sous séquestre des entreprises ayant collaboré avec l'ennemi, avec prise en gérance par des organismes professionnels qualifiés », ainsi que diverses mesures rappelant les revendications permanentes classiques des organisations de PME en France : « simplification de la fiscalité », « retour progressif à une indispensable et juste liberté commerciale », etc.

La puissance même de cette dernière association a autant intrigué qu'impressionné le ministre de l'Économie, qui a réclamé, à l'orée de l'été 1945, une enquête à la préfecture de police sur son compte. On y apprend que ce n'est peut-être pas pour rien qu'elle a son siège — à l'époque de l'enquête en tout cas — dans les locaux d'une agence de publicité, CAB, dont le directeur est son vice-président, car elle possède manifestement un sens rare du marketing. Elle a d'abord su constituer un comité d'honneur prestigieux pour patronner ses activités et surtout figurer sur ses prospectus. Parmi les personnalités citées, on trouve notamment Pierre Bloch, ancien ministre, et Jacques Debu-Bridel, membre de l'Assemblée, deux grands noms de la Résistance, ainsi que le futur président du gouvernement provisoire de la République Félix Gouin — dont il est dit, il est vrai, qu'on l'a seulement sollicité pour être membre du Comité. De fait, Félix Gouin a, semble-t-il, tout de suite protesté contre l'emploi de son nom sans son accord alors que Jacques Debu-Bridel a présenté sa démission dès mars 1945 car il ne veut pas servir de caution publicitaire à l'organisation. Mais ces défections sont restées discrètes et n'ont pas perturbé l'essor très planifié de l'ALREF.

Au printemps 1945, en effet, pas moins de trente démarcheurs, dirigés par six ou sept chefs de groupe, étaient sur le terrain à plein temps dans la région parisienne pour recruter des adhérents. Comme ils sont rémunérés à la commission — 10 % des cotisations encaissées pour les démarcheurs, 5 % pour les chefs de groupe —, ces « vendeurs » font du zèle. Ils envisagent début 1945, d'après un document interne, d'ouvrir des stands dans les lieux de regroupement des prisonniers libérés, car il y passe, apprend-on, des « personnes intéressantes », autrement dit d'anciens petits industriels, artisans ou commerçants déportés et donc sans doute spoliés que peut aider l'association. Les adhésions sont si nombreuses que l'ALREF possède déjà six employés pour effectuer le travail administratif dans ses bureaux après à peine six mois d'existence. Rien d'étonnant si, au vu de telles méthodes, l'enquêteur de la préfecture de police, sans pourtant en apporter la preuve, se dit persuadé qu'il s'agit là d'une véritable opération commerciale. Rien d'étonnant non plus si les entreprises résistantes, ou du moins celles qui se présentent comme telles pour espérer obtenir des attributions de matières ou quelques avantages en ces temps de pénurie, prolifèrent comme des champignons dans les dossiers des administrations après guerre...

L'analyse du succès de ces associations de défense des entrepreneurs qui disent avoir pâti de la guerre, lesquelles sont venues s'ajouter à de nombreux groupements professionnels d'entreprises résistantes de taille plus modeste, ne permet certainement pas de mieux cerner le nombre et les caractéristiques des sociétés ou des commerces dont le comportement fut particulièrement patriotique pendant l'Occupation. D'abord, l'œil fixé le plus souvent sur leurs effectifs, se présentant comme des intermédiaires aptes à introduire les industriels ou les commerçants dans le maquis administratif pour obtenir des « attributions », ces associations n'ont fédéré, pendant les années d'après guerre, que ceux qui avaient besoin d'elles, donc des PME, en général les plus petites. Mais elles ont aussi aidé à répandre, *de facto*, malgré leurs professions de foi très vertueuses, une définition très large de l'entreprise résistante : affirmer, même sans en apporter la preuve, qu'on n'avait pas travaillé pour les Allemands et qu'en conséquence on avait été désavantagé par rapport à la concurrence suffisait pour être admis comme membre.

Le ministère de l'Économie, malgré le flou de sa propre définition, fondée elle aussi en premier lieu sur la non-collaboration comme on l'a vu, ne fut pas dupe de cet état de fait et il tint, même quand il avait chargé d'autres organismes, comme les chambres de commerce, de prodiguer les aides, à faire vérifier par ses propres services les titres de résistance et de spoliation dont pouvaient se prévaloir les demandeurs — en plus, évidemment, de leur non-participation aux marchés allemands. Y compris, voire surtout, quand — situation la plus courante — les requêtes étaient présentées et appuyées par une « association qualifiée », autrement dit reconnue par l'administration, comme le furent par exemple celles citées ci-avant. Une plongée dans les centaines de dossiers accessibles n'est donc pas sans intérêt, car chacun d'entre eux contient un rapide compte rendu de l'activité effective de l'affaire considérée et parfois de ses dirigeants pendant l'Occupation. Ainsi arrivet-on à repérer au moins dans cette « population », grâce à la multiplicité des cas, des profils types d'entreprises qui semblent mériter plus ou moins le qualificatif de résistantes. On peut sommairement distinguer à cet égard quatre catégories de sociétés, en partant de celles qui ont incontestablement aidé au combat contre l'occupant pour finir par celles qui paraissent les moins dignes de prétendre véritablement au label si activement recherché.

On est d'abord frappé, disons-le d'emblée, puisque l'idée reçue ne fut pas celle-là, par le nombre non négligeable, au point qu'elles ne font pas figure d'exceptions rares, des entreprises qui paraissent avoir été, en tant que telles, en première ligne dans la lutte contre l'occupant. Une société peut prétendre appartenir à cette première catégorie quand la participation à la Résistance a concerné aussi bien le comportement du patron et de tout ou partie du personnel que l'utilisation et le sort des locaux, voire, le cas échéant, la destination de la production.

Les Ateliers Vosges-Pyrénées, ainsi, exploitaient avant guerre, grâce à une flotte de quatre-vingts véhicules, un réseau important de transports de voyageurs dans les Vosges et en Alsace. La moitié du parc est réquisitionnée par l'armée française en 1939, la Wehrmacht s'empare ensuite d'une dizaine d'autobus lorsqu'elle occupe l'est de la France. La société refuse de travailler avec le matériel restant dans une région désormais totalement contrôlée par l'ennemi, et ses dirigeants décident de la replier en zone Sud, à Toulouse. Pour retrouver une activité, on se lance, comme bien d'autres, dans la fabrication de gazogènes dans un bâtiment qu'on aménage dans la capitale du Sud-Ouest. L'affaire tourne bien et peut afficher, début 1943, un chiffre d'affaires de cinquante-six millions de francs au cours des seize derniers mois. L'usine, alors, sert d'arsenal et de dépôt d'armes aux corps francs de Toulouse et de ses environs. Son directeur général, Jules Pécheur, est le chef du quatrième bureau de l'armée secrète dans la région.

Le 13 mai 1943, la Gestapo veut mettre un terme aux activités parallèles de cette entreprise dénoncée comme hostile et organise une perquisition musclée dans ses locaux. Ses agents ne tarderont pas à vérifier sur place la qualité de leurs renseignements puisque deux d'entre eux sont abattus à leur arrivée par M. Pécheur. Ce dernier, qui réussit à s'enfuir, gagne le maquis avec sa femme et son fils. Il sera condamné à mort par les Allemands et à la prison à perpétuité par Vichy, mais ne sera jamais arrêté. En revanche, huit membres du personnel, de même que la sœur du directeur général, sont considérés comme complices et déportés. Six des employés ne reviendront jamais. L'usine, saisie comme prise de guerre, est entièrement vidée, les occupants emportant l'outillage, les matières premières, le matériel roulant et les produits finis, pour une valeur totale de trente-cinq millions de francs.

De retour à la Libération dans les locaux pillés, la direction relance l'activité, notamment en créant un atelier de réparation de poids lourds après avoir obtenu, probablement en partie grâce à son attitude sous l'Occupation, un important crédit bancaire qui lui a permis d'acheter aux Domaines des véhicules à remettre en état. Reste, une fois le travail achevé, à trouver des pneus avant de chercher à vendre les camions ou autobus, ce qui explique le courrier de la société au ministère de l'Économie pour demander une attribution prioritaire. Bien que les Ateliers Vosges-Pyrénées soient considérés sans réserve comme une entreprise résistante, on peut signaler, pour la petite histoire, que cette requête ne sera pourtant pas acceptée, au moins dans un premier temps, puisque, précise-t-on dans la réponse, on ne peut, pour l'instant, fournir des pneus qu'aux utilisateurs directs des véhicules et non pas à ceux qui les vendent.

Plus chanceuses, dans la même catégorie de sociétés, d'autres bénéficient immédiatement de leur « statut » reconnu d'entreprise résistante pour obtenir les attributions qu'elles demandent. Ainsi en sera-t-il, pour ne prendre que deux exemples très différents, de la mercerie-bonneterie Alaux, à Perpignan, et du fabricant de matériel agricole Armoric de Fougerolles. La première réussit à faire rétablir son allocation de « points textiles » provisoirement supprimée, en raison d'une fraude constatée sous l'Occupation, après avoir démontré que cette utilisation de dix mille faux points n'avait eu pour objet que de permettre l'approvisionnement de la Résistance, à laquelle l'établissement, qui emploie sept ouvrières et vendeuses, était lié. Le second, d'après l'enquête du ministère, a effectivement vu son chiffre d'affaires se contracter considérablement pendant la guerre en raison de la participation des animateurs de la société à la Résistance, le père du chef d'entreprise, André Rigoine, ayant d'ailleurs payé de sa vie — il a été fusillé par les Allemands — son action patriotique. Armoric, de plus, n'a pu, en raison de l'absence du principal responsable, au combat jusqu'à la fin de la guerre sur le sol allemand, et d'une insuffisante trésorerie, du fait de l'activité ralentie, profiter comme ses concurrents des ventes très intéressantes de matières (tôles, profilés d'acier, etc.) et de machines-outils organisées par les Domaines en 1944 et 1945. Le spécialiste des matériels agricoles réclame donc en 1947, avec succès, d'importantes attributions de matières (soixante-quinze tonnes d'acier, dix tonnes de tôles, dix tonnes de fonte...) pour lui permettre de faire face aux commandes qu'il reçoit.

Les plus nombreux, parmi les établissements qui ont constitué des dossiers pour bénéficier des avantages afférents au label « entreprise résistante », semblent cependant, et de loin, ceux dont les responsables ont participé à la lutte contre l'occupant autant ou plus à titre personnel qu'en tant que dirigeant impliquant son affaire, qui en aurait pâti, dans l'activité clandestine.

Dans ce second groupe d'« entreprises résistantes », il y a beaucoup de cas limites, proches de ceux évoqués dans la catégorie précédente, comme celui, par exemple, du laboratoire pharmaceutique Aguettant, de Lyon, auquel a été attribué en 1946 une Renault grâce à ses états de service. Les locaux de l'entreprise ont bien servi à abriter des réunions et à entreposer des armes et du matériel pour le combat contre l'occupant. Mais les principaux titres de résistance évoqués, certificats à l'appui, par deux dirigeants de l'entreprise, Georges et Louis-Noël Aguettant, concernent des « faits d'armes » en général sans rapport direct avec leur activité professionnelle : préparation de terrains d'atterrissage dans l'Ain puis participation aux combats pour la libération de l'Alsace pour le premier, organisation à Paris d'un « escadron de motocyclettes » à la veille du soulèvement de la capitale pour le second. De même, toujours dans le chef-lieu du Rhône, l'entreprise Aichenbaum, qui fabrique des bracelets de montre en cuir, doit plus son inscription sur une liste de prioritaires pour avoir le téléphone aux responsabilités exercées par son animateur dans le réseau « Libération » depuis 1942 qu'à l'utilisation de ses ateliers pour cacher des armes, qui a cependant valu à la société la visite de la Gestapo.

Cette seconde catégorie regroupe surtout des entreprises qui ont à leur tête d'authentiques résistants qui estiment mériter des passe-droits tout simplement en raison de leur comportement patriotique. Gaston Pol Alif, agent Ford avec deux garages à Paris et dans la banlieue, médaille de la Résistance pour avoir rejoint la France combattante dès novembre 1942, trois fois arrêté par les Allemands, passé à l'occasion par la sinistre officine de tortures du 101, rue Henri-Martin, ne songe aucunement à évoquer les difficultés de son entreprise, qui d'ailleurs semble se bien porter (dix ouvriers et de deux à trois millions de francs de chiffre d'affaires annuel de 1940 à 1944, trente-cinq ouvriers et soixante millions de ventes en 1946), quand il réclame en 1947 un permis de construire pour remettre en état la toiture d'un de ses garages et aménager une façade publicitaire.

D'ailleurs, cet ancien président d'une Commission d'enquête chargée d'examiner après la Libération « l'activité des trois mille six cents membres de la Chambre syndicale nationale des commerçants et réparateurs de la Seine en travaux allemands » est manifestement aussi actif et débrouillard « dans le civil » que lors du combat clandestin. Il a déjà bénéficié, grâce à un appui d'un « chef de service des affaires générales » au ministère de l'Économie qui garantissait son « activité patriotique », d'une transaction amiable limitant à cinquante mille francs une amende pour « avoir omis de facturer à sa clientèle des pièces détachées — vendues de surcroît à des prix illicites — qu'il se procurait lui-même sans factures ». Et s'il a utilisé le canal du « Devoir français », auquel il vient d'adhérer, pour tenter d'obtenir son permis de construire grâce à un dossier bien constitué, c'est après avoir pris conseil à ce sujet directement au ministère de l'Économie où il s'est rendu avec son frère pour demander quelles étaient les interventions possibles et efficaces.

D'aucuns sont même tellement certains que ce n'est que grâce à leur attitude individuelle qu'ils peuvent prétendre obtenir le label recherché pour favoriser leur entreprise qu'ils le précisent au moment même où ils constituent leur dossier. Il en est ainsi en particulier de ceux qui savent que l'enquête du ministère révélera l'obtention par leur société de commandes de l'occupant. On sait que de telles participations aux marchés allemands peuvent très bien ne pas avoir été infamantes mais elles conduisent en général très naturellement l'administration à estimer que leurs bénéficiaires ne font en tout cas pas partie des victimes de la guerre et des défavorisés du jeu de la concurrence à aider en priorité. Ainsi M.N. [nom illisible], directeur général de la société pharmaceutique Adrian à Paris, que le général Oberg lui-même désignait, à ses dires, le 30 octobre 1943 comme « un résistant extrêmement dangereux », réclame en 1945 une autorisation de circuler au service de l'« Aide aux entreprises résistantes » en spécifiant au ministre que c'est « à titre personnel ». Ce n'est sans doute pas sans rapport avec la « conversation de ce jour » au ministère à laquelle il fait allusion dans sa lettre et qui le mènera à confirmer par écrit que la société Adrian a bien « été mise dans l'obligation d'effectuer certaines commandes pour les autorités d'occupation » tout en précisant que « celles-ci étaient très réduites par rapport aux demandes ». L'auteur du courrier cite une livraison de deux cent mille ampoules face à une commande de deux millions d'unités et une amende totale pour profits illicites d'« à peine » dix mille francs.

Le responsable de la société Arka, spécialiste des objets publicitaires, Jacques Kahn, dont le frère et associé Georges est mort en déportation après avoir été arrêté fin 1943 alors qu'il était en compagnie de onze parachutistes anglais et américains qu'il avait pris en charge, peut à bon droit évoquer le préjudice subi par son affaire à la suite de cette action de résistance individuelle à l'issue dramatique. L'entreprise a en effet été entièrement pillée, perdant deux millions de francs de marchandises, après l'arrestation de son dirigeant. Mais si cette incontestable spoliation à la suite de faits de Résistance a permis fin 1945 à Arka d'obtenir prioritairement une autorisation de circuler, une deuxième demande d'aide en 1946, cette fois pour un achat de voiture, a entraîné une nouvelle enquête. Celle-ci a fait apparaître, d'après les archives retrouvées d'une société qui ressemblait fort à un bureau d'achat au profit des occupants, une participation à un appel d'offres allemand pour soixante-dix mille stylos (une commande de 2,1 millions de francs) et l'acceptation d'un travail de représentation à la commission pour des produits destinés à traverser le Rhin. D'où une réticence certaine du ministère à confirmer, l'année d'après, son avis favorable de 1945 pour qu'on accorde des attributions prioritaires à Arka, et cela malgré le sort tragique de Georges Kahn.

Ces deux premières catégories, même si elles illustrent parfois l'ambiguïté de la notion d'entreprise résistante, ne comprennent cependant que des sociétés dont les animateurs ont au moins démontré leur sens patriotique au risque de leur liberté et souvent de leur vie. Les dossiers du ministère de l'Économie contiennent une troisième catégorie de demandeurs d'avantages particuliers, dont l'apparition fut sans doute suscitée en grande partie par l'existence même du mécanisme d'aide et des associations qui ont eu pour principale activité de l'utiliser au service de leurs adhérents. Voilà pourquoi on trouve dans ces dossiers beaucoup de demandes provenant d'entreprises qui ont pour principal titre de résistance ou de spoliation de n'avoir pas travaillé pour les occupants ou pour des firmes d'outre-Rhin, condition qui leur paraît suffisante pour devenir prioritaire dans leur secteur.

Une entreprise du secteur du bâtiment, ainsi, la Compagnie des constructions civiles et industrielles, écrit le 3 mars 1947 au ministre de l'Économie, avec l'appui du « Devoir français », pour protester après avoir appris qu'elle pourrait « être évincée d'un marché de l'EDF » pour des travaux de génie civil sur le chantier d'une grande centrale thermique en Lorraine. On indique charitablement dans cette lettre peu confraternelle adressée au ministère de l'Économie que la firme en passe, semble-t-il, de voir son offre retenue, la SNCT, non seulement a soumis une proposition à peine meilleure mais surtout a participé à des travaux allemands « comme cela apparaît dans le dossier déposé par cette société à la Fédération des travaux publics de France ». On demande donc instamment au ministre d'intervenir « auprès de notre collègue de la Production industrielle pour que les travaux soient effectués par le plus digne », autrement dit celui qui n'a pas travaillé pour les Allemands.

D'autres, qui ont tout simplement besoin de matières pour honorer des commandes leur permettant de relancer ou de développer leurs activités, dénoncent, comme la Raffinerie de Port à l'Anglais dans la région parisienne, « le paradoxe qui consisterait à favoriser les entreprises qui ont travaillé pour l'ennemi » (si on ne lui donnait pas satisfaction). Ou affirment, comme les Fonderies franco-belges qui fabriquent des cuisinières dans le Nord, que « nous ne possédons pas de titre de résistance mais notre établissement n'en doit pas moins être classé comme entreprise résistante puisque, pendant toute la durée de l'occupation allemande, nous avons systématiquement refusé d'exécuter une seule commande pour l'ennemi ».

Les solliciteurs qui défendent une conception de la résistance par trop passive, du moins dans leurs courriers, sont bien entendu écartés en général de la sélection pour les attributions prioritaires, comme le sera l'entreprise générale J. Maggini, de Paris, qui se décerne un satisfecit pour « avoir évité de prospecter dans les services allemands » — ce qui laisse supposer que dans son secteur certains ont pu considérer que cette seule abstention (d'ailleurs non avérée après enquête dans le cas en question) représentait une attitude patriotique. Ou comme le sera également l'entreprise de mécanique générale Beaufils, qui n'a certes jamais risqué de travailler pour les Allemands, puisque, si elle a maintenu un chiffre d'affaires non négligeable entre 1940 et 1944, c'est uniquement... en conservant comme occupation exclusive la liquidation des marchés de guerre. Cette absence d'activité réelle n'a bien sûr rien de répréhensible mais il paraît difficile au ministère de la considérer comme une posture résistante en elle-même.

Une quatrième grande catégorie de dossiers regroupe des demandes émanant de responsables de sociétés qui considèrent dans la seconde partie des années quarante que leur participation à la Résistance ou même parfois — le cas existe — leur non-participation à la collaboration a suffi à transmuter leurs sociétés en entreprises résistantes... même quand ils n'y travaillaient pas encore sous l'Occupation ou quand ces entreprises étaient alors, soit sans activité du fait de l'absence de leurs animateurs, soit tout simplement inexistantes, leur création n'ayant eu lieu qu'après la mi-1944. Ces cas ont pour principal intérêt de venir confirmer à quel point, d'une part la confusion entre les parcours des entreprises et ceux des hommes, et d'autre part la distinction trop rapide entre, du mauvais côté, ceux qui ont bénéficié de commandes allemandes — fût-ce sous la contrainte — et, du bon, ceux qui n'en ont pas bénéficié, conduit à des requêtes proches de l'absurde.

Mais, on le sait, le souci du ministère de l'Économie nationale, comme celui du ministère de la Production industrielle avec lequel il coordonne alors ses actions, n'est pas uniquement à la Libération de repérer les entreprises résistantes pour les récompenser de leur comportement. Il paraît même évident, au vu des réponses positives faites à bien des demandes, notamment pour cette quatrième catégorie, que le critère de l'utilité des sociétés pour le redressement économique du pays a été considéré au milieu des années quarante comme aussi important que le critère de l'équité ou celui de la justice pour accorder les avantages liés au statut d'entreprise résistante. Qu'une société possède en son sein au moins un véritable combattant de l'ombre a souvent été de fait considéré comme suffisant pour décréter qu'elle-même méritait le label « résistant », surtout si son activité était jugée « stratégique ».

Il est vrai que cette confusion homme-entreprise est alors souvent considérée comme non seulement inévitable mais même souhaitable par la plupart des acteurs de la vie économique en France. Et aussi bien en matière de résistance que de collaboration. D'abord, répétons-le, pour une raison pragmatique : au fur et à mesure que l'on s'éloigne de l'Occupation, les autorités songent avant tout à relancer l'économie nationale et il est certain que cette confusion est bienvenue si elle aide à mettre toutes les entreprises au service de cet objectif, indépendamment de leur comportement au début des années quarante. Ensuite, et ceci complète cela, pour une raison « technique » : le droit de la personne morale est certes existant en France au milieu des années quarante, mais son utilisation reste encore embryonnaire et la confusion homme-entreprise évite tout problème à cet égard. Comme on le voit par ailleurs dans cet ouvrage, dans diverses affaires concernant des sociétés accusées d'avoir aidé l'ennemi, faire condamner une personne morale en tant que telle pour collaboration reste alors une performance juridique inaccessible. Or si, en matière de collaboration, et cela n'a d'ailleurs souvent rien de choquant, on considère ainsi que l'individu prime sur l'organisation, laquelle sera condamnée au pire à reverser une partie des bénéfices « illicites » réalisés avec les Allemands, il en devient presque nécessairement de même, par extension, en matière de résistance. De même qu'on défère en cour de justice des hommes et non des sociétés, on glorifie ou on récompense en général des individus et non pas des entreprises, ce qui est plus simple et, pense-t-on, plus efficace. Plus juste aussi, diront tous ceux qui se méfient des appréciations et des mesures collectives et soulignent leurs « effets pervers ».

Cette « prime » accordée à la Libération au comportement individuel pendant la guerre a eu souvent pour conséquence, très naturellement, de faire oublier ou de masquer les activités disons problématiques des entreprises. Si on se montre curieux de la réalité « globale » et insatisfait de cette approche réductrice, si on ne se contente pas de raisonner en termes de héros et de traîtres, on s'expose ainsi de nos jours à exhumer des cas surprenants. L'exemple suivant en témoigne.

Jacques Foccart résistant et Jacques Foccart homme d'affaires

S'intéresser à l'activité professionnelle sous l'Occupation de Jacques Foccart, résistant on ne peut plus authentique, permet en effet de voir à quel point, dans certaines circonstances, l'homme d'entreprise et l'homme privé n'ont pas toujours emprunté le même chemin au début des années quarante. Or, on va le voir, selon qu'on distingue ou non les deux itinéraires, on ne raconte pas, loin de là, la même histoire à partir des mêmes faits. On peut aussi bien, dans ce cas, en rester au récit de la guerre exemplaire d'un courageux patriote ou, de façon plus convaincante, évoquer le parcours nécessairement complexe d'un gaulliste qui fut aussi un petit patron confronté, comme la plupart de ses pairs, au problème des commandes de l'occupant[20].

Le plus célèbre « homme de l'ombre » de la Ve République est devenu un proche compagnon du général de Gaulle dès l'après-guerre. Celui-ci lui confie des missions à partir de fin 1946, et il a participé en 1947 dans le premier cercle à la construction du RPF. Une place que ses titres de Résistance l'autorisent certainement alors à occuper. Le libellé d'un décret du 26 avril 1945 le nommant chevalier de la Légion d'honneur est à cet égard éloquent. Cet « officier d'un exceptionnel patriotisme », peut-on lire, « a été dès le premier jour l'un des plus actifs animateurs de la Résistance. Se dépensant sans compter, risquant journellement sa vie et celle des siens, grâce à ses qualités d'entraîneur d'hommes, communique à ses subordonnés la foi qui l'anime. Responsable du "Plan Tortue"pour la Basse-Normandie. Malgré les difficultés quasi insurmontables auxquelles il se heurte, plus de deux cents véhicules de tous ordres, dont plusieurs chars, sont détruits par ses seuls groupes francs, cinq cents par ses groupes sédentaires, plus de mille prisonniers remis aux Américains ; tel est le bilan, pour le seul département de l'Orne, de l'exécution de la mission qui lui avait été confiée ». Une proposition de citation rédigée par le commandant Clouet des Pesruches, au milieu de l'été 1944, pour faire attribuer à la fois la croix de guerre et la médaille de la Résistance à Jacques Foccart, expliquait déjà que « cet officier d'une abnégation et d'un désintéressement rares, négligeant complètement ses affaires, s'est consacré tout entier à la formation de groupes de résistance armée dans quatre départements normands. Traqué par la Gestapo, sa tête mise à prix, il a poursuivi sans faiblir l'œuvre pour laquelle il avait tout abandonné, et dont il avait jeté les bases et affirmé les principes dès le mois d'août 1940 ».

Si l'on se reporte quelques années en arrière, pour tenter de retracer rapidement mais chronologiquement les événements depuis le début de la guerre, on s'aperçoit cependant que Jacques Foccart ne met peut-être pas sous l'occupation allemande ses indéniables qualités uniquement au service de la lutte contre l'ennemi, même si celle-ci deviendra prioritaire dans son emploi du temps lors des deux dernières années de la guerre.

Jacques Foccart est mobilisé fin août 1939, peu de temps avant la déclaration de guerre, comme sous-officier à l'état-major de l'Aviation à Chanzy-sur-Marne, près de Paris. Il a la chance d'avoir, les premiers mois, la même affectation qu'un ami, un camarade de régiment rencontré quelque cinq ans auparavant à la 17e compagnie de l'air. Ce dernier, Henri Tournet, s'il ne sera jamais aussi connu que le conseiller du général de Gaulle, verra son nom faire la une des journaux un tiers de siècle plus tard, quand il sera inculpé pour escroquerie à la suite d'une opération immobilière douteuse que d'aucuns estimeront être la cause indirecte de la mort spectaculaire et mystérieuse du ministre Robert Boulin, qui avait eu le tort de faire affaire avec lui alors qu'il voulait acquérir un terrain pour construire une résidence secondaire dans le Midi.

Les deux hommes sont démobilisés dans la même région, l'un à Agen, l'autre à Tarbes, en août 1940 et ils se retrouvent dans le Sud-Ouest avant de remonter de concert à Paris, où ils auraient habité un temps dans l'appartement familial des Tournet avenue Kléber. Ni l'un ni l'autre ne semblent alors gravement dans le besoin mais il faut quand même, bien entendu, trouver un travail ou une occupation lucrative quelconque. Foccart, après avoir commencé sa carrière professionnelle comme « prospecteur » commercial chez Renault au début des années trente, était employé avant guerre par une société d'import-export. Il ne peut persévérer dans cette profession dans la France repliée sur elle-même de la fin 1940. Comme il a vécu la majeure partie de ses jeunes années dans la Mayenne, il est naturellement amené à se demander si la province, et plus particulièrement cette région, ne pourrait pas fournir une opportunité pour retrouver une activité. Il se dit ensuite rapidement, nous a-t-il raconté, que la pénurie de carburant ne pouvant que se développer, le secteur des combustibles devrait offrir des perspectives d'avenir immédiat. Il se met donc à la recherche de bois pour fabriquer du charbon. Il trouve une « forêt sur pied » de soixante hectares à vendre à Rânes, un bourg de l'Orne à une quinzaine de kilomètres d'Argentan.

Pour monter son affaire de production de charbon de bois, il songe immédiatement à s'associer avec Tournet, d'autant que la grand-mère de celui-ci aurait possédé des capitaux qui pouvaient aider au démarrage. Ainsi naquit début 1941 l'exploitation forestière « Henri Tournet-Jacques Foccart », laquelle, dans l'esprit de ce dernier, nous a-t-il dit, devait dès l'origine servir aussi un jour à justifier des déplacements pour des actions de résistance. Mais l'essentiel, quoi qu'il en soit, est à ce moment-là de faire des affaires puisque l'action clandestine n'est encore qu'un projet.

Pour développer une entreprise, encore faut-il disposer de débouchés, même quand le marché est porteur. Jacques Foccart, il dit ne plus se souvenir comment, réussit bientôt à décrocher un contrat de livraisons régulières à la société des transports Citroën pour approvisionner ses gazogènes. Parce que ce client, alors quasi unique, est important, peut-être aussi parce qu'on trouve ou envisage de trouver d'autres acheteurs de quelque envergure, les deux amis cherchent à étendre leur domaine forestier.

Au début de l'automne 1942, une forêt de cent hectares est acquise auprès d'un minotier. Une très grande coupe de bois vendue par le « châtelain » local, en fait un ancien militaire dont la famille cherche des revenus pour faire face à une situation difficile, suit bientôt le même chemin. Et c'est sur ces entrefaites que l'entreprise, qui est devenue « une grosse unité » selon Henri Tournet alors que son associé assure — peut-être avec une modestie excessive — qu'elle n'a jamais dépassé une ampleur « de l'ordre d'une épicerie en gros », va rencontrer à la fois son meilleur client et le plus problématique.

C'est en effet à l'automne 1942, même si Jacques Foccart tend à situer de mémoire l'épisode en 1943, que les forestiers de Rânes se voient offrir par un certain Georges Desprez un contrat des plus intéressants. D'après son associé, c'est Henri Tournet qui aurait fait seul la connaissance de cet homme, une sorte d'aventurier-entrepreneur de travaux publics tout dévoué aux Allemands, venu proposer l'achat de quantités considérables de fascines* et de bois pour gazogènes.

Il est probable qu'il proposait aussi un bon prix puisque son unique client, le véritable destinataire de ces approvisionnements dont l'ampleur s'expliquait ainsi fort bien, n'était autre que l'organisation Todt, l'immense organisme gouvernemental d'outre-Rhin chargé de diriger dans notre pays les opérations de construction et de travaux publics utiles à l'occupant, et en particulier à partir de cette fin de l'année 1942 l'édification du mur de l'Atlantique. Or, si l'on en croit une note du

* Fagots de branchages utilisés pour des travaux de terrassement ou de fortification.

ministère de la Production industrielle dressant après guerre un bilan des « méthodes employées par les Allemands [...] pour étendre leur emprise [sur l'économie][21] », les prospecteurs, parfois français, travaillant pour les Allemands dans le secteur des combustibles pour gazogène accordaient en général des conditions tarifaires (« primes pouvant atteindre 25 % du prix ») ainsi que d'autres avantages (attributions de matières, etc.) propres à séduire les vendeurs avides de réaliser de bonnes affaires. L'auteur de la note précisait même que, de ce fait, « ce furent rapidement les producteurs eux-mêmes qui allèrent solliciter les acheteurs allemands au point que ceux-ci, ne pouvant plus accepter toutes les quantités qui leur étaient proposées, furent amenés à céder des tonnages au secteur civil français ».

Alléchés par ce beau contrat, les deux fournisseurs de l'Orne savaient-ils à qui ils avaient affaire ? Henri Tournet, interrogé il y a quelques années par l'écrivain Pierre Péan, affirme : « Nous savions que [Georges Desprez] travaillait pour l'organisation Todt. Mais où était le problème ? Nous n'avions pas le choix [...]. » Jacques Foccart soutient très exactement le contraire, nous disant que Desprez « traitait des marchés comme cela pour les passer à l'agence Todt » mais « sans le dire à personne ».

Le secret, si secret il y eut, ne dura en tout cas évidemment pas longtemps : Desprez, sympathisant nazi, ne cachait nullement son activisme proallemand[22]. Il ne fut cepentant pas question de résilier les accords. « On ne pouvait plus rien y faire », assure Jacques Foccart, car, dit-il en substance, une fois pris dans l'engrenage, on serait « tombé dans les difficultés », en devenant suspect vis-à-vis des occupants, prompts à exercer des représailles, si on avait fait machine arrière. Il n'a eu « quasiment pas de rapports avec les Allemands », affirme-t-il. Il lui aurait été difficile de les éviter totalement. Dès fin 1942, la « filiale » régionale de l'organisation Todt, l'OBL Normandie, a en effet installé un petit détachement à Rânes pour surveiller l'exécution de sa commande de bois. Un ancien fermier tyrolien, M. Pohl, arrive notamment sur place. Un réfugié flamand, François Van Aerden, parfaitement francophone et germanophone, servira alors parfois d'interprète, en particulier au téléphone, entre les dirigeants de l'exploitation forestière et les Allemands, notamment des responsables de Todt qui assurent la liaison entre Saint-Malo, siège de l'OBL Normandie, et Rânes.

L'entreprise semble se développer convenablement et les deux associés connaissent bientôt une prospérité certaine si l'on se fie aux impressions des gens des environs. Cette heureuse évolution de l'activité des deux forestiers est-elle en partie due à l'excellent rapport de quelques affaires officieuses réalisées avec Desprez au détriment de l'organisation Todt ou directement avec certains Allemands ? Un rapport de police judiciaire d'après guerre[23], ainsi que plusieurs témoignages recueillis à l'époque ou après, font état d'une « disparition » de dix mille stères de bois qu'aurait constatée M. Pohl sur l'exploitation qu'il devait surveiller, de deux requêtes insistantes des jeunes forestiers auprès des vendeurs de coupes de bois pour qu'ils affirment aux Allemands avoir reçu des sommes supérieures à celles figurant sur les contrats et de « certains trafics avec la complicité de soldats ou d'officiers de la Todt » au détriment de cet organisme. Jacques Foccart dément formellement la réalité de ces pratiques même s'il admet un grave différend avec les Allemands à la suite d'une « contestation sur un problème de nombre de stères ».

De fait, les rapports des Allemands avec tous les responsables de l'affaire de bois de Rânes sont de plus en plus tendus au fur et à mesure que s'écoule l'année 1943. Il semble probable, à en croire la police, que l'assassinat de Pohl, dont on a retrouvé le cadavre le 28 janvier 1943 dans le port de Saint-Malo un jour où il était allé rencontrer ses supérieurs de la Todt, n'est pas étranger à la suspicion qui entoure désormais l'exploitation forestière. Mais rien ne viendra prouver que cette mort ait eu un rapport direct avec les activités du fermier tyrolien à Rânes. Jacques Foccart, qui dit qu'il a aussi bien pu s'agir d'un suicide, affirme n'avoir alors ni rencontré ni même eu affaire indirectement à ce Pohl, à sa connaissance. En mai, Georges Desprez est arrêté par les Allemands. Peu après, le 26 juin, René Fejean, un contremaître placé par ce dernier à Rânes, soupçonné d'avoir exécuté le Tyrolien qui en savait trop, le rejoint en prison à Saint-Malo. En août, enfin, la police allemande appréhende Henri Tournet puis Jacques Foccart, accusés de flouer l'organisation Todt, qui sont écroués brièvement à Argentan puis transférés à Saint-Malo où siège le tribunal militaire de l'armée d'occupation. Les charges, assure à l'aide d'une formule sibylline le futur conseiller de l'Élysée, « n'étaient pas fondées ou ne l'étaient guère ».

Au bout de quelques jours, grâce selon celui-ci à une idée d'Henri Tournet, qui propose le marché au lieutenant autrichien chargé d'instruire l'affaire, une libération sous caution des deux forestiers est envisagée. Le montant important retenu pour cette caution, un million de francs, montre que les Allemands estiment que le préjudice subi est important. La femme d'Henri Tournet, dont la belle-mère est une cliente de l'agent de change Courballée, également propriétaire à l'époque du journal financier *La Cote Desfossés*, obtient de ce dernier un prêt d'un million, ce qui permet l'élargissement de son époux et de son associé le 24 août 1943. Le fils Courballée, même si les deux événements ne semblent pas liés, a d'ailleurs échappé au STO grâce à l'amitié entre son père et Henri Tournet puisque c'est ce dernier qui l'a inscrit sur les listes des employés de la société de Rânes pour lui éviter le départ vers l'Allemagne.

Le reçu de la caution comportant la mention « In Sachen Desprez » (affaire Desprez), le motif purement commercial de l'arrestation des deux associés, que reconnaît Jacques Foccart mais pas Henri Tournet qui préfère laisser entendre que des faits de résistance n'y étaient pas étrangers, ne semble pas faire de doute. Il explique d'ailleurs que la principale sanction, outre le « prélèvement » financier, qui frappe alors les « suspects » soit de nature économique : l'entreprise Tournet-Foccart est réquisitionnée. Si les deux hommes peuvent continuer à animer l'exploitation forestière, leur affaire est désormais étroitement sous tutelle et, à partir de ce jour, il est clair que toutes les transactions avec les Allemands auront lieu, selon la dénomination d'après guerre, « sous la contrainte ».

Juste après l'épisode de l'arrestation, dès le 1er septembre 1943 si l'on en croit son « état des services » militaire rédigé après guerre, Jacques Foccart, qui a enfin réussi à entrer en contact avec des filières de la Résistance dépendant de Londres, organise avec des volontaires recrutés depuis quelque temps un réseau pour le compte du BCRA (service gaulliste de renseignement et d'action). Il sera ainsi bientôt le responsable du « Plan Tortue », qui vise à retarder la contre-offensive allemande lors du futur débarquement, pour quatre départements. Devenu « Binot », il organise la lutte contre l'occupant dans son secteur mais participe aussi aux actions de terrain, arme à la main, impressionnant tous ses camarades par son endurance et son courage physiques.

Fin avril 1944, lors d'une sortie nocturne avec sa voiture pour aller récupérer des armes dans un dépôt menacé d'être découvert près de Rânes, Jacques Foccart, entouré de deux de ses compagnons, rencontre une patrouille allemande. Il décide de forcer le barrage. Il passe donc du gazogène à l'essence, puisque son véhicule possède les deux options, et accélère brutalement, au milieu d'un feu nourri. Roger Leguerney, contremaître à l'exploitation mais aussi adjoint de « Binot » dans la clandestinité, dont le corps a fait rempart pour protéger le conducteur, est touché très gravement, à la colonne vertébrale. D'abord soigné par le médecin du réseau, puis transporté dans une clinique, il est retrouvé par la Gestapo peu avant qu'il ne meure, mais il ne parle pas. Quelques jours plus tard, cependant, se sachant recherché par les Allemands qui ont découvert ses activités lors de l'enquête consécutive à la fusillade, Jacques Foccart, accompagné du fidèle Tournet, part se cacher un temps à Paris. Son domicile près de Rânes est perquisitionné par la Gestapo. Il ne reviendra évidemment plus dans son exploitation jusqu'au départ des occupants.

Avant de retourner, au moment du débarquement, combattre dans l'Orne à la tête de ses troupes les divisions allemandes qui tentent de s'opposer à la percée des Alliés, le futur conseiller du général de Gaulle, montrant qu'il est prévoyant et que l'homme d'affaires n'a pas totalement disparu même derrière le résistant à temps complet, est allé déclarer au tribunal de commerce de la Seine la naissance d'une nouvelle entreprise, qui ne sera active qu'après la Libération. Celle-ci, qui s'appellera la SAFIEX à partir de 1945, est restée depuis lors le siège des activités commerciales de Jacques Foccart, qui conservera toujours sa vocation d'avant guerre pour l'import-export. C'est d'ailleurs également pendant la guerre, mais légèrement plus tôt semble-t-il, qu'il a trouvé dans la capitale les locaux qui abriteront par la suite son affaire boulevard des Italiens ainsi que son appartement à Neuilly. Lors d'une conversation au cours d'un dîner en 1942 ou 1943, se souvient-il, il a dit son étonnement de voir partout dans Paris des offres de location d'immeubles. Son hôte, Mme Bonnier de La Chapelle, dont le neveu — qu'elle a élevé — a rendu son nom célèbre en exécutant l'amiral Darlan à Alger, lui raconte alors que le même phénomène s'était produit en 1917, avant qu'en 1918, à l'annonce de la victoire, le marché immobilier ne se retourne totalement à l'avantage des propriétaires et n'assèche l'offre. Le renseignement n'est pas tombé dans l'oreille d'un sourd. Estimant la victoire des Alliés certaine, Jacques Foccart a jugé que c'était le moment de réaliser ses emplettes immobilières — des baux locatifs en fait — pour préparer au mieux l'après-guerre si l'histoire, comme c'était probable, devait se répéter.

La libération de Rânes, vers la mi-août 1944, ne marque évidemment pas la fin de la guerre et « Binot », qui a rejoint une division américaine entre la mi-juillet et la fin août, n'a pas perdu sa combativité en quittant la clandestinité et en devenant le commandant Foccart. Il dirige un temps à Angers aux côtés d'un général la IVe région militaire, où il a succédé au commandant Clouet des Pesruches ; on le voit souvent à l'automne 1944 dans un bureau de la Mission de liaison de l'inspection des armées que dirige à Paris le jeune général Jacques Chaban-Delmas. Quelques mois plus tard, il s'entraîne pour participer à des missions de reconnaissance profonde en Allemagne avec un groupe de Français intégrés aux Forces spéciales des Alliés. Il se retrouve ainsi début avril en Angleterre, en compagnie notamment du futur publicitaire Michel Bongrand, à la veille de passer à nouveau lui-même directement à l'action. La fin de la guerre met cependant vite un terme à ses activités militaires et il est démobilisé le 1er juin 1945. A supposer bien sûr qu'on puisse jamais être vraiment démobilisé quand on a été recruté, ce qui est son cas depuis le début d'octobre 1944, par les Services spéciaux de son pays, autrement dit la DGER, ancêtre du SDECE et de la DGSE.

S'occupant désormais de lancer son affaire d'import-export, spécialisée dans le commerce des produits antillais, toujours copropriétaire de son entreprise forestière, celle-ci n'ayant sans doute plus grand intérêt cependant après son exploitation directe par l'organisation Todt, Jacques Foccart trouve alors également un emploi dans l'administration au ministère du Ravitaillement. Héros de la Résistance, son avenir professionnel assuré, rien ne semble plus devoir troubler le parcours d'un homme proche de surcroît de l'entourage immédiat du général de Gaulle. En réalité, de la libération de Rânes jusqu'au milieu des années cinquante, soit pendant une bonne décennie, la période de l'Occupation viendra régulièrement se rappeler au souvenir de l'ex-« Binot ».

Peu après le départ des Allemands, d'abord, la Franco-belge de courtage et de gestion, société de M. Courballée, signale avec insistance à Jacques Foccart que le compte ouvert à son nom est débiteur depuis l'été 1943 du montant de la caution versée, un million de francs, plus les intérêts convenus de 8 % par an. Début 1945 l'ex-forestier, qui a apparemment accepté de reconnaître au moins formellement l'ensemble de la dette bien que le prêt ait été accordé à Émilie Tournet et pour le compte des deux associés, doit donc trouver rapidement plus de 1,1 million. Il a alors l'idée, puisque dans la France de la Libération l'heure est à la fois à la glorification des résistants et à l'indemnisation des victimes des Allemands, de réclamer le remboursement de la somme à l'État français. L'avocat de M. Courballée, évidemment désireux de favoriser le succès de l'opération, l'aurait aidé à mettre au point le dossier qui devait convaincre, ce qui n'allait pas de soi, l'administration du bien-fondé de la requête. Car on peut supposer que la nature plus commerciale que politico-militaire de l'arrestation qui avait provoqué le versement de la caution faisait problème. L'intéressé dit simplement qu'on a considéré alors, dans les milieux de la Résistance, que « cette caution [avait] servi à le faire libérer pour continuer la lutte » et qu'il n'avait donc pas à supporter la charge du remboursement. Il précisera aussi, dans ses mémoires, que l'un des hommes chargés de l'instruction de tels dossiers avait pu lui apporter son appui puisqu'il s'agissait de son ami M. Bonnier de La Chapelle.

En clair, il semble qu'on ne se soit pas alors trop intéressé au motif de l'emprisonnement des forestiers de Rânes au milieu de l'été 1943 pour décider de leur éviter de payer *a posteriori* le coût de leur élargissement, vu la vaillante conduite par la suite de l'un d'eux face à l'ennemi. Diverses interventions, de surcroît, dont celles, irrésistibles, de figures de la Résistance comme Jacques Chaban-Delmas et Maurice Bourgès-Maunoury, permettront finalement d'aboutir aussi vite que possible à une décision impliquant, selon une lettre du 15 mars 1945 du ministre des Armées au ministre des Finances, de « rembourser dans le plus bref délai la dette ainsi contractée dans la clandestinité ». Bien que l'un des adjoints du grand argentier de l'État, l'ancien trésorier de la Résistance et futur directeur général de la Caisse des dépôts François Bloch-Lainé, ait alors écrit que l'opération posait « une question de principe », la somme est décaissée finalement le 18 décembre 1945, en vertu d'un ordre de paiement du 18 avril dont l'objet est ainsi libellé : « Remboursement au commandant Foccart de la caution versée par lui aux Allemands pour sa mise en liberté. » Que cette caution ait également concerné Tournet, qui ne fut pas lui, autant qu'on sache, véritablement un héros de la Résistance, n'a semble-t-il pas constitué un obstacle au règlement très « politique » d'une telle affaire.

Dès la libération de Rânes, par ailleurs, et comme dans bien d'autres contrées de France, l'heure des règlements de comptes a sonné. Il semble bien que ceux qui se réclament de la Résistance dans la région aient eu alors la main lourde et qu'ils ne l'aient pas toujours dirigée dans la plus juste direction. L'une des exécutions sommaires, celle de François Van Aerden, l'ancien interprète occasionnel de l'organisation

Todt, le 1er septembre 1944, retiendra tout particulièrement l'attention et conduira à une interminable instruction en raison de l'acharnement de sa femme à éviter, comme la justice l'envisage, un classement de l'affaire faute d'éléments déterminants pour identifier le ou les coupables. Or l'une des pistes retenues par les différents enquêteurs qui se succéderont pour traiter le dossier, la principale même pour l'un d'entre eux, mène tout droit à l'exploitation forestière de Rânes. L'inspecteur Bourzec, en 1945, après avoir constaté que Van Aerden, bien que suspect aux yeux de certains du fait de ses fréquentations allemandes, était très apprécié dans la région en raison des innombrables services qu'il avait rendus grâce aux mêmes fréquentations, concluait simplement qu'« aucun élément sérieux pouvant entacher la mémoire de la victime n'a été révélé » et que cela « permet de supposer que des intérêt particuliers non définis sont à l'origine du meurtre ». L'officier de police Bolloch, quelques années plus tard, écrira dans un rapport, avec prudence mais sans trop cacher sa conviction intime, que « selon certains », MM. Foccart et Tournet « avaient pu avoir intérêt à supprimer ou à faire supprimer un témoin par trop au courant d'activités proallemandes peu en rapport avec leur nouvelle situation [de grands résistants] ». Il ajoutait que « simplement par le fait de leurs activités commerciales avec les Allemands, MM. Foccart et Tournet se trouvaient assez fâcheusement compromis, et le témoignage de Van Aerden n'aurait pu qu'aggraver considérablement leur situation, puisqu'il aurait permis d'évaluer tous les profits réalisés par eux [...] de 1942 à la Libération ». Il concluait cependant, en retrait par rapport à ce qui précédait, qu'« il ne nous a pas été possible d'établir que M. Foccart ou M. Tournet aient joué un rôle quelconque dans ce meurtre ou qu'ils en aient été les instigateurs ».

Très logiquement, puisque aucun élément décisif ne sera jamais découvert, l'affaire Van Aerden finira par un non-lieu en septembre 1955. Le fait, étonnant, qu'on n'ait pas pu interroger Desprez, bien qu'il ait continué à avoir des démêlés avec la justice après la guerre jusqu'en 1953, expliquait que, faute de témoin direct, on n'ait jamais réussi en tout cas à suivre plus précisément la piste qui intéressait tant André Bolloch. Pourquoi, alors, ce dernier travailla-t-il tant à cette hypothèse qu'il ne put jamais étayer et que Jacques Foccart, absent pour sa part de la région à l'époque de l'homicide, estimera toujours malveillante et absurde ? Il semble qu'il ait été vivement ébranlé après avoir découvert, d'abord que les services du Contrôle économique de l'Orne avaient diligenté une enquête, transmise en octobre 1946 au Comité de confiscation des profits illicites du département, sur les activités de l'entreprise de Rânes pendant l'Occupation, et ensuite que cette enquête n'avait eu aucune suite alors que ses auteurs estimaient, sans précaution excessive, que « comme l'affaire présente un certain caractère de gravité, il conviendrait que la cour de justice en soit saisie ».

Les contrôleurs avaient pu retrouver la trace précise de transactions entre l'exploitation forestière et la Todt *via* Desprez pendant une courte période en 1942-1943 grâce à la découverte d'une petite partie des archives de la filiale de l'organisme allemand en Ille-et-Vilaine et à des pièces saisies au domicile d'Henri Tournet, le tout faisant apparaître, selon eux, « un commerce intense avec l'ennemi » bien avant la réquisition de l'entreprise. Mais aucun bilan global des affaires traitées n'avait pu être établi car toutes les pièces éventuellement compromettantes — hormis celles, très incomplètes, signalées ci-dessus — avaient disparu, « ayant été probablement détruites », selon le commentaire des enquêteurs. Il est vrai que, au début de leur travail, ceux-ci n'avaient pu entendre aucun des deux intéressés directs, encore en lutte contre l'ennemi. Ils avaient donc dû se contenter d'échanges de correspondances, des lettres dont Jacques Foccart n'a gardé qu'un vague souvenir, car à l'époque, dit-il de façon convaincante, à la veille de l'effondrement final du Reich, il avait bien d'autres préoccupations plus essentielles en tête. Il affirme de surcroît que l'affaire ne pouvait certainement pas être considérée comme grave et que le classement — pourtant surprenant vu les appréciations des contrôleurs — n'avait pas, à sa connaissance, nécessité d'intervention particulière.

Jacques Foccart, en fin de compte, émerge donc de la guerre couvert d'honneurs pour son combat au sein de la Résistance et totalement « blanchi » pour les accusations liées à son activité d'entrepreneur dont une bonne part de la production a pris le chemin des entrepôts de l'organisation Todt. Les agents du Contrôle économique de l'Orne en furent peut-être étonnés, lui estime qu'il ne pouvait en être autrement. Quand on lui demande ce qui, à son avis, relevait sous l'Occupation de la collaboration économique, il admet d'abord que « c'est très difficile à définir ». Car, précise-t-il, quasiment « tout homme d'affaires aurait pu en être accusé » si on retient une définition large qui consisterait à incriminer tous ceux qui ont livré des produits aux Allemands. Enfin, conclut-il, « ce qui est certain », c'est que « je n'ai pas eu l'impression d'en faire », ni avant 1942 bien entendu, ni même après quand « on s'est fait avoir [par Desprez] ».

Un tel commentaire, même en tenant compte de son caractère improvisé dans le cadre d'un entretien, ferait sans doute bondir non seulement les contrôleurs de l'Orne, mais aussi les animateurs des organisations d'entreprises résistantes d'après guerre dont nous avons souligné l'intransigeance, au moins théorique, face à toute relation économique avec l'occupant. Il n'est pas nécessairement en contradiction, du moins au niveau des principes et au-delà du cas particulier de l'exploitation forestière de Rânes, avec la doctrine adoptée finalement après guerre par la justice en matière de collaboration économique. Car celle-ci exonérait de poursuites, nous l'avons vu, ceux qui avaient livré les Allemands « sous la contrainte » sans préciser clairement l'acception à retenir de ce dernier terme. De plus, on le sait également, les autorités ont volontiers estimé qu'un résistant patron pouvait être assimilé à un patron résistant et Jacques Foccart pouvait certainement, plus que tout autre, bénéficier d'une telle « jurisprudence ».

Faut-il admettre par là même qu'en fin de compte seule une description « indulgente » de la collaboration économique conjuguée à une description floue de l'entreprise ou du patron résistants permet de trouver une proportion non négligeable de petits et de grands dirigeants de sociétés du bon côté de la frontière entre résistance et collaboration sous l'Occupation ? Évidemment non. Au-delà des cas effectivement nombreux où la difficile distinction — ou la confusion volontaire — entre l'activité de l'individu et celle de son entreprise rend impossible tout jugement abrupt à ce propos, bien des documents, des enquêtes et des témoignages de l'époque de la guerre comme de la période écoulée depuis lors conduisent au moins à confirmer l'impression issue des archives analysées plus tôt dans ce chapitre et tendant à prouver l'existence d'un esprit résistant chez beaucoup de responsables d'entreprises, que ce soit à titre professionnel, à titre personnel ou les deux à la fois, et que ce soit dans des PME ou dans des groupes plus importants. Certains parcours d'hommes ou de sociétés connus sont à cet égard très parlants, on va le voir, pour montrer qu'Hispano-Suiza ne fut pas « l'exception qui confirme la règle ».

Quand le futur président du CNPF préconisait des sabotages...

La lecture assidue des mémoires et le recueil attentif des propos de patrons ou de dirigeants qui acceptent d'évoquer cette période démontrent déjà au minimum que beaucoup de ceux qui ont décidé de participer au combat contre l'ennemi ne se sont pas trouvés isolés dans leur environnement professionnel. Pour prendre un exemple, Georges Villiers, maire de Lyon nommé par Vichy en 1941, mais surtout président du CNPF après guerre en raison même de son comportement exemplaire à partir de 1942, assure ainsi que, au-delà de son engagement personnel dans la Résistance, il a su rallier bien des dirigeants dans la région lyonnaise autour d'un programme de soutien aux actions anti-allemandes[24].

Évoquant une initiative qu'il ne date pas mais paraît se situer vers fin 1943 d'après la chronologie interne à ses mémoires, Georges Villiers écrit notamment : « Nous avons pensé aux services que pourrait rendre une organisation qui interviendrait dans les usines intéressant les Allemands, pour arrêter ou du moins freiner la production, tout en évitant les bombardements souvent aveugles, et c'était le cas des bombardements américains qui risquaient de détruire pour longtemps le potentiel industriel français. Cette organisation a été créée et a certainement rendu d'utiles services. L'accueil qui nous a été réservé dans un certain nombre d'entreprises a été presque toujours favorable. Et nous avons pu, en détruisant un organe de l'entreprise, freiner la production sans destruction d'ensemble. Un seul chef d'entreprise, très ému par ma proposition, a été demander protection à la Gestapo. J'aime mieux oublier son nom. » On peut observer que cette complicité recherchée des patrons pour saboter leurs propres usines leur permettait par là même d'obtenir une sorte de garantie antibombardement. Et il est vrai que ces patrons ont été contactés sur le tard, moins d'un an avant la Libération. Mais il ne faut pas pour autant sous-évaluer ce que pouvait signifier une telle attitude. On sait, et il suffit pour la région de Lyon de se reporter au cas déjà évoqué de Berliet sous l'Occupation pour en avoir une illustration éloquente, à quel point il est difficile pour un entrepreneur, et même un simple manager professionnel, de saboter, s'il a la moindre marge de choix à cet égard, « son » établissement. Car celui-ci représente en général pour ses dirigeants, d'une façon ou d'une autre, non seulement un capital mais aussi une véritable raison de vivre. On peut noter, de plus, que lorsque aucun accord préalable n'était possible, notamment quand les patrons n'étaient pas présents et joignables, le groupe animé par Georges Villiers, à l'en croire, aidait malgré tout à faire détruire sous les bombes des usines considérées comme stratégiques — il cite le cas d'une usine de roulement à aiguilles de la société Nadella près du Puits Pigeot.

Ces démonstrations avérées de soutien à la Résistance ne venaient, selon Georges Villiers, que confirmer toute une série d'autres manifestations, plus passives mais néanmoins significatives, de refus de la collaboration de la part de dirigeants. On sait qu'après guerre, rares seront les patrons qui ne prétendront pas avoir fait la preuve de leur patriotisme d'une part en freinant la fabrication et la livraison des commandes allemandes et d'autre part en empêchant autant que possible les envois de main-d'œuvre outre-Rhin. Le scepticisme qu'on peut à raison afficher dans bien des cas devant ces affirmations — le freinage, par exemple, pouvait avoir comme on le sait d'autres causes, notamment la pénurie de matières ou le comportement passif, non provoqué par la direction, du personnel — ne doit pas conduire à les récuser en bloc. Car les contre-exemples abonderaient pour ruiner une telle opinion sans nuance.

Évoquant toujours l'organisation qu'il a participé à créer, celle qui a donné naissance à l'UCIF (Union des cadres de l'industrie française), Georges Villiers parle ainsi d'une campagne menée avec des collègues pour créer un esprit de résistance à l'occupant dans les usines en mobilisant à la fois la direction, l'encadrement et les ouvriers. Et il décrit le cas, qu'il n'estime pas exceptionnel, de l'établissement métallurgique dont il était responsable : « Nous avons eu la possibilité d'accepter la fabrication de péniches de débarquement et éviter ainsi le départ d'ouvriers pour l'Allemagne (STO). Nous en avons parlé avec nos ingénieurs et les représentants du personnel. Tous ont été d'accord pour accepter cette commande en nous engageant à utiliser tous les prétextes pour ne jamais la terminer. C'est ainsi qu'aucun ouvrier n'est parti et qu'aucune péniche n'a été livrée. »

Le récit, par le même auteur, d'une réunion organisée en 1942 à la Chambre de commerce à Lyon par le préfet régional avec un ministre allemand et le ministre de la Production industrielle de Vichy, Bichelonne, pour vanter les avantages supposés de l'expatriation de travailleurs outre-Rhin (contrepartie nécessaire du retour des prisonniers, aide à l'effort de guerre allemand contre le communisme, etc.) à deux cents industriels importants convoqués pour l'occasion est par ailleurs édifiant : « Dans la salle, le silence était glacial. Les dernières paroles prononcées, on n'entendit pas un applaudissement. Mais un des assistants qui s'était endormi en écoutant les orateurs, réveillé en sursaut, fit le geste d'applaudir, puis, réveillé complètement, baissa aussitôt les mains. Je vois encore passer l'Allemand furieux, Bichelonne blême, et le préfet indigné me dire [...] : "Vos industriels n'ont rien compris." » La vision du patriotisme patronal sous l'Occupation qui émane du témoignage d'un président du CNPF est inévitablement un peu trop « angélique », mais l'ensemble des faits précis qu'il rapporte dans ses mémoires, ceux rappelés ici mais aussi d'autres de même nature, sont d'autant plus frappants que si Lyon est resté dans les esprits comme une capitale de la Résistance, les chefs d'entreprise du Rhône ne furent certainement pas plus combatifs que ceux d'autres régions face aux Allemands[25].

Peugeot, Michelin et les autres : le prix de la résistance

À plus de deux cents kilomètres au nord-est de la capitale rhodanienne, à Sochaux, on verra ainsi de nombreux dirigeants d'une très grande entreprise, Peugeot, adopter également, et de façon plus radicale encore, des comportements peu équivoques face à l'ennemi près de deux ans avant la fin des hostilités[26]. Le journal interne du groupe, *Le Trait d'union*, ne marchandait certes pas, comme on le faisait alors un peu partout en France, son soutien au maréchal Pétain lors de l'été 1940 où il saluait « le triple et admirable mot d'ordre » du régime (Travail, Famille, Patrie), souhaitait « ardemment que chacun le mette en pratique » et appelait de ses vœux « une réforme nationale ». Et jusqu'en 1942, alors que les usines du Doubs et le siège social parisien, tous deux en zone occupée, étaient étroitement contrôlés par les Allemands, les responsables de Peugeot ont surtout subi, sans aucun enthousiasme mais sans opposition ouverte, cette emprise sur l'activité du groupe, majoritairement destinée à satisfaire les commandes d'outre-Rhin : plus de 80 % des véhicules produits pendant la guerre seront en effet fournis, sous la contrainte il va de soi, à l'occupant. Mais dès que la Résistance aura pris de la consistance, au milieu de l'Occupation, elle trouvera facilement des interlocuteurs et des alliés au sein de l'entreprise, à un moment où le vote des pleins pouvoirs au signataire de l'armistice en juillet 1940 par un député nommé François Peugeot, fils de l'ancien président du groupe, ne sera plus qu'un vieux souvenir. À un moment aussi, il est vrai, où le contrôle exercé sur la production par Volkswagen, entreprise liée au parti nazi, se sera tellement affirmé qu'il ne pourra qu'exacerber les sentiments patriotiques des industriels franc-comtois.

C'est avec l'accord de Jean-Pierre Peugeot, principal responsable de l'entreprise avec Maurice Jordan depuis que son père Robert Peugeot a vu sa santé décliner, que Pierre Sire, l'homme qui supervise depuis la veille de la guerre « sur le plan social et technique » les différentes sociétés Peugeot installées dans le Doubs, a pris contact début 1943 avec une organisation de résistance, l'OCM (Organisation civile et militaire). Des crédits et une camionnette de l'usine ont été mis à sa disposition par la direction.

Les réfractaires au STO de la région trouvent alors refuge dans la vingtaine d'exploitations agricoles ou forestières du groupe et l'ensemencement du terrain de golf Peugeot de Prunevelle annonce pour bientôt des récoltes destinées aux maquisards. Rodolphe Peugeot, troisième fils de Robert, participe de son côté à la recherche de terrains de parachutage pour le compte de l'OCM, avant de rejoindre bientôt les Forces françaises libres au Maroc puis à Londres, où son arrivée est signalée sur les ondes de la BBC par un message énigmatique pour qui ne connaît pas Jules Peugeot, le frère de Robert : « Les peupliers de l'oncle Jules ont besoin d'être élagués. » En fait d'élagage, il aurait participé indirectement aux futurs bombardements de Montbéliard en fournissant, à son arrivée dans la capitale britannique, les plans du complexe industriel. Il ne retraversera la Manche, avec l'armée américaine, qu'à l'heure du débarquement.

Quand, au printemps 1943, un maquis en armes s'installe dans la montagne à une quinzaine de kilomètres de Sochaux et accueille à sa tête un officier parachuté du SOE (*Special operations executive*), Harry Ree, alias « César » ou « Henry », chargé de saboter les usines pour empêcher ou limiter les livraisons aux Allemands, tout se passe « en confiance ». Dès son arrivée, l'agent anglais sait qu'il peut entrer en relation avec Jean-Pierre Peugeot, qui lui verse tout de suite cent mille francs avant de lui attribuer une mensualité régulière de cinquante mille francs. Ree pourra transmettre aux Alliés des états successifs de l'activité des usines, qui servent à produire des automobiles mais aussi à réparer des moteurs d'avions et de chars.

Cette bonne volonté manifeste des dirigeants de l'entreprise n'empêchera pas, les Alliés l'estimant nécessaire, le très important bombardement de la nuit du 15 au 16 juillet 1943. On craint en effet à cette époque que le complexe de Montbéliard, auquel les Allemands penseront effectivement un temps confier la fabrication d'éléments de la bombe volante V1, ne devienne un auxiliaire important de la Luftwaffe. Les cent cinquante Lancaster de la RAF détruisent surtout des zones résidentielles, laissant près de cent cinquante morts sous les décombres, mais ils réussiront à atteindre divers ateliers et les installations de fonderie, qui intéressent particulièrement Volkswagen.

Malgré le choc ressenti, la direction, loin de changer de cap, essaie d'éviter les répétitions de raids potentiellement meurtriers et dévastateurs en intensifiant sa coopération avec la Résistance pour améliorer l'efficacité des actions antiallemandes. Entre septembre 1943, où l'incendie volontaire d'un dépôt fait partir en fumée cinq mille pneus, et mars 1944, les opérations de sabotage très ciblées (destruction de transformateurs, de compresseurs, etc) se multiplient dans l'enceinte de l'établissement. Antoine Peugeot, fils de Jules, participe à certains des attentats. Un croquis de V1, ramené d'Allemagne par un ingénieur de Peugeot astucieux qui a profité d'un voyage d'études chez Volkswagen pour s'en emparer, est fourni en août 1943 à Londres par l'intermédiaire de Harry Ree. Les états de production envoyés à la Kommandantur de Besançon sont truqués. Les commandes allemandes deviennent évidemment de plus en plus difficiles à honorer et elles ne sont en général plus livrées. Et les réunions de la Résistance ont lieu dans des locaux prêtés et protégés par Peugeot.

Les Allemands ne sont pas dupes longtemps du double jeu des dirigeants de Sochaux, même s'ils en ignorent la véritable ampleur. Dès le 29 septembre 1943, la police allemande de Belfort arrête Ernest Mattern, directeur technique et administrateur du groupe, ainsi que son adjoint et quelques employés, car ils sont tous suspectés d'être les auteurs de la destruction des pneus. Ils sont libérés deux jours après faute d'aveux et de preuves.

Mais une quinzaine de sabotages plus tard, au tout début du printemps 1944, le responsable allemand de Montbéliard réclame à ses autorités une intervention « musclée » pour en finir avec cette situation qui entrave considérablement les fabrications. Cette fois, c'est la police allemande de Dijon qui va frapper fort. Elle appréhende et fait interner en Allemagne — plusieurs d'entre eux n'en reviendront pas — des dirigeants parmi les principaux des établissements du Doubs : Robert Godart, directeur des usines, Auguste Bonal, responsable des presses, Jean Margaine, qui assure la coordination entre Paris et Sochaux, M. Henry, chargé des relations avec les services allemands, etc. Ernest Mattern, arrêté à nouveau à cette occasion bien qu'il ait été mis officiellement à la retraite au début de l'année à la demande de l'occupant, a réussi encore, et cette fois par miracle selon ses collègues, à se faire libérer, au bout de quelques semaines. De nombreux employés sont également victimes de la répression, qui, au total, aura conduit à quarante-quatre exécutions et à deux cents déportations « politiques » en 1943 et 1944 parmi le personnel de Peugeot. La dureté des représailles, qui se poursuivront jusqu'à la fin de l'Occupation et passeront par la pratique de la prise d'otages, mettra un terme aux sabotages. Mais, d'après les sources allemandes elles-mêmes, elles ne provoqueront pas la moindre augmentation de la productivité.

Jean-Pierre Peugeot, qui a essayé en vain d'obtenir l'élargissement de ses collaborateurs fin mars 1944, finira par juger préférable d'échapper à son régime de liberté surveillée en passant en Suisse. Un vieux militant ouvrier résistant, Eugène Hug, également en route vers le territoire helvétique pour échapper à la Gestapo, éprouvera l'une des surprises de sa vie en rattrapant à vélo près de la frontière un autre clandestin qui n'était autre que le fils de son ancien patron Robert Peugeot[27] ! Le responsable de l'entreprise a accordé avant de partir un prêt de trois millions de francs au commandant régional des FFI pour payer ses hommes, somme récupérée évidemment après la Libération.

Le départ des Allemands du Doubs n'interviendra que le 17 novembre, mais le personnel des usines a cessé le travail, à la demande de la direction, depuis septembre. Cette décision, sage d'un point de vue militaire, fut-elle, d'un point de vue économique, une erreur tactique ? Toujours est-il que lors de la libération de Montbéliard, les premiers arrivants trouvent des locaux complètement vides. Les occupants ont mis à profit les deux mois et demi où on les a laissés seuls pour charger plus de trois cents wagons avec la majorité des stocks de matières et surtout des machines et matériels de fabrication, à commencer bien sûr par les plus modernes et les plus performants.

Des « missions Peugeot » vont parcourir dès la fin de la guerre toute l'Allemagne mais aussi les Pays-Bas et même la Tchécoslovaquie, jusqu'en 1947, pour retrouver les équipements subtilisés en 1944. En attendant ces récupérations et les diverses indemnisations et aides qui lui seront attribuées, le groupe a dû redémarrer avec un handicap très important face aux deux autres grands de l'automobile d'avant guerre, Renault, réquisitionné après la Libération de Paris avant d'être nationalisé et de connaître bientôt le succès avec la 4 CV, et Citroën, qui a relancé dès le début de 1944 la production de camions, suivie bientôt par celle des fameuses tractions avant.

Le potentiel industriel du troisième constructeur national est évalué fin 1944 à 30 % de ce qu'il était en 1939, les dommages subis représentant environ mille cent millions de francs. Il faudra attendre mars 1946 pour que le cap symbolique des mille cent véhicules mensuels (un sixième du potentiel de 1939) soit atteint et la fin des années quarante pour retrouver véritablement une activité et une rentabilité satisfaisantes.

L'attitude courageuse de la direction, qui a emprunté à partir de début 1943 le chemin inverse de celui suivi par exemple par Berliet, a incontestablement pénalisé économiquement l'entreprise dans un premier temps, mais elle n'a nullement hypothéqué sa capacité concurrentielle à moyen terme et donc son avenir. Cet avenir, le succès de la 203, qu'on a en grande partie conçue pendant la guerre pour remplacer la 202 à la suite de directives clandestines données par Jean-Pierre Peugeot à ses services d'études en décembre 1942, l'assurera d'ailleurs définitivement après son lancement en 1948.

Une preuve de plus que, même d'un point de vue entrepreneurial, le choix de la résistance n'était ni impossible ni déraisonnable, contrairement à ce que soutiendront après guerre tant d'accusés de collaboration qui justifieront leurs actes par la nécéssité d'assurer la survie de leur société ? Le cas de Peugeot, dont la marge de manœuvre fut des plus réduites au niveau des programmes de production, est peut-être moins démonstratif à cet égard que certains autres. Mais il fait apparaître au moins que travailler sous la contrainte n'impliquait pas, bien au contraire, de rester passif ou réservé vis-à-vis du combat de l'ombre en attendant la Libération. Les patrons qui ont voulu participer à la Résistance n'en ont évidemment pas été empêchés par leurs responsabilités spécifiques. L'exemple suivant, celui d'une grande entreprise dont les dirigeants sont en général peu portés à attirer l'attention, en témoigne encore à sa façon.

En Auvergne, à Clermont-Ferrand, le groupe Michelin[28], bien que situé en zone libre, a établi très tôt des contacts avec les Allemands. Car il craint dès la mi-juillet 1940 de devoir cesser son exploitation et mettre au chômage ses dix mille ouvriers en raison d'un arrêt des livraisons des filés de coton nécessaires à la fabrication des pneus. Or seules les autorités d'occupation peuvent permettre aux usines de la zone Nord de fournir la précieuse matière, inexistante au sud de la ligne de démarcation. Des négociations ont donc été engagées dès les semaines suivant l'armistice, en liaison avec les autorités françaises consultées en permanence, pour obtenir le feu vert du commissaire d'outre-Rhin chargé du secteur du caoutchouc au Majestic. Il a été envisagé, en échange d'une autorisation d'approvisionnement, de fournir aux Allemands du caoutchouc brut — prélevé sur les stocks — et des pneus. Un accord providentiel de troc entre du caoutchouc et du coton pourra cependant être conclu rapidement avec des Italiens en cet été 1940 et rendra inutiles ces pourparlers, donnant un peu de répit au fabricant français qui n'était guère désireux d'accepter les implications de cette solution. Michelin refusera d'ailleurs l'année suivante un autre accord pouvant faciliter ses approvisionnements en échange de l'abandon de certaines participations à l'étranger.

Mais il ne sera évidemment pas toujours possible, et il sera même totalement impossible après la suppression de la ligne de démarcation fin 1942, d'ignorer, comme dans les premiers temps, toutes les propositions de Vichy et des Allemands qui risquent d'aliéner l'indépendance du groupe en se contentant de tourner au ralenti et de multiplier les nouvelles productions (vélos, poêles à bois, semelles de chaussure, voitures d'enfant, etc.). Michelin, désormais fourni par l'occupant en gomme synthétique après la fermeture de la route du caoutchouc entre l'Indochine et la métropole, devra fabriquer des pneus destinés à la Wehrmacht et ses usines seront d'ailleurs la cible, en mars 1944, d'un bombardement de la RAF qui paralysera l'activité pendant plusieurs mois. Rien là que de banal, et qui rappelle à première vue le sort de la plupart des grandes entreprises françaises qui ont suivi une simple politique attentiste, ou au mieux de résistance très passive, face à l'occupant et à ses commandes impératives. Et pourtant, avant la fin de 1944, le général de Gaulle, que l'on sait pour le moins critique envers l'attitude des patrons pendant l'Occupation, tiendra à féliciter en personne, lors d'une visite à Clermont-Ferrand, les dirigeants de Michelin.

Cet honneur ne signifie pas que l'on considère alors la société auvergnate comme l'exemple même de l'entreprise résistante. Certes son personnel, à commencer par de nombreux ingénieurs maison, a volontiers participé à des actions de sabotage, notamment en concevant des pneus destinés à se détériorer à basse température sur les fronts de l'Est ; et, comme bien d'autres, la société a bravé l'interdiction allemande de faire des recherches destinées au marché civil français, réalisant pendant la guerre les études décisives qui conduiront plus tard à la mise au point du pneu « X », grâce à une « invention » d'un ancien ouvrier typographe, Marius Mignol, datant du printemps 1941. Mais le geste de l'homme du 18 juin représente surtout un hommage particulier rendu à une famille d'industriels qui s'est courageusement comportée dans la clandestinité et a payé collectivement un lourd tribut à la lutte contre l'occupant.

Marcel, le deuxième fils d'André Michelin, ancien patron de l'entreprise aux côtés de son frère Édouard jusqu'à sa mort en 1931, a organisé des maquis dans le Puy-de-Dôme puis dans le Cantal. Dénoncé, il est déporté en Allemagne et il n'en reviendra pas : il meurt le 26 janvier 1945 au camp d'Ohrdruf. Jean-Luc Michelin, petit-fils d'André, organisateur d'un réseau de renseignements, a réussi à dérober à l'usine BMW de Munich des plans confidentiels qu'il fait parvenir à Londres. Arrêté pour faits de résistance, condamné à mort, il échappe de justesse à l'exécution et sera interné à Dachau, dont il ne reviendra qu'en mai 1945. Jean-Pierre, fils de Marcel, fut l'un des premiers soldats des Forces françaises libres tués sur le sol national, au cours des combats pour la libération de la Corse en 1943. Son frère aîné, Philippe, engagé comme pilote dans l'aviation alliée, aurait appartenu, selon la rumeur, à l'escadrille qui a bombardé les établissements de l'entreprise familiale ; le second, Jacques, arrêté par la police de l'occupant, sera envoyé dans un camp en Allemagne. Mme Jean Michelin, épouse d'un fils d'André, est appréhendée pour avoir caché des résistants et connaîtra aussi la déportation outre-Rhin.

Rien d'étonnant, donc, si, malgré les nombreuses commandes allemandes directes ou indirectes, nul n'a le moindre doute en 1944 sur le patriotisme d'une maison qui, d'ailleurs, sort de la guerre sans avoir altéré sa « culture » qui suppose le maintien d'une indépendance sourcilleuse : pas plus que les Allemands, qui n'auraient jamais pu circuler comme ils le souhaitaient dans l'enceinte des établissements Michelin sous l'Occupation, le général de Gaulle ne sera invité à franchir la porte des usines lors de sa venue à Clermont-Ferrand à la Libération. Il se « rattrapera » cependant plus tard, puisqu'il sera, après son retour au pouvoir à la fin des années cinquante, le premier et le dernier chef d'État à pénétrer sur le site industriel clermontois.

Chez Peugeot et Michelin, et comme pour Georges Villiers, 1942 semble avoir marqué un tournant, en particulier évidemment à la fin de l'année, après l'occupation totale du pays. C'est en effet alors que devait disparaître, chez la plupart de ceux qui la cultivaient encore, l'illusion du maintien d'une souveraineté française. Mais certains dirigeants d'entreprises très importantes étaient à cette date déjà totalement engagés dans la Résistance. Ainsi, pour citer un nouveau cas exemplaire, l'un des deux patrons du groupe Galeries Lafayette-Monoprix, Max Heilbronn, n'attendit pas même fin 1940 pour participer au combat contre l'occupant[29].

Heilbronn n'était pas *a priori* un farouche adversaire du régime issu de l'armistice si l'on en croit ses mémoires où il écrit : « Le vote de l'Assemblée nationale, le 10 juillet [1940], confiant à Pétain les pleins pouvoirs et le soin de rédiger un projet de constitution, m'avait paru justifié. Je n'ai eu aucun sursaut de révolte [...]. J'avais trop senti avant la guerre le déclin de la France, l'impuissance du régime à nous en sortir et sa perte de compétitivité dans le domaine économique pour pleurer sur l'effondrement de la IIIe République. » Mais il est très rapidement heurté par l'usage qu'entend faire Pétain du mandat qu'on lui a confié. Quand, en particulier, il entend le maréchal annoncer à la radio en octobre 1940 que l'État de demain sera « autoritaire et hiérarchique », il s'insurge immédiatement : « J'avais lu [les textes] de juillet 1940 : ils donnaient à Pétain le pouvoir de préparer une nouvelle Constitution, de la soumettre au peuple français après les hostilités, mais non celui de dire à l'avance ce qu'elle serait. » L'administrateur délégué des grands magasins du boulevard Haussmann a été par ailleurs particulièrement choqué par les premières mesures d'exclusion frappant les francs-maçons, en août, puis surtout les Juifs, en octobre, ces dernières inaugurant une politique antisémite officielle qui allait le toucher directement. Inutile, donc, d'ajouter au tableau son anglophilie de toujours, maintenue malgré le trouble qu'il ressentit lors du bombardement meurtrier par les Britanniques de la flotte française à Mers el-Kébir, pour comprendre la rapide évolution de ses sentiments envers un gouvernement qui commençait à s'engager ouvertement dans la voie de la collaboration avec l'Allemagne.

Dès novembre 1940, Max Heilbronn s'emploie donc à « vendre » à un lieutenant-colonel de l'armée d'armistice en lequel il a confiance un plan de destruction des voies ferrées devant permettre un jour un débarquement d'unités britanniques pour former une tête de pont dans la région de Royan. Peu après, il trouve enfin le contact avec la Résistance, à travers son commissaire aux comptes des Galeries, Max André, un démocrate-chrétien qui rejoindra plus tard le Front national clandestin. Et c'est dans son bureau directorial du IXe arrondissement qu'il rencontre ainsi avant la fin de l'hiver un envoyé de Londres, un ancien polytechnicien barbu et mal habillé qu'on lui avait dit être membre de l'état-major du général de Gaulle. Ancien centralien lui-même, c'est donc d'ingénieur à ingénieur qu'il expose à Honoré d'Estienne d'Orves, car il s'agit de lui, son projet de sabotage des chemins de fer en cas de reprise des hostilités. Début janvier, il devait rejoindre la capitale britannique après réception d'un message... qui ne sera jamais émis. Il poursuivra donc début 1941, sous couvert de déplacements professionnels pour des achats ou pour visiter des Monoprix, un tour des provinces destiné à recruter des correspondants locaux et à peaufiner, désormais au niveau national, son « plan fer ». Les Allemands, le trouvant suspect, interrogeront à cette époque, sans résultat, cet administrateur qui semblait pris d'un amour immodéré pour les voyages aux quatre coins du pays. Ils lui donneront bientôt de nouvelles raisons de se consacrer à la Résistance puisqu'il sera mis fin le 28 janvier 1941 à ses fonctions au groupe Galeries Lafayette en vertu de la politique d'« aryanisation » des entreprises de la zone occupée.

Après avoir passé clandestinement la ligne de démarcation au mois de mai 1941, Max Heilbronn redevient un temps simple ingénieur. Il travaille d'abord dans le génie rural mais, au bout de six mois, on lui demande de quitter cet emploi public après une dénonciation parue dans l'hebdomadaire collaborateur et antisémite *La Gerbe*. Ce dernier signale à l'opinion publique, pour s'en offusquer, que « Kid Bader » — le principal actionnaire des Galeries, beau-père de Max Heilbronn, s'appelle en effet Théophile Bader — est employé et payé par le gouvernement de Vichy, qui démontrerait ainsi, aux yeux des ultras de la collaboration, son laxisme envers les Juifs... Une usine du groupe Gillet, mieux connu après guerre comme actionnaire majeur de Rhône-Poulenc, accueillera donc quelques mois plus tard l'ancien distributeur qui, bien qu'à l'aise financièrement, ne supporte pas l'oisiveté professionnelle. Mais dès l'invasion de la zone Sud, il lui faudra plonger dans la clandestinité avec sa famille. Il rencontre alors, en décembre 1942, un grand jésuite résistant, le père Chaillet, qui lui demande de se consacrer à nouveau à la conception de son plan de sabotage des chemins de fer. Il rédige ainsi un « manuel du parfait dérailleur ». Sa tâche achevée en février 1943, il sera mis en contact avec les membres du groupe qu'on connaîtra ensuite sous le nom de « Résistance fer ». L'un de ceux ci, resté célèbre à la suite de l'arrestation controversée de Jean Moulin, René Hardy, sera son principal équipier. Il se fera passer par la suite pour l'auteur du fameux « plan vert », issu en fait, il semble bien, du seul travail de Max Heilbronn, sur la destruction des voies ferrées.

C'est d'ailleurs à l'occasion d'un rendez-vous avec Hardy le 12 juin 1943, ce qui alimentera dans ce cas aussi des rumeurs après guerre, que l'ancien (et futur) dirigeant des grands magasins sera appréhendé avant de subir les attentions de la Gestapo. Pendant sa dure détention au fort de Montluc, où il passe soixante-neuf jours au secret, le prisonnier, pour combattre « l'impression de devenir fou », et peut-être aussi parce qu'un patron reste toujours un patron, conçoit « le programme de la cellule 122 », un plan de réorganisation des Galeries Lafayette, « voulant ignorer qu'il n'y avait pas une chance sur un milliard [de pouvoir] un jour le mettre en œuvre ». Peu après, fin octobre 1943, il est transféré au camp de Compiègne, prélude au sinistre voyage en janvier vers Buchenwald, où il est classé « nuit et brouillard », puis vers d'autres camps à partir de juin 1944. Le 28 avril 1945, ayant survécu par miracle, il voit arriver les Américains à Allach, une dépendance de Dachau. Sa seule obsession, d'après ses souvenirs, est alors de rentrer au plus vite en France pour retrouver sa femme et sa fille... et les Galeries Lafayette, qu'il redoute de ne pas retrouver en bon état.

Bien d'autres grands noms du monde patronal pourraient figurer dans une revue qui se voudrait plus complète des dirigeants qui ont su faire tôt ou tard, mais toujours de façon active, le choix de la résistance. Quelques exemples encore ? Le publicitaire Marcel Bleustein-Blanchet, propriétaire de Radio-Cité qui s'est sabordé dès l'armistice pour éviter que ses installations ne tombent aux mains de l'ennemi, rejoint Londres en 1943 après de nombreuses tentatives avortées et finira la guerre comme pilote dans une escadrille des Forces aériennes de l'Atlantique commandées par Édouard Corniglion-Molinier, producteur de cinéma et as de l'aviation. Le négociant et délégué général du bureau national des vins de Champagne Robert de Vogüé, dirigeant de Moët et Chandon, a pour sa part organisé un groupe de résistance dans la région d'Épernay début 1942 avant d'être arrêté. Il est condamné à mort, gracié puis déporté en Allemagne jusqu'en mai 1945. Le président de Saint-Gobain, Pierre Hély d'Oissel, quand il aura à s'expliquer à la Libération sur ses contacts avec les Allemands sous l'Occupation, pourra non seulement répondre qu'il cherchait à éviter alors une germanisation de l'importante filiale du groupe outre-Rhin mais aussi présenter une attestation bien utile : il a rejoint dès octobre 1940 le réseau de résistance Hector[30]. Bien avant que la victoire des Alliés ne paraisse plus ou moins probable, un important fabricant de chaussures de Bordeaux qui emploie un millier de salariés, M. Souillac, facilitait matériellement le développement d'un très important réseau de résistance lié aux services anglais, le réseau Jade-Amicol (mille deux cents hommes) du colonel Olivier, alias Arnould. Et, pour arrêter là cette énumération, on peut se rappeler que même dans des sociétés dont la réputation — pour diverses raisons évoquées plus tôt dans cet ouvrage — fut ternie après guerre par des sanctions directes ou indirectes contre certains de leurs dirigeants, comme la Banque de l'Indochine ou l'Air Liquide, on trouvait au sommet de l'organisation des résistants.

Les entreprises, les patrons et la Résistance : le bilan

Ces deux derniers cas, évidemment, viennent renforcer toutes les réserves que l'on a déjà exprimées sur la notion même d'entreprise résistante puisqu'ils illustrent caricaturalement le fait que les sociétés ont souvent abrité des individus, ou des initiatives, qui peuvent les situer des deux côtés de la frontière entre résistance et collaboration. Faut-il tenter une dernière fois de lever, au moins partiellement, ces réserves en faisant une distinction entre les PME et les grandes entreprises ou entre les entreprises familiales et les entreprises « managériales » ?

On peut supposer, par exemple, que la conjugaison des caractères « familial » et « PME » devait favoriser dans bien des cas la cohérence du comportement d'une entreprise et de ses dirigeants sous l'Occupation. « Le Déménagement moderne », modeste entité d'une dizaine de personnes avec deux camions en propre et deux en location, est devenue par exemple à Lyon pendant la guerre un véritable nid de résistance[31]. La nature de l'activité de cette petite société ne pouvait que faciliter sa vocation au combat de l'ombre : les permis de circuler « autorisent » des transports utiles aux clandestins, les entrepôts constituent autant de caches pour du matériel parachuté ou des journaux subversifs, etc. Mais cette vocation ne put être si complète qu'en raison de l'engagement total dans la Résistance du personnel de l'affaire dont les dirigeants n'étaient autres que Elie Péju, un des principaux animateurs du mouvement Franc-Tireur, et ses jeunes fils. Rien, on s'en doute, à part évidemment une descente de la Gestapo sur dénonciation, qui heureusement n'eut jamais lieu, n'aurait pu empêcher une telle entreprise de mélanger en permanence sa fonction économique et sa fonction « politique ». Alors qu'il n'aurait pas pu en être facilement de même dans une grande firme dotée d'activités et d'employés aussi nombreux que divers, et à peu près incontrôlables.

Trop de contre-exemples déjà rencontrés empêchent cependant de donner valeur « générique » à l'hypothèse que nous venons d'évoquer : Berliet était une entreprise familiale, Peugeot aussi, et leurs réflexes furent le plus souvent différents et même inverses ; l'exploitation Foccart-Tournet était en revanche une PME quasi familiale et son comportement, avant que ses dirigeants ne plongent totalement dans la Résistance, fut aussi « complexe » que celui de bien des grandes entreprises qui s'estimèrent à tort ou à raison contraintes de livrer directement ou indirectement des commandes allemandes non « obligatoires ». Par ailleurs, même s'il apparaissait que certaines caractéristiques, comme la taille ou la propriété familiale du capital, n'étaient pas sans effet sur le comportement des entreprises, on buterait encore sur un obstacle. Car ces caractéristiques, en dernier ressort, pourraient être corrélées aussi bien avec la catégorie des entreprises résistantes qu'avec celle des entreprises collaboratrices, ce qui n'est pas très satisfaisant pour notre propos !

Il faut donc sans doute abandonner tout espoir de circonscrire, au-delà d'une collection de cas particuliers, une catégorie type d'entreprises dites « résistantes ». Sauf à en revenir à la définition peu opérationnelle de Raul Hilberg ou au classement administratif du ministère de l'Économie, apparemment de bon sens mais en fin de compte très discutable, évoqué plus haut. Il y eut des entreprises dont l'attitude fut particulièrement patriotique ou courageuse, il y eut surtout des hommes, à tous les niveaux dans ces entreprises, qui eurent ou n'eurent pas, dans le cadre de leurs fonctions ou parallèlement à celles-ci, et pour des raisons diverses, de telles attitudes. Et il faut admettre que dans les cercles dirigeants, même si cette couche sociale ne fut pas dans ce domaine en pointe, loin de là, comme le prouve le reste de cet ouvrage, de tels hommes ne furent pas rares.

Si un jour un travail statistique exploitable sur les origines sociales et professionnelles des membres des mouvements de résistance pouvait être entrepris au niveau national, il permettrait sans doute de mieux cerner quantitativement cette non-rareté, au moins par comparaison. À part quelques impressions, comme celle, assez bien étayée, qui veut que le réseau de l'OCM (Organisation civile et militaire), déjà évoqué, ait regroupé un assez grand nombre de cadres et de dirigeants d'entreprise (les industriels Aimé Lepercq et Pierre Lefaucheux, le banquier Maxime Blocq-Mascart, etc.)[32], on ne dispose d'aucune indication « parlante » sur la proportion de patrons résistants dans chaque organisation. Cas par cas, on découvre simplement que de nombreux réseaux ont ici ou là compté parmi leurs membres actifs des responsables de sociétés. Parfois à des places éminentes, comme dans Libération-Sud, dont deux des tout premiers animateurs, dès fin 1940, étaient le financier Georges Zérapha — l'un des fondateurs du mouvement avec d'Astier de la Vigerie — et l'homme d'affaires international Albert Kohan — le passager d'Air France numéro un, paraît-il, avant guerre[33].

Quelques tentatives de dénombrement au niveau régional ont certes eu lieu. On apprend ainsi que dans la région stéphanoise, en examinant les fichiers des déportés et des combattants volontaires de la Résistance, on trouve une proportion de 16,57 % de patrons de l'industrie et du commerce dans les listes[34]. Ce chiffre n'est cependant impressionnant que parce que ces fichiers nomment patron le moindre commerçant ou artisan individuel, comme l'auteur du calcul le souligne en admettant que le classement du niveau de résistance par couche sociale auquel elle est arrivée « ne fait que refléter la structure sociale de la région ». Au mieux, il nous apprend donc que les petits patrons et commerçants, en prenant en compte tous les résistants et déportés déclarés du début à l'extrême fin de la guerre, semblent s'être conduits... comme les autres en moyenne en tant que citoyens.

Mais même si de tels calculs devenaient plus précis, ils ne seraient sans doute encore que très indicatifs et peu probants. Les patrons qui ont le plus résisté aux Allemands, on a pu s'en rendre compte, n'ont pas toujours été des participants actifs et répertoriés de réseaux clandestins. Refuser systématiquement des commandes des Allemands, organiser ou faciliter le sabotage de la production, empêcher par tous les moyens le départ de son personnel outre-Rhin, voilà qui pouvait dans bien des cas s'avérer un acte de résistance d'une autre envergure que le fait de devenir « correspondant » d'un réseau dans son entreprise ou dans sa région. Étienne Mimard, le patron de la Manufacture d'armes et cycles de Saint-Étienne, n'a eu nul besoin de mener un combat dans l'ombre pour passer pour un résistant, au moins aux yeux de Vichy, quand il a fait savoir par écrit en octobre 1941 aux autorités que « quelles que soient les sollicitations, il refusera catégoriquement toute commande allemande »[35].

La seule chose dont on puisse être certain, en observant la situation cinquante ans après la Libération, c'est qu'il n'existe, contrairement à une idée répandue après guerre, aucune incompatibilité entre le choix d'être un résistant et celui d'être un industriel, un homme d'affaires ou un dirigeant de telle ou telle organisation. Les deux itinéraires, celui du résistant et celui du patron, peuvent se superposer, coexister ou même diverger, ils ne s'excluent pas l'un l'autre. D'abord, nous l'avons vu, parce que les comportements individuels du temps de guerre l'ont démontré. Mais aussi, pour qui en douterait encore, parce que l'itinéraire *a posteriori* de nombreux résistants devenus très vite responsables d'entreprises le prouve[36]. Quelques exemples ? François Sommer, navigateur d'un bombardier du groupe Lorraine, sera après la Libération P-DG de la grande entreprise qui porte son nom. Jacques Maillet, agent du BCRA et délégué de la France libre pour la zone Sud, compagnon de la Libération, fondera et présidera à partir du tout début des années cinquante, avec l'appui de Marcel Dassault, Intertechnique, société d'informatique et de matériel aéronautique. Pierre Guillain de Bénouville, ancien dirigeant de *Combat*, sera pendant près d'un demi-siècle un fidèle collaborateur, puis le bras droit du même Marcel Dassault, emprisonné en 1943 par les Allemands, avant d'être déporté à Buchenwald, pour avoir refusé de travailler pour eux. Bien d'autres cas — d'André Essel (PCI clandestin puis FNAC) à Gérard Blitz (SOE puis Club Méditerranée) et de Pierre Closterman (de la RAF à Reims aviation) à Pierre Picard (de la Fédération Libre Résistance à la direction des Huiles Yacco et des Compteurs Geiger) — pourraient illustrer la capacité qu'ont démontré d'anciens résistants incontestés à réussir une carrière « managériale » dans de grandes entreprises privées.

Et il en a été de même, ce qui est encore moins surprenant d'ailleurs, dans le secteur public. On retrouvera après guerre des figures de la Résistance à la tête, ou près du sommet, de nombreuses entreprises ou organisations publiques, de Pierre Guillaumat (ancien du BCRA et « constructeur » du groupe Elf, qu'il présidera) à Jacques Piette (de l'OCM à Francolor, avant sa restitution au privé) et d'André Postel-Vinay (de l'OCM à la Caisse centrale de coopération économique puis à la COB) à François Bloch-Lainé (chargé des finances de la Résistance puis dirigeant de la Caisse des dépôts et consignations et du Crédit Lyonnais), la liste n'étant pas, très loin de là, exhaustive avec ces quelques noms.

L'effet d'accumulation propre à tout recensement, même partiel, ne doit pourtant pas tromper. Il n'y eut pas plus après guerre et après coup que pendant l'Occupation, malgré la présence de deux patrons (l'industriel du textile Joseph Laniel et Maxime Blocq-Mascart) au CNR (Conseil national de la Résistance), osmose entre la Résistance et le monde des affaires. Si l'on met à part le cas exceptionnel de la presse d'information, puisque les anciens résistants purent obtenir le quasi-monopole des autorisations de publication et surtout du papier disponible après la Libération, aucun secteur économique d'importance n'a jamais été véritablement conquis par les anciens résistants. Ils ont investi certes le pouvoir politique et dans une large mesure le secteur nationalisé, mais pas, sauf quand ils appartenaient à ce dernier, les milieux de l'industrie et du commerce.

Les réseaux de résistance ont certes généré des liens d'amitié et de confiance qui expliqueront pendant longtemps certains recrutements — Jacques Maillet déclare qu'« à compétence égale, j'ai préféré choisir des jeunes qui avaient été au maquis »[37] — ou certaines opérations commerciales — Marcel Bleustein-Blanchet attribue lui-même[38] à ses relations avec la presse issue de la Résistance la reprise rapide après guerre de ses activités de régie publicitaire, avec Régie-Presse, à un moment où Publicis et les agences de publicité tardaient à retrouver des clients. Mais ils ne semblent pas avoir fait naître, au-delà de quelques îlots, de véritables réseaux de pouvoir économique durables.

Quant aux institutions et organisations patronales, elles n'ont pas, c'est le moins que l'on puisse dire, été noyautées par la Résistance. Si Georges Villiers dut incontestablement à son attitude courageuse sous l'Occupation de se voir proposer la présidence du CNPF lors de sa création en 1946 et si Yvon Chotard, un ancien du réseau Alliance, jouera un rôle important dans le monde patronal, ils feront toujours, en tant que résistants reconnus, figure, avec quelques autres, d'exceptions dans l'univers des syndicats patronaux. Rue Pierre-Ier-de-Serbie, quand on se rappelle le bon vieux temps dans les années cinquante ou soixante, il est peu probable qu'on évoque les maquis. Comment aurait-il pu en être autrement puisque l'épuration, en fin de compte, n'a provoqué, on l'a vu dans les chapitres précédents, aucun bouleversement durable de la composition des « élites patronales » en France après la Libération* ? Un historien du patronat français raconte que l'édition d'« un livre d'or des patrons s'étant distingués dans la Résistance, envisagé après guerre, n'a jamais vu le jour[39] ». Il n'est pas interdit de penser que ce fut, au moins en partie, pour que la majorité des patrons, absents d'un tel document, ne s'en offusquent pas trop...

* Une récente communication d'Hervé Joly (CNRS, Lyon), lors d'une table ronde franco-allemande sur « La démarche comparative en histoire sociale » en mai 1994, est éloquente à ce sujet. Son titre interrogatif — « Les élites industrielles française et allemande après 1945 : renouvellement ou continuité ? » — cache une affirmation très claire : en France, malgré quelques changements dus aux nationalisations, la continuité a été la règle.

VIII

Le mystère Mény

Vie et mort du patron de Total-CFP

Le 7 février 1948, au Danemark, on procède, sous un ciel clément, au lancement d'un nouveau pétrolier de 15 800 tonnes en présence de sa marraine, Mme Mény. Baptisé *Jules Mény*, il perpétuera pendant quelque temps le nom de celui qui fut le patron de la Compagnie française des pétroles — aujourd'hui Total — pendant l'Occupation. Un nom déjà bien oublié, sauf des amis proches, peu de temps après sa disparition.

Alors que Mény avait tout pour devenir illustre à la Libération, notamment dans les milieux patronaux, nous avons eu du mal à reconstituer plus que l'ombre de son portrait malgré une enquête très complète. Sorti major de Polytechnique en 1912, héros des premiers combats aériens de 1914-1918, créateur avec Ernest Mercier et deux ou trois autres de la première grande compagnie pétrolière française, médaillé de la Résistance, déporté en 1943, tué par les Allemands en 1945 après deux ou trois tentatives d'évasion, il aurait pu être un de ces patrons qui marquent leur époque. En fait, son « horreur profonde de toute publicité personnelle [1] » aura été comblée, même *post-mortem*.

Cet exemple fait apparaître le besoin d'oubli des familles mais aussi celui de quelques patrons ou dirigeants résistants après guerre [2]. Alors que les personnes contestées éprouvent parfois un éternel besoin de se justifier, les héros et leur descendance n'aspirent souvent qu'au silence. Accaparé par la reconstruction ou l'épuration, le patronat lui-même, bien que vilipendé par le parti communiste et la CGT, a renoncé à la glorification d'hommes comme Mény pour tenter d'améliorer son image à la Libération.

En nous intéressant malgré tout à son destin, nous cherchons moins à réparer une injustice qu'à mieux déterminer où passait la frontière entre les patrons « convenables », comme on dira après guerre dans l'administration et les milieux d'affaires, et les « vrais » résistants. D'un côté, il y a tous ceux, de loin les plus nombreux, qui ont défendu habilement les intérêts de leur entreprise, donnant souvent des renseignements à la Résistance mais n'hésitant pas trop à déjeuner avec des Allemands s'ils pouvaient espérer en tirer avantage. De l'autre, quelques hommes qui ont payé leur attitude de leur vie comme Jules Mény. Notre intérêt pour le patron de la CFP s'explique aussi par son domaine d'activité : le pétrole est sans doute pendant la guerre le plus stratégique de tous les produits. Enfin la CFP, société d'économie mixte, opère à la frontière entre le privé et le secteur public, raison supplémentaire d'observer de près son sort car l'Occupation est, comme nous l'avons déja vu, une période où l'État se mêle beaucoup d'économie.

Sur les origines de Mény, au moins, nous avons quelques certitudes, grâce notamment à son neveu Pierre, passionné de généalogie et de vieux papiers. Jules Adolphe est né le 19 septembre 1890 à neuf heures quarante-cinq du matin — il avait donc cinquante ans en 1940 — 5, rue Milton, dans le IXe arrondissement de Paris, chez ses parents, Adolphe Godefroy Menj — nous reviendrons sur cette orthographe —, ingénieur, et Adeline Philippine Alice Dini, directrice d'école. Ce grand patron n'est pas un héritier des deux cents familles. C'est un pur produit de l'ascension bourgeoise du XIXe siècle et de la promotion par le mérite scolaire : sa mère dirige l'école protestante de la rue Milton, où est également né un an et demi plus tôt Godefroy, le frère de Jules, qui l'accompagnera à Polytechnique dans la même promotion. D'une éducation que l'on imagine stricte, entre cette mère enseignante et un père chef d'entreprise (de peinture), il gardera, outre des capacités de travail qui en feront un major de l'X, la maîtrise de la langue de Shakespeare — qu'il a pu parfaire lors de vacances familiales sur les plages britanniques — et l'« incomparable solidité morale » qu'évoque son beau-frère dans une nécrologie et que confirme son histoire.

Cet anglophile aurait-il « aggravé son cas » aux yeux des occupants — car il n'est pas facile de démêler ce qu'ils lui reprochaient exactement — en étant juif ? Cette question théoriquement absurde, puisqu'il était protestant, explique peut-être une partie du mystère Mény car, aujourd'hui encore, parmi les rares personnes qui se souviennent de lui, la plupart le croient juif, à commencer par François Lehideux, ancien secrétaire d'État à la Production industrielle de Vichy[3]. Et cette méprise explique peut-être, en partie au moins, la défiance qui s'est manifestée à son égard pendant l'Occupation, y compris du côté des autorités françaises. Il lui a d'ailleurs fallu prouver ses origines « aryennes » au Commissariat général aux questions juives[4].

La confusion a au moins deux causes évidentes. D'abord, ce qui devait se savoir, la famille a abandonné en 1917 l'orthographe antérieure de son nom, Menj, qui serait d'origine suisse allemande d'après Pierre Mény : ce changement de patronyme, et la consonance « Europe centrale » de ce dernier, ont sans doute suffi à beaucoup pour soupçonner l'ingénieur d'être juif en cette période d'antisémitisme ambiant. Ensuite, la femme de Jules Mény, née Alexandre, était, elle, d'origine juive.

Le pétrole, arme de guerre

Mény se marie en 1918, entre deux offensives, auréolé de la gloire de cette arme nouvelle qu'était l'aviation. À la tête d'une escadrille d'observation, puis d'un groupe d'escadrilles, il fait preuve, d'après ses nombreuses citations, d'allant, de courage et d'autorité, décollant toujours avec ses pilotes, attaquant la chasse allemande avant qu'elle n'intervienne, volant à basse altitude pour repérer les batteries ennemies. Il finit la guerre capitaine et officier de la Légion d'honneur. Il n'est pas le seul, loin de là, dans cette génération de patrons, à s'être battu courageusement pendant la Grande Guerre : bien d'autres en garderont sous l'Occupation le sentiment abusif qu'ils n'ont plus rien à prouver en matière de patriotisme. Pas le seul non plus à s'être passionné pour la modernité de l'aviation. Comme l'armateur Fraissinet, par exemple, le futur patron de la CFP continuera à piloter régulièrement entre les deux guerres.

Jules Mény, à l'instar d'autres grands polytechniciens et ingénieurs des Mines qui marqueront l'histoire du pétrole français — Pierre Guillaumat par exemple, qui sera ministre des Armées et patron de Elf après la guerre de 1939-1945 —, n'oubliera jamais les préoccupations stratégiques, même une fois rendu à la vie civile. Le pétrole est en effet une matière première à part, intimement liée à la guerre, qui a commencé à acquérir toute son importance pendant le premier conflit mondial. La France entière a glorifié le rôle des trois mille taxis parisiens, ces « voitures à pétrole » réquisitionnées en septembre 1914 par le général Joseph Gallieni pour contre-attaquer sur la Marne et dégager Paris. À l'inverse, les pilotes français de 1914-1918 ont été furieux de constater que leurs ennemis disposaient d'une essence aviation beaucoup plus raffinée que la leur. Mais ils ont peut-être appris avec satisfaction par la suite que l'entrée en lice significative des tanks, utilisant eux aussi de l'essence, a fini par persuader l'état-major allemand de l'impossibilité de l'emporter. Mény a certainement entendu parler, dès cette époque, du rôle crucial du pétrole, de surcroît, dans la rivalité navale entre l'Allemagne et la Grande-Bretagne. Winston Churchill, premier lord de l'amirauté en 1911, a été, bien avant de jouer un rôle déterminant comme Premier Ministre pendant la Seconde Guerre mondiale, l'artisan du passage au pétrole de la marine de guerre britannique. C'était la seule manière d'atteindre les vingt-cinq nœuds, vitesse qui devait donner un avantage décisif aux cuirassés de Sa Majesté. Mais pour « vendre » cette innovation à un pays regorgeant de charbon, qui était encore bien loin d'avoir découvert les gisements de pétrole de la mer du Nord, il fallait s'appeler Churchill !

La dépendance des combattants à l'égard du précieux liquide est devenu vitale vers la fin du conflit : en 1917 les Alliés se sont vus menacés d'assèchement des cuves. Ce qui a permis à Georges Clemenceau, rappelé à la présidence du Conseil le 15 novembre, manifester, une fois de plus, un sens de la formule nettement supérieur à celui de la nuance en écrivant au président américain Thomas Woodrow Wilson que, dans les batailles de demain, « une goutte d'essence vaudrait une goutte de sang ». L'approvisionnement dépend en effet presque exclusivement d'un seul pays, les États-Unis, qui assurent, à l'époque, 67 % de la production mondiale. Explication américaine du risque de pénurie[5] : les sous-marins allemands attaquent les tankers sur l'Atlantique. Explication française[6] : la Standard Oil, vexée d'être tenue à l'écart par les Anglais et les Français des nouveaux territoires pétroliers auxquels on commence à s'intéresser en Mésopotamie, a fermé le robinet.

La rupture de l'approvisionnement sera évitée, grâce notamment à l'organisation d'une « conférence interalliée » destinée à gérer les ressources pétrolières en pool. Mais les dirigeants français sortiront de la guerre, d'abord persuadés que le pétrole est une denrée beaucoup trop stratégique pour qu'on puisse abandonner la responsabilité de réguler l'approvisionnement aux hasards du marché, et ensuite empreints de méfiance à l'égard des Anglo-Saxons dans ce domaine. Le gouvernement a créé un Comité général du pétrole, transformé à la fin de la guerre en Commissariat général et confié au sénateur Henry Bérenger qui, le 22 août 1917, déclarait : « La question du pétrole et de l'essence, moins que jamais, ne saurait être restreinte à une simple question d'épicerie privée. »

La question du pétrole va devenir en fait, pour des décennies, un curieux mélange « d'épicerie privée » et de stratégie politico-militaire. L'ensemble du secteur sera désormais surveillé, d'un œil jaloux, par l'administration et les pouvoirs publics.

Une rencontre décisive : Ernest Mercier

Dès 1920, après un bref passage au service des Mines, Jules Mény est embauché dans cette industrie pétrolière dont il a pu apprécier l'importance naissante pendant la guerre. Il rencontre un personnage hors du commun, de douze ans son aîné, auquel sa carrière restera attachée jusqu'à la fin : Ernest Mercier, l'homme clé de l'électricité et du pétrole en France entre les deux guerres[7]. Comme Mény, il est d'une famille protestante et a épousé une femme d'origine juive. Comme Mény, il est polytechnicien, issu d'un grand corps de l'État, le génie maritime. Depuis 1912, il travaille dans le secteur privé de l'électricité. C'est lui qui a réussi à fédérer progressivement les multiples sociétés d'électricité concurrentes qui se partageaient le marché parisien pour former un monopole privé, justifié entre autres par des considérations d'harmonisation technique. Il a été très vite repéré, après la Première Guerre mondiale, par Horace Finaly, le légendaire patron de la Banque de Paris et des Pays-Bas, la grande banque d'affaires de l'époque. Finaly sait qu'Ernest Mercier a passé la deuxième partie de la guerre en Roumanie. Or ce pays est, à l'époque, la principale source de pétrole en Europe. Parallèlement à ses autres responsabilités, Mercier va donc prendre la tête d'un Omnium international des pétroles (OIP), qui va se partager avec des intérêts britanniques et roumains le contrôle de la Steaua Romana, une des principales compagnies exploitantes qui appartenait aux vaincus de 1918, c'est-à-dire aux Allemands.

Jules Mény, jeune ingénieur de talent, officier déterminé, est recruté par Ernest Mercier, qui doit rester en France, pour diriger cette société à Bucarest. C'est là, pendant huit ans, qu'il apprendra tout de cette industrie.

Pendant ce temps, Mercier continue son ascension fulgurante et devient à Paris un personnage très en vue. Au milieu des années vingt, il lance un grand mouvement politique de la droite moderniste, le Redressement français. Et dès 1923, il se voit confier par Raymond Poincaré la mission de donner corps à ce qui deviendra la Compagnie française des pétroles, puis Total. Il s'agit de rassembler des capitaux privés pour participer pour un quart à la Turkish Petroleum Company en prenant le contrôle, là encore, d'intérêts allemands, ceux de la Deutsche Bank, en Mésopotamie, l'Irak d'aujourd'hui[8]. Curieusement, sachant ce qui s'est passé dans d'autres secteurs comme la chimie ou le champagne, il ne semble pas que par la suite, pendant la guerre de 1940, les Allemands se soient montrés particulièrement revanchards à l'égard de ces hommes qui, en Irak comme en Roumanie, ont bâti autour de Mercier un empire pétrolier en récupérant, au titre des réparations, les avoirs des vaincus de 1918.

Pour le premier patron de la CFP tout est compliqué : les capitaux à trouver en France, les relations avec les autres sociétés pétrolières et notamment les partenaires britanniques, dominants dans l'IPC, l'Irak Petroleum Company, mise sur pied pour reprendre les intérêts allemands. Mais à partir du moment où le pétrole jaillit, en 1927, le parlement français, relativement indifférent jusque-là à ces difficultés, se réveille et s'indigne de voir des « ploutocrates » commencer à gagner de l'argent grâce à un droit gagné par la France sur les champs de bataille. Pour obtenir des députés le vote d'un statut stable de la compagnie en 1931, Ernest Mercier cède alors 25 % puis 35 % du capital de l'entreprise à l'État. L'économie mixte était née et, jusqu'à une date très récente, cette société conservera cet étrange statut d'entreprise majoritairement privée dont les dirigeants ne peuvent être nommés sans l'approbation de l'État.

Dès que les forages se sont révélés positifs en Mésopotamie, Mercier a rappelé Mény, qui connaît mieux que lui la technique du pétrole sur le terrain, pour l'avoir à ses côtés. L'État ne veut pas se contenter de toucher des dividendes. Instruit par l'expérience de la guerre, il exige que la CFP reçoive sa part des revenus de l'exploitation des puits en brut. Et il veut créer une véritable industrie pétrolière nationale, ce que favorisera la loi de 1928, le cadre juridique qui régira le secteur jusqu'à la fin des années quatre-vingt. Ce texte permettra à l'administration de contrôler de très près les importations de pétrole pour favoriser le développement d'une industrie du raffinage sur le territoire français. Les distributeurs étrangers seront même tenus de reprendre une partie de la production de la CFR (Compagnie française de raffinage), filiale de la CFP. Le 16 août 1934, le *Henri Deprez* débarque au Havre les premières tonnes de brut « français » de Mossoul, embarquées au Liban, à Tripoli, terminal d'un oléoduc de plusieurs centaines de kilomètres.

Le gros de l'activité se situant en Irak et dans les filiales, l'État-major de la CFP reste léger. C'est une « petite bande de six ou sept personnes », d'après René de Montaigu, l'un d'entre eux[9]. Il a conservé, cinquante ans après, une grande admiration pour les capacités de Jules Mény. Le champ d'action du technicien, devenu administrateur délégué, s'est beaucoup élargi dans les années trente. Il est amené notamment à gérer les relations complexes avec les Britanniques, qu'il connaît bien. L'IPC est désormais un consortium où la CFP, l'Anglo Persian (la future BP) et la Royal Dutch Shell détiennent chacune 23,75 % des parts. Il a fallu faire une place équivalente aux Américains, représentés par le consortium Jersey Standard, les 5 % restants allant au bien nommé « Monsieur 5 % », Calouste Gulbenkian, le célèbre géologue qui a su se rendre indispensable dans toutes ces tractations. Jules Mény révèle, d'après René de Montaigu, un vrai tempérament de diplomate. « Il aurait certainement fait une carrière politique après guerre, peut-être comme ministre des Affaires étrangères », regrette-t-il.

Ce sont ses qualités de diplomate mais aussi ses talents de gestionnaire qu'on demande à l'officier d'exercer lorsqu'il propose aux autorités de reprendre du service en 1940, malgré ses cinquante ans, ses quatre enfants et ses responsabilités. Il est d'abord responsable de la mission aérienne de Londres, un de ces organismes d'achat interalliés qui ont été mis sur pied dans presque tous les secteurs. Puis il prend début 1940 la direction des fabrications au ministère de l'Air, poste que Paul Reynaud transforme en sous-secrétariat d'État dans le dernier gouvernement de la troisième République. Mény côtoie donc brièvement pendant quelques jours de juin 1940 un sous-secrétaire d'État encore peu connu, un certain général de Gaulle.

L'ancien polytechnicien est témoin de l'impréparation matérielle de l'armée française, à laquelle on attribuera en partie la défaite. Témoin seulement, parce que six mois paraissent bien peu pour être considéré comme responsable de carences qui se manifestent depuis des années. Raconter l'histoire de l'aéronautique française à partir de 1935 revient en effet à évoquer d'abord une perpétuelle tentative de rattrapage des cadences de production entravées par l'insuffisance des capacités industrielles. Tout cela pour aboutir en 1938 à la conclusion que, à force de courir après des plans du passé, la France construit, désormais à cadence accélérée, des avions obsolètes. Lorsque Vichy, où dominent l'armée de terre et les amiraux, tentera de faire le procès de la défaite, début 1942 à Riom, les responsables de l'armement aérien seront tout particulièrement accusés. Mais Jules Mény ne sera pas mis en cause, Guy La Chambre, le ministre depuis 1938, étant en première ligne. Peut-être aurait-il été appelé comme témoin si ce procès, que Vichy n'arrivera pas à contrôler à son avantage, n'avait été piteusement interrompu avant la fin.

D'après les quelques traces de son activité que l'on retrouve dans des comptes rendus des « comités du matériel » ou d'autres pièces annexes au procès de Riom [10], Jules Mény s'attache pendant ces quelques mois avant la défaite à développer un corps d'« officiers de marque », appellation officielle des spécialistes du « dépannage des avions... sortant d'usine ». Il semble en effet que les livraisons d'appareils sans armement ou même sans hélice aient été alors chroniques. Deux fournisseurs français de ces derniers appendices, Ratier et Chauvières, n'arrivent pas alors à produire suffisamment. Et les lots d'hélices qui avaient été commandées aux États-Unis pour pallier cette défaillance tardent à arriver. En attendant, pour pouvoir emmener les avions de l'usine au centre de réception militaire, on les équipe d'« hélices navettes » qui sont récupérées à l'arrivée pour pouvoir servir à un autre convoyage [11]. Le 9 février 1940, lors de la réunion d'un « comité secret » à la Chambre des députés, le parlementaire Fernand Robbe interpelle Guy La Chambre en ces termes : « Autrefois, dans l'autre guerre, on comptait comme appareil sorti un appareil complètement réceptionné et livré à l'armée qui en avait pris possession, un appareil de combat, prêt, fini, disponible. Quand le retard a commencé à s'accentuer, on a compté [cette fois-ci] les appareils sortis au moment où ils entraient au centre de réception. Puis, le retard s'accentuant encore, on les a comptés sortis au moment où ils étaient prêts à s'envoler du terrain de l'usine de montage. Maintenant, on les compte sortis de l'usine au moment où ils entrent au point fixe. Bientôt on les prendra au milieu de la chaîne... » On comprendra, dans ces conditions, que nous renoncions à évaluer par des statistiques précises l'efficacité des efforts de Jules Mény pour accélérer les cadences. Nous nous contenterons de constater simplement que la plupart des auteurs reconnaissent un progrès très sensible de la situation dans le secteur aéronautique dans les derniers mois précédant la défaite.

Une société internationale sur le pied de guerre

Pendant ce temps-là, à la CFP, le président a pris ses dispositions pour les temps de guerre. Mercier se méfie beaucoup... des Anglais et de ce qui pourrait advenir des intérêts de la compagnie si elle était durablement coupée de Londres et de l'Irak. Dès le mois d'avril 1940, deux mois avant la défaite, il « expose au conseil [d'administration] la nécessité d'avoir, à l'heure présente à Londres, en permanence, un directeur muni des pleins pouvoirs pour disposer de nos comptes ». D'autres sociétés françaises à ramifications internationales, par exemple l'Air Liquide [12], donnent également alors des pouvoirs de survie autonome à leurs filiales étrangères, pour le cas où... Dans celles où la direction a été moins prévoyante, les patrons de filiales ne pourront que gérer les affaires courantes au mieux, isolés de leur siège pendant plusieurs années.

En juin 1940, problème. Sans doute surpris comme tout le monde par la rapidité de la déroute, Mercier n'a pas encore eu le temps d'envoyer quelqu'un à Londres et les liaisons sont interrompues. « Assis à la terrasse d'un café », à Bordeaux, où le nouveau gouvernement Pétain discute des conditions de l'armistice, Jules Mény, rendu à la vie civile, et René de Montaigu, qui nous a raconté cet épisode [13], décident d'envoyer un câble aux Américains de la Socony Vacuum (la future Mobil Oil) pour leur demander de veiller aux intérêts de la CFP hors de France, et notamment à Londres. Pourquoi cette compagnie ? René de Montaigu se souvient qu'il y avait un Français dans l'état-major. D'autres invoquent l'amitié de Mény avec Harold Sheets, un des dirigeant du groupe pétrolier [14]. Toujours est-il que les deux hommes n'envisagent pas *a priori* de confier la défense de leurs intérêts, même à Londres, à un des partenaires britanniques de l'IPC, dont ils se méfient trop. Le 6 août, dans le même état d'esprit, Mercier propose au conseil d'administration d'envoyer René de Montaigu aux États-unis, pour « entrer en rapport avec le groupe américain », ce qui désigne sans doute le consortium de compagnies d'outre-Atlantique qui détiennent 23,75 % de l'IPC [15].

Dés le 6 août, les craintes d'Ernest Mercier à l'égard de la « perfide Albion » se confirment : les Anglais ont désigné un administrateur provisoire qui prend le contrôle des intérêts français dans l'IPC. Au titre de la loi anglaise dite *trading with the enemy act* (loi sur le commerce avec l'ennemi), la CFP, dont le siège est en territoire occupé, devient en effet un « ennemi technique ». Malgré son apparence conservatoire, cette mesure avive manifestement les alarmes de Jules Mény, tout anglophile qu'il soit, et de ses amis. Ils savent que les Français sont tolérés à contrecœur dans le monde du pétrole, notamment à l'est de Suez où, à cette époque, l'Empire britannique se sent encore chez lui. Alors que la France s'installe à peine dans l'Occupation, Ernest Mercier lit au conseil du 26 août le télégramme qu'il a envoyé au séquestre britannique pour préserver les droits de la compagnie dans l'IPC, cœur de l'activité de la société française. Il rappelle les accords de 1927 et 1928 et demande à être représenté au conseil de l'IPC par ses *solicitors* — l'équivalent d'un avoué —, MM Denton, Hall et Burgin. Des instructions ont été données à la Socony Vacuum pour payer, au fur et à mesure des appels de fonds, la part de la CFP dans les investissements grâce à un compte d'un million de dollars opportunément constitué aux États-Unis à partir d'un emprunt en florins lancé en 1939 par la compagnie. Mais les Français demandent quand même qu'on évite les dépenses inutiles. Ils ne veulent pas qu'on les évince de l'IPC un jour ou l'autre sous prétexte que leurs avoirs en dollars n'auraient pas été à la mesure des dépenses engagées.

Le 6 novembre le conseil de la CFP apprend que c'est finalement Leslie Burgin, un des *solicitors* de la compagnie, qui a été nomme séquestre et qu'il est autorisé à correspondre avec elle. Autant l'Anglo-Iranian (nouvelle dénomination de l'Anglo-Persian), agissant en fait surtout comme un concurrent malgré les circonstances, semble avoir essayé de profiter de l'occasion pour affaiblir la position de la CFP, autant l'administration britannique paraît en effet s'être conduite correctement pendant la guerre à l'égard de la société française [16].

Mais depuis juin 1940 il s'est déja passé beaucoup de choses en France.

Quand Vichy veut mettre au pas les patrons

Après l'armistice, Mercier et Mény ont connu très vite des ennuis. Non pas avec les Allemands mais avec Vichy. Ernest Mercier est même obligé de quitter la présidence de la CFP et, dans un premier temps, Jules Mény est récusé comme successeur.

Yves Bouthillier, le ministre des Finances, pur produit de l'inspection des Finances, attache son nom, dès le 18 septembre 1940, à une loi dont on va voir qu'elle concerne très directement nos deux hommes. Son aspect le plus spectaculaire est l'apparition, dans le droit français des sociétés anonymes, d'un nouveau personnage : le P-DG. À l'inverse des anciens présidents de conseil d'administration, ce président-directeur général est directement responsable de la gestion de la société qu'il dirige, notamment en cas de faillite. Jusque-là, rien à dire. La législation précédente, qui attribuait aux présidents beaucoup de droits et d'avantages et peu de devoirs et de risques, avait fait l'objet de multiples critiques, que Bouthillier rappelle en ces termes dans ses mémoires [17] : « Un fossé séparait la masse mobile des propriétaires et les gérants de l'entreprise ; l'actionnaire, souverain anonyme et absent, et l'administrateur, souverain indifférent et irresponsable. Au moyen des "pouvoirs en blanc", des "actions à vote multiple", des parts de fondateurs, les assemblées générales exprimaient mal la volonté des actionnaires. » Profitant des possibilités d'action de tout gouvernement pendant ses premiers mois d'existence, le ministre des Finances fait donc passer une réforme qui régit encore aujourd'hui la vie des sociétés françaises.

Sous son apparence technique, ce texte est destiné aussi à donner en pâture quelques « ploutocrates » à l'opinion. Vichy vit en effet dans la hantise d'une révolte ouvrière. René Belin, le premier ministre de la Production industrielle de Pétain, ancien syndicaliste de la CGT, rapporte ainsi dans ses mémoires l'ambiance de juillet 1940 [18] : « Dans la région parisienne, *L'Humanité* ronéotypé est distribué ouvertement sur les marchés ou glissé dans les boîtes aux lettres. Des tracts, issus de prétendus "comités de chômeurs"circulent. Ils sont d'une extrême violence à l'égard de "ceux qui nous ont envoyé au carnage"comme à l'endroit de “ceux qui les remplacent et nous abandonnent”. Dans toute cette littérature, il n'y a pas un mot contre les Allemands. Ceux-ci d'ailleurs, par leur presse parisienne, qui n'a de française que la langue, tentent de gagner à eux une partie de la population, en soutenant ouvertement les revendications les plus outrancières et en mettant sur le dos du gouvernement et du patronat toutes les difficultés de l'heure [...]. Toute une propagande de dissociation sociale se développe et l'opinion s'accrédite que l'Allemand, pour justifier une intervention plus brutale dans les affaires françaises, songe à provoquer des troubles sociaux qui dégénéreraient instantanément en troubles politiques. » Bouthillier confirme explicitement le lien entre cette crainte de troubles sociaux et la loi de septembre 1940 : « Il était absolument nécessaire d'accomplir, dès l'automne de 1940, un acte qui témoignât *hic et nunc* à l'égard de la classe ouvrière de notre volonté réformatrice. »

Ernest Mercier est une cible parfaite pour un gouvernement voulant montrer qu'il met au pas les patrons des « trusts » et surtout les dirigeants cumulards. Depuis 1933, il est à la tête du groupe Messine, qui chapeaute la Lyonnaise des Eaux, Alsthom et les plus grosses compagnies d'électricité. Il est de plus, nous l'avons vu, le président de deux importantes sociétés pétrolières françaises, l'Omnium international et la CFP.

Pour que le geste soit bien clair et bien visible, la loi va prévoir, outre l'institution des P-DG, une limitation de l'effectif des administrateurs dans les conseils et du nombre des postes de responsabilité que peut occuper un même individu, ce qui va obliger de nombreuses sociétés à modifier leurs organes dirigeants. « Telle ou telle disposition de la loi était critiquable », se rappelle François Lehideux, alors dirigeant de Renault avant de devenir ministre de Vichy, « en particulier les limitations arbitraires du nombre de présidences ou de sièges d'administrateurs occupés par un même titulaire. Mais elle rendit des services, ne serait-ce qu'en provoquant le renouvellement rapide d'un personnel dirigeant trop âgé. » En réalité, dans les milieux concernés, on va considérer que ce texte, quelque peu assoupli le 16 novembre 1940, vise essentiellement quelques collectionneurs de jetons de présence : « Le cas le plus typique que l'on avait trouvé était Théodore Laurent. Il avait soixante-dix-neuf conseils d'administration », poursuit François Lehideux, qui s'en souvient encore cinquante ans après [19]. Théodore Laurent, soixante-dix-sept ans à l'époque, président de Marine-Homécourt, est alors un des trois grands de la sidérurgie française avec François de Wendel et Eugène Schneider.

Bien qu'il n'ait que soixante-deux ans, Mercier, qui s'était fait traiter de tous les noms, et notamment de « ploutocrate », par Jacques Doriot, encore communiste à l'époque, pendant les débats de 1931 sur le statut de la CFP, se sent lui aussi directement visé. Il a sans doute raison. D'autant que le gouvernement lui manifeste beaucoup de froideur quand il décide de quitter la présidence de la CFP pour pouvoir conserver celle du groupe Messine.

L'État est actionnaire de la compagnie à 35 % et détient 40 % des droits de vote. Deux commissaires du gouvernement siègent au conseil d'administration et le statut prévoit que le conseil des ministres approuve par décret les nominations des dirigeants de la compagnie. Aussi, le remplacement de Mercier à la tête de la CFP est, dans l'esprit de l'intéréssé, une affaire d'État. Celui-ci a toujours considéré ce poste, pour lequel, au moins au début, il a refusé d'être rémunéré, comme une charge publique plus que comme une fonction privée. Investi d'une mission par la France en 1923, il tient à en rendre compte avant de proposer un successeur qui, dans son esprit, ne peut être que Mény. Le 2 octobre, puis le 29 novembre il écrit à Vichy. Pas de réponse. « Étant données les oppositions qui s'étaient manifestées contre la présidence de Jules Mény, que je jugeais indispensable à la sauvegarde de la société, j'ai demandé directement rendez-vous », explique-t-il au conseil le 20 décembre 1940[20]. On en reste hélas, on va le voir, réduit aux hypothèses pour expliquer les oppositions en question. Ulcéré de l'attitude du gouvernement à son égard et envers le successeur qu'il s'est choisi, Mercier refusera de rester administrateur de la compagnie et, pendant de longs mois, le conseil laissera son siège vacant. Le 31 décembre, date limite pour mettre la société en conformité avec la nouvelle loi, lorsque Jules Mény est enfin élu, il semble qu'il y ait une gêne au sein même du conseil d'administration. Les deux commissaires du gouvernement sont là, mais six administrateurs seulement — soit la moitié — sont présents. Et la nomination de Jules Mény à la présidence, décidée ce jour-là , ne sera ratifiée par le gouvernement que le 25 mars.

Qu'ont en commun Mercier et Mény pour susciter ensemble, dès la fin 1940, la défiance de Vichy ? Ils sont d'abord, on le sait, tous deux soupçonnés d'être juifs. Mercier s'est marié, en secondes noces, à la petite-fille du capitaine Dreyfus. Dès l'automne 1940, la presse antisémite entame une campagne contre lui. On assure qu'il est secrètement lié aux Rothschild[21]. Pendant les mois qui suivent, les autorités allemandes et françaises lui demandent de faire la preuve de son aryanité. Ces campagnes et ces enquêtes touchent aussi Mény[22]. Ils sont également considérés tous deux comme anglophiles. Ironie du sort quand on connaît leurs préventions, au moins sur un plan professionnel, envers la Grande-Bretagne. Jules Mény est catalogué comme « représentant du pétrole anglo-saxon » par Yves Bouthillier, qui s'oppose encore — sans succès — à sa nomination à la tête du comité d'organisation des combustibles liquides en janvier 1941[23]. En réalité, à l'époque, dire à Vichy de quelqu'un qu'il est trop anglo-saxon, c'est une manière de dire qu'il n'est pas du bon bord.

De fait, sans manifester d'hostilité particulière, Mercier et Mény ne sont clairement pas du côté de Vichy. Alors que tant de personnages haut placés du temps de la troisième République viennent se montrer et quémander des postes[24], on ne les voit pas dans les couloirs des hôtels de la ville d'eau. Pire, Mercier refuse — à la différence de Mény en l'occurrence — de prendre la présidence d'un des comités d'organisation qui regroupent obligatoirement toutes les entreprises d'un même secteur[25]. Alors même que tant de ses amis politiques du redressement français sont maintenant des proches du maréchal, comme Lucien Romier, conseiller de Pétain pour les affaires économiques et sociales et ancien porte-parole du mouvement. Sachant qu'il ne peut être choqué par les idées de Vichy, proche des siennes, on doit bien imaginer dans l'entourage du maréchal que c'est le principe même du régime d'armistice et de la collaboration avec l'occupant qui trouble cet antinazi notoire.

Le problème est le même pour Jules Mény. Tous les témoins de cette époque que nous avons pu retrouver, même quand ils ont oublié beaucoup de détails, se souviennent qu'il ne cachait pas ses sentiments hostiles à l'occupant. Cinquante ans après, Lucien Guérin, qui était l'adjoint du président de la Shell, se rappelle par exemple que le patron de la CFP dont il entendait parler au comité d'organisation de son secteur faisait toujours orthographier « allemand » avec une minuscule lorsqu'il avait une note officielle à dicter à sa secrétaire[26]. Diplomate peut-être, petit certainement. Mais, d'après ses photos, on imagine que Mény arborait très probablement cette manière de ne pas se laisser marcher sur les pieds propre aux hommes de courte taille mais de grand caractère.

Bien avant d'être en butte aux brimades de l'occupant, Mercier et Mény sont donc mal vus à Vichy et il y aura sans doute une relation logique entre les deux animosités. À ceci près que les Allemands ne manifesteront fortement la leur qu'à l'été 1943. En 1941, ils considèrent encore Jules Mény comme un interlocuteur de confiance[27].

L'Allemagne avide de pétrole

L'Allemagne, en 1940, est particulièrement intéressée par le brut qu'elle peut mettre à portée de ses canons pour ravitailler une machine de guerre assoiffée d'essence. Au début du conflit elle commence par le pétrole roumain. La Roumanie d'avant 1940, où Mény avait passé huit ans dans les années vingt, exportait l'essentiel de sa production vers l'Allemagne voisine même si les actionnaires des sociétés pétrolières étaient français, britanniques ou belges. Au moment de la mobilisation, les Alliés entament des négociations avec Bucarest pour changer cet état de fait, mais elles n'aboutissent pas à temps. L'état-major français, anticipant une probable défaite de l'armée roumaine devant celle du Reich, prépare alors un plan de destruction des installations, avec les conseils du successeur de Mény sur place, Pierre Angot, dont nous reparlerons. Le gouvernement roumain donne son accord de principe, mais les assurances qu'il exige sur l'indemnisation du pays ne lui sont pas données à temps et, à partir du second semestre 1940, les Allemands pourront bénéficier en fin de compte de la production de gisements en parfait état.

L'Allemagne, une fois sa domination sur le pays établie, ne se contentera pas de réquisitionner le brut roumain, comme on pourrait l'imaginer. Au début de la guerre au moins, elle reste légaliste. Elle cherche donc à fonder ses agissements sur des accords en bonne et due forme. De leur côté, les entreprises du Reich veulent asseoir leur pouvoir dans les nouveaux territoires conquis sur des bases solides. Les représentants français à la commission d'armistice de Wiesbaden se verront ainsi demander dès le début du mois de septembre 1940 par leur interlocuteur habituel en matière d'économie, Johannes Hans-Richard Hemmen, la cession des intérêts français dans les pétroles roumains, dont les participations de l'Omnium des Pétroles et de la Banque de Paris et des Pays-Bas dans la fameuse Steaua Romana négociées par Mercier. Réaliste, M. de Saint-Hardouin, représentant du ministre des Affaires étrangères à Wiesbaden, écrit alors : « La proposition de M. Hemmen peut évidemment être intéréssante pour les actionnaires français. Au moment où il y a lieu de redouter la nationalisation et une éviction totale des entreprises étrangères en Roumanie, elle leur permettrait de se débarrasser dans de bonnes conditions de leurs avoirs dans ce pays[28]. »

Effectivement, à notre connaissance, les actionnaires ne protesteront pas. Et Vichy acceptera la cession en échange de titres de l'emprunt extérieur 4 % 1939 de l'État français que les Allemands s'étaient procurés aux Pays-Bas dans des conditions douteuses. Bien entendu, cette affaire concerne plus Mercier et lesdits actionnaires que Mény, mais elle montre bien que lorsqu'il s'agit des intérêts matériels qui leur sont confiés les deux hommes savent être réalistes et ne se considèrent pas tenus de résister plus que de raison.

Une organisation professionnelle en avance sur son temps

Les circonstances lui offrant plus de pouvoir, Jules Mény s'en saisit complètement. En plus de la présidence de la CFP, il accepte même, on l'a vu, celle du comité d'organisation des combustibles liquides alors que Mercier avait refusé, malgré la demande de Vichy, de prendre la tête d'un tel organisme. Était-ce la condition de sa nomination à la tête de la compagnie pétrolière ? Était-ce à ses yeux le complément logique d'une présidence de la CFP, dans l'intérêt de la société ? Impossible de trancher. Doit-on être surpris de voir un antiallemand accepter ce genre de responsabilité après Montoire ? Elle ternit en tout cas son image, au point que dans un rapport de la Résistance intérieure de septembre 1943, il est classé du « mauvais côté »[29].

Pour le patronat, les comités d'organisation touchent à la frontière entre le technique et le politique. Voilà pourquoi participer à leur animation peut être considéré comme une initiative compromettante pour l'un, un simple devoir professionnel pour l'autre. Jules Mény n'est d'ailleurs pas le seul futur médaillé de la Résistance à accepter une telle fonction. Aimé Lepercq, un autre ingénieur des Mines, sera le premier ministre des Finances du général de Gaulle à la Libération après avoir été président du très important comité d'organisation des combustibles solides, autrement dit celui chargé de gérer l'autre source d'énergie vitale de ce milieu de siècle : le charbon. L'acceptation d'une telle fonction, bien que réprouvée, ne fut d'ailleurs pas considérée comme un motif de poursuite après guerre. La gestion de la pénurie restant une nécessité après la fin de l'Occupation, ces structures, sous le nom d'offices professionnels, sont même restées en place, presque telles quelles, et pendant plusieurs années, après tout au plus le remplacement d'environ un tiers de leurs dirigeants, jugés trop compromis en général avec Vichy.

Cette présidence du comité de sa profession permet sans doute de marquer la prééminence de la CFP dans son secteur d'activité alors qu'elle est coupée de sa principale source de brut, qui faisait l'essentiel de la substance de la jeune compagnie. C'est le meilleur moyen de s'assurer que personne ne profite des circonstances pour remettre en cause son existence et ses prérogatives. Symboliquement le bureau du président du comité est d'ailleurs le même que celui du patron de la CFP, rue du Docteur-Lancereaux dans le VIIIe arrondissement de Paris, au coin de la rue de Messine où siège Mercier.

Le poste ne doit pas être très prenant. Car il n'y a plus grand-chose à organiser dans une profession qui est déjà réglementée, officiellement ou officieusement, à un point difficilement imaginable aujourd'hui. À cause des lois de 1928, à cause de la mobilisation et de la guerre, mais surtout parce que les grandes entreprises de l'époque font alors tout pour se protéger de la concurrence, en particulier dans les domaines d'activité les plus modernes, comme celui du pétrole. Il s'agit là d'un aspect fondamental de cette période, et l'exemple du secteur où opère la CFP mérite que l'on s'y arrête un peu.

Les « disciplines » que s'est imposée cette profession de pointe avant guerre pour gérer l'abondance vont s'adapter parfaitement à la nécessité de la répartition de la pénurie apparue avec l'Occupation. L'État aura d'autant moins à imposer sa volonté dans ce secteur que les opérateurs, certainement soucieux de le tenir à l'écart, vont devancer constamment les fonctionnaires. La situation va être gérée en famille, presque au sens propre puisque le répartiteur des carburants est le beau-frère de Mény, Jean Majorelle. Un polytechnicien, bien entendu.

Dans les années trente, les dix raffineurs et les deux cent dix-sept importateurs opérant sur le territoire français étaient déja recensés avec la même précision que les charges de notaires ou les officines de pharmaciens. Au-delà des obligations découlant de la loi de 1928, la profession avait commencé à « s'organiser » dès la crise, dite de 1929 mais qui a touché la France à partir de 1931, pour éviter une chute des prix qu'aurait entraînée une surabondance de produits pétroliers sur le marché. « Les raffineries françaises commencées à partir de 1929 furent achevées entre 1932 et 1935, aussi leur capacité de production dépassa-t-elle dès 1933-1934 les débouchés qui leur étaient offerts », écrit en 1942 Étienne Dalemont, un des collaborateurs de Mény au comité d'organisation[30]. « Les raffineurs s'entendirent donc pour maintenir leur production à un niveau inférieur aux besoins français en produits finis ; inférieur puisqu'un certain volume d'importations directes devait subsister », poursuit-il, avant d'ajouter, bien dans l'esprit de l'époque : « Le jeu de la concurrence est bien subtil [...]. Le plus généralement, il produit l'effondrement des prix et le désordre. » Et pour bien faire comprendre ce que redoutent les sociétés pétrolières ayant pignon sur rue, il cite un ouvrage de 1934[31] : « Dans la région parisienne, on a vu certains groupes d'émigrés roumains, grecs ou autres, se ruer sur ce commerce et créer, aux portes de Paris, une véritable bourse aux essences, qui fomenta la concurrence entre détaillants, maintint le marché en effervescence et s'opposa à tout assainissement de la situation. Ce sont eux qui en partie ont causé à la fin de 1934 la rupture des accords entre les sociétés de distribution. » Pour éviter ce genre d'« accidents », les professionnels rêveraient de voir leur entente officieuse devenir officielle et obligatoire, ce qu'Étienne Dalemont traduit à l'époque en écrivant : « La seule faiblesse de l'entente était sans doute d'être volontaire et libre. »

C'est bien son unique « défaut » effectivement, car le règlement est extraordinairement contraignant pour les adhérents. Les entreprises « en avance », c'est-à-dire celles qui dépassent leur contingent, doivent « reprendre » la quantité de marchandise correspondante aux raffineurs ou aux importateurs « en retard ». Les participants ont versé une caution et s'exposent à des sanctions en cas d'infraction. Le président du Comptoir Auxiliaire du Pétrole, une société commune qui jouait un rôle de clearing, pouvait donc déclarer à juste titre à l'époque que cette entente « est une des plus vastes et des plus complètes qui aient été réalisées dans le genre ». Sans être vraiment légaux, ces accords anticoncurrentiels étaient largement tolérés à l'époque.

Quand la guerre arrive, la profession, très informée des besoins des militaires depuis le précédent conflit mondial, n'a pas même besoin d'être officiellement réquisitionnée comme la marine marchande. En un tournemain, elle monte, sur le modèle de 1914-1918, une Société pour l'Importation des Pétroles et Dérivés qui gère un monopole des achats à l'étranger pour le compte de l'État en coordonnant, obligatoirement cette fois-ci, l'activité de tous les importateurs et raffineurs. En plus, elle organise une caisse de stabilisation pour éviter les mouvements de prix. Des officiers comme Mény sont certainement sensibles aux nécessités de la guerre. Mais cette rapidité de réaction dénote aussi un souci évident de protéger au mieux les intérêts des industriels, en évitant que les fonctionnaires ne viennent mettre le nez dans leurs affaires.

Avec la même célérité, cette organisation s'adapte à la défaite et à la pénurie. Dès juillet 1940, à Vichy, quelques jours après l'installation au pouvoir du maréchal Pétain, les pétroliers devancent à nouveau l'administration en créant un « pool des carburants ». L'importation n'ayant plus grande réalité, faute de sources d'approvisionnement accessibles, la coordination est étendue à la gestion des stocks et de la distribution, avec une décentralisation fine au niveau de chaque département, où les autorités locales sont supposées établir la hiérarchie des besoins. Tout en étant totalement encadrées, les sociétés pétrolières conservent ainsi la pleine propriété de leurs moyens de production et leurs liens commerciaux avec leurs clients habituels. Pour éviter néanmoins que les circonstances exceptionnelles n'avantagent ou ne désavantagent tel ou tel, les recettes sont mises en commun et les charges remboursées en fonctions des moyens mis à disposition. Le bénéfice ou la perte de l'ensemble de la profession sont répartis en fonction des quotas d'avant guerre. Le mécanisme de stabilisation des prix est officialisé par une loi du 31 octobre 1941, le Trésor public compensant les écarts trop importants.

Il est vraisemblable que cette superbe mécanique s'est organisée sur sa lancée et que le nouveau président de la CFP n'a eu que fort peu à intervenir. Ce sont en partie les mêmes hommes qui ont géré ces « tuyauteries » avant guerre et après la défaite. Là où il en faut de nouveaux, Mény place les membres de l'état-major de la CFP. Victor de Metz, son futur successeur, est au comité d'organisation, René de Montaigu à Vichy où il supervise la distribution des bons d'essence en zone Sud. Grâce à cette affectation officielle, ce dernier peut veiller surtout aux intérêts de la CFP en Irak et à Londres *via* un de ses amis de l'ambassade des États-Unis.

Voyage à Berlin

À l'égard des Allemands, Mény se trouve dans une situation très particulière, qui explique peut-être qu'il ait pu, malgré son attitude plus que réservée envers eux, occuper ses fonctions à la tête d'un très officiel comité d'organisation. Dans beaucoup de secteurs, les entreprises sont de plus en plus fermement poussées à travailler pour l'occupant, et le comité d'organisation devient un relais de la politique de collaboration de Vichy. C'est le cas dans les travaux publics par exemple[32]. Mais chez les pétroliers, on n'a pas grand-chose à livrer outre-Rhin. Les dirigeants de cette branche, Mény en tête, tenteront essentiellement de s'opposer au démantèlement des raffineries, souvent en vain puisque les Allemands emporteront une partie de ces installations qui avaient si peu de matière première à traiter. Par ailleurs, au lieu de s'interroger sur l'opportunité de livrer quoi que ce soit aux Allemands, ils passeront beaucoup de temps à insister auprès des représentants du Reich pour obtenir quelques citernes du précieux liquide.

La France d'avant guerre consommait environ six millions de tonnes de carburants par an. Quelques semaines avant la défaite les stocks étaient de 3,4 millions de tonnes. Devant l'avancée allemande, ordre a été donné aux industriels de les détruire[33]. Aucune autre industrie n'a reçu, à notre connaissance, de telles consignes de « terre brûlée ». L'hypothèse de la déroute n'avait été ni prévue ni étudiée. Résultat : le 9 juin 1940, alors que les bacs de la raffinerie du Havre brûlaient, conformément aux ordres, le responsable des chantiers du Trait, du groupe Worms, à quelques kilomètres de là, envoyait messagers sur messagers aux autorités militaires pour rappeler qu'il avait des sous-marins presque terminés sur cale et pas le moindre explosif pour les détruire ni la moindre instruction à ce sujet[34]. Mais pour les militaires, le pétrole est un produit à part, immédiatement utilisable par les camions et les tanks de l'adversaire, et... facile à incendier. Un million et demi de tonnes seraient ainsi parties en fumée, soit un peu moins de la moitié des stocks. Ce qui ne veut pas dire que le reste était encore à la disposition des Français. Au cours de leur avancée éclair, les Allemands auraient en effet réussi à s'emparer d'une partie importante des réserves, civiles ou militaires[35]. Si bien qu'aux premiers jours de l'Occupation il restait en fin de compte, selon les sources, de 200 000 à 425 000 tonnes disponibles pour les Français. Au mieux un mois de consommation d'avant guerre. Rien à espérer du côté des importations. Les Américains et les Anglais toléreront que Vichy réalise des achats d'arachide ou de vin à l'extérieur. Mais pour le pétrole, rien, à part quelques cargaisons très sporadiques. Pas question, en effet, de prendre le risque que la moindre goutte d'or noir aille aux armées du Reich. Les seules livraisons notables à la France — 589 150 tonnes pendant toute la durée de l'Occupation — viendront, par chemin de fer, de Roumanie. Les fournisseurs sont donc... les Allemands, puisqu'ils ont racheté les participations françaises dans ce pays. Leur intérêt même leur dicte sans doute cette attitude : il faut bien que l'industrie française dispose d'un minimum de ressources en énergie pour qu'elle puisse « tourner » et honorer les commandes d'outre-Rhin.

C'est vraisemblablement pour obtenir des quantités supplémentaires que Jules Mény acceptera de se rendre à Berlin, le 25 juillet 1941, pour rencontrer un certain docteur Fischer, directeur des carburants au ministère de l'Économie nationale du Reich. C'est dire que, malgré ses sentiments antiallemands, il joue à fond son rôle de président d'un comité d'organisation — le voyage à Berlin sera reproché à d'autres — et qu'à l'été 1941 il est encore considéré par l'occupant comme un interlocuteur relativement sûr.

Faute de pétrole, les carburants de remplacement vont devenir une des obsessions de la période. Dans le *Journal de la Marine Marchande* du 25 décembre 1941, par exemple, on s'interroge sur la possibilité de lubrifier à l'huile de ricin mélangée à de l'huile d'arachide les moteurs existants dans les colonies, des mécaniques qu'on essaye de faire tourner avec de l'huile de palme à la place du fuel. En Algérie, d'après le numéro du 12 mars 1942 du même hebdomadaire, on rêve d'utiliser de l'huile de graines de tomate ou de noyaux d'abricot, de l'huile de baies de lentisque, un produit traditionnel plutôt destiné à l'alimentation, et même de l'huile d'asphodèle, une fleur surtout connue pour ses vertus ornementales. La CFP sacrifie au goût du jour en se mettant à la production d'oxyde d'éthylène, de glycol, d'huiles de graissage pour machines agricoles. Mais la production d'ersatz n'est manifestement pas son premier souci. Aucun compte rendu du conseil d'administration ne permet de penser que les dirigeants de la société accordent un réel intérêt à ces produits qu'on imagine de circonstance, alors qu'ils réfléchissent beaucoup, nous le verrons, à l'avenir pétrolier du groupe. À l'inverse de l'Allemagne, la France n'a jamais beaucoup cru aux carburants de synthèse et n'a pas investi dans ce domaine. Elle en produit péniblement 168 000 tonnes pendant toute l'Occupation. Le comité d'organisation, de son côté, c'est-à-dire Jules Mény sous son autre casquette, se préoccupe simplement de bien garder la haute main sur la distribution de tout carburant liquide, même quand les quantités échangées restent minimes.

Le vrai carburant de substitution de masse est en effet solide. Le bois, brûlé directement ou sous forme de charbon de bois dans les célèbres gazogènes, joue le rôle de produit de secours dans une période où les Français doivent se débrouiller avec un dixième environ de leur approvisionnement normal en pétrole. En plus des 168 000 tonnes de carburant de synthèse, les moteurs français brûleront pendant la période 353 000 tonnes d'équivalent essence d'alcool d'origine agricole et 59 000 tonnes de gaz naturel comprimé. Mais ils utiliseront l'équivalent de 1,560 million de tonnes de pétrole en bois gazogène. Dès juillet 1940, un service spécial a été mis en place à Vichy pour s'en occuper. Dans un important magazine comme *L'Illustration*, dont les prises de position affichées en faveur de la collaboration n'ont pas affecté les ventes qui battent alors des records, le nombre d'informations et de publicités sur les mérites respectifs des différents appareils gazogènes est chaque semaine considérable. Des régions entières, comme la Corse, se mettent à produire du charbon de bois, qui devient le principal fret de retour des bateaux qui font la liaison avec le continent. Une grande maison comme Worms reconvertit à cette activité l'important département d'importation et de distribution de charbon qui avait fait sa fortune initiale[36]. Des ambitions se déclarent dans ce secteur, l'un des rares en développement. Edmond Zedet, président du comité d'organisation des carburants et lubrifiants de remplacement, gardera un très mauvais souvenir d'un certain « dictateur des gazogènes » dont les Allemands avaient apprécié le « dynamisme » et qui avait manifestement failli prendre sa place[37]. Après la Libération le nouveau secteur ainsi constitué cherchera à survivre à coup de subventions et Jean Blancard, directeur adjoint des carburants à l'époque, se souvient que l'administration a eu beaucoup de mal à organiser son déclin, inéluctable en temps de paix[38].

À la CFP, on l'a dit, Jules Mény garde l'œil fixé sur le pétrole et ne s'intéresse pas outre mesure à ces diversifications sans avenir. Il ne rencontre pas, il est vrai, comme d'autres, de problème d'emploi de son personnel. Il n'a pas besoin de le reconvertir à d'autres activités, puisque dans cette jeune société holding, le nombre des employés reste très limité sur le territoire français.

Les Allemands laissent d'abord les Français disposer totalement de l'énergie ersatz, préférant évidemment l'essence dont ils se réservent l'utilisation. Mais après 1942, le ravitaillement en pétrole devenant plus tendu, ils en deviennent eux-mêmes consommateurs. Le beau-frère de Mény, Jean Majorelle, aurait même eu des ennuis en 1944 pour avoir tenté par des manœuvres administratives de dissimuler des stocks de charbon de bois.

Est-ce pour un motif similaire que Mény est arrêté par les Allemands le 10 août 1943 ? C'est l'hypothèse d'Emmanuel Catta, l'ancien cadre de la CFP qui a écrit la biographie de Victor de Metz, successeur de Mény à la tête de la CFP[39] : « C'est en raison de ses activités au comité d'organisation des combustibles liquides que Mény fut arrêté par les Allemands en août 1943. En effet, dans cette fonction, lui et ses collaborateurs s'efforçaient de s'opposer entre autres à des prélèvements de matériels dans les raffineries et de minimiser par de fausses déclarations les relevés périodiques exigés par l'occupant pour les produits encore stockés. » Les quantités ainsi dissimulées étaient-elles destinées à fournir la Résistance en carburant ? Les descendants de Mény évoquent de mystérieuses réunions dans la propriété familiale de Grasse, à côté de Nice. Hélas, la Commission nationale de la médaille de la Résistance française, si elle confirme que Jules Mény a été décoré par décret du 3 août 1946, ne détient pas le moindre dossier permettant de savoir en quoi consistait précisément cette activité de résistant[40]. Pas plus que les associations de résistants que nous avons interrogées.

Nous n'avons pas l'impression pour notre part qu'une dissimulation de stocks ait pu justifier l'arrestation de Jules Mény. Il est vrai que de l'essence a sans doute été soustraite en petites quantités. Les responsables de la direction des carburants l'ont confirmé après guerre[41]. Mais aucun des témoins interrogés, notamment les amis proches de Mény, comme René de Montaigu, ne corrobore cette thèse. Ceux, comme Étienne Dalemont, qui ont connu le comité d'organisation de l'intérieur, laissent entendre qu'elle est peu vraisemblable : Jules Mény, se souviennent-ils, n'exerçait pas de responsabilité directe quant à la gestion des stocks.

L'obsession irakienne

Les Allemands surveillent de près et font garder toutes les citernes, c'est sûr ; mais ce qui les intéresse avant tout, ce sont les sources importantes de brut, autrement dit les gisements eux-mêmes. Nous l'avons vu à propos de la Roumanie. Le 25 juillet 1941, quand Mény se rend à Berlin, le Reich s'est lancé à l'attaque de l'URSS depuis un mois et il compte bien mettre la main sur le pétrole de Bakou, au pied du Caucase. Et il peut encore espérer prendre le Moyen-Orient en tenaille par les Balkans et l'Afrique du Nord. Le docteur Fischer demande bien évidemment des renseignements à Jules Mény sur les pétroles d'Irak[42]. Est-ce en tentant par la suite de protéger les intérêts français dans cette partie du monde, qui reste la préoccupation principale des dirigeants de la CFP, que Mény se serait trouvé en opposition avec les occupants ? La légende maison veut que ce soit à l'insu des Allemands que l'état-major de la compagnie ait assuré la protection de sa participation dans l'Irak Petroleum Company. Nous allons voir qu'elle est fausse.

À l'automne 1942, René de Montaigu, toujours à Vichy, est informé quelques jours à l'avance du débarquement allié en Afrique du Nord. On vient en effet lui demander discrètement des bons pour cinq cents litres d'essence qui doivent permettre de réaliser l'opération de transfert en Afrique du Nord du général Giraud, qui est supposé à l'époque prendre la tête des Forces françaises libres[43]. Après s'être concerté avec Mény, qui pressent vraisemblablement la forte réaction allemande qui suivra l'occupation de l'Afrique du Nord par les Alliés, laquelle se traduira effectivement par l'invasion de la zone non occupée, René de Montaigu passe alors en Espagne puis à Lisbonne, qui restera pendant toute la guerre, on le sait, un lieu de refuge et une plaque tournante neutre pour beaucoup de « refugiados » de marque. De là il pourra mieux vérifier que le dispositif de protection des intérêts de la CFP mis en place avec les Américains et les Britanniques fonctionne. Pour éviter de continuer à tirer sur l'argent déposé aux États-Unis sans rien recevoir, il essaye même de vendre à l'amirauté britannique la part de brut française dans l'IPC. Mais les Britanniques préfèrent nettement se servir sans payer en attendant l'issue du conflit...

Tout résistant et antiallemand que soit Mény, on remarquera que ce n'est pas à Londres ni à Alger qu'il a envoyé René de Montaigu mais à Lisbonne. Sollicité plus tard par l'administration gaulliste, ce dernier se gardera d'ailleurs de se rendre à Alger. Il était convaincu, raconte-t-il, que la France libre voulait mettre la main sur sa personne pour accéder aux dollars et aux livres sterling précieusement conservés sur les comptes de la compagnie à l'étranger. La politique que tentent de mener Jules Mény et ses proches pour sauvegarder les intérêts à long terme de la compagnie est donc une politique de neutralité et non pas une politique de résistance ouverte. La CFP est en effet une des rares sociétés dont l'état-major réduit aurait pu songer à passer en bloc « de l'autre côté », puisque l'essentiel des richesses de la compagnie était en Irak, aux États-Unis ou en Grande-Bretagne. Si jamais ils ont examiné cette hypothèse, Jules Mény et ses collègues ont sans doute été arrêtés par l'attitude des Britanniques à l'égard de la CFP et par le fait que l'État français était actionnaire à 35 % de leur entreprise.

N'oublions pas que celui-ci, donc Vichy, est représenté au conseil d'administration. À son égard, la direction a manifestement, comme tant d'autres, un comportement légaliste. Dès le 20 octobre 1940, sans doute pour écorner le moins possible les provisions de dollars existant à New York, elle a demandé très officiellement une autorisation spéciale à l'Office des changes pour payer la part de la CFP dans les dépenses de l'IPC. Et Vichy... a mis les Allemands au courant, bien sûr. Le 31 décembre 1940, le jour de l'élection de Jules Mény comme P-DG, le compte rendu du conseil nous apprend que ce sont en fait les « autorités occupantes » qui ont donné leur « accord verbal » pour le versement de 306 375 livres à l'IPC. Le 5 mars 1941 la direction prévoit à nouveau d'avoir à payer 461 550 livres à l'IPC le 1er mars (sans doute une erreur du rédacteur du compte rendu). Elle pense cette fois-ci utiliser ses disponibilités aux États-Unis, ce qui pourrait lui permettre d'acquiter son dû à l'insu des Allemands. Mais elle demande quand même l'assentiment du ministère des Finances et le 4 juin 1941 — les réponses se font attendre —, on apprend que l'autorisation demandée aux autorités françaises est accordée par les Allemands pour « un nouveau transfert de New York à Londres des fonds correspondant aux appels de l'IPC et autres sociétés ». Et ainsi de suite tout au long de la période. En septembre 1942, lorsqu'il est question que René de Montaigu parte pour les États-Unis, on apprend que « M. Laval, consulté sur l'opportunité de ce voyage, s'y est déclaré favorable et a fait part à l'ambassadeur des États-Unis à Vichy du désir où il était de voir ce voyage se réaliser ». Et le 3 mars 1943, les Allemands, qui viennent encore d'accorder une autorisation de versement à l'IPC, envoient un contrôleur « pour s'assurer que les règles de l'autorité occupante concernant les remboursements à des sociétés ennemies de créances qu'elles ont en France ont bien été respectées » ! L'attitude de Mény semble claire. Il met un point d'honneur à ne pas s'adresser directement aux Allemands, qui sont toujours prévenus des initiatives de la CFP par l'administration française, mais il est loyal à l'égard de l'État français et défend avec réalisme les intérêts dont il a la charge.

Cette série de transferts financiers demandés et obtenus est doublement intéréssante. Un patron assez ouvertement hostile aux Allemands, à titre personnel, pour que tout le monde le sache, est, par ailleurs, suffisamment soucieux des intérêts de sa maison pour solliciter et tolérer des autorisations de l'occupant, *via* l'administration française. Mais il est tout aussi étonnant de voir que les Allemands tolèrent des versements à des sociétés britanniques en 1943. Sauf à supposer que, tel un chat surveillant sa souris, ils laissent, à tout hasard, les Français préserver leurs droits sur des gisements intéressants avec l'espoir que, peut-être, un jour, ils pourront mettre la main dessus[44].

En attendant, ils ne cherchent même pas à prendre le contrôle de la CFP. À quoi bon tant que les gisements de pétrole concernés sont hors d'atteinte de l'armée allemande ? Deux augmentations de capital sont lancées pendant l'Occupation par la compagnie pour profiter de l'abondance des fonds cherchant à s'investir en Bourse. Le Majestic aurait pu inciter des sociétés allemandes à essayer d'en profiter, ouvertement ou de façon masquée, pour acheter un paquet d'actions. Mais la comparaison des feuilles de présence des actionnaires aux assemblées générales de 1940, avant ces opérations, et 1942, postérieurement à la souscription des actions nouvelles, ne dénote l'arrivée d'aucun nouvel actionnaire important[45].

En revanche, les Allemands encouragent toutes les initiatives qui pourraient un jour faciliter l'exploitation du pétrole d'Irak à leur profit. Parmi les grands projets étudiés sous l'Occupation au ministère de la Production industrielle, on trouve, comme par hasard, le pipe-line Méditerranée-Rhône-Rhin, qui sera d'ailleurs réalisé après guerre. Exactement celui qui aurait été techniquement nécessaire pour acheminer le pétrole du Moyen-Orient, et notamment le pétrole irakien de la CFP, vers l'Allemagne si ses armées avaient réussi leurs percées à partir de la Syrie puis de l'Égypte. Le conseil d'administration de la CFP est informé dès le 16 décembre 1941 que le ministère « pousse un projet » d'oléoduc de Berre à Bâle et, le 16 septembre 1942, que la compagnie y est intéressée. Mais c'est à l'initiative, semble-t-il, de la Banque de Paris et des Pays-Bas, qui, ayant joué un rôle déterminant dans la naissance de la CFP, conservera toujours un statut de partenaire privilégié de l'entreprise. En mars 1943, le conseil apprend que la compagnie constitue de son côté une société pour améliorer ses installations de Port-de-Bouc, vraisemblablement pour alimenter ce futur pipe-line.

Les Allemands croient au pétrole d'Aquitaine

Les Allemands vont également suivre avec beaucoup d'attention les recherches pétrolières menées en France même. Jean Blancard, qui devient directeur des carburants au ministère de la Production industrielle en août 1943, se souvient qu'ils étaient convaincus de l'existence d'importantes réserves en Aquitaine, où du gaz avait été découvert avant guerre, à Saint-Marcet[46].

Aux yeux de Vichy, cette région avait certainement le grand mérite, au début de l'Occupation, de se trouver en zone libre. Dés le 6 novembre 1940, moins de six mois après l'arrivée au pouvoir de Pétain, Jules Mény informe le conseil de la CFP qu'il a visité cette partie de la France et que les pouvoirs publics suivent avec attention les résultats de l'exploration. « L'intérêt de l'administration semble tendre, explique-t-il, à une coordi nation des efforts de toutes les sociétés qui s'intéressent à ces recherches en vue de la constitution d'une société unique à laquelle elles désirent que la CFP participe en prenant le rôle de chef de file. » Le 15 janvier 1941, il précise qu'Henri Lafond, secrétaire général à l'énergie au ministère de la Production industrielle, l'a chargé personnellement de cette affaire qui, au fil des mois, prend de l'importance dans les délibérations du conseil. En février 1941 celui-ci approuve un investissement de cinq millions de francs dans un syndicat de recherches et d'activités pétrolières. En mars, Pierre Angot, rentré de Roumanie par la Turquie et le Liban, est désigné par la direction de la CFP pour suivre le dossier de plus près.

En avril 1941, cependant, surgit un de ces débats significatifs des contradictions idéologiques de Vichy, où s'affrontent en permanence des courants mutiples. L'État doit-il laisser le privé, ou dans le cas de la CFP le semi-privé, se charger de cet important investissement ? Les difficultés qu'a eues le gouvernement avec l'équipe Mercier-Mény interfèrent peut-être aussi avec les questions de principe. Jules Mény avertit le conseil « qu'il n'est plus certain que des sociétés privées puissent participer [à la société unique] sans inconvénient ». En juin 1941, on apprend que ce dossier oppose Yves Bouthillier, qui en bon fonctionnaire « de métier » aurait volontiers envisagé un investissement en direct de l'État, en régie intégrale, à Pierre Pucheu, alors ministre de la Production industrielle, qui vient du monde des affaires et préconise une solution mixte. Finalement Bouthillier se contentera de 50 % pour l'État et les deux ministres se mettront au moins d'accord sur le nom de Pierre Angot comme P-DG. C'est ainsi que naquit le 17 septembre 1941 la SNPA, ancêtre du groupe Elf, la CFP en étant actionnaire pour trente millions de francs, soit 13 % des parts, ce qui contribue à rendre nécessaire une augmentation de capital de la compagnie.

L'histoire de la SNPA ne sera pas longtemps paisible. En novembre 1942 les Allemands occupent la zone Sud. Ils croient sentir du pétrole à portée de leurs réservoirs alors même que leur rêve d'accéder aux champs du Caucase et du Moyen-Orient s'effondre. Pendant l'hiver 1943, la sixième armée allemande a fini par se rendre à Stalingrad et les blindés allemands n'arriveront jamais à Bakou, cœur du pétrole russe. En mars 1943 Rommel est relevé de son commandement de l'Afrikakorps après avoir vu son offensive arrêtée puis repoussée par Montgomery sans qu'il ait jamais atteint le canal de Suez. Le Reich en est réduit au pétrole roumain et aux carburants synthétiques, qui finiront par assurer jusqu'à 57 % de son approvisionnement. Aucune autre opportunité ne peut donc être négligée.

Le 2 juin 1943, deux mois environ avant son arrestation, Mény informe longuement le conseil du « très grand intérêt » manifesté par les autorités d'occupation pour les recherches en Aquitaine. « Elles ont fait savoir que l'évolution de la situation militaire leur permettrait d'offrir une aide matérielle puissante. Le gouvernement a informé la SNPA qu'il désirait que les travaux soient amplifiés par tous les moyens possibles. La société a répondu qu'elle n'avait cessé de protester contre les contingents infimes de monnaie-matière qui lui avaient été alloués et les difficultés administratives de toutes sortes (prélèvements de main-d'œuvre, transports, ravitaillement) qui entravent l'exécution de ses programmes et qu'elle entendait garder la direction des travaux de toutes natures (géologie, géophysique et forage) sur sa concession. »

Ce qu'il faut lire entre les lignes sera précisé après guerre dans la notice nécrologique de Pierre Angot, qui présidait alors la SNPA mais aussi la Régie Autonome des Pétroles, la société d'État qui détenait le reste des permis de recherche de la zone[47]. Les représentants du Reich étouffaient les deux compagnies françaises pour mieux justifier leur intervention. Sur quatre mille tonnes de matériels demandées pour le deuxième trimestre 1943, ils en avaient laissé livrer cent cinquante seulement et ils cherchaient à imposer dans le Sud-Ouest l'aide de la Kontinental Oel, l'organisme chargé de gérer les intérêts allemands dans les pétroles européens, avec les droits de regard et de propriété correspondants. D'où l'insistance des Français à assurer les occupants qu'ils peuvent se débrouiller tout seuls.

Les Allemands, qui jusque-là semblent avoir toléré Jules Mény et ses collègues, vont commencer à très mal supporter ces responsables de l'industrie pétrolière française qui défendent les intérêts nationaux plus farouchement que leur gouvernement. En ce qui concerne la Régie Autonome des Pétroles, ce dernier finit en effet par passer un accord direct avec l'occupant pendant l'été 1943. On demande instamment à Angot de signer rapidement avec la Kontinental Oel un contrat de partenariat valable pour la durée des hostilités.

Les vraies raisons de l'arrestation

Cette très vive tension avec les Allemands a-t-elle contribué à l'arrestation de Mény le 10 août 1943 ? Ce n'est pas impossible. Parmi tous les hauts fonctionnaires et les responsables de premier plan « raflés » ce jour-là se trouve le directeur des carburants au ministère de la Production industrielle. Pierre Angot lui-même, qui continue à retarder l'intervention des Allemands par tous les moyens, paiera de sa vie son hostilité à la collaboration. En octobre 1943, le premier conseil de la CFP qui se réunit après l'arrestation de Mény apprend que « sur la demande du gouvernement, la régie a essayé de conclure, sur des bases commerciales, un contrat de forage avec la Kontinental dans le but d'obtenir des treuils et des équipes supplémentaires en vue d'intensifier les recherches. La Kontinental ayant demandé de prendre part à la discussion des programmes et à l'exploitation des sondes, les négociations n'ont pu aboutir ». En faisant durer ainsi les négociations, Pierre Angot retarde jusqu'en février 1944 les forages qui devaient débuter en juin 1943. À ce jeu, il finira par être arrêté en juin 1944, comme il s'y attendait, après avoir caché le plus longtemps possible que les chantiers et l'usine de Saint-Marcet venaient d'être occupés par les FFI qui s'étaient servis en carburant. Il sera très durement traité : Fresnes, Buchenwald et la mine de Plömnitz, où il mourra d'épuisement le 6 février 1945.

Par comparaison, le sort initial des hommes appréhendés en août 1943 fut plus enviable. Ernest Mercier, qui était sur la liste, eut la « chance » d'être assez malade, à l'hôpital, pour que son arrestation paraisse impossible à effectuer. Jules Mény, qui n'était pas à Paris lorsqu'on est venu le chercher, aurait pu facilement se cacher ou s'enfuir. C'est volontairement qu'il a repris le chemin de Paris et de la captivité, après être venu embrasser sa famille à Orléans. Pour protéger ses collaborateurs ? Ses proches ? Les interprétations varient. On peut aussi penser qu'il n'imaginait pas risquer la déportation mais seulement une garde à vue d'une certaine durée. Il y eut d'ailleurs, parmi la quarantaine de victimes de cette rafle, deux libérés, sur l'insistance des ministres des Finances et de la Production industrielle. Jacques Brunet, directeur du Trésor, et Pierre de Calan, directeur de cabinet de Jean Bichelonne et future figure du patronat français après guerre, échapperont aux camps.

Pourquoi Mény partage-t-il le sort des autres, parmi lesquels son ami Wilfrid Baumgartner, gendre de Mercier et futur gouverneur de la Banque de France ? Nous ignorons tout, nous l'avons dit, de ses très probables activités de résistance directe, et les Allemands aussi apparement. L'hypothèse de la dissimulation de stocks ne nous paraît pas étayée. En ce qui concerne la préservation des intérêts irakiens de la CFP par Anglais et Américains interposés il n'y a pas eu dissimulation. Finalement Mény, comme ses compagnons d'infortune, a sans doute été victime de son attitude générale, c'est-à-dire de son courage, et de l'évolution des relations franco-allemandes. Cette attitude, nous en avons déja parlé. Elle fait toute la différence entre les dirigeants habiles qui ont réussi à traverser la période sans trop d'encombre et les rares individus qui ne laissaient planer aucune ambiguïté sur leurs sentiments à l'égard de l'occupant. Pour Pierre de Calan, il semblait évident que ces arrestations d'août 1943 « n'étaient pas motivées par des faits précis mais par une attitude »[48].

Le pétrole n'est pas alors seul en cause puisque beaucoup de hauts fonctionnaires des Finances font aussi partie de la quarantaine de personnalités arrêtées. Laval lui-même cherchera à comprendre la signification de ce geste. On le sait grâce au message que Fernand de Brinon, ambassadeur de Vichy auprès des occupants à Paris, lui envoie le 11 août à 16 h 30 pour répondre à ses questions[49]. Après avoir vu les responsables allemands de la rafle, en l'occurrence Helmut Knochen et Herbert Hagen, les deux adjoints du général Oberg, responsable suprême des SS et de la police en France, il explique « qu'ils ne peuvent tolérer dix autres affaires Couve de Murville ». Les Allemands, semble-t-il, ont été traumatisés par la défection et le départ en Afrique du Nord, quelques mois plus tôt, de Maurice Couve de Murville, un de leurs interlocuteurs réguliers rue de Rivoli, à qui ils faisaient confiance. Tous ces hauts fonctionnaires français « se montrent, pour la plupart, sans même s'en cacher dans leurs propos, des adversaires déterminés de l'Allemagne », explique-t-on encore à Fernand de Brinon. Le Reich, qui commence à subir de sérieux revers sur les champs de bataille, a des problèmes d'autorité. Il veut frapper un grand coup pour se faire respecter.

Mais il y a aussi une circonstance supplémentaire, que Laval connaît bien. Le travail obligatoire outre-Rhin est tellement honni des Français qu'après avoir cédé sur presque tout à ce sujet depuis le printemps 1942 le chef du gouvernement vient de refuser la convocation d'un nouveau contingent de déportés. Le 6 août il a eu une discussion violente avec le gauleiter Sauckel qui a duré de 16 h 45 à 22 h 20. Au cours de son procès, Laval écrira dans un mémoire en défense : « C'est à ce moment que les Allemands tentèrent d'intimider le gouvernement par une opération de chantage, en procédant à l'arrestation de quarante hauts fonctionnaires choisis dans différents ministères[50]. » Plusieurs contemporains noteront cette corrélation, dont Roger Gaillochet, chef du secrétariat particulier de Jean Bichelonne[51].

Ils seront donc quelques dizaines, financiers, préfets, généraux, à se retrouver le 13 août avec Mény à Buchenwald, après un voyage à peu près supportable puisqu'il fut effectué dans des wagons « normaux », semble-t-il[52]. Beaucoup se connaissent. Assez rapidement les prisonniers sont transférés dans le camp de Plansee, annexe « relativement décente[53] » de Dachau. Si Mény s'était résigné à son sort, il aurait été libéré par la 7e armée américaine le 30 avril 1945 avec ses compagnons de déportation. Mais lui va tenter de s'évader, deux fois. Et il se retrouvera ainsi à Langensalza, un camp où les nazis avaient regroupé tous les déportés ayant cherché à s'enfuir[54]. En avril 1945, les troupes américaines approchant, le groupe est évacué sur Buchenwald. Le moral de Mény est excellent. Le 7 avril, les déportés sont emmenés à pied vers la gare de Weimar. Tous ceux qui ne peuvent suivre sont abattus d'une balle dans la tête. Commence alors un interminable voyage en train de vingt et un jours. Ne survivront qu'environ sept cents prisonniers sur les cinq mille du départ. Dans la nuit du 21 au 22 avril, tous les occupants d'un wagon sont exécutés, sans qu'on puisse savoir exactement pourquoi. Les corps sont brûlés sur place, au matin du 22. Parmi les victimes, Mény.

À Paris, plus personne n'a de nouvelles. Le 9 août 1945, au procès du maréchal Pétain, René Norguet, ancien secrétaire général du ministère de la Production industrielle, qui a fait partie des déportés d'août 1943, espère, dans sa déposition, « qu'il est encore trop tôt pour dire qu'il est mort en Allemagne [...]. Il y a quelques jours encore sa famille était sans nouvelles ».

À la CFP, Jules Mény a été remplacé provisoirement par le vice-président Champin. Mais, dans la pratique, ses fonctions sont reprises par Victor de Metz, nouveau directeur général adjoint et futur président. À peine débarrassés des Allemands par la libération de Paris, les dirigeants du groupe retrouvent une obsession, toujours la même : la perfide Albion. La part de la CFP dans l'IPC est toujours séquestrée. L'entreprise française a réussi à éviter d'être totalement évincée à la faveur des circonstances mais les autres compagnies associées avec elle en ont profité pour se partager les bénéfices de l'absent. Malgré toutes les protestations du *solicitor* chargé de représenter la CFP à Londres et en dépit des efforts de René de Montaigu qui avait même essayé de faire disparaître la qualification d'« ennemi technique » en élisant un domicile légal de la compagnie à Alger. Ce n'est que le 9 février 1945, après bien des discussions et des démarches, que le séquestre est enfin levé. Il sera encore nécessaire de menacer l'IPC de procès pour récupérer les bénéfices de la période de guerre, dont les finances de la compagnie ont alors cruellement besoin. Et il faudra passer par d'autres conflits pour pousser les partenaires de la CFP, qui disposent d'autres sources d'approvisionnement, à développer la production irakienne et le réseau de pipe-lines permettant de l'évacuer.

Moyennant quoi la CFP, plus vulnérable que d'autres entreprises pendant la guerre, puisqu'elle payait encore les investissements d'une société en pleine croissance alors que son activité était gelée, retrouvera, six ans après la fin du conflit, une capacité d'autofinancement considérable. Elle bénéficie alors de la soif de pétrole de la période de la reconstruction. La raffinerie de La Mède a pu être remise en service assez rapidement. Les installations de l'unité de Normandie, démontées par les Allemands, ont été en grande partie retrouvées.

Dans ce bouillonnement, la trâce de Jules Mény s'estompe rapidement. Le 2 février 1945, pour tenir compte de l'inflation, son traitement, vraisemblablement versé à Mme Mény, a été porté des 500 000 francs fixés en janvier 1941 à 675 000 francs. Le 2 mai, sans doute après le retour de ses codétenus qui permet de constater sa disparition, Victor de Metz et René de Montaigu reprennent ses pouvoirs légaux. Le 4 juillet, Victor de Metz est désigné officiellement comme suppléant. Et le 5 septembre, « sans nouvelles » du président Mény depuis cinq mois, le conseil décide de nommer Victor de Metz à sa place dans « l'intérêt supérieur de la société ». Peut-être aussi avant que les ambitions qui se déclaraient après la Libération pour occuper des postes de direction prestigieux ne deviennent trop pressantes. En mai 1946, devant la « cruelle réalité » de cette absence de nouvelles, le conseil d'administration de la CFP décide de verser à Mme Mény un secours annuel de deux cent mille francs plus soixante-quinze mille francs par enfant à charge.

Le même conseil est informé qu'un navire, le *Palmyre*, vient de reprendre la mer. En fin de construction en 1939, endommagé par une mine, il a été réquisitionné par les Allemands, mais après des tractations tellement longues que ceux-ci ne sont pas arrivés, bien qu'ils aient payé leur dû à la compagnie, à obtenir l'achèvement des réparations. Ils ne pourront donc pas prendre possession du tanker avant leur départ pendant l'été 1944. Le bateau a eu plus de chance que l'homme.

Il y eut en effet une part de fatalité dans le sort de Mény puisque ses codétenus sont revenus. Mais il y eut aussi, au moins symboliquement, une sorte d'implacable logique dans le destin de cet homme que les Allemands, après Vichy, finiront par reconnaître et traiter comme un ennemi sans jamais avoir eu vraisemblablement rien de très précis à lui reprocher.

II

FACE À VICHY

PREMIÈRE PARTIE

JOURS TRANQUILLES EN ZONE LIBRE ?

IX

Du riz dans le pastis

Vichy condamne Ricard à repartir de zéro

En août 1940, deux mois après la signature de l'armistice, Paul Ricard collectionne les soucis. Fraîchement revenu à la vie civile, le fabricant de pastis n'a retrouvé que depuis quelques semaines la tête de son entreprise. Mobilisé en 1939 comme simple vaguemestre dans un régiment de chasseurs alpins, puisque son chef de bataillon, pour se venger d'une vexation, avait inscrit sur son livret lors de son service militaire : « intelligent mais manque d'aptitude au commandement », le jeune patron a dû laisser pendant un temps assez long la direction de sa société à sa mère, nullement préparée à cette tâche. Il a certes, à son habitude, anticipé sur l'événement. Dès la déclaration de guerre, il a organisé les tâches de façon à éviter autant que possible les problèmes consécutifs au départ sous les drapeaux de la majorité du personnel masculin et à pouvoir contrôler, même de loin, la poursuite de l'activité. Mais il lui faut maintenant reprendre en main et redynamiser, dans la lourde atmosphère de la défaite, une organisation très handicapée. Une bonne partie de ses centaines d'ouvriers, d'employés et de voyageurs de commerce ne sont pas revenus du front, disparus ou prisonniers. La plupart des camions réquisitionnés par les militaires dès 1939 n'ont pas pu être récupérés. Quant à la principale matière première du pastis, l'alcool, utile à la fabrication d'explosifs, il est rationné depuis le début de la drôle de guerre. La fabrication et surtout la commercialisation du produit maison sont ainsi gravement pénalisées, d'autant que le gouvernement a même institué, depuis le mois de février précédent, des « jours avec » et des « jours sans » — avec ou sans alcool s'entend, évidemment. Mais ces graves difficultés vont vite s'avérer de peu d'importance.

Le 23 août, en effet, alors qu'il se trouve au bar Terminus de Sainte-Marthe, son village natal, siège de la société à cinq kilomètres du centre de Marseille, Paul Ricard entend soudainement la radio prononcer la condamnation à mort de son activité quasi unique. La production et la vente de pastis, en vertu d'une loi contre l'alcoolisme qui vient d'être promulguée, sont désormais interdites, annonce le bulletin d'information. Les Allemands, on le verra, ne sont pour rien dans l'adoption brutale de cette nouvelle réglementation, décidée à Vichy : c'est une affaire « entre Français ».

La nouvelle, assure aujourd'hui encore le vieux patron marseillais aux interlocuteurs qu'il reçoit dans sa retraite provençale de la Tête-de-l'Évêque, au-dessus du circuit automobile du Castellet, est alors totalement inattendue. *A posteriori*, certes, on a pu lui trouver bien des explications, mais nul, à cette époque, ne l'a jamais prédite dans son entourage. Et cette mesure est d'autant plus ressentie comme une catastrophe que ses victimes, à commencer par Paul Ricard, l'estiment injuste et même totalement inique. D'abord parce qu'elle frappe essentiellement, parmi les boissons alcoolisées, les anis et en particulier le pastis, la plupart de leurs concurrents n'étant pas touchés. Ensuite parce que, comme nous le dira l'industriel marseillais : « Je me retrouvais comme ces patrons américains qui ont souvent dû repartir de zéro après des faillites, sauf que moi, je n'avais pas fait faillite[1] ! »

Vu d'aujourd'hui, rien de plus étonnant... que cet étonnement, bien réel pourtant semble-t-il, suscité par l'interdiction de 1940. Car toute l'histoire de l'ascension de Paul Ricard est placée sous le signe d'un combat contre les « ennemis » du pastis et surtout, on va le voir, toute l'histoire du secteur des alcools anisés au XXe siècle recoupe largement celle de la prohibition de l'alcool. Mais en 1940, en pleine zone libre et donc hors de portée des occupants et de toutes leurs mesures autoritaires, grisé sans doute aussi par le succès spectaculaire de son entreprise dans les années trente, l'industriel marseillais se croyait totalement à l'abri d'un « coup » comme celui qui allait le frapper.

Le secret de la réussite

Fils d'un marchand de vins, lui-même fils d'un boulanger, Paul Ricard a abandonné le lycée en 1926 à l'âge de dix-sept ans, après sa seconde, car il veut travailler[2]. Il a déjà décidé, si l'on en croit ses mémoires, que puisque « certains hommes sont faits pour obéir et d'autres pour être des chefs[3] », il deviendrait un grand industriel. Ses modèles — il vise haut ! — sont Louis Renault, André Citroën ou, sur un plan plus local, les frères Coder, deux anciens charrons d'Aubagne qui ont su profiter à plein des opportunités de la période 1914-1918 en développant en quelques années, grâce aux commandes de guerre, une grande affaire de métallurgie spécialisée dans la réparation de wagons de chemin de fer. Il débute cependant modestement à la comptabilité puis comme chauffeur-livreur dans la petite entreprise paternelle. Il arrive vite, dit-il, à la désespérante conclusion qu'il sera difficile de connaître la fortune et la célébrité en vendant du vin, et surtout du vin ordinaire, car « pour sortir de l'ordre commun, il est nécessaire d'inventer quelque chose : un nouveau produit par exemple, une nouvelle marque de fabrique ».

Ce secret de la réussite, Paul Ricard l'a trouvé dans l'un des ouvrages ou des journaux de technique commerciale — comme la revue *Vendre* — qu'il s'est mis à lire assidûment chaque soir après le travail, du moins quand il n'est pas absorbé par un de ses trois hobbies, la peinture, le théâtre et les expériences de chimie. Pressé de le mettre en pratique, il tente de convertir son père aux méthodes de vente modernes à la fin des années vingt, alors même qu'ayant devancé l'appel il fait son service militaire. Le négociant traditionnel se laisse difficilement convaincre, mais finit par accepter que son fils aîné, une fois de retour à Sainte-Marthe, tente l'expérience de la création d'une marque avec une petite quantité de vin acheté dans le Var. L'ambitieux Paul, sûr de son idée, a en fait déjà trouvé le nom du vin qu'il veut imposer — « Canto-Agasso », soit Chante-Pie en provençal —, déjà dessiné l'étiquette à mettre sur les bouteilles — elle représente un paysage typique du pays — et déjà imaginé comment reproduire, avec un appareil inventé par le Toulonnais Nardi, le « nardigraphe », une affiche publicitaire conçue par ses soins. Le voilà donc bientôt, lors de ses tournées habituelles dans les bars et les épiceries pour livrer le vin en gros anonyme de la société familiale, vantant les mérites de « ses » bouteilles.

Le Canto-Agasso, qui a du mal à se positionner entre les vins de table ordinaires et ceux de qualité supérieure, ne répond pas aux attentes de son « inventeur ». Ce dernier, loin de renoncer, profite de la connaissance du marché et des consommateurs acquise à cette occasion pour essayer sa clé du succès commercial sur un deuxième produit. Il a repéré que les bars servaient beaucoup de « blanche », autrement dit de l'eau-de-vie, notamment pour arroser le café. Or là encore, la boisson étant anonyme et sa qualité des plus inégales, il peut être tentant de promouvoir une marque — et cela d'autant plus que les marges sur la « gnole » sont autrement plus attrayantes que celles sur le vin. Paul Ricard choisit un marc de Provence pour cette nouvelle expérience. Prudent et habile, il veut le lancer sans perdre ses investissements créatifs et publicitaires antérieurs. Il conserve donc les illustrations et le graphisme du Canto-Agasso sur les étiquettes et les affiches utilisées pour promouvoir une eau-de-vie finalement baptisée... Cantagasse. Cette fois, les clients suivent mieux et la contribution personnelle du fils au chiffre d'affaires de l'entreprise paternelle devient non négligeable. Mais, c'est vite clair, il n'est toujours pas raisonnable d'espérer faire fortune avec le Cantagasse. S'il n'est pas question pour autant de l'abandonner, car il se vend, il faut encore chercher.

La troisième idée sera la bonne. Elle venait de loin. Quand il avait douze ans, Paul avait un jour accompagné son père dans son impressionnant Berliet pour aller acheter du vin au loin, autrement dit à quelques dizaines de kilomètres de Marseille, au Beausset, près de Bandol. L'expédition, à l'époque, temps de remplissage du camion compris, impliquait de passer la nuit sur place et permettait donc de se lier avec les habitants du lieu. Ainsi avait-il fait la connaissance d'un personnage local, le père Espanet, un ancien coiffeur devenu courtier en vins réputé pour ses talents de braconnier, de chercheur de champignons et de ramasseur de plantes aromatiques dans les collines environnantes. Sa vraie spécialité, bien connue de tous ses amis à qui il tenait à la faire goûter, était une boisson anisée, le « pataclé », qu'il concoctait avec de l'alcool de bouilleur de cru, du fenouil et quelques-unes de « ses » plantes. Tous les paysans du coin en fabriquaient également, mais la sienne était particulièrement appréciée et il l'avait fait découvrir, très arrosée d'eau évidemment, au jeune visiteur. Celui-ci ne l'avait jamais oubliée. Et quand, promu représentant par son père, il faisait à la fin des années vingt et au tout début des années trente la tournée des bars et des cafés, il avait tout de suite repéré le succès paradoxal, à côté des Cinzano, Saint-Raphaël et autres Dubo... Dubon... Dubonnet, d'un apéritif de fabrication artisanale « qui se troublait dans le verre en frissonnant sous le filet d'eau fraîche », la version marseillaise du pataclé du père Espanet, le pastis. Ou plutôt les pastis car il y en avait à peu près autant que de points de vente différents et leurs goûts étaient des plus variables, ce qui n'a rien d'étonnant pour un breuvage dont le nom, dans le terroir, signifie « mélange » ou « ce qui est embrouillé ».

Un nouveau cas, donc, de produit se prêtant particulièrement bien à la création d'une marque pour capter un marché déjà existant, surtout s'il y a moyen de trouver une « recette » pour fabriquer un pastis flattant le palais du plus grand nombre. Après avoir déjà commencé à utiliser son amour du théâtre, il en fera plus tard l'aveu, pour devenir un bon vendeur, à l'écoute des réactions du public, et sa passion du dessin et de la peinture pour réaliser du matériel d'emballage et de publicité, Paul Ricard va mettre à l'épreuve son troisième hobby, la chimie, pour résoudre ce problème. Il avait créé depuis la fin de son adolescence un mini-laboratoire dans une pièce dont il disposait dans la maison familiale de Sainte-Marthe. Ayant lui-même bricolé un alambic avec des ballons et des tuyaux de verre sur son bec Bunsen, s'étant procuré des herbes des collines environnantes et des graines de fenouil et d'anis, il commence d'innombrables expériences de distillation, de rectification, de macération. Lors de ses visites chez les clients du commerce familial, il ne manque jamais, à l'heure de l'apéritif, de sortir une petite fiole de sa poche pour tester son dernier mélange. Et c'est ainsi qu'il arrivera, par tâtonnements, à créer ce qu'il estime être le breuvage idéal capable de satisfaire tous les amateurs grâce à une combinaison parfaite degré-couleur-goût-prix. Contenant une petite dose de réglisse, ce pastis est, selon son inventeur, « plus rond, moins agressif » que les autres anis ; servi dans cinq volumes d'eau, donc ne titrant pas plus de 7,5° dans le verre, il est de plus, pense-t-il, excellent pour se désaltérer.

Il y a évidemment un problème de taille qui empêche la mise en œuvre commerciale de ce troisième « eurêka ». Cet obstacle, qui n'est d'ailleurs pas pour rien dans l'extrême diversité des pastis proposés aux buveurs et l'engouement qu'ils suscitent, est radical : le produit est tout bonnement interdit ! Paul Ricard semblant plutôt appartenir à la catégorie des hommes réalistes, on est en droit d'être surpris par l'ardeur qu'il déploie alors pour mettre au point son apéritif, boisson illégale donc invendable au grand jour malgré sa popularité. En fait, on va le voir en retraçant rapidement l'histoire de cette prohibition, utile à connaître pour comprendre ce qui se passera en 1940 et après, il ne se conduit pas comme un jeune apprenti Rastignac rêveur. Car il peut justifier ses efforts par une analyse de la situation très raisonnable même si elle repose sur un pari à l'horizon indéterminé.

Sus à la fée verte

Le tout début d'une réflexion sur les effets de l'alcool date en France de la première moitié du XIXe siècle, de 1837 exactement, l'année où l'on peut situer, avec notamment le lancement d'une série d'enquêtes sur « les causes de l'ivrognerie et les moyens d'y remédier » par l'Académie des sciences morales et politiques, la naissance de l'hygiénisme[4]. Même si, à cette époque, les sources les plus diverses le confirment, les Français qui boivent appartiennent à toutes les couches sociales, l'idée reçue n'est pas celle-là. Les efforts des antialcooliques concerneront ainsi presque exclusivement la population des ouvriers des manufactures. Leurs discours se diffusent petit à petit dans l'opinion éclairée, mais seule l'« ivrognerie », classée parmi les maladies mentales, et l'« ivresse », considérée paradoxalement comme une circonstance atténuante en cas de délit puisque l'accusé était « sous l'influence d'une force à laquelle il ne pouvait résister », sont alors dénoncées. Le vin lui-même — et par conséquent l'alcoolisme « de tous les jours » — reste paré de toutes les vertus alimentaires et médicales. L'essentiel est donc d'amener le peuple à savoir mieux consommer cette boisson « saine et fortifiante », pas de légiférer contre elle. Nombreux sont, par ailleurs, comme le montrent les documents de l'époque, les industriels qui « tolèrent voire encouragent l'alcoolisme en famille qui ne gêne pas le travail » ou qui considèrent que « le bon ouvrier est celui qui ne s'émèche qu'en famille le dimanche ».

Le discours sur l'alcool change notablement en 1870, après le désastre de Sedan le 2 septembre et la capture de Napoléon III par les Allemands. Pour la première fois, en effet, on met en rapport défaite militaire et alcoolisme. Une partie de l'opinion publique considère que l'« ivrognerie » n'est pas seulement l'apanage des ouvriers mais aussi celui des soldats, ce qui expliquerait pour une bonne part leur déroute. L'affaire est donc d'importance. La Commune, en 1871, encourage également l'essor d'une argumentation antialcoolique plus radicale qu'auparavant. D'un côté, les partisans contre-révolutionnaires de Thiers accusent leurs adversaires d'être « les chevaliers de la débauche et les apôtres de l'absinthe » et assurent que « la garde nationale de Paris est composée de sous-prolétaires oisifs et ivrognes qui ont vu là un moyen d'être payés pour boire[5] ». De l'autre, les écrivains et penseurs progressistes soutenant les révolutionnaires n'hésitent pas à affirmer, comme Marx, que « Thiers [...] s'appuie [...] sur un parti composé du *Lumpenproletariat* et de la soldatesque ivre[6] » ou, comme l'historien Prosper Lissagaray, que Thiers gaspille de l'argent « pour désaltérer les recrues versaillaises[7] ». Trois grandes ligues animées par d'anciens sympathisants de la Commune sont ainsi créées et mènent la lutte antialcoolique cependant que les proches de Thiers réclament une loi pour « réprimer l'ivresse publique et combattre les progrès de l'alcoolisme[8] ».

Entre les guerres de 1870 et de 1914-1918 se développe donc la première véritable campagne antialcoolique dans notre pays et c'est d'ailleurs alors que le terme « alcoolisme » remplace celui d'« ivrognerie ». Y participent non seulement les ligues et divers hommes politiques, comme Raymond Poincaré qui impose en 1895 un enseignement sur les dangers de l'alcool dans les écoles, mais aussi de plus en plus de médecins et surtout une bonne partie de l'intelligentsia influente à travers des livres ou des journaux. Émile Zola publie *L'Assommoir* en 1876, Guy de Maupassant présente de nombreux personnages d'alcooliques dans ses nouvelles des années quatre-vingt, *L'Assiette au beurre* multiplie après le tournant du siècle les caricatures de buveurs invétérés. On cesse d'affirmer que seuls les prolétaires sont concernés et la bourgeoisie est également mise en cause. Mais on ne change guère d'opinion sur le vin et ses qualités. Comme avant 1870, on ne considère comme dommageables pour la santé que les consommations très excessives d'alcools forts ou l'ingestion de breuvages trafiqués. L'alcoolique, c'est avant tout, bien que cela ne soit pas conforme à l'évidence, « celui qui fait régulièrement un usage immodéré de spiritueux, pas celui qui ingère trop de vin ». Parmi les alcools considérés comme nocifs, il en est un qui cristallise tout particulièrement l'hostilité des antialcooliques.

L'absinthe, la « fée verte » souvent célébrée par des écrivains ou des artistes comme Verlaine et Toulouse-Lautrec, est vite devenue un symbole, « le » symbole même des effets dévastateurs de l'alcoolisme. Cette liqueur, tout d'abord, a eu le malheur de connaître le succès et de se répandre autour de 1870, donc au moment même, nous l'avons vu, où l'alcool est généralement accusé d'avoir grandement participé à la défaite puis aux troubles intérieurs. Elle est par ailleurs associée par l'opinion aux aspects néfastes de la colonisation alors en plein essor. Les militaires, estime-t-on, sont non seulement devenus des buveurs de cette liqueur en Afrique mais, pour conquérir des territoires, ils ont eu recours à l'alcool comme véhicule de soumission de peuples autrefois sobres. À partir de la conférence antialcoolique de Bruxelles en 1906, « médecins et journalistes de diverses tendances, note ainsi une chercheuse, admettent que l'absinthe a servi d'instrument de domination des Français sur les Arabes et que “cette politique est monstrueuse”[9] ». Enfin, et c'est peut-être l'essentiel, la France est à cette époque mobilisée par l'attente de la revanche et privilégie tout ce qui aide à ce qu'on appellera bientôt l'« union sacrée », au dépassement des querelles entre les citoyens, au triomphe du civisme et de la raison. De quoi faire de l'absinthe un bouc émissaire idéal puisqu'elle a, plus que tout autre alcool, la réputation de « libérer l'imaginaire » voire d'« ensorceler pour conduire à la folie* ». Et la « fée verte » n'a-t-elle pas, comme son appellation populaire le dit, une couleur, celle de l'espérance, dangereusement mystificatrice ?

Quand éclate la guerre de 1914-1918, et surtout dès qu'il apparaît que les hostilités vont durer et que l'armée devra faire face à des jours difficiles, tout se déroule de façon logique. On ne s'attaque toujours pas au vin et si on prêche, à partir de 1915, l'abstinence aux civils, c'est pour permettre aux soldats d'être convenablement ravitaillés et de bien se battre. Les spiritueux, en revanche, sont immédiatement montrés du doigt. Comme l'alcool utile à leur fabrication est alors une matière première très recherchée par les poudreries, les responsables peuvent de surcroît s'abriter derrière les nécessités de la guerre pour justifier leur action contre la consommation. Et les mesures suivent. Dans l'arsenal de lois et décrets antialcooliques qu'on déploie de 1915 à 1918, et qui va jusqu'à prononcer l'abolition du privilège des bouilleurs de cru (juin 1916), la limitation du nombre des débits de boisson (novembre 1915) et l'internement d'office des grands buveurs récidivistes, un « privilège » est accordé à l'absinthe qui est visée par les premiers textes et totalement interdite dès le 16 mars 1915. Pour la première fois, on a choisi clairement la méthode coercitive. En Provence et surtout à Marseille, que les études de terrain décrivent d'ailleurs paradoxalement, comme toutes les régions de vignobles, comme moins touchées que d'autres par l'alcoolisme, on ne boit pas inconsidérément de l'absinthe, car le pastis est roi. Mais lors de la fabrication de l'absinthe, on met quelques grains d'anis dans le mélange afin de permettre le louchissement** du liquide au contact de l'eau et cet ajout n'est pas sans effet sur son parfum. Du coup, par une association abusive, toutes les boissons alcooliques anisées ont rejoint l'apéritif maudit sur le banc de l'infamie. D'autant que si l'on en croit la remarque de bon sens des défenseurs du pastis, qui ne fournissent cependant pas de preuves, « des fabricants d'autres apéritifs, débarrassés de ce redoutable concurrent qu'était l'absinthe, étaient intervenus pour appuyer la proscription de substituts éventuels[10] ».

---

* La novicité spécifique de l'absinthe, c'est-à-dire celle qui ne résulterait pas seulement d'un excès de consommation de cette boisson très alcoolisée (autour de 70 degrés), a été attribuée par des médecins à l'un des constituants de la plante qui sert à la fabriquer, une essence qu'on nomme la thyone. Celle-ci serait un excitant potentiellement dangereux. Mais cette novicité toute particulière de la liqueur ne semble pas avoir été scientifiquement établie, du moins à l'époque où elle a été dénoncée.

** Le louchissement est la faculté du liquide alcoolisé de prendre une apparence laiteuse.

Sachant que cette interdiction du pastis ne fut certes pas circonstancielle — elle est toujours en vigueur quinze ans après la décision de prohibition —, comment expliquer les espoirs que Paul Ricard place dans ce produit à l'orée des années trente pour lui assurer la réussite ? Loin d'être farfelue, son intuition que la réglementation va évoluer peut se fonder sur toute une série d'observations. D'abord l'opinion a rapidement basculé, au détriment de la propagande des antialcooliques, une fois la Grande Guerre terminée : après tant de souffrances, on a envie de retrouver le goût du plaisir et la mode est au retour à la Belle Époque et à l'épicurisme, donc, aussi, à l'alcool. Les médecins, par ailleurs, accordent désormais la priorité au combat contre de « véritables » maladies, comme la tuberculose, au moment même où les psychiatres et les spécialistes des affaires criminelles « découvrent » la dangerosité des drogues classées dans la catégorie des stupéfiants et ne concentrent plus leur attention sur le seul alcoolisme. La France connaissant de surcroît tout au long des années trente une surproduction viticole, l'essentiel est vite devenu, pour les gouvernants de l'époque, de trouver à tout prix des débouchés pour l'alcool. On atteindra sans doute l'apogée de ce mouvement quand, en août 1931, le ministre de l'Instruction publique, sans hésiter à s'abriter pour cela derrière les travaux de l'illustre Pasteur, émettra à destination des enseignants une circulaire en faveur de la consommation du vin !

Bien avant cette date, dès la première moitié des années vingt, les intérêts politiques immédiats des parlementaires et l'ambiance s'y prêtant, la plupart des mesures prises avant la victoire de 1918 ont d'ailleurs été abolies. Le privilège des bouilleurs de cru, auquel on tient tant dans les campagnes, a été rétabli dès le 28 février 1923. La loi sur le contingentement des débits de boisson a été rendue quasiment inopérante par une loi rectificative adoptée au printemps 1924, en période électorale. En juillet 1922, on avait même déjà réautorisé la fabrication de certains apéritifs anisés. Seule l'absinthe, symbole décidément trop fort, n'a pas bénéficié de l'« amnistie alcoolique », de même que les boissons qui lui ont été *de facto* associées, comme le pastis.

Mais le pastis fait partie, en Provence, de la tradition la plus ancienne et chacun, dans les collines, en a toujours fabriqué pour la consommation de la famille et des gens des environs. Quant aux liqueurs anisées réautorisées, elles doivent, selon la loi, contenir cent cinquante grammes de sucre par litre, ce qui, note Paul Ricard, implique, « pour qu'un produit ait l'apparence du pastis, de le servir avec autant d'eau que de liqueur, en faisant une boisson trop alcoolisée et au goût douceâtre, ne répondant pas du tout au goût du buveur d'apéritif ». Résultat : loin d'avoir disparu des bistrots provençaux et plus particulièrement marseillais, le pastis, plus populaire que jamais, est partout présent mais désormais sous le comptoir — nul besoin en effet de provoquer trop directement les contrôleurs des impôts et des fraudes. Les élus de la région, qu'ils soient maires, conseillers généraux, députés, sénateurs ou ministres, ne cessent d'intervenir. Ils réclament l'abrogation de la prohibition « pour tenir compte de la tradition méditerranéenne »... et en vertu de prétendues qualités médicinales de la boisson attestées par de multiples rapports obtenus de médecins et pharmaciens locaux. Plus le temps passe, plus le souvenir de la guerre s'éloigne, plus on voit au cinéma Raimu triompher dans des « rôles de bistrots », plus leur campagne prend de l'ampleur et finit par ébranler les représentants de l'État. Les importantes pertes fiscales qu'occasionnent la fabrication et la commercialisation clandestines de l'apéritif provençal tout comme la détestable ambiance qu'implique la généralisation de la fraude et l'inévitable répression qui l'accompagne dans le Midi commencent par ailleurs au début des années trente à produire leurs effets à plein. Même les concurrents apparemment directs des producteurs de pastis, les fabricants de boissons anisées autorisées, ne sont plus très opposés à la légalisation d'une boisson qu'ils préfèrent désormais pouvoir proposer eux-mêmes plutôt que de voir une grande partie du marché leur échapper en raison du « trafic ».

Voilà pourquoi le pari de l'enfant de Sainte-Marthe ne pouvait qu'être gagnant à terme. Il n'aura pas à attendre longtemps pour le prouver. Subitement, le 7 avril 1932, les autorités découvrent qu'elles avaient fait une erreur « en englobant dans une même condamnation l'absinthe hallucinogène et le pastis inoffensif, voire bienfaisant pour l'organisme[11] » et le démontrent en publiant quelques lignes dans le Journal officiel annonçant la « libération » du pastis. Paul Ricard peut pavoiser. Certes, il ne sera pas le seul à bénéficier de la mesure. Les cinq principaux distillateurs de la capitale du Midi ne vont pas manquer en particulier de saisir rapidement la nouvelle opportunité. Mais il est en avance : il a déjà inventé son pastis « grand public », réalisé plus ou moins ce qu'on appellerait aujourd'hui une étude de marché, et séduit ses premiers clients grâce aux dégustations offertes dans les bars visités. Quelques mois auparavant, il a même pensé à donner un nom provençal à sa création personnelle, en choisissant tout simplement... le sien. Et il a décidé d'axer le lancement de son apéritif sur ce nom avec le slogan « Ricard, le vrai pastis de Marseille ». Une marque est née. Ne reste plus qu'à convaincre son patron de l'heure, autrement dit son père, toujours sceptique et surtout inquiet devant la taille des concurrents à affronter. Il obtiendra une nouvelle fois de sa part le droit à l'essai, matérialisé par la fourniture de soixante litres d'alcool et l'achat de trois foudres chez Pernod et d'un alambic « professionnel » d'occasion, le tout permettant de remplir mille deux cents bouteilles.

L'obstiné Paul Ricard réussira au-delà de tous ses espoirs. Bien entendu, comme l'a prédit son père, la concurrence se dépêche d'occuper le terrain. Le décret de 1932 est à peine signé que plus de dix fabricants vantent les mérites de leur marque à Marseille où l'anis Persan, l'anis Verdon, l'anis Provençal, l'anis Marseillais, etc. rivalisent avec le pastis Ricard — car lui seul a alors osé s'attribuer le populaire nom générique de la boisson. Mais, malgré leurs puissants moyens, ces vieilles maisons déjà actives avec d'autres produits s'avèrent moins bien préparées que le nouveau venu et surtout ne jouent pas, comme ce dernier, tout leur avenir dans cette aventure. Homme à tout faire les premiers temps, Paul Ricard s'occupe de la fabrication le soir avec son jeune frère Pierre, âgé de dix-huit ans, et court pendant toute la journée d'un point de vente à l'autre pour promouvoir, avec l'énergie que procure la certitude intime de proposer le meilleur pastis de la place, son apéritif. Il a conçu un produit au goût fort, qui possède à l'arrivée une saveur originale par rapport à celle des boissons concurrentes. Il a également inventé l'« apéritif pour tous », selon sa propre formule, car son pastis se boit à petites doses fortement arrosées, ce qui permet de tirer une cinquantaine de verres d'un litre contre quinze ou vingt pour un anis ordinaire. Le client aura l'impression de s'y retrouver puisque la boisson, déjà conçue pour être à son goût, lui coûtera peu cher ; et le commerçant aussi puisque, comme l'habile fabricant-vendeur ne manque pas de le lui expliquer, après lui avoir fourni sa bouteille à un prix un peu plus élevé que celui de la concurrence, il y gagnera en fin de compte avec la quantité servie par bouteille. De plus, chaque consommateur ne prendra-t-il pas plusieurs verres d'un breuvage aussi léger — le mélange n'est d'ailleurs bon, selon son propre inventeur, que léger — et désaltérant ? Ce raisonnement contredit celui du patron de Pernod, M. Hémard, qui aurait affirmé à la même époque, sans doute en souriant, qu'en servant trois fois plus de verres au litre, on ne pourra évidemment, simple affaire de bon sens, que faire chuter la consommation[12]. Il s'avérera pourtant exact.

Il ne faudra que quelques mois pour voir l'activité pastis prendre à Sainte-Marthe une dimension industrielle. Joseph Ricard, toujours officiellement prudent mais déjà épaté en son for intérieur par le sens des affaires de son aîné, achète, avant la fin de 1932, le terrain attenant à son commerce de vin pour construire une petite usine. Ainsi sait-on enfin où abriter l'embouteilleur — la bonne volonté des copains de Sainte-Marthe mis au travail chaque nuit pour aider le jeune entrepreneur à satisfaire les ordres de ses clients ne pouvait avoir qu'un temps ! — et les grandes cuves fabriquées et livrées à la hâte par Coder en signe d'amitié envers les Ricard, les deux familles étant en très bons termes. Rapidement l'embauche de quatre employés de bureau, quatre ouvriers et deux livreurs est venue mettre un terme au cauchemar permanent de la rupture de stock, jusque-là inévitable dès qu'une commande dépassait dix bouteilles. Un an exactement après le coup d'envoi d'avril 1932, Paul Ricard en est déjà à envisager la conquête de la rive ouest de la Méditerranée au-delà des frontières : « À Pâques 1933, rapporte-t-il dans ses mémoires, j'effectuai un voyage de trois jours à Barcelone pour faire goûter mon pastis aux Espagnols et établir une tête de pont en Catalogne. » Il dit alors, assure-t-il, à son père : « Je te laisse trente hectolitres de marchandises, j'espère que tu en auras assez jusqu'à mon retour. » Il ne s'agit pas, si l'anecdote est exacte, de vantardise : en 1932, huit mois d'activité, en partant de zéro, ont permis de vendre 364 000 bouteilles.

Les fabricants de spiritueux de la région, au vu des résultats, commencent vite à s'inquiéter de la réussite atypique de ce jeune homme d'à peine vingt-quatre ans sur « leur » marché. Ils ne tardent pas à laisser entendre que son produit comme sa gestion ne sont peut-être pas tout à fait conformes à la réglementation. Bientôt le service des contributions se penche sur le cas Ricard et on voit des contrôleurs de la répression des fraudes visiter les cafés et prélever des échantillons de l'apéritif suspect alors même que les clients du « pastissier » de Sainte-Marthe sont menacés de boycott par quelques grossistes s'ils ne renoncent pas à se fournir chez lui. Rien n'y fait, car le succès de Ricard ne devait rien, bien entendu, à l'illégalité, encore moins à des circonstances éphémères. Il repose sur un pari commercial bien préparé, on l'a vu, et un talent hors pair d'homme de marketing qui se manifeste à un moment où le marché s'apprête à devenir des plus porteurs.

Paul Ricard est lui-même un vendeur convaincant mais il a surtout réussi à transmettre sa conviction à des représentants recrutés à la hâte et bien rémunérés — à la commission mais avec des primes de rendement importantes. Ce réseau de vendeurs s'apparentera bien vite à un réseau de « militants » d'une boisson agréable et inoffensive, l'anti-absinthe en quelque sorte. L'objectif est de rendre le produit sympathique, de lui conférer une image aux antipodes de celle autrefois véhiculée par *L'Assommoir* et les ligues antialcooliques. On privilégie donc les méthodes de publicité et surtout de relations publiques peu onéreuses et allant dans ce sens. Les camions de la société sont parés, à l'instar de l'étiquette, de couleurs bleues et jaunes qui célèbrent l'eau et le soleil ; la vedette phocéenne de la chanson Darcelys vante dans ses tournées « la boisson du soleil » ; la fête annuelle de Sainte-Marthe est parrainée par Ricard et prend tant d'ampleur qu'elle devient un événement provençal couvert par la presse dûment alertée et invitée ; des stands de dégustation sont systématiquement installés dans les foires commerciales ; des brochures, c'est une première dans ce secteur, présentent les résultats de l'entreprise et son matériel ainsi que le mode de fabrication du pastis et la bonne façon de le servir aux professionnels de l'hôtellerie et aux débitants de boissons, etc.

Malgré la crise économique, le marché, marseillais au début, est d'autant plus réceptif que le pastis garde un parfum de « défendu » après sa longue clandestinité. Tout le sud de la France suit bientôt, stimulé par la mode marseillaise qui envahit alors le territoire avec les succès des Vincent Scotto, Tino Rossi et autres Fernandel ou la gloire de Marcel Pagnol, dont les textes et les films sentent le pastis. Arrive le Front populaire. Loin de se lamenter outre mesure, le jeune entrepreneur autodidacte, déjà disciple de Ford, bientôt précurseur avec quelques autres de la participation et du capitalisme populaire*, ne se sent guère solidaire

* Peu après la mort de Joseph Ricard, en 1937, le commerce familial est transformé en société par actions. Paul Ricard décide alors d'attribuer des actions gratuites pour associer le personnel au capital de l'entreprise, persuadé, comme il le dit dans ses

de ses collègues chefs d'entreprise affolés par le désordre : « Bon nombre de ces patrons, écrit-il dans ses mémoires, n'avaient pas volé ce qui leur arrivait. Moins par égoïsme, du reste, que par ignorance des réalités économiques nées du développement industriel. Ils ne comprenaient pas qu'en augmentant le pouvoir d'achat ils développaient la consommation, c'est-à-dire la production et la prospérité de leurs entreprises, et non le contraire. » L'institution des congés payés, l'inauguration de l'ère des loisirs ne pouvaient, il est vrai, que profiter au pastis, et surtout à Ricard, « l'alcool à petite dose ».

C'est la faute à Arthur

À la veille de la guerre, ce contexte et l'agressivité commerciale du jeune patron marseillais devaient à la fois permettre à l'entreprise de franchir une nouvelle étape et favoriser, indirectement, la « catastrophe » de 1940. En 1938, en effet, Paul, devenu seul maître à bord après la mort de son père l'année précédente, pressé de réaliser son rêve avoué de faire de son patronyme un nom commun, synonyme de pastis, décide d'implanter définitivement la marque, déjà bien connue tout autour de la Méditerranée, au nord de la Loire et en particulier à Paris pour couvrir l'ensemble du marché national. Pour conquérir la capitale, il entend agir dans une première étape comme il l'avait fait autrefois autour du Vieux-Port en attaquant, après avoir réussi à s'en procurer la liste, le marché des bars et des restaurants... tenus par des Marseillais. Son matériel de propagande est à l'évidence adapté à de tels clients en imposant la formule : « Buvez le pastis à la marseillaise, à petites doses avec cinq volumes d'eau !» Mais cette offensive, pour utile qu'elle soit, n'est pas à l'échelle de la ville à conquérir. Seul un recours important à la publicité peut assurer une notoriété suffisante pour appuyer l'effort commercial. Paul réussit non sans mal à convaincre le directeur de l'agence Havas d'adopter sa conception des affiches et des placards à insérer dans la presse : il veut, loin de la réclame encore dominante, privilégier le rédactionnel et personnaliser les annonces « pour donner une âme au produit ». En pratique, à côté d'une photographie de lui-même, un large sourire aux lèvres, il explique aux lecteurs au fil d'un petit texte ce qu'est son pastis et la bonne façon de le boire. Il se dit prêt, au total, à dépenser plusieurs millions de francs, un investissement énorme à l'époque dans le secteur de l'alimentation, pour cette campagne de promotion.

Le leader incontesté du marché des boissons anisées, Pernod, l'ancien grand de l'absinthe avant guerre, fait encore figure de Goliath face au David de la Canebière[13]. Il commence bientôt à trouver ce dernier bien

mémoires, qu' « un actionnaire salarié est forcément plus concerné qu'un investisseur ». Après la guerre, Paul Ricard se fera le chantre du capitalisme populaire.

voyant voire, petit à petit, menaçant. Non seulement Ricard occupe le terrain avec ses représentants et les médias avec ses annonces, mais il s'attaque au concept même comme on dirait aujourd'hui du produit en invitant les clients à baisser, au moins apparemment, leur consommation par le système de la petite dose bien arrosée d'eau et meilleur marché que les autres apéritifs comparables. Pernod entreprend donc de mater son jeune concurrent en organisant une grande contre-attaque. L'énorme campagne publicitaire, restée célèbre, qu'il lance ainsi juste avant guerre est axée sur le slogan : « Un Pernod pour Arthur ! ». Le dénommé Arthur, censé représenter le Français moyen, peut être décrit, selon Paul Ricard, à l'objectivité évidemment non garantie, comme « un personnage grotesque à l'allure de pochard [...] se tapant son pastis bien tassé avec un air de satisfaction vulgaire ». Quoi qu'il en soit, la bataille entre les deux marques fera rage, Ricard opposant bientôt à « Arthur », qui a envahi les panneaux d'affichages et les ondes, un autre personnage, bien réel celui-là, le jovial Darcelys, qui apostrophe les Parisiens sur d'innombrables affiches de 3,20 m sur 2,40 m avec un sourire éclatant : « Alors, tu y prends goût à notre pastis ? » Les deux organisateurs des campagnes, les publicitaires Bernard de Plas et Alexandre, associés dans une même agence, mettent tellement du leur dans ce véritable duel qu'ils finirent par se fâcher. Le tapage sera coûteux — trois millions et demi de francs en fin de compte pour Ricard, beaucoup plus certainement pour Pernod — mais de prime abord efficace puisque la consommation d'anisés connaît alors une spectaculaire ascension, au point d'inquiéter les fabricants d'apéritifs traditionnels menacés de perdre durablement leurs parts de marché. 1939, malgré une fin d'année évidemment difficile, verra Ricard approcher la barre des quatre millions de litres vendus. À Sainte-Marthe, c'est l'euphorie.

L'arme de la publicité, la suite le révélera, est pourtant à double tranchant. Alors même que son emploi atteint son apogée, Arthur devenant sans doute l'un des Français les plus connus sinon les plus aimés, le climat de montée des périls caractérisant la fin des années trente entraîne en effet un nouveau retournement de situation. Les antialcooliques, totalement sur la défensive depuis une vingtaine d'années, remarquent que l'ambiance n'est plus au laisser-aller. Ils reprennent espoir, dénoncent les « scandaleuses réclames » pour les apéritifs et arrivent de nouveau à émettre des propositions [14]. Les derniers gouvernements de la troisième République, sans manifester pour autant un zèle excessif car les pressions du lobby de l'alcool restent fortes, ne font plus la sourde oreille. Ainsi, le Haut Comité de la population, sentant le moment venu de s'enhardir sur ce point, élabore à la hâte à la fin du printemps et au début de l'été 1939 des projets de dispositions antialcooliques à intégrer au code de la famille qui va être promulgué le 29 juillet de la même année. Il en résultera finalement une extension de la mesure de limitation du nombre des débits de boissons, adoptée depuis le 9 novembre 1915 mais jamais sérieusement appliquée, à ceux vendant des alcools « légers » — vins, bières, cidres — et une répression plus active de la fraude liée à l'exercice du privilège des bouilleurs de cru. Le principe d'une taxe additionnelle sur les alcools est par ailleurs retenu pour financer l'application du code, mais le lobby des viticulteurs et des négociants réussira à restreindre considérablement la portée de cette décision en faisant diminuer de moitié le montant du prélèvement prévu — trois cents francs par hectolitre au lieu des six cents proposés — et surtout son champ d'application. Seuls les apéritifs, en effet, seront taxés, première conséquence sans doute de l'attention qu'ils avaient attirée sur eux en raison de la politique de publicité agressive des fabricants.

Cette tendance à préparer — beaucoup — et à mettre en application — un peu — un durcissement du dispositif antialcoolique, tout en exonérant comme toujours le vin de la plupart des pénalisations, marquera encore la période suivante, celle de la drôle de guerre de l'automne 1939 au printemps 1940 [15]. En octobre et novembre 1939, le Conseil supérieur de l'hygiène publique et le Haut Comité de la population sont encouragés, notamment par le ministre de la Santé, M. Rucard, à bâtir un nouveau programme antialcoolique, beaucoup plus complet. Le décret du 18 février 1940 qui prohibe surtout la vente des apéritifs — et là encore seulement des apéritifs — titrant plus de dix-huit degrés trois jours par semaine, les mardi, jeudi et samedi, résulte de ces travaux. Cependant, bien qu'un éventail très large de mesures soit proposé par le Haut Comité dès le début du printemps, on maintient ensuite le *statu quo*. Le titulaire du portefeuille de la Santé ne peut alors surmonter les réticences de ses collègues des Finances, de l'Agriculture et du Commerce, qui n'ont accepté auparavant la prohibition à mi-temps des apéritifs les plus décriés que comme un compromis allant à l'extrême limite du possible d'un point de vue politique.

De fait, le décret de février 1940 est plutôt mal accueilli : priver un jour sur deux le Français moyen de son apéritif ne va pas de soi même quand on peut invoquer, comme en 1915, les besoins militaires en alcool pour faire passer la mesure, dont le ministre de l'Armement Raoul Dautry est d'ailleurs un des signataires. Cette impopularité et l'activisme du lobby des fabricants de boissons alcoolisées, renforçant ou suscitant la position réservée des ministres « économiques », sont alors tels qu'on peut imaginer qu'aucune autre décision antialcoolique n'aurait pu être effectivement prise en 1940 par les autorités en place sans un changement de régime. En mai, d'aucuns annoncent même déjà une probable annulation des « trois jours sans ». Et le projet global imaginé par le Haut Comité, évoquant notamment une interdiction totale des apéritifs à base d'alcool, une taxation sévère de la publicité pour les boissons alcoolisées, une répression accrue de l'ivresse publique et une campagne antialcoolique dans les établissements scolaires, est alors totalement bloqué. Il est cependant rédigé et rangé, fin prêt, dans les tiroirs du ministère de la Santé.

Cette « impossibilité », au-delà de quelques mesures contre les apéritifs, de s'attaquer véritablement à l'alcoolisme même après la déclaration de guerre, puisque le vin est toujours considéré comme généralement à recommander, suscite des réactions vigoureuses des antialcooliques « professionnels » mais aussi de certains tenants de l'ordre et de la morale qui commencent à tenir le haut du pavé. D'autant que, même si on ne sait pas encore ce que sera son destin à la mi-1940, l'armée semble alors en pointe dans le combat peu glorieux... pour la consommation alcoolique. Le gouvernement, toujours encombré de surplus viticoles, non content de financer une propagande nationale selon laquelle « le vin rend fort et joyeux » et « un jour sans vin est un dimanche sans soleil », a ordonné en effet, fin 1939, à la hiérarchie militaire de fournir aux forces armées « le vin chaud du soldat ». Ainsi, assure la Commission des boissons de l'Assemblée, les aidera-t-on, comme à Verdun, à vaincre l'ennemi. L'influent député-maire de Béziers Édouard Barthe, porte-parole des viticulteurs du Midi, est formel : « Il faut arriver au litre [de vin quotidien] comme au cours de la dernière guerre ! » D'autres parlementaires proches du lobby de l'alcool, comme MM. Portmann et Roustan, vantent également les vertus du vin en tant que « bon compagnon du soldat, dispensateur d'énergie, de courage et de bonne humeur ». Les protestations des médecins militaires, qui dénoncent l'alcoolisme comme « l'ennemi intérieur » de l'armée, ou de certaines associations ou autorités comme le Conseil général de l'Eure[16] ne sont d'aucune utilité pour modifier la situation et leur permettent tout au plus de prendre date.

Rien d'étonnant, donc, si après la débâcle et l'armistice, au moment de s'interroger sur les causes d'un tel désastre, l'alcoolisme peut rapidement être mis en accusation par ceux qui veulent incriminer le laxisme du régime précédent. L'accusé numéro un, une fois de plus, ne sera pourtant pas le vin, ce redoutable « compagnon du soldat », mais la « France de l'apéro » que Drieu La Rochelle brocardait déjà en 1937 en l'opposant à la « France du camping », symbolisée à ses yeux par Doriot[17]. Les apéritifs, que tous les antialcooliques, résignés à ne pouvoir trop ouvertement attaquer le vin, et même souvent ambivalents à son égard, n'ont cessé de prendre pour cible principale à l'époque, sont les premiers à être montrés du doigt. Et le coupable idéal, parmi ces alcools désignés comme responsables de la « dégénérescence » de la population et plus particulièrement de l'armée, ce sera, à défaut de l'absinthe, les boissons qu'on estime être — on l'a vu — ses substituts, autrement dit les spiritueux anisés. Si la France a perdu la guerre, dit-on alors, c'est « la faute à Arthur », comme le relève, pour s'en indigner, Paul Ricard : « Il aurait pu, au lieu de siroter son pastis bien frais, fabriquer des avions, des canons et des tanks. Mais Arthur, après tout, n'était ni président du Conseil, ni ministre de la Guerre, ni général en chef. » Voir l'industriel marseillais, à partir du moment où tous les fabricants d'alcools anisés sont en danger et sont donc condamnés à la solidarité, prendre le parti du buveur de Pernod tant décrié la veille est évidemment piquant mais logique. Il ne s'agit plus tout d'un coup, avec Arthur, de ce personnage jugé antipathique et nocif pour l'image du secteur, mais de celui que les Français ont élu comme symbole du consommateur d'anis ou de pastis, lui-même symbole désigné par les autorités du consommateur excessif et même de l'alcoolique. Il est donc, selon Paul Ricard, victime d'un jugement erroné et d'une injustice puisqu'il est tout simplement traité comme autrefois l'amateur d'absinthe, avec lequel il n'a rien à voir, les deux produits n'ayant en réalité aucun point commun.

Arthur, il est vrai, paraît même traité plus durement que l'ancien buveur d'absinthe. Il avait fallu un an lors de la Première Guerre mondiale pour bannir la « fée verte », il ne faudra pas même un trimestre au nouveau gouvernement pour faire subir le même sort au pastis. Le 20 juillet, alors que le cabinet Pétain n'a pas un mois et ne dispose des pouvoirs de légiférer par décret que depuis dix jours, une première offensive antialcoolique annonce les intentions des autorités : un décret-loi défend la distillation à domicile et supprime le régime dit du forfait [18], deux décisions visant à mieux contrôler la fraude et à supprimer la faculté de production de surplus « légaux » chez les bouilleurs de cru. Un mois après, un deuxième train de mesures d'une autre ampleur, celui dont Paul Ricard apprend l'existence au bar Terminus de Sainte-Marthe pendant l'été 1940, démontre spectaculairement la détermination de Vichy. Le 23 août, en effet, une loi au libellé fort complexe, signée Pétain mais émanant du secrétariat d'État à la Famille dirigé alors par Jean Ybarnegaray, dépasse cette fois en sévérité les textes édictés en 1914-1918. Les taxes sur l'alcool atteignent un niveau record, avec quatre mille francs par hectolitre, les tribunaux se voient interdire d'accorder les circonstances atténuantes aux délinquants ayant commis une infraction en état d'ivresse, les ligues antialcooliques sont reconnues d'utilité publique, les jeunes de moins de vingt ans ne peuvent plus se faire servir certains alcools dans les débits de boissons, la publicité en faveur des apéritifs est prohibée et, surtout, la fabrication et la vente de divers apéritifs à base d'alcool titrant plus de seize degrés est interdite.

Traduites en clair, ces mesures de juillet et août 1940 sont bien de nature à pénaliser la production, le commerce et la consommation des boissons alcoolisées, mais de façon à nouveau très sélective. Alors que le vin et d'une manière générale toutes les boissons alcoolisées d'origine agricole — y compris les produits de l'alambic — ne sont guère touchés, seuls sont radicalement visés, et sans appel, divers apéritifs à base d'alcool. Même si elle contient bien d'autres dispositions non négligeables, et si elle concerne d'autres types d'apéritifs que les anisés, comme certains à base de gentiane, la Suze par exemple, la loi d'août 1940 est bien en grande partie une loi antipastis.

L'aggravation très sensible de ses stipulations qui sera décidée par une nouvelle loi un peu plus tard, le 24 septembre 1941, ne changera pas fondamentalement son orientation puisqu'elle visera surtout à rendre applicable, tout en le durcissant un peu, le texte de l'été 1940 que tous les observateurs jugeaient très imparfait et souvent facile à tourner. La principale innovation consistera alors à annoncer une nouvelle mais timide limitation du nombre des débits de boissons et une définition des horaires où ces derniers peuvent servir les nombreux apéritifs encore autorisés ou les digestifs. On étendra aussi les cas d'interdiction de toute publicité à certains types d'alcools jusque-là non visés pour éviter que des apéritifs ne poursuivent leurs campagnes de promotion en se faisant passer pour des digestifs. Et on décidera de contrôler la vente de certaines essences comme l'anis, le fenouil et la badiane, toutes destinées à la fabrication du pastis, afin de mieux réprimer la fabrication clandestine de la trop populaire boisson méridionale.

À part cette mise à l'index du pastis, la réglementation adoptée par Vichy est à bien des égards plus spectaculaire que radicale. De l'été 1940 à la Libération, en effet, le vin, bien sûr, mais aussi le rhum, le cognac, l'armagnac, les eaux-de-vie dites « naturelles » et quantité d'autres boissons alcoolisées seront toujours en vente, même si leur disponibilité, du fait des réquisitions allemandes, ira en faiblissant rapidement après 1941. Et le législateur ne se manifestera plus après la première année de l'Occupation même si le régime de Vichy déclarera plusieurs fois que les textes de 1940 et 1941 ne constituent qu'une première étape sur le chemin de la lutte contre l'alcoolisme. En 1943, une commission interministérielle sur l'alcoolisme sera bien créée pour évaluer l'effet des mesures déjà adoptées et en proposer de nouvelles mais elle n'aura pas la faculté de modifier à nouveau les textes. Tout au plus, de 1942 à 1944, assistera-t-on, grâce au contrôle que permet la nouvelle classification des boissons et des débits en plusieurs catégories distinctes en application de la loi de 1941, au lancement d'une campagne de « promotion forcée » des produits non alcoolisés — chaque débit doit en vendre au moins dix — et à l'établissement d'une fiscalité plus avantageuse pour les cafés ne servant pas d'alcools forts.

Si la détermination antialcoolique de Vichy peut donc être quelque peu suspectée, faut-il, pour autant, attribuer en grande partie à des causes sans lien avec une politique de santé publique l'émergence de la législation de l'été 1940 ? Cinquante ans après les faits, Paul Ricard, il nous l'a répété après l'avoir écrit, reste persuadé que non seulement les textes de Vichy visaient en premier lieu le pastis, mais que de plus ils avaient été édictés pour contenter des fabricants du même secteur inquiets du succès grandissant des boissons anisées et assez habiles pour les faire disparaître en profitant de l'alibi des nécessités de la guerre. Dans une brochure qu'il distribue volontiers à ses visiteurs, on peut lire que « la prohibition des apéritifs anisés en 1940 avait été décidée pour servir des spiritueux concurrents [19] ». L'argument ainsi formulé est difficilement recevable. Nul, y compris chez les vendeurs de pastis, n'a jamais produit à notre connaissance une preuve, même indirecte, d'un tel complot interne à la profession. On se demande qui aurait bien pu l'organiser pendant l'été 1940, alors que les producteurs importants, quand ils ne sont pas encore absents de leurs entreprises, ont bien d'autres préoccupations plus urgentes. Aujourd'hui, dans le groupe Pernod-Ricard, l'un des principaux directeurs, que nous avons pu interroger, ne se hasarde pas à soutenir telle quelle cette hypothèse[20]. Ce dernier, tout comme plusieurs spécialistes de l'histoire de l'alcool ou de l'antialcoolisme, s'interroge tout au plus sur le rôle qu'ont pu jouer d'autres fabricants de boissons alcoolisées pour entretenir indirectement la campagne de dénigrement des boissons anisées, concurrents de plus en plus dangereux à partir de 1939. Il paraît clair, par ailleurs, que le puissant lobby viticole, défenseur de toutes les boissons issues du vin ou des fruits, ces breuvages « naturels » d'origine agricole et donc à ses yeux nécessairement sains, n'a pu œuvrer comme autrefois qu'en défaveur des alcools d'origine « industrielle ». Qu'en plus des militants antialcooliques, revenus alors en grâce, les distillateurs d'autres produits et les négociants en vin aient ainsi participé à diffuser dans les sphères dirigeantes des sentiments voire des préjugés antipastis, presque jusqu'à faire oublier qu'on buvait l'apéritif anisé avec de l'eau, ne fut donc probablement pas pour rien dans le contenu effectif des lois de 1940. Cela ne les explique pas, du moins pour l'essentiel.

On peut rester sceptique également devant la justification « militaire » de la prohibition qui aurait été avancée, du moins au tout début, par les autorités. Celles-ci, a-t-on dit, ont invoqué auprès des fabricants l'intérêt stratégique de l'alcool industriel, qui intervient comme on le sait dans la production des explosifs, pour expliquer « techniquement » l'interdiction des produits en contenant une importante proportion. Autant, en effet, la mesure indirecte de rationnement prise après la déclaration de guerre était cohérente avec un tel argument, étant donné les besoins des poudreries, autant il avait pour le moins perdu de sa valeur après un armistice que le gouvernement ne supposait manifestement pas révocable. Les occupants allemands auraient pu certes reprendre à leur compte une décision de contrôle draconien de l'alcool pour, comme dans tant d'autres domaines, utiliser au maximum à leur profit les ressources de l'économie française. Mais ils ne semblent pas être intervenus à ce sujet dès le milieu de l'été 1940[21]. Si tel avait été le cas, Vichy aurait probablement, comme dans toutes les situations semblables, émis des protestations dont on aurait pu retrouver la trace.

Le scénario le plus probable du processus ayant conduit à la prohibition du pastis peut s'écrire en fin de compte, de l'avis général des spécialistes, sans recours ni à un mystérieux complot des concurrents ni à une causalité technique. Si les mesures prises furent si précoces et si radicales, tout d'abord, c'est tout simplement, comme on l'a vu, qu'elles étaient déjà prêtes, presque telles quelles, depuis plusieurs mois dans les tiroirs de l'administration grâce au projet réclamé au Haut Comité de la population par le ministère de la Santé et non appliqué. Deux des grandes préoccupations les plus immédiates du gouvernement Pétain étant de rétablir l'ordre moral et familial et de trouver des coupables après la défaite, il avait toutes les raisons de vouloir donner au plus vite force de loi à un texte existant aussi cohérent avec ses desseins. L'alcoolisme, selon Vichy, mettait en effet en danger « l'avenir de la race française » — l'expression est celle du ministre des Finances Yves Bouthillier lorsqu'il évoque les textes de l'été 1940 dans ses mémoires[22] — et expliquait pourquoi l'armée française « avait perdu son esprit de corps » selon les mots de l'amiral Darlan[23], persuadé après tant d'autres responsables civils et militaires que les soldats avaient noyé leur combativité dans l'alcool. Aucune équipe ministérielle, par ailleurs, n'ayant été plus hygiéniste que celle de l'été 1940, au moins au niveau des intentions affichées, il était quasiment inéluctable qu'elle légifère dans ce domaine. Les seuls éléments un peu surprenants du dispositif anti-alcoolique, en fin de compte, se résument, vu d'aujourd'hui, à l'acharnement sur les boissons anisées et à la quasi-immunité accordée à toutes les boissons d'origine agricole, laquelle ôtait beaucoup de leur portée aux mesures prises. Mais si on se replace dans le contexte de l'époque, on ne saurait véritablement s'étonner qu'un cabinet à l'idéologie ruraliste comme celui de Vichy n'ait pas tenu à renverser une situation provenant d'un siècle de croyance dans les vertus des boissons fermentées peu alcoolisées — vin, bière et cidre — et d'un aussi long temps de lobbying efficace en faveur des boissons « agricoles ». Pétain lui même n'avait-il pas accepté quelques années auparavant d'écrire un « Hommage au vin* ». Quant à la « diabolisation » du pastis à l'heure de la recherche des responsables du désastre de 1940, son statut de symbole, acquis aussi bien par son bruyant succès de la fin des années trente que par son image de substitut de l'absinthe tant maudite lors de l'autre guerre, suffit en grande partie à l'expliquer[24]. Nul ne s'est demandé à l'époque si son degré alcoolique réel dans le verre était supérieur ou, comme c'est le cas, inférieur à celui des vins doux servis en apéritifs et même à celui du vin de table courant — sans parler, évidemment, des digestifs.

Désignés comme des boucs émissaires par Vichy, les fabricants de boissons anisées, de plus, ne risquent guère alors de trouver beaucoup

* Même s'il serait excessif d'y voir un lien de cause à effet avec le contenu des textes de juillet et août 1940, on peut en effet noter que le maréchal Pétain avait écrit le 27 juillet 1935 un « Hommage au vin ». Ce texte avait été utilisé, sous forme de fac-similé manuscrit, par les établissements Nicolas dans une plaquette publicitaire. Rappelé dans un ouvrage de J.-L. Crémieux-Brilhac (*Les Français de l'an 40*, tome II, Gallimard, 1990), le contenu de cet « Hommage » n'est pas sans intérêt : Pétain, en effet, n'hésite pas à affirmer que le vin « a largement concouru, à sa manière, à la victoire [de 1914-1918] » ! On peut donc imaginer qu'une législation comme celle de 1940, épargnant pour l'essentiel le vin et les apéritifs ou digestifs à base de vin, permettait à l'ancien vainqueur de Verdun d'encourager un effort très « moral » contre l'alcoolisme sans se contredire trop ouvertement par rapport à ses positions antérieures et sans heurter véritablement de front l'opinion publique.

de défenseurs. Redoutés par leurs concurrents directs, dénigrés par l'ensemble des producteurs de boissons alcoolisées trop heureux de constater que d'autres concentrent sur eux toutes les attaques des animateurs de la lutte contre l'alcoolisme, ils sont isolés. On ne sait si tous les acteurs du secteur ont été véritablement tentés d'utiliser à leur profit l'infortune de leurs malheureux « collègues » pour protéger leurs propres intérêts, mais certains ont franchi ouvertement le pas. Le ministre de la Santé publique recevra ainsi en août 1941 un courrier très significatif du président du comité d'organisation de l'hôtellerie, qui compte parmi ses membres tous les propriétaires de débits de boissons[25].

L'auteur de la missive, Jean Gommy, remarque d'abord, ce qui est incontestable, que si la loi d'août 1940 laissait « libres à la consommation [...] des alcools de bouche qu'il est d'usage de consommer après les repas tels que eaux-de-vie, cognac, armagnac, Cointreau, Chartreuse, Bénédictine, etc », en revanche, « il n'est pas douteux que dans l'esprit des rédacteurs de la loi toutes les boissons apéritives à base d'alcool étaient condamnées et plus particulièrement celles à base d'anis, d'absinthe ou dérivés, comme sont les Berger, Pernod, Ricard et autres pastis ». Ce rappel charitable, avec citation des marques, qui au passage confirme bien que nul ne s'est trompé sur l'orientation antipastis de la loi, a pour objet, assure-t-on, de dénoncer les pratiques frauduleuses : « Certains distillateurs, qui fabriquaient les produits condamnés, ont tenté d'offrir les mêmes produits sous la dénomination liqueurs après leur avoir fait subir une modification, notamment de leur teneur en alcool ». Pour mettre un terme à ce scandale, il faut et il suffit d' « ordonner l'interdiction totale de servir et consommer dans l'avenir des boissons à base d'anis, d'absinthe ou de leurs dérivés ». D'ailleurs, ajoute on ne peut plus clairement dans sa note ce supporter zélé de la nouvelle réglementation, le comité d'organisation de l'hôtellerie « souhaite vivement la disparition définitive desdites boissons anisées ». Pourquoi un tel acharnement ? L'auteur de ce vibrant hommage épistolaire à la politique de lutte contre l'alcoolisme décidée à Vichy révèle son véritable but à la fin de son courrier en émettant trois souhaits : 1) que le gouvernement accepte de porter de 16 à 18° le seuil du degré alcoolique autorisé pour les apéritifs non interdits afin d'améliorer la tenue des produits qui sinon, parfois, se troublent ; 2) que la consommation desdits produits, soit les apéritifs à base de vin, soit désormais possible tous les jours ; 3) que, « par exception », l'autorisation soit accordée de servir tous les jours trois spiritueux — cassis, fraise, guignolet — car « ces trois produits à base de fruits sont inoffensifs pour la santé » et « sont généralement servis mélangés avec du vin blanc ou des eaux minérales (Vichy, Vittel, Perrier, etc.) ». Au total, l'essentiel était donc de renforcer le statut de bouc émissaire des boissons anisées... afin de tenter d'obtenir des mesures permettant de relancer la consommation alcoolique en général ! La manœuvre échouera mais apparaît bien symptomatique. Tout comme la lettre très chaleureuse adressée directement au maréchal Pétain par le principal dirigeant de la maison de cognac Denis-Mounié, le même mois d'août 1941, pour lui transmettre une modeste contribution « à l'organisation de la future corporation du cognac » étant donné « l'intérêt que vous portez » aux idées sur le développement de ces structures. Que la loi de 1940 ait ménagé les producteurs et les consommateurs de cognac et qu'il apparaisse nécessaire de préserver l'avenir n'était peut-être pour rien dans ce souci d'assurer la promotion du corporatisme à la mode de Vichy...

Inutile d'imaginer à quel point, pour toutes ces raisons, les protestations des victimes directes de la nouvelle réglementation avaient peu de chances d'être entendues. Elles ne se résignent pas toutes pour autant au silence. Le président de la principale maison touchée, Pernod, également président du syndicat central des fabricants d'anis, protestera ainsi, au nom de sa profession, contre les mesures de l'été 1940 qui vont être « génératrices de ruines inutiles ». En avril 1941, alors qu'il sent manifestement déjà que son combat risque d'être vain, il écrit un long plaidoyer à l'amiral Darlan en se plaignant de voir « perpétuellement différée » la révision de la loi qui condamne à mort « une grande industrie française »[26].

M. Hémard signale d'abord dans son courrier que non seulement des raisons économiques — « pertes énormes du Trésor », ruine des « sociétés propriétaires des principales marques » et des actionnaires « répandus dans toutes les classes du public » — mais aussi et surtout des raisons sociales militent pour un réexamen du problème. On risque, en effet, « la mise au chômage définitive de vingt-cinq mille ouvriers, ingénieurs, représentants, employés, etc. » Il précise même, en s'appuyant sur l'exemple de son propre groupe : « D'août à la fin décembre, nous [Pernod] avons pu payer intégralement notre personnel inoccupé. À cette date, force nous a été d'en liquider une grande partie. Depuis nous maintenons nos cadres dans neuf usines réparties dans toute la France. Si la révision du décret n'aboutit pas, ce sont tous ces cadres qu'il va falloir sacrifier à leur tour et jeter à la rue. » Il poursuit en contestant les fondements mêmes de la nouvelle réglementation. On veut lutter contre l'alcoolisme ? « Avec tous les bons Français, nous nous réjouissons des mesures prises contre l'alcoolisme » et d'ailleurs « les alcooliques sont nos pires ennemis puisque ce sont eux qui justifient, jusqu'à un certain point, la prohibition dont nous sommes victimes ». On cherche à prendre des décisions efficaces pour restreindre la consommation d'alcool ? « Les statistiques vous diront que les apéritifs à base d'alcool représentaient [seulement] 1,8 % de la consommation d'alcool en France. » On se préoccupe de la santé du consommateur ? « Tous les travaux des savants qui ont étudié la question montrent que l'anis n'a rien de spécialement nocif, bien au contraire. » Rien n'empêche, par conséquent, de « concilier le souci de la santé publique avec la sauvegarde des intérêts en cause ». Il ajoute, rejoignant là une thèse chère à Paul Ricard, que si les anis ont été visés en priorité, ce n'est sans doute pas uniquement pour des motifs avouables. « Peut-être avez-vous, amiral, entendu dire du mal de nous ? Tant de gens y ont intérêt ! », écrit-il avant de conclure de façon encore plus précise : « N'est-ce pas des intérêts particuliers qui cherchent à retarder indéfiniment une solution pourtant assez simple ? »

Dans une note de début 1941, M. Enguerrand de Vergie, président de la distillerie de la Suze, signalait lui aussi qu'avec la réglementation adoptée on avait mis « fin en faveur des apéritifs dits à base de vin à une très ancienne lutte commerciale » et créé ainsi « un monopole » au profit de certaines firmes contre d'autres alors qu'aucune raison « économique, technique ou d'hygiène » ne pouvait justifier ce « deux poids deux mesures[27] ». Les arguments financiers (il évalue pour sa part à deux milliards de francs par an les recettes fiscales perdues par l'État) ou sociaux (il évoque la mise au chômage, depuis août 1940, de cinq cent trente ouvriers et employés et de quatre cents représentants et voyageurs pour la seule société Suze) qu'il invoquait étaient par ailleurs semblables à ceux présentés par les fabricants d'anis, même s'il n'oubliait pas pour sa part de rappeler que les apéritifs à base d'alcool, servis avec de l'eau, sont en général moins forts « dans le verre » que leurs concurrents. Son plaidoyer ne connaîtra pas pour autant un meilleur sort que celui du patron de Pernod, l'un et l'autre n'ayant guère apitoyé l'administration vichyssoise.

Poker agricole

Comment Paul Ricard réagit-il pour sa part à l'« écroulement du rêve » — la formule est la sienne — à l'été 1940 ? À peine la radio lui a-t-elle annoncé la suppression de son activité que, une fois le choc encaissé, se refusant à sombrer dans le pessimisme, il se demande comment réagir. Il ne se voit pas déclarer tout à coup au personnel, encore formé pour une grande part des habitants de Sainte-Marthe et des environs, que, puisque l'usine de pastis paraît condamnée à la fermeture, il n'y a plus de travail et il faut partir. Tenter, avec les autres fabricants de faire rapporter la mesure ? Sans aucun lien avec les pouvoirs publics, conscient de l'isolement des entreprises touchées, il n'a jamais pensé, contrairement aux dirigeants de Pernod ou de Suze, que cela pourrait être efficace*. Il décidera certes de se rendre à Vichy pour voir ce qui

* On peut, à cet égard, se demander si le fabricant de pastis marseillais a surtout mieux analysé la situation que d'autres ou s'il a pressenti qu'il ne pourrait guère compter, dans un éventuel combat, sur la solidarité de ses concurrents producteurs d'anis — les deux hypothèses pouvant être complémentaires. Il est frappant, en effet, de constater que dans un passage de son plaidoyer de 1941 pour faire rapporter les mesures de l'été 1940 (*cf.* la lettre de M. Hémard déjà évoquée), le président de Pernod et du syndicat des fabricants d'anis fait état de son désaccord avec les producteurs « des anis à 45° dits Pastis » et n'hésite pas, sans doute pour leur laisser si possible l'exclusivité du rôle de bouc émissaire, à bien marquer une différence entre ces derniers et les « bons

peut être fait, puisqu'on a laissé entendre que des indemnités seraient accordées aux travailleurs privés d'emploi par la loi contre l'alcoolisme, mais sans illusion.

Parti un matin de la fin de l'été ou du début de l'automne 1940 pour Nîmes, avec son chef comptable, en camion gazobois, il trouve ce jour-là un train qui lui permet de rejoindre la capitale de la zone libre très tard dans la soirée. Les hôtels étant tous réquisitionnés, le voyageur de passage comme lui doit se contenter pour dormir d'un fauteuil dans un hall, à cinq francs la nuit. Il réussit le lendemain matin à obtenir une entrevue avec un fonctionnaire dans une de ces chambres des établissements de la station thermale transformées en bureau de l'administration. Ce dernier n'a aucune bonne nouvelle à lui annoncer — il lui confirme qu'il n'y a rien à négocier — si ce n'est que le personnel des sociétés touchées par le décret d'août 1940, comme on l'avait laissé entendre lors de sa promulgation, sera indemnisé par l'État d'un mois de salaire. Le gouvernement permettait donc aux entrepreneurs dans son cas, qui eux n'avaient droit à rien, d'accorder quatre semaines de préavis à leurs employés avant qu'ils ne soient réduits au chômage. Pas de quoi atténuer sérieusement l'angoisse de chaque famille.

De retour à Marseille, Paul Ricard s'interroge. Il n'a pas songé un instant, affirmera-t-il par la suite, à tout simplement fermer l'entreprise en attendant des jours meilleurs. Il entretient il est vrai un tel rapport de proximité — d'aucuns diraient : paternaliste — avec ses employés, qui lui font confiance « pour nous sortir de là[78] », qu'une initiative de ce type est impossible. Elle n'est d'ailleurs pas dans son tempérament. « Je suis mauvais joueur, je n'aime pas perdre, écrit-il dans ses mémoires. Pour un joueur il y a deux façons d'agir quand tout s'effondre : s'énerver et maudire le sort ou faire contre mauvaise fortune bon cœur [...] en gardant la tête haute. On ne gagne pas autrement au poker. » Il choisit donc la seconde méthode, qui l'amène, dit-il, à adopter la ligne de conduite suivante : « Ma foi, puisque nous ne pouvons plus fabriquer de pastis, nous ferons autre chose ! »

En réalité, il tente avant tout de réduire ses charges et son personnel autant que faire se peut : il cède par exemple l'essentiel de la flotte des camions à des transporteurs qui reprendront les chauffeurs. Mais une bonne partie des employés, en particulier ceux occupés à la production, n'ont guère de perspectives d'emploi à l'extérieur. L'obsession de Paul Ricard sera alors de maintenir l'entreprise et, par la même, de trouver des formules de reconversion interne pour tous les salariés encore présents. Le succès qu'avait connu le pastis Ricard avait conduit à réduire à sa plus simple expression le commerce de vins d'autrefois et il n'était pas envisageable de reprendre ce métier. La seule solution consistait donc bien à trouver des activités nouvelles. Mais quoi ? Par chance, la

patrons » — il emploie l'expression — de son syndicat. Vu d'aujourd'hui, après la fusion Pernod-Ricard, cet épisode est évidemment plutôt amusant.

trésorerie confortable du groupe en plein développement avant guerre avait permis à son patron d'acheter un domaine de douze cents hectares en Camargue, le mas de Méjanes, et, ce que d'aucuns pouvaient trouver paradoxal pour le roi du pastis, plusieurs petites sources d'eau minérale, dont une naturellement gazeuse, la Ventadour, au Pestrin dans l'Ardèche. Ce sera le point de départ.

Presque sans se donner le moindre délai de réflexion, estimant qu'il n'avait guère le temps, ni le choix, Paul Ricard a en effet tenu un raisonnement de bon sens. Il aurait alors dit à ses collaborateurs : « Si cela peut vous rassurer, nous ne serons pas les seuls interdits, bientôt. Au train où vont les choses, le travail va manquer partout, surtout dans les villes, et aussi le ravitaillement. » Conclusion logique : « Alors, si vous le voulez, nous allons devenir paysans [...] et nous verrons venir. » Grâce aux acquisitions d'avant guerre, il savait en effet que ce nouveau pari était peut-être risqué mais ni absurde ni impossible. Le domaine de Méjanes, propriété jusque-là des raffineries Saint-Louis, avait servi pendant la guerre de 1914-1918 à la culture de la betterave. La cessation des hostilités et la reprise des importations de canne à sucre avaient mis un terme par la suite à cette activité non rentable en temps de paix. Le lieu, mis à part une quinzaines d'hectares plantés de vignes, n'abritait plus à la fin des années trente que quelques bergers avec leurs troupeaux et avait pu être acheté pour presque rien, dix centimes le mètre carré. L'intention de l'industriel marseillais était alors de l'utiliser un jour en bonne part pour cultiver et récolter des produits aromatiques — fenouil, réglisse, menthe, etc. — utiles à la fabrication de son pastis. Un retour aux sources pour l'ancien « disciple » du ramasseur de plantes du Beausset, le père Espanet, et l'enfant de Sainte-Marthe marqué à jamais, dans ses jeunes années, par le caractère rural de son village natal. Se lancer dans l'agriculture en 1940 dans ce coin de Camargue était donc tout simplement réaliser à plus grande échelle et en développant d'autres productions ce qui avait déjà été réalisé vingt-cinq ans auparavant et ce qui avait déjà été prévu pour les années à venir. Quant à commercialiser les eaux du Pestrin, en vantant leurs vertus médicinales, il ne s'agissait là que de mener à bien une opération envisagée avant guerre — pour initier une diversification des activités de l'entreprise — et remise à plus tard en raison du déclenchement des hostilités.

Paul Ricard réunit donc bientôt à nouveau son personnel, ou du moins ce qu'il en reste, dans la salle de cinéma de Sainte-Marthe, pour lui proposer de se scinder en trois groupes. Au siège, dans l'usine de la périphérie de Marseille, qu'on laissera ouverte, un premier groupe, d'une douzaine de personnes, assurera l'entretien des locaux et des matériels de production du pastis en prévision de l'avenir et travaillera à deux types de tâches. D'abord, il s'occupera d'entraide. Dans des caissettes fabriquées par des menuisiers de l'entreprise, on disposera des aliments transportables pour les envoyer, sous forme de colis, en Allemagne aux prisonniers de Sainte-Marthe — les employés de l'usine mais aussi les membres de leur entourage retenus en captivité. Ensuite, car en bon industriel qu'il est resté il n'oublie évidemment pas qu'il faut faire vivre le site et verser des salaires, on tentera d'utiliser au mieux les installations et les compétences déjà acquises dans le secteur des boissons, en fabriquant autant que possible, c'est-à-dire en petite quantité, des jus de raisin et des vermouths à base de fruits (« La gavotte », le « Bergamo », etc.). Un deuxième groupe se rendra au Pestrin pour découvrir le travail d'embouteillage et de commercialisation du liquide complémentaire du pastis, l'eau. Cette activité pouvait paraître promise à un destin plutôt marginal en période de restrictions, mais, à l'époque, les eaux minérales étaient, beaucoup plus qu'aujourd'hui, parées de vertus médicinales — celles du Pestrin avaient le « mérite » de contenir du fer — qui leur assuraient une clientèle fidèle sinon aussi importante que de nos jours. Elle présentait par ailleurs pour Ricard le mérite d'assurer, comme avec les jus de fruits, une certaine continuité de l'entreprise : on pouvait utiliser « les relations et l'expérience acquise dans la vente du pastis pour vendre de l'eau » et « ainsi éviter de perdre le contact avec les clients ». Elle permettait aussi de justifier la conservation de quelques camions de la société sans risque de réquisition. Le troisième groupe, enfin, le plus important, constitué presque exclusivement d'hommes, était convié à partir jouer les pionniers à Méjanes.

L'aventure en Camargue, celle sur laquelle reposait finalement la réussite ou l'échec du plan de reconversion, ne fut pas banale. Avant même le départ de plusieurs dizaines de « pastissiers » pour le royaume des flamants roses, des chevaux et des taureaux, un camion aux couleurs de Ricard était allé chercher, en se taillant, paraît-il, vu son chargement, un certain succès dans les villages traversés au retour, un troupeau de vaches laitières dans les Alpes. Mais les apprentis fermiers, tout en se familiarisant maladroitement avec la traite, durent avant tout jouer les maçons pour bâtir de quoi loger hommes et bêtes.

Une fois l'élevage lancé, le nombre des vaches fut rapidement porté au-delà de cent et la production quotidienne de lait, qui était rapidement montée à mille litres, dépassera bientôt, en rythme de croisière, les deux mille cinq cents litres. On atteignait ainsi une production équivalente au quart des besoins des enfants des Bouches-du-Rhône suivant la ration définie par le ravitaillement général. Si, côté troupeau, on peut dire qu'on partit pratiquement de zéro, ce fut encore plus vrai côté culture. Les douze cents hectares de Méjanes, hormis le court épisode de la précédente guerre, n'étaient plus travaillés depuis des temps lointains et cet ancien grenier à blé des Romains ressemblait désormais à un désert. La lande sauvage ne nourrissait que d'innombrables et encombrants lapins, et le sel avait profité de la mise en friche pour remonter à la surface de cette terre proche de la mer. Nul espoir de lui redonner une vocation agricole sans entreprendre des opérations d'envergure pour l'irriguer et la dessaler.

Pour creuser les canaux de drainage, il était impossible de se procurer du gros matériel, et les engins d'aujourd'hui — scrapers, pelles mécaniques, etc. — étaient évidemment inconnus. On risquait d'y passer des mois et même des années. Paul Ricard eut alors l'idée d'aller chercher des spécialistes là où ils se trouvaient, en Italie. C'est ainsi que des ouvriers toscans, équipés de leurs pelles carrées, creusèrent des kilomètres de roubines, comme on appelle ces canaux de trois mètres de profondeur en Camargue, au rythme de sept mètres cubes de terre extraits chaque jour par chaque homme en sept heures. Mais comment faire pour dessaler relativement rapidement les surfaces enfin pourvues d'eau ? Bien qu'elle ait pour ainsi dire totalement disparu, la culture du riz avait été jadis pratiquée localement. Elle était donc envisageable et pouvait s'avérer le meilleur moyen de « laver » le sol. Le néo-fermier de Sainte-Marthe, malgré l'opposition de nombre de ses voisins qui l'accusaient de risquer ainsi de détruire le terrain et de mettre la faune en danger, décida de tenter l'expérience. On fit venir, une nouvelle fois d'Italie, une petite quantité de semences. Les premiers hectares donnèrent une récolte qualifiée d'« encourageante », avec un rendement modeste de mille kilos à l'hectare.

Tout fut tenté pour améliorer la moisson de riz mais les gains de productivité ne furent que très progressifs. Si les employés de Ricard avaient assez vite maîtrisé l'élevage, au point de devenir des producteurs de lait très respectables dès 1941, il leur fut plus difficile d'apprendre à repiquer du riz, technique paysanne guère connue en France et qui demande un apprentissage spécifique. Une tentative pour utiliser de la main-d'œuvre indochinoise, en allant puiser dans des camps où étaient regroupés des combattants démobilisés et qu'on ne pouvait rapatrier, ne s'avéra pas très heureuse : grands connaisseurs de l'art de la guerre et, selon certains, du pillage des basses-cours voisines, ces repiqueurs de riz n'avaient bien entendu aucune prédisposition génétique pour un tel travail et ils s'avérèrent aussi amateurs que leurs prédécesseurs provençaux. Malgré tout la culture s'étendait et la production prenait de l'importance : le rendement finira par tripler une récolte d'autant plus appréciée qu'elle venait suppléer la disparition des importations d'Asie. C'est ainsi que, petit à petit, les Français, ignorant sauf exception qu'ils le doivent indirectement à la législation du temps de guerre et directement à la reconversion de la société Ricard, se sont mis à partir de 1942 à manger du riz de Camargue. La consommation, au début, fut cependant limitée, car une grande partie des terres débarrassées de leur sel étaient immédiatement plantées en arbres fruitiers, en pommes de terre et en légumes divers. On fit également pousser du maïs, ce qui permit de développer l'élevage, un demi-millier de porcs et des volailles venant côtoyer les vaches et leur progéniture — veaux et génisses. On fabriquait enfin quelques ersatz, comme de l'huile de pépins de raisin. Le personnel des trois sites — Méjanes, Pestrin et Sainte-Marthe — et les familles étaient désormais bien nourris et les surplus livrables au ravitaillement augmentaient sans cesse.

Paul Ricard, basé à Sainte-Marthe où il habitait le « château », un ancien relais royal racheté juste avant guerre et symbolisant *in situ* son ascension, assurait en permanence en train, en voiture gazogène, en camion gazobois ou à bicyclette la liaison entre les lieux de production. Il était omniprésent, ravi en fin de compte, semble-t-il, de ce qu'il décrit une fois dans ses mémoires comme « une nouvelle et passionnante aventure, bien faite pour satisfaire ma passion de créer » et une autre fois comme « les plus belles années de ma vie ». Cette deuxième réussite, car c'en fut une incontestablement, aurait reposé pour l'essentiel, à l'en croire, sur la méthode déjà éprouvée à l'époque du Canto-Agasso puis du pastis. D'une part il fait des paris, comme un joueur, mais sans jamais oublier que rien, « pas même ce qu'on peut apprendre à l'école », ne remplace « le bon sens et l'observation ». Ainsi a-t-il compris par exemple avec son personnel rapatrié à Méjanes que « pour construire des étables et des cochonniers [...] sur ce sol mou », il ne faut surtout pas « creuser des fondations [...] mais édifier sur le plat, avec des semelles armées et de grands cadres de charpente » ; ou que pour réaliser des ponts solides et durables, et surtout fonctionnels, par-dessus les roubines, « il faut renoncer aux ouvrages en bois traditionnels » et ne pas hésiter à prévoir des tabliers renforcés en ferraille — de récupération évidemment — sur des cintres reposant sur les berges. Tout, certes, ne saurait se résumer au bon sens ou à l'écoute attentive de conseils. Mais, écrira encore l'industriel, « comme au début de mes expériences sur l'alcool, je me suis souvent souvenu que tout le savoir était dans les livres » et que « bien des gens qui s'y entendent ont laissé dans les bibliothèques les secrets de leur art ». L'autodidacte du pastis est donc devenu un autodidacte de l'agriculture avec le même bonheur. Et il est plus persuadé que jamais que sa chance « était de ne pas être un spécialiste » mais « un chef d'orchestre » capable de « connaître toutes les partitions bien qu'il revienne aux exécutants de jouer chacun la sienne ». En un mot, on est d'abord entrepreneur, pour ne pas dire avec un peu d'avance manager, et peu importe, ou presque, le domaine d'application. La généralisation est peut-être excessive, mais l'observation vaut certainement pour lui, comme pour la plupart des chefs d'entreprise partis de rien.

« *Gardez votre liste !* »

La situation, on s'en doute, n'est pourtant pas toujours idyllique. Si le « commandant du navire » — Paul Ricard, futur grand amateur de voiliers, aime encore plus les métaphores maritimes que musicales — « ne détestait rien autant que le calme plat », ce en quoi il était servi, il avait surtout « conscience d'avoir charge d'âmes ». Or, à partir de fin 1942, avec l'institution de la relève puis du STO et la disparition de la zone libre, les effets de la guerre risquent de ne plus être seulement économiques. Aucune des nouvelles activités de Ricard — et encore moins l'ancienne mais cela n'avait plus d'importance — ne peut lui permettre *a priori* de préserver son personnel des risques du départ vers l'Allemagne. L'entreprise n'a pas du tout le profil adéquat pour être « protégée » par l'occupant ; elle ne sera d'ailleurs très logiquement jamais classée S-Betrieb, à l'instar des sociétés jugées prioritaires outre-Rhin. Quand la menace se précisera, autrement dit quand on lui enjoindra de fournir aux services de la main-d'œuvre allemands la liste de ses employés, Paul Ricard se demandera comment il pourrait bien s'y dérober, à supposer que ce soit possible car cela ne lui semblait pas de prime abord être le cas. Il se décidera à aller réclamer aide et conseil au vieil ami de la famille, l'industriel Fernand Coder, alors l'un des plus grands patrons marseillais.

Le groupe Coder, on s'en souvient, avait pris son réel essor grâce aux commandes de guerre entre 1914 et 1918. Une habile politique de recrutement d'« affectés spéciaux », autrement dit d'hommes dispensés d'aller au front en raison de leur métier, et l'esprit d'entreprise de ses créateurs lui avaient alors permis de postuler à une part importante du marché français de la réparation de matériel roulant. Il ne perdra pas la place acquise et, à la fin des années trente, il employait près de quinze cents salariés. La guerre, à partir de 1939, avait à nouveau donné à son activité, sans pour autant cette fois la stimuler réellement[29], une importance stratégique. Surtout après l'occupation du sud de la France par les Allemands. Ceux-ci ne pouvaient que chercher à utiliser au maximum, directement ou indirectement, grâce aux commandes de la SNCF dont les équipement étaient mis pour une très large part à leur service, les capacités des usines Coder pour remettre en état le parc de wagons de chemins de fer. Fernand Coder était donc très régulièrement en contact avec l'occupant et bénéficiait évidemment pour son entreprise du statut d'entreprise protégée. Il pouvait ainsi automatiquement conserver ses employés, vrais ou fictifs. Il rendait en effet service à des réfractaires au départ outre-Rhin en les inscrivant sur ses registres[30].

Paul Ricard ne s'était pas trompé d'adresse si l'on en juge, même en faisant la part de la solidarité patronale régionale, par le récit qu'il fait de mémoire de son entrevue avec le réparateur de wagons. « Il me rassura tout de suite : "Ceux qui fabriquent du jus de fruit ou du vermouth ne peuvent échapper [à la convocation pour le STO]. Tu me les enverras dès qu'ils recevront leur feuille d'appel comme ouvriers métallurgistes, puisque c'est uniquement cette sorte de travailleurs que les Allemands réclament. Je les prendrai chez moi. Pour les autres, je vais t'accompagner chez quelqu'un que je connais, il saura régler ton problème". » Il lui présenta donc un fonctionnaire allemand ayant autorité pour traiter les questions de STO et avec lequel il avait manifestement tissé des rapports de confiance. Ce dernier aurait tout simplement dit à l'ancien roi du pastis, ravi et éberlué, alors qu'il évoquait le problème embarrassant de la liste des salariés susceptibles d'être envoyés en Allemagne qu'on lui réclamait : « Simple formalité, M. Ricard. Gardez votre liste dans votre poche, elle y sera mieux qu'ici. Je sais que vous avez besoin de votre personnel. » De telles expériences ne semblant pas avoir été communes, c'est le moins qu'on puisse dire, à l'époque, Paul Ricard n'a sans doute pas tort d'évoquer la chance pour commenter un demi-siècle plus tard cet épisode. Il dit avoir su par la suite que cet Allemand auquel Coder s'était habilement lié, marié à une Française, était profondément antinazi et avait d'ailleurs fini par être fusillé après avoir rendu de trop nombreux services aux Français occupés.

On comprend dans ces conditions que Paul Ricard se soit toujours déclaré indigné des problèmes que rencontrera Fernand Coder après guerre. Il devra d'abord répondre, devant une commission d'épuration, d'une attitude qualifiée dans une note de fin 1944 d'« antisociale et antinationale[31] ». Le principal reproche qu'on lui adressait était sérieux : il avait beaucoup trop recherché la fréquentation des Allemands — il les recevait dans sa villa — et leurs commandes. Quant à ses usines, comme celle de quinze autres entreprises marseillaises, elles seront réquisitionnées à la Libération au cours du mouvement semi-insurrectionnel de conquête des grandes entreprises de la ville par des « comités de gestion ouvriers » soutenus par le commissaire de la République Raymond Aubrac. Sans aller aussi loin que Paul Ricard, qui pense, simplement et sans nuance, que « si Coder n'avait pas accepté de rester à la tête de son affaire [lors de l'Occupation], on aurait mis quelqu'un à sa place et il aurait fallu s'adresser ailleurs pour cacher les réfractaires », les juridictions d'après guerre finiront par absoudre totalement l'industriel, pour services rendus à la Résistance, et par lui rendre ses usines. La période de « punition » aura duré longtemps : le Conseil d'État ne restituera Coder à ses anciens propriétaires que le 30 avril 1947. Mais elle se sera déroulée moins « brutalement » que dans la plupart des autres cas comparables[32] : la direction provisoire de l'entreprise, pendant la période d'après-guerre, sera assurée de fait par l'ancien directeur général, M. Vaillant, un neveu du patron qui restera toujours solidaire de celui-ci. Et elle ne se sera pas prolongée, vu la situation de l'époque, outre mesure : Coder sera en définitive la première des société marseillaises réquisitionnées récupérée par ses actionnaires.

Rien de tel ne risquait d'arriver à l'industriel de Sainte-Marthe. Hormis diverses réquisitions — par nature involontaires, même si, il le reconnaît, elles étaient bien payées —, il n'eut pas à livrer et à facturer les Allemands. Il n'hésita pas à rendre d'importants services à des hommes persécutés pour des raisons politiques ou raciales — il décida, exemple parmi bien d'autres, d'offrir un refuge au Pestrin, où il devint un temps directeur des sources, à un ancien directeur des Galeries Lafayette de Nîmes, M. Bloch, hélas dénoncé puis déporté avant la Libération. Et il fit de même, on s'en doute vu ce qui précède, avec des réfractaires au STO. Cette utilisation des activités de l'entreprise, et en particulier de son établissement ardéchois situé dans une région moins surveillée que les environs de Marseille, pour procurer des « planques » à ceux qui en avaient besoin impliquait une certaine logistique, notamment la possession de nombreux jeux de faux papiers et de fausses cartes d'alimentation. Grâce à ses relations, l'entreprise avait pu s'en procurer auprès d'un employé de la mairie de Montpellier, un bénévole qui sera malheureusement arrêté avant la fin de l'Occupation puis exécuté. Paul Ricard lui-même jugera plus prudent de se procurer une fausse carte d'identité, pour le cas où. Il deviendra donc à l'occasion un certain Paul Roland, né à Oran, soit un homme possédant le même prénom et les mêmes initiales — pour ne pas se couper — et avouant un lieu de naissance le mettant à l'abri de toutes les vérifications en raison du débarquement des Américains en Afrique du Nord. Il participera aussi, surtout à travers sa fonction dans son entreprise mais également en personne sur le terrain en 1944, à des actions directes de résistance. Il aime se rappeler comment il sut mettre au service des maquis ses talents de distillateur en installant au Pestrin des alambics et du matériel venu de Sainte-Marthe à la fin du printemps et à l'été 1944 pour transformer son usine d'eau minérale en fabrique d'alcool-carburant. Près d'un million de kilos de prunes et sept cents tonnes de cerises et de pêches transformées en alcool à 90 ° finiront ainsi dans les moteurs des véhicules des partisans de l'Ardèche à l'heure des combats décisifs.

Pas de Libération pour le pastis

Bien que prenant vite du recul, scandalisé par de nombreux comportements peu glorieux au moment du départ des Allemands, étonné que l' « on vit de plus en plus de gens sortir d'une clandestinité dans laquelle ils n'étaient jamais entrés », selon ses propres mots, Paul Ricard restera toujours considéré comme ayant été un allié sûr de la Résistance et comme un patriote, au point d'être bientôt choisi comme juré à la cour de justice de Marseille. Rien, donc, ne pouvait faire douter le fabricant de pastis de la suite des événements dès que le territoire serait en grande partie libéré. Non seulement il était personnellement du bon côté, mais de surcroît il allait de soi qu'il serait encouragé à reprendre ses activités traditionnelles. Celles-ci ne devaient-elles pas leur infortune à des décisions du régime de Vichy, déclaré illégitime depuis longtemps par les nouvelles autorités, et à des « valeurs », celles symbolisées par le fameux « Travail, Famille, Patrie », désormais rejetées ? Et leur suspension n'avait-elle pas été justifiée officiellement par un motif — l'importance stratégique de l'alcool — en passe de devenir caduc avec la fin des hostilités et officieusement par une raison — la responsabilité particulière de certains alcools dans la défaite — très contestable voire absurde ?

Le gouvernement provisoire de la République française n'est donc installé à Paris que depuis quelques semaines quand Paul Ricard, après avoir pris l'avis de la préfecture, décide de se lancer dans une petite odyssée automobile à travers la France « encore en plein tumulte » pour se renseigner à la source, dans la capitale, sur le calendrier probable et les modalités envisagées de la levée de l'interdiction du pastis. Grâce à une voiture disponible, autrement dit convenablement sabotée en temps utile pour éviter la réquisition, mais qui n'avait pas roulé depuis des années, l'équipage constitué de l'industriel, du président local du syndicat des débitants de boissons, intéressé aux mêmes questions, et de la femme du secrétaire général de la préfecture des Bouches-du-Rhône, heureuse de pouvoir effectuer ainsi le déplacement, atteindra non sans mal les rives de la Seine. Deux semaines de démarches dans le labyrinthe politico-administratif de Paris permettront à Paul Ricard d'aboutir en octobre 1944 à une seule conclusion : « la question du pastis ne figure pas dans les priorités du gouvernement ». En clair : les apéritifs interdits restent interdits. Malgré ses liens avec la Résistance, il ignorait que les jeux étaient déjà faits depuis longtemps.

Dès 1943, le Comité médical de la Résistance, créé à l'initiative de Robert Debré, avait proposé, pour lutter à partir de la Libération contre l'alcoolisme, l'adoption d'un plan de dix ans comportant des volets économique, légal, médical et éducatif. Et surtout, d'un point de vue plus immédiat, le gouvernement provisoire, avant même son installation dans la capitale, avait décidé en juin 1944 de proroger la législation antialcoolique de Vichy. Dans ce domaine, et de façon spectaculaire, la continuité, au nom de la santé publique, devait prévaloir, et même au-delà de la simple application des textes existants. L'hiver 1944 n'était pas terminé que les droits sur l'alcool étaient doublés, passant de quatre mille à huit mille francs par hectolitre, prélude à leur fixation rapide à dix mille francs, chiffre « énorme » de l'avis même des antialcooliques [33]. En 1945, le ministre de la Santé augmentait fortement la subvention de la Ligue nationale contre l'alcoolisme et l'autorisait à faire reparaître malgré la pénurie de papier son journal *L'Étoile bleue* ; le ministre de la Reconstruction Raoul Dautry prenait grand soin, en élaborant les plans de réaménagement des zones sinistrées, de ne pas encourager les reconstructions de cafés ; le Haut Comité pour la population était réactivé, avec évidemment Robert Debré parmi ses membres ; une ordonnance, enfin et surtout, instituait le 20 octobre une stricte limitation des ouvertures de débits de boissons.

Cet incontestable effort antialcoolique des débuts de la quatrième République est à la fois peu étonnant et paradoxal. Peu étonnant parce que le nouveau régime, même si ses valeurs sont évidemment le plus souvent très différentes ou à l'opposé de celles de Vichy, se veut intransigeant et « moral » — les initiatives de Robert Debré, qui souhaitera bientôt l'interdiction définitive de tous les apéritifs, semblent bien reçues au plus haut niveau en raison même de cela. Or l'antialcoolisme reste un bon « drapeau » pour qui veut pourfendre le vice et défendre la vertu. Peu étonnant aussi parce que la cure de désintoxication alcoolique forcée à laquelle la France a été condamnée depuis 1940, moins du fait des mesures pétainistes qu'en raison des réquisitions et du pillage allemands, a montré enfin, avec une expérience de rationnement en grandeur réelle, l'utilité du sevrage en matière de santé publique. La consommation moyenne estimée d'un adulte est tombée de 1941 à 1944 de 34,3 litres d'alcool par an à 18,7. Pendant la même période, on aurait constaté par exemple une réduction de 70 % de l'alcoolisme chronique et de 57 % des cirrhoses du foie parmi la population masculine âgée de trente-cinq à soixante-quatre ans au niveau national. Une comparaison des mêmes statistiques entre les régions selon la plus ou moins grande disponibilité de l'alcool paraît également très probante[34]. Ces parallélismes entre les courbes de santé et de consommation alcoolique, malgré la prudence qu'imposent les extrapolations à partir de simples calculs de corrélation, ont été suffisamment frappants pour marquer les esprits de beaucoup. Notamment ceux des médecins, qui font alors part de leurs constatations dans la presse, ou ceux des experts de la santé ou de la population, comme Alfred Sauvy. Ce dernier, ainsi, est obligé de revenir, après 1944, sur ses hypothèses d'avant guerre concernant les causes de la surmortalité masculine dans notre pays qui excluaient l'alcool[35].

De là à s'attendre à la reconduction et au renforcement des décrets de 1940 et 1944, il y avait pourtant un monde. Au moins pour deux raisons. Les résultats cités ci-dessus faisaient d'abord apparaître avant tout la corrélation vin-alcoolisme, que les lois de Vichy, comme toutes celles adoptées auparavant, ignoraient *de facto*, on l'a vu, pour l'essentiel. Ils auraient donc dû délégitimer la mise à l'index des seuls apéritifs non agricoles. Ce ne fut pourtant pas le cas. Car quand on aborde le sujet sous son angle moral et de façon étroite, ce qui restera vrai en 1944 comme ce l'était avant, on est sans doute voué à rester obnubilé par « la France de l'apéro », si paradoxal que ce soit pour qui observe sereinement avec le recul du temps les enseignements des deux guerres. Par ailleurs l'ambiance de la Libération — un mot qui allait signifier non seulement libération militaire et politique mais aussi libération des mœurs et volonté permanente d'oublier dès que possible les restrictions — ne paraissait pas compatible avec une atmosphère de prohibition. On avait eu le plus grand mal — c'est un euphémisme — à faire appliquer les mesures de 1940 et 1941. L'une des principales ressources de la Ligue nationale contre l'alcoolisme, autorisée sous l'Occupation à se porter partie civile, fut d'ailleurs au début des années quarante... la collecte des amendes infligées aux contrevenants qu'elle poursuivait — les marques Pernod et Suze furent du nombre. On imagine donc à quel point l'opinion publique était fort peu disposée après guerre, surtout au fur et à mesure que la pénurie réelle s'amoindrissait, à renoncer pour toujours aux apéritifs. Mais là encore le *statu quo* restait envisageable à court terme, tant que durerait l'économie de guerre.

Toutes ces considérations expliquent fort bien pourquoi le gouvernement de la Libération, certainement décidé sincèrement à lutter contre l'alcoolisme, conserva simplement en fait pour l'essentiel, et avec des motivations voisines, le dispositif peu convaincant de Vichy. Mécontenter quelques dizaines d'anisetiers et frustrer modérément les consommateurs — car la fraude reprit tout de suite une ampleur considérable et le vin ne fut guère atteint — paraissait efficace au niveau du symbole et tenable au moins un temps sans gros préjudice politique.

Fabriquer du pastis s'avérait donc toujours au milieu des années quarante une activité maudite alors que fabriquer du vin ou d'autres boissons fortes non interdites, voire en importer comme dans le cas du whisky, vite à la mode, restait, ou devenait, une aubaine. Ce dernier mot, de fait, n'est pas trop fort pour qualifier, pendant la guerre et au cours de la période qui a suivi, la situation des fabricants qui ne connurent pas la malchance d'être désignés comme boucs émissaires à l'instar des anisetiers. Une étude détaillée sur l'armagnac, par exemple, de l'historien Jacques Fitan[36] démontre éloquemment que les années de guerre et d'après guerre furent « de bonnes, voire de très bonnes années » à tous points de vue pour les producteurs et, encore plus, pour les négociants de cet alcool.

Entre la saison 1937-1938, il est vrai mauvaise, et la saison 1943-1944, on enregistre une multiplication par sept de la production d'armagnac mesurée en quantité d'alcool pur produite ! Et les prix flambent, faisant rapidement de l'armagnac un produit de spéculation — le cours est dix fois plus élevé début 1942 qu'à la mi-1940 — puis même de marché noir dès que la taxation le frappe fin 1941. L'occupation de la Gascogne n'y changera rien, au contraire : un rapport des R.G. de novembre 1942 signale que les « paysans se sont empressés de sacrifier les oies, dindes, porcs, etc. pour les soustraire aux réquisitions redoutées », mais que « rien de tel n'est signalé pour le vin d'Armagnac ». Il faut certes admettre que, comme le signale Jacques Fitan, « si l'alambic éclaire et embaume les nuits hivernales de l'Occupation » en Gascogne, « la pression sur la demande est antérieure à l'Occupation ». Celle-ci, comme plus tard l'arrivée des Américains, n'aura fait que stimuler encore plus un marché en plein essor, d'autant qu'on livrait déjà des quantités importantes au-delà de la ligne de démarcation avant la fin de 1942. Pour la dizaine de grosses maisons constituant pendant la guerre le groupe dominant parmi les négociants-distillateurs, les années noires furent en tout cas celles de l'âge d'or, ou peu s'en faut.

L'universalité de la fraude à tous les niveaux et la ramification complexe de la chaîne qui allait de la viticulture à la vente du produit final firent que, malgré de nombreuses accusations portées après guerre, l'épuration fut pourtant des plus civiles dans cette région. On assista alors tout au plus à l'exhumation de quelques dossiers de marché noir, portant d'ailleurs sur des valeurs importantes, et à une seule condamnation pour profits illicites — elle fut prononcée le 28 avril 1944 et fut assortie d'un séquestre. Dans le pays du cognac, la situation ne fut pas très différente ni pendant ni après la guerre. Et on peut partager la surprise qu'avait cyniquement éprouvée pendant les années cinquante devant un journaliste M. R., ce patron du cognac R., une très grande marque que chacun connaît, encore étonné de n'avoir pas été inquiété voire fusillé sommairement à la Libération vu l'ampleur des bénéfices qu'il avait réalisés entre 1940 et 1944, « légalement » ou frauduleusement, essentiellement avec les Allemands[37]. Le fait que la principale autorité militaire de la région pendant l'Occupation ait été son ancien représentant en Allemagne, un homme qu'il fréquenta assidûment après son déménagement en uniforme *feldgrau* vers la France, n'y avait évidemment pas été pour rien...

La guerre du pastis continue

Paul Ricard, on le comprend, avait quelques raisons de se sentir frustré et même floué en cette fin d'année 1944 qu'il avait cru devoir être celle de la libération... du pastis. Mais plutôt que d'envier la bonne fortune des autres fabricants de digestifs ou d'apéritifs, auxquels il ne pardonnera pourtant pas leur évidente satisfaction de se trouver débarrassés de concurrents dangereux sans manifester aucune solidarité effective, il choisira une fois encore, comme on dirait aujourd'hui, de « positiver ». Puisqu'on ne veut toujours pas qu'il reprenne son métier, il continuera à en faire d'autres, ceux qu'il a appris depuis 1940, en attendant la fin du purgatoire. Et cette fois, comme il l'a écrit, « non plus pour sauver les meubles, comme pendant les années d'Occupation, mais en faisant de l'agriculture une activité normale » de l'entreprise.

Du coup, regardant à plus long terme, Paul Ricard se prépare à lancer dès que possible une agriculture puissamment mécanisée. Car le sol de la Camargue, on l'a dit, n'est pas équivalent à celui des terres voisines, ne serait-ce qu'en raison de sa salinité et des besoins d'irrigation. Or, malgré leur ampleur, les travaux engagés sous l'Occupation restaient à l'échelle d'une agriculture régionale destinée plus à la subsistance qu'à la commercialisation de masse. Il faut passer à une autre étape. Comme l'entrepreneur marseillais ne fait pas mystère de ses projets, la timide opposition des gardiens de la virginité de l'espace naturel exprimée au début des années quarante est devenue plus sérieuse. Il devient nécessaire de trouver des appuis, comme le manadier Sol ou un homme ayant acquis pendant la guerre une autorité locale certaine, l'avocat parisien Philippe Lamour, pour faire admettre, avec également le soutien des ingénieurs du génie rural, que la région profitera de cette évolution. Cette campagne de sensibilisation, nécessairement longue, sera facilitée par la durée des opérations : il faudra deux ans en effet pour obtenir, grâce à un effort de persuasion permanent des autorités, la mise à disposition d'engins apportés par les Américains et réservés jusque-là aux Ponts et Chaussées — bulldozers, scrapers, etc. Pour arriver à ses fins, le néo-agriculteur avait reçu à Méjanes tous les hommes influents qu'il avait pu convaincre de se déplacer. On verra en Camargue des ministres, des députés, des sénateurs, des élus locaux, des responsables d'organisations professionnelles et des journalistes. Le défilé des invités, qui permettait au passage d'imposer une dégustation des produits récoltés, se poursuivra évidemment après 1946 et fera beaucoup pour l'image de la maison.

L'arboriculture et, surtout, la production de riz allaient profiter de ce passage « au stade industriel » de la ferme Ricard. On remuera des dizaines de milliers de mètres cubes de terre afin de niveler le terrain, de creuser de nouveaux canaux plus importants et de construire des digues et on pourra enfin puiser d'énormes quantités d'eau du Rhône. Désormais on allait cultiver « à l'américaine ». Ce n'est pas le voyage de quarante jours que Paul Ricard fera outre-Atlantique en 1946, s'inscrivant l'un des premiers pour un séjour d'études organisé par le Centre des jeunes patrons, qui le freinera dans cette voie : il découvrira à cette occasion « le pays de l'abondance », qui le fascinera par son efficacité, en particulier dans les campagnes où « l'agriculteur cultivait en moyenne huit fois plus de superficie que son collègue français et obtenait des rendements à l'hectare de six à huit fois supérieurs ». Sans arriver à de tels résultats, il augmentera considérablement la productivité de la riziculture et après avoir fait découvrir pendant la guerre la céréale blanche à la mode camarguaise à beaucoup de ses compatriotes, il voudra l'imposer dans tout le pays. Il est alors persuadé que si les Français n'apprécient encore que modérément le riz, c'est parce qu'ils ne savent pas le préparer. Imitant à sa manière la méthode Parmentier, il s'arrange pour créer une infinité d'occasions de faire goûter le riz de Camargue et de lui donner des lettres de noblesse. Après avoir offert cent kilos de cet aliment à la Compagnie transatlantique pour qu'elle le serve sur ses paquebots, il s'acharne à convaincre les restaurateurs de luxe de l'inclure dans leurs menus puis il édite de nombreuses brochures pour expliquer ses vertus culinaires et donner des recettes pour le préparer. Son savoir-faire publicitaire des temps glorieux du pastis est également mis à contribution. Et c'est ainsi que, dit-il avec contentement, « les Français apprirent à manger le vrai riz de Camargue ». D'autres aussi puisque, quelques années plus tard, après la fin de la pénurie, on en produira tellement qu'on pourra en exporter. En 1956, son exemple ayant été imité, on récoltait au total cent mille tonnes de riz entre les deux bras du Rhône.

Une fois la reconversion provisoire de la société définitivement assurée à un horizon indéfini, Paul Ricard, l'homme « qui n'aime pas perdre », l'industriel farouchement indépendant qui refuse de se faire dicter sa conduite par des fonctionnaires, comme il le répète volontiers à la moindre occasion à qui veut l'entendre, se dit qu'il est temps de reprendre le combat contre « la lettre de cachet » frappant le pastis.

La situation *a priori* ne lui est toujours pas favorable. Les militants de l'antialcoolisme, qui tiennent au moins à préserver leur victoire symbolique de 1944 avec l'interdiction prolongée des anis, n'ont pas désarmé. L'ascension d'un nouveau parti démocrate-chrétien, le MRP, qui a déjà fait de la lutte contre l'alcoolisme un élément de son programme, semble renforcer leur camp, qui peut compter sur le soutien d'une majorité de femmes nouvellement électrices et plutôt favorables à la lutte contre le bistrot. Au sein du MRP, le champion de cette cause est d'ailleurs très naturellement une jeune parlementaire, Germaine Poinso-Chapuis. Ce qui est plus étonnant, et beaucoup plus ennuyeux pour l'industriel marseillais, c'est que cette opposante déterminée à la légalisation du pastis, que le seul nom de Ricard enflamme et qui s'avère très éloquente — elle a une formation d'avocat —, est une élue... de Marseille. Pire encore, Robert Schuman, une fois devenu en 1947 chef du gouvernement, choisira cette femme « intelligente mais de caractère difficile », si l'on en croit les mémoires de son collègue Pierre Pflimlin[38], pour diriger dans son cabinet le ministère de la Santé. Le duel Ricard-Poinso-Chapuis prendra des allures de mauvais *remake* de Don Camillo ou de Clochemerle lors de chaque campagne électorale. D'aucuns assurent, ce que ne confirme pas l'anisetier, que « lorsqu'elle faisait des réunions électorales publiques en plein air dans son département, les Bouches-du-Rhône, Ricard faisait tourner autour de la place des camions pour couvrir sa voix[39] ».

Ni le « seul homme du MRP », comme certains avaient surnommé ironiquement la très volontaire avocate marseillaise, première femme à accéder à un si prestigieux poste politique, ni le très opiniâtre roi du pastis, qui ouvrira bientôt un véritable bureau de lobbying permanent avenue de l'Opéra à Paris, ne seront finalement les acteurs les plus déterminants de l'évolution de la situation sur le front de l'alcool dans la seconde partie des années quarante. Comme ils l'avaient fait entre 1918 et 1932, les consommateurs et les producteurs, soutenus par de nombreux élus peu désireux de s'aliéner une grande partie de leur électorat, avaient entrepris dès qu'ils l'avaient pu après guerre de démolir verre à la main et alambic à la cave la quasi-totalité de l'édifice antialcoolique. Le général de Gaulle n'avait pas plus tôt quitté le pouvoir que son ordonnance courageuse d'octobre 1945, qui limitait le nombre des débits de boisson, avait déjà été abrogée en 1946. Par la suite il y eut une petite pause dans le recul réglementaire du fait des veto de Mme Poinso-Chapuis mais cela ne dura pas. La taxation sur les alcools sera légèrement réduite en 1948 et le cabinet Edgar Faure décidera en 1949 de renoncer à l'interdiction de la distillation à domicile pour les bouilleurs de cru.

Ces évidents retours en arrière ne signifiaient pas seulement que la pression des nombreux lobbies — celui organisé par Ricard n'était pas le plus puissant — était efficace. Ils manifestaient surtout que l'on se rendait compte de l'impossibilité à faire appliquer les rares lois antialcooliques encore en vigueur au fur et à mesure que les temps de guerre s'éloignaient. Dès 1947, la Ligue nationale contre l'alcoolisme avait poussé un cri d'alarme en dénonçant notamment la non-application des restrictions sur la consommation des apéritifs : nul ne se souciait plus de la règle des trois jours. Dans le Midi, le pastis semi-clandestin s'étalait sur les comptoirs au vu et au su de tout le monde, autorités comprises. Le ministre de l'Agriculture, Pierre Pflimlin, interrogeant en 1948 l'inspecteur général des fraudes de son administration pour « lui demander pourquoi la vente des apéritifs interdits n'était pas réprimée », perdit toutes ses illusions sur la volonté de ses propres services de défendre la loi après cette conversation. S'étant entendu répondre que « le délit est difficile à établir », il avait rétorqué : « Vous connaissez les usines où ces boissons sont fabriquées. Il suffit de les inspecter pour constater leur existence. » On lui avait alors objecté très sérieusement : « Mais comment prouver [que ces boissons] sont destinées à la vente ? [40] » Le rédacteur du Bulletin des contributions indirectes lui-même, semblant prendre le parti des anisetiers, écrivait à la même époque : « La contrebande est si générale que la loi n'est plus appliquée. Les contraventions ne sont même plus suivies de poursuites [41]. »

Peu avant la fin des années quarante, et en toute illégalité, les industriels du pastis, bientôt ravis d'apprendre que « le ministre de la Justice avait donné des instructions au parquet pour qu'on ne poursuive ni les fabricants ni les débitants [42] », remirent donc ouvertement en marche leurs usines. La distillerie Ricard fonctionne à nouveau en 1949. *De facto*, les décrets de Vichy, prorogés à la Libération, étaient pour l'essentiel devenus caducs. *De jure*, il faudra attendre encore un peu, jusqu'en mai 1951. Le Parlement est à cette date en train de chercher comment financer le budget annexe des prestations familiales agricoles. Seule une nouvelle ressource fiscale pourrait permettre de résoudre le problème. On s'avise alors dans les travées, bien conseillé par le lobby des fabricants, que la taxation des apéritifs anisés, produit très consommé mais interdit et donc non soumis à l'impôt, arrangerait bien les choses. Et on votera l'abrogation de la mesure de prohibition d'août 1940 en faisant fi des grands principes qui avaient jusque-là empêché de trouver une majorité pour concilier la réalité et le droit.

L'amendement adopté un peu à la sauvette ne prévoyait pas, en revanche, d'autoriser à nouveau — il faudra encore plusieurs années pour cela — la publicité directe pour certains apéritifs dont le pastis. La plupart des consommateurs n'avaient pourtant pas oublié les campagnes d'avant guerre et, très tardivement, cet investissement à l'époque malheureux, du fait de l'interdiction de vendre du pastis survenue peu après, devait s'avérer stratégiquement essentiel. Certaines façades aveugles d'immeubles peintes pour vanter les mérites de Ricard avant guerre avaient d'ailleurs conservé leurs couleurs. L'exemple le plus étonnant restait cette publicité murale envahissant la totalité du côté d'un immeuble de sept étages au cœur de Marseille, visible depuis Notre-Dame-de-la-Garde, qui avait été terminée le jour même de la déclaration de guerre et avait traversé — gratuitement bien entendu car il n'était plus question de payer une redevance au propriétaire après le décret d'août 1940 — toute la période de la prohibition. Mais surtout cette tentative de maintien au secret des marques d'anis — encore la faute à Arthur et à son omniprésence « scandaleuse » avant guerre ? — allait être transformée en atout par Ricard qui démontrera à nouveau son talent pour les relations publiques, une pratique alors encore peu répandue dans notre pays, du moins à cette échelle. Puisqu'on ne peut toujours pas parler de Ricard au début des années cinquante sur les panneaux d'affichage ou à la radio française, on en parlera partout ailleurs : dans les cinémas et à la sortie des films (Paul Ricard devient un grand producteur après avoir racheté au début des années cinquante à Marcel Pagnol le matériel de ses studios), sur la caravane du Tour de France, à la fête de *L'Humanité,* sur les plages de la Manche, de l'Atlantique et de la Méditerranée où on organise des expositions ou des concerts gratuits, dans toutes les foires-expositions où le stand Ricard avec ses dégustations n'est pas le moins fréquenté, etc. Dès 1951, première année de la résurrection officielle de Ricard, neuf millions de bouteilles seront vendues, trois fois plus d'en 1939. L'essor des ventes ne s'arrêtera plus et le principal souci de Paul Ricard sera désormais de financer non plus le repli, quitte à contre-attaquer sur des terrains nouveaux, mais l'expansion rapide et régulière de l'entreprise.

La guerre du pastis qui, d'une certaine façon, a commencé dès 1915 se termine ainsi au début des années cinquante pour Paul Ricard. Il a fait mieux que survivre dans la tourmente : il a démontré très involontairement, et à sa manière, qu'un patron qui ne renonce pas peut non seulement « se faire tout seul », ou presque, mais aussi repartir de zéro avec une bonne partie de son personnel à l'heure des difficultés, en temps de guerre. Un cas exemplaire ou une exception non généralisable ? Lui-même, quand nous lui avons fait évoquer toute cette période au printemps 1992, avec le recul du temps, semblait ne s'être jamais interrogé en ces termes. L'homme dont le premier véritable slogan publicitaire fut « Pas un pastis, mais un Ricard » n'est certes pas modeste. Et il n'a rien perdu de son caractère et de sa faconde. Quant à sa tendance à s'estimer victime d'injustices, elle est devenue une constante dans son discours où perce vite la révolte et l'indignation. Depuis la fin de la lutte pour l'existence du pastis, son cheval de bataille, celui qui l'a d'ailleurs conduit à démissionner spectaculairement de ses fonctions à la tête du groupe Pernod-Ricard pour prendre à soixante ans une retraite inattendue, c'est ainsi le combat contre « le système technocratique » qui « s'ingénie à freiner l'expansion de la libre entreprise[43] ». Mais quand il répond aux questions sur « sa guerre », sa réponse leitmotiv, loin de tout orgueil, c'est : « On a fait comme on a pu. » D'autres cas de patrons ont illustré cette remarque de bons sens entre 1940 et

1944 grâce à leurs efforts de reconversion ou aux trésors d'ingéniosité qu'ils ont déployés, notamment en fabriquant des ersatz, pour maintenir l'activité de leurs entreprises sans compromission avec l'occupant. Même si elle fut par son ampleur, et par ses circonstances, exceptionnelle, l'expérience de Paul Ricard relativise donc bien la portée du discours de nombre de ceux qui, pendant la guerre, « n'ont pas pu faire autrement », à les entendre, que de continuer leur activité comme auparavant, y compris quand l'occupant — et souvent son armée — devenait leur principal client. On ne saura jamais, malgré tout, ce qui serait arrivé à l'entreprise Ricard si, pendant l'été 1940, un gouvernement moralisateur installé à Vichy ne s'était pas intéressé à ses activités.

X

Vichy sur mer

Fraissinet : patron marseillais et armateur pétainiste

Jean Fraissinet, improprement orthographié Freyssinet, est l'un des premiers patrons nommés par Robert Aron dans sa célèbre *Histoire de l'épuration* [1]. Pour illustrer les pouvoirs illimités, à la Libération, de Raymond Aubrac, le commissaire de la République nommé par de Gaulle à Marseille, l'écrivain s'exprime ainsi : « Le 28 août [1944], les sanctions commencent à pleuvoir. En ce jour, une première mise en résidence surveillée est prononcée contre un des principaux armateurs de Marseille, Jean Freyssinet, qui devra résider à Cogolin, dans le Var, où il sera conduit immédiatement. » Et puis Robert Aron passe à autre chose. Il n'y reviendra pas. Dommage.

En s'intéressant d'un peu plus près au parcours de ce personnage, on est amené en effet à découvrir tout un pan de l'histoire sociale de la France et à décrire le sort, sous l'Occupation, d'un important secteur d'activité condamné à affronter dès l'été 1940 des « conditions de travail » peu banales : les navires de commerce battant pavillon tricolore vont en effet devoir louvoyer durant des mois entre les bâtiments de guerre des deux camps. L'histoire de la marine marchande en Méditerranée pendant ces années-là est d'ailleurs intéressante à bien des titres. D'abord les bateaux contribuent au ravitaillement de la France et maintiennent les relations avec l'empire colonial, qui revêt une importance considérable dans l'esprit des contemporains et jouera un rôle majeur dans le déroulement de la guerre. Ensuite, parmi les patrons dont la guerre et l'Occupation changent la vie, les armateurs occupent une place particulière : leurs entreprises sont les seules à être toutes entièrement réquisitionnées par l'État.

Armateurs de père en fils : les Fraissinet

Le personnage de Jean Fraissinet justifierait à lui seul un livre. C'est le type même du patron familial, traditionaliste, patriote, ulcéré par les désordres et les victoires ouvrières de 1936, qui accueille en juin 1940 le maréchal Pétain comme un sauveur.

Cet héritier, doté d'un franc-parler qui le rend plutôt sympathique, n'a manifestement pas l'intention de se faire pardonner ses origines. Dès les premières pages de ses mémoires[2], il se définit comme « fils à papa » et « patron de droit de divin ». Né en 1894 à Marseille, où il est élevé, il a droit à une éducation haut de gamme : gouvernante anglaise, précepteur allemand, etc. Son enfance « s'épanouit en un beau jardin alors situé dans la banlieue marseillaise de Saint-Giniez ». Un jardin ou un parc ? « Il fallait bien dix minutes aux chevaux pour gravir la longue rampe escarpée qui conduit, en lacets, du portail du jardin à la porte de la villa. »

Écrivant ses mémoires dans les années soixante, l'auteur vit encore dans cette maison ou plutôt ce château. Une distinction importante d'un point de vue psychologique. Car l'armateur marseillais entretient manifestement avec « sa » terre, « ses » bateaux et « son » personnel un style de rapports qui évoque plus celui d'un grand propriétaire terrien que celui d'un patron d'industrie. La deuxième révolution industrielle, au cours du dernier quart du XIXe siècle, est suffisamment récente pour qu'ils soient sans doute encore nombreux dans les années vingt, trente ou quarante ces patrons de la deuxième, troisième ou quatrième génération dont la mentalité est celle de hobereaux.

Manifestant beaucoup plus d'intérêt pour l'aviation que pour la navigation, ce héros des combats aériens de la guerre de 1914-1918 est avec ses bateaux aussi distant qu'un châtelain avec les bêtes dont s'occupent « ses gens ». La lecture de ses mémoires révèle plusieurs passions, dont celle de la politique qui le conduira à devenir patron de presse, député et, pendant l'Occupation, « conseiller national » et interlocuteur régulier du maréchal Pétain. Mais la marine ne compte pas au nombre de ses enthousiasmes. « Sans la guerre [de 1914-1918], j'aurais affronté le concours de l'inspection des finances », affirme-t-il. Il sera pourtant pendant vingt-cinq ans, par le jeu des alliances familiales, le patron de trois armements marseillais : Fraissinet, Fabre et Paquet[3], ce qui en fait alors le personnage le plus important du secteur dans cette ville portuaire. Car, en bon fils de famille, c'est, bien sûr, une demoiselle Cyprien-Fabre qu'il épousa. « Mon père comptait sur [ses enfants] pour assurer, à Marseille, une quatrième génération d'armateurs, à la tête de la Cie Fraissinet, explique-t-il. Nous décidâmes que moi, l'aîné, je donnerais satisfaction à notre père. »

À l'époque, le transport maritime représente une part considérable de l'activité économique française. Dans le *Journal de la marine marchande* du 25 juin 1942, Henri Cangardel, président-directeur général de la

Compagnie générale transatlantique, souligne que son chiffre d'affaires global est comparable à celui de la sidérurgie ou de l'automobile : 5,5 milliards de francs en 1938. Mais la langueur et les insuffisances du secteur, typiques de l'économie française d'entre les deux guerres, donnent lieu à d'innombrables débats parlementaires à l'occasion desquels l'État et les armateurs se renvoient la responsabilité d'une situation qui se dégrade rapidement. Cette même année 1938, la France a payé, en plus de ces 5,5 milliards, 4 milliards de francs aux « pavillons étrangers » pour transporter ses importations et ses exportations, écrit le même Henri Cangardel[4]. Cinquième du monde en 1890, la marine marchande française n'est plus que huitième en 1939. Lui sont passés devant les Pays-Bas, l'Italie et le Japon.

La compagnie Fraissinet est une entreprise caractéristique de ce secteur semi-assisté, qui dépend lourdement des subventions et des protections de l'État. Elle est fondée en 1836 par Marc Fraissinet, l'arrière-grand-père de Jean. Elle faillit être victime des goûts du grand-père pour la politique et les femmes avant d'être reprise par le père de Jean, qui n'avait que vingt-cinq ans à l'époque. Son fils nous décrit Alfred Fraissinet comme un protestant patriote et rigoureux, peut-être même un peu rigide. Vers 1920, lorsque Jean commence à s'initier au métier, la compagnie dessert la côte occidentale de l'Afrique, qu'il visite avec sa jeune femme. Il s'agit alors d'un trafic « intérieur » français, c'est-à-dire protégé contre la concurrence internationale. Il n'y a pratiquement pas de ports, les navires opèrent sur rade foraine et les dames passent la barre en pirogue comme tout le monde. Depuis 1860 la compagnie détient également le monopole du trafic sur la Corse, autre desserte « intérieure » copieusement subventionnée. L'État rembourse intégralement le déficit d'exploitation en comptant dans les coûts l'amortissement des bateaux sur vingt-cinq ans, un intérêt sur l'immobilisation du capital et une prime de gestion, le tout sous forme d'avances mensuelles calculées d'après le déficit constaté l'année précédente[5]. Son père trouvait dans ce dernier trafic, « à défaut de possibilités bénéficiaires, un élément de stabilité dans la prise en charge d'une partie de ses frais généraux », écrit Jean Fraissinet. Vers la fin des années trente cependant, il semble bien que la compagnie tire en réalité des lignes avec la Corse une bonne moitié de son chiffre d'affaires et l'essentiel de sa marge bénéficiaire. Lorsque son père lui passe la barre en 1926, Jean Fraissinet commence par exercer ses talents politiques en faisant renouveler non sans mal pour vingt ans, le 23 juillet 1927, la convention avec l'État qui était arrivée à échéance. Bien qu'il ait réussi à mettre de son côté le conseil général de la Corse, il ne se fait aucune illusion sur la popularité de ses services et cite lui-même les trois fléaux de l'île tels que les décrivent les insulaires : « La malaria, le libeccio... et Fraissinet », le libeccio n'étant pas une compagnie de navigation italienne mais un vent local.

La troisième destination desservie sera supprimée par Jean Fraissinet le 7 décembre 1931 au vu d'une concurrence jugée intenable des compagnies subventionnées « par le gouvernement fasciste italien ». Souvenir d'une audace commerciale d'un autre âge, cette ligne menait des bateaux à faible tirant d'eau jusqu'au Danube, d'où on rapportait des céréales à Marseille avant que la rivière ne soit prise par les glaces. « C'est ainsi, dit l'armateur dans un discours évoqué par le *Journal de la marine marchande* du 1er octobre 1942, que de vieux armements privés ayant longtemps donné des signes de leur vitalité commerciale durent restreindre leur activité aux trafics privilégiés ou subventionnés après avoir vainement tenté de résister au pavillon étranger lui-même subventionné ou bien exploité à moindres frais que le pavillon français. »

Seigneur héréditaire, le patron marseillais étendra donc son groupe surtout en empiétant sur le domaine des voisins, comme un paysan qui se saigne pour agrandir ses terres. Et comme ce dernier, il veut être maître chez lui. À cause d'une brouille[6], il prend en 1938 le contrôle de l'entreprise de son beau-père, la compagnie Cyprien-Fabre. Cette acquisition d'une société plus importante que Fraissinet pèsera sur les comptes pourtant « agréables » de la compagnie : 4,1 millions de bénéfices nets pour un chiffre d'affaires de 50,7 millions en 1935. Dans les assemblées générales d'avant guerre, le président s'excuse presque de ces résultats flatteurs. « C'est trompeur », assure-t-il. « La flotte est largement amortie. » Va-t-il investir ? Non. « Animés d'une prudence que les circonstances ont, hélas, pleinement justifiée, nous nous sommes abstenus d'étendre notre flotte au-delà des nécessités les plus impérieuses de l'exploitation des lignes encore assurées par nous », dit-il à ses actionnaires le 25 mai 1936. Un modèle d'optimisme ! Dans les chantiers navals — comme les Chantiers et ateliers de Provence — que Jean Fraissinet possède également et qu'il gère en appliquant les mêmes principes, l'outillage et l'organisation industrielle seront jugés totalement périmés après guerre[7].

À la veille des hostilités la compagnie Fraissinet est le treizième armement français, avec trente-sept mille tonneaux de jauge brute[8]. Mais si l'on compte Cyprien-Fabre, le même recensement au 1er janvier 1938 situe l'entreprise en cinquième position, derrière la Compagnie générale transatlantique, les Messageries maritimes, les Chargeurs réunis et la SNCF (qui, du temps de la vapeur, possédait des cargos pour s'approvisionner en charbon). Ce qui en fait un des tout premiers groupes privés du secteur.

Pour justifier le manque de vitalité de son entreprise, Jean Fraissinet ne fait pratiquement jamais allusion à la grande crise dont le pays commence seulement à se relever quand la guerre arrive. En revanche, pour ce grand bourgeois, les grèves de 1936, les communistes et les syndicats expliquent tous les maux de l'économie française. L'homme que le commissaire de la République estime urgent d'assigner à résidence loin de Marseille en 1944 est un anticommuniste notoire qui est en danger dans une ville où l'insurrection a été largement dirigée à la Libération par les communistes et la CGT, explique aujourd'hui Raymond Aubrac[9].

Son père étant plutôt aimé de son personnel, on serait tenté de situer sa découverte de la lutte des classes à l'époque de ses études au lycée Thiers. Mme Fraissinet exigeant que le précepteur aille attendre Jean et son frère à la sortie pour les conduire jusqu'à la voiture avec chauffeur, « des camarades nous escortaient en monôme et les quolibets et projectiles pleuvaient sur nous », raconte-t-il dans ses mémoires.

Plus sérieusement Marseille est une ville caractérisée par un climat social tendu, secouée depuis longtemps par de grandes grèves dans lesquelles les professions maritimes tiennent une place particulière. Jeune homme, Jean Fraissinet a connu celles de 1919 : « Une fois de plus, le mouvement est parti du port[10]. » En 1935 la droite perd même la mairie. Entre 1932 et 1936, le parti communiste, dont l'audience électorale passe de 10 000 à 36 000 voix, part à l'assaut de la ville et entreprend en particulier la conquête méthodique du port. Charles Nedelec, le secrétaire de la région confédérale de la CGTU, reprend alors le contrôle du syndicat des dockers aux « gangsters » tout dévoués à Simon Sabiani — l'ancien maire, future figure du PPF de Doriot — à coups de barres de fer, parfois même le revolver à la main, racontera le leader communiste Charles Tillon[11]. Le port est à nouveau en pointe en 1936 : « Le 23 juin, les inscrits maritimes entrent en action, occupent quarante-trois navires, débarquent les officiers, hissent le drapeau rouge en haut des mâts où, sous la forme de mannequins, certains armateurs sont pendus en effigie[12]. » Jean Fraissinet a manifestement peu apprécié ces pratiques et le 26 octobre, à l'assemblée générale de la société, il écume encore : « Sur ordre de leurs syndicats les navigateurs des diverses spécialités occupèrent le 22 juin tous les navires du port de Marseille, interdisant aux officiers l'accès des bords, et hissant le drapeau rouge à la mâture de chaque bâtiment. » Le drapeau rouge sur les bateaux d'un ancien héros de 1914-1918 ! Puis ce futur pétainiste dénonce l'« inertie » des pouvoirs publics et des « sociétés placées sous la dépendance financière totale de l'État » qui lâchent tout aux syndicats. Les avantages accordés « majorent de plus de 50 %, estime-t-il, les dépenses d'armement » et enlèvent toute compétitivité à la flotte française. N'oublions pas en effet que dans la France protectionniste d'avant guerre, la marine est un secteur en contact permanent avec la concurrence internationale même si elle refuse souvent le combat.

Le seul secteur totalement réquisitionné

La plupart des armateurs ayant plutôt sous-investi, comme Fraissinet, la France est à court de bateaux comme de bien d'autres équipements civils et militaires au moment de la déclaration de guerre. Or il faut accélérer les importations de matières premières, de pétrole, d'armes, etc. Pour l'affrètement de navires supplémentaires, comme pour l'achat de tous ces produits et matériels, les Alliés veulent éviter de se faire concurrence sur un marché mondial où soudain tout devient rare. Sur les conseils de Jean Monnet — qui avait eu à connaître des problèmes similaires en 1914-1918 — et sur la base d'un échange de lettres entre les deux Premiers ministres français et britanniques, Édouard Daladier et Neville Chamberlain, un conseil franco-britannique est donc installé à Londres en octobre 1939 pour coordonner les achats et répartir les disponibilités. Il coiffe cinq comités exécutifs permanents dont un pour la marine marchande. À la tête de la mission française chargée de cette responsabilité, Anatole de Monzie, alors ministre des Transports, désigne Hypolite Worms, « un des trois ou quatre armateurs expérimentés que possède encore le haut personnel de notre marine marchande[13] ». Worms, en effet, a certainement beaucoup plus de relations à Londres que Fraissinet. Son ordre de mission officiel le charge « de représenter la France dans toutes les négociations interalliées relatives à l'achat et à l'affrètement des bateaux neutres ». La flotte marchande française, limitée à 2,9 millions de tonneaux en temps de paix, dispose ainsi pendant les quelques semaines de guerre du printemps 1940 de 1,9 million de tonneaux supplémentaires de bâtiments « neutres »[14]. Des bateaux qui sont, comme le reste de la flotte marchande, sous le contrôle de l'État.

En période de guerre celui-ci réglemente et surveille plus attentivement de nombreuses activités industrielles, ce qui donne parfois lieu à des situations ambiguës et pénibles. Les démêlés entre Louis Renault, patron farouchement indépendant d'une entreprise alors privée, et Raoul Dautry, ministre de l'Armement déterminé à imposer sa vision de l'intérêt général aux industriels, sont restés célèbres. Pour la marine, au moins c'est clair. Dès le 2 septembre 1939 commence pour plus de huit ans ce que l'éditorialiste du *Journal de la marine marchande*, René Moreux, qualifiera après coup de véritable nationalisation. Les armements sont en fait réquisitionnés au titre de la loi du 11 juillet 1938 sur « la nation en temps de guerre », comme ils le furent en 1914-1918 et comme ils le seraient encore aujourd'hui dans un cas semblable. Au lieu d'être levée après la Libération, cette réquisition s'éternisera jusqu'en 1948. Curieuse mise en tutelle : « L'administration, après avoir réquisitionné les bateaux des armateurs, a chargé ces mêmes armateurs de les gérer en son nom, pour son compte, de manière à utiliser leurs compétences professionnelles, à profiter des moyens techniques et commerciaux des entreprises et à éviter les dépenses d'installation et d'aménagement des services qu'il eût dû engager si la flotte réquisitionnée avait été exploitée en régie[15]. »

N'imaginons pas pour autant une organisation bien huilée. Certes, les armateurs continuent à gérer les bateaux. Encore faut-il qu'on leur dise clairement ce qu'ils doivent charger et où ils doivent aller. Dans un article postérieur à la Libération[16], Jean Roullier, secrétaire général de la direction des Transports maritimes en temps de guerre, tente désespérément de décrire le circuit bureaucratique théorique qui est supposé régler les mouvements de cette armada : programme trimestriel, coordination entre ministères, coordination avec la mission de Londres, autorisations diverses. On peut s'épargner le détail, qui est fort indigeste. Car, après ce long exposé, suit un paragraphe qui détruit d'un coup tout l'édifice : « Les usines américaines, avec lesquelles ont été passés de gros contrats, livrent en masse des commandes qui viennent encombrer les quais d'embarquement. Les contrats prévoient des primes à l'industriel pour livraisons rapides, mais ils prévoient aussi que l'usine ne fait pas de stockage et que le destinataire doit prendre charge du matériel au fur et à mesure de la production. Tous les trafics étant bouleversés, les erreurs de chargement sont fréquentes et l'arrimage se fait mal. Les cales au début sont imparfaitement utilisées. Les navires qui s'offrent sont rares et l'encombrement règne au départ. Ce n'est pas tout. Les transmissions télégraphiques sont interrompues. Les avis d'embarquement ne peuvent être donnés que par l'attaché naval, lui-même surchargé. Les auteurs de l'instruction ont pensé que la teneur de la cargaison pourrait être établie au départ du port français, c'est-à-dire dans certains cas plusieurs mois à l'avance, et qu'il suffirait au départ du port de charge de télégraphier les différences. Dans le fait, les circonstances furent telles qu'il ne fut jamais possible de recourir avec succès à cette méthode pendant les premiers mois de la guerre. *A fortiori* fut-il toujours impossible, sauf pour les provenances d'Afrique du Nord, de donner à l'avance à l'importateur connaissance du nom du navire et de la date du voyage par lequel sa marchandise serait apportée. »

Chez Fraissinet, toute cette agitation est gérée par les cadres de la maison, car le patron, malgré ses quarante-six ans, est retourné volontairement dans l'aviation, comme en 1914-1918. Il y constate le mauvais état de préparation de l'armée française. Les Dewoitine 520 qui devaient remplacer les Morane 406 ne sont finalement livrés qu'en mai 1940, à la veille de la déroute. À partir du 11 juin, où il est encore dans l'Oise à Bouillancy, il bat en retraite, de terrain en terrain. Après un crochet par Marseille, il apprend le 26, à Relizane, près d'Oran, que tous les vols sont interdits en application de l'armistice. On peut penser que cet homme d'âge mûr, qui n'a pas hésité à traverser seul la Méditerranée pour retrouver son escadrille, aurait continué à se battre à partir de l'Afrique du Nord si tel avait été le choix du gouvernement. A-t-il entendu, au moins indirectement, l'appel du 18 juin ? Il n'en dit rien. Se sentant inutile, il s'arrange pour rentrer à Marseille où il est démobilisé le 27 juillet et où il va devenir, pendant quelques mois au moins, un parfait pétainiste.

Le 25 novembre 1940, il délivre à ses actionnaires réunis en assemblée générale un de ces petits discours sans ambiguïté qu'il affectionne et qui est représentatif de l'état d'esprit d'une bonne partie du patronat dans les mois qui ont suivi la défaite : « L'anarchie qui sévissait depuis tant d'années à bord et autour des navires de commerce français a enfin cessé. Conformément à nos prévisions maintes fois exprimées, il aura fallu subir un désastre national pour clore l'ère des méfaits du marxisme, de la démagogie et de l'affairisme qui furent à l'origine de la décadence de la marine marchande française et qu'un peu de courage et de discipline aurait suffit à combattre efficacement. Puissent les principaux profiteurs de cette décadence être durablement éloignés de la réorganisation d'une industrie si étroitement liée, les événements actuels le démontrent avec une singulière clarté, à la sécurité, au prestige et à la prospérité de la nation. Puisse le désastre actuel avoir durablement ouvert les yeux de ceux qui s'obstinaient à nier ou sous-estimer cette évidence. »

« S'il nous parlait plutôt de nos bateaux », ont pu penser quelques actionnaires moins préoccupés de grande politique. Après la réquisition, la marine de guerre avait repéré parmi les navires de la compagnie Fraissinet ceux qui avaient été construits pour les lignes de Corse parce qu'ils étaient petits, rapides et modernes. Cinq sur sept ont été « militarisés », leurs équipages civils étant tout simplement débarqués après réquisition. Aucun n'est perdu, apprennent les porteurs de parts avec soulagement. Mais en ce mois de novembre, ils sont encore immobilisés. Parmi les quatorze bateaux qui travaillaient sur les lignes d'Afrique, deux seulement ont été militarisés et aucun n'a souffert, à quelques avaries près. Mais le président déplore quand même la saisie du *Touareg* et du *Tombouctou* « par les Anglais et les coloniaux français ralliés à leur cause », expression que Jean Fraissinet utilisera telle quelle dans plusieurs assemblées générales pour évoquer les gaullistes.

« De quoi vit un armateur dont les bateaux sont réquisitionnés et immobilisés », s'inquiète peut-être l'actionnaire une fois rassuré sur le sort de ce capital flottant ? « Des indemnités de l'État versées mensuellement », précise par avance le président, qui a l'expérience de 1914-1918. Vingt-deux ans seulement se sont écoulés et ici, comme dans tant de domaines, on a vite retrouvé de vieilles habitudes. Soyons un peu plus précis que le compte rendu de l'assemblée générale. L'État a d'abord appliqué aux armateurs une « charte partie », ou contrat d'affrètement, qui est la transposition de celle de 1914-1918. L'armateur reçoit deux indemnités, une comme propriétaire du bateau et, sauf dans les cas de militarisation totale, une comme gérant de ce même bateau pour le compte de l'État. Le modèle de charte partie 1939-1940, après de longues négociations, ne sera définitivement affiné.... qu'après la défaite, le 15 septembre 1940.

La guerre proprement dite terminée, personne ne songe apparemment à rendre sa liberté à la flotte de commerce française. Elle passe même sous le contrôle total des militaires qui, malgré la défaite, continuent à se donner de l'importance à Vichy. Ce sont eux qui négocient les termes exacts de l'indemnisation. Plus précisément l'amiral Gabriel Auphan, bras droit de Darlan, le grand patron de la marine de guerre et futur chef du gouvernement. Auphan, qui aura la haute main sur la marine de commerce jusqu'en novembre 1942, cherche à faire simple : les indemnités d'affrètement seront forfaitaires et définies en fonction du tonnage du bâtiment, quel que soit son âge ou son état. L'armateur est supposé continuer à l'entretenir et à payer le personnel, ce qui est couvert par l'indemnité de gérance. Si le bateau navigue, l'État règle les frais du voyage, notamment ceux de carburant, et récupère, en principe — mais pas toujours en pratique, on le verra —, les frets encaissés par la compagnie. Point capital, en cas de perte du navire par fait de guerre, l'État est son propre assureur et s'engage à le remplacer ou à le rembourser. Cette garantie laisse entière la question de l'assurance normale de la cargaison et du bateau, qui peut très bien couler dans une tempête, guerre ou pas. Nous y reviendrons.

La marine, c'est l'empire

Mais tout cela a-t-il encore un sens ? Qu'advient-il des navires marchands français après l'armistice ? Poursuivent-ils leur bonhomme de chemin comme si de rien n'était sous prétexte qu'ils appartiennent à des civils bien que réquisitionnés ? Sont-ils cloués au port par la défaite du pavillon qu'ils portent à leur poupe ? Sur les 2,9 millions de tonneaux de la flotte française, 270 000 ont été coulés, 200 000 réquisitionnés ou saisis par les Allemands avant l'armistice sur le littoral de la zone occupée, 400 000 réquisitionnés par les Britanniques, 200 000 sont bloqués dans les ports américains et un bon nombre ont fui pour aller s'abriter dans les colonies, notamment à Dakar et Casablanca[17]. Pour les autres la convention d'armistice est claire : interdiction de naviguer sans l'autorisation de l'occupant (article 11).

Un des premiers soucis du gouvernement de Vichy sera de faire lever cette interdiction. La marine marchande doit contribuer à améliorer le ravitaillement, et notamment celui de la zone libre, plutôt mal lotie. Même en temps de paix, l'agriculture française des années trente ne suffisait pas à nourrir le pays. Le déficit en corps gras est spécialement inquiétant. La métropole a besoin de l'arachide des colonies et notamment du Sénégal. On en parle moins dans les discours officiels, puisque l'alcool — on l'a vu — est un des boucs émissaires de la défaite, mais on tient beaucoup aussi en haut lieu à ce que le pays soit approvisionné en vin. C'est essentiel, estime-t-on, pour maintenir le moral de la classe ouvrière dont on craint la révolte[18]. 9,6 millions d'hectolitres traverseront la Méditerranée en 1941, 2 millions de plus qu'en 1940 !

Les colonies elles-mêmes ont besoin de la métropole. L'Afrique du Nord, qui n'est plus ravitaillée en charbon anglais, recevra jusqu'au débarquement allié de novembre 1942 une part des faibles quantités de charbon français disponibles[19]. L'empire est devenu également dépendant des produits industriels de la métropole. Privées de débouchés par la crise économique du début des années trente, les entreprises françaises ont fait de ces territoires une chasse gardée. Leur part relative dans les exportations françaises — plus du quart en 1938 — s'est accrue très sensiblement pendant les dix ans précédant la guerre[20].

À cinquante ans de distance on a du mal à imaginer ce qu'était la relation de la France avec son empire à cette époque. « Depuis 1932, l'Algérie est devenue le premier pays du monde parmi les acheteurs de produits français », écrit le responsable patronal Claude-Joseph Gignoux dans une série d'articles du *Journal de la marine marchande* en juillet 1942. En 1932, elle « nous a acheté deux fois plus que l'Allemagne, cinq fois plus que l'Italie, quatre fois plus que les États-Unis, » poursuit-il. C'est entre les deux guerres que les entreprises françaises ont vraiment découvert les charmes et les contraintes du « pacte colonial » : les territoires sous administration française réservent leurs matières premières à la métropole — ce qui nourrit des frustrations chez des pays sans possession lointaine comme l'Italie et l'Allemagne — et l'industrie nationale s'approprie les marchés de l'empire pour y écouler ses produits. Avec ce résultat, écrit Gignoux, que « les ventes en Algérie d'automobiles françaises sont fonction de la récolte de vin, ou encore que l'exportation des cotonnades françaises en Afrique occidentale peut être évaluée exactement en fonction de la récolte d'arachides et de ses conditions de vente ». Ces deux exemples ne sont pas pris au hasard. Au début des années trente, 43 % des automobiles exportées le sont vers les colonies ; et pagnes et boubous sauvent l'industrie cotonnière en absorbant la moitié de ses expéditions hors de la métropole.

Dans ces conditions, même s'il s'agit pour une part d'un argument de négociation, on comprend qu'à la commission de Wiesbaden, où les officiels français et allemands discutent en permanence des conditions d'application de l'armistice, la délégation de Vichy évoque plusieurs fois le rôle que pourrait jouer l'absence de ravitaillement et de liaison dans la « dissidence » des colonies et la prise de pouvoir par « les coloniaux français ralliés à la cause anglaise », comme dit Jean Fraissinet[21].

Si les colons n'ont pas leur farine ou leur quinine, ils vont pousser, estime-t-on, les gouverneurs à basculer du côté de De Gaulle et des Anglais. « Le manque de ravitaillement, au moins de certaines denrées ou de certaines marchandises de première nécessité, a été incontestablement, tout autant que l'absence d'information, à l'origine de la dissidence », assure par exemple le 23 septembre 1940 Paul Devinat, directeur des Affaires économiques au ministère des Colonies, à Richard Hemmen, son interlocuteur d'outre-Rhin à la commission d'armistice, en faisant allusion aux territoires ralliés à de Gaulle pendant l'été (Afrique-Équatoriale française et Cameroun). Une discussion s'engage avec l'Allemand sur les cours très élevés que les Anglais auraient prétendu assurer aux colons pour leurs produits. Pour éviter que les planteurs des colonies restées fidèles ne soient rendus furieux par l'impossibilité d'écouler leur récolte, l'administration l'achète et la stocke, explique Devinat, ce qui tendrait à prouver qu'il ne s'agit pas seulement d'un argument pour obtenir l'autorisation de naviguer des Allemands. Vichy, qui a peur des ouvriers français, s'inquiète également des réactions des colonisés : « La population de l'Afrique du Nord a un besoin absolu de thé vert et de sucre, et la pénurie de ces articles pourrait provoquer des troubles et contribuer à entraîner ces territoires dans la dissidence », assure le 19 novembre 1940, toujours dans le même cadre, un certain M. Tupinier à son interlocuteur allemand, le docteur Schöne. Les pains de sucre, traditionnellement enveloppés dans du papier coloré, sont, en effet, une des productions des sucreries marseillaises spécialement destinées à l'Afrique du Nord. Un an plus tard, en novembre 1941, le général Huntziger en personne, le chef de la délégation française, évoque « un télégramme du gouverneur général de Madagascar [indiquant] que les colons réagissent fâcheusement. Leur préoccupation principale, c'est de ne pas être bloqués et ils font pression sur les militaires et les fonctionnaires pour les inciter à la dissidence ».

Le maintien de l'empire sous l'autorité de Vichy revêt une importance considérable pour le gouvernement. Le rétablissement des liaisons maritimes « intérieures » entre la métropole et l'outre-mer est d'abord une question politique, même si le ravitaillement est toujours mis en avant. Les Allemands n'étant pas présents dans les colonies, le maréchal et son entourage peuvent avoir le sentiment d'administrer des territoires bien plus vastes que la zone libre. L'empire justifie l'existence de ce qui reste d'armée française — l'armée d'armistice — puisque Vichy se fait fort d'en défendre la neutralité contre les Alliés. Certains y voient même un des principaux atouts de la France dans une future négociation de paix avec l'Allemagne[22].

Les Allemands, qui trouvent intérêt à ce que les Français gardent ainsi leurs arrières, voient également dans la reprise du trafic maritime une occasion de prélever une partie des produits coloniaux arrivant en France. En novembre 1940, à la commission d'armistice, une discussion oppose Allemands et Français. Ces derniers assurent que c'est la première fois qu'ils entendent dire que la reprise de la navigation, déjà amorcée, dépend de la livraison de produits coloniaux à l'Allemagne. Mais ce « droit » ne fait aucun doute dans l'esprit de l'occupant. Les négociations sur la nature et l'ampleur de cette « taxe » seront interminables, la position de départ des Allemands étant : « moitié-moitié ». En réalité, leur appétit pour les différents produits est inégal. Le vin ne les attire guère mais, dès septembre 1940, Hemmen manifeste un « très vif intérêt » pour les bananes, un fruit très apprécié outre-Rhin. Même réaction pour le cacao. En ce qui concerne l'huile d'arachide, l'occupant se contenterait de 25 % mais il voudrait aussi sa part de tourteaux, une exigence que les Français, qui ont un problème d'alimentation du bétail à résoudre, refuseront avec obstination de satisfaire. Du caoutchouc d'Indochine au graphite de Madagascar, en passant par les bois d'Afrique, tous les produits seront évoqués.

Il est difficile de déterminer ce qui a été effectivement livré à l'occupant. Pour beaucoup d'articles, l'accord de principe, finalement, ne porte que sur le quart des quantités importées. La part allemande a été beaucoup plus importante pour les phosphates marocains et tunisiens, dont des millions de tonnes traverseront la Méditerranée. Mais là aussi les discussions, par exemple celle de décembre 1941, montrent qu'il y avait des écarts considérables entre les promesses faites aux Allemands — 60 000 tonnes de livraison par mois — et ce qu'ils ont reçu en fin de compte. L'amiral Auphan lui-même reconnaît cependant que la moitié des phosphates et des minerais transportés en 1940 (400 000 tonnes), en 1941 (1,2 million de tonnes) et en 1942 (1,5 million de tonnes) étaient destinés aux Allemands.

Louvoyer entre Allemands et Anglais

L'occupant a donc tout intérêt à autoriser les Français à naviguer. Mais il éprouve une crainte : que les bateaux ne tombent aux mains des Anglais et n'augmentent la puissance de leur flotte que, dans le même temps, les sous-marins allemands cherchent à affaiblir. Dès la reprise du trafic, pendant l'été 1940, il exige donc un engagement de sabordage des capitaines français en cas de capture par la Royal Navy.

Indépendamment de toute considération patriotique, qu'on soit vichyste ou gaulliste, il n'est pas très confortable ni très rassurant pour un marin de devoir couler son bateau en pleine mer. Aussi, les capitaines qui se sont trouvés dans cette situation ont été nombreux à faire seulement semblant de se saborder. Certains ont surtout essayé d'échapper aux Anglais. D'après une note remise par les Allemands aux Français en février 1941, à cette date, sur vingt navires français « perdus », deux seulement, ainsi, se seraient sabordés[23]. Cela peut sembler déjà considérable mais la Kriegsmarine n'est pas de cet avis : on ne peut contenir la fureur des officiers. Les Allemands donnent donc des instructions de plus en plus précises, en menaçant bien sûr capitaines et hommes d'équipage de sanctions si elles ne sont pas respectées.

Pas de « pourparlers inutiles » ! Dès que le commando de prise anglais approche, sabordage ! Les capitaines, expliquent les Allemands, doivent emporter des explosifs et des combustibles, disposés à l'avance sur les bateaux pour permettre leur disparition rapide. Il ne faut pas que les Anglais puissent arrêter l'opération. « On devra en particulier procéder à la destruction des pompes d'épuisement, disposer des foyers d'incendie, fixer par des boulons les clapets d'aspiration, après les avoir ouverts, et jeter les clefs par-dessus bord. » L'amirauté française tente de raisonner les responsables de la marine d'outre-Rhin en expliquant que le sabordage immédiat est souvent peu compatible avec la sécurité de l'équipage et des passagers. En mai 1941, elle monte en épingle le cas du *Fort-de-France*. Ce bateau a pu être repris par les Français après une interception anglaise. Car le capitaine a envoyé un message radio et les machines ont été légèrement sabotées, empêchant ainsi le bananier mixte qui rentrait des Antilles de suivre le convoi britannique qui l'avait arraisonné.

L'attitude des Anglais est quant à elle assez largement dépourvue d'ambiguïté. Pendant l'été 1940, à Vichy, on espère encore pouvoir compter, pour naviguer, sur une « permission au moins tacite du maître des mers », selon l'expression de l'amiral Auphan. On aurait pu imaginer en effet que les Britanniques prennent en considération les problèmes de ravitaillement de leurs anciens alliés français et tolèrent une certaine activité de la marine marchande. Mais, depuis l'attaque de la flotte de guerre française à Mers el-Kébir le 3 juillet 1940, il est clair que la Grande-Bretagne raisonne exclusivement en fonction des nécessités de la guerre contre le Reich. Alors qu'à Vichy on ne se pose jamais sérieusement la question de savoir si telle ou telle décision peut aller contre les intérêts militaires des Anglais.

Pendant l'été 1940, la navigation en Méditerranée ne pose cependant pas de vrai problème. Vraisemblablement parce que la Navy n'a pas les moyens d'intervenir dans cette zone[24]. De ce fait, « à partir d'octobre 1940, le nombre des traversées entre Marseille et les ports de l'Afrique française du Nord oscilla entre 65 et 80 par semaine suivant la saison, rythme voisin de celui du temps de paix », d'après l'amiral Auphan. La lecture de la presse professionnelle confirme l'existence d'un trafic intense. En revanche, l'amiral — sous la pression des Allemands sans doute — répugne à risquer des bateaux sur la façade atlantique, dont les ports restent et resteront très largement inactifs. Marseille jouit donc d'une situation privilégiée jusqu'en 1942.

Le véritable test de l'attitude britannique, c'est le passage de Gibraltar. Car il est nécessaire d'emprunter le détroit pour relier les ports méditerranéens et ceux du Maroc et d'Afrique noire. L'amiral Auphan, à la veille de l'hiver 1940, dit aux Allemands qu'il est inquiet du nombre de bateaux qui s'accumulent dans le port insuffisamment abrité à son avis de Casablanca : 12 paquebots, 6 pétroliers, 64 cargos français et 27 étrangers, sans compter les navires de guerre. Il réussit à convaincre l'occupant. En ajoutant les bateaux bloqués en Afrique noire, l'autorisation de faire reprendre la mer à toutes ces unités, confirmée officiellement le 13 septembre 1940, porte sur 160 navires. Que vont faire les Anglais ? La marine de guerre française, qui s'estime invaincue puisqu'elle n'a pratiquement pas eu l'occasion de combattre lors de l'offensive du Reich, cherche toutes les bonnes raisons d'affirmer son rôle. Elle propose donc d'escorter les navires marchands. Les Allemands refusent cette solution, affirmant qu'ils ne veulent pas qu'on provoque la puissante flotte britannique. Du coup les Français feront « accompagner à distance » des navires marchands naviguant en convoi.

Un chalutier et un aviso passent Gibraltar sans encombre le 7 septembre, puis des convois les 17, 21 et 22 septembre. Mais le 23, l'attaque manquée des « Anglo-gaullistes » sur Dakar complique la situation. Le 25, en représailles, des avions de Vichy bombardent Gibraltar. Les Britanniques vont-ils à leur tour réagir en fermant le détroit ? En fait le gouvernement de Sa Majesté, qui sait le Rocher insuffisamment défendu et craint sans doute une attaque hispano-allemande à la suite d'un éventuel accord Hitler-Franco, n'a pas envie de fournir des prétextes supplémentaires à une offensive contre l'enclave. « Le plus gros inconvénient de l'affaire de Dakar, écrit l'ambassadeur britannique à Madrid à son ministre des Affaires étrangères, est d'avoir rapproché la guerre de Gibraltar, c'est-à-dire de l'endroit précis que nous désirions avant tout tenir à l'écart du conflit. Pourtant, si les Français n'effectuent pas de nouveaux raids aériens contre la citadelle, les choses peuvent encore très bien s'arranger[25]. » Ce n'est donc jamais à Gibraltar même que les Anglais attaqueront les convois, alors que le détroit, par définition étroit, est facilement contrôlable. Le 27 septembre, des bateaux quittent sans encombre l'Atlantique pour la Méditerranée.

L'ambassadeur britannique en Espagne restera bien placé pour avoir quelques idées sur ce que pensent les Français. De septembre 1940 à février 1941, les deux gouvernements négocient par son entremise et celle des ambassadeurs de Vichy à Madrid, Robert de la Baume, puis François Piétri. Les ministères Pétain comptent notamment sur les pressions des Américains pour convaincre les Anglais de tolérer le trafic destiné à ravitailler la zone libre. Mais ces pourparlers cesseront, sur ordre des Allemands, sans avoir abouti à grand-chose[26].

Après l'interruption de ces négociations, les incidents se multiplient, peut-être parce que les Britanniques disposent désormais de forces supérieures pour intercepter les convois[27]. Un des plus connus s'est produit au large de Nemours, en Algérie. Le 30 mars 1941 à neuf heures du matin, « une nombreuse force navale britannique », d'après le communiqué de l'amirauté française, a attaqué, « dans les eaux françaises, entre Nemours et Oran », un convoi de quatre bâtiments de commerce se rendant de Casablanca à Oran sous l'escorte d'un seul torpilleur, le *Simoun*. Suit un échange de communiqués où les Anglais « prétendent » que le convoi transportait du matériel de guerre destiné à l'Allemagne alors que les Français assurent qu'il acheminait quinze mille tonnes de riz et de sucre venant de Madagascar et de l'Indochine, destinés à l'Algérie et à Marseille, mille cinq cents tonnes de légumes secs et de semences diverses en provenance du Maroc et à destination de la zone non occupée, sept mille tonnes environ d'orge, provenant également du Maroc, et « destinés aux indigènes de l'Algérie ». Le gros de la cargaison venant d'Indochine, les Britanniques craignaient sans doute la présence à bord d'un produit hautement stratégique : le caoutchouc.

Vichy enregistrera plus de « pertes » sur certaines lignes que sur d'autres. Ainsi, la liaison avec Madagascar et l'Indochine sera particulièrement touchée. Elle finira même par être abandonnée dès novembre 1941, après le détournement de cinq bateaux « richement chargés » à huit cents milles du Cap. Au total, le tonnage ainsi confisqué finit par être important : en juin 1941, la marine marchande française libre, à Londres, l'évalue à 153 000 tonnes ; à l'automne 1941, les Allemands parlent de 228 000 tonnes de navires tombés aux mains des Anglais non sabordés[28].

La marine marchande française libre

Que deviennent ces bateaux et les marins qui naviguaient à leur bord ? Comme les quatre cent mille tonneaux saisis au moment de l'armistice, ils continuent à naviguer, sous pavillon britannique. Lorsque l'équipage est français, il a tout juste le droit de hisser le pavillon de la France libre au mât de propriétaire, la poupe continuant à arborer l'Union Jack. Au moment de la saisie, on propose à l'équipage de passer du côté des Alliés mais on laisse à chacun la possibilité d'opter pour un rapatriement vers l'hexagone s'il le préfère.

À Londres, Jacques Bingen, trente-trois ans, ingénieur des mines diplômé de Sciences po, jeune patron de l'armement Saga et membre du comité des armateurs de France avant guerre, est devenu directeur de la marine marchande libre, poste qu'il occupera jusqu'en 1942[29]. Il essaye de gérer au mieux les rapports parfois compliqués avec les Anglais mais aussi avec la marine de guerre libre, dirigée par l'amiral Muselier. Ce sont d'ailleurs les conflits d'autorité incessants avec ce dernier qui l'amèneront à démissionner. Il déplore notamment qu'on verse systématiquement les marins de commerce âgés de moins de trente ans dans la marine de guerre. D'abord parce qu'il manque d'hommes d'équipage et surtout d'officiers pour les cargos. Ensuite parce que cela dissuade certains membres des équipages arraisonnés en mer de passer du côté des gaullistes[30]. Pour les y inciter, il s'arrange pour faire payer une partie des soldes aux familles lorsqu'elles sont en zone non occupée.

N'oubliant pas ses anciens collègues armateurs, Bingen obtient également des Britanniques que les bateaux ne soient pas saisis mais réquisitionnés, ce qui assure à leurs propriétaires un dédommagement et un remplacement à l'identique après guerre en cas de perte. Pour essayer d'encourager des passages volontaires de bateaux du côté anglais, on fait connaître ces dispositions, par divers canaux, aux armateurs français et même — à tout hasard ? — au gouvernement de Vichy. Sans grand effet. Les navires se déroutant volontairement au lieu de rejoindre leur port d'attache semblent avoir été très rares pour ne pas dire inexistants. Il devait être bien difficile de mettre tout le monde d'accord à bord de chaque bâtiment.

Dans ses émissions à la BBC, Jacques Bingen adopte au début un ton relativement tolérant à l'égard du commerce maritime pour le compte de Vichy. Le 24 décembre 1940 il dit aux marins : « Soyez vigilants, contrôlez les cargaisons de vos navires. Quand le vin algérien et le blé tunisien ravitaillent vos familles de France — nos familles —, exécutez votre travail avec votre zèle habituel. Mais méfiez-vous des cargaisons de guerre ! Le manganèse d'Algérie, les phosphates de Tunisie, êtes-vous sûrs de leur emploi futur ? » Suit une série de conseils pratiques sur les moyens de « freiner » l'acheminement de ce genre de cargaisons. Mais en 1941, sans en faire une obsession, il aimerait bien, manifestement, pouvoir enregistrer quelques passages spontanés de bateaux du côté de la France libre. Le 21 mai, il s'adresse directement, « de marin à marin », aux équipages quittant Marseille, le port le plus actif : « Je vous vois, sortant de Marseille. Votre navire a franchi la grande passe, contourné la bouée de l'Estaque. À bâbord, Notre-Dame-de-la-Garde s'estompe déjà. Vous passez les Planiers et maintenant, c'est la haute mer. » Là, plus personne pour surveiller le bateau. « Il faut que, rapidement, avant quinze jours, dix navires français aient fait savoir au monde que la France n'accepte pas la trahison de Vichy. » Un mois plus tard, le 23 mai, il recommence : « N'attendez pas l'arraisonnement. » Mais dans ce milieu où on est habitué à obéir aux ordres, il n'est guère entendu par des marins qui préfèrent sans doute la perspective de retrouver leur famille en France, au retour, à celle de l'exil.

De plus, en cette période de pénurie et de marché noir, la navigation sur des bateaux chargés de marchandises précieuses doit offrir quelques intéressantes occasions d'arrondir les fins de mois. « Comme les autres grandes villes du Midi, Nice ou Montpellier, Marseille fut très mal ravitaillée et les privations y furent sans commune mesure avec celles de la zone occupée et notamment Paris », assure Pierre Guiral, dans son *Histoire de la libération de Marseille* [31]. Et à propos du ravitaillement, justement, Jean Fraissinet écrit dans ses mémoires : « Les liaisons maintenues avec les territoires d'outre-mer ouvraient certaines possibilités à cet égard. » En temps normal, les équipages et en particulier les officiers ont déjà le droit d'ajouter quelques gros « bagages » personnels à la cargaison. Alors, en période exceptionnelle... Sans parler des « manquants » qui disparaissent de la cargaison en cours de route ou à l'arrivée. L'amiral Darlan en personne signe le 14 février 1941 une note où il écrit que « la question des manquants prend un caractère scandaleux, par la progression constante qu'accusent les statistiques [32] ».

Gérer des bateaux en temps de guerre

L'essentiel des bateaux français qu'on retrouve du côté des Alliés sont donc des navires déroutés par la marine de Sa Majesté britannique. À l'assemblée générale du 24 novembre 1941, Jean Fraissinet explique à ses actionnaires que désormais quatre bateaux ont été saisis « par les Anglais et les coloniaux ». En dehors même du désagrément politique qu'il semble en concevoir, ce n'est pas une bonne nouvelle : les indemnités « relatives aux navires placés hors du contrôle de l'armateur » sont en effet payées par l'État à concurrence de 20 % seulement, explique-t-il. Malgré le risque de détournement d'une partie de la flotte, il semble cependant surtout chagriné par la baisse de l'activité de la compagnie : elle est « très loin d'occuper dans ce trafic [avec l'Afrique occidentale], la place prépondérante qu'elle y tenait jadis ». Sur les quatorze bateaux qui tournaient sur cette destination, armés par Fraissinet ou Fabre, il n'y en a plus qu'un qui navigue.

L'amirauté choisit les navires indépendamment de leurs propriétaires, en fonction d'autres considérations. Il est vraisemblable par exemple que le bananier construit par Fraissinet juste avant guerre n'est pas utilisé parce qu'il consomme du mazout, denrée rare, et qu'on utilise surtout, paradoxalement, les navires les plus anciens, chauffant au charbon. Pour faire des économies de transport, les bananes sont d'ailleurs expédiées séchées, de même que l'arachide est décortiquée avant expédition.

Pour les lignes de Corse, trois des bateaux de Fraissinet qui fonctionnaient au mazout ont d'ailleurs été reconvertis au charbon. Sur cette destination, le trafic a repris « à cadence ralentie ». Mais l'activité ne s'effondre pas, loin de là. Les cales des navires, chargés parfois jusqu'au dernier recoin, sont plus remplies au retour vers le continent qu'à l'aller. L'île est, en effet, tant que la liaison est assurée, un important fournisseur de « carburant de remplacement » sous forme de bois et de charbon de bois. La compagnie affecte d'ailleurs un petit cargo supplémentaire à ce trafic et, d'après le compte rendu de l'assemblée générale du 1er décembre 1942, le tonnage transporté en 1941-1942 est même légèrement supérieur à celui d'une période comparable avant les hostilités.

La qualité du service souffre des circonstances, et l'image de marque de la compagnie avec elle. À cette même assemblée des actionnaires, Jean Fraissinet l'explique en ces termes peu élégants mais parlants : « En dépit de nos efforts tendant à éclairer notre clientèle sur les causes de l'insuffisance de nos navires et à utiliser au mieux les maigres possibilités qui nous demeuraient acquises, de nombreux voyageurs, dont les critiques ne nous furent pas épargnées, ont dû renoncer au voyage qu'ils avaient projeté en s'embarquant à bord de nos paquebots dans des conditions déplorables. » Les armateurs ont du mal à organiser le trafic. Ils sont vraisemblablement soumis aux ordres et contrordres des militaires français, allemands et parfois même italiens. Ils sont d'un côté incités à surcharger leurs bateaux et de l'autre victimes de diverses pénuries ou de défauts d'approvisionnements.

Sur une autre compagnie, un voyageur parmi d'autres, André Gide, ronchonne : « C'est à peine si l'on avance », note-t-il à plusieurs reprises dans son journal[33] sur le trajet Marseille-Bône qui, en mai 1942, sur le *Chanzy*, prend environ quarante-huit heures. Sept à huit nœuds pour un paquebot, c'est effectivement bien lent. Problème de combustible.

Le charbon étant de mauvaise qualité, les bateaux se traînent. Quelques mois avant la traversée de Gide, le 9 janvier 1942, le *Lamoricière*, de la Compagnie générale transatlantique, a sombré dans une tempête, à proximité des Baléares, en rentrant d'Alger vers Marseille. Après s'être légèrement dérouté pour porter secours à un autre bâtiment, il ne lui restait plus assez de combustible pour finir normalement son voyage. Il a dû chercher à rejoindre un autre port. Mais bien qu'il ait demandé toute la pression possible aux machines, le commandant ne put faire virer son paquebot dans la tempête, car le combustible restant fournissait une énergie insuffisante. Et ce fut le drame.

L'État n'assurant pas les « fortunes de mer » comme celle-ci, les assureurs privés conservent alors une activité. On assiste même à la création de deux compagnies d'assurance maritime pendant la guerre : Rhône Méditerranée et Languedoc. Cette dernière prospérera pendant des années après la Libération sous la houlette d'un homme très connu dans les milieux de l'assurance : Paul Nola. Trouver des capitaux, affirme-t-il, ne posait aucun problème pendant la guerre. Tous les pinardiers d'Algérie voulaient « mettre de l'argent » dans cette société basée à Sète qui allait assurer leurs cargaisons. À tel point que, pour ne vexer personne, il fallut prévoir un capital excessif, dont la moitié seulement fut appelée. C'est le patron de Paul Nola, le transitaire Gondrand, qui avait repéré ce créneau. Les assureurs habituels de la marine marchande française étaient britanniques. Il fallait donc organiser des circuits nouveaux. Ce qui posait d'ailleurs un délicat problème politique, dans la mesure où aucun assureur ne prend seul le risque d'un bateau sans le partager sur un marché de réassurance. Londres, autrement dit les Lloyds, étant inaccessible, le marché français de la réassurance inexistant, on se tourne vers... Munich ou Trieste[34].

Par contraste avec les ports de l'Atlantique, paralysés, ceux de la Méditerranée conservent donc pendant deux ans une activité importante et même inhabituelle. « Les fruits d'Afrique du Nord (oranges et dattes), les légumes de la Mitidja, les poissons salés du Maroc, arrivant au début assez régulièrement, procurèrent un appoint appréciable au ravitaillement du pays et un courant d'affaires non négligeable », écrira Léonce Gubert, alors en fonction à l'agence de la Société générale à Marseille. « Grands banquiers et boursiers parisiens, industriels de Paris et du Nord y côtoyaient de nombreux artistes. [...] Les facultés d'adaptation et l'esprit d'entreprise suscitèrent des initiatives inattendues : des sucriers s'intéressèrent à la construction navale, des industriels de Paris et du Nord se tournèrent vers la création de vergers ; on vit même des lainiers se lancer dans le cinéma...[35] »

Les potentialités de l'empire, dont Marseille est la porte, font rêver. Pendant toute l'Occupation le *Journal de la marine marchande* console ses lecteurs des malheurs du temps en leur faisant miroiter toutes les richesses insuffisamment exploitées des territoires d'outre-mer à travers des articles souvent très documentés sur le riz nigérien, le coton du

Soudan (l'actuel Mali) ou le gonakié du Sénégal (un arbre dont les gousses peuvent fournir une matière tannante et le bois alimenter les gazogènes). Pendant toute cette période, le ministère des Colonies agite le grand projet mythique du Méditerranée-Niger, une ligne de chemin de fer de 1 900 kilomètres entre Colomb-Béchar et Tosaye sur le Niger, fleuve dont les rives se prêtent tout particulièrement, pense-t-on, à une mise en valeur agricole plus intensive.

Mais toute cette agitation et tous ces rêves ne semblent pas inspirer à Fraissinet l'envie de diversifier ses activités et de se lancer dans de nouvelles affaires. Il préfère, comme déjà avant guerre, faire de la politique.

Jean Fraissinet à Vichy

Dès 1932 Fraissinet avait lancé un journal, *Marseille-Matin*. Et en 1936 il s'était présenté — sans succès — aux élections législatives en Corse[36]. Mais c'est surtout à Vichy qu'il va aller rôder dans les allées du pouvoir, comme d'autres patrons que la politique tente pendant cette période. Les plus connus : Paul Baudouin, de la Banque de l'Indochine, ministre des Affaires étrangères pendant neuf mois ; François Lehideux, de chez Renault, qui occupera divers postes ministériels jusqu'en 1942 ; Jacques Barnaud, de la banque Worms, délégué général aux Relations économiques franco-allemandes jusqu'en 1942 ; Pierre Pucheu, dirigeant de la métallurgie et appelé au ministère de la Production industrielle puis à celui de l'Intérieur. Sans compter les éternels pressentis, comme Léon Daum, de la sidérurgie (Marine-Homécourt notamment), ou René de Peyrecave, administrateur général délégué de Renault. Jean Fraissinet fait partie des ministrables, puisqu'une personne au moins pense à lui, pour le portefeuille de l'Information, en avril 1942 : Henri du Moulin de Labarthète, chef du cabinet civil du maréchal[37].

Sans devenir ministre, l'armateur rencontre souvent Pétain, d'après ce qu'il affirme dans ses mémoires. Et il est choisi, à côté d'autres patrons, présidents de chambre de commerce, pères de familles nombreuses et autres représentants divers de la « société civile », comme on dirait de nos jours, pour devenir un des deux cent treize « conseillers nationaux »[38]. Il fait partie des trente-huit membres — des patrons mais aussi des ouvriers — qui doivent représenter « l'industrie » au sein de cette nouvelle institution qui comprend deux autres armateurs en son sein (Pierre Vieljeux*, de La Rochelle, et Ferdinand Sarraz-Bournet, de Boulogne). Le Conseil national est un succédané de parlement, consultatif et non élu, inventé début 1941 par Pierre-Étienne Flandin, éphémère chef de gouvernement, pour éviter que le maréchal ne se coupe

* Pierre Vieljeux, malgré ses soixante-dix-neuf ans, finira déporté en Allemagne à cause de son attitude d'opposition ouverte envers l'occupant.

de l'opinion. Détestant l'idée de voir siéger un organisme qui compte encore soixante-dix-sept anciens parlementaires, Pétain n'accepte cependant que des réunions en commissions de quinze à vingt membres, expliquera du Moulin de Labarthète[39]. Une des activités essentielles du Conseil, jusqu'en décembre 1943, consistera à rédiger des projets d'articles pour la nouvelle « constitution » dont le pays devait être doté. Jean Fraissinet, considéré comme un spécialiste des colonies, se souvient ainsi d'avoir siégé dans une commission chargée de la question de l'empire. Mais son pétainisme n'a qu'un temps. Il démissionne du Conseil national le 22 avril 1942, à l'époque où Laval revient au pouvoir, faisant preuve alors d'un discernement que n'ont pas tous les patrons évoqués dans cet ouvrage. Dans la lettre qu'il envoie à Pétain, il met très clairement en cause la collaboration « substituée à l'application loyale des clauses de l'armistice »*.

Faute d'un accès suffisant à des sources incontestables à ce sujet[40], nous ne nous appesantirons pas sur le chapitre des activités politiques de Jean Fraissinet. Il nous semble cependant déjà intéressant de souligner que son comportement politique fut très représentatif de celui d'une grande partie du milieu patronal : à la fois résolument pétainiste jusqu'en 1942 et pétri de patriotisme. Arrêtons-nous en revanche un instant sur l'évolution de ses vues sociales. Nous disposons en effet dans ce domaine de quelques textes d'époque qui permettent de ne pas être prisonnier de l'effet de reconstruction du passé propre aux mémoires.

La marine marchande a été, avec l'agriculture, l'un des rares secteurs où Vichy a pu tenter d'appliquer jusqu'au bout les idées corporatistes[41]. La semi-nationalisation que représente la réquisition facilite cette expérimentation et les traditions maritimes s'accommodent bien de cette conception de l'organisation sociale. L'aspect idéologique du corporatisme est évident, mais il ne faut pas sous-estimer la vraie solidarité qu'il exprime dans une profession qui a des traditions à cet égard : sauvetage en mer, coopératives, etc. L'administration ordonne par exemple que les armateurs payent aux familles une partie des soldes des marins absents, ce qui permettra à l'amiral Auphan de dire après guerre qu'il a contribué à nourrir les familles de vingt mille marins de la France libre. Pour maintenir l'emploi, les armateurs sont tenus de conserver sur les bateaux désarmés des équipages d'entretien. Sur ceux qui naviguent, ils doivent faire travailler tous les marins par roulement. À son procès, en 1955, l'amiral Auphan, qui s'est battu en plein Conseil

* Pierre Guiral *(op. cit.)* considère que Jean Fraissinet a pris dès 1942 une attitude d'opposant à l'endroit de Vichy. Dans la lettre du 22 avril, il écrivait d'ailleurs très clairement, même s'il ne nommait pas Laval, de retour au pouvoir depuis le 18 avril : « Je ne crois pas au dilemme dans lequel le chef du gouvernement veut enfermer notre politique. » Pierre Péan le cite parmi les industriels qui, au printemps 1942, financent l'ébauche de mouvement antiallemand d'Antoine de Mauduit qui deviendra un des contacts de François Mitterrand pendant cette période *(Une jeunesse française, François Mitterrand, 1934-1947*, Fayard, 1994).

des ministres contre le travail obligatoire, pourra affirmer qu'aucun des soixante-quinze mille inscrits maritimes n'est parti au STO[42].

Cet état d'esprit paternaliste convient relativement bien à Fraissinet, vieux pourfendeur des syndicats qui a fait sienne la devise « Travail, Famille, Patrie »[43]. En 1943, président du comité social régional de la Méditerranée, il explique à ses collègues[44] que l'amélioration de la nourriture du personnel « contribue à développer l'esprit maison favorable aux intérêts de tous ». Il est bien sûr intéressé par les idées revenant à prôner un rapprochement des employés, des cadres et des patrons dans une même profession, telles que les développe à Marseille l'amiral Auphan le 10 juillet 1942[45] : « En traitant ainsi, les uns et les autres, vos affaires "en famille", une autre atmosphère baignera vos relations. » Il applaudit certainement des deux mains lorsque l'amiral ajoute : « Vous vous connaîtrez sans intermédiaire au lieu de vous en remettre, comme autrefois, à des personnes interposées. » Ce qui lui importe, c'est effectivement qu'on libère enfin son personnel de l'influence de ces « syndicats politisés » auxquels, il en est sûr, il n'adhérait pas librement. La situation, à Marseille, lui fournissait, il est vrai, quelques arguments à ce propos : nous avons évoqué plus haut les méthodes de syndicalisation à coup de barres de fer qui régnaient sur les quais de Marseille ! « Les chefs des anciens syndicats n'étaient jamais régulièrement élus par une majorité de ceux qu'ils étaient censés représenter », écrit-il, toujours en 1943. « [Ces chefs] n'étaient pas toujours des professionnels, jouissaient rarement d'une indépendance réelle [...]. Pourquoi la corporation échouerait-elle si d'authentiques professionnels, connus de leurs camarades et librement choisis par eux, discutent avec d'authentiques armateurs [...] des intérêts de l'industrie à laquelle collaborent les uns et les autres ? » Suit un peu plus loin, conséquence logique de cette conception antisyndicale et très patronale des rapports sociaux, une démonstration selon laquelle la rémunération du capital « n'absorbe pas la dixième ou même la centième partie » de ce qui va au travail. La suppression des dividendes ou des salaires de la direction « ne modifierait pas de façon appréciable le sort individuel des plus humbles associés au travail ».

Mais Fraissinet se méfie aussi du côté vertical et très organisé du corporatisme. Dans un discours d'octobre 1942[46], on le sent très circonspect. « Il serait prématuré de juger un instrument dont l'efficacité dépendra de l'usage qui en sera fait », dit-il à propos de la corporation. Et il laisse entendre qu'au lieu de se mêler d'économie et de salaires, l'amirauté serait avisée de concentrer son effort « sur l'action sociale de la corporation ». Remarque répétée à l'occasion de l'assemblée générale de la compagnie Fraissinet le 1er décembre 1942. Il est en effet inquiet dès qu'il voit poindre à nouveau le nez de l'État qui, pour lui, n'a jamais su tenir tête aux syndicats. « Il serait chimérique, et même inopportun, dit-il par exemple, plein de méfiance, de vouloir standardiser les salaires ». Or les militaires qui régentent la marine marchande ont tendance, nous l'avons vu, à imposer aux armateurs, sur un mode très autoritaire, des dispositions sociales généreuses mais vraisemblablement coûteuses. À l'assemblée générale de la compagnie, il déplore que les efforts des comités d'organisation* « se révèlent complètement infructueux jusqu'ici dans le domaine de la compression des effectifs et des charges futures d'exploitation ». Depuis 1936, Fraissinet cultive une obsession : la surcharge de personnel imposée par les syndicats. Et il affirme que les armateurs français achetant des bateaux à l'étranger sont obligés de prévoir des travaux pour agrandir les logements de l'équipage.

À Vichy, au Conseil national, il défend des convictions similaires lorsqu'il est question, dans le projet de constitution, du contrôle de l'État sur l'économie. Fraissinet s'y oppose. Surtout lorsqu'il est question de figer et de considérer définitivement comme des avantages acquis les conquêtes sociales de 1936. Il propose d'écrire : « La constitution assure aux salariés le maintien des réels avantages matériels et moraux qui leur sont actuellement acquis ; elle affirme le principe suivant lequel ces avantages ne sont réels que dans la mesure où ils ne compromettent pas les nécessités internationales des activités considérées. » Une fois de plus, le souci des contraintes liées, en temps normal, à la concurrence étrangère, qui fait partie de la culture de la marine marchande, influe nettement sur les vues de Fraissinet.

Le mol oreiller de la réquisition

N'imaginons pas pour autant Jean Fraissinet bataillant jour après jour pour maintenir l'équilibre de ses comptes. Habituée aux subventions et aux longues discussions avec l'État, la profession n'est pas déroutée par la situation, d'autant que la marine nationale n'est pas très regardante à la dépense. Les patrons s'installent « dans le mol oreiller de la réquisition »[47], pour reprendre une expression de Jean Fraissinet lui-même. Plus aucune initiative, mais des rentrées d'argent régulières. Les indemnités, se plaint-on, n'augmentent pas aussi vite que les frais d'entretien et les salaires. Mais, le 1er janvier 1942, le comité central des armateurs obtient un relèvement de 15 % pour les cargos et de 10 % pour les paquebots en échange d'une diminution de 10 % pour les bateaux immobilisés. Un résultat appréciable alors que le contrôle des prix et des salaires est extrêmement strict. La Compagnie de Navigation Mixte déplore que les indemnités forfaitaires « ne soient pas particulièrement favorables à des navires comme les nôtres, que leur âge et leur vitesse devraient avantager ». Mais du moins, ajoute le rapport aux

* La marine marchande n'a jamais eu qu'un comité provisoire d'organisation, qui ne semble pas avoir eu de grands pouvoirs, le Comité central des armateurs continuant à fonctionner. En revanche, le Comité central corporatif, qui tient sa séance inaugurale le 22 juillet 1943, paraît avoir joué en matière sociale un rôle beaucoup plus important que les comités d'organisation dans les autres secteurs.

actionnaires, « leur caractère forfaitaire nous permet de tirer tout l'avantage possible de l'économie de notre gestion[48] ». Au prix d'investissements inexistants et de dépenses d'entretien certainement insuffisantes, toutes les compagnies maintiennent en fin de compte des résultats d'exploitation positifs. Elles continuent à distribuer des dividendes comparables à ceux des années précédentes. Seraient-ils même supérieurs si le ministère des Finances n'avait pas interdit de les augmenter ? Le secteur se tient très bien en Bourse, comme la quasi-totalité de la cote il est vrai. « Spéculation sur la rareté des navires ? », s'interroge Fraissinet.

Les instances professionnelles conçoivent alors tranquillement des modèles de bateaux pour l'après-guerre, en réfléchissant aux possibilités de standardisation pour utiliser au mieux des chantiers d'une capacité insuffisante. Une préoccupation parallèle à celle qui débouche, aux États-Unis, sur la construction en série des fameux « liberty ships ». Il n'est d'ailleurs pas impossible que l'inspiration vienne d'outre-Atlantique, car le *Journal de la marine marchande* arrive encore à informer cette profession, internationale par nature, d'une partie au moins de ce qui se passe à l'étranger.

Le 17 juin 1942, à Oran, l'amiral Auphan dresse une sorte de bilan des deux années qui ont suivi la défaite : cinq mille traversées, sept millions de tonnes transportées d'Afrique du Nord vers la métropole. Dans son livre d'après guerre, il estime les importations d'Afrique du Nord à 4 millions d'hectolitres de vin pour les dix premiers mois de 1942 contre 7,5 pour toute l'année 1940, 1,5 million de tonnes de phosphates et minerais (destinés pour moitié au moins aux Allemands) contre 0,4 en 1940, 200 000 tonnes de céréales contre 230 000, 250 000 tonnes de fruits et primeurs contre 200 000. En sens inverse nous avons vu que la métropole approvisionne notamment l'Afrique du Nord en charbon. Mais, toujours d'après Auphan, il faut aussi procurer au Maroc de l'huile du Sénégal et même du bois du Portugal pour emballer les fruits et légumes.

La situation fait ressortir les absurdités de ce « pacte colonial » qui prive l'empire de toute autonomie. D'ailleurs, en lisant le *Journal de la marine marchande*, on aperçoit une évolution des esprits. Enhardi par une série d'articles en ce sens de René Moreux, le patron de la publication, et tout en ayant conscience qu'il s'attaque aux puissants intérêts des cotonniers métropolitains, Georges Boussenot, président de la Fédération nationale des producteurs de textiles coloniaux, plaide pour une modification des réglementations douanières qui permettrait à l'industrie textile d'outre-mer d'approvisionner au moins son marché local. Celle-ci promettrait en échange de ne pas faire concurrence aux usines de la mère patrie ni dans l'hexagone ni à l'exportation. Les métropolitains, cependant, ne paraissent pas prêts à se laisser faire. Dans un autre secteur, celui des huileries, ainsi, le traitement des arachides qui s'est développé au Sénégal pendant l'Occupation est d'autant plus mal vu par les industriels marseillais qu'il conduit à réduire les arrivées de cette matière première dans le grand port méditerranéen. Le 15 février 1945 la chambre de commerce s'en inquiète en des termes tels que cela lui vaudra un procès en diffamation intenté par Lesieur. Soupçonnée d'avoir bénéficié de « la complicité bienveillante du gouvernement de Vichy » pour s'installer à Dakar, cette société, dont les installations de Dunkerque avaient été détruites, avait tout simplement accepté de participer à des investissements pour créer des huileries près des zones de production, ce que l'industrie marseillaise avait refusé[49]. Ces initiatives avaient été encouragées par Vichy pour qu'on puisse approvisionner directement l'Afrique du Nord en huile du Sénégal. Elles prendront tout leur sens lorsque l'empire sera coupé de la France occupée fin 1942.

Novembre 1942 : Vichy perd l'Afrique du Nord

On est tenté de parler de coup de tonnerre dans un ciel serein pour Marseille lorsqu'on évoque les « événements » de novembre 1942, autrement dit le débarquement allié en Afrique du Nord, l'occupation de la zone libre, le sabordage de la flotte de guerre à Toulon et, en ce qui concerne la marine marchande, l'arrêt des liaisons avec l'Afrique du Nord et l'empire. Quelle est l'attitude de Jean Fraissinet pendant cette période ? Lorsque le commissaire de la République Raymond Aubrac arrivera en août 1944 dans Marseille libérée pour y représenter le nouveau pouvoir, on lui assurera que l'armateur a empêché ses bateaux de rejoindre les Alliés en novembre 1942. Aujourd'hui Aubrac ne reprend pas cette accusation à son compte. L'intéressé ayant bénéficié d'un non-lieu le 2 juillet 1945, on peut affirmer que personne n'a pu la prouver. Fraissinet défend même la thèse inverse. Le *Journal de la marine marchande* du 30 août 1945 a publié à ce sujet une lettre envoyée par l'accusé à son juge d'instruction où, mieux que dans ses mémoires, il évoque ces moments cruciaux.

Président, en novembre 1942, du syndicat de la marine marchande de Marseille, le port où se concentre l'essentiel de la flotte en état de naviguer, Fraissinet représente d'une certaine manière l'ensemble de la profession. « Son non-lieu innocente du même coup tous ses collègues de l'armement et ses collègues de l'armement marseillais en particulier », ne manquera pas de souligner d'ailleurs en 1945 le journal de la corporation. Jean Fraissinet assure que la marine nationale avait pris des dispositions qui rendaient fin 1942 « matériellement impossible la sortie des navires du port (barrages mis en place dans les passes et bâtiments de guerre mouillés à proximité) ». Il dit être alors allé demander à l'amiral commandant à Marseille la levée des obstacles ainsi que du combustible, requêtes auxquelles fut opposée une fin de non-recevoir : tels étaient les ordres.

Fraissinet, qui n'a jamais semblé lui-même se réjouir quand certains de ses bateaux étaient « retenus » par les « coloniaux insurgés », met clairement en doute la volonté des officiers et des équipages de passer alors de l'autre côté. Il rapportera notamment que le *Maréchal Lyautey*, de la compagnie Paquet, dont il était également président, avait appareillé le 5 novembre 1942 de Marseille pour Casablanca, quelques jours avant l'annonce du débarquement en Afrique du Nord, rencontré sur sa route « la puissante flotte anglo-américaine » et rebroussé chemin, pour se retrouver le 10 novembre à Port-Vendres. Fraissinet a raconté dans le *Journal de la marine marchande,* et bien plus tard dans ses mémoires, qu'il était alors parti à Port-Vendres avec son fils pour exhorter l'équipage à reprendre la mer pour Casablanca, bien décidé à passer lui-même du côté allié. Mais le commandant s'en tint « à l'exécution des ordres de l'autorité dont il dépendait, c'est-à-dire le gouvernement de Vichy » — fortement encouragé en ce sens par l'installation en cours de batteries allemandes sur les hauteurs, convient l'armateur. La marine marchande, voilà un secteur où, dans chaque compagnie, le personnel — en tout cas les « cadres » — aurait pu s'affirmer clairement plus résistant que le patron en changeant volontairement de camp avec son instrument de travail. Le test n'a pas été très concluant en l'occurrence...

Le sort de la flotte de commerce après novembre 1942 va justifier les pires craintes des Alliés. L'Allemagne qui durcit sa position à mesure qu'elle connaît des revers militaires va mettre rapidement la main sur tous les bateaux après un semblant de négociation. Les armateurs, dépossédés, déclineront désormais toute responsabilité.

Les occupants, en plus des navires qu'ils avaient réquisitionnés au printemps 1940, avaient commencé à essayer de s'emparer des bateaux étrangers affrétés par la France dès juin 1941, dans le cadre des deux commissions d'armistice allemande et italienne. Mais c'est après le retour de Laval au pouvoir, en avril 1942, que le Reich deviendra encore plus pressant. Le 27 août 1942, à Nevers, Laval en personne participe aux négociations avec le *gauleiter* Kaufman, que Hitler a nommé haut commissaire à la marine[50]. La France cède les 127 000 tonnes de navires sous pavillon neutre (suédois, grec, etc.) qu'elle contrôle en Méditerranée. Kaufman a trouvé un argument surprise de poids : les propriétaires — on ne sait si c'est sous la menace ou pour défendre leurs intérêts — ont donné leur autorisation écrite ! Puis les « événements » de novembre 1942, qui coupent la métropole de l'Afrique du Nord et bloquent la marine marchande de Vichy, créent une nouvelle situation dont profitent les Allemands : dès le 20 novembre, ils exigent l'affrètement, pour leur usage, de tous les navires français présents dans les ports de Méditerranée, désormais occupés. Le 22 novembre, à Paris, Laval cède sur presque tout — l'occupant disposera de 1 686 797 tonneaux, soit 174 bateaux — en demandant seulement, ce qui est important pour la compagnie Fraissinet, à garder le contrôle de quelque 50 000 tonneaux pour assurer notamment le trafic avec la Corse. Il tient même, grand seigneur, à offrir gratuitement aux troupes allemandes l'usage des navires qui pourraient être nécessaires pour reprendre le contrôle de l'Afrique du Nord, espérant, comme toujours, que le Reich sera reconnaissant. Ce « cadeau » mis à part, l'Allemagne promet de payer à la France une indemnité d'affrètement annuelle représentant 5 % de la valeur des navires, plus une indemnité d'amortissement du même montant. Sachant que l'occupant règle ces redevances avec les sommes considérables qu'il se fait verser par la Banque de France au titre des « frais d'occupation », il ne s'agit là que d'une clause de style, mais elle est significative de l'extraordinaire formalisme qui préside à de telles négociations. Les bâtiments, restant la propriété des Français, sont supposés être restitués après la fin des hostilités. Les exploitants, c'est-à-dire les Allemands, s'engagent à payer directement toutes les dépenses courantes et notamment les équipages.

Toujours acharnés à tenter de contrôler l'incontrôlable pour affirmer leur existence, les officiels de Vichy veulent encore croire le 21 novembre que les équipages français pourront rester à bord sous contrôle de l'amirauté ! En fait, quand, en décembre 1942 et janvier 1943, les Allemands prennent possession des bateaux, qui pour une part ne quitteront jamais les ports français de Méditerranée, ils accordent entre deux et trois heures aux équipages français pour les évacuer.

À Marseille, l'ambiance change du tout au tout. Les Allemands sont désormais directement présents et ils se comportent, d'une manière générale, de façon plus dure que pendant les deux premières années de l'Occupation. Jean Fraissinet, qui a pris clairement ses distances avec Vichy depuis le printemps 1942, sera lui-même inquiété par la Gestapo, sans qu'il ait jamais su précisément pourquoi, en janvier 1943. Des officiers allemands — très corrects, tient-il à préciser — réquisitionnent par ailleurs sa villa. De l'appartement où il s'est replié, sur le Vieux-Port, il assiste à la destruction, par les Allemands, de tout le vieux quartier entourant l'hôtel de ville, en février 1943, après l'évacuation par la force de vingt-cinq mille personnes et la rafle d'une partie de la population, qui sera déportée. Une opération réalisée sous l'autorité conjointe du général SS Karl Oberg et de René Bousquet, responsable de la police française.

Dans le secteur de la marine marchande, la compagnie Fraissinet reste l'une des rares à maintenir une certaine activité grâce à quelques bateaux assurant la liaison avec la Corse. Lors de l'assemblée générale du 30 novembre 1943, le patron résume la situation. Après, selon sa propre formule, « l'apparition des Anglo-Saxons en Afrique du Nord », le *Hoggar*, le *Gabon*, le *Chelma* et le *Canada*, qui étaient en mer, ne sont jamais revenus et on en est sans nouvelles. Ces « disparitions » s'ajoutent aux quatre précédentes. Le *Sampiero Corso*, le *Cyrnos*, le *Pascal Paoli* et l'*Île de Beauté* sont, par ailleurs, livrés à Allemagne.

La guerre se rapproche de Marseille. Le *Cap Corse* subit deux tentatives de torpillage le 30 avril et le 14 mai entre l'île de Beauté et le continent. Le 19 du même mois, c'est la catastrophe : le *Bonaparte* est torpillé, « sans doute » par les Alliés, entre Ajaccio et Nice. Il y aura cent trente-sept victimes, dont le capitaine et son second « qui se laissent volontairement engloutir ».

La vie matérielle devient plus dure. Les hausses de prix et les difficultés d'approvisionnement provoquent des grèves à Marseille en mars et mai 1943. La colère des Marseillais paraît on ne peut plus justifiée puisque Jean Fraissinet, dont nous connaissons l'opinion sur les charges excessives des entreprises, dit à ses actionnaires en novembre 1943 : « Les salaires sont, dans l'ensemble, inférieurs à ce qu'ils devraient être. » Dans le même cadre, il évoque « les difficultés qu'éprouve le chef d'entreprise pour déterminer exactement la hausse du coût de la vie » à cause de « ces services nouveaux qui gravitent autour des troupes d'occupation », une allusion transparente au marché noir organisé par les Allemands et qui favorise l'augmentation des prix. Mais, de toute manière, ces remarques sont sans grandes conséquences : dans le système d'économie dirigée en vigueur, l'armateur n'a pas le droit d'augmenter les salaires librement.

Le ravitaillement devient si difficile qu'on recommande d'évacuer les enfants de Marseille. Les deux plus jeunes fils de Fraissinet sont à l'abri à Villard-de-Lans, une partie du temps. Fraissinet, Fabre et Paquet, les trois compagnies qu'il dirige, organisent un refuge commun pour une centaine de bambins dans le Beaujolais[51].

Les entreprises, en raison du quasi-arrêt de leurs activités, sont conduites à opérer des « reclassements provisoires ». Le risque du chômage, qu'on avait tant redouté dans d'autres secteurs pendant l'été 1940, touche tardivement mais durement le personnel des compagnies maritimes. Comme ailleurs face à cette menace, celui-ci surmonte ses réticences à travailler pour l'Allemagne : « Les ateliers de la compagnie [Paquet] ont été requis par la marine allemande, bon nombre des ouvriers y demeurèrent employés. » Le paquebot *Maréchal Lyautey*, dont nous avons déjà parlé, est « utilisé » par les occupants comme centre d'hébergement mais conserve un commandement et un équipage français[52].

À mesure que la fin du conflit paraît se rapprocher, les cadres et les patrons des compagnies pensent de plus en plus à l'après-guerre. Le *Journal de la marine marchande*, en quelque sorte leur porte-parole, commence ainsi à s'inquiéter dès le début de l'été 1944 de ce que vont devenir tous les « liberty ships » construits par les États-Unis. 2 500 cargos de 10 000 tonnes ont été assemblés à toute vitesse. En cinquante jours un bateau est achevé outre-Atlantique grâce à la standardisation totale et à des techniques nouvelles, comme la préfabrication par tronçons ou la soudure à l'horizontale, laquelle permet d'utiliser soit une machine soit des soudeurs peu expérimentés. Sous prétexte de rendre compte des soucis des armateurs britanniques, René Moreux, le patron du *Journal*, ami de Jean Fraissinet, exprime les inquiétudes de tous les non-Américains, à commencer par les Français. Les États-Unis vont profiter de cette énorme flotte pour devenir la grande puissance maritime qu'ils n'étaient pas avant guerre, pense-t-il. Or le souvenir du précédent après-guerre est encore très présent, comme dans d'autres secteurs où il avait réservé de mauvaises surprises. Après une brève période de pénurie et de frets extraordinairement rémunérateurs pour les armateurs, le marché s'était en effet rapidement effondré. Dans son journal professionnel, Jean Fraissinet peut lire les chiffres suivants. Le cargo de 7 500 tonnes, utilisé à l'époque comme référence par la revue *Fair-play*, valait 42 500 livres sterling en 1914, 188 000 fin 1916 et 169 000 à la fin des hostilités. Sur sa lancée, la spéculation, attisée par les besoins de la reconstruction, avait fait encore monter les prix jusqu'à 232 000 livres au début de 1920, quatre fois le niveau de 1914. Mais dès janvier 1922 les cotations étaient retombées à 62 000 livres. Conclusion du journal : il faudrait que les armateurs français puissent disposer rapidement après la Libération d'une partie de ces « liberty ships » pour compléter leur flotte mais il ne faudrait pas qu'ils payent trop cher ces bateaux qui s'avéreront vite trop nombreux et inadaptés. Avec leurs 10 à 11 nœuds de vitesse de pointe, ce sont effectivement des « sabots ». Dès la fin de l'été 1944, Moreux recommande donc qu'on cherche à les affréter plutôt qu'à les acheter, alors que l'administration américaine, qui s'inquiète déjà de la manière dont elle va se débarrasser de ses surplus, songe, bien entendu, à les vendre.

Autre sujet de préoccupation pour les opérateurs de paquebots comme la compagnie Fraissinet ou la Transatlantique : l'avion, dont la guerre est en train de confirmer les possibilités pour transporter du fret et des passagers. On se rassure, comme toujours dans ce genre de circonstances, en affirmant devant les actionnaires que le paquebot reste irremplaçable et l'avion complémentaire et marginal. Tout aussi classiquement, on investit un peu à tout hasard dans cette nouvelle activité concurrente. Jean Fraissinet l'aviateur n'a d'ailleurs pas attendu la guerre. L'Aéromaritime, qui devait devenir UTA, fut créée en 1935 par les Chargeurs réunis, Cyprien Fabre et Fraissinet pour doubler leurs lignes sur la côte occidentale de l'Afrique. L'armateur marseillais siège également au conseil d'Air Bleu, fondé par les Chargeurs réunis et Renault, ainsi qu'à celui de la célèbre Aéropostale. Et en pleine guerre, en février 1942, il achète « quelques milliers d'actions » d'Air France. D'ailleurs lorsque la compagnie Fraissinet abandonnera ses activités maritimes dans les années soixante, l'aéronautique tiendra la plus large part dans la reconversion du groupe. Mais nul n'imagine encore cet avenir en 1944.

Assigné à résidence

La Libération sera mouvementée pour Jean Fraissinet. Les Américains et les Français ayant débarqué à Saint-Tropez et à Saint-Raphaël avant de s'attaquer à de grands ports comme Marseille, le hasard fait de lui un spectateur privilégié des événements. Il possède en effet une maison à Saint-Maur, à côté de Saint-Tropez, entre Grimaud et Cogolin, où il se trouve le 15 août 1944. Coïncidence supplémentaire, son ami Moreux, le patron du *Journal de la marine marchande,* séjourne aussi dans sa résidence secondaire de Grimaud, pas très loin. « Il n'y eut vraiment de combat qu'à Saint-Maur, autour du domaine de M. Jean Fraissinet », raconte-t-il le 12 octobre à ses lecteurs. L'armateur n'est pas de ceux qui laisseraient bombarder leur domaine sous prétexte que l'on est en guerre. Drapeau blanc à la main, il va donc parlementer avec le commandant des chars américains qui s'approchent dangereusement. Il évite par la même occasion, assure-t-il, que des résistants de fraîche date n'exécutent sur-le-champ des soldats d'outre-Rhin qui se rendent et un ancien légionnaire allemand qu'il emploie.

Après ces émotions, tout semble aller pour le mieux. Des officiers américains s'installent dans sa maison. Puis, quelques jours plus tard, le général de Lattre de Tassigny lui annonce, affirme-t-il, qu'il va le charger d'une importante mission pour remettre le port de Marseille en fonctionnement. Il retourne donc en ville le 24, alors que l'on tire encore dans les rues, l'insurrection ayant précédé d'une bonne semaine la Libération définitive de la cité phocéenne. Le 25, il se rend l'esprit serein à la préfecture pour saluer les nouvelles autorités... et c'est ainsi qu'il s'entend signifier par Raymond Aubrac une assignation à résidence. Où il veut, sauf à Paris et à Marseille. L'intention du commissaire de la République, selon ses dires, n'était pas belliqueuse. Il s'agissait surtout de mettre à l'abri un homme au parcours controversé pendant une période un peu bouillonnante*. Le voilà donc reparti pour Saint-Maur, où il restera un an. Pendant que Jean Fraissinet est éloigné de Marseille, sa villa, à peine libérée par les Allemands, est occupée par le général Chadebec de Lavalade qui relègue une fois de plus la mère de l'armateur et ses deux enfants à l'étage supérieur. Cette « occupation française » ne devait d'ailleurs prendre fin que le 31 mai 1948.

---

* Raymond et Lucie Aubrac intenteront un procès en diffamation contre Fraissinet, qui avait écrit en octobre 1952 dans *Le Méridional* un texte accusateur. L'ancien commissaire de la République avait, selon l'auteur, employé des méthodes « dignes de la Gestapo ». L'armateur perdra le 22 juillet 1953 en première instance et le 26 avril 1954 en appel. À cette occasion, le rédacteur du jugement confirmera que, « à la libération de Marseille, en 1944, des arrestations et des détentions arbitraires ont été effectuées, des sévices et des violences graves ont été exercés, parfois dans les locaux mêmes de la préfecture, sur des personnes arrêtées sous la suspicion de collaboration avec l'ennemi ou d'adhésion active au régime de Vichy », mais qu'Aubrac « s'était efforcé, dans cette période troublée où des éléments irresponsables détenaient une autorité de fait, de rétablir l'ordre et la légalité républicaine ».

Mis en cause par le comité de libération des Bouches-du-Rhône le 11 décembre 1944, Fraissinet obtiendra un classement des poursuites de la cour de justice contre sa personne le 2 juillet 1945[53]. Entre-temps, il doit répondre d'avoir été un conseiller national nommé par Vichy, d'avoir continué à publier *Marseille Matin* après l'occupation de la ville et d'avoir contribué au « non-départ » de la flotte marchande en novembre 1942. Sur le premier point, ses lettres à Pétain, et notamment sa lettre de démission du Conseil national, dénuée d'ambiguïté, heureusement retrouvées dans les archives du cabinet du maréchal, plaident pour lui. En ce qui concerne les bateaux tombés aux mains des Allemands, des témoins confirment qu'il a entrepris des démarches pour les faire partir. Enfin le personnel du journal témoignera avoir réclamé lui-même le maintien de la publication pour éviter les suppressions d'emplois. De plus, *Marseille-Matin* aurait affiché une attitude « plus réservée » que les autres journaux locaux, « surtout après 1942[54] ».

Le passage le plus intéressant et le plus savoureux de la décision de classement, quand on sait que le futur député de Marseille redoublera d'anticommunisme après guerre, est le suivant : « Enfin, il est établi que, dès que les communistes ont commencé à résister aux Allemands, et jusqu'à la Libération, le sieur Fraissinet a fait taire ses sentiments violemment anticommunistes. Pendant cette période il avait coutume de dire (témoignage du sieur Massot, cote 307)[55] : "Mieux vaut une France communiste qu'une France germanisée ou nazifiée." »

Le port de Marseille, le jour de la Libération, est pratiquement inutilisable. Pour protéger leur retraite, les 21 et 22 août, les Allemands ont méthodiquement saccagé la plupart des installations. D'après l'inventaire dressé par le *Journal de la marine marchande* du 14 novembre 1944, une vingtaine de kilomètres de quais ont été détruits à l'explosif. Seul le Vieux-Port a été épargné, grâce à une panne lors de la mise à feu. Dès le 14 septembre, les Américains parviennent donc à utiliser ce bassin, après avoir dégagé le *Cap Corse*, de la compagnie Fraissinet, sabordé devant l'entrée. Une vingtaine de grues sont encore en place ; toutes les autres ont été précipitées à l'eau. Deux cents bateaux, dont une quarantaine de bâtiments de haute mer, ont été coulés dans les bassins et dans les passes. Parmi eux d'autres unités de la compagnie Fraissinet, bien sûr. Certains bâtiments ont été amenés à Cannes ou à Cassis pour subir le même sort ; par exemple, le *Tamara*, un bananier presque neuf, construit en 1937. Il sera heureusement renfloué, comme beaucoup d'autres. À l'assemblée générale du 16 décembre 1946, le président fera le décompte suivant : Fraissinet et Fabre avaient 19 navires avant guerre. Il en reste 7 à flot, 8 sont définitivement perdus et 4 sont renflouables.

Comme au bon vieux temps, cette assemblée générale commence par une diatribe contre l'État. Près de deux ans et demi après la libération de Marseille, l'armateur ne sait toujours pas en effet comment celui-ci entend remplacer ou lui rembourser les navires perdus. Pire, il n'a toujours pas récupéré la pleine propriété des bateaux restants : ceux de Fraissinet comme ceux des autres armateurs sont encore réquisitionnés. Il en sera ainsi jusqu'en 1948[56] ! De plus, une menace de nationalisation rôde. Seules seront finalement touchées la Compagnie générale transatlantique et les Messageries maritimes, car ce sont des compagnies très largement subventionnées. Fraissinet a failli connaître le même sort. S'exprimant à l'Assemblée nationale le 15 février 1945, René Mayer, ministre des Communications, semble bien décidé en effet à inscrire aussi sur la liste des sociétés visées l'exploitant du monopole subventionné des liaisons avec la Corse. Pour éviter cette issue, l'armateur abandonne le fameux privilège.

Quel est le bilan de la période pour les patrons de la marine marchande ? La guerre a vu disparaître beaucoup de bateaux mais aucune compagnie. Les armateurs ont-ils même tiré profit de la réquisition ? Certains le pensent. À l'Assemblée, ce même 15 février 1945, le socialiste Jules Moch demande l'abrogation de la « charte partie » de 1940 qu'il juge trop avantageuse. Les militaires ont eu tendance, semble-t-il, à être généreux en s'estimant au-dessus des questions d'argent. Les rédacteurs du rapport 1946-1947 de la Cour des comptes, qui tente de jeter un peu de lumière sur les dépenses publiques pendant les années de guerre, sont manifestement très inspirés par ce secteur. Ils constatent, sarcastiques, que la comptabilité de la guerre de 1914-1918 n'était pas close le 1er septembre 1939 en ce qui concerne la marine marchande ! Les mêmes erreurs ayant été répétées, les factures des années 1939-1945 s'avèrent pratiquement incontrôlables. Le 1er juillet 1948 il restait à vérifier les comptes de 21 197 voyages sur 47 034 ! Un « contretemps » qui n'avait pas empêché les armateurs de se faire rembourser leurs frais et de conserver les recettes des transports assurés en principe pour le compte de l'État. « Les armateurs n'ayant mis que très peu d'empressement à produire leurs justifications de dépenses, constate la Cour, les services financiers ont été souvent incapables de s'assurer de la réalité même du service fait. » En attendant ces vérifications, les armateurs devaient théoriquement verser à l'État un acompte sur les frets encaissés. Mais ce procédé « n'a pu être appliqué de manière systématique ». En clair, les armateurs ont encaissé ce que leur devait l'État mais ils n'ont pas décaissé leur dette envers le Trésor public.

La prolongation de la réquisition après la Libération présente un avantage pour les patrons du secteur de la marine marchande : les problèmes que risquait de leur poser l'achat inévitable aux États-Unis des « liberty ships » ne sont pas de leur ressort. L'État en acquiert 75 dont il leur confie seulement l'exploitation. En faisant durer exagérément cette situation d'exception il leur joue cependant un très mauvais tour. Il les empêche en effet de profiter de la période la plus rémunératrice de l'après-guerre qui est brève, comme après le conflit de 1914-1918. « L'armement étranger profite à plein des hauts frets éphémères déjà enregistrés pour peu d'années au lendemain de la précédente guerre mondiale », se lamente Jean Fraissinet à l'assemblée générale de la compagnie le 16 décembre 1946. Certes, au cours des années suivantes, la flotte marchande est finalement reconstituée aux frais de l'État, qui ne regardera pas trop à la dépense. Mais Jean Fraissinet ne se félicitera vraiment du retour des bonnes affaires devant ses actionnaires que lorsqu'une nouvelle guerre, celle de Corée, aura fait remonter les frets, en 1950.

XI

Une usine maréchaliste

Les Aciéries du Nord : quand le directeur est un militant de la révolution nationale...

Considérée à la fin des années trente comme la plus importante d'Europe dans sa spécialité, la réparation de locomotives, l'usine de la Capelette appartenant à la société des Aciéries du Nord est située, comme son nom ne l'indique pas, dans la banlieue est de Marseille. Une des plus importantes de la ville, avec mille cinq cents salariés environ, elle est alors le fleuron d'un groupe industriel créé en 1912. Le siège social de la firme est à Paris mais ses activités se répartissent sur huit sites provinciaux où elle assure, du nord au sud de la France, la maintenance de matériels roulants, en particulier pour la SNCF. L'unité marseillaise a vécu en permanence, pendant les années trente et quarante, dans un climat conflictuel intense. Déjà entreprise phare des luttes ouvrières depuis quelques années dans les Bouches-du-Rhône, où les métallurgistes ont joué les premiers rôles lors des grèves de 1936, les ADN, comme on surnommait volontiers l'établissement de la cité phocéenne, ont conservé cette réputation pendant et après la guerre. Car les employés ont dû travailler sous l'Occupation, non sans heurts, sous l'autorité d'une équipe de direction particulièrement musclée, et même collaborationniste « de choc », avant de décider de lancer à la Libération, par contrecoup, une expérience de gestion ouvrière radicale qui servit de modèle dans la région[1].

La combativité manifeste du personnel comme de la direction de l'usine explique sans doute qu'elle se soit ainsi toujours trouvée en première ligne, pour le meilleur et pour le pire, pendant toute cette période. Même si on doit se méfier des affirmations les moins nuancées, comme celle de cet ancien chef de service aux ADN qui déclarera après guerre avoir entendu de ses propres oreilles son directeur déclarer en 1936 qu'il préférait « crever plutôt que de donner des douches aux ouvriers[2] », tous les témoignages sur la vie de l'entreprise à la fin des années trente sont convergents pour décrire une ambiance extraordinairement pesante à la Capelette avant même les premiers bruits de bottes. L'arrivée de la guerre et, en conséquence, la priorité absolue accordée à la productivité à partir de 1939, donneront l'occasion aux responsables de « mater » une population ouvrière peu docile tout comme la défaite de la Wehrmacht et l'effondrement du régime de Vichy, inversant le rapport de forces, fourniront à partir de 1944 une opportunité de « revanche » aux salariés qui s'étaient estimés, non sans raison on va le voir, brimés par leurs patrons. Mais si des évolutions de ce type, du milieu des années trente au milieu des années quarante, ont pu être constatées dans bien des sociétés, elles ont pris aux ADN une ampleur peu banale. Surtout si on n'oublie pas que Marseille était située en zone libre, donc dans une région où le poids de l'Occupation ne s'est fait sentir que de façon indirecte jusqu'à fin 1942. Et que le client quasi unique de l'entreprise était la SNCF qui, bien que vite contrôlée étroitement par les autorités d'occupation, constituait un écran potentiel entre les Aciéries du Nord et les Allemands.

La bonne tenue de l'activité et des comptes de l'entreprise sous l'Occupation, aussi bien de 1940 à 1942, en zone libre, qu'en 1943 et 1944, en zone occupée, montre déjà bien, indépendamment de toute autre considération, que l'« effort de guerre » demandé au personnel lors du début du conflit mondial resta la règle imposée par la direction aux ADN jusqu'à la Libération. Il ne sera jamais question de changer de « politique ». Ni quand, dès l'été 1940, la SNCF perdit l'essentiel de son indépendance et acquit, ainsi que son matériel roulant, une grande valeur stratégique pour la Wehrmacht, ni quand, à partir de novembre 1942, les réseaux ferrés du Sud furent mis directement et massivement à contribution pour transporter des troupes et des équipements allemands dans les régions nouvellement occupées. Ainsi, le chiffre d'affaires de la Capelette, de 42,7 millions en 1940, est passé à 88,5 millions en 1941, presque 100 en 1942, 116 en 1943 et 174 en 1944 (malgré, évidemment, un affaissement en fin d'année). Cette progression, supérieure à celle de l'inflation, n'a été possible que grâce à une campagne permanente d'embauches pour arriver, malgré la pénurie générale de la main-d'œuvre, à maintenir et même, à certaines époques, à augmenter sérieusement les effectifs. Ceux-ci, de plus de 1 500 employés en moyenne pendant la guerre, ont atteint un pic de 2 340 en janvier 1941 et, après une forte décroissance en 1943, sont remontés à près de 2 000 en 1944 à la veille de la Libération. 4 538 personnes, ainsi, ont été recrutées et ont travaillé à un moment ou à un autre aux ADN à Marseille entre septembre 1939 et août 1944. Les bénéfices, bien entendu, ont atteint des niveaux records puisque les accords signés par le groupe avec la SNCF leur permettaient d'être substantiels et à peu près proportionnels à l'activité. Ils auraient atteint globalement 150 millions de francs, frais généraux déduits, de la déclaration de guerre à la Libération. Mais il semble bien que ces montants soient sous-estimés puisqu'un rapport adressé au ministère des finances par un de ses représentants régionaux en mai 1945 évoque « une augmentation considérable » des frais généraux de l'usine en 1944 qui « ne se justifiait que par le souci du siège social à Paris de masquer les bénéfices[3] ».

Ces chiffres sont parlants : la défaite n'a en rien entamé la « culture » productiviste de l'usine méridionale. Celle-ci, avec ses conséquences sur les conditions de travail et sur le climat social, ne fut peut-être pas étrangère, d'ailleurs, à l'important turn-over du personnel que les vicissitudes de la guerre ne semblent pas suffire à expliquer. S'agissait-il là d'une particularité marseillaise ou d'un trait commun à l'ensemble du groupe des Aciéries du Nord ? Nous n'avons pu le déterminer. Mais la direction locale, avec à sa tête un homme très autoritaire, Jean Portal, ne fut en tout cas certainement pas en retard d'une consigne quand le siège parisien réclamait un effort particulier pour tenir coûte que coûte les objectifs fixés de concert avec la SNCF. Plusieurs rapports d'après guerre, fondés sur des documents du temps de l'Occupation, montreront que l'on sacrifia régulièrement l'entretien du matériel et en particulier les temps de révision et de remise en état des machines pour maintenir à la Capelette une production intense, quitte à hypothéquer en partie l'avenir à plus long terme. Les responsables de l'usine défendaient sans doute ainsi ce qu'ils pensaient être l'intérêt de l'entreprise dans cette période propice à l'accumulation des commandes rentables. Mais ils poursuivaient aussi, ce qui ne fut pas le cas sur les autres sites du groupe, si l'on en croit les archives de l'époque de l'épuration, un véritable projet politique, au service du régime de Vichy et de son programme de collaboration.

L'ordre vichyste règne à la Capelette

On peut lire nombre de documents internes à l'usine attestant que faire régner l'ordre et la discipline aux ADN au bord de la Méditerranée, au moins à partir de 1941, revenait, dans l'esprit de la direction, à défendre et à promouvoir la « Révolution nationale », sinon directement l'idéologie nazie comme le pense un chercheur qui a imputé aux responsables de l'usine le souci « d'organiser l'entreprise selon le modèle national-socialiste »[4]. Le changement de patron et de majorité au niveau du groupe au cours de la deuxième année de l'Occupation a-t-il pu jouer un rôle dans la mise en place d'une telle « politique » à Marseille ? C'est en effet en 1941 que Mathieu Goudchaux, jusque-là principal actionnaire à travers la société en commandite « Goudchaux et Cie, banquiers », dut à la fois se démettre de ses fonctions de dirigeant et abandonner ses parts majoritaires « en raison de sa confession », selon la formule délicate de l'auteur d'un rapport pour la cour de justice de la Seine cinq ans après la Libération. Le contrôle des Aciéries du Nord, suite à cette « aryanisation » réalisée apparemment en douceur, si l'on peut jamais employer un tel mot pour une opération de cette nature, passa alors entre les mains du groupe sidérurgique de Wendel, représenté au sein du conseil d'administration par Humbert de Wendel, et la direction de l'entreprise fut confiée à un actionnaire minoritaire, administrateur depuis de longues années, Alfred Maîtrepierre. Même si on peut supposer qu'un tel réaménagement à la tête du groupe ne contribua pas à réfréner les ardeurs « vichystes » des responsables marseillais, on n'a aucune raison de penser pour autant qu'il les encouragea. Il n'est d'ailleurs pas établi qu'elles aient pris plus d'ampleur à ce moment précis.

Que se passa-t-il concrètement à la Capelette ? Sans pouvoir dater précisément cette adhésion contagieuse, on sait qu'en 1941 les principaux responsables de l'usine sont presque tous devenus membres de la Légion française des combattants et des propagandistes actifs sur leur lieu de travail de cette organisation dévouée au maréchal Pétain et dont le service d'ordre donnera naissance plus tard à la milice. On pouvait dénombrer ainsi à l'automne 1941 aux ADN plus de trois cents militants ou sympathisants de la Légion, répertoriés atelier par atelier, les sections les plus nombreuses étant celles de la « mécanique » et du « service général ». Dès septembre 1941, les plus motivés, parmi les légionnaires, ont été conviés à rejoindre un groupe secret baptisé « Révolution nationale ». La hiérarchie interne de ce groupe, dont le responsable doctrinal, d'après un document qui paraît être de sa main, devait être le directeur de la Capelette, M. Portal, et l'un des deux animateurs principaux l'ingénieur en chef qui dirigeait l'encadrement, M. T., semblait recouper, à quelques exceptions près, l'organigramme de l'usine. Une note de 1942, retrouvée à la Libération, fait état de « soixante-dix éléments acquis » et « quinze petits groupes formés » au sein de « Révolution nationale-ADN », qui possède à cette date des délégués à la lutte anticommuniste et antigaulliste. M. T. regrette alors que les jeunes soient difficiles à recruter et les qualifie d'« apathiques ». Les adhérents, qui participent chaque semaine à des réunions d'étude et de propagande, ont pour instruction d'encourager la délation pour confondre les éventuels sympathisants de la Résistance et d'exercer sur ces derniers une surveillance de type policier. Dès le premier trimestre 1942, « les éléments [gaullistes ou communistes] les plus notoires de l'usine sont identifiés » et des membres des « petits groupes R.N. » sont désignés « pour les marquer ». Quant aux « indifférents », il faut les « obliger à une stricte neutralité[5] ».

L'ambiance qu'un tel encadrement politique des ouvriers et des employés a dû faire régner dans cette usine avant même l'occupation de la zone Sud ne risquait guère d'être adoucie, pour ceux qui n'étaient pas « dans la ligne », par la politique de personnel. À l'école d'apprentissage, où est entré à l'été 1942 à l'âge de quinze ans Joseph Oms, on chantait évidemment tous les matins « Maréchal nous voilà » mais surtout, se souvient-il, on vivait dans un cadre « quasiment militaire » sous la direction d'un responsable, M. L., qui ne cachait pas son admiration inconditionnelle non seulement pour le héros de Verdun mais aussi pour les vainqueurs de juin 1940. Son principal souci était moins, selon plusieurs anciens apprentis, de former les jeunes que d'appliquer les consignes productivistes de l'entreprise et on lui reprochera, à l'heure de l'épuration, d'avoir envoyé l'essentiel du temps « à la production » ceux qui auraient dû ne fréquenter que l'école. Les ouvriers, il est vrai, quittent volontiers l'entreprise quand ils le peuvent et, à partir de début 1942, la multiplication des départs, qu'on a du mal à compenser, prend l'allure, selon le mot d'un dirigeant de l'usine, d'un « exode ». Pour arrêter cette hémorragie dont on craint qu'elle s'amplifie après l'été quand la perspective d'envois forcés d'ouvriers vers l'Allemagne poussera certains à la « désertion », comme le pronostique le responsable du personnel, ce dernier n'hésite pas quant aux moyens à employer. Une liste des 245 « agents qualifiés » qui ont abandonné l'usine entre le 31 juillet 1941 et le 20 septembre 1942 est établie par ses soins et envoyée le 9 octobre 1942 à l'inspecteur divisionnaire du travail chargé de désigner les « élus » du STO car « ce prélèvement serait un avertissement salutaire à ceux, trop nombreux, qui désertent l'usine ou qui s'efforcent de trouver un alibi pour échapper à l'application de la loi ». Seront également dénoncés au même inspecteur les dix salariés qui, ayant vu leurs noms apparaître sur une liste de « volontaires » à l'expatriation outre-Rhin établie par la direction, se sont immédiatement engagés dans l'armée afin de tenter d'éviter cette déportation. Puis, le 6 novembre, « les dix ouvriers non désignés pour l'Allemagne mais susceptibles de l'être qui nous ont quitté irrégulièrement » sont également signalés nommément aux autorités. Être idéologiquement favorable à la « relève » puis au STO, donc aux départs vers l'Allemagne selon la politique Laval pour laquelle on fait de la propagande avec un zèle certain, n'empêche donc pas la direction de tout entreprendre, par ailleurs, pour effrayer les employés susceptibles de changer d'emploi en cette période de pénurie de main-d'œuvre[6].

L'arrivée de la Wehrmacht sur les rives de la Méditerranée fin novembre 1942 ne fera que conforter la « ligne » et radicaliser les méthodes de la direction. On ne sait si le groupe « Révolution nationale » de l'usine poursuivra jusqu'en 1944 sa « mission » mais son activité, pour le moins, ne faiblit pas pendant un certain temps puisque le directeur des ADN, en réponse à un questionnaire qui lui est adressé par les autorités allemandes, écrit en juillet 1943 qu'il dispose d'une organisation secrète contre le sabotage. Et son collègue à la tête des Forges et Chantiers de la Méditerranée note dans une lettre, à la même époque, que le responsable de la Capelette « a groupé autour de lui un noyau de volontaires pour lutter contre les éléments terroristes ». La chasse aux éventuels réfractaires parmi le personnel devient plus que jamais une pratique de routine. Une lettre adressée pendant l'été 1943 au commissariat général du STO à Marseille annonce par exemple que M. Auguste Marius G., dont on donne bien entendu le nom complet et l'adresse personnelle,

« s'est représenté au travail le 21 juin après une absence de sept mois [...]. Il avait disparu en raison de son inscription sur une liste de départ pour l'Allemagne. Nous vous signalons son retour à toutes fins utiles ». Il n'est toujours pas question, par ailleurs, de quitter l'entreprise d'un commun accord si ce n'est pas pour aller travailler outre-Rhin. M. A., qui veut abandonner son poste au printemps 1943 pour exploiter la propriété de son père, qui vient de décéder, voit par trois fois sa « demande de débauchage » refusée par l'inspecteur du travail — en mars, avril et mai — en raison d'un « avis défavorable de M. Portal ». Il faudra que le fonctionnaire concerné prenne sur lui la responsabilité de passer outre pour que l'ouvrier, qui a le malheur d'être un « excellent ajusteur à conserver » selon son inflexible patron, puisse démissionner et éviter la ruine de l'exploitation familiale.

Le désir, quand on en trouve la possibilité, de changer d'emploi ne peut qu'être attisé, il est vrai, par la conception de plus en plus militarisée du travail qui règne aux ADN. L'armée, on le sait, a toujours eu ses bataillons disciplinaires de triste réputation. À la Capelette, fin 1943, on imite cet exemple. Le 15 novembre, le directeur envoie une note à son adjoint direct, M. N. : « J'avais demandé d'instaurer une section de discipline pour les délinquants divers. Qu'a-t-on fait ? » Le destinataire de cette injonction ne la prend pas à la légère. Il écrit à son tour un mot au responsable de la main-d'œuvre, M. T., à qui il demande de trouver « un chef énergique » qui « prendrait le commandement des punis pour charger des wagons de charbon et des vieilles matières et autres travaux de même nature », avant de conclure ainsi : « Il y a une série de sanctionnés en puissance à qui je ferai inaugurer la section. » On ne sait si ce régime spécial prévu pour les « délinquants divers » fut appliqué mais, peu avant, en octobre 1943, un « cahier de rapport » quotidien avait été créé pour les chefs d'atelier qui devaient, afin qu'on puisse prendre des sanctions, signaler par écrit « en particulier les noms des ouvriers qu'ils auront surpris à cesser le travail avant l'heure ou à reprendre le travail après l'heure ainsi que ceux des agents de maîtrise subalternes dont l'autorité en ces circonstances se sera révélée défaillante ». D'autres comportements de la direction face à ceux qui n'étaient pas « dans la norme » eurent peut-être des conséquences plus tragiques. Ainsi, pour prendre un exemple, le directeur adjoint envoyait une note à un des cadres supérieurs de l'entreprise le 11 décembre 1943 pour lui reprocher d'avoir embauché, sur la recommandation d'une employée des ADN, une certaine Esther Cohen alors qu'on avait pourtant décidé « de ne pas la prendre, surtout comme ouvrière ! » Il se plaignait par la même occasion de la négligence du service de son collègue qui n'avait pas tenu à jour le dossier de cette recrue. Des remarques, évidemment, qui prennent un tour très déplaisant quand on sait que Mme Cohen a, peu après, disparu du jour au lendemain et que le bruit qui devait courir alors dans l'entreprise, selon Joseph Oms, attribua son absence soudaine — et définitive puisqu'elle ne reparut jamais — à une arrestation consécutive à une dénonciation en provenance de l'encadrement des ADN. Cette rumeur n'a jamais pu être vérifiée mais elle a été reprise comme s'il s'agissait d'une information avérée après guerre à l'époque de l'épuration. Sans doute tout simplement parce qu'elle apparaissait vraisemblable.

Pendant que se développe en 1943 et 1944 cette conception rigide et musclée de la gestion des ressources humaines, comme on dirait aujourd'hui, les rapports de la direction de l'usine avec les autorités d'occupation, de plus en plus permanents, prennent en revanche un tour très civil. Certes, les occupants ne pouvaient que s'intéresser de près à une usine spécialisée dans la remise en état de locomotives, et en particulier des motrices les plus modernes. Sa valeur stratégique avait pris une importance croissante au fur et à mesure de l'extension des théâtres d'opération. La SNCF devenait donc progressivement un client souvent plus théorique que réel, comme le démontrent les multiples interventions directes de militaires d'outre-Rhin pour contrôler et faciliter la marche de l'entreprise. L'établissement, un des premiers dans la région à avoir été classé en 1943 S-Betrieb, ce qui impliquait — on le sait — que la grande majorité de ses commandes était destinée en dernier ressort à l'effort de guerre allemand, adressait régulièrement aux autorités d'occupation des comptes rendus d'activité. Et les mêmes autorités, montrant par là l'importance qu'elles accordaient aux travaux d'une telle entreprise, attribuaient des avantages spéciaux — notamment alimentaires — au personnel pour soutenir sa productivité. Mais si cette sollicitude envers des fournisseurs aussi utiles n'était guère surprenante, la cordialité des rapports entre l'encadrement français de l'usine et les officiers allemands chargés de le surveiller, manifeste jusqu'à la veille de la Libération, était sans doute moins banale. La lettre adressée personnellement par M. Portal à un dirigeant local du Rüstungskommando, le colonel Erbel, pour l'inviter à une chasse au sanglier organisée par les ADN dans le massif de l'Esterel fin mai 1944 peut difficilement passer pour une simple marque de courtoisie formelle, destinée très normalement à faciliter les inévitables relations avec les autorités allemandes. Quant à « la visite ce matin du colonel Von Harat et du capitaine Von Erenfels venus inspecter l'usine au point de vue des attaques terroristes possibles sur les installations », selon une note du 22 juin 1944 du même M. Portal, elle a eu pour résultat, le même jour, la mise à disposition de la direction de cinq fusils « afin de munir nos gardes d'armes », ce qui dénote un réel climat de confiance, pour ne pas dire plus, entre occupants et occupés au niveau des responsables[7].

Au sein du personnel de l'entreprise cependant, et malgré les efforts de la direction pour imposer à tous sa politique, les éléments répondant au signalement des « suspects » ou des « terroristes » qu'on traquait dès les premières années de la guerre prennent de plus en plus d'initiatives en 1943 et 1944. Les sympathisants de la Résistance ne sont bien sûr pas nombreux dans l'encadrement mais il y a des exceptions. L'ingénieur en chef en charge du matériel, Georges Comin, sera ainsi licencié en 1943 pour avoir fermé les yeux sur des pratiques de freinage de la production des ouvriers. L'intéressé, qui était employé depuis treize ans dans l'entreprise où il avait successivement dirigé presque tous les services, écrira après guerre, dans une lettre au commissaire de la République de Marseille, qu'il avait été écarté « par Messieurs Portal et Maîtrepierre » pour s'être opposé « à leurs programmes de travail accéléré en faveur des Allemands ». Chez les ouvriers, l'existence d'une direction syndicale clandestine a permis à certains de s'organiser et il semble par exemple qu'on puisse attribuer à un groupe restreint de résistants très actifs à l'intérieur de l'usine les attentats à répétition — il y en eut huit en moins d'un an — contre les transformateurs électriques des ADN. Les nombreux sabotages qu'on enregistre dans divers ateliers semblent en revanche, d'après les témoignages, provenir le plus souvent d'initiatives individuelles, mais on a peu d'indications précises à leur sujet. Plusieurs manifestations publiques témoignent pour leur part de la combativité des salariés de la Capelette pendant la dernière année de la guerre. En mars 1944, ainsi, le grand mouvement de grève organisé à Marseille par des militants CGT clandestins, qui s'est étendu en quelques jours à tout le secteur de la métallurgie puis à d'autres entreprises (transports Mattéi, etc.), a débuté aux Aciéries du Nord. Et l'usine de réparations de locomotives sera encore au premier rang lors de la « grève du pain » lancée fin mai dans la cité phocéenne, à l'initiative cette fois des chantiers navals et en particulier des ateliers Durbec, où les Allemands arrêteront soixante-dix ouvriers. Enfin quand, quelques jours après le débarquement de Provence du 15 août, les combats pour la libération de Marseille s'engagent avant même l'arrivée des troupes régulières, les ouvriers des ADN forment une compagnie de cent quatre-vingts volontaires qui se met aux ordres du « commandant des milices du secteur sud », l'instituteur communiste Alfred Bizot[8].

Une épuration radicale : le personnel prend le pouvoir

Les forces allemandes capitulent le 28 août. Autour du Vieux-Port les armes se sont tues. Aux ADN, il n'est pas question de retour à la normale. La période de l'insurrection a permis d'aider à chasser les forces d'occupation de la ville mais aussi de lancer le processus d'épuration. À l'heure de la Libération, le directeur, le sous-directeur, les trois ingénieurs en chef, la plupart des chefs de service et plusieurs chefs d'atelier, ainsi que des ouvriers et employés accusés d'être leurs « complices », seront arrêtés quand ils n'ont pas décidé prudemment de prendre la fuite à temps. Jean Portal et son adjoint M. N., en particulier, sont immédiatement emprisonnés en compagnie de deux autres responsables de l'établissement. Un chef de service, combattant FFI, le capitaine Briet, a été désigné dès fin août par le comité de libération de l'usine pour tenter d'organiser au plus vite une reprise du travail, l'intérêt stratégique de l'établissement, le personnel le comprend tout de suite, n'étant pas moindre pour les Alliés qui remontent la vallée du Rhône qu'auparavant pour les Allemands. La tâche n'est évidemment pas facilitée par la mise à l'écart forcée, décidée par les représentants du personnel, non seulement de l'état-major de l'établissement mais même de la quasi-totalité du petit encadrement : « quarante agents de la maîtrise principale », dira-t-on comme on publie un bulletin de victoire, « ont été éliminés ». Le 4 septembre, tant bien que mal, on remet en marche les ateliers. Quatre locomotives, dont la réparation était probablement bien avancée puisqu'on estime à 14 000 heures de travail le temps moyen nécessaire pour remettre en état une motrice, sont livrées à la SNCF trois jours plus tard.

Il est tout de suite clair que cette expérience d'autogestion « sauvage » ne pourra durer longtemps, du moins telle quelle, sans la garantie d'une couverture légale ni la présence de cadres et de gestionnaires compétents. Écrivant à Raymond Aubrac, le commissaire de la République qui vient de prendre la direction de la région, Briet, le 7 septembre, lui avoue son « inexpérience en matière de direction d'usine » et déclare aspirer à reprendre au plus tôt le combat contre la Wehrmacht comme officier d'artillerie, son poste dans l'armée. Comme, de surcroît, l'entreprise lui paraît risquer à court terme d'avoir à fermer faute de ressources financières, d'autant que les liaisons avec le siège parisien s'avèrent interrompues pour une durée indéterminée, il réclame une mesure de séquestre. Il ne paraît nullement songer, en l'occurrence, à autre chose qu'une décision très provisoire, nécessaire pour préserver l'avenir immédiat et lui permettre, sans regret, de quitter une fonction pour laquelle il n'est pas fait. Le 8 septembre, des militants de la section CGT des ADN, impatients de voir les autorités entériner la mise en place d'une nouvelle gestion, se rendent pour leur part en personne à la préfecture afin de réclamer un statut spécial pour l'usine et son contrôle par le personnel résistant. Le comportement « fasciste » — selon le vocabulaire en vogue alors dans l'enceinte de l'établissement — de l'ancienne direction leur paraît suffire, manifestement, à justifier son élimination définitive, considérée comme la moindre des sanctions. Ils reçoivent le meilleur accueil d'Aubrac, dont la première préoccupation, dans une grande ville portuaire considérée comme une base arrière des Alliés et abritant désormais d'énormes installations américaines, est de remettre en marche au plus tôt et par tous les moyens les entreprises utiles à l'effort de guerre. Il demande conseil à un juriste qui lui suggère, pour des raisons d'efficacité immédiate, de recourir à la loi de 1938 sur l'état de guerre autorisant les réquisitions d'usines présentant un intérêt militaire. Le 10, il promulgue donc un arrêté donnant satisfaction aux syndicalistes[9].

Les ADN, une fois de plus, occupent le devant de la scène. L'usine est en effet la première à être réquisitionnée et placée sous le contrôle de responsables issus de son personnel à Marseille et elle devient ainsi plus que jamais une entreprise symbole. Au cours des semaines qui suivent, on assistera à la réquisition successive de quatorze autres établissements parmi les plus importants de la ville, notamment cinq sociétés représentant plus de la moitié du potentiel de manutention du port, trois grandes entreprises de réparation navale (dont les Chantiers et ateliers de Provence, du groupe Fraissinet) et Coder, le deuxième « grand » de la réparation de matériel roulant dans la région, spécialisé dans les wagons. L'ensemble des quinze « réquisitionnés », qui représentent quinze mille salariés, se regroupent dans une association, Marentreq*, dont la présidence sera naturellement confiée au responsable des Aciéries du Nord.

Cette épidémie de « prises » d'usines par leurs employés avec l'appui des autorités — que confortera une quarantaine de mises sous séquestre de PME, employant plus de trois mille salariés, notamment dans le secteur des services portuaires — est justifiée officiellement par les autorités à Marseille par la double nécessité de l'épuration et de la relance de l'activité. Certains, au cours des années d'après guerre, évoqueront plutôt, notamment dans les milieux patronaux, un plan concerté de conquête, à la Libération, des grandes sociétés par la CGT et le parti communiste. L'opération aurait pris de l'ampleur à Marseille grâce à un commissaire de la République complaisant qui ne voyait pas d'un mauvais œil l'installation de « soviets » dans les usines. Avec le recul du temps, et grâce à divers travaux de recherche fondés sur des archives et des témoignages difficilement réfutables[10], il paraît quasiment certain aujourd'hui que les décisions de réquisitions ont été très largement — pour ne pas dire totalement — improvisées pour répondre à des nécessités de l'heure perçues uniquement sur place. Le désaccord bientôt manifeste des instances nationales du parti communiste — André Marty, par exemple, évoque le 12 novembre 1944 dans un meeting à Marseille à propos des réquisitions cette « mesure bénigne » qui va permettre « aux trusts de faire des bénéfices substantiels sur le dos de la nation » ! — comme les réticences exprimées dès le départ au niveau régional par la fédération CGT des métaux vis-à-vis des initiatives phocéennes ne contredisent certes pas la conviction absolue à cet égard du principal acteur administratif de toute l'affaire, Raymond Aubrac. Tout, assure-t-il, fut décidé sous la pression de l'événement[11]. Il ne reçut pas plus d'instructions du gouvernement, qui désavouera d'ailleurs rapidement, sans pour autant les annuler, les initiatives de son commissaire de la République[12], qu'il n'eut à suivre des « conseils impératifs » des communistes. Qu'il n'y ait pas eu de « complot » préalable, surtout concernant une action nationale et préparée à Londres, Alger ou Paris, ne signifie évidemment pas que les deux directions locales du parti communiste et de la CGT, très liées à Marseille, n'aient pas joué un rôle

* Marseille-Entreprises Réquisitionnées (Mar-Ent-Req).

moteur dans cette résolution par la réquisition au profit de « gestions ouvrières » du problème des entreprises phocéennes dont la direction était éliminée ou, à leurs yeux, délégitimée en raison de pratiques collaboratrices à la Libération. Mais il semble bien que ce soit « par tâtonnements » et pour répondre à court terme à un objectif provisoire de relance de la production en période d'épuration qu'on ait réclamé début septembre « à la base » dans les milieux syndicaux, d'abord aux ADN puis ailleurs, des décisions du type de celles que prendra Aubrac. Le mot d'ordre principal qu'on fait circuler lors de la première assemblée générale de l'union départementale de la CGT à Marseille le 3 septembre 1944 dit très explicitement : « Produire d'abord, revendiquer ensuite. » Ce qui, au passage, n'infirme peut-être pas totalement mais relativise pour le moins le témoignage de Lucien Molino, secrétaire du syndicat pour les Bouches-du-Rhône, qui déclarera beaucoup plus tard : « J'ai créé les entreprises réquisitionnées [13]. » En effet, l'installation de pouvoirs ouvriers, hypothèse qui n'avait manifestement pas été examinée en détail avant la Libération, n'était pas à l'origine une véritable priorité pour les dirigeants syndicaux, et l'idée de la réquisition en tant que solution juridique est venue du commissariat à la République.

Pour produire au maximum et au plus vite à la Capelette, cependant, et on voit bien à cet égard qu'on est alors en 1944 et non pas en 1968, il faut, estiment les syndicalistes, non seulement obtenir un statut légal mais aussi accepter des méthodes de travail qui, pense-t-on, ont prouvé leur efficacité. Nul ne songe à supprimer les primes de rendement. Le stakhanovisme, dont les vertus sont vantées publiquement par Lucien Molino, est alors mis à l'honneur. Et on cherche immédiatement à reconstituer une hiérarchie. Le bannissement de la quasi-totalité de l'encadrement ne facilite pas *a priori* la réalisation de ce dernier objectif, qui fait l'unanimité aux ADN. Entre le premier rendez-vous avec Aubrac, le 8 septembre, et la décision officielle de réquisition le 10, le personnel s'est donc empressé de trouver au moins un candidat directeur d'usine acceptable et présentable puisque le commissaire de la République doit désigner nommément, comme administrateur provisoire, un nouveau « patron » aux ADN-Marseille dans son arrêté. L'oiseau rare paraissant difficile à trouver sur place, on a envoyé séance tenante, le 9 septembre, une délégation à Lyon, où avait dû s'exiler, pour obtenir une nouvelle situation, l'ingénieur en chef sympathisant de la Résistance brutalement remercié en 1943, Georges Comin. Ce dernier, bien qu'ayant réussi sa reconversion, accepte, « par devoir » dit-il, la demande de ses anciens camarades et rejoint immédiatement le bord de la Méditerranée. Il aurait uniquement exigé « qu'il n'y ait pas de politique » et qu'on en reste « sur un plan strictement industriel » avant d'accepter de relancer l'appareil de production [14]. Une exigence élémentaire mais certainement inapplicable dans un établissement en effervescence et où près de la moitié du personnel possède sa carte du parti communiste.

Quoi qu'il en soit, le lendemain, preuve s'il en fallait une de l'étroite concertation à ce sujet entre la CGT et le commissariat de la République, Comin est officiellement nommé à la tête de l'usine et il se met immédiatement au travail. Son cas est le plus spectaculaire, mais d'autres réintégrations d'employés de la Capelette autrefois licenciés, et notamment celles de certains responsables syndicaux écartés depuis 1938, sont également opérées. L'un de ces revenants, M. Travers, deviendra le représentant des ouvriers au sein du comité consultatif de l'usine. Cette instance, nommée par le commissariat de la République et placée auprès du directeur pour l'assister et le contrôler, a été créée aux ADN comme elle le sera dans toutes les entreprises réquisitionnées de la ville. Elle comporte théoriquement trois représentants du personnel — en général y figureront un ingénieur, un technicien et un ouvrier — et trois délégués du conseil d'administration de la société propriétaire de l'établissement. Mais si certains groupes marseillais (Coder, Fraissinet...), estimant, à raison semble-t-il*, que c'était là la meilleure façon de défendre leurs intérêts, participeront aux travaux de ces comités, la direction nationale des Aciéries du Nord pratiquera ostensiblement la politique de la chaise vide.

Le personnel de la Capelette, une fois l'entreprise réorganisée, aura donc à mener un double combat : il faut déjà gagner la bataille de la production afin de démontrer que la « gestion ouvrière », qu'on espère de moins en moins provisoire au fur et à mesure que le temps passe, est efficace ; il faut encore gagner la bataille contre le patronat puisque le groupe propriétaire de l'usine ne fait même pas semblant d'accepter, ne serait-ce que pour un temps, le fait accompli de la réquisition et entend récupérer au plus tôt « son » établissement. Ces deux fronts n'en constitueront parfois qu'un puisque, dès qu'il le peut, le siège social tente de paralyser l'activité à la Capelette. On dit d'ailleurs à Paris dès le mois de septembre 1944, « à qui veut l'entendre » si l'on en croit un document émis il est vrai par la nouvelle direction méridionale des ADN, que « l'affaire ne durera que quelques semaines ».

En fait, le siège social des ADN a décidé de se battre en tablant à la fois sur le long terme et sur le court terme. D'un côté, et même si on sait que de tels recours prennent des années pour aboutir, on fait appel devant le Conseil d'État de la décision d'Aubrac. De l'autre, début octobre 1940, le P-DG, Alfred Maîtrepierre, se rend à nouveau à Marseille — il y venait chaque mois du temps de l'Occupation — et, après une mise en demeure par huissier, il franchit la porte de l'usine où il vient déclarer que, dorénavant, il fera opposition par tous les moyens à la

* Les analyses des historiens convergent à ce propos avec le verdict apparent des faits. Il semble y avoir eu une forte corrélation entre, d'une part, la plus ou moins grande sévérité de l'épuration et surtout la date de récupération des entreprises par leurs actionnaires et propriétaires et, d'autre part, la plus ou moins grande coopération de ces derniers avec les autorités. Une coopération qui ne signifiera jamais, cela dit, que le patronat marseillais ait accepté ce qu'il considérait comme une spoliation pure et simple.

réquisition. Faute sans doute de pouvoir demeurer dans les lieux, il visite pendant plusieurs jours les interlocuteurs extérieurs de l'entreprise, en particulier des banques, auxquelles il expose sa position et déconseille, dit-on à la Capelette, le maintien des anciennes lignes de crédit. De retour à Paris il rencontre la direction du seul client de Marseille, la SNCF. Le 21 octobre, ainsi, la société nationale, qui jusqu'alors avait réglé les factures sans observation, fait savoir qu'elle ne versera plus les sommes réclamées correspondant aux travaux de l'ancienne gestion, celle d'avant la Libération.

Ce n'était qu'un début. Car le résultat de toutes les démarches du siège parisien des Aciéries du Nord est radical : à la fin du mois d'octobre, deux jours avant la paye, tous les comptes bancaires de l'établissement marseillais, à la demande de la SNCF dit-on, sont bloqués. Georges Comin est très affecté : « C'était un coup terrible [...], juste au début de la réquisition, ça allait tout désorganiser, on allait dire : voyez, ça ne peut pas marcher ! » Il décide de contre-attaquer sans faiblesse : « Alors, je passe aux journaux du soir de Marseille une petite note disant : "Les capitalistes des ADN ont préparé un coup dur contre les travailleurs en bloquant nos comptes. À partir de demain, nous ferons passer en détail le récit des relations que la SNCF a entretenues avec les occupants." De fait, la SNCF avait fait pas mal de choses que j'avais trouvées dans le coffre du précédent directeur. Je prends le train, je demande à voir le patron de la SNCF. » Toujours selon lui, Comin déclare alors très directement à son interlocuteur : « Vous n'avez pas eu connaissance de l'entrefilet qui est paru dans tous les journaux de Marseille ? » On lui demande : « Vous allez nous attaquer ? » Il répond : « Je me défends ! », avant de s'entendre dire : « On va payer, on vient d'envoyer un ingénieur à Marseille pour faire débloquer les comptes [15]. » Ce récit est pour le moins incomplet. L'affaire ne se régla pas en quarante-huit heures. Et il est plus que vraisemblable que les interventions énergiques du commissaire de la République, évidemment alerté, voire du ministère de la Production industrielle, eurent plus de poids que le petit chantage exercé par Comin sur la SNCF, qui avait le soutien du ministre des Travaux publics René Mayer et estimait agir légalement. Toujours est-il que, comme le dit plaisamment une note de l'entreprise réquisitionnée, « le 20 novembre, la SNCF, émue par l'appel à l'opinion publique, adressait à Marseille un délégué pour apaiser le conflit et proposer des mesures financières nouvelles ».

La fin provisoire de cette escarmouche ne met pas un terme à la guérilla entre Paris et Marseille. Les chefs d'atelier, contremaîtres et responsables divers accusés de collaboration et expulsés de l'usine à la fin de l'été 1944 ont fondé une « Association des cadres des Aciéries du Nord ». Ils ont obtenu le soutien du siège du groupe, qui a décidé, jusqu'à nouvel ordre, et sans aucune injonction judiciaire, de les payer directement, comme s'ils faisaient encore partie très normalement du personnel. On peut être étonné, dans le contexte de la Libération peu propice à la défense de présumés collaborateurs, de la sollicitude à leur égard de la direction parisienne en l'absence de toute obligation légale, même s'il est très probable que, d'un point de vue juridique, le licenciement expéditif de ces hommes était plus que discutable. Mais il semble bien — sans qu'on sache avec certitude si ceci explique directement cela — que les exclus ont immédiatement appuyé le combat du groupe contre son établissement méridional sécessionniste. Georges Comin affirme qu'« ils sont allés jusqu'à nous débaucher les ouvriers qui s'occupaient du démontage des locomotives » au profit d'autres entreprises marseillaises de métallurgie. « C'étaient des manœuvres qui faisaient ça, un travail très pénible et salissant. Un beau jour, plus personne. On ne pouvait plus travailler puisque toutes les pièces partaient de là. On a réuni les ouvriers et expliqué ce qui se passait. J'ai demandé des volontaires. Il en fallait une douzaine, j'en ai eu trente ou quarante, des gars qui faisaient d'habitude un travail pas salissant. Après, les autres sont revenus et ont demandé à être repris ; et on les a repris. » L'activité désorganisatrice des anciens salariés aurait duré jusqu'en 1946, date à laquelle, semble-t-il, l'assassinat mystérieux du président de l'Association aurait définitivement refroidi les ardeurs [16].

Curieusement, l'animosité entre le siège parisien et les Marseillais, loin de disparaître, a pris une nouvelle ampleur après la nomination, début 1945, d'un administrateur provisoire, Charles Plâtrier, à la tête de la société des Aciéries du Nord dans la capitale. Désigné par Robert Lacoste, ministre socialiste de la Production industrielle, en vertu d'un arrêté frappant « les chefs [d'entreprise] auxquels il est reproché de n'avoir pas donné la préférence au devoir national quand ce devoir ne leur paraissait pas conforme aux intérêts financiers dont ils avaient la charge », ce professeur à l'École polytechnique, lui aussi socialiste selon la profession de foi qu'il fait rapidement afficher dans toutes les usines du groupe, excepté bien sûr celle de Marseille, estime qu'après sa prise de fonction, les Aciéries du Nord sont désormais gérées « sous la direction de l'État ». Voulant, comme il l'écrit le 2 janvier au commissaire de la République de Marseille, « maintenir la cohésion d'un groupe national de réparation de locomotives », il souhaite manifestement récupérer au plus tôt le contrôle de la Capelette. Soupçonné par les responsables de la « gestion ouvrière » de Marseille, largement contrôlée par les communistes, de vouloir mettre fin à l'expérience en cours pour des raisons idéologiques, il est immédiatement catalogué comme un adversaire.

Il affiche il est vrai, dès après son arrivée, un comportement jugé hostile. Ainsi, non seulement il accepte, selon le vœu du P-DG qu'il remplace et du service juridique du siège, de continuer à payer des salaires et même des indemnités aux cadres épurés, mais il entend faire rembourser sans délai ces sommes par les ADN-Marseille. Or, indépendamment même de l'évident refus instinctif du personnel de l'entreprise réquisitionnée de donner satisfaction à ceux que l'on traite encore en permanence de « collabos » et qui doivent, pour certains, être jugés, on estime dans la cité phocéenne que ces charges, à supposer qu'elles soient légalement exigibles, incombent à l'« ancienne gestion » puisque les « expulsions » ont eu lieu avant la réquisition. Ensuite, en se plaçant toujours du seul point de vue du droit pour traiter avec les animateurs de l'« expérience » marseillaise, Charles Plâtrier entreprend de faire payer au siège par l'établissement méridional une indemnité de réquisition, comme le prévoit il est vrai le texte de 1938, mais sans vouloir en négocier le montant avec Georges Comin, qui l'accuse de chercher à étrangler financièrement son usine. L'administrateur parisien réclame quinze millions de francs d'acompte sur cette indemnité fin 1945 ou au tout début de 1946, alors même qu'on considère à la Capelette, d'abord que les calculs les plus généreux, en suivant l'usage, n'accorderaient que de trois à six millions par année de réquisition, ensuite qu'une morale élémentaire voudrait au minimum qu'on bloque cette somme « jusqu'au jour où la question des bénéfices de guerre des ADN sera résolue [17] ». Il semble de plus que l'administrateur provisoire considère *a priori* l'affaire de Marseille comme non viable de façon autonome et le fait volontiers savoir autour de lui, notamment à la SNCF, ce qui n'améliore évidemment pas la réputation et le crédit de l'établissement auprès de son principal client et de ses fournisseurs.

De son côté, la direction de la Capelette ne fait pas tout, à l'évidence, pour rechercher l'apaisement. Lors d'un déplacement à l'autre bout du pays, pour aller voir ses parents en Normandie à l'automne 1945, Georges Comin en profite pour visiter la quasi-totalité des autres usines des Aciéries du Nord, où il rencontre ses homologues directeurs. Parfois, notamment à Maubeuge et Hautmont, « à la demande du personnel » dit-il, il prend la parole devant les ouvriers pour « retracer l'histoire de notre expérience ». M. Plâtrier se plaint alors auprès du ministre de la Production industrielle de la « conduite incorrecte » de M. Comin. Ce dernier reçoit une demande d'explication du commissaire de la République, lequel n'est plus Raymond Aubrac, limogé pour excès de zèle révolutionnaire début 1945, mais son successeur Paul Haag, nommé par un ministre socialiste. Non seulement Comin nie, dans sa réponse, avoir entrepris de « faire de l'agitation » comme on le laisse entendre, mais il signale au passage que son accusateur est administrateur d'une « entreprise capitaliste » et qu'il travaille « pour ses actionnaires », lesquels « ont approuvé les actes du conseil d'administration pendant la guerre lors de l'assemblée du 27 avril 1945 », autrement dit sont complices des « collabos ». On se rend donc coup pour coup.

Georges Comin, pourtant, ressemble beaucoup plus à un ingénieur classique, un homme qui a le goût du travail et encore plus du travail bien fait, qu'à un révolutionnaire. S'il défend le modèle marseillais de « gestion ouvrière » avec autant d'âpreté et d'assurance, c'est que les résultats de l'entreprise depuis la réquisition, pense-t-il, l'autorisent à affronter tous les contradicteurs et justifient la poursuite de l'expérience. On ne sait si de telles performances auraient pu être maintenues sur la longue durée, mais la conjonction de l'enthousiasme du personnel à l'heure de la Libération et de l'excellente tenue de la demande de réparations de locomotives à l'heure de la reconstruction fait apparemment des merveilles dans l'immédiat après-guerre. En supprimant la « lutte des classes » et les prélèvements du « capital » sans supprimer le productivisme, on a évidemment amélioré le rendement de l'usine. L'adoption du mot d'ordre « remplacer la notion de profit par celle de service », affiché sur les murs à la Capelette, signifie qu'on réinvestira les bénéfices dans l'entreprise pour améliorer ses équipements et mieux traiter le personnel mais non qu'on négligera la rentabilité comme on va le voir.

Un rapport de la direction adressé au commissariat de la République, en avril 1945, évoque une augmentation de 31 % de la productivité par rapport à l'année précédente et affirme que les ADN-Marseille fournissent 15 % de la production française dans leur secteur d'activité en affichant les prix les plus bas. S'agit-il d'un plaidoyer maison ? Un contrôleur mandaté par le ministère de la Production industrielle, manifestement sceptique et peu porté à proposer la prolongation des mesures exceptionnelles prises dans l'urgence, G.A. Chailliey, rédige ainsi fin 1945 une note élogieuse sur les ADN, celle des entreprises marseillaises réquisitionnées qui a pourtant rompu le plus radicalement avec l'ancienne « gestion capitaliste ». Les chiffres qu'il révèle sont éloquents. L'entreprise qui avait repris ses activités avec 1 400 salariés environ en septembre 1944 en possédait 1 790 un an plus tard, réalisant du 1er octobre 1944 au 31 novembre 1945 un chiffre d'affaires de 223 millions de francs. À cette dernière date, la trésorerie atteignait vingt et un millions, le bénéfice brut prévu pour l'année était de quarante-cinq millions, les contrats en cours avec la SNCF garantissaient de 250 000 à 300 000 heures de travaux par mois. Les frais généraux, en pourcentage des salaires, avaient alors été réduits de moitié par rapport à l'avant-1944, ce qui explique sans doute pour une bonne part l'importance des marges. Celles-ci avaient permis, et le contrôleur le souligne dans son rapport, la mise en place d'une politique sociale de pointe. On avait facilité en priorité le développement des jardins ouvriers. Mais à peine un an après la réquisition, un vaste centre social, culturel et éducatif — avec salle de réunion, salle de sport et salle de spectacle — était aussi en voie d'achèvement. Et désormais, comme s'en souvient encore fièrement Joseph Oms, « plus de gamelles, tout le monde mangeait à la cantine ». Pour les jours de congé, on avait prévu des distractions. Des clubs de jeux (cartes, dominos...) avaient été organisés, des terrains de sport aménagés. Décision symbolique s'il en est, on avait également créé une société de chasse pour les ouvriers. Nul n'avait oublié à la Capelette qu'il s'agissait, avant 1944, d'un loisir réservé aux cadres dirigeants et à l'occasion, on l'a vu, à leurs invités allemands.

Tout indique, même si nous n'avons pas pu trouver de chiffres précis et « officiels », que l'établissement de la Capelette affichera encore en

1946 et 1947 des résultats encourageants*. La combativité du personnel continue alors à se manifester aussi bien dans les ateliers, où l'appartenance d'une grande proportion des salariés au parti communiste facilite l'entretien du culte de Stakhanov, que, si nécessaire, hors de l'usine. Quand, en novembre 1947, à la suite d'un mot d'ordre de grève contre la vie chère et d'une consigne de boycott des tramways, dont les tarifs viennent d'augmenter de 42 %, les militants ouvriers de Marseille se retrouvent dans la rue, « les éléments les plus actifs de ce mouvement sont les jeunes métallurgistes des Aciéries du Nord[18] ». Des manifestants sont arrêtés à cette occasion et leurs camarades se battent pour leur libération, provoquant une certaine agitation avant mais aussi après l'obtention de ce résultat. Au cours d'une descente aux cris de « les oisifs au travail ! » dans un des quartiers « chauds » de Marseille, ils commencent à s'en prendre à des boîtes de nuit. Depuis l'une d'entre elles, le Colibri, contrôlé par les frères Guérini, réputés « parrainer » le milieu marseillais d'après guerre, des coups de feu sont tirés et un jeune travailleur, Vincent Roulant, s'effondre. Cet homme, qui mourra la nuit suivante, était ajusteur aux ADN.

Une contre-épuration ?

Pendant qu'à Marseille on voulait continuer à prouver l'efficacité de la « gestion ouvrière », aussi bien dans les ateliers que sur le front politique et syndical, à Paris, les actionnaires, loin d'avoir désarmé, poursuivaient leurs efforts pour obtenir la récupération de l'usine. Même leur mise à l'écart provisoire, avec la nomination de M. Plâtrier, n'avait pas entraîné de trêve dans le combat. Bien conseillés, ils avaient vite compris que la décision de réquisition d'Aubrac, déjà discutable en elle-même d'un point de vue juridique puisqu'elle présupposait une incapacité de l'entreprise à remplir ses missions difficile à établir, ne pouvait en aucun cas se justifier sur la durée. L'arrêté d'Aubrac, fondé sur la loi de juillet 1938 sur l'organisation de la nation en temps de guerre, était en effet par définition supposé temporaire. Or il était resté en vigueur après la fin définitive des hostilités, démontrant par là l'une de ses vocations, qui était de permettre une sorte de nationalisation de l'usine en raison du comportement de ses dirigeants sous l'Occupation. Ce détournement de la lettre de la loi, au moins à partir de mai 1945, fut apparemment toléré, peut-être en attendant la mise sur pied d'une meilleure solution juridique, tant que la situation politique pouvait le permettre. Les bons résultats de l'usine, aussi inattendus qu'évidents, semblaient suffisamment rassurants d'ailleurs pour que personne, à part évidem-

---

* Le seul fait que nul ne prétendra le contraire, y compris du côté des actionnaires, après la fin de la période de « gestion ouvrière » suffirait d'ailleurs à conforter, à cet égard, les témoignages, tous concordants, des acteurs de l'expérience.

ment les propriétaires du groupe, ne veuille rouvrir d'urgence ce dossier « à risques » d'un point de vue social. Mais arrivé à l'été 1947, après la mise à l'écart du gouvernement des communistes au mois de mai précédent , trois ans après la période d'exaltation de la Libération, le maintien de la mesure du 10 septembre 1944, aux allures évidentes de sanction extra-judiciaire, n'allait certes plus de soi.

Si les manœuvres d'intimidation du groupe fin 1944 puis de Plâtrier en 1944 et 1945 n'avaient pas provoqué la fin de la sécession marseillaise, la bataille juridique engagée dès octobre 1944 aboutira ainsi le 25 juillet 1947 à l'annulation pure et simple, par le Conseil d'État, de l'arrêté d'Aubrac, déclaré « sans fondement légal ». C'est à la fois peu surprenant, pour les raisons évoquées ci-dessus, et un comble quand on sait que le rédacteur effectif de l'arrêté de 1944 était Pierre Tissier, un gaulliste de la première heure dont la profession était... conseiller d'État. À la Capelette, on n'apprendra la nouvelle que par la rumeur publique début août 1947. On ne veut pas encore y croire. Et on est décidé à se battre. Georges Comin écrit le 12 août au préfet des Bouches-du-Rhône que « d'après des renseignements non confirmés par le ministère de la Production industrielle le conseil d'État aurait statué ». Il lui dit qu'il a déjà saisi par télégramme les députés de Marseille à l'Assemblée nationale et lui annonce très directement que dans « l'intérêt de l'ordre public », il serait nécessaire d'obtenir l'assurance « que rien ne sera fait pour gêner le fonctionnement financier de la gestion actuelle ». Il ajoute encore plus clairement que « le personnel se révolterait si la société ayant commercé et collaboré avec l'ennemi [...] pouvait se livrer à une manœuvre de force contre l'usine modèle ADN-Marseille ». Des interventions à l'Assemblée conduiront à l'adoption de textes permettant d'éviter une déréquisition « sauvage », aux conditions des actionnaires qui avaient alors récupéré tous leurs droits avec la fin de l'administration provisoire. Elles n'éviteront pas, malgré tous les efforts des responsables de la « gestion ouvrière », le retour de l'usine rebelle dans le giron du groupe parisien. Il s'agira là d'une des traductions au niveau régional de l'évolution du « rapport de forces » au niveau national. Les communistes ayant quitté les allées du pouvoir, les « expériences » qu'ils patronnaient ont perdu leur légitimité.

Toute résistance étant vite apparue vouée à l'échec, la direction des ADN-Marseille a d'ailleurs fini par accepter de négocier avec un représentant du groupe après la notification officielle par le préfet de la décision du Conseil d'État le 3 octobre 1947. À la fin de janvier 1948, une dernière réunion entre Georges Comin et l'envoyé de Paris, M. Lenouvel, permet de conclure un accord amiable. Les avantages acquis du personnel sont préservés, les comptes, qui ont été examinés, sont considérés comme clairs. Le groupe, ce qui paraît constituer une reconnaissance indirecte de la valeur conservée par l'entreprise, fait savoir qu'il réclamera au total une indemnité de réquisition de près de 200 millions de francs. Seule référence, sur le papier, à l'époque de la guerre, « la société des Aciéries du Nord s'engage à ne pas reprendre ses anciens agents qui auraient fait l'objet d'une mesure d'exclusion de la part de la commission d'épuration de l'usine ou d'un comité officiel d'épuration ». Cette maigre concession n'empêche évidemment pas les ouvriers, Joseph Oms s'en souvient encore avec émotion, de vivre cette issue « comme une défaite ».

Georges Comin est très affecté. Il est amer d'avoir été « lâché » par ses autorités de tutelle, qui n'ont même pas jugé utile de le recevoir avant qu'il n'abandonne sa fonction. Il écrit le 3 février deux lettres similaires au préfet des Bouches-du-Rhône et au ministre de la Production industrielle. « Les résultats obtenus pendant trois ans et demi de gestion pour le compte de l'État, dit-il, m'autorisaient à penser que celui-ci aurait observé un silence moins complet à mon égard au moment où il n'a plus besoin de moi. » Il ajoute que devant s'inquiéter d'assurer sa vie matérielle, il est obligé, à soixante et un ans, de quitter Marseille pour tenter de retrouver un travail. Il ajoute que « le personnel des ADN a été très fortement peiné de n'avoir pu obtenir pour l'usine un statut lui permettant de continuer son rôle de véritable entreprise témoin ». En fait, cette recherche d'un statut, c'est probablement en 1944 ou en 1945, quand le rapport de forces était favorable, qu'il aurait fallu l'entreprendre. L'ex-directeur des ADN, trois ans et demi après, a sans doute oublié que fin novembre 1944, alors qu'il semblait envisagé au commissariat de la République de permettre une nationalisation de fait de l'établissement en l'intégrant à la SNCF, les représentants du personnel, maximalistes, avaient vivement rejeté cette hypothèse, affirmant que « le régime de la SNCF offre encore à l'heure actuelle toutes garanties aux intérêts des trusts » et que seule « la confiscation des installations au profit de l'État » serait acceptable, « comme pour les usines Renault[19] ».

Les ouvriers des Aciéries du Nord de la Capelette, première usine à être réquisitionnée à Marseille, dernière déréquisitionnée[20], pouvaient-ils au moins avoir la satisfaction de se dire qu'ils s'étaient « vengés » de l'encadrement « collaborateur 100 % » — comme on disait à la Capelette — du temps de l'Occupation et de ses protecteurs parisiens supposés grâce à l'épuration ? Leur premier sentiment, semble-t-il, fut bien celui-là. L'épuration immédiate, spontanée, extra-judiciaire pour l'essentiel, a été effectivement, on l'a vu, rigoureuse dans l'entreprise. La totalité de la direction et une grande partie de l'encadrement ont été chassés de l'usine dès fin août 1944, sans aucun ménagement. Un chef de service au moins (M. F.) — la rumeur après guerre évoquera deux autres cas — a été sommairement exécuté après la Libération par des « justiciers », très probablement issus des ADN, et son corps a été retrouvé flottant dans une écluse, à la surface d'un petit cours d'eau à cinq cents mètres environ de l'usine. Les principaux responsables, soit Jean Portal et trois de ses principaux adjoints, se sont retrouvés en prison, poursuivis devant la cour de justice des Bouches-du-Rhône. À

Paris, une procédure a été engagée contre le groupe pour profits illicites et les deux principaux dirigeants du siège, Alfred Maîtrepierre et Michel Crozier, essentiellement inquiétés pour avoir été cités par le directeur de la Capelette sous l'Occupation comme étant ses supérieurs hiérarchiques, ont été poursuivis devant la cour de justice de la Seine puis devant le Comité national interprofessionnel d'épuration. Au bout du compte, pourtant, les sanctions ne furent certainement pas celles qu'imaginaient probables les épurateurs de fin 1944.

À Marseille, d'abord, si le personnel d'encadrement évincé n'a pu reprendre ses fonctions, il a continué, on le sait, à être payé pendant de nombreux mois et a reçu des indemnités pour licenciement abusif. La direction proprement dite a vu ses membres incarcérés dès l'été 1944 mais ils ont été libérés progressivement en 1945. Les deux « patrons » de l'usine, Jean Portal et M. N., ont bénéficié, le premier début 1945, le second à la mi-novembre, d'une mise en liberté provisoire pour raisons de santé. L'homme considéré par la justice comme le principal responsable de tous les événements survenus entre 1940 et 1944 à la Capelette sera très normalement son directeur. Mais celui-ci ne reconnaîtra pas avoir commis la moindre faute. Une lettre de son avocat, datée du 5 octobre 1945, expose les arguments soutenus par Jean Portal devant le juge d'instruction désigné par la cour de justice[21]. Il estime d'abord, ce qui ne va surprendre personne, qu'il n'a fait qu'obéir aux ordres impératifs et formels du siège social en poussant la production. Il peut d'ailleurs produire une attestation de M. Maîtrepierre qui prend la responsabilité des instructions données pour soutenir la productivité grâce à des méthodes de travail strictes et à la récupération de toutes les heures éventuellement perdues (lors d'alertes ou de bombardements, etc.). Il nie ensuite avoir créé « un organisme chargé de rechercher et signaler les éléments gaullistes ou communistes », admettant seulement avoir organisé « comme dans toutes les grandes entreprises » un groupe de « surveillants chargés d'empêcher les vols et de contrôler l'assiduité ». Il signale encore qu'il n'a jamais travaillé directement pour l'ennemi puisqu'il a seulement exécuté des contrats, à l'élaboration desquels il n'avait pris aucune part, pour la SNCF. Il soutient — ce qui paraît en contradiction avec une des affirmations précédentes — qu'il n'a d'ailleurs jamais particulièrement encouragé le « zèle à la production »... comme le prouverait le fait que depuis la Libération on a pu intensifier cette production par rapport à la période précédente. Il dit avoir parfois engagé des réfractaires — ce qui est vrai certainement... puisque des instructions du siège, retrouvées à la Libération, lui avaient conseillé de le faire, discrètement, pour maintenir le rythme de production — et « camouflé des jeunes gens pour leur éviter le départ au STO » — ce qui est encore probablement vrai... puisqu'un rapport de mai 1945 d'un délégué régional du ministère de l'Économie et des finances signale que « le dossier d'embauche révèle que bien des jeunes gens dont les parents étaient amis des dirigeants ont été ainsi casés ». Il assure enfin qu'il a sauvé l'usine de la destruction complète pendant l'été 1944, « ayant réussi à induire en erreur les militaires allemands du génie qui étaient venus pour cela ».

On ne saura jamais ce que ces propos auraient pesé face à un dossier d'accusation qui était, on l'a vu, extrêmement fourni et étayé — non seulement par des témoignages très nombreux mais aussi par des notes manuscrites peu équivoques. Car avant même la promulgation officielle le 25 février 1946 de la première sanction le concernant — la confirmation par un arrêté du commissaire de la République de son licenciement sans indemnités —, Jean Portal avait disparu. Il semble que son état de santé incompatible avec la détention ne l'ait pas empêché de mettre prudemment dès décembre 1945 la frontière franco-suisse entre lui et ses juges, qui ne purent, si l'on en croit une note de Georges Comin au préfet des Bouches-du-Rhône d'août 1947 et le témoignage de Joseph Oms, que le condamner à mort par contumace. Il aurait fini ses jours dans la Confédération helvétique.

À Paris, le numéro deux du groupe, Michel Crozier, n'aura aucun besoin de se mettre à l'abri. Après diverses péripéties, dont une brève arrestation à l'automne 1944, à Saint-Étienne, à la demande du comité de libération de l'usine ADN de L'Horme dans la Loire, alors sous séquestre, il sera totalement blanchi. Il obtient en 1949 une décision de relaxe auprès de la deuxième chambre civique de la cour de justice de la Seine et, en 1950, le rapporteur de l'instruction le concernant à la Commission nationale interprofessionnelle d'épuration conseille le classement de son dossier. La justice a retenu l'argument selon lequel les ADN ont été obligées de travailler pour les Allemands en raison de leur spécialité. Elle a surtout considéré que si Crozier « a pris des décisions qui étaient de nature à augmenter le potentiel de guerre de l'ennemi », il n'est pas prouvé « que l'accusé ait agi de sa propre initiative, ni qu'il y ait eu de sa part un dépassement des ordres ou instructions reçus du directeur général, dont la responsabilité pouvait être engagée ». Quant aux relations avec Portal, que Crozier dit n'avoir rencontré que trois ou quatre fois pendant l'Occupation, elles étaient essentiellement, admettra-t-on, du ressort dudit directeur général, Alfred Maîtrepierre. Ce dernier, responsable de dernier ressort de l'ensemble du groupe Aciéries du Nord, est donc l'homme vers qui convergent toutes les charges quand les juridictions en arrivent enfin au stade des jugements à la fin des années quarante... peu après son décès.

M. Maîtrepierre est en effet mort à son domicile à l'âge de soixante-douze ans le 23 mars 1948. Risquait-il véritablement une forte condamnation ? Tout laisse supposer le contraire. Au niveau du groupe dont il était responsable, il a été admis au cours de l'instruction que toutes les commandes de la SNCF, même celles concernant les réparations de wagons circulant en Allemagne, étaient des « commandes françaises » auxquelles il n'était pas possible de se soustraire. Certaines usines de la société ont certes exécuté des commandes allemandes indiscutables. En mai 1941, le constructeur de véhicules utilitaires d'outre-Rhin MAN[22] a conclu ainsi avec les ADN un marché de 1,8 million de francs prévoyant la fourniture de pièces détachées pour moteurs Diesel, et d'autres contrats ont suivi. Au total les fournitures directes aux occupants atteindront une valeur de cinquante-cinq millions de francs pendant toute la durée de l'Occupation, soit 4 % du chiffre d'affaires global (près de 1,4 milliard de francs) et 25 % des ventes hors réparations pour la SNCF. Mais la justice considérera à la fois que ces chiffres sont faibles et qu'ils résultent de commandes exécutées sous la contrainte. Le comité de confiscation des profits illicites de la Seine, après avoir décidé en 1947 la saisie de 9,5 millions de francs de bénéfices réalisés avec l'ennemi, n'assortira ainsi cette sanction d'aucune amende à la charge de la société. Quant aux diverses mesures de séquestre (L'Horme), d'administration provisoire (Paris, Cannes-La Bocca) ou de réquisition (Marseille) qui ont frappé une bonne moitié des usines du groupe, elles ont été, sauf à la Capelette, relativement vite levées. À un niveau plus personnel, on relèvera bien qu'Alfred Maîtrepierre, d'après des documents détenus par le parquet de la Seine, a semblé personnellement croire au début de la guerre à la victoire allemande — il veut faire copier dans ses usines un modèle de tracteur d'outre-Atlantique sans autorisation car, dit-il, « les Américains ne seront pas victorieux ». Mais ce n'est pas un délit et ce n'était sans doute pas très original non plus à ce moment-là. Reste le cas Portal. Il va de soi, comme certaines notes envoyées de Marseille à Paris entre 1940 et 1944 le prouvent, que le principal dirigeant du groupe connaissait et probablement approuvait une bonne part de ses pratiques. Mais il aurait pu soutenir, comme l'avocat de Crozier ne s'en privera pas pour sa part, que les accusations sérieuses retenues contre le directeur de l'usine de Marseille se référaient « presque uniquement à des faits personnels » si l'on mettait à part son inclination certaine au « productivisme », imputable en dernier ressort largement autant aux désirs maintes fois exprimés de la SNCF qu'aux instructions du siège.

En 1950, six ans après la début de l'épuration, aussi bien la société et son usine marseillaise que les dirigeants de l'une et de l'autre sont donc soit hors d'atteinte de la justice, soit blanchis, hormis quelques sanctions mineures qui ont frappé l'encadrement de la Capelette. On n'en a pas pour autant fini aux ADN avec les conséquences de la guerre. Le personnel, bien que n'ayant pas subi de représailles après la reconquête de l'établissement méridional par le groupe en 1948, est resté très solidaire — avec 85 % de syndiqués — et très combatif. Et le nouveau responsable de l'usine entretient des relations pour le moins conflictuelles avec ses employés, comme en témoigne une instruction judiciaire — encore une ! — menée en 1949 à la suite d'une plainte de la direction contre des ouvriers suspectés, apparemment sans preuve, d'avoir saboté un précieux moteur d'alternateur de 500 CV[23]. Mais le dénouement est proche. Car avant la fin de cette année 1950, alors qu'on assiste à une mutation de la SNCF avec le passage de la vapeur à l'électricité, l'établissement de Marseille n'est pas jugé apte par sa maison mère à se reconvertir lui-même. Il est donc fermé.

Une punition, une sorte de contre-épuration, déguisée en malheureuse « nécessité technique » ? Les anciens des ADN en sont persuadés. Le site industriel n'a jamais rouvert en tout cas, même sous une autre enseigne. D'immenses bâtiments déserts, au milieu d'un très vaste terrain traversé par des voies ferrées désaffectées, rappellent encore aujourd'hui au promeneur initié qu'une entreprise importante de réparation de matériel ferroviaire fut active autrefois à la périphérie est de Marseille et y a écrit une page d'histoire sociale. Tous les vieux des environs savent vous indiquer votre chemin si vous cherchez cet établissement pourtant abandonné depuis près d'un demi-siècle. Aucune inscription, aucune plaque ne signale qu'ici se tenaient les ADN mais on ne peut s'y tromper : pour atteindre l'entrée des vestiges de l'usine, il suffit d'emprunter le boulevard des Aciéries.

Deuxième partie

LA LOGIQUE DE L'ARYANISATION

XII

La « préférence aryenne » aux Galeries Lafayette

Théorie et pratique des mesures économiques antijuives

Le 21 décembre 1942, Henri C., un fonctionnaire du ministère de la Production industrielle, de rang assez élevé puisqu'il est directeur de l'Organisation professionnelle, écrit une lettre au comité d'organisation du commerce. Il veut inciter ce dernier, soucieux de concentration du secteur, à ne pas hésiter à liquider les entreprises juives* en priorité quand une zone paraît suréquipée en magasins. Pour bien se faire comprendre, il explique au destinataire de son courrier que même si un commerce juif, par exemple une chemiserie, est en meilleure posture économique que ses concurrents aryens, soit d'autres chemiseries du voisinage, c'est bien lui qui est inutile et doit disparaître car s'il « pourrait rendre des services plus appréciables [...], sa situation [d'entreprise juive] lui enlève tout intérêt économique [...] dans une période d'allégement du système de distribution ». En clair, et en caricaturant à peine, la logique de l'aryanisation, cette entreprise de suppression de l'« influence juive » dans l'économie française menée conjointement par les Allemands et Vichy, doit l'emporter sur la logique habituelle de la vie des affaires, fût-ce au détriment de la santé économique du pays. Il vaut mieux sacrifier une entreprise performante mais juive qu'un de ses concurrents moins efficace mais aryen : le contraire même, en temps normal, d'une « politique industrielle » rationnelle ! L'auteur de cette

* Nous écrivons ici, comme nous le ferons dans la suite du chapitre, *entreprise juive* sans utiliser les guillemets — ainsi qu'il était d'ailleurs d'usage dans tous les textes de l'époque. Nous n'utiliserons pas davantage, toujours pour la commodité de l'exposé et pour ne pas alourdir le texte, de guillemets, même quand — cas évidemment très fréquent — cela pourrait sembler s'imposer, pour les mots Juif, Israélite, aryen ou aryanisation, qu'ils soient employés seuls ou au sein d'une expression, comme nom ou comme adjectif. Enfin, sachant là encore qu'il en était ainsi au début des années quarante, nous ne nous sommes pas interdit, contrairement à l'usage dominant aujourd'hui, d'employer pour éviter des répétitions le mot Israélite comme synonyme de Juif. On n'emploie plus guère, en effet, le premier mot, souvent « marqué » comme renvoyant à une époque où l'on disait volontiers Israélite pour ne pas avoir à dire Juif, connoté péjorativement.

note très représentative de la politique pétainiste vis-à-vis des Juifs a été retrouvé quarante ans plus tard par l'historien Henry Rousso, qui a rapporté ainsi le résultat de cette rencontre : « [Henri C.] m'a déclaré, visiblement de bonne foi, qu'il ne se souvenait même pas de la signification du terme "aryanisation". Fonctionnaire consciencieux en des temps difficiles, il n'a jamais porté de jugement sur les actes commis en application de lois dont il n'était pas responsable[1]. »

Fin 1942, au moment même où Henri C. conseillait à ceux qui exerçaient la tutelle du secteur de la distribution de tirer sans état d'âme, et sans attendre, toutes les conséquences potentielles de la législation sur l'aryanisation, bien des propriétaires de magasins du type de ceux qui avaient perdu à ses yeux « tout intérêt économique » auraient eu du mal à considérer sa prose comme une simple note « technique ». Les commerçants qui exerçaient habituellement leur activité en zone occupée avaient compris depuis longtemps leur « inutilité » : tous les magasins considérés comme juifs étaient déjà passibles, et victimes, depuis plus de deux ans de mesures d'aryanisation et leurs gérants, sauf exception, avaient quitté leur profession. Adolphe Weisbuch, par exemple, qui travaillait encore l'année précédente à Paris, boulevard Raspail, dans le petit commerce de fourrures qu'il avait créé en 1935, avait décidé en décembre 1941 de baisser définitivement le rideau[2]. Doté d'un administrateur provisoire après avoir été obligé d'apposer une affiche jaune avec l'inscription « entreprise juive » en français et en allemand (« Jüdische Geschäft ») sur sa devanture, pouvant s'imaginer surveillé depuis qu'une voisine zélée l'avait dénoncé dès le début de la guerre en 1939 car elle le soupçonnait de travailler au noir[3], privé de certains fournisseurs qui, juifs comme lui, avaient dû cesser leur négoce, rançonné peu de temps auparavant par un individu qui lui avait déclaré qu'il ne pourrait échapper à l'arrestation qu'en lui versant une forte somme, il avait alors sagement conclu qu'il devenait presque impossible et en tout cas très imprudent de rester ouvert. Il vivait désormais dans une clandestinité totale. Sa femme, qui l'aidait auparavant dans son commerce, avait dû, pour trouver de quoi survivre, aller travailler discrètement chez un ami artisan, avant de quitter la capitale, munie de faux papiers, pour se réfugier en province, dans la Creuse, où elle séjournera dans des conditions très difficiles jusqu'à la Libération. À la suite d'une tentative ratée de passage de la ligne de démarcation juste après la fermeture du magasin, un échec qui lui avait valu quinze jours d'arrestation, M. Weisbuch avait été condamné pour sa part à errer de cache en cache, chez des relations dans la région parisienne puis en Auvergne, pour éviter d'être envoyé dans un camp de concentration par les autorités françaises désormais à sa recherche. Pour lui et sa famille, la note de décembre 1942, s'ils en avaient eu connaissance, n'aurait évidemment pas été banale. Elle leur aurait paru refléter non pas une simple préoccupation administrative mais toute une politique à l'origine de leur situation dramatique. Elle leur serait apparue surtout déri soire, sans doute, un an après leur décision de pratiquer, faute d'alternative, une sorte d'« autoconcentration » en forme de suicide commercial. Et cela dans une branche, la fourrure, où « l'allégement du système de distribution » qui préoccupait Henri C. ne dut pas être superficiel : le Commissariat général aux affaires juives créé par Vichy évaluera bientôt à 80 ou 90 % — chiffre peut-être exagéré mais non fantaisiste — la proportion de cette activité contrôlée avant guerre par des Juifs.

Les collègues commerçants de M. Weisbuch dans l'ex-zone libre, touchés depuis moins longtemps par les mesures d'aryanisation, auraient sans doute supporté plus mal encore le contenu du texte d'apparence « technique » d'Henri C. si on le leur avait montré. Car ils étaient alors assez nombreux à être restés en activité ou à avoir conservé en tout cas jusque-là la propriété de leur magasin. Ils auraient donc pu se sentir immédiatement concernés par une telle directive visant à condamner à jamais leur entreprise et par là même leur habituel moyen d'existence. Peut-être auraient-ils même considéré qu'il s'agissait là d'acharnement contre eux. Surtout à un moment où, pour les « rescapés », il n'y avait déjà plus beaucoup d'espoir d'échapper à court ou moyen terme au risque de l'expropriation forcée en vertu de l'application mécanique des lois antisémites et où il ne paraissait vraiment pas utile que des encouragements supplémentaires dans ce sens soient prodigués aux organismes chargés de promouvoir une politique de concentration.

Aujourd'hui, on est frappé par la totale indifférence que semble avoir manifesté Henri C. face aux éventuelles conséquences de sa recommandation « technique ». Ne lui aurait-il pas été facile, dès cette époque, de les imaginer dramatiques, même sans être particulièrement informé, pour des hommes et des femmes déjà persécutés ? Encourager fin 1942 à priver immédiatement et pour toujours des commerçants juifs de leur outil de travail, donc de toute perspective d'avenir, n'est pas anodin, même si tout indique alors qu'ils ne sont au mieux qu'en sursis, d'un point de vue professionnel, du fait de la législation antisémite tant allemande que française. Pour qui jette un œil sur les archives du temps de l'Occupation, poser la question en ces termes relève pourtant, c'est évident, de l'anachronisme. Car, aussi étonnant que cela puisse paraître pour l'observateur des années quatre-vingt-dix, le comportement d'Henri C. fut tout simplement banal, équivalent à celui de la quasi-totalité des hommes qui ont eu à administrer du bas en haut de l'échelle l'aryanisation de l'économie française entre 1940 et 1944. Personne, ou presque, n'a semble-t-il jugé alors utile parmi les serviteurs de l'État de faire une distinction entre le légal et le légitime et tous ont appliqué les mesures économiques antijuives sans faiblesse et sans émotion repérable. Cela même quand aucun présupposé idéologique patent — pronazi ou antisémite — ne venait biaiser *a priori* les comportements. On peut certes accumuler les témoignages de Juifs dont le travail ou le patrimoine étaient menacés et qui ont trouvé de l'aide. Mais il s'agissait surtout d'initiatives individuelles, le fait d'amis ou de relations professionnelles. Cette déconnexion entre l'« administratif » et le « vécu » a parfois atteint un point extrême : on a vu par exemple le premier ministre des Affaires étrangères de Pétain, Paul Baudoin, à la fois signer en 1940, ès fonctions, toutes les premières mesures, y compris celles de nature professionnelle, contre les Juifs et peu après, alors qu'il était redevenu le patron de la Banque de l'Indochine, proposer généreusement d'aider certains dirigeants d'entreprise persécutés, comme l'armateur Pierre-Louis Dreyfus ou le distributeur Théophile Bader, afin de leur permettre d'échapper... aux effets directs ou indirects des mesures antisémites[4].

Du côté des victimes, il y eut, de toute évidence, un rapport de cause à effet immédiat entre les conséquences de l'aryanisation économique et le destin individuel de chacun, et cela aussi bien quand il s'agissait d'une petite affaire familiale que d'un groupe important. En intitulant ses mémoires *Galeries Lafayette — Buchenwald — Galeries Lafayette*, Max Heilbronn, l'un des deux principaux dirigeants du célèbre grand magasin parisien à cette époque, l'a fort bien exprimé symboliquement[5]. L'aryanisation de son entreprise, que nous allons conter en détail dans ce chapitre pour tenter d'illustrer par un exemple concret les conséquences potentielles pour un patron et sa société de la politique économique antijuive menée sous l'Occupation, ne fut pourtant pas, malgré tous ses avatars, l'une des plus brutales ou des plus dramatiques auxquelles on ait pu assister.

525 000 actions traversent tout à coup la rue La Fayette...

À l'orée de l'été 1940, les Galeries Lafayette, numéro trois dans le classement des grands magasins parisiens, derrière la Samaritaine et le Printemps, sont le fleuron d'un groupe qui vient de retrouver un certain souffle après des temps difficiles[6]. La crise économique s'est traduite pendant la majeure partie des années trente par une baisse de la consommation et les événements de 1936 ont eux aussi affecté un temps l'exploitation de cette affaire qui, partant de zéro, s'était développée très rapidement, pendant le premier tiers du siècle, sous la férule de Théophile Bader. Les résultats de l'année 1939 — un bénéfice déclaré de 3,69 millions de francs pour le groupe, un chiffre d'affaires de 588 millions de francs pour le magasin du boulevard Haussmann — sont d'ailleurs meilleurs que ceux de l'année précédente — respectivement une perte de 4,6 millions, la première depuis les débuts de l'activité, et un chiffre d'affaires de 583 millions. Et la confirmation de ce redressement des comptes est en cours : en 1940, les bénéfices dépasseront quatre millions malgré un net recul des ventes (452 millions pour l'enseigne des Grands Boulevards). Le talon d'Achille du groupe reste cependant sa fragilité financière, due en grande partie au soutien qu'il accorde à la chaîne de magasins Monoprix, fondée au tout début des années trente en son nom propre par Théophile Bader et dont la rentabilité laisse encore à désirer, malgré la multiplication des ouvertures et un essor jamais démenti des ventes (près de 350 millions de francs de chiffre d'affaires à la fin des années trente). La situation, pourtant, n'est pas du tout inquiétante. L'appui du Crédit commercial de France, qui a accompagné presque dès l'origine le cheminement des Galeries Lafayette et a financé ses investissements et ceux de ses dirigeants, paraît inébranlable. Il est fondé à la fois sur une confiance mutuelle en matière de gestion et sur des liens personnels anciens entre les animateurs « historiques » du groupe de distribution et de l'établissement de crédit. Théophile Bader a rencontré pendant longtemps presque tous les matins vers huit heures, avant l'ouverture, le patron du CCF, le financier suisse M. Rossier, son ami, confident et conseiller autant que son banquier. L'un a son bureau au carrefour du boulevard Haussmann et de la rue La Fayette, l'autre dans cette dernière artère, sur l'autre trottoir.

Depuis qu'il a subi en 1935 une sérieuse attaque cérébrale, le créateur des Galeries Lafayette, tout en restant président du conseil d'administration, a réduit considérablement ses activités et confié la direction effective de la maison à ses deux gendres, Raoul Meyer et Max Heilbronn[7]. Les liens avec le CCF ne se sont pas distendus pour autant, on l'a dit, et la banque est représentée au conseil de la société à la fin des années trente par l'un de ses directeurs, M. Henri Gunthert. Lors de la déclaration de guerre, les Galeries et les Monoprix perdent tout à coup leur direction générale après la mobilisation successive des deux gestionnaires du groupe familial. Cette vacance du pouvoir inquiète le baron Davillier, devenu président du CCF en 1938, qui insiste pour que Raoul Meyer, plus spécialement en charge du magasin du boulevard Haussmann, se fasse démobiliser et rejoigne son bureau en février 1940. Celui-ci remplira ses fonctions jusqu'à la débâcle du mois de juin, où il quitte Paris, laissant la responsabilité de l'entreprise à un vieux et fidèle collaborateur qui a moins à craindre des Allemands, Gérome Lemaréchal, l'un des rares parmi les principaux dirigeants sans lien de parenté avec la famille du fondateur. Il se réfugie avec sa femme ainsi que le couple Bader, accompagné d'une infirmière, à Nantes. Il rejoindra ensuite Max Heilbronn, fraîchement démobilisé, à Lyon début août. Peu après, il réussit à regagner Paris, où Théophile Bader est également revenu, pour reprendre son poste aux Galeries. Même si ce retour a été décidé par un homme réaliste « sans grande illusion sur l'avenir »[8], il est inéluctable car on ne peut envisager de délocaliser tout à coup en zone libre les murs et la gestion d'un grand magasin. Son beau-frère et alter ego professionnel, principal animateur de la chaîne des Monoprix, auteur malheureux de deux tentatives ratées de passage de la ligne de démarcation, ne retrouvera la capitale qu'à l'automne. À ce moment-là, le destin de l'entreprise est déjà, depuis plusieurs semaines, en train de se jouer.

Dès le début de l'automne 1940, en effet, à peine trois mois après l'armistice, on a vu apparaître les premières mesures allemandes et françaises spécifiquement antijuives, qui sont venues confirmer les craintes des Israélites les plus lucides. Jusque-là on ne s'était attaqué dans l'hexagone qu'aux étrangers et aux réfugiés sans faire de distinction particulière, même si ces derniers étaient souvent juifs et si l'amalgame Juif-étranger était devenu de plus en plus courant depuis la fin des années trente[9]. Mais le 27 septembre, une ordonnance allemande a donné une définition des Juifs, imposé leur inscription auprès des autorités, interdit à ceux qui ont fui la zone occupée d'y retourner et décidé que tout commerce possédé ou exploité par un Israélite devra apposer l'« affiche jaune ». Et le 3 octobre, inaugurant sa propre politique antisémite, immédiatement très radicale, Vichy a promulgué le premier statut des Juifs. Il pourra s'appliquer à ceux qui ont deux grands-parents juifs — ce qui est plus sévère que la réglementation allemande, où on parle de trois grands-parents — et il prévoit notamment des interdictions professionnelles ou des « numerus clausus » dans les secteurs touchant à la vie publique ou à la culture (fonction publique, presse, cinéma...). Il ne faudra guère attendre pour que soit publiée, le 18 octobre, à l'initiative des Allemands, la première série de textes antijuifs de nature essentiellement économique. Ce jour-là, en effet, une nouvelle ordonnance enclenche le processus de l'aryanisation des sociétés en zone occupée en imposant les mesures nécessaires à son application. Elle précise d'abord — comment atteindre la cible si on ne sait pas la reconnaître ? — ce qu'est une entreprise juive. Seront considérées comme telles toutes les affaires dont le propriétaire est juif, bien sûr, mais aussi celles dont le gérant ou un tiers des associés ou un tiers du capital sont juifs dans le cas d'une SARL, dont le président du conseil d'administration ou un administrateur délégué ou un tiers des membres du conseil sont juifs dans le cas d'une société anonyme, dont un associé est juif dans le cas d'une société en nom collectif. Pour que cette définition n'apparaisse en aucun cas comme restrictive, on ajoute, ce qui exclut toute échappatoire, qu'il suffit que « l'influence juive y soit prépondérante » pour que n'importe quelle société appartienne à la catégorie visée. Légèrement moins stricte que son homologue en vigueur dans le Reich depuis juin 1938, selon laquelle un quart du capital ou un seul membre du conseil israélites suffisent à « marquer » une société, cette réglementation ne cache pas son objectif d'exclusion des Juifs de l'économie. Ordonnant aux entreprises ainsi sélectionnées de se déclarer dans les quinze jours aux autorités (préfecture de police de Paris ou sous-préfectures compétentes), elle prévoit surtout « la possibilité » — on comprendra tout de suite qu'il faut lire : la décision — de nommer à leur tête des commissaires-gérants — les Français parleront d'administrateurs provisoires. Ceux-ci, dotés juridiquement de tous les pouvoirs usuellement dévolus au patron, deviennent les responsables légaux de la gestion de la société dont ils ont à s'occuper en attendant qu'on statue sur son sort. Aucune décision de quelque importance ne peut plus théoriquement être prise sans leur accord. C'est une véritable mise sous tutelle.

Le régime de Vichy a construit rapidement une législation antijuive assez complète dans une sorte de jeu de va-et-vient avec les Allemands, chaque avancée réglementaire des seconds en provoquant une du premier qui, s'il reste parfois en deçà au niveau des textes, va souvent aussi au-delà. Mais il a manifestement adopté au début de l'Occupation, au niveau des textes, un profil bas en matière d'antisémitisme économique. Sans doute freiné par un fort attachement traditionnel du pays au droit de propriété et par la crainte que des mesures d'aryanisation des entreprises ne permettent insidieusement la capture d'actifs par les Allemands, qui ont déjà démontré leur avidité en commençant à piller l'économie du pays vaincu, le gouvernement français n'a pris quasiment aucune initiative légale directe à ce sujet avant la mi-1941. Cette « exception économique » dans la précoce ardeur antisémite de Vichy, qui a permis à la zone libre d'échapper un temps aux mesures d'élimination de l'« influence juive » dans la vie des affaires, ne doit cependant pas trop faire illusion — et les premiers intéressés s'en sont vite rendu compte.

Si on affiche alors à Vichy la ferme intention de surveiller l'activisme antijuif allemand contre les entreprises, c'est, on l'a dit, moins pour protéger d'éventuelles victimes de la perte du contrôle de leurs affaires que pour préserver des éléments du patrimoine français en évitant leur saisie immédiate ou à terme par des intérêts d'outre-Rhin. L'administration nationale s'est donc vue assigner ce louable objectif patriotique et, pour l'atteindre, il lui a été demandé... de se mettre au service des occupants. Le général de La Laurencie, délégué général du gouvernement au nord de la ligne de démarcation à l'automne 1940, écrit ainsi par trois fois, à partir de la fin octobre, aux préfets de la zone occupée pour leur expliquer comment appliquer l'ordonnance du 18 octobre [10]. Il réclame ouvertement, pour le recensement des entreprises aussi bien que pour la nomination d'administrateurs provisoires, qu'on fasse du zèle. Concrètement, on demande aux représentants de l'État français de ne pas se contenter des inscriptions spontanées de sociétés mais de stimuler les récalcitrants en évoquant des sanctions appropriées. Et on leur enjoint — vis-à-vis des Juifs, même dans le seul domaine de l'économie, cela deviendra vite une habitude si l'on en juge par le contenu des archives des services administratifs concernés — de fournir des listes. Quelles sont, sur le territoire où s'exerce ce qui leur reste d'autorité, les entreprises essentielles pour l'économie française et dont le sort mérite d'être suivi avec attention ? les entreprises « soumises à une influence juive particulièrement forte » ? les personnalités de la région auxquelles on peut envisager de confier des postes d'administrateur provisoire ? Vichy, comme toujours préoccupé avant tout de consolider son semblant de souveraineté, a en effet rapidement réussi à obtenir des Allemands, ravis de se voir offrir ce concours, que, même si leur nomination reste soumise à leur agrément, les candidats à la fonction d'administrateur de sociétés ou de biens juifs soient proposés par les Français et rendent des comptes à un organisme national, le SCAP (Service de contrôle des administrateurs provisoires). Celui-ci a été créé dès novembre 1940 par le ministère de la Production industrielle avec à sa tête un prestigieux haut fonctionnaire, ancien gouverneur de la Banque de France et président du conseil d'administration de la SNCF, Pierre-Eugène Fournier, lequel a déjà acquis une connaissance « de terrain » de ses nouvelles activités en étant nommé administrateur provisoire de la Compagnie des chemins de fer du Nord dès octobre 1940. Il n'est cependant pas encore question, au moins ouvertement, d'une quelconque spoliation, ni immédiate ni future, et on fait savoir aux préfets — c'est en partie l'objet de la deuxième circulaire du général de La Laurencie — qu'il ne saurait être envisagé de liquider les entreprises juives, les Allemands, avec leurs ordonnances, ayant pour but « seulement de priver les Israélites de leur influence économique ». On verra que ces scrupules, déjà surestimés à cette époque par les Français en ce qui concerne les occupants, qui ont en effet montré clairement outre-Rhin depuis fin 1938 qu'ils ne se contentent pas de demi-mesures en matière d'aryanisation et qui n'ont aucune intention d'agir différemment dans l'hexagone, s'évanouiront assez rapidement même du côté de Vichy.

Les Galeries Lafayette sont visées on ne peut plus directement par les textes de l'automne 1940, et en particulier par la deuxième ordonnance allemande, celle du 18 octobre. Le président, la quasi-totalité des dirigeants et des administrateurs de la société anonyme et une très large fraction de son capital sont juifs. L'entreprise ne répond donc pas à l'une ou l'autre des conditions qui pourraient suffire à la faire considérer comme juive mais à toutes à la fois. On ne manifeste très probablement aucune surprise boulevard Haussmann devant l'apparition des mesures d'aryanisation. L'encre qui a servi à signer les textes antijuifs allemands et français n'est pas encore sèche, en effet, que l'entreprise peut être d'ores et déjà être présentée... comme aryenne. Façon de dire qu'on n'a pas seulement réagi très vite à l'évolution de la situation mais qu'on l'a très largement anticipée. Sur tous les points. Huit membres du conseil d'administration, soit tous excepté Henri Gunthert, étaient juifs au début de 1940. L'un d'entre eux, Elie Mosseri, par ailleurs directeur général, décédé au cours de l'année, a été remplacé dans ses diverses fonctions au moins d'août par Gérome Lemaréchal, qui n'est pas juif. Quatre autres administrateurs, MM. Bernheim, Bloch et Lehmann, tous directeurs actifs au sein du groupe, ainsi que M. Lévy, directeur général, ont démissionné avant même la fin de l'été 1940, le 7 septembre. Les seuls Juifs restés alors en place, autour de la table du conseil, sont les deux membres les plus proches de la famille de Théophile

Bader — car il existait aussi des liens de parenté avec les démissionnaires — ainsi que ce dernier. Pour peu de temps. Le 16 octobre, en effet, Max Heilbronn et Raoul Meyer abandonnent leur siège au conseil tandis que leur beau-père en quitte la présidence. Et le même jour, soit quarante-huit heures avant la promulgation de l'ordonnance allemande dont on veut manifestement prévenir les effets, une importante opération sur les titres de la société a pour but de transférer dans des mains aryennes les principaux intérêts détenus par des Juifs dans les Galeries Lafayette.

Le capital de la S.A. contrôlant les Galeries comprenait deux millions d'actions, émises à cent francs. La famille Bader, à travers le fondateur et ses deux gendres, n'en possédait nominativement que 525 000. Ce gros quart du total suffisait cependant largement à constituer un bloc de contrôle de la société. Il s'agissait du seul paquet significatif de parts du capital concentré en une seule main ; et, de surcroît, le nombre des titres représentés lors des assemblées générales n'excédait jamais 700 000, en raison de leur dispersion. Le 16 octobre, les trois quarts de ce bloc, 400 000 titres, sont vendus au vieux partenaire de l'entreprise, le très aryen Crédit commercial de France, le solde, soit 125 000 titres, suivant le même chemin un peu plus tard, en décembre. La transaction est effectuée au prix de vingt-cinq francs par action, chiffre voisin du dernier cours coté, qui est encore très déprimé après les difficultés des années trente — c'est le quart seulement du nominal — mais déjà en voie de redressement — il était tombé à moins de vingt francs en 1939 et au début de 1940. Cette acquisition permettra bientôt à ses bénéficiaires de faire coup double, grâce à la prise de contrôle par les Galeries, le 18 octobre, pour vingt-six millions de francs, des magasins Monoprix, jusque-là théoriquement indépendants et menacés eux aussi par les mesures antijuives. La banque de MM. Rossier et Davillier devient donc de fait « propriétaire » de l'ensemble du groupe de distribution, ce qu'elle signifie clairement en faisant nommer rapidement au conseil d'administration puis à la présidence l'un de ses directeurs, M. Gallay. Le choix de ce responsable est certainement fonctionnel, puisqu'il s'agit du directeur de l'agence du CCF de la rue La Fayette qui gère le compte des Galeries, mais n'est pas le moins judicieux pour un cas d'aryanisation : si l'on en croit Max Heilbronn, le nouveau patron de l'affaire est un « très brave homme, mais maréchaliste et antigaulliste à 100 % » [11].

Les mouvements de personnes au sein du conseil d'administration ainsi que le déplacement d'un côté à l'autre de la rue La Fayette, du grand magasin vers la banque, du bloc de 525 000 actions ont incontestablement pour objet, dans l'esprit des animateurs des Galeries, de réaliser préventivement l'aryanisation de l'entreprise conformément à la réglementation en voie d'être adoptée pour neutraliser ses conséquences probables à court terme — la mise sous tutelle en particulier — et à plus long terme — une éventuelle spoliation. On n'ignore pas, boulevard Haussmann, ce qui s'est passé outre-Rhin et que l'on s'attend à voir transposé en zone occupée. Et on a été prévoyant. Mais pas autant que les Allemands. L'ordonnance du 18 octobre, dans son article 2, ouvertement rétroactif, stipulera en effet que toutes les opérations juridiques réalisées par des entreprises juives après le 23 mai 1940 — date volontairement précoce supposée marquer le début de l'Occupation du territoire français — pourront être annulées. Toutes les décisions tendant à aryaniser une société prises depuis ce jour-là, à l'instar de celles postérieures au 18 octobre, ne seront d'ailleurs réputées définitives qu'après leur homologation par les autorités allemandes. Ces dernières, en se donnant le droit et le temps de réaliser des enquêtes, veulent éviter tout risque d'arrangement occulte préalable destiné, sous couvert d'aryanisation, à protéger au sein d'une entreprise les intérêts ou l'« influence » — autrement dit le pouvoir — des Juifs. Ce souci, qui est on le voit immédiat, de vérifier la sincérité des aryanisations implique donc de ne pas considérer comme valables les opérations qui n'ont pas été certifiées sans malice et conformes aux textes... même quand elles ont été réalisées avant l'apparition de ces textes. Il se traduit en pratique par l'application, pendant un temps plus ou moins long, du « droit commun » antijuif aux entreprises déjà aryanisées ou en cours d'aryanisation.

Les vitrines du boulevard Haussmann, ainsi, n'échapperont pas, à l'automne 1940, à l'affiche jaune portant en noir l'inscription « Jüdische Geschäft-Entreprise juive ». Ni la société à la nomination d'un administrateur provisoire — en principe signalée au public quand il s'agit d'un commerce, mais on ne sait si ce fut le cas aux Galeries, par un changement de couleur de l'affiche, virant du jaune au rouge. Le poste échoit, sans qu'apparemment il ait été candidat, à un confrère du secteur de la distribution, M. Pothier, un des directeurs des Trois Quartiers. Celui-ci, que connaissaient les animateurs des Galeries, ne sera sans doute ni très actif ni très désireux de poursuivre cette mission puisqu'il sera rapidement remplacé par un autre « commissaire aux affaires juives », selon la terminologie approximative utilisée dans ses mémoires par Max Heilbronn. Son successeur sera M. Defontaine, responsable du Groupement d'études des grands magasins. À en juger par un rapport qu'il adresse fin janvier 1941 au SCAP à M. Fournier et dont il envoie copie début février au principal responsable allemand des affaires économiques, le Dr Michel, pour rendre compte, à sa demande, de la situation, le nouveau venu remplira tout de suite sa fonction très professionnellement [12]. Il expose ainsi comment non seulement le conseil et le capital du groupe mais aussi le personnel, grâce aux décisions prises, ont été aryanisés. Au niveau de la direction, il évoque l'abandon de leurs fonctions, évidemment forcé, par les deux administrateurs délégués, les deux véritables patrons jusque-là, Max Heilbronn et Raoul Meyer ; et par Robert Lévy, seul directeur général juif encore en fonction, qui a été prié de démissionner début décembre. Quant aux cinq autres Juifs ayant encore rang de directeur, Maurice Bloch, Gaston Lehmann et trois responsables des achats, Marcel Lévy, Henri Edinger et Jacques Meyer, l'administrateur provisoire indique sans ambages dans son rapport : « Nous mettons fin aujourd'hui même à leurs fonctions par lettre recommandée. » Les chefs ou sous-chefs de service ou de rayon et les simples employés, dont l'« influence » sur la marche de l'entreprise ne risque pourtant pas d'être déterminante même aux yeux de champions de l'aryanisation, seront à peine mieux traités. Sur un effectif total de 5 039 personnes, les Galeries n'emploient alors que « 129 israélites, soit environ 2 1/2 % », les cadres, comme on ne disait pas encore à l'époque, étant au nombre de 468 « dont 38 israélites ». Or « dès aujourd'hui, poursuit M. Defontaine, des lettres de licenciement ont été adressées à 22 de ces chefs ou sous-chefs » et « pour les autres [cadres] je prends des dispositions en vue de pourvoir à leur remplacement dès que possible ». Et « dans le personnel subalterne », même si « la proportion d'israélites est extrêmement faible [...], cependant 24 israélites ont reçu leur lettre de licenciement ». Apparemment décidé à réaliser consciencieusement sa mission tout en restant pragmatique, l'auteur du rapport insiste avant de terminer « pour conserver provisoirement en qualité de conseillers techniques n'ayant pas fonction de direction » MM. Raoul Meyer, pour les Galeries Lafayette, Max Heilbronn, pour les Monoprix, et G. Bernheim, pour la Société parisienne de confection, filiale qui fournit les magasins du groupe, car « ces trois personnes sont actuellement indispensables pour éviter la désorganisation de l'affaire par une transition trop brusque ». Il est probable que le responsable du SCAP, sans qu'on sache s'il a alors subi des pressions allemandes dont on n'a pas trace, n'en jugera pas ainsi puisque, avant même que le double du rapport ne soit parvenu à son destinataire du Majestic, l'« indispensable » Raoul Meyer était « remercié » tout comme, quelques semaines plus tard, les deux derniers « conseillers techniques ».

Rien d'étonnant en fait dans cette issue radicale. Les Français, en fournissant l'appui logistique de leur administration, appliquent, on l'a dit, la législation économique antijuive conçue par les Allemands. Il s'agit, affirment-ils, de « franciser » *de facto* cette réglementation pour préserver autant que possible le patrimoine et la souveraineté de la nation. Ce « calcul » était-il dénué d'arrière-pensées moins patriotiques ? Il s'avérera en tout cas illusoire, et l'exemple des Galeries le démontrera parmi d'autres. Il ne pouvait qu'amener surtout, par voie de conséquence directe, à épouser et à mettre en œuvre en toutes circonstances, sauf exception, une doctrine, celle des autorités d'Occupation, dépourvue d'ambiguïté et ne poussant pas à la modération. Car même à n'en juger que par les déclarations publiques des responsables, la conception allemande de l'aryanisation est tout de suite extrême. Début janvier 1941, après moins de trois mois d'application de l'ordonnance du 18 octobre, le Dr Blanke, l'adjoint du Dr Michel particulièrement chargé du dossier de l'aryanisation, déclare ainsi dans une conférence de presse qu'en matière de « politique raciale » — l'expression est bien entendu de lui —, « les solutions chirurgicales [...] sont les plus applicables. C'est pourquoi nous n'avons accepté [en matière d'aryanisation] ni exceptions individuelles, ni prolongations, ni délais qui eussent eu, en fin de compte, des répercussions plus douloureuses pour l'ensemble des intéressés [...]. Notre but est d'éliminer dans le délai le plus court possible et d'une manière définitive les Juifs de l'économie française »[13]. Ce but est si clair que, comme le prouve l'histoire des Galeries, on va tout de suite au-delà de ce qu'exigent les textes légaux. Le personnel juif n'appartenant pas à la direction, qui n'était pas visé explicitement par l'ordonnance du 18 octobre prévoyant de mettre sous administration provisoire les entreprises israélites recensées, sera en fait le plus souvent rapidement congédié lui aussi, comme le « conseillaient » d'ailleurs les Allemands dans une note aux commissaires-gérants du 12 novembre. Celle-ci stipulait que « les employés juifs devront être licenciés dès que la bonne marche de l'entreprise pourra être assurée ».

Dans un grand magasin comme celui du boulevard Haussmann, en se conformant à cette directive officieuse, on ne faisait qu'anticiper de peu une ordonnance allemande du début du printemps 1941 qui, après avoir énoncé toute une série d'interdictions professionnelles avec en tête de la liste « le commerce de gros et de détail », imposera notamment le licenciement sous un mois et sans aucune indemnité des « employés [israélites] en contact avec le public »*. Il s'agit alors autant de continuer à réduire « l'influence juive » que d'entamer un processus de « purification » ethnico-professionnelle. On va déjà très au-delà de l'objectif affiché en octobre 1940 en matière économique. Le SCAP, très indirectement il est vrai, a sans doute joué un rôle pour aider les occupants à justifier ces interdictions professionnelles du mois d'avril. Le Dr Blanke annonce en effet dès le début de février 1941, dans une lettre

* Cette ordonnance émise par les autorités d'occupation le 26 avril 1941 stipulait que les Juifs ne pouvaient être ni « employés supérieurs » (soit les employés qui ont la signature... ou ceux qui sont qualifiés comme tels par les autorités d'occupation ou les autorités françaises) ni « employés en contact avec le public ». Ce texte énumérait par ailleurs une liste de branches interdites aux Juifs, qui étaient, par ordre d'apparition dans le texte, les suivantes : commerce de gros et de détail, hôtellerie, assurances, navigation, expéditions et entrepôts, agences de voyages et guides, entreprises de transport, banques et bureaux de change, entreprises de prêts sur gages, agences de renseignement et d'encaissements, entreprises de surveillance, exploitation d'appareils automatiques, agences de publicité, entreprises de transactions sur appartements, agences de placements et matrimoniales, agents, courtiers, représentants et voyageurs de commerce. Une indication à la fois sur la volonté des Allemands d'isoler les Juifs en leur interdisant les professions pouvant impliquer un contact avec le public et sur l'étendue et le contenu du mythe de la toute-puissance juive dans certains secteurs, comme celui de la banque. Cette liste a été notamment composée, en effet, dans le but de détruire cette prétendue toute-puissance. Cette manifestation de l'imaginaire antisémite ne s'avéra pas spécifiquement allemande, comme on peut s'y attendre, puisque les Français choisiront une liste très semblable — malgré l'absence d'une interdiction générale du commerce — lorsqu'ils imposeront à leur tour, surtout avec la loi du 17 novembre 1941, des interdictions professionnelles visant de nombreux secteurs économiques en sus des cas déjà mentionnés dans le premier (3 octobre 1940) et le second (2 juin 1941) statut des Juifs.

au ministère de la Production industrielle, l'intention du Majestic de prendre de telles mesures afin de remédier à « l'injustice de la situation actuelle » signalée par le Service français du contrôle des administrateurs provisoires et « selon laquelle les entreprises juives [...] doivent congédier leurs employés [israélites] alors que les entreprises françaises peuvent continuer à employer les Juifs ». Cette difficulté, laisse-t-il entendre, « sera éliminée par l'interdiction de l'exercice de la profession [pour tous les Juifs] »[14]. À cette date aux Galeries Lafayette, il ne doit pas rester, de toute façon, beaucoup de personnes susceptibles de songer à cette « injustice », puisque, si l'on se fie aux statistiques et aux intentions de M. Defontaine évoquées dans son rapport de fin janvier, la grande majorité des employés juifs ont alors perdu leur emploi.

« *Là encore, c'est un trafic* »

On pourrait croire que, début 1941, l'opération d'aryanisation des Galeries est entièrement terminée, du moins évidemment en attendant, à un horizon encore des plus incertains, la fin de la guerre et ses conséquences encore impossibles à deviner. Non seulement le capital, en raison de l'accord entre les anciens propriétaires et le CCF, mais aussi le personnel, en raison de l'application des instructions allemandes, ne peuvent plus donner prise théoriquement aux mesures antijuives. En réalité, ce qu'on appellera après guerre l'« affaire » des Galeries Lafayette n'en est qu'à son premier acte et, dans l'esprit des Allemands et de Vichy, ne fait que commencer. Avec des acteurs qui ne seront plus tout à fait les mêmes.

Certains quittent la scène. Peu après leur renvoi de ce qui avait été, au sens le plus fort du terme, leur entreprise, le fondateur et ses gendres prennent du champ. Théophile Bader, à la santé de plus en plus chancelante, à demi paralysé, ne peut plus voyager. Il restera dans la capitale, où il continue — un créateur ne saurait renoncer ! — à échafauder des projets commerciaux, évidemment totalement irréalistes à un moment pareil. Il rêve ainsi, comme il le dit à son entourage, de racheter un hôtel particulier du rond-point des Champs-Élysées, celui qui abritera après guerre Dassault, pour créer un jour de futures « Galeries Bader »[15]. Il mourra en mars 1942, sans que l'essentiel de sa famille puisse assister à son enterrement, où l'on ne vit d'ailleurs personne des Galeries. Sans doute n'était-ce pas alors, de l'avis de ses anciens collaborateurs restés sur place dans l'entreprise aryanisée, un endroit où se montrer. Raoul Meyer, pour sa part, partira au bout de quelques mois, au printemps 1941, avec sa famille vers sa propriété d'Antibes. Il réussira, malgré la disparition de la zone libre, à atteindre la Libération, après s'être « planqué » dans le Cantal, sans ennui majeur. Max Heilbronn, qui avait été « mis au courant des méthodes nazies par des réfugiés juifs d'Allemagne », selon ses propres termes, juge également plus prudent de quitter la zone occupée. Il fait un détour par Bordeaux, pour passer la ligne de démarcation dans un endroit jugé sûr, avant de rejoindre Lyon, où il s'établit. Déjà actif dans la Résistance depuis novembre 1940, il poursuit alors, comme nous l'avons expliqué[16], son combat de l'ombre, avant d'être arrêté puis déporté à Buchenwald en 1943. Entre-temps, sa relative notoriété de patron lui a valu de perdre le travail d'ingénieur qu'il avait trouvé dans la capitale rhodanienne — il ne supportait pas l'idée de rester inactif même s'il en avait les moyens — à la suite d'une dénonciation dans l'hebdomadaire *La Gerbe*. Ce journal collaborationniste se disait indigné à l'idée que le génie rural, donc l'État français, puisse employer un Juif bien connu, de surcroît déjà « épuré ». Meyer et, jusqu'à son incarcération, Heilbronn n'auront plus que des contacts épisodiques et indirects avec les Galeries, même s'ils devront encore, on le verra, se préoccuper du sort d'une partie du capital de l'entreprise. Car ce sont d'autres individus, jusqu'alors inconnus, qui, profitant des circonstances, vont désormais réussir à jouer les premiers rôles boulevard Haussmann malgré la position apparemment solide du CCF.

Dès le premier semestre 1941, en effet, il a semblé que l'opération d'aryanisation des Galeries n'irait pas « naturellement » à son terme. À force de se faire attendre, la nécessaire homologation du changement de contrôle du capital par les autorités d'Occupation a fini par apparaître de plus en plus improbable. Même si rien ne prouve que les Allemands ont pu être certains avant la seconde partie de 1941 qu'il existait des raisons « légales » suffisantes pour annuler la transaction entre la famille Bader et le CCF, il est clair que cet accord leur est rapidement devenu suspect — dès le mois de janvier suppose Heilbronn. D'où leur atermoiement. On ne dispose d'aucun témoignage ni de document donnant une idée précise de l'origine ou de la nature des soupçons si vite apparus. Mais il est probable qu'il n'y a, à ce stade, rien de mystérieux à rechercher. Les liens entre les Galeries et le CCF, en particulier ceux, très étroits on l'a vu, entre les familles fondatrices des deux sociétés, ne pouvaient que laisser imaginer à tout observateur à peu près au courant de la vie des affaires une vente « entre amis » pour des raisons de convenance des actions nominatives des Bader, et par là même une aryanisation dont la « sincérité » n'allait pas de soi. Un simple raisonnement de bon sens est donc suffisant pour conduire alors le Majestic, très bien renseigné, à s'interroger sur ce cas. Et encore plus à partir du moment où, comme on va le voir, il pense que des acquéreurs de son choix pourraient être intéressés par une si belle entreprise.

Le bon sens, en l'occurrence, ne trompait pas. Pendant l'été 1940, on ne sait à quelle date précise, Théophile Bader, sans doute accompagné de Raoul Meyer, a rencontré Henri Gunthert, l'homme du CCF chargé des relations avec le fondateur des Galeries, ainsi que le baron Davillier. Les actionnaires qui contrôlent le grand magasin savent alors tout au plus que, chez eux, les Allemands traitent les Juifs en parias et les ont expulsés de leurs affaires. Constatant que le sort des armes a été favorable à la Wehrmacht, ils se disent que la France occupée pourrait bien connaître un jour une situation semblable et ils veulent prendre les devants. Les dirigeants du CCF et leurs fidèles clients se mettent donc d'accord pour organiser un transfert provisoire du bloc de contrôle du capital en faveur de la banque, façon d'éviter tout risque de le voir tomber entre des mains inconnues, sinon hostiles, au cas où l'occupant imposerait une réglementation du type de celle existant dans le Reich et qu'on n'appelle pas encore de ce côté-ci du Rhin l'aryanisation. L'opération, décide-t-on, se fera à un cours faible mais raisonnable, qu'on fixe, on l'a vu, à vingt-cinq francs. Ce prix relativement bas attirera d'autant plus l'attention des connaisseurs, surtout pour une transaction assurant la propriété de fait de la société, que le cours de l'action remontera très vite dès l'automne puis l'hiver suivants. Mais ce choix ne pose guère de problème au moment où on l'arrête puisqu'il est prévu qu'on procédera en fait, sans le dire bien sûr, à une vente à réméré : les actions acquises par l'établissement financier devront être restituées au même prix à leurs anciens détenteurs dès que l'évolution des événements le permettra. En d'autres termes, il s'agit bien d'une sorte de vente fictive et tout, lors du dénouement, devra se solder par une opération blanche, ou presque. Nous disons presque car les Galeries auront évidemment à leur charge tous les frais occasionnés par cet accord et, si l'on en croit les mémoires de Max Heilbronn, le CCF devra être récompensé de l'important service rendu en obtenant, cette fois pour toujours, une part du capital, très minoritaire mais loin d'être négligeable puisque le chiffre avancé est de cent mille titres. Pour garantir la réversibilité de la transaction, une contre-lettre — par référence à la « lettre » stipulant la vente — a été rédigée et signée par les parties. Le nom du bénéficiaire est cependant laissé en blanc, puisqu'on ne sait alors quel membre de la famille sera à même, le jour dit, de récupérer le patrimoine ainsi mis à l'abri. Le précieux document, également par prudence, est confié à une relation sûre de la famille Bader, l'expert-comptable Le Gallec.

On comprend mieux, dès lors, l'apparente prescience des dirigeants des Galeries qui aryanisent le capital de leur entreprise à l'avant-veille de l'ordonnance allemande du 18 octobre : ils sont simplement avisés et prudents et ils n'ont réagi à ce point en phase avec l'évolution de la législation que parce qu'ils s'étaient déjà organisés pour maîtriser la situation depuis quelque temps, dès l'apparition d'un risque avec le début de l'Occupation. Mais ils ne pouvaient connaître à l'avance le contenu d'une future réglementation, et c'est donc juste après avoir conclu l'accord de « fausse aryanisation » qu'ils commenceront à découvrir avec leurs cocontractants, non seulement que la transaction a été trop tardive pour éviter d'avoir à réclamer son homologation et de subir la présence d'un administrateur provisoire, mais aussi quelles sont les graves sanctions encourues par les auteurs de telles opérations s'ils sont découverts. Quand, au premier semestre 1941 semble-t-il, le baron Davillier apprend que les coupables de ventes ou d'achats fictifs de biens juifs risquent, d'après les lois allemandes, jusqu'à la peine de mort, au moins en théorie, il se précipite chez M. Bader et décide avec lui, sans pour autant changer les termes de leur accord, de faire disparaître la preuve de celui-ci, c'est-à-dire la contre-lettre de garantie. On se serait trouvé dans l'impossibilité de procéder à l'élimination du document. Car l'homme de confiance à qui on l'a remis aurait déclaré alors — a-t-il pris peur lui aussi ou dit-il la vérité ? — l'avoir égaré. On fera désormais, quoi qu'il en soit, comme s'il n'existait plus. À la fin de l'année, Jean Davillier affirmera même sans hésiter aux Allemands que la contre-lettre a été détruite[17].

Auparavant, à l'orée de l'été 1941, les autorités d'Occupation ont certainement vu leurs doutes sur l'aryanisation du grand magasin renforcés par des rumeurs et diverses dénonciations leur assurant que les Galeries version CCF ressemblaient fort à celles de naguère. Les seules archives de l'Institut d'études des questions juives (IEQJ), une officine inféodée à la Gestapo créée à Paris avec des subsides de l'occupant pour stimuler la « déjudaïsation » — comme on disait alors dans les milieux antisémites — contiennent à cet égard des pièces édifiantes[18]. Celles-ci, parfois telles quelles et parfois en substance à travers des notes, ont été transmises à coup sûr à la police allemande par le directeur de l'Institut, un ancien de la Coloniale reconverti en ultra de la lutte contre les Juifs, le capitaine Sézille. Et elles ont ensuite nourri le dossier de l'entreprise au Majestic.

On ne sait, par exemple, quel crédit fut accordé à une lettre datée du 26 juin 1941 de Mme Hélène H.T., laquelle, après avoir déclaré à « Monsieur le Capitaine » à quel point elle avait regretté de ne pouvoir le rencontrer à l'IEQJ « car il y avait je crois le prince P. qui vous attendait ce jour-là », concluait sa missive venimeuse ainsi : « De plus, savez-vous que les Galeries Lafayette ont été reprises par M. Galle [*sic*], ancien directeur du Crédit Commercial (Banque des Galeries), qui a démissionné de son poste pour aller aux Galeries ; là encore c'est un trafic. » Mais ce type d'« information » n'a pu que servir à étayer la certitude de l'IEQJ d'avoir découvert, avec le grand magasin, un cas de fausse aryanisation dont l'un des hommes clé était le nouveau président, M. Gallay.

Dans un rapport de type parapolicier élaboré par l'Institut antisémite, daté du 13 juin 1941, l'homme du CCF en mission boulevard Haussmann était en effet nommément visé : « [...] ce Gallay est un camarade de guerre du directeur général actuel, Gérome Lemaréchal, entièrement aux ordres des Bader. Des ordres lui sont donnés au téléphone par Raoul Meyer, 34, avenue Raphaël (faire surveiller le téléphone). [Gallay] aurait donné de grosses sommes d'argent aux parents de Bader licenciés comme indemnité [...]. Sont partis en zone libre, aux succursales des Galeries, Marcel Weil, ex-directeur adjoint, Gaston Lehmann, ex-directeur du service achats, Marcel Lévy, ex-acheteur et administrateur du rayon de blanc, tous [...] avec de grosses indemnités. Lemaréchal va à Lyon toutes les semaines soi-disant pour inspecter les succursales, bien entendu avec laissez-passer en règle ; il y retrouve Max Heilbronn, gendre de Bader, et le lendemain il téléphone à Meyer. Le vieux Bader vient tous les quinze jours environ dans sa Citroën et dans cette voiture il reçoit, devant le 4, rue Mogador, Gallay et Lemaréchal pour donner ses ordres. Il serait bon, pour arriver à notre but, de faire changer ce commissaire-gérant [soit, selon l'auteur du rapport, Gallay] et de renvoyer ce Lemaréchal, homme des Juifs ». Ce texte mélangeait, au milieu de considérations purement antisémites, le faux — M. Gallay, on le sait, est président du groupe et non pas son commissaire-gérant, fonction de M. Defontaine — et le mi-vrai mi-faux — Gérome Lemaréchal est bien l'homme de confiance de la famille même s'il ne risque plus guère à cette date de téléphoner au domicile parisien de Raoul Meyer, parti dans le midi, etc. Il ne fut sans doute pas pris très au sérieux, du moins à la lettre, par ses destinataires, car, même auprès de ses commanditaires, la crédibilité de l'IEQJ est faible. Mais on sait, d'après un échange de courrier ultérieur, qu'il a atterri sur le bureau du plus acharné des responsables allemands de la persécution des Juifs, l'officier SS Theodor Dannecker, puis sur celui du Dr Blanke au Majestic, qui tous deux l'ont lu. Lors de sa transmission, il était précédé d'un petit mot de l'adjoint très actif du capitaine Sézille, le Dr Viguier, daté du 4 juillet 1941, qui insistait sur la nécessité de remplacer M. Gallay, toujours confondu avec l'administrateur provisoire, par quelqu'un « dont l'indépendance soit mieux assurée » en raison des anciennes relations, dont on rappellait à quel point elles étaient étroites, entre le CCF et la famille Bader.

Si l'IEQJ est alors plutôt bien renseigné, malgré les erreurs et les légers anachronismes dont sont truffées ses notes, sur la probable fausse aryanisation des Galeries, c'est sans doute tout simplement parce que le grand magasin abrite au sein de son personnel d'encadrement au moins un informateur zélé des animateurs du combat antisémite. On s'en aperçoit en lisant une lettre qui sera adressée en décembre 1941 au Dr Blanke par le capitaine Sézille pour dénoncer le licenciement injuste et inacceptable des Galeries d'un certain M. L., « qui occupait des fonctions d'intéressé administratif chargé du service d'informations, de surveillance générale et de liaison »[19]. Ce personnage, pour lequel le responsable de l'IEQJ réclame une intervention allemande afin qu'on lui accorde « des réparations », « a entrepris depuis une année [le combat] pour éliminer toute influence juive dans ces grands magasins ». Il « avait démasqué toutes les manœuvres de M. Lemaréchal » pour « dissimuler les Juifs qui tentent dans la coulisse de rester maîtres des Galeries Lafayette » et « veillé à l'application stricte des ordonnances concernant le personnel juif ». On imagine qu'un supporter aussi ardent de la politique antisémite en vigueur a beaucoup contribué à injecter des faits précis, pour lui donner si c'était encore nécessaire de la consistance, au « dossier » du Majestic sur l'aryanisation insuffisante des Galeries et l'accord suspect avec le CCF.

On ne sait si ce sont les autorités allemandes elles-mêmes, instruites par le bon sens et des renseignements convergents, qui ont encouragé pendant l'été 1941 des candidats aux bonnes affaires « amis » à se préparer à passer à l'action, l'heure étant venue. Ou si ce sont ces derniers, avec leurs propres informations, qui en ont jugé de même, pariant sur le soutien du Majestic. Toujours est-il qu'en août 1941 s'engage l'étape suivante et décisive de l'affaire des Galeries, avec pour enjeu sa prise de contrôle, à l'automne, par de nouveaux intérêts. Le moment où commence à se produire ce rebondissement est loin d'être neutre. On peut penser que ce qu'il était délicat pour les autorités d'occupation, malgré leurs soupçons, d'imposer jusque-là aux Galeries sans froisser Vichy, tout au moins tant que la preuve d'une fraude à l'aryanisation n'était pas apportée, est devenu alors beaucoup plus facile à envisager. Car l'atmosphère, sur le front de la persécution économique des Juifs, a considérablement évolué de l'hiver 1940 au printemps et surtout à l'été 1941. Les Allemands ont parachevé leurs desseins en matière d'aryanisation et les Français ont rattrapé, jusqu'à l'annuler, le retard pris, en tout cas au niveau des textes. Désormais, Vichy accorde non seulement officieusement, en se chargeant de la mise en œuvre des ordonnances allemandes, mais même officiellement, et sur tout le territoire, autant d'intérêt à la lutte contre l'influence juive que l'occupant. Le Majestic n'a donc plus de raison de craindre que le gouvernement s'offusque outre mesure d'un appui accordé à une opération visant à assurer l'aryanisation enfin indiscutable d'une grande entreprise.

Comment en est-on arrivé là, à ce stade ultime de la politique d'aryanisation des entreprises dans l'hexagone ? En fait, on a procédé, en accéléré, comme dans le Reich à la fin des années trente, où, étape par étape, loi par loi, on a progressivement construit un dispositif très efficace d'exclusion de la vie économique puis de spoliation complète des Juifs. L'ordonnance du 18 octobre 1940 ne représentait que le tout début du processus en France, et seulement au nord de la ligne de démarcation. Avant même la fin de l'hiver 1940-1941, alors que Vichy, prenant les textes allemands à la lettre, pense n'avoir à collaborer, comme le montrent les circulaires du général de La Laurencie, qu'à l'application de mesures organisant la mise sous tutelle des entreprises juives, les autorités d'occupation ont déjà incité les commissaires-gérants en activité à liquider les sociétés quand leur aryanisation par vente amiable pose un problème. Si le propriétaire ou l'administrateur provisoire n'a pas trouvé rapidement d'acquéreur reconnu comme aryen, il sera donc procédé, d'après les instructions allemandes, à la réalisation des actifs. Cette faculté des administrateurs de vendre l'entreprise, et donc de se livrer à des expropriations, sera avalisée par les Français eux-mêmes dans le cadre de la loi du 2 février 1941, parue la semaine suivante au *Journal officiel*. Il n'est toujours pas question de spoliation puisque le produit de la cession des parts sociales doit être versé à leur ancien détenteur. Mais dans la pratique, les délais pour mener à terme les opérations feront que cette issue, supposant le paiement effectif d'un dédommagement, ne sera pas, même dans les cas d'aryanisation assez rapide, la plus probable, loin de là. La plupart des entrepreneurs dépossédés, comme on va le voir, n'auront pas le temps de toucher leurs indemnisations.

Dès le début du printemps 1941, la situation s'est encore aggravée considérablement pour les Juifs participant à la vie des affaires. Le 29 mars, on assiste à la création, réclamée par les Allemands et acceptée par Vichy, du Commissariat général aux questions juives dont la direction est confiée à Xavier Vallat, un vieux militant nationaliste, catholique et antisémite, proche de l'Action française et grand défenseur des anciens combattants à l'Assemblée nationale. Cette innovation organisationnelle vient signifier le souci des autorités de rationaliser la mise en application de la politique antijuive et en particulier de l'aryanisation économique, vouée à devenir rapidement l'activité majeure de cette nouvelle administration — sa gestion occupera les trois quarts environ du millier d'agents réguliers que finira par employer le Commissariat, surtout à Paris place des Petits-Pères. Et un mois plus tard, le 26 avril, la troisième ordonnance allemande antijuive, dont nous avons déjà vu les implications très importantes en matière d'interdictions professionnelles et de licenciement du personnel, marque, elle, une véritable rupture. En application de son article 5, en effet, les comptes des Juifs dans les entreprises sous administration provisoire sont désormais bloqués. Cette mesure, complétée par une quatrième ordonnance le 28 mai 1941, qui bloque cette fois tous les comptes juifs, quelle que soit leur domiciliation, inaugure en zone occupée la période de la spoliation, même si elle ne dit pas son nom. Certes, précision dérisoire, l'administrateur provisoire pourra verser au propriétaire dépossédé des « subsides » s'ils sont « absolument indispensables » pour l'aider à nourrir sa famille. Par ailleurs, le produit des ventes ou des liquidations, même s'il n'est plus versé directement, reste la propriété théorique de l'ancien détenteur de l'entreprise : quelques mois plus tard, en septembre, l'administration décidera ainsi d'ouvrir des comptes — eux aussi bloqués bien entendu — au nom des Juifs victimes de l'aryanisation à la Caisse des dépôts et consignations. Mais nul ne s'y trompe plus vraiment : il est clair qu'en zone occupée on s'empare de tous les biens des Juifs, et sans compensation réelle. On peut supposer notamment que si les deux gendres de Théophile Bader ont finalement quitté Paris au mois de mai, ils n'ont pu qu'y être encouragés à cette date par l'annonce des dernières mesures antijuives. Et on assiste alors à de nombreuses tentatives de propriétaires ou d'hommes d'affaires juifs de trouver n'importe quelle solution pour sauver ce qui peut l'être encore : dans le secteur de la banque, par exemple, on observe début mai une série de cessions amiables d'actifs et une vague de mouvements de capitaux, parfois antidatés, pour essayer de « sortir » des fonds des entreprises avant que ce ne soit devenu à tout jamais impossible[20].

Ces réactions de légitime défense ont pu être repérées en zone occupée comme en zone libre. Ce qui démontre que, dans les milieux d'affaires, on ne fait guère confiance à Vichy pour maintenir au sud de la ligne de démarcation, sous juridiction française, une politique économique antijuive plus modérée. Et on a raison. Les Allemands, signe inquiétant, confient de plus en plus à l'administration française, ravie d'accroître ses compétences, presque toutes les tâches de l'aryanisation, y compris celles qu'ils se réservaient jusqu'alors. Vichy se voit reconnaître par exemple en mai 1941 le droit, tant recherché, de nommer seul, à travers le SCAP, les commissaires-gérants. Un « atout » pour contrôler l'aryanisation et étendre un tout petit peu le domaine de souveraineté du régime qui se paye au prix fort... en perte de liberté d'action. Les autorités allemandes assortissent en effet cette « concession », qui consiste comme d'habitude à faire faire le travail sur le terrain par les agents de l'État français, d'une condition : désormais un représentant du Majestic — il s'agira d'abord du Dr Stenger — sera présent à plein temps auprès du SCAP, jusque-là doté par les occupants d'un simple observateur dont ce n'était que l'une des fonctions. Toujours à la recherche de moyens de renforcer son autorité, ce qui se traduit en fait chaque fois par une collaboration plus étendue avec les Allemands, le même SCAP se décide, à l'instigation de ces derniers, à adopter alors des méthodes policières pour imposer l'aryanisation. M. de Faramond, un ancien contrôleur général des armées qui vient de remplacer Fournier à la tête du SCAP, annonce ainsi le 9 mai à ses principaux adjoints — les chefs des treize sections chargés de gérer branche par branche l'aryanisation — la création d'un Service de l'inspection, lequel se transformera à l'automne 1941 en Police des questions juives avant de reprendre en août 1942 une dénomination plus anodine — Service d'enquêtes et de contrôle (SEC) — sans changer de mission. S'il se consacre essentiellement au début à la traque des Israélites encore présents dans leurs boutiques et potentiellement en contact avec le public, ce nouvel auxiliaire de la lutte antijuive diligentera aussi des enquêtes destinées à démasquer les fausses aryanisations. Il assurera avoir procédé à 1 712 inspections entre sa création et début septembre 1941, date à laquelle il a été logiquement rattaché, comme son organisme de tutelle, le SCAP, au Commissariat.

Mais le plus grave se situe dans le domaine législatif, avec l'adoption successive par Vichy de deux lois essentielles. Avec le deuxième statut des Juifs, début juin 1941, on avalise pour l'essentiel, et on étend au pays entier, les interdictions professionnelles prévues depuis avril par la troisième ordonnance allemande. On prévoit aussi le recensement général des personnes et des biens juifs, préalable nécessaire à l'adoption d'une véritable réglementation antijuive entièrement française dans le domaine de l'économie. Celle ci ne tarde pas. Le gouvernement

Darlan promulgue en effet une loi très complète sur l'aryanisation économique dès le 22 juillet 1941.

Ce long texte de vingt-six articles « relatif aux entreprises, biens et valeurs appartenant aux Juifs » a été préparé par Vallat avec l'assistance des ministres et responsables « techniciens », tels Pucheu et Bichelonne, respectivement secrétaire d'État et secrétaire général à la Production industrielle, Bouthillier, ministre de l'Économie nationale et des Finances, et bien sûr de Faramond, directeur du SCAP. C'est la première loi, concernant les Juifs, qu'il ne s'avère pas facile de faire accepter du premier coup par la totalité des membres du gouvernement. Elle propose au pays, il est vrai, dès son article premier, un programme clair et explicite — « éliminer toute influence juive dans l'économie nationale... » — qu'il paraît difficile, ainsi que le fait remarquer le garde des Sceaux Joseph Barthélémy, de considérer comme compatible avec le traditionnel droit de propriété inscrit en bonne place dans la législation française*. Elle finira pourtant par être adoptée à l'unanimité en Conseil des ministres. Moins d'un an après le lancement d'une politique antijuive dans le domaine de l'économie par les forces d'Occupation au nord de la ligne de démarcation, Vichy affiche donc ouvertement, en lui donnant force de loi, le même objectif que les Allemands, et ce sur la totalité du territoire, colonies comprises. Désormais le gouvernement ne se contente plus d'apporter son concours à l'application des ordonnances allemandes et de promulguer, après un certain délai, des textes allant dans le même sens. Il se donne les moyens d'avoir une stratégie économique antijuive propre, qui viole de façon caractérisée sa promesse, maintes fois renouvelée depuis l'armistice, de ne toucher « ni aux personnes ni aux biens » des Israélites français. Il inaugure une politique nationale spécifique de confiscation des biens qui cache insidieusement une véritable entreprise de spoliation, le produit des aryanisations n'étant pas conservé en totalité et ne pouvant plus être de toute façon récupéré**.

---

* Alors que, peu auparavant, Vallat avait réussi à faire adopter sans difficulté à l'unanimité du gouvernement le deuxième statut des Juifs, il eut un peu plus de mal à convaincre tous ses collègues du bien-fondé des mesures qui allaient « toucher aux biens » en zone non occupée, sous juridiction française. Le garde des Sceaux Joseph Barthélémy, professeur de droit à l'université et membre de l'Institut, s'offusqua en particulier des modalités de l'aryanisation économique prévues par la loi de juillet 1941, qui lui paraissaient « contraires aux règles générales du droit français ». Il ne fera pourtant pas obstacle en fin de compte à la promulgation de cette loi. Barthélémy fut en effet convaincu par Vallat de l'importance primordiale de remplacer les ordonnances allemandes par cette loi française — comme toujours pour renforcer le semblant de souveraineté nationale. Il est vrai que le Commissaire aux questions juives déclara alors à ses collègues, et notamment au ministre de la Justice, qu'il savait sensible à cet argument, qu'il avait l'assurance des Allemands d'obtenir l'abrogation de leurs ordonnances antijuives — ce qui, évidemment, ne se produira pas — après l'adoption du texte français. On trouve la trace des scrupules de Joseph Barthélémy dans ses mémoires publiées tardivement par sa famille (*Ministre de la Justice, Vichy, 1941-1943*, Pygmalion-Gérard Watelet, 1989) et leur confirmation dans les archives (*cf.* Marrus et Paxton, *op. cit.*).

** Nombreux seront les dignitaires de Vichy à maintenir après la Libération, contre toute évidence, qu'il n'y avait rien de commun entre les mesures d'aryanisation et des mesures de spoliation. Vallat, en particulier, continuera à le soutenir lors de son procès

On ne peut plus donc estimer qu'il s'agit avant tout de préserver au maximum l'autonomie politique et la capacité de décision de Vichy en francisant une législation que l'administration militaire allemande veut imposer d'elle-même en zone occupée. Ce dessein, bien dérisoire mais qu'on jugeait nécessaire pour préserver un semblant de souveraineté, fut parfois réel — bien que d'aucuns en soient venus à en douter après guerre en invoquant comme « preuve » son peu de succès. Il fut même patent, on le sait, en matière d'économie, où l'on craignait fort de ne pouvoir contrôler les convoitises véritables ou supposées des Allemands faute de moyens légaux d'intervenir. À partir de juillet 1941, cependant, il passe très officiellement au second plan derrière la volonté d'aryaniser toutes les entreprises : la crainte de la germanisation persiste, elle devient moins importante pour Vichy que celle de l'« influence juive ».

L'aryanisation « à la française », calquée pour l'essentiel sur celle conçue outre-Rhin, apparaît aussi radicale que son modèle dans son principe ; elle entend ne l'être pas moins dans la pratique. Les pouvoirs quasi dictatoriaux qu'on accorde aux administrateurs provisoires dont le champ d'activité est désormais national, la décision de considérer d'emblée le propriétaire juif comme un incapable au sens juridique du mot, le fait d'imposer la liquidation d'une entreprise dès que l'administrateur se trouve dans l'impossibilité de vendre en totalité les éléments du fonds de commerce, voilà quelques-unes des mesures économiques instituées par la loi du 22 juillet qui vont même un peu plus loin que celles édictées jusque-là par les occupants. Seules la liberté de circulation des capitaux juifs qu'on aurait réussi à préserver en zone libre et l'autorisation théorique d'employer des Israélites à des postes subalternes dans les professions non interdites au sud de la ligne de démarcation feront figure d'exceptions « libérales » dans la nouvelle réglementation française. Celle-ci, à quelques aménagements près, visant en général à la renforcer, restera en vigueur telle quelle jusqu'à la fin de l'Occupation, sa mise en œuvre passant néanmoins en mai 1942 des mains de Vallat, jugé trop nationaliste par les Allemands et « sacrifié » par le gouvernement pour préserver la collaboration, à celles d'un ancien journaliste

en décembre 1947, au prix de quelques contorsions rhétoriques. Il faisait par exemple la distinction entre la lettre de la loi du 22 juillet 1941 — dont il voulait bien entendre parler — et ses « modalités pratiques » — qui semblaient à ses yeux, on ne sait pourquoi, ne pas concerner Vichy. Un comble pour le responsable du Commissariat précisément chargé des « modalités pratiques » de l'application de la loi ! Vallat ne considérait même pas le prélèvement automatique de 10 % opéré par le Commissariat sur tous les comptes bloqués des « aryanisés » comme ne serait-ce qu'un début de spoliation. Ce prélèvement, expliquait avec fougue l'ancien avocat, ne pouvait spolier les Juifs puisque les sommes ainsi récupérées, d'après la loi, devaient alimenter un fonds de solidarité pour les Israélites nécessiteux. Cet argument pour le moins spécieux était de plus inexact : les textes eux-mêmes, on le verra, prévoyaient au moins un autre usage, prioritaire de surcroît, à ces 10 % des sommes bloquées (paiement d'administrateurs provisoires). On peut trouver tous les éléments du plaidoyer *pro domo* de Xavier Vallat, qui ne trouvait rien à se reprocher après guerre, dans un ouvrage « présenté par ses amis », comme l'indique sa couverture, au lendemain de son procès : *Le Procès de Xavier Vallat*, Éditions du Conquistador, 1948.

marginal et homme d'affaires raté, gestionnaire on ne peut plus incompétent, mais antisémite de choc et germanophile incontestable, Louis Darquier, dit de Pellepoix.

Convocation au Majestic

L'été 1941, pour en revenir aux Galeries Lafayette, se prêtait donc particulièrement bien à une offensive contre une fausse aryanisation présumée comme celle du grand magasin. Les premières traces écrites des prémices de cette opération datent de la dernière semaine d'août et elles paraissent postérieures de peu à la décision d'agir. Le 31 de ce mois-là, ainsi, un important homme d'affaires, Jean-Marcel Aubert, de nationalité suisse mais déjà bien implanté depuis des années en France où il s'est fait connaître comme l'importateur de General Motors, écrit à une avocate, Mlle Dinten[21]. Il tient à l'informer d'urgence — car il part en voyage à l'instant — d'un projet dont il a oublié, dit-il, de lui parler lors de leur rendez-vous de la veille. Pour mener à bien cette affaire, il faudrait obtenir l'appui « d'un avocat bien introduit au Majestic », par exemple un certain « Loncle », dont il a entendu parler et qu'il la prie de retrouver, ou « à défaut le cabinet Grégoire ». Il s'agit, précise-t-il, d'« une offre de reprise d'un paquet d'actions des Galeries Lafayette par un groupe dans lequel figure, pour une grosse part, la SAPIC [société de M. Aubert] et qui est représenté par un grand industriel, M. Harlachol », offre pour laquelle on recherche l'aide d'un homme introduit au Majestic afin de « l'appuyer [...] et la faire aboutir ». Le 5 septembre, Mlle Dinten évoque à son tour dans une lettre ce projet d'« acquisition », dont l'a alors entretenu plus en détail un proche de M. Aubert, M. Miocque, lequel a déjà aidé auparavant l'homme d'affaires suisse à prendre le contrôle d'une autre société juive, l'entreprise de meubles Au Bûcheron. Elle a pu voir son confrère Loncle « qui doit prendre quelques renseignements et [lui] téléphoner [le] 8 septembre » car il « ne connaît pas particulièrement l'affaire des Galeries Lafayette ».

Dès la fin août, ce qui démontre qu'il s'y prépare depuis quelques semaines au minimum, probablement depuis juin ou juillet[22], M. Aubert connaît sa cible — le paquet d'actions mentionné dans la lettre à Mlle Dinten ne peut être en effet que le bloc de contrôle acquis par le CCF — et a constitué un consortium d'acheteurs. À la tête de ce dernier, certainement pour que lui-même n'apparaisse pas en première ligne, on trouve le dirigeant d'une importante affaire de tissus et de confections, dont les usines sont situées à Lodève, M. Maurice Harlachol, président du groupe Teisserenc & Harlachol. L'homme d'affaires suisse est donc l'initiateur de l'assaut contre les Galeries pour lequel il a recruté un négociant et industriel connu jusque-là comme très respectable, qui lui aurait été présenté par M. Defontaine. Il est évidemment judicieux de s'abriter non seulement derrière un connaisseur du commerce de textiles mais aussi derrière un « pur » Français, apparemment recommandé de surcroît par l'administration provisoire, dans une opération touchant à l'aryanisation d'une grande entreprise. Il reste à savoir comment Aubert a été informé du « coup » à réaliser, c'est-à-dire de la très forte probabilité qu'on puisse obliger le CCF, qui n'en a bien entendu nulle intention *a priori* , à revendre ses titres à vil prix en l'accusant de complicité de fausse aryanisation, avec la perspective d'une très belle affaire puisque le cours de l'action a déjà à peu près triplé depuis un an. Il n'est pas impossible qu'il ait appris par la rumeur, ou dans l'entourage de l'administrateur, le refus du Majestic d'homologuer la vente. Mais il est beaucoup plus probable qu'il ait obtenu le « tuyau » dans des milieux allemands bien renseignés et à l'affût de bonnes opérations. Il fréquentait beaucoup les occupants, en effet, à tel point qu'il sera considéré après guerre, quand les enquêtes de la justice de l'épuration permettront d'en savoir plus, comme un partenaire du « groupe Goering », cette nébuleuse d'hommes d'affaires liée de près ou de loin au dignitaire nazi ou à son entourage et qui a cherché pendant les premiers temps de la guerre à s'emparer de nombreuses entreprises dans les pays vaincus.

Aubert paraît très vite certain de réussir dans son entreprise puisqu'il prévoit avec précision avant la fin août, si l'on en croit un courrier daté du 27 de ce mois et cité par un rapport d'expert devant la justice après guerre, ce que sera la répartition des titres du bloc de contrôle et le partage du pouvoir entre son groupe et celui du partenaire qu'il vient de trouver. À cette date, M. Harlachol, destinataire du courrier, sait ainsi qu'il lui reviendra 100 000 titres contre 425 000 pour la SAPIC et que le « prix maximum » qui sera proposé au CCF sera de trente francs. Il est même envisagé alors qu'un accord immédiat de la banque permette de conserver de bonnes relations avec elle — solution effectivement judicieuse si elle est praticable puisque le groupe est endetté envers l'établissement financier. Dans ce cas, est-il écrit, on laisserait 170 000 actions, prises sur la part de la SAPIC, au partenaire traditionnel des Galeries. Le conseil d'administration, réduit à cinq membres en cet été 1941, offrirait un siège à M. Harlachol et deux à la SAPIC — ou trois si le nombre d'administrateurs est porté à sept. Les deux associés partis à l'assaut du grand magasin seraient donc de toute façon majoritaires ensemble au conseil, ce qui veut dire majoritaires tout court puisqu'ils devront s'engager, d'après la lettre du 27 août, à se concerter pour toutes les questions importantes. Il est donc déjà clair, alors qu'on s'arrangera à l'occasion de toutes les négociations ultérieures pour présenter en façade une situation apparemment inverse, que le contrôle des Galeries, à travers celui du consortium lié par un pacte d'actionnaires, sera, si l'opération réussit, entre les mains d'Aubert et non pas d'Harlachol.

Un petit « mémo » de la main de Me Dinten retrouvé après guerre —

il faut bien tout noter pour pouvoir réclamer ses honoraires — aide à reconstituer les étapes de la mise en œuvre du raid sur l'entreprise. On apprend qu'au cours de la deuxième moitié de septembre, sans doute après avoir obtenu les appuis recherchés au Majestic puisqu'on relève auparavant un rendez-vous des protagonistes avec Me Loncle, le groupe Aubert-Harlachol passe à l'action. Le 27 de ce mois, au lendemain d'une réunion de travail générale à la SAPIC, rendez-vous a été pris au CCF. Trois et quatre jours après, deux autres entretiens avec les nouveaux dirigeants des Galeries ont lieu, cette fois au siège du grand magasin. Il ne s'agit pas de rencontres éclairs puisque la seconde, toujours d'après le « mémo », dure deux heures, ce qui semble indiquer qu'on va au-delà d'une simple prise de contact et qu'on négocie réellement. D'après les souvenirs de Jean Davillier à la Libération, les assaillants sont bien venus proposer à la banque lors de ces « visites » le plan de reprise convenu entre eux depuis le mois précédent, Harlachol se présentant officiellement, comme prévu, en tant que chef de file de l'opération. Ils offrent donc de racheter le paquet d'actions autrefois détenu par la famille Bader exactement au prix payé par le CCF majoré de cinq francs pour « frais bancaires ». Une « largesse » certainement destinée à pousser la banque, assurée ainsi de réaliser une petite marge, à accepter la proposition. L'argument décisif, cependant, n'est évidemment pas celui-là : le président de l'établissement financier, témoignant devant la justice, affirmera à l'automne 1944 avoir été « prévenu que si l'offre n'était pas acceptée, il se verrait dépossédé des actions par les autorités allemandes ». La menace a toutes les raisons d'être prise au sérieux puisque les postulants à ce rachat « en force » ont maintenant, en personne, leurs entrées au Majestic, où Me Dinten note un rendez-vous avec le Dr Blanke, donc directement avec le principal responsable des affaires d'aryanisation, le 3 octobre. On fait par ailleurs savoir au CCF, d'un point de vue plus pacifique, que le projet a déjà été exposé à l'administrateur provisoire, chez qui, dès fin août, la candidature du groupe Harlachol-Aubert au rachat a été effectivement déposée. L'industriel de Lodève a alors affirmé qu'il disposait des fonds nécessaires et garanti, selon l'usage désormais établi, « le caractère aryen de son groupe, de lui-même ainsi que des capitaux engagés ». M. Defontaine aurait alors accordé son soutien à cette initiative — assurera plus tard M. Harlachol, apparemment non sans hypocrisie vu la suite des événements — pour empêcher une éventuelle éviction par les Allemands des dirigeants français actuels de l'affaire, en position délicate puisqu'ils étaient soupçonnés de complicité avec les Juifs.

Le CCF, qui continue d'affirmer avoir pris régulièrement le contrôle des Galeries, n'est pas encore prêt à céder au chantage. Il comprend pourtant, face à de tels adversaires, que le *statu quo* est impossible. Imaginant peut-être qu'il sera ainsi soutenu par les autorités françaises et en particulier par le SCAP, puisqu'il affronte un groupe parrainé par les Allemands, il entend rapidement promouvoir une solution alternative à celle qu'on veut lui imposer. Et il y parvient, comme l'apprennent bientôt Aubert et Harlachol, probablement informés par les Allemands, eux-mêmes mis au courant tout aussi probablement par le Commissariat, prévenu nécessairement de tout projet lié à l'aryanisation et en liaison constante avec les occupants dès qu'il s'agit d'un dossier sensible. L'avocate des candidats acquéreurs a reçu en effet le 2 novembre un pneumatique du très précieux Me Loncle qui lui a fait savoir, dit-elle, que « nous étions triplés [*sic*] par une troisième personne ». Ce troisième homme n'est autre que M. de Rohan-Chabot, patron du Bazar de l'Hôtel de Ville, auquel M. Davillier, sans doute en accord avec une partie de la famille Bader, puisqu'il dira l'avoir consulté lors des diverses opérations de cet hiver 1941, a proposé de reprendre l'essentiel de la participation de la banque pour mettre fin aux pressions qu'il subit. Le CCF, pense son président, peut être soupçonné de collusion avec les Galeries, pas avec le BHV, leur concurrent. Un projet d'accord est donc couché sur le papier, stipulant le rachat de 300 000 actions — plus une option pour le solde, soit 125 000 actions supplémentaires — à un prix... équivalant à celui proposé par le groupe Harlachol, soit trente francs. Impossible ainsi d'accuser M. Davillier de ne pas faire preuve de bonne volonté pour aryaniser les Galeries de façon indiscutable. Et ce sans réaliser, pour son compte ou celui des anciens propriétaires, une bonne affaire. Le banquier estime d'ailleurs, comme l'explique une note de l'époque présente dans un dossier du ministère des Finances, avoir fait le nécessaire pour « donner satisfaction aux desiderata exprimés par le Service de contrôle [le SCAP] et faciliter l'homologation ».

Les Allemands n'ont pas plus tôt appris cet accord qu'ils convoquent la direction du CCF, le 4 novembre, au Majestic. Désormais, il n'est plus question de négociation. On exige d'abord de M. Davillier, venu avec le directeur général de l'établissement, Albert Rossier, qu'il reconnaisse que la vente du bloc de contrôle était assortie d'une promesse de restitution — ce qui semble bien prouver au passage qu'on n'en avait pas la preuve. Le banquier avoue qu'il a effectivement accepté une clause de réméré en faveur de M. Bader. Mais il ajoute, pour sa défense, que lorsqu'une ordonnance allemande a ensuite interdit ce type d'accord, il a fait détruire le document qui l'avalisait — et on sait que telle fut bien son intention, même si l'acte ne put avoir lieu. L'aryanisation, de fait, est donc bel et bien réalisée, veut-il signifier. Peine perdue : « Deux officiers allemands nous donnèrent immédiatement lecture d'un mémorandum faisant connaître que le CCF était invité à céder à M. Harlachol et à son groupe les 525 000 actions des Galeries Lafayette lui appartenant, au prix qui lui serait fixé, et à donner son acceptation le surlendemain avant midi, sous peine de sanctions les plus graves contre les dirigeants [de la banque]. » Le même 4 novembre, il apparaît, d'après une note datée du même jour qui semble rapporter des informations du SCAP, que les autorités françaises sont déjà parfaitement au courant de ce qui doit se passer puisque « dans une communication verbale faite à M. le contrôleur général de Faramond, les autorités allemandes ont fait connaître qu'elles entendaient se réserver entièrement le soin de désigner le nouveau groupe qui reprendrait en totalité à sa charge l'ancienne participation israélite ». Le SCAP a, semble-t-il, omis de prévenir M. Davillier, peut-être parce qu'il réprouvait sa complicité dans une « fausse aryanisation », de ce qui l'attendait précisément lors de son rendez-vous au Majestic. L'administration française n'ignore d'ailleurs rien de la situation puisque l'auteur de la note dit savoir que « le groupe [Harlachol] a fait agir des influences auprès des autorités allemandes ». « Il ne me paraît pas impossible, poursuit-il, que ce soit en sa faveur que se résolve l'exclusive portée contre le CCF. J'ajoute, après renseignements, que derrière le groupe Harlachol on trouverait la personnalité de M. Aubert, de la General Motors, qui disposerait de capitaux considérables et d'une solide influence. »

Le diktat allemand va donc aboutir inévitablement à la solution qui a les faveurs du Majestic. L'administration française s'incline, comme toujours, et se charge de son application. Celle-ci commence... par la prise d'une sanction contre le président du CCF. Les autorités d'Occupation ont en effet demandé qu'on punisse ce complice d'une fraude. Elles obtiendront satisfaction puisque, comme l'indiquera sobrement une note de la délégation générale aux Relations économiques franco-allemandes dirigée par M. Barnaud, « à la suite d'une enquête effectuée par MM. Bichelonne et Brunet [directeur du Trésor], le ministre de l'Économie nationale et des Finances, Yves Bouthillier, demandera sa démission du poste de président du CCF à M. Davillier ». Après avoir averti le 6 novembre par lettre les Allemands qu'ils acceptaient les conditions de leur « mise en demeure », les Français, suivant les instructions du Majestic, ordonnent à l'établissement financier de proposer le « bloc de contrôle » des Galeries à prix coûtant au groupe Harlachol. Prévenu immédiatement par le canal habituel de Me Loncle et de Me Dinten de ce que, comme l'écrit l'avocate, « maintenant le CCF serait désireux d'entrer en rapport avec vous en vue d'une transaction », le consortium soutenu par les occupants s'est rapidement entendu avec la banque, le 21 novembre 1941, pour finaliser l'opération. Le CCF obtient de revendre les titres achetés à la famille Bader au cours de 27 francs, un remboursement des « frais » encourus de 2 francs venant s'ajouter aux 25 francs payés à l'automne 1940. Les autorités françaises n'accepteront pas de ratifier cet accord de gré à gré et, comme l'écrira Barnaud fin novembre, « au cours d'une réunion qui s'est tenue à Vichy, à laquelle assistaient le ministre de l'Économie nationale et des Finances, le secrétaire d'État à la Production industrielle, les secrétaires généraux pour les questions économiques et les finances publiques et moi-même, le prix de cession des actions [...] a été fixé à F 35. Il a été décidé que sur ces F 35, 25 seulement reviendraient au CCF, plus 1,50 F à titre de commission et pour tenir compte des intérêts. Les 8,50 F restants pourront recevoir l'affectation que le SCAP jugera la plus opportune et pour laquelle il voudra bien me faire des propositions ».

Le service du Commissariat décide fin décembre d'imposer cette solution avant de donner son accord à la réorganisation des Galeries, mais en rectifiant légèrement à la baisse le prix final payé par le groupe Harlachol, qui n'est plus que de 33,50 francs. Une bien belle affaire : le 24 décembre, les actions valent à la corbeille 115 F, et même 120 le 2 janvier 1942, jour où l'acte rectificatif de la vente est signé. Il ne reste plus 8,50 F mais 7 F à « affecter », car il n'est évidemment pas question de faire de « cadeau » au CCF. Le SCAP les répartira pour moitié au profit du Secours national, organisme d'entraide présidé par le maréchal Pétain, et pour l'autre moitié sur le compte du Fonds de solidarité israélite. On pourrait penser qu'il s'agit là d'une heureuse initiative consistant à prélever une partie des superbénéfices réalisés par les acheteurs pour les confier à des associations charitables, en particulier pour soutenir les Juifs en difficulté. On peut aussi, et c'est probablement plus légitime, faire une autre lecture de cette opération. D'abord en observant que, contrairement à toutes les règles habituelles et même à la législation en vigueur en matière d'aryanisation, on n'a pas évalué l'entreprise à son « juste prix » selon l'usage, c'est-à-dire en fonction du cours de Bourse ou au minimum en procédant à un appel d'offres ou à une vente publique. On s'est contenté, à des détails près, d'obéir aux Allemands, sans tenter d'infléchir leur position qui n'était guère conforme à celle préconisée par leurs propres ordonnances*. Admettons qu'une fois une « fraude » avérée il est peut-être difficile de résister en pratique à un diktat des occupants. Mais on notera qu'à partir du moment où il a été décidé d'annuler la transaction avec le CCF et de recommencer l'aryanisation accepter le principe d'un écart entre la valeur réelle et la valeur payée pour l'entreprise consiste en fin de compte à amputer arbitrairement le produit de la vente, donc à admettre une spoliation non seulement *de facto* mais *de jure* — ce qui est contraire, nous l'avons vu, au discours de Vichy. Que la famille Bader soit à ce moment-là hors jeu ne change rien à ce fait. Par ailleurs, et pour les mêmes raisons, on est en droit de considérer que les sommes versées aux bonnes œuvres du maréchal sont tout simplement des prélèvements forcés sur des biens juifs — il y aura d'ailleurs bien d'autres cas de tels « détournements »** — et que celles attribuées à une caisse

* Les textes ne prévoyaient pas la possibilité de brader une entreprise lors de son aryanisation. Mais procéder à un « arrangement » ne représentait pas, il est vrai, une pratique exceptionnelle pour les Allemands : ils privilégiaient les aryanisations de « gré à gré » — les guillemets ne sont pas superflus — plutôt que celles « au prix du marché » théoriquement imposées par les Français. Car l'essentiel, pour l'occupant, était de réaliser au plus vite les aryanisations.

** On peut citer par exemple la précoce mise sous séquestre, au profit des Domaines, suivie de leur liquidation, des biens, considérés désormais comme biens ennemis, de quelques grandes familles juives, celles d'Edmond et de Robert de Rothschild, d'André Meyer (banque Lazard), de Maurice Stern, de Louis Louis-Dreyfus, etc. qui ont décidé de quitter la France au moment de la débâcle et ont été déchus de la nationalité frande solidarité israélite ont pour objet de faire payer par les victimes le coût de leur spoliation. Difficile, en effet, de considérer autrement des opérations qui consistent à utiliser des sommes issues de l'aryanisation d'une entreprise pour les transformer en secours à des Juifs devenus nécessiteux à la suite de leur propre éviction du circuit économique. Il n'est guère besoin, de toute façon, de se livrer à des raisonnements subtils pour découvrir, à partir de cette opération, comment on a fait régulièrement payer aux Juifs sous l'Occupation le coût de leurs persécutions même en matière purement économique[23]. Imitant à cet égard les pratiques allemandes déjà bien rodées depuis la fin des années trente, Vichy a fait par exemple supporter aux entreprises sous administration provisoire tous les frais afférents au processus, évidemment non volontaire, de leur aryanisation. Et, lorsque celle-ci était réalisée, non seulement son produit était bloqué mais il était immédiatement amputé, par le fait du prince, d'un pourcentage significatif du total, destiné notamment à rémunérer les administrateurs provisoires des autres entreprises juives à l'actif insuffisant[24].

Début 1942, même si la configuration du nouveau noyau de contrôle de l'entreprise n'est encore, contrairement aux apparences, ni claire ni figée, l'expulsion du CCF des Galeries est totale. L'administrateur Henri Gunthert et surtout le président et patron en titre du grand magasin, Albert Gallay perdent leur poste. La banque est d'ailleurs placée un temps sous la surveillance des Allemands, qui lui ont imposé un audit de son agence de la rue La Fayette pour vérifier que tous les liens ont bien été rompus avec les Galeries[25]. Les victimes de l'« affaire » bénéficieront cependant de la sollicitude de l'établissement. Jean Davillier, remplacé à la présidence du CCF par un homme de grand prestige et, ce n'est pas un hasard vu les circonstances, bien vu par les Allemands[26], Georges Painvin, patron d'Ugine, conservera, malgré son limogeage, un bureau au siège. D'aucuns penseront dans son entourage professionnel qu'il a eu de la chance, car un ou deux ans plus tard, les Allemands ayant durci leur politique de répression, il aurait fort bien pu connaître la déportation. Quant à Gallay, qui a dû abandonner à la fois ses fonctions aux Galeries et au CCF, on l'aidera à monter un commerce de vente de boissons.

Un partenaire caché entre en scène

Ayant fait place nette, les protégés du Majestic s'installent, Maurice Harlachol prend la présidence de la société anonyme et Jean-Marcel Aubert la vice-présidence. Ils ne seront plus gênés pour agir à leur guise par l'administrateur provisoire qui, sa fonction devenue sans objet,

---

çaise. Il ne s'agissait *a priori* que de biens privés, mais la banque Rothschild de la rue Lafitte eut « droit » au même sort.

quitte bientôt son poste... pour entrer aux Galeries Lafayette. Les nouveaux patrons ne peuvent pas se plaindre, il est vrai, de son activité récente, qui ne leur a pas été défavorable. Contrairement à ce qui était prévu dans les conventions d'août 1941, et sans doute toujours pour mettre en avant le très accommodant Harlachol face aux autorités françaises, la plus grande part du paquet d'actions récupéré — soit 400 000 titres sur 525 000 — a été officiellement achetée par l'industriel français et non pas par l'homme d'affaires suisse fin novembre 1941. Cette position d'actionnaire très majoritaire n'est que de façade. Au cours du mois de décembre il a déjà cédé 116 250 actions à la SAPIC, qui rétablit ainsi presque l'équilibre. Peu après, on va comprendre qu'on ne connaissait pas encore tous les protagonistes de l'opération et que l'excellente affaire, en vertu d'un accord préalable, n'était pas destinée à profiter au seul couple franco-suisse.

Le 8 novembre 1941, le principal animateur — au moins en apparence — du consortium acheteur avait été convoqué à une réunion dans le bureau de Bichelonne, en présence de plusieurs directeurs et chefs de service des ministères de la Production industrielle et de l'Économie nationale et des Finances. On veut alors demander à un entrepreneur dont on semble se méfier quels sont ses projets de réorganisation des Galeries. On ne sait si ce professionnel du négoce des textiles a convaincu à cette occasion ses interlocuteurs de sa compétence en matière de commerce de détail, comme il dira l'avoir pensé, car, c'est évident, il n'y a de toute façon plus aucune possibilité de récuser le repreneur. Mais ce jour-là il a formulé, expliquera-t-il après guerre, des « craintes [...] au sujet d'une option qui aurait pu éventuellement être donnée à une société étrangère en dehors de moi et sans que j'en aie connaissance ». On lui aurait répondu que « si l'occurrence se présentait, cela donnerait lieu à une décision gouvernementale qui serait prise en connaissance de cause ». La prétendue ignorance de l'« éventualité » ainsi signalée par le prochain président des Galeries peut évidemment faire sourire, car on ne voit pas pourquoi elle aurait été évoquée sans raison valable. On peut par ailleurs être étonné de la placidité de ses interlocuteurs qui, connaissant le dossier et par conséquent la réputation et les fréquentations d'Aubert, auraient pu poser quelques questions au sujet de cette même éventualité. Toujours est-il que ce qui devait arriver se produira effectivement, et vite, avec l'annonce par Harlachol dès la fin du mois de janvier de l'intérêt effectif que porte au grand magasin une « société étrangère », bien évidemment allemande.

Le 26 janvier 1942, ainsi, c'est par une lettre adressée à M. Barnaud que les autorités françaises apprennent que le consortium Harlachol-Aubert vient de consentir une option d'achat de 183 750 actions au prix coûtant de 33,50 francs pièce à une société dont le siège est à Berlin, la Treuhandverwaltung für das Deutsch-Niederlandische Finanz Abkommen GMBH. Le CIC, nouvelle banque des Galeries depuis le retrait du CCF, sans doute parce qu'elle travaillait déjà avec les nouveaux acquéreurs, a été constitué tiers détenteur de ces actions qui ne pourront être transférées à la firme allemande qu'« après la conclusion de la paix ». Il ne s'agit pas pour autant d'une banale promesse de vente — à supposer qu'un accord franco-allemand entre deux entreprises puisse être banal à cette époque — puisque, annonce le courrier, « la Treuhandverwaltung a versé par anticipation, le 17 janvier, la somme de 6 430 000 F ». On ne saura probablement jamais quand précisément la société d'outre-Rhin, animée par un certain Dr Kreuter, a commencé à envisager une opération lucrative avec les Galeries. On a toute raison de penser qu'elle a été présente dès l'origine ou du moins assez tôt dans la conception de l'affaire. Car tout s'explique ainsi beaucoup mieux. On se souvient par exemple que la convention entre futurs actionnaires du mois d'août 1941 prévoyait de ne laisser que 100 000 actions à Harlachol. Or c'est très exactement ce qui devra lui revenir, malgré son apparente position majoritaire, après la levée de l'option allemande, qui doit s'exercer sur son contingent. L'avance de fonds, surtout, dont le montant est loin d'être négligeable puisqu'elle permet à elle seule de payer la moitié du prix d'achat des 525 000 actions, faisait on ne peut plus probablement partie du montage financier initial de l'acquisition. Enfin il est permis de penser qu'Aubert, cheval de Troie au service de Kreuter, dont il était proche, n'a pas soudainement fait appel à cet éminent homme d'affaires d'outre-Rhin lié lui aussi au « groupe Goering », et qu'on retrouvera maintes fois en quête d'affaires dans les pays occupés, mais s'est concerté avec lui avant de franchir toutes les étapes décisives. On est en tout cas certain que l'accord de janvier a été mis au point dans le détail plus d'un mois avant sa conclusion officielle puisqu'on retrouvera après la Libération la trace d'une lettre du 15 décembre évoquant le prêt de Kreuter pour faciliter l'achat des titres ainsi que diverses dispositions laissant apparaître l'intention de l'investisseur allemand de prendre une part majeure du capital et de contrôler l'activité des Galeries. Il est ainsi prévu discrètement que la Treuhandverwaltung pourra exercer un droit de préemption sur tous les titres du groupe Harlachol et aura, dès que possible, un administrateur parmi les cinq qui composent le conseil de la société. D'ici là, on remettra « à titre amical » copie des procès-verbaux des séances de ce conseil à la société d'outre-Rhin et on lui demandera son avis avant toute décision importante.

Même la simple partie « publique » de cet accord est à tous égard inopportune et inacceptable pour les autorités françaises qui, si elles n'ont jamais *a priori* d'objections à formuler face à des aryanisations au profit de nationaux non liés à des Juifs, sont très inquiètes, on le sait, dès que se profile une opération risquant d'aboutir à germaniser officiellement l'économie du pays. Sans doute Aubert et Kreuter ont-ils pensé que les Français, après s'être inclinés une première fois devant un diktat allemand à propos des Galeries, n'oseraient pas émettre d'objection à un tel projet, apparemment bien inoffensif puisqu'il ne devait être « activé » qu'après la signature de la paix — à entendre comme une *pax germanica* dans l'esprit des signataires. Barnaud répondra dès le 30 janvier à la lettre lui exposant, pour approbation, l'arrangement franco-allemand en affirmant sans aucune équivoque, et selon l'usage quasi constant, que le gouvernement français ne saurait donner son agrément à une vente de participation à un groupe financier étranger, du moins sans contreparties appropriées. La direction des Finances extérieures rappelle pour sa part le 14 février que l'option ne pourra en aucun cas être levée, étant donné les textes en vigueur, sans une autorisation de l'office des changes et que, en vertu de la même réglementation, « vous ne deviez pas vous faire consentir une avance sans une autorisation préalable [du même office] ». N'ayant obtenu aucune réponse à cette missive pourtant fort aimable sachant qu'elle dénonce des irrégularités — on sait qu'on écrit à des gens « protégés » —, l'administration des Finances envoie une relance le 15 mars, dans laquelle elle fait mention, pour demander des explications, d'un nouveau prêt de trente millions consenti au groupe Harlachol par le si généreux financier allemand. Les nouveaux patrons du grand magasin se manifestent, cette fois, en signalant par courrier que la somme empruntée « est indispensable à la bonne marche de la société », ce qui ne répond évidemment pas à la véritable question posée. Ils assurent surtout les Finances qu'elles n'ont pas à s'inquiéter puisque l'ensemble du dossier des Galeries a été « l'objet de pourparlers entre M. Barnaud [...] et le président Michel ». Autrement dit : cette affaire est traitée au plus haut niveau au Majestic et cela paraît suffisant pour que des fonctionnaires ne viennent pas réclamer des comptes... Pour un temps, c'est effectivement ce qui va se passer, même si les autorités françaises maintiennent leur opposition de principe à l'accord déjà conclu.

La relative désinvolture d'Aubert et d'Harlachol face au mécontentement de l'administration s'explique peut-être aussi à ce moment-là par d'autres soucis. D'un point de vue financier tout d'abord, et le second prêt allemand a sans doute bien été sollicité pour cette raison, les Galeries connaissent des difficultés. Le retrait du CCF, auprès duquel le groupe était endetté à hauteur d'environ 150 millions de francs — 50 pour les Galeries proprement dites, 100 pour les Monoprix[27] —, a créé une situation tendue. Les nouveaux banquiers du groupe et les alliés d'outre-Rhin ne pouvaient — ou ne voulaient — à eux seuls résoudre ce problème à court terme. On entreprit donc de chercher au plus vite un nouveau partenaire pour obtenir de l'argent frais sans pour autant risquer un affaiblissement du contrôle sur les Galeries. La solution retenue consista à trouver un investisseur pour la filiale la plus importante du groupe, bien que récente, la chaîne des Monoprix. C'est ainsi qu'un homme d'affaires avisé, confiant dans ce type de commerce, Raoul Malard, prendra, pour 62 millions de francs, 45 % de participation dans les Monoprix, dont il assurera de surcroît la gestion, fondée avant tout sur des achats massifs et donc délicate en ces temps de pénurie. Mais le plus inquiétant pour les nouveaux maîtres des Galeries, et le plus inattendu, se situe ailleurs : on assiste début 1942 à de mystérieux mouvements sur les titres qui laissent imaginer la possible constitution d'un syndicat d'actionnaires rival.

La crainte était fondée. En face du consortium qu'on peut désormais appeler Harlachol-Auber-Kreuter, qui ne contrôle « que » 525 000 actions, un groupe tente en effet de réunir, notamment par des acquisitions en province, un paquet de titres à peu près équivalent. Les contours de ce deuxième regroupement d'actionnaires ne sont pas très nets, mais il semble avoir eu comme animateur un ancien président de tribunal de commerce, reconverti en homme d'affaires, M. Joly. Celui-ci avait réussi à gagner la confiance de Raoul Meyer et avait également contacté et rencontré à Lyon plusieurs fois Max Heilbronn, beaucoup plus méfiant. Il avait su, dans un premier temps, persuader les anciens administrateurs délégués qu'il agissait en leur faveur pour essayer de contrer les manœuvres de ceux qui s'étaient emparés des Galeries. Ainsi avait-il pu imaginer monter un « contre-syndicat » avec, d'une part, des relations des anciens dirigeants possesseurs ou dépositaires de paquets d'actions représentant des dizaines de milliers de titres, comme MM. Vuillaume et Vermorel, un proche de Meyer, et, d'autre part, ce qui était moins rassurant, un homme d'affaires d'outre-Rhin, M. Lehrer. Celui-ci avait déjà ramassé des actions, y compris dans la famille Bader, et se disait prêt à jouer le rôle d'allié des amis de l'ancienne direction en poursuivant ses achats. Il fallut un jour qu'Heilbronn prenne les devants, et rapidement, pour empêcher la vente à l'Allemand par l'intermédiaire de Joly d'une masse de cent mille titres que contrôlaient encore les proches parents de M. Bader et qui étaient cachés depuis 1940 dans la Sarthe.

Joly, dont l'ancien patron des Monoprix dira plus tard qu'il était avant tout « persuadé de la victoire allemande et désireux d'y trouver son profit », apparaîtra un temps comme suffisamment représentatif, avec ses partenaires, pour que les banques et même l'administration française, soucieuse de surveiller l'actionnariat d'un groupe important et vigilante face au danger de germanisation, tentent des réunions de conciliation entre les deux postulants au contrôle des Galeries. Le secrétariat d'État à la Production industrielle, en liaison avec la délégation dirigée par Barnaud, essaya plus précisément de profiter de la situation confuse pour monter avec les membres des deux syndicats un tour de table uniquement français qui garantirait l'avenir national du grand magasin. Mais ni Joly ni son allié Lehrer n'étaient bien vus du Majestic et ils ne pouvaient donc véritablement espérer être plus que des trouble-fête.

Tous n'avaient pas pour autant agi pour rien. Joly sera un temps administrateur des Galeries avant de devoir démissionner. Lehrer sera, certes, prié par l'administration militaire allemande de renoncer à conserver les 60 000 actions qu'il avait réussi à acquérir et de les céder au groupe Harlachol. Mais les autorités allemandes lui permettront ainsi quand même de réaliser une bonne affaire : il sera autorisé à vendre

« au pair », soit à 100 F, des titres acquis depuis fort longtemps sur les marchés ou par des voies détournées entre 30 et 60 F. Le Dr Blanke considérera cependant qu'il s'agissait là d'une petite sanction envers cet investisseur non agréé, car l'opération aurait pu être meilleure, le cours de Bourse étant déjà sensiblement supérieur au prix nominal. Il faudra d'ailleurs, pour la faire avaliser par l'administration française, obtenir une dérogation du ministère des Finances, réclamée par Barnaud à Maurice Couve de Murville, responsable des Finances extérieures et chargé du dossier des Galeries. Les textes, en effet, interdisent en principe la négociation des valeurs mobilières à des cours autres que ceux constatés en Bourse.

Harlachol et Aubert, et donc Kreuter, sortiront renforcés de cette bataille. D'une part, grâce une fois de plus à l'intervention du Majestic, ils ont pu acheter à un bon prix les titres d'un éventuel concurrent. D'autre part, à l'instigation des banques et des autorités françaises qui voyaient là à la fois un moyen de clarifier les structures de l'actionnariat et une occasion d'augmenter les fonds propres du groupe, on décidera de faire procéder à ce moment à une augmentation de capital. Or on réservera la faculté d'acquérir des titres nouveaux — émis à 105 F — au seul syndicat reconnu « après abandon du droit de souscription de l'assemblée générale des actionnaires pour assurer une majorité française certaine », comme on l'écrit curieusement dans une note du ministère des Finances. On suppose en effet par là même que Kreuter n'est plus menaçant à travers ses alliés en raison de la position ferme des autorités contre la transformation de l'option d'achat de titres en participation directe. Une hypothèse bien optimiste.

Les Juifs, évidemment, ne sont pas admis, eux, à faire de bonnes affaires, même uniquement « sur le papier », puisqu'ils ne peuvent de toute façon disposer de leurs avoirs. Les Domaines, au printemps 1942, ont reçu la garde, en raison des diverses mesures antijuives prises par les Français, de 62 000 actions des Galeries Lafayette appartenant à des Israélites. Les Allemands apprennent leur existence. Le Dr Blanke envoie alors une note à Barnaud pour lui demander de ne vendre ces titres qu'avec l'accord des autorités d'occupation — car on veut être certain qu'ils atterriront entre des mains amies, autrement dit, comme toujours, celles du syndicat Harlachol. Il ajoute qu'il ne voit aucune raison de « favoriser les Juifs », puisque « l'affaire ne s'est valorisée que depuis leur départ [de la direction] ». Et il propose donc, faisant fi des textes qui réglementent de telles transactions, qu'on ne soit pas aussi généreux qu'on l'a été avec M. Lehrer. Malgré les réserves des Domaines, le Commissariat réalise donc cette opération irrégulière, au profit des nouveaux dirigeants des Galeries, en fixant le prix de l'action à 86 F. Un cours très favorable : il faut débourser alors 146 francs pour le même achat à la corbeille.

Si, pendant un temps, celui nécessaire pour régler toutes ces affaires, on n'a plus entendu parler des intentions de Kreuter, ce n'est pas parce qu'il a renoncé à ses vues sur au moins une grande part du bloc de contrôle des Galeries. De l'opposition des autorités françaises à son projet, il n'a cure. On s'en aperçoit dès la fin de 1942 quand le financier allemand réclame, cette fois sans délai, la levée de l'option sur les 183 750 titres annoncée au début de l'année ainsi que la possibilité, résultant logiquement selon lui de la précédente opération, d'en acquérir 45 937 de plus. Il veut en effet exercer « un droit de souscription » pour les actions nouvelles émises quelques mois auparavant. On apprend alors qu'Harlachol a signé discrètement le 9 mars 1942 une note prévoyant la possibilité automatique d'exercer l'option, non pas, comme on l'avait écrit en janvier, « après la paix » mais « dès que le gouvernement français aura donné son accord ». Cette modification, peu surprenante, d'un accord qui n'avait de sens pour la Treuhandverwaltung que si la paix se dessinait à un horizon proche a été confirmée par un échange de lettres le 17 septembre. À cette date, ceci expliquant cela, M. Kreuter a entrepris de contourner l'objection principale soulevée par la direction des Finances extérieures du ministère des Finances, qui ne veut toujours pas autoriser une prise de participation allemande dans les Galeries, en réussissant à prendre le contrôle à Paris d'une petite société financière, la Société de crédit et d'investissement (SCI). Il entend charger cette coquille vide, mais française, de réaliser l'opération. Harlachol, démontrant par là au moins qu'il n'avait jamais ignoré la duplicité d'Aubert et de son allié allemand contrairement à ce qu'il affirmera à d'autres occasions, dira qu'il avait été quasiment forcé par ces derniers, qui avaient eux-mêmes rédigé tous les écrits signés de sa main, à avaliser les modifications de l'accord initial. Les autorités françaises, quoi qu'il en soit, auront à nouveau à faire face au Majestic, qui ne cache pas alors son désir de voir cette opération enfin aboutir, notamment lors d'entretiens entre Michel et Barnaud.

Le gouvernement cède tout

Le sujet, au tournant de 1942 à 1943, est délicat. Il s'agit de défendre le patrimoine national, objectif affirmé comme prioritaire par le gouvernement, alors même que, Laval étant revenu au pouvoir, on mène à nouveau une politique selon ses vues, laquelle admet volontiers des concessions au plan économique pour tenter de sauver ce qui reste de la souveraineté du pays. En pratique, les autorités françaises vont à partir de ce moment apparaître divisées, les responsables politiques estimant inutile de résister face à un danger limité alors que des hauts fonctionnaires entendent ne pas céder. Barnaud, ainsi, admet le 5 janvier 1943, dans une note à ses collègues de Vichy, que « du point de vue des intérêts français », la participation allemande, dans la mesure où elle reste minoritaire, « est sans grand inconvénient », son principe en effet étant de permettre tout au plus à M. Kreuter de réaliser « une très bonne opération » étant donné le prix d'exercice de l'option prévu en 1941 et très faible par rapport aux niveaux atteints depuis lors. À la direction des Finances extérieures et des Changes, Couve de Murville, bien que sans illusion sur la position des principaux ministres concernés, à commencer par celui dont il dépend, est d'un avis totalement opposé. Le 12 mars 1943, quand il s'exprime sur le dossier des Galeries Lafayette, rien ne le pousse, certes, à adopter une position « diplomatique », puisqu'il est à la veille de considérer enfin que « plus rien ne peut être sauvé » par Vichy des intérêts nationaux et qu'il vaut mieux rejoindre au plus vite Alger[28]. Il donne donc par écrit son sentiment d'une façon catégorique, dégageant au passage sa responsabilité vis-à-vis d'une décision qui pourrait être favorable à Kreuter. Même si, affirme-t-il, « le ministre de la Production industrielle, que j'ai consulté, m'a répondu à la date du 4 mars 1943 que "en raison des précisions qui lui ont été apportées sur cette affaire, il ne voit plus d'objection à ce que l'autorisation souhaitée soit accordée" », cette évolution de la position de Bichelonne ne le satisfait pas car « il ne fournit aucune indication sur les faits nouveaux auxquels il se réfère [...]. L'opération traitée entre M. Harlachol et M. Kreuter, irrégulière dès l'origine puisqu'elle est intervenue sans l'approbation des services compétents, est au surplus entièrement défavorable aux intérêts français ; rien ne justifie l'achat [...] sans aucune contrepartie d'une participation substantielle dans une importante société commerciale [...]. Je propose au ministre de refuser son accord à cette demande [...]. Si, comme je le pense, il approuve cette proposition, je lui serai obligé de bien vouloir revêtir le présent rapport de sa signature pour valoir l'autorisation de répondre dans ce sens à M. Kreuter ».

Le haut fonctionnaire ne se trompe pas, bien entendu, sur la position du ministre des Finances d'alors, Pierre Cathala, proche parmi les proches de Laval[29]. Sans doute sait-il que dès fin février 1943, après une visite aux Finances, Me Dinten, qui représente désormais, au moins indirectement, les intérêts de Kreuter en même temps que ceux du groupe Harlachol-Aubert, a reçu des assurances du ministre quant au déblocage rapide de la situation. Une volte-face que l'autorisation d'exercer en tant qu'institution financière accordée peu auparavant à la SCI laissait déjà prévoir. Contrairement à ce qu'il indique dans ses mémoires[30], où il n'a pas gardé le souvenir d'une telle décision, et où il se dit « opposé par principe à la prise par l'Allemagne de participations dans les affaires françaises » et « content de noter que toutes les affaires de cet ordre se passent en 1940 et 1941 », Cathala approuvera ainsi l'entrée officielle de Kreuter dans le capital des Galeries. Il recevra d'ailleurs plusieurs fois ce dernier avant de lui signifier directement par écrit l'heureuse issue de la négociation le 11 octobre 1943. Certains hauts fonctionnaires de son propre ministère seront moins diligents et retarderont autant qu'ils le pourront la mise en application de l'opération d'achat de titres autorisée. Le 5 juin 1944, à la veille du débarquement allié, le directeur du Trésor, M. Brunet, qui a hérité des dossiers de Couve de Murville, envoie ainsi encore une note à son ministre au sujet de cette affaire. Il dit avoir appris que, début mai, la chambre syndicale des agents de change, sollicitée pour autoriser l'enregistrement de la cession directe de 229 687 actions des Galeries à la SCI « à des cours très éloignés des cours actuels », autrement dit 33,50 F, a demandé des instructions face à cet étonnant marché. Sachant que les cours approchent petit à petit de la barre des 250 F, il propose, pour éviter que Kreuter ne réalise une opération décidément trop lucrative, de réclamer que la vente soit conclue à un prix en rapport avec la valeur du titre. Le 17 juin Cathala lui répond qu'on ne peut revenir sur l'accord et Brunet se trouve contraint de donner le 26 juin 1944 à la Compagnie des agents de change une curieuse autorisation d'avaliser la transaction : « J'ai l'honneur de vous faire savoir que je ne suis pas en mesure de refuser l'autorisation. » Le dénouement de l'affaire a été si tardif, cependant, que le transfert physique des titres entre Harlachol et ses banques et Kreuter ne pourra pas avoir lieu avant la Libération.

On ne sait si, la guerre ayant évolué autrement, Kreuter, comme d'aucuns l'ont supposé, aurait accru son influence sur les Galeries ou s'il ne souhaitait de toute façon que réaliser un très beau coup financier avec la complicité active d'Aubert et plus passive d'Harlachol. Un procureur retiendra cette dernière hypothèse en affirmant dans un réquisitoire en mai 1950, dans une affaire connexe qui se terminera par un non-lieu pour Aubert et Harlachol, que « le sieur Kreuter » était « chargé par le "plan de quatre ans" [dirigé par Goering] d'investir des capitaux dans des entreprises françaises en vue de favoriser le financement de l'économie de guerre allemande » et qu'il « dissimulait sa véritable activité sous l'apparence d'un dirigeant de sociétés financières »[31]. Mais il est très probable, en tout cas, que les penchants de l'homme pivot de toute l'opération, Aubert, auraient poussé le groupe à regarder vers l'Est et à nouer des alliances dans cette direction.

On possède un indice précis de l'existence de cette stratégie qui préparait l'avenir des Galeries au sein d'une Europe allemande. À la Libération, en effet, on découvre l'existence d'une filiale franco-allemande du grand magasin, Francomex, créée à l'initiative de l'homme d'affaires suisse et avec la signature, comme toujours, d'Harlachol. La société a été constituée officiellement en mai 1943 — l'accord date alors en fait de quelques mois — par les Galeries Lafayette et un associé, Riensch und Held. Cette firme d'outre-Rhin spécialisée dans le négoce et la distribution est liée à l'important groupe de grands magasins et de confection Koster, dirigé par un commissaire-gérant allemand, du fait de son actionnariat majoritaire américain, depuis l'entrée en guerre des États-Unis. Les deux entreprises, et c'est sans doute ce qui a permis alors d'initier le contact, avaient été en rapport dans les années trente, où Riensch und Held avait racheté une créance d'une dizaine de millions de francs des Galeries sur un acheteur de nouveautés en Roumanie. En fait, comme cela avait été le cas pour Kreuter, on ne fait pas apparaître officiellement la présence d'intérêts d'outre-Rhin dans Francomex. Il a simplement été convenu que tout se passerait à « compte à demi », chacun prenant en charge la moitié des frais de fonctionnement et recevant la moitié des revenus en attendant la conclusion de la paix, qui verrait bien entendu les Allemands prendre ouvertement 50 % du capital de l'entreprise. Francomex avait pour objet de réaliser et de centraliser tous les achats du groupe Riensch und Held en France et ceux des Galeries à l'extérieur, soit dans la zone d'influence allemande. L'activité effective de la société fut assez faible pendant l'Occupation et son décollage, prévu pour « après la paix » n'eut évidemment jamais lieu. Mais son principal animateur, un Hollandais nommé Hubertus Van de Vijver, sera très convenablement payé — 100 000 F par mois — et défrayé — plus de 500 000 F de frais de réception et de voyage — pendant le bref temps que durera sa mission consistant à « dresser un plan de collaboration » entre les deux partenaires. Le *curriculum vitæ* de ce délégué de l'outre-Rhin à Paris pour organiser la société franco-allemande est édifiant et on ne peut mieux adapté à son parachutage dans la filiale d'un groupe aryanisé dans l'hexagone et d'un autre « séquestré » dans le Reich. Il a été membre actif du Parti national socialiste néerlandais — on retrouvera la preuve de son appartenance à ce parti nazi entre juillet 1941 et septembre 1943. Et il a rejoint le groupe Koster « germanisé » à la suite de l'absorption par ce dernier d'une entreprise juive des Pays-Bas — la Maison de la Bonneterie, propriété des frères Max et Alfred Cohen — dont il s'était emparé en obtenant sa gérance lors de son aryanisation[32]. En France, outre son passage chez Francomex, il s'illustrera, ainsi que sa compagne française, dans des affaires douteuses réalisées avec des bureaux d'achat allemands. La justice des Pays-Bas réclamera son extradition dès sa sortie de Fresnes, où il sera emprisonné à la Libération, pour le traduire devant un tribunal d'Amsterdam en raison de sa collaboration lucrative à la persécution des Juifs de son pays.

Bonne conscience

Le débarquement en Normandie ne suffira pas à restreindre les appétits d'Aubert. Le 22 juillet 1944, moins d'un mois avant le début des combats pour libérer Paris, il reçoit encore une lettre de Me Dinten lui faisant part du résultat des négociations menées pour son compte avec le Majestic. Le Dr Blanke, lui fait savoir son conseil, « ne semble pas faire sienne la théorie des trusts ; il estime qu'il convient d'éparpiller les grosses affaires commerciales entre divers groupes et d'empêcher leur réunion entre les mêmes mains, cela afin que tout le monde ait un peu sa part des affaires prospères ». Et le responsable allemand de l'aryanisation aurait même « dit confidentiellement » à son interlocutrice qu'il ne fallait plus qu'Aubert recherche son appui pour des affaires très profitables : « Ne me demandez plus rien, car j'estime que vous avez suffisamment réalisé de belles affaires. »

Il faudra donc attendre la fin de l'été 1944 pour que l'équipe qui avait pris d'assaut les Galeries se résigne petit à petit à adopter un profil bas. Le plus lentement possible, et uniquement par obligation. Malgré l'arrivée à Paris de Raoul Meyer et le retour sur scène du CCF, où Jean Davillier a récupéré dès la Libération son fauteuil de président, Harlachol et Aubert n'entendent pas perdre sans discuter le bénéfice de leur offensive de 1941. S'ils abandonnent tous deux, contraints et forcés, leur siège au conseil d'administration des Galeries dès le 20 septembre 1944, ils veulent négocier âprement la restitution des titres.

Harlachol ne cessera jamais de soutenir, notamment devant les juges chargés d'instruire son dossier, qu'il avait été appelé par l'administrateur provisoire pour « réorganiser les Galeries » en mauvaise situation financière. Cette opération, ajoutera-t-il, s'était faite avec l'accord des autorités françaises, qui ne voulaient pas qu'un établissement financier soit à la fois le banquier et le gestionnaire d'une entreprise. Jamais il n'évoquera un lien quelconque entre le problème de l'aryanisation des Galeries et son arrivée boulevard Haussmann. Il semble même alors penser, à l'entendre, qu'on lui devrait des remerciements pour avoir si bien dirigé l'entreprise pendant son mandat de président. Les Galeries, à la Libération, ne valaient-elles pas 250 F par action en Bourse, soit beaucoup plus en francs constants qu'avant son arrivée ? Et n'étaient-elles pas devenues le premier grand magasin parisien en 1944, alors qu'elles n'étaient qu'au troisième rang derrière la Samaritaine et le Printemps à la veille de la guerre ? Cette prétention à avoir géré très convenablement la société entre fin 1941 et la mi-1944 fait sourire aujourd'hui les témoins de l'époque[33]. Non parce que les résultats ne furent pas bons. Mais parce que l'explication de ceux-ci, même si M. Harlachol, simple comparse d'Aubert, était peut-être un gestionnaire compétent, est à rechercher surtout dans d'autres directions. D'abord, comme l'explique un responsable du CCF, « il aurait fallu être le dernier des imbéciles pour ne pas réaliser des performances très honorables avec les Galeries pendant l'Occupation ». Car « les dettes étaient payées par l'inflation », puisqu'elles avaient été souscrites avant l'envol des prix provoqué par les conditions de l'Occupation, les stocks, faciles à écouler, prenaient rapidement de la valeur pour la même raison et l'approvisionnement du magasin, en ces temps de pénurie de marchandises, bénéficiait de la capacité de production d'articles textiles du groupe. Ensuite, et à cet égard le groupe Aubert-Harlachol a fait preuve de sagesse, il est vrai que l'équipe de direction a été maintenue dans ses fonctions. Et c'est bien évidemment avant tout à son efficacité, sous l'autorité de Gérome Lemaréchal, que les Galeries ont été redevables de leur relative bonne santé pendant l'Occupation*.

Face à cette bonne conscience affichée par les « usurpateurs », les propriétaires spoliés seront obligés de faire appel à la justice, par l'intermédiaire du CCF puisque c'est cet établissement qui avait dû céder le bloc de contrôle des Galeries sous la contrainte. Le 6 octobre 1944, la banque, en accord avec Raoul Meyer, assigne donc Harlachol et Aubert devant le tribunal civil de la Seine afin d'obtenir l'annulation de la vente des titres ainsi que la remise des actions nouvelles attachées à ces titres et des dividendes correspondants perçus depuis début 1942. Elle réclame en outre une astreinte de 500 000 F par jour de retard pour la restitution des valeurs et 5 millions de francs à titre de dommages et intérêts. L'audience est fixée au 11 octobre. Le prétexte essentiel invoqué jusque-là par Harlachol et Aubert pour gagner du temps et essayer de conserver une marge de négociation consistait à faire état de la difficulté à dénouer les accords de cession passés entre eux ou au profit de tiers, et par là même de l'impossibilité de se défaire rapidement des titres. La possession « physique » des certificats de propriété d'actions a en effet à l'époque une valeur qu'elle a perdue depuis. Mais Maurice Harlachol comprend que, dans l'ambiance de la Libération, la situation ne lui est pas favorable et qu'il n'a pas intérêt à heurter la justice, devant laquelle il aura à s'expliquer. Il n'attend donc pas finalement le 11 octobre pour rétrocéder, au prix payé au CCF sous l'Occupation, toutes les parts des Galeries en sa possession, soit les siennes et celles de Kreuter, en échange d'un abandon des poursuites. Aubert fera traîner encore un peu les choses mais acceptera bientôt un arrangement équivalent. Les dirigeants « historiques » des Galeries n'auront donc pas à attendre la mise en place progressive de la législation sur les restitutions aux personnes et aux entreprises spoliées pour récupérer leur bien.

Harlachol, inculpé d'intelligence avec l'ennemi, connaîtra la prison pendant quelques mois, avant d'être mis en liberté provisoire. Aubert, qui avait aussi été actif dans d'autres affaires réalisées en liaison avec les Allemands, sera arrêté pour le même motif, mais avec un dossier beaucoup plus chargé. Tous deux ont subi une première sanction lors de la restitution des titres. Le CCF, avant de rendre lui-même le « bloc de contrôle » comme prévu par la clause de réméré de 1940 à la famille de M. Bader, n'a versé à Harlachol et à Aubert que les 26,50 F par action perçus sous l'Occupation. Résultat : les 7 F de supplément imposés par le SCAP début 1942 resteront à jamais à leur charge, ce qui représentera, pour les 525 000 actions, près de 3,7 millions de francs. Une sorte d'amende extrajudiciaire. Pour l'industriel de Lodève, cette pénalisation

* D'après les souvenirs d'un responsable administratif des Galeries, Aubert, véritable tête des Galeries sous l'Occupation, aurait même déclaré à Gérome Lemaréchal qu'il devait continuer à animer l'entreprise comme si rien ne s'était passé. Si Harlachol lui créait des problèmes, avait-il ajouté, il devait lui en parler afin qu'il neutralise son partenaire, auquel il ne semblait pas faire confiance outre mesure pour gérer le groupe.

représentera à peu près le tiers de sa fortune telle qu'elle est estimée à l'époque. Mais l'affaire, en ce qui le concerne, en restera finalement là. Ayant réussi à persuader l'expert commis par le juge et ce dernier qu'il avait surtout fait de la figuration derrière Aubert lors de tous les contacts avec les Allemands et « qu'il n'a pas été établi qu'il ait connu la véritable activité de Kreuter », il bénéficiera d'un non-lieu et pourra retrouver sereinement son appartement de l'avenue Foch tout en continuant ses activités antérieures à l'Occupation. Il n'avait pas eu à rendre de comptes sur sa participation à l'aryanisation des Galeries. Tout comme, sous l'Occupation, seul le risque de germanisation de l'entreprise avait pu inquiéter les autorités, la justice de la Libération ne s'était interrogée que sur l'aspect plus ou moins patriotique de son comportement. Harlachol n'ayant jamais poursuivi sciemment un but antinational, d'après ses propres déclarations qu'on considérera comme dignes de foi, Aubert devra répondre seul de la principale charge pesant sur les repreneurs du grand magasin. Il sera considéré comme l'unique responsable de l'invitation faite à un groupe allemand de participer au capital des Galeries. Lui non plus n'aura pas à s'expliquer sur la légitimité de la conquête à bon marché d'une société juive. Accusé d'atteinte à la sécurité extérieure de l'État, il sera certes renvoyé devant la cour de justice de la Seine, où il encourra plusieurs condamnations à la peine capitale. Mais toujours par contumace. Il s'était en effet évadé, avant tout procès, une première fois, puis, après avoir été repris à la frontière suisse, une seconde fois, la bonne. Au début des années soixante, il introduira un recours en grâce, alors qu'Edmond Michelet était garde des Sceaux, pour pouvoir revenir en France [34].

L'aryanisation des Galeries Lafayette ne sera donc jamais examinée au cours d'un véritable procès public. Au sein de l'entreprise, on essaiera surtout d'oublier cette période pénible, considérée comme close après la récupération de leurs parts de capital par tous les actionnaires juifs. Un responsable des Galeries, embauché pendant l'Occupation sous le règne du CCF, et qui fera toute sa carrière boulevard Haussmann, Gérome Fossemale, neveu de M. Lemaréchal, avait été notamment chargé d'aider à mener à bien cette restitution, qui se déroulera sans trop de problèmes. Les seuls acheteurs de biens appartenant aux Galeries qui feront quelques difficultés pour rendre leurs acquisitions seront... des institutions publiques ou semi-publiques — une mairie du sud de la France et un service des Domaines.

À son retour de Buchenwald, à la mi-mai 1945, Max Heilbronn décidera lui-même de tirer un trait sur les péripéties de l'Occupation aux Galeries Lafayette en adoptant immédiatement une « règle » qu'il définira ainsi dans ses mémoires : « Ne seraient pris en compte que les intérêts de l'entreprise, pour sa bonne remise en marche. » Se refusant à « entrer dans le jeu des dénonciations », il ne cherchera donc pas à savoir quelle avait été « l'attitude de tel ou tel pendant l'Occupation » au sein du personnel. Il ne se reconnaît, après avoir

« retrouvé son fauteuil » de patron, qu'un seul objectif dans cette France de l'après-guerre où « tout ou presque était rare et rationné » : « approvisionner nos magasins ». Rien d'étonnant de la part d'un homme qui, encore en Allemagne, à la veille d'être rapatrié à Paris au sortir des camps, n'avouait qu'« une obsession : rentrer au plus vite [pour] retrouver [sa femme et sa fille] et savoir ce qu'étaient devenues les Galeries Lafayette[35] ».

XIII

La solution économique finale

Le bilan de l'aryanisation économique

L'histoire de l'aryanisation* des Galeries Lafayette, malgré toutes ses particularités, nous a-t-elle donné une idée exacte de ce qu'a représenté pour toutes les entreprises et leurs dirigeants la politique antijuive des autorités d'occupation et de Vichy ? Évidemment non. Il suffit par exemple de se rapporter au bref récit du sort d'un petit commerce de fourrures au début du chapitre précédent ou de songer aux conséquences logiques des principales mesures antisémites dont on a déjà évoqué la teneur pour imaginer la diversité des situations vécues selon le lieu, le secteur, la taille de l'entreprise, les fonctions occupées par des Juifs dans l'organigramme, le comportement concret de l'administrateur provisoire auquel on avait affaire, etc. Les entrepreneurs, à coup sûr, n'ont pas subi les effets des lois économiques antijuives de façon uniforme, ne serait-ce d'ailleurs que parce qu'elles n'ont pas été appliquées, parfois, « jusqu'au bout », faute de temps et de moyens, avant la Libération. Le seul dénominateur commun était l'impossibilité en zone occupée et la quasi-impossibilité en zone Sud d'échapper totalement à la persécution.

Les mésaventures des Galeries, cependant, ont fait apparaître une bonne partie des aspects « structurels » de l'aryanisation dans la vie des affaires et diverses facettes de la « gestion » au jour le jour de cette politique d'élimination de « l'influence juive dans l'économie » par les Allemands et surtout par le gouvernement français et son administration. Ce qui conduit, au-delà de ce cas particulier, à se poser des questions qui concernent toutes les affaires « juives » : les entreprises et leurs dirigeants ont-ils souvent tenté de résister à la réglementation qui les visait ? Y a-t-il eu en particulier beaucoup de fausses aryanisations ? Quel fut le degré de responsabilité de l'administration française dans le

* Comme dans le chapitre précédent (*cf.* note de bas de page p. 529), et toujours pour la commodité de l'exposé, nous avons choisi de ne pas mettre de guillemets aux mots ou expressions : ayryen, aryanisation, entreprise juive, etc., même quand, par évidence, cela s'imposerait.

déroulement effectif de l'aryanisation économique ? Qui en a le plus profité, des Allemands ou des Français ? Quel a été le rôle des administrateurs provisoires dans la mise en œuvre des mesures antijuives ? Que s'est-il passé au moment de l'épuration et de la restitution des biens à la Libération ? Quel a été le bilan final, à l'été 1944, de la politique d'aryanisation de l'économie française ? En les reprenant un par un, avec de nombreux exemples à l'appui, nous allons émettre quelques conjectures sur tous ces points essentiels.

Résistance ou résignation ?

Comment en premier lieu furent accueillies, si l'on peut dire, les lois économiques antijuives par ceux qu'elles pénalisaient ? Boulevard Haussmann, on l'a vu, on a tout d'abord tenté d'anticiper une réglementation qu'on supposait inéluctable. Pour éviter d'être concerné par les ordonnances sur l'aryanisation, on a notamment conçu, dans l'urgence, une opération financière de nature à permettre un transfert réversible du contrôle de l'entreprise à des intérêts amis. Ces mesures de sauvegarde ne s'étant pas révélées suffisantes, on a adopté une stratégie de repli vigilant. Les deux principaux dirigeants ont conservé leur fonction, puis un poste d'« expert », tant que c'était possible, avant de se mettre à l'abri, à la mi-1941, en zone libre. Cette capacité à prévoir les événements ou à les « accompagner » et cette volonté — même si ce fut finalement en vain — d'en prévenir les effets ne semblent pas avoir été exceptionnelles mais ne témoignent d'aucun comportement « standard » dans la résistance face à l'adversité.

Certains paraissent d'ailleurs avoir été plus prompts à réagir. M. Lévy, l'animateur de la Galerie Bernheim & Cie[1], s'est réfugié dès juin 1940 en zone libre avec une grande partie de ses stocks — les tableaux, il est vrai, sont relativement faciles à déménager. Ou, pour citer un nom célèbre, Édouard et Robert de Rothschild ont également décidé de s'éloigner, quitte à ne pas pouvoir mettre à l'abri une bonne part de leurs biens, avant même l'installation à Paris des Allemands. Ils connaissaient, il est vrai, mieux que tous, les membres de la famille installés dans les territoires déjà contrôlés par le Reich en ayant fait l'expérience, les pratiques antisémites radicales de l'occupant et sa haine à l'égard des symboles de la réussite et de la fortune juives. Parmi les plus rapides à prendre des mesures, on peut aussi citer les dirigeants de Van Cleef et Arpels, qui déménagent leurs précieux stocks de bijoux en zone libre dès juin 1940 et vendent la société à une relation deux mois plus tard. Ou Pierre et Paul Wertheimer qui cèdent dès l'été 1940, avant de se réfugier aux États-Unis, leurs intérêts dans les parfums Chanel à l'industriel de l'aéronautique Félix Amiot, dans le cadre d'une « fausse aryanisation » précoce qui « tiendra » jusqu'en 1944[2]. Ou encore les frères Schreiber, propriétaires du journal *Les Échos*, dont hériteront leurs fils Jean-Jacques et Jean-Louis Servan-Schreiber, qui déplacent dès le 27 mai, bien avant la défaite, leurs bureaux et l'essentiel de l'administration de l'entreprise vers le Sud, avant de céder plus tard le titre, qu'ils ont pu faire paraître quelque temps à Toulouse, à un fournisseur et ami[3]. Difficile, cependant, de tirer des conclusions de tous les replis précoces en ces jours d'exode. Mettre à cette époque certaines sociétés, et surtout un journal, en sécurité bien au-delà de la Loire relevait sans doute autant d'un impératif suggéré par le bon sens, par exemple pour ne pas avoir à subir la censure des occupants, que d'un souci d'éviter de futures mesures antijuives encore difficiles à cerner.

Sans que l'on puisse l'affirmer avec certitude, en l'absence de toute enquête systématique, il semble que l'on puisse repérer une différence de réaction, peu surprenante d'ailleurs, entre les petites et les grandes entreprises, qu'elles soient commerciales ou industrielles. À l'instar des Galeries Lafayette, la plupart des sociétés importantes contrôlées par des capitaux juifs ont fini par prendre des mesures de protection juste avant ou juste après l'ordonnance du 18 octobre : mouvements au sein de la direction ; opération, au moins apparente, d'aryanisation des parts sociales ; délocalisation d'activités ou de personnel en zone libre, etc. Ce fut le cas en septembre ou en octobre 1940 pour le marchand de tissus Bouchara, en novembre pour le fabricant et distributeur de chaussures André, en octobre pour le spécialiste mondial des charbons pour l'électricité Carbone-Lorraine[4], etc. On connaît, grâce à une note du Commissariat adressée en juillet 1942 aux Allemands pour dénoncer cette initiative, le cas d'un industriel qui a créé de toutes pièces et en toute urgence en octobre 1940, avec des hommes de paille non juifs, une société au capital de 200 000 francs uniquement destinée à racheter la sienne[5]. Ces initiatives furent parfois couronnées de succès : Bouchara, on y reviendra, a été totalement épargné. Elles se révéleront souvent, nous évoquerons là aussi des exemples, insuffisantes, à l'instar de ce qui s'est passé boulevard Haussmann. Elles permirent cependant toujours de retarder l'application des lois antisémites. Et on peut penser que ce sursis n'a pas été pour rien dans le maintien de certaines entreprises sous leur forme d'avant guerre, même quand elles étaient menacées par des concurrents souhaitant leur perte. Il en sera ainsi, l'aryanisation n'étant pas achevée en 1944, pour les Chaussures André. Les manœuvres de retardement qui s'appuyèrent, quand on en avait les moyens et quand c'était envisageable, sur la justice — dans les cas de mariages mixtes, par exemple, où la part du conjoint aryen, par définition, ne pouvait être « aryanisée » — ne furent pas les moins efficaces. Les tribunaux ne se sont pas montrés très désireux, en effet, de faire primer les lois raciales sur les lois « ordinaires » en matière de propriété. Et il semblerait que bien des recours, fondés sur toutes sortes de raisons, ont réussi à différer ici ou là la conclusion de l'aryanisation jusqu'au bout[6]. La récupération de l'entreprise ne pouvait que s'en trouver facilitée après la Libération.

Les dirigeants des petites entreprises, en particulier des petits commerces, en moyenne moins bien informés que ceux des sociétés de plus grande envergure, ont souvent paru plus passifs, ou plutôt moins actifs, pendant les premiers mois de l'Occupation. Ils n'ont guère eu, en général, ne serait-ce que la possibilité de se protéger immédiatement en réalisant leur capital pour de bon ou à travers une vente « de complaisance ». Leur travail représentait, dans la plupart des cas, leur seul moyen d'existence, nécessaire à leur survie. La valeur de leur entreprise était souvent liée à leur savoir-faire technique ou commercial et par là même à leur présence. Il fallait donc tenter de résister sur place, au grand jour ou clandestinement, le plus longtemps possible. En tâchant, si on était prévoyant, de mettre de côté par tous les moyens de quoi tenir quelque temps. Pour le jour vite redouté où on subirait le sort promis à terme par les textes à tous les entrepreneurs juifs de la zone occupée et, un peu plus tard, de la zone Sud : l'élimination plus ou moins complète de la vie des affaires. L'itinéraire, en rien exceptionnel, d'un couple de commerçants, M. et Mme Berlinski, raconté par cette dernière, donne une idée des périls qu'eurent à affronter les animateurs de ce qu'on n'appelait pas encore les PME lorsqu'ils étaient juifs — et en particulier, circonstance aggravante, juifs étrangers[7].

C'est en 1936 que M. Berlinski, âgé de vingt-deux ans, crée une petite affaire de vente en gros de bonneterie. D'abord aidé par sa femme, il ne tarde pas à embaucher trois ou quatre employés car le commerce se développe régulièrement. Il se fournit chez des industriels de Troyes et approvisionne des détaillants, toujours plus nombreux, de la capitale. Survient la guerre. M. Berlinski, Polonais d'origine tout comme sa femme, souhaite acquérir la nationalité de son pays d'adoption. Il considère donc normal de s'engager dans un bataillon étranger de l'armée française, laissant à sa femme le soin de gérer l'entreprise. Tous deux sont devenus apatrides depuis qu'à la suite d'un décret pris à Varsovie une bonne partie des Juifs émigrés de Pologne ont perdu leur citoyenneté en 1938. D'avoir servi sous le drapeau tricolore ne changera pas la situation du commerçant ni celle de son épouse. On leur refuse la nationalité française. Dès la fin du mois de septembre 1940, ils doivent se faire recenser comme Juifs au commissariat le plus proche de leur domicile, situé, comme l'entreprise, au faubourg Saint-Antoine, à l'est de Paris : « Cela ne nous a pas gênés de nous présenter au commissariat, car on était fiers d'être juifs. »

Au tout début de l'Occupation, le couple a poursuivi ses activités professionnelles presque comme auparavant : « Les Allemands ne nous empêchaient pas de travailler. » Il a dû pourtant rapidement se séparer de son personnel, devenu inutile en ces temps de pénurie. Après la promulgation de l'ordonnance du 18 octobre 1940, entendant parler du risque de nomination prochaine d'un administrateur provisoire, les Berlinski s'inquiètent et décident de faire face à leur manière : ils abandonnent leur local professionnel, déménagent leur stock dans un nouvel entrepôt et, officiellement, liquident l'entreprise. Ils considèrent qu'en attendant la suite des événements le plus simple, et le plus prudent, est de travailler clandestinement. Connu à Troyes comme un homme d'affaires compétent et honnête, jouissant de l'estime de ses fournisseurs, M. Berlinski réussit encore à trouver de la marchandise chez certains industriels. Une tâche difficile car, petit à petit, « les gens ont commencé à cacher leurs produits, n'ayant plus confiance dans la monnaie avec laquelle on les payait ». Outre cette crainte de l'inflation qui pousse à conserver des biens « réels », les fabricants cédaient souvent leurs lots disponibles de préférence aux Allemands, redoutables concurrents car « ils achetaient tout », et sans trop discuter les prix.

Vivant de la revente des articles rapportés de Troyes ou de prélèvements sur les stocks mis à l'abri, le couple poursuit ainsi son activité jusqu'à l'été 1941. Une première rafle a alors lieu, un matin, dans leur quartier du XIe arrondissement : « On ne s'y attendait pas du tout. Même quand on nous avait demandé de faire tamponner [avec l'inscription Juif] notre carte d'identité au commissariat français, on avait pensé que c'était sur ordre allemand, et que ce n'était pas si grave [car l'État français nous protégerait]. » Les commerçants sont prévenus de l'opération policière par la concierge, et Mme Berlinski va se renseigner : « J'ai vu qu'on arrêtait les hommes dans la rue après leur avoir demandé leur carte d'identité. » Sur l'instant, M. Berlinski, « habitué à l'antisémitisme polonais », pense que la situation devient dangereuse. Encore plus que pour d'autres, évidemment, pour ceux que l'on recherche en priorité pour les interner, les Juifs apatrides. « Mon mari nous envoie, poursuit Mme Berlinski, ma fille et moi, chez mes parents ; et lui se cache à l'étage au-dessus, chez des voisins. Dans l'après-midi, une fois la rafle terminée, je reviens. Mon mari décide de partir en zone libre pour Lyon. » Il laisse pour le moment sa famille dans la capitale, puisqu'on ne place en détention, semble-t-il, que les hommes. Mme Berlinski s'active alors pour écouler au maximum le stock, afin d'amasser un pécule aussi important que possible. Elle quitte Paris à son tour avec son enfant « avant qu'on ait imposé le port de l'étoile jaune en zone occupée », donc avant le printemps 1942, et sans doute même fin 1941. Dans les jours précédant son départ, marqué par un passage rocambolesque de la ligne de démarcation, elle tente d'expédier toute la marchandise invendue par le train et par la poste en zone Sud, à Blois, une partie à la consigne, une partie chez des relations professionnelles. Mais « tous ces stocks ont été pillés, une moitié par les Allemands quand ils sont arrivés en gare de Blois, l'autre... par ceux à qui on les avait confiés ». Heureusement il avait été possible auparavant d'envoyer à Lyon tout l'argent disponible, « caché dans des chaussettes », et le poste de radio, si précieux, grâce à des envois réguliers « gare restante ».

M. Berlinski a bénéficié dans la capitale rhodanienne de l'aide d'un réseau informel d'entraide juive, et a pu y retrouver ou s'y faire des amis. Il a réussi à se réinstaller tant bien que mal. Il peut accueillir décemment sa femme et sa fille, d'autant qu'à court terme, grâce aux réalisations de stocks, l'argent ne fait pas défaut. Le répit est cependant de courte durée. Fin 1942, Mme Berlinski apprend l'arrestation, par la police française, puis l'internement et la déportation de ses deux parents restés à Paris. Peu après, la disparition de la zone libre oblige à nouveau le couple d'ex-commerçants apatrides à la plus grande prudence. « Heureusement mon mari était blond aux yeux bleus et personne ne le prenait pour un Juif », commente Mme Berlinski. Il faut cependant quitter Lyon, trop exposé, pour sa périphérie, Villeurbanne exactement, puis ce dernier refuge, où les Allemands s'avèrent trop présents, pour des contrées plus reculées. Les Berlinski iront ainsi de cache en cache, dans la région de Grenoble et en Haute-Savoie, parfois dans des auberges puis, quand le patron du lieu prend peur, chez des particuliers. Ils ont toujours tenu à conserver leur poste de radio malgré l'interdiction d'en posséder décrétée par les Allemands, pour les Juifs, le 7 août 1941. Quand ils apprennent sur les ondes que les Américains ont débarqué, ils sont à bout de ressources et surtout à bout de force, « découragés, traînant misérablement, prêts à se laisser aller » et commençant « à ressembler à des clochards ». Ils ont pourtant réussi, certainement grâce au pécule amassé avant le départ, à ne pas faire partie des treize mille Juifs apatrides réfugiés en zone Sud arrêtés par les autorités françaises et remis aux Allemands pour être déportés. Ils sont de retour à Paris, en camion-stop, le premier jour où cela s'avère possible, fin septembre ou début octobre 1944. M. Berlinski, laissant sa femme et sa fille à la recherche d'un logement dans un hôtel meublé de la capitale, repart immédiatement pour Troyes. Il veut retrouver ses fournisseurs, afin — priorité des priorités — de reprendre le travail et de « remonter la pente ». Il y parviendra assez vite.

Nous avons cru déceler à première vue, avons-nous dit, une certaine « corrélation » entre la taille des entreprises et leur destin ainsi que celui de leurs dirigeants. C'est une hypothèse vraisemblable au vu de notre documentation. Et on peut facilement imaginer que les « grands » avaient plus de possibilités de manœuvrer pour résister que des petits entrepreneurs comme les Berlinski, rapidement contraints à fuir. On doit admettre cependant que cette hypothèse est loin de s'apparenter à une règle toujours vérifiée par l'exemple. D'abord parce que la grande taille ne fut pas toujours un atout : impossible, comme les Galeries Lafayette l'ont expérimenté, de ne pas attirer l'attention et les convoitises quand on est important. Ni la petite un handicap : les arrangements amiables et discrets, les ventes clandestines ou non de stocks cachés furent souvent plus faciles à réaliser dans les structures légères. Ensuite, et surtout, parce que des critères indépendants de l'envergure de la société pouvaient s'avérer décisifs : l'origine des entrepreneurs (Juifs français, mieux protégés, ou Juifs étrangers, particulièrement en danger, surtout quand ils étaient apatrides), l'attitude plus ou moins conciliante des partenaires de l'entreprise (fournisseurs, clients, concurrents...) et de l'administrateur provisoire, etc. Enfin parce que la psychologie et les principes de chacun pouvaient déterminer des comportements complètement différents dans des situations pourtant très semblables, là encore quelle que soit la taille de l'entreprise. Le cas du patron de Nordon, une société de pointe en chaudronnerie industrielle employant en 1939 quatre cents personnes, illustre bien ce dernier point, puisqu'il peut apparaître à bien des égards comme un contre-exemple face à celui des dirigeants des Galeries Lafayette[8].

Gustave Nordon, parti en apprentissage en 1890 à l'âge de treize ans, après le certificat d'études, dans un atelier de chaudronnerie industrielle, chez Diebold, est le prototype même du *self-made man*. Il s'installe à son compte à Nancy en 1902 avec l'aide de son frère et, après son mariage en 1904, celle de sa femme, qui assurera la comptabilité de la société. Inventeur-né, il travaille le dimanche matin à mettre au point ses dernières trouvailles : un alambic basculant, des générateurs de vapeur, des échangeurs thermiques, des tubes d'eau et de vapeur en acier (le « manchon Nordon » aura son heure de gloire entre les deux guerres), etc. Celles-ci assurent peu à peu le développement et la prospérité de l'entreprise, bientôt connue au-delà des frontières. Le patron se veut moderne — il est allé jusqu'à Pittsburgh observer les méthodes de travail américaines en 1919 — et il professe des idées sociales avancées — il accorde huit jours de congés annuels à ses ouvriers dès 1930. Mais il est surtout très paternaliste. Comme le rapporte sa biographe, Françoise Job, il appelle ses ouvriers, qui ne feront d'ailleurs pas grève en 1936, « mes enfants » — ce qui ne révèle aucune frustration de la part d'un homme dix fois père. Dans une plaquette qu'il a rédigée et publiée en 1932, *Le Nouvel État social*, il a cru devoir citer en exemple Mussolini, dont il approuve alors l'action en faveur des ouvriers. Quand arrive la guerre de 1939, il pense sans doute que, comme entre 1914 et 1918, l'essentiel est « de maintenir l'entreprise envers et contre tout pour que les démobilisés retrouvent leur emploi à la fin du conflit », selon la formule de sa biographe. Il connaît fort bien l'Allemagne : il vit en Lorraine et sa société est active outre-Rhin, où il possède de nombreux partenaires, dont Siemens. Mais il a beau savoir ce qui s'y passe, il ne semble pas, bien que juif, éprouver la moindre crainte de l'avenir. Il est sûr de la victoire de la France, qui bénéficie d'une santé économique à son avis meilleure que celle de l'Allemagne, exténuée par l'effort de guerre ; il l'écrit dans le journal d'entreprise mensuel qu'il a créé dès l'automne 1939 afin de le vendre au profit des mobilisés. Pour maintenir l'activité de ses usines, particulièrement utiles à l'effort de guerre, il a obtenu de conserver comme « affectés spéciaux » un certain nombre d'employés et d'ouvriers indispensables. Mais il a refusé la moindre faveur pour sa famille, et ses trois fils comme ses trois gendres sont partis sous les drapeaux.

L'avance ennemie le convainc d'envoyer dès mai 1940 en vacances prolongées sur la côte normande sa femme, trois de ses filles et ses petits-enfants. Lui-même reste à Nancy pour remplir son « devoir » à la tête de son entreprise. Lorsque l'arrivée des troupes allemandes paraît imminente, Gustave Nordon décide de replier la société et tous les employés qui le veulent à Lyon, où il possède un atelier. Le samedi 15 juin à six heures du matin, la veille de l'entrée de la Wehrmacht dans la ville, la « caravane Nordon », composée d'une centaine de personnes entassées dans les quelques véhicules que l'entreprise possède ou a pu se procurer, se met en route, suivie à distance par des ouvriers partis à vélo. Le convoi est rattrapé par l'offensive allemande, au bout de trois jours, dans la région de Pontarlier, où les ponts viennent de sauter. Le patron, qui organise tout — ravitaillement, creusement des feuillées, etc. —, décide qu'on bivouaquera dans un village, Nods, à vingt-cinq kilomètres de Pontarlier. Il incite « ses » ouvriers métallurgistes à aller aider les paysans en cette période de travaux des champs. L'armistice conclu, il dépêche un émissaire à la Kommandantur de Besançon pour demander s'il est possible de circuler ; cette assurance obtenue, il donne le signal du retour. Le 27 juin, après bien des péripéties, il est revenu à Nancy. Il découvre des militaires ennemis cantonnés chez lui.

Certains lui conseillent de quitter sur-le-champ la Lorraine pour la zone libre puisque, comme il le sait fort bien lui-même, il a tout à redouter de l'occupant nazi. Il ne veut rien entendre. Là encore, il tient à assumer, ainsi qu'il l'écrit dans son journal, « ses responsabilités de chef d'entreprise ». Il ne décourage pas sa femme de le rejoindre à Nancy. Il semble d'ailleurs qu'un tiers, tout au plus, des Juifs de la cité lorraine aient décidé de s'éloigner de la région en cours d'occupation par l'Allemagne pendant l'été et le début de l'automne 1940. Mais la décision de rendre obligatoire la mention Juif ou Juive à l'encre rouge sur les cartes d'identité le 21 octobre 1940 accélérera le rythme des départs en zone Sud et les 2 625 Juifs recensés par les autorités en septembre 1940 ne seront sans doute plus que quelques centaines, nettement moins d'un millier en tout cas, quelques mois plus tard. Gustave Nordon ignore si peu ce qui se prépare qu'à la première occasion, lors d'un déménagement d'amis permis par les autorités d'occupation, il évacue de son appartement tous ses objets de valeur pour les mettre à l'abri à Lyon. Sans doute, tout en étant choqué par les mesures antisémites qui se multiplient, estime-t-il que ce qui arrive justifie en partie son sentiment, dont il ne fait pas mystère, que le rejet des Juifs en France est dû à leur enrichissement depuis l'émancipation de 1791 et à leur embourgeoisement. Quand, en juillet 1941, il se concerte avec sa famille avant de remplir la déclaration obligatoire de ses biens, il déclare que « chacun doit la faire conforme à celle qu'il établirait pour sa feuille d'impôts [si celle-ci devait comporter la mention de la valeur des biens] ». Il pense, assure-t-il alors, que les autorités veulent prouver que la fortune juive est supérieure à la moyenne nationale, ce qui serait la cause de l'antisémitisme.

Jamais, assure sa biographe, il n'a imaginé à cette époque que les persécutions pourraient être motivées avant tout par des considérations racistes. Il écrit alors, en pleine période d'aryanisation et de confiscation des biens, qu'« il ne voit absolument aucun inconvénient à ce qu'on prélève sur la fortune des riches des allocations pour les coreligionnaires pauvres ». Nul ne pouvait être mieux désigné que cet homme de devoir, « modéré » et « raisonnable », pour jouer un rôle dans une association officielle d'entraide des Juifs. Lorsque l'UGIF (Union générale des Israélites de France) cherche un représentant régional, on songe donc immédiatement à lui pour diriger localement cette organisation, créée fin novembre 1941 par Vichy. Il s'agissait, une fois de plus, de garder sur l'ensemble du territoire le contrôle de tous les aspects de la politique vis-à-vis des Juifs dans des mains françaises, quitte à aller, ce faisant, au devant des désirs des Allemands. Dannecker, le chef de la « section juive » de la SIPO-SD en France, avait en effet annoncé à Xavier Vallat, responsable du Commissariat général aux questions juives, son intention de créer, mais dans la seule zone occupée, un Conseil juif central dès août 1941, et ses efforts paraissaient en voie d'aboutir. Chargée, selon le *Journal officiel*, de la « représentation des Juifs auprès des pouvoirs publics, notamment pour les questions d'assistance, de prévoyance et de reclassement social » et subordonnée en fin de compte au Commissariat, cette nouvelle structure administrative avait suscité bien des préventions dans la communauté juive — et notamment l'opposition du Consistoire — au moment même de sa naissance. Elle sera d'ailleurs souvent perçue après guerre comme ayant servi, même à son corps défendant, d'instrument de collaboration à la politique antisémite des Allemands et de Vichy[9]. Gustave Nordon n'est pas suspect de sympathie pour le moindre geste de collaboration. Il l'a encore prouvé en mars 1941 en écrivant à ses deux fils étudiants, Jean (École normale supérieure à Paris) et Robert (faculté de médecine de Lyon), pour leur conseiller sans aucune ambiguïté de rejoindre la France libre du général de Gaulle. Mais il ne pense pas pouvoir répondre négativement quand on lui propose, après avoir vainement cherché d'autres candidats, une mission consistant, d'après la lettre que lui adresse en juin 1942 André Baur, président de l'UGIF, à « améliorer le sort de nos malheureux coreligionnaires » et à « prendre des œuvres [de charité] en charge » dans sa région. Il se consacre donc à cette nouvelle tâche à partir de juillet 1942.

À cette date, au bout de deux ans d'Occupation, Gustave Nordon est de plus en plus libre de son temps, puisque son entreprise a suivi presque jusqu'à son terme le parcours d'obstacles de l'aryanisation. Fin 1940, cent trente et une entreprises juives, sur les cent soixante que comptait Nancy avant guerre, sont encore en activité ; cinquante d'entre elles sont déjà dotées d'un commissaire-gérant chargé de les délivrer de l'« influence juive ». Nordon a la malchance de faire partie de ces dernières mais aussi la « chance » relative d'avoir affaire à un administrateur provisoire, Lucien Pagel, un petit imprimeur local, qui s'avère bien disposé, et même complaisant, envers son administré. En mars 1941, loin de vouloir l'éloigner de ses ateliers, il écrit au fondateur de l'entreprise que « son concours est nécessaire » pour « assurer la parfaite exécution des commandes ». Mais l'autorité de tutelle de l'administrateur, le SCAP (Service de contrôle des administrateurs provisoires), n'entend pas favoriser le maintien de telles situations. Interrogé à la même époque par Gustave Nordon, qui lui demande par courrier si « la participation des anciens patrons dans les nouvelles sociétés aryennes était envisageable, voire prévue », le service de M. Fournier répond que rien de tel n'est concevable ni *a fortiori* prévu, car l'autorité allemande se réserve le droit d'éliminer « complètement » — le mot est souligné dans le courrier — l'élément juif des entreprises. Peu après avoir reçu cet éclaircissement peu encourageant sur la politique suivie par l'administration française, Nordon, qui jusque-là n'avait pas de soucis matériels immédiats, apprend que cette période est révolue : suivant l'ordonnance du 26 avril, non seulement ses comptes sont bloqués et il ne peut plus recevoir de l'administrateur qu'un éventuel « subside indispensable », mais les postes d'« expert » dévolus parfois aux anciens dirigeants devront être supprimés. Il comprend qu'il lui faut s'effacer au plus vite — du moins en tant qu'entrepreneur. En juillet 1941, il distribue à ses employés une grande partie des actions de la société qu'il détient avant de laisser définitivement sa place de patron à un membre non juif du conseil d'administration, Henry About. Celui-ci, bien que P-DG en titre, laisse les pleins pouvoirs à un homme de confiance de Gustave Nordon au sein de l'entreprise, le comptable Marcel Courtot. Grâce au dévouement de ce dernier et à l'attitude amicale de M. Pagel, Gustave Nordon continue de fait à superviser, autant que possible dans de telles conditions, la marche de la société bien après ses adieux officiels au personnel, le 17 juillet 1941. Ce jour-là « j'ai presque pleuré », consigne-t-il dans son journal. Par prudence, il descend rarement de son appartement, situé au-dessus des ateliers, et ce sont les employés qui montent pour se concerter avec lui. Ce « manège » durera jusqu'au début de mars 1944.

La principale activité de Gustave Nordon, entre 1942 et 1944, consiste cependant à remplir au mieux ses fonctions à l'UGIF. À peine a-t-il accepté cette charge, en juillet 1942, qu'il assiste, le 22 de ce mois-là, à l'arrestation des « Israélites étrangers » de Nancy. Il a fallu immédiatement organiser l'hébergement, dans l'asile des vieillards des œuvres juives de la ville, des enfants, des hommes et des femmes promis à la déportation. Les mois suivants, ce sont les véhicules de l'entreprise Nordon, toujours grâce à la complicité de ses responsables, qui apporteront du ravitaillement dans le camp d'Écrouves, le « Drancy lorrain », dans la banlieue de Toul. L'ancien patron est moins que jamais dupe du sort prochain qui attend tous les Juifs de la région puisque, au retour d'une visite dans ce camp, il évoque « un lieu de résidence qui nous est plus ou moins promis ». Quand il se voit retirer, malgré ses fonctions, le droit de circuler, c'est le dévoué Marcel Courtot qui se rendra lui-même à de multiples reprises à Écrouves pour convoyer le ravitaillement et tenter de réconforter les internés — l'un d'entre eux le prendra un jour pour... un rabbin. On se procure la nourriture destinée aux prisonniers, suivant les instructions de Nordon, en proposant des « bons matières » en échange. L'homme qui s'occupe de ce troc délicat, Robert Liser, paie ainsi sa dette envers son « sauveur » : en 1943, déjà trois fois requis pour le STO, il a été embauché à la demande de l'inventeur dans l'entreprise de chaudronnerie industrielle, échappant définitivement au départ outre-Rhin.

Pendant l'été 1943, Liser et Nordon, qui cache son étoile jaune sous une écharpe, vont ainsi ensemble chercher des haricots à Lunéville, peu après avoir réussi à obtenir en une seule fois sept cents kilos de confiture contre du cuivre. Quelques mois auparavant, le délégué de l'UGIF a perdu son adjoint pour le secteur d'Épinal, un négociant en machines agricoles nommé Halbronn. Il a été arrêté et déporté par les Allemands pour « avoir maintenu de façon trop évidente son activité », autrement dit pour ne s'être pas soumis sans réticence à l'aryanisation totale de son affaire. Il ne reviendra jamais des camps.

Début 1944, Nordon, qui se sait en simple sursis, a prévu sa succession pour l'après-guerre : l'entreprise, dit-il, devra être dirigée par son gendre René Hirschel. Si par chance il survit, il ne sera pas « encombrant » car il est résolu, écrit-il, « à vivre à [sa] guise, en dehors des affaires ». Plus que jamais, son entourage, ou ce qu'il en reste, le pousse à fuir. Un industriel d'Épinal concurrent mais ami, M. Lardet, pense sans doute qu'il manque désormais de moyens pour voyager : il arrive un jour avec cent mille francs qu'il pose sur la table. Mais Gustave Nordon n'en démord pas : un capitaine ne quitte pas le navire avant les autres, son devoir est de ne pas abandonner les persécutés dont il doit s'occuper. À la fin de l'hiver 1943-1944, la Gestapo ne respecte déjà plus depuis des mois la prétendue promesse faite à Laval par le général Oberg, chef de la police allemande et des SS en France, de ne pas arrêter sans motif de Juifs français. Elle décide d'organiser une rafle à Nancy. Le 1er mars, le chef de cabinet du préfet régional prévient le délégué de l'UGIF qu'il risque d'être visé. Celui-ci ne modifie pas sa ligne de conduite.

Le 2 mars à cinq heures du matin, un certain Müller vient frapper à la porte de Nordon, qui ouvre. Un ouvrier, M. Renaudin, venu allumer la chaudière du bâtiment, est témoin de la scène ; il lance un mot d'encouragement à son employeur de toujours. Le policier allemand lui rétorque immédiatement : « Votre patron, vous le reverrez jamais ! » Une prédiction hélas exacte. Robert Liser tente bien de faire évader le captif d'Écrouves, en proposant de soudoyer un responsable allemand. Mais Nordon entend « rester avec [ses] coreligionnaires ». Le 30 mars, il monte à bord d'un wagon à bestiaux avec sa femme pour rejoindre Drancy. Le 13 avril 1944, toujours avec elle, il se trouve dans le convoi n° 71 qui atteindra Auschwitz trois jours plus tard. On suppose qu'ils ont été assassinés à leur arrivée, le 16 avril, s'ils ne sont pas morts au cours du transport. Après l'arrestation de son patron, Courtot a courageusement décidé de le remplacer dans toutes ses fonctions, y compris à l'UGIF. À la Libération, René Hirschel, conformément à la volonté de son beau-père, prendra la direction de l'entreprise. Quelques années plus tard, la société Nordon emploiera des milliers de personnes, devenant un leader mondial dans certaines spécialités de son secteur et fournissant les fabricants de centrales nucléaires.

Parfaitement informé, nanti de moyens et d'appuis, français et donc moins exposé que la cible prioritaire des Allemands constituée par les Juifs étrangers, que Vichy sacrifia, Gustave Nordon a pourtant connu un sort plus tragique que celui de la majorité des entrepreneurs juifs. Sa destitution pour cause d'aryanisation a pour le moins constitué une étape décisive sur le chemin les camps de la mort. Il ne fut pas un héros de la résistance aux nazis mais plutôt un « simple » homme de devoir, longtemps au service d'un organisme contesté, et sa mémoire n'a guère été honorée après la guerre. Il a pourtant témoigné à un point extrême, presque jusqu'à l'absurde, de ce que pouvait représenter le sens de la responsabilité pour un dirigeant d'entreprise estimant devoir jouer un rôle social. Son cas apparaît donc à la fois très singulier — des réactions comme les siennes face à la montée des périls ne furent pas courantes — et on ne peut plus exemplaire. Mais il fait surtout ressortir à quel point les « stratégies » subjectives l'ont bien souvent emporté sur les « politiques » pragmatiques, même au sein des entreprises d'une certaine taille, dans les situations d'exception qu'eurent à connaître les industriels et les commerçants juifs entre 1940 et 1944.

Il existe au moins un élément de comportement commun dans tous les cas que nous avons pu examiner et qui, s'il n'est pas surprenant, mérite pourtant d'être signalé : aucun entrepreneur juif ne semble s'être résigné à subir l'aryanisation sans tenter de résister, même si chacun l'a fait en son temps, à sa manière et selon son tempérament plus ou moins combatif. On ne peut pas, quand on est patron, petit ou grand, se résoudre à abandonner son entreprise. Peu importent, à cet égard, les caractéristiques de la société. Et que la survie des dirigeants soit liée ou non au maintien en fonction de la structure et de ses animateurs ne change rien à la situation. Rares sont les patrons juifs, parmi ceux qui ont pu imaginer une telle solution comme praticable, qui n'ont pas songé, à l'instar des dirigeants des Galeries Lafayette, et même si ce fut le plus souvent plus tard, à tourner d'une façon ou d'une autre les lois sur l'aryanisation pour perpétuer leur affaire. Même un homme plutôt accommodant et légaliste comme Gustave Nordon a agi ainsi, avec l'appui tacite de l'administrateur provisoire, en continuant, jusqu'au dernier jour, à diriger dans l'ombre sa société. Même ceux qui ne sont pas passés à l'acte et ont préféré s'éloigner, comme le patron de Carbone-Lorraine, ont commencé par envisager de le faire [10]. Quand des cas nous donnent l'impression contraire, par exemple ceux de commerçants juifs réclamant eux-mêmes la nomination d'un administrateur provisoire pour leurs affaires alors qu'on les a « oubliés », on s'aperçoit toujours que l'enjeu de tels comportements est celui de la survie de l'entreprise. Sans administrateur, comme s'en est aperçu le fabricant-tricoteur B. Zylbersztaijn en mai 1941, après une « visite » du commissaire de police de son quartier de Belleville à Paris, on est à la merci à tout moment d'un ordre de fermeture immédiate de l'entreprise. Mieux vaut donc, pour éviter de devoir immédiatement plonger dans la clandestinité, demander une telle nomination, même si cela paraît paradoxal[11].

De fait, et ce sera le deuxième point sur lequel nous reviendrons, y a-t-il eu dans la pratique, au-delà des velléités, beaucoup de véritables fausses aryanisations, si l'on peut ainsi s'exprimer ? Ou les opérations très sophistiquées, du type de celle montée par les Galeries Lafayette, ont-elles été au contraire plutôt rares ?

Fausses aryanisations : un phénomène de quelle ampleur ?

À en juger par le zèle mis par Vichy et les Allemands à traquer les fausses aryanisations, on pourrait croire que celles-ci furent innombrables. En septembre 1941, alors qu'on commence à peine à appliquer au sud de la ligne de démarcation la législation antijuive adoptée en juillet par les Français, le Commissariat réclame l'aide d'autres services de l'État, comme la direction des Impôts, pour remplir sa mission. Dans une lettre qu'il écrit à ces administrations pour tenter de surmonter leurs réticences à lui fournir des renseignements sur les entreprises juives, il signale qu'« en zone occupée, l'aryanisation économique s'est déjà très souvent opérée d'elle-même, par les soins des intéressés, mais elle n'est, la plupart du temps, qu'apparente et doit être reprise »[12]. Par ailleurs, quand, en septembre 1942, un chef de section du SCAP rédige un rapport sur les administrateurs provisoires qu'il est chargé de contrôler, il tient à souligner qu'« ils sont nombreux ceux qui, sans scrupules, se sont associés avec des juifs et avec les acquéreurs pour réaliser des cessions d'un aryanisme douteux, mais d'un excellent profit pour eux »[13]. Au total, au Commissariat, la suspicion quant à la « sincérité » des aryanisations est la règle, la ratification des ventes à des intérêts non juifs l'exception. D'autant, on l'a vu, qu'on soupçonne même les artisans rémunérés de ces opérations — les administrateurs provisoires — de penchant systématique pour la fraude. Les Allemands ne sont pas en reste, qui demandent presque toujours, avant d'homologuer une aryanisation, qu'on leur apporte des preuves de la sincérité de la transaction. Ils vérifient que le prix de vente est raisonnable, et non un « prix d'ami » ; et que la capacité professionnelle du repreneur est telle qu'il peut bien assurer la conduite de l'affaire sans le concours de l'ancienne direction juive[14]. De fait, en consultant les archives du Commissariat, du ministère de la Production industrielle ou du Majestic et en multipliant les entretiens, on voit ou on entend évoquer, souvent de façon précise et documentée, de très nombreux cas de fausses aryanisations plus ou moins bien camouflées.

Ainsi, s'agissant des sociétés importantes, les Galeries Lafayette ne représentent qu'un exemple parmi d'autres d'aryanisation « non sincère » qui s'est heurtée à un refus d'homologation par les autorités. Les Chaussures André ont connu le même sort, avec des conséquences qui ont failli s'avérer beaucoup plus graves pour l'avenir de l'entreprise [15]. En 1940, le groupe André est constitué de deux sociétés financières, Regoria et Cuirpeau, dont dépendent les trois sociétés industrielles et commerciales qui assurent l'activité du premier fabricant (plus de quinze mille paires par jour) et distributeur (cent deux magasins) de chaussures français. Les deux héritiers du fondateur, Roger et Georges Lévy, détiennent à eux seuls le contrôle de l'ensemble grâce à leurs parts majoritaires, l'un dans Regoria et l'autre dans Cuirpeau. Ils apprennent le 29 octobre 1940 la nomination d'un administrateur provisoire. Aussitôt, dès novembre 1940, ils entreprennent d'aryaniser volontairement « le chausseur sachant chausser », en pratiquant, de façon précipitée, des « dons manuels » de leurs actions à leurs femmes et surtout à leurs enfants, tous considérés comme aryens au regard de la loi allemande. Ni les autorités d'occupation, qui surveillent de près le groupe dont l'appareil de production — l'un des plus modernes d'Europe — leur paraît précieux pour obtenir des marchandises aussi recherchées que les chaussures, ni les Français, qui disent craindre cet intérêt allemand pour un des fleurons de l'industrie nationale et ne pas vouloir donner de prétexte à un « raid » sur l'entreprise, ne se satisfont de cette solution. Car, d'évidence, même si elle n'est pas frauduleuse, elle n'éliminera pas, selon le vœu des législateurs, l'« influence juive ».

Le président de la Société générale et du comité d'organisation des banques, Henri Ardant [16], est donc chargé par Vichy de trouver une solution qui puisse satisfaire à la fois les occupants et l'administration française. Exercice délicat : d'une part il est difficile de déposséder les nouveaux propriétaires aryens de leurs titres transmis légalement et au grand jour ; d'autre part on ne peut laisser trop longtemps les choses en l'état, les Allemands menaçant de réquisitionner la principale usine du groupe, celle de Nancy, et d'imposer un partenaire d'outre-Rhin si rien ne se passe à court terme. De très nombreuses séances de travail sont organisées et de non moins nombreuses notes sont émises en 1941 et 1942 par les pouvoirs publics pour débattre de la question. Le 4 mars 1942, M. Ardant et M. Barnaud, délégué général aux Relations économiques franco-allemandes, convoquent une réunion. Y participent plusieurs responsables du ministère de la Production industrielle, à commencer par M. Bichelonne en personne, du ministère des Finances, qui a délégué M. Berthoud, du Commissariat aux affaires juives, représenté notamment par le directeur adjoint du SCAP, et des émissaires du comité d'organisation intéressé et de l'office de répartition de produits industriels. Le compte rendu de cette « conférence » donne une bonne idée de la façon dont on peut gérer entre « bons Français » au milieu de l'Occupation les conséquences d'une aryanisation volontaire mais jugée insuffisante aussi bien par les occupants que par les administrations nationales et le milieu des affaires. Le président de la Société générale évoque sans état d'âme, même s'il n'y est pas favorable bien sûr, l'intention des Allemands de prendre une participation d'au moins 20 % dans le capital de l'entreprise. Il pense que le plus simple, pour agir vite, consisterait à « dissocier la question de la propriété, qui serait réservée, et la question de l'influence [juive], qui serait seule réglée immédiatement ». Comment ? On créerait « une société d'exploitation, constituée à cet effet, qui recevrait, par contrat conclu avec l'administrateur provisoire, la gestion pour cinq ans des actifs industriels et du fonds de roulement nécessaire à la marche de l'affaire ». Cette société d'exploitation « réunirait des dirigeants techniques désignés par le comité d'organisation du cuir et un groupe d'industriels fournissant le capital nécessaire [...] par l'entremise de banques d'affaires, qui sont le Crédit du Nord, la Banque de Paris et des Pays-Bas et l'Union parisienne ». L'inventeur de la formule précise que « la Société générale n'interviendrait pas dans le capital » juste avant d'ajouter qu'elle « limiterait son rôle à la fourniture des crédits nécessaires à la marche de l'entreprise ». Pour diriger l'entreprise, un concurrent, responsable des Chaussures Pillot, « serait disposé à s'intéresser à l'affaire » mais son intervention est jugée « non souhaitable ». Ardant préconise donc la nomination de « M. Levet, administrateur de l'Union parisienne », lequel, argument curieux, serait qualifié car il est « fils de fabricant de chaussures ». Il est toutefois précisé qu'il serait bon de lui adjoindre un directeur général « ayant la compétence technique »...

Nul ne trouve à redire, pour l'essentiel, à ce montage qui ne paraît pas défavorable aux établissements bancaires chers à M. Ardant, à commencer par le sien. Seule réserve émise, notamment par le responsable de la répartition du cuir : ce projet repousse à plus tard la constitution « souhaitable » d'une « société définitive » débarrassée de toute influence juive ! Bichelonne, partisan de ce schéma « pleinement satisfaisant du point de vue français », puisqu'il parc à court terme au péril d'une germanisation, craint pourtant que le Majestic n'exige une issue plus rapide. Il suggère donc de réduire la durée du mandat accordé à la société d'exploitation — on se mettra d'accord sur trois ans. Et il demande qu'Ardant soit chargé de rassurer les Allemands, en leur promettant que l'aryanisation « sera poursuivie d'une manière active, en vue d'être réalisée si possible dans les six mois ou en tout cas dans l'année ». Le responsable du ministère de la Production industrielle complète son commentaire en affirmant qu'« il serait souhaitable que les personnalités désignées pour constituer la société d'exploitation soient à même, le cas échéant, de réaliser à leur profit l'aryanisation ». Ardant soulève à nouveau la question d'une participation allemande dans l'affaire et se demande si le désir principal des autorités d'occupation, intéressées avant tout par la production du groupe, ne serait pas d'acquérir un contrôle technique sur l'affaire « qu'il serait possible de leur accorder sous certaines conditions ». Plusieurs remarques des participants, en particulier quand on s'interroge sur les personnes susceptibles de prendre la direction effective des Chaussures André, font apparaître que le consensus auquel on est arrivé n'a pas été facile à obtenir en raison de très fortes pressions de la profession. Quand un représentant du ministère de la Production industrielle lance les noms de deux industriels de Fougères et de Dijon, MM. Gate et Ruynet, comme candidats de son choix, ou quand M. Barnaud se demande si le comité du cuir compte inviter dans le capital les principaux entrepreneurs du secteur, Ardant réplique immédiatement que cela « donnerait l'impression que les industriels veulent disloquer l'affaire » et qu'« un président n'appartenant pas au milieu des fabricants de chaussures offrirait des garanties plus sérieuses, notamment aux banques ». Dit en d'autres termes, moins diplomatiques, les concurrents d'André ont fait savoir qu'ils verraient d'un bon œil un simple dépeçage du principal groupe français, leur bête noire, en profitant de l'opportunité que leur procure son aryanisation. Et la perspective inquiète les établissements financiers qui parient sur l'avenir de la société avec de nouveaux exploitants et de nouveaux propriétaires. Ce qu'un autre participant à la réunion confirme implicitement en assurant le banquier « qu'il n'y a plus lieu d'avoir cette crainte » car « les industriels français ont compris que s'ils voulaient démembrer les Chaussures André, ils aboutiraient tout simplement à les faire passer entre des mains allemandes et ils ne souhaitent nullement cette concurrence étrangère ». Un document préparatoire à cette réunion du 4 mars 1942 montre en tout cas que le danger de destruction de l'entreprise par ses concurrents était on ne peut plus réel. Il aurait même pu avoir le soutien des pouvoirs publics puisque l'hypothèse n'est pas à écarter, selon ce texte, « qu'on veuille, c'est l'affaire du gouvernement, privilégier la lutte contre les trusts, le retour à l'artisanat ».

Pour avoir réagi un peu tard et un peu maladroitement sans doute aux menaces que faisait peser sur le destin de leur entreprise l'ordonnance allemande du 18 octobre, les dirigeants du groupe André ont effectivement risqué de la voir disparaître, par dislocation et peut-être par liquidation. Ils ne semblent pas avoir eu tort pour autant de vouloir procéder à cette « vraie-fausse » aryanisation. Car les difficultés pour dénouer les opérations de donation des titres, ajoutées aux atermoiements des nombreuses autorités françaises et allemandes impliquées dans ce dossier, conduiront à abandonner en 1943 le projet Ardant de 1942 et à perpétuer la gestion, pourtant très critiquée, de l'administrateur provisoire jusqu'à la Libération. Il ne sera alors guère difficile de rétablir la situation de 1940. C'est peut-être, très indirectement il est vrai, du fait des lois antijuives, malgré tout, qu'André quittera beaucoup plus tard les mains de la famille Lévy. Après guerre, traumatisé et désireux de protéger ses fils de tout nouveau danger, Georges Lévy, revenu à la tête de l'affaire, aurait décidé de donner à ses descendants non seulement un nouveau nom — ils s'appellent désormais Lecléry — mais aussi de leur accorder, ce qui n'était pas dans la tradition familiale, un certain droit à l'insouciance. A-t-il également voulu confier, pour cette raison, sa succession managériale à un homme sans lien avec sa famille ? Toujours est-il qu'après diverses péripéties, dont certaines font encore aujourd'hui l'objet d'un procès, c'est ce nouveau dirigeant, avec l'appui de quelques banquiers et industriels amis, qui réussira à conquérir le contrôle du groupe à partir de la fin des années soixante [17]. Il serait absurde de dire que l'aryanisation définitive d'André, en quelque sorte, et même si évidemment le mot ne saurait plus avoir le même sens plus de vingt-cinq ans après la guerre, aura eu lieu à retardement. Mais se demander si la perte de la propriété du groupe par la famille Lévy-Lecléry a été en partie une conséquence lointaine de ce qui s'est passé sous l'Occupation ne l'est peut-être pas.

Si les Galeries Lafayette et André n'ont pas pu maintenir bien longtemps la solution de moindre mal mise en place par leurs principaux actionnaires, il existe des exemples d'aryanisation fictive qui ont pu tromper très longtemps, et parfois jusqu'au bout, la vigilance des autorités chargées de l'application des mesures économiques antijuives. Examinons-en deux, qui illustrent chacun un cas de figure probablement répandu. Le premier d'entre eux, celui de la Société française pour le commerce avec les colonies et l'étranger (SFCCE), entreprise mi-commerciale mi-financière contrôlée par les familles Schwob d'Héricourt et Gradis, permet de décrire un « camouflage » très bien monté mais qui n'a pourtant pas pu tenir jusqu'à la Libération en raison d'une erreur tactique et de la nomination malencontreuse d'un administrateur provisoire, proche des Allemands, particulièrement retors et zélé [18]. Facilitée par le transfert en janvier 1940 dans le lieu classique de repli des établissements financiers, le Puy-de-Dôme, des activités de la société coloniale, cette fausse aryanisation s'est déroulée en plusieurs étapes. À partir de septembre 1940, avant même que la législation économique antijuive ait été adoptée en zone occupée, on a commencé à modifier la composition apparente du conseil d'administration en prenant soin de choisir des hommes qu'il sera difficile et surtout délicat de mettre en cause en cas de problème : deux directeurs de la Banque de l'Union parisienne et de la Banque de France et — comment trouver mieux ? — le président du tribunal de commerce de la Seine. Plus tôt encore, dès juin 1940, on a commencé à procéder à diverses opérations concernant les parts sociales. Une augmentation de capital a d'abord permis d'émettre quelques milliers de titres pour diluer l'actionnariat juif, puisqu'ils furent répartis entre des aryens soigneusement choisis : les concubines de MM. Gradis et Schwob d'Héricourt, le mari de la petite-fille de ce dernier, le fondé de pouvoir des bureaux de Marseille. Par ailleurs, la Banque de l'Union parisienne a placé chez des investisseurs sélectionnés un gros paquet d'actions. Enfin, un dernier bloc de titres a été transformé au porteur et les propriétaires juifs de ces actions jusque-là nominatives affirmeront les avoir égarées pendant l'exode. Ce qui permettra, toujours avec l'appui de la même Banque de l'Union parisienne, qui aurait facturé à cette occasion ses services en incluant une importante prime de risque[19], de redistribuer discrètement de nombreuses parts sociales en d'autres mains amies. Cet émiettement sous contrôle du capital de l'entreprise a permis de brouiller les pistes, d'autant qu'à chaque assemblée générale on s'arrangera pour atteindre le quorum, même de justesse, avec des actionnaires tous aryens. Peut-être l'établissement financier s'estimera-t-il aussi « protégé » bientôt par la (très) relative bienveillance de Vichy envers un de ses dirigeants, Gaston Gradis. Celui-ci, descendant d'une vieille famille de riches Bordelais qui avaient obtenu directement de Louis XVI le droit d'acquérir des propriétés aux colonies, a été en effet l'un des très rares dirigeants à échapper en (petite) partie aux rigueurs du deuxième statut des Juifs qui interdisait notamment tous les métiers liés à la finance. Ayant demandé à être exempté de cette mesure, en vertu de l'article 8 du décret d'application de ce statut qui prévoyait une telle possibilité pour « services exceptionnels rendus à l'État français par le Juif lui-même ou par sa famille, si celle-ci est établie en France depuis au moins cinq générations », on lui accordera la faveur exceptionnelle... de pouvoir poursuivre jusqu'à nouvel ordre son métier à condition que ce soit hors de l'hexagone, au seul service de ses sociétés coloniales installées au Maroc.

La SFCCE, après toutes ces opérations financières qui se déroulent jusqu'en mai 1941, se sent tellement à l'abri des investigations des Allemands et du bras opérationnel français d'aryanisation économique, le SCAP, qu'elle n'hésite pas à redéménager en juillet 1941 son siège de la zone libre vers Paris. Cette apparente sérénité ne saurait être trop troublée par la conjoncture et la marche des affaires. Grâce, en particulier, à un contingent de caoutchouc attribué par les services de la répartition et qui représente 29 % du total distribué en France, la société peut poursuivre son activité de négoce de façon convenable. Sans doute ses dirigeants sont-ils trop confiants, car ils commettent bientôt une petite erreur, lourde de conséquences. À la mi-1942, la SFCCE réalise un bien immobilier à Bordeaux et, avant de reverser le produit de l'opération au vendeur, le notaire demande à son créancier de bien vouloir lui préciser pour la bonne forme la date à laquelle l'aryanisation de l'entreprise a été définitivement homologuée — une société non aryanisée officiellement n'aurait pu être en effet créditée de la somme due. Le président de la SFCCE écrit alors pour réclamer une attestation d'« aryanité » au Commissariat, sans imaginer qu'il va provoquer la curiosité de cette administration aux réflexes lents mais immuables. Si, même par simple intuition, on a le moindre doute sur la persistance d'une quelconque influence juive au sein d'une société, l'organisme de la place des Petits-

Pères réclame en effet systématiquement une enquête sur ce cas et nomme à tout hasard un administrateur provisoire. L'élu à cette fonction sera, à la demande des Allemands, un certain Jean Dupuy. Ce vieux routier des affaires dans les colonies s'est trouvé bloqué à Paris par la guerre. Il doit sa carrière de commissaire-gérant de biens juifs autant au Majestic, où il a proposé lui-même ses services et fréquente un gradé de l'Abwehr nommé Fuhrmans, qu'au Commissariat, où il a été présenté par des amis, sans doute du PPF auquel il a adhéré en 1937, en tant que spécialiste des entreprises de l'« empire ». Dès sa nomination pour administrer la SFCCE, ce militant de la collaboration — un portrait de Hitler trône dans son bureau — et de l'aryanisation traque les irrégularités et conclut, dans un rapport qui atterrit aussi vite chez l'occupant que place des Petits-Pères, à « un camouflage évident ».

La capacité de résistance du groupe s'est affaiblie au moment même où il fallait parer les attaques du représentant du Commissariat et de ses mentors allemands : Georges Schwob d'Héricourt s'est éteint en août 1942, le président du tribunal de commerce a démissionné de ses fonctions en janvier 1943, Gaston Gradis disparaîtra également en 1943. En mars 1943, en effet, le directeur de la Banque de l'Union parisienne est convoqué à la Gestapo, avenue Foch. Le responsable de l'établissement financier, interrogé sans ménagement en présence de Jean Dupuy, peut d'autant moins nier qu'il y a eu des « arrangements » que le fondé de pouvoir du groupe à Marseille a déjà « craqué » et tout raconté au très énergique administrateur provisoire. Le banquier, comme c'est probable, est-il jugé trop peu coopératif dès qu'il s'agit d'aider M. Dupuy à « démonter » cette fausse aryanisation ? Toujours est-il que les Allemands l'arrêtent en juin 1944 à Lyon, à la seule adresse de province qu'il avait été forcé de communiquer lors de son interrogatoire. À cette date, l'administrateur poursuit encore avec obstination sa tentative de récupérer, paquet par paquet, tous les titres juifs de la SFCCE afin de contrôler la majorité des parts et de l'aryaniser définitivement. Malgré une opération complexe — une convention d'option sur les titres — qu'il a tenté de monter au printemps 1944, notamment avec l'important groupe colonial d'Afrique du Nord des Borgeaud, pour obtenir cette majorité au plus vite, il n'était pas parvenu à ses fins, faute de temps, à la Libération.

Chez Bouchara, bien que la trentaine de magasins contrôlés par l'entreprise soient situés pour la plupart en zone occupée, on évitera un tel suspens[20]. Au milieu de l'Occupation, au printemps 1942, l'aryanisation du groupe de distribution paraît d'ailleurs suffisamment incontestable... pour que certains détaillants se plaignent déjà amèrement, même si ce n'est que de façon implicite, de voir les bonnes affaires en matière d'acquisition de biens juifs, et en l'occurrence le rachat de magasins Bouchara, réalisées par d'autres. Cette protestation peut être située dans le cadre de l'opposition dont on a noté maintes manifestations entre 1940 et 1944, où la pénurie de marchandise attise la concurrence, entre, d'une part, les petites et les moyennes entreprises et, d'autre part, les grandes, qualifiées paradoxalement par les premières de « trusts » quel que soit leur degré réel d'intégration verticale ou horizontale. Ainsi, le Commissariat général aux questions juives reçoit le 30 mars 1942 un courrier du président de la Chambre syndicale de la nouveauté de Rouen, M. Voisin, qui accuse l'administration française de favoriser les industriels face aux commerçants, quand il s'agit d'attribuer aux candidats acquéreurs les magasins juifs. Cette attitude, écrit-il, « risque de ruiner totalement le commerce de tissus au détail, et ceci dans un avenir très proche ». La preuve de cette politique regrettable vient de lui être apportée : « [J'ai] appris que la firme Bretagne-soieries, filiale de la maison Bouchara, ayant trois magasins de vente au détail à Rouen, Rennes et Bordeaux, a été vendue à M. Jean Barrioz, gros fabricant lyonnais. » Après avoir évoqué deux autres exemples du même type bien que de moindre importance — deux magasins juifs vendus à des industriels de Lyon et de Rouen —, le syndicaliste patronal indigné conclut par deux questions qui valent réponse : « Ne pensez-vous pas, Monsieur le Commissaire général, que nous nous trouvons en face d'une offensive généralisée des trusts, voulant accaparer la totalité du commerce de détail grâce aux moyens financiers énormes dont [ils] disposent ? Comment voulez-vous que les commerçants de toujours puissent lutter contre ces gros fabricants qui approvisionnent très largement leurs magasins [et laissent] leurs anciens clients sans marchandise ou presque [...] ? » Cette lettre provoquera une demande d'éléments de réponse au ministère de la Production industrielle et ne sera peut-être pas étrangère à l'une des convocations au Commissariat de Jean Barrioz, pour vérifier que son acquisition est bien une aryanisation sincère. Il s'agit pourtant d'un camouflage, ce qu'ignore manifestement M. Voisin, qui n'est donc pas suspect d'avoir voulu dénoncer une telle opération.

Que s'est-il passé ? Les deux frères Bouchara, principaux actionnaires et dirigeants du groupe, ont très tôt décidé, à l'été 1940, d'anticiper d'éventuelles mesures économiques antijuives. L'aîné est rapidement parti pour les États-Unis, *via* l'Espagne, avec l'idée de monter outre-Atlantique une nouvelle chaîne de commerce de textiles. Le cadet, Raoul, a en tête de rejoindre son frère, mais plus tard. Responsable des achats de tissus pour l'ensemble de l'entreprise, il connaît très bien les soyeux lyonnais. Il a donc sélectionné parmi ses fournisseurs quelques hommes de toute confiance auxquels il a demandé de former un groupe, avec à sa tête Jean Barrioz, pour racheter l'entreprise. Il leur a tenu le discours suivant : « On ne sait pas ce qui va arriver. Vous allez acheter nos affaires. Je m'engage, si dans un délai raisonnable tout se termine bien, à les reprendre en vous laissant 25 % pour service rendu. » L'accord est conclu et, raconte Jacques Bouchara, fils de Raoul, « ces gens ont géré très bien l'affaire. Ils ont approvisionné décemment [les magasins] et ils ont conservé les stocks : en 1944, mes parents retrouveront la même quantité de tissus qu'en 1940 ». Barrioz réussira à persuader le Commissariat, sceptique, de la sincérité de l'aryanisation et à atteindre ainsi l'été 1944. Raoul, dont le frère est décédé aux États-Unis pendant la guerre, n'a finalement jamais quitté la France. Jusqu'à la fin de 1942, il fera d'innombrables allers et retours entre Paris et Lyon, où il a mis sa famille à l'abri, grâce à des *Ausweis* achetés à des « intermédiaires » ou fournis, parfois, par Barrioz. Quand les Allemands ont décidé d'envahir la zone libre, il s'est réfugié avec ses proches sur la Côte d'Azur, habitant discrètement dans l'arrière-pays. Sa femme a réussi à rencontrer le préfet de Nice, M. Chaigneau, originaire de Bordeaux comme elle. Celui-ci a alors permis à Raoul Bouchara d'obtenir une carte de résident à Monte-Carlo, où il ne sera jamais inquiété. À la Libération, le « groupe Barrioz », comme convenu, rétrocédera l'entreprise, déclarant en substance, selon Jacques Bouchara : « On vous rend toutes vos affaires et on ne veut pas de vos 25 %. Tout ce qu'on vous demande, c'est, autant que possible, de travailler avec nous. » Ce qui sera fait, bien entendu.

On connaît également, même s'ils sont moins spectaculaires et moins facilement repérables, bien des exemples d'aryanisation fictive de petites entreprises ou de petits commerces. Le cas de M. R., modeste marchand de meubles et de cycles à Puteaux, qui a vendu fin 1941 de façon « douteuse » — selon son dénonciateur, un concurrent frustré — son affaire à un imprimeur, auquel il a très probablement adjoint lui-même un très bon spécialiste de ce commerce formé aux Galeries Barbès, paraît représentatif de bien d'autres, plus ou moins semblables[21]. Et presque tous les entrepreneurs, nous l'avons dit, ont été très souvent au moins tentés, à un moment ou à un autre, de monter de telles opérations. Au total, il y a cependant toute raison de penser que le phénomène des fausses aryanisations, loin d'être massif, fut relativement circonscrit. Pour les grandes comme pour les petites entreprises. Tout simplement parce qu'il était en fait très difficile, même quand on n'était pas dans l'impossibilité d'agir (absence du patron fait prisonnier, etc.), de réunir toutes les conditions permettant de réussir des camouflages indécelables.

Que des patrons aussi puissants, avisés et entourés de relations haut placées que les dirigeants des Galeries Lafayette, des Chaussures André ou de la SFCCE n'aient pu y arriver ne s'explique pas, ou si peu, par la seule malchance. Pour monter une aryanisation plus ou moins fictive, il faut d'abord trouver des hommes sûrs et prêts à apporter leur concours à une opération à haut risque. Qu'on ait en général estimé nécessaire de prévoir une « prime » non négligeable pour « récompenser » les complices quand tout serait redevenu normal prouve bien qu'on ne pensait pas *a priori*, sauf exception, que rendre un tel service allait simplement de soi. Quant à la droiture des « hommes de paille » utilisés, quelques procès d'après guerre — celui notamment intenté par un pharmacien de la banlieue nord de Paris contre un collègue qui ne voulait pas lui rétrocéder son officine, comme convenu en 1941 lors de la « vente » — ont montré à quel point elle n'était pas garantie[22]. On connaît même un cas, qui serait cocasse s'il n'était pas tragique, d'un industriel juif de Marseille, M. H., qui dénonce le même jour aux autorités allemandes et au ministère des Finances français l'aryanisation fictive... de sa propre entreprise. Il a organisé lui-même cette opération au bénéfice de certains de ses employés après avoir tenté vainement de transmettre ses parts sociales à son fils mineur qu'il supposait — à tort, semble-t-il, d'après la loi française — aryen. Or il estime avoir été trahi par ceux à qui il a cédé son patrimoine et qui ont immédiatement commencé à piller la société, compromettant, ce qu'il ne supporte pas, la faculté de son enfant d'hériter un jour[23].

Il faut par ailleurs, si on veut faire durer le montage, déjouer les contrôles du Commissariat, de l'administrateur provisoire qu'il a nommé et qui n'est que rarement complaisant, et même de la police, qui vérifie scrupuleusement ou transmet à qui de droit tous les renseignements qu'elle obtient. Ainsi, en janvier 1942, c'est par une écoute téléphonique dont le compte rendu lui est adressé par la préfecture du Puy-de-Dôme que le Commissariat décèle un probable camouflage. Le responsable d'un établissement financier a évoqué imprudemment dans une conversation la situation de la Banque d'Escompte, fictivement aryanisée en effet. Il a dit à son interlocuteur : « Tout à fait entre nous, le conseil est dirigé par Paul G. Il est là en devanture [...]. Il ne s'occupe absolument de rien[24]. » On ne sait si l'enquête qui aboutira en 1943 à une saisie des actions de la famille Wormser, propriétaire de la banque en question, est partie de là, mais il est certain qu'un simple indice sérieux de fausse aryanisation pouvait s'avérer fatal pour une entreprise. Quand on lui signale un cas douteux, comme celui par exemple du Comptoir des déchets[25], société qui emploie dix ouvriers, le Commissariat penche systématiquement pour la liquidation, meilleur moyen, soutient-on cyniquement place des Petits-Pères, de supprimer un éventuel camouflage de l'influence juive. Pour tenir jusqu'en 1944, il faut encore ne pas éveiller des soupçons dans la profession. Des concurrents malintentionnés mais aussi des syndicats patronaux et des comités d'organisation — on en a la preuve pour un certain nombre d'entre eux, comme on le verra — n'ont guère hésité, en ces temps difficiles, à sacrifier des entreprises juives, avec la « couverture » commode de la législation de Vichy, pour « assainir » leur secteur. Il faut enfin, pour mettre toutes les chances de son côté, avoir décidé d'agir vite, ce qui ne peut être le cas de très nombreux Juifs qui sont légalistes voire pensent que Vichy les protégera... jusqu'à ce qu'il soit trop tard pour monter de façon crédible une fausse aryanisation.

Indépendamment de ces conditions difficiles à réunir, on ne pouvait compter de surcroît, sauf cas d'espèce inconnu ou peu connu jusqu'à ce jour, sur une aide quelconque de l'administration. Ses agents n'ont guère trahi leur vocation, même pour aider des compatriotes persécutés. Ils ont appliqué à la lettre la législation antisémite édictée par le régime en place, autrement dit Vichy, au nom de l'État qu'ils servaient. Ce qui leur a conféré un rôle essentiel en matière d'aryanisation économique qui mérite un examen détaillé.

L'administration française face à l'aryanisation : le Monopoly juif

L'attitude très peu compréhensive — c'est une litote — de l'administration française et de ses émanations à l'égard des Juifs persécutés est sans doute ce qui frappe le plus l'enquêteur quand il se penche sur le phénomène de l'aryanisation des professions et des entreprises. Et cela même en mettant de côté le cas particulier des administrateurs provisoires, sur lequel nous reviendrons. Après avoir compulsé des milliers de notes ou de rapports, entendu quelques dizaines de témoignages, on ne peut être qu'abasourdi, et choqué, par ce qu'on a découvert. Ou, plus exactement, par ce qu'on n'a pas découvert. Nulle part, en effet, n'émerge la plus petite trace d'humanité, la moindre marque de respect ou simplement de considération — au sens premier du terme — des serviteurs de l'État pour les hommes dont on a manipulé le destin entre 1940 et 1944 en appliquant, comme si leur légitimité ne méritait même pas interrogation, les lois économiques antijuives[26]. Cette mise en œuvre des mesures décidées par les Allemands et par les Français n'a pas été seulement « professionnelle ». Elle a été aussi, nous allons le voir, zélée, « totalisante » et, enfin, cyniquement utilisée par les pouvoirs publics pour faciliter l'émergence d'un embryon de politique industrielle. Trois caractéristiques qui ont beaucoup contribué à aggraver les effets de la législation antijuive décidée au plus haut niveau à Berlin et à Paris.

Parler, pour commencer, de zèle de l'administration à propos de l'aryanisation — à condition, bien entendu, de ne pas confondre zèle et efficacité — ne parait pas exagéré. Dans la plupart des cas, hormis chez les principaux responsables du Commissariat, très marqués idéologiquement on s'en doute, le moteur principal de cette propension à « en faire le maximum » ne semble pas avoir été le rejet ou *a fortiori* la haine des Juifs. Un éventuel penchant de cet ordre, jamais à exclure à cette époque d'antisémitisme rampant, ne pouvait certes pas refroidir les ardeurs, mais une série d'autres facteurs ont manifestement joué un rôle plus central. Au premier rang de ceux-ci figure la capacité de l'administration et de ses agents à obéir aveuglément aux instructions, surtout s'ils craignent d'encourir des reproches*.

---

* *Cf.* notamment, à ce sujet, l'article très convaincant de Claire Andrieu sur « Le mythe de la banque juive et les réalités de l'aryanisation », paru en 1992 dans le numéro 16 de la revue *Pardes* sur « Les Juifs de France dans la Seconde Guerre mondiale ». Qu'un facteur incitatif comme l'antisémitisme déclaré n'ait pas été central pour pousser au zèle en matière d'aryanisation ne saurait évidemment être considéré comme une

On a pu noter l'impulsion donnée à la politique d'aryanisation sur le terrain par la hiérarchie administrative. Elle est avant tout soucieuse, en effet, de ne pas « avoir d'ennuis » dans ce domaine, immédiatement considéré comme sensible. Sensible, il l'était pour le gouvernement français, obsédé, on l'a vu, par la question de la souveraineté et qui craignait que l'aryanisation économique initiée par les Allemands ne serve de cheval de Troie à des intérêts d'outre-Rhin. Il l'était aussi, évidemment, pour les autorités allemandes, qui ont manifesté tout au long de l'Occupation, avec plus ou moins de conviction et d'hypocrisie mais souvent de façon menaçante, leur insatisfaction devant la « lenteur » des opérations. Au niveau des ministres, cette situation n'a pas toujours conduit à accélérer le cours des choses : on espérait de temps en temps, même si c'était à tort, obtenir, par marchandage, des concessions des Allemands en échange de telle ou telle décision d'aryanisation. Mais au niveau des hommes chargés de l'exécution de la réglementation, à commencer par les échelons les plus élevés, il ne semble pas y avoir eu beaucoup de manœuvres de freinage réelles, d'autant que le travail quotidien impliquait de coopérer en permanence avec les autorités allemandes, qui n'avaient évidemment aucune raison ni aucune envie de tolérer des tergiversations.

Les agents de l'État chargés de l'aryanisation économique tiennent surtout à démontrer constamment au Majestic leur professionnalisme. Quand le SCAP, inquiet à la suite de pressions des occupants, procède en une seule semaine — véritable exploit administratif — à la nomination de plus de dix mille administrateurs provisoires au printemps 1941, après la promulgation de la troisième ordonnance allemande sur ce sujet, il illustre éloquemment à quel point le zèle fut souvent la conséquence directe et quasi inéluctable de la politique de collaboration. Le choix, dont on imagine les conséquences, de recourir à des méthodes policières pour contrôler la régularité des aryanisations et le souhait de voir se renforcer le droit d'annuler les ventes suspectes aux yeux des autorités d'occupation, tous deux évoqués au même printemps 1941 dans un discours par le nouveau directeur du SCAP, M. de Faramond, participaient aussi de ce processus d'escalade. Rien de moins étonnant, à cet égard, que les constantes récriminations du Commissariat et en particulier du SCAP, si désireux de bien faire leur travail, face à l'insuffisance de leurs effectifs en nombre et en qualité. Faramond avertit Vallat en août 1941 que dans quelques jours « son service ne sera plus à la hauteur de sa tâche », d'autant que le suivi des activités des administrateurs provisoires est un « travail qui exige un sens critique très avisé à un triple point de vue : économique, juridique et aryen ». Quant aux Commissaires, Vallat puis Darquier de Pellepoix, ils ne cesseront de se

---

information rassurante. Car cela conduit à s'interroger sur le comportement éventuellement « aveugle », sinon irresponsable, de l'administration dès qu'elle est chargée « légalement » d'une tâche quelconque, donc sans avoir besoin nécessairement de se poser des questions sur sa finalité et sa signification.

plaindre de leur manque de moyens, notamment quand la création du service policier intérieur à leur administration, la SEC (Section d'enquête et de contrôle), exigera à l'automne 1942 du personnel. Ces récriminations n'étaient pas sans fondement « technique » — les départements du Commissariat ont quelque mal à recruter autant d'agents qu'ils le voudraient — mais largement exagérées. Car le gouvernement a prouvé à sa manière que l'aryanisation n'était pas une tâche secondaire mais une mission d'intérêt national à prendre au sérieux : le personnel de l'organisme antijuif se multiplie par presque trois entre la mi-1941 et le printemps 1944 (mille quarante-quatre agents) et son budget est multiplié par six entre 1941 et 1944, où il atteint cinquante millions de francs, dont trente-six pour les traitements[27].

L'organisme dépendant de l'État par nature le plus zélé, autrement dit le Commissariat, dut parfois, il est vrai, tempérer ses ardeurs face à des réticences exprimées par d'autres administrations. Même en mettant de côté les cas, sur lesquels nous reviendrons, où l'on a freiné des opérations par crainte d'une mainmise allemande sur certaines entreprises, on trouve effectivement des indices précis de ces manifestations de « résistance » à l'activisme antisémite en matière économique. René Bousquet lui-même, peu suspect de vouloir avant tout saboter les mesures antijuives, essaie apparemment, juste après sa nomination à la tête de la police, au printemps 1942, de modérer la politique du Commissariat. Il n'accepte pas, comme le lui demande Vallat, d'ordonner à ses services de refuser désormais toute prise d'hypothèque concernant des immeubles juifs. Il veut d'abord qu'on lui prouve qu'il s'agit bien là, parfois, d'une manière de tourner habilement les lois d'aryanisation[28]. On trouve aussi la trace un peu plus tôt, en novembre 1941, d'une lettre du directeur des contributions directes et du cadastre du département de la Seine par laquelle celui-ci refuse de fournir à la place des Petits-Pères des renseignements sur deux entreprises supposées juives en arguant du secret professionnel[29]. Le mois précédent, un responsable des impôts directs du quartier Saint-Georges à Paris a écrit au Commissariat qu'il ne peut, pour la même raison, lui envoyer copie des bilans et comptes d'exploitation des années précédentes du théâtre l'ABC[30]. Une note du 10 septembre 1941 du Commissariat adressée à ses directeurs régionaux, donnant des instructions pour améliorer la recherche des intérêts juifs occultes dans les entreprises, déplore d'ailleurs déjà « la carence, qu'il faut espérer provisoire, des administrations des Finances, la seule [*sic*] qui permette d'établir rationnellement et juridiquement le caractère juif d'une société par actions ou à responsabilité limitée, alors surtout que l'immense majorité de ces affaires sont actuellement camouflées »[31]. Les Finances, il est vrai, paraissent à diverses occasions en retrait dans la course à l'aryanisation. Une récente étude, portant sur la seule direction des Finances extérieures, évoque à son sujet « l'interprétation systématiquement libérale, parfois à la limite de la légalité, qui fut faite des textes d'aryanisation »[32].

Ces réticences de quelques services dans l'administration ne s'avéreront pourtant ni bien vigoureuses ni durables. Du moins à en juger par les cas où l'on a pu suivre l'évolution de la situation. Bousquet, après de nombreux échanges de notes avec l'organisme antijuif, admet que les prises d'hypothèques peuvent être un moyen détourné de réaliser de fausses aryanisations. Il finit par envoyer des instructions aux commissaires de police qui donnent satisfaction au Commissariat[33]. Et s'il est vrai qu'une note interne de la direction générale de l'Enregistrement informe ses directeurs le 1er octobre 1941 que cette administration ne participera ni à l'évaluation des fonds de commerce juifs ni au contrôle de l'élimination de l'influence juive, elle précise néanmoins qu'on acceptera de communiquer des dossiers intéressant les entreprises sous administration provisoire « seulement » pour les sociétés appartenant aux branches interdites aux Juifs par le statut et s'il s'agit de cessions faites dans les six mois précédant la mise sous tutelle. En fait, ces « exceptions » concernent la plupart des cas « utiles » si l'on veut faciliter la gestion de l'aryanisation[34] ! Quant à la direction des Impôts, son attitude *a priori* ferme à l'égard du Commissariat, attestée par un échange de courrier de septembre 1941[35], explique certainement le comportement de certains de ses agents, opposant, on l'a vu, un refus, à l'automne 1941, aux demandes de la place des Petits-Pères. Mais cette position courageuse, résultant d'une approche « légaliste » des textes, ne durera guère. Car le Commissariat pourra contester à son tour cette interprétation de la réglementation ou même faire modifier les textes en cause afin de libérer, avec succès, la conscience des fonctionnaires de l'administration fiscale trop peu zélés jusque-là. Une lettre du ministre de la Justice adressée à sa demande à Vallat le 8 décembre 1941, précisant que « les administrateurs provisoires étant légalement substitués à la personne de leur administré, ils peuvent obtenir communication de tous les actes sur les biens administrés, tout au moins de ceux passés depuis le 23 mai 1940 »[36], suffira à faire disparaître petit à petit les quelques obstacles empêchant les acteurs directs de l'aryanisation d'obtenir tous les documents qu'ils désirent des services des impôts. Pour donner un dernier exemple, les PTT, réticents à l'origine, ne mettront que quelques mois à accepter d'« oublier » le principe de l'inviolabilité de la correspondance privée, comme le leur demandait en décembre 1941 le Commissariat. Ce dernier souhaitait en effet qu'on puisse ouvrir sans limite le courrier des dirigeants de sociétés supposées juives. Après avoir reçu l'aval du ministère des Communications, pressé par Vallat de prendre position, la direction des Postes donnera en juin 1942 des instructions à ses chefs de service « pour que la correspondance de toute nature adressée tant au nom de l'entreprise qu'au nom personnel de l'intéressé soit livrée à l'administrateur provisoire nommé par les soins du Commissariat général aux affaires juives » puisque, d'après la loi du 22 juillet 1941, « les administrateurs provisoires ont [...] les mêmes droits que les syndics de faillite[37] ».

De facto, même si certaines administrations manifestent un temps des scrupules à admettre l'interprétation extensive des textes antijuifs chère au Commissariat, cette attitude ne sera donc que très provisoire, et le zèle mis à appliquer les mesures d'aryanisation par ses promoteurs sera souvent plus encouragé qu'entravé par les agents de l'État. Il est notable, à cet égard, qu'avant même l'apparition d'une législation et d'une administration françaises *ad hoc*, avec la création du Commissariat puis l'adoption de la loi du 22 juillet 1941, la mise en application des ordonnances antijuives allemandes par les ministères — en particulier ceux de la Production industrielle et des Finances — ne fut pas particulièrement timide. L'intégration du SCAP dans les services de la place des Petits-Pères s'est passée suffisamment bien en 1941 pour qu'on puisse parler de continuité plutôt que de rupture au moment de la montée en puissance du Commissariat. Celle-ci ne marqua pas, de plus, la fin de l'intervention des ministères économiques, jaloux de leurs prérogatives, dans le domaine de la mise en application de l'aryanisation.

Le zèle, facteur aggravant, se conjugue avec la détermination manifeste des acteurs de la politique économique antisémite de ne pas tolérer le moindre accroc dans le filet de l'aryanisation, qui ne doit laisser passer aucun « fugitif ». Il ne s'agit pas de mener une politique d'aryanisation progressive pour réduire petit à petit l'« influence juive » dans l'économie française mais bien d'« éliminer » celle-ci, selon le terme employé dans la loi du 22 juillet. Cette volonté d'éradication, allemande au début mais à laquelle Vichy s'est totalement rallié, se traduit en pratique par une mise en œuvre de l'aryanisation non seulement très active mais aussi « totalisante », autrement dit sans faille. La quasi-impossibilité de faire admettre des exceptions ou des cas d'espèce constitue sans doute la manifestation la plus frappante de cette caractéristique des mesures économiques antijuives. Alors même que la plupart des responsables de Vichy, à commencer par le maréchal lui-même et ses ministres, ont, bien entendu, comme tout le monde, des relations parmi les Juifs, alors même que le strict intérêt national imposait à l'évidence de ne pas affaiblir certaines entreprises israélites « stratégiques » pour maintenir autant que possible les forces vives de l'économie française, alors même que dans bien des cas l'« influence juive » — à supposer que cette expression hitléro-vichyssoise signifie quoi que ce soit — était quasi négligeable dans maintes sociétés comprenant des participations minoritaires ou quelques dirigeants d'origine israélite, il sera en pratique quasi impossible d'échapper aux rigueurs de la réglementation sans choisir la clandestinité ou la fraude. On sait que la loi prévoyait théoriquement des cas d'exemption, permettant par exemple d'échapper aux interdictions professionnelles prévues par le second statut des Juifs. Mais les conditions à réunir étaient si restrictives et la vigilance du Commissariat — et des autres administrations — si rigoureuse que le candidat le plus éminent et le moins contestable à de telles exemptions obtenait au mieux, comme on l'a vu pour M. Gradis, animateur de la

SFCCE, un tout petit passe-droit[38]. Quand on apprend que même une personnalité de l'envergure de M. Ernest Mercier, le « patron » historique de la production d'électricité et de l'industrie pétrolière françaises, lui-même non juif, voit son existence professionnelle menacée sous l'Occupation par le harcèlement qu'il subit de la part du Commissariat uniquement parce que sa femme n'est pas aryenne au sens de la loi[39], on imagine que bénéficier de la moindre faveur de Vichy ne va pas de soi dès qu'on est visé par les mesures antisémites ! Si on se désintéresse du sort des hommes*, on ne passe pas cependant par profits et pertes celui de la plupart des entreprises juives qui ont une valeur économique incontestable. Mais, comme les exemples des Galeries Lafayette et d'André le démontrent parmi bien d'autres, on n'imagine pas pour autant que ces affaires puissent échapper au sort commun de l'aryanisation : on prend simplement bien soin d'éviter le risque de la liquidation et de sélectionner les futurs propriétaires aryens en s'interrogeant sur leurs compétences et leur « pureté » nationale. Il n'existe, à notre connaissance, aucun cas de fausse aryanisation, du moins en excluant d'éventuelles opérations de ce type concernant directement la défense nationale[40], monté ou couvert par les autorités françaises, ne serait-ce que pour mieux sauvegarder des activités essentielles ou des compétences rares.

L'attitude qui se veut toujours très professionnelle, et qui est en fait souvent simplement bureaucratique et tâtillonne, de l'administration n'a évidemment pas peu contribué à cette application « totalisante » de la politique d'aryanisation. Une vague présomption de non-aryanité visant n'importe quelle entreprise suffit à la faire doter d'urgence d'un administrateur provisoire : pour ne pas risquer de laisser échapper le moindre fraudeur et être couvert quoi qu'il arrive, on agit d'abord, on vérifie ensuite. Voilà pourquoi, dans les statistiques du Commissariat annonçant non sans fierté le nombre important de missions d'aryanisation « réussies » par les administrateurs provisoires, on relève régulièrement environ 10 % de cas classés dans la rubrique « affaires non juives » ! Ainsi, pour la zone Sud, l'ex-zone libre, il est fait état de 1 449 dossiers menés à terme le 1er novembre 1943, parmi lesquels 122 ont trait à des entreprises qui se sont révélées aryennes. Quand on sait qu'à peine trois fois plus de sociétés ont été alors vendues (311) ou liquidées (372) sur le même territoire on peut mesurer l'ampleur de ces « bavures »[41]. La découverte par qui que ce soit dans l'entourage d'une entreprise d'un nom « à consonance juive » voire une simple homonymie

* Qu'on ait pu relever quelques rares interventions « humanitaires » — sans lien d'ailleurs avec les mesures proprement économiques — en faveur de familles d'industriels n'infirme évidemment pas cette règle générale. Ainsi telle intervention de Laval, qui obtient en septembre 1942 une autorisation de visite à ses enfants en zone occupée pour Mme Citroën, a pu n'être pas unique. Que l'homme fort du gouvernement français ait dû remonter jusqu'à Oberg pour avoir satisfaction en l'occurrence montre à quel point les cas de ce type ont dû être peu nombreux.

« suspecte » entraînent d'ailleurs quasi-automatiquement, en cas de dénonciation, l'intervention du Commissariat. Ainsi, la société SAMAS — Société anonyme de machines statistiques — possède parmi ses actionnaires les plus minoritaires un certain Bader Gruber. En avril 1944, prévenue, semble-t-il, par l'occupant, la place des Petits-Pères diligente une enquête sur cet individu dont « le nom peut prêter à suspicion en raison de son homonymie avec celui de l'ex-président des Galeries Lafayette ». Après vérification, on apprendra que le porteur de parts de cette société « anglo-américaine à 90 % » — ce qui explique peut-être qu'elle ait attiré l'attention — a pu fournir immédiatement des « pièces d'aryanité »[42]. On se doute, au vu de cet exemple, que les dénonciations plus « sérieuses », c'est-à-dire au moins étayées par un indice apparemment « matériel », provoquent toutes des efforts d'investigation immédiats du Commissariat et, en règle générale, la nomination à tout hasard d'un administrateur provisoire. Dans le courrier de l'administration antijuive, on peut régulièrement lire la mention manuscrite « faire faire une enquête » sur les lettres de délateurs affichant leur antisémitisme militant ou, plus souvent, trahissant des desseins très intéressés face à un concurrent ou un voisin dont ils guignent le fonds de commerce ou les murs[43].

Les agents de l'État ne se contentent pas pour autant d'attendre les dénonciations. On peut même être « épuré » de ses fonctions sans que nul ne l'ait *a priori* directement réclamé et *in absentia*. Un simple fonctionnaire très zélé, ayant décidé de lui-même une inversion de la pratique habituelle de la charge de la preuve, a pu en effet diligenter une action étonnante d'aryanisation à 100 % d'un syndicat professionnel pour être sûr qu'aucun Juif présumé n'échappe à la rigueur de la loi. Le commissaire de police de la Bourse du commerce de Paris, M. L.C., écrit ainsi au chef du service de la Répression des fraudes dès le 29 novembre 1940, donc à une époque très précoce où seules certaines lois antijuives allemandes sont en vigueur en matière économique, la lettre suivante : « Tous les membres des syndicats adhérents au syndicat général [de la Bourse du commerce] résidant à Paris ou en zone occupée ont répondu à la circulaire qui leur a été adressée. Les membres israélites ont envoyé leur démission des comités de direction [de la Compagnie des commissionnaires, etc.] ou des chambres syndicales [du commerce, des alcools, des blés, des caoutchoucs, des huiles, du riz, des sucres, des courtiers de marchandises, des arbitres, etc.]. En ce qui concerne les membres résidant en zone libre, ils n'ont pu être touchés [...]. Les présidents ont alors décidé qu'ils ne pouvaient prendre la responsabilité de considérer comme juifs ou non juifs les membres absents. Je suis intervenu en faisant remarquer que l'article 6 de la loi du 3 octobre 1940 interdisait formellement que les juifs restent inscrits dans les organismes dirigeants des syndicats [...]. J'ai alors proposé dans les réunions successives de toutes les chambres syndicales que tous les membres absents présumés juifs soient radiés, à charge pour eux, à leur retour, de demander leur réintégration s'ils estiment et prouvent qu'ils ne sont pas de race juive. Cette suggestion a été acceptée [...][44]. » Il est probable que la Bourse de commerce a été très sérieusement aryanisée...

L'aspect « totalisant » du processus de l'aryanisation tient aussi à l'effet cumulatif de sa mise en œuvre telle que la pratiquent aussi bien le Commissariat que toutes les administrations, à commencer par celles de la justice et de la police. Tout se passe selon un procédé « en boule de neige », qu'on peut décrire à travers les trois exemples suivants. Le premier, digne de Courteline, montre simplement comment, très généralement, on applique la réglementation sans faiblesse de façon à lui donner une ampleur maximale, jusqu'à l'absurde. Ainsi, au début du printemps 1944, un Toulonnais qui a hérité de sa tante, « aryenne mariée à un Juif », veut utiliser comme garantie pour un emprunt les actions de la société de son oncle qui lui sont revenues lors de cette succession. Ces titres, sachant que la société est sous le contrôle d'un administrateur provisoire, ne sont pas pour l'instant « physiquement » en sa possession et, bien que personne ne conteste sa propriété, il lui est difficile de fournir cette « garantie réelle ». Le service de la législation de Vichy, consulté par le Commissariat qui ne sait comment résoudre ce problème, n'hésite pas : puisque les titres sont actuellement « indisponibles », aucune garantie ne peut jouer. Et voilà comment même un incontestable aryen au sens de Vichy, fils d'une aryenne d'après les mêmes critères, se retrouve lui-même en quelque sorte spolié comme Juif par alliance au troisième degré et participant à son corps défendant à une extension des effets de la politique économique antisémite.

Le deuxième exemple, celui de la Société intermaritime et fluviale, fait apparaître comment un certain comportement bureaucratique peut suffire à transformer *de facto* n'importe quelle entreprise en agent sans doute involontaire mais actif de l'aryanisation radicale[45]. Un dirigeant de cette firme, apparemment suspecte aux yeux de certains d'abriter au sein de son personnel ou de son capital une « influence juive », écrit en février 1942 au Commissariat pour exprimer son inquiétude : « Nous sommes submergés de lettres par lesquelles nos clients nous demandent de signer une déclaration attestant que nous ne sommes pas une société juive au sens légal. Nous ne voyons, pour notre part, aucun inconvénient à souscrire cette déclaration. Mais nous sommes extrêmement préoccupés de savoir de quelles dispositions exactes procèdent ces demandes multipliées. En effet nous ne voyons pas très bien comment nous allons pouvoir nous-mêmes nous préoccuper de vérifier la qualité des multiples personnes ou intermédiaires auxquels notre profession nous amène à faire des paiements [...]. » On a compris qu'on assiste là au déploiement d'un des effets pervers du blocage des comptes des entreprises juives et de leurs dirigeants, lequel empêche de procéder à des versements directs sans être certain de l'aryanité du créancier. Le résultat est clair : on banalise non seulement le fait d'avoir à manifester son aryanité mais aussi celui de s'interroger dans une entreprise sur l'éventuelle « influence juive » présente chez ses clients et ses fournisseurs.

Enfin, on peut trouver une troisième illustration des conséquences radicales de l'approche administrative « en boule de neige » de l'aryanisation dans le comportement quotidien de la police. Une note de la préfecture de police de Paris au commissaire du quartier du Jardin des Plantes en date du 26 février 1941, dont tout indique qu'elle a été émise à de nombreux exemplaires, explique, suite à une évolution récente de la réglementation antijuive allemande qui étend le champ d'application de l'aryanisation, qu'« il est nécessaire de connaître dans les quarante-huit heures les commerçants juifs de votre quartier qui sont établis en appartement ». Comment procéder ? « Pour faciliter votre travail et en accord, sur ce point, avec M. le Directeur de la police judiciaire, j'ai l'honneur de vous communiquer la liste des commerçants de votre quartier en vous priant de bien vouloir rayer ceux qui ont boutique sur rue. » Le lendemain même, alors qu'on lui a accordé deux jours pour répondre, le commissaire en question retourne la liste avec les indications demandées mais aussi en signalant qu'on a omis de recenser trois commerçants juifs à domicile dont il signale les coordonnées. Avec des collaborateurs aussi efficaces et surtout des méthodes aussi systématiques pour réaliser l'aryanisation, il n'est certes pas facile pour un Juif de réussir à passer à travers le tamis. Et s'il y parvient, il ne le devra pas, du moins à en croire cet exemple choisi parmi d'autres, à la coopération des agents de l'État !

Ce zèle de l'administration et cette volonté de ne pas tolérer d'exceptions ont certes été encouragés par les Allemands, on l'a dit. Mais ont-ils aussi trouvé un véritable soutien auprès de la population française, ce qui, à défaut de justifier l'injustifiable, aiderait à expliquer pourquoi ils ont été si « naturellement » mis en œuvre ? On trouve des exemples de protestation, dans les régions de la zone Sud en 1941 et 1942, contre les réfugiés juifs qu'on accuse volontiers de se livrer au marché noir ou, notamment dans les lieux touristiques, de vivre sans regarder à la dépense, de façon ostentatoire. Les rapports des préfets, en général fiables sur de tels points, attestent parfois de ces préjugés antisémites et dans certains cas les font leurs, comme dans les Alpes-Maritimes (octobre 1941), à Limoges (mars et juin 1942) ou dans le Jura (septembre 1942)[46]. Mais il serait imprudent de croire majoritaires ces impressions qui résultaient, bien entendu, soit de rumeurs parfaitement erronées — les statistiques d'arrestations pour marché noir n'accablent pas les Juifs[47] —, soit, en les supposant fondées ici ou là, d'évidentes conséquences de la législation antisémite : il fallait bien que les Juifs privés par les mesures d'aryanisation de leurs activités normales, et parfois de ce fait à l'aise financièrement quand ils avaient pu réaliser au moins une partie de leurs biens, se débrouillent pour vivre. D'ailleurs on a enregistré aussi en province, surtout après le début des rafles à l'été

1942, des manifestations de sympathie envers les Juifs persécutés et de défiance envers ceux qui profitaient de leur infortune, comme en témoignent d'autres rapports, notamment des renseignements généraux[48]. Les opérations d'aryanisation, souvent assimilées par l'opinion à des occasions de corruption, n'ont jamais eu bonne presse, sauf dans les milieux antisémites déclarés. Nul, après guerre, n'osera jamais évoquer, en tout cas, des pressions de l'opinion en faveur de l'application stricte de la réglementation économique antisémite. Pas même lors de tel ou tel procès où, si cela avait été possible, la défense aurait utilisé l'argument.

Ce n'est donc pas pour satisfaire la *vox populi* que l'administration française a géré de manière maximaliste l'aryanisation au quotidien. Ce n'est pas non plus à la demande de la population, d'évidence, que les autorités se sont livrées à une instrumentalisation de la législation antisémite au service de leur stratégie économique, notamment au niveau des branches professionnelles. La « politique industrielle » de Vichy[49], qui sert en l'occurrence les intérêts d'une partie du patronat, n'a pu que renforcer en effet le caractère systématique de la chasse aux intérêts juifs. Les décisions prises d'abord pour encourager la concentration, ensuite pour réguler la concurrence et, enfin, pour défendre le patrimoine national face aux convoitises allemandes jouent un rôle non négligeable dans le déroulement des opérations d'aryanisation. On s'en est aperçu au niveau des entreprises, « sur le terrain ». Mais cette imbrication entre « politique industrielle » et politique antijuive est même suffisamment patente pour qu'elle soit évoquée ouvertement dans les rencontres entre les responsables de l'économie française. Lors des conférences où se retrouvent chaque semaine, pour traiter de l'aryanisation, des hauts représentants de quatre administrations (la Production industrielle, le Commissariat, les Finances, la Délégation générale aux relations économiques franco-allemandes), on évoque régulièrement et très clairement, à propos de tel ou tel dossier examiné, des questions de fermetures d'usines, de concurrence ou de prise de participation allemande. À tel point qu'une lecture des comptes rendus de ces réunions donne facilement l'impression d'assister à distance à une partie de Monopoly avec pour enjeu non plus des rues et des maisons mais des entreprises juives que, pour obéir aux « nécessités » économiques et politiques de l'heure, on réorganise, on vend ou on liquide de façon expéditive quand on ne se contente pas de modifier d'un trait de plume le contrôle de leur capital[50].

Vichy a sans doute beaucoup moins procédé à des concentrations dans divers secteurs du commerce et de l'industrie pour moderniser l'économie nationale et améliorer les performances des entreprises les plus efficaces, comme le disaient volontiers les services de M. Bichelonne, que pour résoudre des problèmes beaucoup plus conjoncturels, parfois liés à la pratique de collaboration. On ferme des entreprises, à partir de la fin 1941, à la fois pour gérer plus facilement la pénurie de matières et pour répondre à des demandes pressantes des Allemands. Ces derniers souhaitent que la France améliore son appareil productif d'abord pour mieux livrer le Reich puis, dans un second temps, pour libérer des « stocks » de main-d'œuvre afin de pouvoir les diriger outre-Rhin vers les usines privées de leurs ouvriers partis au front. Les textes sur l'aryanisation ne comportent, de leur côté, aucun objectif avoué de concentration. Ni le mot ni l'idée qu'il véhicule ne sont inclus dans la loi de juillet 1941. La jonction entre la politique de concentration très opportuniste des pouvoirs publics et le processus de l'aryanisation systématique n'a donc rien de « naturel ». Pourquoi a-t-elle lieu ? Parce que c'est commode.

À en juger par les documents qu'on peut lire, on se dit simplement dans les bureaux du ministère de la Production industrielle et encore plus dans ceux de certains comités d'organisation que, puisqu'on doit réaliser des concentrations, autant commencer par le plus facile en profitant de la loi de juillet 1941 pour « assainir » des secteurs dans lesquels les Juifs sont présumés très actifs, ou même simplement présents[51]. La distribution, en particulier le petit commerce, a été d'autant plus touchée, sans doute, par cette politique de fermetures d'entreprises israélites que ce secteur était à la fois assez peu concentré et facile à réglementer : un magasin ouvert ou fermé, ça se voit ! Mais les branches des pelleteries et de la fourrure, des cuirs et peaux, de la confection, ainsi que celles des métaux précieux ou des métiers de la finance (coulissiers, banques, etc.) ont aussi connu, à divers degrés, le même sort. Dans d'autres secteurs, on agit parfois de façon moins massive, par exemple pour réaliser une opération ponctuelle de concentration au service de la « politique industrielle ». On a pensé, semble-t-il, au sein du comité d'organisation de l'automobile (COA), que les mesures d'aryanisation touchant certains constructeurs, comme Rosengart ou, dans une moindre mesure, Hotchkiss, pourraient faciliter indirectement leur absorption par un groupe plus important ou influer sur des négociations afin de constituer, face à Renault et à Citroën, un troisième pôle autour de Peugeot dans cette industrie où l'effet de taille est essentiel. Un tel regroupement ne verra cependant jamais le jour, car le COA s'est heurté à beaucoup d'obstacles, à commencer par diverses réticences de la firme de Sochaux — notamment pour Rosengart — ou de la direction d'Hotchkiss[52].

Même s'il est loin d'être exclusif, le premier critère retenu par le ministère de la Production industrielle pour décider du sort — fatal ou non — des entreprises juives, dans la mesure où on peut en décider administrativement, semble être celui de la taille. Dans les rapports entre le ministère et le Commissariat, qui veulent tous deux coiffer les opérations d'aryanisation, l'un surtout pour les mettre au service de sa « politique industrielle », l'autre surtout pour être sûr qu'elles seront poursuivies sans faiblesse aucune, on aboutit assez vite à un *modus vivendi*. Celui-ci consiste à séparer en trois catégories les entreprises, pour répartir entre les deux administrations et les comités d'organisation le pouvoir de décision — notamment pour nommer les administrateurs provisoires et avaliser ou non leurs propositions finales de vente ou de liquidation. Pour simplifier, disons que, quand l'entreprise réalise moins de un million de francs de chiffre d'affaires, on considère, d'un commun accord, que le Commissariat peut agir avec le seul avis du comité d'organisation compétent ; quand ce chiffre est situé entre deux et cinq millions, la place des Petits-Pères et le ministère doivent se concerter, après avoir recueilli l'opinion de la profession ; enfin, quand les ventes annuelles sont supérieures à cinq millions, l'avis du ministère est à la fois nécessaire et déterminant[53]. Une façon de dire que la Production industrielle se préoccupe beaucoup du destin des sociétés de taille respectable et nettement moins de celui des PME. Car les services de M. Bichelonne savent bien que le Commissariat et les comités d'organisation penchent volontiers pour la liquidation des entreprises juives plutôt que pour leur vente à des candidats acquéreurs, laquelle préserverait au moins leur existence.

On opère à l'occasion avec un cynisme non dissimulé. Ainsi, lors de la réunion hebdomadaire interministérielle du 29 octobre 1942, un haut fonctionnaire du ministère de la Production industrielle indique qu'il faut procéder à la fermeture d'une centaine d'entreprises dans le secteur textile et demande au représentant du Commissariat présent s'il ne serait pas « rationnel d'effectuer un certain nombre de liquidations au titre des lois juives, ce qui éviterait l'octroi d'indemnités aux possesseurs des établissements fermés[54] ». Les décisions de concentration, d'après la loi, devaient en effet s'accompagner d'indemnités compensatoires. Des sommes faciles à économiser ! D'autres fois le cynisme le dispute à la désinvolture, comme l'atteste un échange de courrier entre le comité d'organisation du vêtement et le Commissariat[55]. Un responsable de la rue des Petits-Pères écrit en effet le 31 décembre 1942 au directeur du comité en question pour lui reprocher d'avoir nui à la politique d'aryanisation en ayant proposé à la Production industrielle de concentrer, autrement dit fermer, des entreprises juives qui avaient été rachetées par des aryens. En clair, des acheteurs de biens juifs, certains d'avoir réalisé une bonne affaire, se voyaient obligés de mettre la clé sous la porte sitôt la transaction conclue avec les administrateurs provisoires et ils se plaignaient bien entendu de ce marché de dupes. Ces incidents étaient dus à la trop grande célérité du ministère dès qu'il s'agissait de concentrer des entreprises qui ne risquaient guère de protester puisque leurs dirigeants, juifs, avaient été évincés. Résultat : on liquidait si vite ces affaires que l'on prenait souvent de vitesse des opérations d'aryanisation en cours d'aboutissement. Le comité d'organisation, qui dressait sans se faire prier à l'intention du ministère des listes de victimes potentielles des concentrations, était effectivement à l'origine de ces bavures à répétition. Ce n'est pas bien grave, répondait en substance à son collègue du Commissariat l'auteur des erreurs : on pourra rattraper les choses, assurait-il, en annulant les décisions de fermeture contestées car le comité d'organisation peut, en compensation, donner immédiatement d'autres noms de maisons juives à concentrer ! Cette conception expéditive de la concentration, dès qu'il s'agit d'entreprises juives, au sein de certains comités d'organisation trouve son pendant dans la pratique de ces mêmes organismes en matière de concurrence.

La « régulation de la concurrence », selon l'expression employée par J. Bichelonne lors d'une conférence en janvier 1942[56], fait partie, en effet, des missions dévolues par le ministère de la Production industrielle aux comités d'organisation. Dire que l'aryanisation a constitué, dans certains secteurs, une aubaine aux yeux des représentants de la profession dans ces comités pour remplir cet objectif d'une façon bien particulière est un euphémisme. Tout comme on a volontiers confondu concentration et liquidation de biens juifs afin de faire des économies ou de remplir sans trop de difficultés des quotas de fermetures décidés, on mêlera allégrement politique de concurrence et politique d'aryanisation de l'économie au sein des services des affaires juives créés dans la quasi-totalité des comités d'organisation. Inutile d'insister sur l'attitude du comité du vêtement dont le directeur, M. Léglise, semble bien encourager la concentration surtout pour multiplier les liquidations et favoriser par là même un élagage de la concurrence. Sinon, sauf à supposer une motivation uniquement raciste, peu probable de la part d'un dirigeant d'une organisation professionnelle agissant ès fonctions, on ne pourrait expliquer que ce dernier, loin de se contenter de réclamer des fermetures d'entreprises juives lors des opérations de concentration, n'hésite pas aussi à signaler au jour le jour au Commissariat des affaires israélites qui ne se sont pas encore déclarées comme telles « afin de [les] pourvoir d'un administrateur provisoire » qui procédera, on n'en doute pas, « à la liquidation de ces maisons »[57]. Ce comportement, loin d'être unique, peut même sembler à certains égards plus modéré que celui d'autres responsables patronaux. Ainsi le dirigeant du Comité d'aryanisation des pelleteries et fourrures, M. Roger Binet, ne cultive-t-il pas plus les états d'âme que l'hypocrisie en souhaitant ouvertement dans un courrier au ministère de la Production industrielle la disparition de toutes les maisons juives de sa branche. Il espère ainsi résoudre les problèmes d'approvisionnement en matières premières des fabricants : une liquidation généralisée des affaires juives ne permettrait-elle pas de vendre leurs stocks aux enchères « en vue de leur distribution immédiate dans la profession » ? Il ne cache pas que cette « solution serait accueillie favorablement par la corporation à la veille de la saison d'hiver[58] ». Il est vrai qu'un an et demi plus tôt, avant sans doute que cette « solution » globale ne lui soit apparue réalisable, le même responsable professionnel s'était personnellement porté candidat à la reprise d'au moins une société de pelleterie en voie d'aryanisation. Il savait donc ce qu'une récupération des stocks signifie quand règne la pénurie.

Le président du comité d'organisation de la publicité, Jacques

Grizeaud, ne cache pas non plus, dans une lettre adressée au SCAP le 27 octobre 1941, son désir de surveiller toute évolution de la profession qui pourrait influer sur la situation concurrentielle à l'occasion de l'aryanisation : « Je crois qu'il serait extrêmement important que nous soyons tenus au courant de l'action des administrateurs provisoires et que nous prenions contact pour la politique générale à suivre vis-à-vis de ces entreprises [juives]. Nous possédons en effet des documents et des avis qui peuvent vous manquer sur l'intérêt qu'il peut y avoir du point de vue de notre corporation à laisser vivre telle entreprise, à supprimer telle autre, à laisser en sommeil une troisième, etc. » Le syndicat de la boucherie de Paris, dans le même ordre d'idées, tient à informer le SCAP, le 27 mai 1941, de sa conviction, bien établie, à propos des petites boucheries juives : le plus simple est de les fermer car « elles ne sont pas indispensables à la vie économique [59] ». Le comité d'organisation du livre écrit, quant à lui, sous la plume de son directeur, Marcel Rives, le 2 octobre 1941 au Commissariat pour évoquer les plaintes qu'il a enregistrées de la part des imprimeurs. Ceux-ci lui ont affirmé que des imprimeries juives auraient été vendues à des prix très bas, notamment l'Imprimerie de l'Île de France, ce qui fausserait, en la faveur des acheteurs, les conditions de la concurrence [60]. Un inconvénient qu'a voulu éviter autant que possible le comité d'organisation du cuir, qui a lui-même créé, avec l'appui notamment de la Banque de Paris et des Pays-Bas, une société destinée à absorber les fabricants de chaussures et de maroquinerie aryanisés. Ou le comité d'organisation des industries et métiers d'art qui a incité les diamantaires à fonder une coopérative pour contrôler l'écoulement des stocks des négociants juifs obligés de cesser leur commerce [61].

Le président de la Chambre syndicale des maîtres coiffeurs, M. Deslongchamps, sans doute alerté par un des affiliés intéressé par la reprise ou par la disparition d'une affaire, a demandé au SCAP le 5 juin 1941 ce qu'on devait faire « quand un coiffeur israélite, malgré les injonctions du commissaire-gérant, ne veut pas quitter sa boutique ». M. de Faramond a trouvé la réponse avant la fin du mois : « Il convient de faire appel au commissaire de police [62]. » Quant au Syndicat indépendant des fabricants français de lampes électriques, il sait tout seul, lui, ce qu'il faudrait faire, et le dit dans une note restée dans les archives du Commissariat [63]. Dans cette branche, il existe depuis 1924 une lutte sans merci entre les « indépendants » et les membres du « Consortium », une entente internationale de gros producteurs (Philips, General Electric, divers fabricants français importants, etc.) qui contrôle près des deux tiers du marché. Il faut, assure le syndicat, permettre, à l'occasion de l'aryanisation, l'achat des entreprises juives liées au Consortium « à un prix raisonnable et non soufflé » par « des techniciens français ayant avec eux des capitaux français [...] et indépendants du Consortium ». Ainsi pourrait-on, précise sans fard le même syndicat, « augmenter de 6 % du marché la quote-part de l'industrie réellement française des lampes » grâce à des mesures allant dans le sens de l'« Ordre nouveau de la Révolution nationale ». Cette note au ton résolument xénophobe — on y dénonce au passage les Américains et autres étrangers qui dominent le marché — n'hésite pas, dans un post-scriptum, à être conséquente face à l'objectif poursuivi en indiquant que « parmi les commerçants juifs de la lampe, il faudrait pouvoir liquider les plus nocifs » ! Et on indique, un bref *curriculum vitæ* des principaux hommes visés à l'appui (exemple : X et Y, « deux Juifs turcs réfugiés en zone non occupée [...] dont l'usine tourne à Paris avec un administrateur aryen »), le choix judicieux des victimes à réaliser pour « franciser » cette activité.

Nulle part, sans doute, plus que dans l'industrie du meuble, on a vu mélanger sans retenue les considérations sur la concurrence et celles sur l'aryanisation avec le concours commun de la profession et de l'administration. Cette branche possède, il est vrai, des caractéristiques qui peuvent favoriser l'émergence de tensions concurrentielles au moment où les mesures antijuives sont mises en application. Deux sociétés tranchent alors par leur dynamisme sur la plupart des autres : les Galeries Barbès et Lévitan. Mais elles n'ont pas encore acquis une position de domination telle qu'on ne puisse espérer, dans la profession, se débarrasser de ces concurrents redoutables à l'occasion de leur aryanisation. Contrairement à André qui, au grand dam de certains, s'est révélé finalement invulnérable en tant qu'entreprise du fait de son avance industrielle et commerciale incontestable dans son secteur... et de l'intérêt majeur de sa production pour l'occupant, Barbès et Lévitan ne sont pas à l'abri du risque de fermeture pure et simple.

Dans une lettre du 24 janvier 1942 adressée à Xavier Vallat et destinée à lui réclamer, en application de la loi française, « la nomination d'administrateurs provisoires dans les entreprises d'ameublement de la zone non occupée, ainsi que vous l'avez déjà fait pour d'autres corporations », MM. Ducrot et Verot, respectivement président et chef du service de gérance des maisons israélites du Groupement national de l'ameublement, indiquent — ce n'est pas alors la première fois — que « la production qui émane de petites et moyennes entreprises dont le caractère reste artisanal a souffert dans un passé récent des méthodes affairistes mises en application dans un commerce étranger à la profession et dirigé par des Israélites — maison Lévitan, Galeries Barbès, etc. [...] »[64]. Au Commissariat, où l'on ne manque pas de réflexe quand on a l'impression de pouvoir recruter des collaborateurs bénévoles, on a écrit dans la marge de ce courrier : « D'accord, mais qu'ils nous aident à les déterminer, ces maisons juives ! » On ne sait si des noms sont venus préciser le « etc. » de la lettre, mais il est clair que le Groupement est prêt à encourager la politique d'aryanisation de son secteur. Trois jours plus tard, en effet, le 27 janvier 1942, des dirigeants de cet organisme, très influent au comité d'organisation des industries du bois, réclament au Commissariat l'envoi immédiat de trente affiches rouges

« pour remplacer [celles] qui ont été enlevées dans les maisons [israélites] vendues mais non homologuées ». Une requête qui surprendra le SCAP car, comme l'écrit sur le texte de la demande l'un de ses responsables, ces problèmes d'affichage sont normalement du seul ressort des administrateurs provisoires et un syndicat professionnel n'a pas à s'en préoccuper lui-même.

Le « lobbying » du Groupement national de l'ameublement auprès du Commissariat ne sera pas entièrement couronné de succès mais ne restera pas sans effet. Lors de l'épuration professionnelle après guerre, le commissaire du gouvernement, qui conclura pourtant au classement de l'affaire, qualifiera ce comportement de « moyen commode de supprimer les entreprises rivales » utilisé par les responsables de ce syndicat très attaché à défendre les PME « non israélites » du secteur. Les auteurs des diverses interventions réclamant les liquidations de Lévitan et des Galeries Barbès ainsi que d'autres entreprises se défendront de tout antisémitisme en admettant avoir émis des « avis favorables » à de telles fermetures mais en assurant avoir ainsi mené une « politique de moindre mal », consistant à ne vouer à la disparition que des sociétés destinées de toute façon à être liquidées ou concentrées. S'agissant plus précisément de Lévitan, ils feront valoir « qu'agissant ainsi, [le Groupement] visait non la qualité d'israélite du propriétaire de ces établissements [...], mais la malhonnêteté de [ses] méthodes commerciales » et n'avait en vue que « l'assainissement de la profession ».

Les multiples notes sur les Galeries Barbès adressées par les représentants de la profession au Commissariat, directement ou indirectement à travers le ministère de la Production industrielle qui lui servait de relais, ne furent peut-être pas étrangères à l'apparition d'une théorisation très originale sur le caractère éminemment racial de la gestion des entreprises. Dans un long rapport adressé au ministère le 22 janvier 1942, en effet, le Commissariat, après avoir signalé à M. Bichelonne qu'il « note avec satisfaction que vous voulez bien reconnaître que les agissements reprochés aux Galeries Barbès sont en partie imputables au caractère particulier ethnique juive [*sic*] à laquelle [re*sic*] appartenaient leurs dirigeants », n'hésite pas à comparer longuement, avec des arguments étonnants à l'appui, la « gestion juive » et la « gestion aryenne », pour conclure évidemment à l'écrasante supériorité de la seconde. Il fonde cette « démonstration » sur les performances des Galeries Barbès en 1938 et en 1941, soit avant et après l'aryanisation effectuée au bénéfice des Ets Georges Moreau, en vertu de calculs dont le moins qu'on puisse dire est qu'ils ne seraient pas pris au sérieux par le plus négligent des contrôleurs de gestion. La façon même dont est interprétée cette analyse chiffrée fait cependant apparaître très clairement ce que sont ces « méthodes commerciales » qualifiées selon les cas d'« affairistes » ou de « malhonnêtes » des dirigeants des sociétés dont le Groupement national de l'ameublement souhaite l'élimination. On leur reproche : 1) d'obtenir des prix très bas de leurs fournisseurs — ainsi pénalisés — grâce à leur puissance, acquise notamment en développant des succursales à Paris et en province ; 2) d'avoir recours sans modération à la publicité ; 3) de ne pas hésiter à s'appuyer sur les banques pour trouver des sources de financement à leur rapide expansion. En un mot, ce qu'on considère comme inacceptable, et on voit bien là à quel point les questions de concurrence sont centrales, c'est avant tout l'adoption de pratiques de gestion et d'outils de marketing modernes par les Galeries Barbès ou Lévitan dans un secteur où elles n'ont pas encore cours. Et il suffit, pour le Commissariat, de décréter « juives » ces méthodes de management, réprouvées par le groupement mais qu'on aurait du mal aujourd'hui à ne pas trouver exemplaires, pour étayer son extravagante démonstration.

L'effet paradoxal de cette approche raciste de la gestion sera... de sauver l'entreprise Galeries Barbès. Puisque celle-ci est désormais bien gérée, de façon « aryenne », on ne peut qu'entériner son rachat, conclut logiquement le Commissariat, qui refuse la liquidation réclamée par les professionnels du secteur. Lévitan, dont l'aryanisation a été moins rapide, ne pourra bénéficier, toujours en tant qu'entreprise s'entend, de cette protection inattendue de la place des Petits-Pères. Mais sa liquidation sous l'Occupation, si l'on en croit un arrêt de la cour d'appel de Paris du 21 mai 1947, devra moins en fin de compte au « forcing » des professionnels contre sa pérennité qu'à la volonté de ses dirigeants de fermer provisoirement leur commerce plutôt que de le voir tomber aux mains d'un groupe aryen composé d'hommes de paille au service d'intérêts douteux. Une méfiance justifiée puisque le maître d'œuvre de ce projet d'aryanisation n'était autre qu'un des collaborateurs les plus proches... de M. Aubert, l'organisateur de l'assaut contre les Galeries Lafayette[65].

Profiter de l'aryanisation pour défendre les PME de la profession, avec en l'occurrence l'appui paradoxal du ministère de la Production industrielle, d'habitude si soucieux de modernisme et de concentration, n'était pas l'apanage du syndicat patronal du secteur de l'ameublement. On a vu, notamment dans le cas de Bouchara, que l'opposition, vive pendant l'Occupation, entre ceux qu'on traite de « trusts » et les petites entreprises s'était parfois déplacée sur le terrain de la lutte pour l'acquisition de biens juifs. Les exemples, en fait, sont nombreux de PME qui, avec ou sans l'appui d'organisations professionnelles, collectivement ou en ordre dispersé, se plaignent de voir leur échapper des affaires israélites dont le contrôle, pour une raison ou pour une autre, les intéresse et qui accusent d'importants groupes concurrents de chercher à profiter de l'aryanisation pour asseoir une position dominante. Pour ne citer qu'un cas, apparemment typique, on a assisté ainsi à une lutte entre le très important groupe l'Air Liquide et un candidat très pugnace à l'achat d'une entreprise juive fabriquant des gaz comprimés pendant le premier semestre 1942[66].

Le 5 mai 1942 exactement, M. Montet, l'un des six candidats à l'acquisition des Ets Oxcom, de La Plaine-Saint-Denis, se plaint en ces termes au Commissariat : « Le 16 mars 1942, après avoir pris connaissance des bilans et rapports et visité succinctement l'usine, j'ai offert d'acheter les parts sociales de ladite société [pour] un prix total de 80 000 F. [L'administrateur provisoire] M. Baignères m'avait imparti comme date extrême, ainsi qu'il a dû le faire du reste pour les autres candidats, le 24 mars 1942. J'étais en droit de penser que tous les candidats s'exécuteraient fidèlement. Renseignements pris auprès de M. Baignères, j'ai appris que la société l'Air Liquide n'avait formulé son offre que le 30, soit six jours après, faussant ainsi gravement le jeu et peut-être la sincérité de l'opération. J'ai pu savoir d'autre part que l'offre de l'Air Liquide était supérieure à [toutes] celles qui avaient été faites à ce jour et j'ai tout lieu de supposer que le but recherché par cette puissante société est l'étouffement à brève échéance d'un petit concurrent. La politique des trusts ne fait que continuer. » Sans nous prononcer, bien sûr, sur les motivations des deux postulants pour réaliser cette acquisition ni sur le fond des accusations portées par l'un d'entre eux et non étayées par des preuves, nous pouvons noter l'acuité de la lutte entre les candidats au rachat. Tous les arguments de M. Montet n'étaient probablement pas sans valeur puisque l'administrateur provisoire de l'entreprise lui permettra de soumettre, lui aussi hors délai, une nouvelle offre, qu'il fixera judicieusement à 1 360 000 francs, soit très légèrement au-dessus de celle de l'Air Liquide, qui atteignait 1 300 000 francs. Sagement, « étant donné l'acharnement des deux premiers candidats », M. Baignères, en accord avec la Production industrielle et le comité d'organisation compétent, décidera néanmoins de recommencer entièrement l'appel d'offres peu après. Ce délai conduira à compliquer encore plus l'affaire, car il permettra à deux nouveaux candidats de se mettre en lice : un Belge nommé Van Campenhout, parrainé par les forces d'occupation, puis le major Schu, tout simplement... responsable allemand des opérations de récupération des métaux en Belgique. On peut supposer, à défaut de connaître l'issue de l'affaire, qu'elle prit alors un tour nouveau, peu favorable aux premiers candidats.

Voulant tenter d'éviter de tels conflits à l'intérieur d'une profession, d'aucuns prennent les devants et proposent des montages pour la reprise de sociétés juives en assurant le ministre de la Production industrielle de l'utilité de leur projet pour le bien général de leur secteur. Ainsi, lors des négociations de l'été 1941 autour de l'aryanisation de la Société cotonnière du Nord et de l'Est, une importante entreprise textile (six mille salariés) contrôlée auparavant par MM. James et André Schwob, trois candidatures ont été enregistrées. La première est présentée par des fabricants alsaciens, qui se désisteront finalement. Les deux autres émanaient de groupes d'industriels fédérés par des banques, respectivement Vernes et la Société générale. Le choix du ministère se portera sur le second groupe, celui qui s'appuyait sur l'établissement de M. Ardant et qui avait su se montrer le plus persuasif. Une note[67], qui avait été adressée à la Production industrielle « de la part de MM. Marcel Boussac et Albert Aupetit », animateurs du consortium sélectionné, témoignait des arguments utilisés. Elle signalait qu'« une telle organisation [...] constituait pour l'ensemble du marché un facteur de déséquilibre permanent » et que « c'est pour transformer en élément d'ordre ce qui fut dans le passé un élément de trouble et d'inquiétude, qu'un certain nombre de firmes textiles cotonnières se sont réunies et ont recherché, dès le début 1941, le moyen de faire passer entre des mains exclusivement françaises et aryennes le contrôle de la Société cotonnière du Nord et de l'Est par l'achat de ses actions et parts bénéficiaires. Il s'agit de professionnels qui entendent gérer l'affaire industriellement dans l'intérêt bien compris de la famille professionnelle tout entière. Toute idée de spéculation en est exclue [...]. Les participants sont exclusivement français. Ce sont : Albert Aupetit, président des manufactures de Senones ; M. G.R. Laederich, président du Comptoir industriel cotonnier ; M. Prudhommes, président de la Société centrale cotonnière de l'Est ; M. Georges Cuny, président de la société Les héritiers de Georges Perrin ; la société Gillet-Thaon [...]. La Société cotonnière du Nord et de l'Est, trouvant ainsi, partiellement au moins, une issue nouvelle pour ses fabrications massives, son potentiel cessera d'être pour autant une menace de désordre des prix et des ventes et d'élimination pour les producteurs moins bien armés ». Le prix proposé, de 260 millions de francs, était, mais on ne sait si le transfert financier put avoir lieu, « payable aux vendeurs à leur domicile en zone libre ». Là encore, sans pouvoir décoder tous les tenants et les aboutissants d'une telle opération, on peut remarquer à quel point le mélange politique antijuive-politique industrielle fonctionne facilement et permet à ceux qui affirment savoir le manier de séduire l'administration française.

Les nécessités de la politique économique et le souci de la protection de la concurrence invoqués peuvent évidemment, à l'occasion, servir surtout de prétexte pour légitimer certaines opérations pour le moins douteuses. Quels meilleurs arguments peut-on employer pour justifier le fait d'avoir accordé à tel ou tel, pourtant nettement moins qualifié voire moins-disant que les autres candidats, le contrôle d'une entreprise juive ? On a toutes raisons de penser que l'aryanisation de l'éditeur Calmann-Lévy a obéi à un tel scénario [68]. Cinq acquéreurs s'étaient présentés. Trois seulement ont obtenu du comité d'organisation du livre l'agrément nécessaire pour que leur offre soit prise en considération : Fayard, Gallimard et le groupe Lejeune-Jamet. Jean Fayard, au nom de la maison qui porte son nom, a proposé le 31 octobre 1941 de racheter Calmann-Lévy pour 2,2 millions de francs. Il a donné un gage de sa bonne volonté vis-à-vis des Allemands, pour avoir des chances de faire agréer sa proposition par le Majestic, en annonçant son intention de confier la direction de la maison à Paul Morand, qu'on imagine bien vu par les autorités d'occupation. Gaston Gallimard s'est porté acquéreur le 20 janvier suivant, en offrant 2,5 millions de francs et en se préoccupant lui aussi de la qualité des « garanties » offertes aux occupants : s'il est choisi, il créera un comité littéraire, « dont sans doute MM. Drieu La Rochelle et Paul Morand accepteront de faire partie ». Quant au groupe Lejeune-Jamet, il a fixé le 12 janvier son prix à 2,4 millions de francs, sans estimer nécessaire de faire des efforts pour prouver qu'il peut obtenir le feu vert des Allemands car chacun sait qu'il a leur appui. Or, début mars, le Commissariat, hypocritement, présente la situation comme suit : « Trois [acquéreurs] peuvent être retenus [...]. Il y a des risques à ce que les deux éditeurs puissent avoir pour arrière-pensée, en achetant Calmann-Lévy, de supprimer un concurrent dans un avenir plus ou moins éloigné, alors que le groupe Lejeune-Jamet s'est engagé vis-à-vis des auteurs qui font le fonds de Calmann-Lévy à continuer les errements [*sic*] anciens et à faire de cette firme une affaire purement française [...]. » Cette analyse, que n'oseront pas contredire dans leurs courriers René Philippon, président du syndicat des éditeurs, et Marcel Rives, directeur du comité d'organisation du livre, consultés par le Commissariat, ne vise évidemment, même si elle n'est pas totalement fausse, qu'à rationaliser le seul choix qui a des chances d'être accepté par le Majestic. Le résultat sera, bien entendu, celui qui attend ceux qui se prêtent, comme ici le Commissariat, à un jeu de dupes : l'association Lejeune-Jamet se révélera être le simple prête-nom du groupe allemand Gerhard Hibbelen, resté dans l'ombre ; et sa gestion de l'entreprise, qui consistera avant tout à liquider le stock, sera désastreuse.

Tous les cas d'aryanisation évoqués ci-avant ne sont pas transparents et, souvent, ils ne permettent pas de tirer des conclusions certaines quant aux motivations des acquéreurs. On ne peut totalement exclure, par exemple, que telle ou telle opération ait caché une fausse aryanisation non connue ou un accord partiel entre l'ancien et le nouveau propriétaire. On peut cependant avancer sans grand risque d'erreur que les principaux acteurs de ces transactions, en particulier du côté de l'administration — ministère de la Production industrielle, comités d'organisation, Commissariat —, n'ont pas eu alors pour premier souci ni le sort ni les intérêts des Juifs expropriés et en voie de spoliation. Il y eut bien quelques situations conduisant des comités d'organisation ou des syndicats patronaux à adopter ouvertement des positions de nature à aider certaines victimes des persécutions. Mais il est difficile de considérer ces initiatives comme des contre-exemples. Le groupement professionnel de l'industrie du diamant, réunissant les diamantaires de la région de Saint-Claude, sera ainsi très actif fin 1941 et début 1942 auprès du Commissariat à la lutte contre le chômage, qui mobilisera lui-même le ministre de l'Intérieur et le Commissariat général aux questions juives, afin de faire libérer des camps de concentration français des collègues étrangers. Mais il s'agit alors, seul motif de clémence recevable par l'administration, d'éviter un arrêt de l'activité à Saint-Claude et non pas de faire un geste humanitaire. On manque de matières à travailler et on suppose que les internés possèdent des stocks. On veut profiter aussi des compétences de ces spécialistes pour former la main-d'œuvre française. Il semble, d'après une lettre d'un inspecteur du Commissariat à la lutte contre le chômage, que cette intervention ait cependant permis, au moins provisoirement, l'élargissement de certains Juifs belges ou hollandais détenus. Pour des raisons voisines, en l'occurrence le manque de main-d'œuvre qualifiée, le délégué à Limoges du comité d'organisation de l'horlogerie réclamera pour sa part début 1942 la libération de professionnels juifs internés. Le fait que ce responsable régional de sa branche, H. A., ait cru devoir affirmer dans son courrier au Commissariat général aux questions juives, afin d'appuyer sa démarche, qu'il n'était pas suspect de vouloir aider les Juifs, lui, « un vieil antisémite », limite évidemment là encore l'aspect humanitaire d'une intervention dont on ne sait quelle fut l'issue[69]...

Il ne faudrait pas conclure de ce dernier exemple que la moindre correspondance entre un comité d'organisation et le Commissariat porte la trace d'un antisémitisme affiché. Une tentative de recenser systématiquement les interventions de ces organismes auprès de la place des Petits-Pères comportant nettement une telle tonalité a conduit à incriminer une vingtaine d'entre eux sur les deux cent quarante comités en activité sous l'Occupation. À chacun de se demander si ce chiffre est plutôt faible en fonction de l'atmosphère de l'époque et en l'analysant en pourcentage (moins de 10 % du total) ou, ce serait notre penchant, plutôt important, d'autant que l'absence de trace écrite ne prouve évidemment pas qu'il y a absence d'antisémitisme[70].

Une mainmise allemande sur les entreprises juives ?

L'aryanisation, en matière de « politique industrielle », a aidé à mettre en œuvre la concentration et la « régulation » de la concurrence. Sa gestion par l'administration française devait également permettre, assurait-on, d'empêcher les Allemands de prendre le contrôle d'entreprises juives à la faveur des mesures antisémites. C'est en effet un paradoxe mais c'est un fait : nulle autre politique, sans doute, n'a mieux illustré le choix de la collaboration avec les autorités d'Occupation que la politique économique antijuive de Vichy, mais nulle autre politique, ou presque, n'a également suscité plus de vigilance antiallemande. Le déroulement de l'aryanisation des Galeries Lafayette a bien fait apparaître cette double dimension des relations franco-allemandes à propos de l'aryanisation. Les mesures de destitution de la direction et de licenciement du personnel puis le principe du transfert du contrôle du capital du grand magasin ne posent aucun problème apparent à l'administration française tant qu'on ne craint pas une prise de participation de capitaux d'outre-Rhin. Quand ce danger se manifeste, en revanche, l'affaire est vite prise au sérieux et on la considère comme du ressort des plus hautes autorités. Les ministres successifs de la Production industrielle, MM. Belin, Lehideux et Pucheu, et leur plus proche adjoint puis successeur, Jean Bichelonne, tout comme les ministres de l'Économie et des Finances, MM. Bouthillier et Cathala, et leur principal adjoint chargé des Finances extérieures, Maurice Couve de Murville, s'occuperont personnellement et à maintes reprises de ce dossier en compagnie du « spécialiste » des affaires franco-allemandes, M. Barnaud.

L'attitude du gouvernement français et de son administration n'est, bien entendu, que superficiellement paradoxale. Après un temps d'hésitation, puisque toutes les premières initiatives sont dans ce domaine allemandes, Vichy a accepté, on l'a vu, de mettre les agents de l'État au service de la politique économique antijuive décidée par les autorités d'occupation avant d'adopter petit à petit une législation française qui n'aura vite rien à envier, en la matière, à celle prônée et mise en pratique par le Majestic. Il n'y a donc aucune raison de ne pas collaborer avec ce dernier pour aboutir à une aryanisation aussi complète que possible de l'économie française. Dans ce domaine, il sera d'ailleurs difficile, après l'Occupation, de prétendre avoir joué un rôle de bouclier pour défendre les citoyens français pénalisés, comme on le fera dans tant d'autres cas[71]. En revanche, la prétention de Vichy à fonder sa légitimité sur la défense de la souveraineté française implique bien, par ailleurs, une particulière vigilance face aux risques de germanisation de l'économie à travers la politique antijuive.

On a certainement jugé ces risques réels et importants lorsque, dès octobre 1940, les autorités d'occupation ont lancé leur politique d'aryanisation. La confiscation par la force des biens artistiques juifs déjà entreprise depuis l'été par l'« Einsatzstab [état-major spécial] Rosenberg », encouragé par Goering, faisait alors craindre que les mesures antijuives ne soient le paravent de la poursuite par tous les moyens du pillage du patrimoine du pays, entreprises incluses. La rumeur, de plus, laissait entendre que parmi les premières entreprises dont voulaient s'emparer les vainqueurs figurait au moins une entreprise qu'on estimait liée aux intérêts juifs, à savoir la Société de construction des Batignolles, proche de la banque Lazard et comptant parmi ses administrateurs Pierre David-Weill, qui s'exilera bientôt aux États-Unis[72]. Dans les faits, même si rien ne prouve qu'on ait connu à Vichy le détail de ces intentions, il est certain que les occupants ont songé à se servir de l'aryanisation pour accentuer leur emprise sur l'économie. Dès août 1940, une note de l'administration militaire allemande évoque « les mesures visant à étendre l'influence allemande aux entreprises et aux sociétés les plus importantes », à une époque où l'on envisage chez l'occupant la future aryanisation économique comme une composante de la politique de récupération des « biens ennemis »[73]. Par ailleurs, estimant que la victoire de la Wehrmacht en juin 1940 leur ouvrait des perspectives de bonnes affaires, de nombreux industriels allemands ont tenté au début de l'Occupation de prendre le contrôle d'entreprises françaises et ont parfois cherché à utiliser l'aryanisation comme cheval de Troie. Mais on a souvent conclu un peu vite de ces faits avérés que l'on pouvait croire à la réalité d'une volonté de germanisation de l'économie française, argument utilisé par les responsables de Vichy après guerre pour magnifier leur résistance face à un tel danger. Or, tout comme on a exagéré cette menace d'une manière générale, on l'a surestimée dans le cas particulier de l'aryanisation[74]. À bien des points de vue.

Après une période de tâtonnements, les autorités d'occupation ont assez vite décidé de privilégier la recherche de la collaboration de l'administration et des entreprises françaises, et donc de faire passer au second plan le désir d'emprise capitalistique sur l'économie. Cette décision a été d'autant plus appliquée dans le domaine de l'aryanisation que le Majestic voulait tout particulièrement encourager Vichy à prendre en charge cet aspect difficile à gérer de la politique antijuive et que le nombre des entreprises israélites qui pouvaient susciter l'intérêt des Allemands était au total relativement faible. Dès 1941, le Majestic affirme aux autorités françaises de la façon la plus nette qu'aucune participation allemande n'a de raison d'être dans les entreprises juives, du moins tant qu'il ne s'agit pas de « cas exceptionnels à caractère spécial »[75]. Vu d'après guerre, sachant qu'on a utilisé le même adjectif « spécial » *(Sonder* en allemand) pour qualifier le traitement infligé aux Juifs dans les camps d'extermination*, on pourrait imaginer que la promesse des occupants n'avait rien de rassurant. De fait, elle a été respectée pour l'essentiel au bout de quelques mois, même si on a considéré diverses affaires comme relevant de ces « cas exceptionnels » et toléré voire encouragé un certain nombre de « passages en force » contredisant la règle. Il faut dire que la pratique quotidienne de la collaboration du Commissariat avec les Allemands, déjà évoquée, a rendu cette administration particulièrement sensible aux souhaits des occupants même quand les ministères de la Production industrielle et des Finances se voulaient plus intransigeants, réclamant — en général en vain — des contreparties avant d'accepter n'importe quelle opération.

Les exceptions auxquelles tenaient les Allemands furent de deux ordres. Elles concernaient d'abord les fortunes des personnalités juives françaises réfugiées à l'étranger, dans des pays en guerre avec le Reich, ou les biens des Juifs d'origine allemande ou assimilée[76]. Ainsi les Rothschild ou les David-Weill (banque Lazard) furent-ils particulièrement visés. Mais si leurs biens furent en partie pillés, les obstructions

* Pour voir comment les nazis ont géré sémantiquement le camouflage des opérations d'extermination des Juifs à Auschwitz puis dans d'autres camps en parlant à ce sujet de « traitement spécial » dans leurs écrits, on peut se reporter à l'ouvrage très détaillé de Jean-Claude Pressac sur *Les Crématoires d'Auschwitz* (CNRS Éditions, 1993). Le seul point commun entre ce « traitement spécial » et le « caractère spécial » des entreprises juives est évidemment qu'il s'agissait dans les deux cas, grâce à cette caractérisation floue, de signifier pour les seuls initiés des intentions précises et inquiétantes vis-à-vis des hommes et — cas à ne pas comparer — des entreprises.

de l'administration française, soucieuse de protéger le patrimoine national, permirent d'éviter leur saisie « légale » par l'occupant. Quant à leurs entreprises, beaucoup d'entre elles avaient été mises en sommeil et seuls leurs actifs encore récupérables (notamment des valeurs mobilières dans le cas des banques d'affaires) méritaient intérêt. Malgré tous leurs efforts, les autorités d'occupation ne purent, jusqu'à la fin de la guerre, obtenir plus qu'un séquestre de ces actifs, que le gouvernement français voulait pour sa part aryaniser à son profit. Les autres exceptions tenaient au caractère « stratégique » de certaines entreprises juives. Ainsi, les sociétés exerçant leur activité dans le domaine de la communication, sensible par évidence quand on se soucie de propagande, suscitèrent rapidement les convoitises des Allemands[77].

Dans le secteur des journaux, c'est en s'appuyant au départ sur la Société parisienne d'éditions, un groupe publiant des périodiques de distraction (*Le Petit Illustré*, *L'Almanach Vermot*, etc.) appartenant à la famille Offenstadt avant son aryanisation, que l'homme d'affaires Gerhard Hibbelen, chargé de cette mission par l'ambassade d'Allemagne, constitue petit à petit son empire médiatique dominant la presse parisienne[78]. Dans l'édition, c'est grâce au financement du même Hibbelen qu'Albert Lejeune et quelques comparses réussissent à s'emparer, on l'a vu, de Calmann-Lévy. Les Éditions Ferenczi, pour leur part, grâce à la complicité d'un administrateur provisoire nommé par les Allemands, Jean de La Hire, de son vrai nom Adolphe d'Espie de La Hire, passent sous le contrôle de l'Allemand Maxim Klieber, fils de l'éditeur de *Mein Kampf*[79]. Quant aux Éditions de Cluny, contrôlées à 50 % et dirigées par Fernand Hazan jusqu'au début de l'Occupation, elles voient la moitié de leur capital, toujours grâce aux agissements d'un administrateur provisoire proallemand, l'écrivain Georges Segaut (Georges Normandy de son nom de plume), passer entre les mains du gérant des Éditions Tauchnitz de Leipzig[80]. Seul Fernand Nathan, parmi les maisons d'édition victimes des lois antijuives que convoitent des intérêts d'outre-Rhin, échappera pour l'essentiel au sort commun : une opération de fausse aryanisation montée par des responsables du syndicat des éditeurs, avec l'accord de la famille Nathan et la complicité de confrères (Hachette, Armand Colin, Gauthier-Languereau, Masson) et surtout d'imprimeurs (Papeteries de Navarre, etc.), permettra, après maintes péripéties, d'éviter une prise de contrôle du groupe malgré l'entrée dans le capital de l'inévitable Albert Lejeune, toujours prête-nom de Hibbelen[81]. Dans le secteur du cinéma, enfin, on a assisté à une série de rachats des salles possédées par des Juifs, notamment par la SOGEC, une société au capital de cent millions de francs dont plus de 99 % étaient dans des mains allemandes[82]. On peut supposer que la programmation de ces salles ne chagrina jamais les autorités d'occupation.

D'autres entreprises juives, à commencer bien sûr par celles dont la production présentait un intérêt militaire, étaient certainement considérées comme stratégiques par les occupants. Mais ils ont rarement estimé que, comme en matière de communication, il était essentiel dans ces cas-là, assez peu nombreux d'ailleurs, d'acquérir le capital des sociétés. L'assurance de devenir le principal bénéficiaire de l'activité des usines, garantie à l'occasion par la présence sur le terrain d'un commissaire allemand contrôlant les fabrications, leur a paru en général suffisante et les exceptions furent assez rares pour ne pas trahir une politique. On peut sans doute citer le cas d'Austin, entreprise de machines agricoles dont le principal actionnaire était un Rothschild. Krupp, encouragé par le Majestic, s'acharnera entre 1941 et 1943 à absorber, malgré le refus du ministère des Finances, cette affaire dont les installations, déjà louées par le géant allemand de l'acier et des canons, étaient utilisables pour fabriquer et réparer des armements [83]. On peut imaginer que les visées des frères Roechling sur la Société métallurgique de l'Aisne, producteur de tubes métalliques, ont appartenu à la même catégorie. Voilà pourquoi, bien que l'offre d'aryanisation qu'ils encourageaient ait été des plus suspectes, puisqu'elle faisait intervenir des hommes de paille français, les frères Lefèvre, Bichelonne, conscient de l'enjeu, prit lui-même en charge le dossier [84]. Mais le phénomène des germanisations de biens juifs militairement stratégiques fut en fin de compte très limité. On assista peut-être plus souvent — comme chez Turbomeca, où cet événement provoqua en janvier 1943 la remise à plus tard de la procédure d'aryanisation [85] — à la saisie autoritaire des outils de production et autres matériels considérés comme précieux par les occupants. On ne dispose cependant d'aucune source permettant d'en être certain.

La plupart des germanisations totales ou partielles dont on a entendu parler ont, de fait, plutôt ressemblé à celle qu'ont expérimentée les Galeries Lafayette. Elles résultaient de tractations d'hommes d'affaires entre eux ou avec l'administrateur provisoire et provoquaient souvent des interventions plus ou moins autoritaires du Majestic pour favoriser les intérêts allemands quand le gouvernement français ne paraissait pas décidé à résister outre mesure. Parfois, ce sont les propriétaires juifs eux-mêmes qui ont choisi de tels acquéreurs, préférant cette solution à une spoliation plus complète. Ce fut le cas, on l'a vu, pour une partie du capital de Carbone-Lorraine [86] ; il en alla de même, semble-t-il, pour Helena Rubinstein et quelques autres [87]. Le plus souvent, cette issue sera favorisée par des administrateurs provisoires incapables de résister à des pressions réelles ou supposées des Allemands ou désireux de leur plaire, surtout quand ils avaient été nommés par eux. C'est ainsi, par exemple, que le commissaire-gérant de la société La Pile Aglo, M. Campèche, nommé par l'occupant et lié à des intérêts allemands qui voulaient acquérir l'entreprise, s'est activé à promouvoir à la mi-1941 une solution de reprise conforme à ses vues malgré le refus du ministère de la Production industrielle. De même un administrateur complaisant avec les Allemands a-t-il tenté en 1942 — avec ou sans succès, on ne sait — de permettre à Telefunken, évincé de France avant guerre en raison d'une entente internationale, de reprendre pied sur ce marché grâce à l'acquisition de la société Tungsram en cours d'aryanisation [88].

Les efforts des hommes d'affaires allemands, avec ou sans la complicité d'administrateurs provisoires, n'ont cependant pas toujours été couronnés de succès, surtout quand il s'agissait de pures opérations commerciales et que les responsables du Majestic n'avaient pas décidé de les soutenir, étant donné leur intérêt mineur. Chez le fabricant de montres Lip, le directeur technique, qui avait été nommé coadministrateur en compagnie du vice-président de la chambre de commerce de Besançon, essaiera ainsi sans succès de provoquer une reprise de l'affaire par des Allemands auprès desquels l'entreprise, à son initiative, s'était fortement endettée [89]. Quant à l'administrateur qui réclame début 1943 à Vichy l'homologation de l'aryanisation de la Société française de fabrication et d'exportation de placages, et qui se heurte à un avis très réservé de Maurice Couve de Murville au ministère des Finances, il était tout simplement allemand et on ne peut guère imaginer qu'il se préoccupait d'intérêts autres que ceux de son pays [90]. Des opérations d'aryanisation-germanisation ont parfois échoué pour une meilleure raison : elles n'avaient nullement lieu d'être. Ainsi la société Le Bouchon-Couronne, convoitée par un certain M. Bender, industriel allemand, échappera à son emprise quand on s'apercevra qu'il avait réussi à faire nommer un administrateur provisoire complaisant en prétendant que l'entreprise possédait des actionnaires juifs alors que ces derniers détenaient... vingt-six titres sur un total de vingt mille [91] !

On s'est beaucoup préoccupé à Vichy et à Paris de toutes ces tentatives de mainmise allemande sur les entreprises victimes des lois antijuives. Malgré l'absence d'un recensement global à peu près fiable, on croit pouvoir affirmer sans risque, nous l'avons dit, que cette pénétration, au niveau capitalistique, ne fut pas massive. Mais sans doute aurait-elle pris un tour plus important à l'issue d'une guerre gagnée par l'Allemagne, puisque des accords de cessions de parts plus ou moins occultes, du type de celui conclu au sujet des Galeries Lafayette, seraient alors apparus au grand jour et auraient été appliqués. Le Commissariat, par exemple, a dit craindre, mi-1942, que le distributeur Paris-France ne soit la victime d'une opération semblable, alors en cours de montage [92]. Sans doute celle-ci put-elle être évitée, mais toutes n'ont peut-être pas été découvertes, ni sous l'Occupation ni après. Quant à une société comme Carbone-Lorraine, qui avait préservé, avec difficulté, l'essentiel de son autonomie lors de l'aryanisation de son capital grâce à un accord de participations croisées avec son ancienne filiale allemande [93], on a toutes les raisons de supposer qu'elle se serait trouvée après guerre automatiquement dans une situation de dépendance telle vis-à-vis de son émanation outre-Rhin qu'elle serait passée sous son contrôle. Même en tenant compte, de surcroît, de tous ces cas, il reste que les Allemands n'ont profité sur le sol français — il en fut bien évidemment tout autrement outre-Rhin [94] — que dans une assez faible mesure des opérations lucratives que permettait l'aryanisation des entreprises. Les principaux profiteurs, à l'évidence, furent en effet des compatriotes des victimes, autrement dit des Français.

Les bonnes affaires de l'aryanisation

Avant d'en dire plus, une évidence à ne pas oublier : avoir vendu des marchandises aux Allemands entre 1940 et 1944 ne signifie pas toujours, on l'a vu, qu'on a commis un acte de collaboration condamnable sans appel[95] ; de même, avoir été mêlé au processus de l'aryanisation de l'économie française, fût-ce au titre d'acheteur d'une entreprise qualifiée de juive, ne signifie pas nécessairement qu'on s'est conduit comme un antisémite convaincu ou comme un profiteur sans vergogne. On a déjà pu noter, et pas uniquement en évoquant le destin des Galeries Lafayette, que les cas de fausse aryanisation ne furent pas rares. Or ils n'ont pas été, le plus souvent, publics, ni pendant — bien évidemment — ni même après l'Occupation. Si nous n'avions pas rencontré M. Jacques Bouchara, jamais nous n'aurions su que, contrairement à ce que laissait entendre l'intitulé d'un dossier consulté dans un centre de documentation des plus sérieux, l'aryanisation du groupe contrôlé par ses parents n'était qu'un camouflage, dont le bénéficiaire était d'évidence plus à louer qu'à blâmer[96]. Par ailleurs, même s'il ne s'agit là, au mieux, que d'une petite circonstance atténuante, nombreux furent les acteurs « privés » de l'aryanisation, surtout au début, à penser qu'ils agissaient simplement dans le cadre d'une politique légale, décidée souverainement par le gouvernement français, et destinée, comme l'affirmait le discours officiel, à préserver une part de la souveraineté française et à éviter le pire dans bien des domaines (germanisation de l'économie, risque de mesures allemandes plus radicales, etc.). Que ce raisonnement, appuyé sur certaines affirmations de Vichy qui ne seront démenties parfois que longtemps après la fin de la guerre, n'ait pu être fondé que sur des informations inexactes n'implique pas nécessairement qu'il ait toujours été tenu de mauvaise foi. Ces précautions prises, disons-le également tout de suite : il est on ne peut plus clair que la grande majorité des opérations de toutes sortes qui ont accompagné les processus d'aryanisation du personnel et du capital des entreprises furent quelquefois guidées par des considérations idéologiques — l'antisémitisme ou des sentiments pronazis —, le plus souvent par l'intérêt, et dans bien des occasions par les deux à la fois. Là encore, le seul exemple des Galeries Lafayette nous a déjà permis de trouver des cas d'individus appartenant à ces trois catégories.

En matière d'aryanisation, les cas d'antisémitisme ou de prohitlérisme « purs », non liés à l'intérêt, furent sans doute assez peu nombreux. On peut cependant supposer qu'une partie non négligeable des dénonciations de commerçants ou de sociétés suspectés par des particuliers de ne pas respecter les lois antijuives furent de cette nature.

Mme H. T., qui portait à la connaissance de l'IEQJ du capitaine Sezille un prétendu « trafic » de la famille Bader en 1941, était indubitablement antisémite. L'agent immobilier, as de la dénégation, qui, « dans le but d'intérêt social, mais en aucune façon par délation que j'abhorre [*sic*] », écrit à la mi-1942 au Commissaire général aux questions juives ne l'était sans doute pas moins. Comment expliquer sinon, alors qu'il n'a aucun intérêt décelable à agir ainsi, son besoin de fournir au principal artisan de la lutte antijuive l'information suivante, accompagnée bien entendu des coordonnées de la personne visée : « En tant qu'agence immobilière, je fus sollicité par Mme H. S., commerçante à Vichy [...]. Son désir était d'acheter sous son nom, couvrant un groupe juif de ses fournisseurs, le magasin séquestré situé rue Félix-Faure à [Nice], et ce pour faciliter l'écoulement de l'immense stock détenu par des Israélites. Ne traitant que de choses saines, je me suis refusé à m'entremettre dans cette opération, qui, j'ai tout lieu de le croire, est restée en suspens [...] »[97] ? Le responsable actuel de la Galerie Bernheim-Jeune, dont l'essentiel du stock inestimable (des Monet, des Renoir, des Cézanne, des Matisse, etc.) a été emporté par les occupants à la suite d'une dénonciation, est persuadé pour sa part que l'informateur qui a révélé la cachette des œuvres en province était une connaissance de la famille des marchands de tableaux, un industriel du nord de la France, qui était dans la confidence. Il ne lui supppose aucune autre motivation que l'antisémitisme [98].

R. Eloy, secrétaire général de la propagande du Front social du travail, ersatz de syndicat de travailleurs créé sous l'égide du Rassemblement national populaire de Marcel Déat, paraît additionner opinions antisémites et convictions collaborationnistes le jour d'avril 1942 où il s'adresse directement à l'ambassade d'Allemagne pour dénoncer une entreprise israélite qui n'a pas aryanisé convenablement son personnel. « Monsieur le Conseiller, écrit-il, je vous prie de bien vouloir examiner le petit [document] ci-joint concernant les méthodes employées à l'égard du personnel aryen dans une entreprise juive de Paris travaillant uniquement pour les autorités d'occupation. J'ose espérer que vous ferez intervenir les services compétents pour que de multiples tracasseries cessent à l'égard du personnel aryen. » Suit un rapport de « la section du front social du travail des Éts Grundel » à Paris qui signale « certains faits regrettables dans les manières de considérer le personnel aryen ». Les fait regrettables ? D'abord l'entreprise emploie majoritairement des Israélites alors « qu'il y a beaucoup d'ouvriers et d'ouvrières françaises qui sont au chômage total ou partiel et qui pourraient faire tout aussi bien que les Juifs ». Ensuite « de nombreuses vexations continuelles sont dirigées contre le personnel aryen qui doit travailler dans une atmosphère démoralisante. Il [lui] est dit couramment par le directeur ou la directrice que lorsque cette guerre sera finie, les Juifs prendront leur revanche et se souviendront de ceux qui présentement les mettent en tutelle ». Plus grave que tout, « à la paye du 21 avril, un contremaître juif est passé parmi le personnel réclamer à chacun de laisser 2 % de son salaire en faveur des Juifs emprisonnés ou internés dans les camps [...]. Ce moyen de pression est absolument inadmissible car, pour éviter toute sanction possible par la suite, des aryennes, femmes de prisonniers, ont été obligées de souscrire à cette odieuse collecte ». Les auteurs du rapport espèrent donc qu'« une mise à la raison des dirigeants de cette entreprise interviendra rapidement et que celle-ci sera mise en demeure de liquider progressivement le personnel juif pour le remplacer par du personnel aryen »[99].

Inutile, toujours pour en rester aux motivations idéologiques, de s'appesantir sur les petits profits réalisés par nombre de partis, d'organismes ou d'officines collaborationnistes, antisémites ou parfois simplement vichystes qui se sont installés, évidemment dans des conditions très peu onéreuses, dans des immeubles que possédaient ou occupaient des entreprises juives. Parfois on occupe tout simplement les lieux de force. C'est ce que firent, sous l'égide de Jacques Corrèze, l'un des futurs dirigeants de l'Oréal aux États-Unis, des militants du Mouvement socialiste révolutionnaire d'Eugène Deloncle, longtemps proche du patron du groupe de cosmétiques, qui prirent possession des locaux de la galerie de tableaux Bernheim & Cie[100]. Parfois, on « oublie » de payer tout ou partie des loyers. Le cas le plus parlant à cet égard est certainement celui... du Commissariat général aux questions juives. Son siège parisien, le plus important car il abritait l'essentiel du travail administratif, avait été judicieusement logé, on le sait, dans un bel hôtel du IIIe arrondissement, place des Petits-Pères, lequel appartenait au groupe Louis-Dreyfus. L'opération, fondée au départ sur une réquisition, n'était pas très élégante mais légale. Ne pas payer le loyer des locaux, au point que l'administrateur provisoire de l'entreprise de négoce et de transport maritime avait encore à réclamer près de un million de francs d'arriérés en mars 1944, était à la fois peu légal et totalement inélégant[101]. Surtout de la part d'un organisme dont les responsables soutiendront encore après guerre qu'il ne songeait nullement à spolier les Juifs !

La principale motivation des acquéreurs ou des utilisateurs de biens juifs — en mettant à part le cas particulier des administrateurs provisoires — fut cependant bien plus prosaïque. On s'intéresse de près, le plus souvent, à l'aryanisation de telle ou telle entreprise tout simplement pour réaliser une bonne affaire ou, en tout cas, parce qu'on y voit son intérêt[102]. Même une bonne partie des accords de fausse aryanisation, on l'a vu, comportaient des clauses qui permettaient de les décrire aussi bien comme des opérations d'entraide entre collègues du milieu des affaires que comme des coups de main plus ou moins intéressés puisqu'ils devaient être récompensés à l'arrivée. D'autant que lorsqu'elles étaient conclues, ces transactions, du moins pour leur partie occulte, ne donnaient que rarement lieu à des traces écrites — comme ce fut le cas avec la lettre de réméré pour les Galeries Lafayette et le CCF. Nul ne peut dire, par conséquent, ce qui se serait passé si l'issue de la guerre avait été autre. Si, en fin de compte, c'est donc en général l'intérêt qui guide les comportements dans ce domaine, on peut cependant distinguer — trop sommairement bien sûr — deux grandes catégories parmi les Français bénéficiaires des aryanisations. Les premiers, responsables de sociétés ou de groupements d'entreprises, ont jugé opportun, la loi étant ce qu'elle était, de tirer partie de la situation pour « rationaliser » — à leur profit ou à celui de leurs mandants, bien entendu — la concurrence. La législation antisémite ne constituait certes parfois qu'un pur prétexte, comme on a pu le voir dans certains secteurs où les concentrations étaient souhaitées. Mais les opérations n'auraient pas eu lieu sans au moins l'existence de ce prétexte. Les seconds, qui ne sont pas toujours plus vénaux que les précédents, se sont contentés de réaliser, sans chercher de justifications et sans état d'âme apparent, des plus-values imposantes et faciles en saisissant les occasions inespérées qui s'offraient.

Parmi ceux qui ont d'une façon ou d'une autre « rationalisé » leurs opérations d'acquisitions, très nombreux ont été les commerçants qui, surtout à cette époque de pénurie, voyaient d'un très bon œil une meilleure « régulation de la concurrence » se réaliser à leur profit : racheter, de préférence à bon prix, le magasin d'à côté et ses stocks ou, cas moins voyant, obtenir sa fermeture pour récupérer tout ou partie de sa clientèle, voilà une façon efficace, et qui a été souvent utilisée si l'on en croit les dossiers du Commissariat, de concilier l'application de la loi, la marche des affaires et la modernisation d'un secteur. À moins qu'on ne préfère, à un niveau plus important et comme on l'a vu dans le cas de Bouchara ou des Galeries Barbès, oublier l'aspect modernisation pour rétablir une concurrence « saine » en tentant de défendre plutôt, à l'occasion d'aryanisations, le sort des commerçants traditionnels supposés menacés dans tel ou tel secteur par les « méthodes juives » de gestion. Même si ce ne fut pas, quantitativement, à la même échelle, cette pratique de l'autorationalisation de la concurrence a également concerné, au-delà du secteur du commerce, des aryanisations dans les branches industrielles. On a déjà pu remarquer comment, au nom de la défense des PME et de la lutte contre les trusts, un entrepreneur voulait faire récuser la candidature de l'Air Liquide lors d'une aryanisation. Dans le secteur de la chimie, on peut évoquer également un exemple tout aussi parlant, même s'il ne concerne pas une aryanisation du capital, grâce à une écoute téléphonique de février 1942 [103].

Au bout du fil, un directeur du Comptoir toulousain de produits chimiques, basé à Agen, M. T., se plaint amèrement auprès d'un collègue de la même entreprise à Toulouse, M. F., « de ne pouvoir obtenir rapidement les produits chimiques nécessaires aux besoins de sa clientèle, alors que les usines Kuhlmannramassent sur le marché toutes les matières premières [...] utilisées par la fabrication des engrais composés ». Il dit à son interlocuteur avoir protesté « contre ces agissements et les avantages qu'avaient les Juifs des établissements Kuhlmann d'accaparer tous les produits chimiques ». Interrogé par un inspecteur à la suite de cette écoute, car la police a pris au sérieux les accusations contre le géant de la chimie, M. T. confirme alors que, d'après ce qu'il sait, c'est-à-dire d'après ce qu'il croit sans aucune preuve, Kuhlmann dispose de matières au-delà des contingents prévus par les offices de répartition. Quant à M. F., il n'hésite pas à confier à l'enquêteur qu'« à la tête de Kuhlmann se trouve un certain Juif Berg, dont l'activité, bien que ralentie pendant les événements de 1940, a contribué à créer ces mesures inégales [et] à paralyser ainsi [...] l'activité de certaines maisons très françaises au risque de les faire péricliter ». Cela d'autant que ledit Berg, selon le même M. F., a « mis ses capitaux à la dispositions des autorités occupantes, ce qui lui donnerait sur le marché une certaine prépondérance ». On voit ici comment on tente d'utiliser les loi antijuives pour améliorer son approvisionnement et par là même sa capacité concurrentielle en accusant de tous les maux une grande entreprise. Il est évidemment ennuyeux qu'on ait besoin pour défendre ses intérêts de mélanger un peu de vrai à beaucoup de faux ou d'approximatif : l'opération Francolor[104], ici incriminée, fut sans doute critiquable à divers égards mais ne saurait être assimilée à un simple apport de capitaux aux Allemands par Kuhlmann ; le numéro un de cette entreprise, par ailleurs, n'est pas en 1942 M. Berg — qui s'appelle d'ailleurs en réalité M. Berr — mais M. Joseph Frossard, etc. On touche même au sordide quand on sait ce que fut le destin de M. Berr, juste après cette période où de tels bruits couraient sur son compte. En juin 1942, en effet, Raymond Berr, pourtant l'un des très rares dirigeants à avoir été relevé — au printemps 1941 — de l'interdiction professionnelle que lui valait son origine juive[105], a été arrêté par les Allemands et envoyé au camp de Drancy. Il fallut des interventions au plus haut niveau de son entreprise et de Vichy pour convaincre, avec l'appui du principal responsable des questions économiques au Majestic, le très réaliste Dr Michel, les autorités d'occupation de libérer l'ancien vice-président délégué de Kuhlmann au mois de septembre 1942. Cet élargissement s'apparentait à une mise sous contrôle judiciaire accompagnée d'une semi-interdiction professionnelle : Raymond Berr était autorisé à conserver son rôle de conseiller technique de l'entreprise mais uniquement en travaillant chez lui, sans avoir le droit de se rendre dans les locaux de Kuhlmann ni de participer à des réunions internes. Bien qu'il ait respecté ces « consignes », le dirigeant sera à nouveau arrêté par la police allemande, le 8 mars 1944, et à nouveau interné à Drancy. Malgré de nouvelles interventions et, semble-t-il, malgré l'avis du Dr Michel, Raymond Berr sera déporté cette fois en Allemagne, avec sa femme et sa fille. Tous trois ont quitté Drancy le 27 mars 1944. Ils ne sont pas revenus.

D'autres acteurs de l'aryanisation, nous l'avons dit, n'ont en vue que le profit et n'ont donc cure de trouver des justifications tenant à la logique économique de leurs opérations. Une nouvelle écoute téléphonique nous révèle par exemple un cas typique. Un homme d'affaires de Marseille explique sans fard, puisqu'il pense s'exprimer confidentiellement, ses motivations et celles de ses relations dans une conversation avec un ami de Perpignan en ces termes : « Dis-moi, F. va acheter les établissements Uniprix à Dreyfus frères de Mulhouse à deux millions, il m'a demandé si on pourrait l'aider. — Il faut faire attention avec ces maisons. — Oui, mais je prends une garantie. D'abord, je décaisse les deux millions en faisant une avance sur les bénéfices d'Uniprix. Ensuite je ferai faire l'opération par l'intermédiaire de la banque italienne où je connais très bien M. — Une participation sans intérêts, ce n'est pas intéressant. Ils [soit : les Uniprix] achètent un peu de tout et ne gagnent pas grand-chose. — Mais une fois qu'on est à l'intérieur de l'affaire on pourra y fourrer le nez dedans. C'est une boîte à succursales multiples. Le fonds de commerce vaut au minimum quatorze millions. Alors pour les achats en gros nous serons au premier plan, et nous aurons un monopole [106]. » On ne saura jamais, évidemment, combien de propos de ce type ont été tenus, et suivis d'effets, entre 1940 et 1944. On sait seulement que le Commissariat lui-même, en butte à de très nombreuses critiques sur les opérations dont il avait la charge, dut reconnaître, à son corps défendant, que beaucoup d'entreprises avaient été cédées à des prix au-dessous de leur valeur réelle, ce qui impliquait autant de bonnes affaires pour les acquéreurs, avec ou sans la complicité d'employés directs ou indirects (comme les administrateurs provisoires) de la place des Petits-Pères [107]. On sait encore que dans certaines professions, comme celles d'antiquaire ou de marchand de biens, la période de l'Occupation ne fut pas trop dure pour une bonne partie des praticiens. Au cours de son procès, en octobre 1946, un spécialiste de l'immobilier, dont les affaires ont pris en 1941 « une certaine extension par suite de l'élimination des Israélites de ce genre de commerce », expliquera par exemple sans risque de ne pas être cru que de telles opérations lucratives d'achats et de ventes des biens juifs lui étaient alors proposées régulièrement « comme à tout le monde » [108].

Quand on veut préserver ses intérêts, on utilise parfois les lois économiques antijuives comme un outil bien commode pour parvenir à ses fins. Ainsi le fit, et le revendiqua, M. Louis Tréchot pour régler un grave différend professionnel avec des hommes d'affaires membres de la famille Henriquez [109]. Disons, pour simplifier, que M. Tréchot, fondateur au début du siècle avec son frère de sociétés coloniales réunies dans la Cie du Haut et du Bas Congo, avait vu progressivement le contrôle de ce groupe lui échapper au profit de nouveaux venus. Ceux-ci, les frères Henriquez, avec à leur tête Georges, avaient petit à petit acquis la majorité des actions, en bénéficiant à l'origine d'une opportunité fournie par la faillite de la banque de l'entreprise coloniale. Tout opposait les deux parties, l'une, représentant la vieille tradition de l'économie coloniale, accusant l'autre, émanation à ses yeux des milieux d'affaires de l'hexagone, d'avoir utilisé des méthodes douteuses pour d'une part s'assurer le contrôle du capital et d'autre part occuper directement ou indirectement tous les postes de pouvoir après avoir évincé M. Tréchot. Alors que commence l'Occupation, ce dernier affirme même, et il en a saisi les tribunaux, que ses comptes courants dans l'entreprise, largement positifs, ne lui ont pas été remboursés. Début 1941, décidé plus que jamais à s'occuper « de la défense des intérêts de sa famille et des [siens] », Louis Tréchot, las des lenteurs de la justice et inquiet, dira-t-il, de voir ses interlocuteurs dans l'entreprise s'effacer en laissant à des prête-noms les postes de direction, passe à l'action à sa manière*. Il écrit le 12 février au SCAP pour lui faire savoir que les Henriquez ne se sont pas déclarés comme Juifs malgré les textes en vigueur. Ainsi espère-t-il faire nommer un administrateur provisoire à la tête de l'entreprise et trouver enfin une oreille attentive à ses revendications. Il se sent sûr de lui car il a réussi à savoir, par le plus jeune des frères Henriquez, décrit comme « simple d'esprit » et peu méfiant, que les origines de la famille la rendent passible des mesures antisémites. Ce qui est venu confirmer sa crainte de se trouver en face d'« administrateurs israélites défaillants » puisqu'ils ont « abandonné leur poste après la promulgation de la première loi raciale ». L'enquête diligentée par le SCAP conclut pourtant que les Henriquez, qui s'affirment catholiques et dont les enfants sont baptisés, ne semblent pas être israélites. Avisé de cette « mauvaise nouvelle » le 9 mai, Tréchot ne renonce pas pour autant et réussit à la fin de l'année, en décembre, après avoir fait intervenir un de ses amis auprès de M. Borione, chef de cabinet de Vallat, à faire désigner un commissaire-gérant. La nomination, de fait, émane du Majestic ; elle ne sera confirmée par le Commissariat qu'un peu moins d'un an plus tard, en septembre 1942. M. Tréchot est-il intervenu aussi auprès des occupants ? On l'en soupçonnera à la Libération.

Avec la nomination d'un administrateur provisoire, les problèmes de M. Tréchot ne prendront pas fin alors que ceux de la famille Henriquez deviendront vite tragiques. Le représentant du Commissariat et du Majestic, en effet, est un homme peu commode, sauf pour les Allemands et les militants de l'antisémitisme : il s'agit de Jean Dupuy, ce spécialiste des affaires coloniales dont nous avons déjà parlé à propos de la SFCCE. Après avoir entendu M. Tréchot lui conter sa version du litige avec ses anciens coactionnaires devenus ses adversaires déclarés, il lui conseille — ce qu'il fera en écrivant une nouvelle lettre — d'exposer ses griefs auprès de ses supérieurs, autrement dit ceux dont il dépend au Commissariat et au Majestic. Dupuy, en effet, pense *a priori* que les Henriquez sont victimes d'une dénonciation non justifiée et a pris plutôt leur parti face à Tréchot, qu'il suppose d'ailleurs « inféodé à la franc-

* Il est vrai que les prête-noms engagés par les Henriquez risquaient d'assurer à ces derniers une position très forte face à une partie de l'administration vichyste. On trouvait parmi eux M. Serpillère de Gobineau, descendant direct du théoricien raciste le comte de Gobineau, et M. de Montreuil, ami intime de Darquier de Pellepoix.

maçonnerie ». Il changera de position, après avoir fortuitement découvert une trace de l'origine israélite de la mère des frères Henriquez, mais uniquement au détriment de ces derniers puisqu'il décide de favoriser l'aryanisation du groupe de la Cie du Haut et du Bas Congo au profit, non pas de M. Tréchot, mais de la Banque française d'outre-mer, qui obtiendra gain de cause en 1943 malgré une offre inférieure à d'autres. Entre-temps, sans qu'on puisse établir avec certitude un rapport de cause à effet direct entre la « défense » de ses intérêts par M. Tréchot et cet événement, provoqué probablement par l'activisme de M. Dupuy, Georges Henriquez a été arrêté par les Allemands. Il sera déporté outre-Rhin et ne reviendra jamais des camps.

Lors de leur procès à la Libération, Louis Tréchot et Jean Dupuy déclineront toute responsabilité à propos de cette issue tragique. Le premier arrêté, à l'automne 1944 et emprisonné quelques mois à la suite d'une plainte des frères Henriquez survivants, estimera n'avoir strictement rien à se reprocher. Interrogé par le président de la cour de justice de la Seine sur « les dangers qu'il y avait à diriger la flèche contre d'anciens dirigeants de la société », autrement dit à dénoncer au Commissariat les Henriquez, il rétorquera qu'il ne pensait « pas du tout », en tentant de régler à sa façon un litige, mettre en danger « dans sa personne » un de ses adversaires. D'ailleurs il ne faisait que demander l'application de « la loi de son pays » et « le Commissariat était un organisme français ». Son objectif, de plus, n'était pas de dénoncer un homme, mais de rentrer dans ce qu'il estimait être ses droits. Un général compagnon de la Libération, autoproclamé porte-parole des coloniaux, viendra témoigner en sa faveur de façon éloquente : il faut défendre Tréchot, dira-t-il, « au nom de la défense de l'empire » qui implique qu'on soutienne « ses artisans, les vrais », surtout quand ils n'ont rien à se reprocher d'un point de vue patriotique « sauf des erreurs de tactique, et je veux bien le reconnaître ». L'avocat de l'administrateur de sociétés sera encore plus lyrique pour louer « cet homme qui a entrepris une œuvre merveilleuse » dans cet empire que « peut-être nous allons perdre ». Il lira un texte écrit au début du siècle sur les frères Tréchot qui ont « apprivoisé l'indigène en le traitant comme il convenait » et contribué à « l'évolution des peuples » en promouvant « un état de moindre barbarie ». Aidé il est vrai aussi par d'autres témoignages assurant qu'il avait rendu des services à la Résistance, notamment en cachant des armes dans sa maison, Louis Tréchot, si étonnant que cela puisse paraître aujourd'hui, sera acquitté... pour n'avoir en rien favorisé les desseins de l'Allemagne. Pour avoir au contraire commis un tel crime, le seul sérieusement examiné par la cour, Dupuy, qui avait été convaincu d'espionnage pour le compte des occupants, sera lourdement condamné.

L'instrumentalisation de l'aryanisation pour résoudre des conflits d'affaires, pour détestable et choquante qu'elle soit, n'est pas totalement surprenante quand les intérêts en cause sont très importants. Mais on peut repérer dans les archives bien des cas où les enjeux paraissent des plus minces. Combien de clients de commerces tenus par des Juifs ont provoqué des aryanisations précipitées, ou en tout cas la nomination d'administrateurs provisoires, en s'adressant aux autorités uniquement parce qu'ils voulaient récupérer qui une paire de chaussures, qui un manteau laissés en réparation ou en dépôt dans un magasin provisoirement fermé ! Encore s'agissait-il là de particuliers peut-être inquiets à l'idée de perdre un objet rendu précieux par la pénurie et inconscients des conséquences de leur acte. Mais des entreprises ont fait de même, sans doute entraînées souvent par la routine administrative de toute organisation d'un minimum d'ampleur. Ainsi, la société Électrolux de Paris écrit le 24 mars 1942 au SCAP, réclamant la nomination d'un administrateur provisoire pour récupérer 1 282 francs dus par un créancier « parti à la cloche de bois », M. Albert R. Ce tailleur d'origine juive, pour avoir acheté un aspirateur juste avant l'exode et avoir omis de le payer avant de passer en zone Sud, a vu son commerce soumis à une procédure d'aryanisation à laquelle il avait échappé jusque-là, le fabricant d'électroménager ayant estimé qu'il s'agissait de la meilleure méthode pour avoir une chance de recouvrer la somme due [110].

Nous avons séparé jusqu'ici les cas des « profiteurs de l'aryanisation » agissant pour des raisons idéologiques de ceux qui suivent uniquement ou avant tout leur intérêt. La catégorie de ceux qui cumulent ces deux comportements est difficile à cerner car on ne saurait préjuger, au vu de telle ou telle opération dont on retrouve la trace, des motivations non apparentes et non avouées de ses promoteurs. Dans bien des situations où l'on a cru que seul l'intérêt expliquait la participation d'un homme d'affaires à une aryanisation, il est bien possible qu'une certaine conviction antisémite ou pronazie ait joué un rôle moteur. On connaît cependant des cas où le doute n'est pas permis, comme celui de Maurice Laban, directeur du quotidien collaborationniste *L'Œuvre* (entre cent mille et cent cinquante mille exemplaires en 1944). Sans doute avait-il l'impression de tenir la même plume, en septembre 1942, quand il écrivait des articles à la gloire du Reich et de ses initiatives et quand il faisait savoir, sur papier à en-tête de son journal, à « Monsieur le Haut-Commissaire [*sic*] aux questions juives » qu'il était « intéressé par la vente de propriétés appartenant à des Juifs et sises en Seine-et-Oise » [111]. Il n'oubliait pas de préciser que les biens qu'il convoitait — un château, un manoir, de grands domaines (des centaines et des centaines d'hectares), etc. — appartenaient à des Juifs à ses yeux doublement parias : à la fois en tant que Juifs et réfugiés à l'étranger, comme les David-Weill, ou à la fois tant que Juifs et non-Français, comme Mme Bufnoir (qualifiée d'« américano-israélite »). Il n'oubliait pas non plus de montrer qu'il savait cultiver l'amitié en demandant au « Haut-Commissaire » un petit coup de pouce : « Un de mes bons amis, M. Gallo, industriel en beurre, fromages et œufs, serait acquéreur d'un local commercial à Paris d'une superficie de 4 000 m^2, la moitié au rez-de-chaussée, la moitié au premier étage. Si vous pouvez m'indiquer un emplacement, et me donner des indications précises, je vous en serai reconnaissant. » On ne sait si ce dernier service lui fut rendu, mais il reçut très rapidement des renseignements très circonstanciés sur toutes les propriétés qui l'intéressaient, appartenant en général à des hommes d'affaires et effectivement en cours d'aryanisation ou saisies par les Domaines.

Inutile de multiplier les cas. Petits ou grands, antisémites et pétainistes convaincus ou hommes d'affaires pragmatiques, responsables patronaux désirant « assainir » leur secteur pour le bénéfice de quelques-uns — eux compris — ou industriels et commerçants cherchant à éliminer ou à affaiblir la concurrence, les profiteurs français de l'aryanisation furent nombreux. Rien qu'en évoquant ici et là quelques exemples dans cet ouvrage, on a vu qu'on retrouvait mêlés au processus de l'aryanisation d'une façon ou d'une autre une bonne partie des plus grands noms de l'industrie et du commerce français. Tous n'ont pas finalisé des opérations mais ils ont été au moins candidats, et souvent des candidats pugnaces, aux bonnes affaires. Quand on consulte les archives du ministère de la Production industrielle et surtout du Commissariat, où l'on trouve par exemple, parmi de nombreuses listes d'acheteurs de biens juifs, une très longue « liste d'industriels et d'économistes français qui ont acquis des entreprises juives importantes », on a l'impression de lire des extraits d'un *Who's who* des dirigeants et des hommes d'affaires[112]. Même en sachant que des listes de ce type sont hétérogènes, comprenant notamment des complices de fausses aryanisations, on ne peut pas ne pas être impressionné par leur ampleur et par la « qualité » des noms qu'elles recensent. D'un point de vue quantitatif, un auteur a évalué à soixante-dix mille le nombre de familles françaises qui ont participé plus ou moins directement à la confiscation de biens juifs[113]. Nul ne connaît le chiffre exact mais l'ordre de grandeur est certainement à retenir. On peut en effet le recouper avec une autre indication chiffrée : quand, après la Libération, le Centre de documentation juive contemporaine a obtenu l'autorisation du ministère des Finances de collaborer avec le service de restitution des biens qu'il abritait, il a pu ainsi constituer environ soixante-cinq mille fiches de spoliés. On peut par ailleurs estimer très grossièrement le nombre d'aryanisations économiques en sachant qu'il existe un « Bottin » — qu'on peut supposer quasi exhaustif — des administrateurs provisoires de biens juifs qui comprend environ quarante mille noms[114]. Or, si bien des dossiers n'ont jamais été réglés et si certaines affaires ont eu à connaître plusieurs administrateurs, ces derniers se sont très généralement occupés de multiples cas d'aryanisation. On peut donc affirmer sans grand risque d'erreur que plusieurs dizaines de milliers de commerçants et d'industriels — véritables professionnels ou hommes d'affaires opportunistes — ont rempli ou signé des documents administratifs dans lesquels ils affirmaient n'être pas juifs ni suspects de collusion avec des Israélites afin de tenter d'être agréés comme nouveaux propriétaires de biens aryanisés — entreprises, immeubles, etc. — à l'issue de transactions souvent très profitables pour les acheteurs. Pour aider à « éliminer l'influence juive » de l'économie française, du moins tant que ce n'est pas apparu risqué, comme à partir de 1943, ils furent nombreux à se bousculer.

Face à cette multiplicité — attestée par des listes — des bonnes affaires réalisées par les profiteurs de l'aryanisation, on ne peut opposer, dans l'état actuel des connaissances, qu'une série de cas individuels, que rien ne permet de supposer très longue, si l'on veut repérer dans les milieux industriels ou commerciaux les actes de résistance à la politique économique antijuive dont les auteurs n'étaient pas les victimes potentielles elles-mêmes ou leurs amis proches. Aucun Schindler français n'a été découvert. On peut cependant recenser, quand on examine, à travers des centaines d'exemples, la vie des entreprises sous l'Occupation, un très grand nombre de cas de protection des travailleurs juifs, qu'ils soient membres de l'encadrement ou simples ouvriers, par leurs employeurs. On sait que les patrons, dans leur très grande majorité, ont plutôt cherché à saboter qu'à encourager les départs au STO et ont « couvert » bien des réfractaires ; il semble bien qu'il en ait été de même, par exemple en réalisant des mutations judicieuses d'un site de production à un autre, face aux requêtes des occupants, relayées par l'administration de Vichy, de licencier la plupart des employés juifs, à commencer par tous ceux qui avaient des postes de direction ou qui étaient en contact avec le public. D'autant, on l'a déjà dit, que l'aryanisation — celle du capital comme celle du personnel des entreprises — n'a jamais eu bonne presse et que l'opprobre qu'elle suscitait, décelable dans quelques cas dès fin 1940 [115], s'est accru au fur et à mesure du temps, jusqu'à devenir presque générale en 1944. La quasi-impossibilité de recruter des administrateurs provisoires et de trouver des acquéreurs de biens juifs à partir de fin 1943, dont se plaint le Commissariat, s'explique d'abord, bien sûr, par les pronostics qu'on peut alors faire sur l'issue de la guerre et par les menaces tardives mais très claires de Radio Londres envers les candidats éventuels ; mais elle révèle aussi une lucidité croissante de l'opinion quant à la nature et à la signification réelles des lois économiques antisémites dont les conséquences, depuis leur adoption, sont chaque jour plus perceptibles. Les patrons n'ont pas pu ne pas tenir compte de ce rejet de l'aryanisation, que bien souvent ils éprouvaient eux-mêmes.

Profession : administrateur de biens juifs

Si, souvent, ils ont eux aussi fait partie, au moins indirectement grâce à leurs émoluments, des profiteurs des lois antijuives, les commissaires-gérants ou administrateurs provisoires de biens juifs furent d'abord et avant tout les hommes chargés par l'État d'exercer au jour le jour la tutelle des intérêts israélites dans l'économie française et de réaliser leur aryanisation [116]. À ce titre, beaucoup ont joué pendant le temps qu'a duré leur mission un rôle plus ou moins effectif — selon leur tempérament et la situation de l'entreprise à aryaniser — de patron de substitution. Dans le cas des Galeries Lafayette, l'administrateur n'a guère donné l'impression d'exercer une telle fonction, si ce n'est au niveau de la politique du personnel quand il s'est agi de « purifier » les effectifs. Il a eu affaire en effet à une entreprise en état de marche, dont il ne souhaitait pas, semble-t-il, modifier le fonctionnement ; et surtout il a rapidement su que les autorités lui imposeraient une solution pour l'aryanisation du capital qui devait introduire une nouvelle direction et donner à sa mission un caractère éminemment transitoire. Dans les sociétés privées de dirigeants en raison de l'application stricte des lois antisémites, et en particulier dans une grande partie des petites entreprises où un seul homme représentait souvent jusque-là la totalité du management à lui tout seul, les administrateurs provisoires sont réellement devenus pour un temps le patron à la place du patron. Le résultat de cet état de fait, le plus souvent, fut éloquent. Il a fourni une démonstration par l'absurde de la spécificité et de la difficulté du métier de dirigeant. Comme le constatait en effet, mais bien tard, le ministère de la Justice dans une note d'août 1944, la mise sous administration provisoire avait entraîné en général sous l'Occupation toute affaire concernée « à son déclin ou à sa ruine ».

Ces patrons de circonstance ont eu, il est vrai, même quand ils étaient consciencieux, bien des raisons de ne pas être à la hauteur de leur tâche par comparaison avec ceux qu'ils remplaçaient. D'abord, on le verra en évoquant la composition de cette population, les administrateurs n'étaient souvent en rien qualifiés pour diriger une entreprise, si petite soit-elle, et le seul travail consistant à expédier les affaires courantes était même au-dessus de leur qualification. Ensuite, et ceci explique cela, la raison même de leur nomination et les priorités décrétées par ceux qui avaient défini leur tâche les conduisaient tout droit, dans la plupart des cas, à négliger l'intérêt des sociétés dont ils avaient la charge. Ni une mission de simple administration provisoire d'entreprises déclarées parias, fût-ce avec des pouvoirs quasi dictatoriaux, ni un objectif consistant à « éliminer l'influence juive de l'économie française » ne risquaient de stimuler l'ardeur des nouveaux responsables pour développer ou même simplement maintenir l'activité, et donc la valeur, des entités abandonnées à leurs soins. Le mode de rémunération des administrateurs aurait d'ailleurs suffi à lui seul à créer cette situation. Les gains à attendre de la fonction étant proportionnels, pour l'essentiel, à la taille de l'entreprise, on aboutissait communément au résultat suivant : soit il s'agissait d'une petite entreprise — cas de beaucoup de commerces — qui ne rapportait pas des mensualités très confortables à son administrateur et ce dernier souhaitait bientôt la liquider, décidant, avec la bénédiction du Commissariat et des Allemands, de faire disparaître à jamais cet agent de l'« influence juive » plutôt que de prendre le temps de céder son activité à un tiers ; soit il s'agissait d'une entreprise plus importante et l'intérêt même de l'administrateur, pour maximiser ses gains, était de prolonger indéfiniment l'état de choses provisoire, alors même que de telles organisations — souvent industrielles — auraient eu plus de chance de conserver leurs atouts et leurs marchés si une solution stable avait été trouvée rapidement pour assurer leur avenir, une fois admise la « nécessaire » modification du capital et du personnel.

Si le pire fut fréquent, il ne fut pas inéluctable en toutes circonstances. L'intervention vigilante du ministère de la Production industrielle, vis-à-vis des sociétés jugées importantes pour l'économie nationale, a souvent permis à de grandes entreprises d'échapper à la fatalité du dépérissement. Et l'appétit des profiteurs de l'aryanisation a permis indirectement la conservation de maintes structures, même petites, dans les cas où, en raison des convoitises, l'aryanisation ne fut pas synonyme de liquidation : une fois en de nouvelles mains, si par chance celles-ci étaient expertes, l'entreprise, vouée désormais à rapporter des bénéfices à l'acquéreur, n'avait plus de raison de souffrir de négligence, au contraire. Mais ces cas ne furent pas les plus nombreux.

L'origine professionnelle et le mode de recrutement des administrateurs ne furent sans doute pas pour rien dans la piètre performance de beaucoup d'entre eux. D'après une enquête sur un échantillon au hasard de cinq cents administrateurs, il semble que plus de la moitié d'entre eux venaient des milieux « juridiques » au sens large (huissiers, syndics, liquidateurs judiciaires, avocats, notaires, experts-comptables, etc.). Sans doute avaient-ils ainsi des titres à faire valoir en matière de droit, ce qui était utile, mais leur compétence en matière de « management » était certainement beaucoup moins assurée. En un mot, Vichy a plus fait appel à des talents de liquidateurs qu'à des vocations de gestionnaires. D'autant que les critères de filtrage des candidats spontanés et les modes de sélection des candidats pressentis, surtout à partir du moment où le Commissariat est devenu le principal agent de l'aryanisation en 1941, ne privilégiaient pas uniquement l'examen des qualités professionnelles. Une allégeance explicite ou supposée aux « valeurs nationales » promues par Vichy, antisémitisme inclus, ne pouvait que constituer un atout majeur pour être retenu. Presque aucune lettre de candidature retrouvée dans les archives du Commissariat, même s'il ne s'agit parfois que d'un des nombreux points évoqués, n'omet de signaler l'approbation, parfois lyrique, des lois antisémites. Rien de tel quand le futur administrateur est présenté directement par un comité d'organisation ou une autre structure professionnelle, mais tout indique que les choix préalables dans de tels cas n'étaient pas faits non plus au hasard. On sollicitait volontiers, quand leurs opinions étaient connues, des hommes qu'on imaginait au moins plutôt favorables à l'idéologie pétainiste, ne serait-ce que pour ne pas avoir d'ennuis par la suite. Et si ces hommes ne déclinaient pas l'offre ou ne démissionnaient pas rapidement, comme ils furent de plus en plus nombreux à le faire année après année, cela signifiait au moins qu'ils n'étaient pas choqués outre mesure par les directives non ambiguës des responsables du Commissariat, qui ne cachaient pas, même dans leurs écrits administratifs, leur antisémitisme sans nuance. Suivre les instructions d'un Xavier Vallat ne peut être « innocent » — c'est une litote ; suivre, à partir de la mi-1942, celles d'un Darquier de Pellepoix signifie franchir un pas de plus ; rester en fonction après la mi-1943 paraît relever, sauf cas de complicité occulte avec les dirigeants de l'entreprise en cours d'aryanisation, du militantisme.

Toute approche « en moyenne » du profil des administrateurs provisoires donne nécessairement une prime statistique aux cas liés à l'aryanisation de petites entreprises, de loin les plus nombreux. Elle ne rend pas non plus compte de la diversité réelle des motivations de ces gérants de l'aryanisation « sur le terrain ». Car on devenait administrateur provisoire pour bien des raisons et plutôt rarement, semble-t-il, par pur antisémitisme, même si un tel sentiment favorisait la vocation.

Au début, nombreux furent même, nous l'avons déjà signalé, ceux qui, ayant adhéré au discours de Vichy, estimèrent, sans trop s'interroger apparemment sur la nature profonde de la tâche, mener ainsi une sorte de mission de service public : ne s'agissait-il pas de défendre les intérêts de la France ? Ces administrateurs ayant adopté un comportement avant tout « professionnel », autrement dit aussi rigoureux que le voulaient les textes mais sans plus, ont sans doute été très nombreux, et peut-être même majoritaires, s'agissant des grandes entreprises, pendant les premiers temps du processus de l'aryanisation. Dans le monde très feutré de la banque, à en croire une étude menée sur ce secteur[117], l'administrateur type relevait de cette catégorie : il applique la loi sans tergiverser, il ne fait preuve d'aucune sollicitude particulière envers les victimes, mais il ne profite pas de sa position pour humilier ou mépriser les expropriés. Et quand un Darquier de Pellepoix demande par exemple que tous les courriers évoquant les anciens dirigeants utilisent la formule « le Juif Untel » plutôt que « Monsieur Untel », il n'obtempère pas, « oubliant », sauf exception, cette instruction qui lui paraît excessive. Il est vrai qu'une fraction non négligeable des administrateurs de banques juives, peut-être en raison de la présence un temps à la tête du SCAP d'un ancien gouverneur de la Banque de France, Pierre-Eugène Fournier, était issue de cette respectable institution, un lieu où l'on croit savoir, même quand on est chargé d'une tâche si peu conventionnelle, ce que ne pas aller trop loin veut dire... Dans des secteurs moins policés, les administrateurs ont eu cependant souvent, même ceux qui conservaient une attitude « professionnelle » cohérente avec une mission d'intérêt général, des comportements plus brutaux, allant jusqu'à refuser par exemple, sans égard aucun pour les demandeurs, les « subsides indispensables », pourtant prévus par la loi, aux victimes de l'aryanisation qui ne pouvaient pas démontrer leur réelle indigence.

La catégorie de loin la plus fournie, ne serait-ce que parce qu'elle englobe certainement en quasi-totalité la précédente, est probablement celle des administrateurs qui ont recherché ou accepté ce travail surtout pour les gains tout à fait « légaux » qu'il procurait. Si on se contentait des émoluments réglementaires, on ne faisait sans doute pas fortune en acceptant une telle fonction et on était même parfois déçu, on l'a dit, si on n'était chargé que du sort d'une petite entreprise. Mais on trouvait souvent là un revenu convenable ou un appoint très appréciable à d'autres ressources. En 1941, d'après divers calculs provenant du Commissariat lui-même, un administrateur perçoit, selon la taille de l'entreprise, entre 250 et 3 300 francs par affaire et par mois. Sachant que l'on gère en moyenne cinq affaires, maximum théorique prévu par la réglementation, on s'aperçoit que le total peut être confortable si l'on sait qu'il s'agit d'un travail à temps partiel et qu'à l'époque de l'Occupation un employé de banque gagne environ 3 000 francs par mois et un vendeur dans un grand magasin ou une dactylo environ 2 000. Au total un bon tiers des administrateurs auraient fort bien « gagné leur vie ». On peut supposer qu'un deuxième tiers n'a pas eu à se plaindre du revenu, les derniers 30 % n'ayant pas obtenu grand-chose. Mais toute rémunération, si modeste soit-elle, n'est-elle pas la bienvenue pour beaucoup, au moins au début de l'Occupation quand on craignait le chômage ? Les responsables du Commissariat apercevront rapidement le caractère relativement lucratif de la « profession ». Dès 1941, ils se plaignent de ne pas pouvoir recruter facilement des agents place des Petits-Pères car, disent-ils, les salaires offerts ne peuvent pas faire concurrence à ceux perçus par les administrateurs provisoires — ou du moins à ceux que les postulants imaginent perçus, en ne retenant sans doute que les chiffres de rémunération des mieux lotis.

Innombrables seront donc, du moins jusqu'au début 1943, les candidatures directes, non soumises au filtre d'une administration, à de telles fonctions. Bien souvent on ne se préoccupe nullement de sa capacité à assumer la tâche avant de se proposer pour obtenir des missions d'aryanisation. À raison d'ailleurs, puisque le Commissariat, dont les agents sont débordés et peu compétents, ne décourage pas ces prétentions, voire les encourage, surtout si on est ancien prisonnier de guerre ou militant de la cause antisémite depuis les années trente. Quand on réunit ces deux qualités à la fois, comme René L. qui écrit au Commissariat le 14 mai 1942, on a beau n'avoir jamais géré la moindre affaire, après une courte carrière de voyageur de commerce interrompue par la guerre, on obtient le traitement de faveur que justifie ce parcours « dans la ligne », digne d'éloges aussi bien pour Vallat que pour Darquier de Pellepoix. René L. se verra confier sous peu quatre affaires à aryaniser[118]. On ne sait en revanche si Lucienne S., « fille de commerçants », qui travaillait chez des patrons juifs et qui a, estime-t-elle, « été exploitée par eux au point de vue du travail et prix du travail », a obtenu également satisfaction après avoir demandé au Commissariat « s'il serait possible que je m'indemnise sur leur boutique »[119]. Ou si le photographe des studios Radiola prêt à servir le Commissariat car « son travail lui laisse beaucoup de temps libre » a trouvé alors à s'occuper[120]. Mais il est très probable que le « pilote aviateur de réserve » Jean-Gaston B., « fils du président-directeur général de "La Foncière" » et « excellent ami » d'un proche de Vallat qui le recommande en tant que « sujet de choix à placer à la tête d'affaires juives », n'a pas été éconduit[121]. Quant à André B., qui a su être un des premiers à féliciter Darquier de Pellepoix de sa nomination en 1942, il est récompensé rapidement par l'attribution de quatre affaires, dont une importante bijouterie de Marseille, cependant que Paul A., grâce à ses titres d'ancien président de l'Action française en Tunisie et de créateur de journaux antijuifs, obtient à la même époque selon ses souhaits la mission de gérer « en bon père de famille », comme le veut la formule consacrée et utilisée par le Commissariat, une entreprise commerciale israélite.

L'appât du gain ne fait cependant pas bon ménage avec la légalité. Encouragés manifestement de plus en plus au fur et à mesure du déroulement de l'Occupation par la désorganisation grandissante du Commissariat et en particulier la surcharge de travail du SCAP, divers types de profiteurs s'assurèrent des revenus supérieurs à ceux que prévoyaient les textes. Certains n'attendront même pas des temps favorables pour agir ainsi. Dès novembre 1941, Léon Cassier, spécialisé dans l'administration provisoire d'entreprises de pelleteries et fourrures, touche déjà environ 20 000 francs chaque mois — soit apparemment le double du maximum théorique prévu par les textes — pour quatre missions seulement[122]. Il ne s'agit pas là des seuls revenus de ce spécialiste du secteur, qui s'était fait nommer dès la fin 1940 commissaire-gérant par les Allemands. Il espère recevoir bientôt d'autres dossiers du Majestic ou du Commissariat. Une malencontreuse affaire de « vente au noir » de fourrures prélevées sur les stocks d'une entreprise sous sa responsabilité l'obligera cependant à modifier son parcours professionnel plus tôt que prévu. Il n'était pourtant qu'un amateur par comparaison avec son collègue Ambroise de Montovert de La Tour.

Resté célèbre pour sa brutalité, âpre au gain, cet administrateur, « descendant d'une ancienne famille authentiquement française, catholique et aryenne depuis toujours » selon ses propres mots, a exercé sa fonction d'un bout à l'autre de la période de l'Occupation. Licencié en droit et docteur ès lettres, engagé volontaire de la guerre de 1914-1918 à l'âge de dix-huit ans, il a été enseignant pendant longtemps avant qu'une grave maladie ne le laisse bègue, l'obligeant à se reconvertir dans l'expertise-comptable. S'estimant professionnellement bien préparé à une tâche de ce type, il se propose dès le début de 1941 comme administrateur de biens juifs. Ne cessant de faire le siège du Commissariat, il réussit à établir un triste record en obtenant, contre toutes les règles, près d'une centaine de missions d'aryanisation. Bien que continuant à l'employer — était-il protégé ? appréciait-on son efficacité en dépit de ses excès ? —, le Commissariat lui-même se trouvera dans l'obligation de lui retirer certains dossiers. Des plaintes suffisamment précises pour être transmises au parquet sont adressées au SCAP. L'administrateur insatiable et ouvertement antisémite est accusé non seulement de mauvais traitements envers le personnel juif des entreprises qu'il est supposé gérer, mais aussi d'actes délictueux. C'est sur ses indications que les Allemands auraient procédé, ici ou là, à l'enlèvement de meubles. L'UGIF, pourtant peu à même de faire entendre sa voix face aux autorités, n'hésite pas à écrire au Commissariat pour dénoncer ses pratiques, qui consistent notamment à menacer ses administrés de les faire interner par la police allemande s'ils n'agissent pas conformément à ses vœux. L'expert-comptable est irascible mais il a bonne conscience. Il se plaint un jour en ces termes d'être écarté d'une affaire auprès du Commissaire général aux questions juives : « Je proteste contre le fait que dès le mois de janvier dernier, le Juif Léon G. était informé qu'une décision de remplacement était ou devait être prise à mon égard et répétait à qui voulait l'entendre que mon successeur serait sûrement beaucoup plus... compréhensible [*sic*] et humain [!][123]. »

Les administrateurs appartenant à la catégorie des profiteurs étaient souvent des délinquants notoires que leur passé professionnel prédisposait plus à l'escroquerie qu'à la gestion des entreprises. Une note du SCAP qu'on peut supposer être de 1943 ou 1944, à une époque où le contrôle des administrateurs a atteint, il est vrai, un niveau de laxisme supérieur à celui de la période précédente, avoue dans un style administratif classique que vingt-cinq pour cent des douze mille administrateurs provisoires recensés dans le département de la Seine « ont un casier judiciaire chargé. D'où les tractations plus ou moins malhonnêtes qui président tant à la gestion qu'à la vente des fonds de commerce »[124]. Il est vrai que l'impunité dont bénéficiaient la majorité des administrateurs délinquants, qui ne risquaient en général qu'un renvoi, n'incitait guère à plus d'honnêteté. Un homme au casier judiciaire chargé (coups et blessures en 1938, tromperie sur le degré d'alcool à l'époque où il était cafetier en 1941), qui a réussi à se faire confier la gestion de treize cafés et restaurants juifs début 1942, ne peut empêcher un de ses administrés de se plaindre à un commissariat de police pour brimades et voies de fait — un certificat médical venant prouver qu'il s'agit de mouvements d'humeur des plus violents. Reconnaissant qu'il n'est pas acceptable d'utiliser de pareilles méthodes, surtout quand — c'était le cas — elles ont pour objet d'amener les victimes à se laisser dépouiller de leurs biens, la place des Petits-Pères décidera en tout et pour tout de retirer ses missions à son représentant[125]. L'un des rares gérants de biens juifs arrêté par la police française, pour avoir forcé son administré à lui verser une somme de 50 000 francs « afin de lui éviter des ennuis avec les autorités occupantes », a été libéré après une petite semaine de détention en août 1941 sur ordre des Allemands[126]. Le maître chanteur avait été appréhendé à la suite d'une plainte de l'ancien dirigeant juif de l'affaire dont il avait la charge et cet acte courageux avait été signalé par la presse, à la fureur des occupants. Le Dr Blanke avait fait savoir aux autorités françaises que cette arrestation et surtout la publicité qui l'avait entourée étaient inacceptables : « Les administrateurs doivent être absolument certains d'être non seulement surveillés mais aussi protégés par le SCAP. [Sinon] les Juifs se trouvent en quelque sorte encouragés à inquiéter les administrateurs provisoires par des menaces de dénonciation ou des plaintes non fondées. » Le Dr Michel, supérieur immédiat du responsable allemand de l'aryanisation économique, avait appuyé cette protestation en insistant sur la nécessaire concertation franco-allemande lorsque des incidents de ce type risquaient d'être évoqués dans la presse.

Dans de nombreux cas, enfin, cette fois aussi bien pour les administrateurs de petites que de grandes entreprises, le gain attendu était d'une tout autre nature. On ne cherchait ni à augmenter ses revenus réguliers ni à réaliser des indélicatesses mais à étendre ou à conforter son assise industrielle ou commerciale préalable — ou celle d'une relation — en utilisant d'une façon ou d'une autre les avantages de sa position. Même en mettant de côté, comme appartenant à la catégorie précédente, les administrateurs qui ont profité directement de leur fonction pour acquérir à vil prix, en général à travers des hommes de paille, l'une ou l'autre des sociétés qu'ils avaient en charge [127], on peut imaginer quel atout possédaient les gérants d'entreprises juives chargés d'instruire les dossiers d'aryanisation puisque leurs recommandations étaient le plus souvent suivies et en tout cas toujours examinées. Or les choix des administrateurs, surtout pendant la période de lancement de l'aryanisation, celle qui vit se décider le plus grand nombre de nominations, étaient très largement influencés par les comités d'organisation et les divers groupements professionnels qui avaient survécu aux mesures d'interdiction des grandes organisations syndicales — ouvrières mais aussi patronales — édictées par Vichy au début de l'Occupation. Bien des administrateurs eurent donc à donner leur avis sur les offres d'acquisition d'entreprises ou d'immeubles présentées par leurs collègues ou sur des possibles liquidations ne laissant pas indifférent leur propre milieu professionnel. Même si la procédure normale supposait un appel d'offres garantissant une certaine équité, il y eut dans la réalité bien des accommodements avec cette obligation théorique, le moindre n'étant pas la pratique très répandue de ce qu'on n'appelait pas encore le délit d'initié. On a déjà rencontré des exemples de ce type. Et on imagine d'ailleurs que le souci de « politique industrielle » et de « régulation de la concurrence » qui s'est manifesté de façon volontariste pendant l'Occupation n'a pu que multiplier les cas où les prises de contrôle ne furent pas transparentes et où les administrateurs, interlocuteurs à la fois des responsables de l'économie, de la profession, du Commissariat et des administrés, ont pu jouer un rôle clé en faveur de telle ou telle partie.

Cette catégorisation sommaire des administrateurs serait évidemment incomplète si elle ne comprenait pas au moins une dernière strate, celle des gérants de biens juifs qui ont agi, dès l'origine ou au cours de leur mission, de connivence avec les victimes de l'aryanisation. S'il est impossible à nouveau de quantifier, même approximativement, cette population d'hommes et de femmes qui ont combattu discrètement sur le terrain le processus de l'aryanisation, ou en tout cas ses objectifs, une simple enquête comme celle que nous avons menée suffit pour montrer qu'elle ne fut pas trop clairsemée bien que sans doute très minoritaire. Quelques administrateurs ont certes monnayé cette complicité, si l'on en croit des enquêtes du Commissariat. Mais bien d'autres, qui le plus souvent n'avaient pas réclamé leur nomination, ont agi simplement en conscience. Gustave Nordon, on l'a vu, a bénéficié de la neutralité bienveillante de l'administrateur chargé de contrôler son affaire. Quand M. Weisbuch, dont nous avons évoqué les mésaventures professionnelles au début du chapitre précédent, a rencontré pour la première fois l'administrateur provisoire qu'on lui avait imposé, celui-ci lui a confié immédiatement qu'il avait été désigné sans l'avoir demandé et qu'il ne percevrait bien sûr aucune rémunération pour ne pas peser sur la trésorerie du commerce de fourrures [128]. David Frydman, un homme d'affaires dont la vigilance à l'égard des comportements des entrepreneurs vis-à-vis des Juifs n'est pas à démontrer, raconte volontiers aujourd'hui que ses parents, propriétaires d'un atelier de lingerie, ont bénéficié en permanence de la complicité de « leur » administrateur provisoire, au point d'avoir décidé de rester associés avec lui après la Libération*. Et tous les cas de dénonciation d'administrateurs « en collusion avec les Juifs » par des officines comme l'Institut d'étude des questions juives du capitaine Sezille ne furent pas, à en juger parfois par les précisions fournies, des manifestations de fantasmes. Pas plus que toutes les révocations par le Commissariat des personnes déjà en fonction pour cause de « bienveillance excessive envers les Juifs » n'étaient infondées. Certains administrateurs nommés à la demande d'organisations professionnelles ont même osé solliciter leur remplacement en évoquant dans leur courrier de désistement « des rapports commerciaux ou amicaux » avec les Juifs dont ils devaient prendre en charge l'entreprise. Combien ont fait de même sans l'assumer aussi ouvertement ?

Quelle que soit la catégorie à laquelle ils ont appartenu, les administrateurs encore en fonction vers la fin de l'Occupation ne pourront plus arriver à soutenir, même à leur propres yeux, même hypocritement, qu'ils ont fait et font encore un travail comme les autres au service de l'État français. Qui peut encore croire à cette date que l'entreprise en cours a pour principal objet de défendre la souveraineté française et de sauver le patrimoine économique du pays en danger ? On trouvera certes quelques « bureaucrates » obsessionnels ou particulièrement naïfs et

---

* Entretien avec David Frydman le 17 décembre 1992. On sait que Jean Frydman et son frère David, anciens associés dans une société audiovisuelle avec l'Oréal, ont accusé le fabricant de cosmétiques d'avoir embauché après guerre d'anciens militants collaborationnistes, comme M. Corrèze, qui, selon eux, auraient incité l'entreprise dans les années quatre-vingt à se plier au boycott arabe d'Israël.

beaucoup plus d'antisémites convaincus ou d'escrocs pour revendiquer jusqu'au bout leur participation à l'entreprise d'« élimination de l'influence juive » dans l'économie française décidée par Vichy en juillet 1941. La place des Petits-Pères, qui n'a pas cessé de fonctionner quand arrive le mois d'août 1944, échange encore des courriers avec des administrateurs zélés alors que débutent les combats pour la libération de Paris. Mais la plupart de leurs collègues se sont inquiétés bien plus tôt du risque qu'ils avaient pris en acceptant, surtout sur le tard, une telle fonction. On a donc enregistré à partir de 1943 une vague de démissions d'administrateurs et le Commissariat a eu le plus grand mal à leur trouver des remplaçants, même en renonçant à toute sélection un tant soit peu sérieuse. Par ailleurs, les plus actifs parmi les gérants de biens juifs, encouragés par le Commissariat, ont entrepris cette même année 1943 de ressusciter une idée qui date de 1941. D'aucuns avaient songé en ces premiers temps de l'Occupation à créer une association d'administrateurs provisoires, à mi-chemin entre un syndicat et une amicale, pour défendre les intérêts de la nouvelle « profession » et resserrer les liens entre ses membres. Désormais il s'agit avant tout de s'organiser pour affronter dans les moins mauvaises conditions possible la Libération qui se profile à l'horizon. Après diverses réunions préparatoires, l'Association des administrateurs provisoires de France (APAF) est officiellement constituée le 18 février 1944, sous l'impulsion de Léon Janiaud et avec pour président P. Amidieu du Clos [129]. Trop ouvertement téléguidée par la place des Petits-Pères, cet organisme n'aura cependant pas beaucoup de succès, avec un total, dérisoire, de deux cent soixante-dix-huit membres. Il adresse encore en juillet 1944 une circulaire aux administrateurs pour évoquer les résultats de la première assemblée générale tenue le 16 mai et pour leur reprocher leur abstention — on estime, dans le même courrier, à environ cinq mille six cents le nombre d'administrateurs encore en fonction à cette époque.

Les administrateurs attentistes, peu désireux de s'enrôler sous la bannière d'une filiale de fait du Commissariat, n'auront qu'à se féliciter d'avoir choisi la discrétion. L'Association disparaîtra, bien entendu, dans la tourmente de l'été et de l'automne 1944 sans avoir pu faire entendre sa voix, totalement délégitimée. Mais aucune structure de défense des administrateurs ne s'avérera en fin de compte nécessaire pour dédouaner cette catégorie d'agents actifs de l'aryanisation. Certes, divers administrateurs auront à répondre de leurs actes devant la justice de l'épuration. Parmi les trente banquiers qui sont frappés par une mesure d'interdiction professionnelle provisoire peu après la Libération, beaucoup ont eu à gérer des biens juifs et cela fait partie de la liste des griefs qui leur sont imputés, sous réserve d'un jugement ultérieur. De nombreux administrateurs sont en outre convoqués par la police fin 1944 ou en 1945 pour donner des explications sur leur gestion lorsque des anciens administrés se sont plaints. Mais il n'y eut pas même une esquisse de tentative d'épuration générale des gérants de biens juifs après la Libération. Mieux : les nouvelles autorités leur demandent de continuer à gérer comme avant les affaires qui leur ont été confiées en attendant le retour des propriétaires légitimes. Les seuls auxquels la justice ou les instances professionnelles demandent alors des comptes ne sont pas poursuivis pour avoir exercé leur fonction mais pour avoir réalisé telle ou telle opération contestée — comme Édouard Vernes auquel un de ses administrés du monde de la banque reproche la vente de ses titres boursiers dans des conditions qu'il juge anormales — ou, surtout, pour avoir par ailleurs collaboré directement avec les autorités allemandes ou commis des malversations flagrantes. La justice ne fut pas toujours clémente dans ces cas-là mais elle ne considérera chaque fois le fait d'avoir été administrateur provisoire que comme une circonstance (à peine) aggravante. L'avocat de Jean Dupuy, pour lequel le commissaire du gouvernement a réclamé la peine de mort, peut affirmer en février 1946, lors de son procès, non seulement que les administrateurs « ne sont pas poursuivis [...] à moins qu'ils n'aient commis des actes répréhensibles » mais même que « ce n'est pas [la] faute [de son client] si la rue [*sic*] des Petits-Pères était sous les ordres mêmes des Allemands, [ce qui] explique l'interpénétration de l'hôtel Majestic et [du Commissariat] ». Il ne sera pas contredit sur ces points. Les charges retenues contre Jean Dupuy et liées à son métier d'administrateur, pourtant évidentes et accablantes, sont manifestement jugées secondaires par la cour à côté des accusations concernant la collaboration économique ou la fourniture de renseignements aux occupants dont avait aussi à répondre l'ancien gérant de sociétés coloniales juives ou supposées telles[130].

Au total, la seule mesure visant directement tous les commissaires-gérants et administrateurs provisoires d'entreprises juives en tant que tels après la Libération sera celle prévue par le décret du 2 février 1945, prévoyant le remboursement aux Juifs spoliés de certaines sommes perçues « en trop » par les administrateurs provisoires. Il s'agira là moins d'une véritable sanction contre les administrateurs, du moins dans l'esprit du législateur, que d'une mesure prise parmi d'autres pour tenter de réparer en partie les dommages subis, notamment en matière de trésorerie, par toutes les entreprises spoliées — juives ou non — à l'heure de la reconstruction. Il faudra attendre la loi du 16 juin 1948 pour qu'on prévoie un remboursement aux mêmes entreprises des « prélèvements effectués sur le produit des réalisations », autrement dit des divers frais occasionnés par l'aryanisation, y compris les rémunérations des administrateurs. Mais le décaissement sera à la charge de l'État.

À la recherche de l'impossible restitution

Si, à la Libération, les administrateurs provisoires, du moins beaucoup d'entre eux, s'inquiètent, presque toujours à tort finalement, d'éventuels reproches qui pourraient leur valoir des sanctions, les acquéreurs de biens juifs, on s'en doute, sont plus nombreux encore à se demander ce qui les attend. D'avoir fait partie des profiteurs de la politique économique antisémite des occupants et de Vichy, voilà qui ne suffit pourtant pas en général, si l'on en juge du moins par tous les cas connus, à entamer sérieusement la relative bonne conscience de ces acquéreurs, particuliers et entreprises confondus. Nul regret n'a jamais été exprimé ouvertement à ce propos. On est vigilant, puisque la situation a évolué, on ne se sent pas pour autant, semble-t-il, coupable de quoi que ce soit. N'a-t-on pas simplement bénéficié, sans l'avoir réclamé, des conséquences de mesures assumées ou décidées par les autorités françaises en place ? Comme les administrateurs, les détenteurs d'actifs israélites qui ont nourri malgré tout les plus grandes inquiétudes ont tenté d'anticiper la fin du régime de Vichy en adhérant, là encore avec les encouragements du Commissariat mais aussi des Allemands, à une Association française des propriétaires de biens aryanisés, conçue plus d'un an avant l'échéance de l'été 1944[131].

On rédige en effet les statuts de l'Association dès le printemps 1943, au moment où l'on commence à avoir des difficultés pour trouver des candidats à l'achat de sociétés ou d'immeubles. D'où l'appui intéressé des services de Darquier de Pellepoix et du Majestic à cette initiative qui peut rassurer les hésitants. L'organisme est destiné, selon ses fondateurs, à « consolider la situation légale des acquéreurs de biens juifs ». Pour recruter des membres après sa création officielle le 25 septembre 1943, on ne cache pas son objectif principal : « Il vous est certainement arrivé de penser que, dans l'avenir, les biens pourraient avoir besoin d'être défendus. » Si on ne connaît pas exactement la profession de son premier président, le comte Marcel de Font-Réaulx, que les Allemands semblent désigner dans un document comme un cadre d'usine, la plupart de ses responsables et membres fondateurs sont des entrepreneurs en activité, l'un directeur de société (André Moreau), un autre commerçant (Lucien Fatu), un autre encore industriel (René Blessing) ou artisan (Maurice Lorang). Bien que disposant, pour trouver des affiliés, de listes des bénéficiaires de transactions homologuées fournies par la place des Petits-Pères, ce « syndicat », tout comme son homologue chez les administrateurs, ne semble pas avoir fédéré une proportion importante des adhérents potentiels ni avoir joué un rôle quelconque après la Libération. D'évidence, on a alors surtout recherché dans le milieu des acquéreurs la discrétion et, si possible, l'oubli du passé récent.

Un chercheur du Centre de documentation juive contemporaine a retrouvé par ailleurs, sans pouvoir déterminer l'éventuelle activité de cet organisme qui ne s'est jamais manifesté de façon aisément repérable, un mémoire définissant la doctrine d'une Association nationale intercorporative du commerce et de l'artisanat, dont l'objet devait être aussi de « protéger » les propriétaires de biens juifs, en particulier les « petits »[132]. L'intérêt de ce texte est de présenter assez clairement l'argumentaire des acquéreurs qui s'affirment « de bonne foi » pour justifier leurs actes passés et réclamer la pérennisation de la situation créée par l'aryanisation. L'affirmation centrale est sans équivoque : « Les acquéreurs de biens israélites possèdent [...] des droits acquis qui ne peuvent être atteints sans violer les règles fondamentales du droit français. » Suit une justification « morale » de ce refus de tout retour en arrière : « Les commerçants français, acquéreurs de biens israélites, ne spéculaient pas sur la victoire de l'Allemagne. Ce motif coupable a peut-être été celui de certains gros trusts, mais n'était nullement celui de la majorité des acheteurs, pour la plupart veuves de guerre, femmes de prisonnier, prisonniers libérés et évadés, anciens combattants sinistrés, évacués d'Alsace-Lorraine [...]. Il y avait peu d'autres moyens d'acquérir un commerce : peu de fonds de commerce purement aryens à acheter, peu de créations de nouveaux commerces [...]. Les chambres syndicales, les comités d'organisation orientaient les demandeurs vers le Commissariat aux questions juives. » Beaucoup de ces assertions sont très discutables : les « trusts » ne furent évidemment pas les seuls, parmi les acquéreurs, à s'abriter derrière la doctrine de la « collaboration au service de la patrie » en spéculant plus ou moins sur un succès allemand ; d'autres sont manifestement excessives : les catégories de petits acquéreurs citées, qui avaient théoriquement une certaine priorité, surtout du temps de Vallat, ne constituaient probablement pas une majorité parmi les acheteurs. Mais de tels arguments étaient certainement repris à leur compte par bien des petits propriétaires de biens juifs, persuadés, sinon toujours d'avoir accompli réellement un quelconque « devoir national » à la demande de Vichy en faisant de bonnes affaires, du moins d'avoir agi dans le cadre d'une politique de l'État français, ce qui devait les mettre à l'abri de toute révision des transactions. Quant aux supposés « trusts » et autres acquéreurs de plus grande taille, il est probable qu'ils se faisaient moins d'illusions sur la suite des événements à l'été 1944 mais qu'ils n'avaient pas moins de « bons arguments » à opposer pour se justifier puisque, on l'a vu, tout en réalisant eux aussi de bonnes affaires, ils n'avaient fait souvent que conclure, avec des encouragements voire des instructions du ministère de la Production industrielle, des opérations destinées à conforter la politique économique gouvernementale.

Il va de soi que tous ces arguments, au mieux naïfs et le plus souvent hypocrites, ont été d'autant plus inopérants à la Libération pour geler les situations acquises qu'ils étaient déjà considérés comme inacceptables depuis bien longtemps à Londres et à Alger. Dès avril 1941, même si cette déclaration qui cite les Alsaciens et les Lorrains ne mentionne pas les Juifs en tant que tels, la France libre avait informé à travers la

BBC tous les amateurs de profits à bon compte sur le dos des victimes des occupants et de Vichy des risques qu'ils prenaient : « Sans préjudice des peines auxquelles s'expose quiconque prête son concours à l'exécution des mesures irrégulières prises par l'ennemi, ou sur son ordre, ou à son instigation, tous les biens mobiliers ou immobiliers aliénés pourront être revendiqués par leur légitime propriétaire, entre quelques mains qu'ils se trouvent. Le dernier détenteur ne pourra prétendre à aucune compensation, sauf s'il a acquis le bien dans l'intérêt même de la victime d'une spoliation et en vue de lui rendre service [133]. » À l'automne 1942, Londres réitère très clairement sa position, en nommant cette fois, outre les Alsaciens et les Lorrains, les cas des personnes déchues de leur nationalité et les Juifs en général [134]. En novembre 1943, une ordonnance du Comité français de Libération nationale constitué peu de temps auparavant à Alger, qui reprend une « déclaration solennelle » des gouvernements des pays alliés signée au début de l'année, précise on ne peut plus officiellement que pourront être déclarés « non valables tous transferts ou transactions relatifs à la propriété, aux droits et aux intérêts, de quelque nature qu'ils soient, qui sont ou étaient dans les territoires sous l'Occupation ou le contrôle direct ou indirect des gouvernements avec lesquels [les Alliés] sont en guerre ou qui appartiennent ou ont appartenu aux personnes (y compris les personnes juridiques) résidant dans ces territoires ». Cet avertissement, de surcroît, stipule que ces dispositions sont applicables même aux transferts et aux transactions « d'apparence légale » ou qui « se prétendent comme ayant été effectués avec le consentement des victimes » [135].

De fait, une fois la Libération venue, la justice ne poursuivra pas plus systématiquement les acquéreurs de biens juifs que les administrateurs provisoires, sauf dans les cas de malversations avérées. Mais il ne sera évidemment pas question d'accepter les faits accomplis pour autant. L'ordonnance du 9 août 1944 relative au rétablissement de la légalité républicaine dans l'hexagone avait alors déjà prononcé la nullité de toutes les mesures prises par Vichy et en particulier « des actes qui utilisaient ou appliquaient une discrimination quelconque fondée sur la qualité de Juif » [136]. Mais il restait à évoquer « positivement » les effets de cette nullité, et en particulier à instituer des procédures de restitution des biens. Une série d'ordonnances puis de lois viendront petit à petit combler cette lacune en précisant les modalités légales de la réparation des spoliations.

Sans entrer dans le détail des textes, disons que le premier date du 16 octobre 1944 et réglemente « la restitution par l'administration des Domaines de certains biens mis sous séquestre » ; que le plus important est sans doute celui du 21 avril 1945, qui d'une part organise la restitution des biens spoliés et d'autre part permet l'annulation des actes accomplis même avec le consentement de l'intéressé ; qu'une loi de septembre 1947 se préoccupe particulièrement de l'indemnisation — après restitution des biens — des « spoliateurs de bonne foi » (ceux qui ignoraient l'origine des biens acquis ou à qui l'acquisition avait été imposée) ; enfin, qu'en avril 1949 — et ce n'est pas terminé à cette date ! — on se préoccupe encore d'inscrire dans la loi le principe de la garantie de l'État pour indemniser les spoliés quand les spoliateurs sont d'une façon ou d'une autre défaillants. Parmi les dispositions adoptées, on peut relever en particulier les principales de l'ordonnance d'avril 1945, qui stipulent que : 1) « Le ou les acquéreurs du bien spolié sont tenus pour possesseurs de mauvaise foi et devront restituer les fruits normaux de ce bien » ; 2) « Ne seront pas considérées comme de mauvaise foi les personnes physiques et morales qui pourront établir qu'elles ne se sont portées acquéreurs que sur demande du gouvernement de Vichy en vue d'éviter le transfert à l'occupant de biens intéressant l'économie nationale [...] ou que pour préserver les droits des spoliés d'accord avec eux » ; 3) « Une procédure rapide spéciale permettra, en cas de litige, aux présidents de tribunaux de statuer en référé » ; 4) « Tout détenteur ou ancien détenteur de biens, droits et intérêts des spoliés est tenu d'en faire la déclaration dans un délai d'un mois [...] à l'exception [...] des administrateurs provisoires que l'ordonnance du 14 novembre 1944 obligeait [déjà] à cette déclaration ».

À première vue, le dispositif juridique adopté après l'Occupation pour annuler les effets de la politique antisémite paraît sérieux et complet, même si sa complexité et la durée de son élaboration laissent imaginer que sa mise en application ne pouvait être chose facile dans tous les cas. En examinant de plus près les implications des textes, on s'aperçoit pourtant que bien des aspects du problème des restitutions et des indemnisations restaient problématiques. Sur quoi se fonder pour déterminer qui était et qui n'était pas « de bonne foi », surtout quand les biens, situation fréquente même si la réglementation vichyssoise l'avait théoriquement interdit « sauf exception »*, avaient changé plusieurs fois de propriétaire avant que le spolié ne les réclame ? Que faire quand les spoliés — et les cas furent nombreux pour des raisons hélas évidentes** — ne se manifestaient pas ? Était-il logique de ne prévoir qu'une restitution des biens, en exigeant de surcroît que chaque intéressé démontre lui-même ses droits de propriété, et non pas des dommages et intérêts pour réparer tous les torts subis ? N'aurait-on pas dû, en particulier, prévoir des réparations pour les cas d'aryanisation n'ayant

* La réglementation économique antisémite interdisait en théorie, pour éviter un essor de la spéculation, la revente des biens juifs acquis pendant une période de trois ans, sauf cas exceptionnel. En réalité, le respect de cette règle fut peu surveillé, jusqu'à ce qu'elle soit abandonnée à la demande du Commissariat, sous Darquier de Pellepoix, pour ne pas décourager les acquéreurs quand il était devenu plus difficile de trouver des candidats pour réaliser à leur profit des aryanisations.

** À la mi-1949, pour le seul département de la Seine, on estimait à environ trois mille les successions juives non réclamées, donc non restituables et provisoirement mises sous séquestre. Elles correspondaient sans nul doute, en quasi-totalité, à des successions de familles déportées et entièrement exterminées dans les camps. *Cf. Notes et études documentaires* n° 1108 du 13 avril 1949.

pas donné lieu à une spoliation, comme ceux ayant affecté la carrière et non pas seulement les biens de Juifs ? Fallait-il surtout traiter le problème de la persécution économique comme n'importe quelle question afférente aux dommages de guerre, notamment en assimilant, au niveau de la plupart des textes, la spoliation de nature antisémite à celle d'autres catégories de population — les Alsaciens et les Lorrains, les victimes de réquisitions forcées ou d'enlèvements de machines, etc. ?

Il semble bien que l'on puisse attribuer au moins à deux causes — il y en a certainement eu bien d'autres — la plupart des insuffisances des lois de restitutions. La première, aussi peu glorieuse que peu étonnante, tient à la « bonne gestion » des deniers publics dans la période difficile de la Libération puis de l'après-guerre : les représentants de l'État ont manifestement voulu éviter d'avoir à imputer de trop lourdes charges au budget. C'est ainsi que l'on peut expliquer, par exemple, la ferme décision du ministère des Finances, le plus impliqué dans le processus des restitutions, de refuser toute indemnisation qui pourrait être liée à une « perte de jouissance » des biens spoliés. D'accord, en un mot, pour restituer les biens tangibles qui ont été pris à leurs propriétaires légitimes d'une manière ou d'une autre, mais un point c'est tout. Le seconde cause, qui a permis d'ailleurs à la première de jouer à plein, tient à un phénomène plus général repéré par bien des historiens : il y a eu *de facto* un consensus quasi général, qui a même englobé la plupart des victimes rescapées de la persécution, pour ne pas mettre au premier plan dans l'immédiat après-guerre, en particulier au niveau judiciaire, les questions liées à la politique antisémite de Vichy, et plus particulièrement celles, comme l'aryanisation économique, qui apparaissaient les moins tragiques au regard de ce qu'on appellera parfois plus tard la Shoah. On se préoccupe donc assez vite de poser le principe d'une réparation totale des injustices subies au plan économique par les Juifs, comme les textes l'attestent, mais on ne considère pas qu'il s'agit pour autant, dans la pratique, d'un problème essentiel pendant la seconde moitié des années quarante. Cette relative minoration du problème de l'aryanisation de l'économie française, par ailleurs, a sans doute été encouragée par le discours « officiel » dominant d'après guerre, qui attribuait l'essentiel des maux subis dans le pays sous l'Occupation aux seuls Allemands, persécution des Juifs comprise.

Comment s'est passée dans la pratique la récupération de leurs biens et la reprise de leurs activités par les entrepreneurs juifs ? Aucune étude transversale accessible ne permet de répondre à cette question et on ne peut là encore, même au terme d'une longue enquête, que faire état d'hypothèses fondées sur des travaux partiels ou sur des témoignages qu'il est toujours dangereux de généraliser [137]. Contentons-nous donc de quelques remarques, appuyées chaque fois sur un exemple vécu, pour donner un aperçu de la situation des Juifs spoliés après la Libération.

S'agissant de la récupération des biens, et en particulier des entreprises, dans les cas où la spoliation avait été patente et *a fortiori* bien sûr dans les cas de fausse aryanisation, il ne semble pas y avoir eu beaucoup de « bavures », autrement dit de cas où aucune solution convenable n'a pu être trouvée au bout du compte. La loi y a aidé. Mais l'ambiance de la Libération, s'ajoutant à la faible légitimité accordée depuis les origines aux opérations d'aryanisation par l'opinion publique, ne pouvait souvent que favoriser des issues relativement rapides dès que le spolié manifestait fermement son intention de récupérer sa position antérieure. « En fait », témoigne avec ses souvenirs Mme Berg, dont les parents et divers autres membres de sa famille (commerçants ou artisans) ont été spoliés, « on était en général si content de récupérer ses ateliers ou son magasin, et du travail, qu'on ne réclamait rien d'autre que la possibilité de reprendre son activité, sans se préoccuper de l'état des stocks ou des bénéfices non perçus depuis l'aryanisation[138]. » L'autre partie, le spoliateur de bonne ou de mauvaise foi, n'avait donc guère à se plaindre, dans de tels cas, du dénouement, qu'elle pouvait craindre pire, et acceptait volontiers un arrangement à l'amiable s'il s'avérait possible.

Bien que les spoliateurs n'aient pas cherché systématiquement à maintenir par tous les moyens leurs acquis du temps de l'aryanisation, le passage par le tribunal a probablement constitué une voie très fréquentée pour sceller les accords de restitution. Grâce à l'institution d'une sorte de « référé-spoliation » pour les affaires de ce type en avril 1945, cette solution ne provoquera d'ailleurs plus après cette date trop de prolongations de situations pour le moins pénibles. Auparavant, il avait fallu très souvent, soit menacer des tribunaux les spoliateurs considérés comme de mauvaise foi — on l'a vu dans le cas des Galeries Lafayette —, soit attendre au moins quelques mois des décisions de justice pour récupérer ses biens. Car même les acquéreurs considérés à tort ou à raison comme de bonne foi, tout comme ceux qui acceptaient ouvertement et immédiatement le principe de la restitution, préféraient souvent la voie juridique afin d'éviter toute ambiguïté lors du dénouement de l'opération — et parfois aussi, sans doute, pour mieux préserver leurs droits à une indemnisation éventuelle. Pour récupérer un magasin d'outillage, la famille de Mme Berg, qui ne rencontrait pourtant aucune résistance réelle de la part de l'acquéreur, dut passer ainsi par le palais de justice.

Il y eut cependant bien des cas où ni le dispositif juridique ni l'atmosphère de la Libération ne suffirent à résoudre les problèmes. D'abord la loi, théoriquement très complète mais d'étendue minimale comme on l'a vu, ne répondait pas à toutes les situations. On peut laisser le lecteur imaginer dans quel guêpier juridique a pu tomber un Juif allemand réfugié en France avant guerre près de Longjumeau, dans la région parisienne, et qui entendait récupérer ses biens aryanisés, sachant que l'acquéreur ne voulait pas effectuer la restitution en faisant valoir que l'ordonnance d'avril 1945 ne s'appliquait pas... aux spoliés « de nationalité ennemie » — l'expression a été utilisée en 1945 à la fois par le spoliateur tenace et par l'avocat général lors de l'instruction[139] ! Par ailleurs, pour en revenir à des configurations moins caricaturales, les commerçants, artisans ou industriels juifs qui avaient d'eux-mêmes arrêté leur activité pour échapper aux persécutions ont eu évidemment quelque mal à obtenir une indemnisation, soit quand ils avaient agi prudemment avec une grande précocité (nul ne pouvait réclamer une indemnisation pour des opérations réalisées avant l'instauration des « autorités de fait » de Vichy), soit, cas plus courant, quand ils n'avaient pas réalisé à cette occasion une vente mais une simple liquidation sans contrepartie. Revenus à Paris juste après la Libération, les Berlinski, qui avaient — on l'a vu — fermé « volontairement » leur affaire de bonneterie, ont certes reçu diverses aides, notamment un petit pécule pour assurer le redémarrage de leur entreprise, mais n'ont pas eu droit à une véritable compensation pour la perte de leur fonds de commerce puisque nul autre n'en avait directement profité[140].

Certains litiges, de surcroît, étaient *a priori* presque sans issue. Dès la Libération, les propriétaires de la célèbre galerie de peinture Bernheim-Jeune, rue Saint-Honoré, ont tenté de récupérer ce qui pouvait l'être en attaquant d'abord en justice leur principal spoliateur français, qui n'était autre qu'un marchand de biens ayant joué un rôle clé au Commissariat général aux questions juives, M. Borione, déjà rencontré. Ce dernier ayant apparemment transformé ses « acquisitions » en liquide puis assuré son insolvabilité, les spoliés ne purent, au moins dans un premier temps, que faire saisir le peu de biens restés officiellement en sa possession. Quant aux tableaux emportés par les occupants, on était encore à la recherche de la plupart d'entre eux cinquante ans après la Libération. Les négociations sur les réparations qui se sont poursuivies jusque dans les années cinquante et soixante avec l'Allemagne d'après guerre pour régler de tels cas ont été moins efficaces pour aboutir à une solution que les citations directes de l'État d'outre-Rhin par les marchands de tableaux spoliés, qui n'ont guère été aidés dans ce combat juridique, estiment-ils, par le gouvernement français. Comme, évidemment, il était difficile de prouver que les œuvres pillées étaient effectivement parvenues en Allemagne, on a abouti, à l'issue d'un procès, à un compromis pour fixer le montant d'une indemnisation. Au total, d'après le responsable actuel de la galerie, on peut estimer que la moitié seulement du patrimoine d'avant guerre des propriétaires de l'entreprise a été récupérée[141].

Si les cas où, malgré les textes, il fut malaisé ou impossible de recouvrer la totalité des biens possédés avant l'Occupation furent certainement les plus nombreux, on peut repérer également des situations de type inverse. On se souvient des déclarations de M. Harlachol affirmant à la Libération qu'il avait fait prospérer les Galeries Lafayette après leur aryanisation au profit d'un groupe soutenu par le Majestic. Si ce résultat ne devait pas grand-chose à l'activité du spoliateur, comme nous l'avons souligné, il n'en était pas moins effectif. Il en a été de même dans bien d'autres entreprises. Cela n'a rien d'étonnant : une fois une affaire aryanisée, il était évidemment de l'intérêt même du nouveau propriétaire de la gérer au mieux, du moins quand il ne s'agissait pas d'une simple opération de pillage des stocks ou d'élimination d'un concurrent. C'est ainsi que Mme Berg se souvient de membres de sa famille qui ont récupéré à Nancy en 1945 une affaire de fabrication de matériels de cuisine en meilleur état qu'en 1940. « Une bonne surprise commerciale, précise-t-elle, dont les bénéficiaires, qui ont perdu des proches pendant la guerre, se seraient bien passés ! » Parfois, la bonne santé de l'entreprise à la Libération était due tout simplement à la nomination à sa tête comme administrateur d'un collaborateur militant qui pouvait obtenir des marchés allemands en priorité. RBV, une société d'outillage de haute précision animée par Armand Vorms et l'ingénieur Henri de France, a ainsi eu le « privilège » entre fin 1941 et la mi-1944 d'être dirigée par un commissaire-gérant « collaborationniste de la première heure », selon ses propres mots. En mai 1944, le personnel de l'entreprise comprenait près de cinq cents salariés, soit près du double des effectifs recensés au moment de l'entrée en fonction de l'administrateur nommé par le Majestic, et la production s'était multipliée également par deux grâce aux commandes des autorités d'occupation [142].

Pour la majorité des Juifs spoliés tentant de reprendre une vie normale après les épreuves de l'Occupation ou à leur retour des camps, il n'y avait évidemment pas de surprise de ce type à attendre. Qu'on ait ou non récupéré rapidement une entreprise qu'on espérait au mieux en état de marche, l'essentiel était dans tous les cas, à la fois pour des raisons matérielles et psychologiques, de reprendre son activité professionnelle au plus vite. Et le problème majeur, bien souvent, pour les commerçants comme pour les industriels, était alors de trouver des matières en vue de relancer les fabrications ou des stocks afin de pouvoir reprendre les ventes. Parfois, la reprise, d'un point de vue économique, s'avéra relativement facile. Ainsi, pour nous en tenir à des témoignages déjà évoqués, les Frydman, les Weisbuch ou les Berlinski, qui ont retrouvé très vite leurs fournisseurs, ont démontré rapidement qu'ils n'avaient pas perdu leur esprit d'entreprise malgré la pause forcée et ils ont dépassé tous les trois, au bout de quelques années, leurs résultats d'avant guerre. Ceux qui ont eu plus de mal à rétablir leur activité ou qui ont été gênés par les pénuries persistantes de matières après guerre feront parfois appel à l'aide du ministère des Finances ou du ministère de la Production industrielle pour obtenir des prêts ou des attributions prioritaires. Ces demandes furent *a priori* traitées dans les mêmes conditions et par les mêmes services que celles émanant des « entreprises résistantes » [143]. Les Juifs feront d'ailleurs parfois des demandes d'aide à travers des associations, comme le Devoir français, regroupant essentiellement des PME qui s'estimaient en droit de réclamer un soutien à l'État en raison de leur attitude patriotique sous l'Occupation, laquelle avait uniquement consisté le plus souvent… à n'avoir pas accepté de commandes allemandes. On peut cependant retrouver dans les archives du ministère de la Production industrielle des courriers échangés début 1945 entre l'administration et un groupement professionnel juif, l'Association de défense des Français israélites dépossédés de leurs biens par les Allemands [144]. Doit-on en conclure que seule l'évocation d'une dépossession non pas par les Français mais par les Allemands était alors considérée comme possible ou en tout cas judicieuse pour être rapidement aidé par l'État français ?

Quel bilan ?

Il n'existe aucun bilan statistique totalement fiable pour évaluer l'ampleur du processus de l'aryanisation. On connaît tout au plus quelques chiffres — nous en avons déjà cité plusieurs — qui mériteraient sans doute un réexamen critique mais qui donnent des ordres de grandeur [145]. Ainsi on apprend, d'après les archives du Commissariat, que quarante-deux mille six cent trente-neuf dossiers directement liés à l'aryanisation avaient été ouverts au 30 juin 1944, dernier état connu de l'activité des services de la place des Petits-Pères [146]. Ce chiffre global, qui recense aussi bien des immeubles que des entreprises commerciales, des opérations d'acquisition globale comme de simples ventes de parts, et qui n'exclut même pas les nombreux dossiers ouverts par erreur, est à prendre, répétons-le, avec précaution. On peut cependant tenter d'approcher, même de loin, la réalité qu'il recouvre en indiquant plus en détail ce qu'il recensait et en l'interprétant grâce à quelques statistiques issues d'autres documents ou d'autres périodes.

En prenant d'abord globalement ce chiffre d'environ quarante-deux mille, on peut dire, d'une part, qu'il recouvrait trente mille entreprises et douze mille immeubles et, d'autre part, qu'il additionnait environ dix-huit mille dossiers déjà « traités » par le Commissariat et un nombre légèrement supérieur de dossiers en cours ou classés pour telle ou telle raison. Le nombre de comptes ouverts à la Caisse des dépôts et consignations au nom des Juifs spoliés, d'environ vingt mille, paraît confirmer *grosso modo* ces données. Parmi les dossiers menés à terme, même si tous n'étaient pas alors déjà refermés après homologation par les autorités allemandes, on dénombrait, outre le cas de deux mille artisans qui avaient eu à subir l'application de la réglementation professionnelle, environ huit mille cinq cents aryanisations et sept mille cinq cents liquidations. Il y avait donc bien eu presque autant de fermetures autoritaires que de ventes à des candidats acquéreurs d'entreprises juives. Il semble que le nombre des dossiers ouverts en zone Sud se soit élevé à un total d'environ cinq mille, ce qui laisse supposer que plus de quatre-vingt-cinq pour cent de l'activité d'aryanisation a concerné la zone Nord. Cette proportion paraît vraisemblable quand on analyse les statistiques de nominations d'administrateurs provisoires, ceux-ci étant six fois plus nombreux au nord que dans la région sud. Il semble enfin, d'après les chiffres donnés par Xavier Vallat peu avant qu'il ne quitte ses fonctions, que pour cent dossiers ouverts concernant des affaires dites commerciales, plus de soixante-dix concernaient des magasins de détail et de gros, le solde étant réparti entre les artisans et les entreprises de production.

Si on peut ainsi se faire une idée du nombre d'entreprises et du nombre de personnes concernées par l'aryanisation de leurs capitaux et de leur activité sous l'Occupation, il semble aujourd'hui encore impossible d'évaluer, même approximativement, l'ampleur, en valeur, de la spoliation des Juifs du fait de la politique économique antisémite en France. Une estimation de l'administration française en 1949 fait état de 3 milliards de francs de « prélèvements » sur les comptes des Juifs sous l'Occupation. Ce chiffre, extrêmement bas — on a estimé par exemple à 690 milliards (valeur 1945) l'ensemble des spoliations allemandes en France —, ne signifie pas grand-chose : il ne mesure certes pas la valeur des biens dont les Juifs ont perdu le contrôle ou l'usage entre 1940 et 1944 ni le dommage subi du fait de cette perte de jouissance. Pour comprendre la difficulté d'appréhender l'étendue des spoliations, il suffit d'observer que, même si on arrivait à chiffrer toutes les transactions opérées sous l'Occupation en matière de biens juifs, on ne saurait toujours rien du résultat recherché. Ces transactions n'ont que rarement reflété un « prix de marché »... et elles furent tout simplement quasi inexistantes lorsqu'on optait pour une liquidation permettant au mieux de réaliser un reliquat de stocks ou d'équipements.

L'examen des quelques données disponibles, malgré leur imprécision qui rend tout bilan réel impossible, permet de faire pourtant un certain nombre d'observations. Les chiffres confirment d'abord, est-il besoin de le souligner, à quel point les fantasmes obsessionnels des antisémites non seulement sur la « nocivité » mais même sur l'importance de « l'influence juive dans l'économie française » étaient bien... des fantasmes. Les entreprises dites juives, malgré la large définition adoptée par Vichy, ne se comptaient que par milliers et les avoirs confisqués des commerçants et des industriels juifs que par milliards de francs alors que le pays dénombrait ses sociétés en comptant au-delà du million et que le seul montant des exportations forcées de vin de l'hexagone vers l'Allemagne durant l'Occupation a dépassé les 5 milliards de francs, soit plus que les « prélèvements » évoqués par l'administration. Quand on compulse les archives des divers acteurs du processus d'aryanisation — Commissariat, ministères, Majestic, etc. —, on est vite frappé par le contraste entre, d'une part, l'énorme énergie dépensée par ceux-ci et le nombre incalculable de documents reçus ou envoyés et, d'autre part, la faible importance économique, à l'échelle du pays, des dossiers traités. Le nombre des entreprises israélites moyennes ou importantes, celles dont le chiffre d'affaires annuel dépassait 5 millions de francs. et dont avait à s'occuper théoriquement le ministère de la Production industrielle, était, si l'on en croit le contenu d'une liste supposée les recenser, inférieur à trois cents au début des années quarante — encore cette liste comprenait-elle des sociétés dont une très faible part du capital était contrôlé par des Juifs [147]. En réalité l'administration sous l'autorité de Jean Bichelonne ne semble pas avoir examiné de près sous l'Occupation le cas de plus de soixante entreprises juives, les seules donc à mériter une véritable attention, si l'on en juge par les comptes rendus des réunions hebdomadaires consacrées à l'aryanisation [148]. L'enjeu de la politique économique antijuive, sauf dans quelques branches de la distribution (fourrures, etc.) ou de la finance (coulissiers, etc.), était donc véritablement secondaire — à moins, évidemment, de considérer cet enjeu, comme ce fut le cas à Vichy, sous un angle prioritairement idéologique.

Le bilan de l'aryanisation à la mi-1944 semble par ailleurs indiquer que le processus était bien loin de son aboutissement quand est arrivée l'heure de la Libération : une bonne moitié des dossiers étaient encore en cours d'instruction, ou en train de dormir chez des administrateurs peu pressés. Cet état de choses vient confirmer l'évidente inefficacité du Commissariat pendant la seconde partie de l'Occupation, sous le règne de Darquier de Pellepoix et de ses brefs successeurs. Il ne signifie aucunement que l'aryanisation ne fut entreprise qu'à demi. L'incurie de certains agents de la politique économique antisémite n'a fait que ralentir le rythme d'un processus destiné à ne connaître d'autre issue que son achèvement intégral. Évoquant, peu avant le remplacement du commissaire en 1942, l'objectif à assigner au successeur de Vallat, le Dr Blanke, se disant soucieux de la trop grande lenteur de l'aryanisation, a explicitement parlé de « solution finale à la question » [149]. On n'emploie jamais, à notre connaissance, une telle expression à Vichy mais le fameux article premier de la loi de juillet 1941 affirmant la volonté du gouvernement d'« éliminer toute influence juive dans l'économie nationale » ne disait pas, si les mots ont un sens, autre chose. Et la pratique, malgré ses « insuffisances » dues à la médiocrité du personnel chargé des opérations, a démontré qu'il ne s'agissait pas là que d'une assertion rhétorique cachant un programme plus modéré : bien avant la fin de l'Occupation, plus aucune société, ou presque, et bien peu de responsables d'une activité économique quelconque qualifiés de juifs n'avaient échappé à la vigilance de l'administration française, même si le sort définitif de leur entreprise et de leur situation professionnelle resta parfois en suspens.

Si la Libération du territoire avait été plus tardive et, *a fortiori*, si le sort des armes avait été autre, il ne fait aucun doute qu'on aurait donc pu parler de « solution économique finale » pour qualifier non pas métaphoriquement mais réellement le sort réservé aux Juifs dans l'économie française. On ne peut d'ailleurs expliquer le comportement de la plupart des acteurs de l'aryanisation que si on suppose qu'ils ont pendant longtemps estimé cette issue comme sinon souhaitable du moins inéluctable. Il ne semble pas que les milieux économiques aient échappé à cette posture. On peut d'ailleurs se demander si certains actes inacceptables de dirigeants considérés *a priori* comme honorables ne sont pas venus témoigner inconsciemment d'une sorte d'anticipation de « l'élimination de l'influence juive ». Vers le début de l'Occupation, rendu furieux par une campagne de diffamation à son égard lancée par le journal antisémite *Au Pilori*, qu'il estimait inspirée par des concurrents jaloux de son succès et qui voulaient l'évincer des affaires en lui attribuant une origine israélite, le plus important fabricant et distributeur de lunettes de l'hexagone, Georges Lissac, fait installer sur la devanture de son principal magasin un bandeau portant l'inscription : « Lissac n'est pas Isaac ». Il ne manifeste pas seulement par là, évidemment, son caractère colérique bien connu ou son manque de sens de la mesure[150]. Si une telle expression éminemment antisémite a pu venir « naturellement » à l'esprit d'un entrepreneur qui se défendra pourtant toujours, non sans quelques arguments*, d'avoir jamais éprouvé le moindre sentiment antijuif, c'est que l'atmosphère s'y prêtait. Et que dire des sociétés B. et W., sises à Paris rue Saint-Fiacre et rue de Montmorency, qui fournissent respectivement en 1942, toutes affaires cessantes, cinq mille mètres carrés de tissu « vieil or » et un travail d'impression soigné pour livrer une « commande urgente » de l'officier SS Dannecker, impatient de pouvoir disposer d'un stock d'étoiles jaunes[151]... ?

Les lois économiques antijuives, celles imposées par les Allemands et appliquées avec détermination par l'administration française mais aussi et surtout celles directement adoptées par Vichy, n'ont pas été étrangères à la création de l'atmosphère qui ne pouvait conduire qu'à des dérapages comme ceux cités ci-dessus. Banaliser les comportements antisémites, même dans le seul domaine économique pour en rester à notre sujet, n'était pas une erreur de plus, parmi d'autres, du régime pétainiste. Quand on vous demande de trouver sinon normal du moins habituel de voir une entreprise fermer ou changer de mains parce que son patron ou ses actionnaires sont juifs, quand on vous dit et vous démontre en pratique que la loi impose à votre directeur général ou à votre chef de service de quitter ses fonctions sans préavis ni indemnité uniquement en raison de ses origines, quand on vous fait croire qu'il peut être « légal » de traiter différemment des autres — autrement dit

* Un échange de courriers très vif entre M. Lissac et le militant antisémite Henry Coston en octobre 1940 semble constituer un premier argument de ce type. Contacté par M. Coston à la recherche de subventions, au motif que le principal concurrent de la maison Lissac était une entreprise juive, la société Leroy, Georges Lissac lui avait fait répondre par écrit : « Vous me faites injure en me supposant capable de faire de l'antisémitisme crapuleux. Dans les circonstances actuelles, faire de l'antisémitisme, surtout dans un but d'intérêt particulier et dans l'espoir d'y trouver un profit direct, équivaudrait, à mes yeux, à se déshonorer. » Outre cette lettre, dont on trouve copie au CDJC, M. Lissac aurait manifesté sa désapprobation des mesures d'aryanisation en fournissant un appui... à la famille propriétaire de Leroy, qui lui en saura gré après guerre en devenant actionnaire de Lissac.

de maltraiter — une certaine composante de la population en vertu de textes d'exception, quand on fait tout cela, on vous « demande » aussi, au moins implicitement, de trouver inéluctables les conséquences potentielles d'une approche raciste de la vie en société. Des conséquences qui ne sont pas évidemment qu'économiques et qui ne se résument pas à des comportements individuels regrettables.

Parmi ces conséquences, la spoliation des Juifs et leur élimination professionnelle dans beaucoup d'entreprises ou de secteurs ne furent certes pas quelque chose de bénin. Le pire, qui ne se prête pas à une évaluation — la vie d'un homme, d'une famille, c'est combien ? —, fut autre. Comme l'ont déjà remarqué quelques historiens, la tentative de « solution économique finale » expérimentée à l'époque a facilité, en France comme en Allemagne, la mise en place de la « solution finale » tout court. Comment mieux préparer l'anéantissement d'un individu qu'en commençant par le priver non seulement de son éventuel capital ou de son outil de travail mais aussi de sa simple faculté d'avoir une activité professionnelle ? Privé de ressources et surtout d'une de ses principales raisons de vivre, tout homme devient une proie facile pour qui veut sa perte. Mort, comme Gustave Nordon ou Raymond Berr, dans un camp, à Auschwitz, le banquier Saül Amar, déporté le 20 septembre 1943 après avoir été arrêté comme Juif étranger, n'a pas été une victime directe de la politique économique antijuive de Vichy. Mais le rejet par le SCAP du projet d'aryanisation « volontaire » soumis par la banque Amar ne fut peut-être pas pour rien dans l'incapacité étonnante de ce financier important, devenu simple réfugié, d'organiser sa simple survie. Les technocrates français de l'aryanisation, semble-t-il, ne pouvaient envisager de donner leur accord à la cession « amiable » d'un établissement hautement suspect : l'« image » de cette banque opérant principalement dans les Balkans et en Europe centrale avec une clientèle de Juifs n'était certes pas conforme aux canons de la respectabilité vichyssoise. D'autant que l'acquéreur potentiel n'était pas moins suspect : une maison de commerce parisienne dirigée et contrôlée par des Grecs [152]. On opta donc pour la liquidation.

TROISIÈME PARTIE

VICHY ET LES PATRONS : UN RÉGIME SOUS INFLUENCE ?

XIV

Worms, quartier général de la Synarchie ?

Quand une banque d'affaires se mêle de politique

« Mais vous nous amenez toute la banque Worms ! » C'est en ces termes, si on l'en croit, qu'Henri du Moulin de Labarthète, le directeur du cabinet civil du maréchal Pétain, aurait accueilli l'amiral Darlan venu présenter la liste de ses ministres en février 1941[1]. Si une entreprise a symbolisé aux yeux des contemporains le pouvoir des « trusts » et de leurs patrons à Vichy, elle a bien pour nom Worms. D'autres patrons ont été ministres, ministrables ou éminences grises. Mais on n'a jamais accusé la maison Renault ou la Banque de l'Indochine de peser sur la politique menée par Pétain et ses gouvernements parce que René de Peyrecave, administrateur délégué de la firme automobile, a failli être ministre ou parce que Paul Baudoin, directeur général de l'établissement financier, l'a été. En revanche, les pouvoirs excessifs et la mauvaise influence supposée de « la bande de chez Worms » ont été dénoncés non seulement après mais même pendant l'Occupation. Au point qu'on situera dans cette entreprise le quartier général d'une puissante « société secrète » dont l'existence était supposée expliquer les affinités entre une partie des hommes qui comptaient à Vichy : la « Synarchie ».

On a beaucoup écrit sur les « synarques », ces présumés comploteurs, en se préoccupant fort peu d'examiner le comportement réel du groupe Worms et de ses patrons, accusés d'être leurs commanditaires. Avant d'en venir à l'« affaire » elle-même, un long détour s'impose donc pour comprendre comment un excès d'habileté a valu quelques sérieux ennuis aux dirigeants de cette banque d'affaires. Et pour commencer, les présentations s'imposent[2].

Du charbon à la banque : une entreprise qui a le sens de l'adaptation

Fondée en 1848 par le grand-père d'Hypolite Worms, patron du groupe à l'époque de l'Occupation, l'entreprise a d'abord fait fortune dans le transport et la vente du charbon anglais, un produit alors indispensable que l'ancêtre en question a réussi à acheter en grande quantité et à bon compte. Le minerai d'outre-Manche a ainsi pu s'imposer, en Normandie d'abord, contre son équivalent belge, qui représentait à l'époque les deux tiers des importations françaises. L'aïeul, qui s'appelait également Hypolite, a tout de suite compris les débouchés qu'allait offrir à ce combustible le passage de la marine à voile aux bateaux à vapeur. En octobre 1850, il était l'avitailleur au Havre du *Franklin*, le premier vapeur sur la ligne États-Unis-France. Très vite, il va étendre son empire, devenant notamment le fournisseur des Messageries Maritimes au départ de Marseille. Tout aussi rapidement, il comprendra l'intérêt des bonnes relations avec l'État. Exceptionnel pour une entreprise familiale, ce point mérite attention, car le petit-fils n'a manifestement jamais oublié la leçon. Avitailleur de la marine de guerre, le grand-père va obtenir carte blanche pour approvisionner la flotte française en charbon, loin de ses bases, lors de la guerre de Crimée, « la première dans laquelle la navigation à vapeur était appelée à jouer un rôle décisif », comme le dit l'histoire officielle de la maison. Ses ambitions deviennent rapidement mondiales. Il fait construire ses propres bateaux dès 1855, élargit ses activités au cabotage, ouvre la ligne Bordeaux-Hambourg en 1859 et, bien sûr, s'intéresse au chantier du canal de Suez, qu'il approvisionne à partir de 1865. Quand le premier bateau traverse l'isthme, Worms est déjà installé pour proposer son charbon. Fin 1872, il regarnissait les soutes de trois navires sur quatre le long du canal. Worms absorbe alors 7 % des exportations de charbon britannique, ce qui donne une idée de la dimension atteinte.

Des succursales éloignées, comme celle de Port-Saïd, bien que coupées de la France, poursuivront d'ailleurs tranquillement leur activité entre 1940 et 1944. Les différents départements sont en effet gérés de manière très autonome, en « centres de profit » comme on dira plus tard. L'entreprise, qui va prendre brillamment plusieurs virages stratégiques, garde au XXe siècle un fort ancrage maritime : elle possède vingt-quatre bateaux en 1940 et la plupart de ses dirigeants se déclarent encore « armateurs » à cette époque, même quand ils font autre chose. La diversification des activités est, il est vrai, une vieille habitude. Ainsi, loin de se faire surprendre par le concurrent du charbon, le groupe s'est intéressé très tôt au pétrole. Lorsque les premiers tankers de Marcus Samuel, le fondateur de la Shell, passent le canal, en 1897, le correspondant qui les cautionne n'est autre que Worms. En Égypte, un bidon de pétrole s'appelait un « worms », raconte-t-on également, du temps où les pompes à essence n'avaient pas encore été inventées.

La famille, on l'a dit, reste toujours attentive à ses relations avec l'État, notamment en temps de guerre. Rendre service à un ministre dans l'embarras qui saura bien renvoyer l'ascenseur un jour est un art consommé qui se transmet d'une génération à l'autre. À peine devenu « chef de maison » à l'âge de vingt-cinq ans, pendant la guerre de 1914, « après un long apprentissage des affaires en Angleterre », selon sa propre expression, le jeune Hypolite gagnera sa Légion d'honneur en assurant le ravitaillement de la flotte et des armées françaises en Syrie. C'est « à l'instigation des pouvoirs publics », et plus particulièrement du grand ami de la famille, Anatole de Monzie, à l'époque ministre de la Marine marchande, que Worms crée avant la fin du premier conflit mondial les chantiers navals du Trait, sur la Seine entre Rouen et Le Havre, pour préparer l'après-guerre. Et en 1938, le groupe invente « une formule originale de société d'économie mixte » pour construire, avec la participation de l'État, sous la bannière de la Société française de transports pétroliers, 110 000 tonnes de tankers représentant le quart de la flotte pétrolière française.

Rien d'étonnant, donc, si Hypolite Worms va chercher un serviteur de l'État, un inspecteur des finances déjà haut placé dans la hiérarchie, quand il veut monter une banque, à la fin des années vingt. L'élu sera Jacques Barnaud, personnage central de l'histoire de l'Occupation. Son domaine va devenir le nouveau cœur du groupe, que Worms lui-même définit désormais comme une « banque d'affaires privée ». La quatrième après Paribas, Lazard et la BUP (Banque de l'Union Parisienne), estime un des témoins qui informent le juge d'instruction qui suit le « dossier Worms » après guerre[3]. Faute d'instrument de mesure incontestable en matière de banque d'affaires, on possède là un reflet de l'appréciation des contemporains sur la puissance du groupe.

À une époque où les banques de dépôt financent très peu l'industrie au-delà du court terme, une banque d'affaires est moins un intermédiaire et un conseil qu'un apporteur de capitaux. Le rôle d'une maison de ce type « est essentiellement d'apporter sous différentes formes à certaines entreprises françaises les concours financiers et bancaires qu'exige leur développement et de soutenir, dans les assemblées générales d'actionnaires et dans une certaine limite dans les conseils d'administration, les dirigeants spécialisés qui apparaissent comme les plus adaptés », explique Gabriel Le Roy-Ladurie le 23 novembre 1944 à un magistrat qui a dû trouver l'exposé un peu aride. Embauché en 1929 par Barnaud, Le Roy-Ladurie, autre personnage clé de la période, a grandement contribué à l'expansion de cette activité. « L'intérêt principal que représentent ces participations pour Worms est, d'une part, leur clientèle bancaire et, d'autre part, l'espoir d'une certaine valorisation du capital engagé », précise-t-il, déjà un peu plus concret. La crise de 1929 va offrir au groupe l'occasion de s'assurer à bon compte le contrôle d'un certain nombre de belles entreprises. La Havraise Péninsulaire, une importante filiale maritime, a été reprise en 1930 « à la veille d'une faillite ». Comme Japy, le fabricant de machines à écrire, de réveils et d'articles de ménage, dont Worms confiera la gestion à Pierre Pucheu, qui deviendra pendant l'Occupation ministre de la Production industrielle puis de l'Intérieur.

Voilà pour l'entreprise, prospère, imaginative, agile. Tout y respire l'habileté mais rien ne laisse apparaître un goût du complot. Faut-il donc chercher les raisons de la réputation sulfureuse de Worms du côté des hommes ?

Le conspirateur et le séducteur

Jacques Barnaud n'impressionne pas par son aisance. Mais c'est « un homme intelligent, fort intelligent, écrit Henri du Moulin de Labarthète. Ancien élève de l'École polytechnique, inspecteur des Finances (et l'un des as du corps), brillant combattant de l'autre guerre, il s'est élevé, par sa seule valeur, à l'un des postes les plus en vue de la hiérarchie bancaire »[4]. Avant cela, en 1926, il est devenu directeur de cabinet du ministre des Finances, ou plutôt de sept ministres des Finances — parmi lesquels Painlevé, Loucheur, Doumer — à une époque où les gouvernements changeaient souvent. Le poste est propice aux accélérations de carrière : il est nommé directeur adjoint du Mouvement des fonds, l'ancêtre de la prestigieuse direction du Trésor, en 1927. Et c'est là qu'Hypolite Worms viendra le débaucher, sensible peut-être, au-delà de ses compétences financières, au fait qu'il appartient à une famille à forte tradition maritime. Un frère amiral ne dépare pas dans le *curriculum vitæ* d'un « armateur ».

Associé gérant dès 1930, le premier à ne pas appartenir à la famille, il sera le bâtisseur de la banque. Par la même occasion, il permettra à la maison de changer de dimension. « C'est lui le vrai talent et le vrai pouvoir » chez Worms, croit même pouvoir écrire pendant l'Occupation H. Freeman Matthews, le premier secrétaire de l'ambassade américaine, répétant sans doute ce qu'on lui a rapporté[5].

Comme beaucoup de banquiers et d'hommes d'affaires de grande envergure, Barnaud est plus qu'un technicien. Déjà patron de la banque Worms, il trouve le temps de participer aux cercles de réflexion qui foisonnent entre les deux guerres et notamment aux *Nouveaux Cahiers*. Cette publication a été créée après 1936 par un groupe d'hommes qui gravitaient depuis un certain temps déjà autour d'Auguste Detœuf, président d'Alsthom, et de Guillaume de Tarde, conseiller d'État, à l'époque président des Chemins de fer de l'Est, futur président, après guerre, de la BNCI (Banque nationale pour le commerce et l'industrie). On se retrouvait une fois par mois dans un café du côté de Saint-Germain-des-Près, où « on parlait tout en buvant un peu de bière », racontera Barnaud. Après le choc de 1936, la première préoccupation de ces responsables éclairés est de combattre les « incompréhensions réciproques ». Le dirigeant de Worms intervenait peu, se souviendra un autre participant[6], mais s'intéressait surtout aux questions sociales et manifestait parfois des idées « en contradiction avec les tendances des milieux capitalistes et bourgeois auxquels il appartenait ».

Lorsque la guerre arrive, ce n'est pas l'intellectuel mais le technicien que l'on s'arrache. Raoul Dautry le fait entrer au ministère de l'Armement, pour chapeauter une mission d'achat dans les pays scandinaves. Les Finances lui demandent de s'occuper également de relations internationales. L'économiste Charles Rist le veut dans un comité consultatif que Georges Pernot, le ministre du Blocus, chargé d'asphyxier économiquement l'Allemagne, l'a chargé de constituer. Dans la grande tradition Worms, il se partage : deux ou trois heures aux Finances, une heure à l'Armement, le reste à la Banque. Au moment de la débâcle, Yves Bouthillier, tout récent ministre, le prie de suivre le ministère des Finances jusqu'à Bordeaux. Léon Noël, le premier et éphémère ambassadeur du gouvernement à Paris auprès de l'occupant, cherche un adjoint pour les affaires économiques. Ce sera lui. Dans le premier gouvernement de Vichy, René Belin, l'ancien dirigeant de la CGT propulsé à la tête du ministère de la Production industrielle, a besoin d'un directeur de cabinet solide. Ce sera encore lui. Puis il devient, en février 1941, l'omniprésent délégué général aux Relations économiques franco-allemandes du gouvernement Darlan, poste taillé à sa mesure pour éviter, explique-t-il à une commission d'enquête de l'Assemblée en 1950, l'« éparpillement » des ordres multiples que les fonctionnaires allemands transmettent aux administrations françaises. Sans avoir le titre de ministre, il est en réalité un point de passage presque incontournable entre les autorités françaises et l'occupant dès qu'on parle d'économie. D'après Henri du Moulin de Labarthète il y élève au rang de doctrine le « pragmatisme français » : « Un grain d'idéalisme, le goût des responsabilités, la connaissance des [chiffres] composeront une éthique nouvelle, appropriée aux exigences du moment. »

François Bloch-Lainé, lui aussi inspecteur des Finances, qui a eu d'importantes responsabilités dans la Résistance, est partagé dans ses souvenirs. Il était amer dans *Profession fonctionnaire*[7], où il parle de « Jacques Barnaud, d'autant plus gentil avec moi qu'il devait oublier mon père son ami ». Le racisme bureaucratisé considérait en effet le père, le banquier Jean Bloch-Lainé, comme juif, ce qui lui valut de voir s'éloigner beaucoup d'amis, et le fils comme aryen, grâce à une mère non juive. Il se montrait plus indulgent dans une conversation plus récente : « J'ai été choqué qu'on le mette en prison [...]. Ce n'était certainement pas un salaud[8]. »

Homme de talent, homme de pouvoir, Jacques Barnaud semble cependant desservi par son apparence : il inquiète sans séduire. « Il avait l'air d'avoir une perruque et un râtelier et c'étaient ses vraies dents et ses vrais cheveux. Il s'abritait dernière un masque je pense. C'était un homme secret », se souvient François Bloch-Lainé. « Il avait une tête de conspirateur, de moine du Moyen Âge, d'éminence grise », confirme

Pierre de Calan, qui fut notamment le directeur de cabinet de Jean Bichelonne au ministère de la Production industrielle[9]. François Lehideux, autre patron qui occupa plusieurs postes officiels importants à Vichy, évoque « le visage glabre et des lunettes de pasteur protestant ». Il n'était pas moins handicapé lorsqu'il s'exprimait : « Il n'avait pas le style que j'avais observé chez les inspecteurs des Finances ; en particulier il ne possédait pas cette façon de brio verbal caractéristique de ces Messieurs-là », écrit René Belin dans ses mémoires[10]. « Il avait le goût des fonctions discrètes, il n'a jamais voulu être ministre », précise gentiment François Bloch-Lainé. Henri du Moulin de Labarthète, qui aime bien décocher des flèches, est plus direct en rapportant ses souvenirs : « La politique le tenta lui aussi. Mais gêné par sa timidité, desservi par une rare faiblesse de moyens oratoires, mystique de surcroît, Barnaud n'abordait la politique que de biais. »

Est-ce pour cela qu'il voudra engager, un an après son arrivée chez Worms, son complément, le banquier séducteur, l'ami de tout le monde, Gabriel Le Roy-Ladurie ? Jacques Barnaud le recrute en juillet 1929, alors qu'il était directeur de la Banque franco-polonaise de Katowice, et le place à la tête des services bancaires de Worms en 1936. Son neveu, l'historien Emmanuel Le Roy-Ladurie, qu'il fascinait, le décrit comme le « modèle du businessman éclairé, en qui la volonté de puissance laissait s'épanouir quand même l'intelligence et la culture[11] ». Un point commun avec le Barnaud des *Nouveaux Cahiers*.

Jacques Barnaud ne connaissait pas Le Roy-Ladurie avant 1929, mais il est bientôt devenu un de ses grands amis : « C'était, dira-t-il, un homme à l'esprit extrêmement ouvert, extrêmement actif, qui avait de très nombreux amis. Beaucoup de gens lui étaient très attachés et l'estimaient beaucoup parce qu'il aimait les autres, les comprenait, s'occupait d'eux. [...] Il voyait des hommes un peu de tous les milieux, de tous les partis ; il avait l'esprit curieux. » « Il était très copain avec tout le monde », résume Raymond Meynial, autre membre essentiel de l'état-major de Worms[12]. L'entregent de Le Roy-Ladurie, qui fascine Barnaud, finira par donner à l'extérieur l'impression, très contestable, que le vrai patron de la banque, c'est l'autre. En particulier à l'époque de l'Occupation.

« Barnaud m'apparaît bien comme le conseiller spirituel de la bande », écrit du Moulin de Labarthète. « Mais le vrai chef en est Le Roy-Ladurie. Car c'est, toujours, de "Gabriel" que l'on parle, c'est Gabriel que l'on épie, c'est de Gabriel que l'on redoute les réactions. » Fausse impression, très vraisemblablement. Le plus visible des deux, de nombreux indices en témoignent, n'est peut-être pas le plus écouté. En 1942, lorsqu'il s'agit de décider de l'avenir de l'organisme créé pour coiffer les comités d'organisation, le Centre d'information interprofessionnel, un dossier sensible, c'est à Jacques Barnaud et non pas à Le Roy-Ladurie que François Lehideux et Jean Bichelonne, tous les deux ministres, demandent conseil. « M. Lehideux se décidera certainement d'après l'opinion de M. Barnaud », estime, à l'époque, Antoine de Tavernost, un des dirigeants du Centre [13].

Barnaud est sans doute le vrai patron mais Le Roy-Ladurie est l'homme des réseaux. « Gabriel Le Roy-Ladurie est un grand pêcheur d'hommes », écrit le 11 juillet 1943, dans son journal, Angelo Tasca, un des membres des services de l'information de Vichy, dont les carnets contiennent beaucoup d'informations et de ragots sur le régime et ses personnages [14]. « Par exemple, aujourd'hui même, il vient de réunir chez lui les dix meilleurs de la promotion de Polytechnique de cette année avec dix éléments du grand patronat ; il a invité les jeunes à poser aux anciens toutes les question qu'ils voulaient, il leur a dit qu'ils pourraient aller le voir chaque fois qu'ils avaient un doute, qu'ils avaient besoin d'un éclaircissement [...]. Le fond de sa nature est une grande générosité ; il est très sensible au fond humain de ceux avec qui il entre en contact ; dès qu'il a détecté une valeur, il l'accapare en l'aidant : par ce système, qui dure depuis vingt ans, il a établi un réseau assez riche d'éléments placés un peu partout. »

La célèbre « popote de la banque Worms » fait partie de ce même système où l'on sait cultiver habilement les amitiés. Dans la « note Martin », un dossier constitué par une police parallèle qui déclenchera — nous le verrons — le scandale de la Synarchie, on peut lire : « Le siège ou plutôt le lieu de rencontre des membres du groupe Synarchie serait une popote dépendant, paraît-il, de la banque Worms, et située rue Tronchet, où les initiés appartenant au gouvernement ou à l'administration viennent chercher les ordres [15]. » Pour les uns, c'est un bistrot situé à l'angle de la rue des Mathurins et de la rue Tronchet [16]. Pour d'autres, et notamment des témoins directs peu susceptibles de se tromper, par exemple François Lehideux qui l'a fréquentée plus d'une fois, c'est une discrète salle à manger de direction comme il en existe un certain nombre dans Paris, située en appartement, au dernier étage d'un immeuble. Au lieu d'y inviter simplement ses relations d'affaires pour parler des dossiers en cours, Le Roy-Ladurie a eu l'« idée de génie » d'en faire une sorte de club avec table ouverte. « On pouvait y aller librement déjeuner, explique François Lehideux. Il suffisait d'y être venu une fois. On n'y parlait pas business. C'était plutôt un endroit où des hommes d'affaires pouvaient rencontrer des intellectuels. » On ne négociait donc pas des contrats entre la poire et le fromage, mais on parlait peut-être politique. En tout cas, beaucoup de gens en étaient persuadés. Et le charmant Gabriel devient pour du Moulin de Labarthète « un homme ténébreux, un fervent de l'intrigue, un prestidigitateur habile [...], l'éminence grise de tous les régimes ». En un mot, quelqu'un qui commence à faire peur.

Voilà donc déja dans l'équipe Worms deux dirigeants qui ne passent pas inaperçus dans le milieu des affaires et dans les allées du pouvoir : Jacques Barnaud avec ses airs de conspirateur, Gabriel Le Roy-Ladurie avec son aura de séducteur. Mais Hypolite Worms lui-même, sans en avoir peut-être le désir, ni la pleine conscience, suscite également et de l'intérêt, et de la haine. C'est lui, le premier, qui attire l'attention de la presse sur son groupe, au tout début de l'Occupation.

Quand Worms ne fait pas de politique...

La presse parisienne collaborationniste se déchaîne dès l'été et l'automne 1940 contre la maison Worms. Elle met en cause le rôle personnel joué par Hypolite Worms, son patron, dans les relations franco-britanniques. Celui-ci, après la déclaration de guerre, a été envoyé, on le sait, par le gouvernement à Londres avec un titre officiel — « chef de la délégation française au comité exécutif des transports maritimes » —, pour remplir une mission importante : renforcer la flotte marchande française en affrétant autant de bateaux étrangers que possible : grecs, norvégiens, suédois, hollandais. Toujours cette habitude de rendre service à l'État. Arrive l'armistice. Que faire de ces contrats signés pour la durée de la guerre alors que celle-ci se termine prématurément pour la France ? Les Britanniques menacent de réquisitionner les navires en vendant les cargaisons aux enchères. Hypolite Worms a engagé son crédit personnel dans cette affaire, notamment pour affréter une partie importante de la flotte grecque, et il n'a pas envie de se brouiller avec son milieu professionnel. Il a donc tout intérêt à ce que, d'une manière ou d'une autre, les contrats soient honorés. De toute façon, les bateaux, alors, sont bloqués, fera-t-il valoir dans un rapport qu'il remettra à son retour aux autorités de Vichy[17]. En restant leur affréteur, la France risque de dépenser en frais courants quinze à vingt millions de francs par jour pour rien, de perdre des sommes importantes sur la valeur des cargaisons si elles sont vendues aux enchères et d'avoir à rembourser les propriétaires en cas de destruction des cargos. La perfide Albion, sous les traits du War Risks Insurance Office, menace en effet de ne plus assurer les bateaux. Hypolite Worms va donc négocier pendant plusieurs jours, juste après la défaite, un accord amiable qui permettra aux Britanniques de reprendre les contrats aux conditions initiales.

Ni les armateurs ni les finances publiques françaises ne risquent plus d'enregistrer de lourdes pertes. D'un point de vue technocratique, c'est parfait. Mais pour la presse collaborationniste de Paris, Worms est devenu l'armateur apatride, anglophile, juif — nous reviendrons sur ce point, bien sûr — qui a remis une partie de la flotte de commerce aux Anglais. Dès le 3 juillet 1940, la flotte britannique a tiré sur les navires de guerre français réfugiés à Mers el-Kébir, pour éviter qu'ils ne puissent tomber aux mains des Allemands. L'attaque a été meurtrière et a provoqué le déchaînement de réactions hostiles à la Grande-Bretagne. Or l'armateur est connu pour entretenir d'excellentes relations avec ce pays. L'entreprise familiale ne doit-elle pas son décollage à l'importation du charbon britannique ? Hypolite Worms, par ailleurs, n'a-t-il pas appris son métier outre-Manche et n'est-il pas marié avec une Anglaise ?

L'administration de Sa Majesté, en outre, ne lui a pas facilité les choses : l'accord qu'il négociait a été conclu le 4 juillet, le lendemain de Mers el-Kébir !

Dès les premiers jours du régime de Vichy, Worms est donc en butte à l'hostilité d'un certain nombre de gens, et pas des moindres. « Dès août 1940, Pierre Laval se déclare l'adversaire décidé de notre maison », lit-on dans un document remis après guerre à la Commission nationale interprofessionnelle d'épuration[18]. En rentrant de Londres, Hypolite Worms s'est arrêté en effet pendant un mois à Vichy pour régler les suites de l'accord avec la Grande-Bretagne. « Ayant entendu dire que M. Laval tenait des propos hostiles à ma personne et à ma maison, je lui demandai audience », raconte-t-il[19]. « Je fus reçu par [celui-ci], qui se montra violent et qui me reprocha d'être opposé à sa politique. Je lui ai assuré que je n'avais rien fait contre lui et que j'avais pour règle de m'abstenir de toute activité politique. M. Laval m'a parlé de certaines personnes de mon entourage et plus spécialement de M. Le Roy-Ladurie qu'il accusait d'être monarchiste. M Laval insista sur le fait qu'il "casserait les reins", selon sa propre expression, à toute personne qui s'opposerait à lui. »

Gabriel Le Roy-Ladurie, très introduit dans le monde politique français, inquiète effectivement Pierre Laval dès le début. Ce dernier l'a convoqué le 20 juin 1940 à Bordeaux, « pour des motifs pas clairs » d'après l'intéressé[20]. Le soupçon de royalisme n'est pas purement fantaisiste. Gabriel Le Roy-Ladurie nie être monarchiste mais il a effectivement hébergé pendant quelques jours le comte de Paris, « à la demande de Paul Reynaud ». Car il est aussi, comme par hasard, un intime du dernier président du Conseil de la troisième République, celui dont Laval veut prendre la place sinon le titre. Cette puissance impossible à cataloguer inquiète l'homme politique rusé qui est en train de se lancer dans un jeu compliqué.

En plus, ne voilà-t-il pas qu'Hypolite Worms lui-même indispose Laval ! L'armateur a beau être persuadé de ne pas faire de politique, il a des idées très arrêtées en faveur de la Grande-Bretagne. Et il ne le cache pas à un moment charnière, au début de l'Occupation, lorsque le nouvel homme fort du pays veut faire basculer la politique française vers les Allemands et contre les Anglais. Pendant les journées de juin où le gouvernement hésitait entre l'armistice voulu par le maréchal et ses amis et la poursuite de la guerre, cet empêcheur de tourner en rond a déjà poussé Emmanuel Mönick, l'attaché financier à Londres, à faire le voyage de Bordeaux pour convaincre le gouvernement français de la volonté farouche des Anglais de continuer la guerre. Arrivé à Vichy, au milieu de l'été, il récidive ! « Convaincu que j'étais de l'impossibilité d'une invasion de l'Angleterre au point de vue technique et toujours persuadé de sa décision de résistance, je suis allé voir pour leur exposer mon point de vue les ministres auxquels je devais rendre compte de ma mission et que je connaissais personnellement pour les avoir rencontrés précédemment sur le plan professionnel [...], Darlan, Auphan, Baudoin, Pietri, Lémery, Bouthillier », explique-t-il au juge d'instruction en 1944.

Le système Worms s'est emballé pendant l'Occupation. Ces hommes qui ne faisaient de la politique que « de biais » sont devenus visibles, trop visibles. Hypolite d'abord, puis Jacques Barnaud, qui grimpe et étend son influence dans l'administration. Dans le journal de l'économiste Charles Rist[21], le changement de ton est saisissant à mesure que passent les mois. Alors que Rist avait sollicité la collaboration de Jacques Barnaud en 1939, il écrit le 18 mars 1942, à propos de Worms : « Décidément le rôle de cette maison, pour l'historien de l'avenir, demandera à être soigneusement éclairci. Elle était liée avec Doriot, avec le comte de Paris, etc. C'est elle qui aujourd'hui fournit la France de Pucheu, Barnaud, etc. comme elle la fournissait autrefois de charbon. » Pierre Pucheu, secrétaire d'État à la Production industrielle puis ministre de l'Intérieur, a en effet dirigé une entreprise contrôlée par Worms ; il fait donc à coup sûr partie de la « bande », pense-t-on à l'époque. Le 20 avril, Rist parle du « très trouble Barnaud ». Même le gentil Gabriel ne passe plus du tout inaperçu.

Voici comment deux témoins rapportent en août 1942 une même série d'incidents impliquant le frère de Gabriel, Jacques, devenu pendant quelques mois ministre de l'Agriculture. « Vichy reçoit aujourd'hui la visite de la grande éminence grise de la synarchie, Gabriel Le Roy-Ladurie, qui s'était abstenu de paraître depuis dix-huit mois », écrit dans son journal le 27 août Pierre Nicolle, un des mémorialistes des complots et intrigues de Vichy dont nous reparlerons[22]. « Il vient sans doute essayer de sauver son frère dont la situation reste toujours compromise. » Le même épisode est raconté de manière différente dans ses *Archives de guerre*[23] par Angelo Tasca, autre grand collectionneur de confidences à Vichy comme on le sait. Sa version : « Lors d'un récent dîner, le président Laval avait exprimé quelques critiques à l'adresse de M. Le Roy-Ladurie, son ministre de l'Agriculture. Marion [secrétaire d'État à l'Information] en prit la défense. Guérard, [secrétaire général du gouvernement] auquel M. [on ne sait pas qui Tasca cache derrière cette initiale] reproche une certaine faiblesse de caractère, renchérit sur le "patron". À la sortie M. le lui reproche vivement et lors de son voyage à Paris en prévint Gabriel Le Roy-Ladurie et Arrighi [un proche de Marion et de Pucheu] qui lui passèrent un "terrible savon" pour lui enlever l'envie de recommencer. » Les deux chroniqueurs divergent sur les circonstances mais s'accordent sur un point : Le Roy-Ladurie est bien devenu une puissance qui fait peur.

Barnaud et Le Roy-Ladurie sont les amis de tout le monde, des gens dont on n'arrive pas à savoir précisément où ils se situent politiquement. Gabriel Le Roy-Ladurie réussit même alors à donner l'impression à un résistant, apparemment communiste mais difficile à identifier, cité comme témoin lors de l'instruction de son dossier judiciaire après guerre, qu'il est « défavorable aux banques et trusts privés » et tout au moins « d'opinions avancées ».

Mais les deux hommes forts de la banque Worms sont de plus en plus marqués. Ils sont conscients du problème. Le passage au gouvernement de Jacques Le Roy-Ladurie de mars à septembre 1942 les contrarie visiblement. « Je n'ai jamais eu aucun rapport politique ni d'affaires avec mon frère », tiendra encore à préciser Gabriel après guerre. Quant à Jacques Barnaud, c'est un cri du cœur qu'il exprime devant les députés en 1950 : « Je vous assure que c'est bien à mon corps défendant qu'il est devenu ministre de l'Agriculture ! »

Dans le système Worms, contrairement au discours officiel, on fait et on fera de la politique. On subventionnera encore après guerre l'Institut d'histoire sociale, l'officine anticommuniste de Georges Albertini, un camarade de cellule d'Hypolite à Fresnes, qui a été le secrétaire général du Rassemblement national populaire de Déat après 1942[24]. Mais on ne devient pas ministre ! Barnaud a pris bien soin de n'être que délégué général. Pucheu cédera à la tentation et, après son passage au ministère de l'Intérieur, qui le conduira à prendre la responsabilité des exécutions des otages communistes de Châteaubriant, les ponts seront coupés. Le Roy-Ladurie expliquera au juge d'instruction après guerre qu'il « ne lui avait pas caché sa désapprobation de son passage au ministère de l'Intérieur ». Ce qui n'empêchera pas le gentil Gabriel, et on retrouve là le principe d'amitié, de faire partie du conseil de famille chargé de veiller sur les enfants de Pucheu après son exécution à Alger le 20 mars 1944. Le 17 octobre 1944, devant le juge d'instruction, Hypolite Worms est encore plus net : « Lorsqu'il quitta le ministère, M. Pucheu demanda à être réintégré dans ses fonctions de directeur général. J'eus avec lui alors un entretien au cours duquel je lui opposai une fin de non-recevoir définitive motivée par son refus de prendre l'engagement de cesser toute activité politique, ne faisant que confirmer l'attitude qu'avait prise à son égard M. Le Roy-Ladurie. »

Worms, banque juive

Hypolite Worms cherche plutôt à rester discret. « On le sortait le moins possible », se souvient Raymond Meynial. Il aurait même fait enlever la plaque de cuivre à la porte de la banque, si l'on en croit un des innombrables rapports de police sur la Synarchie. Mais un peu tard. Car, parallèlement à l'activité politique de ses dirigeants, la banque, sous l'Occupation, est devenue elle aussi très visible, et très prospère. Cette bonne fortune, qui vaudra quelques mois d'emprisonnement et quelques interrogatoires à ses dirigeants à la Libération, fait jaser. Un comble, en effet, pour une maison classée « juive » dans l'esprit de la plupart des contemporains !

Avant même que les organisateurs de l'aryanisation économique ne commencent à s'activer, les attaques de la presse parisienne antisémite se concentrent sur quatre noms : Rothschild, Lazard, Louis-Dreyfus et Worms. Édouard de Rothschild, sa femme et sa fille, sans aucune illusion sur l'attitude prévisible des Allemands, ont pris dès juin 1940 la route de l'Espagne en voiture puis ont gagné le Portugal et de là New York, où ils ont retrouvé plusieurs parents. Édouard, Robert, Maurice, Philippe et Henri de Rothschild, ainsi, ont été déchus de la nationalité française et tous leurs biens ont été confisqués, en application d'une loi du 23 juillet 1940 destinée à sanctionner les Français ayant quitté le territoire national entre le 10 mai et le 30 juin 1940 « sans ordre de mission régulier ». La banque Rothschild a été tout simplement mise en liquidation[25].

Même itinéraire pour les dirigeants de Lazard. David David-Weill, le père de Pierre, patron de Lazard Paris après guerre, subit un sort identique à celui des Rothschild pour avoir quitté la France. André Meyer, associé de la maison, a passé aussi la frontière espagnole, en direction de Lisbonne puis de New York, en juin 1940. Il aurait également été déchu de sa nationalité. À la différence des Rothschild et de Pierre David-Weill, il ne reviendra jamais s'installer en France. Parce qu'il a alors pris le pouvoir chez Lazard États-Unis. Mais aussi parce qu'il aurait très mal supporté que son vieil ami Paul Baudoin, ancien patron de la Banque de l'Indochine, ministre des Affaires étrangères de Pétain, ait été associé à sa privation de nationalité[26].

La famille Louis-Dreyfus, enfin, choisit la méthode de l'effacement en douceur. La plaquette éditée par sa maison en 1951 à l'occasion de son centenaire est fort discrète sur la période, dans la tradition de cette société. On y apprend seulement que sa flotte de cargos à moteur de 9 200 tonnes était la plus moderne de France à la veille de la guerre et que ces bateaux portaient tous, selon la tradition, des noms de membres de la famille. Mais « le gouvernement de Vichy, dit-on pudiquement, leur avait imposé de naviguer sous des noms d'emprunt et sous le drapeau d'une nouvelle compagnie, la Compagnie marseillaise de navigation coloniale ». Il s'agissait en fait surtout, on l'a vu précédemment, d'une « fausse aryanisation » conçue par... Paul Baudoin, qui permettra à la maison de récupérer ses bateaux après guerre. Quant à la banque du groupe, elle a « cessé de vivre » pendant cette période, précise simplement l'historique officiel de la maison. Elle a été condamnée, de fait, à la liquidation en vertu des lois antijuives. Et le principal animateur du groupe, Louis Louis-Dreyfus, a traversé l'Atlantique.

Que fait pour sa part Hypolite Worms qui, en juin 1940, a la chance d'être déjà à Londres, avec sa femme ? Il ne souffre pas dans la capitale britannique du syndrome de l'émigré puisqu'il est marié à une Anglaise et parfaitement intégré sur le plan professionnel. Sa fille unique, Marguerite, qui a également épousé — en 1936 — un sujet de Sa Majesté, M. Robert Clive, est là, avec ses enfants. « La défense des intérêts de ma maison en Angleterre et en Égypte aurait suffi à m'occuper », dira t il plus tard devant le juge d'instruction. Raymond Meynial, alors également à Londres, lui conseille d'ailleurs de rester. Et que décide-t-il ? De rentrer. Il va donc croiser les autres dirigeants des plus grands établissements financiers catalogués « juifs »[27]. Le 17 juillet 1940 il s'embarque sur l'*Orduña* pour Lisbonne, port neutre, plaque tournante de toutes les émigrations pendant la guerre. Lisbonne où des Rothschild, Meyer ou David-Weil attendent peut-être encore avec impatience leur visa pour les États-Unis. Lui rejoint la France. Il fait un détour par sa villa de Cap-Ferrat, où il laisse sa famille en sécurité, et le 1er août il est à Vichy, où, on le sait, il se heurtera avec Pierre Laval.

Ce long séjour dans la station thermale fournit la première explication de ce retour plutôt étonnant. Car il est d'abord rentré pour finaliser les accords passés à Londres. Il les avait signés sur la base d'un « vague télégramme de Darlan »[28], dont il n'avait pas pu respecter entièrement les instructions. L'amiral souhaitait en effet conserver une trentaine de bateaux neutres, pour assurer le trafic entre la France non occupée et ses colonies, notamment l'Afrique du Nord, ce que les Britanniques refusaient. Pour laisser à Hypolite Worms le temps de convaincre Vichy, ses interlocuteurs lui ont donné une option de trente jours pendant lesquels les bateaux consignés dans des ports britanniques continueraient à être assurés par le War Risks Office[29]. Hypolite se sent ainsi obligé de revenir pour convaincre Darlan : « Je devais aussi [ce retour] au gouvernement anglais qui m'avait fait confiance et vis-à-vis duquel il fallait que mes actes fussent avalisés par le gouvernement français », explique-t-il, après guerre, au juge d'instruction. Mais pourquoi alors ne s'est-il pas définitivement arrêté à Vichy et a-t-il pris le risque de passer la ligne de démarcation pour gagner Paris ?

Raymond Meynial se souvient de ce voyage vers la capitale comme d'une grande frayeur. Worms « n'était pas juif mais... » il valait mieux que personne ne s'intéresse de trop près à ses papiers. L'armateur ne parlait pas allemand mais Raymond Meynial, en revanche, se débrouillait parfaitement, comme d'ailleurs Le Roy-Ladurie, dans la langue de Goethe. Alors il a bavardé avec le soldat qui contrôlait les cartes d'identité et autres autorisations de passage jusqu'au coup de sifflet du départ. « Il n'était pas juif, mais... » : nous touchons là à la deuxième explication, paradoxale, de son retour.

Rentré dès le 29 juin à Paris, Gabriel Le Roy-Ladurie est inquiet et il a certainement fait part de ses soucis à Hypolite Worms. « Mes informations me faisaient connaître que l'occupant avait décidé la liquidation forcée de la maison Worms dont j'avais la charge », expliquera-t-il après guerre. De mère « aryenne » et marié à une « aryenne », Hypolite Worms, n'est pas juif aux yeux de la réglementation allemande appliquée en zone occupée. Mais l'avenir de la maison Worms ne lui semble pas assuré pour autant. Car la banque est considérée comme juive par les contemporains et possède certains actionnaires juifs, ce qui suffit, on le sait, à la rendre passible de mesures d'« aryanisation ». « Les Allemands, devant cette situation raciale mal définie et la fuite de son chef, n'auraient pas manqué de la détruire ou de s'en emparer », dira-t-il. Or, d'après sa propre estimation, « plus des trois quarts des intérêts [du groupe] se trouvent en territoire métropolitain ». De plus, juridiquement, Worms est une société en commandite simple. Le patron, ainsi, est responsable sur ses biens mais a tous les pouvoirs. « Moi parti, la maison ne pouvait plus fonctionner », affirmera-t-il. L'argument est peut-être excessif, en fait, car la maison abritait d'autres associés gérants, habilités à prendre des décisions et à l'engager. Mais « je n'aurais pas été digne d'être "patron" si j'avais abandonné à l'ennemi toute la force économique que représentait la maison Worms », conclura Hypolite, martial, dans ses explications d'après guerre.

Voici donc Hypolite Worms à Paris, décidé à se battre pour conserver son entreprise. Le cas de celle-ci n'est pas simple. Sur un capital social de 40 millions de francs au 10 juin 1940, les Worms détiennent des parts correspondant à 27 millions de francs, dont 12,3 pour Hypolite personnellement. Les descendants d'Henri Goudchaux, cousin et principal collaborateur du grand-père Hypolite de 1881 à 1916, en possèdent pour 11 millions de francs. Ils sont représentés à la direction du groupe par Michel Goudchaux, associé gérant. Barnaud enfin, lui aussi associé gérant, est propriétaire d'un paquet d'actions correspondant à 2 millions de francs. Il n'exercera plus de responsabilités directes mais conservera officiellement les prérogatives des associés gérants pendant la période où il occupera des fonctions officielles, c'est-à-dire jusqu'au 17 novembre 1942. C'était le « seul élément aryen à 100 % », expliquera Hypolite. « Son départ aurait offert aux Allemands l'occasion qu'ils recherchaient de liquider la maison Worms en tant que maison juive. » Jacques Barnaud, de plus le principal interlocuteur de l'occupant en matière économique à partir de début 1941, pourra assurément servir bientôt de bouclier efficace.

À l'automne 1940, le « problème » tient essentiellement à la position d'un homme. Michel Goudchaux, en effet, est juif au regard de la loi. Pour ne pas mettre la maison en danger, il abandonne ses fonctions de gérant dès le 16 octobre 1940, l'avant-veille de la promulgation de la première grande ordonnance allemande sur l'aryanisation économique. Il répartit ses parts entre ses trois filles, tandis que Robert Labbé, descendant de cette branche, devient associé gérant de Worms à moins de trente-cinq ans du fait des circonstances. Mais il est déjà tard. Car la législation antijuive comportera des dispositions rétroactives supposées empêcher toute « fausse aryanisation ». « Les ordonnances allemandes prévoient que l'existence dans une société en nom collectif d'un gérant israélite la fait considérer comme juive. M Goudchaux a démissionné en octobre 1940, mais cette décision est sans effet aux termes des règlements de l'armée d'occupation car il eût fallu qu'elle intervînt avant le mois de mai 1940. La maison Worms avait donc toutes les chances d'être considérée comme une entreprise juive », explique avec raison un document présenté par le groupe, à la Libération, pour appuyer la défense de ses dirigeants devant la CNIE (Commission nationale interprofessionnelle d'épuration). « Nous sommes en définitive parvenus à éviter la liquidation de la maison » [30], constate le même document. Comment ?

« M. Worms, qui sentait le danger venir et qui savait que les Allemands allaient nommer un commissaire à la maison Worms, vit M. Brunet, qui était directeur du Trésor au ministère des Finances, et lui demanda s'il ne serait pas désirable que le gouvernement français désignât un commissaire français », expliquera Jacques Barnaud après guerre devant les députés [31]. Ledit commissaire, Olivier de Sèze, restera effectivement chez Worms jusqu'à ce qu'il parte pour l'Afrique du Nord en novembre 1942. Apparemment il fallut le prier, puisqu'il parle d'« une insistance très vive ». On lui fit valoir que « la campagne de presse laissait prévoir une hostilité particulière des Allemands vis-à-vis de la société Worms et Cie », expliquera-t-il lorsqu'il sera entendu comme témoin pendant l'été 1945. La manœuvre, en fait, échouera. M. de Sèze restera bien en fonction, mais comme commissaire adjoint. Car les Allemands tiendront à nommer leur propre commissaire, en fait deux hommes qui se succéderont : M. Von Ziegesar, jusqu'en juin 1941, puis M. Von Falkenhausen. Worms sera d'ailleurs la seule banque française, avec la Banque de France, à « bénéficier » ainsi d'un commissaire d'outre-Rhin chargé de superviser en permanence et sur place sa gestion et ses activités. Ce « traitement de faveur » tenait sans doute à son statut d'entreprise « semi-juive » mais aussi, d'après Hypolite Worms, aux « relations étroites qu'il conservait avec la Grande-Bretagne ».

Une « banque juive » qui prospère grâce à ses commissaires allemands !

Une fois rassuré sur la pérennité de son entreprise, Hypolite Worms aurait pu jouer la politique du moindre mal et mettre la maison en demi-sommeil jusqu'à la fin de l'Occupation. Or il fait exactement le contraire. Comme d'autres banquiers d'affaires — ceux de la Banque de Paris et des Pays-Bas par exemple —, il ne sait pas rester tranquille. Et en plus il réussit. Un document du CNR, le Conseil national de la Résistance, produit à l'instruction [32], s'interroge en ces termes : « Il peut sembler surprenant que Worms, bien qu'israélite [nous avons vu que tel n'était pas le cas d'après la législation de l'époque], ait pu soit par lui-même soit par l'intermédiaire de Le Roy-Ladurie non seulement exercer son activité au su des autorités allemandes mais encore étendre son activité. » Comme le dit sobrement Raymond Meynial : « On faisait des jaloux. »

Au vu des dossiers d'instruction, les enquêteurs d'après guerre, obnubilés par la question étroite des livraisons à l'Allemagne et de leur financement, semblent n'avoir qu'à moitié aperçu ce qui s'était passé. Mais ils n'ont pas eu à leur disposition tous les éléments pour comprendre comment Worms avait transformé la présence des commissaires allemands en atout. C'est Gabriel Le Roy-Ladurie, bien sûr, le grand charmeur parlant allemand, patron en titre du secteur bancaire de surcroît, qui s'est chargé de mettre les intrus « dans sa poche ».

En théorie le pouvoir d'un commissaire est absolu. L'ordonnance allemande du 20 mai 1940, rappelle un document de Worms, stipule très clairement que « toutes les attributions [...] des personnes ordinairement compétentes [...] seront suspendues ». Pour donner à Von Ziegesar l'impression qu'il est réellement aux commandes, Gabriel Le Roy-Ladurie l'installe à l'étage des services bancaires et lui propose de viser tout le courrier. Mais il a immédiatement compris à qui il avait affaire, notant que son interlocuteur est un « petit directeur de succursale de la Commerzbank ». « Dès mes premiers contacts avec Ziegesar, qui était un homme médiocre, je me suis rendu compte que je pouvais aisément le mettre dans mon jeu », dira-t-il au juge d'instruction le 27 septembre 1944. « Je réussis à obtenir de Ziegesar, contrairement à toutes les règles usuelles en matière d'administration provisoire, que celui-ci n'accomplirait aucun acte de gestion directe et que notamment il ne procéderait pas même à la confirmation des pouvoirs des personnes habilitées à traiter et à signer au nom de la maison Worms [...]. Je sentis très vite que chez Ziegesar l'intérêt de l'employé de la Commerzbank qu'il était l'emportait sur l'idée qu'il se faisait sur ses devoirs de fonctionnaire. Il rêvait d'être un jour désigné comme représentant de la Commerzbank à Paris et il me fut aisé de jouer de cette ambition au profit des intérêts de la maison Worms. » L'Allemand essaye d'introduire dans le groupe son patron, le Dr Hettlage, directeur général de la grande banque allemande. Celui-ci voudrait reprendre les parts de Michel Goudchaux et entrer comme minoritaire chez Worms. Pour « contrebattre les tentatives envahissantes » de Hettlage, on établit des « rapports normaux de correspondants » avec la Commerzbank, expliquera Gabriel Le Roy-Ladurie. Le règlement de certains achats allemands payables par cette banque d'outre-Rhin transitera donc par Worms[33]. On fera de même, bien sûr, avec la Deutsche Bank du temps de Falkenhausen, proche de cet établissement.

À partir de mars 1941, Worms escompte aussi certaines factures de la Kriegsmarine. Toujours d'après Gabriel Le Roy-Ladurie, Ziegesar, en effet, « avait alors un réel besoin de justifier sa présence chez Worms par quelques initiatives favorables à ses compatriotes »[34]. Mais cette forme de collaboration ne se développera guère. Elle justifiera tout au plus d'interminables rapports d'experts-comptables demandés par les tribunaux de la Libération, rapports qui passeront avec application à côté des questions essentielles. On y apprendra, à deux décimales près, que 1,8 % des intérêts créditeurs versés par la maison pendant la période est allé à des comptes allemands et que Worms a assuré 1,47 % du financement des exportations françaises vers l'Allemagne. Des chiffres plutôt à décharge, apparemment, pour un tel établissement : la banque représentait normalement, autrement dit avant l'Occupation, 3 % de l'activité bancaire française. Mais dans une banque d'affaires, ce type d'opérations tient en fait une place limitée. Globalement, préciseront ainsi les mêmes experts, 9,8 % de l'ensemble des opérations effectuées pendant l'Occupation ont concerné le « secteur allemand ». Une « performance », là encore, qui n'a rien *a priori* de spectaculaire.

Malgré les efforts de Gabriel Le Roy-Ladurie pour l'aider à faire bonne figure devant ses chefs, le premier commissaire allemand sera jugé trop conciliant. Voilà pourquoi il sera remplacé par le baron Von Falkenhausen[35], à première vue moins « petit directeur de succursale » et donc moins facile à manœuvrer. Cet associé d'une banque privée d'Essen est le neveu du gouverneur militaire de la Belgique. Mais il est aussi antihitlérien, si bien qu'il sera associé de loin à l'attentat du 20 juillet 1944 contre le Führer. D'après Raymond Meynial, il « vit dans ses derniers mois la surveillance des SS se resserrer sur lui » et il aurait mal fini. Quelque temps après l'attentat, « il fut, avec deux de ses amis grands industriels de la métallurgie, Röchling et Von Hofacker, kidnappé dans un restaurant et vraisemblablement supprimé »[36].

Gabriel Le Roy-Ladurie, ami de tout le monde et éminence grise dans l'âme, a-t-il été au courant des activités antihitlériennes du second commissaire de Worms ? A-t-il, de ce fait, essayé de jouer un rôle dans des négociations secrètes ? Il n'en dira rien après guerre, mais un témoin appartenant à la Résistance racontera au juge d'instruction qu'en juin 1944 Le Roy-Ladurie avait proposé d'engager des « négociations de la plus haute importance avec les Allemands ». En vue de l'éventuelle paix de compromis dont certains rêvaient encore à ce moment ? En tout cas, la Gestapo — mais n'est-ce pas plutôt lié à l'affaire de la Synarchie ? — le classe à l'époque parmi les suspects. Elle perquisitionnera à trois reprises chez lui, l'interrogera quatre ou cinq fois et l'emprisonnera même pendant quelques jours en 1944, d'après ce qu'il rapporte lui-même à l'instruction après guerre.

L'antihitlérisme de M. Von Falkenhausen leur paraissant sans doute suffisant pour expliquer son comportement, les magistrats instructeurs d'après guerre ne se demanderont jamais vraiment pourquoi lui aussi avait été un commissaire très compréhensif. C'est Raymond Meynial qui nous a éclairé sur ce point cinquante ans plus tard : « Son père était professeur de droit à la faculté de Berlin. Mon père était professeur de droit à la faculté de Paris [...]. Deux jours après sa nomination, son père est arrivé en chemin de fer de Berlin. "Si mon fils faisait quoi que se soit contre l'honneur, je vous prie de me prévenir immédiatement", m'a-t-il déclaré. » Véritable hasard ? Hasard arrangé ? On ne saura jamais. Le résultat en revanche est éloquent. Un juge d'instruction pourra ainsi constater en 1944 que : « La maison Worms a subi le contact des commissaires allemands pendant quatre années sans que sa gestion [en] ait paru profondément affectée. »

Il y a mieux. La présence des commissaires allemands, qui devait être un handicap, a été transformée en système de protection et même en avantage concurrentiel par ces banquiers d'affaires si habiles. Là encore, c'est Raymond Meynial qui nous a expliqué comment. Dans toute banque de ce type, les comptes les plus importants sont ouverts grâce aux relations personnelles des dirigeants. Ceux de Worms ont discrètement fait savoir dans le milieu des affaires que, chez eux, les capitaux seraient en sécurité, sous la garde d'Allemands parfaitement contrôlés. Si nécessaire, ajoutait-on, la maison pourrait même servir d'intermédiaire pour arranger avec l'occupant des problèmes délicats. Un bon banquier d'affaires ne perd jamais le contact avec le pouvoir en place[37]...

Voilà donc une banque dont les dirigeants font de la politique et qui en plus développe son fonds de commerce à vive allure, au point de faire de l'ombre à d'autres. Ambiance parfaitement résumée le 4 mars 1941 dans le journal de Pierre Nicolle[38] : « La presse de Paris étale au grand jour le scandale de la banque Worms, celle-ci prend de plus en plus la place enviable que tenait ces dernières années la banque Lazare [*sic*]. » On imagine le mécontentement de la plupart des collègues qui avaient accueilli avec satisfaction la mise à l'écart des grands banquiers juifs et qui s'organisaient pour limiter la concurrence — comme on le verra au chapitre suivant. C'est dans cette ambiance que va s'inscrire l'« affaire » de la Synarchie.

Le complot de la Synarchie

Qu'est-ce que la Synarchie ? À en croire ses nombreux dénonciateurs, il s'agit d'une société secrète, d'un pacte occulte liant un groupe d'hommes au pouvoir à Vichy. Variable selon les auteurs, la liste des synarques comprend toujours Jacques Barnaud, presque toujours Gabriel Le Roy-Ladurie, très souvent François Lehideux, Pierre Pucheu et René Belin. Hypolite Worms n'est généralement pas mentionné mais la banque portant son nom est désignée comme abritant le quartier général des comploteurs. Leur but ? « Ces hommes, écrit Richard F. Kuisel, l'historien américain qui fait autorité sur la question[39], étaient supposés s'être regroupés en juillet 1940 pour remplir deux objectifs immédiats : 1- Prendre le contrôle de toute l'industrie française en établissant les comités d'organisation. 2- Éliminer du gouvernement les individus ayant des tendances révolutionnaires ou des sympathies national-socialistes. Dans cette dernière catégorie se classaient Laval, le favori des ultras, et Raphaël Alibert. » Ministre de la Justice de juillet 1940 à février 1941, Alibert joua comme Laval un rôle important en aidant Pétain à asseoir son pouvoir et en rédigeant certains des premiers textes de loi qui imposèrent le style du régime de Vichy.

Le Dr Henri Martin[40], éternel activiste antirépublicain, auteur du premier « rapport » sur cette mystérieuse société secrète qu'il décrit comme une sorte de loge maçonnique particulièrement nocive, évoque ainsi, fin 1940, les objectifs de la Synarchie : 1- Faire obstacle aux tendances « socialistes » de la révolution nationale et du pétainisme ; 2- Protéger les intérêts économiques juifs, anglo-saxons et plus généralement étrangers ; et 3- Bloquer les efforts pour organiser l'Europe continentale en une entité économique excluant les Anglo-Saxons. Les synarques seraient donc bien des personnages influents à Vichy mais ennemis d'une partie des hommes au pouvoir ou proches du pouvoir qui se considèrent, eux, comme les vrais pétainistes et... les seuls authentiques collaborateurs.

L'affaire démarre en 1941, après que Pierre Laval a été écarté du pouvoir, en décembre 1940, et alors que François Darlan gouverne en s'appuyant sur de nombreux « technocrates », comme Barnaud, Pucheu, Lehideux, etc. Elle enfle d'abord sous forme de rumeur, dans certains milieux proches du régime pétainiste. « On parle à mots couverts d'une organisation secrète (Synarchie) réunissant des polytechniciens », note le 3 juin dans son journal Pierre Nicolle, ce responsable patronal proche de Laval, défenseur des petites entreprises, très présent dans les couloirs de Vichy, que nous avons déja rencontré. Puis la nouvelle du « complot » devient publique. Les journaux collaborationnistes de Paris, et notamment *L'Œuvre* de Déat, en parlent même à la une. On évoque le sujet au Conseil des ministres à Vichy. François Lehideux, secrétaire d'État à la Production industrielle depuis juillet 1941, se souvient d'avoir vu arriver un jour Joseph Barthélémy, le nouveau ministre de la Justice, affolé, souhaitant s'adresser tout de suite au maréchal pour lui dénoncer toute l'affaire[41]. Il est d'autant plus gêné qu'une bonne partie des comploteurs présumés sont alors présents dans la salle du Conseil des ministres ! Le maréchal lui aurait répondu sur le mode de la plaisanterie, en jouant de la parenté étymologique entre synarchie et synergie : « C'est un grand jour, il y a des Français qui veulent travailler ensemble. » Si la scène se situe bien fin septembre 1941 comme l'assure François Lehideux, le maréchal, tenu au courant dès l'époque des premiers « soupçons », a eu largement le temps de répéter ce bon mot.

Tous les services de police et d'espionnage de Vichy et de Paris veulent en savoir plus. À commencer par les autorités d'occupation, qui ne croiront guère, semble-t-il, à l'existence de la Synarchie mais diligenteront encore une grande enquête en 1943 pour en avoir le cœur net. Le Dr Michel, le responsable des questions économiques au Majestic, se sentira même obligé de dire un mot de la « société secrète » dans son rapport final, qui occupera ses loisirs fin 1944 entre la libération de Paris et la chute du Reich[42]. « On ne peut parler d'une influence véritable de ce groupe sur la direction politique ou économique du pays », écrit-il. Et il présente sa propre liste de comploteurs, qui comprend Barnaud, Pucheu, Le Roy-Ladurie, Lehideux et Benoist-Mechin, secrétaire général du gouvernement Darlan pendant un temps. Selon lui, « il s'agit d'un cercle très ouvert de grands techniciens des affaires ».

Les services secrets américains, de leur côté, ont suivi l'histoire de si près qu'après la Libération ils se passionnent encore pour la banque Worms et demandent à interroger son patron. Dès 1941, le premier secrétaire de l'ambassade à Vichy envoie rapports sur rapports[43]. Le 23 septembre 1941 il écrit : « Le fait qu'un groupe d'hommes intelligents, organisés et déterminés a acquis une position de pouvoir dans la vie politique et économique et cherche à mouler le pays à son idée semble trop bien établi et atteint l'ambassade par trop de sources différentes pour qu'on puisse le mettre en doute. »

La rumeur synarchique a la vie extraordinairement dure sous ses très nombreuses versions. Certains des témoins de l'époque que nous avons rencontrés continuent à y croire cinquante ans plus tard. Mieux, il s'écrit encore tous les ans des articles savants qui accréditent la véracité de ce qui n'est qu'un mythe. Car on peut être aujourd'hui certain, on va le voir, qu'il s'agit avant tout, à partir de bribes de réalité, d'une affabulation : on en connaît les inventeurs et on comprend qui elle servait.

L'idée a d'abord germé dans la tête du Dr Martin. Membre, avant guerre, de la Cagoule, organisation terroriste d'extrême droite, ce maniaque du complot a été récupéré par les polices parallèles de Vichy. En octobre 1940, « au cours d'un entretien avec Alibert (ministre de la Justice), je lui fis remarquer l'anormale proportion de polytechniciens et d'inspecteurs des Finances qui envahissaient tout l'appareil de l'État français », expliquera Martin, bien des années plus tard, à l'historien Richard F. Kuisel[44]. « Devant cette infiltration massive et pour qu'elle devînt plus apparente aux yeux des ministres, je lui proposai de faire un travail relevant toutes les nominations de cet ordre. Quelques jours plus tard, je lui remis un rapport dont les conclusions commençaient par ces mots : "Tout se passe comme s'il existait une société secrète ou une chapelle composée de polytechniciens et d'inspecteurs des Finances qui cherche à s'assurer le contrôle des postes clés de l'État." Très intéressé, Alibert devait montrer au maréchal Pétain cette note. Peu après, j'étais convoqué par ce dernier pour lui fournir d'autres explications, et étais prié de suivre l'affaire. » Pour compléter sa documentation, Martin va bénéficier, explique-t-il, des « renseignements et détails » fournis par Pierre Nicolle. Celui-ci, comme le montre son épais journal que nous avons cité plusieurs fois, peste pendant les « cinquante mois d'armistice » contre le grand patronat et les « trusts » qui, il en est sûr, contrecarrent les intentions favorables aux petites entreprises du maréchal et de sa révolution nationale. C'est donc vraisemblablement Nicolle qui suggère à Martin de faire le rapport entre les polytechniciens qui l'obsèdent et les « trusts ».

Au printemps 1941, ceux qui sont devenus les véritables manipulateurs du « complot », des hommes qu'on peut situer dans l'entourage de Laval, vont mettre entre les mains de Martin le texte d'un pacte auquel auraient adhéré depuis des décennies tous les membres d'un certain « Mouvement Synarchiste d'Empire » et qui constituerait en quelque sorte la charte fondatrice de la société secrète. Cette élucubration illisible a la particularité et, pour son destinataire, le mérite d'être indirectement attribuée à un polytechnicien de la fin du XIXe siècle, Alexandre Saint-Yves d'Alveydre[45]. De plus, la copie qu'on transmet au docteur vient, lui assure-t-on, de chez un autre polytechnicien, Jean Coutrot. Esprit inquiet et brillant, auteur de multiples livres plaidant pour une entreprise plus sociale, pilier de l'association de polytechniciens « X crise », cet agitateur d'idées agaçait et intriguait beaucoup de monde à l'époque. Or il vient de se tuer le 19 mai 1941 en tombant de son domicile par la fenêtre. Tous les témoignages de ses proches penchent pour un suicide. Et il semble que les copies du fameux pacte qu'on a alors trouvées, avec ce qu'il fallait de notes pour suggérer un complot antipétainiste en cours, aient été glissées dans l'appartement du défunt après sa mort[46]. Mais pour Martin, il était trop tentant de voir dans ce suicide une exécution. Et les ingrédients étaient tous là pour monter une belle histoire. Arrosez le tout d'une bonne dose d'antisémitisme et de xénophobie et vous avez la première version de la légende synarchiste telle que la sert à ses commanditaires de Vichy le Dr Martin, qui dénonce au passage le « trust » Worms comme l'inspirateur du « complot ».

Pourquoi Worms ? Sans doute parce qu'il n'y avait pas de meilleur « diable » présentable à l'opinion que ce grand patron anglophile et supposé juif et sa banque d'affaires à la fois très connue et aux activités discrètes. Worms avait déjà été attaqué en tant que tel dans la presse et son nom était donc disponible dans la boîte à outils du fabriquant de rumeurs. De plus, Jacques Barnaud et ses amis et relations pesaient effectivement d'un poids important dans le gouvernement Darlan, comme l'avait remarqué d'emblée du Moulin de Labarthète[47], et ils incarnaient bien tout ce que détestaient Martin et ses manipulateurs proches de Laval, toujours en disgrâce.

Pour Martin, les chefs de la synarchie sont au nombre de deux : Bouthillier et Le Roy-Ladurie ; leurs principaux soutiens : Barnaud, Lehideux, Belin, Bichelonne, Pucheu et quelques hauts fonctionnaires. Yves Bouthillier est le représentant type, le symbole même de l'inspection des Finances. Il a été secrétaire général du ministère des Finances depuis novembre 1938 puis a obtenu le portefeuille des Finances dès le 5 juin 1940, peu avant que Pétain ne prenne le pouvoir ; il le conservera jusqu'à la fin du gouvernement Darlan en avril 1942. Haut fonctionnaire ayant accédé au pouvoir, il est le coordonnateur de l'activité de tous les ministères économiques. À travers lui s'exprime toute l'inspection des Finances, avec ce qu'elle peut avoir d'exaspérant pour ceux qui ne font pas partie du sérail et haïssent les technocrates trop puissants. En plus, ce qui le désigne comme cible, il a « comploté » avec d'autres pour obtenir du maréchal le limogeage de Laval le 13 décembre 1940. Gabriel Le Roy-Ladurie et Jacques Barnaud ont déja été présentés. François

Lehideux, apparenté aux banquiers du même nom, neveu par alliance de Louis Renault, est venu lui aussi de la grande industrie à la politique après l'armistice et il sera successivement, à partir de l'automne 1940, responsable du Comité d'organisation de l'automobile, commissaire à la Lutte contre le chômage, délégué général à l'Équipement national (février-juillet 1941) et enfin secrétaire d'État à la Production industrielle (jusqu'au retour de Laval à la tête du gouvernement, en avril 1942). Au carrefour de la banque et de la grande industrie, voilà bien, aux yeux de l'inventeur de la Synarchie, un dangereux homme des « trusts ». René Belin, syndicaliste, ancien numéro deux de la CGT, a été nommé dès juillet 1940, dans le tumulte des premiers jours du régime de Vichy, ministre de la Production industrielle et du Travail, avec Barnaud comme directeur de cabinet. À ce titre, il a créé les comités d'organisation, contre lesquels les patrons, surtout les petits, commencent à grogner. Il est, de ce fait, l'une des bêtes noires d'hommes comme Nicolle. Dans le gouvernement Darlan, de février 1941 à avril 1942, il ne conservera plus, assez logiquement, que le portefeuille du Travail. Sa trajectoire atypique en fait cependant un personnage de choix pour qui veut tout expliquer par des complots. Jean Bichelonne, major de l'X, piaffe pour devenir ministre de la Production industrielle, ce qui lui sera accordé après avril 1942 dans le gouvernement Laval. Mais, en attendant, il est l'un des patrons de ce ministère clé depuis le début de l'Occupation, en tant que secrétaire général à l'Industrie. Il est, en particulier, le grand maître de la répartition des matières premières et, dans l'esprit des petits industriels et de leur représentant Nicolle, il favorise sans aucun doute « les gros ». Pierre Pucheu, enfin, est ministre de la Production industrielle entre février et juillet 1941 puis ministre de l'Intérieur jusqu'en avril 1942. Avant guerre, il a travaillé au Comité des forges, organisation phare du grand patronat, avant de prendre la direction de Japy lorsque le « trust » Worms a repris cette entreprise en déconfiture.

Martin a instinctivement trouvé tous les ingrédients pour créer, à partir d'éléments apparemment cohérents, un mythe moderne, qui va assez vite échapper à son créateur, s'amplifier et mener sa vie propre. La description du « complot » sera réécrite sous quantité de formes différentes, servant alternativement divers camps, longtemps après la Libération. Dans les archives des services secrets américains, on retrouve même des affabulations transmises par des réseaux de résistance et des « documents » qui montrent que la Synarchie a des adeptes jusqu'à Alger ! De nombreux membres de l'entourage du général de Gaulle sont ainsi dénoncés comme synarques[48].

Comment expliquer que cette affaire entièrement « fabriquée » au départ par le Dr Martin ait pris de telles proportions ? D'abord la censure de l'information est toujours propice à la circulation de fantasmes, qui ont vocation à « grossir » au fur et à mesure qu'ils se répandent de bouche à oreille. L'Occupation fut, comme d'autres périodes agitées de l'histoire de France, un véritable chaudron à rumeurs. De plus, il fallait expliquer des malheurs, la défaite, les privations, dont personne ne voulait être responsable. Un complot a toujours le mérite de rejeter la faute sur un nombre limité de personnes.

Vichy a effectivement été le théâtre de très nombreux complots, petits et grands. Pourquoi pas une intrigue de plus ? Laval, victime d'une conjuration en décembre 1940, a-t-il vite manipulé toute l'affaire pour déstabiliser Darlan et hâter son propre retour au pouvoir ? Richard F. Kuisel estime qu'il n'en en a pas trouvé la preuve. Pierre Péan, en revanche, se fondant sur les conclusions des services de renseignements allemands[49], se dit certain que c'est Fernand de Brinon, le très collaborationniste ambassadeur de Vichy à Paris, qui a orchestré le « scandale » de la Synarchie pour aider Laval à revenir au pouvoir. Il est notoire en tout cas que les proches de Laval, comme Déat, ont exploité au maximum l'affaire.

Une fois épuisées les explications psychologiques et politiques du pacte mythique, il reste... la part de la réalité. Les « synarques » supposés, en tout cas les plus en vue d'entre eux, sont bien des technocrates, c'est-à-dire de brillants techniciens de l'économie que les circonstances ont propulsés au pouvoir en dehors de tout circuit politique normal. Des hommes persuadés qu'ils peuvent mieux faire que le personnel politique discrédité de la troisième République. Jacques Barnaud « pensait que nous avions bien mérité la défaite », raconte Raymond Meynial, cinquante ans plus tard, se souvenant d'une discussion très vive avec lui sur ce sujet[50]. « Je trouvais sympathiques ces gens qui voulaient secouer le côté poussiéreux de la Troisième », assure encore François Bloch-Lainé, qui n'était pas du tout dans leur camp[51]. Le succès du mythe synarchique s'explique ainsi par la crainte qu'inspirait à une partie de la classe politique l'arrivée au pouvoir de cette nouvelle caste. Pétain et Laval, le premier surtout, sont réputés ne rien entendre à l'économie et leurs sympathisants ont peur qu'ils ne se laissent abuser par ces « jeunes loups » ambitieux.

Les personnages clés du supposé complot sont effectivement liés à de grands noms qui exercent un rôle majeur dans le milieu des affaires à Paris, et notamment souvent à Worms. Pour un homme comme Nicolle, c'est une obsession. Le clivage entre petites et grandes entreprises est à l'époque beaucoup plus violent qu'aujourd'hui, car nombre de petits patrons se sentent menacés par la standardisation et la concentration[52]. Dès le chapitre introductif de son journal, Nicolle installe en bonne place parmi les responsables de la défaite « la haute finance et la grosse industrie aux attaches internationales, toujours avides de profits, toujours insatiables, mais touchées durement, depuis des années, par une crise économique intérieure s'amplifiant chaque jour ».

Dès le 15 juillet 1940, Pétain et Laval à peine installés au pouvoir, un incident oppose ce défenseur des « petits » à des représentants du grand patronat qui sont venus à Vichy pour essayer de placer l'un des leurs,

René de Peyrecave, administrateur délégué de Renault, au ministère de la Production industrielle. Nicolle barre cette candidature en intervenant auprès de son ami Laval, ce qui détermine une altercation publique avec Henry Davezac, vice-président du syndicat de la construction électrique, et Henri de Peyerimhoff, le président du Comité des houillères[53].

Avant même la promulgation du texte du 16 août 1940 créant les comités d'organisation, le même Nicolle essaye de faire intervenir Raphaël Alibert pour supprimer ou édulcorer son caractère « étatiste ». Par la suite, il ne cessera de mettre en garde le maréchal et son entourage contre l'alliance supposée entre les hauts fonctionnaires et le grand patronat pour régenter l'économie. Les directeurs responsables des comités d'organisation sont « sans nulle hésitation, l'émanation des trusts », écrit-il le 26 avril 1941. « C'est un véritable assaut contre les comités d'organisation. De tous les côtés les réclamations fusent », se réjouit-il le 18 mars 1941, à un moment où, vraisemblablement, il nourrit déjà les « constructions » du Dr Martin. Le 25 avril, il poursuit dans la même veine : « Le mouvement antitrust et anticomité d'organisation ne peut obtenir de résultats que s'il arrive à démontrer que la révolution nationale ne peut se faire sans mettre hors d'état de nuire la ploutocratie sous toutes ses formes. » Et pendant la période du 13 au 22 juin, il commente ainsi la situation : « La révolution nationale est loin d'être souhaitée dans les milieux du haut patronat. Elle fait peur aux bénéficiaires du régime actuel qui se sont à dessein emparés des leviers de commande pour mieux conserver leurs privilèges. »

Nicolle n'a pas entièrement tort. Le groupe des supposés synarques de Vichy est effectivement complice, au sens où tous ses « membres » partagent certaines conceptions de l'économie, celles à propos desquelles du Moulin de Labarthète parle de « pragmatisme » ou « d'industrialisme ». Ces hommes sont effectivement plus proches des « trusts », c'est-à-dire en fait des grandes entreprises parisiennes, que de l'artisan de Châteldon, ville natale de Laval. D'ailleurs ils préfèrent vivre à Paris et ne viennent qu'à regret à Vichy. Ils savent certainement que les grandes entreprises sont nettement mieux représentées dans les comités d'organisation que les petites et cela ne les gêne en rien. Cinquante ans après, François Lehideux, pourtant président de l'Association de défense de la mémoire du maréchal, parle encore du « lamentable discours de Pétain » du 12 août 1941. Il s'agit de ce discours où Pétain s'est senti obligé d'inclure une longue diatribe contre les « trusts » et contre les comités d'organisation. Il est vraisemblable que les élucubrations du « vainqueur de Verdun » sur le retour à la terre et la défense des petits patrons faisaient plutôt rire sous cape ces brillants polytechniciens. Ajoutez la jeunesse et l'ambition qui se voit trop, chez un Pucheu par exemple, et il y a là de quoi agacer bien du monde.

Qu'il y ait eu des affinités entre des hommes, et même un groupe homogène de « technocrates » qui ait sympathisé dans le gouvernement

Darlan, n'est donc pas niable. Ceux-ci continueront à se fréquenter après la dissolution de ce gouvernement et la démission de la plupart de ses membres. « À Paris nous étions quelques-uns, Barnaud, Bouthillier, Lehideux, Berthelot et tel autre encore à avoir maintenu un contact entre nous », écrira longtemps après la guerre René Belin par exemple[54]. En revanche, comme tous les autres, il conteste absolument la préexistence d'une quelconque « équipe Worms ». Parlant de sa nomination et du recrutement de Barnaud, recommandé par Bouthillier, pour diriger son cabinet, il écrit : « Jusqu'alors, je n'avais jamais entendu parler de Jacques Barnaud. » Le même Barnaud, s'exprimant plusieurs années après guerre devant les députés, niera fermement avoir présenté Lehideux, Marion et Pucheu à Darlan au moment de la formation de son ministère. Il précisera qu'il connaissait alors à peine Lehideux et pas du tout Marion[55]. Pour Lehideux, cette histoire de synarchie et d'équipe Worms est tout simplement une « fumisterie »[56]. Belin va jusqu'à écrire : « Je crois bien que j'ignorais même l'existence d'une banque Worms. »

Il n'y a donc pas eu de pacte secret ni de complot. Mais le « trust » Worms s'est trouvé symboliser un certain type de grande entreprise et ses dirigeants une forme de technocratie naissante et de collusion entre le patronat et le régime. Et ils se sont heurtés à certaines fractions du pouvoir.

La question de la Synarchie a obsédé toute une série de commissions d'enquêtes et les tribunaux de l'après-guerre, mais personne n'a osé susciter un procès pour faire la lumière sur cette affaire en tant que telle. Les instructions ouvertes à la Libération contre Hypolite Worms, Jacques Barnaud et Gabriel Le Roy-Ladurie nous ont fourni d'innombrables comptes rendus d'interrogatoires et rapports d'expertises précieux pour mieux comprendre sur bien des points le comportement de l'entreprise. Mais elles ont été menées uniquement sur la base des chefs d'accusation standard de l'après-guerre : contribution à l'effort de guerre allemand, trahison, etc.

Questions non dépourvues d'intérêt au demeurant. La modernité de tous ces hommes victimes de l'hostilité d'un Vichy rétrograde ne doit pas faire oublier, en effet, qu'ils ont été les gestionnaires de la collaboration avant le retour au pouvoir de Laval le 18 avril 1942. À sa fameuse apostrophe sur l'omniprésence de la banque Worms au gouvernement, citée au début de ce chapitre, du Moulin de Labarthète assure que Darlan aurait répondu : « Cela vaut toujours mieux que les puceaux de sacristie qui vous entourent. Pas des généraux, pas des séminaristes, des types jeunes, dessalés, qui s'entendront avec les Fritz et nous feront bouillir de la bonne marmite. » Comme Lehideux, Barnaud refusera de rester au pouvoir avec Laval, le problème de l'institution du travail obligatoire jouant un grand rôle dans son départ, ce qui est à son honneur. Mais avant, il aura été pendant des mois, on le sait, le responsable de tous les grands dossiers économiques intéressant les deux pays, négociant journellement des accords avec l'occupant.

Sa position stratégique a-t-elle servi la banque Worms ? La connexion entre les activités publiques de Barnaud et les intérêts privés de Worms est impossible à établir. En revanche, analyser un peu plus l'étonnante prospérité de la maison pendant cette période permettra de se demander si elle justifiait l'indignation des contemporains et de déterminer quelle part en fut redevable aux relations économiques avec l'Allemagne et les Allemands.

Les bonnes affaires de Worms sous l'Occupation

Pour s'interroger sur la situation réelle d'une banque d'affaires comme Worms, il faut s'intéresser au patrimoine investi de la maison et de ses clients plus qu'à l'activité commerciale classique. L'actif total de la maison passe de un milliard de francs le 31 août 1938 à 2,7 milliards le 31 décembre 1944 en francs courants. On pourrait remarquer que l'érosion de la monnaie pendant la période annule l'augmentation apparente. Mais l'expérience démontre que la valeur des actions de sociétés qui constituent une part essentielle d'une telle fortune résiste fort bien à l'inflation : la Bourse a beaucoup monté pendant l'Occupation. Or les comptes ne reflètent pas cette revalorisation. La justice d'après guerre s'intéressera peu à cet enrichissement « réel ». L'expert-comptable se contente d'assurer au juge d'instruction que « les acquisitions de titres [actions de sociétés notamment] qu'elle [la société] a effectuées de 1940 à 1944 ont été réalisées non grâce à des bénéfices provenant du secteur allemand, celui-ci ayant au contraire donné lieu à une perte, mais au moyen des disponibilités considérables procurées à la banque Worms par l'accroissement des dépôts français chez elle au cours de la même période[57] ». Donc, pas de problème.

C'est encore dans les documents allemands qu'on trouve les commentaires les moins indulgents sur l'activité de la maison et de ses dirigeants pendant cette période. Ainsi le Dr Michel, le patron de l'administration économique allemande à Paris, écrit par exemple ceci dans le rapport de synthèse sur son action qu'il rédige après la libération de la capitale : « Le cartel bien connu Worms et Cie (banque, entreprises commerciales, compagnies de navigation) joua un rôle d'autant plus grand qu'un de ses copropriétaires, Jacques Barnaud, fut de juillet 1940 à février 1941 secrétaire d'État au Travail et à l'Économie, puis de février 1941 à avril 1942 délégué général pour les Relations économiques franco-allemandes [...]. À plusieurs reprises l'on put réaliser dans le domaine économique et cela aussi bien avec Barnaud qu'avec Pucheu et Lehideux d'importants accords sur la contribution de l'économie française, accords qui témoignaient d'une grande compréhension pour les efforts de guerre de l'Allemagne. » Mais jusqu'à quel point peut-on se fier à un document qui comporte des erreurs factuelles (Barnaud n'a jamais été secrétaire d'État) et qui est destiné à servir l'intéressé vis-à-vis d'on ne sait trop quelle autorité supérieure ? Il vaut donc mieux ne chercher que dans les documents et les déclarations des dirigeants de Worms la description de ce fonctionnement de la maison qui, parallèlement aux activités politiques des uns ou des autres, l'amène à toucher à des affaires trop sensibles et trop proches des Allemands pour qu'elles ne suscitent pas quelques questions.

L'engrenage est implacable quand une entreprise, au cours d'une période semblable, décide non seulement de préserver mais de développer ses affaires. Quant on a récolté des capitaux, en promettant vraisemblablement à certains de leurs propriétaires une rémunération intéressante s'ils consentent à les immobiliser, on les investit. Worms, banquier d'affaires, ne se contente pas, comme d'autres, d'acheter des bons du Trésor. La maison estime qu'il y a mieux à faire. En 1944, les experts-comptables dénombrent dans les comptes de la banque des participations dans cent dix-sept entreprises différentes. Valeur comptable, vraisemblablement très sous-estimée on l'a dit après une période de forte hausse de la Bourse : 359 millions de francs. Ces participations ne sont pas toutes de même importance bien sûr. Le plus simple est de reprendre la distinction en trois catégories qu'opèrent Hypolite Worms et Gabriel Le Roy-Ladurie eux-mêmes. Elle pourrait être faite dans des termes identiques par un de leurs collègues aujourd'hui. Elle fait apparaître un subtil dégradé de responsabilités.

En tête viennent les participations stratégiques dans les entreprises « dont la maison Worms a le contrôle absolu soit parce qu'elle possède plus de la moitié du capital, soit parce que les dirigeants de la maison en assurent personnellement la présidence ou la direction générale ». Comme exemple, on cite la Havraise Péninsulaire dans le transport maritime mais aussi la SETEM, dont nous allons reparler, dans le secteur minier. Deuxième famille, la plus délicate à cerner peut-être pour un non-banquier, les entreprises « dans lesquelles la maison Worms possède une partie importante du capital, dont elle inspire la politique générale souvent parce qu'elle a désigné elle même le président ou le directeur ou parce qu'elle assume une responsabilité vis-à-vis du public due à des augmentations de capital ou à des émissions d'obligations ». En ce qui concerne ces sociétés, Worms « ne peut être tenue pour responsable de tous les actes de gestion courante ». Exemples évoqués par Hypolite Worms : Japy, que Pucheu a dirigé avant guerre, et Puzenat, une entreprise de mécanique de Bourbon-Lancy appartenant à une famille amie qui offrira d'ailleurs un refuge pendant quelque temps à Hypolite Worms après guerre. Enfin, troisième catégorie de participations, « celles [dans des entreprises] dont la maison n'a qu'une très faible part du capital » et qui s'apparentent plutôt à un placement boursier.

Nous avons calculé, d'après un tableau très complet, établi pour les besoins de l'instruction, que sur cinquante-six participations appartenant aux deux premières catégories, les plus importantes, trente-trois ont été acquises pendant l'Occupation. Trace d'une intense activité alors que beaucoup d'entreprises étaient réduites à un demi-sommeil. Dans une période où les Allemands absorbent à peu près la moitié de la production française et surveillent toutes les activités économiques, il est difficile de « jouer au Monopoly » sans les rencontrer d'une façon ou d'une autre et c'est bien sûr ce qui est arrivé plus d'une fois.

« Les deux affaires qui donnèrent lieu aux débats les plus difficiles voire même les plus dangereux sont celles relatives au département minier et à la Société des corps gras Fournier et Ferrier que nous parvînmes à soustraire l'une et l'autre aux convoitises allemandes. » C'est Gabriel Le Roy-Ladurie lui-même qui parle le 23 novembre 1944, devant le juge d'instruction. Il oublie un petit détail : ce sont comme par hasard deux acquisitions de la période. Quant à les avoir « soustraits aux convoitises allemandes », reparlons-en.

Commençons par les mines. Toute l'activité de Worms liée au pétrole était en sommeil à cause de l'arrêt des importations du précieux liquide. Mais Worms ne voulait pas pour autant mettre le personnel au chômage et voir diminuer l'étendue de ses activités ; de plus, la maison avait des capitaux à placer. Aussi demanda-t-on à l'un des responsables de ce secteur de constituer un département minier. La SETEM, Société d'études et d'exploitation minière, fut ainsi créée en juin 1941 et se mit à acheter des mines pour constituer, paraît-il, « un puissant outil de travail pour l'après-guerre ». En 1941 ! Le plomb argentifère de la compagnie minière des Vosges, dont on prend le contrôle en juin 1944, peut effectivement répondre à cette définition. Mais que penser de l'acquisition, en janvier 1943, du gisement de molybdène du ballon d'Alsace ? « Il s'agit là d'un métal qui n'est utilisé que pour la fabrication de guerre » : c'est Schöne qui parle, un des Allemands de la Commission d'armistice, le 19 novembre 1941[58], alors qu'il revient à la charge une fois de plus pour obtenir des Français vingt-cinq tonnes de ce précieux métal en provenance du Maroc. Pour une fois les Allemands sont prêts à offrir de réelles compensations pour s'assurer cette cargaison : deux mille tonnes de tôle d'acier, une augmentation du prix de la minette lorraine, etc. Les métaux de ce type, indispensables pour composer les aciers spéciaux, sont à ce point stratégiques qu'Albert Speer, le ministre de l'Armement, dit avoir expliqué à Hitler le 18 février 1944 que « la guerre serait terminée environ dix mois après la perte des Balkans » à cause de la pénurie de chrome qui s'ensuivrait[59]. Même si de tels propos méritent d'être relativisés, les dirigeants de Worms ne peuvent pas ignorer le caractère très particulier du secteur auquel ils touchent. On peut même penser qu'en excellents hommes d'affaires, ils ont compris avant tout le monde l'extraordinaire valeur de ces gisements. Peuvent-ils vraiment s'étonner, dans ces conditions, si on leur « impose » bientôt un contrat de livraison à l'IG Farben ? Certes, il semble que les quantités effectivement fournies aient été minimes. Certes, le responsable du secteur invoque une intervention de la direction des Mines qui lui aurait demandé de « s'interposer » pour éviter que des gisements aussi stratégiques ne soient rachetés directement par les Allemands. Mais personne ne confirme ce point à l'instruction et, bien sûr, les documents ont disparu.

L'acquisition, fin 1941, de 86 % des mines de wolfram de Montmins dans l'Allier est tout aussi caractéristique. Ce minerai permet d'obtenir du manganèse et surtout du tungstène, métal très recherché. Il permet l'usinage rapide de l'acier, le renforcement des obus destinés à percer les blindages, etc. L'approvisionnement en tungstène est vital pour l'industrie d'armement allemande et ce dossier est remonté jusqu'à Hitler en personne. Tous les réseaux du marché noir allemand ont été mis en branle pour acquérir, *via* la France, du wolfram espagnol ou portugais. Et c'est par hasard que le groupe Worms s'intéresserait à cette mine de Montmins, dont les Allemands pensent qu'elle a un fort potentiel de production ? Si la défense du groupe, après guerre, est peu claire, les archives allemandes sont explicites : Worms a agi comme intermédiaire de l'IG Farben dans une bataille opposant deux géants de l'industrie allemande, Krupp et le groupe chimique, pour le contrôle de cette mine[60]. En excellents banquiers d'affaires, les dirigeants de la maison se sont donc intéressés aux très bonnes occasions de réaliser des « coups » pendant une période où il n'y avait souvent qu'un seul client possible pour les affaires exceptionnelles ou sensibles.

Tout aussi délicate fut l'irruption de Worms dans le secteur des lessives en une période où d'autres estimaient plus prudent de ne pas prendre d'initiative. La lessive n'est évidemment pas un produit stratégique au sens militaire du terme. Mais les industriels mènent aussi leurs propres guerres entre 1940 et 1944, et quand il s'agit du contrôle de deux marques comme Le Chat et Persil, tous les coups paraissent permis. Le Chat était déjà une marque de savon, Persil une marque de lessive, et sur leurs marchés elles valaient de l'or.

Worms est entré, à hauteur de 26 %, dans le capital de la Société des corps gras Fournier et Ferrier, comme par accident là encore, vers novembre 1942, « sollicité pour prendre la place d'un des groupes d'actionnaires afin de tirer au clair la situation contentieuse et assurer la direction de l'entreprise ». À l'époque matière grasse est synonyme de pénurie, et même de très grave pénurie. Ce qui a peut-être suffi à motiver l'intérêt de la banque d'affaires pour un tel secteur. Mais voici que le grand lessivier allemand Henckel, bénéficiant, d'après Gabriel Le Roy-Ladurie, d'appuis très haut placés dans la hiérarchie du Reich, s'intéresse alors au même groupe et notamment à une de ses filiales, la Société normande des corps gras, qui possède une place enviée sur le marché français grâce à la marque Le Chat. En échange il propose notamment de faire bénéficier les Français de tous ses brevets — « en avance de quinze ans », précise le banquier français. Finalement l'affaire, suivie par Worms bien entendu, ne se fera pas. Mais un des rares documents retrouvés montre que les négociations sont allées très loin. « Un accord entre Henckel et Fournier n'aurait de sens et de prix pour les intéressés que s'il était un témoignage du désir des deux parties contractantes d'établir des relations d'ordre technique, industriel et commercial tout à fait confiantes », écrit Gabriel Le Roy-Ladurie le 23 février 1943 dans une lettre figurant au dossier d'instruction.

C'est Lever, la branche britannique du futur groupe anglo-hollandais Unilever, qui semble avoir bloqué l'affaire. Cette société, d'après Le Roy-Ladurie, avait dû accepter un diktat de Henckel concernant sa marque Persil mais continuait à surveiller le secteur de près, en prévision de l'avenir. Lever a donc manifesté son opposition à un accord Worms-Henckel dans son secteur d'activité. Et Worms a refusé de continuer à négocier avec l'entreprise allemande « tant que le différend avec Lever ne serait pas réglé », précisera Le Roy-Ladurie. Quand on est une banque d'affaires qui était très liée à la place de Londres avant guerre et qui imagine le redevenir après, on réfléchit à deux fois avant de mécontenter gravement une firme comme Lever.

À la lumière de ces exemples, on comprend mieux ce qui a fait de Worms un cas à part, ce qui l'a fait remarquer, en dehors même de l'activité politique de certains de ses dirigeants. Ils font apparaître en effet l'imperturbable volonté de la banque d'affaires de maintenir et même de développer son métier entre 1940 et 1944, malgré des circonstances exceptionnelles que l'on pense pouvoir « gérer » plus habilement que d'autres. Cette « originalité » ne concernait pas, cependant, toutes les activités du groupe. Le comportement des autres branches de la maison est assez banal et rejoint le lot commun.

En ce qui concerne l'armement naval, sur vingt-quatre bateaux, deux ont été coulés, neuf réquisitionnés par les Anglais, six par les Allemands et sept sont restés sous le contrôle de l'amirauté française. Lorsque le trafic reprend en Méditerranée, la maison s'efforce d'y transférer ses navires restés dans des ports de la côte Atlantique, ce qu'elle obtient pour trois d'entre eux, « le souci de l'intérêt national s'accordant à merveille avec celui d'une saine gestion privée », pour reprendre les termes des magistrats instructeurs dans leurs conclusions.

L'importation et la distribution de charbon, l'activité unique de la société à l'origine, cesse, faute de fournitures en provenance de Belgique et de Grande-Bretagne. Worms fait cependant tout, là encore, pour conserver son personnel. Derrière la banque d'affaires à la pointe du progrès demeure une entreprise familiale assez paternaliste, où la confiance et la fidélité des employés représentent un bien précieux. En 1948, dans la plaquette du centenaire, sont nominativement cités, sur plusieurs pages de beau papier bien épais, tous les salariés qui ont plus de trente ans de maison, quel que soit leur grade. Pour conserver personnel et clientèle, Worms s'intéresse donc dès 1941 aux combustibles de remplacement que sont la tourbe et surtout le bois et le charbon de bois, gros consommateurs de main-d'œuvre. On peut même employer là du personnel venu d'autres activités, notamment quand il faut le faire échapper au travail obligatoire en Allemagne. Des forêts sont achetées dans l'Orne, l'Yonne et les Landes. On n'échappera pas, dans ce secteur, aux commandes allemandes, quand l'armée d'occupation et l'organisation Todt deviendront utilisatrices de gazogènes. En 1944 les Allemands achètent ainsi 41 % de la production de charbon de bois de Worms. Mais toutes les entreprises similaires sont alors obligées de livrer l'occupant.

Dans une filiale récente comme Puzenat, contrôlée à 30 % par le groupe depuis l'immédiat avant-guerre, c'est la culture d'entreprise locale qui semble commander les réactions à l'égard de la situation, et donc de l'occupant. On n'est pas à Paris mais à Bourbon-Lancy. Claudien Puzenat, qui va sur ses soixante-dix ans, a conservé la présidence de l'entreprise. Worms a seulement placé à la direction générale un banquier recruté à l'inspection de la Société Générale, Bernard Verdier. D'après lui, Worms avait promis de ne pas lui reprocher de résultats déficitaires s'il refusait les commandes allemandes. Il devait seulement « maintenir le personnel » et « préparer l'avenir en développant le bureau d'études et les moyens d'exécution ». Les six cents employés de cette entreprise de mécanique avaient sans doute aussi leur idée sur ce qu'il fallait faire. En 1940, ils fabriquaient des projectiles et des voitures légères pour l'armée française. « Au lendemain même de l'invasion toutes les installations affectées aux commandes de guerre ont été démontées, les machines ont été déplacées et remises à leur destination ancienne », raconte l'ingénieur en chef. Quand les Allemands ont demandé à la direction de fabriquer du matériel militaire, on leur a donné des prix et des délais prohibitifs. Pour éviter la réquisition du personnel, la maison a certes accepté de produire des râteaux pour Fahr et des trieuses de pommes de terre pour Loder, deux sociétés allemandes. Mais ces commandes ne représenteront que 6 % du chiffre d'affaires et, pour les réaliser, les rendements diminueront de moitié : 7,5 tonnes de métal travaillées par ouvrier et par an en 1943-1944.

Les Allemands sont partis sans payer, monsieur le juge !

L'activité des chantiers navals du Trait sous l'Occupation paraît plus problématique. Ils ont livré aux Allemands du matériel de guerre, notamment un sous-marin, *La Favorite*, et un pétrolier, *La Charente*, devenu l'*Ostfriesland*. Mais il n'y a là rien d'exceptionnel. Pouvait-on demander aux industriels d'être plus conscients que les militaires des conséquences stratégiques de leurs actes ? Avec quatre sous-marins et trois ravitailleurs en cours de construction en juin 1940, les chantiers Worms n'ont reçu aucune instruction de sabotage et encore moins les moyens en explosifs pour les exécuter, malgré des demandes d'instructions écrites, produites à l'instruction après guerre. Après la défaite, dès l'été 1940, les nouvelles autorités françaises ont assez vite fait le choix, dans le cadre de leurs négociations globales avec l'occupant, de lui livrer du matériel de guerre. Elles ont d'ailleurs très officiellement couvert Worms. La maison de son côté n'a pas farouchement résisté. Car les dirigeants veulent alors manifestement éviter le risque de réquisition directe par les Allemands : « En octobre 1940 le personnel fut informé de la reprise des travaux sur *La Favorite* par des notes laissant craindre la désignation d'un commissaire allemand si tout n'était pas mis en œuvre pour assurer la continuation des constructions. » Ces notes s'achevaient par une phrase, merveille d'hypocrisie, qui pouvait être interprétée dans tous les sens : « Cette situation est de nature à être comprise de tous. »

Les archives ont conservé la trace d'un autre comportement d'une grande habileté, à travers la lettre que la maison adresse aux services de Darlan, amiral de la flotte, en septembre 1940, pour se faire ordonner officiellement de poursuivre la construction du sous-marin en éliminant tous les risques politiques et pécuniaires envisageables. En voici le résumé :

1. C'est la marine française qui doit donner des « instructions formelles » car, le sous-marin ayant été commencé pour son compte, elle en est propriétaire à mesure de l'avancement des travaux.
2. La loi du 20 juillet 1940 réglementant les constructions de guerre s'applique à ce bâtiment.
3. Worms n'est pas responsable des difficultés en cas de reprise du chantier. « Aucune interruption ni retard ne doivent se produire dans le paiement des termes dus à nos chantiers. »
4. Il y a des risques de bombardement (les chantiers seront effectivement bombardés une dizaine de fois entre le 6 juillet 1941 et août 1944). « Le gouvernement doit nous dégager de ces risques. »
5. La reprise du travail pour le compte de l'occupant risque « de provoquer chez certains membres de notre personnel des réflexes échappant à notre contrôle ».
6. Il ne faut pas oublier qu'il y a un risque de réquisition.

Évidemment, l'efficacité des chantiers du Trait n'a pas été la même sous l'Occupation qu'en temps de paix, malgré la présence constante des Allemands sur place. Mais quelle fut la cause des retards ? Le freinage de tel ou tel dirigeant ? L'attitude des ouvriers qui « profitaient des alertes fréquentes pour quitter le travail et ne le reprendre que le plus tard possible » ? Ou tout simplement les bombardements, qui semblent devenir assez efficaces à partir de mars 1942 ? Impossible de démêler les vraies raisons des autres dans une montagne de témoignages qui, après la Libération, dans le cadre de l'instruction, semblent, comme souvent, assez efficacement inspirés par la direction de l'entreprise.

Après guerre, les chantiers, en très piteux état, mais susceptibles en conséquence d'être reconstruits selon des plans plus modernes aux frais de l'État, vont rendre un grand service à la maison : ils vont permettre de présenter des comptes déficitaires et, par conséquent, d'échapper à la confiscation des « profits illicites »[61]. Pensez donc, les clients allemands sont partis sans prendre livraison des bateaux commandés et sans les payer ! Les bénéfices, qui s'étaient maintenus en francs courants à neuf millions en 1941, neuf en 1942 et six en 1943 (à comparer à quinze en 1938 et sept en 1939), se transforment ainsi en trente-deux millions de pertes en 1944 — dont 18,8 millions s'expliquent par des provisions constituées pour ces bateaux sur cales. La « modeste évaluation » des possibilités de récupération de ces sommes « peut fort bien être modifiée dans l'avenir par les circonstances économiques et l'habileté négociatrice de l'inculpé », commentent en octobre 1946 les magistrats de la cour de justice de la Seine qui ne veulent pas être dupes. Comment imaginer en effet que les bâtiments en construction ne vont pas trouver immédiatement preneur dès qu'ils seront finis ? Et de fait, dans la plaquette du centenaire, datée de 1948, on apprend que « depuis 1945, les Chantiers ont lancé un sous-marin, un pétrolier, trois caboteurs, trois chalands citernes... », une liste qui ressemble étrangement à celle des constructions en cours pour les Allemands.

Bien que l'instruction ait révélé de nombreuses habiletés de ce genre, bien que l'intense activité de la maison Worms pendant cette période incite à se poser beaucoup de questions, les magistrats instructeurs ont estimé que, en fin de compte, ils disposaient seulement d'une collection de soupçons : « Nous ne pensons pas que leur assemblage donne à l'accusation la cohérence indispensable », ont-ils résumé en déposant leurs conclusions le 24 octobre 1946. Le dossier fut donc classé.

Entre-temps Hypolite Worms avait passé environ quatre mois en prison, de septembre 1944 à janvier 1945. Jacques Barnaud, quant à lui, y restera vingt-deux mois, mais surtout en tant qu'ancien délégué aux Relations économiques franco-allemandes. Vingt-deux mois qui le marqueront beaucoup d'après Raymond Meynial. Il obtiendra finalement lui aussi un non-lieu, le 27 janvier 1949.

Mais, après guerre, le cas le plus extraordinaire, comme on pouvait s'y attendre, sera celui de Gabriel Le Roy-Ladurie. Il aide un peu la Résistance, mais en cette matière les dates comptent beaucoup. En mars 1944, trois mois avant le débarquement de Normandie, il propose des « bons d'Alger », autrement dit ces reconnaissances de dette du gouvernement provisoire gaulliste en échange desquelles des banquiers finançaient la Résistance[62]. C'est bien tard : « Au printemps 1944, je refusais les concours secrets, devenus faciles, et j'évitais les visiteurs, qui, maintenant, voulaient me voir en personne », a écrit François Bloch-Lainé, un des trésoriers de la Résistance[63]. À ce moment-là, à la veille du débarquement, il n'y avait plus beaucoup de problèmes chez les résistants pour trouver des financements, et notamment pour placer ces bons « d'un Trésor indéterminé », parachutés en France , dont « l'aspect matériel était désolant », ainsi que le raconte encore le futur directeur général de la Caisse des dépôts.

Mais là n'est pas l'essentiel. Avec qui Gabriel Le Roy-Ladurie, ce champion des relations publiques, va-t-il partager sa cellule de prison quand la Gestapo l'enferme pendant quelques jours en 1944 ? Qui va-t-il réussir à faire libérer de cette geôle, grâce à son entregent, dès qu'il sera dehors ? Aimé Lepercq, le patron démissionnaire du comité d'organisation des charbonnages, un des principaux dirigeants du réseau de résistance OCM (Organisation civile et militaire), et qui va devenir, tout simplement, le premier ministre des Finances de De Gaulle après la Libération ! Emprisonné en septembre 1944, comme Hypolite Worms, Le Roy-Ladurie fut mis en liberté provisoire en janvier 1945. Blessé sans doute, comme Jacques Barnaud, par le fait qu'on ait pu soupçonner son patriotisme, il alla s'engager à quarante-sept ans comme maréchal des logis au 3e spahis marocain de la division Leclerc ! Cette initiative peu commune dans un tel milieu résume tout le panache d'un personnage qui — avant de mourir prématurément quelques mois plus tard d'une maladie incurable — a dû beaucoup dérouter ses contemporains.

Après leur passage en prison, Jacques Barnaud et Hypolite Worms reprirent, quant à eux, leurs activités habituelles, comme si de rien n'était. La maison Worms paraît encore aujourd'hui, malgré la « perte » de la banque en raison des nationalisations de 1982[64], incroyablement égale à elle-même. Elle est restée l'une des quelques maisons familiales qui donnent du piment à la vie du capitalisme français.

Que ses dirigeants n'aient pas su modérer leurs ardeurs pendant une période où ils auraient mieux fait de mettre leurs activités en sommeil et que cela les ait conduits à fréquenter de trop près l'occupant, c'est une évidence. Dans le cas de cette entreprise « semi-juive », il n'y avait peut-être pas de juste milieu tenable entre l'éclipse choisie par Rothschild ou Lazard et la fuite en avant compromettante, sauf à changer de métier. Un banquier d'affaires est par nature bien avec tout le monde, et notamment avec le pouvoir en place, et au cœur de tout ce qui change dans l'économie. Les dirigeants de la Banque de Paris et des Pays-Bas figurèrent aussi en première ligne parmi les banquiers dont le ministère des Finances exigea dans un premier temps la mise à l'écart pour faits supposés de collaboration dès la Libération[65].

Que conclure de la participation de Jacques Barnaud, de ses amis et de ses semblables à l'exercice du pouvoir ? Vichy fut-il, en partie grâce à eux, un gouvernement des patrons ? Oui et non. Le sabordage de la troisième République offre une occasion de prendre le pouvoir non pas au patronat mais aux technocrates. Or ces derniers sont — et resteront — le seul corps social à cheval entre le privé et le public, entre le monde de l'entreprise et celui de l'État. Ils se déplacent avec aisance de l'un à l'autre. Barnaud est à la fois un grand banquier d'affaires et un grand fonctionnaire, connaissant parfaitement les rouages de l'administration. Sans la préméditer, Pétain encourage l'ascension de tels hommes en écartant dans une large mesure du pouvoir tout ce qui rappelle le régime défunt : anciens ministres, anciens députés... Et, il faut bien que les problèmes de l'heure, particulièrement complexes, soient gérés par des gens qui ont des connaissances et l'expérience du pouvoir.

Détiennent-ils effectivement le pouvoir ? Sans doute, tout particulièrement pendant l'année et demie que dure le gouvernement Darlan, jusqu'au 18 avril 1942. Ils ne dominent pas le Vichy qui parle et qui fait ouvertement de la politique, celui qui discute à l'infini de la charte du travail et qui écrit les discours du maréchal — encore que du Moulin de Labarthète soit aussi un technocrate. Mais ils dominent le Vichy réel, celui qui négocie avec les Allemands des fournitures industrielles ou le montant des frais d'occupation, celui qui distribue les matières premières aux industriels et les bons de rationnement aux Français. Bouthillier, Belin, Bichelonne, Barnaud, Lehideux, Pucheu et quelques autres tiennent effectivement tout l'appareil économique du pays jusqu'au printemps 1942.

Bien entendu, ils ont tous le sentiment de ne pas avoir fait de la politique mais plutôt de la gestion. Et bien entendu, ils se trompent. La plupart de ces hommes participaient depuis longtemps à des cercles de réflexion où on s'interrogeait sur les problèmes de la société et de l'économie françaises. Ce qu'on ne saurait leur reprocher. Ils arrivent donc au pouvoir avec des idées et des ambitions qui dépassent les nécessités de la simple gestion. Ils incarnent indéniablement l'aile moderniste du pétainisme, que nous retrouverons à la fin de l'ouvrage dans un chapitre plus spécifiquement consacré à ce sujet. Cette vision de l'avenir ne les empêche pas, au contraire, de collaborer avec les Allemands. Et ne les rend pas plus respectueux de la démocratie que les autres. Mais leur attachement à la modernité les différencie totalement des autres « hommes de Vichy », de cette aile du pétainisme qui invoque la France éternelle et se sent protégée par un vieillard. Entre les deux, depuis le premier jour, l'affrontement était inévitable. Un affrontement dont le mythe de la Synarchie est la trace et l'expression.

XV

QUAND LES BANQUIERS FONT LA LOI

Henri Ardant, le père du corporatisme bancaire

L'abondance de l'œuvre législative et réglementaire de Vichy est absolument étonnante pour qui n'est pas familier de cette période. Alors qu'on imaginerait ce fragile pouvoir expédiant les affaires courantes dans l'urgence, il lance, dans bien des domaines, des réformes de fond. Il jette les bases du futur plan comptable, invente le statut du P-DG et organise ou réorganise des professions entières. On sait que l'ordre des médecins ou celui des experts-comptables sont nés sous Vichy, on sait moins que la législation bancaire qui régit encore en France les métiers de l'argent date pour une grande part du 13 juin 1941 [1].

L'histoire des banques sous l'Occupation mérite une particulière attention. Parce qu'elle permet de s'interroger sur le comportement d'une grande profession face aux contraintes spécifiques de l'époque. Mais aussi parce qu'elle nous montre comment, dans ce secteur crucial, de puissants intérêts — aujourd'hui on parlerait d'un lobby — ont pu mettre à profit le fragile paravent de Vichy pour s'organiser très officiellement en corporation. Pétain n'avait vraisemblablement aucune idée sur les banques ; ses ministres pas beaucoup plus. Un homme, dont ce chapitre va retracer l'action, savait ce qu'il voulait : le président du comité provisoire puis du comité d'organisation des banques*, Henri Ardant. Le suivre nous conduira par la même occasion à traverser toute la période de l'Occupation au sein de l'établissement dont il était directeur général — il en deviendra le P-DG fin 1940 —, la Société Générale, la deuxième banque de dépôts française, l'une des « quatre grandes » qui seront nationalisées à la Libération [2]. Mais aussi à observer, à travers son cas, le changement d'attitude de certains grands patrons vers 1942 quand la victoire allemande parut moins certaine et lorsque l'Occupation se durcit.

---

* Le secteur de la banque fut doté très tôt d'un comité d'organisation, dès le 30 septembre 1940, mais celui-ci resta « provisoire » jusqu'en juillet 1941, dans l'attente d'une loi réorganisant la profession, comme on le verra plus loin.

Ardant est un vrai chef, au sens où toute l'idéologie de l'époque, avec bien sûr pour modèle le maréchal, glorifie ce personnage de responsable, de meneur d'hommes, qui assume toutes les conséquences des décisions prises par lui-même comme par ses subordonnés. À en juger uniquement d'après ses photos, Camille Henri Marie Ardant, quarante-huit ans en 1940, crâne dégarni, grosse moustache d'agent de police, ressemble plus à l'image convenue du représentant de commerce qu'à celle du grand banquier. Apparence trompeuse. Il est grand (1,82 m) et Pierre Herrenschmidt, alors son principal interlocuteur au ministère des Finances, plus jeune que lui de quatorze ans, se souvient d'un « bel homme aux traits réguliers, très viril » [3] qui manifestement l'impressionnait. Un homme qui sait de quoi il parle et a de l'autorité, pour ne pas dire plus. Dans le livre publié à l'occasion du centenaire de la Société Générale, en 1964, Maurice Lorain, qui continue avec beaucoup d'élégance à soutenir son prédécesseur contre les accusations « injustes » portées contre lui à la Libération, n'hésite pas à dire qu'il lui arrivait d'être « brutal avec ses collaborateurs » [4]. Au cours de ses vicissitudes judiciaires, Henri Ardant lui-même évoquera au moins à deux reprises des « conversations » où le ton a fini par monter très fort avec son interlocuteur. « Homme de passion, bourreau de travail, réalisant envers et contre tout ce qu'il avait décidé de faire [...], courageux et parfois imprudent », Henri Ardant tel que le décrit Lorain est décidément un caractère. Ce qui ne l'empêche pas par ailleurs, précise son portraitiste, d'être « plein de cœur et attentif au sort des humbles ».

Ardant, effectivement, n'est pas du tout indifférent au destin d'autrui. Son attitude à l'égard du personnel de la banque sous l'Occupation en témoignera. Un souci de l'« humain » qui s'explique à la fois par l'appartenance à un secteur où l'on s'est de plus en plus préoccupé du « social » pendant l'entre-deux-guerres et par un itinéraire idéologique très typé. C'est dans la tradition familiale qu'il a puisé et le catholicisme social qui le conduit à être « attentif au sort des humbles » et l'antiparlementarisme qui lui rend d'emblée sympathiques le maréchal et ses conceptions politiques. Son père œuvrait dans la mouvance de l'économiste « chrétien social » du XIXe siècle, Frédéric Le Play. Mais le jeune Henri, aîné de huit enfants, « aussi imprégné d'esprit de sérieux que son père pouvait être fantaisiste » [5], est encore plus influencé par un autre homme, Léon Harmel. Son père a en effet épousé en premières noces la fille de ce patron paternaliste de la filature de laine du Val des Bois à Warmeriville près de Reims. Un personnage qui impressionne le futur banquier. Tellement que ses interlocuteurs sont persuadés que ce « beau-grand-père » est son propre grand-père. Ainsi cette représentante de la Fédération des syndicats chrétiens d'employés qui, déposant en sa faveur, après guerre, dira qu'il est le « digne petit-fils de Léon Harmel ». Auteur d'un *Manuel d'une corporation chrétienne* en 1877, celui-ci avait instauré dès 1883 dans son entreprise des « conseils d'usine » pour faire participer ses « enfants » — autrement dit ses ouvriers — à l'élaboration des décisions techniques.

De Léon Harmel, Henri Ardant conserve le penchant pour le corporatisme, qui ne l'empèche pas, comme lui, de se résigner à l'existence de syndicats. Sur le plan politique, il se comporte en vrai catholique conservateur, affichant notamment le plus grand mépris pour les parlementaires. La « culture » de l'inspection des Finances aidant[6], il donne volontiers de son action une présentation technique, objective et apolitique, comme beaucoup d'excellents zélateurs du maréchal.

Mais comme d'autres collègues de l'Inspection aussi, il se veut plus qu'un technicien de la finance. S'il prend quelques jours de vacances, il part avec une valise de livres. Rien ne lui faisait plus plaisir qu'une conversation sur la philosophie, se souvient Pierre Herrenschmidt. Son auteur préféré : Schopenhauer. De quoi charmer, peut-être, certains de ses interlocuteurs allemands quand il devra les fréquenter.

Ancien fonctionnaire, donc, comme beaucoup de dirigeants de la Générale, « il était passé très jeune, à vingt-neuf ans, au service de notre maison », rappelle Lorain. « J'ai l'impression que la Société Générale, si elle accepte les inspecteurs des Finances, préfère ceux qui, renonçant à toute ambition administrative, se consacrent entièrement à elle, se plient à un début relativement modeste, apprennent nos opérations dans leur diversité et leur détail et méritent, par leur connaissance du métier, d'être adoptés par elle », ajoute-t-il. La modestie ne semble pourtant pas avoir été, du moins sur la durée, la qualité première de notre personnage. Conscient de sa valeur et de celle de sa maison, il tient manifestement aux égards dus à son rang. On s'en aperçoit en particulier à l'occasion de deux conflits nés de « fausses aryanisations[7] » montées avec le concours de la Société Générale, à leur demande, par deux clients juifs. Le premier, qui, à raison, n'entendait pas se contenter de la seule parole du responsable de la banque pour être certain de récupérer son affaire après guerre, voulait obtenir un écrit garantissant la réversibilité de l'opération de vente de ses parts. Le CCF, nous l'avons vu, avait accepté d'agir ainsi avec la famille propriétaire des Galeries Lafayette lors de l'achat de ses titres dans des conditions semblables. Mais Ardant avait fait savoir à ce marchand de biens que la Société Générale « était une grande dame et ne pouvait pas signer une contre-lettre ». Au second, patron d'une entreprise de distribution, qui prétendait continuer à diriger son affaire de façon occulte par l'intermédiaire d'Henri Ardant, nommé président, celui-ci avait vertement répliqué qu'il « avait tort de croire que lorsqu'on occupe la situation que [j'occupe] et lorsqu'on est ce que [je suis] on peut jouer le rôle d'un vulgaire homme de paille dont les fonctions se réduiraient à celles d'un domestique[8] ».

L'industrie rend parfois modestes des patrons qui se sentent bien incapables d'accomplir le travail de leurs ingénieurs et ne connaissent pas les secrets des tours de main de leurs contremaîtres. Pas la banque.

Au sommet de la Société Générale, on se sent capable d'infléchir le destin de milliers d'hommes et de milliards de francs à tout instant et à sa guise. Henri Ardant arrive manifestement à communiquer le sentiment de sa propre puissance à ses interlocuteurs et, pendant l'Occupation, il sait user et abuser de cette position d'autorité avec habileté mais aussi avec courage. Au cours d'une réunion fin 1943 avec Jean Bichelonne, qui cumule alors le portefeuille du Travail avec celui de la Production industrielle, et le Dr Michel, responsable des affaires économiques au Majestic, il laisse tomber, pour appuyer une demande d'augmentation de salaire des employés de banque, « qu'il serait de mauvaise politique de mécontenter [ces derniers] au moment où le gouvernement français arrive à la Bourse avec un nouvel emprunt[9]. » Il s'agit là d'un véritable chantage, même exprimé de façon polie, car la confiance dans la monnaie et la capacité de l'État à réemprunter l'argent qu'il met en circulation sont les deux fondements principaux de la politique financière de Vichy, appuyée par l'occupant. Même type d'argument lorsqu'il s'agit, en novembre 1942, d'essayer de mettre les employés du secteur à l'abri du travail obligatoire en Allemagne. Leur réquisition serait « susceptible d'exercer une influence particulière sur l'état du crédit et, par une suite inévitable, sur la monnaie elle-même », écrit-il au directeur du Trésor. « Tout affaiblissement des banques risque de provoquer un grave désarroi chez l'ensemble des déposants », menace-t-il comme s'il pouvait influencer personnellement le comportement de ces derniers[10].

Lorsqu'il s'agit d'éviter l'intrusion de quelques établissements allemands sur le marché français, une menace qui inquiète beaucoup les milieux financiers au début de l'Occupation, il manœuvre surtout avec adresse. Il aurait fait savoir en personne à ses collègues banquiers d'outre-Rhin désireux d'apposer leur plaque dans la capitale qu'il leur déconseillait l'opération : « Vous n'allez pas vous installer ici car sous le régime de la contrainte vous n'aurez pas la confiance des banques françaises. » À cette occasion, « J'ai joué, précise-t-il devant la CNIE (Commission nationale interprofessionnelle d'épuration)[11], de la jalousie professionnelle des banques allemandes. » Il peut monter en effet ces maisons les unes contre les autres car certaines sont déjà dans la place et ne souhaitent pas voir les absents, « comme la Reischkreditkasse », venir ouvrir des succursales.

À la Société Générale, pendant la débâcle, le service continue

Tout en s'imposant comme le patron de son secteur, Henri Ardant reste en premier lieu le responsable d'une grande banque. À l'époque, les établissements de ce type ont déja atteint en France une taille et un niveau d'organisation considérables. Malgré le déclenchement du conflit mondial, ils vont continuer à fonctionner en 1939 et en 1940 comme une mécanique bien huilée. À commencer par la Générale, qui s'appelait encore « Société Générale pour favoriser le développement du commerce et de l'industrie en France ». Une véritable petite armée. « La déclaration de guerre n'avait pas surpris la Société Générale qui, dès 1938, avait créé un "bureau de mobilisation"chargé de préparer l'éloignement de Paris des services organiques et le fonctionnement des guichets en cas d'hostilités », raconte un ancien dirigeant, en 1964, dans le livre du centenaire de la banque [12]. « Dès la mobilisation, qui les priva de la plus grande partie de leurs effectifs masculins appelés aux armées, de nombreux guichets furent fermés : trente-six à Paris (dont l'agence Édouard VII) et trente-sept en province, afin de mieux assurer le service de la clientèle par des agences à effectifs à peu près complets. Sur les instructions des pouvoirs publics, plusieurs grands services, et notamment la conservation des titres, quittèrent Paris pour des installations en province. » La défaite est également gérée en bon ordre. Pendant la débâcle, les guichets furent « évacués avec méthode », au fur et à mesure de l'exode, sans oublier les « espèces, valeurs et éléments comptables ». Ces bataillons bancaires ont même leurs héros : le chef du bureau d'Avesnes et son collaborateur se font tuer « alors qu'à pied ils emportaient sur leur dos les espèces et les valeurs de leur guichet ». À Paris, et on y tient, les coffres restent accessibles à ceux qui en possèdent jusqu'à l'arrivée de l'occupant, car on sait qu'il va les mettre sous scellés. Mais les clients ne se précipitent pas dans leurs agences comme on pourrait le penser.

Les Français ont déjà en 1940 une confiance dans leurs banques qui peut surprendre. Et sans doute, ancrée plus ou moins consciemment dans leur esprit dès le premier jour, l'idée qu'il va bien falloir que la vie continue après la défaite. On pourrait imaginer que les familles lancées en masse sur les routes, fuyant devant l'ennemi, ont tout fait pour récupérer leurs économies avant de les cacher quelque part chez elles ou de les emporter avec leurs bagages. Pas du tout. Les banques subissent alors de « très forts retraits [13] » mais il ne se produit rien qui ressemble à une panique. Les Français, il est vrai, conservaient autrefois chez eux plus d'argent liquide qu'aujourd'hui. Mais dans l'ensemble ils laissent fort sagement à la banque les économies qu'ils lui avaient confiées.

Le souvenir du précédent de 1914 aurait pourtant pu les inquiéter. Le 1er août 1914, pour éviter aux banques d'avoir à affronter des retraits massifs, le gouvernement avait gelé les dépôts et les Français n'avaient pu récupérer leur argent que progressivement, jusqu'au mois de décembre [14]. Les autorités avaient en fait aggravé le risque d'« illiquidité » en obéissant au réflexe classique : « J'arrête tout par précaution. »

La leçon a porté. Que ce soit lors de la mobilisation de septembre 1938 ou après la déclaration de guerre de septembre 1939, les déposants qui viennent retirer leur argent en plus grand nombre que d'habitude sont servis sans sourciller et le miracle se produit. Quand on peut disposer de son épargne à tout moment, pourquoi ne pas la laisser là où elle est ? Il y aura un seul accroc, après l'armistice, le préfet de la Seine s'étant laissé aller à répéter l'erreur de 1914. Henri Ardant est intervenu sans tarder, dès le 10 juillet 1940, pour demander, au nom de toute la profession, qu'on lève ce moratoire dangereux sur les opérations de banque. Il est entendu et, quelques jours plus tard, le 15 juillet, plus aucun obstacle administratif ne s'oppose aux retraits. « Dès les premiers jours qui ont suivi la signature de l'armistice le fléchissement des dépôts était arrêté », précisera-t-il à l'assemblée générale des actionnaires de sa banque le 29 mai 1941. De même, en 1945 le rapport à l'assemblée générale pourra se féliciter qu'il n'y ait eu « à l'approche des combats [de 1944] aucun mouvement de retrait. Le dépôt en banque a été, au contraire, considéré dans cette période troublée comme un refuge [15] ». Le premier ministre des Finances de Pétain, Yves Bouthillier, dans ses mémoires [16], et Henri Ardant, dans ses déclarations d'après la Libération, se disputent implicitement l'honneur d'être le véritable artisan du « non-moratoire » de 1940. Quel qu'en soit le responsable, le résultat est probant.

Devant l'avancée allemande, les services de la Société Générale dans la capitale sont repliés en bon ordre dans ce qui se trouvera devenir la zone non occupée sur des « positions préparées à l'avance ». La banque avait même repéré Vichy avant le gouvernement pour y installer son centre administratif. L'hôtel de l'Amirauté a été entièrement retenu pour y loger les cadres. Le département de l'étranger et la trésorerie sont à Châtelguyon, les titres à La Bourboule, etc. Après guerre, Maurice Lorain expliquera qu'il a passé une bonne partie de l'Occupation en « zone Sud », ce qui laisse supposer qu'au moins une partie des fonctions du siège y sont restées.

La ligne de conduite de la Société Générale et de son président au milieu du tumulte de l'été 1940 est simple : continuité du service avant tout et malgré tout. On peut la juger selon son tempérament simplement normale et traditionnelle, ou réaliste, voire émouvante ou impressionnante. Dans une lettre circulaire du 5 août 1940 aux directeurs d'agence, Henri Ardant résume sa stratégie : « Notre but, à l'heure actuelle, doit être de faciliter par tous les moyens la reprise de l'activité économique du pays. » Et, à l'assemblée générale du 29 mai 1941, le président se félicite : « Dans un certain nombre de villes nous sommes parvenus les premiers à rouvrir nos guichets [après la défaite]. » La vanité du rang est déja très importante dans ce secteur. Être le premier ou le plus grand, ne pas se laisser dépasser, c'est essentiel.

Représentant de toutes les banques auprès des Allemands

Les premières intentions des Allemands ne sont pas rassurantes. Ils semblent vouloir contrôler de près le système bancaire français et même, au début de l'Occupation, imposer un circuit financier parallèle. Un commissaire, le Dr Carl Schaeffer, est installé à la Banque de France et nommé en même temps chef de l'office de surveillance des banques. Dès le 14 juin, le jour même de l'entrée des troupes allemandes dans la capitale, les autorités d'occupation ont ordonné aux établissements financiers de déclarer devises, or, titres étrangers, etc. Ils doivent également fournir la liste des locataires de coffres, l'accès à ceux-ci étant interdit hors de la présence d'un membre du Devisenschutzkommando (service allemand chargé du contrôle de l'or et des devises). Le 29 juin, Schaeffer convoque les principaux banquiers à la Chambre des députés, où l'occupant a installé une partie de ses services administratifs. Les Allemands semblent, comme dans d'autres pays vaincus, vouloir imposer une monnaie d'occupation, le Reichskreditkassenscheine. En fait, ils vont très vite décider de s'appuyer largement, dans ce secteur encore plus que dans d'autres peut-être, sur les institutions (Banque de France, comité d'organisation des banques) et sur les « autorités » françaises, dont le patron de la Société Générale fait partie.

En l'espace de quelques jours, certainement parce que ses collègues, tout comme lui-même, le souhaitent, Henri Ardant s'impose en tant que principal représentant des banques auprès des Allemands et de Vichy. « Je ne cherchais ni place, ni argent, ni honneurs », assurera-t-il malgré tout dans un petit « exposé sommaire » de son activité rédigé après guerre pour sa défense. « Quand l'armistice a été signé, j'étais au sommet de ma carrière. J'avais la cravate de commandeur de la Légion d'honneur », dira-t-il, dans la même veine, à la CNIE [17]. Camille Chautemps, alors président du Conseil, lui avait même proposé d'être gouverneur de la Banque de France en 1937, rappellera-t-il, offre qu'il avait déclinée, par refus de se rapprocher de la sphère politique. Et pourtant tout se passe comme s'il désirait démontrer, une fois de plus, dans ces circonstances difficiles, sa capacité à réussir. Alors qu'il n'était que vice-président de l'Union syndicale des banquiers parce que la tradition « s'opposait à ce que le président soit le chef d'un établissement important », comme il l'explique lui-même, il se retrouve, considérant certainement que cela va de soi, à la tête du comité provisoire d'organisation des banques. Le choix, formellement, résulterait d'une concertation entre le syndical patronal et le ministre des Finances, Yves Bouthillier. Mais il est déjà avant guerre l'homme le plus influent d'une profession où il connaît tout le monde et où tout le monde le connaît. C'est le chef naturel de la corporation. Et il semble bien qu'il soit comme un poisson dans l'eau lorsqu'il faut discuter avec les autorités de Vichy, où il ne fait cependant que de « brèves apparitions », ou avec les occupants, dont les penchants pour l'ordre et les désirs d'organisation ne lui déplaisent pas vraiment. « Il s'agit de refaire une France nouvelle », annoncera-t-il à l'assemblée générale de sa banque le 29 mai 1941, en un temps où il est difficile, il est vrai, de faire la part de l'idéologie et celle du conformisme dans ce genre de déclarations lorsqu'on occupe ce type de poste.

Il fait partie des gens en vue du Paris des débuts de l'Occupation. Une position qui implique des fréquentations que tout le monde n'approuve pas et qui lui seront surtout reprochées, comme très compromettantes, par la suite. On se souviendra par exemple de l'avoir vu déjeuner à Chaillot auprès des Laval, Abetz et autres Georges Claude, autrement dit le gotha de la collaboration, à l'occasion des « journées » d'Inter-France — la plus notoire des agences de presse collaborationnistes — en octobre 1942[18].

Bien qu'il ne parle pas leur langue, il entretient avec les Allemands des relations tout à fait cordiales. Par exemple avec le capitaine Radecke, qui pratiquait, il est vrai, le français. Il le reçoit une fois chez Lapérouse et sept ou huit fois à son domicile. L'officier d'outre-Rhin était avant la guerre l'un des directeurs de la Reichkreditgesellschaft, un établissement dont Henri Ardant connaissait le président. Mais pendant l'Occupation, il ne s'agit pas d'une relation banale : il occupe désormais des responsabilités à la tête de l'Abwehr, l'un des principaux services de renseignements des forces d'occupation[19] ! Des témoignages concordants évoquent sa civilité envers les occupants. Un diplomate français, dont le comportement était d'ailleurs équivoque, l'accuse de « leur faire la cour » à un déjeuner. Son propre concierge, qui a pourtant « beaucoup d'estime pour lui », se déclare « outré » de la façon dont il se conduit avec les Allemands qu'il reçoit. C'est toujours pour la bonne cause bien sûr. Quand on s'étonnera qu'il soit allé rue Lauriston chez des tortionnaires au service de la Gestapo — il y a même dîné —, il expliquera, et cette information s'avérera en l'occurrence exacte, qu'il cherchait à faire libérer un jeune employé de la Société Générale récemment arrêté[20].

Henri Ardant fait également partie des responsables de l'économie française qui prendront le risque d'effectuer un voyage en Allemagne sous l'Occupation. Jacques Brunet, le directeur du Trésor, l'a alors désapprouvé, précise son adjoint Pierre Herrenschmidt. Mais il s'agissait à ce moment-là de poursuivre outre-Rhin ses efforts pour éviter l'installation de banques allemandes en France, plaidera Ardant[21].

« Toute son attitude extérieure du début de l'Occupation marque qu'à cette époque il a cultivé des contacts répétés avec les dirigeants économiques de l'ennemi, auprès de qui il ne pouvait manquer ainsi de ménager sa haute situation et son avenir personnel », conclura en 1948 le rédacteur des réquisitions finales du parquet de la Seine[22]. « Il se voyait certainement un rôle dans une nouvelle donne européenne », estime Herrenschmidt qui, par ailleurs, lui conserve une grande estime. Fait-il partie de ceux qui, en ces circonstances, rêvaient déjà d'une union économique européenne ? Devant le secrétaire d'État Landried, en visite à Paris le 10 septembre 1941, il aurait « exprimé l'espoir que les plans allemands seraient assez vastes pour décider la suppression des frontières douanières et créer une monnaie unique pour l'Europe[23]. » Bien qu'il l'ait démenti et que rien ne permette de recouper le témoignage allemand, on est tenté de penser qu'Ardant était bien homme à formuler cette anticipation futuriste. Aujourd'hui elle choque beaucoup moins mais l'exprimer à l'époque impliquait, bien entendu, qu'on se résignait à l'avènement d'une Europe hitlérienne[24].

Pour ne pas risquer de perdre son rang...

Les savants épluchages de comptes pratiqués à la Libération ne démontreront pas que la Générale ait travaillé plus que d'autres établissements pour les Allemands ou pour leurs fournisseurs. Les opérations de cette « nouvelle clientèle » représenteront un vingtième du total des activités de la période selon les experts. Mais la banque a travaillé et même bien travaillé sous l'Occupation. Comme le dit avec mesure, en as de la litote, l'expert mandaté par la CNIE : « Peut-être le souci qui animait toutes les grandes banques de conserver le rang que leur assignait avant guerre l'importance de leurs opérations a joué également à la Société Générale et contrebalancé le désir de ne pas favoriser l'effort de l'ennemi. »

La Société Générale fait ce qu'il faut pour maintenir et même accroître légèrement ses parts de marché. Quand les dépôts des cinq grandes banques de dépôt augmentent de 26 % en 1941, ce qui correspond sans doute à peu près à l'inflation et à l'accroissement de la masse monétaire en circulation, ceux de la Générale progressent de 27,5 %. En 1943, c'est 25,7 % contre 22,3 % et en 1944, 17,8 % contre 16,8 %[25].

En dehors de la crainte qu'inspirent les Allemands de plus en plus intéressés par le contenu des coffres, le métier est de tout repos ou presque pendant l'Occupation. Le public a laissé son épargne dans les banques. Les comptes courants des entreprises — le paradoxe n'est qu'apparent — gonflent « à cause du ralentissement des affaires ». Et les banques n'ont aucun problème pour placer tout cet argent en empochant des intérêts. Car pour l'État il est crucial de mobiliser toutes les liquidités, notamment pour payer les frais d'occupation, et on les lui prête sous forme de bons du Trésor. C'est ce que l'on appelle au ministère des Finances le « circuit ». On récupère par l'intermédiaire des banques une bonne partie des billets mis en circulation par l'État. Même avec des taux d'intérêts faibles — un taux d'escompte de 2 % en 1940 et de 1,75 % en 1942 et des emprunts d'État à 4 % —, l'activité est rentable et mérite qu'on se donne quelque mal pour la développer. La Société Générale « acclimate » les bons du Trésor jusque dans les campagnes, explique fièrement le président à l'assemblée des actionnaires du 12 mai 1942. Pas étonnant : les dépôts au Crédit Agricole passent de 1,8 milliard de francs au 31 mars 1939 à 12,3 milliards au 31 décembre 1944. Le marché noir remplit les lessiveuses, le « circuit » les vide en partie...

Les liquidités étant abondantes et les taux d'intérêt bas, beaucoup d'entreprises se lancent alors dans des opérations de conversion de leurs emprunts antérieurs afin de réduire le coût de leur endettement. Elles décident également de procéder à des augmentations de capital, autre moyen de récupérer, sous forme d'actions, les capitaux qui cherchent à s'investir. Autant d'activités pour le service des titres de la Générale. On s'adapte, par ailleurs, aux temps nouveaux. « Un grand nombre de transactions qui étaient autrefois conduites par des entreprises privées se trouvent maintenant concentrées entre les mains d'organismes officiels ou semi-officiels chargés de coordonner la production et la consommation du pays », explique Henri Ardant à l'assemblée générale du 5 mai 1943. « Ces groupements dont la plupart ne disposent que de ressources propres limitées ont souvent fait appel à notre concours et nous leur avons accordé des crédits importants. » Il s'agit notamment des comités d'organisation qui n'arrivent pas à se faire payer par les entreprises les cotisations qu'elles doivent leur verser théoriquement.

La marque la plus visible de cette prospérité concerne le personnel. Les effectifs de la Société Générale augmentent fortement pendant l'Occupation, passant de 10 321 employés au 30 juin 1940 à 14 260 au 30 juin 1944. Un résultat remarquable dans une activité non stratégique, alors même que la main-d'œuvre devient très vite rare.

Pendant les deux premières années de l'Occupation tout au moins, la direction de la Société Générale ne se préoccupe guère de savoir si le développement de ses affaires contribue ou non à l'effort de guerre allemand. La plus belle illustration de cette attitude échappera complètement à la vigilance des épurateurs de la Libération. Entre avril 1941 et octobre 1943, certaines banques dont la Société Générale — les autres sont le Crédit Lyonnais, la BNCI et l'Aerobank allemande — réussissent à se brancher sur le circuit du « clearing », un des principaux modes de pillage de l'économie française par l'occupant*. Elles ont réussi à en faire une activité non négligeable mais aussi vraisemblablement très rémunératrice. Quand une entreprise française exporte des produits en Allemagne, l'Office des changes doit verser le montant de la facture à l'une de ces banques, qui est chargée de régler l'exportateur. Or il suffit qu'il manque un coup de tampon sur les justificatifs de l'entreprise, cas qui sera fréquent, pour que la banque y trouve son intérêt — au sens concret du terme — en conservant l'argent pendant quelque temps. L'inventeur inconnu de ce système, qui est à rechercher plutôt du côté des banques que de celui de l'Office des changes, voulait manifestement créer une rente pour les établissements financiers concernés sous prétexte de faciliter la vie des exportateurs. Le Crédit Lyonnais sera accusé de multiples abus et notamment de retarder régulièrement de plusieurs semaines voire de plusieurs mois le règlement des entreprises[26]. Diffi-

* Les entreprises françaises exportant vers l'Allemagne ne sont pas payées en marks mais reçoivent la contre-valeur de leur facture en francs après présentation d'un justificatif de livraison. Dans la mesure où le courant inverse d'exportation allemand vers la France est très faible, c'est une manière de faire payer au Trésor français, encombré de marks sans véritable pouvoir d'achat mais tenu de débourser des francs, une partie du pillage de la France par l'occupant. En se branchant sur ce circuit, les trois banques françaises n'accroissent donc pas le pillage mais elles en profitent, aux dépens des entreprises.

cile d'imaginer que la Société Générale se prive d'en faire autant. Mais de toute façon, au-delà de ces pratiques abusives, le service n'est pas gratuit. Le patron de l'office des changes, à qui il semble avoir été imposé, juge les commissions des banques « exorbitantes » pour un travail de pur intermédiaire passif : 2 pour mille avec un minimum de 25 francs et un maximum de 500. À la Société Générale, ces opérations ont porté surtout sur les vins et les textiles, explique la banque dans une note au ministère des Finances. Et c'est justement une plainte d'un négociant en vins de Bordeaux qu'on retrouve dans les dossiers du juge d'instruction, qui s'y intéresse apparemment fort peu. « La Société Générale, qui avait le monopole de fait de la transmission des fonds du clearing, prétendait effectuer des retenues anormales pour les vendeurs », explique pourtant très simplement celui-ci.

Pendant la première moitié de l'Occupation, Ardant a donc agi conformément à ce qu'il estimait être les devoirs d'un bon président de société, défendant au mieux les intérêts qui lui ont été confiés sans se laisser distraire par d'autres considérations. « Soucieux de protéger et de sauvegarder, avec sa vie présente, l'avenir même de son établissement, il n'est rien d'étonnant à ce que cet homme qui avait une haute conception de sa tâche et de ses responsabilités ait tout fait et je dirais tout osé entreprendre pour parvenir à ce but. » Celui qui écrit à la Libération cet éloge à double tranchant est son premier maître en banque, L.S. Koechlin, un vieil inspecteur général à la retraite depuis longtemps, qui l'a mis au courant des us et coutumes de la maison à ses débuts en 1922[27].

Quand les banquiers écrivent eux-mêmes la loi qui régit leur activité

Mais Henri Ardant n'est pas seulement, on le sait, un patron de banque soucieux de « l'avenir même de son établissement ». Le chef d'entreprise a également une responsabilité collective en tant que président du comité d'organisation. Son comportement, quand il exerce cette fonction, mérite d'autant plus d'intérêt qu'on va assister en quelques années à une profonde transformation du système bancaire français.

Avant 1940, n'importe qui pouvait décider d'ouvrir une banque, ou presque. Avec les risques que cela comportait pour l'argent des déposants. La profession restait pourtant opposée à tous les projets d'encadrement de ses activités, qui risquaient de justifier une intervention de l'État dans ses affaires. Dans *Banques et Banquiers*, un livre publié sous le pseudonyme savoureux d'Aureüs en 1939, Henri Ardant confondait pratiquement réglementation et nationalisation dans une même réprobation. Sous le Front populaire, la CGT considère d'ailleurs qu'il représente le principal obstacle face aux projets du gouvernement en la matière. La question, jusque-là, ne comportait aucun enjeu politique, ni à droite ni à gauche. Les scandales financiers des années vingt avaient déclenché des propositions de tous bords en faveur du contrôle de la profession, qui avait d'ailleurs fait quelques timides progrès. Mais dès 1936, les banquiers ont senti que derrière les intentions gouvernementales de mieux réguler leur activité pouvait désormais surgir la question de la « nationalisation du crédit », cette expropriation à laquelle certains n'échapperont pas en 1946 et d'autres en 1982. Autrement dit, ils voient se profiler à l'horizon la tentation pour la puissance publique de récupérer pour son compte ce pouvoir essentiel qu'ont les banquiers de canaliser l'argent dans telle ou telle direction, d'accorder ou de refuser un crédit à telle ou telle entreprise, de souscrire ou de ne pas souscrire à un emprunt d'État...

Que se passe-t-il en 1940 ? Henri Ardant, opposant notoire à la réglementation, a été « convoqué » en septembre 1940 à Vichy, assurera-t-il, par le ministre des Finances. Yves Bouthillier lui aurait alors tout simplement appris « qu'il avait décidé d'organiser le contrôle des banques par l'État »[28]. Et cet homme au caractère entier se serait incliné et aurait accordé sans résister au nouveau pouvoir ce qu'il avait refusé au Front populaire ? Trop simple évidemment.

Il est possible que dans ce domaine comme dans tant d'autres, les Allemands aient fait comprendre au ministre — même si on n'a trouvé à ce jour aucune trace écrite d'un tel souhait — qu'un peu d'organisation ne nuirait pas. Pierre Herrenschmidt, qui était l'interlocuteur quotidien des banquiers à la direction du Trésor à l'époque, a « du mal à croire » qu'ils n'aient pas été pour quelque chose dans cette évolution majeure des règles du jeu dans une profession de cette importance. Mais à travers la Banque de France où s'était installé le Dr Schaefer, leur commissaire, les occupants disposaient déjà d'un poste de contrôle efficace du secteur. On ne voit donc pas pourquoi ils auraient tenu à inspirer une initiative pour modifier la situation. Il serait déjà étonnant qu'une éventuelle intervention de ce type n'ait pas été mentionnée dans le moindre document, ce qui expliquerait qu'on n'en trouve pas trace dans les procès-verbaux de réunion du comité provisoire d'organisation des banques. Mais elle n'est même pas évoquée, après guerre, par les multiples témoins qui défendront Ardant avec un grand esprit de solidarité et qui auraient pu ainsi « alléger » son dossier. Le ministre et le président du comité provisoire d'organisation des banques, autre hypothèse, ont-ils éprouvé le besoin, à titre préventif, de donner les moyens à la profession de faire face autrement qu'en ordre dispersé aux Allemands ? C'est ce qu'ils diront tous deux après guerre. Mais fallait-il pour autant se lancer dans une œuvre législative de fond ?

Lors de la première réunion du comité provisoire d'organisation, le 18 octobre 1940, Henri Ardant rappelle une fois de plus que « la situation des banques et du marché financier ne commande pas, en soi, une réorganisation bancaire [...]. Les banques françaises viennent de traverser victorieusement depuis plusieurs années une longue série de difficultés et d'épreuves : des crises monétaires, des crises sociales, des craintes de guerre, enfin la guerre et le défaite. Elles ont néanmoins continué à remplir leur mission sans défaillance et leur situation ne donne lieu à aucune inquiétude ». Et pourtant, dès l'ouverture de cette séance, il explique aux participants que « les pouvoirs publics attendent d'abord de nous l'établissement, dans un court délai, d'un programme de réglementation et de contrôle de notre profession de banque ». Et il n'émet apparemment aucune objection devant une telle perspective. Comme s'il s'agissait seulement, dans l'esprit du ministre, de savoir comment s'appliquera aux banques la loi du 16 août 1940 sur les comités d'organisation.

La surprenante soumission d'Henri Ardant aux désirs des autorités est trompeuse. En effet le projet de réglementation auquel fait allusion le président du comité provisoire est déjà dans sa poche, ou presque. Les principaux banquiers en ont parlé entre eux dès le mois de juillet, pendant les tout premiers jours de l'Occupation, au domicile de Roger Lehideux, le président de l'Union syndicale des banquiers[29]. Rien d'étonnant si dès la deuxième réunion du comité, le 25 octobre, ils peuvent déjà travailler sur un projet de texte. Tout en donnant très officiellement l'impression de satisfaire avec la plus grande docilité les vœux des pouvoirs publics — la première réunion du comité d'organisation a d'ailleurs eu lieu dans le cabinet du directeur du Trésor —, les banquiers, ou tout au moins les grands de la profession, sont en train de s'organiser entre eux, avec un minimum d'intervention réelle de l'État. Une opportunité saisie au quart de tour par Henri Ardant et ses collègues et qui explique leur revirement inattendu.

Le cabinet du ministre et l'administration des Finances ne donnent aucune directive, ne soumettent aucun avant-projet, nous a confirmé Pierre Herrenschmidt. Lui-même, qui représente très souvent les Finances lors des réunions du comité provisoire d'organisation, arrive de la direction du Budget et « apprend la banque » à cette occasion. Son patron Jacques Brunet, le directeur du Trésor, vient de la comptabilité publique et n'est pas plus savant à ce sujet. Toutes les propositions successives viennent d'Henri Ardant et de ses amis. Les textes finalement présentés au ministre des Finances, Yves Bouthillier, ne seront que « très légèrement » modifiés, déclarera celui-ci en 1946. Et il le confirmera dans ses mémoires : « Le comité, après huit mois d'un travail aussi discret qu'efficace, me remit son projet [...]. Cette législation est donc l'œuvre du comité et spécialement de son président M. Henri Ardant, inspecteur des Finances, président de la Société Générale. » Plus loin, il est encore plus catégorique : « Les auteurs de la loi de 1941 peuvent être fiers de leur œuvre. Je le dis, car ce n'est pas moi qui l'ai faite[30]. »

Il ne s'agit donc pas d'organisation mais d'auto-organisation de la profession. Un exemple unique à ce moment-là. Comment l'expliquer ? En face d'un pouvoir politique et administratif moins fort qu'on ne l'imagine en général, le patronat bancaire est, au contraire, plus organisé et plus puissant qu'à d'autres époques. Il a notamment pris de l'importance en 1936, quand il a fallu mettre des interlocuteurs en face des syndicats de salariés. « Jusqu'en 1914, l'Union syndicale n'avait regroupé que des établissements de second ordre », expliquera Ardant en 1946[31]. Dans sa bouche, une expression comme « de second ordre » vaut évidemment condamnation sans appel. L'évolution a commencé entre 1920 et 1936 avec « la nécessité de sauver certains établissements », précise-t-il. Mais surtout, confirme-t-il, « 1936 est une date capitale ».

En 1940, une partie de la profession au moins est donc mûre pour envisager une certaine forme de réglementation malgré la crainte de toute intervention extérieure. Depuis 1930 la loi interdit enfin à certains condamnés ainsi qu'aux faillis non réhabilités d'exercer le métier de banquier. Mais le sentiment reste vif que l'on côtoie n'importe qui dans cette profession. Un banquier peut déclarer : « La France est la terre bénie des banquiers véreux. Le Français, qui a gardé au fond de son âme beaucoup de méfiance paysanne, qui sait se priver pour empiler des sous dans son bas de laine, ira porter ses économies, fruit d'une vie honnête et laborieuse, au premier venu qui sait lui jeter de la poudre aux yeux et lui raconter des bobards. Et ils sont nombreux, les flibustiers de la banque, et combien de tours ils possèdent dans leur sac ![32]. » Et un peu plus haut il incrimine « toutes les créations hâtives [de banques] de l'après-guerre ». Ah ! s'il y avait moyen de s'organiser entre banquiers de bonne compagnie pour se débarrasser des indésirables ! C'est exactement ce que fait Henri Ardant en 1940. Mais le traumatisme de la grande crise des années trente n'étant pas loin, on va confondre assez facilement l'indésirable avec le concurrent quel qu'il soit...

La vie serait plus simple avec moins de concurrents

Dès la première réunion du comité provisoire d'organisation des banques, le 18 octobre 1940, dans le cabinet du directeur du Trésor, on décide qu'il faut procéder à un recensement complet des banques et exiger la notification de toute ouverture ou fermeture de guichet[33]. « Pour empêcher toute intrusion étrangère dans l'organisme bancaire français », assurera Ardant après guerre[34]. Est-ce vraiment alors son premier souci ? Voyons plutôt ce que va faire le comité provisoire jusqu'au 25 juillet 1941, date à laquelle, son œuvre législative accomplie, il se transformera, rejoignant le droit commun, en comité d'organisation permanent.

À partir de la deuxième séance, le 25 octobre 1940, on n'est plus dans les bureaux des Finances mais entre banquiers, 32, boulevard Haussmann. Le siège de la Générale est au 29. Le comité se déplacera plus tard au 49, avenue de l'Opéra, dans le même quartier. De quoi s'inquiètent désormais les présents ? L'un « voudrait savoir si la réglementation prévue s'applique aux Banques Populaires qui sont à ses yeux des concurrents particulièrement nuisibles ». Les banques populaires, comme le Crédit Agricole, avaient en effet commencé à envahir le « territoire » des banques privées depuis 1936. Aujourd'hui encore, la question pourrait d'ailleurs être posée à peu près dans les mêmes termes par certains banquiers... Un autre participant à la réunion dit que, en contrepartie du rôle de contrôle prévu pour la Banque de France, car le projet des grands banquiers a l'habileté de lui conserver une place dans le dispositif, il « souhaiterait que celle-ci abandonnât l'exploitation directe qui en fait trop souvent le concurrent des banques privées ». Les professionnels chargés de penser l'avenir s'inquiètent donc essentiellement de la concurrence et des moyens de la réduire. Au cours des deux séances suivantes, on va d'ailleurs discuter des mesures possibles de « fusion ou suppression de guichets ». Le 22 novembre, lors de la huitième séance, on s'attarde sur le cas de la BNCI, mise en cause car elle continue à ouvrir des guichets sans autorisation, et on se passionne pour l'intéressant dispositif de « radiation [d'établissements] pour raisons économiques » sur lequel le « comité d'organisation espère bien conserver la haute main ». À la onzième séance, on pense tout à coup à des concurrents qui ne font même pas partie de la famille, les notaires, qui, « bien souvent, conservent des dépôts injustifiés, démarchent la clientèle et engagent parfois l'épargne dans des opérations imprudentes » ; on convient à l'unanimité qu'il faut au moins les contraindre à faire connaître le montant de leurs dépôts. Pendant la quatorzième séance, on consacre un bon moment à l'imposante place bancaire... d'Issoudun : on refuse une ouverture de guichet à la banque Hervet, car cinq établissements y sont déjà représentés. L'affaire BNCI prend bientôt de l'importance. La grande banque parisienne renonce certes à ses projets à Aigurande (Indre) et à Mussidan (Dordogne) mais elle conserve des ambitions à Tulle, à Valence et à Aurillac. Et à l'occasion de la vingtième séance, on évoque encore les protestations des banques de Brest et de Niort contre l'installation de guichets BNCI. Pour Niort, l'accusée essaiera de se justifier en affirmant qu'il s'agit là du « siège de repli de son agence de Charleville ». Un argument que l'on n'ose pas rejeter complètement. Mais on apprendra par ailleurs qu'à Lyon les banques repliées se sont vues notifier une interdiction de travailler avec la clientèle locale ! Toujours lors de cette même séance, on reparle des « ententes », ces accords de place qui fixent notamment des taux débiteurs minimaux et des taux créditeurs homogènes pour une même ville, quelle que soit la banque. Il faut, dit-on, homologuer très officiellement ces accords mais surtout les rendre obligatoires ! Limitation stricte des ouvertures de guichet, ententes obligatoires, en trois mois il ne semble pas qu'on ait beaucoup parlé des Allemands — même si les comptes rendus sont nécessairement discrets à ce sujet. Il est certain en revanche que la concurrence, ou ce qui en restait, vient d'en prendre un coup.

Au fil des semaines, l'imagination aidant, les banquiers « de premier ordre » imaginent quelques autres moyens de rester entre soi, en privilégiant par exemple les établissements les plus anciens. Pour ces derniers, propose-t-on un jour, le capital minimum pour avoir l'autorisation d'exercer serait réduit à cent mille francs alors qu'à ce stade du projet on parle encore de deux cent mille francs pour les autres. De même, on voit immédiatement tout le parti qu'on pourrait tirer du contrôle de la moralité des banquiers. Et cela donne un étonnant théorème économique : « Le comité considère comme ne correspondant pas aux besoins économiques l'activité d'une entreprise dont la moralité est critiquable. » Ce « concept » est élaboré avec beaucoup d'élégance dès le 12 novembre 1940 par l'Union syndicale des banquiers dans une note générale sur les projets de réforme : « Il importe tout d'abord que la profession et le commerce de banquier soient bien définis et réglementés afin que ne s'introduisent pas dans la corporation des individus tarés, incapables ou dépourvus de moyens. » Il s'agit là aussi, il est vrai, d'une réaction aux scandales financiers de l'entre-deux-guerres.

Le banquier dépourvu de moyens ou insuffisamment introduit dans la profession pour que sa moralité soit considérée comme bonne est bien évidemment un petit banquier. Le comité provisoire est d'ailleurs vite perçu par les contemporains comme une réunion de quelques représentants du grand capital qui s'organisent pour conserver le pouvoir malgré la condamnation des « trusts » par le maréchal Pétain. Il subit même des campagnes de presse sur ce thème. Les plus grands établissements de crédit ont su effectivement occuper la place : la Société Générale, le Crédit Lyonnais et le Comptoir National d'Escompte occupent à eux seuls la moitié des six sièges du comité dévolus aux professionnels. Après de savants calculs, l'historienne Claire Andrieu[35] estime pouvoir affirmer que le « grand capital » détient directement et indirectement un quasi-monopole de l'influence au sein de cette très petite assemblée. La composition du comité provisoire ayant donné lieu à quelques tractations en coulisses, on y a bien nommé, pourtant, un « petit » banquier, Jacques de Boissieu, gérant de la banque du même nom à Saint-Chamond. Mais en réalité, coincé de l'autre côté de la ligne de démarcation, il est pratiquement toujours absent. Comme c'est dommage !

Les intentions d'Henri Ardant et de ses amis du comité sont tellement claires qu'elles suscitent des réactions dans la profession et à l'extérieur. Celles des petites banques bien sûr : elles refusent de disparaître sans combattre et elles arriveront finalement à sauvegarder en grande partie leurs intérêts. Mais aussi celles d'un homme défendant sans doute les intérêts supérieurs de son employeur, le directeur des études de la Banque de France, Jean Bolgert, qui s'oppose vigoureusement au projet que conçoivent les patrons des grands établissements de crédit. Dès le 10 octobre 1940 il souligne dans une note que le texte qu'on envisage d'adopter fournirait aux banques « le moyen de continuer à ne faire que ce qu'elles veulent, et d'imposer, plus encore que par le passé, leur loi à leurs concurrents moins puissants, et à leur clientèle[36] ». Dans une note du 6 décembre au ministre des Finances lui-même, il qualifie de « pouvoir exorbitant » celui de refuser d'inscrire ou de radier une banque que le « soviet » des banquiers entend se réserver. Pour Pierre Herrenschmidt, il ne faut cependant pas surestimer cette opposition : il s'agit essentiellement d'une réaction de défense de la Banque Centrale qui, faute de législation, était jusque-là, *de facto*, le seul organe de tutelle de la profession. Celle-ci réussira d'ailleurs à grignoter quelque pouvoir — essentiellement un pouvoir de surveillance — en obligeant Henri Ardant à aller au-delà de ses intentions initiales. Elle en récupérera beaucoup à la Libération.

Le ministre, de son côté, a laissé les grands banquiers organiser leur marché à leur convenance. N'a-t-il rien vu ? Ou n'a-t-il rien voulu voir ? Certains de ses collaborateurs n'ont pas gardé le souvenir d'un patron très clairvoyant face aux dossiers délicats[37]. Yves Bouthillier écrira quelques années plus tard que la nécessité de légiférer s'expliquait par « l'indolence » des banques et « un accroissement déraisonnable des frais généraux qui grevait le prix du crédit ». Exactement le genre de situation qui commande une stimulation de la concurrence et non l'inverse ! Mais peut-être a-t-il été séduit par une profession qui s'employait alors à proposer une belle illustration du corporatisme cher au cœur du maréchal. « La banque chez nous devait être administrée exclusivement par des banquiers », écrit-il, attendri, dans ses mémoires. Et plus loin : « L'institution [la commission de contrôle des banques] n'est pas indépendante de l'État, mais dans les limites de leur activité professionnelle, les banquiers sont maîtres chez eux. » Deux remarques qui auraient pratiquement pu être attribuées à Ardant, qui dira en 1946 : « Cette organisation présentait à mon avis de gros avantages sur les organisations similaires étrangères car les banquiers étaient présents au comité et continuaient donc à diriger leur profession. » Et un peu plus tôt : « Il était admis, après de longues discussions, que le comité [permanent] serait dirigé par des banquiers, ceux-ci devant le composer exclusivement, deux commissaires du gouvernement représentant l'État aux délibérations du comité avec droit de veto. »

Les autorités allemandes, heureusement pour les banquiers, ont fini par se manifester, au printemps 1941, peu avant l'adoption de la loi réglementant le secteur. Autrement il serait encore plus difficile d'accréditer un tant soi peu la thèse soutenue après guerre, à savoir qu'on a surtout voulu opposer, grâce aux travaux du comité, une contre-organisation française à l'organisation allemande. Mais l'occupant, à qui on soumet le projet, tique sur son article 15, qui traite des « banques étrangères ». Il ne prévoit en effet aucun régime de faveur pour les établissements à capitaux allemands. Finalement deux d'entre eux[38] seront autorisés à exercer leurs activités, sans pouvoir posséder de bureau de représentation en zone Sud, pendant l'Occupation — l'Aerobank et la Société de Crédit et d'Investissement, le second devant faciliter, on l'a vu, l'introduction d'intérêts d'outre-Rhin dans les Galeries Lafayette.

Une concession de faible portée et acceptée « sur ordre formel des autorités d'occupation et sur injonction du ministère des Finances » [39], fera-t-on remarquer dans la profession.

L'Aerobank aura essentiellement pour vocation de financer les commandes du Reich à l'industrie aéronautique française, les banques de l'hexagone refusant d'accorder les crédits qu'on leur demande à partir de début 1942 pour de tels marchés par crainte de ne pas être remboursées. Et même à propos de ces autorisations, c'est le concurrent qui parlera chez Henri Ardant, beaucoup plus que le patriote, quand, en 1946, il s'expliquera sur le sujet. Ces concessions à l'occupant, dira-t-il au cours d'un interrogatoire, étaient « moins fâcheuses que l'inscription d'une banque allemande privée qui eût exercé éventuellement un bien plus grand attrait sur la clientèle. Puisqu'il fallait concéder l'inscription d'une banque allemande, je pense qu'il a mieux valu que ce fût l'Aerobank que la Deutsche Bank ou la Dresdner Bank par exemple qui eussent été beaucoup plus redoutables ».

Et si on fermait les petites banques juives ?

Pour les grands banquiers, l'idéal, alors que l'activité économique s'étiole, sans empêcher pour autant les établissements importants de prospérer, serait certainement, on l'a vu, de pouvoir éliminer quelques établissements. Du projet à sa réalisation, il n'y aura qu'un pas. Car les victimes sont toutes trouvées. On sait la place qu'a tenue l'envie d'éliminer des concurrents dans les opérations d'« aryanisation », en particulier dans les secteurs commerciaux. La banque n'a pas fait exception, loin de là. Au comité provisoire d'organisation, la rubrique « banques juives » s'ouvre en janvier 1941. On ne parlera pas des grandes — Rothschild, Lazard, Louis-Dreyfus — qui, de toute manière, sont déjà en sommeil ou en cours de liquidation. Mais on s'intéressera beaucoup aux petites. Ainsi peut-on lire dans les comptes rendus de séance du comité — exemples pris parmi d'autres — que « la liquidation paraît s'imposer » en ce qui concerne la « Société Parisienne de Banque » ou que la Banque de Gérance Mobilière « n'est pas indispensable au marché de Paris », tandis que l'« aryanisation » de la Banque Hirsch « posant des difficultés, il n'y a aucun inconvénient à la liquider ». Malgré les protestations, la liste des propositions de fermeture s'allongera vite. Le résultat final sera moins dramatique, du point de vue de la démographie bancaire, qu'on aurait pu le craindre pour beaucoup d'établissements. Les procédures d'« aryanisation » sont longues et en général menées de façon peu efficace par leurs responsables. Beaucoup de dossiers seront donc toujours en cours d'examen en 1944, à la Libération. Mais la tendance ne fait pas de doute et ressemble à une doctrine. Une note trouvée au ministère des Finances fait allusion ainsi à la position prise par Henri Ardant au cours d'une réunion avec des Allemands en août 1942 : « On pense qu'il y a à Paris trop de banques ; en ce qui concerne les banques juives, il a été décidé de n'inscrire que celles qui répondent à un besoin économique.[40] »

Le comité d'organisation présidé par le patron de la Société Générale n'est pas le seul, dans les métiers de l'argent, à chercher à mettre ainsi à profit les circonstances dramatiques pour les Juifs. Un compte rendu d'une réunion du sous-comité du comité d'organisation des banques chargé de l'organisation des marchés financiers[41] donne une petite idée des raisons probables pour lesquelles la Bourse de Paris ne veut toujours pas, cinquante ans après, ouvrir ses archives sur la période de l'Occupation[42]. On y parle du sort des quatre-vint-neuf « coulissiers » de la place, ces professionnels qui, en marge du monopole des agents de change, avaient le droit de traiter des petites valeurs qui n'étaient pas inscrites à la cote officielle ou de faire de la « contrepartie » entre professionnels sans passer par le marché. On apprend ainsi que cette profession « a perdu, ou va perdre, la majorité de ses membres qui sont de confession israélite et pour la même raison raciale voit disparaître 75 % des capitaux qui alimentaient son activité ». Un des intervenants « doute [que la profession] puisse se relever d'un pareil coup et incline à penser, en conséquence, que la compagnie des agents de change pourrait recueillir ce qui reste des éléments sains de la coulisse ». En l'absence d'autres documents, on peut seulement constater que les agents de change ne réussiront pas cette OPA sur les activités de leurs collègues et que la loi du 14 février 1942 conférera un caractère légal à la coulisse. Mais là encore, on a pu apercevoir à quel point, pour peu que la réglementation et le terrain idéologique s'y prêtent, « le juif », comme « l'étranger » à d'autres moments, se confond facilement avec le concurrent indésirable.

Par tradition familiale, Henri Ardant était incontestablement antisémite. « Alors que l'antisémitisme officiel des congrès organisés par la démocratie chrétienne à Lyon en 1896, 1897 et 1898 avait suscité des réserves de l'archevêché, Léon Harmel n'hésita pas à participer aux journées consacrées à ce thème avec, en 1896, le concours d'Édouard Drumont. Défendant des opinions nettement arrêtées, il dénonça "la Triplice de l'intérieur, la coalition maçonnique, juive et protestante" », écrit l'historienne Claire Andrieu. Et on ne peut que constater le ton purement pratique, technique, qu'utilise son fils spirituel Ardant pour évoquer les questions d'« aryanisation », sans jamais laisser percer une réticence ou une réserve, même à l'état de trace. Sous l'Occupation comme d'ailleurs après guerre, quand il aura à évoquer le sujet devant la justice. Comme le dit pudiquement Pierre Herrenschmidt, « Il ne recherchait pas l'amitié des juifs. » Difficile de ne pas rapprocher cette indication du mécontentement déjà évoqué des « entreprises juives » qui sont venues demander à Ardant la protection de son établissement quand elles cherchaient à éviter une « aryanisation » irréversible. Ainsi, le marchand de biens André Bernheim, qui se plaindra après guerre de n'avoir pu empêcher Ardant de vendre son affaire, estimera que le banquier, « craignant d'être compromis dans une affaire juive, a simplement voulu s'en débarrasser[43] ». Qu'il ait pu avoir cette impression, vraie ou fausse, n'est certainement pas étonnant.

Le patron de la Générale est d'ailleurs considéré comme un homme sûr par les Allemands en matière d'« aryanisation ». Dans l'affaire passablement embrouillée de CIGMA (la Compagnie Industrielle des Grands Magasins), Henri Ardant reçoit du Dr Michel lui-même, le patron du Majestic, une lettre lui demandant le 6 octobre 1941 de prendre la présidence du groupe. « Certaines garanties personnelles sont indispensables non seulement pour assurer la sincérité de l'aryanisation mais aussi pour assurer l'exécution totale et la permanence de l'aryanisation », explique le responsable du Majestic. Dès le 22 octobre, son homme de confiance devient officiellement le patron de CIGMA.

Le virage de 1942

Jusqu'en 1942-1943, Ardant est donc on ne peut plus l'homme de la situation. Après aussi, mais différemment. Car quand la situation change, il s'en aperçoit et il en tire des conséquences. Certains, notamment des petits patrons isolés, se sont sans doute laissé abuser jusqu'à l'été 1944, ou presque, par de multiples rumeurs sur l'évolution de la guerre, au point de croire à une prétendue paix de compromis ou au rôle décisif des armes secrètes que préparaient les Allemands. Ainsi, le journal de Pierre Nicolle, ce défenseur des petites et moyennes entreprises qui traîne dans les couloirs de Vichy jusqu'à la fin de l'Occupation, est remarquable d'aveuglement[44]. À l'inverse, celui de l'économiste Charles Rist, ancien sous-gouverneur de la Banque de France, moins proche du pouvoir, mais encore membre de plusieurs conseils d'administration, propose souvent des anticipations tout fait pertinentes. Il fréquente le même genre de déjeuners ou de réunions qu'Henri Ardant. « Il est clair que l'immense entreprise allemande se heurte à son immensité même », écrit-il le 24 mai 1942. Et le 27 novembre 1942 : « Le dégagement de Stalingrad serait le plus formidable coup porté au prestige du Führer [...]. Si les Allemands pouvaient être privés des pétroles roumains, sans avoir pu s'emparer des pétroles russes, la guerre pourrait finir plus tôt qu'on ne le croit[45]. » Dans les milieux où circule le patron de la Société Générale, on est donc parfaitement capable d'évaluer les effets de l'échec allemand en Russie comme on saura prévoir les succès de la puissante machine de guerre américaine.

« Les faits invoqués à sa décharge se placent surtout à partir de 1942 », constatera le commissaire du gouvernement en rédigeant ses conclusions finales sur Henri Ardant pour la cour de justice de la Seine. Et il précise pour bien se faire comprendre : « À partir de 1942 et de l'approche qu'il a constatée de la défaite allemande, il a mis à son actif une action proalliée. »

Le changement d'attitude de cet homme intelligent et informé au milieu de la période de l'Occupation ne signifie pas qu'on a affaire à un adepte du pur cynisme. On peut prendre plaisir en 1941 à discuter des avantages d'un espace économique européen ou de Schopenhauer avec des Allemands bien élevés en buvant un bon champagne et être très choqué un ou deux ans plus tard par la nouvelle attitude des occupants — lesquels sont souvent des individus différents. Le Reich aux abois donnera en effet le pouvoir en France en 1943 et 1944 à des hommes de plus en plus durs, pour déporter les Juifs, exiler les travailleurs et réaliser des tâches de basse police.

Le commissaire du gouvernement ne se trompe sans doute pas pour autant quand il explique par l'habileté du personnage son désintérêt soudain pour des affaires tant recherchées quelques mois plus tôt. On a déjà évoqué par exemple la participation de l'établissement d'Henri Ardant au fonctionnement du clearing. Or en octobre 1943, la Société Générale, réalisant soudain « l'ampleur prise par les exportations françaises en Allemagne », décide de « chercher à écarter » ces opérations et de « renoncer à la délégation » de l'office des changes pour le clearing, un privilège dont tout porte à penser qu'il était extrêmement rémunérateur comme nous l'avons vu[46]. Il ne fera sans doute pas bon voir son nom associé à cette méthode de pillage de la production française à la Libération, se dit-on déjà. De plus, la participation des banques au système de financement des achats allemands menace de tourner au piège depuis l'été 1943. Les occupants commencent à être à court d'argent, malgré l'énormité des sommes qui leur sont versées par le Trésor français. Richard Hemmen, le responsable des questions économiques à la commission d'armistice, essaye donc d'obtenir de l'ensemble des banques françaises qu'elles financent à la place des clients allemands les avances aux entreprises qui travaillent pour exporter outre-Rhin. Il leur demande en d'autres termes d'accorder des crédits à la place du Reich. Cette fois-ci, ce sont des établissements privés et plus seulement le Trésor français qui risquent de fournir des sommes irrécupérables à l'Allemagne. Les bénéfices des banques sont menacés.

Le président du comité d'organisation va alors déployer tout son savoir-faire pour expliquer aux Allemands le refus des financiers français de se prêter à ce stratagème par des considérations purement « techniques », en posant le problème des garanties et de la liquidité. « Si cette garantie consistait dans la signature d'une banque étrangère, on peut se demander si, toute question de sécurité mise à part, les engagements des banquiers français conserveraient une liquidité suffisante », écrit-il au nom de la profession. « En effet, pour faire jouer éventuellement cette garantie, des problèmes de transfert ne manqueraient pas de se poser dont la solution, si elle est possible, peut être fort longue et ces aspects de la question interdiraient l'emploi des procédés de mobilisation auxquels on peut songer [...]. » Oser mettre sur le papier un tel galimatias pour refuser de se plier à une requête très ferme des Allemands, donc pour se moquer d'une certaine façon d'une puissance qui occupe son pays, et cela sans finir en prison, voilà qui n'est pas à la portée du premier venu. Cela ne s'apprend qu'à l'inspection des Finances ! « En l'espèce, l'inculpé a servi avec fidélité les intérêts professionnels qu'on lui avait confiés. Mais qu'il ne présente pas son intervention comme un succès national [...] », commente cependant avec bon sens le commissaire du gouvernement.

Ce dernier reconnaîtra de même qu'Henri Ardant a eu, en faveur de la Résistance, une action efficace mais « tout en la situant exactement dans le temps ». La dissolution de l'armée d'Armistice après le débarquement allié en Afrique du Nord et l'occupation de la zone non occupée vont en effet ouvrir, fin 1942, un nouveau champ d'action au patron de la Générale et du comité d'organisation : le reclassement des officiers. Une initiative qui lui est vraisemblablement suggérée par Maurice Lorain, dont le cousin, le colonel Blanc, organise la résistance de ces militaires. Certains, dont Blanc lui-même, utiliseront la couverture du comité d'organisation, d'autres, par exemple le colonel Donet, celle de la Société Générale. « Le local du comité des Banques [49, avenue de l'Opéra] se prêtait merveilleusement à une activité clandestine. En effet, les allées et venues dans l'escalier de l'immeuble étaient nombreuses (près de trois mille par jour) en raison de la présence au premier étage du quotidien *Aujourd'hui* », raconte le colonel Blanc. Les dirigeants de la Générale, comme toujours au premier rang, recruteront quarante-huit officiers contre vingt au CIC, vingt au Crédit Lyonnais, dix à la BNCI, dix à la Banque de Paris et dix au Crédit du Nord. « L'existence d'un vaste réseau d'agences devait permettre [aux banquiers] de faciliter l'action des officiers dont ils connaissaient parfaitement l'activité, et notamment de les charger des missions vers les points du territoire où leur présence pouvait se trouver nécessaire », explique un des documents justificatifs de l'action d'Henri Ardant[47]. Le colonel Donet, chargé de l'inspection des dispositions de défense passive prises dans les différentes implantations de la banque sur tout le territoire, peut effectivement entreprendre grâce à cette fonction tous les déplacements « nécessaires » et faire preuve ici et là, sans être suspecté par l'occupant, de la plus grande curiosité.

À la pointe du combat contre le STO

Quand Ardant agit en faveur de la Résistance, peut-être fait-il preuve, au moins en partie, d'un grand sens de l'opportunisme. Il est difficile d'en dire autant quand il prend la défense du personnel de sa banque et de tous les établissements du pays. Le patron de la Générale n'a pas attendu 1942 pour s'affirmer comme un patron social et il ne s'est pas laissé arrêter par les difficultés de la période pour continuer dans cette voie. Il se flattera, après guerre, d'avoir été le seul président de comité d'organisation à avoir spontanément élargi ses fonctions aux questions sociales, sans l'aval de personne. Il prendra manifestement plaisir à souligner perfidement que son collègue banquier Aimé Lepercq, président du comité d'organisation des combustibles solides et grand résistant avant de devenir le premier ministre des Finances de De Gaulle en 1944, n'en a pas fait autant. Malgré la dissolution des centrales syndicales par Vichy, il gardera pendant toute l'Occupation, contrairement à bien d'autres patrons, le contact avec les représentants du personnel de son établissement, ce qui contribuera à lui épargner à la Libération la haine de ses employés.

En 1940 ce n'est que « pour répondre aux recommandations formelles du gouvernement », pour reprendre ses propres termes, qu'il a débauché un certain nombre de femmes dont les maris possédaient un emploi stable, méthode imaginée par Vichy pour limiter le chômage. Il fait manifestement alors tout son possible pour interdire les licenciements dans la profession. Toutes les occasions sont bonnes, par ailleurs, pour améliorer les rémunérations alors que la politique officielle, qui a érigé au rang de priorité absolue la défense du franc et la lutte contre l'inflation, comporte un blocage des prix et des salaires. À la sortie de l'hiver 1940-1941 les employés de banque reçoivent une allocation exceptionnelle en fonction du nombre d'enfants, le 1er avril une majoration des allocations familiales, en juin un demi-mois supplémentaire, des gratifications à la fin de l'année, etc. Ardant finira par s'attirer des remontrances du ministère des Finances mais aussi, semble-t-il, de certains membres de la profession. « Je ne puis pas dire que cela m'ait valu l'assentiment unanime [des banquiers] », expliquera-t-il à l'un de ses juges, précisant en particulier que les banques de province jugeaient les améliorations de traitement décidées par Paris trop importantes.

Il se préoccupe directement de la nourriture du personnel, comme un assez grand nombre de chefs d'entreprise de l'époque, mais plus énergiquement sans doute que d'autres. Les restaurants d'entreprise sont développés mais aussi les coopératives et les jardins collectifs. À l'entrée de l'hiver 1943, les employés de la Société Générale recevront « un stock familial de pommes de terre ». La banque finira par demander explicitement à chaque agence de fonder une exploitation agricole pour nourrir les employés, raconte Maurice Lorain.

Organiser la protection du personnel contre les duretés de la période n'est peut-être pas en l'occurrence l'unique objectif d'Henri Ardant. Nous avons du mal à imaginer aujourd'hui à quoi ressemble une période où les patrons se font concurrence pour attirer une main-d'œuvre insuffisante. Pour expliquer aux syndicalistes qu'il « souhaiterait personnellement » une hausse des salaires, le patron de la Générale souligne par exemple que « la profession bancaire se trouve très désavantagée par rapport aux autres professions et qu'il en résulte le départ de beaucoup de ses employés qui trouvent ailleurs, dans l'administration, dans les comités d'organisation, etc. des situations plus rémunérées[48] ». Au cours d'une réunion entre responsables allemands et français, il plaide à une autre occasion pour une augmentation des salaires qui n'aura, assure-t-il, aucune influence sur les tarifs, les banques étant résignées à rogner sur leurs bénéfices parce qu'elles « préfèrent s'appauvrir que de perdre l'outil qu'elles ont en main », autrement dit leur personnel. De même, on peut interpréter comme une initiative destinée à préserver le capital humain la défense des employés contre le travail obligatoire en Allemagne. Koechlin, le vieux maître d'Ardant, le confirme à sa manière lorsqu'il écrit que « l'enlèvement » du personnel demandé aurait abouti à « la mort sans phrase de la Société Générale ». Mais on aurait tort de s'en tenir à cette seule lecture pragmatique d'un comportement plus complexe.

Le banquier qui défend ses employés contre le STO en 1943 n'est plus, à bien des égards, le même homme que celui qui était dans les meilleurs termes avec l'occupant en 1941. Le recrutement obligatoire de main-d'œuvre pour l'Allemagne, avec ses relents de travail forcé sinon d'esclavage, a tracé pour beaucoup de Français, y compris sans doute pour Henri Ardant, « la » frontière entre l'acceptable et l'inacceptable. Une chose est de financer des activités qui peuvent contribuer plus ou moins directement à l'effort de guerre allemand, une autre est de tolérer que ses concitoyens, sur ordre du Gauleiter Sauckel, haut commissaire du Reich à la main-d'œuvre directement nommé par Hitler, soient emmenés contre leur gré dans un pays étranger, à plus forte raison quand on est paternaliste et qu'il s'agit de vos « enfants ».

Dans cette nouvelle situation, Henri Ardant trouve matière à exprimer autrement son goût de l'action et son désir de réussir. Pour protéger les salariés des banques contre le STO, son « action personnelle [...] a été certaine et efficace », constatera d'ailleurs le Commissaire du gouvernement dans des conclusions qui, sur bien des points, ne se veulent pas dupes, on le sait, des habiletés de l'accusé. Le banquier sacrifie même pour la bonne cause une partie de ses ambitions en matière d'« organisation » de la concurrence : « On envisageait alors la possibilité d'une concentration raisonnée du réseau bancaire qu'on a dû abandonner par la suite, pour ne pas faire le jeu des Allemands en libérant la main-d'œuvre », expliquera-t-on de façon crédible dans une des plaquettes écrites pour sa défense.

Henri Ardant doit déployer beaucoup d'ingéniosité pour tenter d'éviter les départs dans un secteur qui ne fournit — en tout cas directement — rien d'utile à l'effort de guerre allemand. Aucune banque n'obtiendra bien entendu jamais le label S-Betrieb, celui qui mettait à l'abri de la réquisition — et donc des services de Sauckel — les ouvriers travaillant en France pour le compte de l'Allemagne. « La concomitance de plusieurs modes de prélèvement suivant l'âge, suivant le lieu de domicile, suivant l'emploi professionnel faisait peser sur les employés une inquiétude permanente et engendrait dans tout le personnel un état de désarroi extrême. Les banques étaient au surplus particulièrement menacées, leur personnel étant considéré par les Allemands comme n'appartenant pas à une profession essentielle à la conduite de la guerre », lit-on ainsi dans la plaquette sur l'action du comité d'organisation éditée vers 1945 pour défendre Ardant[49]. En novembre et décembre 1942, le président du comité bombarde les autorités de protestations pour limiter les réquisitions dans les banques. Il insiste bien entendu sur l'inaptitude physique des employés aux tâches manuelles que les Allemands veulent leur faire exécuter outre-Rhin. C'est du ministre... de la Production industrielle qu'il réussit à obtenir le 23 novembre 1942 que les salariés des banques soient considérés comme indispensables à l'économie du pays et dispensés du travail obligatoire. Cette barrière ne tient bien sûr qu'un temps, mais à mesure que Sauckel s'énerve et prélève de plus en plus en plus brutalement de la main-d'œuvre, il en invente d'autres.

Le 27 avril 1943, alors qu'on procède à la réquisition de classes d'âge entières (les classes 38 à 42), Ardant brandit la menace d'une atteinte au crédit de la monnaie et négocie un nouveau régime spécial pour les banques, qui doit limiter le nombre total des départs à 4 500 dans ce secteur qui emploie 81 668 personnes, dont 49 140 hommes. Puis il s'évertue à ériger des obstacles administratifs afin que 40 % seulement de l'objectif soient atteints. Les instructions nécessaires sont données discrètement aux établissements par l'Association professionnelle des banques, successeur de l'Union syndicale des banquiers qui a toujours conservé une existence parallèle au comité d'organisation. Les listes remises aux autorités sont ainsi conçues de façon à être le moins exploitables possible et à exiger de longs recoupements. On fait établir des documents par banque et par département que l'Association se fait un plaisir de fondre en un recensement national par classes d'âge, ce qui déroute les services de la main-d'œuvre, obligés de se livrer à diverses manipulations des données. L'organisme professionnel s'arrange pour avoir des « accointances » au commissariat général à la Main-d'œuvre. Grâce à celles-ci il peut « citer des circulaires passées ou même à paraître, des textes de télégramme, se référer à des conversations avec tel ou tel fonctionnaire de cette administration, enfin permettre à l'échelon local d'impressionner les exécutants ». À la Société Générale même, toutes les techniques sont utilisées pour empêcher les autorités de retrouver les employés recherchés : on invente les « démissions temporaires rétrospectives », on procède à des mutations d'une agence à l'autre à mesure que les divers lieux de travail sont « peignés » par les sergents recruteurs des services gouvernementaux de la main-d'œuvre, etc. Rapportées dans les plaquettes et autres mémoires en défense d'Henri Ardant, corroborées par les témoignages entendus au cours de l'instruction, ces manœuvres semblent avoir été efficaces.

Le secrétaire général français à la Main-d'œuvre estime le 13 avril 1944[50] au cours d'une réunion avec les Allemands au Majestic que les

« atermoiements renouvelés » des comités d'organisation des banques et de l'assurance constituent « un véritable défi à la classe ouvrière » qui part au STO pendant que ces cols blancs restent tranquillement dans leurs bureaux. Dans les mêmes circonstances, les manœuvres d'Henri Ardant seront qualifiées de « véritables escroqueries » et même de « sabotage » par des Allemands manifestement furieux. Le banquier, à en croire ses défenseurs et ses proches, aurait alors frôlé l'arrestation. Maurice Lorain, notamment, affirmera que « si le débarquement ne s'était pas produit, M. Ardant [se serait retrouvé en prison] ».

L'intéressé, il est vrai, ne se laisse impressionner par personne. Il envoie au ministre des Finances sa lettre de démission du comité d'organisation, au printemps 1944, pour protester contre l'importance de nouveaux « prélèvements » envisagés. Il cesse effectivement de siéger du 13 avril au 22 juin 1944. Mais le 9 mai, quand le président de l'Association professionnelle des banques, Rodolphe Hottinguer, envoie au même ministre des Finances, Pierre Cathala, une nouvelle lettre de protestation, on sent la patte d'Ardant. Ce courrier spécialement destiné à faire peur au responsable du franc reprend son argumentation habituelle : « Les banques sont dès à présent désorganisées moralement et matériellement d'une façon dangereuse pour la défense de la monnaie, pour les opérations éventuelles du Trésor, pour l'équilibre des entreprises industrielles qui, supportant sans produire de lourds frais de personnel, sont à la veille d'une crise de trésorerie[...]. » Finalement, d'après les calculs de l'Association professionnelle, les banques ne verront partir au STO que 2,25 % de leurs effectifs (3,7 % des hommes) entre le 15 juin 1942 et le 1er août 1944 contre 7,23 % pour l'ensemble des professions.

Un an de prison et une carrière brisée

La dernière année de l'Occupation aura été dure, pour les banquiers comme pour tout le monde. Très concret, le rapport annuel de la Société Générale rendant compte de l'exercice 1944 racontera qu'à Paris « l'arrêt des transports urbains, la réduction puis l'interruption des trains de banlieue ont empêché pendant plusieurs semaines beaucoup de nos employés de se rendre régulièrement à leur travail. Les coupures d'électricité ont arrêté nos services mécanisés et nous ont contraint à limiter les heures d'accès à nos salles de coffres. Au cours de l'hiver le manque de chauffage a rendu très pénibles les conditions de travail du personnel et nous a amené à réduire les horaires pendant les jours les plus rigoureux ». Mais le service, comme toujours, doit continuer. Suivant cette logique, Henri Ardant trouvera l'occasion de s'illustrer lors d'un moment de bravoure final en organisant la protection de l'or et des devises contenus dans les coffres des banques.

Dès son arrivée en France, l'occupant a rendu obligatoire la déclaration de ces valeurs. Par la suite, les coffres de la zone occupée ont été ouverts en présence de représentants du Devisenschutzkommando et les valeurs étrangères, les devises et l'or qu'ils contenaient ont été inventoriés. Cela malgré les protestations du gouvernement et quelques manœuvres astucieuses de certains propriétaires qui ont par exemple annoncé, par lettre anonyme, que divers coffres étaient piégés. Les Allemands exigeront qu'on leur remette l'or et les devises appartenant aux sujets britanniques, aux ressortissants allemands et aux Juifs. Plus la fin approchera et plus ils se feront pressants. Pendant des mois ils ne cesseront de réclamer qu'on « centralise » enfin entre leurs mains, dans un service qu'ils ont installé à la Barclays, les « biens ennemis » et les « avoirs appartenant à des personnes françaises dont la résidence était inconnue ». Ils obtiendront en partie satisfaction. Le 16 janvier 1945 Jacques Ferronnière, un des futurs patrons de la Société Générale, déclarera que la banque a dû finir par verser les avoirs en francs appartenant à des nationaux « ennemis » et détenus dans des agences de la zone Nord. Les versements ayant été très tardifs, on a pu retrouver, assurera-t-il immédiatement, dans les comptes de l'Aerobank bloqués à la Société Générale de quoi rembourser les versements effectués.

En 1943 lorsque les bombardements alliés ont commencé à atteindre sévèrement les locaux et le personnel de la banque à Lorient, à Saint-Nazaire et au Creusot, « les salles de coffres-forts partout ont bien résisté », tiendra à affirmer le président à l'assemblée générale des actionnaires du 25 avril 1944. Malgré quarante installations totalement détruites et trente-quatre endommagées, nulle part les valeurs ni la comptabilité n'ont disparu, précisera-t-on aux actionnaires l'année suivante. Mais les occupants pouvaient représenter un danger plus important que les bombardements pour les coffres. Jusqu'à leur départ de Paris, ils tenteront d'obtenir l'or et les devises dont ils n'ont pu encore s'emparer. Se démenant comme jamais, Henri Ardant leur tiendra tête au cours des dernières semaines, s'interposant entre l'administration, qui était prête à céder, et les banquiers pour inventer de nouveaux obstacles bureaucratiques et faire traîner les négociations.

Les Alliés approchant de Paris, le patron de la Société Générale a craint de voir les Allemands tenter un coup de force pour ouvrir les coffres de sa banque pendant le congé du 15 août 1944. Il a donc donné des instructions en conséquence. « L'or et les titres se trouvaient dans notre immeuble de l'avenue Kléber », racontera Maurice Lorain le 7 février 1949 devant la Commission nationale interprofessionnelle d'épuration. « Il y avait un certain nombre de clefs. J'ai retiré les clefs aux mains du service de garde [...], j'ai remis un jeu au directeur [de l'agence] du Trocadéro qui habitait Versailles et à qui j'ai dit de se faire porter malade et de rester [chez lui]. On ne peut pénétrer dans les salles fortes que par un siphon que j'ai fait remplir d'eau, de sorte qu'il aurait fallu un scaphandre pour y entrer. Des dalles obturent l'entrée des salles fortes et je les ai fait fermer. Et comme elles ne pouvaient être maniées que par un moteur électrique, j'ai fait couper le courant, arrêter la dynamo de secours et renvoyer chez eux les ouvriers électriciens. »

Au vu d'un bilan pour le moins contrasté, que penser du sort réservé à Henri Ardant et à ses collègues après la Libération ? L'historienne Annie Lacroix-Riz, très sévère d'une manière générale à l'égard des patrons, a titré l'un de ses articles « La non-épuration bancaire » pour résumer son point de vue global sur la question[51]. Il est sûr que cette profession habile et plutôt solidaire a été en fin de compte peu affectée par l'épuration, les banquiers mis en accusation collectionnant les « classements sans suite » ou les non-lieux. Les employés, il est vrai, avaient été suffisamment bien traités sous l'Occupation pour que les syndicats ne poursuivent pas les patrons de leur vindicte avec le même acharnement que dans d'autres secteurs. Peut-on pour autant dire qu'Henri Ardant, dont la carrière a été brisée après treize mois passés en prison de novembre 1944 à décembre 1945, n'a pas « payé ses erreurs » et même celles de quelques autres parmi les hauts responsables de la profession ?

Dès la libération de Paris, Emmanuel Mönick, secrétaire général du ministère des Finances, a mis fin aux fonctions d'Ardant à la tête du comité. Les autres banquiers restent alors plutôt solidaires de leur collègue, à l'exception d'un administrateur de la Société Générale qui réclame une enquête. Édouard Escarra, le directeur général du Crédit Lyonnais, le deuxième homme clé du comité d'organisation des banques depuis 1940, démissionne le 23 août pour protester contre l'éviction d'Ardant — ce qui ne l'empêchera pas de devenir plus tard président du Crédit Lyonnais nationalisé. Les autres membres du comité envoient une lettre collective de soutien le 28. Maurice Lorain écrit le 25 du même mois à Mönick pour défendre également son président. Plusieurs plaquettes et dossiers très complets seront édités par la suite pour mettre en valeur « l'action du président du comité des banques pendant l'Occupation ». Ils serviront à étayer les propos de ce dernier lorsqu'il aura à affronter les juges d'instruction de la cour de justice de la Seine et les membres de la Commission nationale interprofessionnelle d'épuration entre 1944 et 1949. Passant dans une large mesure à côté de l'essentiel, les enquêteurs chargés de faire la lumière sur les activités du banquier sous l'Occupation vont perdre beaucoup de temps à recueillir et à vérifier des dénonciations rocambolesques de diverses secrétaires déçues et d'autres personnages plus que douteux.

Le 6 octobre 1944, un journaliste spécialisé dans l'apologie de la collaboration, cherchant à démontrer qu'il n'avait pas reçu d'argent allemand pour publier sa feuille, affirmera qu'Henri Ardant l'avait subventionné en lui versant vingt mille francs par mois. Le témoignage du banquier, qui rejettera formellement cette accusation, ne sera pas jugé suffisamment convaincant. Le 10 novembre, alors qu'il est absent de Paris, c'est par la presse qu'il apprend qu'un mandat d'amener va être délivré à son encontre. Il se présente alors spontanément chez le juge d'instruction, qui le fait écrouer le 14 novembre.

Le 30 mai 1945, il est encore en prison pour six mois. Les actionnaires présents ce-jour-là à la dernière assemblée générale de la banque avant sa nationalisation sont officiellement informés de l'empêchement du P-DG, qui « s'est trouvé quelques semaines après la Libération dans l'impossibilité d'exercer plus longtemps le mandat dont il était investi et nous a en conséquence remis sa démission ». Henri Ardant n'aurait pas mieux dit pour expliquer qu'il était à Fresnes... Entre-temps il a vu s'allonger la liste de ses dénonciateurs. Le 23 mars 1945, le comité de libération des banques, qui semble avoir mis quelque temps à constituer ses dossiers, a reproché en effet à la Société Générale d'avoir avantagé les industriels travaillant à l'exécution des commandes allemandes et d'avoir facilité l'acquisition par les occupants d'intérêts dans des entreprises françaises. Ces accusations parfaitement passe-partout n'alourdiront guère son dossier[52].

Le ministère des Finances a, semble-t-il, décidé à la Libération de donner quelques têtes en pâture à l'opinion. N'a-t-il pas publié une liste de trente responsables du secteur bancaire qui se sont vu interdire l'exercice de leur métier le temps que des enquêtes soient diligentées à leur sujet ? Mais il veut rapidement éviter une mise en cause globale de la profession et il s'agace des procédures qui s'éternisent. Ayant reçu une demande de précisions de la Justice sur on ne sait quelle circulaire émise entre 1940 et 1944 par le comité ou par un établissement, le ministre des Finances répond le 19 janvier 1945, manifestement très enervé : « Chacune des circulaires que ces établissements [les banques] ont dû faire pendant la période de l'Occupation dans ces conditions devrait donc également entraîner une inculpation pour intelligence avec l'ennemi. » Ira-t-on jusqu'à suggérer aux épurateurs qu'il faut en rester là et que l'éloignement d'Henri Ardant constitue une sanction suffisante ? Le commissaire du gouvernement chargé de requérir contre le banquier le laissera peut-être entendre en écrivant : « Si la situation d'Ardant eut gagné devant la victoire de l'ennemi, c'est aujourd'hui un minimum qu'il la perde devant sa défaite. » La cour de justice de la Seine, quoi qu'il en soit, finira par classer le dossier Ardant le 7 janvier 1948, et le 7 février 1949 la Commission interprofessionnelle d'épuration prendra une décision similaire.

Le milieu catholique restera particulièrement attaché à Henri Ardant. Des syndicalistes chrétiens ont témoigné en sa faveur : « Je ne puis que songer à celui qui fut le plus compréhensif des employeurs et qu'il est regrettable de ne plus avoir en face de soi », a écrit ainsi la représentante de la Fédération des syndicats chrétiens d'employés. C'est à ces mêmes amitiés qu'il devra, semble-t-il, son reclassement en 1951 à la tête de la Banque Française de l'Agriculture, qui regroupe dans l'ouest de la France des coopératives d'agriculteurs qui ne veulent pas dépendre du Crédit Agricole. En 1958, il deviendra président de la Confédération nationale du crédit mutuel, nouvellement créée. S'il n'était mort en 1959, à l'âge de soixante-sept ans, l'ancien président de la Société Générale aurait sans doute fait encore parler de lui dans une profession où il restait discrètement respecté. Il a écrit le « Que Sais-je » de référence sur la *Technique de la banque* et surtout il a enseigné à l'Institut technique de banque, le très respecté centre de formation des cadres de la profession, créé en 1951. Un endroit comme les aime Henri Ardant : on y est entre banquiers.

Que restera-t-il de son œuvre législative après guerre ? Qu'en reste-t-il aujourd'hui ? Le texte de 1941 a été modifié substantiellement trois fois : peu de temps après la Libération le 2 décembre 1945 ; en 1966 avec la parution de plusieurs décrets ; le 24 janvier 1984. Les grands principes régissant le contrôle de la profession n'ont guère évolué. Pour recueillir les dépôts du public, il faut être banquier et pour ouvrir une banque, il faut toujours obtenir une autorisation, laquelle dépend non seulement de la solidité financière du bilan de l'établissement candidat mais aussi de la respectabilité de ses dirigeants. En revanche, on a retiré dès 1945 à la corporation des banquiers le pouvoir de se gouverner elle-même. La profession dépend aujourd'hui du Conseil national du crédit en théorie, du ministère des Finances et de la Banque de France en pratique.

Henri Ardant a donc perdu la partie sur le papier. Mais l'esprit de la loi de 1941 lui a longtemps survécu. Jusqu'à ce que les banques soient condamnées à la concurrence par les pouvoirs publics au milieu des années quatre-vingt, ce secteur est resté très corporatiste et sa pente naturelle a toujours été de s'organiser en cartel pour préserver des rentes de situation. L'existence de mécanismes comme l'encadrement du crédit, qui aboutissait à garantir des parts de marché aux établissements existants, ou le taux de base bancaire, qui permettait de fixer un prix du crédit commun à toute la profession, le permettait.

La vraie nature de la réforme bancaire de 1941 a été à longtemps mal comprise. Jusqu'à récemment, jusqu'aux recherches de Claire Andrieu notamment, on a en général considéré que la loi conçue sous l'Occupation était une manifestation de la modernité de Vichy et participait d'un zèle étatiste préfigurant l'après-guerre. Les circonstances propres aux années 1940-1944 ont permis, il est vrai, de débloquer le dossier du contrôle de la profession qui traînait depuis des décennies. Mais la modernité s'arrête là. Cette réforme a été au contraire mise à profit par Henri Ardant et ses amis pour essayer d'arrêter le temps et de figer les positions acquises. Au même titre que les propagandistes du retour à la terre, ils ont fait pleinement partie du Vichy passéiste. Il est donc erroné, comme on le fait parfois, de réduire la période, d'un point de vue économique, à une lutte entre les modernistes, tous du côté des « trusts » et des grandes entreprises, et les rétrogrades corporatistes, tous du côté des petites entreprises. La banque nous offre l'image d'un secteur où le refus du changement a été habilement et officiellement organisé par les grandes entreprises sous les apparences de la mise en œuvre d'un changement.

XVI

Le rêve fourvoyé des modernistes du Maréchal

Gérard Bardet : peut-on être un patron à la fois moderne et pétainiste ?

Difficile d'imaginer la Confédération générale du patronat français, avant guerre, ou le Conseil national du patronat français, après guerre, dirigés par un adepte de la cogestion. Encore moins par un homme qui finira par voter communiste[1]. Et pourtant, les chefs d'entreprise français se sont retrouvés dans cette situation pendant l'Occupation. Un pur paradoxe ? Peut-être pas. Car l'ordre apparent imposé par les Allemands et par Vichy masquait mal un grand bouillonnement idéologique et des affrontements parfois sérieux. L'affaire de la Synarchie[2] en a déjà témoigné.

On pourrait chercher à établir une carte précise des différents courants constitutifs, à l'époque, et du patronat, et du pétainisme. Sans doute est-il plus stimulant de tenter une traversée de ces deux univers agités en compagnie d'un personnage, celui que nous venons d'évoquer, qui semble parfois résumer à lui tout seul toutes les contradictions de Vichy. Gérard Bardet, puisque tel est son nom, a été pendant quelque temps un représentant atypique, et d'ailleurs non élu, des chefs d'entreprise en tant que président du comité consultatif du CII. La CGPF ayant été dissoute dès l'été 1940, ce Centre d'information interprofessionnel avait vocation à coordonner les comités d'organisation. On peut donc considérer que Bardet fut alors, au moins symboliquement, à la tête du seul lieu de concertation officiel de l'ensemble du patronat.

Bardet n'est pas alors un patron français moyen, on le verra. Pétainiste comme la plus grande partie des chefs d'entreprise, il appartient à deux minorités. L'une — plus importante à l'époque qu'aujourd'hui — rassemble tous ceux qui, dans les milieux professionnels, pensent, débattent et écrivent. L'autre, qui ne recoupe pas la première, regroupe les dirigeants qui penchent plutôt dans le sens du « progrès » et qui ont des sympathies à gauche. Loin de fortifier l'image simpliste du patron conservateur qui soutient logiquement un maréchal réactionnaire, le parcours d'un homme comme Bardet aide à comprendre quelles inquiétudes, et donc quels enjeux, se cachent derrière les certitudes de façade du pétainisme.

Les « révélations » d'un jeune patron

Né en 1903, Gérard Bardet est un « jeune patron » qui va sur ses quarante ans pendant l'Occupation. Il n'est pas le créateur de son entreprise mais la lignée n'est pas assez longue pour qu'il se comporte en héritier. Son grand-père paternel était tailleur de pierre et sa grand-mère paysanne. Son père, « qui n'avait fait durant sa jeunesse que des études techniques », selon l'expression de Bardet fils, a réussi, à force d'acharnement et d'inventivité, à devenir patron d'une entreprise de mécanique de pointe. Il conçoit, dessine et fait exécuter dans ses ateliers parisiens les machines automatiques qui peuplent progressivement les chaînes des usines de l'époque — pour l'embouteillage par exemple — mais aussi des appareils de laboratoire plus sophistiqués. Se réveillant au milieu de la nuit, le petit Gérard, émerveillé, trouve parfois son père « armé d'outils baroques et assis devant une grande table, traçant sur une grande feuille des traits et des ronds et chantonnant à voix basse ». Le bureau d'études de la petite entreprise de mécanique se confond en effet avec le domicile : une deuxième table à dessin est installée dans l'appartement pour la tante maternelle qui y vit et y travaille.

La famille n'a rien oublié de ses origines modestes et garde le cœur à gauche. On raconte au petit Gérard la Commune de Paris, l'affaire Dreyfus, Zola, Clemenceau et quand un docteur lui demande de faire « ah », il lui chante l'internationale. Cette fidélité à sa classe d'origine n'empêche pas le père d'aspirer au confort et d'être sensible aux marques d'ascension sociale. On achète un piano pour le jeune homme et lorsque la fortune le permet, on déménage dans un hôtel particulier de la plaine Monceau « cossu mais sombre, doté de multiples chambres confortables et d'une installation de chauffage central ». Détail capital car le déménagement a été provoqué par l'impossibilité de chauffer l'appartement précédent pendant l'hiver 1916.

La guerre a apporté aux Bardet des commandes d'armement et avec elles d'importants revenus. Dès la fin de 1914 le spécialiste des machines automatiques peut installer trois ou quatre tables à dessin supplémentaires dans un nouveau local près de la gare de l'Est puis un atelier d'une vingtaine de personnes rue de Crimée en plein Belleville, avant de monter une usine d'une centaine d'ouvriers à Moulins en 1915. La direction des fabrications d'armement du ministère de la Guerre a en effet posé une condition pour passer de nouvelles commandes à son fournisseur : il doit s'installer à plusieurs centaines de kilomètres au sud de Paris. Bientôt, les bureaux d'études de la capitale s'agrandissent encore, au coin de la place Saint-Michel. Une voiture et un chauffeur emmènent le patron à Moulins. Le fils, passionné par le travail de son père, l'accompagne parfois. Brillant élève, il marchera sur ses traces.

En août 1922, reçu à la fois à Normale supérieure et à Polytechnique, Gérard choisit l'X car, les études étant plus courtes, il pourra rejoindre rapidement son père, déjà âgé de cinquante-sept ans, dans son entreprise. La société Machines Automatiques Bardet, où il arrive en 1925, appartient à deux mondes, une particularité qui influera certainement sur les idées de son futur dirigeant. D'un côté il entre dans une affaire familiale de taille moyenne, directement sortie du XIXe siècle. De l'autre il achève de découvrir une entreprise de pointe à laquelle ses clients demandent de résoudre des problèmes aussi complexes qu'apparemment insolites comme : « mesurer automatiquement la surface utilisable de peaux de bêtes comportant de larges trous » ou bien « centrifuger à deux mille tours par seconde des fusées métalliques sur lesquelles il [faut] agir durant leur rotation ». La capacité de Gérard à trouver des réponses à de telles questions efface assez vite, à l'en croire, son image de fils à papa et lui vaut la confiance du personnel, composé d'environ quatre-vingts ouvriers qualifiés, d'une dizaine de dessinateurs et d'une maîtrise réduite au strict minimum.

On travaille dans une ambiance rappelant plus celle d'un atelier d'artisans que celle d'une usine. Le dialogue technique est permanent et rapproche le fils du patron des compagnons. Bardet, ainsi qu'il l'écrira dans ses mémoires[3], vit comme une « révélation [...] la connaissance du monde ouvrier et du monde des humbles, monde dont les vertus de solidarité et de fidélité étaient totalement ignorées du monde bourgeois » — celui qu'il fréquentait jusque-là.

Quand Gérard Bardet parle de « révélation », il faut prendre ce mot à la lettre, dans son sens quasi religieux. Il raconte lui-même deux épisodes initiatiques presque incroyables, et bien entendu invérifiables, dont nous savons seulement que, réels ou enjolivés, ils l'ont fortement marqué. Il situe le premier début 1928, trois ans après son arrivée dans l'entreprise, à la veille d'une fin de mois difficile. Il a parlé, informellement, de cette crise de trésorerie à certains membres du personnel. Une délégation serait alors venue mettre à sa disposition deux millions de francs, toutes les économies des salariés, sans même accepter une reconnaissance de dette. La somme, heureusement, aurait pu être intégralement remboursée quelques semaines plus tard. La seconde histoire, non moins étonnante, se passe également en 1928, alors que Bardet, lieutenant réserviste du génie, effectue une « période » de vingt et un jours à Embrun. Sa mission consiste à encadrer une section de cinquante hommes travaillant au doublement du chemin de fer vers Briançon. Une grande connivence serait née des longues conversations entre l'officier et ses subordonnés. Un incident aurait transformé cette sympathie réciproque en véritable affection : Bardet, en effet, a été amené à prendre vigoureusement la défense de l'un de ses hommes, victime d'une altercation avec un lieutenant d'active dont il refusait d'aller ramasser les balles pendant sa partie de tennis. Un romancier n'aurait pas trouvé mieux ! Toujours est-il qu'au soir du vingt et unième jour, ses hommes lui auraient proposé de rester volontairement le lendemain pour achever le dernier kilomètre permettant d'atteindre la gare de Mont-Guillestre, avant de lui offrir une garniture de bureau en souvenir des semaines passées ensemble.

Deux « aventures » qui encourageront Bardet à concevoir, les années passant, une vraie passion pour le « social », presque une mystique, avec « une volonté farouche de passer aux actes » qui va déboucher, dès la fin des années trente, sur une expérience novatrice de participation du personnel à la gestion de la société familiale. Il décrira ainsi cette initiative, apparemment tolérée par le père, qui n'a pas complètement pris sa retraite : « Tous les problèmes intérieurs de l'entreprise furent abordés, écrit-il : l'embauche et le licenciement, la primauté de la qualité du travail, l'échelle des rémunérations, la notion de profit, et combien d'autres [...]. Toute mon argumentation était basée sur le fait que toute création était une œuvre collective à laquelle collaboraient tous les corps de métiers [...]. Faire en sorte que la gestion devienne l'image de cette réalité collective, tel était mon objectif. » Évidemment cette petite affaire, employant en majorité du personnel qualifié, se prête tout particulièrement à cette expérience. La taille de l'établissement autorise ce que Bardet appelle une « politique de présence », le patron passant beaucoup de temps dans les ateliers à maintenir le contact avec les salariés. Dès 1930, il fait, assurera-t-il, de l'« autogestion » sans le savoir. Parfois, il dit « cogestion », une expression qui semble plus adaptée à la situation : une fois par semaine, on réunit un « comité de direction » où le patron évoque tous les aspects de la marche de l'entreprise avec des délégués ouvriers[4]. En octobre 1932 il remet à tous les employés, par écrit, une sorte de projet de « convention collective ». Si on a bien compris, il ne négocie pas le contenu de ce texte mais rédige lui-même les règles de la « collaboration tacite » qui prévaudra dans l'entreprise.

Cette manière de vouloir le bien de ses employés est d'inspiration paternaliste. Mais Bardet n'aime pas ce qualificatif. De même, on peut dire qu'en diluant la lutte des classes dans la solidarité d'un métier partagé il fait du corporatisme. Mais il est trop authentiquement partisan de la modernité et du mouvement pour être rangé aux cotés des autres patrons corporatistes paternalistes de l'époque, nettement plus conservateurs.

En 1932, devant l'aggravation de la crise économique, il est le premier, dira-t-il, à réduire l'horaire de travail à quarante heures — avec une présence hebdomadaire de quarante-cinq heures pour la maîtrise*... Une innovation qui, ajoutée aux autres, lui garantit, assure-t-il,

---

* Bardet n'est pas le premier patron à réduire les horaires puisque, à cause de la crise, environ 20 % des salariés d'entreprises de plus de cent ouvriers travaillent à l'époque moins de quarante heures, si l'on en croit *L'Histoire économique de la France entre les deux guerres,* dirigée par Alfred Sauvy (Economica, 1984). En revanche, il est sans

une paix sociale totale. Y compris en 1936, où il n'y aura pas une heure de grève aux Machines Automatiques Bardet. Mais en 1936, Gérard Bardet n'est déjà plus n'importe quel petit-moyen patron.

L'invention de « X-crise »

Au début des années trente il a élargi de manière « quasi explosive », selon sa propre expression, le champ de ses préoccupations et le cercle de ses relations tout en inscrivant son nom pour la première fois dans l'histoire de la technocratie sinon du patronat français. Quiconque s'intéresse à la vie intellectuelle des élites économiques entre les deux guerres a forcément entendu parler de deux ou trois lieux de pensée prestigieux, et en particulier des « Nouveaux Cahiers » et d'« X-crise ». Ce dernier, créé pour réagir devant l'immobilisme de l'association des anciens élèves de Polytechnique, a été inventé par Bardet. Il est également connu sous le nom de CPEE (Centre polytechnicien d'études économiques).

La France subit au début des années trente les conséquences du krach de Wall Street, de la crise profonde qui l'a suivi aux États-Unis puis en Europe, ainsi que d'une détérioration de la compétitivité de ses entreprises. « En tant que membre de la société amicale des anciens élèves de l'École polytechnique, racontera Bardet, je recevais régulièrement, depuis ma sortie de l'X, un Bulletin mensuel polytechnicien qui — jusqu'à la Seconde Guerre mondiale — s'appelait *X-information*, et est devenu depuis lors *La Jaune et la Rouge* [...]. J'étais évidemment choqué du vide de ces bulletins. Mais absorbé par mon activité professionnelle et l'évolution de mes pensées sociales, je pensais qu'il était inutile et vain de réagir. »

Un long repos forcé à Port-Cros, où son médecin l'avait expédié pour combattre les effets d'un surmenage, va alors donner à Bardet le temps de réagir. « Ayant reçu à Port-Cros par la poste les numéros d'*X-information* de janvier et février 1931, je pris grand soin de les parcourir attentivement, et ressentis en moi un réel sentiment de révolte : des informations concernant la promotion de tel ou tel camarade à un poste honorifique ou à une décoration élevée, des communiqués de groupements polytechniciens annonçant leurs réunions annuelles avec banquets, les comptes rendus détaillés de ces agapes [...] ; quant à la situation économique du pays et à l'extension rapide d'un chômage naissant, un zéro absolu. [...] Je décidais alors d'envoyer à la direction

doute un des rares, sinon le premier, à le faire sans imposer de réduction de salaire. Dans l'annexe au livre de Coutrot où il détaille son expérience (*Les Leçons de juin 36 — L'humanisme économique*, *op. cit.*), il explique que l'augmentation du salaire horaire de 10 % (sans doute le passage de quarante-quatre à quarante heures sans diminution du salaire) a été compensée par une progression du rendement, ce qui a permis à l'entreprise de ne pas voir déraper ses prix de revient.

d'*X-information* une lettre agressive de protestation, dans le préambule de laquelle je rappelais que c'était la Convention qui avait — en pleine Révolution française — fondé l'École polytechnique, et que, en 1830, nombreux étaient les polytechniciens qui se battaient en uniforme sur les barricades. Je rédigeais donc le projet d'une telle lettre, en la concluant par la dénonciation de l'actuelle sclérose du milieu polytechnicien, et en suggérant la création immédiate d'un groupement de camarades de toutes opinions mais s'intéressant tous à l'évolution économique du pays et aux mesures susceptibles d'être promues pour parer aux drames qu'appellerait vraisemblablement cette évolution. »

Après discussion avec des amis, cette lettre est envoyée en juin 1931 sous le titre : « Réflexions sur le temps présent ». Publiée dès le mois d'août, sans le préambule « agressif », elle suscite... une seule réaction. Ce qui n'est pas pour décourager Bardet. Le 25 octobre 1931 *X-information* annonce ainsi la création d'un groupe de travail baptisé « X-crise », dont la première réunion doit se tenir début novembre. Une dizaine d'anciens y assistent, et pas des moindres. Le très libéral Jacques Rueff, futur sous-gouverneur de la Banque de France et inventeur du « franc fort » de 1958, est là, ainsi que deux socialistes qui feront leur chemin dans la politique française, Jules Moch et Louis Vallon. Nous verrons que de telles rencontres d' hommes de droite et de gauche, dialoguant sur la base d'interrogations communes, ne sont pas alors exceptionnelles. Jean Coutrot, également présent à cette réunion fondatrice, occupera vite une place à part dans le groupe qui vient de se constituer. Encore plus que Bardet, il semble concentrer toutes les inquiétudes de son temps. Il consacrera beaucoup d'énergie à X-crise tout en animant d'autres organisations — comme son « Centre d'étude des problèmes humains » ou certaines des « décades de Pontigny » — et en publiant de multiples écrits. Son suicide, en 1941, sera exploité, on le sait, pour nourrir le mythe de la Synarchie.

Bardet devient secrétaire général de la nouvelle association. La présidence d'X-crise est confiée au plus âgé du groupe, Roland Boris, ingénieur du génie maritime, frère aîné de Georges Boris, futur directeur de cabinet de Léon Blum à la présidence du Conseil en 1938 et, plus tard, conseiller de Pierre Mendès France. Celui-ci « veillera scrupuleusement au respect d'une impartialité dont il se sentait responsable », ce qui, manifestement, agacera quelque peu Bardet. Ni à gauche ni à droite, ni patronale ni syndicale, l'association réussit à rester un lieu de dialogue, comme le sera par exemple le commissariat au Plan après guerre. En septembre 1933, Bardet réussit même à convaincre, avec beaucoup de mal dit-il, ses camarades polytechniciens d'ouvrir l'association aux non-polytechniciens. C'est le succès : deux mille adhérents en 1935, dont une moitié ne sont pas des anciens de l'école[5].

Suit une période foisonnante où les Bardet — Gérard a épousé Christiane, sa première femme, le 7 juin 1926 — sont entraînés dans le tourbillon Coutrot. Ce dernier, plus âgé de huit ans que l'inventeur d'X-crise, est également patron d'une petite entreprise, l'imprimerie Gault et Blancan, qui appartient à la famille de sa femme. Mais son univers intellectuel s'étend bien au-delà. Plus que Bardet, il est ouvert à tous les courants intellectuels et artistiques de l'époque, auxquels il initie son ami. Les deux compères sont capables de faire l'aller et le retour Paris-Genève en voiture pour aller voir *Le Cuirassé Potemkine* d'Eisenstein, interdit en France. Bardet installe huit jours dans son usine Jules Romains, ami de Coutrot, pour écrire un passage des *Hommes de bonne volonté*. Le célèbre écrivain prend des notes en observant pendant des heures le travail des tourneurs, des fraiseurs et des ajusteurs. Cette fréquentation vaut à Bardet d'être parmi les signataires du « plan du 9 juillet » — un des plus célèbres « plans » de cette entre-deux-guerres qui adore ce mot. En effet Jules Romains, « hanté par le risque d'un choc sanglant » après les émeutes de février 1934, réunit une dizaine de personnalités de droite et de gauche, dont Bardet mais aussi Alfred Fabre Luce, Bertrand de Jouvenel et Pierre Pucheu, pour élaborer en commun un programme de gouvernement complet, publié le 9 juillet 1934 sous la forme d'une brochure de soixante-deux pages.

Grâce à X-crise, Bardet est lancé dans le monde. L'été, à Mirmande dans la Drôme, chez les Coutrot, il a vu passer Paul Valéry ou les frères Perret, les grands architectes du béton. Peut-être y a-t-il rencontré aussi les peintres André Lhote ou Robert Delaunay[6]. À Pontigny, toujours grâce à son ami, Bardet a fait la connaissance du jeune Aldous Huxley. Jeune patron comme lui, Coutrot le presse de relater son expérience de « convention collective » aux Machines Automatiques Bardet. Il publie ce texte en annexe de son propre livre inspiré par les grèves de 1936, *L'Humanisme économique*[7]. Bardet a une grande considération pour les écrits de son camarade. D'une année 1935 manifestement très active et bien remplie sur le plan politique en raison de la préparation des élections, il retiendra dans ses mémoires un seul grand événement : la publication de l'« œuvre maîtresse » de Jean Coutrot, son essai philosophique *De quoi vivre*.

En 1936, on pourrait imaginer que les avis de cet expert de la paix sociale qu'est devenu Bardet soient considérés comme précieux. Pourtant il ne participe pas, comme certains de ses amis d'X-crise, aux cabinets ministériels du gouvernement de Front populaire. Apparemment on n'a pas sollicité son concours, ce qui lui laissera peut-être sinon de l'amertume du moins un besoin rentré de participation au pouvoir. Le gouvernement comporte cependant enfin ce fameux ministère de l'Économie nationale que tous les réformateurs appellent de leurs vœux, notamment les signataires du plan du « 9 juillet ». Les « planistes » pensent en effet qu'un vrai ministre du Développement économique pourrait agir plus librement en ne se souciant plus des limites que l'austère ministère des Finances impose toujours à la croissance. Deux des amis de Bardet, l'inévitable Coutrot et Jacques Branger, jouent un rôle important dans l'entourage de Charles Spinasse, ministre socialiste de l'Économie. À travers eux, il fait passer, assure-t-il, certaines de ses idées. En particulier celle de créer une Caisse des marchés de l'État, un organisme dont l'activité s'est poursuivie jusqu'à aujourd'hui. Bardet savait d'expérience que l'on pouvait connaître des problèmes de trésorerie alors même qu'on avait facturé des travaux à l'administration. Il avait constaté en effet que les banques refusaient d'escompter de telles créances. La puissance publique elle-même devait donc créer un organisme pour assurer la liquidité de ses fournisseurs. D'où l'idée de cette Caisse.

Les usines familiales, à cette époque, occupent beaucoup Bardet. Une fois de plus grâce à une guerre, celle d'Espagne, la période est faste. L'entreprise triple de dimension et emploie jusqu'à trois cents personnes pour satisfaire les commandes semi-clandestines — et payées comptant — des républicains espagnols. On utilise à nouveau l'usine de Moulins qui avait servi pendant la guerre de 1914-1918. Un ami d'X-crise, Jules Moch, secrétaire général de la présidence du Conseil, aide, il est vrai, Bardet à obtenir à la fois des commandes supplémentaires de l'armée française et un appui des banques, qui lui prêtent de quoi financer cette expansion.

Gérard Bardet et ses amis les plus proches se sentent certainement, on le sait, en sympathie avec la gauche qui gouverne la France pendant ces années-là. Ils ne seront d'ailleurs pas les seuls qui, venant de ce côté de l'échiquier politique, se retrouveront à Vichy. Le grand mérite d'X-crise — et son succès — tient à sa capacité à rester un lieu de dialogue. Bardet, par exemple, s'intéresse à l'URSS dès 1932-1933. L'anticommunisme est alors tel en France qu'il se contente d'abord d'organiser des réunions privées chez lui pour entendre des représentants de l'ambassade parler de la planification soviétique. En 1933, premier pas officiel, l'association reçoit publiquement un certain professeur Tchelenov. Il faut attendre 1936 pour que l'URSS devienne la vedette d'X-crise par un détour significatif : elle organise la célèbre conférence sur l'URSS d'Ernest Mercier, le grand patron de l'électricité et du pétrole, inspirateur du Redressement Français, le grand mouvement de la droite moderniste des années vingt. De retour d'un voyage en URSS, celui-ci souhaiterait que la France s'intéresse beaucoup plus à cet immense pays qui pourrait faire contrepoids à l'Allemagne hitlérienne.

Alors que « son » association occupe le devant de la scène, Gérard Bardet quitte brusquement ses fonctions de secrétaire général fin 1937. Que s'est-il passé ? Rien de politique dans cet éloignement, assure-t-il dans ses mémoires. Il a sans doute alors oublié qu'il ne s'agit pas de sa première démission. Ainsi, en juin 1936, il n'avait pas supporté qu'on lui reprochât ainsi qu'à Coutrot d'avoir laissé imprimer une citation de Léon Blum sur la jaquette de *Socialisme expérimental* de Louis Vallon, publié par le Centre polytechnicien d'études économiques. Selon les autres membres du bureau, X-Crise donnait ainsi l'impression de trop pencher à gauche. Il avait cependant repris cette première démission et ne s'en est allé définitivement qu'en décembre 1937. Il est alors remplacé... par sa femme Christiane. L'explication de ce curieux comportement : la vie privée interfère là avec la vie politique. Bardet a quitté sa première femme. Très liée avec les Coutrot, celle-ci s'est beaucoup impliquée à ses côtés dans la vie de l'association et il préfère s'effacer devant elle, « quelque pénible que soit pour moi cette amputation vis-à-vis d'un groupement dont j'avais eu l'idée, à la fondation duquel j'avais joué un rôle déterminant et dont j'avais animé le développement »[8]. L'Occupation lui offrira l'occasion de retrouver ce rôle d'agitateur d'idées qui lui aura manqué pendant quelques années.

En 1939, lorsque la guerre arrive, Bardet n'a que trente-six ans mais il n'est pas mobilisé. L'activité industrielle de son entreprise est trop importante pour l'armée et celle-ci a partiellement retenu la leçon de 1914-1918 : il ne faut pas tabler sur des guerres courtes et désorganiser les fournisseurs en envoyant leur personnel au front. Il est donc « affecté spécial », avec le grade de capitaine, dans sa propre société. Un nouveau centre de production est ouvert à Tours.

C'est alors qu'il rencontrera pour la première fois, à quelques jours de la défaite, Jean Bichelonne, le futur ministre de la Production industrielle de Vichy, auquel il attachera son sort pendant l'Occupation. Directeur de cabinet de Raoul Dautry, ministre de l'Armement, ce brillant major de l'X, qui fascinera tous ceux qui l'approcheront à cette époque[9], transmet lui-même à Bardet le 9 juin 1939 un ordre d'évacuation. Les machines et les matériels en cours de fabrication à Paris devront partir pour Moulins, et de là vers la manufacture d'armes de Saint-Étienne, tandis que ceux de l'usine de Tours iront rejoindre dès que possible la manufacture de Châtellerault. Le 13 juin à neuf heures tapantes les dix camions promis par Bichelonne sont devant la porte des usines dans la capitale. Les équipements et le personnel sont embarqués en bon ordre. Tout cela en pure perte. Dès le 25 juin, Machines Automatiques Bardet reçoit un ordre de réquisition des Allemands. Apparemment bien informés, ils exigent le retour des hommes et des matériels évacués. Et, toujours en bon ordre, tout est remis en place.

Que faire ? Partir pour Londres ? Sauf cas très particulier, aucun patron, on le sait, ne s'est jamais posé la question en ces termes. Bardet, à la différence de bien d'autres, a le mérite d'être clair : « Je ne l'ai pas fait, et — ce qui est pire — je n'y ai pas même songé », écrit-il dans ses mémoires.

Recruté par Vichy

Gérard Bardet, comme un certain nombre d'autres quadragénaires dans la force de l'âge et de l'ambition, va désormais être hanté non pas par le sort de la guerre qui continue entre l'Allemagne et la Grande-Bretagne mais par le sentiment que, tout comme en 1936, la vieille société s'effondre et qu'il est temps de faire triompher des idées nouvelles. Coutrot prépare déjà ses dossiers, convaincu que le nouveau pouvoir va avoir besoin de lui. Bardet, avec son visage poupin et ses lunettes rondes de vieil étudiant sous un crâne déjà totalement dégarni, bombarde de projets d'organisation sociale le cabinet de l'étonnant ministre de la Production industrielle et du Travail de Vichy, l'ancien secrétaire général de la CGT, René Belin. Pas plus que ce dernier, les deux amis, qui ont plutôt le cœur à gauche, ne semblent pas gênés par la personnalité du maréchal et les circonstances de son arrivée au pouvoir. Pour eux, semble-t-il, Pétain n'est pas l'inspirateur d'une doctrine mais le chef d'un gouvernement improvisé où il y a peut-être des places à prendre et qu'il est sans doute possible d'influencer.

Bardet rencontre une deuxième fois Bichelonne, au Mont-Dore vers le 20 juin 1940, pour lui rendre compte de l'évacuation de ses usines, alors que celui-ci est déjà secrétaire général à la Production dans le ministère de Belin. On ne sait si le futur ministre de la Production industrielle du gouvernement Laval, qui a vite entrepris de consolider ses équipes et ses réseaux, a apprécié ce contact avec le fondateur d'X-crise. Toujours est-il qu'au printemps 1941 il demande à revoir Bardet* et fait organiser par une relation commune, Jacques Branger, ancien du cabinet de Léon Blum et désormais directeur de la Caisse des marchés de l'État, un déjeuner dans un petit établissement de la rue Jean-Goujon. « Le restaurant était quasiment vide et nous n'en étions — au début de notre rencontre — que les trois occupants. » Il s'agit manifestement pour Bardet d'un moment émouvant, dont il se souvient avec netteté des décennies plus tard, quand il écrit ses mémoires. Avant le premier plat, signe inhabituel d'impatience lors d'un déjeuner d'affaires à la française, Bichelonne va droit au fait. Il recherche, explique-t-il, l'homme qui « dans le domaine économique et social » peut « l'aider à penser » l'après-guerre. Branger, qui a été membre de l'association, a très naturellement songé à l'ancien animateur d'X-crise et Bichelonne est sensible à la communauté de culture polytechnicienne qui permet « de se comprendre rapidement ».

Bardet demande alors, dira-t-il, l'assurance de n'avoir aucun contact avec les autorités d'occupation, clause de style classique dans les conversations de ce type, du moins telles qu'elles sont rapportées *a posteriori*. Clause de style aussi dans la mesure où la réquisition de son entreprise, dont il ne dira pas grand-chose dans ses mémoires, l'oblige manifestement à établir des contacts professionnels avec l'occupant et ne le conduit apparemment pas à adopter un comportement plus héroïque que celui de la majorité des autres patrons placés dans la

---

* Bien entendu Bardet, dans ses mémoires, se souvient seulement d'avoir été sollicité et pas le moins du monde d'avoir sollicité quoi que ce soit ou qui que ce soit. Même s'il n'a pas demandé un poste, il se faisait cependant remarquer par des envois de notes et de suggestions qui ne pouvaient être qu'interprétés comme traduisant un désir de participation au pouvoir.

même situation : si tel avait été le cas, sans doute l'aurait-il raconté*. Mais une clause de style importante dans la mesure où elle signifie qu'on pouvait être un pétaniste actif sans pour autant se sentir idéologiquement favorable à la collaboration. Cet état d'esprit correspond à celui de toute une partie du patronat. Bardet restera très attaché à Bichelonne et très présent dans les allées du pouvoir jusqu'à la fin de l'Occupation tout en étant très choqué, par exemple, comme tant de chefs d'entreprise d'ailleurs, par le STO et les déportations de travailleurs en Allemagne. Il précisera que ses relations ont été très compromises de mars 1943 à août 1944 avec un des responsables du CII qui avait accepté, à la demande de Vichy, des responsabilités dans l'organisation du STO. Un beau jour de 1943, son père, qui a gardé la direction de l'établissement de Moulins, rassemblera tout le personnel devant le perron de l'usine pour lui recommander de prendre le maquis plutôt que de partir au STO ; ce qui vaudra au fils une convocation et un discours de mise en garde à la Kommandantur de Nevers.

Au cours du mémorable déjeuner du printemps 1941, Bichelonne poursuit auprès de son invité en précisant son offre : « J'ai créé ces dernières semaines un Centre d'information interprofessionnelle que j'ai confié à deux personnalités curieuses — Antoine de Tavernost et Robert Weinmann. Mon objectif est de placer auprès de ce Centre un conseil consultatif que tu feras travailler et dont tu assureras la présidence. » Si l'on s'en tient aux souvenirs de Bardet, il se serait alors un peu fait tromper par Bichelonne. Le futur membre du gouvernement ne lui aurait pas dit à cette occasion, en effet, que le CII devrait tenir lieu d'organisation patronale et qu'il allait donc se trouver plongé dans tous les conflits que suscitera l'encadrement des entreprises par les comités d'organisation. Mais Bardet préférera se souvenir surtout du travail de réflexion sur l'avenir dont l'a chargé ce jour-là le futur ministre et qu'il conduira effectivement aux côtés de Bichelonne jusqu'à la fin de l'Occupation.

Créé officiellement par un décret du 30 avril 1941, le CII reprendra une partie des locaux et du personnel de la CGPF (Confédération générale du patronat français), officiellement dissoute dès le début de l'Occupation en même temps que les centrales syndicales ouvrières. Vichy ne tolérait plus, en effet, l'existence de ces « instruments de la lutte des

* Jacques Barnaud, délégué général aux relations franco-allemandes, interrogé en 1950 par une commission parlementaire, précise : « J'ai vu M. Bardet avant la guerre de 1940, mais c'était alors en relation d'affaires et non pas d'amitié. Je l'ai vu beaucoup plus ensuite parce qu'il jouait un rôle important au comité d'organisation des machines-outils. À ce titre, dans mes fonctions officielles, les Allemands s'occupant de cette branche d'industrie, j'ai vu plusieurs fois Gérard Bardet. » (*Commission d'enquête sur les événements survenus en France de 1933 à 1945*, Éd PUF.) Responsable d'une entreprise réquisitionnée et d'un comité d'organisation, Bardet a donc vécu, comme beaucoup d'autres, le quotidien des commandes allemandes, sans grande possibilité probablement de les refuser sans s'opposer de front à l'occupant. Chacune des deux usines de sa société était d'ailleurs surveillée par un lieutenant allemand.

classes ». Mais le ministère de la Production industrielle avait néanmoins ressenti le besoin de créer un organe de liaison et de concertation avec les comités d'organisation, principaux représentants désormais de toutes les professions.

Le syndicalisme patronal : une idée neuve

On peut être étonné de la facilité avec laquelle Vichy, régime de droite, plutôt proche des milieux dirigeants de l'économie, a pu ainsi dissoudre immédiatement la CGPF, ainsi qu'une bonne partie d'ailleurs des autres organisations patronales. Certes les circonstances étaient exceptionnelles. Mais il faut aussi savoir que la masse des chefs d'entreprise français étaient peu attachés aux organismes qui étaient supposés les représenter, surtout à l'échelle nationale.

Prenons d'abord, pour mieux comprendre cette situation, l'exemple de l'une des plus vieilles et des plus solides organisations existantes alors, le comité des Houillères de France. Il avait été fondé en 1886 « sous la forme d'une réunion nous ne dirons pas clandestine, mais officieuse », écrira Henri de Peyerimhoff, qui en fut le grand maître pendant plus d'un quart de siècle avant la Seconde Guerre mondiale[10]. « En 1907, le comité des Houillères avait eu le temps et l'opportunité de rameuter l'ensemble des charbonnages français mais pour une tâche étroitement définie et surveillée avec une sous-jacence d'inquiétude un peu jalouse », précise l'homme qui en devient le secrétaire cette année-là. « Il représentait l'industrie houillère dans ses rapports avec les pouvoirs publics centraux, gouvernement, parlement, direction des mines et conseil général des mines. Il n'avait rien à connaître des questions commerciales ou financières ; les questions sociales ne le regardaient que dans la mesure où elles aboutissaient à un texte législatif ou réglementaire. Main-d'œuvre, salaires, prix, technique étaient pour lui zone interdite. On lui souhaitait des concours honorables et compétents, mais on tenait à une modestie de vie exemplaire et il n'était pas rare d'entendre un directeur faire sur un ton plaintif le décompte des cotisations incroyablement basses qu'il avait de ce fait à verser. »

Conseiller d'État, Peyerimhoff n'est pas un patron. Certainement recruté pour ses capacités de lobbying auprès de l'administration, il fait partie des grands professionnels de la représentation patronale qui, sans être eux-mêmes des dirigeants d'entreprise, commencent alors à faire carrière[11] : Robert Pinot au comité des Forges, Jacques Lacour-Gayet à la fédération nationale des Entreprises à commerces multiples, Claude-Joseph Gignoux, rédacteur en chef de *La Journée Industrielle*, qui prend la tête de la CGPF, donc de l'ensemble du patronat, en 1936. Un des historiens américains du patronat français, Henry W. Ehrmann, suggère que ces hommes étaient peut-être d'autant mieux placés pour jouer les arbitres entre les intérêts contradictoires de leurs mandants qu'ils ne dirigeaient pas eux-mêmes telle ou telle entreprise[12].

À la fin des années trente, le pouvoir patronal reste en fait l'affaire de grands patrons, sauf peut-être à l'échelle locale, dans les chambres de commerce. Il est concentré dans des organisations sectorielles créées et tenues par les grandes entreprises : houillères, forges, mécanique — l'entreprise Bardet est affiliée au Groupement des industries métallurgiques, mécaniques et connexes de la région parisienne, né en 1917 —, chemins de fer, industrie électrique, industries chimiques et assurances. Le comité des Forges et celui des Houillères, bien identifiés comme les véritables lieux de pouvoir, seront d'ailleurs dissous par Vichy en même temps que la CGPF.

Le rôle de ces organisations sectorielles du charbon et des forges avait surtout pris de l'importance à l'occasion de la Première Guerre mondiale, lorsque les professions et l'administration avaient dû s'entendre pour coordonner les approvisionnements[13]. Après cette expérience, en 1919, un représentant des intérêts patronaux au Parlement devenu ministre du Commerce, Étienne Clémentel, a poussé ces divers organismes à former la CGPF, la Confédération générale de la production française, puis du patronat français après 1936. Mais celle-ci a eu beaucoup de mal à asseoir son autorité. Dans un exposé du 3 mars 1942 aux chefs de service du CII, Antoine de Tavernost, délégué général, pourra dire : « Ce rôle dont je vous parle et qui doit être le nôtre est un peu celui que l'ancienne CGPF aurait dû jouer dans le patronat français ; à l'époque pourtant c'était presque impossible étant donné la non-organisation des professions. Seules, en effet, quelques grandes professions étaient organisées et on ne pouvait réunir autour d'une table que des gens à égalité de pouvoirs. En outre la CGPF s'est heurtée à des fédérations plus anciennes qu'elles (comité des Forges par exemple) qui n'auraient jamais accepté une solution intervenue à la CGPF[14]. » En somme le CII, émanation d'un pouvoir qui a interdit la CGPF, rêve de faire mieux en matière d'organisation patronale !

La CGPF a certes joué un rôle pour faire cesser les grèves de 1936. Mais la signature des accords Matignon a été très contestée par une partie du patronat, et notamment par les dirigeants des petites entreprises. Plusieurs mouvements représentant celles-ci se sont même créés pour s'opposer à la CGPF[15]. Une certaine alliance petites entreprises-grandes entreprises s'est bientôt reconstituée autour de la personne de Claude Gignoux, le nouveau patron des patrons élu à la faveur de cette crise, afin de lutter plus efficacement contre les syndicats ouvriers [16]. Mais, quand l'Occupation arrive, cette fragile union ne tient plus. D'abord, elle n'est plus nécessaire, la puissance de la CGT ayant été amoindrie au fils des années. Ensuite, Gignoux a été mobilisé, puis fait prisonnier. Son remplacement par le baron Petiet, de l'industrie automobile, redonne à l'organisation son image d'émanation des « trusts ».

D'autant que Léon Gingembre, qui représente les petites entreprises à la CGPF, démissionnera pendant les premiers mois de la guerre [17].

Comme d'autres dirigeants d'entreprises moyennes, le Bardet de 1940 doit se sentir très éloigné du grand patronat. Va-t-il jouer la carte de la méfiance envers les « trusts » pour se constituer une vraie légitimité, lui qui ne sera jamais qu'un représentant indirect des chefs d'entreprise nommé par le pouvoir ? Les patrons français qui, depuis des décennies, manifestent un enthousiasme limité pour les disciplines collectives regardent en effet avec une certaine méfiance ces comités d'organisation auxquels on leur demande d'adhérer. Les responsables du CII pourraient se poser en défenseurs des intérêts de la base. D'autres, dans l'entourage de Pétain, sauront exploiter cet état d'esprit. Mais aller contre une tentative d'organisation du monde patronal sous prétexte d'épouser la cause des petites entreprises ne serait pas du tout conforme ni aux souhaits de Bichelonne ni aux idées du créateur d'X-crise.

La vraie nature des comités d'organisation

Bardet n'évoque pas dans ses mémoires l'inauguration du CII, le 23 juin 1941, un an après l'armistice, dans ses locaux du 16, rue de Monceau, au cœur du VIIIe arrondissement. On peut imaginer, bien entendu, qu'il participa au premier rang à cette manifestation. René Belin, n'ayant conservé que le portefeuille du Travail, le discours officiel est prononcé ce jour-là par Pierre Pucheu, alors secrétaire d'État à la Production industrielle. Cet homme qui avait été cosignataire du plan du 9 juillet, et que Bardet connaîtra mieux pendant l'Occupation, faisait partie lui aussi, avant la guerre, de ces brillants industriels qui pensaient, élaboraient des « plans », etc. Mais au lieu de se situer au centre gauche, comme les deux principaux animateurs d'X-crise, il tendra vite à raisonner et à agir très à droite.

Les présidents et responsables des comités d'organisation sont bien entendu présents. « Ce que j'ai voulu », leur explique Pucheu, d'après un texte probablement préparé par Bichelonne, « c'est [...] être le premier à vous accueillir dans une maison qui est la vôtre et dans laquelle, j'espère, vous viendrez dès les tout prochains jours d'une manière extrêmement fréquente [18]. » Le CII doit être « un centre d'information vers l'extérieur », c'est-à-dire vers les comités d'organisation, « et aussi un poste d'écoute », précise-t-il. En cet été 1941, les responsables de la Production industrielle commencent en effet à s'inquiéter de la grogne qui monte, en particulier chez les petits patrons, contre les comités d'organisation [19], d'où cette nécessité de mieux écouter. Le conseil consultatif que doit présider Bardet ne comportera pas plus de dix présidents de comité d'organisation parmi ses trente membres, souligne Pucheu. « Vous y trouverez des gens des petites, des moyennes industries ; vous y trouverez quelques industriels du Nord et du Pas-de-Calais auxquels j'ai désiré montrer, par quelques nominations, qu'ils ne sont pas absents de notre pensée* [...] Vous y trouverez aussi quelques employés, quelques ouvriers, quelques cadres. » Cette présence de salariés, d'inspiration corporatiste, signifie bien que le CII, dans l'esprit de ses créateurs, ne doit surtout pas apparaître comme un instrument de lutte des classes, à l'instar des anciennes organisations patronales.

Deux notes internes des 15 et 17 juillet[20] définissent le mode de fonctionnement du CII. Pour l'essentiel, il est structuré autour des besoins supposés d'information et de documentation des comités d'organisation, avec des services spécialisés : un service financier, fiscal et juridique, un service des prix, un service économico-social, un service économique. Il comprend également quelques appendices plus surprenants. D'abord un service des échanges extérieurs, l'extérieur se limitant vraisemblablement à l'Allemagne. Ensuite une école supérieure d'Organisation professionnelle, « destinée à adapter les connaissances des candidats aux fonctions de direction, d'administration ou de contrôle dans les comités d'organisation, les organismes professionnels publics ou privés ».

Loin d'être une mesure d'exception, une mesure temporaire, motivée par la gestion de la pénurie et des relations avec l'occupant, « l'organisation » du monde patronal français qu'on vient de mettre en place prend des allures de réforme de fond. À travers le CII, à travers des hommes comme Bardet ou Tavernost, c'est le désir profond « d'organisation » de l'aile marchante du patronat vichyssois qui s'exprime. On engage le combat de la modernité contre l'individualisme rétrograde de la grande masse du patronat français. Un combat déjà ancien, comme le laissent apparaître quelques-unes des péripéties de l'histoire patronale que nous avons rappelées.

Une relecture de la loi du 16 août 1940 sur les comités d'organisation est instructive à cet égard. Nous avons déja pu apercevoir, notamment au chapitre 2, le rôle fondamental et ambigu de ce texte qui marque toute la vie des entreprises durant l'Occupation. Ces comités servent à gérer la pénurie et permettent d'interposer entre les entreprises et les Allemands des organismes para-administratifs. Mais leur existence représente également, comme leur nom l'indique, une victoire de l'« organisation ».

La loi d'août 1940 est souvent présentée comme une mesure de circonstance, totalement improvisée dans l'urgence pour faire face à la nouvelle situation, quelques semaines après la défaite, en matière d'activité économique. Ses propres auteurs assureront en effet après guerre qu'ils ont alors agi dans la précipitation pour parer au plus pressé : « Dans le Nord et le Pas-de-Calais, départements qui avaient été ratta-

* Ces deux départements, dont l'administration avait été confiée à l'état-major de Bruxelles par l'occupant, étaient pratiquement coupés du reste de la France. L'administration de Vichy essayait donc de lutter, notamment par des mesures symboliques, contre ce fait accompli.

chés à l'administration militaire allemande à Bruxelles [...], les autorités allemandes commençaient à imposer un statut des industries, copié sur leur propre organisation nationale [...]. D'autre part on m'informa que les Allemands réquisitionnaient la main-d'œuvre disponible », écrira le ministre René Belin, bien longtemps après les événements[21]. Il fallait donc aller vite : « Dans mon bureau à Vichy, les 9 et 10 août, je réunis Jacques Barnaud, Jean Bichelonne, Henri Lafond, Pierre Laroque et Pierre Lacour. La discussion révéla la convergence de nos raisonnements [...]. Le pays entrait dans une ère de pénurie générale [...], il convenait de [...] supprimer toute consommation superflue. [...] Il fallait agir pour contenir les prix. [...] Il résultait de tout cela que l'économie devait être dirigée et il fallait faire en sorte qu'elle le fût par nous et non par l'occupant [...]. En deux séances, notre texte fut prêt. Je dois dire ici, parce que telle est la vérité, que la ligne générale de la loi du 16 août fut de moi et de personne d'autre. Il s'agit d'une improvisation. »

Jacques Barnaud, directeur de cabinet de Belin, ira dans le même sens[22] : « Lorsque nous sommes revenus à Paris, fonctionnaires des différents ministères, nous étions littéralement accablés de demandes de la part des dirigeants des petites et moyennes entreprises et même des syndicats ouvriers. Ils voulaient savoir ce qu'il fallait faire, ce qu'ils pourraient fabriquer dans leurs usines, quelle attitude adopter vis-à-vis des Allemands, quelles matières premières ils pourraient avoir pour faire tourner leurs usines, comment ils pourraient toucher leurs salaires, etc. La nécessité de créer des comités d'organisation par branches d'industries est donc née d'elle-même à ce moment-là. On a senti qu'il serait impossible d'avoir une action efficace si l'on ne pouvait pas grouper toutes les industries en un certain nombre de branches, en mettant à leur tête des dirigeants valables auxquels l'administration pourrait donner des avis, des conseils, des directives. » La loi a été « faite à Vichy, précisera Barnaud. J'étais à Paris à ce moment-là ». Cette loi, « fort bien faite » selon lui, est donc issue du cabinet de Belin, où elle a été rédigée par un chargé de mission, Pierre Laroque.

Ce conseiller d'État, qui partira pour Londres en avril 1943 et deviendra directeur de la Sécurité sociale entre 1944 et 1951, confirme bien être l'auteur de l'avant-projet du texte, couché sur le papier en quarante-huit heures en suivant les directives de Belin[23]. On peut le considérer comme un « technicien » de l'administration publique ; il est intéressant de noter, cependant, que l'on a confié une telle tâche à un jeune homme dans l'air du temps. Âgé de trente-trois ans en 1940, Pierre Laroque est de la génération de Gérard Bardet, qu'il a d'ailleurs rencontré plus d'une fois, puisqu'ils ont fréquenté les mêmes lieux[24]. Il a assisté à des réunions d'X-crise et a côtoyé le groupe des Nouveaux Cahiers ou celui des signataires du plan du 9 juillet. Il a écrit plusieurs articles en 1934 et 1935 dans *L'Homme Nouveau*, la revue où s'expriment les « planistes » de la CGT, proches de Belin, dont un sur « Les conditions nécessaires de l'organisation corporative ». Juste avant la guerre, il a publié un livre reprenant le cours qu'il donnait à Sciences po sur les rapports entre patrons et ouvriers[25]. Il présentait alors la guerre de 1914-1918 comme une période de réconciliation sociale due aux circonstances exceptionnelles. Sans doute espère-t-il en 1940 que, les mêmes causes produisant les mêmes effets, les vicissitudes de l'Occupation conduiront à un rapprochement identique — un espoir qui sera largement déçu. Il souhaite ainsi que la loi sur les comités d'organisation prévoie une représentation des salariés, afin de pacifier les relations internes à l'entreprise. Les comités, selon lui, doivent être l'expression d'une organisation collective du patronat, indépendante de l'État[26], Il ne se fait cependant aucune illusion sur cette perspective à court terme. Il sait en quoi consiste surtout ce qu'on peut attendre de l'intervention de la puissance publique en période de pénurie : il a lui-même surveillé et réparti les importations de laine pendant la drôle de guerre.

« Il n'y eut aucune étude préalable sur laquelle on pût s'appuyer, insiste Belin. Le temps faisait défaut pour toute recherche plus poussée. » D'où deux erreurs, explique-t-il, l'une mineure, la sous-estimation du nombre des comités d'organisation à créer, l'autre majeure, le fait d'avoir oublié qu'avant de distribuer les matières premières aux entreprises il fallait les répartir entre les professions. Les Allemands ont tout de suite aperçu le second défaut du texte d'août 1940[27]. Ils ont pu ainsi, sous prétexte de « réparer » cette insuffisance, reprendre facilement le contrôle de l'ensemble du dispositif de répartition : ils ont exigé la nomination d'une douzaine de « répartiteurs » — un par grande matière première —, tous surveillés par un Allemand, et la création d'un Office central de répartition industrielle (OCRPI), coiffant l'ensemble. Un outil particulièrement efficace de contrôle de l'activité économique !

Venant d'esprits fort bien faits, cet oubli essentiel démontre, si nécessaire, que faire barrage à l'occupant et organiser la pénurie ne constituaient pas le seul ni peut-être même le premier objectif des rédacteurs de la loi, contrairement à ce qu'affirmeront après coup Belin et Barnaud pour induire une lecture purement gestionnaire de cette initiative. Elle avait bien d'autres ambitions. Pour s'en convaincre, il suffit de lire l'exposé des motifs où transparaît la multiplicité des influences inscrites dans ce texte. On y parle entre autres de « la normalisation des produits, la spécification des qualités auxquelles ces derniers devront correspondre » et de l'ambition de rénover « cette qualité française qui a fait longtemps honneur à notre pays » : des préoccupations qui ne paraissent pas vraiment de première urgence lorsqu'il s'agit de réagir face à un occupant étranger et à la pénurie. Ce texte donne également au gouvernement le pouvoir de dissoudre « les groupements généraux qui rassemblent les organisations professionnelles patronales et ouvrières à l'échelle nationale* et qui, de ce fait, tendent pour la plupart, à perdre

* Les organisations en question pourront continuer, en effet, à fonctionner à l'échelle locale. Certains comités d'organisation pourront d'ailleurs être considérés comme des organismes assurant la continuation des syndicats patronaux.

leur caractère professionnel pour prendre un caractère politique ». Une question, là encore, qui ne paraît pas purement « technique ». Cinquante ans plus tard, Pierre Laroque assure pourtant, quand on l'interroge, qu'il s'agissait bien, au départ, d'éviter la mainmise des Allemands sur l'organisation de l'économie. Mais il précise également qu'une fois la première ébauche de son texte livrée en quarante-huit heures le projet lui a complètement échappé.

Dans un passage de ses mémoires, Belin semble bien « avouer » tout ce qu'il avait en tête au moment où il inspirait cette loi : « Entre 1934 et 1940, l'idée de l'économie dirigée m'était devenue assez familière. Du moins je le croyais. Pour avoir lu à peu près tout ce qui avait été publié sur la question. Mais hélas, s'empresse-t-il d'ajouter, tout cela n'avait jamais dépassé le stade des idées générales. » Il avait quand même plaidé, lors d'une de ses interventions, en faveur des ententes industrielles — thème *a priori* peu banal pour un représentant ouvrier — le 1er mars 1939 sur Radio Paris[28]. Comment un syndicaliste en était-il venu à s'intéresser à ce genre de sujet ? Il avait des interlocuteurs. Le 30 juillet 1936 Maurice Olivier, jeune patron de l'industrie textile du Nord, écrivait à Coutrot : « J'ai été reçu une heure par M. Belin, de la CGT, et lui ai causé de nos idées. Il a semblé les approuver complètement[29]. » En 1940 encore, le même Olivier envoie une lettre ouverte à Belin où il fait, assure un chercheur, « un certain nombre de suggestions concernant la coopération entre patrons et ouvriers et des propositions inspirées par des idées corporatives qui n'étaient pas faites pour déplaire à Belin »[30].

L'« organisation » de l'économie est donc une aspiration dont le dirigeant syndicaliste parle avec des industriels bien avant l'Occupation. Et on ne se contente pas d'évoquer le rêve corporatiste simpliste d'une disparition de la lutte des classes grâce à une alliance patrons-compagnons autour d'un métier. Il s'agit de gérer ensemble une économie dirigée afin de protéger les entreprises, notamment les petites, et par là même les emplois, contre les conséquences de chocs comme ceux de 1929 et 1936. Syndicats ouvriers et organisations patronales, selon cette conception de la gestion des entreprises, surveilleraient ensemble l'application d'ententes destinées à empêcher la concurrence par les prix. Dans *L'Humanisme économique*, l'ouvrage écrit par Coutrot et Bardet juste après les hausses de salaires de l'été 1936, il existe un sous-chapitre intitulé « La collaboration ouvrière à la bonne marche des ententes ». Coutrot mentionne là des accords « approuvés par la CGT » et contenant la clause de sauvegarde suivante : « Si le marché des ventes est avili par une concurrence anormale intérieure ou extérieure, ou si l'activité de l'industrie est gênée par des lois ou réglementations, l'organisation ouvrière s'engage, chaque fois que l'organisation patronale le lui demandera, à l'aider, par tous les moyens en son pouvoir, à remédier aux inconvénients ci-dessus. » La réflexion en commun sur les conditions de la bonne marche de l'économie entre certains patrons et l'aile de la CGT animée par Belin allait donc fort loin dès la fin des années trente et débordait largement l'examen des questions purement sociales.

Indice révélateur pour qui se demanderait d'où est sortie cette curieuse appellation des comités « d'organisation » : le CCOP, l'organisme au nom duquel Olivier écrit à Belin en 1940, est une association patronale dont le sigle signifie : « Comité central de l'organisation professionnelle ». Deuxième indice : il y a une continuité entre le CCOP et le CII, notamment à travers la personne d'Antoine de Tavernost. D'ailleurs « la loi du 16 août 1940 est le couronnement de quatre ans de lutte du CCOP », déclare le 25 novembre 1940 André Monestier, ancien élève de l'École polytechnique, au cours d'une conférence à l'école d'organisation professionnelle, liée au même CCOP[31]. Et il ajoute très clairement : « Il a fallu le changement de régime et la suppression du parlementarisme » pour rendre possible l'organisation des professions.

Le CCOP a été créé dans l'effervescence de 1936 par Maurice Olivier, l'interlocuteur de Belin, un patron social du textile de Roubaix. Il sera dirigé par Roger-Jean Gaulon, un petit industriel de la région de Fourmies, qui fera également partie deux ans plus tard, à trente-six ans, des fondateurs du CJP (Centre des jeunes patrons) — devenu depuis le Centre des jeunes dirigeants, encore très actif aujourd'hui. Les animateurs du CCOP voulaient d'abord se dresser contre la CGPF, critiquée de partout pour avoir fait trop de concessions aux syndicats ouvriers en 1936 sous la pression des occupations d'usines, alors même qu'on ne la considérait pas comme vraiment représentative. Comme d'autres contestataires, ils furent ensuite « récupérés » par Gignoux, après sa nomination à la tête de la CGPF[32]. Ces jeunes patrons soucieux d'efficacité économique n'étaient pas seulement mécontents de l'ampleur « déraisonnable » des augmentations et des réductions d'horaires accordées en 1936. Gaulon avait mobilisé une escouade de jeunes gens, dont faisait partie Antoine de Tavernost, vingt-cinq ans en 1936, frais émoulu de Sciences po[33]. Objectif : « mieux organiser les professions ». Que fallait-il entendre par là ?

Il existait alors de nombreuse ententes, en principe illégales, pour limiter la concurrence et harmoniser les prix. Cependant on peut difficilement imaginer aujourd'hui ce qu'était alors, en même temps, « l'anarchie industrielle », pour reprendre une expression d'Antoine de Tavernost. Sauf dans de rares secteurs structurés comme ceux des charbonnages ou des forges, le monde industriel était éclaté en une multitude d'entreprises qui n'arrivaient même pas à s'organiser pour établir des statistiques professionnelles ou adopter des standards techniques communs. L'organisation, pour le CCOP, devait donc passer par la diffusion d'information, la mise en commun de statistiques et la création d'une école destinée à former des permanents d'organisations patronales. On ne se contentait pas d'agiter des idées. Antoine de Tavernost se souvient d'avoir mis sur pied les « ententes » du parapluie et du chatterton. Les entreprises, en fait, restaient en général concurrentes, assure-t-il, mais elles pouvaient trouver intérêt à agir de concert, pour s'approvisionner par exemple. À force de discuter, les deux principales entreprises de chatterton, spécialisées l'une dans l'habillage des guidons de bicyclettes et l'autre dans les fournitures aux électriciens, finirent cependant par fusionner.

Sous l'Occupation, Gaulon, le patron du CCOP, devenu secrétaire général de la section de répartition du cuir et des pelleteries, suggère à Antoine de Tavernost de reprendre le CCOP, tombé en sommeil. Celui-ci tente, pendant le premier semestre de 1941, de greffer l'ancienne association sur le réseau des comités d'organisation. Le CCOP édite alors plusieurs brochures sur ces nouvelles structures professionnelles et sur la loi du 16 août 1940. Rien d'étonnant si Antoine de Tavernost se retrouve délégué général du CII quand le gouvernement décide de recréer une coordination patronale, sous cette appellation. Il existe donc clairement une filiation entre les activités d'une fraction du patronat moderniste et « l'organisation » des entreprises telle que veut la promouvoir le secrétariat d'État à la Production industrielle de Vichy. Et si Bardet lui-même n'évoque pas le CCOP dans ses mémoires, son ami Coutrot connaissait très bien cette association avec laquelle il entretenait des rapports réguliers[34].

La dure réalité des comités d'organisation

Une fois installés très officiellement dans leurs locaux, les dirigeants du CII vont vite constater que leur tâche ne sera pas aisée. Assurer la coordination de ces fameux comités d'organisation qu'ils ont dans une large mesure appelés de leurs vœux n'est pas une mince affaire. Peu nombreux au début, ces organismes professionnels ont en effet très vite proliféré. D'après René Belin [35], on en comptait vingt-six en septembre 1940 dans les secteurs de l'industrie et du commerce contrôlés par son administration. « En janvier 1944, pour le même ministère, on dénombrait cent vingt-six comités ou organismes analogues », constate-t-il. En y ajoutant les quarante-sept encadrant l'agriculture et le ravitaillement et les quarante et un dépendant des autres ministères, on atteignait le total considérable de deux cent treize. À une réunion générale « intercomités » du 12 septembre 1941, Antoine de Tavernost mentionne l'existence parallèle d'un comité de la montre et d'un comité de l'horlogerie[36] ! Les Machines Automatiques Bardet appartiennent ainsi simultanément à sept comités d'organisation différents[37]. Comment en est-on arrivé là ? Un exemple *a contrario*, illustrant le processus de décision, peut permettre de comprendre à quel point les choix, en cette affaire, ne furent pas toujours heureux... Pourquoi le secteur du bois est-il regroupé au sein d'un seul comité au lieu d'être subdivisé en autant d'organismes qu'il y a d'usages de ce matériau ? Il se trouve qu'un dirigeant, plein d'ambition, du syndicat des contre-plaqués avait ses entrées au ministère de la Production industrielle, où travaillait un de ses parents. Ce dernier a pensé pouvoir lui faire plaisir sans pour autant renoncer à une approche rationnelle des problèmes. On créa donc un comité d'organisation des industries du bois chapeautant, en plus des fabricants de contre-plaqués, les groupements professionnels de la charpente, du commerce du bois et de la mécanique du bois ainsi que le groupement national de l'ameublement. La profession de l'ameublement, qui se sentait très différente des quatre autres, sera rapidement en conflit avec le comité. Un conflit qui se prolongera pendant toute l'Occupation... et encore après la Libération lorsqu'il faudra affronter les comités d'épuration[38]. Si le président du comité du bois n'avait pas été si bien introduit, il est évident que le ministère aurait créé au moins deux et peut-être même cinq comités d'organisation dans ce secteur, ne serait-ce que pour assurer sa propre quiétude.

Entre les comités organisant le rationnement des matières premières et les représentants traditionnels des professions, les heurts sont d'ailleurs permanents. Le jour de l'inauguration du CII, Pucheu fait allusion à de « petits accrochages » dus aux chevauchements de compétence des comités[39]. Ces incidents ont eu lieu, selon lui, parce que « la délimitation des compétences des Comités d'organisation et, si l'on veut, le classement des fabrications, n'a pu se faire d'après un critère unique. Pratiquement, on a [retenu] deux critères, et très différents l'un de l'autre. Dans la plupart des cas, on a [choisi comme élément discriminatoire] pour constituer la compétence de tel ou tel comité l'homogénéité technique des fabrications qu'il avait à contrôler. Si l'on avait pu dans tous les cas agir ainsi, on aurait eu probablement très peu de chevauchements. Mais dans d'autres cas et pour des raisons consacrées, soit par une expérience très ancienne, soit par des nécessités immédiates et impérieuses, on a créé parfois des comités d'organisation qui étaient orientés vers telle ou telle utilisation des produits où l'homogénéité technique des fabrications ne tenait plus qu'une très petite place ».

Face à une situation de plus en plus inextricable, les dirigeants du Centre d'information interprofessionnel se sont donné une mission : tenter de regrouper les comités en un petit nombre de « familles professionnelles », chacune d'elles disposant physiquement d'un bureau au CII. Les sept « familles » ainsi créées, dont Bardet attribue « l'invention » au centre[40], ressemblent étrangement aux futurs secteurs de la comptabilité nationale ou aux différentes directions du ministère de la Production industrielle : mines et énergie ; métaux (industries mécaniques et électriques) ; industries chimiques et para-chimiques ; bâtiment, travaux publics et bois ; textile, habillement et cuir ; industries diverses ; commerce.

On n'imagine pas le temps, la quantité d'encre et le nombre de manœuvres diplomatiques qu'a pu consommer pendant l'Occupation cette tâche apparemment impossible : proposer une classification rationnelle des entreprises et de leurs employés. Choix de la modernité ou nostalgie d'un monde où chacun se voyait assigner sa place pour toute une vie ? Dépasser ce dilemme, c'est affronter toute l'ambiguïté du régime de Vichy. D'autant que l'opération se heurte à la complexité de structures économiques en pleine évolution. « La notion de métier est liée à l'individu et celle de profession est liée à l'entreprise », pose le bureau du CII pour tenter de s'y retrouver, dans une note de juillet 1941[41]. Il examine notamment le cas des trois comités d'organisation de l'automobile, des constructions électriques et des machines-outils. Dans chacun d'eux, « les moyens de production, les techniques, et les métiers des hommes qui y travaillent, sont souvent semblables ». Il peut donc, entre ces trois activités, y avoir « des déplacements d'activité économique ». Et, avec une rare lucidité dans ce genre de littérature, cette note évoque, concernant « l'organisation économique de demain », une « souplesse dont on ne peut actuellement se faire une idée assez nette ». En fonction de ces considérations, écrit-on, les quelque cent comités d'organisation existant à l'été 1941 pourraient être répartis en vingt « corps professionnels ». Mais pour les besoins de la documentation et de l'information, missions du Centre, on peut regrouper aussi, par exemple, la sidérurgie, la fonderie et les industries mécaniques et électriques, afin d'obtenir des ensembles plus larges. Et on aboutit ainsi aux sept familles professionnelles.

En réalité, le combat est pour ainsi dire perdu d'avance. Le système des comités d'organisation que le Centre est chargé de superviser est déjà en crise au moment où le CII est créé. Par contagion, le nouvel organisme va vivre dans une atmosphère troublée dès ses premiers mois d'existence. Le développement de ses activités d'organisation correspond aux vœux d'une partie du patronat mais dérange la majorité silencieuse. Bardet, Olivier, Coutrot et leurs amis, bien qu'influents, sont minoritaires. Depuis toujours. Lorsqu'ils avaient essayé de peser sur le remplacement du patron de la CGPF en 1936, ils avaient déjà échoué[42]. En 1941, dans l'entourage de Pétain, d'autres lobbies, descendants directs des organisations de petits commerçants et industriels anti-CGPF de 1936, bataillent sans relâche contre les comités qui sont jugés trop proches du grand patronat. Parmi ces adversaires de « l'organisation », on trouve même des gens qui, après 1936, avaient pu sembler avoir partie liée avec le CCOP, les jeunes patrons et les autres « modernistes » contre la CGPF, au nom des petites entreprises. Pierre Nicolle, ce représentant professionnel du patronat, qu'on a maintes fois rencontré, relaie par exemple à Vichy toutes les récriminations des dirigeants de la petite industrie de province contre les comités d'organisation[43].

Le 12 août 1941, quelques semaines seulement après la création du CII, la victoire des adversaires des comités d'organisation semble acquise. C'est le maréchal lui-même qui tranche, dans l'une de ces allocutions radiophoniques qui constituent un de ses modes de gouvernement préférés. Celle-ci, restée dans les mémoires sous le nom de

« discours du vent mauvais », marque un des tournants du régime. « Français, j'ai des choses graves à vous dire, annonce solennellement Pétain. De plusieurs régions de France, je sens se lever depuis quelques semaines un vent mauvais. » Suivent toute une série de considérations générales sur Londres, les Allemands, les Américains, etc. Puis sur « la lenteur à construire un ordre nouveau [...]. Entre le peuple et moi, qui nous comprenons si bien, s'est dressé le double écran des partisans de l'ancien régime et des serviteurs des trusts ».

Dans l'atmosphère de l'époque, le mot « trust » n'est pas loin d'être l'équivalent d'une injure. Il vise la grande entreprise, dirigée de loin par des capitalistes (par opposition aux vrais patrons), qui ruine les petites entreprises et prospère sur leurs cadavres. Pour peu qu'il possède des actionnaires étrangers ou plutôt, comme on préfère dire, « apatrides », la nocivité du trust fait encore moins de doute. Pendant l'été 1936, le manifeste de la Confédération générale du labeur français, de Charles Stapfer, l'un de ces rassemblements de « petits » dressés contre le grand patronat, confondait déjà dans un même opprobre, ce qui ne manque pas de saveur, la CGT et les trusts, qui sont l'un et l'autre « sans nationalité »[44].

« Quant à la puissance des trusts, poursuit sans nuance le vieux maréchal, elle a cherché à s'affirmer de nouveau en utilisant pour ses fins particulières l'institution des comités d'organisation. » Au CII, Bardet, Tavernost et leurs collaborateurs ont dû s'étrangler en l'entendant prononcer ces mots et encore plus ceux qui suivaient. « Ces comités avaient été créés cependant pour redresser les erreurs du capitalisme. Ils avaient en outre pour objet de confier à des hommes responsables l'autorité nécessaire pour négocier avec l'Allemagne et pour assurer une équitable répartition des matières premières indispensables à nos usines [...]. Les choix des membres de ces comités ont été difficiles. On n'a pas toujours trouvé réunies sur les mêmes têtes l'impartialité et la compétence. Les organismes provisoires, créés sous l'empire d'une nécessité pressante, ont été trop nombreux, trop centralisés et trop lourds. Les grandes sociétés s'y sont arrogé une autorité excessive et un contrôle souvent inadmissible [...]. Le statut provisoire de l'organisation économique sera remanié, sur la base de l'allégement et du regroupement des comités, d'une représentation plus large, dans leur sein, de la petite industrie et des artisans, d'une révision de leur gestion financière et de leur articulation avec les organismes sociaux. »

Que s'est-il passé alors pour justifier une telle admonestation ? En fait rien de précis. Il semble simplement que le clivage se soit approfondi entre les activistes comme Bardet et ses amis « organisateurs » et la masse des petits patrons, qui réclament un répit dans la course au progrès, à la rationalisation et à la concentration. Ils ont déjà bien des difficultés à se débrouiller dans cette époque compliquée — même si elle offre à certains, notamment avec le marché noir, une dernière chance de faire fortune. Qu'on vienne en plus leur prêcher les vertus de la standardisation ou de la statistique, c'est de trop. Est-ce un hasard ? On peut en tout cas trouver très symbolique le fait que Jean Coutrot, le grand apôtre de la normalisation et de l'organisation scientifique du travail, l'ami de Bardet qui avait vu dans les occupations d'usines de 1936 les prémices d'un changement de mentalité prometteur, l'homme qui à l'été 1940 préparait déjà des projets de décrets imposant la standardisation industrielle, se soit suicidé en mai 1941, quelques semaines avant le discours du maréchal, alors que le CII est pourtant en train de se mettre en place. Quant à Belin, le responsable de la loi du 16 août 1940, il a depuis déjà longtemps perdu le portefeuille de la Production industrielle.

Au quotidien, pour le petit industriel de base, les comités d'organisation constituent des repaires de grands patrons doublés de fonctionnaires. Pourtant « nés avec un préjugé favorable », à en croire Robert Weinmann, le secrétaire du bureau du CII[45], ils sont vite perçus comme des organismes qui passent leur temps à exiger des renseignements, administrent une pénurie de matières premières qu'on a du mal à accepter et prétendent prélever des cotisations pour assurer leurs frais de fonctionnement. « Le travail effectué à leur création, ayant été d'une façon générale d'abord purement statistique, a rebuté les adhérents qui n'étaient intéressés, en raison de la situation actuelle, que par la résolution urgente de cas concrets pour lesquels ils n'ont pas été aidés suffisamment », écrit encore Robert Weinmann. Cette quête de données, considérée comme inquisitoriale, est très mal acceptée. « Il est exact que le ressortissant moyen, surtout s'il appartient à plusieurs comités d'organisation, est noyé dans un flot de paperasses en général diffuses et d'une lecture difficile », reconnaît Bardet qui, par ailleurs, défend depuis l'époque d'X-crise l'intérêt d'améliorer sérieusement la collecte de l'information économique chiffrée[46]. Weinmann y voit même « la raison fondamentale » de la déception des entreprises vis-à-vis des comités. Dans un autre cercle de réflexion auquel participe Bardet, le Comité d'études pour la France, dont nous reparlerons, on propose d'ailleurs, pour apaiser les esprits et rationaliser cette tâche, de rattacher chaque entreprise à un « comité principal », qui serait seul autorisé à lui demander des statistiques, et de limiter certaines études à un échantillon de sociétés[47]. La solution finalement trouvée, au moins en théorie, sera la suivante : le service de la coordination statistique de l'Office central de répartition de la production industrielle reçoit un vrai pouvoir pour recueillir et centraliser les données, grâce à un arrêté de novembre 1941[48]. Difficile d'évaluer son efficacité.

Au CII, les notes vont succéder aux notes et les réunions aux réunions pour essayer de trouver une riposte au discours de Pétain. Ainsi, le 12 septembre 1941, le CII réunit « de nombreux dirigeants de comités d'organisation » auxquels il a écrit dès le 6 septembre pour leur demander leur avis sur une réforme du système[49]. Bardet n'est pas là, « appelé à Vichy ». Antoine de Tavernost préside les débats. Certains dirigeants, affirmant que les comités d'organisation ont été discrédités par le discours du maréchal, sont d'avis « de les supprimer, quitte à les faire revivre le lendemain sous une autre forme ». D'autres sont plutôt partisans de redéfinir leurs fonctions en accroissant leur autorité et en modifiant les modalités de la « sous-répartition » — sans qu'on puisse clairement déterminer s'ils veulent étendre ou diminuer les responsabilités des comités en la matière. Les répartiteurs prennent en effet les décisions stratégiques en partageant les grandes masses de matières premières disponibles entre les professions mais laissent aux comités d'organisation la responsabilité de répartir la rareté entre leurs adhérents.

À lire un peu entre les lignes le compte rendu de cette réunion, il semble — signe supplémentaire de rejet — que les comités n'arrivent pas à se faire payer par les entreprises les cotisations dont ils sont censés vivre et qu'ils en sont réduits à négocier des emprunts. Le service compétent du CII a en effet entamé, précise Antoine de Tavernost, « une action auprès du ministère des Finances et du ministère de la Production industrielle sur le problème du financement des comités d'organisation ». On voudrait établir en effet « une doctrine » à ce sujet. En attendant, à défaut, on souhaite « la sortie des arrêtés qui [pourraient permettre] aux comités de percevoir des taxes » et on demande qu'on étudie « la question de la trésorerie des comités et notamment la réduction du taux des avances consenties par les banques ». Dans sa note du 8 octobre, Robert Weinmann confirme l'existence du problème : « Certains ont vu dans les comités des super-organismes créant des sources de frais généraux nouveaux pour la Nation sans contrepartie productive. »

Conclusion ? Le CII va réagir comme toute administration mal aimée : au lieu de s'effacer, il veut en faire encore plus. Robert Weinmann, toujours dans sa note du 8 octobre, propose de définir la politique générale des comités « non seulement pour la période actuelle, mais également pour l'après-guerre ». Les comités, à son avis, doivent désormais se mêler de « normalisation des produits et de spécification des qualités ». Il leur faut contribuer à « unifier les méthodes de travail en proposant l'élimination des plus rétrogrades ». Annoncer de tels objectifs ne risque pas de contribuer à la popularité de l'institution auprès des petites entreprises mécontentes ! Bardet non plus ne se laisse pas entamer par les critiques. La loi sur les comités d'organisation « est une des lois les mieux faites que nous ayons », écrit-il alors [50]. Ayant « prévu l'organisation de la profession par la profession », elle est « un rempart à la fois contre l'étatisme justement décrié et contre l'emprise de certaines puissances économiques d'avant guerre ». On aura là encore reconnu les « trusts ». Comme Weinmann, il n'hésite pas à promettre un grand avenir aux comités après la fin de l'Occupation : « On paraît trop oublier que les problèmes d'organisation et de production sont des problèmes de toujours, tandis que les problèmes de répartition sont des problèmes de circonstance. » Même Antoine de Tavernost, manifestement plus réaliste, conscient qu'« en ce moment on ne peut faire beaucoup de doctrine », se laisse parfois gagner par cette ambiance. « Il faut surtout éduquer nos esprits en fonction de la nouvelle organisation, c'est-à-dire qu'il faut tout repenser et nous débarrasser de tous les lieux communs dont notre jeunesse a été abreuvée », écrit-il ainsi dans un projet d'exposé aux chefs de service du CII le 3 mars 1942.

On peut légitimement se demander si l'on n'a pas affaire, à la tête du CII, à un petit groupe de technocrates idéalistes, dépourvus de tout sens politique. Pour François Lehideux, qui a fait carrière dans l'industrie, chez Renault, avant d'occuper des postes ministériels à Vichy, Bardet était effectivement une « très grande intelligence » mais aussi un « rêveur » dont le « manque de contact avec la réalité était effrayant »[51]. Mais Lehideux, manifestement très fier d'avoir été un des pionniers de la planification à la française en tant que délégué général à l'Équipement national de Vichy[52], est très agacé par les prétentions similaires de la « bande à Bichelonne ». D'autant que le chapitre « industrie » du projet de plan décennal qu'il a mis au point est resté en blanc, faute d'avoir pu obtenir la collaboration des comités d'organisation et du ministère de la Production industrielle. En réalité, la direction du CII comporte des personnalités assez différentes. Bardet était sans doute très idéaliste mais, cinquante ans après, Antoine de Tavernost fait l'effet d'un homme tout à fait réaliste et pondéré. Après guerre il a entre autres administrés *Le Parisien Libéré*, Grasset, Berliet, la société métallurgique Jeudy et la Société de développement régional du Sud-Ouest et il a été nommé au conseil de l'IDI (Institut de développement industriel).

Quoi qu'il en soit, les propos du maréchal n'auront pas de grandes conséquences pratiques sur le fonctionnement des comités d'organisation : il faut bien continuer à répartir la rareté. Une Commission de réorganisation économique et sociale est certes constituée à l'automne 1941 et confiée à Claude-Joseph Gignoux, l'ancien président de la CGPF, qui a rallié Vichy malgré la dissolution de son organisation par le pouvoir. Beaucoup d'idées y sont agitées, par exemple la régionalisation des comités d'organisation, mais on ne prend aucune décision. Quelques dirigeants de comités sont certes remplacés, dans le textile notamment, mais ces changements sont sans véritable portée. Ils ne sont pas à la hauteur de la colère exprimée par Pétain.

Le CII perdure également, mais il devra se faire plus discret. Le Comité consultatif présidé par Bardet est en butte à l'hostilité d'une partie de l'administration, notamment celle du nouveau secrétaire d'État à la Production industrielle qui n'est autre que François Lehideux[53]. Aussi Bichelonne finira-t-il par récupérer directement auprès de lui Bardet et ses travaux à partir de septembre 1942. Devenu le secrétaire général d'un « Conseil supérieur de l'économie industrielle et commerciale », le créateur d'X-crise continuera à diriger des études prospectives qui peuvent passer pour une préfiguration du Plan. Mais à la différence du CII et de son comité consultatif, ce Conseil supérieur a de moins en moins la prétention de représenter le patronat.

Le temps de la réflexion

Si le discours du « vent mauvais » n'a guère été suivi d'effets, il a mis fin aux espérances de ceux qui croyaient pouvoir préserver au moins les apparences d'un certain consensus doctrinal au sein du régime en matière économique. Beaucoup de fidèles de Vichy ont des idées sur l'économie et les entreprises, mais ce ne sont pas les mêmes. Derrière le pouvoir faible du maréchal, c'est désormais évident, s'affrontent des forces contradictoires. Il est donc difficile de définir de façon homogène les caractéristiques de ce qu'on pourrait appeler le « pétainisme économique ». Au-delà du cas du CII, l'affaire de la « synarchie », déjà évoquée[54], témoigne également de cette difficulté. On a vu qu'on pouvait interpréter cette cabale qui se développe à partir de l'été 1941 comme une réaction d'une partie des hommes influents à Vichy contre les technocrates liés aux « trusts » et comme une autre manifestation des fortes tensions internes au régime. L'historien Richard F. Kuisel, spécialiste de la question[55], pense d'ailleurs que le discours du 12 août 1941 s'explique par l'ampleur prise par ce « scandale ».

Des forces profondes ramènent donc le régime dans le « droit chemin » d'un conservatisme un peu timoré. Les petits patrons forment le gros de cette armée. Ils sont soutenus dans les allées du pouvoir à Vichy par les pourfendeurs des trusts et des technocrates à la Bardet comme Pierre Nicolle, qui avait d'ailleurs pris une position en pointe à propos de la Synarchie[56], mais aussi Gignoux. Cet habile apparatchik, qui avait déja joué de l'opposition entre petites et grandes entreprises après 1936 pour prendre la tête de la CGPF, apporte en effet aux conservateurs un appui qui va au-delà de la défense de la petite entreprise. Car quelques grands patrons, on le verra, souhaitent manifestement eux aussi que rien ne change. Que Coutrot, Bardet et ses collègues du CII soient contestés et même minoritaires semble donc indéniable. Mais il ne faudrait pas en déduire qu'ils sont seuls.

Revenons ainsi un moment au CCOP. Il s'est perpétué à travers le CII et sous d'autres formes encore par la suite. Mais il a également donné le jour à l'une des branches les plus actives du patronat français : le Centre des jeunes patrons, devenu aujourd'hui CJD (Centre des jeunes dirigeants). Cette organisation a été créée le 7 mai 1938, après la « défaite patronale » de juin 1936 et avant la défaite nationale de juin 1940. Contrairement à la CGPF, elle poursuit son activité pendant toute l'Occupation, où elle prospère. Un succès qui démontre bien l'existence, en dehors même du CII, structure officielle, d'un fort besoin de discussion et de concertation chez les chefs d'entreprise. De trois cent cinquante membres en octobre 1940, les effectifs du CJP montent à mille cent dès février 1942 pour dépasser les deux mille au cours de l'année 1944[57].

Le premier président du CJP, Jean Mersch, vingt-sept ans en 1938, dirigeait une tannerie familiale de la région parisienne. Mais l'organisation a un parrain, le même que celui du CII, autrement dit le CCOP, puisque c'est dans ses murs, rue Chauchat, que s'est tenue la réunion constitutive du 7 mai 1938. Les comptes rendus d'activité du CJP seront d'ailleurs publiés jusqu'en 1939 dans le bulletin du CCOP. Mersch raconte même que l'idée d'organiser une rencontre de jeunes patrons lui a été entièrement suggérée par cet organisme[58]. D'une famille de militants chrétiens sociaux, président de la jeunesse patronale catholique, il représente un courant d'opinion bien précis. D'autres personnages évoqués dans ce livre, comme Henri Ardant, le patron de la Société Générale, par exemple, s'en réclament. C'est d'ailleurs au Val des Bois, dans les locaux de la filature Harmel Frères, l'entreprise du « beau-grand-père » d'Ardant, personnage emblématique du patronat chrétien social, que se tient le premier congrès du CJP le 8 juillet 1939[59].

Les préoccupations de ce mouvement paraissent bien représenter celles du patronat de l'époque, traumatisé par deux événements majeurs. Celui que l'on évoque toujours : 1936, le Front populaire et les grèves. L'autre que l'on sous-estime régulièrement : la crise, dite de 1929, qui atteint durablement la France à partir de 1931. Le premier a nourri au sein du patronat des désirs contradictoires de revanche et de réconciliation avec les employés ; le second a suscité un très fort regain de défiance à l'égard de l'économie libérale et de sa principale règle du jeu : la concurrence. Mersch évoque d'ailleurs ainsi ses premiers soucis lors de la réunion des fondateurs du CJP : « L'idée primordiale dans les milieux patronaux est celle de l'organisation professionnelle, dont on reconnaît la nécessité à un double point de vue : d'abord au point de vue économique où il faut limiter la concurrence, ensuite pour des raisons sociales et humaines, car il est éminemment souhaitable de refaire un cadre humain autour de l'homme au travail[60]. »

Le CJP se veut donc une organisation de patrons sociaux. Il est ainsi en phase avec certaines intentions de Vichy, qui comprendra un secrétaire général du travail et de la main-d'œuvre, Jean Terray, issu de ses rangs. Le mouvement qui, en 1942, voudrait abolir le salariat pour le remplacer par une formule d'« association » soutient, bien sûr, la création des « comités sociaux », anticipation pétainiste des comités d'entreprise de la Libération. Et Bardet ne peut qu'être en sympathie avec ces idées. Mais le CJP veut aussi, et c'est capital, « limiter la concurrence », comme le dit ouvertement son président. Le fondateur d'X-crise est sans doute moins sensible que d'autres à cet aspect du programme du CJP. Son entreprise n'exerce pas une activité de production de masse. Il n'a donc pas éprouvé directement avant la guerre les affres de la surproduction, de la lutte pour les parts de marché et des prix qui s'effondrent. Mais bien d'autres patrons sont restés marqués par ces temps très difficiles. Toujours lors de la réunion constitutive du 7 mai 1938, « fasciné par les Konzern et les Kartelle mis en place en Allemagne par les industriels », Jacques de Nervo, administrateur délégué de la Société du Saut du Tarn, est venu ainsi expliquer aux jeunes patrons comment il avait réussi à mettre sur pied une entente avec les producteurs de limes. On a commencé par la normalisation des produits, puis on a entrepris, en 1936, le calcul de prix de revient moyens pour en arriver à « l'établissement de prix minimaux avec la parole donnée de ne pas aller au-dessous » et naturellement à l'institution de « quotas de production fixés pour chaque entreprise »[61].

Le groupe qui a gravité autour du CII, quand il s'interroge sur le devenir des entreprises, n'est donc pas isolé, bien qu'on puisse repérer des écarts sensibles entre les conceptions des diverses tendances qu'on peut qualifier de modernistes au sein du milieu des chefs d'entreprise. Mais même les conservateurs les plus éloignés de ces partisans de « l'organisation » ne se contentent pas bien souvent de former une majorité silencieuse d'attentistes : ils expriment des inquiétudes et en débattent. Des jeunes et moins jeunes patrons de tous horizons continuent à se rencontrer, à réfléchir, à faire des rapports et des propositions entre 1940 et 1944. Ceux-ci parlent moins du présent, souvent vécu comme une parenthèse, que du passé, encore mal digéré, et de l'avenir, qu'ils espèrent meilleur. Bien sûr chacun, du fait des difficultés nées de l'Occupation, a ses problèmes matériels à régler. Et dans un même secteur d'activité, la disponibilité, pour s'adonner à la réflexion, peut être très différente. Maurice Teillac, nommé pendant l'Occupation, à vingt-huit ans, responsable des approvisionnements de la Générale de Fonderie, se souvient d'avoir alors travaillé quatorze heures par jour à courir la France pour trouver des matières premières. Ce qui, raconte-t-il aujourd'hui, ne lui laissait pas le temps de s'intéresser à autre chose, autrement dit à « des questions sans intérêt »[62]. En revanche, Henri Malcor, qui, à trente-quatre ans, dirigeait les aciéries de Saint-Chamond-Granat, a gardé, comme beaucoup d'autres, le souvenir d'une époque où les patrons, ne pouvant réaliser de nouveaux projets, avaient le loisir de réfléchir aux malheurs du temps : « L'activité industrielle était ralentie, les services commerciaux n'avaient guère d'initiatives à prendre : la compétition était nulle. Dès lors, on disposait de temps pour penser à l'avenir qu'on voulait moins noir que le présent. On souhaitait une rénovation, l'abandon des mauvaises habitudes anciennes[63]. » Parmi les thèmes majeurs qui nourrissent alors les discussions entre les patrons de divers bords, les deux principaux, on n'en sera pas étonné, sont les mêmes partout : la question sociale et la concurrence.

La question sociale

Même si les rapports des patrons avec leur personnel ne constituent pas toujours le premier sujet de préoccupation, ils alimentent alors nombre de débats. Lorsque arrivent la défaite puis l'Occupation, les milieux patronaux, on le sait, n'ont pas encore fini de digérer le choc de 1936. Juste après l'événement, Coutrot estime à 37 % ces hausses de salaire qui, selon les dirigeants, vont écraser leurs entreprises. Il parle même de 50 % en comptant l'effet de la réduction de la semaine de travail à quarante heures[64]. En fait, les entreprises ont assez bien supporté cette augmentation de leurs coûts, surestimée par les contemporains. La hausse totale du prix payé par les patrons pour une heure de travail a été de 27 % en moyenne et non de 50 %*. De plus, elle a été en grande partie compensée par la hausse de la productivité due au redémarrage de l'économie à partir de fin 1938** et ses effets ont été atténués lorsque les nécessités du réarmement ont fourni un excellent prétexte au gouvernement et au patronat pour réimposer des horaires légaux plus longs, permettant d'éviter le recours aux coûteuses heures supplémentaires. Il n'en est pas de même du choc moral. Soudain, d'un jour à l'autre, d'un instant à l'autre parfois, pendant l'été 1936, un grand nombre de patrons français ont perdu leur autorité face à leurs employés. « Les leviers de commande psychologiques qui les unissaient à leurs hommes étaient subitement désenclenchés ; ces hommes ne songeaient plus à leur obéir, ni eux à leur donner des ordres », a alors écrit Coutrot[65]. L'historien américain Henry Ehrmann, recueillant des souvenirs encore vifs dans les années cinquante, parle d'une véritable « humiliation » des chefs d'entreprise devant l'occupation de leurs usines. Chez les petits et moyens patrons, le souvenir en est d'autant plus vif que leur bureau était souvent situé dans les ateliers. À l'époque, les dirigeants sont d'ailleurs encore nombreux à habiter les locaux de l'entreprise. Et en 1940, lorsque le contremaître est mobilisé puis éventuellement fait prisonnier, certains de ceux qui avaient rompu avec cette tradition reviendront très naturellement loger dans l'appartement de l'usine***.

Entre 1936 et le début de la guerre, des dirigeants que l'on retrouvera aux premiers rangs du pétainisme et même de la collaboration, comme

* Estimation de Pierre Villa dans le n° 154 du *Mouvement social* (janvier-mars 1991, Éditions Ouvrières). La hausse de salaires directe aurait été comprise entre 13,3 et 15,6 %, tout compris. Il faut rajouter à ce pourcentage l'effet des deux semaines de congés payés (4 %) et du passage de quarante-quatre à quarante heures hebdomadaires (9,2 %) pour obtenir le nouveau coût du salaire horaire pour le patron.

** Pierre Villa (*op. cit.*) estime que 10 % de l'accroissement d'activité correspond à des embauches tandis que 90 % ont été assurés par une augmentation de la quantité produite par heure de travail, grâce notamment à une meilleure utilisation des capacités de production.

*** Pierre Chevalier, que nous avons rencontré à la chambre de commerce de Marseille, et qui était enfant à l'époque, a ainsi le souvenir très précis d'avoir découvert l'univers de la minoterie familiale à la faveur de l'Occupation.

Georges Claude, rêvaient déjà d'effacer les « erreurs » de l'été 1936. Ainsi, le 26 novembre 1938, alors que le pays recherche désespérément les voies d'une reprise économique, le cofondateur de l'Air Liquide présente à la Mutualité un « Plan de sauvetage économique du pays »[66], d'une remarquable naïveté, qu'il reprend en substance dans un « appel aux ouvriers » publié dans *Le Petit Parisien* du 3 décembre 1938. En ramenant la semaine de travail de quarante-huit heures à quarante en 1936, on a augmenté les coûts des industriels de 20 % « sans profit pour chaque ouvrier » puisque celui-ci ne touche pas plus d'argent, explique-t-il. En décidant de faire l'inverse, on « supprimera cette charge sans perte pour les ouvriers », qui auront simplement retrouvé leur horaire de travail antérieur. Les patrons de leur côté diminueraient immédiatement de 15 % leurs prix de vente pour relancer la consommation. Inutile de préciser que ce « plan » n'a guère eu de succès...

Beaucoup plus intéressantes sont les réactions et propositions d'Eugène Schueller, le célèbre patron de L'Oréal, de Monsavon et des peintures Valentine. Ce génie des affaires est aussi un des mauvais génies de la politique française. Il fut en effet l'un des dirigeants et surtout l'un des principaux bailleurs de fonds de l'extrême droite au cours des années trente. Antoine de Tavernost se souvient d'être allé lui rendre visite, lors des premiers temps de l'Occupation, de la part de son oncle, le général de La Laurencie, délégué du gouvernement en zone occupée en 1940, pour lui demander de modérer son soutien à l'incontrôlable Eugène Deloncle et à ses amis « cagoulards »[67]. Non content de financer Deloncle, il inspire le programme économique de son mouvement, le MSR (Mouvement social révolutionnaire), qui prône une radicalisation autoritaire du régime de Vichy*.

Tout petit dans un grand fauteuil de galuchat d'allure un peu moyenâgeuse, les cheveux violets tendant à prouver qu'il utilisait les produits

* L'instruction ouverte sur Eugène Schueller le 4 juin 1945 par le tribunal de la Seine sera close et son dossier sera classé le 6 décembre 1948 (Archives nationales, Z6NL 11108). Selon le parquet, qui s'est contenté à son sujet d'une enquête beaucoup moins fouillée que pour d'autres patrons (le dossier est physiquement dix fois moins épais que celui de dirigeants comme Pierre Brice ou Henri Ardant), Eugène Schueller « a manifesté une certaine activité en faveur des thèses de la collaboration franco-allemande [et] a considéré la "relève"avec quelque faveur ». Mais aucun fait de collaboration économique, critère essentiel d'appréciation du comportement des dirigeants pour les magistrats de l'époque, n'est retenu contre lui. Il avait cédé en 1940 la présidence de Valentine, la seule de ses trois entreprises qui ait travaillé significativement — mais « sous la contrainte » — pour les Allemands. Schueller assurera avoir abandonné la politique fin 1941, vraisemblablement au moment où Deloncle fut écarté de la direction du Rassemblement national populaire de Marcel Déat, dont le MSR était une des organisations fondatrices. Le parquet considérera que sa participation ultérieure au RNP n'est pas prouvée. Et il ne s'intéressera pas au fait qu'un certain Robert P., employé au service des teintures de L'Oréal, aurait été, d'après l'enquête de police, directeur politique de la publication collaborationniste et antisémite *Au Pilori* et qu'un certain Jean C. aurait été à la fois acheteur dans la société de cosmétiques et chef du service de la propagande du MSR. Les versements de Schueller au MSR n'ont jamais été prouvés mais la démarche d'Antoine de Tavernost montre bien qu'il était considéré comme le financier notoire du mouvement par les autorités.

conçus par sa maison pour masquer ses cheveux blancs jaunis, Schueller, qui avait des idées sur tout, ne restait jamais tranquille dans son bureau : il n'arrêtait pas d'appuyer sur une sonnette pour demander à sa secrétaire de venir noter le produit de ses pensées. En 1940 il a déjà cinquante-neuf ans et une très longue carrière d'activiste patronal derrière lui. Après 1936, il a notamment financé et diffusé à des dizaines de milliers d'exemplaires un hebdomadaire s'intitulant *L'Action patronale*, qu'il écrivait apparemment tout seul [68].

D'une sensibilité politique fort éloignée de celle de Bardet ou de Coutrot, Schueller partage néanmoins certaines de leurs interrogations. Il s'est d'ailleurs intéressé aux travaux du CCOP. Le livre de doctrine qu'il publie en 1941, *La Révolution de l'économie* [69], mêle de façon étonnante paternalisme d'un autre âge et aspiration à la modernité. On peut y lire, par exemple, pour justifier le versement d'allocations de chômage complémentaires en cas de licenciement : « Quand, quelque part, on a besoin d'un cheval de renfort, même si on en a besoin seulement un jour par an, il faut bien qu'on le nourrisse toute l'année. » L'assimilation de l'employé à une bête de somme fait sursauter aujourd'hui. Mais il apparaît cependant que Schueller, au moins à titre expérimental dans une usine, applique ses idées et que celles-ci ont quelque chose de « progressiste », du moins par comparaison avec celles du patronat « officiel ». En effet, comme l'explique un historien, « au pire de la crise économique [des années trente], la CGPF continua à déplorer certains aspects du système d'assurances sociales et à combattre les allocations de chômage, sous prétexte qu'elles étaient un encouragement à la paresse » [70]. L'économiste Jacques Rueff avait d'ailleurs théorisé à l'époque ce point de vue dans une série d'articles restés célèbres.

La conception des relations sociales de Schueller est d'une grande clarté. Après la révolte de 1936, qui lui est apparue intolérable, il écrit, en titre, dans son journal le 15 novembre 1937 : « L'ouvrier doit obéir ». En un mot, le patron doit protéger l'ouvrier qui lui-même, en échange, doit se plier aux ordres. Les réflexions d'un Bardet sur l'autogestion ou la cogestion lui sont totalement étrangères. « Personnellement, écrit-il dans son livre de 1941, je maintiens le contact avec mes ouvriers en rendant une ou deux fois par mois visite, le samedi après-midi, à un certain nombre [de familles] que je connais particulièrement. Je vois aussi quelques malades, je vois quelques enfants. » Comme beaucoup de patrons français à cette époque, comme Bardet lui-même qui parle à ce sujet de « politique de présence », il tient alors particulièrement à rétablir un contact personnel avec ses employés. Il explique aussi, cependant, qu'il a organisé un service médical dans ses usines pour ses ouvrières « qui ne faisaient guère venir un médecin que lorsqu'elles étaient malades au point de rester couchées », ce qui est plus moderne. Et il va même jusqu'à écrire : « Si on distribuait la retraite par répartition et non par capitalisation, on résoudrait tous les problèmes sociaux urgents. » C'est exactement ce qu'on fera après la guerre.

Formulée quatre à cinq ans seulement après le tremblement de terre social de 1936, la politique sociale officielle de Vichy, pour autant qu'elle reste lisible après les interminables tiraillements auxquels donnent lieu la préparation et la mise en place de la Charte du travail du 26 octobre 1941, exprime essentiellement ce besoin de réconciliation, de retour à un paternalisme modernisé. Refus de la lutte des classes, rêve corporatiste d'une appartenance commune des patrons et des employés, unis dans la pratique d'un même métier, les fondements de la Charte traduisent bien cette « ligne ». Mais dans l'entourage de Pétain, la volonté de faire table rase du passé en bridant les organisations ouvrières est telle que les projets du ministre du Travail, l'ancien de la CGT René Belin, seront systématiquement corrigés dans un sens restrictif : mise à l'écart des anciens syndicalistes, interdiction de la grève, etc. Du coup, la Charte, qui aurait pu être accueillie avec intérêt, semble-t-il, par une partie au moins des salariés dans les circonstances exceptionnelles de la défaite et de l'Occupation, sera assez largement rejetée et fort peu appliquée.

Bardet, que nous avons vu adepte de la « collaboration de classe » dans sa propre entreprise, a alors cherché, bien entendu, à se faire entendre. Au printemps 1941, il rédige des propositions précises, qu'il envoie au gouvernement[71]. Il appelle en fait de ses vœux un corporatisme modernisé, directement inspiré de l'expérience des Machines Automatiques Bardet. Il envisage d'instaurer dans chaque entreprise deux comités consultatifs formés de délégués élus du personnel : un « conseil social », plutôt destiné à débattre des questions intéressant la vie du personnel, et un « comité des métiers », qui aurait vocation à être informé de la marche de l'entreprise. Vichy prévoira d'ailleurs, dans la Charte du travail, des « comités sociaux », supposés traiter, à peu de chose près, des mêmes questions que le « conseil social » du fondateur d'X-crise. Un « détail » du projet de Bardet mérite d'être relevé. Il permet en effet de mieux comprendre ce qu'était ce corporatisme qui donne une teinte particulière à toutes les propositions de cette période. L'homme qui s'apprête à animer le CII distingue cinq échelons dans l'entreprise, de l'actionnaire au manœuvre. Mais ni l'actionnaire ni le manœuvre n'ont voix au chapitre dans les deux comités qui doivent être créés. Car l'un comme l'autre ne possèdent pas le métier, la compétence professionnelle, qui fonde la hiérarchie dans l'entreprise. Dans l'esprit du fondateur d'X-crise, gêné de laisser ainsi de côté une partie du personnel ouvrier, le patron a cependant une responsabilité à l'égard des manœuvres, celle précisément d'organiser l'apprentissage pour qu'ils acquièrent ce fameux métier. Le développement de l'apprentissage constituera d'ailleurs le thème de travail d'une des douze commissions d'études mises en place par Gérard Bardet au Conseil supérieur de l'économie industrielle et commerciale à partir de l'été 1942.

Au-delà des réflexions « sur le papier », l'Occupation, avec ses privations et ses menaces, va offrir à ceux des patrons qui les recherchent bien des occasions d'ébaucher la réconciliation sociale sur le terrain. Même s'il ne faut, bien entendu, en surestimer ni l'importance ni la portée pratique, on a pu noter dans beaucoup d'entreprises une évolution des relations internes dans le sens de l'apaisement. Et particulièrement à partir de 1942, quand le problème du travail obligatoire en Allemagne deviendra central. Tout conduit d'ailleurs à penser, avec l'historien britannique Richard Vinen[72], que le STO fut alors « le plus important sujet qui unit patrons et travailleurs ». On en retrouve l'écho dans plusieurs cas d'entreprises évoqués précédemment. Les patrons qui profitent de l'Occupation pour se débarrasser des fortes têtes en les dénonçant aux services du travail allemands à la recherche de main-d'œuvre à envoyer outre-Rhin — ou en menaçant de le faire — existent sans aucun doute. Mais la très grande majorité d'entre eux ont plutôt essayé de protéger leur personnel, parfois en prenant de véritables risques.

Les privations alimentaires ont également permis aux dirigeants de mobiliser leur fibre paternaliste pour aider leurs employés et leurs familles à traverser les aléas de l'époque. Rares sont les entreprises d'une certaine importance qui n'achètent pas une exploitation agricole pour améliorer l'ordinaire des travailleurs ou qui ne financent pas les jardins ouvriers, les cantines et les coopératives. Aux Machines Automatiques Bardet, on profite de l'existence d'une liaison hebdomadaire, par camionnette, entre les usines de Paris et de Moulins pour s'arrêter à Bonny-sur-Loire chez « un boucher compréhensif ayant conscience qu'il n'y avait pas incompatibilité entre le patriotisme et l'intérêt matériel ». Et la viande est distribuée gratuitement au personnel. Les ouvertures de cantines et de coopératives d'entreprises, qui se multiplient, sont, il est vrai, souvent... des réouvertures[73]. Celles-ci, en effet, avaient été mises en veilleuse ici ou là, après 1936, pour ne pas déplaire au petit commerce auquel elles faisaient concurrence.

Ces initiatives, dans bien des cas, n'étaient sans doute pas désintéressées : la main-d'œuvre devenant rare dès 1941, sous la pression des commandes et des réquisitions allemandes, entretenir une bonne cantine ou une bonne coopérative constituait une manière efficace d'attirer ou de retenir les travailleurs et d'éviter l'absentéisme. Il n'en reste pas moins vrai qu'on se préoccupe du sort de ses employés et que les circonstances semblent réveiller une certaine sollicitude envers le personnel, comme pendant la guerre de 1914-1918. Il est peu probable que, dans une pareille situation, la réaction des patrons serait semblable de nos jours, où le lien paternaliste a cédé la place, dans la plupart des cas, à une relation de nature plus contractuelle.

On évoque beaucoup ces problèmes de ravitaillement et les conditions d'existence des salariés sous l'Occupation dans un des lieux de réflexion — encore un — où l'on retrouve, à côté des inévitables Bardet et Tavernost, d'autres patrons et des hauts fonctionnaires, le « Comité d'études pour la France ». Il a été créé par Guillaume de Tarde, conseiller d'État, président des Chemins de fer de l'Est dans les années trente et futur patron de la BNCI (Banque nationale pour le commerce et l'industrie) après guerre. À l'inverse du CII de Bardet, il s'agit d'un organisme privé. Mais il n'a rien de clandestin et il communique le fruit de ses travaux à l'administration. Ce club, quelque peu négligé par les historiens, a produit pendant cette période des dizaines de rapports que l'on retrouve dans la documentation d'un « conseiller » du groupe qui n'est autre que Jacques Barnaud[74]. Des textes très intéressants en raison de leur tonalité pragmatique. Ces messieurs, qui se réunissent souvent gare d'Austerlitz grâce à l'hospitalité de Dumas, secrétaire général de la région Sud-Ouest de la SNCF, agitent des questions d'avenir mais parlent aussi de problèmes actuels et très terre à terre. L'étude n° 59 du 10 février 1943 examine par exemple l'intérêt d'une hypothétique évacuation des villes pour faire face à l'aggravation des problèmes de ravitaillement. Sa conclusion : la meilleure solution consisterait à éloigner uniquement les enfants, en arrêtant l'école à Pâques, car « c'est en avril, mai et juin que l'approvisionnement des villes est normalement le plus difficile ». On s'attaque aussi au problème des queues devant les magasins, dont les membres du Comité doivent entendre parler chez eux. Il faudrait, écrit-on, « imposer des heures de distribution pour les différentes catégories d'acheteurs (familles nombreuses, femmes enceintes, travailleurs, etc.) ». Pour pouvoir servir plus rapidement les clients, il serait bon par ailleurs que les quantités correspondant aux cartes de rationnement soient prépesées et préemballées. Mais on pense aussi, et cette recommandation fleure plus le XVIe arrondissement que Belleville, qu'il serait opportun de « reprendre le système des commandes faites à l'avance par la clientèle et de livraison à domicile en utilisant des porteurs à pied ou à bicyclette ». En proposant des idées pour améliorer la gestion des privations, on fait également avancer des idées qui se sont imposées depuis lors, comme la journée continue, pour économiser chauffage et électricité.

Le Comité est animé par un souci indéniable de solidarité. Ses études le démontrent. Celle de juillet 1942 sur les « conditions d'existence des petits salariés » propose notamment une augmentation des allocations familiales « moins dans le dessein de provoquer un accroissement de la natalité que dans celui d'assurer la subsistance des enfants existants ». Le gouvernement ayant jugé nécessaire d'opter pour un blocage des salaires, tout le monde cherche des prétextes pour augmenter les revenus des familles qui en ont le plus besoin.

Bardet, comme d'habitude, est le plus enthousiaste mais pas toujours le plus réaliste. Il signe notamment la lettre d'envoi à Bichelonne d'un texte du Comité d'étude pour la France concernant un projet de « prélèvement sur les bénéfices » pour financer les dépenses sociales. Il semble d'ailleurs avoir même détourné l'objet du rapport en imaginant d'emblée une possible extension de la mesure envisagée : « Le prélèvement sur les bénéfices n'est pas une panacée permettant de couvrir la totalité des besoins sociaux. Une part de ces besoins, la plus importante, ressortit normalement aux frais de production », conclut-il. Tout le principe des charges salariales, dont le poids, on le sait, est jugé excessif par la quasi-totalité des patrons aujourd'hui, est en germe dans cette phrase. L'impôt sur les bénéfices ne pouvait qu'être jugé insuffisant pour financer les ambitions de Bardet et du Comité qui veulent porter le budget social du pays de 20,8 milliards de francs à 50,7, la différence représentant, d'après leurs propres estimations, 7,1 à 10,6 % du revenu national ou 17,7 à 26 % de la masse salariale !

Au centre de tout : la concurrence

Si les préoccupations sociales, souvent de type paternaliste, sont bien réelles alors chez tous les responsables économiques qui veulent penser leur époque, la préoccupation dominante, dont nous avons déjà rencontré maintes manifestations, reste celle que traduit le désir d'« organisation ». Ce mot fétiche, on a pu s'en rendre compte, ne renvoie pas seulement au souhait de créer une « organisation syndicale des patrons » enfin efficace et représentative. Il s'agit d'abord et avant tout de combattre « l'anarchie du marché ». Ce refus viscéral de la concurrence, refus qui est resté ancré dans la mentalité patronale française jusqu'à une époque très récente, et qui est toujours prêt à resurgir, s'exprime alors d'une manière particulièrement virulente. On rêve volontiers d'un monde plus tranquille où les entreprises pourraient s'entendre pour vendre chacune une certaine quantité de marchandises définie à l'avance à un prix donné sans craindre l'arrivée de perturbateurs !

La peur — voire l'angoisse — des patrons et des responsables politiques devant le risque de surproduction est restée vivace depuis la « grande crise » des années trente. Mais pas seulement en France. On la retrouve même aux États-Unis, pays où la libre concurrence a pourtant toujours fait partie des valeurs fondamentales. Le *New Deal,* conçu par Roosevelt pour sortir l'économie américaine de la « dépression » après son arrivée au pouvoir en 1933, prévoyait, on l'a trop souvent oublié, la possibilité pour les associations d'entreprises de s'organiser dans le cadre de la NRA (National Recovery Administration). Des « codes » pouvaient être négociés, dans le cadre de chaque secteur, entre les syndicats, le patronat et l'administration. Ils établissaient des horaires maximaux et des salaires minimaux mais aussi le droit pour les entreprises de s'entendre afin de stabiliser les prix et la production sans être poursuivies.

Certes, l'industrie française, on le sait, n'a pas attendu la crise puis la période atypique de l'Occupation pour découvrir les vertus des cartels et des ententes entre producteurs permettant de se partager les marchés et de fixer les prix. « Nous vivons aujourd'hui sous le régime d'une législation parfaitement inappliquée parce que complètement inapplicable.

Il n'y a jamais eu tant de cartels avoués ou occultes, ni d'ententes professionnelles officielles ou officieuses de toutes sortes. Les pouvoirs publics eux-mêmes ont pensé à les rendre obligatoires, pourtant les délits de coalition restent toujours passibles de la correctionnelle. » Voilà ce qu'écrit vers 1936, avec son ami Robert Loustau, Pierre Pucheu [75], faisant allusion à l'article 419 du code pénal réprimant les atteintes à la concurrence qui, en cent quarante ans d'existence, n'aurait donné lieu qu'à une douzaine de jugements [76]. Ce sont les grandes entreprises, les « trusts », des secteurs les plus modernes qui s'organisent en cartels. Toute l'histoire du pétrole, par exemple, est marquée par cette aspiration à « l'organisation » sur le plan mondial et sur le plan national [77]. Les ententes qui sont aujourd'hui synonymes de malthusianisme et de refus des évolutions nécessaires sont alors conçues par une importante fraction du patronat comme un progrès à promouvoir. Les secteurs les plus anciens ou les plus dispersés, comme le textile, ont du mal à en percevoir l'intérêt, mais dans les activités plus concentrées, souvent les plus modernes (verre, acier, construction électrique, carburants, etc.), on ne conçoit aucun doute sur leur efficacité. Certains cartels comme ceux du verre, de l'acier, de l'aluminium, des carbures de calcium, fonctionnent à l'échelle internationale. Pendant l'entre-deux-guerres, des hommes considérés comme progressistes dans les milieux économiques, comme Guillaume de Tarde, souhaitaient que ces accords internationaux puissent contribuer à régler le problème des réparations dues par l'Allemagne après sa défaite de 1918 [78]. Pour que le vaincu paye, il faut en effet que ses entreprises réussissent à accumuler des devises en exportant. Or il est impossible que celles-ci accroissent leurs ventes à l'étranger sans prendre des parts de marché aux industriels des autres pays. Des cartels entre industriels européens auraient permis, selon les promoteurs de cette idée, des solutions négociées au sein des secteurs les plus concernés.

Pierre-Étienne Flandin, qui a très brièvement succédé à Laval à la tête du gouvernement en décembre 1940, avait déjà tenté de promouvoir des ententes au milieu des années trente, lorsqu'il était président du Conseil. Pourtant, l'Alliance démocratique, son parti, se définissait auparavant comme un vrai mouvement libéral conservateur acquis aux mérites de la concurrence pure et parfaite [79]. Mais la crise avait suffi à provoquer ce revirement. Le 10 janvier 1935, ainsi, Flandin déposait une proposition de loi pour autoriser le gouvernement à imposer une entente si la majorité des producteurs de la branche concernée acceptait cette perspective. Il fallait plus précisément obtenir l'accord des deux tiers des entreprises représentant les trois quarts du chiffre d'affaires de l'activité en question. Il s'agissait surtout en l'occurrence de tenter de renforcer des pratiques déjà existantes : toute entente officieuse ou illégale craint en effet de voir arriver sur le marché de nouveaux concurrents qui ne respectent pas la règle du jeu ; si l'entente devient officielle et obligatoire, ce risque essentiel disparaît. Voté par la Chambre, avec pour rapporteur René Coty, futur président de la République, ce texte ne fut pas loin d'être adopté. Rejeté par le Sénat, sous la pression de l'industrie textile, il était considéré par le petit patronat, notamment celui du commerce, comme résultant d'une manœuvre des « trusts », fauteurs de vie chère, qui cherchaient par là un moyen supplémentaire d'imposer « leurs » prix. Si on accepte l'idée que les comités d'organisation ne furent pas seulement une création de circonstance, on peut donc comprendre que certains, et surtout les patrons des petites entreprises, aient interprété leur apparition comme annonçant une nouvelle tentative des grandes entreprises pour encadrer des secteurs entiers dans un système d'ententes généralisées.

La guerre, évidemment, a fait disparaître brutalement toute perspective de surproduction, imposant aux entreprises une logique de pénurie. C'est le client qui invite désormais le représentant de commerce à déjeuner. A-t-on alors pour autant, comme le pensent certains historiens, cessé de discuter les « questions d'intérêt » (tarifs, cartels, etc.) et peut-on affirmer que « ce genre de sujets qui ont certainement occupé l'essentiel du temps des organisations professionnelles dans des périodes moins troublées furent repoussés dans le bas de l'ordre du jour »[80] ? Tout démontre au contraire qu'une grande partie du patronat français reste obsédé par sa peur de la concurrence et trouve même, dans les circonstances de l'Occupation, l'occasion de bâtir des digues durables contre son éventuel retour. Comment, sans cela, pourrait-on comprendre la continuité entre le CCOP et les jeunes patrons d'avant guerre d'une part, les comités d'organisation et le CII du temps de Vichy d'autre part ? Comment pourrait-on expliquer que, encouragé par la multiplication des critiques, le patronat français n'ait pas rejeté tout de suite et en bloc l'emprise fortement teintée d'étatisme des comités d'organisation sur la vie des entreprises ?

L'exemple de la banque, évoqué dans le chapitre précédent, montre bien que seule l'obsession de la concurrence — ou plutôt de sa suppression — peut expliquer en grande partie des comportements de grands dirigeants qui seraient autrement incompréhensibles. Il n'est pas isolé. « Les comités d'organisation ne tardèrent pas à se comporter comme les anciennes ententes patronales », écrit ainsi l'historien Rémy Desquesnes à propos des travaux publics[81]. « Une ordonnance allemande, datée du 27 mars 1944, promulguée à la demande du Comité d'organisation du bâtiment et des travaux publics (COBTP), illustre parfaitement l'esprit de cartel des comités. » On y demande aux divers clients d'outre-Rhin « de refuser de passer contrat avec les entreprises françaises de la construction n'appartenant pas au COBTP, sous le prétexte que ces entreprises ne présentaient pas de garantie professionnelle ni financière. En réalité il s'agissait pour le comité d'organisation, grâce à cette manœuvre, d'éliminer les entreprises non-membres ».

Les idéologues continuent de leur côté à batailler contre la concurrence entre 1940 et 1944. Bien qu'il publie ce livre en 1941, Eugène

Schueller, le patron de L'Oréal, évoque encore dans *La Révolution de l'économie* [82] la notion de surproduction, qui apparaît dès la page 27 en titre d'une sous-partie, pour expliquer et justifier tout son propos. Schueller n'est pourtant pas un rêveur marginal. Dirigeant d'une puissante entreprise, il a encore peur, en fait... de sa propre capacité à surproduire ! « Moi-même dans une usine où, il y a quelques années, j'employais deux cents ouvrières pour produire un million d'objets, j'arrive aujourd'hui à produire trois millions d'objets avec seulement cent ouvrières. J'ai en fait réduit la proportion du travail de six à un », constate-t-il. « La loi de l'offre et de la demande ne peut [donc] plus jouer dans l'économie moderne où les offres dépassent continuellement les demandes. » La solution qu'il propose : verser désormais aux ouvriers des « salaires proportionnels », liés au chiffre d'affaires issu de leur travail et non plus au temps passé, ce qui distribuerait un pouvoir d'achat en rapport avec le niveau de production. Mais ses idées, pour être applicables, supposent une organisation « à prix fixes », sans concurrence. Sinon, explique-t-il, certains industriels pourraient être tentés à tout moment d'utiliser le surcroît de production de leurs salariés pour casser les prix et prendre des parts de marché à leurs concurrents.

Si Schueller brocarde, comme tant d'autres, les comités d'organisation mis en place par Vichy, il a des idées très précises sur la manière de mieux faire. Seuls les professionnels des ententes d'avant guerre, pense-t-il, pourraient imposer efficacement une discipline aux entreprises. Il y en a cent tout au plus qui connaissent suffisamment bien leur secteur pour « tirer des patrons les vrais chiffres » et aider à organiser le groupement des concurrents directs. Et « le premier devoir de l'organisation professionnelle », c'est de proscrire par tous les moyens le dumping : « ne pas permettre à quelqu'un de vendre à perte pour nuire à son concurrent, et une fois le concurrent disparu, remonter ses prix ». Sans arrêt son ouvrage reprend le même leitmotiv : « La fixité des prix est la pierre fondamentale sur laquelle se bâtira tout l'édifice de l'économie nouvelle. »

Contrairement à Schueller, Bardet, on le sait, est peu sensible, en apparence du moins, à ces problèmes. Tout au plus remarque-t-on dans ses mémoires un curieux trait de caractère : il avoue détester les visites de salons techniques parce qu'il est obligé d'y voir les créations de ses concurrents ! Et le journal des amis de Flandin, *La Vie industrielle*, seul quotidien économique d'une certaine importance qui paraîtra pendant toute l'Occupation, traduit bien également l'ampleur du mouvement anticoncurrentiel [83]. Achille Dauphin Meunier y écrit par exemple en janvier 1941 que « la répétition des crises et la prolongation de chacune d'elles ont fourni la preuve que les mécanismes autorégulateurs sur lesquels on comptait pour maintenir l'équilibre ne jouaient plus correctement » [84]. Quant à P. Béranger, il estime en avril 1941 dans les mêmes colonnes que les ententes « constituaient un premier essai, souvent très poussé, d'organisation professionnelle ainsi qu'un premier service de répartition ordonnée ». Dans son esprit, créer des ententes et imposer la répartition des matières premières représentent manifestement des progrès.

Auguste Detœuf résumait fort bien l'état d'esprit de son époque en 1938 dans *Les Propos de O.-L. Barenton, confiseur*[85] : « concurrent = margoulin » et « margoulin = concurrent ». Polytechnicien lui aussi, « père » de l'Alsthom, il est de tous les syndicats et comités d'organisation de la construction électrique. Pas un des lieux de réflexion dont nous avons parlé où il n'ait un jour ou l'autre prononcé une conférence ou signé une étude. Mais Detœuf, dirigeant moderniste bien que plus âgé que Bardet, Coutrot ou les « jeunes patrons », est, lui, manifestement gêné par l'attitude de ses contemporains à l'égard de la concurrence : « L'industriel qui se plaint de la concurrence est un enfant qui se plaint de son maître. Il lui reproche de le punir ; il ne mesure pas les progrès qu'il lui doit. » Il n'ose pas pour autant aller complètement à contre-courant et il tente une synthèse entre ses convictions et celles de la majorité : « La concurrence est un alcaloïde ; à dose modérée, c'est un excitant ; à dose massive, un poison. »

Sans que le grand public ait jamais vraiment compris l'importance de l'enjeu, cet attachement d'une bonne partie du patronat à la limitation sinon au gel de la concurrence s'est maintenu avec une remarquable continuité à travers l'avant-guerre, la guerre, la défaite, l'Occupation, la Libération et même l'après-guerre. Les milieux dirigeants y sont encore attachés en 1944, lorsque toutes les illusions sur Vichy sont tombées. Au moment où elle tente de négocier le virage de la Libération, la rédaction de *La Vie industrielle* rêve toujours d'ententes, mais en essayant de leur donner une coloration moins passéiste, plus moderne. Leur rôle consisterait « à réaliser une saine répartition du travail, une spécialisation de plus en plus poussée permettant d'abaisser les prix de revient et d'augmenter même la capacité de concurrence de notre industrie sur les marchés étrangers », lit-on sous la signature de M. Dubard en avril 1944. « Comme le dirigisme est rébarbatif, il est naturel d'espérer en des jours meilleurs où les activités ne seront plus régies que par des accords passés librement entre les individus d'une même profession, que ce soit pour le partage de la production, la spécialisation des entreprises, le partage des marchés ou la fondation d'organismes de vente en commun », écrit également un certain M. Delerive peu avant, en mars 1944.

En 1947, Henry Davezac, membre sous Vichy du comité consultatif du CII, un proche d'Auguste Detœuf qui a traversé toute la période comme vice-président délégué du syndicat général de la Construction électrique, une branche qui fut un modèle d'« organisation », publie encore une brochure prônant une « politique résolue d'ententes industrielles » gérées par les syndicats patronaux, qui y puiseraient pouvoir et légitimité. L'ACADI elle-même, l'Association des cadres dirigeants de l'industrie, réputée progressiste, où se retrouvent après guerre des patrons et hauts fonctionnaires qui n'ont pas trop à faire oublier leurs années du temps de l'Occupation, défend vigoureusement les cartels et se plaint des lois antitrust que préparent divers gouvernements de la quatrième République[86].

En 1952, Antoine Pinay, président du Conseil, devra batailler ferme contre le patronat quand il voudra remettre en cause toutes les habitudes prises depuis les années trente pour essayer de terrasser l'inflation. Interrogé par des historiens, au milieu des années quatre-vingt, le « maître de forges » Henri Malcor[87] affirme encore : « Parmi les choses stupides qu'on a faites depuis cent ans, les lois antitrust méritent une mention particulière parce qu'elles sont pour nos industries d'une nocivité dramatique. » Et il ajoute : « Dans l'accord que nous avons [passé] avec l'État pour la naissance de Creusot-Loire, j'ai fait inscrire, sans beaucoup d'illusions d'ailleurs, une clause stipulant que l'État s'interdisait de nous susciter des concurrents au moins pendant quelques années. » On parle ici d'un accord conclu en 1970 ! Au préalable les sidérurgistes français s'étaient opposés au plan Schuman et à la CECA, première institution européenne, à cause de ses dispositions antitrust[88]. De quoi laisser imaginer que le retour de circonstances du type de celles rencontrées à fin des années trente et sous l'Occupation reproduirait sans doute encore les mêmes effets aujourd'hui.

Le piège de l'État

Au début des années quarante une grande partie du patronat, à commencer par les modernistes, rêvait donc de « s'organiser ». Mais si on souhaitait obtenir l'appui de la loi, si possible, on n'envisageait pas de poursuivre cet objectif sous l'autorité de fonctionnaires. Les chefs d'entreprise sont tombés à cet égard dans une sorte de piège. La CGPF d'avant guerre, on le sait, était favorable aux cartels, exhortant même ses membres à s'entendre entre eux, mais opposée aux ententes obligatoires, précisément dans la mesure où celles-ci auraient introduit l'État dans la place. Le Redressement français, le mouvement politique moderniste d'Ernest Mercier, affichait également une grande méfiance à l'égard de tout ce qui pouvait susciter l'intervention de l'administration[89]. La faiblesse du pouvoir vichyste a certes permis à plusieurs professions déjà quelque peu structurées — comme la banque, qu'une forte personnalité comme Henri Ardant pouvait fédérer — de s'auto-organiser derrière une apparence d'acceptation du contrôle étatique. Mais pour la grande masse des patrons, Vichy, ce sera le comité d'organisation, acceptable voire souhaitable au moins dans un premier temps, plus les fonctionnaires, honnis.

Suivre l'évolution intellectuelle de Gérard Bardet permet d'assez bien repérer le fonctionnement de ce piège dans le temps. Le tout premier texte fondateur d'X-crise, la lettre publiée dans le bulletin des polytechniciens du 25 août 1931, exprime une nette défiance à l'égard des gouvernants : « Nous avons de plus en plus l'impression d'être irrésistiblement conduits vers des événements redoutables, tandis que les gouvernements angoissés usent d'expédients éphémères pour des fins hasardeuses [...]. Devant cette situation, n'avons-nous pas le devoir, en dehors de toute considération de parti, de réfléchir, de comprendre et de prévoir ? On se plaît à répéter que nous constituons une élite. Il appartient donc au milieu polytechnicien d'examiner en toute indépendance d'esprit les données de ce problème vital. Nous y intéresser, c'est justifier notre réputation et être fidèle aux principes selon lesquels l'École polytechnique a été conçue. » Mais peu de temps après, dans un texte examinant les six premiers mois de travaux d'X-crise [90], le même Bardet parle déja sans cesse d'« intervenir », de « déplacer l'équilibre économique », de ne pas laisser jouer librement les forces du marché. Il ne parle pas de l'État. Mais qui d'autre pourrait remplir ce rôle ? De même, dans son livre de 1936, Coutrot prévoyait, pour superviser les ententes qu'il recommandait, un « contrôleur », qui paraissait bien préfigurer le président de comité d'organisation, et une commission dans laquelle devaient figurer des représentants des consommateurs, du personnel mais aussi de l'État. Ils souhaitait également, bien entendu, un contrôle des prix, qu'on imagine mal exercé par d'autres que par des fonctionnaires. Même ambiguïté au Centre des jeunes patrons, où, juste avant guerre, on parle de « recourir à l'État pour organiser nos industries » mais où on se berce de l'illusion que son rôle peut et « doit se borner à donner l'investiture aux décisions prises par les membres de la corporation » [91].

Jacques Rueff, haut fonctionnaire et chantre du libéralisme, ne s'y trompait pas. Le 8 mai 1934, à X-crise, il met en garde implicitement Bardet au cours d'une conférence intitulée : « Pourquoi, malgré tout, je reste libéral. » Ce n'est pas seulement l'intervention de l'État, c'est la dictature qu'il annonce à ses « camarades », si les projets du fondateur de l'association sont mis en pratique. « La vérité, c'est que tous les régimes d'économie dirigée impliquent l'existence d'un organisme susceptible de prendre des décisions arbitraires, autrement dit dictatoriales. La dictature est ainsi une condition et une conséquence de l'économie planifiée. »

À Vichy, faute de véritable compétence économique du personnel dirigeant, le dictateur sera bien souvent... un simple fonctionnaire. Nombreux sont ceux qui s'en aperçoivent et s'en plaignent dès les premiers mois de l'Occupation. En 1941, Eugène Schueller intitule un des chapitres de son livre : « Une grande erreur : l'organisation administrative des professions. » En septembre 1941, quelques semaines après le discours anticomité d'organisation de Pétain, F. Legueu, qui fera une carrière de dirigeant patronal, écrit dans *La Vie industrielle* : « Admise par un effet curieux du désastre national à l'honneur immérité de légiférer toute seule, l'administration s'est trop souvent montrée peu digne de son affranchissement. La grande majorité de son œuvre est condamnée à disparaître. Elle demeure toutefois comme un riche assortiment de monstruosités juridiques. » Et un peu plus tard, en 1943, dans *La Saison des juges*[92], Anatole de Monzie, vieux routier de la troisième République, dénonce, avec un certain courage, la folie réglementaire et répressive des fonctionnaires vichystes, assurant notamment qu'« après avoir — à longueur de siècles — démoli la féodalité, le pouvoir central l'a reconstruite sous le vocable des comités d'organisation ».

Pour les responsables des organisations patronales traditionnelles d'avant guerre, la dérive étatique de Vichy n'aura servi qu'à confirmer leurs craintes. Et ils seront ravis de retrouver après guerre un peu plus d'organisation et un peu moins d'Etat. Ainsi, Henri de Peyerimhoff, dans son discours de réception à l'Institut, le 18 novembre 1952, affirme à propos de ce comité des houillères auquel il a consacré un tiers de siècle qu'il a réussi « à appliquer et à développer cette formule de la discipline consentie dont, jusqu'à mon dernier souffle, je dirai que, de ce côté au moins du rideau de fer, elle est la forme la plus adaptée au progrès de l'économie ; la discipline consentie qui fait que l'action individuelle n'est pas serve, qu'elle n'est ordonnée ni par un texte légal ni par un dictateur gouvernemental, qu'elle n'est menacée d'aucune sanction pénale ; qu'elle n'obéit pas ; elle se conforme et elle suit. Elle se conforme aux solutions raisonnables dégagées en commun ; elle suit les hommes dans lesquels elle a confiance et qu'elle a mis en charge parce qu'ils lui paraissaient raisonnables ».

Il serait cependant erroné de croire que l'Occupation n'a représenté qu'une simple parenthèse d'étatisme au milieu d'une longue période de cartellisation « privée ». Une parenthèse de cette intensité et de cette durée ne pouvait que laisser des traces. Après, rien ne sera plus tout à fait comme avant dans les entreprises françaises. Quatre années sous l'égide des comités d'organisation, auxquels vont d'ailleurs succéder des offices professionnels assez semblables après la Libération, des pénuries à gérer jusqu'en 1948-1949 : le patronat a dû s'habituer à coopérer avec des fonctionnaires — même sans abandonner ses réticences à leur égard. Il lui a fallu aussi, dans cette période d'« organisation » voulue par l'État, se résoudre à adopter un certain nombre de pratiques qui sont considérées comme à peu près naturelles aujourd'hui et l'étaient fort peu en 1940 : fournir, par exemple, des statistiques sur son activité ou présenter des résultats homogènes avec ceux des autres entreprises dans le cadre d'un plan comptable. Revenons sur ces deux évolutions, qui se sont pas mineures.

Le règne de la statistique

Bien que les polémiques autour des comités d'organisation nous en aient donné un aperçu, on n'imagine pas ce que fut, étalée sur des décennies, la bataille pour les statistiques, à laquelle ont participé au premier rang des modernistes comme Bardet. Il suffit pourtant de se remettre un instant dans la peau d'un petit ou d'un moyen patron du début du siècle, maître chez soi et croyant peu ou prou à la libre entreprise. Pourquoi diable aller donner de précieuses indications sur son activité à l'administration ou à ses concurrents ? Une réticence à fournir des données qui n'avait d'égale que l'avidité statistique croissante des syndicats professionnels et autres administrations, bien en mal d'orienter une profession et encore moins l'économie française avec une information insuffisante. Pendant les décennies précédant la guerre notre « industriel de base » a subi une véritable pression morale, de plus en plus forte : si tous les patrons voulaient bien donner « leurs » chiffres, ils s'en trouveraient tous mieux, lui répétait-on inlassablement. « On a avantage à donner ses chiffres pour obtenir ceux du voisin », serine ainsi Auguste Detœuf, bien sentencieux, dans ses *Propos de O.-L. Barenton, confiseur*. Il y revient à de multiples reprises. « Un pays dont les industriels ne se prêtent pas à la statistique est un pays qui n'a pas l'esprit industriel », déplore-t-il. Ou bien encore : « Le concurrent se cache du concurrent et dissimule quand l'intérêt commun exigerait qu'il parlât. » Seuls quelques secteurs prennent une petite avance dans ce domaine : au syndicat de la Construction électrique, auquel il appartenait, les statistiques constituaient « le pivot de l'activité » dès avant la guerre, si l'on en croit Henry Davezac. Les « organisateurs » essayent donc de répandre la bonne parole. Une association comme celle des jeunes patrons mène une campagne persévérante parmi ses adhérents en vue de développer la « moralité » statistique[93].

Chez le Bardet des années trente, la mystique des statistiques vaut presque celle du social. Il ne s'agit pas seulement de créer un outil de gestion de l'entreprise et du secteur. Dans le système politique idéal dont le fondateur d'X-crise esquisse les traits six mois après les débuts de l'association[94], « devrait travailler une administration de tout premier ordre pourvue de toute la documentation nécessaire ». Car « on a suffisamment démontré au cours de nos discussions que la statistique devait constituer l'instrument de mesure de l'économie, pour qu'il soit inutile d'insister sur ce point essentiel ».

À la veille de la guerre, il existe depuis longtemps en France un service de la Statistique générale, qui s'occupe notamment des recensements de la population. Mais en matière d'économie, le matériel accumulé est très pauvre. Ce qui ne facilitera pas la mobilisation économique ni l'administration de la rareté avant comme après la défaite. Les seules informations disponibles sur les structures de l'industrie sont celles obtenues à l'occasion des recensements de la population. On évalue les dimensions des établissements industriels et commerciaux en additionnant — en « liassant » — les bulletins individuels des employés qui ont indiqué où ils travaillaient ! Cette méthode ne permet de connaître ni les productions ni les résultats comptables des sociétés[95]. Une enquête expérimentale, plus spécifiquement destinée à mieux connaître le monde des entreprises, est lancée en 1931 avec un appui de principe des organisations patronales. Sur 60 000 questionnaires, 25 000 sont retournés, 15 000 dépouillés et le taux de réponses réellement exploitables varie entre 16 % dans le textile et 45 % dans la métallurgie. Le principe de la réponse obligatoire aux enquêtes statistiques ne date que de 1938, juste avant guerre[96]. C'est dire qu'il n'a pas le temps de produire grand effet avant le début des hostilités.

Cette insuffisance a grandement servi à justifier l'instauration des comités d'organisation. « Cette loi provisoire, écrira René Belin dans ses mémoires à propos de la loi du 16 août 1940, avait pour objet principal de procéder à un recensement et à un inventaire exhaustif des entreprises françaises [...]. L'administration était approximativement informée quant au charbon, à l'électricité, au pétrole. Mais elle ignorait tout du reste. Les syndicats patronaux eux-mêmes, sauf exception, étaient incapables de fournir la simple liste des membres de la branche qu'ils déclaraient représenter [...]. La loi du 16 août était donc, en premier lieu, l'organisation de ce recensement. Les comités sont d'abord chargés d'organiser une profession donnée. Et c'est seulement en second lieu qu'ils sont chargés, à titre précaire, et pour des motifs d'urgence absolue, du soin d'administrer[97]. » Il faut bien sûr prendre en compte le caractère autojustificatif de ce texte qui met d'autant plus en relief l'indigence statistique qu'il vise à minimiser la volonté de l'État, à l'époque, de prendre en main l'économie. Il n'en est pas moins instructif.

Les tenants de « l'organisation » sont donc ravis de l'aubaine que représente la loi d'août 1940. Et ils vont reprendre leur bâton de pèlerin pour tenter de convaincre les industriels qu'il est dans leur intérêt de respecter cette obligation statistique. « Beaucoup d'industriels, habitués à ne compter que sur leur appréciation personnelle ou sur des pronostics assez vagues pour orienter le développement de leur entreprise, ne se rendent pas compte des services considérables que peut rendre à chacune des entreprises d'une profession une statistique bien faite et correctement interprétée », explique ainsi André Monestier, ce polytechnicien dont nous avons déjà cité la conférence du 25 novembre 1940 à l'École d'organisation professionnelle[98]. Et les planificateurs ne sont pas moins satisfaits. De sa carrière politique vichyssoise, François Lehideux a surtout gardé un bon souvenir de son poste de délégué général à l'Équipement national : « L'inventaire de l'outil économique français a été fait pendant l'Occupation », dit-il encore fièrement cinquante ans plus tard[99]. Bardet a des prétentions similaires, ce qui ne facilita pas, on l'a vu, l'entente entre les deux hommes. Dès la première séance du comité consultatif du CII, en octobre 1941, il commence par se préoccuper de l'absence de « vision claire des multiples branches de l'activité industrielle et commerciale du pays et des effectifs de chacune d'elles »[100]. Il lance un chantier de six mois qui aboutit à un graphique spectaculaire de un mètre de hauteur et de cinq à six de longueur, dans lequel chacune des branches professionnelles est représentée par un cercle dont la surface est proportionnelle à l'effectif employé. Ce bel ouvrage, qui impressionna beaucoup tous les membres du « conseil consultatif », fut fort apprécié de Bichelonne et de ses services, assure Bardet. Il sera également remarqué, après guerre, raconte-t-il, par le juge d'instruction auquel il le montrera pour le persuader de la nature scientifique de ses activités pendant l'Occupation. Le magistrat épinglera le graphique sur son mur et demandera à en conserver un exemplaire avant de refermer le dossier Bardet.

Que valaient ces statistiques du temps de l'Occupation ? On peut légitimement se poser la question. Quand on commence à demander des chiffres au moment même où il s'agit d'organiser un rationnement et où l'étranger occupe une grande partie du territoire, on doit s'attendre, bien entendu, à obtenir des déclarations falsifiées. Eugène Schueller, patron avant d'être idéologue, raconte cela fort concrètement dans un passage de son livre où, par ailleurs, il confond sans doute quelque peu comités d'organisation et offices de répartition : « La plupart des répartiteurs, ne sachant rien de ce qu'il aurait fallu qu'ils sachent, se considérèrent donc comme au commencement du monde et ils décidèrent de répartir sur des bases solides et chiffrées. [...] ; ils décidèrent d'avoir des chiffres exacts et pour cela de demander à tous les intéressés de remplir des états à multiples lignes et à multiples colonnes [...]. On demanda aux fabricants : "combien avez-vous fabriqué en 1938-39 ?"Aux gens qui détenaient des stocks : "combien avez-vous de stocks ?"[...] La France est essentiellement le pays du débrouillage [*sic*] et du système D [...]. Chacun répondit donc aux questions qui lui étaient posées de la manière qu'il jugeait la plus favorable à son intérêt [...]. D'autre part, le répartiteur ne connaissait ni tous les fabricants, ni tous ceux qui avaient des stocks, ni tous ceux qui avaient des besoins. Les statistiques furent donc doublement fausses ; fausses parce qu'elles renfermaient des chiffres faux, fausses parce que des branches entières d'utilisateurs ou de producteurs furent oubliées[101]. »

Plus les professions étaient dispersées et peu organisées au préalable, plus la difficulté était grande, bien entendu. Schueller évoque ainsi l'une d'entre elles, sans doute la savonnerie, qui comprenait 80 000 détaillants : comment obtenir de tous les commerçants les vrais chiffres d'avant guerre ? Et une autre où les organisateurs officiels avaient trouvé 14 000 utilisateurs de sa production alors qu'un seul fournisseur, vraisemblablement Schueller lui-même, approvisionnait 18 000 points de vente tout en estimant qu'un tiers des clients potentiels lui échappaient. On imagine bien comment, le temps passant, les patrons s'inventèrent de surcroît de bons motifs pseudo-patriotiques pour fausser les chiffres. Pour les grands secteurs (pétrole, charbon, acier, électricité, aluminium, etc.), les possibilités de tricher furent certainement réduites. Mais pour d'autres... Une fois l'Occupation terminée, on estimait par exemple qu'on n'avait toujours qu'une connaissance plutôt vague des statistiques exactes pour des industries comme celle du bois, du textile, du cuir ou du papier. Mais on peut attribuer ce mérite aux « organisateurs » : c'est sous Vichy que les patrons ont commencé à se résigner à l'idée de communiquer des chiffres.

Le plan comptable est-il allemand ?

Loin d'en rester là, on a bientôt décidé de demander aux entreprises de présenter leurs comptes selon un schéma imposé, pour les rendre comparables. Aujourd'hui les entreprises sont habituées à cet exercice. À l'époque, ce n'était pas le cas. Le plan comptable fut l'un des enfants chéris des modernisateurs de l'entreprise, Auguste Detœuf et Jean Coutrot en tête. Ces derniers seront respectivement, pendant l'Occupation, président et vice-président de la commission du plan comptable. On a presque fini de bâtir celui-ci en 1941, au moment du suicide de Coutrot. Présenté au gouvernement en 1942, publié en 1943, le projet ne sera pourtant jamais adopté officiellement par Vichy qui avait sans doute d'autres priorités. Mais on avait fait évoluer les esprits, et le dossier aboutira en 1946.

Récemment, l'ordre des experts-comptables et la Compagnie nationale des commissaires aux comptes ont demandé à un éminent professeur britannique de réaliser une étude pour préciser les « origines du plan comptable français » [102]. Une commande manifestement suscitée par une interrogation gênante : celui-ci serait-il d'inspiration allemande ? « Le premier pays qui a établi un plan comptable national fut l'Allemagne », constate effectivement l'auteur. Il a retrouvé de surcroît un mémorandum de deux pages où, le 20 octobre 1941, le Dr Michel, responsable des questions économiques au Majestic, faisait savoir qu'il souhaitait vivement qu'on adopte cette innovation. L'Allemagne aurait-elle voulu ainsi imprimer sa marque jusque dans l'intimité des entreprises françaises ? La réalité est beaucoup plus simple. Tous les équilibres, au niveau macroéconomique, reposent alors sur le contrôle des prix. Mais l'administration ne peut pas discuter des prix de vente de façon réaliste sans connaître les coûts de fabrication moyens des entreprises dans chaque branche, ce qui suppose qu'on établisse les comptes en suivant partout les mêmes règles. Michel lui-même le dit en toute simplicité dans le mémorandum évoqué : le travail des autorités chargées de la fixation des tarifs est extraordinairement compliqué à cause de l'énorme variété des méthodes employées par les entreprises pour arriver au calcul du prix de revient. Et il communique à ses interlocuteurs les principes comptables en vigueur en Allemagne à titre documentaire, sans essayer pour autant de les imposer.

De fait, les différents groupes de réflexion patronaux tournés vers l'avenir sont tous préoccupés par ce problème. Non parce que les Allemands le demandent, mais parce que la logique de l'économie dirigée impose d'aller dans cette direction. « Il est certain que la connaissance exacte de nos prix de revient, base actuelle de toute activité industrielle et commerciale, est un facteur dont nous poursuivons avec opiniâtreté l'amélioration », écrit notamment Bardet dans son bilan des six premiers mois du CII[103]. On y travaille également au Comité d'études pour la France, dont Detœuf est un membre actif. L'étude de synthèse[104] de cet organisme, après avoir relevé que désormais l'État a plus de pouvoir, précise son propos : « Mais, pour intervenir comme pour diriger, pour décider à bon escient, il faut être exactement renseigné. » La normalisation des comptabilités, ainsi, « permettrait d'éclairer les pouvoirs publics sur la situation réelle de telle branche de l'économie [...]. Le comité de surveillance des prix manque en effet le plus souvent de bases sérieuses pour apprécier les demandes de révision qui lui sont soumises ». Ce sont notamment les amortissements qui posent problème. Certaines entreprises exagèrent, apparaît-il, les sommes mises de côté au titre de l'usure et du remplacement de leur matériel, ce qui majore leur prix de revient et leur permet en réalité de constituer des réserves financières non imposables. D'autres, qui ont du mal à s'en sortir, comptabilisent peu ou pas d'amortissements et n'épargnent pas suffisamment pour renouveler leurs machines, ce qui contribue au vieillissement de l'outil industriel français.

La grande bataille : modernisme contre corporatisme

S'ils ont perdu une bataille politique pendant l'été 1941, comme en attestera le fameux « discours du vent mauvais », les modernistes peuvent donc avoir le sentiment qu'ils l'ont emporté sur des terrains très concrets comme ceux des statistiques et de la comptabilité. Derrière le personnage rétrograde du maréchal, l'homme du retour à la terre, se déroule donc une vraie guerre idéologique, avec au premier rang, parmi ses acteurs, les cercles pensants du patronat. Selon les moments, ils réalisent des percées, ou enregistrent des reculs, dans ce combat dont l'enjeu, en dernier ressort, est toujours le même : acceptation ou refus de la modernité. Gérard Bardet, à partir de fin 1942, est surtout actif dans le cadre du Conseil supérieur de l'économie industrielle et commerciale créé et présidé par Jean Bichelonne, dont il apparaît de plus en plus comme l'éminence grise. Les deux hommes continueront à lutter jusqu'au dernier moment pour imposer leur influence dans les couloirs des hôtels de Vichy. Les revers qu'ils subissent n'entament pas leur enthousiasme. Car ils semblent bien avoir de plus en plus le sentiment de travailler pour l'avenir, pour l'après-guerre. Sans se demander si c'est réaliste puisqu'ils pensent faire œuvre utile pour le futur pouvoir en place, quel qu'il soit. Et sans bien se rendre compte sans doute des concessions qu'ils font de plus en plus à l'esprit de Vichy empreint de nostalgie du passé.

La France de l'Occupation est, tout comme la France des années trente, un pays qui hésite devant l'industrialisation. Celle-ci peut apporter, se dit-on, la prospérité et la croissance mais elle détruira certainement des milliers de petites entreprises et des millions d'emplois, broyés par la standardisation des produits et la puissance des grands groupes. La concentration est donc un « concept » qui sent doublement le soufre pendant cette période. Les Allemands la souhaitent pour des raisons qui n'ont rien à voir avec la politique industrielle : elle permettra de rationaliser le pillage légal de l'économie française. Elle est de plus synonyme de victoire des « trusts » sur les petites entreprises familiales, qui constituent l'une des bases sociales du pétainisme. En somme, être favorable à la standardisation et à la concentration, ce n'est pas, alors, être favorable au progrès mais devenir complice des Allemands et s'opposer à une bonne partie des pétainistes ! Tout un programme...

L'immobilisme de la masse silencieuse de ses collègues, qui peut s'abriter derrière de si bons arguments pour refuser de s'adapter aux « exigences » de l'époque, exaspère ainsi Schueller, le patron de L'Oréal. Il brocarde les chefs d'entreprise qui ne veulent pas changer leurs méthodes de production habituelles : bien que la loi du 16 août 1940 les encourage à économiser les matières rares, « il leur faut leurs matières premières, leurs quantités habituelles ou rien ». À l'inverse, il assure que, pour sa part, dans ses diverses activités (savon, peintures, etc.), il s'en est bien sorti en réussissant à utiliser des produits de remplacement. Les savonnettes de toilette, qui comportaient 72 % d'acide gras, n'en contiennent plus que 20 %*. Rien là de bien ennuyeux : « Si les marchandises que nous vendons sont loin d'avoir la qualité de celles du temps de paix, la clientèle n'est pas difficile. » Derrière le Schueller d'extrême droite, il y a toujours ce patron très performant qui, avant la guerre, rêvait de voir son pays devenir aussi dynamique que les États-Unis. « Normaliser, standardiser, unifier les types de production », voilà la solution pour multiplier les rendements par deux ou trois, écrit-il dans un passage de son livre de 1941 où, de manière significative, on peut considérer qu'il ne craint pas, dans un tel cas, de se contredire, puisqu'il dénonce par ailleurs les méfaits de la surproduction. L'engoue-

---

* On trouve là une explication au moins partielle à un phénomène auquel ne se sont pas du tout intéréssés les juges à la Libération : la progression des chiffres d'affaires de Monsavon et de L'Oréal pendant l'Occupation. Partant de 35,9 millions de francs en 1940, celui de Monsavon atteint un maximum de 70,7 millions en 1943. Pour L'Oréal les 56,8 millions de 1940 deviennent 208,8 millions en 1944. Or à l'époque, pour se développer, il ne suffit plus de vendre : il faut pouvoir d'abord approvisionner ses usines. Et augmenter ses ressources en matières premières demande beaucoup d'ingéniosité ou... de relations avec l'administration de Vichy ou avec les Allemands.

ment pour les solutions d'avenir est toujours le plus fort. Il a conçu, raconte-t-il, sans doute inspiré par des exemples américains, un prototype de maison que l'on pourrait construire en série, comme une automobile, faite pour durer cinquante ou soixante ans — mais pas trois cents, précise-t-il : il garde quand même le risque de surproduction à l'esprit ! Il croit suffisamment à son idée pour constituer, en 1942, une Société d'études des maisons préfabriquées. Son modèle est ogival et rappelle quelque peu un hangar d'avion. La carcasse est faite de métal et de matières plastiques. Les meubles, élégants et bon marché, seront en « métal, en Isorel moulé, en bakélite et liège ». Le bâtiment, calorifuge et insonore grâce à des triples parois, sera essentiellement réalisé avec des emboutis produits en grande série. Cette maison « carrossée » aura, s'enflamme son inventeur, « l'élégance d'une Chevrolet » et elle sera « pleine de machines ».

Cet enthousiasme modernisateur qui refait des apparitions sous l'Occupation — l'emploi du mot « standardisation » dans la loi de 1940 ne peut que frapper —, c'est celui des années vingt, celui que la crise de 1929 a condamné pour longtemps à une sorte de semi-clandestinité. Le contraste entre les deux périodes est saisissant. Le Redressement français, ce grand mouvement politique d'inspiration patronale des années vingt que nous avons déja évoqué, exprimait les aspirations d'une élite industrielle sûre d'elle-même[105]. Créé par Ernest Mercier, il rassemblait une partie des hommes qui s'étaient illustrés pendant la guerre de 1914-1918 et jouaient souvent un rôle important dans l'industrie. Les trente-cinq volumes des *Cahiers du redressement français* , où l'on trouve les cent vingt-sept rapports élaborés par les comités du mouvement, brandissaient bien haut l'étendard de la « rationalisation ». Le modèle proposé : l'Amérique de Henry Ford. Le mouvement de Mercier critiquait l'individualisme excessif des patrons français et n'hésitait pas à déplorer la multiplicité des trop petites entreprises. Au nom de la standardisation et de la productivité, il était tout prêt à en voir disparaître un bon nombre — un discours qu'il deviendra presque impossible de tenir après la crise. Le Redressement français était donc hostile au corporatisme, dans la mesure où celui-ci joue le rôle d'un instrument de défense des structures existantes. Significativement il a atteint le sommet de son influence en 1926, lorsqu'il a contribué à imposer Poincaré au pouvoir, avant de décliner quelques années plus tard.

L'atmosphère est extraordinairement différente, sur un mode désenchanté, quand, en 1938, Detœuf publie *Les Propos de O.-L. Barenton, confiseur*. Ce Detœuf que le journaliste Pierre Brisson, dans une préface à son livre, nous décrit comme une sorte de « savant Cosinus » qui « semblait avoir accompli par hasard, ou plutôt par une sorte d'inadvertance, sa carrière dans le haut patronat ». « On entend un grand brouhaha. Protestations, fureurs, ironies, sifflets. Et, piteusement, s'enfuit ce petit homme qui osait prôner les méthodes d'Amérique, parler d'unifier pour produire à plus bas prix, et pour améliorer le confort de la foule. » Et Detœuf d'expliquer sur le ton de celui qui se sent plaider dans le désert que l'uniformité peut être beauté : « Qui songera jamais à se plaindre de l'identité des gondoles de Venise ? » Entre-temps, il y a eu la crise. Mais la réaction contre les modernistes a même commencé avant. Dès 1928, le président de la Confédération générale de la production française, René-Paul Duchemin, s'élevait déjà contre la « mystique de la modernisation » qui mène tout droit à la surproduction [106].

Au lendemain de la défaite, la minorité agissante du patronat imagine un moment que les circonstances vont lui permettre de reprendre l'offensive. Coutrot, l'ami de Bardet, convaincu, on le sait, qu'il va obtenir un poste important dans le gouvernement ou l'administration, rédige, au début de l'été 1940, des projets de décrets immédiatement insérables dans le *Journal officiel*. Parmi ceux-ci, un texte sur « l'efficience économique » qui prévoit dès son article 1 qu'un « programme d'ensemble de normalisation sera établi dans les domaines industriel et agricole pour les matières premières, les produits mi-finis et les produits de grande consommation » et un « statut de la normalisation » en quarante articles [107]. Comme s'il était alors particulièrement urgent d'imposer des règles de compatibilité pour les prises électriques ou les lampes de radio ! Personne ne jugera utile de convier Coutrot à rejoindre Vichy. Et la normalisation ne fera pas vraiment de grands progrès pendant l'Occupation.

Face à une minorité moderniste qui rêve plus ou moins clairement de croissance et de développement, on trouve donc un patronat passéiste, majoritaire, qui rêve surtout de protection et de tranquillité et qui se reconnaît assez bien dans le vieux maréchal et les thèses corporatistes de Vichy. Deux discours dont l'incompatibilité est manifeste et éclate dès qu'on se penche sur les écrits de ceux qui s'en font les porte-parole.

Dans le premier groupe, Schueller s'exclame : « C'est parce que pendant quarante ou cinquante ans, il a été possible en France à des grands, des moyens, des petits Boucicaut, des grands, des moyens, des petits Citroën, partis de rien, de grandir, de monter, de grimper dans leur hiérarchie, que nous avons connu une grande ère de prospérité », en situant manifestement ces cinquante glorieuses de l'économie française avant 1930. Le patron idéal à ses yeux, ce « conquistador pacifique », n'a qu'une idée : « agrandir son usine, développer sa production, perfectionner, rationaliser, voir toujours plus grand, faire toujours plus vite ». Schueller n'arrête pas de vitupérer les patrons héritiers : « Huit sur dix des grands commandements patronaux sont occupés par des fils de patrons, qui ne sont pas des patrons et qui produisent dans leur entreprise deux fois, trois fois, dix fois moins qu'ils ne pourraient produire. »

Pour tracer la ligne de partage entre les adeptes du mouvement, même très éloignés politiquement les uns des autres, et les tenants de l'immobilité, il suffit d'examiner le traitement que préconisent les premiers pour les entreprises non performantes. Schueller propose un système d'éradication. Certes, il est favorable aux prix fixes et aux ententes pour limiter la concurrence. Mais il précise bien que celles des entreprises qui, dans ce cadre, n'arriveraient pas à payer leur personnel devraient être déclarées en « faillite sociale ». De même Pucheu et Loustau, dans leur texte de 1936 où ils se disaient favorables aux ententes, évoquaient les faillites « immorales » qui ne font pas disparaître l'outil de production en excès. Ils se demandaient comment liquider définitivement les équipements périmés. Malgré leurs tendances anticoncurrentielles, ils restaient, comme Schueller, dans la logique d'une économie évolutive où le progrès passe d'une manière ou d'une autre par l'élimination des fabricants les moins performants pour laisser la place à d'autres.

La doctrine inverse s'exprime chez les corporatistes convaincus, ceux-là même dont se méfiait déjà le Redressement français dans les années vingt. Maurice Bouvier-Ajam, directeur des études de l'Institut d'études corporatives et sociales, à qui l'on doit un livre devenu l'un des classiques du corporatisme, publié et republié sans arrêt pendant l'Occupation[108], cite en exemple l'association professionnelle mixte de l'Entreprise électrique, mise sur pied par un patron, Jules Verger, habitué de la table du maréchal à Vichy. Cette structure professionnelle a créé en effet une caisse d'entraide qui peut entre autres venir au secours « des entreprises saines, mais malheureusement mises en péril pour des raisons honnêtes [*sic*], sauvant du même coup les hommes qu'elles emploient de l'effrayant spectre du chômage ». À plusieurs reprises il reprend l'idée « d'aider éventuellement les entreprises en difficulté qui n'ont pas failli à l'honneur professionnel ». On peut supposer que ces patrons « honnêtes » à qui leurs pairs n'ont rien à reprocher sont notamment ceux qui n'ont pas cherché à abaisser leurs prix pour prendre des parts de marché à leurs collègues.

Le corporatisme, pour illustrer sa doctrine, loue ainsi un comportement qui n'est pas totalement étranger à celui de certains de ces héritiers de l'industrie française que fustige Schueller. Gérard Pinot, le fils de Robert Pinot, l'homme clé du Comité des forges, se souvient[109] d'une mésaventure professionnelle exemplaire qui lui est arrivée avant guerre lorsqu'il travaillait chez de Wendel comme chef du service commercial des tôles. Le « comptoir » des tôles fines, autrement dit l'entente qui organisait le marché, avait « sauté ». En d'autres termes, des dissidents avaient vendu des tôles moins cher. Pinot, ayant calculé que sa maison pourrait continuer à faire des bénéfices malgré des prix inférieurs, car elle disposait d'un nouveau laminoir utilisable à pleine capacité, recommanda à sa direction de ne pas chercher à rétablir le « comptoir ». Et il se fit vertement tancer. D'abord pour avoir cherché à connaître le prix de revient des tôles, ensuite parce qu'il fallait « laisser exister les petits ». La survie de ces derniers, malgré leur manque de compétitivité, ne garantissait-elle pas la pérennité de la rente de situation assurée à de Wendel par sa nouvelle installation ?

Une attitude typique au cours de la décennie séparant le début de la grande crise de la guerre. Duchemin lui-même, le président du patronat jusqu'en 1936, aurait alors, dans un incroyable discours, « déclaré non sans quelque fierté que le prix de revient en France serait toujours plus élevé que dans d'autres pays industriels, car sur le plan de la modernisation et de la concurrence les Français feraient toujours preuve de “cette modération qui est dans le génie de la race” » [110].

On est dans un pays où de grands patrons pourront dire après 1945 que certaines industries ont eu bien de la chance d'être complètement détruites, par exemple la sidérurgie du Nord. Car elles ont été forcées, ainsi, de moderniser leur outil de production [111]. Les fonctionnaires les plus informés sont parfaitement conscients du problème. Ils savent qu'une partie du patronat règne sur un parc de machines vétustes. Après guerre, le ministère de la Production industrielle recommandera clairement de ne pas chercher à récupérer les machines enlevées en France entre 1940 et 1944 par les Allemands et jugera préférable de prendre, à la place, des machines *made in Germany* dans le Reich vaincu [112].

Le corporatisme et les corporatistes paraissent donc sur bien des points en opposition absolue avec les « modernistes » et plus particulièrement avec le fondateur d'X-crise et ses amis les plus proches. Et pourtant certains auteurs classent Bardet et Coutrot parmi les néocorporatistes. Ils sont fondés en partie à leur attribuer ce qualificatif dans la mesure où ces derniers partagent l'aspiration à la réconciliation sociale entre le patron et les compagnons dans le cadre du métier exercé en commun. Mais l'amalgame est excessif dans la mesure où le fond de la doctrine corporatiste prône l'immobilisme.

Le « véritable » corporatisme de l'époque vichyste, dont les applications resteront d'ailleurs limitées, représente une sorte d'assurance contre le changement pour le petit patron, allié avec son personnel contre les périls que leur fait courir à tous deux la concurrence des « trusts » — ou en tout cas de ceux des « trusts » qui ne cherchent pas simplement à vivre de leurs rentes. Il est conçu par ses théoriciens comme une réponse globale à tous les problèmes que pose à la petite entreprise le rouleau compresseur du progrès, de la concurrence et de la concentration. Dans son ouvrage, Maurice Bouvier-Ajam affirme la nécessité de réguler les prix, le corporatisme prétendant proposer « le prix le plus honnête pour le producteur et le plus favorable pour le consommateur ». Cette double condition étant impossible à satisfaire, seul, bien entendu, devrait prévaloir le tarif permettant à toutes les entreprises de la corporation de survivre. D'autant que celles-ci recevraient de l'État un monopole. Ce dernier resterait prétendument « conditionnel » parce que l'État devrait « protéger l'inventeur incompris comme le firent les souverains de l'ancienne France ». L'essentiel, bien sûr, ne saurait être remis en cause : on ne peut pas exercer le métier en dehors du contrôle de la profession. La corporation devrait rendre le service qu'on attend d'elle, notamment en ce qui concerne la qualité des fabrications. En d'autres termes : la standardisation qui crée la surproduction et fait concurrence à l'artisan est condamnée car, pour les corporatistes, le produit industriel est forcément de mauvaise qualité. Dans le meuble, on l'a vu, on défend le massif contre le plaqué, le premier étant bien sûr nettement plus cher. La référence à l'histoire est permanente dans l'ouvrage de M. Bouvier-Ajam ; et on sait que, dans le passé, le respect de la qualité des produits a souvent servi à justifier l'existence des corporations.

La concurrence, poursuit le vulgarisateur de la doctrine corporatiste, devra être soigneusement limitée par un *numerus clausus*, celui-là même dont bénéficient encore aujourd'hui pharmaciens, notaires ou commissaires-priseurs. « La création de nouvelles entreprises [d'ailleurs] ne pourrait avoir lieu que sur l'autorisation de la corporation. » Ce qui signifie concrètement l'absence de toute compétition entre les entreprises. Le corporatisme fait bien la distinction entre le monopole, nécessaire pour que tout le monde respecte les règles, et le cartel, qui est condamnable. Ce dernier ne regroupe en effet qu'une partie des membres de la profession, souvent les plus importants, qui entendent bien accroître leur part de marché au détriment des autres, les petits.

La défense des intérêts particuliers — ceux des patrons des entreprises existantes — qu'assure le corporatisme se cache derrière celle de l'intérêt général de la profession, c'est-à-dire de tous les patrons, compagnons et ouvriers, contre le progrès, synonyme de chômage. Les ouvriers, supposés qualifiés, sont en effet propriétaires de leur métier s'ils ne le sont pas de l'entreprise. Ils ont donc leur mot à dire.

Les professions qui ont réussi à conserver le plus longtemps après guerre leur caractère corporatiste, celles du livre et des dockers, protégeaient d'ailleurs très clairement les intérêts des ouvriers en même temps que ceux des patrons dans le cadre de ce système. À tel point qu'il a fini par être assimilé à un système de défense des seuls ouvriers. Or les imprimeurs et patrons de presse, comme les acconiers, employeurs des dockers, furent pendant longtemps satisfaits, dans ces métiers où la charge de travail était imprévisible, de ne pas avoir à rémunérer leurs ouvriers en permanence, en échange de quoi ils leur laissaient la possibilité de s'organiser grâce à un monopole de l'embauche.

Chez les dockers, profession très combative, on envisageait depuis des années, avant guerre, la possibilité d'instituer une carte professionnelle[113]. La loi fondamentale concernant ces travailleurs portuaires, qui a survécu jusqu'en 1992, date en fait de 1947. Mais c'est à la faveur de la guerre et de l'Occupation que la corporation a établi son pouvoir. En 1939, en effet, Anatole de Monzie, ministre des Travaux publics, avait eu à s'expliquer devant le Parlement à la suite d'un incendie criminel qui venait de détruire un des plus beaux bateaux de la flotte. Un dirigeant de la CGT lui avait alors soufflé une idée : en créant la carte de docker, on trouverait le moyen d'empêcher n'importe qui de se glisser à bord des bateaux à l'occasion des chargements et déchargements ! Vichy, peu après, prendra l'autre décision fondamentale en créant dans chaque port le BCMO (Bureau central de la main-d'œuvre) pour organiser l'embauche. Le préambule de la loi du 28 juin 1941 explique que cette disposition permettra « d'éliminer du port tout élément douteux en consacrant définitivement une règle déjà mise en vigueur pendant la guerre et d'après laquelle ne pourront travailler sur le port que les ouvriers munis d'une carte professionnelle ». La loi de 1947 complétera simplement le texte en adoptant le principe de la rémunération des jours chômés. Tant que la concurrence des autres ports européens ne s'avérera pas trop sévère, les patrons ne se plaindront pas de cette réglementation qui éliminait pratiquement tout risque d'entrepreneur. Ils se contentaient de facturer un certain nombre de journées de dockers quand il y avait un bateau à décharger. Et ceux-ci retournaient s'inscrire au bureau du chômage quand il n'y en avait pas.

Si le corporatisme est bien une doctrine plutôt liée à l'histoire de l'artisanat, il ne faut pas en déduire qu'elle ne tentait vraiment, à l'époque de l'Occupation, que de petites entreprises exerçant des activités traditionnelles. Des industriels « modernes » se sentaient menacés par la concentration industrielle. Nous sommes habitués aujourd'hui, par exemple, à voir quelques grandes marques dominer le marché de masse des produits électroménagers ou de la haute fidélité. À l'époque il existait des milliers de fabricants d'appareils radio, de lampes pour les postes, de haut-parleurs, etc., proposant des produits de préférence incompatibles. Des secteurs désormais « tenus » par une ou deux grandes entreprises, comme la sidérurgie, étaient alors peu concentrés et condamnés à des évolutions que beaucoup de patrons n'acceptaient pas. « C'est pendant la guerre que j'ai entendu Dumuis, le président des Aciéries de Firminy, dire qu'il préférerait "crever" tout seul que prospérer dans le cadre d'une fusion », raconte Henri Malcor[114]. Marcel Dumuis, président de sa société, était le seul maître chez lui depuis 1910. Quant à Louis Vergniaud, patron de droit divin des Forges d'Unieux (société Holtzer), « d'après ce qu'on m'a rapporté, [il] avait dit que si quelqu'un venait lui parler de fusion, il appelait le commissaire de police pour le mettre à la porte », rapporte la même source.

Les circonstances exceptionnelles de l'Occupation ont donc permis dans bien des cas de ralentir pendant quatre ans la pendule qui règle la vie et la mort « naturelles » des entreprises. Si certaines subissent, au moins provisoirement, la concentration imposée par les Allemands ou par Vichy, d'autres, ne sachant pas, ne pouvant pas ou ne voulant pas exploiter les opportunités de la période, font de mauvaises affaires. Mais l'arrivée de nouveaux concurrents sur les marchés est extrêmement rare. Le souci de protéger les intérêts des chefs d'entreprise et des commerçants mobilisés avait de plus conduit à adopter un décret, dès le 9 septembre 1939, interdisant, sauf autorisation préfectorale, toute création ou absorption d'entreprise. Il restera en vigueur jusqu'en 1944 pour protéger les intérêts des prisonniers.

Dans un tel contexte, le Comité d'études pour la France, ce club de technocrates dont nous avons déja évoqué les travaux, ne peut qu'être embarrassé, lorsqu'il se penche, en 1942, sur l'avenir du secteur de la distribution[115], une activité dont la concentration suscitera encore dans les années cinquante avec le poujadisme, dans les années soixante-dix avec la loi Royer et encore de nos jours — lors de chaque ouverture de grande surface — des réactions très vives. Les auteurs du rapport, manifestement, savent qu'on en viendra un jour aux centrales d'achat et aux supermarchés. Mais ils posent avec une extrême prudence, en multipliant les précautions, le problème de l'évolution de cette branche, où la mécanisation et la concentration ne sont pas allées aussi vite que dans l'industrie. Ils évoquent timidement l'augmentation des coûts de la distribution et un besoin d'« organisation rationnelle ». Ils sont d'accord, assurent-ils, avec le principe de l'autorisation préfectorale pour l'ouverture des commerces s'il s'agit d'éviter une prolifération excessive d'intermédiaires. On sait que la gestion de la pénurie et le pouvoir que peuvent s'arroger les commerçants face aux files de consommateurs suscitent en effet des vocations en temps de guerre. Le Comité, bien que se voulant éclairé, sacrifie certes à l'idéologie dominante à Vichy en affirmant que le commerce « loyal » doit être protégé « par une discipline corporative efficace ». Mais, suggère-t-il timidement, « le principe de l'autorisation ne devrait pas être maintenu en ce qui concerne l'extension des entreprises en importance ». Il vaudrait mieux, risque-t-il, « que le petit ou moyen commerce participe lui-même aux avantages de la concentration par des organismes de centralisation des achats ». Ces idées sentant le soufre ne sortiront jamais, on s'en doute, sur la place publique pendant l'Occupation.

Coïncidence étonnante mais au fond parfaitement logique : pendant cette même année 1942, à Londres, dans l'entourage de De Gaulle, les hommes chargés d'élaborer un programme économique pour l'après-guerre, se posent exactement les mêmes questions quand ils abordent le même sujet. Ils écrivent* : « Notre système de distribution intérieure devrait être réorganisé grâce à une fusion raisonnable des entreprises commerciales dont la multiplicité excessive fait peser des charges trop lourdes sur l'économie française[116]. » D'autres réflexions de Bardet, de Coutrot et de leurs amis se retrouvent exprimées presque à l'identique dans le texte de la France libre. Ainsi : « Toutes les entreprises seront

* On trouve une évocation des réflexions économiques des Français de Londres dans *Rethinking France-Plans for Renewal 1940-1946*, de Andrew Shennan (Clarendon press-Oxford, 1989). Shennan attribue notamment le renouveau économique d'après guerre en France à une réaction contre le passéisme et les discours sur le retour à la terre de Pétain, ainsi qu'à la conscience aiguë qu'avait de Gaulle des implications du machinisme, celle-là même qui l'avait conduit très tôt à ses célèbres réflexions sur les chars de combat.

astreintes à fournir périodiquement des renseignements sur les principaux éléments de leur production, de leur prix de revient, etc. Des méthodes uniformes de comptabilité leur seront imposées afin de faciliter la centralisation des indications recueillies. » Cette communauté de pensée n'est en rien paradoxale, quand on examine des deux côtés de la Manche, d'un point de vue national et théorique, les évolutions nécessaires, on aboutit souvent aux mêmes conclusions. Et d'ailleurs un homme comme Antoine de Tavernost, qui a travaillé pendant des mois avec Bardet au CII, n'est-il pas désormais membre du comité directeur d'un réseau de résistance, l'OCM (Organisation civile et militaire), qui entretient des rapports avec Londres ?

Il est intéressant d'observer, à l'inverse, en quoi ces hommes de Londres, vivant depuis deux ans dans un environnement britannique ou américain pour certains, se séparent des « penseurs de l'intérieur »*. Le désaccord est patent en matière de concurrence. Ils écrivent à ce sujet : « Il ne paraît pas possible d'imaginer qu'à l'avenir puissent subsister des régimes de monopole privé, de droit ou de fait, assurant à certains individus aux dépens de la communauté le bénéfice d'un prix de vente plus élevé que celui qui résulterait du libre jeu de la concurrence. » Au contact du monde extérieur, les rédacteurs de l'étude de la France libre ont beaucoup évolué, prenant du recul par rapport aux idées dominantes d'avant guerre. Alors que ceux qui sont restés confinés à Vichy ont été insensiblement gagnés par la frilosité du régime. Ainsi, le Comité d'études pour la France, dans l'ensemble imprégné de pragmatisme et de modernité, laisse échapper parfois dans ses travaux d'étranges bulles de passéisme. Dans une étude du 14 octobre 1941 sur la formation de la jeunesse, on peut lire la tirade suivante : « L'évolution économique sociale et politique du XIXe siècle a contribué tout autant que les désastres de la guerre mondiale et les folies de l'après-guerre à développer les défauts aux dépens des qualités anciennes. » Ces défauts, ce sont l'esprit de jouissance, la jalousie, l'étroitesse d'esprit, la lutte des classes et le système D !

Les hommes qui prendront le pouvoir dans les organisations patronales après guerre ont souvent fait partie de l'appareil des comités d'organisation pendant l'Occupation. Mais ce sont les plus dynamiques, les moins frileux, qui l'emporteront. Pierre Ricard par exemple, un des hommes clés du secteur de la fonderie, qui jouera le rôle central dans la reconstitution d'une organisation patronale nationale, l'actuel CNPF (Conseil national du patronat français), créé en 1946. En 1953, lorsqu'il

---

* En plus du livre de Shennan (*op. cit.*), on trouve d'intéressantes comparaisons entre les idées de Londres et les idées de Vichy dans *Capitalism and the State in Modern France* de Richard F. Kuisel (Cambridge University Press, 1981). Pour Kuisel, Vichy et la Résistance peuvent s'analyser comme deux tentatives parallèles de réformer la troisième République. Kuisel relève notamment les contradictions entre le désir de rattrapage technologique et le conservatisme de Vichy qui apparaissent dans le plan de dix ans préparé sous la direction de François Lehideux.

devient président de la chambre syndicale de la sidérurgie française, il commence son discours inaugural par ces mots : « Messieurs, vous venez d'élire un président qui vous coûtera cher. » Et Malcor, qui rapporte l'anecdote [117], convient que la chambre syndicale « s'était empoussiérée, vivait à l'économie ». De même, c'est en 1946 qu'on rend obligatoire la cotisation des entreprises à l'IRSID, l'Institut de recherche de la sidérurgie. Enfant typique de l'organisation professionnelle, cet organisme, destiné à faire financer par toute la profession le progrès technique, était né en principe en 1943. Mais pour convaincre les entreprises d'investir dans la recherche, il a fallu attendre la Libération.

Finalement, pendant cette période de l'Occupation où s'affrontent des projets contradictoires, quel a été le pouvoir réel d'hommes comme le fondateur d'X-crise et ses amis modernistes ? Quelle trace ont-ils laissée ? Les Bardet, Coutrot, Detœuf et autres Guillaume de Tarde ont indéniablement fait avancer des idées nouvelles qui sont devenues des banalités par la suite : nécessité d'un appareil statistique et d'un plan comptable, comités sociaux, retraite par répartition, journée continue, etc. À la tête d'une minorité agissante, ils ont été assez influents pour poser des jalons, faire surgir des questions, gêner les conservateurs ; pas assez puissants ou habiles pour acquérir une véritable autorité. Ils se sont comportés comme des missionnaires prêchant à des petits patrons peu convaincus des vertus puisées pour l'essentiel dans l'univers de la grande entreprise. Sans bien voir — ou vouloir voir — qu'ils se fourvoyaient avec un régime qui, au moment d'opter pour une solution, choisissait presque toujours la plus passéiste.

En mars 1944, à trois mois du débarquement, Bardet traîne encore dans les couloirs de Vichy. Nicolle, le chien de garde du petit patronat, écrit alors dans son journal [118] : « La nomination de Déat au ministère du Travail a aussi une autre signification, celle de mettre en échec le plan Bardet, c'est-à-dire le plan Bichelonne qui visait à la prise en charge par le ministère de la Production [industrielle] de tous les ministères techniques sous le couvert de l'Économie nationale. » Jusqu'au dernier jour Bardet est là, se bat pour ses idées. Et ce dernier jour a quelque chose d'incroyable, d'irréel.

Les 16 et 17 août 1944, alors que les chars alliés sont aux portes de Paris, quelques heures avant que Bichelonne ne soit enlevé et emmené outre-Rhin par les Allemands sur le départ, les deux hommes président comme si de rien n'était une session plénière du Conseil supérieur de l'économie industrielle et commerciale. Bardet est devenu vice-président de cet organisme et dirige l'essentiel des travaux après un exposé introductif du ministre. Cette dernière séance apparaît véritablement pathétique. Bardet se fait même confier la responsabilité d'une nouvelle commission qui doit approfondir certains points ! Il n'est pas entièrement dupe. « Je ne sais pas de quoi demain sera fait. Je crois cependant que nous avons le devoir de continuer à travailler », dit-il dans son discours de clôture. Mais au lieu de consacrer son allocution à ce qui restera effectivement des travaux et réflexions de cette période, il se perd dans d'ultimes considérations sur le meilleur moyen d'articuler la loi du 16 août 1940 sur les comités d'organisation et celle du 4 octobre 1941 sur la Charte du travail. Alors que tout ce dispositif sera balayé dans les jours suivants.

L'épilogue, pour un homme qui se sentait résolument moderne, sera tout aussi pathétique et symbolique. Car Bardet aura perdu sur tous les tableaux. Il aura incarné en réalité l'hésitation fascinée de la petite entreprise familiale des années trente devant la modernité qui déferlera bientôt irrésistiblement sur le pays. Et de fait, ses propres entreprises sombreront deux fois après guerre et deux fois seront reprises par ces « trusts » (Worms et Matra) dont on l'accusait d'être trop proche.

CONCLUSION

Cinquante ans après

« La grande désolation du pays, il n'est pas donné à tant de Français, ni constamment, de la sentir. Ce que l'on éprouve bien plutôt, ce sont des douleurs particulières ; et, pour la plupart, c'est la gêne des restrictions, l'inconfort de l'exil, la crainte de la disette de demain. Si la domination allemande devait nous assurer l'abondance, neuf Français sur dix l'accepteraient ; dont trois ou quatre avec le sourire. » Quand André Gide écrit cette phrase désabusée dans son *Journal*, le 9 juillet 1940, l'armistice n'a pas trois semaines [1]. La domination allemande n'apportera évidemment pas l'abondance. Mais, même sans le sourire, elle est acceptée, au moins au début, par la grande majorité de la population, et la quasi-totalité des patrons s'en accommode [2]. Rouvrir l'entreprise, considérer comme prioritaire de la faire fonctionner, cette décision résulte d'un consensus. Et pas seulement au niveau des directions d'entreprise ou des nouvelles autorités françaises et, bien sûr, allemandes. Dès les premiers jours de l'Occupation, la peur du chômage s'installe et de nombreux travailleurs redoutent, avec leurs familles, que « leur » patron, ayant pris ses précautions ou inquiet pour l'avenir, n'ait décidé de laisser fermées les grilles de l'usine ou de l'atelier. Dans *L'Humanité* clandestine du 1er juillet 1940, on pouvait lire : « Les ouvriers ne demandent qu'à travailler ; ils attendent qu'on ouvre les usines, qu'on leur donne de l'ouvrage. Il ne s'agit pas de bavarder sur la remise au travail, il faut agir vite. Il faut obliger les patrons à ouvrir leurs entreprises [...] [3]. »

Comme nous l'avons posé dès l'introduction, et comme en ont témoigné la plupart des exemples étudiés, cette décision de poursuivre, aussi normalement que possible, l'activité, après avoir décrété ou constaté que « la vie continue », a emporté tout le reste, ou presque. Les rares cas *a contrario* le démontrent également : quand, sous l'impulsion d'un ou de quelques hommes, on décide, comme chez Hispano-Suiza, non pas de fermer l'entreprise mais de ne surtout pas continuer comme avant, comme s'il était « neutre » de se soumettre, fût-ce à la demande des autorités, aux requêtes insistantes de l'occupant, tout se passe différemment. Les dirigeants des sociétés qui ont adopté cette attitude courageuse ont pourtant dû se résoudre eux-mêmes, à un moment ou à un autre, à négocier avec Vichy, et même avec les Allemands, quelques accords supposant des compromis. Toute autre attitude aurait impliqué le choix du « seppuku » économique, qui ne semble guère avoir suscité de vocation. Les considérations économiques, et ce n'est pas moins vrai d'ailleurs pour les simples particuliers que pour les responsables de sociétés, suscitent rarement des attitudes idéalistes. Pour ne pas dire que, bien souvent, elles les incitent au réalisme qui ne fait, en général, pas bon ménage avec l'héroïsme.

Cette donnée de départ, les Allemands l'ont immédiatement intégrée dans leurs calculs. Après un bref temps d'hésitation, pendant lequel Goering et les partisans du pillage ont pu mettre en pratique leur conception primaire des relations économiques avec un pays vaincu, ils ont même su exploiter avec beaucoup de finesse cette volonté française de faire tourner les machines. Pendant quatre ans la France a été, tout particulièrement du point de vue économique, dans la situation d'une colonie « mise en valeur », aussi souvent par la ruse que par la force, par sa « métropole » d'outre-Rhin. Pour le plus grand profit de cette dernière et de son économie de guerre évidemment. Car il s'agissait alors, selon les bons usages du « pacte colonial », d'exploiter un territoire et sa population avec un investissement minimal, sans jamais favoriser d'une façon ou d'une autre le développement — ni même le maintien en l'occurrence — de la puissance économique du pays soumis à un tel régime. Les chiffres parlent d'eux-mêmes : en 1944, avant la Libération, alors même que la Résistance a pris toute son ampleur et que la défaite de l'Allemagne ne peut qu'être pronostiquée comme certaine par tout responsable un tant soit peu informé, plus de la moitié de la production industrielle de l'hexagone sort des usines à destination du Reich et, tout compris, près de quarante pour cent de la population masculine française en âge de posséder un emploi travaillent directement pour l'Allemagne, sur le sol national ou chez le vainqueur de 1940.

Sans doute résignés à honorer tout ou partie des commandes allemandes — un peu trop vite diront certains après guerre, sans toujours s'interroger cas par cas sur l'existence ou les conséquences d'une solution alternative —, les patrons, dans l'ensemble, ne se réjouissent que rarement à l'idée de livrer leur fabrication à l'ennemi de la veille. Il ne semble pas pour autant pertinent de prendre au sérieux sans précaution les innombrables témoignages produits en justice à la Libération par les dirigeants mis en cause, qui assurent que ces derniers ont tout fait pour freiner la production. La comptabilité des sociétés et les statistiques professionnelles attestent bien d'une piètre productivité sous l'Occupation, surtout en 1943 et 1944. Mais à quoi ou à qui en attribuer la responsabilité ? À la hiérarchie de l'entreprise, peu désireuse de servir des clients imposés et toujours en guerre contre les anciens alliés de la France ? Ou plutôt, ce qui semble avoir été plus fréquent, d'une part à la « mauvaise volonté » des ouvriers et employés, dont les causes étaient multiples (patriotisme, mécontentements sociaux, nourriture insuffisante, etc.), d'autre part aux circonstances qui ne se prêtaient guère aux records de production : approvisionnement en matières et en énergie insuffisants, outils de travail vieillissants ou peu entretenus, manque de personnel, etc. ?

Même minoritaires, les enthousiastes de la collaboration ne furent pas absents, loin de là, dans les rangs du patronat. Mais, à part quelques apôtres, plutôt isolés et peu influents, de l'insertion de l'économie française dans une Europe allemande, comme Georges Claude, ceux-ci ne seront que rarement motivés par des considérations idéologiques. Toutes les périodes exceptionnelles et surtout celles où les règles habituelles de l'économie de marché ne s'appliquent plus, comme entre 1940 et 1944, voient prospérer des « hommes d'affaires » que seuls motivent le profit immédiat ou la réussite facile mais aussi des patrons impatients de développer rapidement leurs sociétés au détriment de concurrents handicapés par les circonstances. Des complices ou des fournisseurs des bureaux d'achat allemands, pour les moins scrupuleux, aux chasseurs discrets de commandes allemandes, pour les plus hypocrites, la galerie de portraits de ces purs profiteurs de l'Occupation est très encombrée. C'est regrettable, assurément. Mais il n'est pas du tout certain, sauf à se livrer à des considérations hors de notre propos sur la nature humaine, qu'il faille — et qu'on puisse — en tirer des enseignements dignes d'intérêt.

Ni plus ni moins patriotes que la plupart de leurs contemporains si l'on en juge au vu des comportements individuels apparents, les patrons des années quarante ont agi pour l'essentiel en phase avec la sensibilité dominante de l'époque. Ils ont ainsi été très peu nombreux, malgré l'apparition de quelques sociétés mixtes dans des secteurs particuliers (chimie, gazogènes...), à céder des parts de capital, même minoritaires, de façon avouée ou occulte à des Allemands. Certes, l'administration française, dont ce fut la principale manifestation de résistance ouverte en matière économique, a toujours découragé les projets impliquant une prise de participation d'intérêts d'outre-Rhin dans les entreprises. Et les investisseurs du Reich eux-mêmes n'ont pas été incités par leurs autorités, passé les tout premiers temps de l'Occupation, à multiplier les opérations de ce type. Mais ils n'auraient sans doute guère eu d'interlocuteurs dans le cas contraire, sinon en agissant par la force. Il n'est pas du tout certain qu'aujourd'hui le comportement patronal serait le même à ce sujet. On a quelques raisons de penser que beaucoup plus de propriétaires, ne serait-ce que pour échapper aux inévitables choix douloureux imposés par la gestion « sous contrainte », tenteraient de vendre purement et simplement leur entreprise s'ils trouvaient un quelconque acheteur offrant un prix raisonnable. Si l'on accorde en effet toujours autant d'importance à la conservation et si possible à l'augmentation de son patrimoine, on est désormais moins attaché, sauf dans une partie des sociétés restées familiales, à en préserver la composition. Le développement de la mobilité du capital et de la fluidité des investissements ne peut être sans effets sur les réflexes des dirigeants possédant leur affaire.

Cette probable évolution ne signifierait pas nécessairement que les patrons d'aujourd'hui auraient un comportement encore plus « intéressé », donc encore moins louable que celui de leurs homologues d'autrefois. C'est déjà en soutenant un tel raisonnement sur le déclin inexorable des vertus civiques que l'on a parfois hâtivement condamné l'attitude des chefs d'entreprise entre 1940 et 1944 par comparaison, en observant qu'ils avaient mérité tous les éloges à l'issue du premier conflit mondial et qu'il n'en fut pas de même un quart de siècle plus tard. Y voit-on plus clair en abordant ainsi la question ? Pour comprendre les réactions des responsables de sociétés selon les époques, sans doute faut-il avant tout s'interroger sur l'évolution des mœurs économiques... et du degré de compatibilité entre les intérêts de l'État et ceux des entrepreneurs. Pour schématiser, dans la France de 1914-1918, un industriel efficace qui développe sa production, propose de nouveaux modèles, augmente les cadences, rationalise le travail, incite à l'essor de la productivité, surtout s'il s'est spécialisé dans les fabrications de guerre, est un homme que l'on citera bientôt en exemple. Son successeur des années quarante, pour peu qu'il veuille agir de même, sera vite amené, souvent à la demande de Vichy, à entretenir des relations commerciales avec le principal client solvable de l'heure, l'occupant, et sera bientôt considéré comme traître, même si le profit qu'il retire alors d'une telle activité est notablement inférieur à celui réalisé au cours de la Grande Guerre.

Le paradoxe n'est évidemment qu'apparent. Un patron qui gère son entreprise de la même façon dans deux contextes très différents ne peut s'attendre à voir son comportement considéré comme équivalent dans les deux cas. Mais comment ne pas noter la permanence même du comportement « managérial » évoqué ? On pourrait supposer, dans le droit-fil de notre remarque précédente, que cette relative constance dans l'attitude des chefs d'entreprise quelles que soient les circonstances ne fait que souligner leur égal dédain pour l'intérêt du pays dès lors que celui-ci ne coïncide plus avec le leur. On ne ferait ainsi que valider, quitte à la transposer pour l'appliquer au cas des années quarante, une remarque ironique d'Auguste Detœuf dans son pamphlet de 1938 sur l'attitude des entrepreneurs : « Le patriotisme industriel est un sentiment désintéressé qui se manifeste de deux façons : en ce qui concerne les ventes, par les fournitures au gouvernement ; en ce qui concerne les achats, par la préférence donnée à l'industrie nationale. Le patriotisme industriel est sans limite en ce qui concerne les fournitures au gouvernement ; il est limité, en ce qui concerne les achats à l'industrie nationale, à une différence de 5 % avec les prix des fournisseurs étrangers. » Suffisait-il, comme ce fut d'ailleurs si souvent le cas, que les Allemands proposent des prix supérieurs d'au moins 5 % à ceux escomptés pour que les industriels ne se soucient plus de l'origine et des desseins de l'acheteur auquel ils avaient affaire ? N'en déplaise à François Ceyrac, qui verrait ainsi relativisées sinon démenties ses certitudes d'après guerre sur le désir des patrons d'éviter en 1940 « la mainmise des occupants sur nos ressources » [4], l'affirmer ne serait sans doute pas toujours se tromper. Mais ce serait certainement manquer l'essentiel.

Quand on observe, à travers une multitude d'exemples, le comportement des dirigeants sous l'Occupation, on ne peut qu'être frappé, et le mot est faible, par ce qui, dans leur façon d'agir, transcende la situation dans laquelle ils vivaient et exerçaient leur fonction. François Bloch-Lainé évoque fort justement, pour qualifier un certain type d'attitude dans une période comme celle du début des années quarante, « le syndrome du pont de la rivière Kwai » [5]. On se souvient comment, dans le roman de Pierre Boulle dont David Lean a tiré un film célèbre, un officier britannique prisonnier des Japonais met son point d'honneur à obliger ses compagnons d'infortune à construire, dans les règles de l'art, un pont qui sera très utile à l'ennemi de son propre camp. Pour conserver un sens à son existence, surtout à un moment où, après le choc d'une défaite, le socle des certitudes a vacillé, on peut avoir tendance à limiter son horizon et à se réfugier dans une posture qu'on voudrait croire purement « technique ». Parmi les serviteurs de l'État, Jean Bichelonne, l'homme charnière du ministère de la Production industrielle du début à la fin de l'Occupation, a incarné plus que tout autre cette position et a été par là même, plus que tout autre, pris dans l'engrenage de la collaboration. François Lehideux, peu suspect de vouloir à tout prix dénigrer un autre ministre du maréchal, assure ainsi qu'il s'est plusieurs fois efforcé de faire comprendre à son collègue « qu'il y a des problèmes qu'il faut savoir ne pas résoudre ».

Traduit dans un langage adapté à la psychologie patronale, ce besoin de persévérer dans un comportement qui se veut avant tout efficace, on dirait aujourd'hui « professionnel », afin de conserver un sens à sa fonction, voire à son existence, nous l'avons nommé dès le premier chapitre la « logique de gestion ». Dans une économie de type libéral, et celle de la France des années quarante se voulait telle malgré les circonstances qui imposaient des mesures autoritaires d'encadrement de l'activité, le profit doit représenter la sanction immédiate d'une administration performante. Sous l'Occupation, une fois mis à part les cas des spécialistes du marché noir, des promoteurs d'« entreprises-champignons » et des acheteurs de bien « juifs », par nature suspects, il ne semble pas que la motivation principale des chefs d'entreprise soit liée à la recherche de bénéfices matériels importants. Si ces derniers privilégient cette logique de gestion en croyant — évidemment à tort — se cantonner ainsi dans un rôle « technique » en attendant des jours meilleurs, c'est tout simplement parce que leur entreprise constitue leur principale raison de vivre. C'était déjà vrai en 1914-1918, ce l'est à nouveau en 1939-1945, ce l'est encore aujourd'hui. C'est patent lorsqu'on est à la tête d'une maison familiale, ce l'est à peine moins quand on se contente de diriger une société qui n'appartient pas à vos proches ou à vous-même. Ainsi peut-on comprendre pourquoi la plupart des patrons, même quand ils n'ont pas semblé choisir le même bord « politique » sous l'Occupation, ont pris des décisions que l'on peut analyser pour l'essentiel indépendamment de leurs choix extra-professionnels. Voilà pourquoi, comme on l'a vu, une société, en l'occurrence la Banque de l'Indochine, peut voir coexister à sa tête un ancien ministre influent du premier gouvernement de Vichy et un résistant notoire, ancien directeur de cabinet d'un éphémère secrétaire d'État nommé de Gaulle. Dans bien des circonstances, il semble bien qu'on soit patron avant d'être citoyen, ou en tout cas, qu'on évite autant qu'on le peut de mêler ces deux « identités ». Rien ne nous l'a peut-être mieux montré que l'exemple du numéro un de la CFP, Jules Mény, à la fois capable de payer de sa vie son hostilité à l'occupant et de gérer au mieux, y compris en adoptant des positions très pragmatiques vis-à-vis des Allemands, les intérêts qui lui ont été confiés.

La force quasi irrésistible de cette logique de gestion explique pour une bonne part aussi bien des comportements discutables que des attitudes courageuses. Elle incite en effet très naturellement beaucoup, et surtout les plus lucides qui savent voir à long terme, à adopter, à une époque où on ne peut les soupçonner d'être opportunistes, des attitudes « résistantes » lorsque les demandes allemandes s'opposent aux intérêts supérieurs de l'entreprise dont ils ont la charge. On a vu ainsi, pour citer le cas d'entreprises dont le comportement a été loué — à ce titre et à d'autres — à la Libération, comment Michelin ou Saint-Gobain refusent obstinément de céder à l'occupant leurs filiales en Allemagne et dans tous les territoires occupés en prévision des marchés d'une après-guerre dont les contours sont pourtant incertains. Certes, le même souci de préserver d'abord et avant tout leurs marchés, leur outil de travail et — ce fut souvent le cas — tout ou partie de leur personnel pour préparer d'inéluctables lendemains, a conduit le plus souvent les dirigeants à accepter sans état d'âme excessif de produire pour le Reich. Mais même dans de tels cas, on prenait en général soin, sans s'apercevoir éventuellement de l'aspect dérisoire de cette attitude, de fixer une limite aux relations avec l'occupant. « Périsse le monde plutôt que son usine ! », dit assez justement, bien qu'en forçant évidemment le trait, le procureur qui requiert contre Marius Berliet, accusé d'avoir adopté un comportement antinational en acceptant de composer avec les Allemands pour sauvegarder son entreprise. Or la direction de Berliet n'hésite pas à prendre des risques tout à fait réels pour cacher ses matières premières les plus recherchées par les autorités d'occupation ou pour faire connaître son opposition à tout accord avec une firme allemande qui priverait le constructeur d'une partie de son autonomie.

Comme les autres hommes, les patrons ont évidemment une vie et des convictions « privées » et ne limitent pas leur horizon aux murs de l'usine et des bureaux. Leur éthique personnelle aurait pu faire contrepoids au tropisme collaborateur auquel ils étaient souvent assujettis en raison de leurs fonctions. Celle-ci a d'ailleurs orienté un certain nombre d'entre eux vers la Résistance. Ni plus ni moins que les autres catégories sociales. Ce que l'on peut trouver aussi bien convenable, dans la mesure où l'opinion publique a hâtivement condamné « en bloc » le comportement patronal sous l'Occupation, que très insuffisant, dans la mesure où il n'est pas illégitime d'exiger que des hommes dotés de responsabilités donnent l'exemple. Quoi qu'il en soit, le parcours du citoyen patron n'a pas croisé en général, sinon indirectement, son trajet professionnel. Raison de plus, si l'on s'interroge sur les leçons à tirer aujourd'hui des événements des années quarante, pour rester dubitatif face aux discours à la mode sur « l'entreprise citoyenne » et son éthique. Les entreprises respectent souvent la loi et les règlements, surtout quand on contrôle leur application, rarement des préceptes moraux. Les dirigeants apparemment les plus respectables, on l'a vu dans les années quarante comme on le voit dans les années quatre-vingt-dix, s'estiment vite « contraints » de recourir à des pratiques aussi inacceptables que la corruption ou les comptes trafiqués dès lors qu'ils considèrent ne plus avoir d'autre moyen de conserver ou d'acquérir un marché essentiel. Et si l'on nomme de nos jours des responsables de la déontologie dans telle ou telle société, on ne fait que souligner par là une évidence : s'il y a besoin de créer cette fonction, c'est tout simplement pour protéger l'entreprise face aux conséquences éventuelles des graves débordements auxquels conduit « naturellement » la seule logique de gestion.

La responsabilité du régime, de ce fait, apparaît incontournable quand on s'interroge sur les comportements discutables des entreprises sous l'Occupation. C'était au gouvernement de Vichy, s'il l'avait voulu, qu'aurait incombé en premier lieu et en dernier ressort de décourager les livraisons aux Allemands, en particulier lorsque celles-ci soutenaient l'effort de guerre nazi. Les patrons auraient certainement fait preuve de beaucoup d'imagination pour contourner des remparts qui n'auraient eu qu'une efficacité limitée. Mais encore eût-il fallu que ces remparts existent. Le mauvais exemple en matière de collaboration est venu parfois des militaires et le plus souvent des politiques, obsédés par leur souci d'établir leur légitimité en se faisant reconnaître comme détenteurs ou codétenteurs de l'autorité et comme dépositaires de la souveraineté nationale. À n'importe quel prix ou presque, comme ont pu s'en apercevoir plus que tous les autres, même en restant dans le seul domaine de l'économie, les victimes de la politique d'« aryanisation » des entreprises. On a toutes les raisons de supposer que la grande majorité des chefs d'entreprise se seraient volontiers pliés à des directives claires et applicables délimitant les activités autorisées ou interdites. Si Vichy avait adopté une autre attitude, ils auraient eu le sentiment que les mêmes règles s'appliquaient à tous et qu'ils ne risquaient donc pas d'être pénalisés face à leurs concurrents. Car, les années quarante en témoignent éloquemment, les patrons mènent leurs propres guerres, que rien ne saurait arrêter, pas même les conflits ou les occupations militaires. On ne peut qu'être surpris par l'extraordinaire persistance des préoccupations économiques « habituelles » — le fonctionnement des circuits financiers, le respect du droit de propriété[6], le souci des actionnaires, etc. — même en temps de guerre, dans des situations extrêmes ou chaotiques. Les Allemands, vainqueurs, font souvent preuve de brutalité envers les vaincus. Mais ils autorisent la CFP à effectuer des versements à ses partenaires pétroliers anglo-saxons et ils s'évertuent à agir dans la légalité quand ils veulent acquérir des intérêts français dans les territoires qu'ils occupent !

Cette « résistance » étonnante du monde des affaires à tous les aléas des temps les moins propices au développement économique harmonieux et régulier s'est traduite également au plan des institutions et des idées : loin d'apparaître seulement comme une parenthèse entre l'époque des années trente, avec l'interminable crise économique puis le Front populaire, et celle de la reconstruction après guerre, la période de l'Occupation suscite des évolutions majeures du cadre dans lequel évoluent les chefs d'entreprise. Les années Vichy n'ont pas conduit, malgré l'invention du pneu X ou la découverte des gisements d'hydrocarbures d'Aquitaine, à des changements essentiels du point de vue de la technologie ou de la production : la France, on l'a déjà souligné, n'était pas en guerre, ce qui stimule l'innovation, elle était seulement occupée. Mais elles ont abrité des débats cruciaux, non sans conséquences immédiates pour les entreprises dans certains cas, toujours liés peu ou prou à des luttes d'influence entre les tenants de la modernité et les gardiens de la tradition. Cette « politique économique » à double face du régime pétainiste a déjà fait l'objet de nombreux travaux, en particulier d'historiens américains[7]. Elle s'est traduite notamment, sur le versant progressiste, par d'importantes avancées concernant la responsabilité des dirigeants de sociétés — avec l'institution du poste de P-DG — ou l'information en provenance des entreprises — plan comptable, divulgation des statistiques concernant leur activité, etc. Dans certains secteurs comme la banque, l'évolution, jugée positive à l'époque, vers plus d'« organisation » s'est surtout manifestée à travers l'institution d'une réglementation plus stricte, parfois à tonalité para-corporatiste, qui a subsisté jusqu'à récemment. Partout, les dirigeants d'entreprise ont dû apprendre, le plus souvent à leur corps défendant, à travailler en tenant compte de directives étatiques. Les plus importants s'en sont d'autant mieux accommodés, à vrai dire, que leur influence n'était pas négligeable au sein du régime et surtout au sein des organismes professionnels mis en place à son instigation. De là à dater de cette période la naissance d'une véritable politique industrielle, comme l'ont fait certains, il y a sans doute un pas qu'il ne faut franchir qu'avec prudence. À Vichy, certes, on parle de planification, on mène — a-t-on le choix ? — une politique de concentration dans divers secteurs, etc. Mais dans ces domaines, comme dans presque tous les autres, même si l'on peut déceler une certaine continuité de l'avant-guerre à l'après-guerre en passant par la période de Vichy, les évolutions les plus décisives datent, tout compte fait, de l'époque de la reconstruction et des années qui l'ont suivie.

Des dirigeants d'entreprise ont beaucoup « pensé » et parfois agi en matière d'économie ou de gestion en voulant se rendre utiles envers la collectivité pendant ces années noires. Ils ont souvent cru que, sur les ruines de la troisième République, ils pouvaient construire du neuf. Certains d'entre eux — Barnaud, Ardant... — ont sans doute péché par excès de réalisme et d'habileté à une époque où user de telles qualités ne conduisait pas le plus souvent à bien choisir son camp. Chez d'autres la part de l'idéalisme l'a emporté, les condamnant, comme Bardet ou Coutrot, à se fourvoyer avec leurs rêves modernistes dans l'univers pétainiste vers lequel leur passé ne semblait pas devoir les aiguiller. Quand leurs idées méritaient d'être mises en pratique, elles l'ont souvent été... à partir de la Libération : à Londres aussi, puis à Alger, on préparait l'avenir. Le combat pathétique de ces hommes de bonne volonté, minoritaires à Vichy par rapport aux tenants de l'immobilisme, a donc été perdu sur toute la ligne. Mais il nous rappelle, cinquante ans après, qu'il est des problèmes avec lesquels on n'en a jamais fini. Chaque fois que la France, confrontée à l'évolution des méthodes de gestion et au développement de la concurrence nationale et internationale, hésite entre l'ouverture et le repli, c'est un peu le même drame qui se rejoue. La fin de l'Occupation a permis aux modernistes de reprendre le dessus au milieu des années quarante. La vieille France incarnée par Pétain et divers lobbies de petits patrons effrayés par la perspective du changement s'est trouvée disqualifiée, et le pays, entraîné par le mouvement de la reconstruction, a rapidement tourné son regard vers l'avenir. Ce n'était pas joué d'avance. Et l'hésitation renaît, à chaque nouvelle échéance.

ANNEXE

Comment les Français ont financé leur propre exploitation

Les officiels français sont stupéfaits lorsque les Allemands, le 8 août 1940 à Wiesbaden, au cours d'une réunion de la commission d'armistice, annoncent qu'à titre « d'acompte » sur le remboursement des « frais d'occupation » l'État français devra leur verser quotidiennement 20 millions de marks payables en francs à compter du 25 juin 1940 sur un compte ouvert à leur intention à la Banque de France. Le ministre des Finances, Yves Bouthillier, fait assez rapidement le calcul : cette somme, soit 400 millions de francs par jour, correspond « à une charge annuelle de près de 150 milliards de francs, donc à plus du budget de la France tout entier en 1939, période d'armement intensif », comme il l'écrira dans ses mémoires[1]. En gros, la France va vivre pendant quatre ans avec un budget de l'État doublé par rapport à la période précédente mais partagé à parts égales entre les Français et l'occupant. Après s'être fait confirmer par les militaires qu'un soldat « coûte » 22 francs par jour, y compris la solde, Bouthillier calcule qu'une somme cinquante fois moindre suffirait à couvrir les frais d'une armée d'occupation de 300 000 hommes. Le budget demandé par les Allemands permet d'entretenir 18 millions de combattants ! Le Reich, qui imposera le même type d'exigence aux autres pays occupés, profite de ce que la convention d'armistice pose dans son article 18 le principe, classique, de l'entretien des troupes d'occupation par le vaincu, sans rien préciser des montants à verser.

Le général Huntziger, chargé de demander des explications, n'obtient aucune réponse sérieuse. Comment est-on arrivé à cette somme ? D'après l'historien allemand Eberhard Jäckel[2], Richard Hemmen[3], l'homme chargé des questions économiques à Wiesbaden, a calculé grossièrement que la poursuite de la guerre coûtait 100 millions de marks par jour à l'Allemagne et qu'on pouvait exiger de la France le paiement de 20 % de cette somme. Hemmen refuse la distinction stricte, et logique, que cherche à lui faire admettre Huntziger entre, d'une part, troupes d'occupation et, d'autre part, armée d'opération chargée de poursuivre la guerre contre la Grande-Bretagne. « Les troupes d'occupation sont celles nécessaires pour la continuation de la guerre », dit-il fin août 1940, toujours dans le cadre de la commission d'armistice[4]. Mais « l'argent versé sera dépensé en France », rassure-t-il son interlocuteur français. « L'Allemagne a renoncé au système employé, il y a vingt ans, qui consistait à transférer les paiements du pays vaincu à l'intérieur du pays vainqueur. » Nous reviendrons sur ce point essentiel de politique économique. Le général français, qui s'y connaît en économie ou qui s'est fait préparer un argumentaire par des inspecteurs des finances, conclut : « Mais avec cet argent les Allemands pourront acheter la France tout entière ! » Voilà bien l'essentiel effectivement.

Les indemnités d'occupation ont constitué le premier moyen ingénieux, et d'une extrême simplicité, de piller la France de manière « correcte ». Comme l'écrivait Pierre Arnoult en 1950[5] : « Ils nous ont tout acheté correctement ; mais ils ont tout payé avec l'argent qu'ils nous avaient pris. »

Bien sûr le gouvernement français essaye à plusieurs reprises dès l'été 1940 de faire réduire le tribut imposé par les Allemands. Après avoir usé d'arguments logiques au cours des premières semaines, il espère trouver une solution politique après les entrevues de Montoire entre Hitler et Pétain (22- 24 octobre 1940). Mais très vite, il apparaît que la « collaboration », évoquée pour la première fois par le maréchal après cette rencontre, n'est qu'une illusion française, entretenue notamment par Laval. Hitler s'est seulement demandé pendant quelques jours s'il pourrait verrouiller la Méditerranée et en particulier enlever Gibraltar aux Anglais en s'appuyant sur les Espagnols et les Français. Dès le 31 octobre, Yves Bouthillier, rencontrant Richard Hemmen, constate « l'impossibilité de tirer, sur le plan économique, le moindre parti de Montoire ». Le ministre des Finances revient alors à sa tentation, souvent évoquée dans ses mémoires, de cesser unilatéralement les versements, ce qu'il fera entre le 30 novembre et le 21 décembre 1940. Sans conséquence immédiate, puisque les Allemands, à l'époque, n'arrivent pas à dépenser tout ce qui est porté à leur compte. Mais la réaction de l'occupant est si vive après le limogeage de Pierre Laval par Pétain le 13 décembre 1940, opération suscitée notamment par Bouthillier, que ce dernier trouve plus prudent de reprendre les versements avant que l'occupant ne hausse le ton.

L'occasion d'une négociation se présente à nouveau en mai 1941, lorsque l'Allemagne a besoin de faire passer par la Syrie, administrée en principe par Vichy, de l'aide destinée aux Irakiens révoltés contre les Britanniques. Principal argument des Français pour remettre en cause le montant des frais d'occupation : les sommes demandées sont tellement énormes que les Allemands n'arrivent même pas à les dépenser. « À la date du 12 février 1941, sur 96 milliards de francs portés au crédit du compte de l'administration allemande, 45 seulement, moins de la moitié, avaient été dépensés », écrira Yves Bouthillier[6]. Richard Hemmen, qui croit peut-être encore à une guerre courte, semble se laisser prendre à l'argument. Le 8 mai, au cours d'une entrevue avec l'amiral Darlan, chef du gouvernement, et Bouthillier, il accepte de baisser les avances de 400 à 300 millions de francs par jour.

Mais la prolongation de la guerre et la construction des fortifications allemandes en France viendront relativement vite à bout des « économies » de l'occupant. Les Allemands, qui ont reçu 201 milliards de francs de juillet 1940 à décembre 1941, en ont dépensé 137 seulement pendant cette période. Alors qu'ils reçoivent 300 millions de francs par jour, ils en ont en revanche dépensé quotidiennement 352 millions au premier trimestre de 1942, 382 millions au deuxième et 443 au troisième, indiquera le successeur de Bouthillier, Pierre Cathala[7]. L'invasion de la zone Sud le 11 novembre 1942, après le débarquement allié en Afrique du Nord, fournira ainsi le prétexte nécessaire aux Allemands... pour remonter de 300 à 500 millions de francs par jour l'acompte journalier, somme qui sera payée à partir du 11 novembre 1942 et jusqu'au 12 août 1944. Le retour au pouvoir de Pierre Laval en avril 1942 et son propre départ du gouvernement ont d'ailleurs mis fin, estime Bouthillier, aux tentatives pour réduire la facture allemande. « Le financement de l'entretien de l'armée occupante a brusquement cessé, au printemps de 1942, d'être une affaire capitale », écrit-il, égratignant ainsi au passage non seulement le chef du gouvernement mais aussi son successeur Pierre Cathala — qui n'est bien sûr pas d'accord avec cette lecture des événements dans ses propres mémoires.

En plus des réquisitions opérées par l'armée d'occupation et payées par le Trésor français, l'État allemand dispose donc pendant toute la durée de l'Occupation de quantités considérables de francs. Il peut par là même acquérir tout ce qu'il veut en France sans être trop regardant sur les prix, qu'il s'agisse d'avions, des millions de mètres cubes de béton coulés en partie par des entreprises et des travailleurs français sur le « mur de l'Atlantique » ou de toutes sortes de produits et de matériels. Et il n'a aucun problème pour verser des subsides par des voies détournées pour acheter la complaisance de la presse parisienne.

Les soldats d'outre-Rhin peuvent, avec leur solde, ramener des « articles de Paris » à leur fiancée, tant qu'il en reste dans les boutiques, et notamment dans les grands magasins parisiens qui ont du mal à reconstituer leurs stocks. Ce mode de pillage pacifique n'est pas marginal. Au procès de Nuremberg, l'accusation française citera à ce sujet des chiffres tellement élevés qu'ils semblent exagérés (5 milliards de francs par mois) mais indiquant bien, vu leur ordre de grandeur, qu'il s'agit là d'une politique déterminée d'amélioration de l'ordinaire des familles allemandes grâce aux frais d'occupation. D'ailleurs, précisera-t-on, « un service d'acheminement de colis adressés par les Allemands séjournant dans les pays occupés avait été créé. Les objets expédiés étaient empaquetés dans un papier spécial et munis de cachets destinés à les faire bénéficier d'une franchise douanière à leur entrée en Allemagne »[8].

Le clearing à sens unique

Les entreprises allemandes, elles, n'ont pas accès, comme les autorités et les militaires installés dans l'hexagone, aux francs des frais d'occupation. Mais il est dans l'intérêt du Reich qu'elles puissent acheter en France des matières premières ou du matériel qui, *in fine*, contribueront à l'effort de guerre allemand. Et même si les participations acquises alors dans des sociétés françaises sont moins considérables que ne le disent et le craignent les contemporains, il faut bien qu'elles les payent. Or le monde de 1940 ne connaît pas la libre convertibilité des monnaies qui règne assez largement aujourd'hui, en tout cas entre pays riches. Pas question d'aller dans la première banque venue ou la plus proche officine de change pour vendre des marks contre des francs ou le contraire. Les États contrôlent de près ces opérations. Si les exportateurs français ramènent plus de marks que les exportateurs allemands ne reçoivent de francs, en théorie, la Banque de France demande à sa consœur allemande de régler la différence en or ou en devises fortes. En réalité, depuis un certain temps déjà, elle ne le faisait plus car l'Allemagne n'avait plus d'or. Le célèbre Dr Hjalmar Schacht, président de la Reichsbank, puis ministre de l'Économie de Hitler, avait monté avant la guerre tout un système de traités de commerce bilatéraux pour compenser importations et exportations sans avoir recours à l'or et sans que les devises sortent de leurs pays d'origine respectifs. L'Allemagne victorieuse en impose un de plus à la France, comme aux autres pays occupés. À ceci près qu'il ne s'agit plus d'un traité équilibré entre partenaires égaux, mais d'un accord déséquilibré entre un vainqueur et un vaincu. Ainsi fut institué dès le 8 août 1940, en même temps que le système des frais d'occupation, le célèbre « clearing ».

Voici ce qu'en écrira le ministre des Finances Yves Bouthillier : « On sait que le paiement des marchandises échangées entre deux pays soumis au régime du contrôle des changes est fait par “compensation”. Autrement dit, il n'y a pas, en principe, de règlement monétaire. Les exportations du premier pays dans le second sont payées par les exportations du second dans le premier. Lorsque la compensation devient impossible en raison du déséquilibre des échanges, le commerce entre les deux pays est interrompu, à moins qu'un règlement monétaire n'intervienne. » La différence peut en effet être réglée dans une monnaie internationalement reconnue comme le franc suisse si les deux banques centrales ne veulent pas recourir à l'or. « Le projet du Reich était caractérisé par ceci, poursuit Bouthillier, que, quelle que fût la situation des échanges (et il n'était que trop certain que le mouvement des marchandises de la France vers l'Allemagne serait sans commune mesure avec celui des marchandises de l'Allemagne vers la France), les exportations françaises ne seraient jamais suspendues et que le Trésor français ferait son affaire du règlement des créances des exportateurs français sur le Reich et les débiteurs allemands. » En somme, l'office des changes qui payait les exportateurs français en francs inscrivait, en vertu de l'accord de clearing, une créance équivalente sur l'Allemagne dont il savait qu'elle ne valait à peu près rien. L'Allemagne, comme c'était prévisible, ne livrant pas grand-chose à la France, malgré les promesses de réapprovisionnement en matières premières de l'industrie française qui travaillait pour elle, pas même les pommes de terre promises aux Français en 1940. Alors que 90 % des exportations françaises partiront en Allemagne. « La France devait se contenter d'un crédit au clearing réalisable dans l'avenir », résumera, de façon quelque peu cynique, le Dr Michel, le patron des affaires économiques allemandes à Paris, dans le rapport de fin de mission qu'il rédigera en 1944[9]. Les négociateurs français, et notamment Maurice Couve de Murville, responsable des finances extérieures au ministère des Finances, essayèrent d'obtenir qu'une partie au moins de l'excédent des exportations françaises soit « transférée » en or ou en devises fortes. Mais rien à faire.

À la fin de l'Occupation, le crédit français au « clearing », bien entendu sans valeur, se monte, d'après Elmar Michel, à 8,5 milliards de marks et compte à lui seul pour 43 % des dettes allemandes de ce type en Europe. Il représente un petit quart des sommes prises par l'Allemagne à la France. Des sommes qui, clearing et frais d'occupation additionnés, se montent à 810 milliards de francs pour Michel, 745 pour Bouthillier et 1 018 pour la Cour des comptes. L'ordre de grandeur fait donc l'unanimité.

Un taux de change qui tient compte de la défaite de la France

Comme si ces deux modes de pillage financier ne devaient pas être suffisants, avant même d'avoir exigé les frais d'occupation et imposé cet accord de commerce inique, l'Allemagne a fixé un taux de change surévalué pour le mark : désormais 1 mark vaut 20 francs, alors qu'il en coûtait 16 en août 1940 au cours officiel (16,27 très exactement d'après le taux évoqué dans l'accord sur le clearing pour la liquidation des dettes). Dans la mesure où l'Allemagne veut conserver sa production et compte vendre le moins possible à la France, le renchérissement relatif des prix allemands ainsi provoqué ne présente aucun inconvénient pour elle. Pendant les guerres on ne cherche plus à exporter à tout prix. Ce taux n'a donc pour effet que d'augmenter le pouvoir d'achat du mark. Le problème concret pour la France est au demeurant très relatif puisque les Allemands se procurent autant de francs qu'ils le veulent par le biais des frais d'occupation et du clearing. Mais la valeur de la monnaie, c'est tout un symbole. Et, au cas où les Français ne l'auraient pas compris, on le leur fait savoir assez vite quand ils s'insurgent contre cette parité dans le cadre de la Commission d'armistice. Pour bien apprécier la valeur des deux monnaies, il faut, leur dit-on, « tenir compte de la défaite de la France »...

La seule parade que trouva l'administration des finances, pour compenser un peu la surévaluation du franc et récupérer une partie du déficit du clearing, consista à instituer une taxe à l'exportation « dont le produit [fut] mis à la disposition des acheteurs français de produits allemands » pour compenser le prix excessif de ces produits dû à la surévaluation du mark. Cette taxe sera levée par une nouvelle administration au nom peu engageant, le BAVE, Bureau d'achats et ventes à l'étranger, dont s'occupera notamment un jeune inspecteur des finances prometteur, Jacques de Fouchier, le futur président de Paribas[10]. Tout en reconnaissant que beaucoup de « gros poissons » échappèrent à la taxe, il s'étonne dans ses mémoires de la « relative ponctualité » avec laquelle elle fut versée. Preuve que les disponibilités allemandes sont de toute manière considérables, après l'avoir jugé « inadmissible »[11], les représentants de l'occupant toléreront ce système, en protestant de temps à autre lorsqu'on leur imposera des prix trop élevés pour les produits exportés de France. Jacques de Fouchier suppose que certains responsables allemands ne détestaient pas entretenir ce genre de petites querelles entre les deux administrations dans la mesure où, si elles duraient, elles justifiaient le maintien à Paris d'un certain nombre de fonctionnaires allemands que l'expérience du front russe ne tentait pas vraiment...

De l'or !

Décrit *a posteriori*, ce triple système de pillage — frais d'occupation, clearing, surévaluation du mark — paraît simple. Il est appliqué, avec quelques variantes, dans la plupart des pays occupés, Norvège, Belgique et Pays-Bas notamment. Il faut se replacer dans le contexte de l'époque pour en apprécier la robuste ingéniosité.

La tradition, si l'on peut dire, depuis des siècles et des siècles, consistait pour le vainqueur d'une guerre à se faire payer un tribut, en or de préférence, qu'il emportait chez lui et dont il faisait ce que bon lui semblait. En 1914-1918, en cas de victoire, les Allemands étaient bien décidés à procéder ainsi[12]. En 1870, ce système avait fort bien fonctionné. La France vaincue avait payé « rubis sur l'ongle » 5 milliards de francs-or, facilement empruntés aux épargnants. Mais ces 5 milliards ne représentaient qu'environ trois mois de revenu national et l'économie française, pleine de vitalité, dégageait sans trop de peine le surplus d'exportations, donc de devises, qui avait permis de transférer ces moyens de paiement à une Allemagne en moins bonne forme. À tel point que Bismark aurait dit « La prochaine fois que nous gagnerons une guerre contre la France, nous exigerons de lui payer une indemnité. » Boutade bien sûr[13].

Les Alliés et plus particulièrement les Français, vainqueurs en 1914-1918, font ce que les Allemands auraient fait s'ils avaient gagné. Ils exigent les fameuses « réparations » aux cris mille fois répétés de « l'Allemagne paiera ». Malgré les admonestations d'économistes comme Keynes, personne ne veut voir que l'Allemagne ne possède pas l'or ou les devises nécessaires et que les sommes exigées ne sont pas à la mesure de son économie. Les Britanniques ont au moins l'idée ingénieuse de se faire régler ce qu'ils peuvent en nature alors que la France refuse cette solution, la seule réaliste. Il faudra attendre 1925, après le plan Dawes, pour qu'elle s'y résigne en partie. Résultat : la France réussira à obtenir environ 9,5 milliards de marks-or en quatorze ans de crises incessantes, soit l'équivalent de deux mois de la production nationale allemande de 1914, alors que le vaincu lui devait théoriquement 65,5 milliards sur la facture de 126 milliards or dressée pour l'ensemble des Alliés le 27 avril 1921 en prenant en compte les dommages causés aux biens et aux personnes (pensions des veuves de guerre).

Le Dr Hjalmar Schacht, qui pendant tout l'entre-deux-guerres s'est battu contre ces fameuses réparations, a certainement contribué à persuader le Führer et son entourage qu'il ne fallait pas reproduire cette erreur à l'égard de la France en 1940[14]. Les circonstances, c'est-à-dire la poursuite de la guerre, ont également conduit l'Allemagne à choisir le mode d'exploitation le plus rationnel : se faire payer l'essentiel en francs ou en dettes au clearing et non en or, ce qui équivaut à un paiement en nature puisque ces francs sont destinés à acheter des biens et des services aux entreprises françaises. Résultat : alors que la France avait payé l'équivalent de trois mois de revenu national en 1870, alors que l'Allemagne n'en a payé que deux mois après 1918, l'occupant réussit à s'approprier quatorze à quinze mois de revenu national « normal » pendant les quatre années d'occupation — sans compter les destructions.

Relativement évidents *a posteriori*, les avantages et les inconvénients des différentes solutions le sont beaucoup moins pour les contemporains. La preuve : les Alliés, et notamment la France, retomberont dans de nouveaux errements en 1945. Ils commenceront par vouloir limiter la puissance industrielle de l'Allemagne avec des plafonds de production, des démontages d'usines et des démantèlements de cartels avant de se rendre compte qu'ils portaient ainsi atteinte à leur propre prospérité et qu'il fallait au contraire aider l'Allemagne à relever son économie.

Pendant l'Occupation, les experts financiers français ont des opinions divergentes sur la gravité relative des divers prélèvements allemands : frais d'occupation en francs, clearing, transferts de devises et de valeurs diverses. Les frais d'occupation ont ceci de relativement « indolore » qu'il suffit d'imprimer des francs, tout le problème étant — nous y reviendrons — que cette masse d'argent déferlant sur des magasins aux étagères à moitié vides ne déclenche pas une hausse des prix incontrôlable. Le clearing permet d'entretenir l'illusion que la France accumule un crédit sur l'Allemagne, remboursable un jour. Les paiements en or, devises et autres actions ou obligations seraient pour les uns, par exemple Couve de Murville, l'atteinte la plus intolérable au patrimoine national, car les disponibilités de la France en or et en devises retrouveront toute leur utilité à la fin de la guerre. De fait, après la Libération, les entreprises françaises seront rationnées en dollars pendant de longues années pour acheter leurs matières premières ou leurs machines à l'étranger. Pour d'autres, Yves Bouthillier par exemple, le risque que font courir les frais d'occupation à la stabilité des prix, donc à la valeur du franc, est bien plus effrayant car, derrière, se profile le spectre du désordre social intérieur. Tant que les Allemands ne dépensent pas tout ce qu'on leur donne, le montant de leurs avoirs en francs est sans importance, estiment en revanche certains experts [15]. D'autres encore, Jacques Barnaud par exemple, le délégué général aux Relations économiques franco-allemandes, s'inquiètent beaucoup au contraire de la menace que fait peser sur l'économie française cette énorme épargne que l'occupant risque de se décider à dépenser tout à coup [16].

Ces divergences se cristallisent au printemps 1941 lorsque les Allemands, à la Commission d'armistice, proposent soudain d'échanger une diminution des frais d'occupation contre le fait qu'un tiers de ceux-ci soient payables en or, devises ou participations françaises dans des sociétés situées à l'étranger. L'évocation de l'or fait sursauter Yves de Boisanger, chef de la délégation économique française à Wiesbaden mais surtout gouverneur de la Banque de France, donc gardien du stock d'or national. Il est cependant tenté d'accepter, car il est très inquiet, comme Jacques Barnaud, du risque que font peser sur la stabilité intérieure des prix les milliards de francs que les Allemands accumulent sans les dépenser. Les Allemands insistent. Le 19 mai ils produisent un expert, un certain Litter, qui se met à expliquer que les transferts en or et en devises paieraient tout le matériel que les troupes allemandes utilisent en France (matériel, uniformes, etc.) mais qui vient d'Allemagne. En somme, il faut que les Français payent au prix fort les fusils destinés à les garder. Expert contre expert, le 21, les Français font venir Couve de Murville à Wiesbaden. L'abord impassible et pince-sans-rire, très britannique, du futur ministre des Affaires étrangères de De Gaulle, impressionne beaucoup les Allemands [17]. Certain de la pertinence de son point de vue, il dit tout crûment aux Allemands que le seul chiffre important est celui des francs qu'ils arrivent à dépenser effectivement, que leur proposition est donc un marché de dupes et que s'ils exigeaient des transferts en devises et or, il ne s'agirait plus de frais d'occupation mais d'un « tribut ». Et prévenant par avance toute évocation des « réparations » exigées par la France en 1918, il leur rappelle qu'elles avaient été fixées alors dans le cadre d'un traité de paix — ce dont les Allemands ne veulent pas — et non d'un armistice. Sa conviction est telle qu'il arrive, semble-t-il, à faire reculer les Allemands et ses collègues français. Ce qui n'est pas évident, car l'occupant est beaucoup moins indifférent à l'or qu'il ne le manifeste dans tous ses discours officiels.

Si on en croit les innombrables tirades de Elmar Michel à Paris et surtout de Richard Hemmen à Wiesbaden, depuis que l'Allemagne n'a plus d'or elle a très bien appris à s'en passer grâce à Schacht. Certes. Mais que peut-elle faire de ses francs lorsqu'il s'agit d'acheter des matières premières à l'Espagne, au Portugal, à la Turquie et aux autres pays neutres ? Ou lorsqu'il faut financer ses réseaux d'espionnage et de manipulation dans le monde entier ? Sans compter que les dignitaires du Reich qui veulent s'enrichir croient plus à l'or qu'aux billets de banque d'un pays vaincu, occupé et accablé de restrictions. En fait, les occupants feront tout pour mettre la main sur une partie de l'or de la Banque de France mis en sûreté au Sénégal après diverses péripéties. Ils n'auront de cesse de le faire rapatrier en France. Pire, et ce sera le sujet d'une longue brouille avec nos voisins belges, ils réussiront à se faire remettre à l'automne 1940 le stock d'or que la Banque de Belgique avait confié à la garde de la Banque de France.

D'une manière générale, parallèlement à l'exploitation méthodique des pays occupés, le Reich fait tout, jusqu'au bout, pour se maintenir un accès au marché international des devises et de l'or et disposer de moyens et de réseaux de paiement dans le monde entier. La Suisse y a sans doute gagné de ne pas être occupée. En effet, des lingots d'or volés aux Français, aux Belges ou à d'autres constituent un moyen de paiement moins commode qu'on ne l'imagine. D'abord, on évite habituellement de transporter l'or stocké dans les caves des banques centrales. Ensuite, dans les milieux internationaux de la finance, tout se sait, et un lingot venant des Allemands entre 1940 et 1944 serait regardé avec suspicion par les banquiers du monde entier, qui auraient bien trop peur qu'on vienne le leur réclamer un jour. La Suisse va permettre au Reich d'échanger son or contre des francs suisses, monnaie internationalement reconnue qui est pendant toute cette période la monnaie reine de l'espion allemand[18].

La grande peur de l'inflation

La piste de l'or nous a entraîné un peu loin de l'économie française et du cœur du dispositif allemand en France. L'intérêt certain de l'occupant pour l'or et les devises reste en effet marginal par rapport aux deux principaux instruments de pillage que sont les frais d'occupation et le clearing.

Les responsables français, nous l'avons vu, sont très inquiets de l'effet que peuvent avoir sur les prix les comportements des occupants s'ils dépensent sans compter les milliards de francs que leur donne l'État français. De fait, ils auront très vite auprès des entreprises la réputation d'être de bons payeurs et ils useront sciemment de ce levier à travers les réseaux du marché noir[19]. Mais la maîtrise de l'inflation est aussi dans l'intérêt des Allemands. Encourager l'inflation, c'est nuire au pouvoir d'achat des francs qu'ils accumulent.

Dés le 26 août 1940, Vichy s'inquiète de cet aspect de la situation[20] : « Le gouvernement français, aussi résolu à respecter ses engagements qu'à éviter au pays l'épreuve de l'inflation génératrice de misère et de désordre, demande au gouvernement allemand que soit examiné, en commun, comment sera employé le crédit destiné à l'entretien des troupes d'occupation. » Les Allemands n'ont pas du tout l'intention d'accepter un droit de regard sur l'utilisation de « leur » argent, mais, pour la raison que nous venons d'évoquer, ils se montrent aussi soucieux que les Français d'éviter une hausse des prix.

Richard Hemmen en parle donc dès le lendemain à Yves Bouthillier, en lui disant que c'est surtout le contrôle des prix qui est « essentiel ». Et plus tard, lorsque l'inflation commence effectivement à se manifester, il écrit, soupçonnant un sabotage : « Il semble que la France abandonne sciemment les choses à elles-mêmes, afin d'atteindre un degré d'inflation qui lui permette de se débarrasser des frais occasionnés par l'armistice tout comme nous l'avons fait en 1921 alors que notre système financier avait été complètement ruiné par le transfert de l'or et de nos valeurs. » En fait, il n'a jamais été prouvé que la folle inflation du début des années vingt dont se souviennent encore les Allemands ait été volontairement provoquée pour ne pas payer les réparations[21]. Mais il est certain que les Français disposent là d'un vrai moyen de sabotage et qu'ils pourraient, s'ils étaient décidés à mener une politique de terre brûlée, embarrasser sérieusement l'occupant. Ce dernier augmenterait ses exigences à mesure que les prix déraperaient, mais il serait désarmé si l'inflation tournait à l'anarchie économique. L'économie française deviendrait plus difficilement exploitable. Cathala évoque l'hypothèse dans ses mémoires. Mais, comme son prédécesseur, Yves Bouthillier, en cherchant finalement, en « bon ministre » des Finances, à maintenir au mieux l'organisation du pays et la valeur du franc, il rendra en fait incontestablement service au premier « agent économique » de la période : l'occupant.

Les tensions inflationnistes accumulées pendant la guerre se déchaîneront surtout après la Libération, à cause d'un rattrapage trop brutal des salaires. D'après Alfred Sauvy, l'ensemble des prix, y compris ceux du marché noir, atteignent en 1944 l'indice 495 en partant d'une base 100 en 1938. Cette dérive est limitée à 276 pour les prix officiellement taxés. En 1949 le même indice atteint 1 650 !

Des prix quatre à cinq fois supérieurs « seulement » après quatre ans d'occupation et des prélèvements équivalant à un quart environ des disponibilités de l'économie française, ce n'est possible qu'à coup de rationnement et de contrôle des prix et des salaires. Les Français ont conservé de cette époque la mémoire des tickets et de leur corollaire, le marché noir, peut-être moins celle de la politique financière qui les accompagnait. Pour payer les Allemands, le gouvernement de Vichy ne se sent pas assez fort pour doubler les impôts. Le Trésor demande donc à la Banque de France de faire des avances, autrement dit de faire fonctionner la fameuse planche à billets. Michel évalue à 410 % l'augmentation de la circulation monétaire, soit 580 milliards de francs pour la période. Le tout, pour limiter le déferlement de cet argent sur une production raréfiée, est de ne pas le laisser dans les poches des Français. Car, l'occupant les dépensant dans le pays, c'est bien dans la trésorerie des entreprises et dans les portefeuilles des Français — de certains surtout, évidemment — que reviennent ces francs. Des francs qu'ils n'arrivent pas à dépenser, le rationnement régnant partout. L'État, puisqu'il ne peut se résoudre à confisquer cet argent par l'impôt, l'emprunte donc à des taux d'intérêt assez faibles, par l'intermédiaire des banques essentiellement, et l'utilise pour rembourser à la Banque de France une partie de ses avances, au prix bien entendu d'un endettement accru. C'est ce que l'on appelle au Trésor « le circuit », qu'il vaudrait mieux qualifier de « circuit fermé ».

Simple en apparence, cette politique implique d'imposer de multiples contraintes. L'administration est assise sur le couvercle d'une cocotte-minute mal fermée. Les tickets de rationnement évitent en théorie que ce qui est rare devienne cher. Malgré une armada de fonctionnaires et de policiers surveillant les stocks dans les entreprises, chez les paysans et dans les magasins, la loi de l'offre et de la demande retrouve cependant ses droits sur le marché noir. La consommation change. D'autres aliments devenant trop rares, la carotte et le poireau sont promus au rang d'aliments de base. Résultat, la soudure étant difficile au printemps 1941, le poireau qui se payait 1,90 franc en mai 1940 arrive à valoir un an plus tard 18,75 francs[22]. Pour limiter la pression, il ne faut pas que les consommateurs possèdent trop d'argent. L'administration en est donc réduite à interdire aux patrons d'augmenter leur personnel et ceux-ci à chercher toutes les combines possibles pour améliorer quand même les fins de mois de leurs employés.

Enfin, pour que les emprunts d'État arrivent à éponger des masses de capitaux à des taux d'intérêt raisonnables, il ne faut pas que l'argent puisse s'investir ailleurs. Pressentant que les francs qu'on leur remboursera ne vaudront pas grand-chose, les détenteurs de capitaux un peu avertis cherchent à les placer en valeurs « réelles » : or, bijoux, actions, immeubles, terre. « La spéculation qui sévit actuellement sur les terres, en dépit de la législation sur les loyers, baux et fermages, conduit à des valeurs d'achat sans aucun rapport avec le revenu qu'on peut en obtenir », peut-on lire ainsi dans une étude de janvier 1943[23]. Les achats d'immobilier par les entreprises sont soumis à autorisation, pour éviter que celles-ci n'y consacrent leurs disponibilités. Et le gouvernement est obligé d'instaurer de multiples autres restrictions aux investissements pour que l'argent revienne dans ses caisses au lieu de faire monter démesurément les prix de tous les biens, ce qui contribuerait à l'affolement de la population. Bien sûr l'exportation de capitaux est interdite. L'achat d'or par les particuliers aussi, ce qui génère bien entendu un marché parallèle. Tout est fait pour contenir la hausse de la Bourse.

Rouverte le 14 octobre 1940 pour les obligations seulement et notamment les emprunts d'État, la Bourse ne reprend son activité que le 3 mars 1941 pour les actions. Dès le premier jour les actions Banque de France qui valaient 7 600 francs avant la défaite se traitent à 15 000 francs. Thomson Houston saute de 220 à 595, l'Air Liquide de 1 335 à 2 795, Peugeot de 406 à 1 200. Tout est fait pour contenir la hausse : pas de marché à terme ; les écarts maximaux sont limités à 3 % puis à 1 % par séance ; limitation des dividendes le 28 février 1941 ; imposition des plus-values à court terme sur les titres étrangers ; obligation de livrer les actions sous forme nominative ou de les déposer chez un banquier ou un agent de change. Une seule chose arrive à casser la hausse, à partir du 21 janvier 1943 : la perspective de la fin de la guerre. Comme toujours la Bourse anticipe. Pas de beaucoup en l'occurrence : le 2 février, l'armée allemande capitule à Stalingrad.

Plus la ponction allemande augmente, plus cette politique d'endiguement de l'inflation atteint ses limites. En 1942, la dégradation est sensible, avec le dérapage des prix correspondant. Les occupants se mettent en effet à consommer tout leur crédit et au-delà. Ils investissent massivement dans la construction du mur de l'Atlantique et organisent un vaste « marché noir » à leur profit pour drainer une plus grande part de la production française.

Les Allemands et en particulier Hemmen déplorent que le financement des frais d'occupation ne soit pas plus sain. Ce dernier ne cesse de prôner « l'étatisation », autrement dit le recours à l'impôt. Il déplore notamment que le ministre des Finances n'ose pas grever d'un impôt les gros bénéfices réalisés grâce aux commandes allemandes et aux trafics permis par l'« inflation » ! Ce serait autant d'argent qui n'entrerait pas en compétition avec les besoins allemands et n'alimenterait pas l'inflation.

Même si les responsables français expriment leur inquiétude à ce sujet dès les premières séances de la Commission d'armistice, la politique de défense du franc et de sa valeur est donc imposée par les Allemands autant que voulue par les deux ministres des Finances successifs du régime de Vichy. Elmar Michel tolère un réajustement de certains salaires au printemps 1941, mais ensuite il refuse tous les autres, malgré l'insistance du gouvernement français pourtant lui-même très sévère en la matière. Pour veiller d'encore plus près à leurs intérêts, les Allemands essayent d'installer physiquement Michel dans un bureau au ministère des Finances[24]. En décembre 1942, après l'occupation de la zone Sud et le relèvement des indemnités, ils tentent à nouveau d'imposer la présence d'un conseiller financier auprès du gouvernement français, poste pour lequel Hemmen est candidat, l'essentiel des négociations économiques franco-allemandes s'étant déplacé de Wiesbaden à Paris et, accessoirement, à Vichy[25].

« Le danger de voir l'économie française menacée par les Français eux-mêmes, qui auraient pu faire fonctionner imprudemment la "planche à billets" et, par suite, l'économie allemande sabotée, subsistera jusqu'à la fin de l'Occupation », écrira Michel dans son rapport final de 1944. Pas de doute, l'économie française est vraiment devenue sa chose !

NOTES

Avant-propos

1. Henry W. Ehrmann, *La Politique du patronat français (1936-1955)*, Armand Colin, 1959 (Princeton, 1957, pour l'édition originale). L'authenticité de cette phrase devenue « historique » n'a jamais pu être établie. Jean-Noël Jeanneney, en particulier, pense qu'elle n'a pas été prononcée, en tout cas sous cette forme *(L'Argent caché*, Le Seuil, Points-Histoire, 1984).

2. Alfred Sauvy, *La Vie économique des Français de 1939 à 1945*, Flammarion, 1978.

3. Alan S. Milward, *The New Order and the French Economy*, Clarendon Press, 1970.

4. Robert Aron, *Histoire de l'épuration*, tome 3, vol. 1, *Le Monde des affaires (1944-1953)*, Fayard, 1974.

5. Sous la direction de A. Beltran, R. Frank, H. Rousso, *La Vie des entreprises sous l'Occupation*, Belin, 1994.

6. On peut citer en particulier, outre l'ouvrage de H. W. Ehrmann déjà mentionné, l'essai de Richard Vinen, *The Politics of French Business, 1936-1945* (Cambridge, 1991), bien qu'il soit controversé.

7. On attend encore en France la publication d'un ouvrage aussi documenté et aussi peu complaisant sur une entreprise que celui réalisé par des historiens allemands sur l'histoire de la Deutsche Bank à la demande de cette dernière à l'occasion de son cent vingt-cinquième anniversaire. Ce livre paru au début de l'année 1995 *(Die Deutsche Bank*, 1870-1995, C. H. Peck) évoque notamment l'association de la principale banque d'outre-Rhin avec « la politique brutale » du régime national-socialiste et son rôle, jusqu'à fin 1938, dans l'« aryanisation » de trois cent trente entreprises au fil des cent pages — un dixième de l'ouvrage — consacrées à la période 1933-1945. Le fait que la période de l'Occupation, bien que traitée avec prudence, ne soit plus occultée dans des livres récents — notamment sur Paribas et Worms — montre cependant que la situation est également en train d'évoluer dans notre pays cinquante ans après la fin de la guerre.

8. Entretien de François Ceyrac avec Henri Weber (*Le Parti des patrons*, Le Seuil, 1986).

« J'ai vu la chose uniquement en chef d'industrie »

1. Cette scène, qui se déroule le 15 septembre 1944, est rapportée par le seul Yves Farge *(Rebelles, soldats et citoyens, souvenirs d'un commissaire de la République*, Gras-

set, 1946). Faute de recoupement, on ne peut évidemment être certain de l'authenticité des propos échangés si ce n'est en substance.

2. *Cf.* Yves Farge, *Ibid.*

3. « Instructions aux préfets » du commissaire de la République, dossier commissaire de la République, archives départementales du Rhône (large citation *in* Gérard Chauvy, *Lyon des années bleues*, Plon, 1987).

4. Propos rapportés *in* Marcel Peyrenet, *Nous prendrons les usines*, Éd. Garance, 1980. Si le témoignage évoqué n'a aucune raison d'être suspecté, les paroles qu'il restitue, longtemps après la guerre, ne peuvent être considérées évidemment comme fidèles mot à mot.

5. Les éléments rapportés ici et concernant la vie de Marius Berliet, de sa famille et de son entreprise jusqu'à la veille de la guerre sont narrés, souvent de façon quelque peu romancée, dans l'ouvrage de Saint-Loup intitulé *Marius l'inflexible* (Presses de la Cité, 1962). Malgré son caractère hagiographique, qui impose la prudence face à son contenu, malgré aussi la personnalité très marquée de l'écrivain, de son vrai nom Marc Augier, ancien socialiste devenu sympathisant actif des Waffen SS sous l'Occupation, ce livre propose beaucoup d'éléments documentaires précieux car son auteur a eu notamment accès à des archives familiales (correspondance et carnets « intimes » de Marius Berliet, témoignages de proches, etc.). Chaque fois que nous l'avons pu, nous avons « contrôlé » et « croisé » cette source avec d'autres. Nous avons d'ailleurs obtenu de Paul Berliet l'autorisation de consulter un compte rendu détaillé des interviews réalisées par Saint-Loup à Lyon pour son ouvrage — qui, bien que bénéficiant de l'appui de la famille du constructeur, aurait été entrepris à la seule initiative et sous la seule responsabilité de l'écrivain. Nous avons d'autre part consulté des travaux de recherche sur Berliet évoquant cette période, et en particulier les mémoires de maîtrise d'Alain Pinol (*Travail, travailleurs et production aux usines Berliet, 1912-1947*, université Lyon II, 1980) et, surtout, de Gérard Declas (*Recherches sur les usines Berliet, 1914-1949*, université Paris I, 1977). Nous avons enfin trouvé quelques compléments d'information dans le très récent ouvrage biographique consacré à l'industriel lyonnais par Louis Muron (*Marius Berliet*, LUGD, 1995), qui s'est essentiellement appuyé, semble-t-il, sur la documentation de la Fondation Marius Berliet.

6. *Cf.* divers témoignages recueillis par Marcel Peyrenet *(op. cit.)* ainsi que le mémoire de Gérard Declas *(op. cit.)*.

7. Long entretien enregistré de l'auteur avec Paul Berliet, le 18 décembre 1992, auquel nous nous référerons souvent par la suite. Plusieurs points ont été précisés au cours d'un second entretien, le 11 mai 1994.

8. Témoignage d'Émile Parfait lors du procès Berliet, en juin 1946, devant la cour de justice de Lyon.

9. Selon le géographe Michel Laferrère (*Lyon, ville industrielle*, PUF, 1960), et il s'agit d'un exemple parmi bien d'autres, onze prototypes de véhicules tous terrains à vocation militaire ont été mis au point et présentés en vain à l'armée entre 1928 et 1939, soit un par an en moyenne.

10. À propos des « négociations » de Berliet avec les autorités militaires françaises, *Cf.* notamment le tome II *(Ouvriers et soldats)* de l'ouvrage très documenté de Jean-Louis Crémieux-Brilhac *Les Français de l'an 40* (Gallimard, 1990) ainsi que les livres de Robert Aron (*Histoire de l'épuration*, Fayard, 1974, t. III) et Saint-Loup *(op. cit.)*. Nous nous sommes cependant surtout appuyés, quand c'était possible, sur des éléments du dossier Berliet auprès de la cour de justice de Lyon (instruction et procès) et sur notre entretien avec Paul Berliet.

11. L'opinion des Berliet sur les erreurs de l'état-major avant guerre évoquée ici est probablement en partie « reconstruite » par celui qui la rapporte. Et elle ne serait certainement pas admise telle quelle aujourd'hui par tous les historiens. Le témoignage est cependant « crédible » en substance puisque cette opinion est partagée à l'époque par des observateurs de diverses origines. L'écrivain et journaliste Jean Galtier-Boissière, pour citer un exemple, peut ainsi noter en mai 1941 comme une sorte d'évidence dans son « journal », à propos de Pétain et de Weygand, qui ont participé aux décisions du haut commandement français dans l'entre-deux-guerres, que « l'un et l'autre ont refusé la motorisation de l'armée et se sont reposés sur la ligne Maginot et l'artillerie lourde » *(Journal 1940-1950*, Quai Voltaire, 1993, rééd.).

12. Cette importante commande d'obus (deux fois la production de Berliet en 1918) est notamment évoquée par Jean-Louis Crémieux-Brilhac *(op. cit.)*. Sans l'infirmer —

sa réalité ne fait pas de doute —, Marius Berliet soutiendra après guerre qu'elle ne lui était pas apparue irrévocable et qu'il avait appris verbalement le 20 septembre qu'on envisageait de la supprimer pour accélérer le programme de fabrication de camions. Si tel fut bien le cas, il avait alors très probablement entendu ce qu'il voulait entendre ou pris ses désirs pour la réalité puisque la suite démontrera que les autorités effectivement responsables considéraient sans nul doute cette commande comme ferme.

13. On peut se référer à cet égard — parmi bien d'autres sources — au chapitre très documenté sur « Les ratés de la mobilisation industrielle » de l'ouvrage de Jean-Louis Crémieux-Brilhac *(op. cit.)*. En ce qui concerne le secteur automobile, on peut noter que tous les constructeurs ont eu à se plaindre de ces « ratés ». Dans ses mémoires, rédigés dans les années soixante-dix et jamais publiés *(Citroën à cœur ouvert)*, l'ingénieur Lucien Robin, présent à cette époque quai de Javel, écrit par exemple : « La mobilisation, en appelant sous les drapeaux une grande partie du personnel, ouvriers et cadres, avait désorganisé les services [et] la mise en place des fabrications de guerre. »

14. *Cf.* notamment les écrits de Rémi Baudouï sur Raoul Dautry. On peut consulter l'ouvrage de cet auteur, *Raoul Dautry, le technocrate de la République, 1880-1951* (Balland, 1992), qui reprend les principaux éléments d'une thèse d'histoire (Institut d'études politiques, 1991), ainsi que son article « Raoul Dautry, la conscience du social » paru dans la revue *Vingtième Siècle* (juillet-septembre 1987).

15. Écrit personnel de Marius Berliet, cité *in* Saint-Loup *(op. cit.)*.

16. Entretien de l'auteur avec Paul Berliet.

17. Déclaration du 5 décembre 1945 du général Carré au cours de l'instruction de l'« affaire Berliet ».

18. Entretien avec Paul Berliet.

19. D'après Gérard Declas *(op. cit.)*, Berliet aurait livré au total cinq mille huit cents véhicules à l'armée française de septembre 1939 à juin 1940. Le chiffre de production de mai 1940, ainsi que la date d'arrivée des machines commandées aux États-Unis évoquée ci-après, sont donnés par J.-L. Crémieux Brilhac *(op. cit.)*.

20. On peut noter que, tout en continuant sa carrière de scientifique, M. Roy retrouvera après guerre l'industrie en occupant un poste de responsabilité à la SNECMA.

21. Pour cette période de la débâcle et de l'arrivée des Allemands à Lyon, nous nous sommes essentiellement référés aux témoignages et interrogatoires liés à l'instruction et au procès de l'« affaire Berliet », à notre entretien avec Paul Berliet et à Robert Aron *(op. cit.)*.

22. *Cf.* Saint-Loup, *op. cit.*

23. Déclaration du 5 décembre 1945 déjà citée.

24. Déclaration de Jean Berliet lors de l'instruction et du procès de 1946.

25. Un seul autre constructeur de quelque importance, mais loin derrière Berliet, a son siège et ses usines en zone sud : Rochet-Schneider.

26. *Cf.* diverses déclarations lors de l'instruction et des débats du procès ainsi que Saint-Loup, *op. cit.*

27. La prise en main progressive mais rapide de l'industrie automobile française par les Allemands est notamment décrite dans deux travaux très documentés centrés plus particulièrement sur Peugeot et Citroën : « Volkswagen en France » (sur la « coopération » Volkswagen-Peugeot), par Peter Lessmann, *in Histoire, économie et société*, 1992, n° 3 et *La Société anonyme des automobiles André Citroën, 1924-1968*, par Jean-Louis Loubet, thèse de troisième cycle, université de Paris X-Nanterre, 1979.

28. Note de François Lehideux au ministre de la Production industrielle, le 10 février 1941, qui a été adressée également à Marius Berliet *(cf.* Saint-Loup, *op. cit.)*.

29. *Cf.* Saint-Loup, *op. cit.*

30. Ce début de négociation, dont on ne sait s'il a dépassé le stade de la pure intention de la part d'une des deux parties, est évoqué par les archives militaires allemandes de l'inspection de Bourges dont rend compte, après des recherches à Fribourg, Martine Commarmond dans son mémoire de maîtrise (université Lyon II, juin 1976) intitulé *L'Activité économique lyonnaise pendant la Seconde Guerre mondiale d'après les sources militaires allemandes*.

31. L'essentiel des informations sur le conflit Berliet-Spengler relaté ici proviennent du témoignage de M. Piozin, directeur du contentieux de la firme lyonnaise, cité par la défense devant la cour de justice en 1946.

32. *Cf.*, à ce sujet, Annie Lacroix-Riz, « Les grandes banques françaises de la collaboration à l'épuration », *Revue d'histoire de la Seconde Guerre mondiale*, n° 141, 1986.

33. Lettre citée au procès Berliet en juin 1946.
34. Entretien de l'auteur avec Paul Berliet.
35. Texte cité par Saint-Loup, *op. cit.*
36. Interrogatoire de Marius Berliet lors du procès de 1946.
37. Nos informations sur les difficultés de production en temps de guerre et les solutions trouvées chez Berliet proviennent en grande partie de notre entretien avec Paul Berliet et de témoignages devant la justice après la Libération.
38. L'essentiel des informations ou interrogations rapportées ici sur la production de Berliet et les commandes allemandes à partir de fin 1942 proviennent de l'instruction et des débats du procès de juin 1946.
39. *Cf.* Martine Commarmond, *op. cit.*
40. Entretien de l'auteur avec François Lehideux le 11 décembre 1992. Philippe Burin (*La France à l'heure allemande*, Seuil, 1995), qui a consulté les comptes rendus de diverses réunions à Berlin de responsables français et allemands du secteur automobile en 1941 et 1942, évoque des projets de collaboration européens entre groupes industriels qui ne paraissent pas menacer immédiatement leur vocation de constructeur « complet », du moins à cette époque.
41. Entretien de l'auteur avec Paul Berliet.
42. Gérard Chauvy, auteur de *Lyon 40-44* (Plon, 1985) et de *Lyon des années bleues (op. cit.)*, situe dans le second ouvrage l'exécution extra-judiciaire de T. Cointe le 9 septembre 1944 d'après une lettre du procureur général de Lyon retrouvée aux archives du Rhône. Marcel Peyrenet *(op. cit.)*, mais sans citer de source, évoque une exécution beaucoup plus tardive, suite à un jugement de la cour de justice du Rhône. L'inexistence, dans le dossier d'instruction de l'affaire Berliet, de tout témoignage de Cointe rend peu probable cette dernière hypothèse.
43. Robert Aron, *op. cit.*
44. *Cf.* Gérard Declas *(op. cit.)*. Louis Muron *(op. cit.)* avance le chiffre de 435 ouvriers requis pour le STO mais rien n'indique qu'il s'agit bien du nombre total d'ouvriers partis fin 1942 et en 1943 outre-Rhin.
45. Sur le voyage en Allemagne de Jean Berliet, *cf.* l'instruction et les débats du procès Berliet ainsi que Robert Aron *(op. cit.)*. Büssing-Nag était alors considéré comme la Patenfirma *(Cf.* note 35) de Berliet, ce qui explique le départ groupé des ouvriers lyonnais pour Brunswick.
46. Sur le difficile climat social chez Berliet pendant la guerre, *cf.* Bernard Aulas, « La population active lyonnaise », *Revue d'histoire de la Seconde Guerre mondiale*, n° 95, juillet 1974.
47. Même s'il n'est peut-être pas fidèle à la lettre, ce commentaire rapporté par des auditeurs directs n'est pas mis en doute par Robert Aron *(op. cit.)*, peu suspect de vouloir accabler la famille Berliet.
48. Entretien avec François Lehideux.
49. Ces informations sur les contacts avortés de Berliet avec la Résistance proviennent essentiellement de l'instruction et des débats du procès Berliet, notamment à travers les témoignages des divers acteurs de l'épisode.
50. Les « actes antinationaux », comme on disait à la Libération, évoqués dans ce paragraphe ont été longuement exposés et discutés contradictoirement lors du procès de 1946.
51. Yves Farge, *op. cit.*
52. Cité *in* Marcel Peyrenet, *op. cit.*
53. Entretien avec Paul Berliet.
54. La tentative de M. Parfait de prendre la direction de Berliet en septembre 1944, sujet de controverse, est évoquée, témoignage à l'appui, dans les ouvrages de Marcel Peyrenet *(op. cit.)* et de Louis Muron *(op. cit.)* et nous a été confirmée par Paul Berliet.
55. Notamment selon l'historien Patrick Fridenson, qui a voulu vérifier si on pouvait trouver une trace d'un tel accord dans le secteur de l'automobile, même sous forme de simple projet.
56. Conversation de l'auteur avec Raymond Aubrac début mai 1993.
57. Lettre au commissaire de la République du 27 décembre 1944, citée *in* Gérard Chauvy, *Lyon des années bleues*, *op. cit.*
58. *Cf.* le bulletin *Le Mécano* de février 1945, repris *in* Marcel Peyrenet, *op. cit.*
59. Saint-Loup, *op. cit.*
60. Sur l'épisode imaginaire du changement d'enseigne, *Cf.* Marcel Peyrenet, *op. cit.*

61. *Cf.* Marcel Peyrenet, *op. cit.*
62. Lettre du 22 mai 1945, Archives du Rhône.
63. *Cf.* Saint-Loup, *op. cit.*
64. *Ibid.*
65. *Ibid.*
66. Article du correspondant particulier à Lyon du quotidien *Le Monde*, numéro daté du 5 juin.
67. L'expression est de Marius Berliet au cours de l'instruction.
68. L'argument, évidemment à relativiser sinon à récuser puisque Berliet a bénéficié pendant deux ans et demi de sa situation privilégiée en zone libre, n'est pas très probant mais n'est pas faux statistiquement. Sur les 138 356 véhicules (dont 121 493 utilitaires) construits sous l'Occupation par les constructeurs français, 117 380 (dont 101 785 utilitaires) ont été livrés à l'occupant, soit 85 % du total (chiffres de la Commission consultative des dommages et des réparations, 1947).
69. Phrase de Paul Berliet lors de son interrogatoire au cours du procès de 1946.
70. Entretien avec Paul Berliet.
71. Marcel Peyrenet, *op. cit.*, pour toutes les citations de ce paragraphe.
72. Entretien avec Paul Berliet.
73. Paul Berliet fait volontiers état de ce soutien, que Georges Villiers évoque luimême dans ses mémoires *(Témoignages*, France-Empire, 1978).
74. *Cf.* Saint-Loup, *op. cit.*
75. Entretien avec Paul Berliet.
76. *Cf.* Yves Farge, *op. cit.*
77. Louis Muron *(op. cit.)*, Saint-Loup *(op. cit.)* et Marcel Peyrenet *(op. cit.)* évoquent tous trois, avec des sources différentes, cette phrase du général de Gaulle, probablement prononcée à la mi-novembre devant des journalistes réunis pour l'entendre parler des projets du RPF.
78. *Cf.* Saint-Loup, *op. cit.*
79. Entretien avec Paul Berliet.
80. *Cf.* Marcel Peyrenet *(op. cit.)* et Georges Villiers *(op. cit.)*.
81. *Cf.* Marcel Peyrenet, *op. cit.*
82. Entretien avec Antoine de Tavernost le 1er juin 1993.
83. Paul Berliet soutient que la situation de l'entreprise était d'autant plus inquiétante que les camions produits connaissaient, au niveau du moteur, des défaillances à répétition en raison d'un mauvais choix technique.
84. Sur le retour progressif de Paul Berliet à la tête de l'entreprise, notre source essentielle est le témoignage de ce dernier. Marcel Peyrenet *(op. cit.)* n'évoque la période, du point de vue des ouvriers et de leurs représentants, que rapidement à la fin de son ouvrage.
85. *Cf.* Marcel Peyrenet, *op. cit.*

Les ruses du Majestic

1. À propos des mines de fer, dont nous ne parlons pas en détail dans cet ouvrage, on peut consulter *The New Order and The French Economy* d'Alan S. Milward (Clarendon Press, 1970).
2. Entretien de l'auteur avec A. Terren le 27 mai 1991. On peut cependant noter que l'inactivité relative du secteur n'entraîne pas une absence totale de contacts avec les Allemands. Ainsi les dirigeants du comité d'organisation de l'assurance — Jacques Guérard et Gabriel Cheneaux de Leyritz — négocieront-ils avec leurs homologues allemands au sujet de l'implantation en France d'assureurs d'outre-Rhin pour reprendre les portefeuilles des sociétés britanniques *(cf.* Philippe Burin, *La France à l'heure allemande*, Le Seuil, 1995).
3. Les négociations franco-allemandes sur le champagne ont été analysées dans un article d'Isabel Boussard paru dans la *Revue d'histoire de la Seconde Guerre mondiale* (n° 95, juillet 1974). Le *Sekt* est un vin mousseux allemand.
4. *Au cœur du Troisième Reich*, Fayard, 1971.
5. C'est Eberhard Jäckel qui fait référence en la matière *(cf. La France dans l'Europe de Hitler*, Paris, Fayard, 1968). Hitler, estime-t-il, n'a pas varié par rapport à la doctrine

exprimée dans le deuxième volume de *Mein Kampf* dès 1926. Le nouveau grand objectif colonial de l'Allemagne, dont la population s'accroît chaque année de « neuf cent mille âmes », c'est, pendant l'entre-deux-guerres, la Russie. La Grande-Bretagne représente un danger potentiel dont il faut essayer de se « concilier les bonnes grâces », et la France l'ennemi « mortel » ou « impitoyable », qu'il faut neutraliser pour assurer ses arrières. Mais la revanche n'est plus le but de guerre premier.

6. Outre celles mentionnées au fil du texte, nous utilisons trois sources principales pour évoquer la personnalité, les idées et les actes du Dr Michel : son « Rapport final », dont la rédaction a meublé ses loisirs entre la libération de la France et la chute finale du Reich (traduction française dans *La France intérieure*, n°s 50 et 51, novembre et décembre 1946, Bibliothèque Nationale, 4-LC2-6691) ; le témoignage écrit en janvier 1950 pour *La Vie de la France sous l'Occupation* (Hoover Institute, Plon, 1957) ; et un article d'avril 1942 (*cf.* note 12) pour la presse allemande.

7. Entretien avec l'auteur le 7 décembre 1992.

8. Tous les témoignages semblent confirmer ce caractère « modéré » de Michel. Par exemple, L. Steinberg dans *Les Allemands en France : 1940-1944*, Albin Michel, 1980.

9. D'après L. Steinberg, *op. cit.*

10. *La Vie de la France sous l'Occupation*, *op. cit.*

11. Henri Brunschwig, *Noirs et Blancs dans l'Afrique noire française*, Paris, Flammarion, 1982.

12. Une partie des papiers du délégué général aux relations économiques franco-allemandes, conservée aux Archives nationales, est une des sources classiques et utiles sur la période (Archives nationales F3777). On trouve dans ces « papiers Barnaud » la traduction de l'article de Michel paru dans le *Berliner Börsen Zeitung* du 10 avril 1942, évoqué dans la note 6 ci-avant et cité dans le paragraphe qui suit. Si l'on en croit Yves Bouthillier, ministre des Finances jusqu'en avril 1942, Barnaud protesta contre cet article qui voyait son auteur se vanter d'exploiter au mieux une économie française parfaitement docile (*cf.* Yves Bouthillier, *Finances sous contrainte*, Paris, Plon, 1951).

13. Cité par E. Jäckel, *op. cit.*

14. L'essentiel des explications données à ce sujet par Lucien Lelong se trouve dans l'enquête sur les « déjeuners de la table ronde » dont nous reparlerons plus loin (Archives nationales, F 12 9559). Sur l'attitude des divers couturiers pendant cette période et l'évolution de leurs créations, on peut lire *La Mode sous l'Occupation* de Dominique Veillon, Payot, 1990.

15. *Contribution française à l'économie de guerre allemande*, traduction par le commandement en chef français en Allemagne après guerre d'un rapport rédigé au printemps 1944 (Institut d'histoire du temps présent, IHTP).

16. Georges Villiers, *Témoignages*, France Empire, 1978.

17. Note de M. Bellier au secrétaire général du ministère de la Production industrielle (dossier spoliations et restitutions, Archives nationales, F12 10104).

18. Archives nationales, F12 10104.

19. Entretien avec Maurice Teillac, cadre de la Générale de Fonderie pendant l'Occupation, le 30 octobre 1993.

20. Pour évoquer cet exemple, nous nous appuyons sur le livre rédigé par François Bonal et intitulé *Champagne Mumm, un champagne dans l'histoire*, Arthaud, 1987.

21. Étude sur « la liquidation des opérations économiques et financières effectuées en France après le 18 juin 1940 sous la pression directe ou indirecte de l'occupant », datant semble-t-il du début 1942 (Archives nationales, AJ72 424).

22. *Les Finances de la France et l'occupation allemande 1940-1944*, PUF, 1951.

23. La traduction de la revue *La France intérieure (op. cit.)* dit soixante-cinq « milliards », mais il s'agit manifestement d'une coquille.

24. La thèse de Michel Margairaz est l'une des sources de référence majeures sur la période : *L'État, les finances et l'économie, Histoire d'une conversion, 1932-1942* (Comité pour l'histoire économique et financière de la France, 1991).

25. D'après le réquisitoire français au procès de Nuremberg (*Le Procès de Nuremberg : l'accusation française*, Office français d'édition, 1946), qui évoque cette évaluation de Hemmen.

26. Commission d'enquête sur les événements survenus en France de 1933 à 1945.

27. Les principaux dossiers économiques du procès de Pierre Laval sont abondamment analysés par Claude Gounelle dans *Le Dossier Laval* (Paris, Plon, 1969). Nous

n'évoquons pas ici le procès de Pétain, car, paradoxalement, on n'y parlera pratiquement pas d'économie ni de finances.

28. Ses deux tomes de mémoires sur *Le Drame de Vichy*, parus chez Plon en 1950 et 1951, font partie des sources essentielles, bien qu'en grande partie subjectives par nature, sur la période.

29. Cité notamment à Nuremberg par M. Charles Gerthoffer, procureur français au Tribunal militaire international de Nuremberg.

30. *Au cœur du Troisième Reich, op. cit.*

31. Parmi les ouvrages classiques sur la collusion entre la grande industrie allemande et Hitler, on peut citer *Les Armes de Krupp*, de William Manchester (traduit chez R. Laffont en 1970), et *L'IG Farben* de Joseph Borkin (traduit aux éditions Alta en 1979).

32. C'est en tout cas ce qu'explique après guerre à un juge d'instruction Gabriel Leroy Ladurie, de la banque Worms (Archives nationales, Z6NL74).

33. L'histoire de *La Mise au pas* culturelle a été écrite sous ce titre par Rita Thalmann (Fayard, 1991). Pour la presse, *cf. L'Argent nazi à la conquête de la presse française*, de Pierre-Marie Dioudonnet (Paris, Picollec, 1981). Pour l'édition, on peut se référer à l'étude très complète de Pascal Fouché issue de sa thèse *(L'Édition française sous l'Occupation*, deux tomes, Bibliothèque de littérature française contemporaine, IMEC, 1987).

34. Pour Havas, on peut se référer à l'ouvrage d'Antoine Lefébure intitulé *Havas, les arcanes du pouvoir* (Grasset, 1992).

35. On trouve de nombreux éléments sur cette étonnante « affaire » dans un dossier d'instruction de la cour de justice de la Seine (Archives nationales, F12 9563).

36. Les séances de la Commission d'armistice des 21 et 22 novembre permettent notamment de bien cerner l'esprit de cette négociation. Une partie des comptes rendus ont été publiés dans les *Recueils de documents de la délégation française auprès de la commission d'armistice publiés par le gouvernement français entre 1947 et 1950* (Imprimerie nationale).

37. Le passage que consacre Robert Aron à Francolor dans son *Histoire de l'épuration* (Fayard, 1974), inspiré semble-t-il par Joseph Frossard, nous semble spécialement orienté dans cette mauvaise direction, qui met au premier plan l'intérêt militaire de la production.

38. Des comptes rendus des discussions ont été retrouvés par Michel Margairaz *(op. cit.)*.

39. Raconté par lui-même au cours de l'enquête sur les « déjeuners de la table ronde » (Archives nationales, F 12 9559).

40. On trouve ce portrait de Hemmen par M. Devinat dans un des ouvrages de Claude Paillat de la série intitulée *Dossiers secrets de la France contemporaine* (R. Laffont, 1987, t. 6, *L'Occupation*, « Le pillage de la France : juin 1940-novembre 1942 »).

41. Il s'en expliquera après guerre le 28 avril 1948 devant la commission parlementaire chargée d'étudier « les événements survenus en France entre 1937 et 1947 ».

42. *Cf.* le chapitre 16.

43. *Du secrétariat de la CGT au gouvernement de Vichy, Mémoires, 1933-1942*, Éditions Albatros, 1978.

44. À propos des commandes allemandes et de la politique de Vichy en matière de matériels aéronautiques, on trouvera des détails ainsi que des références à des sources disponibles au début du chapitre 7, où il est question du cas du fabricant de moteurs d'avions Hispano-Suiza. L'article de l'historien américain Peter F. Klemm sur « La production aéronautique française de 1940 à 1942 », fondé en grande partie sur les archives allemandes, est particulièrement documenté *(Revue d'histoire de la Seconde Guerre mondiale*, n° 107, 1977).

45. En dehors des comptes rendus des réunions de la Commission d'armistice, nous nous appuyons pour évoquer ces contacts sur le livre de A. Milward *(op. cit.)* et sur les comptes rendus de discussions retrouvés par Michel Margairaz *(op. cit.)*.

46. *Cf.* Alan Milward, *op. cit.*

47. Souvenir de Gérard Pinot, répartiteur adjoint des fers, fontes et aciers. Entretien avec l'auteur le 1er juillet 1993.

48. Pratique évoquée dans une note, postérieure à la Libération, de l'ingénieur chargé de la direction des carburants au ministère de l'Industrie (Archives nationales, F12 10102).

49. Pour ces documents et ce rapport sur « les méthodes employées par l'administration militaire allemande en France » demandée par la délégation économique et finan-

cière auprès de la mission militaire pour les affaires allemandes, *cf.* Archives nationales, F12 10102.

50. Alfred Sauvy, *La Vie économique des Français de 1939 à 1945*, Flammarion, 1978.

51. Témoignage dans *La Vie de la France sous l'Occupation, op. cit.*

52. L'enquête « Table ronde » est détaillée dans les dossiers des Archives nationales F 12 9559. Le rôle de Schaeffer apparaît lors d'un interrogatoire (Archives nationales, F 12 9569).

53. *Cf.* Jacques de Fouchier, *Le Goût de l'improbable*, Fayard, 1984.

54. Audition les 2 et 9 mai 1950 devant la Commission parlementaire chargée d'enquêter sur « les événements survenus en France entre 1937 et 1944 ».

55. L'épisode sera évoqué par Laval lors de son procès, mais aussi par Barnaud en 1950 devant la commission parlementaire sur « les événements survenus en France entre 1937 et 1944 ».

56. Barnaud en parle devant la commission parlementaire qui l'interroge en 1950. L'existence de bureaux d'embauche officiels dans les territoires occupés dès 1940 est également évoquée dans le texte détaillant « l'accusation française » au procès de Nuremberg *(op. cit.)*.

57. *Ibid.*

58. D'après le recoupement des sources allemandes et françaises par Claude Gounelle, *op. cit.*

59. René Bousquet, l'ancien secrétaire général à la Police, accusera même Bichelonne, le ministre de la Production industrielle, d'avoir poussé Laval « dans les affaires de réquisition de main-d'œuvre et d'avoir traité celle-ci comme du matériel humain que l'on cède au numéro ou au poids » *(cf. La Vie de la France sous l'Occupation, op. cit.)*.

60. Cette correspondance se trouve dans les dossiers du ministère de la Production industrielle (Archives nationales, F12 10639).

61. Les chiffres des départs réclamés par Sauckel à Laval au printemps 1942 apparaissent dans une lettre du Dr Michel datée de fin août 1942 *(cf. Le Procès de Nuremberg : l'accusation française*, op. cit.).

62. François Marcot, « Les ouvriers, le patronat et l'État », *in Les Ouvriers en France pendant la Seconde Guerre mondiale,* (ouvrage collectif, Paris I-IHTP, 1993).

63. Puzenat étant contrôlé par la maison Worms, on trouve ce témoignage dans le dossier d'instruction visant les dirigeants de cette maison après guerre (Archives nationales, Z6NL74).

64. Lors de son procès en octobre 1946 devant la cour de justice de Nancy (Archives nationales, 334AP20).

65. Henri Amouroux, *La Vie des Français sous l'Occupation*, Fayard, 1961.

66. Voir le chapitre 16 pour plus de détails.

67. Interrogatoire de Helmut Knochen, dirigeant des SS en France, à Nuremberg (cité dans *Le Dossier Laval, op. cit.)*.

68. *Cf. Le Procès de Nuremberg : l'accusation française, op. cit.*

69. Jacques Benoist-Méchin, *De la défaite au désastre,* 1984-1985.

70. *Cf. Le Procès de Nuremberg : l'accusation française, op. cit.*

71. D'après Alan S. Milward, qui étudie cet épisode en détail dans *The New Order and the French Economy (op. cit.)*.

72. Avant l'invention de ce label, les usines travaillant pour l'armement de l'Allemagne étaient déja protégées par les appelations *Rüstungsbetriebe* (usines d'armement) et *V-Betriebe* (Vorzugsbetriebe, soit « usines privilégiées »).

73. Estimation de Michel.

Le scandale Brice

1. Ce pourcentage très précis a été établi par Dominique Barjot, spécialiste de l'histoire du secteur, dont la thèse d'État fait autorité : *La Grande Entreprise française de travaux publics (1883-1974). Contraintes et stratégies* (Paris IV-Sorbonne, 1989). On peut trouver un condensé de ses vues, pour la période qui nous intéresse, sous le titre « L'industrie française des travaux publics, 1940-1945 », dans un article du numéro du 3e trimestre 1992 de la revue *Histoire, Économie et Société* intitulé « Stratégies industrielles sous l'Occupation ». Dans ce même numéro on trouvera également un article sur l'orga-

nisme allemand chargé de l'édification du mur de l'Atlantique sous le titre *L'Organisation Todt en France (1940-1944).*

2. Cette estimation est citée par Rémy Desquesnes dans sa thèse d'État intitulée *Atlantikwall et Südwall : la défense allemande sur le littoral français (1941-1944)*, Université de Caen, 1987.

3. Christian Bougeard, dans une communication sur les Côtes-du-Nord au colloque de l'IHTP (Institut d'histoire du temps présent), à Sèvres en 1986, sur « Les entreprises françaises pendant la Seconde Guerre mondiale », nous apprend par exemple que le nombre d'entreprises du bâtiment et des travaux publics est passé dans ce département de trente-cinq en 1940 à cent dix en 1942. Et « sur sept entreprises présentes à Saint-Brieuc et à Dinan en 1944, six n'existaient pas en 1940 », précise-t-il. *Cf.* l'ouvrage qui regroupe l'essentiel des communications au colloque de 1986 : *La Vie des entreprises sous l'Occupation*« , sous la direction de A. Beltran, R. Frank, H. Rousso, Belin, 1994.

4. C'est ce qu'écrit Danièle Voldman, historienne spécialiste de Campenon Bernard, l'autre grand du béton français, et notamment du béton précontraint, dans le livre *(op. cit.)* qui reprend ou synthétise les communications du colloque de l'IHTP de 1986.

5. Le portrait se trouve dans un reportage de J.-H. Morin paru dans *Paris Presse l'Intransigeant* du 8 février 1949.

6. *Cf.* le mémoire en défense du 29 décembre 1945 déposé par les avocats de Pierre Brice. Les pièces de procédure concernant l'« affaire Brice » conservées aux Archives nationales sont soit dans le dossier Z6 NL 5712 pour l'instruction de la cour de justice de la Seine, soit dans le dossier F12 9640 pour celle de la Commission nationale interprofessionnele d'épuration (CNIE).

7. Plaidoirie d'André Blumel le 3 mai 1949 devant la CNIE.

8. Le 17 février 1949, lors d'une audition devant la CNIE.

9. Devant la CNIE, le 31 janvier 1949.

10. Déposition du 24 février 1949 devant la CNIE (Archives nationales, F12 96 14).

11. Mémoire en défense devant la CNIE du 11 mars 1949.

12. Mémoire de Sainrapt et Brice pour le Comité regional interprofessionnel d'épuration.

13. Déposition du 8 novembre 1947 (Archives nationales, Z6 NL 57 12).

14. Entretien avec Maurice Teillac, ancien responsable de ce système, le 30 octobre 1993.

15. Archives nationales (334 AP 15).

16. *Cf.* Rémy Desquesnes *(op. cit.)*.

17. *Ibid.*

18. *Ibid.*

19. On retrouve, dans une proportion qui attire l'attention, divers cas d'entreprises dirigées par des Italiens dans les dossiers d'épuration concernant la profession *(cf.* notamment aux Archives nationales, F12 9559).

20. Archives nationales, F12 9559.

21. D'après l'expert du Comité régional interprofessionnel d'épuration.

22. Il était de 5,6 millions de francs 1993 en 1940 et passe à 35,3 millions de francs 1993 en 1944.

23. Séance du 24 février 1949 (Archives nationales, F12 96 14).

24. Le 3 mai 1949 devant la CNIE (Archives nationales, F12 96 14).

25. *Cf.* le mémoire de maîtrise de Pierre Said Mohamed, *Histoire d'une entreprise : la société de construction des Batignolles de 1940 à 1968* (1991, Université de Caen).

26. 29 septembre 1948 (Archives nationales, F12 96 14).

27. Déclaration à la CNIE, 17 février 1949 (Archives nationales, F12 96 14).

28. Le 3 mai 1949 devant la CNIE (Archives nationales, F12 96 14).

29. Archives nationales, F 12 96 14.

30. Note pour la Commission nationale de reconstitution des organisations syndicales d'employeurs (Archives nationales, F12 96 14).

31. Pour tout ce qui concerne l'« affaire Fasolt », *cf.* aux Archives nationales le dossier F 12 96 14.

32. Note sur l'activité de Sainrapt et Brice pour la Commission nationale de reconstitution des organisations d'employeurs (Archives nationales, F12 96 14).

33. Citées dans sa thèse par Dominique Barjot *(op. cit.)*.

34. Lettre de Georges Villiers du 9 juin 1949 (Archives nationales, F12 96 14). Celui-

ci ne fait pas allusion à l'incident dans ses mémoires *(Témoignages*, France Empire, 1978).

35. Rapport de Armand Schoup du 15 août 1946.

36. D'après le *Dictionnaire biographique du mouvement ouvrier français* de J. Maitron (4e partie, 1981, Ed. ouvrières), R. Arrachard, ancien ouvrier terrassier, est un représentant de « l'ultra gauche ». Il a appartenu au comité central du parti communiste avant guerre, a été en poste à Moscou en 1935, et a été limogé en 1951 pour « sectarisme ».

37. Lettre du 7 septembre 1946, dont la copie est dans le dossier d'instruction (Archives nationales, Z6 NL 57 12).

38. Copie existant dans le dossier de la CNIE (Archives nationales, F12 96 14).

39. C'est en tout cas une des explications qu'il donnera au cours des débats devant l'Assemblée nationale que nous évoquons plus loin (séances des 3 et 8 février 1949, *Journal officiel)*.

40. Si le sens est bien celui-là, la formulation peut être légèrement différente. Les diverses sources, dont Robert Aron *(Histoire de l'épuration*, Fayard, 1974), ne donnent pas tout à fait la même et nous n'avons pas eu la lettre de Robert Lindon elle-même ou son double entre les mains.

41. D'après Robert Aron *(op. cit.)*, c'est Raymond de Balasy, résistant et principal représentant du patronat à la Commission nationale interprofessionnelle d'épuration, qui aurait imposé cette manière de voir aux syndicats. Pour certains historiens, Michel Margairaz par exemple *(L'État, les finances et l'économie, 1932-1952,* Comité pour l'histoire économique de la France, 1991), cette situation ne peut s'expliquer aussi simplement. D'une part, les fonctionnaires, soucieux de ne pas compromettre la reconstruction, poussèrent dans le même sens. D'autre part, il y avait déjà eu au Conseil national de la Résistance des débats qui avaient tranché sur ce point.

Les bonnes affaires de monsieur Joseph, monsieur Henri, monsieur Michel & Cie

1. Henri Sergg, seul biographe de Joseph Joinovici, raconte dans le premier chapitre de *L'Empire souterrain du chiffonnier milliardaire* (Le Carrousel, 1986) les débuts en France du ferrailleur. Son ouvrage, apparemment fort documenté, paraît fondé parfois sur de simples hypothèses. Il n'indique malheureusement presque jamais ses sources, qu'on imagine d'origine policière, et est écrit dans un style assez romancé et truffé de commentaires et de jugements pour le moins contestables.

2. Henri Sergg situe en 1923 l'arrivée à Paris de Joinovici — qu'il suppose par ailleurs né en 1902 et non en 1905, contrairement à ce qu'affirment les sources « officielles »qui paraissent les plus fiables. Jacques Delarue, dans son enquête pionnière intitulée *Trafics et crimes sous l'Occupation* (Fayard, 1968), donne la date de 1921. Robert Aron *(Histoire de l'épuration*, tome III, *La Vie des affaires,* Fayard, 1974) parle, pour sa part, de 1926-1927, mais semble confondre la date de l'installation de Joanovici à son compte en 1927 avec celle de son arrivée en France. La presse, notamment *Le Monde* du 5 juillet 1949, évoque, lors du compte rendu du principal procès du ferrailleur après guerre, l'année 1925. Dans les dossiers judiciaires, les documents de loin les plus précieux et les plus complets que nous ayons pu consulter sur l'affaire Joinovici, la même date, 1925, revient toujours, notamment dans les très nombreux rapports de police français et parfois allemands présents dans ces archives *(cf.* le très imposant dossier d'instruction, qui comprend des milliers de pages, conservé aux Archives nationales : Z6 n°5751, 843 à 848). Toutes ces sources, avec de surcroît les mémoires de Roger Wybot recueillies par Philippe Brunet *(Roger Wybot et la DST*, Éd. Famot, 1983) et diverses archives du ministère de la Justice (Archives nationales, BB18 7123 et 7124), nous ont aidé à reconstituer l'itinéraire de Joinovici.

3. Le rapport de la Sûreté belge, du 16 novembre 1935, qui décrit Joinovici comme membre de l'appareil du Komintern, est cité dans *L'Espionnage soviétique en France, 1944-1969,* de Pierre Villemarest (Nouvelles éditions latines). Cette affirmation peut laisser sceptique, d'autant qu'elle ne semble être fondée, autant qu'on sache, que sur des hypothèses. Mais elle n'est pas nécessairement absurde, ne serait-ce que du fait des origines de Joinovici, né, on le sait, dans l'empire tsariste.

4. Joinovici est même, selon les termes de l'administration, « en observation » depuis

1938 « car susceptible de se livrer au carambouillage ». À la même date, un rapport de police le qualifie de « fourgue notoire » (dossier d'instruction de l'affaire Joinovici, déjà cité).

5. Joinovici affirmera après guerre, mais sans aucune preuve, que ce ravitaillement de la population de Clichy, grâce à des marchandises acheminées avec ses camions depuis la Normandie, lui avait coûté trois millions de francs. Le plus probable est qu'il a simplement exécuté cette tâche sans faire de bénéfice.

6. Pour l'année 1941, ainsi, première année pleine sous l'Occupation, les dépenses budgétaires proprement dites de l'État seront de 143 milliards de francs et le montant des « frais d'occupation » atteindra 122 milliards (140 milliards si on ajoute les dépenses de cantonnement réglées par les Français et les avances au titre du clearing). Ces chiffres sont indiqués par Yves Bouthillier, ministre des Finances à l'époque, dans ses mémoires *(Le Drame de Vichy*, Plon, 1950).

7. Nos informations sur le bureau Otto, issues de nombreuses sources, doivent beaucoup, d'une part à un rapport du commissaire Petit pour le service du Contrôle économique (Archives nationales, BB18 7123), d'autre part à sa description dans l'ouvrage de J. Delarue *(op. cit.)*. L'organisation et l'« administration » du marché noir en France par l'occupant sont par ailleurs décrits dans un ouvrage de Jacques Debû-Bridel paru peu après la guerre *(Histoire du marché noir*, 1939-1947, La Jeune Parque, 1947) et surtout dans divers comptes rendus des débats lors du procès de Nuremberg *(cf.* notamment *Le Procès de Nuremberg : l'accusation française au procès de Nuremberg*, Office français d'édition, 1946).

8. M. de Sailly, responsable du Contrôle économique, se plaindra souvent de ces interventions. En septembre 1942, il adressera un rapport récapitulatif sur cette question à Vichy, et plus précisément à son supérieur hiérarchique, le secrétaire général à la police René Bousquet (dossier d'instruction de l'affaire Bousquet avant son procès de 1949).

9. Les estimations « officielles » sont celles des autorités françaises (ministère des Finances), citées par Jacques Delarue *(op. cit.)*, qui avance lui-même le chiffre de cinquante milliards de francs.

10. Le chiffre de soixante milliards a été proposé par M. Petit, notamment lors du procès de MM. Baldi, Dubucquois, Figarède, Fourré et Milonas après guerre (sténographie aux Archives nationales, 334 AP 23).

11. La sténographie de cette conférence réunie les 5 et 6 août 1942 au ministère de l'Air à Berlin par Goering a été retrouvée après la guerre et utilisée comme pièce lors du procès de Nuremberg.

12. Exemple exposé dans un rapport du Contrôle économique français cité au procès de Nuremberg *(Le Procès de Nuremberg : l'accusation française, op. cit.)*.

13. L'essentiel de nos informations sur Henri Chamberlin, dit Lafont, et la « Gestapo de la rue Lauriston » proviennent de la consultation des minutes du procès de la « bande Bonny-Lafont », qui s'est tenu du 1er au 12 décembre 1944 devant la cour de justice de la Seine (Archives nationales, 334 AP 9). Henry Sergg, dans son ouvrage *(op. cit.)*, examine lui-même longuement le parcours de Lafont et, bien entendu, ses liens avec Joinovici. Les activités de Lafont sont évoquées beaucoup plus rapidement dans de nombreux ouvrages, dont celui de Jacques Delarue *(op. cit.)*, et à l'occasion de divers procès d'après guerre, dont celui de Joinovici en 1949 évidemment. Le dossier de l'instruction qui a précédé ce dernier procès (déjà cité) contient divers témoignages précieux sur le parcours de Lafont et de son groupe.

14. La venue de René Bousquet rue Lauriston n'est signalée que par Lafont lui-même. Qu'un responsable de la police française rencontre un chef d'une police parallèle ne serait cependant guère surprenant — ne serait-ce que parce qu'ils pouvaient se rendre des services — et la parole de Lafont à ce sujet ne semble pas avoir été mise en doute.

15. C'est du moins ce qu'affirme Henry Sergg *(op. cit.)*, qui raconte ce qu'aurait été le « travail » de Pierre Loutrel pour Joinovici. Ce récit est impossible à recouper. Il a cependant été établi lors de l'instruction de l'affaire Joinovici (dossier déjà cité) que les deux hommes se sont connus.

16. Sur la possible association Lafont-Petiot-Joanovici, *cf.* Henry Sergg *(op. cit.)*.

17. *Cf.* « Dans la souricière », Geneviève Anthonioz-de Gaulle, *Historia*, hors série n°26, 1972.

18. *Cf.* le témoignage de l'inspecteur Morin rapporté par Philippe Aziz dans *Tu trahiras sans vergogne* (Fayard, 1970).

19. L'hypothèse, qui serait évoquée par André Brissaud dans un texte intitulé *Ce bon Monsieur Joseph*, est celle de Pierre Villemarest *(op. cit.)*. Nous n'avons pu la recouper.
20. Rapport évoqué notamment dans Robert Aron *(op. cit.)*.
21. Roger Wybot, notamment, l'affirme à l'indicatif, mais sans avancer de preuves, dans ses mémoires *(op. cit.)*. De même, Jean Galtier-Boissière, dans son *Journal* (Quai Voltaire, réédition 1993), évoque « les "cocos" subventionnés par [...] Joano ».
22. Roger Wybot *(op. cit.)*.
23. *Cf.* Archives nationales, F12 95 59.
24. Cette hypothèse, avec force détails à l'appui, est soutenue par Henry Sergg *(op. cit.)*.
25. Roger Wybot *(op. cit.)*.
26. Notre portrait de Mandel Szkolnikoff, bien qu'issu de plusieurs sources (ouvrage d'Henry Sergg déjà cité, lecture de la presse d'après guerre, minutes du procès de 1956 à Paris — Archives nationales, 334 AP53 — où sa famille demande qu'il soit reconnu décédé, etc.), est en grande partie fondé sur les informations contenues dans l'enquête de loin la plus documentée sur le personnage, celle de Jacques Delarue *(op. cit.)*.
27. Les faits nouveaux apportés sur la mort de Szkolnikoff en 1956 sont rapportés par la presse de l'époque (*cf.* notamment *Le Monde* des 13, 15 et 16 janvier 1956) et sont en partie évoqués dans le compte rendu de l'audience du 13 janvier 1956 au Tribunal militaire de Paris conservé aux Archives nationales (déjà cité). Jacques Delarue les évoque dans la dernière édition (1933) de son ouvrage *(op. cit.)*.
28. Procès de Jean Bouillon (et autres) devant la cour de justice de la Seine en mars 1945 (Archives nationales, 334 AP11).
29. Nos informations sur ce cas sont indirectes et s'appuient sur l'enquête de Gérard Chauvy, dans *Lyon 40-44* (Plon, 1985).
30. Procès de Robert Fissier devant la cour de justice de la Seine en octobre 1946 (Archives nationales, 334 AP 21).
31. Procès de « l'affaire des diamants industriels », cour de justice de la Seine, novembre 1946 (Archives nationales, 334 AP 21).
32. Procès devant la cour de justice de la Seine en novembre 1946 (Archives nationales, 334 AP 20).
33. Procès devant la cour de justice de la Seine en juin 1945 (Archives nationales, 334 AP 13).
34. Jacques Delarue *(op. cit.)*.
35. Robert Aron *(op. cit.)*.
36. Procès Baldi, Milonas et autres (déjà cité).

Étranges cohabitations

1. Le témoignage d'Albert Caquot, non contesté, a été énoncé lors du procès de Georges Claude devant la cour de justice de la Seine en juin 1945 (Archives nationales, 334 AP 13). Notre récit des activités de Georges Claude pendant l'Occupation est fondé en grande partie sur les informations, documents et témoignages devenus publics lors de ce procès. S'agissant aussi bien de Georges Claude que du groupe l'Air Liquide, nous avons pu consulter également le dossier les concernant constitué par la Commission nationale interprofessionnelle d'épuration (Archives nationales, F12 9572) ; et, grâce à l'amabilité de l'auteur, le manuscrit d'un ouvrage très documenté d'Alain Jemain, encore inédit, racontant pour la première fois l'histoire de l'Air Liquide des débuts à nos jours, notamment sur la base de témoignages de dirigeants actuels ou anciens de la société (titre provisoire : *Les Mille Mers et les mille montagnes de l'Air Liquide)*.
2. Cette déclaration du président de l'Académie des sciences, extraite d'une interview à *L'Homme libre*, est reprise dans l'ouvrage inédit d'Alain Jemain sur l'Air Liquide *(op. cit.)*.
3. Alain Jemain *(op. cit.)*, notamment, l'affirme, même si le culte du secret entretenu par la firme ne rend pas aisées les comparaisons chiffrées et incontestables avec d'autres entreprises installées hors des frontières, comme Saint-Gobain. Il suffit cependant de préciser, à titre d'exemple, que le groupe possédait jusqu'à douze usines dans un seul pays étranger (le Canada) ou contrôlait des sociétés en Pologne comme au Japon et en Grèce comme au Paraguay à la veille de la guerre pour avoir une idée de sa

dimension internationale à l'époque. Présent dans une bonne vingtaine de pays, avec deux cents usines, il employait environ douze mille salariés.

4. Cette note de Jean Delorme se trouve dans le dossier de la Commission nationale interprofessionnelle d'épuration déjà cité.

5. Les historiens Michel Margairaz et Henry Rousso parlent même d'« étroite tutelle » allemande sur l'OCRPI, dans un article intitulé « Vichy, la guerre et les entreprises » *(Histoire, Économie et Société*, troisième trimestre 1992, introduction au numéro intitulé « Stratégies industrielles sous l'Occupation »).

6. Cette menace de nationalisation et les interventions pour l'écarter sont évoquées dans son ouvrage par Alain Jemain *(op. cit.)*, sur la base des témoignages des dirigeants de l'Air Liquide de l'époque, acteurs directs en la circonstance. Une telle menace est également évoquée, à propos d'un projet de Marcel Paul, ministre de la Production industrielle après guerre, de nationalisation des entreprises susceptibles de rejoindre une Régie du gaz et de l'électricité, dans un texte d'Annie Lacroix-Ruiz publié dans un ouvrage issu d'un colloque sur le même sujet et intitulé *Les Nationalisations à la Libération* (Fondation nationale des sciences politiques, 1987).

7. Nos informations sur la Banque de l'Indochine et plus particulièrement sur Paul Baudoin et Jean Laurent, les deux principaux dirigeants de l'établissement à l'époque de la guerre, proviennent de différents travaux et de nombreuses sources. Nous nous sommes particulièrement appuyés sur l'ouvrage, très documenté, de Marc Meuleau, que nous avons par ailleurs rencontré, sur l'histoire de la Banque de 1875 à 1975, réalisé en grande partie à partir des archives de l'établissement *(Des pionniers en Extrême-Orient*, Fayard, 1990) ; la sténographie des audiences du procès de Paul Baudoin du 25 février au 3 mars 1947 devant la Haute cour de justice (Archives nationales, 334 AP 37) ; les mémoires de Paul Baudoin *(Neuf Mois au gouvernement*, la Table Ronde, 1948) ; le dossier de la Banque de l'Indochine devant la Commission nationale interprofessionnelle d'épuration (Archives nationales, F12 9563 et F12 9559) ; un entretien avec Jean-Paul Baudoin, fils de Paul Baudoin, le 15 juin 1993 ; un entretien avec Jean-Maxime Robert, secrétaire général de la Banque de l'Indochine à l'époque de la guerre, le 1er février 1993 ; un entretien téléphonique avec Edwin Spas, ancien chef du bureau de Shanghai de la Banque de l'Indochine, fin janvier 1993. Pour plus d'éléments sur l'histoire de la Banque d'Indochine avant guerre, on peut se référer à l'ouvrage de Yasuo Gonjo, *La Banque de l'Indochine sous la IIIe République* (Imprimerie nationale, 1993).

8. L'hypothèse, à laquelle ne croit pas Jean-Paul Baudoin, a d'ailleurs été avancée selon laquelle le général Weygand, qui aurait également été aidé par M. Rouvier et qui est également né de père inconnu, serait le frère de Paul Baudoin. Le fils de Paul Baudoin estime cependant probable, en raison d'une mystérieuse lettre adressée par ce dernier au général Weygand juste avant son départ en captivité en Allemagne en 1943 mais jamais remise à son destinataire, que son père connaissait la généalogie exacte du commandant en chef de l'armée française en juin 1940.

9. *Cf.* les mémoires de Paul Baudoin *(op. cit.)*.

10. Interview de Paul Baudoin au *Journal de Genève* fin juin 1940, reprise par *Le Temps* du 9 juillet 1940 (citée *in La France de Vichy*, par Robert Paxton, Le Seuil, 1973).

11. Toutes les citations de Paul Baudoin dans ce paragraphe sont extraites de textes cités par lui-même dans ses mémoires *(op. cit.)*.

12. *Ibid.*

13. La référence en la matière est évidemment Robert Paxton, avec son ouvrage sur *La France de Vichy (op. cit.)* et celui, écrit en collaboration avec Michaël Marrus, sur *Vichy et les Juifs* (Calmann-Lévy, 1981).

14. Cette phrase a été entendue par des témoins, affirme Marc Meuleau *(op. cit.)*, auquel nous empruntons ici de nombreuses informations sur Jean Laurent. Nous nous sommes reportés également au long témoignage de ce dernier lors du procès de Paul Baudoin et aux autres sources mentionnées à la note 7 pour retracer le parcours du directeur général adjoint de la banque pendant la guerre.

15. Témoignage lors du procès Baudoin devant la Haute Cour de justice en 1947.

16. Témoignage lors du procès Baudoin devant la Haute Cour de justice en 1947.

17. Entretien avec Jean-Maxime Robert (déjà cité). Le dividende statutaire, de fait, a au moins toujours été versé mais la distribution n'a été possible en 1944 et 1945 que grâce à un prélèvement sur les réserves. Les bénéfices avant amortissements et provisions, note Marc Meuleau *(op. cit.)*, sont en effet tombés de soixante-quinze millions de francs avant guerre (1938) à vingt-trois millions en 1944 et cinq millions en 1945. Mais

cette baisse n'est que très circonstancielle. Le total du bilan s'est accru de façon énorme pendant la guerre : en 1945, il est seize fois plus important qu'en 1939 en francs courants, et 4,5 fois en francs constants ! Et cela sans que la solidité de l'institution et la qualité de ses créances — le débiteur est l'État français pour les deux tiers — se soient détériorées.

18. On verra cependant dans le chapitre 15 que ces efforts évidemment louables se sont inscrits dans le cadre d'une politique générale de refus du STO poursuivie fermement par le comité d'organisation du secteur.

19. L'« affaire Bouteron » est exposée très en détail dans le dossier Banque de l'Indochine de la Commission nationale interprofessionnelle d'épuration (Archives nationales, F12 95 59). Il apparaît dans ce dossier que, bien qu'ayant atteint son objectif de devenir administrateur de la Banque de l'Indochine, M. Bouteron ne quitta pas, comme il disait vouloir le faire, sa fonction d'administrateur provisoire de Lazard. Il ne démissionnera de ce poste qu'en juin 1944. Les dirigeants de Lazard, après guerre, ne sembleront pas estimer cependant que sa gestion de l'établissement en tant qu'administrateur provisoire ait été foncièrement critiquable. Ils ne souhaiteront pas récupérer, comme la loi les y autorisait, une partie des sommes perçues par M. Bouteron dans ses fonctions sous l'Occupation.

20. L'expression est de Marc Meleau *(op. cit.)*. Ses recherches dans les archives de la banque à Paris et en Extrême-Orient lui ont permis, malgré la disparition d'une partie des documents concernant la période de la guerre, de retracer un tableau d'ensemble documenté de l'activité de la « French Bank » en Indochine de 1940 à 1945.

21. L'expression est de Pierre Lamant, dans son article « La révolution nationale dans l'Indochine de l'amiral Decoux » *(Le Mouvement social,* n° 138, avril 1985).

22. D'après Jean-Maxime Robert (déjà cité), l'établissement sera d'ailleurs l'un des rares du secteur bancaire à ne même pas abriter de comité d'épuration après guerre.

23. Entretien avec Jean-Paul Baudoin, déjà évoqué.

24. *Cf.* Annie Lacroix-Riz, « Les grandes banques françaises de la collaboration à l'épuration », *Revue d'histoire de la Seconde Guerre mondiale*, n°142, avril 1986.

25. *Cf.* le Journal de Charles Rist à la date du 21 mai 1942 *(Une saison gâtée,* Paris, Fayard, 1983).

26. Condamné à cinq ans d'indignité nationale et relevé de cette peine pour des « services rendus à la Résistance » dont l'importance restera discutée, René Bousquet avait cependant été emprisonné pendant trois ans et demi après son retour d'Allemagne, où il avait été assigné à résidence par les Allemands en juin 1944. Il sera inculpé de crimes contre l'humanité en mars 1991 mais n'avait pas été jugé avant son assassinat en juin 1993. Son parcours, et notamment sa carrière à la Banque de l'Indochine, est restitué avec précision dans un ouvrage très documenté de Pascale Froment *(René Bousquet,* Paris, Stock, 1994).

27. Au cours d'un entretien avec Marc Meuleau *(op. cit.)*.

28. Commentaire de Marc Meuleau *(op. cit.)*, peu suspect *a priori* d'intention maligne envers un établissement dont le successeur (Indosuez) lui a ouvert toutes ses archives, puis l'a recruté.

« On m'y a contraint, monsieur le juge ! »

1. Ces sondages sont évoqués dans l'ouvrage de Henry Ehrmann sur *La Politique du patronat français de 1936 à 1955* (Armand Colin, 1959).

2. Nous avons essentiellement utilisé deux sources pour reconstituer l'« affaire Carbone-Lorraine ». Nous avons d'abord examiné la transcription intégrale des débats du procès du directeur général de l'entreprise, Jacques Legueu, début 1946, devant la cour de justice de la Seine (Archives nationales, 334 AP 18). Nous avons par ailleurs pris connaissance du dossier très complet sur le comportement de la société et de ses dirigeants sous l'Occupation constitué par la Commission nationale interprofessionnelle d'épuration à la fin des années quarante (Archives nationales, F12 9573). L'ensemble des documents et des témoignages dont nous avons pris ainsi connaissance permettent, grâce à des recoupements entre eux, de proposer une version assez précise des événements les plus importants survenus dans l'entreprise entre 1940 et 1944 et de l'épuration qui a suivi après guerre. Nous n'avons malheureusement pas pu avoir accès aux archi-

ves de l'entreprise elle-même, devenue jusqu'à recemment filiale du groupe Pechiney, malgré nos demandes orales et écrites en juin 1994.

3. Claude Paillat rend compte dans le tome 6 des *Dossiers secrets de la France contemporaine* (Robert Laffont, 1987) de deux entretiens qu'il a eus avec Jacques Legueu au printemps 1975 et au cours desquels ce dernier a évoqué son séjour en Allemagne au début des années vingt. M. Legueu aurait à cette occasion souligné la complicité qui s'est alors développée entre chimistes français et allemands et qui « se poursuivra étrangement sous l'Occupation ». Claude Paillat nous a aimablement parlé, au cours d'un entretien téléphonique en juin 1994, de la personnalité de M. Legueu et de son destin après guerre.

4. *Cf.* le chapitre 2.

5. *Cf.* le chapitre 2 ainsi que l'annexe à la fin de l'ouvrage, où l'on montre que l'accord de clearing n'a en rien sauvegardé les intérêts français. Il permettait d'accumuler des créances... que l'Allemagne n'avait pas l'intention d'honorer.

6. Cette indication, contraire apparemment à celle de l'acte d'accusation de J. Legueu qui laissait supposer que les vingt et un mille actions devaient être cédées *in fine* en totalité aux Allemands, a été apportée par l'expert nommé par la cour de justice lors du procès de fin 1945. Il est vrai qu'on ne sait, en fait, pour le compte de qui la banque de Neuflize devait opérer.

7. D'après les termes exacts d'une ordonnance des autorités d'occupation sur les pouvoirs des commissaires émise à l'automne 1940 (publiée au Journal officiel le 20 novembre 1940) et citée dans le dossier constitué à la fin des années quarante pour traiter le cas Carbone-Lorraine par la Commission nationale interprofessionnelle d'épuration. Tous les commissaires allemands installés dans des entreprises françaises disposaient de ces mêmes pouvoirs.

8. On peut signaler à cet égard le fait, non mentionné alors dans les débats devant la cour de justice, que, suite à l'accord de 1941, Jacques Legueu était membre du conseil d'administration de Carbone AG, ce qui impliquait à l'évidence d'entretenir des relations aimables avec les animateurs de l'ex-filiale et ses représentants.

9. Jacques Legueu, condamné en outre à la confiscation de ses biens, à l'indignité nationale et à la suppression de ses décorations (notamment la croix de guerre), déposera un recours en grâce qui obtiendra un avis favorable du président de la cour de justice Ledoux et du commissaire du gouvernement Turlan. Il bénéficiera ainsi d'une importante remise de peine.

10. *Cf.* le chapitre 4.

11. Dialogue reproduit dans l'ouvrage d'Antoine Lefébure intitulé *Les Conversations secrètes des Français sous l'Occupation* (Plon, 1993).

12. Archives du ministère de la Production industrielle (Archives nationales, F12 10255).

13. *Cf.* sténographie du procès de M. Rigal-Ansous après guerre (Archives nationales, 334 AP 15). Son cas est déjà évoqué dans le chapitre 3.

14. *Cf.* sténographie du procès de MM. Lemoine et Porquerel (Archives nationales, 334 AP 27).

15. *Cf.* Archives nationales, dossier F12 9614. La société allemande, qui se présentait comme une succursale de Gebruder Sachsenberg, dirigée par Victor Fasolt, est déjà évoquée dans le chapitre 3. Son émanation spécialisée dans l'import-export, la Société de fournitures industrielles, avait le même directeur mais comprenait des associés français.

16. Une analyse détaillée de la décision de sabordage du *Progrès*, quotidien contrôlé par la famille Brémond, se trouve dans l'ouvrage d'Yves Cau *Le Progrès* (PUL - CNRS, 1979). La décision de principe d'arrêter la parution dès qu'un certain seuil serait franchi dans les démêlés avec la censure était — semble-t-il — prise alors depuis plusieurs mois, ce qui expliquerait cette réaction immédiate. L'entreprise ne cessera pas totalement de fonctionner après le 12 novembre 1942, date du dernier numéro paru sous l'Occupation, car les services de l'imprimerie continueront à fonctionner, assurant notamment la sortie de... *L'Action française*. Le sabotage du journal ne signifiait donc pas celui de l'entreprise dans sa totalité.

17. Nos informations sur le groupe Lafarge sous l'Occupation sont essentiellement issues de l'ouvrage de Léon Dubois, *Lafarge-Coppée, 150 ans d'industrie*, publié chez Belfond en 1988, et d'un long entretien, le 17 mai 1993, avec M. Pierre Richaud, directeur adjoint de l'usine Lafarge de La Couronne pendant la guerre.

18. Pierre Richaud nous a procuré une photocopie d'un exemplaire de ce communiqué affiché à l'usine de La Couronne.

19. Léon Dubois *(op. cit.)* peut être qualifié d'historien « autorisé » dans la mesure où il fait partie de la direction d'une partie du groupe.

20. À propos d'Yves Farge et de sa « politique » à la Libération, on peut se reporter au chapitre 1 sur l'« affaire Berliet ».

21. Nos informations sur l'entreprise de Fritz Schlumpf et le comportement de ce dernier pendant la guerre proviennent essentiellement des divers témoignages, à commencer par le sien, entendus lors du procès de Paule Erny, épouse Schlumpf, accusée après guerre de l'assassinat de son amant, M. Simha, un homme d'affaires opérant lui aussi dans le secteur du textile (Archives nationales, 334 AP 75).

22. Les rapports de la commission de contrôle allemande et les réponses des industriels français à des questionnaires qui leur avaient été adressés par cette même commission — en violation d'ailleurs des conventions d'armistice — ont notamment pu être examinés en détail, pour la région de Lyon, par Martine Commarmond, au cours d'une recherche menée en Allemagne aux Archives de Fribourg (mémoire de maîtrise, université Lyon II, juin 1976, sur « L'activité économique lyonnaise pendant la Seconde Guerre mondiale selon les sources militaires allemandes »).

23. Pierre Pucheu, *Ma vie*, Amiot-Dumont, 1948.

24. *Les Conversations secrètes des Français sous l'Occupation (op. cit.)*. Après la publication de cet ouvrage, les dirigeants actuels de la société Photomaton ont tenu à faire savoir qu'ils n'avaient aucun lien avec ceux de l'époque de l'Occupation.

25. *Cf.* Archives du secrétariat d'État à la Production industrielle (Archives nationales, F12 10255).

26. *Cf.* Dossier « Cuirs et peaux bruts, 1942-1944 » dans les archives du ministère de la Production industrielle (Archives nationales, F12 10686). Il est probable que ces « sinistrés » étaient les familles des SS et des membres de la police de sureté allemande qui avaient été victimes des bombardements, déjà intenses, des villes allemandes.

27. *Cf.* Archives du ministère de la Production industrielle (Archives nationales, F12 9559).

28. Archives du ministère de la Production industrielle (Archives nationales, F12 10255). L'exemple qui suit immédiatement provient de la même source.

29. *Idem.*

30. Le cas de la société de M. D., qui connaîtra d'ailleurs plus tard sous l'Occupation une situation du type « contrainte réelle », avec la présence dans ses ateliers d'un contrôleur allemand, a été évoqué devant la cour de justice de la Seine (Archives nationales, 334 AP 18).

31. *Cf.* la sténographie des débats du procès de Gaston Bruneton devant la Haute cour de justice en juillet 1948 (Archives nationales, 334 AP 45). Le frère de Gaston Bruneton, Jean, sera crédité pour sa part d'avoir freiné les affaires réalisées avec les Allemands, et tous les dirigeants de la société — Gaston Bruneton n'ayant été qu'un salarié — obtiendront en cour de justice un non-lieu après avoir été poursuivis pour collaboration économique.

32. Sur l'attitude courageuse d'Étienne Mimard, et sur tout ce qui concerne la région de Saint-Étienne, on peut consulter l'ouvrage très documenté de Monique Luirard, issu de sa thèse, sur « La région stéphanoise dans la paix et dans la guerre, 1936-1951 » (Centre d'études foréziennes, 1980).

33. *Cf.* Archives nationales, dossiers de la commission d'épuration (F12 9640), et surtout l'ouvrage très documenté de Pascal Fouché sur *L'Édition française sous l'Occupation* (BLFC, Université Paris VII, 1987, distribution IMEC).

34. *Idem.*

35. *Cf.* les chapitres 12 et 13.

36. *Cf.* le chapitre 2.

37. Pour décrire la législation sur laquelle s'est appuyée l'épuration économique, nous avons beaucoup emprunté aux analyses de Herbert Lottman *(L'Épuration*, Fayard-Seuil, 1986) et de Robert Aron *(Histoire de l'épuration*, tome III, volume I, Fayard, 1974).

38. En matière d'indignité nationale, la question de la rétroactivité, selon les « inventeurs » de ce délit jusqu'alors inconnu, ne se posait pas puisqu'il s'agissait là seulement de prévoir une peine moins sévère pour des auteurs d'actes de collaboration qui, sinon, auraient été passibles de l'application de l'article 75. Il s'agissait en fait de pouvoir

requalifier comme un délit ce qui ne méritait pas le nom de crime. À propos du Comité général d'études, on peut se référer au seul ouvrage qui lui est consacré : *Les Neuf Sages de la Résistance*, par Diane de Bellescize, Plon, 1949.

39. Pierre-Henri Teitgen, *Les Cours de justice*, Éditions du Mail, 1946 (conférence du 5 avril 1946).

40. L'expression, employée fin août 1944 par un responsable du Comité départemental de libération de Limoges (Le Centre Libre, organe du CDL de la Haute-Vienne, 31 août 1944), est celle qui, avec quelques variantes, désignait partout les collaborateurs militaires et politiques et leurs complices pour lesquels la Résistance exigeait un châtiment immédiat, c'est-à-dire très souvent une exécution sans délai.

41. *Cf.* l'organe de la Résistance de la *Loire République* n° 7, du 27 août 1944 (cité *in* « La région stéphanoise dans la guerre et dans la paix », par Monique Luirard, *op. cit.)*.

42. *Cf.* notamment, à cet égard, les éléments convaincants recensés ou apportés par Herbert Lottman *(op. cit.)*, qui évalue à moins de dix mille les cas d'exécutions sommaires alors que des chiffres allant jusqu'à plus de cent mille ont souvent été avancés.

43. Le représentant régional du ministère de la Production industrielle basé à Marseille signale par exemple — il ne sera pas le seul — dans son rapport mensuel de septembre 1944 les « exécutions sommaires par suite de leur activité antérieure » de cinq dirigeants d'entreprises industrielles à Marseille et à Cavaillon (*cf.* Archives nationales, archives du ministère de la Production industrielle, F12 9981).

44. *Cf.* chapitre 1.

45. Entretien avec Jean-Pierre Lindenmeyer, fils d'André Lindenmeyer, président à l'époque de la société des ciments Portland à Marseille, le 13 mars 1992.

46. Commission nationale interprofessionnelle d'épuration (Archives nationales, F12 9582).

47. *Cf.* Herbert Lottman *(op. cit.)*.

48. Le compte rendu de cette réunion, le 16 septembre 1944, peut être trouvé aux Archives départementales des Alpes-Maritimes (162 W 5) et il a été repris et commenté dans ses travaux par Jean-Louis Panicacci, auteur notamment d'un ouvrage très documenté sur *Les Alpes-Maritimes de 1939 à 1945* (Éditions Serre, 1989).

49. L'ordonnance de nationalisation des usines Renault du 16 janvier 1945, qui vient rendre définitive la mesure provisoire de mise sous séquestre des biens de la société du 4 octobre 1944, évoque ainsi, dans son exposé des motifs, « l'attitude des dirigeants envers l'envahisseur » et le fait que « les usines Renault ont constitué un instrument entre les mains de l'ennemi ». Une façon claire de signifier qu'il s'agit, au moins en grande partie, d'une nationalisation-sanction. Mais il semble bien, on l'a déjà dit, que, même dans ce cas, des considérations de « politique industrielle » aient joué le rôle majeur, comme l'assure dans un travail documenté l'historien de l'entreprise Patrick Fridenson (*cf. Les Nationalisations à la Libération*, sous la direction de Claire Andrieu *et alii*, Presse de la FNSP, 1987). Les autres nationalisations de fin 1944 ou de 1945 seront ouvertement motivées par l'« intérêt général » même si, pour beaucoup, elles « sanctionnent » alors aussi l'attitude du « grand capital » à la fin des années trente et pendant la guerre. (*Cf. Les Nationalisations à la Libération, op. cit.)*. Quant aux réquisitions de l'immédiat après-guerre à Marseille ou à Lyon, elles seront, on l'a vu ou on le verra, motivées, au moins officiellement, par l'état de guerre que connaît encore le pays. L'aspect sanction, là encore, existait mais ne devait pas prévaloir en fin de compte. Sur tous les sujets, on peut consulter divers textes, et en particulier ceux d'Antoine Prost sur les « comités de gestion » ouvriers, dans l'ouvrage collectif sur *Les Nationalisations à la Libération*.

50. Herbert Lottman *(op. cit.)* fait état de cette confidence de Charles Zambeaux, directeur de cabinet du garde des Sceaux François de Menthon après guerre, mais ne peut préciser la date des non-transmissions de preuves mentionnées. Il est probable que C. Zambeaux évoquait là les archives soit de bureaux d'achat allemand soit de sociétés chargées d'organiser ou de réaliser l'acheminement outre-Rhin des marchandises achetées en France.

51. *Cf. Témoignages*, par Georges Villiers, Éditions France-Empire, 1978.

52. *Cf.* à ce sujet le chapitre 3.

53. L'historien en question est évidemment Robert Paxton, qui a publié il est vrai la première version, en anglais, de sa *France de Vichy* en 1972, à une époque où l'information sur l'épuration dans le monde des affaires était beaucoup plus difficile d'accès qu'aujourd'hui. Mais on retrouve, en plus atténués, des jugements assez semblables

dans bien d'autres ouvrages plus récents, comme ceux d'Henri Amouroux (*cf.* ses pages sur l'épuration dans *Les Beaux Jours des collabos*, Robert Laffont, 1978) ou même d'Herbert Lottman *(op. cit.)*.

54. Dossier de la CNIE et éléments du dossier de la cour de justice aux Archives nationales (F12 9619).

55. *Cf.* Archives départementales de Marseille (dossier 1269 W 66).

56. Robert Aron *(op. cit.)*, peu suspect d'excès de sévérité envers les entreprises et bien introduit dans le monde des affaires, évoque ainsi, mais sans fournir le moindre exemple, « les affaires qui s'évaporèrent avant que leur dossier ne parvînt (à la CNIE), soit par suite du désordre qui régnait au début dans les archives publiques, soit du fait d'influences politiques ou de paiements effectués à certains partis ». Il est difficile, par évidence, d'évaluer l'importance de ce phénomène, qui ne paraît pas avoir pris une ampleur considérable.

57. On ne connaît que des statistiques partielles pour évaluer les « résultats » de toutes les formes d'épuration. De surcroît, ces statistiques ne distinguent pas entre les épurés économiques de toutes natures, le petit trafiquant de marché noir voisinant avec l'industriel de premier plan. Il est donc difficile de faire parler les chiffres, si ce n'est pour donner des ordres de grandeur.

À la recherche des patrons résistants...

1. *Cf.* le chapitre 1. La phrase de Paul Berliet est extraite de la sténographie du procès conservée aux Archives nationales (334 AP 19). Elle ne reflète, on le verra, que très imparfaitement la réalité (au-delà même de l'opinion pour le moins discutable qu'elle exprime).

2. Raul Hilberg, auteur du livre de référence sur *La Destruction des Juifs d'Europe* (Fayard, 1988), a proposé cette définition de la Résistance lors d'une interview au journal *Le Monde* du 25 février 1994.

3. Les quelques éléments réunis ici sur la situation d'Hispano-Suiza en 1940 et son repli vers le Sud-Ouest sont essentiellement issus des propos tenus en 1949 par les divers acteurs de l'entreprise qui ont eu à témoigner lors d'un procès pour trahison intenté contre l'aviateur Dieudonné Costes (*cf.* plus loin dans le texte). Les propos entre guillemets ont été extraits de ces dépositions (Archives nationales, 334 AP 49).

4. Costes, lors de son procès en 1949, donnera la date du 3 juillet mais un « journal » — cité également au procès — tenu par un aide-comptable de l'entreprise, M. Daudet, qui n'avait pu se replier et était devenu *de facto* le gardien des usines parisiennes, évoque la date du 10 juillet.

5. Le récit des événements vécus chez Hispano-Suiza ou par ses dirigeants entre l'armistice et la fin de la guerre provient pour l'essentiel de trois sources, qu'il a été le plus souvent possible de croiser entre elles. La première, déjà citée, est constituée par l'ensemble des témoignages, essentiellement de dirigeants, de cadres et d'employés d'Hispano-Suiza, lors du procès de Dieudonné Costes devant le tribunal militaire de Paris en 1949. Nous avons, en second lieu, eu accès à un long mémorandum, non public, de la société Hispano-Suiza daté du 10 février 1945, signé par le président-directeur général et l'administrateur provisoire de l'entreprise, et intitulé « La société d'exploitation des matériels Hispano-Suiza pendant l'Occupation, juin 1940-août 1944 ». Il ne saurait évidemment être considéré que ces deux sources sont toujours indépendantes et toujours incontestables mais il ne semble pas qu'elles soient *a priori* susceptibles d'être erronées, du moins quant aux faits que nous abordons dans ce texte, sauf sur des points de détail. Il est d'ailleurs à signaler que le mémorandum d'Hispano-Suiza contient de nombreuses annexes constituées de photocopies de documents (échanges de courrier essentiellement) qui appuient, précisent ou prouvent la relation des faits dans le corps du texte. Enfin, nous avons pu consulter aux Archives nationales le riche dossier d'instruction de la procédure, qui se terminera par un non-lieu en 1948, intentée devant la cour de justice de la Seine contre M. Paul Rodary, administrateur provisoire de l'entreprise entre fin 1940 et août 1941 en zone occupée (Z6 NL 14982). Cette procédure concernait également le directeur des ateliers de Bois-Colombes, M. François Develay. Mais l'action publique contre lui se trouva éteinte à la suite de son décès en Suisse, où il s'était réfugié, le 28 décembre 1946. Pour évoquer des éléments de

contexte, en particulier la situation de l'industrie aéronautique française avant, pendant et après l'Occupation, nous nous sommes souvent appuyés sur l'ouvrage de référence en la matière *L'Industrie aéronautique en France, 1900-1950*, par Emmanuel Chadeau (Fayard, 1987).

6. Témoignage de Léon Chevallier, directeur commercial chez Hispano, lors du procès de Costes en mars 1949.

7. Stanislas Poniatowski évoque en effet, lors de son témoignage au procès Costes, l'obtention, grâce à Karl Abt, d'un laissez-passer qui lui a permis de visiter une fois les établissements parisiens d'Hispano peu avant sa rencontre avec les occupants, mentionnée plus loin, au début de l'automne.

8. Témoignage de Jean-Victor Fleurot, recoupé lors du procès de Costes avec celui de Stanislas Poniatowski.

9. Le prince Poniatowski, lors du procès de Costes, situe le 22 septembre cette discussion, la « visite guidée » à la scierie ayant eu lieu, selon le directeur de l'usine, le 25. Le témoignage du sous-directeur de l'usine, tout en confirmant le récit des autres acteurs de ces événements, laissera cependant planer un doute sur la précision des dates.

10. Pour cette citation, comme pour la précédente, *cf.* Peter F. Klemm *(op. cit.)*. L'historien américain donne dans son article des cotes précises d'archives allemandes, que nous n'avons pu consulter nous-mêmes, à l'appui de chacune de ses affirmations. S'agissant de Gnôme & Rhône, qui fabriquait avant guerre plus du tiers des moteurs d'avions français, on apprendra en 1949, lors du procès de ses dirigeants, que la société avait effectivement obtenu la levée du séquestre des ateliers après s'être engagée à fournir des moteurs à l'Allemagne.

11. Le témoignage sur cette réaction de Costes, entendu lors du procès de ce dernier, n'est pas, ce qui lui ôterait beaucoup de sa crédibilité, issu des paroles de l'aviateur mais de la déposition de Poniatowski. Une déposition qui paraît cohérente sur ce point avec les autres témoignages entendus lors de ce procès.

12. Témoignage de Jean-Louis Rempler lors du procès Costes et mémorandum d'Hispano-Suiza *(op. cit.)*.

13. C'est du moins en en jugeant ainsi, en 1948, que le commissaire du gouvernement de la cour de justice de la Seine (Archives nationales, Z6 NL 14 982) ordonnera un classement des poursuites contre M. Rodary. Il estimera de surcroît, pour expliquer cette décision, que l'administrateur provisoire 1) n'avait pas sollicité sa fonction ; 2) n'avait pas, en fin de compte, d'un point de vue pratique, permis aux Allemands d'atteindre leurs objectifs ; 3) avait toujours agi à la demande des Allemands, qui exerçaient des pressions sur lui.

14. Tous les échanges de courriers entre les dirigeants d'Hispano-Suiza et M. Paul Rodary que nous évoquerons sont reproduits dans le mémorandum de la société et dans le dossier d'instruction déjà cité. Le courrier dont il est question ici est du 21 février 1942 (lettre recommandée).

15. Ce double jeu en faveur de la Résistance de M. Roos est notamment décrit dans l'ouvrage sur *Latécoère* de l'historien Emmanuel Chadeau (Olivier Orban, 1990).

16. Ces chiffres, ainsi que ceux qui suivent, sont extraits du mémorandum de la société déjà cité et sont, à des détails près, confirmés par le rapport de l'expert nommé après guerre par la cour de justice de la Seine, M. Gérard Saleto (Archives nationales, Z6 NL 14 982).

17. *Cf.* témoignage de J.-L. Rempler lors du procès Costes en 1949.

18. Dieudonné Costes a été acquitté par cinq voix contre quatre par le tribunal militaire de Paris le 18 mars 1949.

19. Lettre du 14 juin 1945 adressée à la Chambre de commerce de Paris (Archives nationales, F12 10168).

20. Notre évocation des activités de Jacques Foccart pendant la guerre provient de trois sources principales. Pierre Péan, auteur de l'unique enquête précise et indépendante de quelque ampleur sur la vie du conseiller du général de Gaulle, retracée dans *L'Homme de l'ombre* (Fayard, 1990), nous a d'abord ouvert toutes ses archives. Celles-ci contiennent notamment des pièces essentielles (témoignages, enquêtes de police, comptes rendus de confrontation, etc.) issues d'instructions judiciaires de l'après-guerre et évoquant directement ou indirectement les activités de l'entreprise animée par MM. Tournet et Foccart sous l'Occupation. Nous avons pu, par ailleurs, rencontrer assez longuement Jacques Foccart à son domicile parisien dans le XVIIe arrondissement, le 9 juin 1993, afin de recueillir un récit de son parcours entre 1940 et 1944 et sa

réaction aux révélations de Pierre Péan. Entretien d'autant plus nécessaire que nous savions qu'il émettait des réserves sur divers aspects du travail de son biographe mais sans avoir jamais vraiment précisé lesquelles. Nous avons enfin pu consulter, avant d'écrire ce chapitre, les mémoires de Jacques Foccart, parus sous le titre *Foccart parle* en 1995 (Fayard-Jeune Afrique), qui évoquent notamment la période de l'Occupation. Le chapitre consacré à Jacques Foccart dans *Éminences grises* (Fayard, 1992) par Roger Faligot et Rémi Kauffer ne nous a fourni que quelques détails supplémentaires.

21. Note du ministère de la Production industrielle du 9 mai 1945 destinée à la délégation française en Allemagne occupée et évoquant notamment, parmi bien d'autres sujets, « les questions relatives aux combustibles pour gazogènes » (Archives nationales, F12 10 102).

22. Ancien de Radio-Paris (« Radio Paris ment..... »), repris de justice, soudain patron d'une grande entreprise de travaux publics (1 000 ouvriers) à Saint-Malo fin 1941 avec pour seul client connu l'organisation Todt, dont il visite le siège local chaque jour, Georges Desprez, dont les proches collaborateurs sont des adhérents de mouvements pronazis, est lui-même fondateur d'un parti national-socialiste pour la région de Saint-Malo et organise dans cette dernière ville des réunions à la gloire du régime hitlérien. Pierre Péan, dans son ouvrage *(op. cit.)*, donne d'autres précisions sur le parcours de cet entrepreneur très particulier qui ne cachait guère ses opinions et ses relations.

23. Rapport de police judiciaire de l'inspecteur André Bolloch, du 21 mai 1953, sur l'« affaire Van Aerden » (archives Pierre Péan).

24. *Cf. Témoignages*, par Georges Villiers, Editions France-Empire, 1978.

25. *Cf.* à cet égard les deux ouvrages de G. Chauvy sur Lyon sous l'Occupation (publiés chez Plon en 1985 et 1987, cités dans le chapitre 1) et le mémoire de maîtrise de Martine Commarmond (Université Lyon II) sur l'attitude du patronat lyonnais face aux commandes allemandes *(L'Activité économique lyonnaise pendant la Seconde Guerre mondiale selon les sources allemandes)*.

26. Ce bref récit du parcours de Peugeot sous l'Occupation s'appuie sur de nombreuses sources concordantes. On peut citer d'abord deux textes du chercheur allemand Peter Lessmann centrés sur l'accord Peugeot-Volkswagen pendant la guerre mais qui retracent un panorama général de l'activité de Peugeot sous l'Occupation. Le premier, disponible uniquement en allemand, s'intitule « Industriebeziehungen zwischen Deutschland und Frankreich während der deutschen Besatzung 1940-1944 : Das Beispiel Peugeot-Volkswagenwerk » (les relations industrielles entre la France et l'Allemagne pendant l'occupation allemande de 1940 à 1944 : l'exemple Peugeot-Volkswagen) et a été publié en 1991 par la revue *Francia*, éditée par Jan Thorbecke Verlag à Sigmaringen ; le second, intitulé « Volkswagen en France (1941-1944) », a été publié dans la revue *Histoire, économie et société* du 3e trimestre 1992 (numéro consacré au thème « stratégies industrielles sous l'Occupation »). La thèse de doctorat d'État de Jean-Louis Loubet « Les automobiles Peugeot, Histoire d'une entreprise, 1945-1973 » (Paris X Nanterre, 1988), synthétisée dans un ouvrage paru aux éditions Economica en 1990, évoque également brièvement la période de l'Occupation chez Peugeot. On dispose par ailleurs d'une vue générale de l'activité chez Peugeot pendant cette période grâce à l'ouvrage bien documenté d'Alain Jemain *Les Peugeot, vestiges et secrets d'une dynastie* (Lattès, 1988). Nous avons enfin pu rencontrer Pierre Peugeot le 8 juillet 1994 pour vérifier l'essentiel des informations en notre possession et recueillir ses réactions et quelques souvenirs.

27. On peut lire les truculents souvenirs d'Eugène Hug, recueillis par Pierre Rigoulot, dans *Le Croque-Rave libertaire (mémoires d'un ouvrier du pays de Montbéliard)*, Les Presses d'Aujourd'hui, 1980.

28. Michelin, fidèle à sa discrétion légendaire, n'ayant pas répondu à nos demandes de documentation ou d'entretien, cette rapide évocation de l'activité de l'entreprise et du comportement de la famille Michelin sous l'Occupation repose essentiellement sur des récits de Claude Paillat (*in Dossiers secrets de la France contemporaine*, tome VI, Robert Laffont, 1987), qui a pu s'entretenir avec Robert Puiseux, gérant de Michelin pendant la guerre, et surtout d'Alain Jemain, auteur d'un ouvrage retraçant l'histoire du groupe Michelin *(Michelin, un siècle de secrets*, Calmann-Lévy, 1982).

29. Max Heilbronn a fourni un récit très détaillé de ses activités de résistance dans un livre de mémoires, écrit avec l'aide de Jacques Varin, intitulé *Galeries Lafayette, Buchenwald, Galeries Lafayette* (1989, Economica). Plusieurs études ont par ailleurs été consacrées au sort des Galeries Lafayettes et de leurs dirigeants sous l'Occupation, cer-

taines publiées d'autres non, et on trouvera toutes leurs références dans les notes du chapitre 12, où l'on évoque l'« aryanisation » du grand magasin.

30. Cette attestation a été produite par M. Hély d'Oissel lors de l'instruction de l'affaire des « déjeuners de la table ronde » (Archives nationales, F 12 95 59), que nous avons déjà évoquée (*cf.* chapitre 2).

31. Entretien avec Raymond Péju le 19 décembre 1992.

32. Plusieurs sources évoquent la forte présence de responsables de la vie économique et du monde des affaires à l'OCM. On peut citer notamment l'ouvrage de Henry W. Ehrmann sur *Le Patronat français* (Armand Colin, 1959) et le livre d'Arthur Granet, *L'OCM* (PUF, 1961).

33. *Cf. La Désobéissance* (Odile Jacob, 1995), par Laurent Douzou. Cet ouvrage retrace toute l'histoire du mouvement Libération-Sud.

34. Ce calcul est dû à Monique Luirard, auteur d'une thèse volumineuse et documentée sur « La région stéphanoise dans la guerre et dans la paix 1936-1951 », publiée en 1980 à Saint-Étienne par le Centre d'études foréziennes.

35. *Cf.* divers échanges de courrier entre M. Minard et la direction des industries mécaniques du ministère de la Production industrielle (Archives nationales, F 12 10 255).

36. Roger Faligot et Rémi Kauffer consacrent un chapitre de leur ouvrage *Les Résistants* (Fayard, 1989) à recenser ainsi les résistants devenus influents après guerre dans le monde des affaires ou de l'administration. La liste de ceux que nous citons ici est en grande partie inspirée de ce recensement.

37. Cité *in* Roger Faligot et Rémi Kauffer *(op. cit.)*.

38. Marcel Bleustein-Blanchet, *Mémoires d'un lion*, Perrin, 1988.

39. Henri Weber, *Le Parti des patrons, 1946-1990* (nouvelle édition, Points-Seuil, 1990).

Le mystère Mény

1. Cette indication vient, comme quelques autres que nous utiliserons, d'une courte biographie écrite par son beau-frère, Jean Majorelle, et publiée, d'une part sous forme de plaquette, d'autre part comme nécrologie dans les *Annales des Mines* d'après guerre (1948, volume 2).

2. Comme le montre le cas de nombreux responsables d'entreprises, restés très discrets après guerre, que nous évoquons dans le chapitre précédent sur les patrons résistants.

3. Entretien avec François Lehideux le 7 décembre 1992.

4. Entretien avec le petit-fils de Jules Mény le 30 mars 1993.

5. *Cf.* notamment, de Daniel Yergin, *The Prize*, une histoire de l'industrie pétrolière qui comporte d'excellents chapitres sur le rôle de cette source d'énergie pendant les deux guerres mondiales. Publié chez Simon et Schuster en 1991, cet ouvrage de référence a été traduit en français la même année chez Stock, sous le titre *Les Hommes du pétrole*.

6. D'après *Les Émirs de la République ou l'Aventure du pétrole tricolore*, par Pierre Péan et Jean-Pierre Séréni (Seuil, 1982). Cependant, Peter Fitzgerald, professeur d'histoire économique contemporaine à Carleton University au Canada, qui a beaucoup travaillé sur la question des relations de la CFP avec les sociétés pétrolières anglaises et américaines, pense que, si la Jersey Standard a certainement tenté d'influer sur la politique pétrolière française après guerre, elle ne l'a pas fait pendant le conflit.

7. Nous emprunterons beaucoup à un ouvrage de référence sur Mercier dans les pages suivantes : *Ernest Mercier, French Technocrat*, par Richard Kuisel (University of California Press, 1967).

8. Sur l'histoire très complexe des négociations avec les Alliés à ce sujet, on peut consulter notamment *Luttes pétrolières au Proche-Orient* d'André Nouschi (Flammarion, 1970).

9. Entretien avec l'auteur en janvier 1993. M. de Montaigu, que nous retrouverons dans la suite de ce récit, a été associé à toute l'histoire de l'équipe dirigeante de la CFP avant, pendant et après la guerre de 1939-1945.

10. Au Service historique de l'armée de l'air (3D494 notamment).

11. *Cf.* Jean-Louis Crémieux-Brilhac dans *Les Français de l'an 40* — Tome II : *Ouvriers et soldats* (Gallimard, 1990).
12. *Cf.* chapitre 5.
13. Entretien avec l'auteur le 2 janvier 1993.
14. Notamment Emmanuel Catta, ancien cadre de la compagnie, biographe de Victor de Metz, autre dirigeant de la compagnie, qui sera le successeur de Mény (*De la CFP au groupe Total*, Teva, 1990).
15. Difficile de savoir s'il y est vraiment allé. Après une tentative de départ ratée pour Londres en juin, il aurait eu l'occasion de s'y rendre en juillet pour tenter de négocier des importations de pétrole américain pour la France occupée, mais il ne semblait pas s'en souvenir lorsque nous l'avons rencontré.
16. C'est ce qu'affirme en particulier l'historien Peter Fitzgerald, qui a travaillé sur les archives de l'Office of the Custodian of Enemy Property, le séquestre britannique.
17. *Finances sous la contrainte*, Yves Bouthillier, Plon, 1951.
18. *Du secrétariat de la CGT au gouvernement de Vichy*, René Belin, Éd. Albatros, 1978.
19. Entretien avec l'auteur le 7 décembre 1992.
20. Procès-verbal du conseil d'administration de la CFP du 20 décembre 1940.
21. *Ernest Mercier french technocrat (op. cit.)*.
22. Entretien avec son petit-fils le 30 mars 1993.
23. D'après le procès-verbal de la séance du 30 janvier 1941 du Comité économique interministériel, cité par Michel Margairaz dans *Les Finances et l'économie. Histoire d'une conversion. 1932-1952* (Comité pour l'Histoire économique et financière de la France, 1991).
24. Ce défilé de personnalités est rapporté notamment par Henri du Moulin de Labarthète, le chef du cabinet civil de Pétain, dans *Le Temps des illusions* (À l'enseigne du cheval ailé, 1946), ou bien par Pierre Nicolle dans *Cinquante Mois d'armistice* (Éd. André Bonne, 1947).
25. *Ernest Mercier, French Technocrat (op. cit.)*.
26. Entretien téléphonique avec l'auteur, mai 1993.
27. Toujours au comité économique interministériel du 30 janvier 1941, René Belin, ministre de la Production industrielle, explique à son collègue des Finances « l'accord total des Allemands » pour maintenir Mény à la tête du comité d'organisation.
28. Cité par Yves Bouthillier, ministre des Finances de l'époque, qui relate la négociation dans *Finances sous contrainte*, deuxième volume de ses souvenirs de cette période (Plon, 1951).
29. Rapport à Alger de l'ingénieur Émile Laffon après une mission en France, cité par Michel Margairaz *(op. cit.)*. Laffon pense même que les arrestations d'août 1943, dont Mény sera l'une des victimes, sont destinées à « se constituer un dossier pour les plaidoyers de demain ».
30. Étienne Dalemont a eu l'amabilité de nous communiquer l'article qu'il avait écrit en 1942, dans les numéros 2 et 3 de *Droit social*, pour expliquer « L'organisation professionnelle de l'industrie du pétrole ». Il est vraisemblable qu'il n'écrirait pas la même chose aujourd'hui. L'intérêt de ce document est justement de refléter l'esprit d'une époque.
31. *Le Pétrole et son économie*, de Henry Peyret.
32. *Cf.* le chapitre 3, qui évoque l'activité dans ce secteur sous l'Occupation.
33. Pour les chiffres, nous nous appuyons essentiellement sur le mémoire de maîtrise de Y. Staraci : « Le problème pétrolier en France, 1939-1940 » (Université de Nice, 1971).
34. Déposition dans le cadre du procès Worms (Archives nationales, F12 9566).
35. C'est la thèse que soutient Daniel Yergin *(op. cit.)*, qui nous semble vraisemblable. Elle explique la différence entre les stocks effectivement disponibles et les stocks non détruits et elle cadre bien avec les circonstances d'une guerre éclair, durant laquelle les tanks allemands avançaient toujours plus vite que les Français ne s'y attendaient.
36. Voir le chapitre 14.
37. Il l'évoque dans *La Vie de la France sous l'Occupation* (Hoover Institute, Plon, 1957). On se souvient que la production de gazogènes par Berliet a constitué également un enjeu stratégique et que la société allemande Imbert a essayé d'imposer un partenariat au constructeur français (*cf.* chapitre 1).
38. Entretien téléphonique avec Jean Blancard, mai 1993.

39. *Victor de Metz. De la CFP au groupe Total (op. cit.).*
40. L'existence de cette décoration est la seule véritable preuve d'une appartenance de Mény à la Résistance. Mais tout ce qu'on peut savoir du personnage par ailleurs conduit à l'imaginer volontiers résistant actif. Il a également été décoré à titre posthume de la Distinguished Service Cross de l'armée américaine.
41. Le ministère de l'Industrie a fait établir en 1945 une note de synthèse sur « les méthodes employées par l'administration militaire allemande en France » qui donne des indications sur ces dissimulations (Archives nationales, F12 10 102).
42. D'après Y. Staraci (déjà cité).
43. C'est Jacques Lemaigre-Dubreuil, patron de Lesieur, un des Français qui organise le débarquement en liaison avec les Américains, qui est venu voir René de Montaigu. Celui-ci nous l'a précisé au cours de notre entretien de janvier 1993.
44. L'historien Peter Fitzgerald, avec qui nous avons échangé une correspondance à ce sujet, ne croit pas que Hitler ait vraiment cru pouvoir mettre la main sur le pétrole irakien. Les Anglo-Saxons n'auraient jamais toléré ce partenaire même après un éventuel traité de paix franco-allemand en bonne et due forme. À moins que, suggère-t-il, l'intention de l'occupant ait été de faire vendre plus tard par les Français les parts de la CFP dans l'IPC à une société écran d'apparence neutre, suisse par exemple, qui n'aurait été en fait qu'une couverture du Reich. Nous avons vu dans le chapitre 2, à travers l'exemple de la banque Charles de Monaco, que ces montages compliqués n'arrêtaient pas les services allemands. Les autorités de Vichy, en tout cas, à en croire Robert O. Paxton *(Cf. La France de Vichy, 1940-1944,* Le Seuil, 1973), n'ont jamais douté de l'intérêt des Allemands pour une participation dans l'IPC. Selon l'historien américain, les services de renseignements allemands ont trouvé dès juillet 1940 sur le bureau du représentant français à la commission d'armistice à Wiesbaden, le général Huntziger, une étude proposant d'utiliser le pétrole irakien — dont l'armée française du Moyen-Orient aurait pu prendre le contrôle — comme une « contrepartie » lors de la négociation d'un traité de paix. L'importance stratégique des intérêts contrôlés par la CFP était donc connu tant du côté français qu'allemand depuis l'été 1940. Les décisions des occupants ne pouvaient pas ne pas en tenir compte.
45. Hervé L'Huillier, directeur de l'information du groupe Total, s'est livré à cette vérification. Il a en effet écrit un intéressant article sur cette période sous le titre *La Stratégie de la compagnie française des pétroles durant la Seconde Guerre mondiale : sauvegarder l'essentiel,* dans un numéro de la revue *Histoire, Économie et Société* (3-1992).
46. Entretien avec l'auteur, mai 1993.
47. Annales des Mines, VII-VIII 1947.
48. Entretien avec Pierre de Calan le 11 mars 1992.
49. Archives nationales, 72 AJ 1927.
50. Cité dans *Le Dossier Laval,* de Claude Gounelle (Plon, 1969).
51. Dans *La Vie de la France sous l'Occupation* (fondation Hoover, Plon, 1957).
52. D'après Pierre de Calan.
53. D'après le beau-frère de Mény, Jean Majorelle, dans sa nécrologie (déjà cité).
54. Ces indications proviennent d'une lettre dactylographiée du capitaine Jean Pescay, compagnon de captivité de Jules Mény, confirmant à Mme Mény, en juillet 1947, les circonstances de la disparition de son mari.

Du riz dans le pastis

1. Entretien avec Paul Ricard le 27 mars 1992 à son domicile provençal dans la commune de Signes, au-dessus du plateau du Castellet. Cet entretien, dont de nombreuses citations seront extraites pour nourrir ce texte, nous a permis d'éclairer divers aspects de l'activité de Paul Ricard avant, pendant et après la guerre évoqués par ailleurs dans les sources écrites utilisées *(cf.* notes suivantes).
2. Les éléments concernant dans ce texte la vie de Paul Ricard et de sa société proviennent en grande partie de l'autobiographie de l'industriel marseillais *Paul Ricard, la passion de créer* (Albin Michel, 1983) et, dans une moindre mesure, de l'ouvrage de Louis Médéric *La Révolte de Paul Ricard* (Plon, 1969). Notre entretien de mars 1992, déjà évoqué, a souvent permis de préciser ou de compléter ces informations sinon de pouvoir toujours les vérifier (puisque, en dernier ressort, elles proviennent presque tou-

tes des témoignages de Paul Ricard ou de ses proches). Les mémoires de Paul Ricard, écrites certainement pour une part... « de mémoire » et sans prétention scientifique, ne paraissent pas toujours fiables, en particulier quant aux dates. L'industriel marseillais, par exemple, situe dans cet ouvrage le 24 septembre 1940 le décret interdisant la fabrication et la vente du pastis alors qu'il fut émis le 23 août 1940 et publié au J.O. le 24 du même mois, avant d'être précisé et complété le 24 septembre 1941 (d'où peut-être la confusion). Mais les faits rapportés, en tout cas ceux qui nous intéressent dans ce texte, ne paraissent pas sujet à caution sinon au niveau des erreurs éventuelles de détail. Nous avons tenté de les recouper chaque fois que c'était possible, grâce à des sources complémentaires. Nous n'avons malheureusement pu retrouver aucun employé du groupe Ricard à l'époque de la guerre — le seul que nous ayons pu identifier n'a pu nous apporter son témoignage en raison de son état de santé. Nous avons cependant eu une longue entrevue avec M. Georges Martin, entré chez Ricard peu après la Libération mais dont le père, Frédéric, et le frère aîné, Jean, travaillaient déjà dans la société à la fin des années trente. Il a lui-même vécu, en spectateur, l' « aventure » de Ricard pendant l'Occupation puisqu'il a accompagné, une bonne partie du temps, son père sur les lieux où s'est poursuivie l'activité à cette époque.

3. Dans ses mémoires *(op. cit.)*, Paul Ricard s'attribue une pensée de ce type dès son jeune âge mais dit aussi avoir entendu cette phrase plus tard directement de la bouche de Marcel Pagnol.

4. Cette rapide évocation historique de la lutte contre l'alcoolisme emprunte beaucoup aux intéressants travaux de Myriam Tsikounas, de l'université Paris 1, sur le « Discours alcoolique en France », parus dans les numéros 9, 10 et 11 des *Cahiers de l'Institut de recherches scientifiques sur les boissons* (IREB) en 1989, 1991 et 1993 et portant sur la période allant de 1837 à 1954. Les citations non directement attribuées dans les paragraphes suivants proviennent de ces textes. Le sujet est également abordé dans l'ouvrage de Didier Nourrisson *Le Buveur au* XIXe *siècle*, paru chez Aubier. Nous avons par ailleurs pu nous entretenir avec l'historien Thierry Fillaud, de Rennes, dont les travaux, pour une thèse d'État, portent principalement sur l'alcoolisme en Bretagne.

5. Les deux citations sont extraites de *Les Convulsions de Paris*, par Maxime du Camp (Hachette, 1881).

6. Karl Marx, *La Guerre civile en France : 1871* (dernière édition aux Éditions sociales, 1970).

7. Prosper Lissagaray, *Histoire de la Commune de 1871*, parue en 1876 (dernière édition à La Découverte).

8. Proposition de Cabet, *cf. Gazette des tribunaux* des 12, 13 et 14 novembre 1871.

9. Voir le texte de Myriam Tsikounas *(cf.* note 4) du numéro 10 des *Cahiers de l'IREB.*

10. *Cf.* Louis Médéric *(op. cit.)*.

11. *Cf.* Louis Médéric *(op. cit.)*.

12. C'est Paul Ricard qui attribue cette réaction à M. Hémard.

13. Le numéro de novembre 1937 de la revue *Crapouillot*, qui contient un article titré « L'affaire Pernod », évoque de façon éloquente la puissance du groupe de spiritueux issu de la fusion en 1926 de la société Veil-Picard, celle qui produisait l'absinthe Pernod, et de la maison Hémard. Le titre de la société, dont les bénéfices dépassent les soixante millions de francs dès 1932, a vu sa valeur multipliée par vingt, en francs courants, en dix ans.

14. Sur la situation de la Ligue antialcoolique à la veille et au début de la guerre de 1939-1945, nous nous sommes référés, outre les articles de M. Tsikounas *(op. cit.)*, à l'ouvrage très documenté de Patricia Prestwich *(Drink and the Politic of Social Reform : Antialcoolism in France since 1870,* Palo Alto, SPOSS, 1988) ainsi qu'à de nombreuses publications de la Ligue nationale contre l'alcoolisme (notamment dans sa revue mensuelle *L'Étoile bleue)* et à des textes de médecins et d'écrivains de l'époque.

15. S'agissant de cette période, on peut se référer, outre les sources déjà évoquées, à l'ouvrage de J. L. Crémieux-Brilhac sur *Les Français de l'an 40* (Gallimard), dont un chapitre du tome 2, publié en 1990, est consacré à l'alcoolisme à la fin des années trente et en 1940 en France.

16. *Cf.* Patricia Prestwich *(op. cit)*.

17. Dans *L'Émancipation nationale* du 20 août 1937 (cité dans *La France de Vichy*, de Robert Paxton, Seuil, 1973).

18. Le régime dit de forfait permettait aux bouilleurs de cru d'un département de profiter d'une autorisation illimitée de distillation pourvu que ledit département acquit-

tât au fisc une somme égale à la moyenne des impôts sur l'alcool payés sur ce territoire au cours des cinq années précédentes. Il faisait donc passer des préoccupations liées aux rentrées fiscales avant toutes les autres.

19. *La Vérité sur l'alcoolisme : les prêcheurs de tempérance et la santé publique,* brochure non signée, non datée et imprimée à Marseille, qui nous a été remise par Paul Ricard après notre entretien de mars 1992.

20. Entretien téléphonique du 14 mai 1993 avec Christian Delclaux, directeur à la direction générale de Pernod-Ricard.

21. La thèse de la réquisition officielle ou *de facto* de l'alcool disponible par l'Allemagne est soutenue par Louis Médéric *(op. cit.)* mais sans source repérable. Les historiens de la période ou ceux spécialisés sur l'alcool, comme l'universitaire Didier Nourrisson ou ceux cités par ailleurs dans ces notes, ne partagent pas cet avis, considérant que les raisons essentielles ayant conduit aux décrets-lois de l'été 1940 étaient d'une autre nature.

22. Yves Bouthillier, *Le Drame de Vichy,* tome 2, (Plon, 1950).

23. François Lehideux, ancien ministre de Vichy, dit encore de nos jours se souvenir (entretien avec l'auteur du 16 janvier 1993) de la « honteuse » campagne de publicité de Pernod qui avait fait beaucoup pour « faire des pastis le symbole de l'alcoolisme ».

24. Amiral Darlan, *Lettres et notes de l'amiral Darlan,* présentées par Henri Coutau-Bégarie et Claude Huan (Economica, 1992).

25. On peut trouver cette note adressée au ministère de la Santé dans les dossiers du secrétariat général de la présidence du Conseil (Archives nationales, F 60 212).

26. Lettre de A. Hémard au vice-président du Conseil des ministres d'avril 1941 (Archives nationales F60 212).

27. Note que l'on retrouve dans les archives du secrétariat général de la présidence du Conseil d'avril 1941 (Archives nationales, F60 212).

28. C'est Georges Martin *(cf.* note 3) qui estime, d'après son souvenir de l'attitude de son père et de son frère, que la réaction de la majorité du personnel fut : « Faisons confiance au patron pour nous sortir de là. » Ce que l'on sait de la « culture » de l'entreprise Ricard à cette époque, et en particulier de la réputation de son patron, rend cette hypothèse très probable.

29. Le chiffre d'affaires facturé, malgré une nette tendance à l'augmentation à partir de 1943, reste du même ordre de grandeur entre le début et la fin de la guerre en francs (62 millions de francs en 1940, 42 en 1941, 55 en 1942, 72 en 1943, 61,5 sur huit mois entre janvier et août 1944), ce qui signifie qu'il baisse en francs constants. Nos informations sur Coder pendant la guerre de 1939-1945, outre celles fournies par Paul Ricard, proviennent des Archives départementales des Bouches-du-Rhône (M14 2553).

30. Paul Ricard, apparemment emporté en l'occurrence par sa sympathie pour Fernand Coder, va jusqu'à évoquer dans ses mémoires un chiffre pour le moins peu vraisemblable en écrivant : « Il en arrivait à avoir dix fois plus d'inscrits sur ses registres que d'ouvriers dans son usine. » Le dossier Coder de la Commission d'épuration des Bouches-du-Rhône après guerre, tout en évoquant les multiples embauches réalisées pour éviter des départs en Allemagne, ne mentionne nullement, y compris du côté de la défense, un chiffre de cette nature, ou même très inférieur.

31. Archives départementales des Bouches-du-Rhônes (M 14 2553).

32. *Cf.* en particulier le chapitre 11, qui évoque le cas de l'usine des Aciéries du Nord à Marseille.

33. *Cf. L'Étoile bleue,* revue de la Ligue nationale contre l'alcoolisme, numéro de décembre 1945-janvier 1946.

34. Tous ces calculs, avec leurs sources, sont exposés et commentés dans l'ouvrage de Patricia Prestwich *(op. cit.).*

35. Alfred Sauvy, dans ses travaux d'avant guerre, estimait qu'attribuer la surmortalité masculine en France en partie à l'alcoolisme était « une hypothèse absurde ». Il reviendra sur cette affirmation dans ses travaux sur la démographie postérieurs à la Seconde Guerre mondiale.

36. *Cf.* la communication détaillée et très convaincante de Jacques Fitan *(La Ruée aux alambics)* présentée lors du colloque de Sèvres (25-26 novembre 1986) organisé par l'Institut d'histoire du temps présent sur le thème « Les entreprises françaises pendant la Seconde Guerre mondiale ». Celle-ci est reprise dans l'ouvrage qui regroupe les principales contributions à ce colloque : *La Vie des entreprises sous l'Occupation,* sous la direction de A. Beltran, R. Frank, H. Rousso, Belin, 1994.

37. L'anecdote nous a été comptée avec suffisamment de détails par son auditeur, rédacteur en chef du principal hebdomadaire économique français d'après guerre, pour être rapportée ici, même s'il nous est, bien entendu, impossible de citer les noms de la marque et du patron concernés. Il ne faut évidemment pas conclure d'un tel exemple que, d'une manière générale, les producteurs ou négociants de cognac ou d'armagnac furent plus que d'autres favorables aux Allemands. Si l'histoire des rapports entre les milieux de l'armagnac et la Résistance, comme le note Jacques Fitan *(op. cit.)*, reste à écrire, on connaît, semble-t-il, bien des cas de comportements « patriotiques » dans la profession. H. Dufor *(Armagnac, eaux-de-vie et terroir*, Privat, 1982) cite en particulier celui d'un distillateur ayant largement fourni la Résistance en alcool rectifié.
38. Pierre Pflimlin, *Mémoires d'un Européen*, Fayard, 1991.
39. *Ibidem.*
40. *Ibidem.*
41. *Cf.* Louis Médéric *(op. cit.)*.
42. *Cf.* Paul Ricard *(op. cit.)*.
43. Conférence de presse de Paul Ricard le 24 novembre 1968 à Marseille.

Vichy sur mer

1. *Histoire de l'épuration — Le Monde des affaires*, tome 3, Robert Aron, Fayard, 1974.
2. *Au combat à travers deux guerres et quelques révolutions*, Jean Fraissinet, La Table Ronde, 1968.
3. Sans être propriétaire de Paquet, il en assurera la direction générale à partir de la fin des années trente et la présidence à partir de 1944. Il occupe alors ces fonctions à la demande de la famille propriétaire, dont un membre reprendra la tête de la société en 1962.
4. *Journal de la marine marchande* du 18 juin 1942.
5. Précisions données par Jean Fraissinet aux actionnaires de la compagnie pendant l'assemblée générale du 28 novembre 1938.
6. La compagnie Cyprien Fabre contrôlait les Chargeurs Réunis, dont Jean Fraissinet était administrateur. Or divers membres de la famille Cyprien Fabre avaient décidé de nommer un président des Chargeurs qui ne lui convenait pas. La compagnie Cyprien Fabre, qui renonça au contrôle des Chargeurs, fut alors reprise, avec l'accord du beau-père de Jean Fraissinet, par la compagnie Fraissinet.
7. Cette appréciation sur les Chantiers de Provence à Port-de-Bouc est celle de G. Chailliey, contrôleur des entreprises réquisitionnées à Marseille après la Libération, cité par Alain Chenu dans sa thèse : « Industrialisation, urbanisation et pratiques de classe. Le cas des ouvriers de la région marseillaise » (Toulouse le Mirail, 1981).
8. *Journal de la marine marchande*, 7 février 1946.
9. Entretien avec l'auteur le 29 février 1992.
10. D'après Alain Chenu *(op. cit.)*.
11. *On chantait rouge*, Charles Tillon, Robert Laffont, 1977.
12. *Cf.* Alain Chenu *(op. cit.)*.
13. *Ci-devant*, Anatole de Monzie, Flammarion, 1941. Pour plus de détails sur Hyppolite Worms, on peut se référer au chapitre 14.
14. Ces chiffres sont notamment cités par l'amiral Gabriel Auphan, responsable de la marine marchande pendant l'Occupation dans : *La Lutte pour la vie 1940-1942* (Les îles d'or-Éditions Self, 1947). Hypolite Worms parle de deux millions de tonnes de bateaux neutres dans son rapport de mission (Archives nationales, F 12 10 273).
15. *Journal de la marine marchande*, 29 mai 1947.
16. *Journal de la marine marchande*, 24 janvier 1946.
17. Ces chiffres sont ceux que donnera l'amiral Auphan *(op. cit.)*.
18. Divers passages du journal de Pierre Nicolle, un proche de Laval, paru sous le titre *Cinquante Mois d'armistice* (Éd. André Bonne, 1947), sont très éloquents à cet égard.
19. Ces livraisons eurent lieu surtout en 1941 et 1942. L'amiral Auphan, dans son livre *(op. cit.)*, parle de quantités s'élevant progressivement à 40 000, 50 000, 60 000 tonnes par mois pour l'Algérie, 8 000 à 10 000 tonnes par mois pour la Tunisie, 100 000

tonnes par an pour le Maroc, à comparer à une production mensuelle d'environ 3,5 millions de tonnes des charbonnages français en 1941.

20. Communication de Daniel Lefeuvre au colloque sur « le commerce extérieur français de Méline à Maastricht », 3 juin 1992, Paris. Les colonies qui absorbaient 17 % des exportations françaises en 1928 permettent d'en écouler 27 % en 1938.

21. *Cf.* les *Recueils de documents de la délégation française auprès de la Commission d'armistice* publiés par le gouvernement français entre 1947 et 1950 (Imprimerie nationale).

22. Voir notamment *La France de Vichy* (Le Seuil, 1973), où Robert O. Paxton montre bien le rôle que tient l'Afrique dans les offres de collaboration successives des gouvernements de Vichy à l'Allemagne.

23. Ce nombre de deux est recoupé par ce qu'on apprendra lors du procès de l'amiral Auphan en 1955 : il y aurait eu au total deux bateaux sabordés sur cent trois arraisonnés par les Anglais (Archives nationales, 334 AP 83).

24. C'est la thèse de Robert O. Paxton *(op. cit.)*.

25. Samuel Hoare, dans *Ambassadeur en mission spéciale*, Vent du Large, 1948.

26. D'après Claude Paillat *(Dossiers secrets de la France contemporaine*, tome 6, Robert Laffont, 1987), une autre négociation aurait eu lieu en décembre 1940 entre Jacques Chevalier, secrétaire général de l'Instruction publique, et Edward Halifax, secrétaire d'État aux Affaires étrangères, dont il connaissait la famille. Vichy aurait obtenu des Britanniques une certaine tolérance au passage des convois en s'engageant à ne pas essayer de reprendre les colonies passées dans le camp gaulliste.

27. *Cf.* Robert O. Paxton *(op. cit.)*.

28. Le premier chiffre est évoqué lors d'une émission à la BBC par le directeur de la marine marchande libre, Jacques Bingen (Archives nationales, 72 AJ 424). Le second provient des comptes rendus de la Commission d'armistice. Il a plus de chances d'être surestimé que sous-estimé dans la mesure où les Allemands le citent pour revendiquer un tonnage équivalent de bateaux français à leur profit. Les tonnes de port en lourd utilisées ici pour mesurer l'étendue de la flotte tombée aux mains des Anglais peuvent être considérées comme à peu près équivalentes aux tonneaux de jauge évoqués dans d'autres évaluations.

29. Après sa démission, il rejoindra les services secrets de la France libre et sera parachuté en France en août 1943. Arrêté le 13 mai 1944, il se suicidera.

30. Note du 20 août 1941 au commandant Moret, chef d'état-major des Forces navales françaises libres (Archives nationales, 72 AJ 423).

31. *Histoire de la libération de Marseille*, Pierre Guiral, Hachette, 1974.

32. On en trouve une copie dans les papiers de Jacques Bingen (Archives nationales, 72 AJ 423).

33. André Gide, *Journal 1939-1949*, Gallimard, La Pléiade, 1954.

34. Entretiens avec Paul Nola, 4 et 7 octobre 1991.

35. Témoignages dans l'ouvrage *Centenaire de la Société Générale*, édité par la banque en 1964.

36. Il sera finalement élu... en 1958 à Marseille et s'inscrira au groupe des Indépendants.

37. *Cf. Le Temps des illusions*, Henri du Moulin de Labarthète, (À l'enseigne du cheval ailé, 1946).

38. À propos du Conseil national, nous nous appuyons ici essentiellement sur l'ouvrage de Michèle Cointet *Le Conseil national Vichy de 1940-1944*, un résumé de sa thèse publié en 1989 aux éditions Aux amateurs de livres.

39. *Op. cit.*

40. Le dossier d'instruction des poursuites entamées contre Jean Fraissinet à la Libération en raison de ses activités sous l'Occupation reste fermé aux Archives départementales des Bouches-du-Rhône.

41. C'est la loi du 27 mars 1942 et le décret du 7 juin 1943 qui fixent le cadre de cette organisation.

42. Sténographie du procès de l'amiral Auphan (Archives nationales, 334 AP 83).

43. Fraissinet la cite deux fois dans sa lettre de démission du Conseil national, déplorant qu'elle soit méconnue par ceux qui agissent au nom du maréchal.

44. Dans une note que reproduit le *Journal de la marine marchande* du 7 octobre 1943.

45. *Journal de la marine marchande* du 23 juillet 1943.

46. « Communication » devant la XIXe assemblée des chambres de commerce de la région méditerranéenne et de l'empire reproduite dans le *Journal de la marine marchande* du 1er octobre 1942.
47. *Journal de la marine marchande*, 1er octobre 1942.
48. Assemblée générale du 9 mai 1942.
49. *Revue de la chambre de commerce de Marseille*, n° 541, de février 1945, pour les protestations ; et n° 570, de décembre 1947, pour la condamnation pour diffamation.
50. Voir notamment *Le Dossier Laval* (Plon, 1969), où Claude Gounelle consacre tout un chapitre à cette affaire.
51. Rapport aux actionnaires de la société Paquet pour l'exercice 1943.
52. *Id.*
53. Faute d'accès au dossier d'instruction des poursuites, cette décision de classement est le seul document écrit incontestable dont on dispose sur cette procédure. Elle a été publiée à la fois en annexe dans les mémoires de Fraissinet *(op. cit.)* et dans le *Journal de la marine marchande* du 6 septembre 1945.
54. D'après Pierre Guiral *(op. cit.)*. En décembre 1947, Fraissinet réussira à reprendre le contrôle du *Méridional*, journal qui s'était fait attribuer à la Libération le matériel d'imprimerie de *Marseille-Matin*.
55. Il s'agit sans doute de Henri Massot, le président du syndicat de la presse parisienne, un ami de Fraissinet.
56. La déréquisition est prononcée par une loi du 28 février 1948, qui prévoit la remise progressive des bateaux au plus tard le 1er août à leur propriétaire.

Une usine maréchaliste

1. Notre documentation sur le cas de l'usine des Aciéries du Nord à Marseille pendant et après la guerre est fondée sur des travaux de chercheurs et sur des sources écrites — parfois non publiées — et orales, qui permettent le plus souvent des recoupements. Il faut d'abord mentionner la communication très documentée faite par l'historien Robert Mencherini sur « Les Aciéries du Nord (ADN) de Marseille-Capelette de 1939 à la Libération » lors d'un colloque de l'Institut d'Histoire du Temps Présent, à Sèvres les 25 et 26 novembre 1986, sur « Les entreprises pendant la Seconde Guerre mondiale ». Son auteur, que nous avons rencontré à Marseille en 1992, a également produit d'autres travaux concernant les ADN-Marseille (notamment « Marseille 44-48 : les entreprises réquisitionnées sous gestion ouvrière », *Annales du midi*, 1992). Alain Chenu, dans sa thèse « Industrialisation, urbanisation et pratiques de classe » sur les ouvriers de la région marseillaise (thèse de sociologie, université de Toulouse-La Mirail, 1981), a consacré de nombreuses pages aux ADN-Marseille de la fin des années trente à la fin des années quarante. Nous l'avons également rencontré. Il a eu accès, comme Robert Mencherini, aux archives conservées par Georges Comin, directeur des ADN-Marseille à la Libération. Il a pu s'entretenir longuement avec ce dernier, peu avant sa disparition. Il était alors, à quatre-vingt-douze ans, l'unique témoin encore accessible parmi les responsables de l'entreprise à l'époque de la guerre. Tout comme ces deux auteurs, nous avons pu consulter aux Archives départementales des Bouches-du-Rhône l'imposant dossier constitué après guerre à l'époque de l'épuration sur les ADN-Marseille (dossier M14 2547). Nous avons par ailleurs eu accès aux Archives nationales au dossier de la Commission nationale interprofessionnelle d'épuration concernant les dirigeants du groupe Aciéries du Nord (F12 9586) et dans lequel figurent de nombreux documents sur les ADN-Marseille et ses dirigeants. Nous avons par ailleurs longuement rencontré à Marseille un dirigeant régional de la CGT, ancien ouvrier fraiseur aux Aciéries du Nord pendant l'occupation et jusqu'en 1950, Joseph Oms, et nous avons recueilli son témoignage.
2. Témoignage au Comité interprofessionnel d'épuration des Bouches-du-Rhône (Archives nationales, F12 9586).
3. *Cf.* Archives départementales des Bouches-du-Rhône, M14 2547.
4. *Cf.* Alain Chenu *(op. cit.)*.
5. Les documents décrivant l'organisation (ou des projets d'organisation) et le « programme » du groupe « révolution nationale » à l'intérieur de l'entreprise figurent dans les « archives Comin » ainsi que dans les dossiers des Archives départementales et des

Archives nationales déjà cités. Les échanges de courriers de 1942 entre les ADN et l'inspection du travail, évoqués au paragraphe suivant, sont dans les « archives Comin » et ont été analysés par Robert Mencherini *(op. cit.)*.

6. Documents cités par Robert Mencherini *(op. cit.)*.

7. Les documents sur lesquels sont fondés aussi bien ce bref aperçu des rapports entre la direction des ADN-Marseille et les Allemands que le récit précédent de certaines pratiques de gestion du personnel dans l'usine proviennent des dossiers consultés aux Archives départementales des Bouches-du-Rhône et aux Archives nationales et déjà cités.

8. Le principal récit de la résistance ouvrière à Marseille puis de la libération de la ville sur lequel nous nous sommes appuyés est celui d'Alain Chenu *(op. cit.)*

9. Toutes les sources déjà mentionnées évoquent les circonstances de cette réquisition. Nous avons eu également un entretien téléphonique avec Raymond Aubrac le 4 mai 1993 à ce sujet.

10. Les contributions, très riches sur ce sujet, de Robert Mencherini et Alain Chenu, déjà cités, ne sont pas les seules, loin de là. Citons au moins les travaux pionniers de l'historien Jean Domenichino (notamment « Les usines réquisitionnées », Cahiers d'histoire de l'institut Maurice Thorez, juillet 1973) ou l'ouvrage de P. Guiral sur la « Libération de Marseille » (Hachette, 1974), qui contiennent des témoignages essentiels. Divers documents, notamment des rapports administratifs destinés aux commissaires de la République successifs ou à des ministères, sont également utiles pour comprendre la genèse et le déroulement des réquisitions et sont consultables dans les dossiers, déjà cités, des Archives départementales des Bouches-du-Rhône ou des Archives nationales. Par ailleurs, pour les réquisitions à Marseille comme au niveau national à la Libération, on peut se référer aux travaux, au premier rang desquels ceux d'Antoine Prost, exposés dans l'ouvrage collectif *Les Nationalisations à la Libération* (sous la direction de Claire Andrieu, Lucette Le Van, Antoine Prost, Fondation nationale des sciences politiques, 1987).

11. Entretien avec Raymond Aubrac.

12. Raymond Aubrac, dans une note reproduite en annexe de l'ouvrage *Libération de Marseille* de P. Guiral *(op.cit.)*, écrit ceci : « Dès les premiers jours [après les réquisitions], on me fit comprendre que j'avais pénétré dans un domaine extrêmement sensible. Par téléphone, des hauts fonctionnaires et des ministres demandèrent des explications. René Mayer, alors ministre des Travaux publics et chef de file des modérés au sein du gouvernement, fit même un voyage privé à Marseille pour me conseiller vivement, "dans mon intérêt personnel", de mettre fin à une telle politique et, si possible, de révoquer moi-même mes propres décisions. »

13. Phrase prononcée lors d'une interview avec Alain Chenu *(op. cit.)* et signifiant surtout, semble-t-il au vu du contexte, que L. Molino joua un rôle important, en concertation avec les sections syndicales d'entreprises, dans la mise en place des directions provisoires des usines réquisitionnées, les autorités ratifiant volontiers les choix qui lui étaient proposés.

14. Témoignage de Lucien Molino *in* Alain Chenu *(op. cit.)*.

15. Récit de Georges Comin à Alain Chenu.

16. D'après le témoignage de Georges Comin sur l'Association des cadres, qui est recoupé, sur les points essentiels, par celui de Joseph Oms.

17. Lettre du directeur des Aciéries du Nord de Marseille au ministère de la Production industrielle du 22 janvier 1946 (Archives départementales des Bouches-du-Rhône, M14 2547). Curieusement nul ne semble mettre en doute que la somme, quel que soit son montant, soit due par l'établissement de Marseille et non par l'État, au nom duquel a été opérée la réquisition.

18. Cette appréciation se trouve dans l'ouvrage de M. Agulhon et F. Barrat intitulé *CRS à Marseille, la police au service du peuple, 1944-1947* (Armand Colin, 1971).

19. Lettre du 24 novembre 1944 (Archives départementales des Bouches-du-Rhône, M14 2547).

20. Les quatorze autres établissements marseillais réquisitionnés à la demande de R. Aubrac entre le 10 septembre et le 5 octobre 1944 ont été « déréquisitionnés » fin 1946 ou en 1947 et rendus, sauf exception (comme l'Électricité de Marseille, nationalisée), à leurs anciens propriétaires. Les PME placées sous séquestre par le même commissaire de la République à l'automne 1944 avaient été restituées pour leur part, par

son successeur P. Haag, sur ordre du ministère de l'Intérieur, à leurs propriétaires en 1945 ou début 1946.

21. Lettre adressée au comité régional d'épuration et destinée à repousser tout examen du cas Portal à une date postérieure à un jugement de la cour de justice (pour lequel aucune date, alors, ne peut encore être envisagée). Archives nationales (F12 9586).

22. Les Aciéries du Nord étaient un licencié de MAN pour les moteurs Diesel en France depuis 1932.

23. *Cf.* notamment le chapitre 2.

La « préférence aryenne » aux Galeries Lafayette

1. L'historien Henry Rousso évoque cette note et son entrevue avec son auteur dans un article qu'il a consacré à « L'aryanisation économique » dans le numéro 15-16 de la revue *YOD*. Pour admettre, bien que cela paraisse à la limite du possible, que l'étonnant oubli par Henri C. de la signification du terme aryanisation n'est pas nécessairement invraisemblable, sans doute faut-il savoir que ce mot était quasi inexistant dans la langue française avant l'Occupation. Il ne s'est imposé, en tant que néologisme, que lorsqu'il a fallu traduire le terme employé dans les textes antijuifs allemands depuis 1935 — *Arinierung* — à partir de l'automne 1940 en France. Signifiant littéralement « le fait de rendre aryen », ce mot-concept n'avait pas alors en français, comme c'était le cas en allemand, une connotation raciale forte (de type biologique) et immédiate, assure Jean-Marc Dreyfus dans son travail sur « L'aryanisation économique des banques » (maîtrise d'histoire, université Paris 1 — CRHMSS, 1994). Il n'avait été employé en effet jusqu'ici en France que par quelques ethnologues.

2. Entretiens avec Mme Weisbuch le 14 janvier 1993 et le 22 février 1995.

3. Peu après la déclaration de guerre, M. Weisbuch, s'attendant à partir sous les drapeaux puisqu'il s'était proposé comme engagé volontaire, avait fermé son magasin. Mais il avait continué à travailler alors au sous-sol, pour finir les commandes en cours essentiellement. Une voisine avait alors cru utile de signaler aux autorités comme suspecte cette activité, qu'elle supposait « au noir », dans ce magasin apparemment fermé qui était tenu par des « étrangers ».

4. *Cf.* chapitre 5 (pour Pierre Louis-Dreyfus) ainsi que les mémoires du gendre de Théophile Bader, Max Heilbronn *(cf.* note 5).

5. *Galeries Lafayette — Buchenwald — Galeries Lafayette*, par Max Heilbronn avec Jacques Varin, Economica, 1989. Cet ouvrage évoque l'ensemble de la vie et de la carrière de Max Heilbronn, aujourd'hui président d'honneur des Galeries Lafayette. Plus de la moitié de son contenu, ce qui est évidemment significatif, traite cependant uniquement de la période de la guerre.

6. La situation économique du groupe des Galeries Lafayette à cette époque est analysée dans le mémoire de maitrise très documenté de Philippe Verheyde *(Les Galeries Lafayette, 1899-1955 : histoire économique d'un grand magasin*, Université Paris VIII, 1990), avec lequel nous avons eu plusieurs entretiens.

7. Les éléments « généraux » de l'histoire des Galeries Lafayette de la fin des années trente à la fin de la guerre utilisés dans ce texte sont en grande partie empruntés aux deux sources déjà citées (mémoires de Max Heilbronn et mémoire de maîtrise de Philippe Verheyde) ainsi qu'à des ouvrages « classiques » sur l'économie française et la vie des entreprises sous l'Occupation, comme ceux de Robert Aron *(Histoire de l'épuration*, tome III, Fayard, 1974) et de Pierre Arnoult *(Les Finances de la France et l'occupation allemande 1940-1944*, PUF, 1951). Les éléments plus précis, notamment sur les acteurs de cette histoire, sont le plus souvent issus de sources écrites et orales principalement centrées sur les problémes de l'aryanisation et du contrôle du capital du groupe des Galeries sous l'Occupation auxquelles nous avons eu accès. Nous avons pu notamment nous entretenir avec M. Lucien Hartog, un des responsables, à l'époque de la guerre, de l'agence du CCF gérant les comptes des Galeries Lafayette, et surtout examiner diverses archives sur l'aryanisation de l'entreprise apparemment peu « exploitées » jusqu'ici au Centre de documentation juive contemporaine (courrier et rapports de l'Institut d'études des questions juives-IEQJ et dossiers du Commissariat général aux questions juives-CGQJ) et aux Archives nationales (en particulier le très riche dossier d'instruction de

l'affaire Francomex, du nom d'une filiale des Galeries créée en 1943 en association avec des intérêts allemands, qui comporte beaucoup de documents et de témoignages — Z6 NL 2228). Philippe Verheyde, dont le mémoire de maîtrise est fondé en grande partie, pour la période de l'Occupation, sur un long entretien de Max Heilbronn avec l'historienne Dominique Margairaz, dont il a eu communication, nous a également rendu compte aimablement de plusieurs entretiens qu'il a eus avec un des principaux responsables administratifs des Galeries à l'époque de la guerre.

8. *Cf.* Max Heilbronn *(op. cit.)*.

9. Le livre de référence, sur lequel nous nous sommes le plus souvent appuyé, pour évoquer la politique antijuive de Vichy — et parfois des Allemands — est évidemment l'ouvrage de Michaël Marrus et Robert Paxton *Vichy et les Juifs*, paru en 1981 aux Éditions Calmann Lévy. Nous nous sommes également beaucoup référé à l'imposant travail de Joseph Billig publié en trois volumes, sur *Le Commissariat Général aux affaires juives* (Éditions du Centre, 1960). Son tome III, consacré plus particulièrement à l'aryanisation économique a constitué la première approche quelque peu globale de ce sujet sur lequel on ne trouve aujourd'hui encore aucun ouvrage de synthèse. Sauf indication contraire, c'est à ce dernier tome que nous nous référons dans ce chapitre.

10. Lettres circulaires des 27 octobre, 7 novembre et 15 décembre du général de La Laurencie aux préfets (*cf.* Joseph Billig, *op. cit.*).

11. *Cf.* Max Heilbronn *(op. cit.)*.

12. *Cf.* Philippe Verheyde *(op. cit.)*, où l'on trouve reproduit en annexe ce rapport.

13. *Cf.* le compte rendu d'une conférence de presse du Dr Blanke, le 12 janvier 1941, dans le quotidien *Les Nouveaux Temps*, sous la signature de Jacques Saint-Germain (bien que l'article, semble-t-il, ne fasse en fait que rapporter les paroles du responsable allemand sans commentaire).

14. Lettre du 7 février 1941 du Dr Blanke au ministère de la Production industrielle (*cf.* J. Billig, *op. cit.*). L'opposition, exprimée dans ce texte, entre « entreprise juive » et « entreprise française », qui montre qu'on considère de fait les entreprises dites juives comme étrangères, est courante, aussi bien d'ailleurs dans les écrits allemands que dans leurs équivalents français. L'assimilation du « problème juif » à un « problème d'étrangers » est alors une thèse très répandue à Vichy (*cf.* par exemple les mémoires de Paul Baudoin, *Neuf Mois au gouvernement*, La table ronde, 1948).

15. *Cf.* Max Heilbronn *(op. cit.)*, pour cette anecdote comme pour les circonstances de son départ et de celui de son beau-frère vers la zone libre.

16. *Cf.* chapitre 7.

17. *Cf.*, pour cet épisode de la tentative de destruction de la contre-lettre, Philippe Verheyde *(op. cit.)*. Quant aux sanctions réelles encourues d'après les ordonnances allemandes par le baron Davillier, il ne semble pas, d'après les textes que nous connaissons, qu'elles allaient vraiment jusqu'à la peine de mort. Il est en revanche très probable, comme nous l'a assuré un ancien collaborateur du président du CCF, que celui-ci a eu la « chance » de devoir s'expliquer face aux autorités allemandes en 1941 et non pas en 1942 ou 1943, où ces dernières étaient devenues beaucoup plus sévères, comme le montre notamment le cas de certains dirigeants d'entreprise ou hauts fonctionnaires qui ont alors été déportés outre-Rhin *(cf.* le chapitre 8).

18. *Cf.* les archives de l'IEQJ au Centre de documentation juive contemporaine — CDJC.

19. Lettre du 30 décembre 1941 du capitaine Sézille au Dr Blanke.

20. *Cf.* à ce sujet le mémoire de maîtrise de Jean-Marc Dreyfus sur « L'aryanisation économique des banques », déjà cité.

21. Les éléments, et en particulier les documents d'archives, sur lesquels nous nous appuyons pour évoquer l'« affaire » des Galeries Lafayette telle qu'elle se développe à partir de l'été 1941 sont pour l'essentiel issus du dossier d'instruction de l'affaire Francomex, déjà mentionné. Les documents cités ci-après, sauf mention contraire, proviennent de cette source.

22. Lors d'un interrogatoire après la Libération, l'un des protagonistes de l'affaire, M. Harlachol, mentionnera en effet cette date, de mémoire, pour situer son entrée dans l'opération.

23. Jean-Marc Dreyfus *(op. cit.)*, donnant en particulier à l'appui de cette information une exemple tiré de l'ouvrage de Raoul Hilberg *(La Destruction des Juifs d'Europe*, Gallimard, tome 1 de la version Folio histoire, 1991), estime que le fait de faire payer aux Juifs le prix de leur propre persécution a été une constante dans l'histoire.

24. *Cf.* la note de bas de page de la page 551 pour le prélèvement de 10 % sur tous les comptes ouverts à la Caisse des dépôts et consignations. L'amende de un milliard de francs imposée aux Juifs de France par les Allemands en représailles à la suite d'attentats contre des membres de l'armée d'occupation à Paris fin 1941, et avalisée par Vichy avec la loi du 16 janvier 1942, sera également payée en grande partie par un prélèvement forcé, d'une part sur des comptes d'« aryanisés » à la Caisse des dépôts et consignations, d'autre part sur les comptes bancaires des Juifs, désormais tous bloqués en zone occupée. Encore un cas où la spoliation des entrepreneurs et commerçants juifs sera indiscutablement avérée. Cette ponction était en effet supposée provisoire en attendant des décisions sur la répartition définitive du paiement de l'amende par tous les détenteurs de la « fortune juive ». Or, preuve que l'on considérait d'évidence les avoirs juifs bloqués, et en particulier les produits de l'aryanisation, comme destinés à devenir la propriété des Allemands ou de Vichy (ou des deux), cette répartition ne fut jamais considérée comme représentant une tâche d'un quelconque intérêt et elle ne fut donc jamais réalisée (*cf.* Joseph Billig, *op. cit.*).

25. Nos informations sur le CCF au cours de cette période proviennent d'un entretien avec Lucien Hartog, qui fut notamment chargé de « surveiller » l'envoyé des Allemands au sein de la banque lors de l'audit.

26. Ne serait-ce que parce que l'entreprise qu'il anime, Ugine, est un gros fournisseur de l'occupant.

27. Estimation de Philippe Verheyde *(op. cit.)*.

28. Entretien avec Maurice Couve de Murville, le 29 mars 1993.

29. Pierre Arnoult *(op. cit.)*, lui-même inspecteur général des Finances, évoquera pudiquement dans son ouvrage de l'immédiat après-guerre l'hypothèse très probable de « l'influence » de Laval sur Cathala à propos du dossier des Galeries Lafayette.

30. Pierre Cathala, *Face aux réalités, la Direction des Finances françaises sous l'Occupation*, Éditions du Triolet, 1948 (mémoires posthumes).

31. Réquisitoire définitif du 31 mai 1950 du procureur de la République M. Dubost, concluant au non-lieu dans l'affaire Francomex (Archives nationales, Z6 NL 2228).

32. Les frères Cohen se chargeront eux-mêmes après guerre de renseigner leurs confrères des Galeries Lafayette et, à travers eux, la justice française sur la carrière de M. Van de Vijver.

33. Notamment Lucien Hartog (*cf.* note 7) et Max Heilbronn *(op. cit.)*.

34. Nous devons ces informations sur le sort de Jean-Marcel Aubert à Philippe Verheyde.

35. *Cf.* Max Heilbronn *(op. cit.)*.

La solution économique finale

1. *Cf.* des courriers échangés entre le propriétaire de l'immeuble abritant la Galerie Bernheim & Cie et l'administrateur provisoire de cette galerie en juin et juillet 1942 (Centre de documentation juive contemporaine — CDJC).

2. *Cf.* Archives nationales (AJ 38 2726). Mlle Coco Chanel, qui estimait avoir été flouée depuis la constitution de la société des parfums Chanel par les Wertheimer, essaiera, mais sans acharnement et sans succès, de contester cette aryanisation pour racheter la firme elle-même.

3. Lettre du 9 juin 1942 du responsable de la section VIII du SCAP au représentant de l'administration militaire allemande, pour *Les Échos* (CDJC) ; rapport allemand de 1942 qui refuse d'homologuer la vente de la société, pour Van Cleef & Arpels (CDJC).

4. *Cf.* le chapitre 6 pour Carbone-Lorraine, les cas de Bouchara et André étant détaillés plus loin dans ce chapitre.

5. *Cf.* J. Billig *(op. cit.)*.

6. *Cf.* J. Billig *(op. cit.)*, qui évoque notamment divers recours intentés en 1942 et qui ont « tenu » jusqu'en 1944.

7. Entretien avec Mme Berlinski, le 12 décembre 1992.

8. La quasi-totalité des informations sur Gustave Nordon et son entreprise sous l'Occupation sur lesquelles est fondé ce court récit sont issues des travaux de recherche de Françoise Job, qui a publié récemment une biographie de l'industriel — *Gustave Nordon*

(1877-1944), Presses universitaires de Nancy, 1992. Elle a pu nourrir son ouvrage des propres écrits de Gustave Nordon, qui tenait un « journal ».

9. *Cf.* notamment l'ouvrage de Maurice Rajsfus sur l'UGIF, au titre on ne peut plus clair : *Des Juifs dans la collaboration, l'UGIF (1941-1944)*, EDI, 1980. De fait, la première tâche de l'UGIF fut de réunir, avec le concours de Vichy, le milliard de francs réclamé par les Allemands aux Juifs de France à titre d'amende collective après les attentats de la fin 1941.

10. *Cf.* le chapitre 6.

11. Lettre du 2 mai 1941 de M. B. Zylbersztaijn au Commissariat général aux questions juives pour réclamer la nomination d'un administrateur provisoire pour son atelier (Archives nationales, AJ38 675).

12. *Cf.* J. Billig *(op. cit.)* et archives du CDJC.

13. *Idem.*

14. On peut lire de très nombreux courriers des autorités d'occupation au Commissariat pour réclamer de telles « preuves » *(cf.* notamment Archives nationales, AJ38 675).

15. Nos informations sur le cas des Chaussures André proviennent de sources multiples dans les archives du CDJC et aux Archives nationales *(cf.* notamment, dans les archives du ministère de la Production industrielle, F12 10639 et F12 10686).

16. Pour plus d'informations sur H. Ardant, personnalité de premier plan de l'économie française, en particulier sous l'Occupation, *cf.* le chapitre 15.

17. *Cf.* notamment l'enquête d'Airy Routier dans l'hebdomadaire *Le Nouvel Observateur* daté du 11-17 novembre 1993. Cette prise de contrôle fait l'objet d'un litige, les héritiers de Georges Lévy affirmant, ce que conteste l'autre partie, que l'opération n'a pas été équitable.

18. Nos informations sur la SFCEE sous l'Occupation proviennent, d'une part, de la maîtrise d'histoire, déjà citée, de Jean-Marc Dreyfus, qui a consulté le dossier de l'entreprise au Commissariat, et, d'autre part, des débats au cours du procès de son administrateur, M. Dupuy, en février 1946 (Archives nationales, 334 AP20).

19. Jean-Marc Dreyfus *(op. cit.)*, s'appuyant sur les rapports de l'administrateur provisoire, évalue le taux des commissions de la banque sur ces opérations au triple du montant habituel.

20. Entretien, le 11 mars 1994, avec Jacques Bouchara, fils de Raoul Bouchara, qui était à la tête de l'affaire avec son frère sous l'Occupation. Nous avons par ailleurs retrouvé des documents concernant la vie de l'entreprise sous l'Occupation au CDJC (archives du Commissariat) et aux Archives nationales (AJ38 675).

21. Les archives du Commissariat consultables au CDJC évoquent, en particulier à travers les courriers des administrateurs provisoires ou les lettres de dénonciation de concurrents, suffisamment de cas de découvertes de fausses aryanisations de PME pour laisser supposer, en l'absence de toute statistique significative, que ces opérations furent loin d'être exceptionnelles. Mais il ne semble pas pour autant qu'elles aient été courantes, à en juger encore par l'examen de ces archives, sachant que le Commissariat et les Allemands étaient très vigilants. Le cas évoqué ici est détaillé dans une lettre de dénonciation très circonstanciée d'un candidat à l'achat d'un magasin, frustré d'avoir vu son offre repoussée et qui a mené — on le croit au vu de ses propos — « une enquête sérieuse faite personnellement », comme il l'écrit au Commissaire général aux questions juives le 31 janvier 1942, pour démasquer la complicité avec les Juifs de l'acquéreur retenu. Le fait que ce dernier n'était pas de la profession le rendait particulièrement suspect d'avoir participé à une fausse aryanisation.

22. Le procès opposait le pharmacien à un collègue qui ne voulait pas lui restituer son officine... car il l'avait revendue, en reniant les accords occultes passés entre eux au début de l'Occupation, dès 1942. Ce cas est évoqué dans un dossier du ministère de la Production industrielle concernant les spoliations (Archives nationales, F12 10169).

23. *Cf.*, pour ce cas, Antoine Lefébure, *Conversations intimes sous l'Occupation* (Plon, 1993).

24. *Cf.* Jean-Marc Dreyfus *(op. cit.)*.

25. Cas évoqué dans une note du Commissariat (Archives nationales, AJ 38 566).

26. Il serait excessif de déduire de ce constat, évidemment, que l'on ne pourrait pas, en poursuivant l'enquête, trouver ici ou là la preuve de l'existence de comportements courageux de certains agents de l'administration vis-à-vis des Juifs menacés par l'aryanisation économique. Le constat, même partiel, est cependant frappant. Des exceptions ne l'invalideraient pas.

27. *Cf.* M. Marrus et R. Paxton *(op. cit.)* ainsi que J. Billig *(op. cit.)* pour les informations sur les « moyens » du Commissariat. Le budget total de l'organisme, entre 1941 et 1944, a atteint 160 millions de francs.

28. *Cf.* les échanges de courriers entre le ministère de l'Intérieur et le Commissariat aux affaires juives au printemps 1942 (Archives nationales, AJ38 124). Il apparaît, à la lecture des courriers, que la fermeté de René Bousquet, qui est frappante par comparaison avec l'attitude de son prédécesseur, a pour principale raison sa volonté de défendre le « territoire » de la Préfecture de police face aux prétentions du Commissariat.

29. Lettre du 8 novembre 1941 à propos des société MPAV et Anciens Éts Sevi et Cie (Archives du Commissariat aux Archives nationales, AJ38 125).

30. Lettre du 24 octobre 1941 *(idem)*.

31. CDJC.

32. Rapport écrit présenté par Claire Andrieu lors d'un colloque sur « L'encadrement juridique de l'antisémitisme sous le régime de Vichy » (Université de Bourgogne, 19-20 décembre 1994). Il est cependant à noter que la direction des Finances extérieures était sans doute « naturellement » portée à être réservée vis-à-vis de l'aryanisation puisqu'une de ses tâches consistait à éviter le risque de germanisation de l'économie liée à cette « politique ».

33. Archives nationales (AJ38 124).

34. *Cf.* J. Billig *(op. cit.)*.

35. *Cf.* J. Billig *(op. cit.)*.

36. Lettre du ministère de la Justice au Commissariat suite à des requêtes de M. de Jarnieu, directeur de cabinet de Xavier Vallat, le 8 décembre 1941. Ce résumé du contenu de la lettre, consultable aux archives du CDJC, est celui de J. Billig *(op. cit.)*.

37. Circulaire du 3 juin 1942 (Archives du CDJC), citée *in* J. Billig *(op. cit.)*.

38. *Cf.*, plus haut, le cas de Gaston Gradis.

39. *Cf.* chapitre 8. Le bureau de Paris du Commissariat ne cessa de réclamer à Ernest Mercier pendant les années 1941 et 1942 la preuve de sa « pure ascendance aryenne » *(cf.* Marrus et Paxton, *op. cit.)*. Le fait que Mme Mercier appartenait à la famille du capitaine Dreyfus ne fut peut-être pas pour rien dans cet acharnement.

40. D'aucuns pensent en effet, par exemple, que la fausse aryanisation de la flotte Louis-Dreyfus fut organisée avec la complicité de Vichy *(cf.* le mémoire, déjà cité, de Jean-Marc Dreyfus, ainsi que le chapitre 5).

41. Ces statistiques ressortent des archives du Commissariat (Archives nationales, AJ38 608).

42. Affaire évoquée dans un échange de courriers entre le Commissariat et le ministère de la Production industrielle (Archives nationales AJ38 566). Nous avons choisi cet exemple en raison de son lien, totalement indirect il va de soi, avec le dossier des Galeries Lafayette. Mais il n'est pas exceptionnel. Les cas d'enquêtes provoquées par de simples suspicions liées au nom qu'on imagine d'origine israélite de tel ou tel dirigeant d'entreprise sont nombreux à en juger d'après les archives que nous avons pu consulter.

43. On trouve de nombreux exemples de tels comportements dans les archives du Commissariat mais aussi dans diverses autres sources : *cf.* par exemple les nombreux cas cités par Antoine Lefébure *(op. cit.)* ou par André Halimi *(La Délation sous l'Occupation*, Alain Moreau, 1983).

44. *Cf.* archives du Commissariat au CDJC.

45. Cet exemple provient des archives du Commissariat (Archives nationales, AJ38 124), comme le précédent.

46. *Cf.* Marrus et Paxton *(op. cit.)* ou, pour plus de détail, les rapports des préfets eux-mêmes aux Archives nationales (F93 1135 à 1204).

47. *Cf.* Marrus et Paxton *(op. cit.)*.

48. *Cf.*, par exemple, dans la région de Saint-Étienne, les travaux de Monique Luirard, et notamment sa thèse publiée en 1980 (« La Région stéphanoise dans la guerre et dans la paix — 1936-1951 », Centre d'études foréziennes).

49. Il ne fait pas partie de notre propos ici d'évoquer et d'analyser ce que fut réellement, au-delà des discours, la volonté de Vichy de rationaliser et de réorganiser les divers secteurs de l'économie française pendant l'Occupation. On peut notamment se reporter, sur ce sujet, à l'analyse synthétique sur « Vichy, la guerre et les entreprises » de Michel Margairaz et Henry Rousso qui ouvre, après l'introduction, le numéro de la revue *Histoire, économie et société* intitulé « Stratégies industrielles sous l'Occupation » (n° 3, 1992). Le chapitre 16 de cet ouvrage évoque pour sa part l'existence d'une idéolo-

gie « moderniste » à Vichy qui a sous-tendu — théoriquement s'entend — la politique économique et la « politique industrielle » mises en œuvre sous l'Occupation.

50. On peut lire les comptes rendus de ces réunions interministérielles aux Archives nationales dans plusieurs fonds d'archives (on trouve notamment les comptes rendus réalisés par le représentant du Commissariat dans les archives de cette administration, AJ38 566).

51. M. Margairaz et H. Rousso, dans leur texte déjà cité, évoquent cette politique d'« assainissement ». Le terme lui-même donne, grâce à ses multiples interprétations possibles, une bonne idée de ce qui était en jeu.

52. Sur ce projet de regroupement, *cf.* l'ouvrage de l'historien Jean-Louis Loubet sur *Automobiles Peugeot : une réussite industrielle, 1945-1973* (Economica, 1990). Hotchkiss, à la différence de Rosengart, n'est pas considéré comme une entreprise juive, mais ce constructeur a dû aryaniser son conseil d'administration. D'après Jean-Louis Loubet, la direction de Peugeot était réticente « pour des raisons tant déontologiques que commerciales ».

53. On retrouve à diverses reprises dans les archives du ministère de la Production industrielle et du Commissariat des traces de cette classification par taille des entreprises susceptibles d'être aryanisées ou liquidées en raison des lois allemandes et de la loi de juillet 1941. La distinction précise en trois catégories dont nous faisons état ici est notamment détaillée dans une lettre du 26 août 1943 du ministre secrétaire d'État à la Production industrielle, J. Bichelonne, au Commissaire général aux affaires juives, autrement dit L. Darquier de Pellepoix. Elle fait référence à une convention verbale datant du 12 juin 1942 entre M. Fredet, chargé de l'aryanisation au ministère, et M. Gérard, directeur général adjoint du SCAP et directeur de l'aryanisation économique au Commissariat (Archives nationales, AJ38 405).

54. Archives nationales (AJ38 566).

55. Archives nationales (AJ38 675).

56. Conférence sur « L'état actuel de l'aryanisation économique française » du 20 janvier 1942 à l'École libre des sciences politiques, évoquée dans le texte de M. Margairaz et H. Rousso déjà cité.

57. Lettre du « directeur responsable » du comité d'organisation du vêtement au directeur de l'aryanisation économique au Commissariat général aux questions juives du 23 septembre 1942 (Archives nationales, AJ38 405).

58. Lettre du 14 septembre 1942 (Archives nationales, AJ38 405).

59. Pour les courriers du comité d'organisation de la publicité et du syndicat de la boucherie, *cf.* Archives nationales, AJ38 405.

60. *Idem.*

61. *Cf.* divers documents du Centre de documentation juive contemporaine (pour le secteur du diamant) et le mémoire d'Henri Rousso sur « Les Comités d'organisation » (université Paris I, 1976) ainsi que, du même auteur, deux articles sur « L'organisation industrielle de Vichy » (*Revue d'histoire de la Seconde Guerre mondiale*, n° 116, 1979) et sur « L'aryanisation économique » *(op. cit.)* pour le secteur du cuir.

62. Archives nationales, AJ38 405.

63. Note non datée et signée de façon illlisible, même si elle possède, dans son en-tête, le nom du président, M.S., et du secrétaire, M.P., de ce syndicat.

64. On trouve cette lettre, ainsi que divers autres documents concernant l'attitude du Groupement national du meuble en matière d'aryanisation, dans les archives du Commissariat (Archives nationales, AJ38 405). À propos de cette attitude, on peut également se référer à des courriers échangés entre le ministère de la Production industrielle, suite aux interventions du Groupement et du Comité d'organisation dont il dépend auprès de ses services, et le Commissariat (Archives nationales, AJ38 566) et au dossier instruit par la Commission nationale interprofessionnelle d'épuration (Archives nationales, F12 9559). Le rapport du commissaire du gouvernement à cette Commission recommandera un classement sans suite de ce dossier.

65. *Cf.* Archives nationales (F12 9559) et chapitre 12.

66. *Cf.* Archives nationales, AJ38 566. N'ayant pu rencontrer, malgré une demande écrite, le principal dirigeant de l'Air Liquide qui peut encore témoigner sur les événements de l'époque, Jean Delorme, nous ne pouvons évidemment émettre aucune conjecture sur le comportement du leader français des gaz industriels durant cette opération.

67. On trouve cette note, ainsi que d'autres éléments sur cette affaire, dans les archi-

ves du Commissariat évoquant les conférences interministérielles hebdomadaires sur les problèmes liés à l'aryanisation (Archives nationales, AJ38 566).

68. On peut trouver une abondante documentation sur l'affaire de l'aryanisation de Calmann-Lévy. Plusieurs fonds d'archives des Archives nationales, notamment issus du Commissariat (AJ38 566) ou du ministère des Finances (F12 10 171), et du Centre de documentation juive contemporaine traitent de divers aspects de cette opération. Divers ouvrages, dont la biographie de Gaston Gallimard par Pierre Assouline (Balland, 1984) ou *L'Argent nazi à la conquête de la presse française -1940-1944* de Pierre-Marie Dieudonnat (Jean Picollec, 1981), évoquent également cette affaire. On en trouve enfin et surtout un compte rendu clair et synthétique dans le livre, en deux tomes, de Pascal Fouché sur *L'Édition française sous l'Occupation*, (Bibliothèque de littérature française contemporaine, 1987, distribué par l'IMEC), ouvrage remarquablement documenté sur la vie du secteur de l'édition entre 1940 et 1944.

69. On trouve divers documents sur l'initiative du Groupement professionnel de l'industrie française du diamant au CDJC. Pour le cas du comité d'organisation de l'horlogerie, on trouve le courrier mentionné aux Archives nationales (AJ38 405).

70. Claire Andrieu cite ces chiffres et leur mode de calcul (examen de ces courriers dans le fichier du CDJC et aux Archives nationales, AJ38 1017) dans un article sur « Le mythe de la banque juive » *(op. cit.)*. Elle donne elle-même l'exemple du comité d'organisation des banques, qui ne fait pas partie de la vingtaine de comités incriminés mais ne fut pas exempt, loin de là, de manifestations d'antisémitisme, du fait du comportement de certains de ses membres.

71. Il se trouvera, certes, des responsables de Vichy, à commencer par Xavier Vallat, pour soutenir, contre toute évidence, que la politique antisémite de Vichy avait globalement protégé les Juifs français en comparant leur sort à celui, effectivement pire, des Juifs étrangers. Mais il ne semble pas qu'on ait essayé de tenir de tels raisonnements spécifiquement en matière économique, où l'on s'est contenté en général de nier, avec des arguments spécieux, qu'il y ait eu tentative de spoliation (*cf.* note de bas de page de la page 551).

72. Le danger de mainmise allemande sur la Société de construction de Batignolles aurait été signalé par le secrétariat d'État à la Guerre au ministère des Finances. Cette menace est évoquée, moins précisément, dans le mémoire de maîtrise d'histoire consacré à cette entreprise par Pierre Saïd Mohamed *(La Société de construction des Batignolles de 1940 à 1968*, université de Caen, 1991).

73. Cette note, consultable au CDJC, est commentée par J. Billig *(op. cit.)*.

74. Cette surestimation est due en grande partie, nous semble-t-il, au manque de sources et de travaux synthétiques sur le sujet, qui a conduit à généraliser une impression forgée après guerre, sur un nombre limité de cas, par des auteurs voulant démontrer la faiblesse et les erreurs de Vichy. L'ouvrage pionnier, et fort intéressant, de Pierre Arnoult, inspecteur général des Finances, publié en 1951, sur *La France et l'Occupation allemande* (PUF), a beaucoup contribué, nous l'avons déjà dit, à répandre la thèse de la volonté de germanisation de l'économie française. Il cite d'ailleurs l'exemple de la Société de construction des Batignolles. Sur ce sujet, on peut se reporter également au chapitre 2.

75. *Cf.* J. Billig *(op. cit.)*.

76. C'est-à-dire des Juifs originaires d'Allemagne ou des pays et régions annexés par le IIIe Reich.

77. *Cf. L'Argent nazi à la conquête de la presse française*, de Pierre-Marie Dieudonnat et Jean Picollec, 1981, et les archives du Commissariat général aux questions juives au CDJC.

78. *Cf. L'Argent nazi... (op. cit.)*.

79. *Cf. L'Édition française sous l'occupation (op. cit.)*.

80. *Idem*.

81. *Idem* et *L'Argent nazi... (op. cit.)*.

82. *Cf.* Pierre Arnoult *(op. cit.)*.

83. Archives nationales AJ38 566.

84. *Idem*.

85. *Idem*.

86. *Cf.* chapitre X.

87. Archives nationales AJ38 566.

88. *Idem* pour les cas de La Pile Aglo et Tungsram.

89. *Idem.*
90. *Idem.*
91. *Idem.*
92. *Idem.*
93. *Cf.* chapitre 6.
94. Pour avoir un bref aperçu, dans un ouvrage disponible en français, de ce que fut en pratique l'aryanisation de l'économie en Allemagne, on peut consulter le livre de Raul Hilberg *(op. cit.)*.
95. *Cf.* chapitre 6.
96. Nous avons évoqué plus tôt dans ce chapitre cette « vraie-fausse » aryanisation. Le dossier du centre de documentation que nous évoquons, traitant du cas d'un des acheteurs des sociétés du groupe, était intitulé « M. X., acquéreur de biens juifs ». Une expression qui valait presque jugement, d'autant que le M. X. en question a été accusé après guerre — mais il obtiendra un classement de son affaire — de collaboration économique pour avoir accepté de vendre des produits textiles aux Allemands.
97. Lettre extraite des archives du CDJC, citée in *La Délation sous l'occupation (op. cit.)*.
98. Entretien avec M. Dauberville le 8 juillet 1993. Ce dernier estime cette explication de la découverte de la cachette des tableaux en Dordogne très probable mais non prouvée. D'où l'impossibilité pour les marchands de tableaux d'accuser nommément l'industriel, fabriquant de tissus, suspecté après-guerre.
99. Lettre extraite des archives de l'ambassade d'Allemagne à Paris, citée *in La Délation sous l'Occupation (op. cit.)*.
100. *Cf.* divers échanges de courriers entre le propriétaire de l'immeuble et le commissaire-gérant de la galerie en juin et juillet 1942. Les galeries Bernheim & Cie — celle citée ici — et Bernheim-Jeune — citée auparavant — sont deux entreprises distinctes.
101. Ce non-paiement des loyers apparaît dans le dossier de l'aryanisation de l'entreprise conservé dans les archives du Commissariat aux Archives nationales et qui a été analysé par Jean-Marc Dreyfus *(op. cit.)*.
102. En pure théorie, tout cas d'acquisition d'une entreprise juive ne suppose pas une bonne affaire d'un strict point de vue financier puisque, malgré de nombreuses exceptions, le mode normal de vente de ces sociétés suppose une mise aux enchères. Dans la pratique, il n'est pas difficile d'imaginer, à la lumière des exemples cités dans ce chapitre et le précédent, que l'on ne traita jamais à un « prix de marché normal ».
103. Rapport de l'inspecteur Baudry, de la police aux questions juives, du 20 février 1942 (CDJC).
104. Sur cette société mixte franco-allemande à laquelle participe au premier plan Kuhlmann, *cf.* le chapitre 2.
105. M. Raymond Berr fit partie d'un petit groupe de huit Juifs relevés de l'interdiction professionnelle les frappant à la suite d'un décret de Vichy du 15 avril 1941 (*Journal officiel* du 19 avril 1941).
106. Cette écoute provient des archives départementales des Alpes-Maritimes et est reproduite dans l'ouvrage d'Antoine Lefébure *(op. cit.)*.
107. *Cf.* notamment divers rapports d'inspection des services de l'aryanisation économique du Commissariat, par exemple ceux établis en 1944 par M. Houet et dont on trouve des extraits cités dans l'ouvrage de J. Billig *(op. cit.)*.
108. Sténographie du procès de Jules P. en octobre 1946 (Archives nationales, 334 AP20).
109. Nous nous appuyons surtout, pour exposer cette affaire, sur la sténographie du procès de Jean Dupuy et Louis Tréchot en février 1946 (Archives nationales 334 AP20). Nous avons pu consulter également divers documents, dont une « note confidentielle » apparemment d'origine policière de 1942, provenant des archives du Commissariat (CDJC).
110. Échanges de courriers entre Electrolux, le SCAP et la préfecture de police (Archives nationales AJ38 443).
111. Lettre de Maurice Laban du 18 septembre 1942. Archives du Commissariat au CDJC.
112. Pour la raison évoquée dans le texte ci-après, nous ne dévoilerons pas ici de patronymes de personnes. Mais la seule liste citée ici en exemple, qui comprend deux cent cinquante noms, conservée au CDJC, permettrait de constituer ou de reconstituer bien des conseils d'administration ou des directions d'organisations patronales de l'époque.

113. Évaluation proposée par Renée Poznanski dans l'ouvrage collectif *Vichy et les Français* (Fayard, 1992), publié à la suite d'un colloque organisé par l'Institut de l'histoire du temps présent.

114. Consultable au Centre de documentation juive contemporaine.

115. *Cf.* J. Billig *(op. cit.).*

116. Tous les dossiers que nous avons consultés aux Archives nationales ou au Centre de documentation juive contemporaine à propos de l'aryanisation économique évoquent de près ou de loin les questions liées à l'administration provisoire des entreprises et le comportement de ceux qui en furent les agents. Tout comme les ouvrages déjà maintes fois cités de J. Billig et Marrus et Paxton. Nous avons cependant beaucoup utilisé aussi, pour écrire sur ce sujet, les nombreuses informations et évaluations contenues dans la thèse de troisième cycle (université Paris I, 1985) sur les administrateurs provisoires *(L'Aryanisation économique : commissaires-gérants et administrateurs provisoires — Vichy, 1940-1944)* de Martine Soete. Il s'agit à notre connaissance du seul travail « transversal » existant sur ce thème et il résulte notamment de la consultation d'environ cinq cents dossiers individuels d'administrateurs provisoires.

117. *Cf.* le mémoire de maîtrise de Jean-Marc Dreyfus, déjà cité.

118. CDJC.

119. *Idem.*

120. Archives nationales, AJ38 460.

121. CDJC. Même source pour les deux cas (André B. et Paul A.) qui suivent.

122. On trouve de nombreux documents sur la carrière tumultueuse de l'administrateur provisoire Léon Cassier aux Archives nationales (notamment dans AJ38 675) et au Centre de documentation juive contemporaine.

123. Ce bref portrait professionnel d'Ambroise de Montovert de la Tour, considéré par beaucoup comme l'archétype de l'administrateur provisoire antisémite, zélé et indélicat, s'appuie sur la thèse (déjà citée) de Martine Soete et divers documents du Centre de documentation juive contemporaine. Marrus et Paxton *(op. cit.)* font référence à sa carrière en ne lui attribuant « que » soixante-seize missions d'aryanisation.

124. CDJC.

125. Archives nationales, AJ38 460.

126. CDJC.

127. On ne sait jusqu'à quel point ces cas furent nombreux, mais une plongée d'une certaine durée dans les archives en révèle suffisamment pour qu'on ne les suppose pas tout à fait exceptionnels.

128. Entretien avec Mme Weisbuch le 14 janvier 1993.

129. *Cf.* la thèse de Martine Soete (déjà citée).

130. Pour le procès de Jean Dupuy, déjà évoqué, *cf.* Archives nationales (334 AP20).

131. Nous avons trouvé des documents sur l'Association française des propriétaires de biens aryanisés aux Archives nationales (notamment AJ38 405) et au CDJC, cette dernière source ayant permis à J. Billig *(op. cit.)* de lui consacrer quelques paragraphes dans son ouvrage. La première trace des prémices de cette association remonte au mois d'avril 1943, date à laquelle on envoie aux autorités d'occupation un projet des statuts.

132. J. Billig *(op. cit.)* évoque longuement ce mémoire. On ne peut exclure totalement que ce texte ait constitué une première mouture d'un programme de l'Association des propriétaires de biens aryanisés. Mais cela est peu probable car le contenu même du mémoire laisse supposer, d'une part qu'il a été rédigé à la Libération, donc bien après la constitution de cette association, d'autre part qu'il ne visait pas à réunir, comme cette dernière, tous les acquéreurs, mais seulement les « petits » et en particulier les commerçants.

133. Avertissement diffusé le 19 avril 1941 sur Radio Londres. *Cf. Notes et études documentaires* n° 1108 du 13 avril 1949.

134. Notamment le 22 octobre 1942. *Cf. Notes et études documentaires* n° 1108 (déjà cité).

135. Ordonnance du 12 novembre 1943.

136. *Cf. Notes et études documentaires* n° 1108 (déjà cité). Nous nous sommes également référés à cette source pour l'analyse, qui suit, des textes légaux adoptés après la Libération pour organiser la restitution des biens spoliés et les réparations afférentes.

137. L'absence d'informations précises et de statistiques sur ce sujet, hormis pour l'aspect juridique, durera sans doute tant que le ministère de l'Économie et des Finances, principale administration impliquée, n'aura pas ouvert suffisamment ses dossiers

concernant les spoliations et les restitutions. Une évolution semblait se dessiner à ce sujet au moment où nous terminions notre enquête.

138. Entretien le 26 octobre 1992 avec M. et Mme Roger Berg.

139. Le plaignant, Julius Heinemann, qui tentait depuis septembre 1944 de récupérer ses biens immobiliers, n'avait toujours pas obtenu satisfaction fin 1945, quand son affaire devait venir en appel, le premier juge saisi s'étant déclaré incompétent face à ce litige concernant l'application de la loi du 21 avril 1945 (Archives nationales, 334 AP19).

140. Entretien avec Mme Berlinski le 12 décembre 1992.

141. Entretien avec M. Michel Dauberville le 8 juillet 1993.

142. *Cf.* Robert Aron *(op. cit.)*.

143. *Cf.* chapitre 7.

144. Archives du ministère de la Production industrielle (F12 10639).

145. Les chiffres cités ci-après proviennent des Archives nationales (notamment AJ38 608), de l'ouvrage de J. Billig *(op. cit.)* et de *Notes et études documentaires* n° 1107 du 12 avril 1949.

146. Le chiffre global de tous les dossiers, de toutes natures, retrouvés au Commissariat a été évalué à soixante-quatre mille (en incluant les dossiers retrouvés dans les délégations régionales), ou soixante-sept mille cinq cents en tenant compte des dossiers « de provenance allemande » *(Notes et études documentaires*, n° 1107).

147. Estimation à partir d'une liste des entreprises de plus de 5 millions de francs de chiffre d'affaires présente dans les archives du Commissariat (Archives nationales, AJ38 538). Cette liste n'était peut-être pas exhaustive, mais, là encore, elle donne au moins un ordre de grandeur.

148. Comptes rendus des réunions hebdomadaires réunissant des responsables du ministère de la Production industrielle et du Commissariat ainsi que, parfois, divers autres représentants de l'administration (Archives nationales, AJ38 566).

149. *Cf.* J. Billig *(op. cit.)*. Cette volonté de parvenir à une « solution finale » en matière d'aryanisation a d'ailleurs conduit les Allemands, suivis par le Commissariat, à prôner en 1943 la disparition de tous les noms d'entreprise à consonance juive. Les acquéreurs de biens juifs avaient en théorie deux mois pour modifier ces noms, un délai légèrement extensible si le risque consécutif de dévalorisation de ces biens était patent (note du 27 juillet 1943 du Commissariat. CDJC).

150. Entretien, le 8 juillet 1994, sur cette « affaire Lissac » avec M. Bonnac, dirigeant actuel du groupe Lissac.

151. Divers documents sur cette commande très particulière nous ont été aimablement fournis par l'écrivain Maurice Rajfus.

152. *Cf.* Jean-Marc Dreyfus *(op. cit.)*.

Worms, quartier général de la Synarchie ?

1. *Le Temps des illusions juillet 40-avril 42*, par Henri du Moulin de Labarthète, À l'enseigne du cheval ailé, 1946.

2. Les indications qui suivent sur l'histoire de Worms proviennent notamment de la plaquette éditée par la maison pour son centenaire en 1948. La rédaction de ce texte est attribuée à Georges Albertini.

3. Nous serons souvent amenés à évoquer les procédures intentées après la Libération contre Hypolite Worms devant la cour de justice de la Seine et la Commission nationale interprofessionnelle d'épuration, procédures dont les dossiers sont conservés aux Archives nationales (Z 6 NL 74 et F12 95 66).

4. *Le Temps des illusions (op. cit.)*.

5. Rapport du 2 août 1941 (National Archives, Washington).

6. Jacques Barnaud a été entendu deux fois, en mai 1950, par la commission de l'Assemblée nationale chargée d'enquêter sur « les événements survenus en France de 1933 à 1945 », commission dont le rapport se trouve à la documentation de l'Assemblée nationale ou à l'IHTP dans une édition des PUF de 1950. C'est Barnaud lui-même qui cite ce témoin, Isambert, directeur général de la CGE, qui s'était exprimé à son sujet au cours de l'instruction de son cas par la Haute Cour.

7. *Profession fonctionnaire*, entretiens de François Bloch-Lainé avec Françoise Carrière publiés au Seuil en 1976.

8. Entretien avec François Bloch-Lainé le 13 septembre 1991.

9. Entretien avec Pierre de Calan le 11 mars 1992.

10. *Du secrétariat de la CGT au gouvernement de Vichy 1933-1942*, René Belin, Albatros, 1978.

11. D'après Pierre Assouline, dans *Jean Jardin, une éminence grise*, Balland, 1986.

12. Entretien avec Raymond Meynial le 22 octobre 1991. Raymond Meynial deviendra associé-gérant de Worms en 1949, mais il faisait déja partie avant la guerre et pendant l'Occupation de l'état-major de la maison.

13. Compte rendu d'un exposé d'Antoine de Tavernost, délégué général du C.I.I., aux chefs de service le 3 mars 1942. Copie communiquée par M. de Tavernost.

14. *Archives de guerre* d'Angelo Tasca, Éd Feltrinelli et CNRS, 1972.

15. Le texte complet de la « note Martin » nous a été aimablement communiqué par Pierre Péan, qui propose un dossier très complet sur la Synarchie dans *Le Mystérieux Docteur Martin, 1895-1969*, Fayard, 1993.

16. Pierre Assouline *(op. cit.)*.

17. Rapport du 1er août 1940 au secrétaire d'État à la Marine (Archives nationales, F12 10273).

18. Archives nationales, F12 95 66.

19. Déposition du 17 octobre 1944.

20. Interrogatoire du 18 octobre 1944.

21. *Une saison gâtée. Journal de la guerre et de l'Occupation 1939-1945*, de Charles Rist, texte établi, présenté et annoté par Jean-Noël Jeanneney, Fayard, 1983.

22. *Cinquante Mois d'armistice*, Pierre Nicolle, Éd André Bonne, 1947.

23. Angelo Tasca *(op. cit.)*.

24. *Cf.* notamment sur Albertini, *Le Dossier Georges Albertini* par Jean Levy, L'Harmattan, 1992.

25. Voir notamment *Les Rothschild*, par Derek Wilson, Stock, 1989.

26. *Cf. Un financier de génie, André Meyer,* par Cary Reich, Belfond, 1986. Cary Reich parle d'un décret signé par Paul Baudoin. Nous n'avons pas retrouvé trace de Meyer dans le décret du 6 septembre 1940 qui déchoit de leur nationalité les Rothschild, les Stern, David David-Weill et quelques journalistes, comme la célèbre Geneviève Tabouis. De plus, ces textes sont signés de Pétain et du garde des Sceaux Raphaël Alibert seulement. Il semble pourtant certain que Meyer a été déchu de sa nationalité, étant donné le sort subi par ses biens, et il est possible que ce soit pendant la présence de Baudoin au gouvernement. Mais que le texte ait pu être signé par le ministre des Affaires étrangères paraît douteux.

27. Hypolite Worms lui-même range parfois sa maison dans cette « catégorie mentale » de l'époque.

28. Darlan n'était pas ministre de la Marine dans le dernier gouvernement Reynaud mais, en tant qu'amiral de la flotte, il était responsable de la flotte de commerce réquisitionnée.

29. Toujours d'après le rapport officiel conservé aux Archives nationales, F12 10273.

30. Cette évocation répétitive d'une possible liquidation ne doit pas être prise à la lettre. L'aryanisation d'une entreprise, comme on le sait *(cf.* chapitres 12 et 13), n'impliquait pas nécessairement en fin de compte sa liquidation : elle devait normalement être cédée à des intérêts « aryens ». Dans l'esprit d'Hypolite Worms, tout processus d'« aryanisation » de sa maison, qui aurait conduit sans doute à lui en retirer le contrôle, s'apparentait cependant certainement à une sorte de liquidation.

31. Auditions déja citées, en 1950.

32. Document figurant dans le dossier d'instruction de la cour de justice de la Seine aux Archives nationales (Z 6 NL 74).

33. En réalité, Le Roy-Ladurie a été beaucoup plus prévenant et plus entreprenant avec la Commerzbank, au point de chercher à lui faciliter l'ouverture d'un bureau à Paris, si l'on en juge d'après des documents évoqués par Philippe Burrin dans *La France à l'heure allemande 1940-1944* (Seuil, 1995).

34. L'explication de Gabriel Le Roy-Ladurie est peut-être exacte. On doit cependant noter que, le 17 janvier 1941, Hypolite Worms avait rencontré l'amiral Darlan à qui il avait annoncé à la fois, d'après ce dernier, qu'il était « dédouané par les Autorités occupantes au point de vue aryen » et que les Allemands lui avaient « demandé d'être le banquier de leur marine de guerre » *(cf. Lettres et notes de l'amiral Darlan*, Economica, 1992).

35. Parfois orthographié Falkenhausse ou Falkenhausen dans certaines sources.

36. Eberhard Jäckel, dans *La France dans l'Europe de Hitler* (Fayard, 1968), signale effectivement un lien entre les comploteurs de juillet 1944 et Cäsar von Hofacker, fondé de pouvoir des Vereinigte Stahlwerke, le plus important complexe minier et sidérurgique de l'époque, membre des services économiques des autorités d'occupation à Paris. Il cite également Von Falkenhausen et Ernst Röchling, l'industriel sarrois bien connu qui dirigeait à Paris le bureau du délégué général pour la sidérurgie.

37. « Nous avons ramassé des clients à qui nous donnions plus de possibilités que les autres banques du fait que nous avions un représentant allemand », nous a dit très exactement R. Meynial le 22 octobre 1991. Pendant l'Occupation, les dirigeants ont ouvert « des tas de comptes [...] à des relations personnelles, des grands chefs d'industrie », des gens qui avaient « peur des Allemands » et à qui on faisait valoir qu'ils disposeraient chez Worms d'« une sorte de protection ». « La banque était un intermédiaire commode s'il y avait des questions à discuter avec les Allemands. »

38. *Cf. Cinquante Mois d'armistice (op. cit.).*

39. On doit à Richard F. Kuisel le premier article démontrant de manière convaincante que la Synarchie est un mythe (« The Legend of the Vichy Synarchy », « French historical studies », 1970).

40. Le livre de Pierre Péan sur le Dr Martin *(op. cit.)* constitue désormais, après celui de Kuisel *(op. cit.)*, l'autre texte de référence sur la Synarchie.

41. Entretien avec François Lehideux le 7 décembre 1992.

42. Traduction française dans *La France intérieure* n°s 50 et 51 de novembre et décembre 1946 (Bibliothèque nationale, 4-LC2- 6691).

43. Consultables aux National Archives de Washington.

44. Nous devons à Pierre Péan la communication des réponses d'Henri Martin à Richard F. Kuisel en 1968, ainsi que plusieurs autres pièces importantes utilisées dans ce passage.

45. Les registres de l'École polytechnique n'ont pas gardé trace de ce nom précis, que l'on retrouve par exemple dans les écrits du polémiste antisémite Henri Coston. En revanche, il existe bien, pour la promotion entrée en 1842, une fiche au nom de Marie Philippe Armand Saintyves, qui a pu se donner un nom de plume à particule. Encore faudrait-il être sûr qu'il s'agit bien de la même personne.

46. C'est du moins ce que paraît établir l'enquête de Pierre Péan *(op. cit.)*.

47. Henri du Moulin de Labarthète consacre d'ailleurs tout un chapitre de ses mémoires *(op. cit.)* à la Synarchie, tout en disant qu'il n'y croit pas. Il a manifestement le sentiment que, si un tel complot avait existé, on lui aurait proposé d'en être.

48. *Cf.* par exemple un rapport de l'attaché militaire américain à Alger du 5 septembre 1944. La liste des synarques est devenue démesurée. On y retrouve entre autres le colonel Passy, le commandant Pelabon et André Diethlem.

49. Pierre Péan *(op. cit.)* évoque notamment un rapport de synthèse de l'Abwehr retrouvé dans les archives allemandes.

50. Entretien avec Raymond Meynial le 22 octobre 1991.

51. Le futur patron du Trésor, de la Caisse des dépôts et du Crédit Lyonnais collectait des fonds pour la Résistance mais, n'étant pas passé dans la clandestinité, côtoyait néanmoins régulièrement tous les personnages de l'« affaire » au ministère des Finances.

52. L'historien britannique Richard Vinen fait ainsi de l'affrontement entre petit et grand patronat une clé de lecture essentielle des comportements politiques de cette catégorie sociale dans son livre *Politics of French Business 1936-1945* (Cambridge University Press, 1991).

53. Charles Rist, dans son journal *(op. cit.)*, dit que Peyrecave et Daum, un autre industriel, auraient refusé le ministère de la Production industrielle, mais Nicolle nous semble en l'occurrence mieux informé.

54. René Belin *(op. cit.)*.

55. Paul Marion, ministre de l'Information de Darlan, fait en effet partie de la liste des possibles « synarques » de du Moulin de Labarthète *(op. cit.)*.

56. Entretien avec François Lehideux le 7 décembre 1992.

57. Rapport d'expertise du 31 décembre 1945.

58. Comptes rendus des séances de la Commission d'armistice consultables aux Archives nationales (F12 99 65).

59. *Au cœur du troisième Reich*, par Albert Speer (Fayard, 1971).

60. Lettre de l'IG Farben au ministère allemand de l'Économie citée par Alan S. Milward, auquel nous empruntons quelques autres précisions sur le tungstène, dans *The New Order and the French Economy* (Oxford, 1970).
61. Décision du 28 novembre 1946.
62. Témoignage du colonel Henri Navarre le 21 octobre 1944 (Archives nationales, Z6 NL 74).
63. *Profession fonctionnaire*, François Bloch-Lainé (Le Seuil, 1976).
64. La « banque Worms », filiale de l'UAP, n'appartient plus à « MM. Worms », qui est restée une société en commandite, contrôlée par les mêmes familles.
65. La plus récente histoire de Paribas, *1872-1992 Paribas, l'Europe et le monde*, (Fonds Mercator, 1992), due à l'historien Éric Bussière, n'élude pas cette période.

Quand les banquiers font la loi

1. Elle a bien sûr été modifiée, en 1966 et 1984 notamment. Mais les fondations restent celles de 1941.
2. Avec le Crédit Lyonnais, première banque de dépôts à l'époque, le Comptoir national d'escompte de Paris et la BNCI, ces deux établissements ayant fusionné depuis pour former la BNP.
3. Entretien avec Pierre Herrenschmidt le 3 juillet 1993.
4. *1864-1964 Société Générale*. Président en 1964, Maurice Lorain fut nommé directeur général en 1943 et fut un des proches d'Henri Ardant pendant l'Occupation.
5. *Cf. La Banque sous l'Occupation — Paradoxes de l'histoire d'une profession*, Presses de la Fondation nationale des sciences politiques, 1990. Tiré par Claire Andrieu de sa thèse de doctorat, il s'agit de l'ouvrage de référence sur cette profession entre 1936 et la Libération. Il contient notamment un portrait documenté d'Henri Ardant.
6. L'histoire de l'inspection des Finances est étudiée avec une grande rigueur scientifique mais aussi un sens certain de l'humour par Nathalie Carré de Malberg, notamment dans un article du volume III de *Études et documents* (Comité pour l'histoire économique et financière de la France, 1991) intitulé « Pourquoi devient-on inspecteur des Finances de 1919 à 1946 ? »
7. Se reporter au chapitre 13 pour une présentation complète de la problématique des fausses aryanisations.
8. La plupart des déclarations citées dans ce chapitre sont tirées, soit des instructions ouvertes contre Henri Ardant à la Libération devant la Commission nationale interprofessionnelle d'épuration (Archives nationales F12 9569) et devant la cour de justice de la Seine (Z6 70 2369 et 25 38), soit des divers dossiers et plaquettes et édités pour défendre le président du comité d'organisation des banques à la même époque. Ces conflits avec des clients juifs ont été évoqués surtout lors de l'instruction devant la cour de justice de la Seine.
9. Archives nationales, 72 AJ 1927.
10. Lettre du 4 novembre 1942 à M. Brunet, directeur du Trésor, dont on trouve une copie aux Archives nationales (F12 95 69).
11. Séance du 7 février 1949.
12. Récit de Léonce Gubert, directeur, dans le livre du centenaire *(op. cit.)*.
13. Rapport à l'assemblée générale des actionnaires de la Société Générale du 29 mai 1941. Tous ces rapports figurent dans le dossier de la CNIE (Archives nationales F12 95 69).
14. Voir l'ouvrage de Claire Andrieu *(op. cit.)*.
15. Archives nationales, F12 95 69.
16. *Finances sous la contrainte*, par Yves Bouthillier, Plon, 1951.
17. Audience du 7 février 1949.
18. D'après le commissaire du gouvernement auprès de la cour de justice de la Seine (Archives nationales, Z6 70/ 2369).
19. Nous avons déja évoqué ce personnage au chapitre 2, car il fut un des commanditaires du marché noir organisé par les Allemands.
20. Accusation d'Henri Chamberlin, dit Lafont, le 12 décembre 1944, les faits étant confirmés par Ardant lui-même (Archives nationales, Z6 70 23 69).
21. Deux voyages même, d'après des documents allemands consultés par Philippe

Burrin et évoqués dans *La France à l'heure allemande* (Seuil, 1995), l'un au printemps de 1941 et l'autre au début de 1943, organisé par les SS.

22. Réquisitions pour la cour de justice de la Seine, 7 janvier 1948.

23. Rapport de l'ambassade retrouvé dans les archives du ministère des Affaires étrangères allemand après guerre. Il est évoqué au cours de l'instruction du dossier Ardant par la cour de justice de la Seine (Archives nationales Z6 70 23 69 et 2538) sans que la pièce elle-même soit produite. Plusieurs témoins ont été interrogés, sans grand succès, sur leurs souvenirs de cette réception.

24. Les documents allemands consultés par Philippe Burrin *(op. cit.)* confirment tous qu'Ardant était considéré comme un homme sûr par l'occupant.

25. Assemblées générales des 12 mai 1942, 25 avril 1944 et 30 mai 1945.

26. D'après Annie Lacroix-Riz : « Les grandes banques françaises de la collaboration à l'épuration », *Revue d'histoire de la Seconde Guerre mondiale et des conflits contemporains*, n°s 141 et 142, janvier et avril 1986.

27. Témoignage écrit pour la Commission nationale interprofessionnelle d'épuration (Archives nationales, F 12 95 69).

28. C'est ce qu'Henri Ardant déclare le 12 janvier 1946, au cours de l'instruction de son dossier.

29. *Cf.* Claire Andrieu *(op. cit.)*.

30. Yves Bouthillier *(op. cit.)*.

31. Interrogatoire du 7 janvier 1946.

32. Extraits d'une conférence prononcée en 1932 par Jean Morin, de la Société Générale, publiés dans : « Soixante ans de Banque », revue *Banque*, décembre 1992.

33. Nous avons dépouillé l'ensemble des procès-verbaux de réunion du comité provisoire jusqu'en juillet 1941. Il en existe notamment un jeu aux archives du Crédit Lyonnais.

34. Plaquette sur « l'action du président du comité d'organisation des banques pendant l'Occupation », éditée vers 1945.

35. *Cf.* Claire Andrieu *(op. cit.)*.

36. Cité par Claire Andrieu *(op. cit.)*.

37. C'est une des rares impressions concernant la période dont se souvient, quand on l'interroge, M. Maurice Couve de Murville, haut responsable du ministère des Finances jusqu'à début mars 1943.

38. D'après des décomptes allemands, Philippe Burrin *(op. cit.)* parle cependant de six banques allemandes qui auraient été présentes à Paris durant l'Occupation, les quatre autres se contentant d'une simple représentation.

39. Plaquette déjà citée.

40. Document produit dans le cadre de l'affaire Société Parisienne de Banque, les dirigeants de cet établissement s'étant plaints des décisions d'Henri Ardant les concernant à la Libération (Archives nationales, Z6 70/2369 et 70/2538).

41. Séance du 22 novembre 1940.

42. Nos demandes sont restées sans réponse, en dehors d'une « justification » orale précisant qu'il s'agit d'« archives privées ».

43. Déposition d'André Bernheim (Archives nationales, Z6 70/2369).

44. *Cinquante Mois d'armistice*, Pierre Nicolle, Éditions André Bonne, 1947.

45. *Une saison gâtée — Journal de la guerre et de l'Occupation, 1939-1945*, par Charles Rist, établi, présenté et annoté par Jean-Noël Jeanneney (Fayard, 1983).

46. Cette explication quelque peu angélique de l'abandon des opérations liées au clearing est servie aux Finances dans le rapport du 30 avril 1945 rédigé à la demande du ministère par la Générale, comme par toutes les autres banques, sur l'activité de l'établissement sous l'Occupation.

47. Archives nationales, F12 9569.

48. Conférence mixte du 12 novembre 1943 (Archives nationales, F12 9569).

49. Plaquette déjà citée.

50. Compte rendu d'une réunion avec les Allemands au Majestic (Archives nationales, F12 9569).

51. Annie Lacroix-Riz *(op. cit.)*.

52. *Cf.* Archives nationales, F12 9569.

Le rêve fourvoyé des modernistes du maréchal

1. C'est après guerre que Géard Bardet, proche de la gauche depuis longtemps, votera communiste. Cette précision vient, comme bien d'autres que nous utiliserons plus loin, de ses mémoires non publiés. Ils ont été écrits à l'intention de ses enfants dans les années soixante-dix. Nous avions pu en consulter des extraits. Pour que nous ne fassions pas d'erreur de contexte, une de ses filles nous a permis de lire l'ensemble et nous nous sommes engagés à ne pas en évoquer les aspects les plus personnels.

2. *Cf.* chapitre 14.

3. Ces mémoires, déja évoqués, ont l'inconvénient d'être difficiles à recouper et d'avoir été écrits longtemps après les événements que nous relatons. Ils nous ont cependant semblé suffisamment riches et instructifs sur la psychologie et les motivations de Bardet pour être largement utilisés. Les citations non attribuées concernant Bardet sont issues de ce texte non publié.

4. Cette expérience est évoquée en détail, sous la plume de Bardet, en annexe d'un livre de Jean Coutrot, *Les Leçons de juin 1936-L'humanisme économique*, (Éd. CPEE, 1936).

5. 700 polytechniciens sur 2 000 membres en 1936, d'après René Brouillet dans la préface d'*X-Crise centre polytechnicien d'études économiques — De la récurrence des crises économiques — Son cinquantenaire 1931-1981* (Economica, 1982), ouvrage de référence sur l'association.

6. Sur Coutrot, voir la thèse d'Olivier Dard *Les Novations intellectuelles des années trente : l'exemple de Jean Coutrot* (Institut d'études politiques de Paris, 1994).

7. Jean Coutrot *(op. cit.)*.

8. La thèse d'Olivier Dard sur Coutrot *(op. cit.)* permet de suivre parfaitement la première démission, mais la clé de la deuxième lui manque. On la trouve dans les mémoires indédits de Bardet.

9. Pour se faire une idée de l'homme et de l'attachement qu'il a pu susciter, on peut lire *Jean Bichelonne 1940-1944* de Guy Sabin, (Éd France Empire, 1991). Guy Sabin, à qui nous devons un certain nombre de contacts qui se sont avérés précieux pour l'écriture de ce chapitre, a travaillé aux côtés de Gérard Bardet pendant toute cette période.

10. *Souvenirs d'Henri de Peyerimhoff 1871-1953*, ronéotés (après sa mort) en 1977 à Montpellier (Bibliothèque nationale).

11. Gérard Brun évoque certains de ces hommes dans *Technocrates et techniciens en France 1914-1945*, Albatros, 1985.

12. Dans *La Politique du patronat français (1936-1955)*, par Henry Ehrmann (Armand Colin, 1959).

13. On peut lire à ce propos *Le Comité des forges de France au service de la Nation*, par Robert Pinot, délégué général du comité (Armand Colin, 1919).

14. Texte dactylographié communiqué à l'auteur par Antoine de Tavernost.

15. Ces mouvements sont très bien décrits dans le livre d'Ingo Kolboom sur *La Revanche des patrons* (Flammarion, 1986).

16. Cette lecture de ces alliances, assez convaincante, est notamment celle de l'historien britannique Richard Vinen dans son ouvrage, par ailleurs controversé, *The Politics of French Business 1936-1945* (Cambridge University Press, 1991).

17. *Cf.* Ehrmann *(op. cit.)*.

18. Texte dactylographié communiqué à l'auteur par Antoine de Tavernost.

19. « Le dirigisme de Vichy était indéniablement impopulaire », comme l'écrit l'historien américain Richard F. Kuisel dans *Capitalism and the State in Modern France* (Cambridge University Press, 1981).

20. Copies communiquées à l'auteur par Antoine de Tavernost.

21. *Du secrétariat de la C.G.T. au gouvernement de Vichy-Mémoires 1933-1942*, par René Belin, Editions Albatros, 1978.

22. Audition en mai 1950 devant la Commission de l'Assemblée nationale chargée d'enquêter sur « les événements survenus en France de 1933 à 1945 » *(op. cit.)*.

23. Notamment dans ses mémoires *Au service de l'homme et du droit-Souvenirs et réflexions*, par Pierre Laroque (Association pour l'étude de l'histoire de la Sécurité sociale, 1993).

24. Entretien avec Pierre Laroque le 2 décembre 1994.

25. Pierre Laroque, *Les Rapports entre patrons et ouvriers*, Éditions Montaigne-Fernand Aubier, 1938.

26. Entretien avec Pierre Laroque, déjà cité.
27. Pierre Laroque dit que c'est Barnaud qui transmit les exigences de l'occupant en la matière.
28. Citée par Olivier Dard *(op. cit.)*.
29. Cité par Olivier Dard *(op. cit.)*.
30. D'après Ehrmann *(op. cit.)*, qui s'appuie sur le numéro du 18 avril 1940 de *Syndicats*, le journal de Belin.
31. *L'Organisation économique des professions et la direction de la production nationale* (texte imprimé, Publications du CCOP).
32. *Cf.* Ingo Kolboom *(op. cit.)*.
33. Entretien avec Antoine de Tavernost, le 26 avril 1993.
34. *Cf.* la thèse d'Olivier Dard sur Coutrot *(op. cit.)*.
35. D'après les mémoires de Belin *(op. cit.)*.
36. Compte rendu dactylographié communiqué par Antoine de Tavernost.
37. Précision donnée par Bardet en novembre 1941 dans un texte intitulé « Réflexions sur six mois d'activité » (à la tête de la commission du CII) : Archives nationales, F37 77.
38. Archives nationales, F12 9559.
39. Discours déjà cité.
40. « Réflexions sur six mois d'activité », texte déjà cité.
41. Note n° 2 du bureau du CII datée du 17 juillet 1941, qui nous a été communiquée par Antoine de Tavernost.
42. Voir Olivier Dard sur Coutrot *(op. cit.)*.
43. *Cf. Cinquante Mois d'armistice*, journal de Pierre Nicolle, Éditions André Bonne, 1947.
44. *Cf.* Ingo Kolboom *(op. cit.)*.
45. Note du 8 octobre 1941. Copie communiquée à l'auteur par M. Guy Sabin, membre du conseil consultatif du CII.
46. « Réflexion sur six mois d'activité », déjà cité.
47. Étude du 17 septembre 1941 sur les « Modifications à apporter aux comités d'organisation créés par la loi du 16 août 1940 » (Archives nationales, F 37 77).
48. D'après *Histoire de la statistique industrielle,* de Michel Volle, Economica, 1982.
49. Compte rendu schématique de la réunion générale intercomité du 12 septembre 1941 sur l'activité du CII et la réforme des comités d'organisation, communiqué par Antoine de Tavernost.
50. « Réflexions sur six mois d'activité », déjà cité.
51. Entretien avec François Lehideux, le 7 décembre 1992.
52. Voir à ce propos *Le Plan Monnet — Genèse et élaboration — 1941-1947,* par Philippe Mioche, Publications de la Sorbonne, 1987.
53. Antoine de Tavernost explique le 3 mars 1942 aux chefs de service du CII, au cours d'une réunion dont il a conservé le compte rendu, que, pour Lehideux « le CII doit se présenter comme un prolongement de l'État ou des CO ; mais il doit parler au nom de l'un des deux seulement ». Il semble surtout, on l'a déjà dit, que Bardet et ses amis aient voulu intervenir sur un terrain trop proche de celui qui passionne le secrétaire d'État à la Production industrielle : la mise en place d'un système de planification en France.
54. *Cf.* chapitre 14.
55. Richard F. Kuisel, *(op. cit.)*.
56. Pierre Nicolle, *(op. cit.)*.
57. *1938-1988, 50 ans qui ont changé l'entreprise*, Centre des jeunes dirigeants d'entreprise, 1988.
58. Interview à l'occasion des cinquante ans du CJD *(op. cit.)*.
59. Sur le CJP on peut consulter *Les Nouveaux Patrons* de Philippe Bernoux, publié aux Éditions Ouvrières en 1974. Certains des détails évoqués ici lui sont empruntés.
60. *Cinquante Ans qui ont changé l'entreprise (op. cit.)*.
61. *Cinquante Ans qui ont changé l'entreprise (op. cit.)*.
62. Entretien avec Maurice Teillac, le 30 octobre 1993.
63. *Henri Malcor, un héritier des maîtres de forges*, par Philippe Mioche et Jacques Roux, Éditions du CNRS, 1988.
64. Dans *Les Leçons de juin 1936-L'humanisme économique (op. cit.)*.
65. *Les Leçons de juin 1936-L'humanisme économique (op. cit.)*.

66. Publié ensuite chez Arthème Fayard.
67. Entretien avec Antoine de Tavernost, le 26 avril 1993.
68. Voir Ingo Kolbbom *(op. cit.)*.
69. *La Révolution de l'économie*, Eugène Schueller, Denoël, 1941.
70. D'après Ehrmann *(op. cit.)*.
71. Citées par Michel Margairaz dans sa thèse : *L'État, les finances et l'économie, histoire d'une conversion, 1932-1952* (Comité pour l'histoire économique et financière de la France, 1991).
72. Richard Vinen *(op. cit.)*.
73. D'après Vinen *(op. cit.)*.
74. Archives nationales, F 37 77.
75. Dans un « plan » intitulé « Péchés de jeunesse » dont il envoie une copie le 6 septembre 1940 à Barnaud et que l'on retrouve dans les papiers de celui-ci (Archives nationales, F 37 77).
76. D'après Henry Ehrmann *(op. cit.)*. L'application ou plutôt la non-application de ce texte a été également étudiée par Robert O. Paxton à propos de « l'affaire des carbures » dans un chapitre de *1914-1918 : l'autre front*, (sous la direction de Patrick Fridenson, Éditions ouvrières, 1977). En 1914 personne n'avait été condamné au titre de l'article 419, dit Paxton, et personne ne le sera au titre de l'affaire des carbures qui traînera jusqu'à un amendement de la loi par le Parlement en 1926.
77. *Cf.* chapitre 8.
78. *Cf.* Ehrmann *(op. cit.)*.
79. Nous nous appuyons ici sur un article d'Olivier Wierviorka intitulé « Une droite moderniste et libérale sous l'Occupation : l'exemple de *la Vie industrielle* » (Histoire, Économie et Société, n°3, 1985).
80. Richard Vinen *(op. cit.)*
81. *« Atlantikwall » et « Südwall » : la défense allemande sur le littoral français (1941-1944)*, par Rémy Desquesnes (thèse d'État, Université de Caen, 1987).
82. *(op. cit.)*.
83. *Cf.* Olivier Wieviorka *(op. cit.)*.
84. Achille Dauphin-Meunier, sans doute invité à écrire dans le cadre d'une tribune libre, fait partie des « planistes » qui ont notamment rédigé le « plan » de la CGT en 1936. Il est également lié au CCOP et plus particulièrement à l'école d'organisation créée par cet organisme.
85. *Les Propos de O.-L. Barenton, confiseur*, par Auguste Detœuf. Le texte est de 1938. Nous avons consulté une réédition de 1965 aux Éd. du Tambourinaire.
86. D'après Ehrmann *(op. cit.)*.
87. Henri Malcor *(op. cit.)*.
88. Voir l'article de Matthias Kissing intitulé « Les tôles avant les casseroles » dans *Entreprises et Histoire*, juin 1994.
89. *Cf. Ernest Mercier French Technocrat*, par Richard F. Kuisel, University of California Press, 1967.
90. Réflexions sur six mois de travaux (novembre 1931-mai 1932), reproduit dans *De la récurrence des crises économiques*, le livre édité pour le cinquantenaire d'X-crise chez Economica, 1982.
91. D'après Philippe Bernoux *(op. cit.)*.
92. *La Saison des juges*, par Anatole de Monzie, (Flammarion, 1943).
93. D'après Henry Ehrmann *(op. cit.)*.
94. Texte déjà cité, reproduit dans *De la récurrence des crises économiques (op. cit.)*.
95. D'après Michel Volle, *Histoire de la statistique industrielle*, Economica, 1982.
96. D'après Michel Volle *(op. cit.)*, c'est Alfred Sauvy qui obtint de Paul Reynaud les deux décrets du 17 juin et du 12 novembre 1938 qui instauraient cette obligation statistique.
97. Mémoires de René Belin *(op. cit.)*.
98. « L'Organisation Économique des Professions et la Direction de la Production Nationale », brochure éditée par le CCOP.
99. Entretien avec François Lehideux le 7 décembre 1992.
100. D'après ses mémoires inédits, déjà évoqués.
101. Eugène Schueller, *La Révolution de l'économie (op. cit.)*.
102. Peter Standish, *Les Dossiers Minerve* n° 4, janvier 1992.
103. Document déjà cité.

104. Étude du 30 septembre 1942 (Archives nationales, F 37 77).
105. *Cf. Ernest Mercier French Technocrat (op. cit.).*
106. *Cf.* Henry Ehrmann *(op. cit.).*
107. D'après Olivier Dard *(op. cit.).*
108. *La Doctrine corporative*, Maurice Bouvier-Ajam, Sirey, Institut d'Études Corporatives et sociales, 1943 (5e édition).
109. Entretien avec Robert Pinot, le 31 juin 1993.
110. D'après Henry Ehrmann *(op. cit.).*
111. C'est l'opinion du sidérurgiste Henri Malcor *(op. cit.).*
112. Note du directeur des industries mécaniques et électriques au secrétaire général du ministère de la Production industrielle, 20 avril 1945 (Archives nationales, F12 10 104).
113. Sur cette profession, voir *Dockers, corporatisme et changement*, de Loïc Hislaire, Groupe Usine Nouvelle, 1993.
114. Henri Malcor *(op. cit.).*
115. Étude n° 23, décembre 1942.
116. Il s'agit d'un avant-rapport de l'été 1942 pour la commission d'étude constituée sous la présidence d'Hervé Alphand. On le trouve notamment dans les papiers de Jacques Bingen, qui fut directeur de la marine marchande française libre (Archives nationales, 72 AJ 424).
117. Henri Malcor *(op. cit.).*
118. Pierre Nicolle *(op. cit.).*

Conclusion

1. *Journal 1939-1949*, André Gide, Gallimard, 1954.
2. Nous empruntons ce terme à l'historien Philippe Burrin, qui, dans un récent ouvrage *(La France à l'heure allemande*, Seuil, 1995), propose, assez judicieusement nous semble-t-il, de remplacer aussi souvent que possible le terme de collaboration, « pollué » par un excès de connotation, par celui d'accommodation. Ainsi, pour schématiser son dessein, peut-il s'interroger sur les différents types et les divers degrés d'accommodation des catégories sociales et des institutions en France à la présence et aux requêtes des Allemands sous l'Occupation.
3. *L'Humanité clandestine 1939-1944*, Éditions sociales, 1975.
4. Voir l'introduction de l'ouvrage.
5. Entretien avec François Bloch-Lainé le 13 septembre 1991.
6. Respect très relatif néanmoins dans certains cas de réquisition brutale et, évidemment, très peu pratiqué dès qu'il s'agissait de l'entreprise de spoliation de fait des Juifs au nom de l'« aryanisation économique ».
7. Parmi lesquels, au premier rang, Stanley Hoffmann, Robert Paxton, Richard F. Kuisel.

Annexe : comment les Français ont financé leur propre exploitation

1. Yves Bouthillier, *Finances sous contrainte*, Plon, 1951.
2. *La France dans l'Europe de Hitler*, Fayard, 1968.
3. On peut trouver un rapide portrait de Richard Hemmen au chapitre 2.
4. Ces arguments sont échangés au cours d'une conversation qui a lieu entre le 25 et le 28 août et dont le compte rendu se trouve, comme tous ceux que nous évoquons ici, dans les *Recueils de documents de la délégation française auprès de la Commission d'armistice* publiés entre 1947 et 1950 par l'Imprimerie nationale.
5. De Pierre Arnoult existent, sur ce thème, un ouvrage intitulé *Les Finances de la France et l'Occupation allemande 1940-1944,* (PUF, 1951) et un article du n° 4 des *Cahiers d'histoire de la guerre* (mai 1950).
6. Yves Bouthillier *(op. cit.).*

7. Pierre Cathala, *Face aux réalités. La direction des finances françaises sous l'Occupation*, Éditions du Triolet, 1948.
8. *Le Procès de Nuremberg*, Office français d'édition, 1946.
9. Traduction française dans *La France intérieure* n°s 50 et 51, nov. et déc. 1946 (Bibliothèque nationale 4-LC2-6691).
10. Voir *Le Goût de l'improbable*, par Jacques de Fouchier (Fayard, 1984).
11. Le mot est de Hemmen, le 10 octobre 1940.
12. Voir, de Fritz Fischer, *Les Buts de guerre de l'Allemagne impériale 1914-1918*, (Éd. de Trésive, 1970 pour la traduction française).
13. Ces précisions, ainsi que la comparaison entre les différentes indemnités et la production nationale viennent des ouvrages d'Alfred Sauvy *Histoire économique de la France entre les deux guerres* (Economica, 1984), et *La Vie économique des Français de 1939 à 1945* (Flammarion, 1978).
14. François Lehideux, qui a rencontré Schacht, par hasard, après guerre, dit qu'il s'attribuait effectivement la paternité des techniques financières d'exploitation de la France. Le « docteur » n'est pas aussi explicite dans ses mémoires *(Mémoires d'un magicien*, traduits chez Amiot-Dumont en 1954).
15. Sous la plume du colonel Vialet, le « compte rendu de liaison » entre la délégation française à la Commission d'armistice et le gouvernement français fait état d'un véritable débat entre Français sur ce sujet, le 27 juin 1941.
16. Des textes de Barnaud dans les documents de la Commission d'armistice expriment cette crainte les 17 mars et 28 juin 1941.
17. D'après son contemporain et collègue au ministère des Finances, Pierre Herrenschmidt (entretien avec l'auteur, juillet 1993).
18. Sur tout ceci, et sur bien d'autres sujets, on peut lire le très intéressant ouvrage de Philippe Marguerat *La Suisse face au IIIe Reich* (Éditions 24 Heures, Lausanne, 1991).
19. *Cf.* chapitre 4.
20. Dans la déclaration de protestation qu'il fait transmettre à Wiesbaden à propos des frais d'occupation (documents de la Commission d'armistice, *op. cit.*).
21. C'est notamment la conclusion d'Alfred Sauvy dans *son Histoire économique de la France entre les deux guerres (op. cit.)*.
22. D'après une étude des « Comités d'étude pour la France » du 18 juin 1941 sur les difficultés de ravitaillement de la région parisienne (Archives nationales, F37 77).
23. Étude des « Comités d'étude pour la France » (Archives nationales, F37 77).
24. Comptes rendus de la Commission d'armistice du 6 au 13 octobre 1940.
25. D'après Pierre Arnoult *(op. cit.)*.

INDEX*

* En italique apparaissent les noms d'entreprises.

TABLE

II

FACE À VICHY

PREMIÈRE PARTIE :
Jours tranquilles en zone libre ?

DEUXIÈME PARTIE :
La logique de l'aryanisation

TROISIÈME PARTIE :
Vichy et les patrons : un régime sous influence ?

Cet ouvrage a été transcodé chez NORDCOMPO (Villeneuve d'Ascq)
et achevé d'imprimer par la
SOCIÉTÉ NOUVELLE FIRMIN-DIDOT (Mesnil-sur-l'Estrée)
pour le compte des Éditions Odile Jacob
en septembre 1995

Imprimé en France
Dépôt légal : octobre 1995
N° d'édition : 7381-0328-1 - N° d'impression : 31446